EXECUÇÃO NO PROCESSO DO TRABALHO

LUIZ RONAN NEVES KOURY
NATÁLIA XAVIER CUNHA
LUIZA OTONI
CAROLINA SILVA SILVINO ASSUNÇÃO
COORDENADORES

EXECUÇÃO NO PROCESSO DO TRABALHO

LTr®

LTr Editora Ltda.

Rua Jaguaribe, 571
CEP 01224-003
São Paulo, SP – Brasil
Fone (11) 2167-1101
www.ltr.com.br
Julho, 2020

Produção Gráfica e Editoração Eletrônica: LINOTEC
Projeto de Capa: DANILO REBELLO
Impressão: META BRASIL

Versão impressa: LTr 6271.9 — ISBN: 978-85-301-0155-8
Versão digital: LTr 9688.1 — ISBN: 978-85-301-0200-5

Dados Internacionais de Catalogação na Publicação (CIP)
(Câmara Brasileira do Livro, SP, Brasil)

Execução no processo do trabalho / coordenadores Luiz Ronan Neves Koury... [et al.]. -- São Paulo :LTr, 2020.

Vários autores.
Outros coordenadores: Carolina Silva Silvino Assunção, Natália Xavier Cunha, Luiza Otoni

Bibliografia
ISBN 978-85-301-0155-8

1. Execução (Direito do trabalho) - Brasil I. Koury, Luiz Ronan Neves. II. Assunção, Carolina Silva Silvino. III. Cunha, Natália Xavier. IV. Otoni, Luiza.

19-32302 CDU-347.952:331(81)

Índice para catálogo sistemático:
1. Brasil : Processo de execução : Direito do trabalho 347.952:331(81)

Cibele Maria Dias – Bibliotecária – CRB-8/9427

Sumário

Prefácio

Quando a Oficina de Estudos "*Interfaces do Processo Civil com o Processo do Trabalho*" (IPCPT) iniciou seus trabalhos, em meados de 2016, não se imaginava a dimensão e a proporção que suas atividades tomariam. Os encontros quinzenais e perenes, que ocorreram ao longo dos últimos três anos e meio, sob a coordenação do Professor Luiz Ronan Neves Koury, proporcionaram amplos debates sobre temas complexos, sempre com a preocupação de unir os desafios da prática jurídica com a fundamentação científica.

A primeira obra lançada pela Oficina, "*O Direito Processual do Trabalho na perspectiva do Código de Processo Civil e da Reforma Trabalhista*", dedicou seus trabalhos à análise dos impactos que o Código de Processo Civil de 2015 trouxe à esfera processual trabalhista, bem como deu seu contributo com as primeiras impressões acerca das alterações legislativas advindas com a Lei n. 13.467/2017.

A segunda obra, "*O Direito Processual do Trabalho – Constituição e Reforma Trabalhista*", buscou examinar com profundidade e consistência as repercussões trazidas pela Lei n. 13.467/2017, sem se descurar da necessária interpretação constitucional que deve ser dada a cada um dos dispositivos processuais introduzidos na Consolidação das Leis do Trabalho pelo legislador reformista.

O grupo de estudos, que é formado por profissionais com as mais diversas experiências jurídicas, amadureceu ao longo dos anos e apresenta à comunidade acadêmica sua terceira obra, direcionada ao estudo das particularidades e desafios da Execução Trabalhista.

O livro compila todos os debates travados ao longo dos encontros da Oficina e externa a dedicação e a preocupação de seus membros em trazer ao leitor uma visão ampla e aprofundada dos temas tratados. A obra conta também com a participação de professores parceiros, que desde o primeiro livro nos enviam valorosas contribuições acerca dos temas objeto de estudo.

Escolheu-lhe a Execução Trabalhista como eixo temático em razão da gama de situações inusitadas e específicas que os operadores do direito encontram nesta fase processual tão importante à materialização da prestação jurisdicional. A escolha do tema também levou em consideração o fato de se verificar que certos institutos e garantias processuais ganham contornos diversos nesta fase, em que o direito aplicável ao caso concreto já se encontra posto.

O leitor terá a oportunidade de envolver-se nas discussões travadas entre professores, advogados, mestrandos, magistrados, alunos da graduação e pós-graduação e servidores sobre temas como a legitimidade na execução, os embargos de terceiros, as fraudes e a análise do comportamento ético na execução, o incidente de desconsideração da personalidade jurídica, os desafios da liquidação da sentença individual e coletiva, a execução das contribuições previdenciárias, o cumprimento das obrigações de fazer e não fazer, o sistema recursal e os honorários advocatícios na execução, as modalidades de defesa do executado, os cuidados necessários com o uso da fiança bancária e do seguro garantia judicial, os instrumentos atualmente existentes para a efetivação da execução trabalhista, as medidas executivas atípicas, o tratamento dado ao grupo econômico na fase de execução e tantos outros temas relevantes.

O livro, sem sombra de dúvidas, renova a minha percepção pessoal de que o estudo coletivo proporciona reflexões e aprendizados exponenciais e revelam que, de fato, somos todos melhores quando trabalhamos em conjunto.

Ao apresentar esta obra à comunidade jurídica, manifesto o orgulho que tenho de participar desta construção coletiva e faço votos de fortalecimento e de continuidade ao IPCPT para que prossiga nas suas valiosas contribuições para os estudiosos e profissionais do direito.

Carolina Silva Silvino Assunção

Juíza do Trabalho Substituta do TRT da 3ª Região e membro do IPCPT

O Direito Fundamental a uma Execução Trabalhista Efetiva

Luciana Cristina de Souza[(1)]

1. HERMENÊUTICA E PROTEÇÃO DE DIREITOS FUNDAMENTAIS

O modo como construímos nossa identidade na sociedade e o ponto de vista do qual nos manifestamos (nossa classe econômica, nosso grupo religioso etc.) condicionam a percepção que temos dos testemunhos nos processos, por exemplo, e acabam por direcionar o intérprete da lei a uma perspectiva às vezes particularizada. Por isso, é preciso estarmos atentos ao *contexto hermenêutico da compreensão social* (FRICKER, 2007) e ter a Constituição da República de 1988 por parâmetro (CAMARGO, 2002), para nos assegurarmos que a interpretação aplicada aos casos concretos e da qual depende a efetividade das decisões judiciais seja coerente com o compromisso de garantir direitos fundamentais trabalhistas.

A hermenêutica injusta acarreta prejuízos humanos, e não somente procedimentais, o que torna mais graves os problemas que podem resultar para a sociedade da aplicação de uma epistemologia de pior qualidade quanto ao intuito de promover o desenvolvimento humano no país. O grupo com campo de poder para proferir a decisão – a corporação jurídica responsável no caso, como explica Pierre Bourdieu (1989) – estabelece o padrão hermenêutico, o que este autor denomina de *homologia*. Se esta refletir apenas a identidade social do grupo prolatador da decisão e este não tiver laços de interação ou de comunicabilidade com o segmento social tratado na sentença ou acórdão, o resultado processual pode ser uma hermenêutica menos efetiva para a solução do litígio e, também, o risco de menor empenho na efetivação dos direitos consignados na decisão judicial.

Como resultado dessa injustiça epistêmica (FRICKER, 2007), a proteção dos direitos fundamentais pode ser diminuída, fato que impacta negativamente sobre o desenvolvimento do Brasil. A proteção dos trabalhadores que sofrem prejuízos em razão do cumprimento pouco efetivo da execução trabalhista é importante como requisito de avaliação do alcance das metas básicas de qualidade de vida propostas pela Organização das Nações Unidas (ONU) e pela Organização Internacional do Trabalho (OIT). No Brasil, que é um país onde a desigualdade racial e de gênero é evidente e pode ser comprovada por dados concretos, a necessidade de decisões judiciais efetivas na implementação de direitos fundamentais é essencial para assegurar o Estado Democrático de Direito. Segundo o Atlas do Desenvolvimento organizado pelo Instituto de Pesquisa Econômica Aplicada (IPEA), as condições efetivas de homens brancos são melhores do que aquela oferecida às mulheres e à população negra (IPEA, 2019), o que evidencia o desequilíbrio em nosso modelo de desenvolvimento. Vivendo uma situação de maior vulnerabilidade social, estes dois segmentos sociais são mais prejudicados quando a execução de uma decisão que lhes assegura direitos fundamentais é frustrada.

Se observarmos o índice Gini, o qual mede a desigualdade social de um país e também é citado no Atlas IPEA, perceberemos que houve um momento de estagnação nos últimos anos e, em 2017, ele evidenciou um aumento da pobreza. A vulnerabilização de segmentos sociais que dependem da renda que lhes é paga por meio da relação de trabalho pode contribuir para que se tenha maior dificuldade em melhorar esses índices e alcançar a elevação da qualidade do desenvolvimento humano brasileiro. Nesse cenário é crucial a efetividade das execuções trabalhistas para combater a precarização da situação dessas pessoas, uma vez que tratam do direito fundamental ao trabalho, por meio do qual se tem acesso a melhores condições de vida e à renda para sobrevivência.

Garantir direitos processuais na execução e efetivar seu cumprimento atende ao Objetivo de Desenvolvimento Sustentável número 8 proposto pela ONU: "Promover o crescimento econômico sustentado, inclusivo e sustentável, emprego pleno e produtivo e trabalho decente para todos". E reforça o compromisso da OIT com a promoção de formas de *trabalho decente*, por meio das quais se possa reduzir a vulnerabilidade social dos trabalhadores nos países que são signatários dos acordos com este organismo internacional, a exemplo do Brasil. A Justiça do Trabalho possui importante função constitucional de atuar em prol do desenvolvimento sustentável e humano do país, tendo em vista que é um dos setores estatais que mais contribui para a redução da vulnerabilidade, como no combate ao trabalho nas formas análogas à escravidão. Também porque suas decisões tem o condão de efetivar direitos por meio do processo de conhecimento e, principalmente, do procedimento de execução.

(1) Doutora em Direito pela PUC Minas. Professora de Direito Constitucional do Mestrado da Faculdade de Direito Milton Campos. Professora da Faculdade de Políticas Públicas da Universidade do Estado de Minas Gerais. Pesquisadora com fomento FAPEMIG e CNPq. Advogada.

Considerando essas análises, identifica-se a importância da hermenêutica em prol da efetividade das prerrogativas trabalhistas, especialmente quanto aos mais vulneráveis e cujas condições de existência ainda estão distantes dos patamares de qualidade propostos pelo Índice de Desenvolvimento Humano (IDH), criado pelos vencedores do Prêmio Nobel de Economia, Amartya Sen e Mahbub ul Haq (PNUD, 2019). O IDH se tornou uma contribuição muito importante para analisar a qualidade do desenvolvimento e da dignidade da vida humana por reunir critérios técnicos e qualitativos. Amartya Sen é economista e, portanto, suas análises a respeito do bem-estar dos cidadãos e da justiça possuem um forte lastro na realidade que envolve, por exemplo, as relações de produção e de trabalho. Ele oferece uma perspectiva coerente sobre desenvolvimento e que é aplicável às análises de mercado que envolvam atividades laborais por equilibrar as dimensões econômica e humana.

Lembramos que é preciso analisá-lo a partir de sua composição completa; o IDH de alguns Municípios aumentou nos últimos anos porque a longevidade de seus habitantes se tornou maior, mas houve perdas quanto à desigualdade social. Como o IDH é uma média entre vários fatores, é crucial fazer uma leitura mais atenta aos dados desagregados para identificar com nitidez quais requisitos têm sido atendidos adequadamente e quais ainda são olvidados pelas autoridades públicas. O reconhecimento de direitos trabalhistas e a garantia de sua efetividade estão nesta segunda parte, o que exige maior compromisso com a concretização da defesa das pessoas em vulnerabilidade no ambiente laboral.

A hermenêutica em prol da efetividade de direitos fundamentais também era defendida por Rui Barbosa, como explica Maria Fernanda Salcedo Repolês (2009) em seu artigo *Crimes de Hermenêutica*. O respeitado jurista brasileiro afirmava que a declaração de inconstitucionalidade das leis que ofendem direitos fundamentais é papel político-institucional dos juízes como guardiões da soberania constituinte. Contemplando a Constituição da República de 1988, podemos defender que a Justiça do Trabalho deve exercer esse compromisso com o texto magno promulgado durante a redemocratização brasileira para assegurar a constitucionalidade das leis trabalhistas que têm sido promulgadas ante o que prescreve a norma maior do país. E esse controle não se restringe ao STF, como destacaram Barbosa e Repolês; pode e deve ser exercido também de modo difuso nas demais instâncias para maior proteção dos direitos fundamentais. Assim assegura-se maior efetividade às decisões judiciais, de execução inclusive, o que beneficia a promoção do desenvolvimento humano no Brasil.

A lei que restringe ou prejudica direitos laborais em sentido contrário ao espírito da Constituição de 1988 é manifestamente inconstitucional. Isso ocorre porque seu conteúdo intenta diminuir os direitos por aquela assegurados e aumenta a vulnerabilidade social da população em nosso território, notadamente, como os indicadores estatísticos do IPEA demonstram, quanto às mulheres e à população negra. Ora, a Constituição assegura direitos a todos, sem ordem de preferências, o que acontece em processos de execução falimentares, mas não é aceitável quanto aos direitos fundamentais da pessoa humana, que é o caso claro do direito do trabalho. Se os indicadores evidenciam que homens brancos acessam mais direitos do que outros segmentos nas relações trabalhistas, isso nega efetividade ao que preceitua o texto fundamental brasileiro atualmente vigente. Portanto, deve ser corrigido, ainda que pela via do Poder Judiciário, guardião desses direitos ofendidos, como declarou Rui Barbosa.

Tal postura da Justiça do Trabalho evita o distanciamento entre o que planejam os legisladores e as necessidades efetivas da população, *in casu*, os trabalhadores. O Poder Judiciário também atua para promover a "reaproximação do Estado e seus fins inseparáveis, isso é, a realização das pessoas" (HAEBERLIN, 2017, p. 258). Considerando a Constituição de 1988, o Estado deve ser *meritocrático*, aqui aplicando-se o termo diferente do sentido weberiano de estrita técnica burocrática. É preciso considerar a sua dimensão humana, que está nos seus cidadãos, para atingir o interesse público. Por isso o mérito técnico, embora necessário à eficiência administrativa e financeira, é insuficiente para garantir uma noção plena de desenvolvimento das liberdades.

O Estado Meritocrático remedia as "injustiças relacionadas à liberdade natural" a partir da noção de justiça distributiva de Aristóteles, "dando tratamento diferente e privilegiado a pessoas que, por algum motivo relevante, se tornem especiais" (HAEBERLIN, 2017, p. 263). Por exemplo, é questão de democracia atribuir mérito humano aos hipossuficientes nas relações trabalhistas, às pessoas especiais quanto ao direito à acessibilidade urbana, aos cidadãos quanto ao direito de terem poder para controlar as ações estatais que sejam desprovidas de legitimidade. Com o intuito de preservar esse aspecto nas políticas estatais, a Constituição da República de 1988 dispôs sobre o princípio da dignidade humana.

De acordo com a perspectiva habermasiana (HABERMAS, 1990), pode-se inferir que desenvolver o mérito humano pode ser visto como uma forma de transformar o pano de fundo normativo no sentido de assegurar maior proteção aos direitos fundamentais e a densificação constitucional, requisitos fulcrais para o Estado Democrático de Direito. Em razão do que foi dito, a existência e, também, a efetividade das decisões judiciais que protegem tais direitos devem ser constitucionalmente defendidas para não se correr o risco de esvaziar a legitimidade dos atos estatais, ante o risco de terem efeito inócuo junto à realidade. O cidadão precisa poder confiar na efetividade dos resultados obtidos nos processos perante o Poder Judiciário para que se possa afirmar que o discurso jurídico ali exposto possa realmente ter uma pretensão de validez na relação que se estabelece, não somente entre as partes, mas entre estas e sua expectativa de proteção perante o Poder Público.

2. A REFORMA TRABALHISTA E A EXECUÇÃO *EX OFFICIO*

A hermenêutica que se busca na interpretação da execução trabalhista é aquela que assegure maior efetividade às normas constitucionais, visto que disso depende a segurança jurídica que se quer oferecer ao reclamante por meio do processo judicial. Segurança jurídica, aqui, não é a literalidade da lei, como no positivismo superado no século XX, mas a garantia real de proteção ao cidadão que busca o acesso à justiça para defender prerrogativas essenciais que lhe foram conferidas pelo texto constitucional (CAMARGO, 2002). Quem precisa estar "seguro" é o cidadão, e não a forma procedimental usada, porque o rito nunca deve estar acima da pessoa humana.

Após a redemocratização brasileira a partir da década de 1990, tendo em vista a promulgação da constituição vigente em 1988, a função do Poder Judiciário como guardião dos direitos fundamentais foi reforçada pela adoção de doutrinas alemãs que evidenciavam esse novo papel das cortes na proteção dos cidadãos frente a abusos do estado. Isto resultou na modificação de dois paradigmas oitocentistas: separação de poderes e segurança jurídica. O primeiro, porque as atividades dos três Poderes passaram a se interpenetrar, o que força, na atualidade, a decisões complexas que envolvam dois ou os três simultaneamente para se conseguir implantar um novo direito.

O segundo, porque se no positivismo a segurança jurídica consistia na preservação dos procedimentos e do texto literal da legislação, seguindo o modelo burocrático weberiano, após a teoria crítica e o pós-positivismo esse papel reduzido do magistrado foi substituído pelo de defensor dos direitos da pessoa humana e não da redação técnica da norma jurídica. Logo, a segurança jurídica advém da efetiva proteção que os três Poderes, no uso de suas funções e a serviço dos cidadãos, a estes oferecem. Há uma inversão na lógica de cidadão similar a um súdito que existia no século XIX para uma racionalidade democrática segundo a qual o Estado e seu aparato estão a serviço e devem atender a critérios de qualidade e eticidade em relação a este papel constitucional que lhes foi atribuído em prol da defesa dos direitos fundamentais.

O papel dos juristas, especialmente das cortes que zelam pelo texto constitucional vigente, é o de concretizá-la, ou seja, esforçar-se para aproximar texto formal e realidade. Negar o direito constitucional é atribuir mais valor às forças políticas que disputam poder do que ao texto da própria Constituição. Uma vez que o ordenamento jurídico criado pela Constituição de 1988 originou no Brasil a *Büegerdemokratie* (Democracia de Cidadãos), como explicado por Peter Häberle (1997), é um compromisso por ele assumido de efetivar os direitos fundamentais dos brasileiros e evitar que as decisões judiciais tenham um *backlash* prejudicial ao reconhecimento das prerrogativas constitucionais. O efeito *backlash* consiste na repercussão da interpretação da lei pelas cortes junto à população, pois as decisões judiciais são um reflexo da existência ou não de um sistema de proteção à democracia e à cidadania plena. Quando elas não retratam essa realidade esperada pelos cidadãos, produzem um impacto negativo junto ao próprio ordenamento jurídico e à população destinatária dele.

Nesse sentido, a reforma trabalhista trouxe um *backlash* para a execução trabalhista ao desconstituir sua possibilidade de tramitação *ex officio* de modo unificado quanto aos créditos laborais e previdenciários, já que os primeiros deverão ser arguidos pelo advogado da parte e somente os últimos devem ser iniciados pelo juiz da causa (PELEGRINI, 2018). Assim, o magistrado dará prosseguimento de ofício à execução quanto às contribuições sociais, como determina o comando de norma inscrita na CR/1988: *Art. 114. Compete à Justiça do Trabalho processar e julgar: VIII – a execução, de ofício, das contribuições sociais previstas no art. 195, I, a, e II, e seus acréscimos legais, decorrentes das sentenças que proferir.*

Mas, no caso dos créditos trabalhistas, apenas haverá execução de ofício se não houver advogado constituído, como preceitua a nova redação do art. 878 da CLT, em decorrência da alteração promovida pela Lei n. 13.467/2017. Ora, isso poderia prejudicar o reclamante quanto às verbas que faz jus, além de ser logicamente incoerente com a estrutura de defesa processual erigida pela Constituição de 1988 e pela Consolidação das Leis do Trabalho (CLT) quanto à solução de conflitos judiciais laborais. Em razão disso, a ANAMATRA postulou os seguintes enunciados para evitar que uma hermenêutica inadequada do novo dispositivo da CLT trazido pela reforma prejudicasse o acesso a direitos fundamentais trabalhistas (grifo nosso):

> Enunciado n. 113 – Execução de ofício e art. 878 da CLT
>
> Em razão das garantias constitucionais da efetividade (CF, art. 5º, XXXV), da razoável duração do processo (CF, art. 5º, LXXVIII) e em face da determinação constitucional da execução de ofício das contribuições previdenciárias, parcelas estas acessórias das obrigações trabalhistas (CF, art. 114, VIII), o art. 878 da CLT <u>deve ser interpretado conforme a Constituição</u>, de modo a permitir a execução de ofício dos créditos trabalhistas, ainda que a parte esteja assistida por advogado.
>
> Enunciado n. 115 – Execução de ofício. Inexistência de nulidade
>
> A teor do art. 794 da CLT, não há nulidade processual quando o juízo realiza a execução de ofício, porque inexistente manifesto prejuízo processual.

Esses enunciados da ANAMATRA são muito relevantes porque asseguram a efetividade da decisão judicial que reconhece e declara proteção a direitos essenciais do trabalhador. De nada adiantaria a eficácia processual, de caráter apenas técnico, se a prolatação da sentença ou do acórdão não tivesse efetividade para promover a aguardada garantia de acesso aos créditos pleiteados pelo reclamante e obtidos na fase de conhecimento. Qualquer obstáculo à obtenção efetiva do cumprimento da decisão judicial comprometeria o acesso à justiça assegurado pelo art. 5º da Constituição da República de 1988.

A posição assumida pela ANAMATRA é um exemplo claro do que Miranda Fricker denomina de *contexto hermenêutico da compreensão social* (FRICKER, 2007) porque situa o debate a respeito da execução trabalhista *ex officio* na perspectiva constitucional do reclamante de modo a assegurar-lhe a efetividade do acesso aos direitos reconhecidos durante o processo de conhecimento. Ao orientar os magistrados no sentido de se comprometerem com a densificação constitucional, a ANAMATRA atuou em favor da *Büegerdemokratie*. Ao recomendar que os magistrados continuem a conceder de ofício o cumprimento unificado da execução trabalhista e previdenciária, a ANAMATRA criou um instrumento de acesso à justiça pela via hermenêutica, o qual pode ser muito útil para evitar que a nova redação dada à CLT pela reforma trabalhista (Lei n. 13.467/2017). Essa defesa dos direitos fundamentais do trabalho aqui observada é uma forma de emancipar e reconhecer a cidadania dos brasileiros que a Constituição de 1988 se comprometeu a resguardar (SOUZA, 2010).

Igualmente se coaduna com a proposta da Convenção n. 168 da OIT sobre Promoção do Emprego e Proteção Contra o Desemprego, a qual foi aprovada na 75ª reunião da Conferência Internacional do Trabalho que aconteceu em Genebra no ano de 1988, mesmo ano que entrou em vigor nossa atual Constituição da República. Infelizmente, essa convenção somente foi ratificada no Brasil com dez anos de atraso, em 1998, por meio do Decreto n. 2.682, mas é inegável a contribuição por ela trazida para nosso ordenamento jurídico e sua consonância com o texto fundamental pátrio. Por exemplo, o art. 6º, cláusula 1 (a seguir), harmoniza-se com o art. 3º da CF/1988.

> Art. 6º. 1. Todo Membro deverá garantir a igualdade de tratamento para todas as pessoas protegidas, sem discriminação alguma por motivo de raça, cor, sexo, religião, opinião pública, ascendência nacional, nacionalidade, origem étnica ou social, invalidez ou idade.

E quanto ao reconhecimento do papel jurídico e social que os órgãos públicos possuem quanto à efetivação dos direitos nela consignados em território nacional, sejam instituições políticas ou judiciais (grifo nosso):

> Art. 28. Todo membro assumirá uma responsabilidade geral pela <u>boa</u> administração das instituições e serviços encarregados da aplicação da Convenção.

Essa "boa" administração dos serviços que atendem à convenção inclui, por exemplo, a atuação da ANAMATRA em prol dos direitos fundamentais dos reclamantes em decorrência da nova redação do art. 878 da CLT, que poderia impactar negativamente junto à realidade laboral brasileira (*backlash*). É crucial dentro da concepção de *check and balance* que deve existir entre os três Poderes que este sistema de pesos e contrapesos tenha por principal objetivo impedir que um deles estabeleça normas jurídicas que reduzam a dignidade humana. Para isso o Legislativo deve agir com responsabilidade social, focalizando mais a defesa da Constituição de 1988 do que os interesses políticos e econômicos particularizados que possam querer influenciar os representantes dos cidadãos no momento de legislarem sobre direitos fundamentais.

Como já foi dito, o princípio da segurança jurídica se refere ao cidadão, ele é quem deve estar seguro, logo, é dever dos três Poderes agirem no sentido de resguardarem o bem-estar dos brasileiros, não de seu próprio corporativismo. Não é segurança jurídica da burocracia estatal e para preservação das hierarquias de poder que existem nos Poderes, mas sim, oferecer garantias de proteção e dignidade à população da qual eles devem cuidar. Os três Poderes estão à serviço da lei para que seja uma atuação pública em prol dos cidadãos e não de si mesmos, como acontecia, por exemplo, no positivismo legalista em que o Poder Legislativo era mais importante do que a sociedade para a qual, em tese, deveria trabalhar. Quanto ao Poder Judiciário, *in casu*, trabalhista, compete-lhe ser o contrapeso de normas pouco comprometidas com os segmentos sociais mais vulneráveis, defendendo-os como guardião de seus direitos, a exemplo do que ensinou Rui Barbosa.

3. HERMENÊUTICA TRABALHISTA EM PROL DO SER HUMANO

A hermenêutica constitucional e trabalhista cumpre sua função no ordenamento jurídico quando contribui para a efetividade dos direitos fundamentais. Por isso, na execução em processos da Justiça do Trabalho, o alcance do resultado esperado após a prolatação da decisão judicial é crucial. Dele depende a condição de vida dos reclamantes, pois as verbas trabalhistas estão vinculadas à sobrevivência dos seus titulares. Isso é tão relevante que o acesso ao trabalho e à renda de qualidade – não aqueles que colocam o ser humano em condição análoga à escravidão – é um dos elementos na composição do Índice de Desenvolvimento Humano (IDH), aqui já mencionado. Também porque é um instrumento de proteção necessário diante dos desafios que a Era Digital traz para a aplicação da norma e para o acesso à justiça, tendo em vista questões problemáticas da atualidade como o teletrabalho e a desterritorialização das jurisdições em razão da virtualização do espaço de interação entre os sujeitos. Trataremos mais detalhadamente desses dois tópicos a seguir.

3.1. Desenvolvimento humano

A adequada hermenêutica, aquela que fortalece e reconhece direitos especialmente de grupos vulneráveis, é imprescindível, também, para que se possa promover a ideia de justiça concebida por Amartya Sen, segundo a qual a noção de desenvolvimento adotada pelo país deve observar não somente seu aspecto econômico, mas, principalmente, sua dimensão humana. Este economista e filósofo defende, também, que é importante sermos capazes de nos situarmos na posição social do outro, o nosso "vizinho", para compreendermos como a vida dessa outra pessoa pode ser afetada pelas argumentações públicas que construímos em sociedade (SEN, 2011, p. 201-203).

Importante ressaltar que Amartya Sen compreende a importância que as relações econômicas têm para a sociedade. Ele mesmo escreveu que: "A liberdade de entrar em mercados pode ser, ela própria, uma contribuição importante para o desenvolvimento" (SEN, 2011, p. 21). A preocupação central do autor é com o modo pelo qual a organização dos mercados, entre eles o do trabalho, é realizada e com os riscos de uma distribuição de recursos de poder muito desigual, pois nesse contexto a fragilidade dos hipossuficientes é ainda maior. A liberdade de contratar e o conceito de trabalho livre são ganhos do capitalismo, mas para que essas relações tenham pretensão de validez é um requisito básico que ambas as partes estejam, efetivamente, em condições de deliberar sobre as cláusulas contratuais. O desenvolvimento econômico é necessário, mas o desenvolvimento humano e a proteção da dignidade da pessoa também.

Portanto, as decisões judiciais, notadamente na execução trabalhista, possuem a função primordial de garantir que esse equilíbrio seja preservado. O Poder Judiciário e o Poder Legislativo possuem uma responsabilidade pública para com o cumprimento das convenções da OIT e com o texto fundamental de 1988. Qualquer dispositivo legal que diminua prerrogativas humanas essenciais e prejudique o espírito da Constituição de 1988 deve, perante ela, ser declarado inconstitucional ou, quando for possível caminho menos severo, ser reinterpretado por uma hermenêutica coerente com a efetivação dos direitos defendidos, a qual poderá evitar o *backlash* e fortalecer a *Democracia de Cidadãos* no Brasil.

Essa perspectiva hermenêutica oferece um paradigma interpretativo que atribui maior importância ao "diálogo para a construção de uma sociedade democrática", tendo em vista que "o debate atual sobre os princípios de direito só faz sentido se tomado sob a perspectiva dos direitos fundamentais" (CAMARGO, 2002, p. 389). Segundo Margarida Maria Lacombe Camargo, isso ocorre porque todos os ramos do direito devem voltar-se para os valores constitucionais no sentido de resguardá-los; essa é uma premissa vital para o Estado Democrático de Direito. Sem esse tipo de postura hermenêutica na interpretação das normas jurídicas, corre-se o risco de favorecer um modelo de desenvolvimento pouco comprometido com a dimensão humana, atuando apenas sob o viés econômico. Este é necessário, por certo, mas regulado pelos valores que preservam a dignidade da vida humana, bem maior.

Por causa disso a postura da ANAMATRA foi urgente e necessária para defender a hermenêutica constitucional da efetividade do acesso à justiça, *in casu*, por meio da execução trabalhista. Ela também é condizente com o pacto global em prol do desenvolvimento sustentável proposto pela Organização das Nações Unidas e do qual o Brasil é signatário. Alguns objetivos importantes foram determinados para que se possa promover a dimensão humana do desenvolvimento e, assim, preservar a dignidade da pessoa humana. Como parte desse pacto foi elaborada a Agenda 2030, e, em relação às metas por ela indicadas, os Estados signatários assumiram compromissos internos em seus ordenamentos jurídicos que deverão ser implementados pelos seus três Poderes.

No que tange às relações trabalhistas, a Agenda 2030 aponta o *ODS 8 – Trabalho decente e crescimento econômico* – como uma de suas prioridades e dentre as metas propostas neste objetivo específico, destacamos as seguintes:

8.5 – trabalho decente, inclusive para grupos vulneráveis como pessoas com deficiência;

8.6 – empregabilidade e formação para os jovens;

8.7 – erradicar o trabalho forçado, a escravidão moderna, o trabalho infantil e o tráfico de pessoas;

8.8 – ambientes de trabalho seguros.

Logo, considerando o compromisso assumido pelo Brasil com a ONU e a Agenda 2030, assim como o que preceitua a Constituição de 1988, os enunciados publicados pela ANAMATRA vêm em socorro do problema causado pela redação legislativa aprovada na reforma trabalhista, a qual diminuiria direitos inscritos no pacto global e no texto fundamental pátrio. Por meio de uma adequação hermenêutica, a ANAMATRA agiu no sentido de fortalecer o *princípio da segurança jurídica do cidadão* perante as ações praticadas pelos Poderes estatais. Isso contribui para o compromisso brasileiro de melhorar o IDH do país. Atualmente, o Brasil está abaixo de mais de setenta outros Estados quanto à qualidade de vida que oferta à boa parte de sua população. Houve melhora nos últimos anos, mas se analisado o IDH em conjunto com o índice Gini sobre desigualdade, na verdade o quadro brasileiro piorou segundo o Programa das Nações Unidas para o Desenvolvimento (PNUD, 2018): nosso país tem o 9º pior valor de Gini no Mundo; há uma diferença significativa entre o IDH dos homens e o IDH das mulheres. De acordo com o PNUD (2018): "Vale ressaltar que o país com menor IDH do mundo tem mais mulheres com assento no Parlamento do que o Brasil. O Brasil apresenta 11,3%, enquanto o Níger tem 17%.".

Logo, a análise da suposta "melhora" no IDH nacional é uma ficção. Analisando-se os dados desagregados por raça e gênero, tanto nas causas laborais quanto nos setores econômico e político, existem dois tipos de países: Um para homens brancos; outro para os demais, com índices piores de qualidade de vida. Por isso é tão necessária a tarefa constitucional da Justiça do Trabalho em assegurar a efetividade das decisões por ela proferidas, porque este tem sido um dos principais meios de reconhecimento de direitos aos segmentos alijados de nossa sociedade. Cercear a defesa dos cidadãos nas execuções trabalhistas favorece a desigualdade social e econômica brasileira e ofende às premissas básicas de democracia e equidade da Constituição da República de 1988.

3.2. Efetividade da execução trabalhista na era digital

Outro desafio para a proteção dos direitos fundamentais na execução trabalhista, além da questão hermenêutica, é a desterritorialização das relações laborais em razão do uso de tecnologias digitais. A legislação brasileira prevê que o foro para solução de controvérsias relativas ao contrato de trabalho é o local da prestação de serviços. No entanto, a Era Digital trouxe um novo *locus* para a realização dessas atividades, a esfera virtual, ou "nuvem". É possível, nos dias de hoje, que um empregado residente no Brasil preste serviço a uma empresa situada em outro lugar do globo e que realize suas atividades em uma plataforma *on-line* fornecida pelo empregador estrangeiro e que está hospedada em um servidor na própria sede do contratante ou, até mesmo, em um país distinto. Suponhamos, por exemplo, uma empresa com sede na Irlanda, que mantenha parte da linha de produção nos Estados Unidos e contrate programadores de aplicativos de várias partes do mundo, os quais se conectam via internet ao seu servidor. A relação laboral dependerá de uma série de aspectos complexos para que se possa definir mais claramente a jurisdição do país que irá solucionar algum conflito entre esta pessoa jurídica e seus contratados.

O caso acima representa a possibilidade que as tecnologias permitem de haver múltipla territorialidade. Um brasileiro residente em nosso território presta serviços em qual local? Ainda que o processo trabalhista tramite no Brasil, onde será executado? Uma vez que dependa de carta rogatória para alcançar efetividade fora do território nacional, quais as chances reais de sucesso que o reclamante possui ante este conflito de jurisdições?

A Consolidação das Leis Trabalhistas especifica que:

> Art. 651. A competência das Juntas de Conciliação e Julgamento é determinada pela localidade onde o empregado, reclamante ou reclamado, prestar serviços ao empregador, ainda que tenha sido contratado noutro local ou no estrangeiro.
>
> § 1º Quando for parte de dissídio agente ou viajante comercial, a competência será da Junta da localidade em que a empresa tenha agência ou filial e a esta o empregado esteja subordinado e, na falta, será competente a Junta da localização em que o empregado tenha domicílio ou a localidade mais próxima.
>
> § 2º A competência das Juntas de Conciliação e Julgamento, estabelecida neste artigo, estende-se aos dissídios ocorridos em agência ou filial no estrangeiro, desde que o empregado seja brasileiro e não haja convenção internacional dispondo em contrário.
>
> § 3º Em se tratando de empregador que promova realização de atividades fora do lugar do contrato de trabalho, é assegurado ao empregado apresentar reclamação no foro da celebração do contrato ou no da prestação dos respectivos serviços.

Para regulamentar o trabalho de brasileiros no exterior a praxe era a aplicação da Lei n. 7.064, de 6 de dezembro de 1982, que dispõe da seguinte forma:

> Art. 1º. Esta Lei regula a situação de trabalhadores contratados no Brasil ou transferidos por seus empregadores para prestar serviço no exterior.
>
> Parágrafo único. Fica excluído do regime desta Lei o empregado designado para prestar serviços de natureza transitória, por período não superior a 90 (noventa) dias [...]
>
> Art. 3º. A empresa responsável pelo contrato de trabalho do empregado transferido assegurar-lhe-á, independentemente da observância da legislação do local da execução dos serviços:
>
> I – os direitos previstos nesta Lei;
>
> II – a aplicação da legislação brasileira de proteção ao trabalho, naquilo que não for incompatível com o disposto nesta Lei, quando mais favorável do que a legislação territorial, no conjunto de normas e em relação a cada matéria.
>
> Parágrafo único. Respeitadas as disposições especiais desta Lei, aplicar-se-á a legislação brasileira sobre Previdência Social, Fundo de Garantia por Tempo de Serviço – FGTS e Programa de Integração Social – PIS/PASEP.

A competência para julgar processos que prevalece é aquela em razão do lugar da prestação de serviços, a *lex loci executionis*. Para maior proteção do trabalhador e garantia da efetividade da execução trabalhista, o *Informativo 185 do TST* recomenda que a competência territorial trabalhista competente seja "o foro do domicílio do reclamante quando a atribuição da competência ao local de prestação de serviços ou da contratação obstaculizar o direito de ação". Todavia, como fazer para que esta prerrogativa seja respeitada por organizações que sequer possuem qualquer tipo de representação em território nacional?

Pode-se invocar, ainda, a análise das normas sobre teletrabalho que foram promulgadas com a reforma trabalhista, Lei n. 13.467/2017. O teletrabalho abre espaço para reflexões quanto à defesa de direitos trabalhistas em múltiplas frentes: automação, excesso de jornada, equiparação de condições com os empregados presenciais, direito à desconexão do empregado, entre outras questões. Aqui, no entanto, destaca-se os efeitos que esta modalidade de atividade laboral pode ter quanto à territorialidade da execução e do próprio processo de conhecimento. Embora exista ampla hermenêutica favorável à aplicação da legislação brasileira e regras sobre a contratação de mão de obra, o teletrabalho, hoje, não é apenas a atividade em domicílio submetida às leis do direito brasileiro. A expansão da internet possibilita, por exemplo, que uma pessoa no Brasil acesse a página eletrônica de contratação de uma empresa estrangeira, participe da seleção por videoconferência, seja contratado "lá" sem nunca sair fisicamente do país e preste seus serviços exclusivamente pelas redes digitais, recebendo sua remuneração por um *On-line Bank* sem sede ou filial em nosso território.

A desterritorialização provocada pela internet facilitou, por um lado, a oferta de oportunidades uma vez que viabiliza o envio de currículos para múltiplos países. O profissional pode manter-se residindo no lugar de origem ou mudar, por sua vontade, constantemente – os nômades digitais – pois sua prestação de serviço independe do local em que esteja morando, já que é executada no ambiente virtual, acessível de diversas partes do globo. Uma vez que o princípio do *jus sanguinis* não se aplica às relações trabalhistas, sendo a norma aplicável determinada pelo local da prestação de serviço, como dispõe o art. 651 da CLT, o qual prescreve que a jurisdição trabalhista "é determinada pela localidade onde o empregado, reclamante ou reclamado, prestar serviços ao empregador, ainda que tenha sido contratado noutro local ou no estrangeiro". Em seu § 3º, determina que na realização de atividades fora do lugar do contrato de trabalho seja assegurada "ao empregado apresentar reclamação no foro <u>da celebração do contrato ou no da prestação dos respectivos serviços</u>" (grifo nosso).

Contudo, no exemplo acima, como se vê, em ambas as situações o local indicado é o ambiente virtual. A empresa considerará sua sede, se precisar de referência de territorialidade e, nesse caso, a legislação brasileira dificilmente conseguirá ser aplicada. Ainda que seja ajuizado um processo trabalhista em território nacional, para a efetividade de sua execução dependerá de carta rogatória ativa e da aceitação desta no ordenamento jurídico estrangeiro, o que pode não acontecer por serem distintas as normas sobre teletrabalho ou até mesmo inexistentes. Portanto, compete à hermenêutica promover a reterritorialização das demandas trabalhistas para assegurar que os direitos trabalhistas e aqueles fundamentais a eles vinculados sejam cumpridos (WENNINGER, 2013; MENA, 2009).

Isso pode ser feito considerando-se que o *locus* da prestação do serviço em meio digital não pode ser "a nuvem", o espaço desterritorializado; logo, reterritorializá-lo hermeneuticamente significa indicar a jurisdição presencial daquelas relações virtualizadas. Visto que o empregado presta serviço a partir de uma infraestrutura física situada no Brasil (redes, cabos de transmissão, conexões com sistemas de satélite etc.), a prestação do serviço somente se efetua porque ele se conecta à *backbone* brasileira, que é a espinha dorsal da internet em nosso território que a conecta aos demais países. Este teletrabalho começa a ser prestado no Brasil e seu sinal digital é enviado – muito rapidamente – por essa infraestrutura física para o país da empresa contratante. O empregado está no Brasil, a prestação é feita aqui e com a infraestrutura nacional para depois ser enviada ao empregador. Como são nanossegundos, somente percebemos essa fase da conexão acontecendo quando a rede de transmissão está com problemas no sinal e os *downloads*, *uploads* etc. demoram a ser finalizados; ou se há perda de conexão e a informação nem mesmo chega a ser remetida ou recebida.

Vencida a questão da norma aplicável, no entanto, persiste a dificuldade de efetividade da execução trabalhista, já que mesmo fazendo-se uma interpretação social-democrática da norma jurídica, ou pelo viés liberal não utilitarista de Dworkin (BRANCO, 2007), ainda persistiria o desafio de obter o cumprimento da decisão judicial junto ao empregador estrangeiro que, por utilizar exclusivamente recursos digitais para contratar, não se submete à jurisdição brasileira. O raciocínio hermenêutico apontado no parágrafo anterior pode reterritorializar a fase de conhecimento, mas ainda não é o bastante para garantir a efetividade da execução.

4. CONSIDERAÇÕES FINAIS

Como se pode ver nestas reflexões, a reforma trabalhista precisa ser adequada ao contexto hermenêutico constitucional vigente desde 1988 para que importantes direitos não sejam prejudicados devido à má qualidade hermenêutica de algumas interpretações durante a aplicação da norma trabalhista. Isso é crucial para que o Poder Judiciário e o Poder Legislativo continuem a atuar visando a promoção das formas de trabalho decente que contribuem para a diminuição da vulnerabilidade social de alguns segmentos no Brasil, como se explicou ao longo do artigo. A qualidade hermenêutica e a efetividade da execução judicial trabalhista também fortalecem o aumento da segurança jurídica para os cidadãos e cidadãs do Brasil que laboram cotidianamente e que destas atividades de trabalho extraem seu sustento e a busca por uma vida digna.

Esta adequação hermenêutica que favorece a efetividade das decisões trabalhistas na fase de execução do processo pode ser mais robusta se for aplicada uma hermenêutica que promova a reterritorialização do trabalho em meio virtual para que a ambiguidade de jurisdições não impeça a defesa do empregado; igualmente, amparar-se nos pactos internacionais e nos Objetivos para o Desenvolvimento Sustentável, que reflete diretamente no IDH do país. Do respeito a essas prerrogativas em âmbito internacional pode decorrer maior garantia de que a execução das decisões judiciais nesta seara venham a ser efetivamente respeitadas não somente pelo Brasil, mas também pelos demais países signatários dos acordos e tratados da Organização Internacional do Trabalho, o que é fundamental em um mundo globalizado no qual o trabalhador é a parte mais frágil desse tipo de contrato, cabendo ao Estado brasileiro e aos organismos internacionais combater as formas de evasão de responsabilidades por parte dos contratantes, sejam em meio presencial ou digital.

5. REFERÊNCIAS

BRANCO, Ana Paula Tauceda. *A colisão de princípios constitucionais no direito do trabalho.* São Paulo: LTr, 2007.

BRASIL. Constituição da República Federativa do Brasil, promulgada em 05 de outubro de 1988. *Presidência da República*, Casa Civil, Subchefia de Assuntos Jurídicos. Disponível em: <http: //www.planalto.gov.br/ccivil_03/constituicao/constituicaocompilado.htm>. Acesso em: 18 maio 2019.

BRASIL. Lei 13.467, publicada em 13 de julho de 2017. *Presidência da República*, Casa Civil, Subchefia de Assuntos Jurídicos. Disponível em: <http://www.planalto.gov.br/ccivil_03/_ato2015-2018/2017/lei/l13467.htm>. Acesso em: 18 maio 2019.

BOURDIEU, Pierre. *O poder simbólico*. Trad. Fernando Tomaz. Rio de Janeiro: Bertrand, 1989.

CAMARGO, Margarida Maria Lacombe. Eficácia constitucional: uma questão hermenêutica. In: BOUCAULT, C.E.A.; RODRIGUEZ, J. R. (Org.). *Hermenêutica plural*: possibilidades jusfilosóficas em contextos imperfeitos. São Paulo: Martins Fontes, 2002.

ESTEVES, Juliana Teixeira; COSENTINO FILHO, Carlo. O teletrabalho na Lei 13.467/17 (reforma trabalhista): uma regulamentação em desacordo com as evidências empíricas. In: MELO, R.S.; ROCHA, C.J. (Coord.). *Constitucionalismo, trabalho, seguridade social e as reformas trabalhista e previdenciária*. São Paulo: LTr, 2017. p. 385-400.

FRICKER, Miranda. *Epistemic Injustice*: Power and the ethics of knowing. New York: Oxford University Press, 2007.

HÄBERLE, Peter. *Hermenêutica constitucional*: a sociedade aberta dos intérpretes da constituição. Tradução Gilmar Ferreira Mendes. Porto Alegre: Sérgio Antônio Fabris, 1997.

HABERMAS, Jürgen. *Direito e Democracia*: Entre facticidade e validade. Rio de Janeiro: Tempo Brasileiro, 2003. 2v.

HABERMAS, Jürgen. *Pensamento pós-metafísico*: estudos filosóficos. Rio de Janeiro: Tempo Brasileiro, 1990.

HAEBERLIN, Mártin. *Uma teoria do interesse público*: Fundamentos do Estado Meritocrático de Direito. Porto Alegre: Livraria do Advogado, 2017.

INSTITUTO DE PESQUISA ECONÔMICA APLICADA (IPEA). *RADAR IDMH* – Análise Geral da Tendência de Evolução do IDHM no Brasil (2012 a 2017). Disponível em: <http://www.atlasbrasil.org.br/2013/data/rawData/Radar%20IDHM%20PNADC_2019_Book.pdf>. Acesso em: 20 maio 2019.

MENA, Natália Moraes. Del mito de la desterritorialización a la multiterritorialidad. *Revista Internacional de Ciencias Sociales*, n. 28, p. 61-70, 2009.

ORGANIZAÇÃO INTERNACIONAL DO TRABALHO (OIT). *Convenção 168 – Promoção do Emprego e Proteção Contra o Desemprego*, aprovada na 75ª reunião da Conferência Internacional do Trabalho (Genebra, 1988). Disponível em: <https://www.ilo.org/brasilia/convencoes/WCMS_236246/lang--pt/index.htm>. Acesso em: 22 maio 2019.

ORGANIZAÇÃO DAS NAÇÕES UNIDAS (ONU). *Objetivo 8. Promover o crescimento econômico sustentado, inclusivo e sustentável, emprego pleno e produtivo e trabalho decente para todas e todos*. Agenda 2030, Objetivos para o Desenvolvimento Sustentável, Trabalho Decente, 2015. Disponível em: <https://nacoesunidas.org/pos2015/ods8/>. Acesso em: 22 maio 2019.

ORGANIZAÇÃO DAS NAÇÕES UNIDAS (ONU). *Declaration on the right to development*. Assembleia Geral, Resolução 41/128, 4 de dezembro de 1986. Disponível em: <https://www.un.org/documents/ga/res/41/a41r128.htm>. Acesso em: 22 maio 2019.

PELEGRINI, Edison dos Santos. A nova execução trabalhista. *Revista do Tribunal Regional do Trabalho da 15ª Região*, n. 52, p. 169-196, 2018.

PROGRAMA NAÇÕES UNIDAS PARA O DESENVOLVIMENTO (PNUD). *O que é IDH*. Disponível em: <https://nacoesunidas.org/brasil-mantem-tendencia-de-avanco-no-desenvolvimento-humano-desigualdades-persistem>. Acesso em: 24 maio 2019.

PROGRAMA NAÇÕES UNIDAS PARA O DESENVOLVIMENTO (PNUD). *Brasil mantém tendência de avanço no desenvolvimento humano, mas desigualdades persistem* – O país perde 23,9% do seu IDH quando se consideram as desigualdades. 14 de setembro de 2018. Disponível em: <http://www.br.undp.org/content/brazil/pt/home/idh0/conceitos/o-que-e-o-idh.html>. Acesso em: 22 maio 2019.

REPOLÊS, Maria Fernanda Salcedo. O caso dos crimes de hermenêutica. *XVIII Congresso Nacional do CONPEDI*, São Paulo, p. 7099-7114, 04 a 07 de novembro de 2009.

SEN, Amartya. *Desenvolvimento como liberdade*. Trad. Laura Teixeira Motta. São Paulo: Companhia de Bolso, 2015.

SEN, Amartya. *A ideia de Justiça*. Trad. Denise Bottmann; Ricardo Doninelli Mendes. São Paulo: Companhia das Letras, 2011.

SOUZA, Luciana C. A (des)proteção normativa da cidadania. *Direitos Culturais*, Santo Ângelo, v. 5, n. 9, p. 119-134, jul./dez. 2010.

TRIBUNAL SUPERIOR DO TRABALHO. *Informativo 185*. Disponível em: <https://juslaboris.tst.jus.br/handle/20.500.12178/146512>. Acesso em: 24 maio 2019.

WENNINGER, Agnieszka. *Territoty(ies) Internet*: Deleuzian perspective on ownership and identity on the web. Massachusetts Institute of Technology, 2013. Disponível em: <http://web.mit.edu/comm-forum/legacy/mit5/papers/mit5_wenninger.pdf>. Acesso em: 24 jun. 2019.

Teoria da Execução

Vitor Salino de Moura Eça[(1)]

1. INTRODUÇÃO

A execução pode ser uma *fase* do processo ou um processo *autônomo*, dependendo de onde seja constituído o título executivo. Se ele é judicial, ou seja, foi constituído nos mesmos autos será, naturalmente, uma etapa do referido processo. É o que se chama de *processo sincrético*, isto é, aquele que reúne ambas as fases – conhecimento e execução.

A execução será um processo autônomo quando lastrada num título extrajudicial, pela óbvia razão que jamais existiu um processo precedente. Então um deverá ser criado exclusivamente para este processamento.

A CLT trata de ambas as formas no art. 876, sem embargos de outras possibilidades executivas como veremos adiante.

2. CONCEITO

Afirmamos que a execução é a parte da ciência processual cujo propósito é satisfazer judicialmente os títulos que lastreiam os documentos enunciativos de relações jurídicas constituídas pelas partes ou pelo magistrado.

Na doutrina processual civil diz-se que: "executar é satisfazer uma prestação devida. A execução pode ser espontânea, quando o devedor cumpre voluntariamente a prestação, ou forçada, quando o cumprimento da prestação é obtido por meio da prática de atos executivos pelo estado" (DIDIER *et alli*, 2017, p. 45).

3. PRINCIPIOLOGIA

Os princípios são proposições que esclarecem e fundamentam a aplicação de determinada área do conhecimento, onde exercem papel de informar, conformar, descrever e explicar o manejo adequado. Eles se constituem, portanto, em imprescindíveis vetores para a otimização sistêmica.

A execução se desenvolve no campo de atuação do direito processual, que tem os seus princípios, entretanto, ela se transformou numa parte tão grandiosa e complexa do processo que desenvolveu os seus próprios princípios.

3.1. Princípio do título

A existência de um título executório hígido é o primeiro pressuposto para a existência da própria execução, em linha com o brocardo latino *nulla executio sine titulo*, que segue atual, e se consubstancia objetivamente nos arts. 876/CLT e 783/CPC.

Assim a execução há de se basear, sempre, num título certo, líquido e exigível[(2)], sendo que a sua exibição é essencial para o exercício do direito de ação validamente.

3.2. Princípio da patrimonialidade

Este princípio realiza o total abandono da execução pessoal[(3)], porquanto na atualidade o exequente pode apenas exigir o patrimônio do executado, especialmente na execução por quantia certa contra devedor solvente, pelo qual a execução tem por objeto a expropriação dos bens do devedor, a fim de satisfazer o direito do credor/exequente.

A ideia é respaldada ainda pelo art. 391/CC, mas apesar de o referido princípio ser absoluto em relação ao livramento da pessoa do devedor, convém pôr em destaque que a execução pode ser feita de modo diverso do patrimonial, como na execução para a entrega de coisa e nas obrigações de fazer ou não fazer.

---

(1) Pós-doutor em Direito Processual Comparado pela Universidad Castilla-La Mancha, na Espanha. Pós-doutor em Direito Processual Internacional na Universidad de Talca – Chile. Juiz do Trabalho no TRT/3. Professor Adjunto IV da PUC-Minas (CAPES 6), lecionando nos cursos de mestrado e doutorado em Direito, na área de Direito Processual, onde é Líder do Grupo de Pesquisa *Direito Processual Comparado*. Professor visitante em diversas universidades nacionais e estrangeiras. Professor conferencista na ENFAM e na ENAMAT. Pesquisador junto ao Centro Europeo y Latinoamericano para el Diálogo Social – CELDS – España e ao Centro de Estudios de Derecho del Trabajo y de la Seguridad Social – CENTRASS – Chile. Membro efetivo, dentre outras, das seguintes sociedades: Academia Brasileira de Direito da Seguridade Social – ABDSS; Academia Brasileira de Direito do Trabalho – ABDT; Associação Brasileira de Direito Processual – ABDPro; Instituto Brasileiro de Direito Processual – IBDP; Asociación Iberoamericana de Derecho del Trabajo y de la Seguridad Social - AIDTSS, e da Societé Internationale de Droit du Travail et de la Sécurité Sociale.

(2) Diz-se que o título é certo, no plano judicial, quando não pende recurso capaz de lhe retirar a exigibilidade, e no plano extrajudicial quando estiver totalmente revestido das formalidades legalmente previstas; exigível será o título não mais sujeito à condição ou termo, e a obrigação nele retratada não mais está condicionada a evento futuro ou qualquer outra condição; por fim, será líquido o título que individualiza exatamente o objeto da execução, bem como o respectivo valor.

(3) Parte da doutrina conceitua este princípio como da realidade, por meio do qual toda execução no processo contemporâneo é real, ou seja, busca os bens e não a pessoa do executado. Entretanto, os bens passíveis de serem excutidos não são apenas os reais, e sim todo o acervo, à exceção dos listados como impenhoráveis.

O diploma humanitário retratado no Pacto de San José – Costa Rica, que proíbe a prisão civil por dívida parece sepultar o derradeiro resquício da execução pessoal, e o Brasil, em boa hora, o incorpora definitivamente em nosso ordenamento jurídico, por meio da Súmula Vinculante n. 25/STF.

3.3. Princípio do resultado

Corolário do princípio antes referido, e em sintonia com a realidade de que a execução se perfaz no interesse do credor, isto é, para sua satisfação, e nos moldes do art. 797/CPC, temos que é dever do executado entregar exatamente o objeto da prestação inadimplida, ou o equivalente em perdas e danos.

Busca-se, assim, que o credor remonte ao seu *status* anterior, ou seja, que não tenha nenhum prejuízo em virtude de ter tido um bem da vida desrespeitado. Daí porque também é conhecido como "princípio da especificidade da execução".

3.4. Princípio da utilidade

Este princípio veda a prática de atos desnecessários, com o fito de se vilipendiar o executado, lhe impor penas ou castigos acessórios, e ainda o desapossamento de bens inúteis ao interesse real do exequente. Por seu intermédio a execução se limita ao suficiente para solver a dívida, e se impede que o exequente se valha do processo como instrumento de vingança, pelo que incidentalmente o aludido princípio também confere dignidade ao executado.

Vários dispositivos o materializam, notadamente o art. 831/CPC, que limita a penhora, por meio do qual esta deverá incidir em tantos bens quantos bastem para o pagamento do principal atualizado, juros, custas e honorários.

3.5. Princípio da economia ou modo menos gravoso

Este é o princípio mais mencionado na fase executiva, entretanto, ao contrário do que muitos imaginam, ele não se destina à clemência. Tem justificativa científica e apesar de estar em posição mais acanhada em relação ao princípio da utilidade, pelo qual a execução se movimenta em interesse do credor, formata-se dentro da seguinte realidade: quando por vários meios o credor puder promover a execução, deve ela ser levada a efeito da forma que traga menos impacto ao patrimônio ou à dignidade do executado.

O princípio em questão está materializado objetivamente no art. 805/CPC. Entretanto, convém deixar claro que o executado que invocar este princípio deverá indicar com clareza a medida executiva mais gravosa que oferece à execução, sob pena de manutenção dos atos executivos já determinados.

3.6. Princípio da onerosidade

A execução somente se verifica quando o devedor da obrigação não a satisfaz a tempo e modo, aí incluído o cumprimento de sentença. Toda execução, portanto, parte da mora do devedor, situação naturalmente onerosa no sistema jurídico universal.

O Direito Processual do Trabalho também contempla os ônus da demora na fase executiva, o fazendo no art. 883/CLT, cumulado com as Súmulas ns. 200 e 211/TST. O retardamento culpável traz prejuízos e estes são aquilatáveis nesta se do processo, gerando acréscimos à obrigação originalmente contraída.

A conduta do executado, contrária ao direito, recomenda um agravamento de sua dívida, de modo a que o comando judicial seja cumprido no menor espaço de tempo possível.

Este princípio se materializa ainda no art. 789-A/CLT, que preconiza que no processo de execução são devidas custas, sempre de responsabilidade do executado.

3.7. Princípio do impulso oficial

A ciência processual se louva basicamente na disponibilidade da demanda, entretanto, após o pronunciamento sentencial, o próprio Estado passa a reconhecer o ato que proferiu, tendo o dever residual[4] de implementá-lo até a sua integral satisfação.

A iniciativa de promover a execução é da parte, entretanto, o inciso VIII, do art. 114/CF, exige que o Juiz do Trabalho cobre, de ofício, as contribuições sociais devidas ao INSS, relativamente aos créditos previdenciários reconhecidos na Justiça Especializada.

A norma infraconstitucional também concita o magistrado a ativar-se na satisfação do julgado, nos moldes dos arts. 878 e 878-A/CLT, quando a parte estiver desassistida por advogado.

O direito processual comum se agradou de nossa experiência positiva e também outorgou poderes ao magistrado para que atue como agente inserido, asseverando no inciso IV, do art. 139/CPC que o Juiz dirigirá o processo, incumbindo-lhe determinar todas as medidas indutivas, coercitivas, mandamentais ou sub-rogatórias necessárias para assegurar o cumprimento de ordem judicial, inclusive nas ações que tenham por objeto prestação pecuniária.

3.8. Princípio da disponibilidade

Princípio de contida aplicação no Direito Processual do Trabalho, o princípio da disponibilidade parte da ideia de que execução se faz no interesse do credor, e este não mais

(4) O interesse imediato é do exequente, e somente diante de sua inação é que o Estado está autorizado a agir, inclusive de ofício e por disposição constitucional, nos moldes do inciso VIII, do art. 114/CF. Note-se ainda que, para além do direito reconhecido à parte, outros créditos acessórios são também constituídos, tais como custas, IRRF, créditos previdenciários, dentre outros, os quais o exequente não pode dispor.

existindo ele pode perder o desejo de prosseguir com a execução. A lei processual civil chega a autorizar a desistência, expressamente, no art. 775/CPC.

O grande problema entre nós é que parte dos créditos trabalhistas é indisponível. Ademais, a dignidade da coisa julgada, de interesse do Poder Judiciário e de toda a sociedade, constitui outro grave embaraço. Não obstante, tratando-se de direito eminentemente patrimonial, e já integralizado o direito, isto é, com a parte absolutamente livre de qualquer temor reverencial de seu antigo empregador, a objeção originalmente feita pela Justiça do Trabalho não parece tão consistente e perde lugar paulatinamente.

3.9. Princípio da subsidiariedade

O acervo de possibilidades executórias na CLT é restrito, sendo que ela própria indica a LEF e o CPC como suportes subsidiários, desde que haja omissão e a norma processual civil seja compatível com os princípios que informam o Direito Processual do Trabalho.

Convém notar que, ao contrário do que a praxe consagrou, a aplicação preferencial é a da LEF, como precisamente indica o art. 889/CLT. Somente havendo necessidade de maior suplementação é que o CPC pode ser atiçado, com base no art. 769/CLT, c/c o art. 15/CPC. Ocorre que a LEF está anacrônica, e o CPC é bem mais atual e alinhado com os regramentos contemporâneos de processo, daí porque sua utilização é mais frequente.

Pontue-se que além do CPC ter extensa parte sobre execução, o parágrafo único de seu art. 771 ainda preceitua que aplicam-se subsidiariamente à execução as normas fundamentais de processo.

Temos, assim, que o princípio da subsidiariedade assiste todo o tempo a execução trabalhista, sendo um vetor de constante aplicação.

4. CLASSIFICAÇÃO DAS EXECUÇÕES

As execuções se classificam de vários modos, pelo que listamos os mais significativos.

Execução comum e especial, consoante a modalidade de processamento, isto é, se por meio da CLT ou de leis especiais, com a da execução fiscal – LEF.

Ela pode se classificar conforme a natureza do título, se judicial ou extrajudicial, ou seja, consoante o local em que ele se constitui – no processo ou fora dele.

A execução também se cataloga por ser direta ou indireta. Na execução direta se afirma um direito e se busca a sua satisfação, por meio da sub-rogação ou da execução direta, o que se faz pelo desapossamento dos bens ou expropriação patrimonial.

Note-se que o desapossamento se distingue da expropriação. Há desapossamento quando o magistrado determina a busca e apreensão, enquanto se verifica a expropriação quando o credor adjudica a coisa ou ela é alienada para que, por meio dessa transformação, se pague ao exequente.

A execução será indireta quando se perfizer pelo incitamento ao cumprimento do julgado, por meio de imposição de multas, astreintes, oferta de isenção de custas, dentre outras sanções abonadas.

Há ainda quem vislumbre mais uma classificação, conforme o momento de execução, subdividindo-a em cumprimento provisório e cumprimento definitivo.

É importante, por derradeiro, nos atentarmos também para a classificação dos atos executivos, cujo elenco nos parece muito proveitoso: a) atos de apreensão ou constrição, dos quais são exemplos o bloqueio de crédito, a penhora e o desapossamento; b) atos de transformação, quando o executado está obrigado a prestar uma providência; c) atos de custódia, representados pela guarda de algo; d) atos de dação, como a entrega de um bem; e) atos de transferência, quando algo do patrimônio do executado é trasladado compulsoriamente; e f) atos de pressão, com a imposição de multas e outras penalidades (ASSIS, 2013, p. 108).

5. NORMATIVIDADE

A CLT destina um capítulo à execução e ao processo executivo, estando ambos disciplinados nos arts. 876 a 892. Há previsão de inúmeras genuínas situações, conferindo autenticidade e autonomia ao processo do trabalho, estando incluído no referido rol a parte que trata dos embargos à execução.

Nada obstante, a execução apresenta complexa estrutura, porquanto nesta fase são realizados múltiplos atos processuais, atraindo, por conseguinte, a aplicação supletória do CPC. Este é bem mais exauriente, e disciplina a execução nos arts. 771 a 925. Note-se que são cento e cinquenta e quatro artigos a tratar de um só tema, o que torna a cobertura normativa executória brasileira a mais extensa do mundo.

Além do CPC, a Lei n. 6.830/1980, que dispõe sobre a cobrança judicial da dívida ativa da Fazenda Pública, conhecida como Lei dos Executivos Fiscais – LEF, também é admitida para suplementar o padrão celetista, conforme permissivo no art. 889/CLT.

Pontue-se que a LEF é a forma mais abreviada de execução existente no Brasil, razão pela qual foi escolhida pelo legislador celetista para a suplementação normativa, a fim de dotar à execução trabalhista grande agilidade e maior eficiência.

Ocorre que a multiplicidade de fontes gera, muitas vezes, uma procedimentalidade híbrida, amalgamando regras de distintos diplomas normativos, dificultando sobremaneira a desejada eficiência e alongando o processamento dos feitos judiciais. A fim de tentar padronizar as execuções, além de outras procedimentalidades no âmbito da Justiça do Trabalho, o TST criou a Consolidação dos Provimentos da Corregedoria-Geral da Justiça do Trabalho, destinando toda uma seção à execução, que vai do art. 76 ao 129.

6. DISPONIBILIDADE DA EXECUÇÃO

Como o direito material do trabalho é caracterizado pela irrenunciabilidade, há marcante resistência em sede processual para que o exequente possa efetivamente dispor da execução, na forma do art. 775/CPC, segundo o qual o exequente tem o direito de desistir de toda a execução ou de apenas alguma medida executiva.

No campo processual a indisponibilidade não tem a mesma envergadura, tanto que a conciliação, que importa em desapego de direitos, caracteriza o Direito Processual do Trabalho e foi elevada à categoria de política judiciária por parte do CNJ.

Há, contudo, justa preocupação para que o exequente não seja coagido a desistir da demanda, especialmente se o pacto laboral foi mantido durante a postulação, ou como condição para a obtenção de novo emprego, mas tudo isso não tem a ver com a qualidade do direito antecedente, mas sim com o vício de vontade (coação) que invalida o ato abdicativo de direito. Lado outro, e pela mesma razão, tampouco pode o magistrado impedir que a parte pratique um ato de vontade, alargando injustificadamente o impulso oficial[(5)].

Inexiste lastro positivado para se sustentar que remanesce um implícito interesse da justiça em fazer cumprir o seu julgado, porquanto é da essência da execução que esta se perfaz no interesse do credor. Aliás, ele sequer precisa de anuência do executado para dispor de seu crédito, eis que a regra constante do § 4º, do art. 485/CPC dispõe exclusivamente do processo de conhecimento.

Nada obstante, eventual ato de disponibilidade deve ser revestido de extrema cautela, devendo ser homologado preferencialmente em audiência, com a presença das partes, a fim de que o magistrado possa investigar a higidez da vontade manifestada.

7. EXECUÇÃO *EX OFFICIO*

A iniciativa de promover a execução e de lhe dar andamento é das partes, mas quando estas estiverem desacompanhadas de advogado, ou seja, no exercício do *ius postulandi* direto, o art. 878/CLT permite que o Juiz do Trabalho por ela responsável impulsione o processo de ofício[(6)], determinando os atos necessários ao cumprimento do julgado.

Trata-se, pois, de matéria de ordem pública, estando materializado o interesse do Estado em ver satisfeita a ordem judicial, em linha com o inciso IV, do art. 139/CPC, que preceitua ser dever do magistrado determinar todas as medidas indutivas, coercitivas, mandamentais ou sub-rogatórias necessárias para assegurar o cumprimento de ordem judicial, inclusive nas ações que tenham por objeto prestação pecuniária.

8. TÍTULOS EXECUTIVOS E POSSIBILIDADES EXECUTIVAS

A existência de título hígido é curial para o desdobramento exitoso de qualquer execução, mas para além deste é imprescindível que a obrigação seja certa, líquida e exigível.

Certa é a obrigação insuscetível de mudança. Líquida a obrigação que individualiza o objeto da prestação, e o seu valor. Convém destacar que a necessidade de simples operações aritméticas para apurar o crédito exequendo não retira a liquidez da obrigação constante do título. E, por fim, será exigível o título que não esteja sujeito à condição ou termo, ou seja, não dependente de evento futuro.

Lado outro, se o devedor não for obrigado a satisfazer sua prestação senão mediante a contraprestação do credor, este deverá provar que a adimpliu ao requerer a execução, sob pena de extinção do processo.

Acolá dos títulos exigíveis, a CLT também faz menção a um título inexigível, conforme o § 5º, do art. 884, pelo qual considera-se inexigível o título judicial fundado em lei ou ato normativo declarados inconstitucionais pelo Supremo Tribunal Federal ou em aplicação ou interpretação tidas por incompatíveis com a Constituição Federal.

Lembre-se que é competente para a execução das decisões o Juiz do Trabalho que tiver conciliado ou julgado originariamente o dissídio (demanda), e ainda competente para a execução de título executivo extrajudicial o magistrado que teria competência para o processo de conhecimento relativo à matéria, nos moldes dos arts. 877 e 877-A/CLT.

Ao fim, a precisa lição de Mauro Schiavi, para que o "título executivo é o documento que preenche os requisitos previstos na lei, contendo uma obrigação a ser cumprida, individualizando as partes devedora e credora da obrigação, com força executiva perante os órgãos jurisdicionais" (SCHIAVI, 2018, p. 1.103).

9. TÍTULOS JUDICIAIS

Os títulos judiciais são aqueles que se lastreiam em decisões proferidas por magistrados, notadamente sentenças e acordos. Neste sentido, por dicção legal, sentença é o pronunciamento por meio do qual o Juiz do Trabalho, com fundamento nos arts. 485 e 487 (com ou sem resolução de mérito), põe fim à fase cognitiva do procedimento comum, bem como extingue a execução, nos termos do § 1º, do art. 203/CPC.

A CLT, com precisão e singeleza, indica ambos os institutos no art. 831, salientando que a decisão será proferida depois de rejeitada pelas partes a proposta de conciliação, e que no caso de conciliação, o termo que for lavrado valerá como decisão irrecorrível, salvo para a Previdência Social quanto às contribuições que lhe forem devidas.

(5) O impulso oficial assegura que o Juiz do Trabalho pode iniciar a execução, mas não com ela continuar sem a concordância da parte.

(6) No mesmo sentido o art. 13, da IN n. 41/TST, que reafirma a autonomia judicial para os atos executórios exclusivamente quando parte estiver desacompanhada de advogado.

Seguindo a mesma matriz normativa, temos, nos moldes do art. 876/CLT, que as decisões passadas em julgado ou das quais não tenha havido recurso com efeito suspensivo, e os acordos, quando não cumpridos, são títulos executivos judiciais.

Saliente-se que a Justiça do Trabalho executará ainda, de ofício, as contribuições sociais previstas na alínea *a*, do inciso I e no inciso II do *caput* do art. 195/CF, e seus acréscimos legais, relativas ao objeto da condenação constante das sentenças que proferir e dos acordos que homologar, em linha com o inciso VIII, do art. 114/CF, c/c o parágrafo único, do art. 876/CLT.

O CPC também enumera os títulos executivos judiciais, naturalmente em rol bem mais amplo, no seu art. 515, segundo o qual são títulos executivos judiciais: I – as decisões proferidas no processo civil que reconheçam a exigibilidade de obrigação de pagar quantia, de fazer, de não fazer ou de entregar coisa; II – a decisão homologatória de autocomposição judicial; III – a decisão homologatória de autocomposição extrajudicial de qualquer natureza; IV – o formal e a certidão de partilha, exclusivamente em relação ao inventariante, aos herdeiros e aos sucessores a título singular ou universal; V – o crédito de auxiliar da justiça, quando as custas, emolumentos ou honorários tiverem sido aprovados por decisão judicial; VI – a sentença penal condenatória transitada em julgado; VII – a sentença arbitral; VIII – a sentença estrangeira homologada pelo Superior Tribunal de Justiça; IX – a decisão interlocutória estrangeira, após a concessão do exequatur à carta rogatória pelo Superior Tribunal de Justiça.

Excetuando o inciso IV, que trata da partilha de bens, entendemos que os demais são compatíveis com o Direito Processual do Trabalho, e geram efeito objetivo em jurisdição trabalhista. A título de exemplo, se a sentença penal condenatória atribuir responsabilidade pelo fato ao empregador, terá o empregado qualidade para demandar na Justiça do Trabalho com base nela[7]. E de igual modo, se a sentença estrangeira for trabalhista, inexiste qualquer razão de ordem lógica para que seja executado em juízo diverso – *de lege lata*, pois o inciso X, do art. 109/CF preceitua que sua execução cabe à Justiça Federal.

A doutrina de Carlos Henrique Bezerra Leite aventa outra possibilidade, de que os títulos executivos judiciais elencados no CPC podem servir como elementos probatórios para a propositura de ação monitória trabalhista, desde que os mesmos sejam suportados por um crédito trabalhista (LEITE, 2017, p. 1339).

10. PROTESTO DE TÍTULOS

As sentenças e as Certidões de Dívida Trabalhista podem ser inscritas no Cartório de Protestos do domicílio ou sede do devedor principal, ainda que existam coobrigados, independente de prévio pagamento de qualquer despesa cartorária. No entanto, no ato elisivo do protesto ou no cancelamento do respectivo protesto cabe ao devedor/executado proceder ao respectivo pagamento, consoante a tabela de emolumentos e das despesas reembolsáveis vigentes da data do pedido de cancelamento.

Após a lavratura do protesto não é permitido aos tabeliães receberem o pagamento do título, nos termos da Lei n. 9.492/97, devendo os devedores procurarem diretamente o respectivo TRT para saldarem a dívida, sendo que o cancelamento do protesto somente é efetivado após exarada a ordem judicial.

11. TÍTULOS EXTRAJUDICIAIS

O referido art. 876/CLT lista dois títulos executivos trabalhistas extrajudiciais, os termos de ajuste de conduta firmados perante o Ministério Público do Trabalho – MPT e os termos de conciliação firmados perante as Comissões de Conciliação Prévia[8] – CCP.

Nos moldes do comando do inciso VII, do art. 114/CF, remanesce um título extrajudicial de competência da Justiça do Trabalho que promana da Certidão de Dívida Ativa da União Federal – CDA, decorrente das penalidades administrativas (multas) impostas aos empregadores pelos órgãos de fiscalização das relações de trabalho.

Importante ainda a referência aos títulos executivos extrajudiciais conferidos pelo art. 784/CPC: I – a letra de câmbio, a nota promissória, a duplicata, a debênture e o cheque; II – a escritura pública ou outro documento público assinado pelo devedor; III – o documento particular assinado pelo devedor e por duas testemunhas; IV – o instrumento de transação referendado pelo Ministério Público, pela Defensoria Pública, pela Advocacia Pública, pelos advogados dos transatores ou por conciliador ou mediador credenciado por tribunal; V – o contrato garantido por hipoteca, penhor, anticrese ou outro direito real de garantia e aquele garantido por caução; VI – o contrato de seguro de vida em caso de morte; VII – o crédito decorrente de foro e laudêmio; VIII – o crédito, documentalmente comprovado, decorrente de aluguel de imóvel, bem como de encargos acessórios, tais como taxas e despesas de condomínio; IX – a certidão de dívida ativa da Fazenda Pública da União, dos

(7) A sentença penal condenatória pode ser executada na Justiça do Trabalho, quanto aos danos patrimoniais e morais causados ao empregado, ou decorrentes da relação de trabalho (SCHIAVI, 2017, p. 1.108).

(8) Art. 625-A/CLT. As empresas e os sindicatos podem instituir Comissões de Conciliação Prévia, de composição paritária, com representante dos empregados e dos empregadores, com a atribuição de tentar conciliar os conflitos individuais do trabalho. Parágrafo único. As Comissões referidas no *caput* deste artigo poderão ser constituídas por grupos de empresas ou ter caráter intersindical. Art. 625-E. Aceita a conciliação, será lavrado termo assinado pelo empregado, pelo empregador ou seu proposto e pelos membros da Comissão, fornecendo-se cópia às partes. Parágrafo único. O termo de conciliação é título executivo extrajudicial e terá eficácia liberatória geral, exceto quanto às parcelas expressamente ressalvadas.

Estados, do Distrito Federal e dos Municípios, correspondente aos créditos inscritos na forma da lei; X – o crédito referente às contribuições ordinárias ou extraordinárias de condomínio edilício, previstas na respectiva convenção ou aprovadas em assembleia geral, desde que documentalmente comprovadas; XI – a certidão expedida por serventia notarial ou de registro relativa a valores de emolumentos e demais despesas devidas pelos atos por ela praticados, fixados nas tabelas estabelecidas em lei; XII – todos os demais títulos aos quais, por disposição expressa, a lei atribuir força executiva.

Também aqui damos interpretação extensiva à norma civil, considerada compatível com o Direito Processual do Trabalho, exceto naquilo em que falecer competência à Justiça do Trabalho, como nos incisos VI, VII, VIII e X, mas desde que os fatos jurídicos que ensejaram a constituição do título executivo extrajudicial seja emanado de fato trabalhista.

Sendo assim, se o título de crédito originário foi dado para pagamento de salário, se a confissão de dívida por instrumento público ou particular foi firmada pelo empregador e seja atinente a crédito trabalhista, e assim por diante, a execução pode se processar perante a Justiça do Trabalho.

No mesmo sentido o art. 13, da IN n. 39/2016-TST, que afirma por aplicação supletiva do inciso I, do art. 784/CPC, notadamente com base no art. 15 da aludida norma, o cheque e a nota promissória emitidos em reconhecimento de dívida inequivocamente de natureza trabalhista também são títulos extrajudiciais para efeito de execução perante a Justiça do Trabalho, "na forma dos arts. 876 e seguintes da CLT" (*sic*).

Lembre-se que a propositura de qualquer ação relativa a débito constante de título executivo não inibe o credor de promover-lhe a execução.

Os títulos executivos extrajudiciais oriundos de país estrangeiro não dependem de homologação para serem executados.

O título estrangeiro só terá eficácia executiva quando satisfeitos os requisitos de formação exigidos pela lei do lugar de sua celebração e quando o Brasil for indicado como o lugar de cumprimento da obrigação.

A existência de título executivo extrajudicial não impede a parte de optar pelo processo de conhecimento, a fim de obter título executivo judicial.

12. EXECUÇÃO FISCAL TRABALHISTA

A própria Constituição Federal cria chances executivas para a Justiça do Trabalho. É assim quanto aos créditos decorrentes de penalidades administrativas impostas aos empregadores pelos órgãos de fiscalização das relações de trabalho, na forma do inciso VII, do art. 114/CF.

Estes créditos são inscritos na Dívida Ativa da União e ficam passíveis de cobrança por meio de Execução Fiscal, com suporte na Lei n. 6.830/1980, e se constituem em títulos de créditos extravagantes.

13. CRÉDITO PREVIDENCIÁRIO – INSS

O inciso VIII, do art. 114/CF cria ainda uma atípica possibilidade executiva, ao preceituar que cabe ao Juiz do Trabalho cobrar, de ofício, as contribuições sociais(9) previstas na alínea *a*, do inciso I e no inciso II, do art. 195/CF, e seus acréscimos legais, decorrentes das sentenças que proferir.

Note-se que a autarquia previdenciária não é parte no processo, e sim emerge como terceira interessada. Nada obstante, diante da origem do título, este título se classifica como judicial.

14. POSSIBILIDADES EXECUTIVAS

Acrescentamos, em sede doutrinária, títulos de créditos extravagantes ao art. 876/CLT, sendo que vários deles são estabelecidos também legalmente, inclusive na Carta Magna, nos casos dos incisos VII e VIII, do art. 114/CF. Outrossim, remanescem infinitas possibilidades, mas queremos listar algumas delas para efeito de exemplificação.

A lei não veda que as partes entabulem autocomposição de créditos trabalhistas, e esta pode ser levada à homologação judicial. É um absurdo se exigir que as partes simulem um processo para que obtenham a necessária validação processual, pelo que abrimos esta possibilidade judicial.

No mesmo sentido o TRCT inadimplido. É uma confissão de dívida, firmada pelo empregador e referente exclusivamente a créditos trabalhistas. Nada obsta que seja levado à execução perante a Justiça do Trabalho.

O próprio TST tem admitido a ampliação de hipóteses, como fez por meio do art. 13, da IN n. 39, segundo o qual o cheque e a nota promissória emitidos em reconhecimento de dívida inequivocamente de natureza trabalhista também são títulos extrajudiciais para efeito de execução perante a Justiça do Trabalho, na forma do art. 876 e seguintes da CLT.

As hipóteses são claras e positivas. Que haja coragem em se pedir e em se admitir, a fim de que o processo seja cada vez mais efetivo e útil.

15. IMPOSTO DE RENDA

Os frutos do trabalho assalariado preenchem a hipótese de incidência de imposto de renda, nos moldes dos arts. 43/CTN

(9) Art. 195/CF. A seguridade social será financiada por toda a sociedade, de forma direta e indireta, nos termos da lei, mediante recursos provenientes dos orçamentos da União, dos Estados, do Distrito Federal e dos Municípios, e das seguintes contribuições sociais: I – do empregador, da empresa e da entidade a ela equiparada na forma da lei, incidentes sobre: a) a folha de salários e demais rendimentos do trabalho pagos ou creditados, a qualquer título, à pessoa física que lhe preste serviço, mesmo sem vínculo empregatício; b) a receita ou o faturamento; c) o lucro.

e 7º, da Lei n. 7.713/88. E quando o crédito é reconhecido no âmbito da Justiça do Trabalho ela é competente para *determinar* o recolhimento do IR devido, de acordo com a Súmula n. 368/TST.

Nos moldes do apontado verbete, a Justiça do Trabalho é competente para determinar o recolhimento das contribuições fiscais, sendo do empregador a responsabilidade pelo recolhimento das contribuições previdenciárias e fiscais, resultante de crédito do empregado oriundo de condenação judicial, devendo ser calculadas, em relação à incidência dos descontos fiscais, mês a mês, nos termos do art. 12-A, da Lei n. 7.713/88, com a redação que lhe foi dada pela Lei n. 12.350/2010.

Note-se que é inequívoco que o Juiz do Trabalho poderá apurar o valor devido e determinar o recolhimento, mas não detém competência para promover a execução, no particular, segundo o entendimento majoritário. A ele resistimos, eis que, se a JT pode determinar o recolhimento e executar suas decisões, não lhe falece competência executória.

16. EXECUÇÃO DE SENTENÇA ESTRANGEIRA

As decisões proferidas no estrangeiro são passíveis de execução no Brasil, entretanto passam por rígida verificação perante o Superior Tribunal de Justiça – STJ, independente de tratar-se de decisão trabalhista, por disposição constitucional, conforme a alínea *i*, do art. 105, da Constituição da República[(10)].

Esta matéria está tratada nos arts. 960 e seguintes do CPC, que são aplicáveis entre nós face à ausência de regra celetista sobre o assunto. Assim, a homologação de decisão estrangeira será requerida por meio de *ação de homologação de decisão estrangeira*, salvo disposição especial em sentido contrário prevista em tratado.

A homologação obedecerá ao que dispuserem os tratados em vigor no Brasil e o Regimento Interno do STJ[(11)], sendo que a decisão interlocutória estrangeira também poderá ser executada no Brasil, porém, por meio de carta rogatória.

A decisão arbitral estrangeira poderá igualmente ser objeto de homologação, conforme o art. 35 da Lei de Arbitragem, e obedecerá ao disposto em tratado e em lei, aplicando-se, subsidiariamente, o CPC.

A decisão estrangeira somente passa a ter eficácia no Brasil após a homologação de sentença estrangeira ou a concessão do *exequatur* às cartas rogatórias, salvo disposição em sentido contrário de lei ou tratado.

São passíveis de homologação a decisão judicial definitiva, bem como a decisão não judicial que, pela lei brasileira, teria natureza jurisdicional, sendo que ambas podem ser homologadas apenas parcialmente.

Aduz o art. 962/CPC que é passível de execução a decisão estrangeira concessiva de medida de urgência, convindo anotar que a autoridade judiciária brasileira poderá deferir pedidos de urgência e realizar atos de execução provisória no processo de homologação de decisão estrangeira, mas a medida de urgência concedida sem audiência do réu poderá ser executada, desde que garantido o contraditório em momento posterior.

Anote-se que o juízo sobre a urgência da medida compete exclusivamente à autoridade jurisdicional prolatora da decisão estrangeira.

No tocante à execução fiscal, somente há homologação de decisão estrangeira quando prevista em tratado ou em promessa de reciprocidade apresentada à autoridade brasileira.

Tudo isso bem considerado temos, objetivamente, que nos moldes do art. 963/CPC, constituem-se requisitos indispensáveis à homologação da decisão: I – ser proferida por autoridade competente[(12)]; II – ser precedida de citação regular, ainda que verificada a revelia; III – ser eficaz no país em que foi proferida; IV – não ofender a coisa julgada brasileira; V – estar acompanhada de tradução oficial, salvo disposição que a dispense prevista em tratado (estar em língua portuguesa); VI – não conter manifesta ofensa à ordem pública.

Importante notar que jamais será homologada a decisão estrangeira em hipótese de competência exclusiva da autoridade judiciária brasileira.

O cumprimento de decisão estrangeira, segundo o padrão do art. 965/CPC, faz-se perante o juízo federal comum competente – Vara Federal, a requerimento da parte, conforme as normas estabelecidas para o cumprimento de decisão nacional, sendo relevante destacar que o pedido de execução deverá ser instruído com cópia autenticada da decisão homologatória ou do *exequatur*, conforme o caso.

17. REQUISITOS PARA A HOMOLOGAÇÃO DOS TÍTULOS JUDICIAIS E ARBITRAIS

Os atos da vida civil, assim como os atos atinentes aos fatos trabalhistas, operam seus efeitos *ope iuris*, desde que atendidas as condições brasileiras, e o art. 17, da Lei de Introdução às Normas do Direito Brasileiro n. 12.376/2010, aduz que a norma, as leis, atos e sentenças de outro país, bem como quaisquer declarações de vontade, não terão eficácia no Brasil quando ofenderem a soberania nacional, a ordem pública e os bons costumes.

(10) Convém desde logo se estabelecer aqui uma crítica, porquanto em se tratando de matéria trabalhista a competência para o referido exame deveria ser do Tribunal Superior do Trabalho, corte de igual hierarquia e aptidão altamente especializada.

(11) A matéria é tratada no art. 216-A e seguintes do RI-STJ.

(12) Por *autoridade competente* não se deve entender apenas o Juiz, pois em sistemas estrangeiros há competência decisória exercida por outras figuras, inclusive líderes religiosos, sobretudo perante o direito muçulmano.

O rol de requisitos para a sentença vai além. A decisão estrangeira a fim de estar apta a produzir efeito no Brasil deve ostentar ainda outras formalidades. A referida Lei de Introdução, em seu art. 15, preceitua que a sentença estrangeira para ser executada entre nós deve haver sido proferida por juiz competente; terem as partes sido citadas ou haver-se verificado legalmente a revelia; ter passado em julgado e estar revestida das formalidades necessárias para a execução no lugar em que foi proferida; estar traduzida por intérprete autorizado e ainda, por óbvio, ter se submetido à homologação pela corte brasileira.

A procedimentalidade da homologação é ainda coadjuvada pela Resolução n. 9/STJ, de 2005, que regulamenta sua tramitação no âmbito daquela Corte.

A sentença arbitral, especialmente porque também equiparada pela lei brasileira à decisão judicial, e porque é o método comum para a solução de litígios trabalhistas em muitos países, para efeito de homologação, se sujeita ao mesmo juízo de delibação.

Todos esses valores são considerados pelo STJ para a homologação, sendo importante salientar que todos esses requisitos são cumulativos, isto é, a sentença estrangeira deverá contemplar o conjunto deles para ser hábil a homologação, valendo lembrar que esta se perfaz mediante um processo judicial, e cuja decisão tem natureza constitutiva, na medida em que, por meio dela é que a decisão externa passará a produzir efeito no Brasil.

O acervo legislativo brasileiro não contempla, e talvez até haja alguma restrição formal, pois a decisão apta à homologação não pode comportar mais recurso algum, mas tais institutos carecem de atualização para atender a evolução da ciência processual. Podemos afirmar, em sede doutrinária, que a decisão que antecipar os efeitos da sentença deve a ela ser equiparada, sobretudo quando se tratar de questão urgente, que reclame execução imediata. E se eventualmente os seus efeitos não forem confirmados na origem, com os ágeis meios eletrônicos atuais, inclusive por cooperação internacional, eles podem cessar imediatamente aqui também, minimizando eventual risco.

18. TÍTULOS QUE INDEPENDEM DE HOMOLOGAÇÃO: EXTRAJUDICIAIS

Os §§ 2º e 3º, do art. 784/CPC, indicam que os títulos executivos extrajudiciais oriundos de país estrangeiro não dependem de homologação para serem executados no Brasil. Outrossim, o título estrangeiro só terá eficácia executiva quando satisfeitos os requisitos de formação exigidos pela lei do lugar de sua celebração e quando o Brasil for indicado como o lugar de cumprimento da obrigação.

Diante disso, basta que tais títulos, para terem eficácia executiva entre nós, satisfaçam os requisitos de formação da lei do lugar de sua celebração e indicarem o Brasil como o lugar de cumprimento da obrigação.

19. PROTOCOLO DE LAS LEÑAS

O *Protocolo de Las Leñas* é um pacto multilateral, criado no âmbito do Mercosul, que estabelece um compromisso de mútua assistência jurisdicional em matéria civil, comercial, *trabalhista* e administrativa. E ele foi plenamente incorporado ao direito interno por meio do Decreto n. 2.067/1996, com a atribuição de eficácia extraterritorial às sentenças e aos laudos arbitrais firmados pelos integrantes do bloco. O fito é dar fluidez às relações jurisdicionais entre intensos parceiros comerciais, e onde o trânsito de pessoas é também bem grande, aí incluída a migração de trabalhadores.

Por seus termos, a decisão judicial ou o laudo arbitral ganham eficácia extraterritorial nos Estados Partes, sempre que reunirem as condições estabelecidas no Pacto.

20. PROCEDIMENTALIDADE PERANTE O STJ

No âmbito do STJ, é atribuição do Presidente do Tribunal homologar decisão estrangeira, exceto se contestado o pedido, quando a competência se desloca para a Corte Especial. Além disso, serão também homologados os provimentos não judiciais que, pela lei brasileira, tiverem natureza de sentença.

A homologação da decisão estrangeira será proposta pela parte requerente, devendo a petição inicial conter os requisitos indicados na lei processual, bem como os do Regimento Interno do STJ, e ser instruída com o original ou cópia autenticada da decisão homologanda e de outros documentos indispensáveis, devidamente traduzidos por tradutor oficial ou juramentado no Brasil e chancelados pela autoridade consular brasileira competente.

Os requisitos para a homologação da decisão estrangeira estão no art. 963/CPC, mas adicionalmente temos a considerar que se a petição inicial não preencher os requisitos exigidos, apresentar defeitos ou irregularidades que dificultem o julgamento do mérito, o Presidente do STJ deve assinar prazo razoável para que o requerente a emende ou complete, sob pena de extinção do pleito, reiterando-se que tampouco é passível de homologação a decisão estrangeira que ofender a soberania nacional, a dignidade da pessoa humana e/ou a ordem pública.

Apresentado o pedido de homologação, a parte interessada é citada para, no prazo de quinze dias, se quiser, contestar o pedido. A defesa somente pode versar sobre a inteligência da decisão alienígena e a observância dos requisitos indicados nos arts. 216-C, 216-D e 216-F, todos do RI-STJ.

Se revel ou incapaz o requerido, dá-se lhe curador especial, que deverá ser pessoalmente cientificado.

Apresentada contestação, são admitidas réplica e tréplica em cinco dias e, após, o processo é redistribuído para a Corte Especial, cabendo ao relator designado os demais atos relativos ao andamento e à instrução do processo.

O Ministério Público tem vista dos autos pelo prazo de quinze dias, também podendo impugnar o pedido.

As decisões do Presidente ou do relator são agraváveis.

No tocante ao *exequatur* de cartas rogatórias, este é concedido às cartas rogatórias que tiverem por objeto atos decisórios e não decisórios, sendo que os pedidos de cooperação jurídica internacional que tiverem por objeto atos que não ensejem juízo deliberatório do STJ, ainda que denominados de carta rogatória, serão encaminhados ou devolvidos ao Ministério da Justiça para as providências necessárias ao cumprimento por auxílio direto.

Não é concedido *exequatur* à carta rogatória que ofender a soberania nacional, a dignidade da pessoa humana e/ou a ordem pública.

Neste procedimento a parte requerida também é intimada para, no prazo de quinze dias, impugnar o pedido de concessão do *exequatur*.

Importante registrar que a medida solicitada por carta rogatória pode ser realizada sem ouvir a parte requerida, quando sua intimação prévia puder resultar na ineficiência da cooperação internacional.

No processo de concessão do *exequatur*, a defesa somente poderá versar sobre a autenticidade dos documentos, a inteligência da decisão e a observância dos requisitos previstos no Regimento Interno do STJ.

Se revel ou incapaz a parte requerida, dar-se-lhe-á curador especial, tal qual no procedimento de homologação de sentença estrangeira, também com cientificação do Ministério Público, pelo prazo de quinze dias, podendo impugnar este o pedido de concessão do *exequatur*, com redistribuição à Corte Especial.

Finalmente, após a concessão do *exequatur*, a carta rogatória é remetida ao Juízo Federal competente para cumprimento, e suas decisões passíveis de embargos, que poderão ser opostos pela parte interessada ou pelo Ministério Público Federal no prazo de dez dias, julgando-os o Presidente do STJ.

Os embargos aqui tratados podem versar sobre qualquer ato referente ao cumprimento da carta rogatória, exceto sobre a própria concessão da medida ou o seu mérito, sendo a decisão agravável.

O Presidente do STJ e o Ministro-Relator do agravo, quando possível, devem ordenar diretamente o atendimento à medida solicitada. E, uma vez cumprida a carta rogatória ou verificada a impossibilidade de seu cumprimento, ela é devolvida ao Presidente do STJ no prazo de dez dias, e ele a remeterá, em igual prazo, por meio do Ministério da Justiça ou do Ministério das Relações Exteriores, à autoridade estrangeira de origem.

21. CONCLUSÃO

A execução é um instituto ainda carente de teorização, e por se tratar de um dos assuntos mais usuais de toda a ciência do processo, por paradoxal que possa parecer, ele se circunscreve a uma abordagem meramente técnica, daí porque mostra-se bem conveniente se tratar de seus aspectos teóricos.

Neste artigo tratamos da principiologia, da controvertida execução *ex officio* no processo do trabalho, dos títulos executivos judiciais e extrajudiciais, assim como dos títulos constituídos fora da CLT, como a execução fiscal, para além dos créditos previdenciários.

Aborda-se também um ousado avanço a amealhar a competência da Justiça do Trabalho para questões atinentes ao imposto de renda dos créditos constituídos em seu seio, assim como a execução de sentença trabalhista estrangeira, eis que no Brasil há uma justiça especializada, não se justificando a persecução no foro civil.

22. REFERÊNCIAS

DIDIER Jr., Fredie *et alli*. *Curso de direito processual civil*. v. 5. 7. ed. Salvador: Juspodivm, 2018.

EÇA, Vitor Salino de Moura. *Direito processual do trabalho*. São Paulo: LTr, 2019.

LEITE, Carlos Henrique Bezerra. *Curso de direito processual do trabalho*. 16. ed. São Paulo: Saraiva, 2018.

SCHIAVI, Mauro. *Manual de direito processual do trabalho*. 13. ed. São Paulo: LTr, 2018.

A Ética e a Boa-Fé Objetiva Processual sob a Perspectiva da Fase Executiva

Clarissa Valadares Chaves[1]

1. CONSIDERAÇÕES INICIAIS

O Estado Liberal Clássico[2], representado pelo enaltecimento da autonomia privada em detrimento da atuação estatal, motivou a instituição de vários direitos e garantias fundamentais, como reação ao sistema autoritário até então vigente.

Apesar do precioso avanço no que diz respeito ao início da consolidação de um Estado de Direito, tais direitos e garantias muitas vezes acabavam por ficar restritos ao plano formal, ante a ausência de atuação estatal para sua concretização, circunstância que impulsionou o surgimento do Estado Social.

Sob o ponto de vista do estudo do processo, na fase do chamado processualismo liberal[3], prevalecia o ideário de um modelo essencialmente privatista, demasiadamente técnico e formal. Somente com a consolidação do Estado Social que o processo, alicerçado pelo direito fundamental de acesso à justiça, passou a ser compreendido não apenas como mecanismo de provocação da jurisdição, mas como instrumento necessário para dar concretude à pretensão de direito material[4].

Com o Estado Democrático de Direito, hoje base do sistema jurídico nacional e de vários outros países, surge a concepção de um processo fundado em bases constitucionais e democráticas, com larga e profunda possibilidade de participação das partes. Trata-se, nas palavras de Eduardo Rodrigues dos Santos (2016, p. 35), de um processo policêntrico, coparticipativo e assentado na corresponsabilidade de todos os sujeitos processuais.

A entrega de resultado ao jurisdicionado, a tempo e modo, é o desdobramento que se espera do processo como caminho para tanto. A execução, como parte desse itinerário, é o momento em que de fato se procurará entregar o bem da vida desejado, tratando-se, pois, do ponto fulcral de todo o procedimento[5].

Paralelamente à sua evidência, a fase executiva representa, também, o momento mais delicado de todo o itinerário processual. Além da condução prática dos atos do processo pelo magistrado (art. 765 da CLT[6]), a consecução da entrega da prestação jurisdicional adequada depende diretamente da colaboração das partes e de todos os sujeitos que participam do processo.

A efetivação da tutela muitas vezes é dificultada pela ausência de cooperação das partes, de um terceiro interveniente, ou até mesmo de um perito ou assistente técnico. As boas práticas[7] dos sujeitos do processo alicerçam a chamada ética processual[8], cujo preceito foi, inclusive, alçado

---

(1) Especialista em Direito Material e Processual do Trabalho pela Faculdade de Direito Milton Campos/MG. Especialista em Direito do Trabalho pela Universidade Candido Mendes/RJ. Membro da Oficina de Estudos Avançados Interfaces do Processo Civil com o Processo do Trabalho – IPCPT, da Faculdade de Direito Milton Campos/MG. Pesquisadora do Grupo de Pesquisa Trabalho e Capital – GPTC, da Faculdade de Direito da USP/SP. Advogada.

(2) Seu desenvolvimento perdurou entre os séculos XVIII e XIX. A Revolução Francesa é comumente associada ao início da predominância do ideário liberal e seu respectivo modelo de Estado, já que ela formatou as linhas mestras da política e da ideologia do século XIX, sendo a revolução de seu tempo (MORAES, 2014).

(3) Divisão de fases segundo os modelos processuais antes da instituição do processo democrático: i) pré-liberalismo processual; ii) liberalismo processual; iii) socialismo processual; e iv) neoliberalismo processual (SANTOS, 2016, p. 17).

(4) Decorrência do desenvolvimento da acepção objetiva dos direitos fundamentais, por meio da qual há a "eficácia irradiante ou efeito de irradiação dos direitos fundamentais, no sentido de que estes, na sua condição de direito objetivo, fornecem impulsos e diretrizes para a aplicação e interpretação do direito infraconstitucional, implicando uma interpretação conforme aos direitos fundamentais de todo o ordenamento jurídico". (SARLET, MARINONI, & MITIDIERO, 2018, p. 368)

(5) Procedimento na acepção prática de um concatenado de atos que dá origem ao processo. Conforme Daniel Neves Amorim Assunção, "costuma-se dizer que o procedimento é a exteriorização do processo, seu aspecto visível, considerando que a noção de processo é teleológica, voltada para a finalidade de exercício da função jurisdicional no caso concreto, enquanto a noção de procedimento é formal, significando essa sucessão de atos como um objetivo final" (2017, p. 161).

(6) Art. 765. "Os Juízos e Tribunais do Trabalho terão ampla liberdade na direção do processo e velarão pelo andamento rápido das causas, podendo determinar qualquer diligência necessária ao esclarecimento delas."

(7) A título de exemplo pode-se citar, no âmbito da conduta das partes, a indicação de bem para penhora quando já se sabe que este é preferível a outro que preceda na ordem legal do art. 835 do CPC. Por parte dos peritos e assistentes técnicos, espera-se que se autodeclaram suspeitos, sem a necessidade de investigação por parte do magistrado.

(8) Também denominado dever de colaboração.

à norma fundamental do processo pelo Código de Processo Civil, em seu art. 6º[(9)].

A palavra "ética", oriunda do grego *ethos*, significa caráter, modo de ser. Para Aurélio Buarque de Holanda Ferreira[(10)], ética é o "estudo dos juízos de apreciação referentes à conduta humana, do ponto de vista do bem e do mal".

No processo, a ética representa, portanto, o conjunto de condutas e práticas que devem ser adotadas pelos sujeitos processuais para o seu bom andamento. A ausência de cooperação resulta, por conseguinte, em ato antiético.

Para além da falta de apoio dos sujeitos do processo, o comportamento fraudulento exprime episódio de fato prejudicial à parte, à atuação jurisdicional ou à Administração da Justiça. Embora em alguns casos seja difícil a diferenciação, já que um comportamento pode ser ao mesmo tempo antiético e fraudulento, é interessante notar que há distinção.

Enquanto a análise de conformação do comportamento ético é marcada por uma faceta mais subjetiva[(11)], a fraude tem como parâmetro a chamada boa-fé objetiva que, naturalmente, depreende-se de um patamar objetivo de aferição, não levando em conta, na maior parte das vezes, o ânimo do praticante.

Em razão de a constatação de fraude advir de uma análise objetiva, é importante observar que há previsão exaustiva das condutas enquadráveis como tal, bem como da forma de aplicação e da gradação das multas e demais sanções pecuniárias (arts. 77, § 2º[(12)], 81[(13)] e 774[(14)], parágrafo único, do CPC e arts. 793-A a 793-D da CLT), haja vista a necessidade de interpretação estrita[(15)] de dispositivos que imponham sanção.

É relevante salientar, além disso, que a fraude no procedimento executivo não se resume ao instituto da fraude à execução. Há várias outras manobras cometidas pelos sujeitos processuais que merecem ser exploradas a fim de que medidas preventivas e repressivas possam ser debatidas.

Conforme será tratado adiante, em ambos os casos, seja na presença de fraude ou conduta antiética, poderá haver a repreensão do comportamento pelo magistrado, em exaltação do poder geral de cautela que lhe é peculiar, e eventual apenação, caso haja enquadramento legal[(16)] para tanto. Conforme pontua Humberto Theodoro Júnior (p. 9), no quadro do direito atual se reforçam autonomia e independência do juiz, e se lhe confia um papel mais ativo, tanto para comandar a marcha do processo e a instrução probatória, como para zelar pela dignidade da justiça e pelo comportamento ético de todos quantos intervenham na atividade processual.

O conteúdo ético, como já inicialmente delineado, transcende o direito positivado, alicerçando-se no conjunto de valores morais da sociedade, compreendida no tempo e espaço em que se encontra. No que concerne à legislação positivada, a despeito da recente inclusão dos arts. 793-A a 793-D na CLT, pela Lei n. 13.467/2017, os dispositivos legais acerca da temática são também tratados pelo Código de Processo Civil, nos arts. 5º, 6º, 79, 80, 81, 774, 792, 828 e 856, os quais são aplicáveis ao processo do trabalho com as devidas ponderações e adequações (art. 769 da CLT).

2. ÉTICA PROCESSUAL – DEFLUÊNCIA DO MODELO DE PROCESSO DEMOCRÁTICO

A moral é composta pelos valores intrínsecos de uma sociedade, em um determinado momento histórico; é dotada

(9) Art. 6º "Todos os sujeitos do processo devem *cooperar entre si* para que se obtenha, em tempo razoável, decisão de mérito justa e efetiva" – Princípio da cooperação.

(10) Em seu dicionário.

(11) A concepção de ética se funda nos valores morais da sociedade. Ética e moral são a exteriorização de um conteúdo mutável ao longo do tempo e dos espaços. A mutabilidade da ética nos dias de hoje, contudo, não pode se desvencilhar de uma análise econômica e política contextualizada. "Hoje, o conceito de globalização encontra-se superado, tratando os estudiosos de um novo fenômeno mundial denominado transnacionalidade. E o mundo não parou de transmutar. Sempre impulsionado pelo lucro, pelo capital, pelo acúmulo de riquezas, manteve-se a ultravalorização do capitalismo, juntamente com a desterritorialização das relações político-econômicas e o enfraquecimento do Estado-soberano, entres as características deste novo fenômeno mundial." (FELIPPI FILHO & FISCHER, 2013)

(12) (...) Art. 77, § 2º "A violação ao disposto nos incisos IV e VI constitui ato atentatório à dignidade da justiça, devendo o juiz, sem prejuízo das sanções criminais, civis e processuais cabíveis, aplicar ao responsável multa de até vinte por cento do valor da causa, de acordo com a gravidade da conduta".

(13) Art. 81. "De ofício ou a requerimento, o juiz condenará o litigante de má-fé a pagar multa, que deverá ser superior a um por cento e inferior a dez por cento do valor corrigido da causa, a indenizar a parte contrária pelos prejuízos que esta sofreu e a arcar com os honorários advocatícios e com todas as despesas que efetuou".

(14) Art. 774, parágrafo único. "Nos casos previstos neste artigo, o juiz fixará multa em montante não superior a vinte por cento do valor atualizado do débito em execução, a qual será revertida em proveito do exequente, exigível nos próprios autos do processo, sem prejuízo de outras sanções de natureza processual ou material."

(15) Interpretação estrita não se confunde com interpretação restritiva. A interpretação estrita alcança os exatos termos do comando legal, enquanto a restritiva visa efetivamente reduzir, abrandar o alcance do norma (LEAL, 1945, p. 943).

(16) Nesse sentido, em que pese o amplo espectro de atuação do juiz na condução do processo (art. 765 da CLT) é importante ressaltar que qualquer ato sancionatório deve ser adequadamente fundamentado, em consonância com a dialética dos Princípios da motivação e da decisão informada (art. 93, XI, da CR/1988 e art. 11 do CPC). Conforme elucida Eduardo Rodrigues dos Santos (2016, p. 162), "numa democracia, não basta que o decisor fundamente sua decisão, é ainda necessário que ele explique o que foi fundamentado, isto é, justifique sua fundamentação".

de uma espécie de "carga de subjetividade circunstancial" (THEODORO JÚNIOR, p. 2). Ética é a concepção estruturada dos valores morais dessa sociedade, exteriorizada por meio de costumes.

Conceitualmente diferentes, são, porém, ideias complementares e, em sua complementariedade, mutáveis[(17)], de acordo com o tempo e espaço em que inseridas. Os valores éticos de uma determinada sociedade, desse modo, não são universais, nem permanentes, de sorte que levam em conta, entre outras, suas experiências culturais, econômicas e políticas.

A mutabilidade de seu conteúdo, entretanto, não está desvencilhada da necessidade da manutenção da harmonia das relações sociais atingida em determinado estágio histórico. Embora os valores éticos de cada grupo social sejam relativos, ou seja, dependam de questões circunstanciais, não são relativistas, isso é, não são conceitos abertos (CORTELLA, 2016).

O Direito, por meio da positivação de normas jurídicas, em muito reflete os valores éticos que permearam a sociedade à época de sua elaboração. Observando-se a experiência histórica ocidental, de um modo geral, percebe-se que a partir do século XX, com o Estado Social, houve a criação de diversos institutos jurídicos embebidos de conteúdo ético, como o abuso e desvio de poder, abuso de direito e submissão dos negócios jurídicos aos padrões de boa-fé[(18)].

Pode-se dizer, assim, que a ética precede o direito, mas nele não se esgota. O conteúdo ético é móvel e, apesar de inspirar o direito, não se subsume a ele. A fim de elucidar a questão, Humberto Theodoro Júnior ressalta que:

> [...] ainda que o resultado do comportamento tenha sido alcançado dentro do procedimento traçado pela ordem jurídica, a moral não se abstém de censurar o agente que, na produção do efeito legal, tenha se afastado dos padrões e valores prestigiados pelos bons costumes (FONTE).

A inspiração ética do ordenamento jurídico internacional é vislumbrada em diversos diplomas legais, a exemplo da Declaração Universal dos Direitos Humanos (DUDH), da Convenção Interamericana dos Direitos do Homem (CIDH), do Pacto Internacional sobre Direitos Civis e Políticos (PIDCP) e do Pacto Internacional sobre Direitos Econômicos, Sociais e Culturais (PIDESC).

A DUDH, em seu art. 1º, preconiza que o valor da *fraternidade* deverá estar presente nas relações interpessoais:

> Todos os seres humanos nascem livres e iguais em dignidade e direitos. São dotados de razão e consciência e devem agir em relação uns aos outros com espírito de *fraternidade*.

A CIDH, no Capítulo V, art. 32, alínea 2, prescreve, com relação aos deveres das pessoas, que "os direitos de cada pessoa são limitados pelos direitos dos demais, pela *segurança* de todos e pelas justas exigências do *bem comum*, numa *sociedade democrática*".

O PIDCP, em seu preâmbulo, sustenta que o indivíduo tem "deveres para com seus semelhantes e para com a coletividade a que pertence".

O PIDESC, por sua vez, também em suas disposições inaugurais, estabelece os valores que inspiraram seu conteúdo, como *a dignidade da pessoa humana*, a *liberdade*, a *justiça* e a *paz*. Merece a transcrição da íntegra de seu preâmbulo, eis que pontua vários valores mundialmente enaltecidos em dado momento histórico:

> PREÂMBULO
>
> Os Estados Partes do presente Pacto,
>
> Considerando que, em conformidade com os princípios proclamados na Carta das Nações Unidas, o relacionamento da *dignidade* inerente a todos os membros da família humana e dos seus *direitos iguais e inalienáveis* constitui o fundamento da *liberdade*, da *justiça* e da *paz* no mundo,
>
> Reconhecendo que esses direitos decorrem da *dignidade inerente à pessoa humana*,
>
> Reconhecendo que, em conformidade com a Declaração Universal dos Direitos do Homem. O ideal do ser humano livre, liberto do temor e da miséria. Não pode ser realizado a menos que se criem condições que permitam a cada um gozar de seus direitos econômicos, sociais e culturais, assim como de seus direitos civis e políticos,
>
> Considerando que a Carta das Nações Unidas impõe aos Estados a obrigação de promover o *respeito universal e efetivo dos direitos e das liberdades do homem*,
>
> Compreendendo que o indivíduo, por ter *deveres para com seus semelhantes e para com a coletividade a que pertence*, tem a obrigação de lutar pela promoção e observância dos direitos reconhecidos no presente Pacto [...].

Passando para o ordenamento jurídico interno, na Lei Maior de 1988, nota-se o respaldo de valores éticos já nas disposições preambulares, com a declaração de que a República Federativa do Brasil se constitui em:

> *Estado Democrático de Direito* destinado a assegurar o exercício dos *direitos sociais e individuais*, a *liberdade*, a *segurança*, o *bem-estar*, o *desenvolvimento*, a *igualdade* e a *justiça* como *valores supremos* de uma sociedade fraterna pluralista e sem preconceitos.

(17) Até o século XIX, por exemplo, considerava-se perfeitamente normal que crianças trabalhassem muitas horas por dia em fábricas, o que hoje em dia é absolutamente refutado.

(18) A criação de institutos jurídicos baseados em valores éticos pôde ser inicialmente observada no campo do direito material, nas relações civis.

Humberto Theodoro Júnior (p. 6) ainda observa:

> Na organização dos serviços da Administração Pública, da qual não há que se excluir o serviço desempenhado pelos organismos jurisdicionais, a Constituição entronizou, de forma explícita, o princípio da moralidade (art. 37). E ao traçar, especificamente, os fundamentos da organização da magistratura ressaltou as garantias necessárias para assegurar a independência, imparcialidade e confiabilidade dos juízes, no desempenho da função de fazer justiça (art. 95). Quanto ao *modus faciendi* de pacificar os litígios, a garantia do devido processo legal foi concebida como direito fundamental (art. 5º, LIV), do qual participa, não apenas a segurança dos ritos legais, mas também a garantia da sentença justa (devido processo em sentido material).

Analisando a questão do processo como instrumento de concretização do direito-garantia de acesso à justiça substancial, arremata (p. 7):

> Esse destaque ideológico da justiça prestigiada como um dos valores supremos da nação, visa, no campo da prestação jurisdicional, a consagrar, de maneira estável e bem determinada, os fundamentos éticos do processo. Não se permite, mais, portanto, que os procedimentos judiciais sejam tratados como simples instrumentos de justiça formal, mas, sim, como uma garantia muito mais ampla de justiça substancial.

O processo democrático e constitucionalizado instituído pela CR/1988, portanto, edificado com base no "compromisso institucional de buscar e realizar resultados coerentes com os valores de equidade substancial e de justiça procedimental" (THEODORO JÚNIOR, p. 7), pretendeu nivelar a zero qualquer tolerância ao abuso de direito processual.

O Código de Processo Civil de 2015[19], consolidado de acordo com os preceitos constitucionais mencionados, corporifica o padrão ético de conduta em vários dispositivos legais, a exemplo do princípio da cooperação, no art. 6º[20], erigido a norma fundamental do processo.

O princípio da cooperação exige uma postura colaborativa de todos os sujeitos do processo, incluído o magistrado. Ao contrário do que possa parecer, Felipe Bernardes (2018, p. 107) esclarece que o princípio da cooperação não objetiva que as partes mascarem a existência do conflito entre elas, tampouco se auxiliem a ter sucesso em sua pretensão, mas visa a reafirmar a necessária lealdade na utilização do processo compreendido como instrumento ético que busca a verdade e a justa composição do litígio.

Em 2006, o STF, ao julgar o RE 464.963, de relatoria do Ministro Gilmar Mendes, tratou do conceito do *fair trial*, ou "julgamento justo", o qual está edificado na premissa da ética processual em sua mais ampla abrangência:

> O princípio do devido processo legal, que lastreia todo o leque de garantias constitucionais voltadas para a efetividade dos processos jurisdicionais e administrativos, assegura que todo julgamento seja realizado com a observância das regras procedimentais previamente estabelecidas, e, além disso, representa uma exigência de *fair trial*, no sentido de garantir a participação equânime, justa, leal, enfim, sempre imbuída pela boa-fé e pela ética dos sujeitos processuais. A máxima do *fair trial* é uma das faces do princípio do devido processo legal positivado na Constituição de 1988, a qual assegura um modelo garantista de jurisdição, voltado para a proteção efetiva dos direitos individuais e coletivos, e que depende, para seu pleno funcionamento, da boa-fé e lealdade dos sujeitos que dele participam, condição indispensável para a correção e legitimidade do conjunto de atos, relações e processos jurisdicionais e administrativos. Nesse sentido, tal princípio possui um âmbito de proteção alargado, que exige o *fair trial* não apenas dentre aqueles que fazem parte da relação processual, ou que atuam diretamente no processo, mas de todo o aparato jurisdicional, o que abrange todos os sujeitos, instituições e órgãos, públicos e privados, que exercem, direta ou indiretamente, funções qualificadas constitucionalmente como essenciais à Justiça. Contrárias à máxima do *fair trial* – como corolário do devido processo legal, e que encontra expressão positiva, por exemplo, no art. 14 e seguintes do Código de Processo Civil – são todas as condutas suspicazes praticadas por pessoas às quais a lei proíbe a participação no processo em razão de suspeição, impedimento ou incompatibilidade; ou nos casos em que esses impedimentos e incompatibilidades são forjados pelas partes com o intuito de burlar as normas processuais.

Na fase executiva, conforme pontuam Fredie Didier, Leonardo Carneiro da Cunha, Paula Sarno Braga e Rafael Alexandria de Oliveira (2017, p. 82), pode-se citar como exemplos de aplicação dessa máxima: 1) o *dever* de indicar bens à penhora (art. 774, V, do CPC); 2) a exigência de que o executado, que pretende impugnar o valor da execução, apresente desde logo o valor que reputa devido (art. 525, § 4º, do CPC). Seria comportamento não-cooperativo afirmar que a cobrança é excessiva sem, simultaneamente, dizer qual é o valor correto; 3) O *dever* de advertência do juiz ao executado, antes de puni-lo, de que seu ato pode vir a caracterizar-se como atentatório à dignidade da jurisdição (art. 772, II, do CPC); 4) Conhecimento da prescrição *ex officio* pelo juiz, dando a oportunidade de o exequente manifestar-se, conforme impõe o *dever de consulta* (arts. 10, 487, parágrafo único, e 921, § 5º, do CPC).

(19) O Código anterior, de 1973, apesar das reformas sofridas ao longo do tempo, não refletia por completo a nova conjuntura democrática edificada com a promulgação da Constituição de 1988.

(20) Inteligência do art. 3º, I, da CR/1988 (Princípio da Solidariedade).

Todas essas previsões do CPC aplicam-se ao Processo do Trabalho, eis que em harmonia com as premissas que o alicerçam (art. 769 da CLT c/c art. 15 do CPC), à exceção do item 4, ante a sua incompatibilidade(21).

O magistrado, diante da constatação de violação do dever de colaboração poderá, ou melhor, deverá advertir a parte ou qualquer outro sujeito processual que o faça. Em contrapartida, a parte ou o sujeito processual que se sinta prejudicado tem o direito de protestar nos autos ou, se for o caso, recorrer ao órgão julgador competente. Em âmbito extraprocessual, ainda, poderá recorrer à via administrativa, visando eventual manejo de reclamação disciplinar(22) na ouvidoria do Conselho Nacional de Justiça, contra a ação ou omissão antiética do juízo.

3. A BOA-FÉ PROCESSUAL COMO INSTRUMENTO DE COMBATE A FRAUDES NA FASE EXECUTIVA

Os primeiros ensaios positivados da utilização do conceito de boa-fé objetiva se deram no âmbito do Direito Civil, notadamente como preceito básico das relações negociais e contratuais. Em âmbito nacional, o Código Civil de 2002 representou um significativo marco, consolidando um paradigma que já vinha se desenvolvendo desde os primórdios do Direito Romano.

É verdade que o Código de Defesa do Consumidor(23), em 1990, já havia feito previsão seguindo a compreensão concreta da boa-fé. Entretanto, foi apenas em 2002, com o Código Civil, que se explicitou a premissa da boa-fé objetiva, como decorrência do *princípio da eticidade*, um dos pilares de reestruturação do texto civilista.

A respeito do *princípio da eticidade*, Flávio Tartuce (2018, p. 65) pontua que:

> [...] o Código Civil de 2002 se distancia do tecnicismo institucional advindo da experiência do Direito Romano, procurando, em vez de valorizar formalidades, reconhecer a participação dos valores éticos em todo o Direito Privado.

Nas palavras de José Delgado (2003, p. 177), ex-Ministro do Superior Tribunal de Justiça,

> [...] o tipo de Ética buscado pelo novo Código Civil é o defendido pela corrente kantiana: é o comportamento que confia no homem como um ser composto por valores que o elevam ao patamar de respeito pelo semelhante e de reflexo de um estado de confiança nas relações desenvolvidas, quer negociais, quer não negociais. É, na expressão kantiana, a certeza do dever cumprido, a tranquilidade da boa consciência.

Poder-se-ia dizer, a propósito, que do princípio da eticidade decorrem tanto o dever ético de conduta, faceta marcada pela subjetividade na aferição, como a boa-fé objetiva, regra geral de conduta.

Para a legislação civilista, a boa-fé objetiva comporta três funções primordiais (TARTUCE, 2018, p. 43): função interpretativa dos negócios jurídicos em geral (art. 113 do CC); função de controle das condutas humanas, eis que a sua violação pode gerar o abuso de direito, nova modalidade de ilícito (art. 187); e função integradora, na medida em que deve estar presente em todas as fases pelas quais passa o contrato (art. 422 do CC).

A transposição do conceito de boa-fé objetiva para a esfera processual se faz de forma muito natural, já que o processo nada mais é que um instrumento para se efetivar o direito material violado ou não usufruído. Nada mais lógico, assim, que o direito processual a utilize como máxima a nortear todo o procedimento, reproduzindo, por conseguinte, as mesmas funções observadas no campo material.

O Código de Processo Civil de 2015, nessa linha, solidifica as premissas de um processo edificado sob o prisma democrático, instituindo a colaboração (art. 6º) e a boa-fé (art. 5º) dos sujeitos do processo como axiomas fundamentais. Desde a Constituição, por meio da gênese de um devido processo legal, consolidou-se a repugnância a qualquer abuso de direito processual. O diploma processualista civil ratifica essa diretriz, elevando tais regras de conduta a normas fundamentais do processo. Na visão de Flávio Tartuce (2015, p. 61), está-se diante de um autêntico diálogo das fontes, entre Constituição, Código Civil e Código de Processo Civil.(24).

(21) A inserção do art. 11-A no texto celetista, o qual possibilitou ao juízo a declaração da prescrição intercorrente de ofício, não se confunde com a manutenção da impossibilidade de declaração da prescrição bienal e quinquenal de ofício, visto inexistir qualquer inovação legal nesse sentido. Sem adentrar nos questionamentos acerca da compatibilidade da prescrição intercorrente com o processo do trabalho, é importante observar que a natureza dos institutos é, inclusive, diferente. A prescrição intercorrente é um instituto puramente processual, ao passo que a prescrição trabalhista é de índole material.

(22) Endereço eletrônico direcionado: <http://www.cnj.jus.br/ouvidoria-page/como-peticionar-ao-cnj>. Acesso em: 13 mar. 2019.

(23) Art. 4º, III, "a Política Nacional de Relações de Consumo tem por objetivo o atendimento das necessidades dos consumidores, o respeito à sua dignidade, saúde e segurança, a proteção de seus interesses econômicos, a melhoria da sua qualidade de vida, bem como a transparência e harmonia das relações de consumo, atendidos os seguintes princípios: [...] III – harmonização dos interesses dos participantes das relações de consumo e compatibilização da proteção do consumidor com a necessidade de desenvolvimento econômico e tecnológico, de modo a viabilizar os princípios nos quais se funda a ordem econômica (art. 170 da Constituição Federal), sempre com base na *boa-fé* e equilíbrio nas relações entre consumidores e fornecedores".

(24) "A tese do diálogo das fontes foi desenvolvida na Alemanha por Erik Jayme, professor da Universidade de Heidelberg, trazida ao Brasil por Claudia Lima Marques, da Universidade Federal do Rio Grande do Sul. A essência da teoria é que as normas jurídicas não se excluem – supostamente porque pertencentes a ramos jurídicos distintos –, mas se complementam. Como se pode perceber, há nesse marco teórico, do mesmo modo, a premissa de uma visão unitária do ordenamento jurídico."

Segundo a lição de Luiz Guilherme Marinoni, Sérgio Cruz Arenhart e Daniel Mitidiero (2017, p. 89), a boa-fé processual se estratifica em subjetiva e objetiva. A acepção subjetiva, que em muito se assemelha à ética processual:

> [...] pode ser traduzida como um "estado de consciência". É o dever de agir de boa-fé que impõe o dever de veracidade, o dever de completude e o dever de lealdade (art. 77, I, II e III). Vale dizer: o dever de dizer a verdade – e toda a verdade – a respeito de determinado assunto debatido em juízo, o dever de não formular pedidos ou apresentar defesas ciente de que destituídos de fundamento e o dever de não praticar atos sabidamente inúteis ou desnecessários para a tutela dos direitos.

Sob o patamar objetivo, a boa-fé:

> [...] constitui um dever comportamental. É o dever de se comportar com boa-fé que impõe o dever de cumprir com exatidão todas as ordens judiciais e de não praticar inovação ilegal no estado de fato ou de direito da causa (art. 77, IV e VI). É também o dever de se comportar com boa-fé que viabiliza a *exceptio doli*, veda o comportamento contraditório (*Nemo potest venire contra factum proprium*), protege contra a alegação de vícios formais por quem deu a eles causa (*Nemo allegans propriam turpitudinem auditur*), contra o *tu quoque*, contra o exercício desequilibrado dos direitos e prevê a *supressio* e a correlata *surrectio*. A *exceptio doli* é a defesa que tem toda e qualquer pessoa para paralisar o comportamento de quem age dolosamente contra si. A proibição constante do brocardo *venire contra factum proprium* revela a proibição de comportamento contraditório. Traduz o exercício de uma posição jurídica em contradição com o comportamento assumido anteriormente pelo seu agente.

A *supressio*, a *surrectio* e o *tu quoque*, institutos derivados da boa-fé objetiva[25], quando aplicados ao processo, representam mais um substrato de vedação ao abuso de direito processual que deve ser veementemente combatido pela comunidade jurídica, consoante a elucidação do Ministro Gilmar Mendes ao abordar o dever de boa-fé no *fair trial*.

No processo laboral, a boa-fé objetiva processual é largamente utilizada como fundamento de reprimenda do abuso de direito. Até a Lei n. 13.467/2017 não havia qualquer previsão normativa no texto celetista, que passou a contemplar a responsabilização dos sujeitos do processo por dano processual (arts. 793-A a 793-B), não obstante já se valesse da aplicação do direito comum no aspecto.

No aresto jurisprudencial do Tribunal Regional do Trabalho da 3ª Região, colacionado a seguir, observa-se que o Colegiado considerou que a alegação de nulidade já conhecida pela parte a destempo é fato que infringe a diretriz fundamental da boa-fé:

> NULIDADE DE CITAÇÃO. ARGUIÇÃO EM MOMENTO POSTERIOR. NULIDADE DE ALGIBEIRA. Em situações em que há divergência quanto ao recebimento da intimação, na modalidade CARTA COMERCIAL SIMPLES, adoto o procedimento de determinar a renovação da citação da parte ré, mediante Carta Comercial Registrada com Aviso de Recebimento (AR), embasada no art. 3º da PORTARIA CONJUNTA GP/GCR N. 323, DE 5 DE JULHO DE 2016, visando evitar futuras alegações de nulidade de citação. Contudo, *in casu*, verifica-se que a arguição da nulidade em momento posterior ao que deveria ter sido suscitada, configura manobra processual inadequada e repudiada (nulidade de algibeira), uma vez que tal comportamento viola os princípios da lealdade e da boa-fé processual (art. 5º do CPC/2015). No Direito do Trabalho, prevalece a regra de que as nulidades não serão declaradas senão mediante provocação das partes, as quais deverão argui-las à primeira vez em que tiverem de falar nos autos (art. 795 Consolidado). A executada somente apontou a nulidade do ato processual após o início da execução, embora, mesmo que se considere que a citação não foi efetuada, tenha ficado ciente da presente demanda em 15.12.2017, quando da realização da diligência pericial. Não se pode admitir que as partes, conhecedoras de eventual nulidade, deixem para alegá-las quando bem entenderem, pois tal procedimento atentaria contra a *boa-fé objetiva processual* e o dever de cooperação entre os sujeitos do processo. É o que se convencionou chamar de nulidade de algibeira, estratégia consubstanciada na espera do momento mais adequado para a alegação do vício procedimental, o que não se pode admitir (Processo n. 0011113-03.2017.5.03.0080 (AP) – 3ª Turma. Relator: Milton Vasques Thibau de Almeida.)

Invocar nulidade processual com o intuito de protelar a tramitação do processo, quanto mais na fase executiva, além de atrasar a prestação jurisdicional, demonstra clara má-fé do executado em cumprir as determinações judiciais.

Em outra situação a seguir relacionada, em acórdão proferido pelo Tribunal Regional do Trabalho da 15ª Região, a boa-fé processual, com suas ramificações decorrentes, é invocada pela relatora, atendendo ao pedido do agravante, ora exequente, para fundamentar a determinação de que houvesse a reabertura de instrução processual em cumprimento ao conteúdo do acordo entabulado pelas partes.

Explica-se: o acordo firmado entre as partes previa que diante de inadimplemento, seria reaberta a instrução processual para prosseguimento do feito. Ocorrido o inadimplemento, a exequente teve seu pedido de reabertura de instrução processual negado pelo magistrado de primeira instância, com fundamento no fato de o acordo ter sido homologado e, portanto, estar coberto pelo manto da coisa julgada. Em segundo grau, o Tribunal entendeu que apesar de o conteúdo do ajuste ser questionável, vez que chancelava uma espécie de acordo condicional, fato é que "as partes

(25) Conhecidos também por conceitos parcelares da boa-fé objetiva.

o entabularam sob as lentes atentas do Poder Judiciário, que não só presenciou, mas homologou referido acordo, tendo participação ativa nesse procedimento". *Verbis*:

> A boa-fé objetiva processual, matéria cada vez mais estudada na Academia e cuja aplicação tem ganhado os processos judiciais de forma crescente como forma de moralização do Processo, preconiza a figura do *venire contra factum proprium*, a qual veda não só para as partes, como também para o juiz, a tomada de atitudes contraditórias na trajetória processual. Há limites éticos impostos para todos aqueles que participam do processo, não podendo as partes serem pegas de surpresa por determinações judiciais posteriores que simplesmente desconsideram uma primeira decisão já exarada por outro juiz igualmente competente e de mesma hierarquia. Dessa maneira e assim pensada a matéria, entende esta Relatora que devem ser prestigiados os termos do acordo celebrado pelas partes (e, reprise-se, homologado pelo Poder Judiciário), a fim de que seja reaberta a instrução processual para regular prosseguimento do feito em face de ambas as reclamadas, com a compensação da parcela já paga ao autor da demanda pela primeira ré. (1ª Turma – 2ª Câmara – Processo n. 01325-2008-005-15-00-5 – Data de publicação: 12.03.2010. Relatora: Mariane Khaya).

Como consequência da violação do dever de boa-fé (art. 5º do CPC), além da repreensão da conduta pelo magistrado, tal como deverá ocorrer na ocorrência de violação do dever de colaboração (art. 6º do CPC), haverá a possibilidade de imposição de sanção pecuniária. A afronta ao dever de boa-fé objetiva dá azo às fraudes, cujo conteúdo é nitidamente prejudicial às partes, à atividade jurisdicional e à dignidade da justiça. Na fase executiva a sua ocorrência é potencialmente mais gravosa já que o interesse em jogo é justamente a satisfação da pretensão material.

3.1. Responsabilização por dano processual

Os arts. 793-A a 793-D da CLT, cuja redação muito se assemelha à vislumbrada nos arts. 79 a 81 do CPC, trazem a sanção processual por dano processual, englobando quatro ramificações: multa superior a 1% (um por cento) e inferior a 10% (dez por cento) do valor corrigido da causa(26), indenização à parte contrária pelos prejuízos causados, honorários advocatícios e reembolso das despesas efetuadas para o processo.

Quanto à indenização pelos prejuízos causados à parte contrária, é importante observar que esta não se confunde com o reembolso das despesas realizadas. O cálculo da indenização dos prejuízos, ao contrário do cálculo das despesas processuais, é de difícil mensuração objetiva, razão pela qual o próprio dispositivo legal (art. 793-C, § 3º, da CLT) determina que seu valor será fixado pelo juízo ou, na impossibilidade de que assim o faça, será liquidado por arbitramento ou pelo procedimento comum(27).

Outro ponto que merece um olhar mais atento é com relação ao verbo utilizado na redação do dispositivo, que está no futuro do indicativo, sinalizando que a aplicação da sanção não constitui uma faculdade e, dessa maneira, *deverá* ser aplicada pelo magistrado.

No tocante à dificuldade de entrega da prestação jurisdicional, Homero Batista da Silva Mateus (2017, p. 311), em um certo desabafo, pondera:

> A situação chegou a tal ponto que, se fosse apenas o retardamento, os credores se dariam por satisfeitos, mas há muitos outros interesses em jogo no emaranhado de recursos e pedidos de revisão de julgados. Há, sim, a tentativa de frustrar de modo permanente a entrega da prestação jurisdicional, vencendo a parte contrária pelo cansaço e o Poder Judiciário pelo gigantismo. Para um juiz do trabalho em particular e para a coletividade de modo geral, não poderia haver nada mais sombrio do que ouvir, nos corredores forenses, que o trabalhador "ganhou, mas não levou".

Conforme analisado anteriormente, coibir os abusos de direito e assegurar a manutenção da ordem são autênticos deveres de toda a comunidade jurídica. Ao se argumentar acerca da necessidade de firmeza da postura do magistrado não se está, por óbvio, a defender o autoritarismo. A urbanidade e a colaboração de todos os sujeitos do processo são pressupostos básicos para a existência de uma jurisdição democrática. O que se pretende é apenas ressaltar que o juiz, como condutor do procedimento, detém papel crucial para que, através do desencorajamento de práticas abusivas, garanta uma prestação jurisdicional efetiva.

São considerados atos que atentam contra a boa-fé processual as condutas descritas no art. 793-B(28) da CLT, quanto as partes e terceiros intervenientes(29), e no art. 793-D(30)

(26) Quando o valor da causa for irrisório ou inestimável, a multa poderá ser fixada em até duas vezes o limite máximo dos benefícios do Regime de Previdência Social (art. 793-C, § 2º).

(27) À título de exemplo, Homero Batista Mateus da Silva (2018, p. 574) pontua que tal montante indenizatório poderia ser obtido mediante a invocação do prejuízo à reputação da parte, às perdas de contratos e de oportunidades do mercado, à quebra contratual de prestadoras ou tomadoras de serviço, ao cancelamento de abertura de capital nos órgãos reguladores, ao cancelamento de empréstimos em bancos oficiais ou à inabilitação em licitação.

(28) "Art. 793-B. Considera-se litigante de má-fé aquele que: I – deduzir pretensão ou defesa contra texto expresso de lei ou fato incontroverso; II – alterar a verdade dos fatos; III – usar do processo para conseguir objetivo ilegal; IV – opuser resistência injustificada ao andamento do processo; V – proceder de modo temerário em qualquer incidente ou ato do processo; VI – provocar incidente manifestamente infundado; VII – interpuser recurso com intuito manifestamente protelatório.

(29) A exemplo do sócio da empresa ou do *amicus curiae*.

(30) "Art. 793-D. Aplica-se a multa prevista no art. 793-C desta Consolidação à testemunha que intencionalmente alterar a verdade dos fatos ou omitir fatos essenciais ao julgamento da causa. (...)."

da CLT, quanto às testemunhas. Em que pese ser exaustivo quanto às hipóteses, o texto legal é, por outro lado, omisso quanto ao momento processual em que tais sanções seriam aplicáveis, inferindo-se, portanto, que podem ser aplicadas em qualquer fase do processo, inclusive na execução.

Homero Batista Mateus da Silva (2018, p. 573) ressalta situações de praxe às quais a aplicação do instituto seria salutar, como o caso em que o executado se esquiva do oficial de justiça, indica endereço falso no contrato social e em procuração, arrola bens já alienados ou avariados (art. 793-D, IV, da CLT[(31)]), viola lacres de embargos de interdição de máquinas, equipamentos e obras ou é hostil no trato com oficiais de justiça (art. 793-D, V, da CLT).

3.2. Responsabilização por ato atentatório à dignidade da justiça

As sanções processuais por condutas atentatórias à dignidade da justiça estão abarcadas pelos arts. 77 e 774 do CPC[(32)], as quais, diferentemente do instituto do dano processual, não estão previstas no diploma celetista. Além da omissão da legislação trabalhista no aspecto, a compatibilidade do referido regramento com a essência do processo laboral atrai a possibilidade de sua utilização subsidiária (art. 769 da CLT c/c art. 15 do CPC).

O Processo do Trabalho, como decorrência de seu correspondente direito material é, por excelência, o instrumento que visa a possibilitar o acesso do trabalhador ao crédito alimentar do qual foi privado. A urgência na satisfação da pretensão executiva trabalhista, entre outras razões, é fato que justifica a possibilidade de utilização das diversas medidas que visem a combater abusos de direito que retardem a efetivação da tutela jurisdicional.

No julgamento do Recurso em Mandado de Segurança n. 45.525 – RN (2014/0110474-8), o STJ enfrentou dois aspectos bem interessantes: (a) a possibilidade de aplicação da sanção por ato atentatório à dignidade da justiça ao assistente técnico, como sujeito do processo; e (b) a possibilidade de aplicação subsidiária do processo civil ao processo penal neste particular. Consideradas as respectivas diferenças, a fundamentação que levou à conclusão pela aplicação subsidiária da legislação processual civil poderia ser plenamente invocada para efeito da utilização subsidiária do instituto no processo laboral. Vejamos:

PROCESSUAL CIVIL E PROCESSUAL PENAL. MULTA POR ATO ATENTATÓRIO À DIGNIDADE DA JUSTIÇA – ART. 14, V E PARÁGRAFO ÚNICO, DO CPC/1973. APLICABILIDADE NA SEARA PENAL. IMPOSIÇÃO A TERCEIRO QUE NÃO É PARTE NO PROCESSO (PERITO MÉDICO): POSSIBILIDADE. ATRASO INDEVIDO NA REALIZAÇÃO DE LAUDO DE EXAME EM VÍTIMA DE ROUBO E ENTREGA DE LAUDO INCOMPLETO. DESPROPORCIONALIDADE DA MULTA IMPOSTA. 1. A multa por ato atentatório à dignidade da justiça prevista no art. 14, V e parágrafo único, do CPC/1973 e reproduzida, com os mesmos contornos, no art. 77, IV e § 2º, do CPC/2015, tem fundamento no dever de boa-fé para com a solução do litígio e, nesse sentido, pode ser imposta igualmente às partes ou a terceiros que sejam chamados de alguma forma a participar na solução da controvérsia, aí incluídos, é claro os auxiliares da justiça, dentre eles, o perito. 2. O embaraço ao exercício da jurisdição, inspirado no *contempt of court* do direito norte-americano, embora descrito no Código de Processo Civil, pode, também, ocorrer no Processo Penal, admitindo-se, assim, a imposição de multa por descumprimento de ordem judicial, também na seara penal, tanto em virtude da permissão de aplicação analógica admitida no art. 3º do Código de Processo Penal, quanto em razão da teoria dos poderes implícitos, segundo a qual, uma vez estabelecidas expressamente as competências e atribuições de um órgão estatal, ele está implicitamente autorizado a utilizar os meios necessários para poder exercer essas competências. 3. Esta Corte tem admitido a aplicação de multas diárias coercitivas (astreintes), instituto que também tem origem no Processo Civil (art. 461, § 4º, do CPC/1973 ou art. 537 do CPC/2015), a terceiros que descumprem ordens judiciais proferidas na seara penal, mesmo em sede de inquérito policial. Confiram-se, a propósito, os seguintes precedentes: RMS 55.109/PR, Rel. Ministro REYNALDO SOARES DA FONSECA, QUINTA TURMA, julgado em 07.11.2017, DJe 17.11.2017; AgRg no RMS 54.105/RS, Rel. Ministro FELIX FISCHER, QUINTA TURMA, julgado em 24.04.2018, DJe 09.05.2018; RMS 55.019/DF, Rel. Ministro JOEL ILAN PACIORNIK, QUINTA TURMA, julgado em 12.12.2017, DJe 01.02.2018; RMS 54.444/RJ, Rel. Ministra MARIA THEREZA DE ASSIS MOURA, SEXTA TURMA, julgado em 12.09.2017, DJe 13.10.2017. 4. No caso concreto, a resistência ao cumprimento de decisão judicial está estampada na postura omissa tanto do Instituto Técnico-Científico

(31) "Art. 793-B. Considera-se litigante de má-fé aquele que: (...) IV – opuser resistência injustificada ao andamento do processo;"

(32) "Art 774. Considera-se atentatória à dignidade da justiça a conduta comissiva ou omissiva do executado que:

I – frauda a execução;

II – se opõe maliciosamente à execução, empregando ardis e meios artificiosos;

III – dificulta ou embaraça a realização da penhora;

IV – resiste injustificadamente às ordens judiciais;

V – intimado, não indica ao juiz quais são e onde estão os bens sujeitos à penhora e os respectivos valores, nem exibe prova de sua propriedade e, se for o caso, certidão negativa de ônus.

Parágrafo único. Nos casos previstos neste artigo, o juiz fixará multa em montante não superior a vinte por cento do valor atualizado do débito em execução, a qual será revertida em proveito do exequente, exigível nos próprios autos do processo, sem prejuízo de outras sanções de natureza processual ou material."

da Polícia – ITEP/RN quanto do recorrente, que não se dispuseram a contactar outro hospital em busca de suposta informação necessária para a elaboração de laudo pericial, o que não lhes apresentaria grande dificuldade, obrigando a vítima a perambular entre duas instituições médicas que se negavam a atendê-la, presa nos liames de uma burocracia e falta de boa vontade injustificáveis por parte dos profissionais da saúde. Essa mesma falta de boa vontade se vê na conduta do impetrante ao apresentar laudo complementar incompleto que, na sequência, foi devidamente elaborado por outro profissional, sem que ele se queixasse de qualquer dificuldade ou impedimento. [...] – Recurso em Mandado de Segurança n. 45.525 – RN (2014/0110474-8) – 5ª Turma – Relator : Ministro Reynaldo Soares da Fonseca).

Inicialmente, deve-se atentar que a multa de 20% por ato atentatório à dignidade da justiça está prevista no diploma processual civil em dois contextos distintos. No art. 77, a sanção, aplicável em qualquer momento processual, direciona-se a qualquer sujeito que participe do processo(33) e o valor arrecadado é destinado à União ou ao Estado. Já o art. 774, cuja aplicabilidade é restrita à fase executória, determina que a sanção se direciona ao executado e o montante por este pago em juízo é revertido ao exequente.

Deve-se notar, dessa forma, que os regramentos não apresentam ideias incompatíveis, já que a diferença quanto ao destinatário da sanção confirma a distinção do objetivo de aplicabilidade de cada um e do valor jurídico ao qual cada um está alicerçado. Em que pese a idêntica nomenclatura, aspecto que pode causar certa confusão, fato é que o legislador pretendeu privilegiar a tutela da dignidade da jurisdição no primeiro caso e a dignidade da tutela executiva no segundo, embora tenha tratado ambas como medidas que visem preservar a dignidade da justiça.

Nessa toada, Daniel Amorim Assumpção Neves (2017, p. 1071) assevera que casos que se enquadrem em ambos os artigos devem desafiar a aplicação concomitante das penalidades por eles trazidas, já que não se estaria diante de situação de *bis in idem*. Adverte que a resistência injustificada às ordens judiciais, por exemplo, está prevista como ato atentatório à dignidade da justiça no art. 774, IV, e é também tipificada pelo art. 77, IV, ambos do CPC. Nesse caso, defende que o executado possa ser condenado a pagar até 20% do valor da execução para o exequente (art. 774, parágrafo único) e até 20% para o Estado (art. 77, § 2º), sem prejuízo de eventuais perdas e danos.

Quanto à possibilidade de cumulação das sanções por dano processual (arts. 793-A a 793-D da CLT) e da multa por ato atentatório à dignidade da justiça do art. 77 do CPC, quando se estiver diante de prática processual que se enquadre nos dois dispositivos, entende-se que o mesmo raciocínio deve ser aplicado, já que, além de os destinatários serem diferentes, os valores jurídicos tutelados são também distintos. Enquanto no dano processual busca-se tutelar a dignidade e a lealdade da parte que age de acordo com o dever objetivo de boa-fé, no ato atentatório à dignidade da justiça pretende-se tutelar a dignidade da jurisdição.

No que tange à aplicação concomitante da responsabilização por dano processual (arts. 793-A a 793-D da CLT) e da multa por ato atentatório à dignidade da justiça do art. 774, por sua vez, deve-se observar que essa possibilidade se restringe à situação em que o executado pratique ato que caracterize dano processual e, ao mesmo tempo, ato atentatório à dignidade da justiça.

Como anteriormente delineado, o texto do art. 774, em seu *caput*, é claro ao limitar a possibilidade de aplicação da sanção ao executado, já que nada menciona acerca do exequente e tampouco se refere às partes em conjunto. Dessa feita, é forçoso concluir que o exequente e demais sujeitos do processo se submetem às nuances relativas ao regramento anteriormente examinado (arts. 793-A a 793-D, da CLT c/c art. 77 do CPC).

Veja-se, a seguir, este aresto do Tribunal Superior do Trabalho que ratificou a decisão do Regional, mantendo a possibilidade de cumulação das sanções por litigância de má-fé (atualmente tratada pela legislação celetista com a nomenclatura de dano processual) e por ato atentatório à dignidade da justiça, não havendo que se falar em *bis in idem*:

> APLICAÇÃO DE MULTAS POR LITIGÂNCIA DE MÁ-FÉ E POR ATO ATENTATÓRIO À DIGNIDADE DA JUSTIÇA. O Regional manteve a aplicação da multa por ato atentatório à dignidade da Justiça (art. 774, parágrafo único, do CPC/2015), por verificar que "o comportamento da executada foi, evidentemente, de buscar rediscutir matéria já decidida, protelando a execução dos créditos do autor". Além disso, condenou a executada ao pagamento da multa por litigância de má-fé, nos termos do art. 80 do CPC/2015, na medida em que a agravante "se insurgiu contra o título transitado em julgado quanto à sua responsabilidade subsidiária, bem alterou a verdade dos fatos, pois alegou que não poderia ser responsabilizada pelo crédito pois não participou do acordo, quando, na realidade, esteve presente à audiência em que o mesmo foi celebrado". Ficou evidenciado, portanto, o intuito da parte em agir com deslealdade processual, bem como demonstrado o efetivo prejuízo ao exequente. As garantias constitucionais da ampla defesa e do contraditório, como corolários que são do devido processo legal, não eximem a parte que litiga de má-fé das consequências processuais erigidas na lei ordinária, ante sua conduta de se opor injustificada e indevidamente à execução, comportamento que procrastina o andamento regular do feito e que resulta nítido prejuízo ao bom funcionamento

(33) É importante ressaltar que o § 6º do mencionado dispositivo excepciona a aplicação da sanção aos advogados, públicos ou privados, à Defensoria Pública e ao Ministério Público, de modo que eventual responsabilização deverá se dar pelo órgão de classe ou corregedoria e não diretamente pelo juízo.

> e dignidade da Justiça. Ademais, ao contrário do alegado, a dupla penalidade não configurou *bis in idem*, pois não decorreu do mesmo fato gerador, sendo certo que foi aplicada em diferentes momentos processuais (análise dos embargos à execução e do agravo de petição). Assim, devem ser mantidas as multas impostas, não havendo falar em ofensa direta e literal aos arts. 5º, XXXV e LV, e 93, IX, da Constituição Federal. (Processo n. TST-AIRR-349-96.2016.5.12.0029 – Julgado em 11.12.2018 – 2ª Turma – Relator: Ministro José Roberto Freire Pimenta)

Com relação ao rol das condutas descritas nos arts. 77 e 774 do CPC como atos atentatórios à dignidade da justiça, entende-se que esse é exemplificativo do ponto de vista topográfico, já que podem ser vislumbradas outras hipóteses ao longo do texto legal, tal como no art. 774, § 2º, que atribui a multa diante da criação de embaraço aos provimentos judiciais ou modificações substanciais sobre a coisa litigiosa, ou no art. 903, § 6º, que, diante da suscitação infundada de vício com o objetivo de ensejar a desistência do arrematante, determina a aplicação da penalidade. Mas note-se: as condutas devem estar necessariamente previstas pelo legislador, já que se trata de comportamentos aos quais se atribui sanção[34]. Pode-se dizer, destarte, que são exaustivas do ponto de vista legal, mas o rol do dispositivo é, na perspectiva topográfica, exemplificativo.

A mesma observação quanto à imperatividade na aplicação da responsabilização por dano processual deve ser estendida à multa por ato atentatório da dignidade da justiça na execução. Tal qual no dano processual, o verbo do dispositivo é categórico ao determinar que "nos casos previstos neste artigo, o juiz *fixará* multa em montante não superior a vinte por cento do valor atualizado do débito em execução [...]". Constatado o ato afrontoso, portanto, o magistrado *deverá* aplicar a penalidade.

Colaciona-se, a seguir, trecho de acórdão do Tribunal Regional do Trabalho da 2ª Região que, ao julgar Agravo de Petição interposto pelo executado, manteve a sentença de primeiro grau, a qual determinava a aplicação da responsabilização por ato atentatório à dignidade da justiça:

> [...] a presente execução estende-se desde agosto de 2013, com inúmeras tentativas infrutíferas de saldar o crédito exequendo, até que em 30.IV.2015 foi ajustado entre as partes um acordo de parcelamento de dívida (CPC/1973, art. 745-A), constando expressamente do termo de homologação a multa de 20% sobre o valor da execução, por ato atentatório à dignidade da justiça (fls. 444). No entanto, o executado deixou de cumprir com a última parcela do acordo, sem apresentar qualquer justificativa naquela ocasião, originando mais três ordens de bloqueio pelo BACENJUD, duas audiências de tentativa de conciliação, penhora e designação de hasta pública de bem imóvel, até o efetivo pagamento da parcela. Não se trata, portanto, de simples omissão do devedor em satisfazer de maneira espontânea a citação para pagamento, mas de inúmeros atos injustificados que retardaram o cumprimento da obrigação, que somente encontram explicação na sua tentativa de se opor maliciosamente à execução, em ato atentatório à dignidade da justiça (CPC/2015, art. 774, II). (Processo TRT/SP n. 0001804-98.2011.5.02.0078 – 6ª Turma – Desembargador Relator: Salvador Franco de Lima Laurino – Data de julgamento: 15.05.2018).

Conforme salientado pelo relator, não se tratou de simples omissão do devedor em satisfazer de maneira espontânea a citação para pagamento, mas de inúmeros *atos injustificados* que retardaram o cumprimento da obrigação. Essa e outras práticas assemelhadas não devem ser, pelas razões explicitadas ao longo de todo o estudo, simplesmente ignoradas pelo julgador.

3.2.1. Fraude à execução

A fraude à execução (art. 792 do CPC), compreendida como hipótese contida na previsão genérica do art. 774, I[35], é tratada pelo ordenamento jurídico como ato atentatório à dignidade da justiça, desafiando, por conseguinte, as mesmas consequências sancionatórias anteriormente delineadas.

O instituto processualista civil possui, de modo geral, aplicabilidade reduzida ao Processo do Trabalho. As peculiaridades laborais inerentes, como a hipossuficiência do trabalhador, acabam por incompatibilizar a transposição do instituto em vários pontos.

Os incisos I, II e III englobam as fraudes presumidas pela disposição patrimonial de bem sujeito a registro diante da averbação de determinadas circunstâncias em seu respectivo documento registral. O bem, que não é necessariamente imóvel, deverá ser aquele sujeito a registro, como os veículos automotores, por exemplo.

A maior parte da doutrina defende se tratar a averbação no registro do bem de uma presunção absoluta (*juris et juris*), como Felipe Bernardes. Entende-se que o registro público confere eficácia *erga omnes* ao seu conteúdo, não podendo o terceiro alegar desconhecimento da fraude por ausência de consulta ao registro do bem. Segundo adverte o autor, "mesmo que o terceiro adquirente, por hipótese, efetivamente não soubesse (por negligência) da existência do processo ou da constrição, tinha o dever de saber, à luz da boa-fé objetiva" (BERNARDES, 2018, p. 874).

O mesmo silogismo, de forma inversamente proporcional, aplica-se aos bens não sujeitos a registro, como obras

(34) Normas que imponham sanção devem ser interpretadas de maneira estrita, conforme já mencionado no início deste estudo.

(35) Entende-se que o inciso I do art. 774 não se subsume ao instituto da fraude à execução, compreendendo outras fraudes realizadas durante a fase executiva, mas não enquadradas no texto legal do art. 792. Pode-se dizer, basicamente, que o instituto da fraude à execução é limitado às situações acerca da disposição patrimonial.

de arte e joias (BERNARDES, 2018, p. 875). Ambas as situações, pautadas nos princípios da solidariedade (art. 3º, I, da CR/1988) e da boa-fé objetiva processual (art. 5º do CPC), são facetas de uma mesma moeda.

Ainda com relação aos bens objeto de controvérsia, questão curiosa surge quanto aos bens impenhoráveis, como o bem de família, por exemplo. Indaga-se se, no caso da alienação ou oneração deste bem, estar-se-ia diante de uma fraude à execução. Homero Batista Mateus da Silva salienta que:

> [...] o caso é bastante interessante porque faz colidirem dois valores igualmente relevantes: a eficácia da execução e a proteção a uma reserva mínima de bens para não aviltar a condição do executado. Sendo o bem absolutamente impenhorável, não se pode censurar o executado por ter feito sua alienação nem se pode pensar eventualmente em lançar a penhora sobre ele, pelo singelo argumento de que nada mais sobrou. Continuará a ser um bem absolutamente impenhorável, no meio do deserto (SILVA, 2017, p. 319).

A primeira hipótese trazida pelo art. 792, em seu inciso I, trata da "alienação ou oneração de bem quando sobre ele pender ação fundada em direito real ou com pretensão reipersecutória, desde que a pendência do processo tenha sido averbada no respectivo registro público".

Deve-se observar, incialmente, que o processamento de ações reais e reipersecutórias foge à competência juslaboral. A publicização conferida por meio da averbação em cartório, entretanto, é ato extrajudicial de modo que, ao que parece, não haveria óbice à utilização do documento registral para caracterização de fraude tanto na Justiça Comum como na Justiça Especializada. Seria plenamente possível, portanto, a utilização do documento de registro no processo laboral, atestando-se a tramitação de ação real ou reipersecutória cível, como fundamento à caracterização de fraude à execução.

O inciso II, o qual trata da alienação ou oneração do bem quando tiver sido averbada em seu respectivo registro a pendência de processo de execução, e o inciso III, referente à averbação de hipoteca judiciária ou outro ato de constrição judicial originário do processo em que foi arguida a fraude, seguem a mesma linha de raciocínio.

Ocorre que, não obstante a compatibilidade jurídica, poderá surgir uma incoerência prática. A parte a quem caberia a consulta ao cartório de registro seria, na maior parte das vezes, o trabalhador, fato que acabaria por inviabilizar a utilização de tal dispositivo no processo laboral. Não se deve olvidar, contudo, que a fraude à execução poderá ser reconhecida também de ofício pelo magistrado(36), fato que torna mais palpável sua aplicação à realidade trabalhista. Nessa hipótese, tendo o juiz conhecimento acerca da averbação de uma das circunstâncias descritas no dispositivo legal, poderá, diante de disposição patrimonial enquadrável como fraude à execução, reconhecê-la de ofício.

A situação descrita no inciso IV do art. 792 é vislumbrada com mais frequência na praxe laboral. Quando ao tempo da alienação ou oneração tramitava demanda capaz de reduzi-lo à insolvência, estará caracterizada a fraude. Da leitura do texto legal, entretanto, surgem algumas questões que devem ser analisadas.

Primeiramente, pergunta-se o que caracteriza a "demanda" que seria capaz de reduzir o devedor à insolvência para fins de fixação de um marco cronológico a partir do qual a fraude poderia ser presumida. Convencionou-se dizer que a citação válida inaugura a existência da demanda, todavia, neste estudo, defende-se que esse conceito deve ser interpretado no sentido de compreender, além da demanda de que efetivamente participe o devedor, aquela da qual teve ciência por outros meios, sem ser necessariamente citado (SILVA, 2017, p. 315). Nesse sentido, a seguinte decisão do STJ:

> PROCESSUAL CIVIL. FRAUDE À EXECUÇÃO. CONFIGURAÇÃO. AUSÊNCIA DE CITAÇÃO VÁLIDA. PLENA CIÊNCIA POR PARTE DO DEVEDOR DA EXECUÇÃO. INTERESSE DE MENORES. INEXISTÊNCIA DE INTERVENÇÃO DO MINISTÉRIO PÚBLICO. NÃO DEMONSTRAÇÃO DE PREJUÍZO AOS INCAPAZES. DIVERGÊNCIA JURISPRUDENCIAL. COTEJO ANALÍTICO NÃO-DEMONSTRADO.
>
> [...] 2. De regra, a caracterização da fraude de execução exige a ocorrência de litispendência, esta caracterizada pela citação válida do devedor no processo de conhecimento ou de execução.
>
> 3. *In casu*, há que se ater à peculiaridade levada em conta pela decisão recorrida, qual seja, quando da alienação do bem, portanto, no momento caracterizador da fraude, o devedor-executado tinha pleno conhecimento do ajuizamento da execução e, como forma de subtrair-se à responsabilidade executiva decorrente da atividade jurisdicional esquivou-se da citação de modo a impedir a caracterização da litispendência e nesse período adquiriu um bem imóvel em nome dos filhos. (REsp 799440/DF. Relator: Ministro João Otávio de Noronha. Data do julgamento: 15.12.2009)

No Processo do Trabalho, é relevante lembrar, a citação do devedor constitui mero ato administrativo realizado pela secretaria, razão pela qual a distribuição da ação acaba por ter o efeito da *citação válida* do processo civil.

Para a caracterização de fraude no caso de desconsideração da personalidade jurídica (art. 792, § 3º), o legislador também adota o marco cronológico da citação válida. Note-se: de acordo com a redação legal, ainda que instaurado

(36) Observado, é claro, o contraditório. Antes de declarar a fraude, o juiz da execução deverá intimar o terceiro adquirente do bem (supostamente alienado em fraude), para que, se for do seu interesse, oponha embargos de terceiro (BERNARDES, 2018, p. 874).

o incidente de desconsideração da personalidade jurídica, antes da citação dos sócios ou da empresa, eventual alienação do bem não ensejaria fraude.

O Incidente de Desconsideração da Personalidade Jurídica foi inserido na legislação trabalhista pela Lei n. 13.467 e, em conjunto com a Instrução Normativa n. 41 do TST[(37)], parece não deixar dúvidas quanto a vontade do legislador e do TST em aplicá-lo nos termos dispostos. Em que pese as diretrizes trazidas pelo texto legal, fato é que a desconsideração da personalidade jurídica já era uma técnica largamente utilizada.

A redação do art. 792 do CPC em sua literalidade é bastante criticável, já que legitima a dispersão patrimonial do sócio não somente entre o momento da instauração do incidente e da citação válida, mas antes mesmo de se cogitar a desconsideração. O sócio, na realidade, muito antes já detém os meios necessários de defesa e impugnação em nome da empresa. A citação válida, portanto, há de ser interpretada nos moldes acima defendidos, sob pena de aniquilação de qualquer efetividade auferível por meio da utilização do incidente tal qual proposto pela legislação processual civil.

Além de infração de dever processual de patamar gravíssimo, a fraude à execução, conforme defende Homero Batista Mateus da Silva (2017, p. 319), corresponde ao tipo penal do art. 179[(38)] do Código Penal. Adverte que "[...] embora o tipo penal seja bastante vasto, inclui seguramente a alienação e a oneração de patrimônio após o ajuizamento da ação capaz de levar o devedor à insolvência".

Pondera, ainda, que dificilmente se observa a expedição de ofícios pelo magistrado após a declaração da fraude à execução, fato que mereceria uma iniciativa maior por parte do Judiciário. Salienta que "o ofício é essencial porque o tipo penal exige a queixa, como consta do parágrafo único do art. 179".

3.2.3. Defesa dos sujeitos do processo quanto ao abuso de poder

Por outro lado, é pertinente analisar quando há o emprego de sanções processuais às partes, testemunhas ou outros sujeitos do processo, em claro abuso de poder por parte do magistrado. O abuso de poder, assim como o abuso de direito, não é tolerado pela ordem jurídica e deve, de igual forma, ser combatido.

Quando não houver mais a possibilidade de recurso para que outra autoridade analise a desconformidade entre os fatos e a sanção processual imposta, parte, o terceiro interveniente, ou outro sujeito do processo que tenha sido prejudicado poderá manejar Reclamação Correicional. Essa deverá ser proposta no âmbito do próprio Tribunal, se a decisão for proveniente de juiz a ele vinculado, ou no Tribunal Superior do Trabalho, quando for oriunda do Tribunal Regional, sempre nos termos do Regimento Interno do órgão correspondente.

4. CONCLUSÃO

Ética é a concepção estruturada dos valores morais de uma sociedade, exteriorizada por meio de costumes, em um certo tempo e espaço. Nessa perspectiva, os valores éticos de uma determinada sociedade não são universais, nem permanentes, de modo que levam em conta, entre outras, suas experiências culturais, econômicas e políticas. A mutabilidade de seu conteúdo, entretanto, não está desvencilhada da necessidade de manutenção da paz nas relações sociais alcançada em determinado momento da história, observada a ausência de relativismo dos valores morais.

O Direito, por meio da positivação de normas jurídicas, em muito reflete os valores éticos que permearam a sociedade à época de sua elaboração. A partir do século XX, com o Estado Social, por exemplo, houve a criação de diversos institutos jurídicos embebidos de conteúdo ético, como o abuso e desvio de poder, abuso de direito e submissão dos negócios jurídicos aos padrões de boa-fé.

No plano internacional, a inspiração ética do ordenamento jurídico é vislumbrada em diversos diplomas legais, a exemplo da Declaração Universal dos Direitos Humanos (DUDH), da Convenção Interamericana dos Direitos do Homem (CIDH), do Pacto Internacional sobre Direitos Civis e Políticos (PIDCP) e do Pacto Internacional sobre Direitos Econômicos, Sociais e Culturais (PIDESC). Internamente, na Lei Maior de 1988, nota-se o respaldo de valores éticos já nas disposições preambulares, sendo espelhados ao longo do texto legal em diversos momentos.

O direito-garantia de acesso à justiça substancial (art. 5º, XXXV e LIV, da CR/1988), expressão do valor ético de justiça, visa a consagrar de maneira estável e bem determinada os fundamentos éticos do processo. Nesse sentido, o processo constitucional democrático, edificado com base no compromisso institucional de buscar e realizar resultados coerentes com os valores de equidade substancial e de justiça procedimental, pretendeu nivelar a zero qualquer tolerância ao abuso de direito processual.

Os primeiros ensaios positivados da utilização do conceito de boa-fé objetiva se deram no âmbito do Direito Civil, notadamente como preceito básico das relações negociais e contratuais. A transposição do conceito de boa-fé objetiva para a esfera processual se faz de forma muito natural, já que o processo nada mais é que um instrumento para se efetivar o Direito Material violado ou não usufruído.

---

(37) Alterando o entendimento contido na Instrução Normativa n. 39 do TST.

(38) "Art. 179. Fraudar execução, alienando, desviando, destruindo ou danificando bens, ou simulando dívidas:
Pena – detenção, de seis meses a dois anos, ou multa.
Parágrafo único. Somente se procede mediante queixa".

O Código de Processo Civil de 2015, seguindo essa mesma diretriz, solidifica as premissas de um processo construído sob o prisma democrático, instituindo a colaboração (art. 6º) e a boa-fé (art. 5º) dos sujeitos do processo como axiomas fundamentais.

A fase de execução, ponto fulcral de todo o procedimento, representa o momento mais delicado de todo o itinerário processual. Além da condução prática dos atos do processo pelo magistrado (art. 765 da CLT), a consecução da entrega da prestação jurisdicional adequada depende diretamente da colaboração das partes e de todos os sujeitos que participem do processo.

A ausência de colaboração e o comportamento prejudicial dos sujeitos processuais desafiam a utilização de algumas premissas por parte do órgão julgador, como o poder geral de cautela, e de alguns instrumentos processuais, como a responsabilização por dano processual e por ato atentatório à dignidade da justiça.

A partir da delimitação desse alcance é necessário enfrentar as principais questões que circundam o uso de tais institutos na prática, como a possibilidade ou não de cumulação de sanções, articulando-se sempre por meio de uma interpretação teleológica e sistemática do texto legal.

Como contraponto ao abuso de direito dos sujeitos processuais diante da prática de atos antiéticos e fraudulentos, é relevante considerar a situação de emprego das sanções processuais em claro abuso de poder por parte do órgão julgador. Nessa toada, conclui-se que o abuso de poder, assim como o abuso de direito, não é tolerado pela ordem jurídica e deve, de igual forma, ser combatido.

5. REFERÊNCIAS

NEVES, Daniel Amorim Assumpção. *Manual de direito processual civil*. Salvador: JusPodivm, 2017.

BERNARDES, Felipe. *Manual de processo do trabalho*. Salvador: JusPodivm, 2018.

CASTRO, Í. M. (2018). A duvidosa constitucionalidade do “fim” da execução de ofício do crédito trabalhista. Em H. Correia, & E. Miessa. *A reforma trabalhista e seus impactos*. Salvador: JusPodivm.

CORTELLA, M. S.. Programa Café Filosófico. *Ética do cotidiano*. Disponível em: <https://www.youtube.com/watch?v=9_YnlPXKlLU>. Acesso em: 2 set. 2019.

DELGADO, J. A ética e a boa-fé no novo Código Civil. Em M. L. Delgado, & J. F. Alves. *Questões controvertidas do novo Código Civil* (p. 177). São Paulo: Método, 2003.

ESPINDOLA, A. A.;CUNHA, G. C. O processo, os direitos fundamentais e a transição do estado liberal clássico para o estado contemporâneo. *Revista de Estudos Constitucionais, Hermenêutica e Teoria do Direito (RECHTD)*, 84-94, 2011.

FELIPPI FILHO, M. C.; FISCHER, C. F. *Ponderações introdutórias sobre a importância da ética nas relações de vida em sociedade sob a óptica da filosofia do direito*. Teresina, PI, Brasil. Disponível em: <https://jus.com.br/artigos/25954/ponderacoes-introdutorias-sobre-a-importancia-da-etica-nas-relacoes-de-vida-em-sociedade-sob-a-optica-da-filosofia-do-direito>. Acesso em: 2 set. 2019.

DIDIER JR., Fredie; CUNHA, L. C., BRAGA, P. S.; OLIVEIRA, R. A. *Curso de direito processual civil – excecução*. Salvador: JusPodivm, 2017.

LEAL, Vitor Nunes. Classificação das normas jurídicas. *Revista de Direito Administrativo, II*(2), 931-948. doi:10.12660/rda.v2.1945.8761, 1945.

MARINONI, L. G., ARENHART, S. C.; MITIDIERO, Daniel. *Curso de direito processual civil* (V. 2 – Tutela dos Direitos mediante procecimento comum). São Paulo: Revista dos Tribunais, 2017.

MORAES, R. Q. A evolução histórica do Estado Liberal ao Estado Democrático de Direito e sua relação com o constitucionalismo dirigente. *Revista de Informação Legislativa*, 269-285, 2014.

SANTOS, E. R. *Princípios processuais constitucionais*. Salvador: JusPodivm, 2016.

SARLET, Ingo Wolfgang; MARINONI, Luiz Guilherme; MITIDIERO, Daniel. *Curso de direito constitucional*. São Paulo: Saraiva, 2018.

SILVA, Homero Batista. *Curso de direito do trabalho aplicado* (V. 10). São Paulo: Revista dos Tribunais, 2017.

SILVA, Homero Batista. *CLT comentada*. São Paulo: Revista dos Tribunais, 2018.

TARTUCE, F. *O novo CPC e o direito civil – impactos, diálogos e interações*. São Paulo: Método, 2018.

TARTUCE, F. *Manual de direito civil*. Rio de Janeiro: Forense, 2018.

THEODORO JÚNIOR, H. (s.d.). *Boa-fé e processo – princípios éticos na repressão à litigância de má-fé*. Fonte: Academia Brasileira de Direito Processual Civil: Disponível em: <http://www.abdpc.org.br/abdpc/artigos/humberto%20theodoro%20j%C3%BAnior(3)formatado.pdf>. Acesso em: 2 set. 2019.

ZAVASCKI, T. A. *Antecipação da tutela*. 4. ed. São Paulo: Saraiva, 2017.

Liquidação de Sentença na Execução Trabalhista

Luiz Ronan Neves Koury[(1)]

1. INTRODUÇÃO

A liquidação de sentença não tem um tratamento mais amplo na doutrina, em termos quantitativos, podendo até mesmo ser considerada, sob esse critério, como tema de menor relevância, seja como complemento da fase de conhecimento ou como fase prévia da execução.

Esse reduzido espaço doutrinário não se compatibiliza com a sua importância para o processo, porquanto a liquidação, entendida como complemento do título judicial, é que torna possível a prestação jurisdicional em sua plenitude ou mesmo que permite, como ato inicial, a concretização da tutela jurisdicional por intermédio da execução.

Independente da natureza jurídica que se lhe queira atribuir, a liquidação do título judicial é um rito de passagem indispensável para que o processo cumpra a sua finalidade de técnica colocada a serviço da jurisdição, em sua expressão mais elevada e necessária, no sentido de dar a cada um o seu direito.

Embora entendida como meio para que a jurisdição atinja os seus mais nobres propósitos de efetividade e eficácia, a liquidação é um daqueles temas que se confundem com o fim a que serve (execução), pois esse último é dependente daquela para sua realização. É que toda discussão de natureza jurídica existente no processo deve tomar forma, ou seja, ser traduzida em números ou individualizada a fim de dar praticidade aos atos processuais praticados pelo juiz e pelas partes.

A liquidação encontra fundamento em normas e princípios constitucionais e mesmo nas normas fundamentais do Processo Civil, como procedimento indispensável para que se concretize o ideal de acesso à justiça, vetor de toda a principiologia de nosso sistema jurídico.

O princípio do acesso à justiça, em seu sentido substancial, é fundamento primeiro da liquidação de sentença em que todos os atos que a compõem são direcionados para a efetividade da jurisdição.

É evidente que esse acesso à justiça deve ser entendido em sua mais ampla dimensão e acepção com o objetivo claro de tornar concreta a entrega do bem da vida à parte que provoca a jurisdição.

Também no plano das normas infraconstitucionais devem ser mencionados os arts. 3º, 4º e 8º do CPC, que têm seus respectivos desdobramentos em várias normas ao longo do próprio CPC, como, no caso, a liquidação do título judicial.

O acesso à justiça, de cidadania constitucional, é replicado no referido art. 3º do CPC, como forma de reforçar a sua condição de matriz normativa para todo ordenamento e que tem na liquidação um procedimento que aproxima o processo da realidade.

A atividade satisfativa referida no art. 4º do CPC, como referencial e objetivo permanente da jurisdição, tem na liquidação uma forma de se fazer presente, porquanto na perspectiva do jurisdicionado, vitorioso na ação, é o *quantum debeatur* apurado o principal indicativo da atuação jurisdicional.

Por último, e não menos importante como norma infraconstitucional, tem-se o art. 8º do CPC que, repercutindo o princípio da eficiência do art. 37, *caput*, da Constituição da República, tem na liquidação o desfecho da atividade direcionada pelo Estado para que consiga cumprir o seu papel de distribuir justiça.

Na seara dos princípios do processo do trabalho, em especial da execução trabalhista, ressai, como de indiscutível importância, a máxima efetividade que se deve dar a ela, como apêndice necessário da fase de conhecimento e complemento desta, alterando-se o papel do juiz, que passa a ter o objetivo de tornar concreta a tutela jurisdicional reconhecida.

A principiologia que informa o sistema jurídico, nos seus mais diversos planos, garante a relevância que se deve dar à liquidação, como mecanismo fundamental para que a jurisdição atinja a sua finalidade de concretização do direito reconhecido no título judicial.

Fixadas essas premissas, relacionadas com os fundamentos e a relevância do tema, cabe agora tratar dos inúmeros aspectos próprios da liquidação como conceito, natureza jurídica, legitimidade, competência, liquidação de título extrajudicial, natureza da decisão proferida na liquidação, o recurso cabível e as modalidades de liquidação, entre outros.

(1) Desembargador Aposentado do Tribunal Regional do Trabalho da 3ª Região. Mestre em Direito Constitucional pela UFMG. Professor de Direito Processual do Trabalho e Coordenador Acadêmico do Curso de Pós-Graduação em Direito do Trabalho da Faculdade de Direito Milton Campos. Coordenador da Oficina de Estudos Avançados Interfaces do Processo Civil com o Processo do Trabalho – IPCT da Faculdade de Direito Milton Campos.

Também torna-se necessário analisar o tratamento dado à liquidação no CPC vigente, arts. 509/512, em que são perpetradas algumas alterações em relação às disposições anteriores, contidas no CPC/73.

Em primeiro lugar, e com repercussão na sua natureza jurídica, tem-se o aspecto topográfico de sua localização no CPC, anterior ao cumprimento da sentença e como complemento desta última.

O *caput* do art. 509 do CPC deixa isso evidente na medida em que exige a liquidação da sentença sempre que esta for ilíquida, ou seja, a liquidação integra as sentenças que padecem de complementação.

Há também alteração na terminologia relacionada com as espécies de liquidação e a definitiva exclusão da apuração por cálculo ou aritmética como modalidade de liquidação.

A preocupação do legislador, desde sempre, é que os valores da obrigação contidos no título sejam apurados para justificar a atuação da jurisdição, mas também que esta tenha o efeito prático desejado pelo sistema, objeto de provocação do jurisdicionado.

O Processo do Trabalho faz referência ao tema no art. 879/CLT, ainda utilizando a terminologia antiga das modalidades de liquidação, sendo necessário que se reporte ao CPC para identificação das modalidades de liquidação nele referidos do ponto de vista conceitual e procedimental.

Traz também um procedimento próprio que deve ser objeto de análise especial porquanto peculiar ao processo do trabalho, com alterações trazidas pela norma que reformou grande parte da CLT, que é a Lei n. 13.467/2017.

Neste ponto é importante verificar se a alteração realizada apenas se debruçou sobre questões menores como a sua obrigatoriedade e o prazo nela previsto ou, ao contrário, atinge o cerne da execução trabalhista representada pela necessidade de garantia do juiz para oposição à execução.

Mais do que isso, é necessário analisar se permanece a mesma relação da liquidação tratada no processo civil com a previsão contida na CLT no tocante à previsão celetista em se referir a espécies de liquidação que não recebem mais guarida no diploma processual civil.

É fundamental também considerar se a liquidação terá o seu papel minimizado na medida em que há a exigência de que as iniciais deverão ter os respectivos pedidos liquidados, favorecendo a elaboração de sentenças líquidas com indiscutível ganho de tempo para tramitação da execução.

Outro aspecto relevante é o registro de que o objetivo do legislador sempre foi o de fazer com que a liquidação, em que pese a sua importância já mencionada, adquira o menor protagonismo possível, com o objetivo insistentemente perseguido de sua supressão quando isso se tornar possível.

2. LIQUIDAÇÃO DE SENTENÇA

2.1. Conceito

A liquidação de sentença pode ser conceituada como a atividade jurisdicional fundamentada em procedimento específico e legalmente previsto, que tem o objetivo de apurar o valor da obrigação reconhecida no título executivo judicial.

Nas palavras de abalizada doutrina(2), a liquidação de sentença seria atividade judicial cognitiva com o objetivo de complementar a norma contida no título e devidamente individualizada. A ela se atribui uma atividade integrativa e de complementação do título judicial como a liquidação da obrigação.

Em termos legais, tem-se a previsão contida no art. 1.533 do Código Civil revogado (1916)(3), identificando como líquida a obrigação certa quanto à sua existência e determinada quanto ao seu objeto. Embora com o mérito de definir a obrigação líquida, é certo que confunde obrigação certa e determinada com liquidez, apesar de a liquidação ter também o papel de individualizar a obrigação que se pretende executar.

Em resumo, pode-se dizer que a liquidação tem os atributos de complementação do título ao lhe atribuir liquidez, com rito próprio e atuação judicial decisiva para sua consecução.

Como já escrevemos em outro trabalho, muito mais importante do que definir a liquidação de sentença ou determinar o papel que ela ocupa é considerar a sua finalidade de apuração do *quantum debeatur* da obrigação contida no título judicial.

A redação do art. 783/CPC(4) não deixa qualquer dúvida no sentido de que a liquidação não é do título, mas da obrigação contida nele que, além de líquida, deverá ser certa e exigível.

A rigor, tem o objetivo de preencher a exigência constante do referido dispositivo legal porquanto a liquidez é pressuposto para execução como também tem a finalidade de preencher um imperativo de ordem lógica representado pela possibilidade de se iniciar a execução apenas quando se tiver o valor apurado por meio do procedimento de liquidação.

Neste sentido é o ensinamento de Humberto Theodoro Júnior, sustentando que, como a execução não se trata de julgamento, mas a realização do que figura no título (seu conteúdo), torna-se necessária a sua liquidez, ou seja, a determinação da quantidade, da coisa ou fato devidos.(5)

---

(2) DIDIER JR, Fredie *et. al. Curso de direito processual civil:* Execução. 8. ed. rev. ampl. e atual. Salvador: Juspodivm, 2018, p. 222.

(3) Art. 1.533 do Código Civil: Considera-se líquida a obrigação certa, quanto à sua existência, e determinada, quanto ao seu objeto.

(4) Art. 783: A execução para cobrança de crédito fundar-se-á sempre em título de obrigação certa, líquida e exigível.

(5) THEODORO JÚNIOR, Humberto. *Curso de direito processual civil* – Teoria geral do direito processual civil, processo de conhecimento e procedimento comum. v. I, 57. ed. rev. atual. e ampl. Rio de Janeiro: Forense, 2016. p. 1162.

Neste passo, fazendo referência também ao art. 509, *caput*, CPC[6], para sustentar o seu ponto de vista, o jurista mineiro afirma que de outra forma a sentença não adquire a condição de exigibilidade, asseverando que é incompleto o título judicial, embora dotado de certeza, pois lhe falta a liquidez.[7]

Quanto à amplitude, que também serve para melhor fixar o seu conceito, a previsão legal é que a liquidação se refere à sentença que condenar ao pagamento de quantia ilíquida, como se vê do art. 509/CPC.

Também no § 1º do art. 509/CPC[8] há a evidência de que a liquidação se refere à apuração do valor contido na condenação, porquanto menciona a parte líquida e ilíquida da sentença, quando neste último caso terá de ser procedida à liquidação desta última.

Essa posição limitativa a respeito da possibilidade de liquidação da sentença não é unânime na doutrina, sendo admitida também a sua utilização quando a obrigação disser respeito, por exemplo, às obrigações de fazer e não fazer.

Daniel Amorim Assumpção Neves informa sobre a existência de uma corrente ampliativa que admite a liquidação de qualquer espécie de obrigação, ou seja, de fazer, não fazer, entrega de coisa e de pagar quantia certa, citando Araken de Assis.[9]

Informa ainda sobre outra corrente que exige que a obrigação seja materialmente liquidada para que possa iniciar a liquidação, o que pressupõe a sua certeza.

Neste mesmo sentido é a posição sustentada por Fredie Didier Jr. em obra já citada:

> [...] Quando as obrigações de fazer, não fazer ou de entrega de coisa não podem ser cumpridas na forma específica, abre-se, no curso da fase executiva do processo ou do próprio processo autônomo de execução, um incidente cognitivo para apurar o valor em dinheiro dessa prestação, a fim de que possa convertê-la numa obrigação de pagar quantia; essa atividade de apuração do *quantum debeatur* também é liquidação[10].

Reportando-se à relação de títulos executivos judiciais previstos no art. 515 do CPC, Humberto Theodoro Júnior afirma que não há limitação da execução às sentenças condenatórias genéricas, pois o legislador não levou em conta a natureza da decisão, aspecto que amplia o leque para utilização do procedimento de liquidação[11].

2.2. Natureza jurídica

A natureza jurídica é um tema recorrente no tratamento da liquidação de sentença, ou seja, se pertence à fase cognitiva, e aí seria uma atividade de cognição, ou se, ao contrário, é um procedimento prévio à execução e, portanto, identificada com esta fase.

Contribui para que se entenda pela natureza cognitiva da liquidação o fato de, atualmente, ser tratada no processo de conhecimento e na parte que trata do cumprimento da sentença.

Como prevalece a ideia de que a liquidação tem a finalidade de complementar e integrar a decisão judicial é natural que a ela seja atribuída a função cognitiva de aperfeiçoamento da jurisdição dada, traduzida na sentença.

Daniel Amorim Assumpção Neves reforça a posição doutrinária majoritária de que a atividade desenvolvida na liquidação tem natureza cognitiva, sustentando que nela não são praticados atos de execução.

Afirma que é uma das fases da atividade cognitiva que sucede a fixação do *an debeatur* em que se faz necessária, na sequência, a apuração do *quantum debeatur*. E, ainda, que a liquidação não é execução porque muitas vezes pode frustrar a realização desta última, quando, e aí a afirmação é nossa, não se apura qualquer valor para ser executado.[12]

Seguindo o tratamento legislativo dado à liquidação de sentença, verifica-se que inicialmente fazia parte da execução ou mesmo representava um procedimento intermediário entre o conhecimento e a execução e, com a reforma processual e o CPC vigente, é que se tem, de forma definitiva, a natureza jurídica da liquidação como complemento e integração desta última.

É esta a preciosa lição de Humberto Theodoro Júnior:[13]

> Na história do processo civil brasileiro, a liquidação de sentença já foi classificada como incidente de ação executiva, ou seja, como fase vestibular do próprio processo de execução (Código de 1939). No texto primitivo do Código de 1973 passou à categoria de "processo preparatório", anterior à instauração da execução forçada, desenvolvendo-se, ainda no plano do processo de conhecimento, mas em outra relação processual inaugurada após o encerramento do processo principal que culminava com uma sentença genérica.

(6) Art. 509: "Quando a sentença condenar ao pagamento de quantia ilíquida, proceder-se-á à sua liquidação, a requerimento do credor ou devedor."

(7) THEODORO JÚNIOR, Humberto. *op. cit.*, p. 1.162.

(8) Art. 509, § 1º: Quando na sentença houver uma parte líquida e outra ilíquida, ao credor é lícito promover simultaneamente a execução daquela e, em autos apartados, a liquidação desta.

(9) NEVES, Daniel Amorim Assumpção. *Manual de direito processual civil.* Volume único. 10. ed. Salvador: Ed. Juspodivm, 2018. p. 858.

(10) DIDIER JR, Fredie *et al...*, *op. cit.* p. 224.

(11) THEODORO JÚNIOR, Humberto, *op. cit.*, p. 1.163.

(12) NEVES, Daniel Amorim Assumpção, *op. cit.*, p. 857.

(13) THEODORO JÚNIOR, Humberto, *op. cit.*, p. 1.164-1.165.

[...] A reforma do CPC de 1973 implantada pela Lei n. 11.232 de 22.12.2005, ao extinguir a *actio iudicati*, aboliu também a liquidação como ação contenciosa cognitiva entre o encerramento do processo principal e a abertura do processo de execução. Assim como os próprios atos de cumprimento da sentença deixaram de ser objeto de ação separada (*actio iudicati*), também os atos de liquidação passaram à condição de simples incidente complementar da sentença condenatória genérica. Esse entendimento foi seguido pelo novo Código.

Mais adiante, e de forma bem interessante, o referido jurista compara a decisão complementar e integrativa, representada pela liquidação de sentença, aos embargos de declaração na medida em que agrega o *quantum debeatur* à sentença.

2.3. Legitimidade

A legitimidade para requerimento da liquidação é legalmente atribuída ao credor e ao devedor (art. 509, *caput*), sendo mais comum a iniciativa do primeiro em razão de seu interesse na satisfação da obrigação contida no título judicial.

Embora o dispositivo legal mencionado traga a previsão de legitimidade ativa tanto do credor quanto do devedor, nos parágrafos seguintes a referência legal é feita apenas ao credor no que toca à promoção simultânea da execução e liquidação como também quando a apuração envolver cálculo aritmético, nos termos dos §§ 1º e 2º do art. 509 do CPC.(14)

A norma legal autoriza a iniciativa da liquidação pelo devedor mas, como é natural e previsível, esta iniciativa, regra geral, caberá ao credor, principal interessado no resultado prático do processo.

Na doutrina nada é dito sobre a possibilidade da iniciativa da liquidação pelo juiz, independente de requerimento das partes. Pelo contrário, aferrando-se à literalidade da norma, não se cogita da iniciativa do procedimento de liquidação pelo juiz.

Partindo-se da concepção majoritária de que a liquidação tem uma função complementar e integrativa do título e, portanto, com atribuição cognitiva e da fase de conhecimento, nada impede a sua iniciativa por parte do juiz, forte nos princípios do impulso oficial e de efetividade da execução.

Muito mais do que uma faculdade, é um dever de ofício do juiz tornar exequível o título formado na fase de conhecimento com a finalidade de aperfeiçoar e permitir que a tutela jurisdicional seja plena.

Cabe aqui lembrar a redação do art. 879/CLT, *caput*(15) que é imperativa ao determinar que o juiz deverá ordenar a liquidação da sentença exequenda ilíquida, reforçando a ideia de que a iniciativa para o procedimento de liquidação independe de requerimento das partes.

É importante registrar que a limitação da instauração de ofício da execução apenas nos casos em que a parte estiver sem advogado (art. 878, *caput*)(16) em nada influencia na atuação do juiz para determinar a liquidação em todo e qualquer processo, considerando que a liquidação é um procedimento de apuração do *quantum debeatur* contido no título judicial e não compõe a fase de execução.

Em conclusão, a liquidação pode ser iniciada por qualquer das partes, mas, regra geral, tem no credor o seu principal impulsionador, como também pode ter a atuação inicial por parte do juiz, tanto no processo civil, em nome de princípios que são comuns a todo e qualquer processo (impulso oficial e efetividade da execução), como também, e especialmente, no Processo do Trabalho, em que há norma já mencionada a autorizar a iniciativa judicial e o impulso oficial se torna mais decisivo para aperfeiçoamento da jurisdição e a efetividade da execução.

2.4. Competência na liquidação. A liquidação de título extrajudicial. Natureza da decisão proferida na liquidação (recurso cabível)

Os temas que são o título deste item serão estudados em conjunto porquanto, de acordo com os limites deste trabalho, não justificam o seu tratamento em itens separados.

Iniciando pela competência, tem-se que competente para processamento e julgamento da liquidação é o juiz da fase de conhecimento.

Isto porque a liquidação é mero complemento da sentença sendo, portanto, natural que o juiz que dirimir a lide seja o competente para processar e julgar a liquidação de sentença.

Como a liquidação, embora complementar à decisão da fase de conhecimento, serve para promoção da execução que exige título de obrigação certa, líquida e exigível, pode ser invocado o art. 877 da CLT(17), que prevê que competente para execução é o juízo que tiver conciliado ou julgado originalmente o dissídio.

Assim, por um ou outro dos fundamentos acima expendidos, tem-se que o juízo da fase de conhecimento é o

(14) § 2º do art. 509/CPC: Quando a apuração do valor depender apenas de cálculo aritmético, o credor poderá promover, desde logo, o cumprimento da sentença.

(15) Art. 879, *caput*, da CLT: Sendo ilíquida a sentença exequenda, ordenar-se-á, previamente, a sua liquidação, que poderá ser feita por cálculo, por arbitramento ou por artigos.

(16) Art. 878, *caput*: A execução será promovida pelas partes, permitida a execução de ofício pelo juiz ou pelo Presidente do Tribunal apenas nos casos em que as partes não estiverem representadas por advogado.

(17) Art. 877 da CLT: É competente para execução das decisões o juiz ou presidente do Tribunal que tiver conciliado ou julgado originalmente o dissídio.

competente para apreciar o requerimento de instauração da liquidação, podendo, em especial na seara trabalhista, proceder de ofício para sua instauração.

Didier também confirma a competência do juízo da fase de conhecimento, prolator da decisão a ser liquidada, invocando os incisos I e II do art. 511/CPC[18]. Afirma que a hipótese é de competência funcional absoluta, relativa ao exercício de uma função no processo e que é consequência de uma sucessividade que guarda conexão[19].

A liquidação de título extrajudicial encontra óbice na própria condição do referido título que pressupõe um valor determinado e liquidado, sob pena de não poder ser assim considerado.

Obviamente que o título executivo extrajudicial afasta, por sua própria natureza, a exigência da ação de conhecimento, com eventual dilação probatória, para se chegar ao que é devido e ao seu respectivo valor.

Araken de Assis, referindo-se ao CPC/73, mas cuja lição se encaixa na previsão contida no Código de Processo Civil vigente, afirma que o objeto da liquidação é o título judicial. Afirma que o título extrajudicial ou é líquido e, portanto, título e, do contrário, caso não seja líquido deixa de ter eficácia executiva com o reconhecimento da nulidade da sentença que nele se baseou. Cabe ainda dizer, na trilha da doutrina do referido autor, que a existência de simples cálculos aritméticos não compromete a liquidez do título.[20]

Essa é a posição amplamente majoritária mas, por dever de lealdade ao leitor, cumpre informar que há quem sustente a possibilidade de liquidação de título extrajudicial, mencionando o art. 810 do CPC[21] vigente, no que se refere às benfeitorias realizadas na coisa pelo executado, que demandem liquidação prévia.

Dois outros aspectos interessantes em tema de liquidação é o deslinde de natureza jurídica da decisão proferida e o recurso cabível, porquanto neste passo têm tratamento diferenciado no processo civil e no processo do trabalho.

Dada a proposta inicial deste trabalho, apenas serão analisados a natureza jurídica da sentença de liquidação e o recurso cabível no campo processual trabalhista, pois sob todos os aspectos são diversos os procedimentos adotados no tocante à decisão e o recurso a ser utilizado.

A sentença que homologa os cálculos no processo do trabalho têm natureza de decisão interlocutória, porquanto soluciona um incidente da fase de conhecimento, qual seja, a fixação do *quantum debeatur* da obrigação reconhecida no título judicial.

Neste mesmo sentido é a posição de Manoel Antônio Teixeira Filho, para quem a sentença de liquidação, que recebe essa denominação da jurisprudência e da doutrina, não é outra coisa, do ponto de vista técnico, do que uma decisão interlocutória.[22]

Inscreve-se na hipótese prevista no § 2º do art. 203 do CPC[23], tratando-se de típica decisão interlocutória em sua acepção clássica e tradicional a não permitir, pelo menos na seara trabalhista, a interposição imediata de recurso. Em sede trabalhista, tem-se a hipótese de recurso diferido, ou seja, recurso cuja interposição ocorre em fase posterior à decisão proferida.

Sérgio Pinto Martins defende a natureza declaratória da liquidação de sentença, uma vez que define o valor da condenação e não cria ou extingue determinada relação. Acrescenta que referida decisão "tem natureza incidental declaratória, no sentido de quantificar o valor da obrigação contida na sentença".[24]

Manoel Antônio Teixeira Filho, após citar vários autores que dissertam sobre a natureza jurídica da sentença de liquidação, conclui que se trata de sentença declaratória em razão de sua finalidade de completar o título e torná-lo exequível, afastando os entendimentos que lhe atribuem natureza constitutiva ou condenatória[25]. Esclarece a sua posição:

> Podemos concluir, portanto, que a natureza jurídica da sentença de liquidação não é constitutiva, nem condenatória, e sim substancialmente declaratória, portanto tende a declarar o "*quantum debeatur*", sendo-lhe defeso, neste mister, modificar a sentença liquidanda, ou revolver matéria resolvida na causa principal e já tornada definitiva pelo fenômeno jurídico da coisa julgada material [...][26].

O autor acima referido também adota o entendimento quanto à impossibilidade de recurso no que se refere à denominada sentença de liquidação, dada a sua natureza de

---

(18) O cumprimento da sentença efetuar-se-á perante:
I – Os Tribunais, nas causas de sua competência originária.
II – O juízo que decidiu a causa em 1º grau de jurisdição.

(19) DIDIER, Fredie *et al*..., *op. cit*. p. 230-231.

(20) ASSIS, Araken de. *Manual da execução*. 11. ed. rev. ampl. e atual. com a reforma processual. São Paulo: Revista dos Tribunais, 2007. p. 272.

(21) Art. 810/CPC, *caput:* Havendo benfeitorias indenizáveis feitas na coisa pelo executado ou por terceiros de cujo poder ela houver sido tirada, a liquidação prévia é obrigatória.

(22) TEIXEIRA FILHO, Manoel Antônio. *Execução no processo do trabalho*. 12. ed. São Paulo: LTr, 2017. p. 279.

(23) Art. 203, § 2º do CPC: Decisão interlocutória é todo procedimento judicial de natureza decisória que não se enquadre no § 1º.

(24) MARTINS, Sérgio Pinto. *Direito processual do trabalho*. 41. ed. São Paulo: Saraiva Educação, 2019. p. 987.

(25) TEIXEIRA FILHO, Manoel Antônio, *op. cit*., p. 279.

(26) TEIXEIRA FILHO, Manoel Antônio, *op. cit*., p. 279.

decisão interlocutória, que não admite recuso de imediato, como regra geral, na sistemática processual trabalhista. É o que também ensina quanto a este aspecto:

> Destarte, se o devedor pretender manifestar contrariedade à decisão de liquidação, deverá aguardar o momento dos embargos à execução, quando, realizado o garantimento patrimonial, poderá impugnar aquela decisão; nota-se, pois, que a própria lei dispensou a essa decisão, neste particular, tratamento semelhante ao dado às decisões interlocutórias, pois tanto lá como aqui erigiu, em relação a elas, o veto à impugnação autônoma (CLT, art. 893, § 1º) – ou melhor, porque, como dissemos, a "sentença" de liquidação traduz, na verdade, uma decisão interlocutória.[27]

Cabe apenas dizer, à guisa de final deste item, que a posição acima mencionada, com respaldo no entendimento do jurista paranaense, não se altera pelo procedimento previsto no art. 879, § 2º da CLT[28], porquanto este apenas modifica o momento de impugnação dos cálculos e prevê a preclusão em sua ausência, não alterando a exigência de garantia do juízo para embargar e o recurso correspondente. A vigência do art. 884 da CLT, *caput*, confirma este entendimento[29].

2.5. Modalidades de liquidação

2.5.1. Liquidação por cálculo

Rigorosamente não se tem mais no processo civil a previsão do cálculo como modalidade de liquidação, assim entendida como algo que deveria ter conceituação, pressupostos e tramitação própria, previstos na norma processual.

Até mesmo por se tratar de meros cálculos aritméticos, o legislador não vislumbrou a necessidade de um tratamento específico para a chamada liquidação por cálculos, uma vez que se trata de mera iniciativa unilateral do credor.

Quanto à desnecessidade da liquidação por cálculo, Daniel Amorim Assumpção Neves também deixa claro que a apuração aritmética de valores não é suficiente para se caracterizar como modalidade de liquidação por cálculos. Nesse sentido, ensina que:

> Sempre se entendeu que a liquidação prevista no CPC/73 como liquidação por mero cálculo aritmético era uma pseudo liquidação, já que supostamente estar-se-ia a liquidar o que já era líquido, considerando que a liquidez da obrigação é sua determinabilidade e não sua determinação. Significa dizer que sendo possível se chegar ao valor exequendo por meio de um mero cálculo aritmético, a obrigação já será líquida e por tal razão seria obviamente dispensada a liquidação de sentença.[30]

É certo que ainda guarda essa denominação no processo do trabalho, no art. 879, *caput*, da CLT, muito mais por inércia do legislador trabalhista, que poderia ter aproveitado a Lei n. 13.467/2017 para a necessária atualização do que propriamente pela ideia que possa sugerir a deliberação pela sua permanência, na condição de espécie de liquidação, em sede processual trabalhista.

É importante dizer que as modalidades de liquidação são apenas mencionadas no art. 879 da CLT, mas os seus requisitos e procedimentos encontram-se traçados na legislação processual civil, sendo certo que a norma celetista apenas fez referência de forma resumida a elas.

Aliás, o fim da liquidação por cálculos como modalidade de liquidação atende muito mais ao procedimento trabalhista do que o próprio processo civil em razão de seu objetivo de simplificação do procedimento e, especialmente, por estar rente à realidade, porquanto a mera instauração da execução com memória de cálculo não pode ser tida como uma modalidade de liquidação.

Também deve ficar claro que as duas modalidades de liquidação previstas legalmente, arbitramento e procedimento comum, terão por objetivo, em última análise, a possibilidade de apuração dos valores da obrigação contida no título, que necessitam de parâmetros para sua feitura quando não é possível extrair essas informações do processo.

Didier entende, na leitura do art. 786, parágrafo único do CPC[31], que quando se trata da feitura de simples cálculos aritméticos, a obrigação contida no título exequendo já está com a sua liquidez consolidada, podendo ser desde logo promovido o cumprimento da sentença, nos termos também do art. 509, § 2º do CPC.[32]

Sustenta que – embora a iniciativa da execução por meio de cálculos deva vir acompanhada do "demonstrativo discriminado e atualizado do crédito", na forma constante do art. 524, *caput*, do CPC, com o detalhamento sobre os cálculos – o CPC/2015 não atribui a esta iniciativa a denominação

(27) TEIXEIRA FILHO, Manoel Antônio, *op. cit.*, p. 280.

(28) Art. 879 – Sendo ilíquida a sentença exeqüenda, ordenar-se-á, previamente, a sua liquidação, que poderá ser feita por cálculo, por arbitramento ou por artigos. (Redação dada pela Lei n. 2.244, de 23.06.1954)
§ 2º Elaborada a conta e tornada líquida, o juízo deverá abrir às partes prazo comum de oito dias para impugnação fundamentada com a indicação dos itens e valores objeto da discordância, sob pena de preclusão. (Redação dada pela Lei n. 13.467, de 2017).

(29) Art. 884 da CLT, *caput*: Garantida a execução ou penhorados os bens, terá o executado cinco dias para apresentar embargos, cabendo ao exequente igual prazo para impugnação.

(30) NEVES, Daniel Amorim Assumpção, *op. cit.*, p. 871.

(31) Art. 786, parágrafo único do CPC: A necessidade de simples operações aritméticas para apurar o crédito exequendo não retira a liquidez da obrigação constante do título.

(32) DIDIER JR, Fredie *et al*..., *op. cit.*, p. 239.

de liquidação.(33) Ainda assevera, com apoio em doutrina trabalhista, que o art. 879 da CLT continua com a previsão das três modalidades tradicionais de liquidação e que, pelo princípio da especialidade, devem prevalecer.

Como já mencionado anteriormente, a regência da liquidação na CLT está disposta em função de sua previsão no Código de Processo Civil, pelo atraso em se proceder à alteração legislativa, o que não significa a existência de duas hipóteses de regulamentação da liquidação nos referidos ordenamentos(34).

Até porque, a prevalecer esta interpretação, é de se indagar como deveria ser regida, por exemplo, a liquidação por artigos que, hoje, não tem mais correspondência na norma Processual Civil. A sua nova denominação deve ser observada no campo trabalhista sob pena da inexistência de sua conceituação legal e das normas relativas ao procedimento.

Neste mesmo sentido é a doutrina professada por Wolney de Macedo Cordeiro, que esclarece acerca da inexistência na CLT de conceito sobre os procedimentos de liquidação, limitando-se em enunciar o cabimento das modalidades de liquidação. Acresce que o diploma celetista se mantém omisso na regulamentação das modalidades de liquidação, apenas fixando linhas gerais sobre os cálculos no art. 879(35).

2.5.2. Liquidação por arbitramento

A liquidação por arbitramento é a primeira modalidade de liquidação tratada no Código de Processo Civil, estando vinculada à determinação judicial, convenção das partes ou em decorrência do objeto da liquidação.

O que se verifica em termos práticos e até mesmo em exemplos doutrinários é que a liquidação por arbitramento fica na dependência, como regra geral, do objeto da liquidação. É ele o fator determinante para sua utilização, mas principalmente tendo como referencial a efetividade da execução.

Ainda que exista determinação judicial impondo uma espécie de liquidação, a possibilidade de tornar efetiva a execução é que vai determinar a modalidade a ser utilizada no processo.

Como não é possível o legislador imaginar as mais variadas hipóteses de liquidação das obrigações contidas no título, a especificidade do caso e os critérios anteriormente mencionados que serão determinantes para a escolha da modalidade de liquidação e, em específico, a adoção da liquidação por arbitramento.

Sem ingressar na sua regulamentação legal na forma prevista no ordenamento processual civil ou a referência feita a ela no processo do trabalho, objeto de análise nos itens seguintes, é certo que as modalidades de liquidação legalmente previstas, no caso, o arbitramento, que é o que estamos a tratar, deverá ser utilizado em último caso, em termos de apuração de valores, que devem ser, na medida do possível, apurados na fase de conhecimento como forma de otimizar o cumprimento da obrigação contida no título.

Daniel Amorim Assumpção Neves afirma que o dispositivo que trata da liquidação por arbitramento não é claro o suficiente para esclarecer quando essa modalidade de liquidação se torna necessária. Afirma que bastaria que o legislador dissesse que a liquidação por arbitramento terá lugar quando o "cálculo do valor de um bem, serviço ou prejuízo" tiver de ser realizado por quem tenha conhecimentos técnicos específicos. Arremata dizendo que sempre será adotada quando houver necessidade de uma perícia para apuração do valor devido (*quantum debeatur*) da obrigação.(36)

Humberto Theodoro Júnior segue a mesma trilha de conceituação e finalidade da liquidação por arbitramento adotada pelo autor anteriormente mencionado, registrando a necessidade de avaliação/estimativa do valor da condenação, ou melhor, um juízo técnico em relação ao montante a ser apurado. Nesse passo aponta as diferenças com os simples cálculos necessários à liquidação de obrigações que não trazem essa exigência.

É esta a sua lição:

> A diferença deste procedimento com o analisado nos itens anteriores é que, agora, reclamam-se conhecimentos técnicos dos árbitros para estimar-se o montante da condenação, enquanto nas liquidações por simples cálculos ocorrem apenas operações aritméticas, que o próprio exequente se encarrega de realizar no requerimento de cumprimento da sentença.(37) (Art. 524)(38)

---

(33) DIDIER JR, Fredie *et al.*.., *op. cit.*, p. 239.

(34) DIDIER JR, Fredie *et al.*.., *op. cit.*, p. 239.

(35) CORDEIRO, Wolney de Macedo. *Execução no processo do trabalho*. 4. ed. rev. e atual. Salvador: Juspodivm, 2017. p. 199.

(36) NEVES, Daniel Amorim Assumpção, *op. cit.*, p. 871.

(37) THEODORO JÚNIOR, Humberto, *op. cit.*, p. 1176.

(38) Art. 524 do CPC: O requerimento previsto no art. 523 será instruído com demonstrativo discriminado e atualizado do crédito, devendo a petição conter:

I – o nome completo, o número de inscrição no Cadastro de Pessoas Físicas ou no Cadastro Nacional da Pessoa Jurídica do exequente e do executado, observado o disposto no art. 319, §§ 1º a 3º;

II – o índice de correção monetária adotado;

III – os juros aplicados e as respectivas taxas;

IV – o termo inicial e o termo final dos juros e da correção monetária utilizados;

Wolney Cordeiro de Macedo, que também trata do tema relativo à liquidação por arbitramento, assevera que o texto normativo não traz uma definição de liquidação por arbitramento, mas apenas enumera as hipóteses de seu cabimento.

Aponta o referido autor, com esteio na jurisprudência, as situações concretas em que poderia ser utilizada:

> Sem qualquer pretensão de exaurir a numeração, poderíamos destacar as seguintes situações de aplicação da liquidação por arbitramento no processo do trabalho: a) Estabelecimento de valores de salários ou comissões diante da inexistência de comprovantes de pagamentos respectivos; b) fixação de valores devidos a título de direitos autorais, decorrentes de invenção ou qualquer outro direito decorrente de propriedade industrial do trabalhador; c) aferição dos limites da perda da capacidade laborativa do trabalhador, para fins de fixação da indenização correspondente ou pensionamento; d) determinação de valores de gratificações que dependam de repasses de terceiros; e) fixação dos valores das gorjetas reconhecidas pelo juiz em sentença.[39]

2.5.3. Procedimento comum (liquidação por artigos)

O procedimento comum, antiga liquidação por artigos, tem por objetivo a necessidade de alegar e provar fato novo, ou seja, é um fato reconhecido na fase de conhecimento e que necessita de comprovação ou quantificação.

Não pode ser algo que contrarie o princípio básico da liquidação relativamente à proibição de revolvimento de matéria típica da fase de conhecimento, mas sim que já tenha sido decidido na fase própria e necessite de complementação.

É a forma de liquidação mais complexa porque para que seja complementada a sentença prolatada na fase de conhecimento são necessárias a manifestação da parte contrária e a repetição da dilação probatória, ou seja, o procedimento da fase cognitiva, com prolação de sentença. É certo, ainda, como forma de atrasar o desfecho da execução, que as partes poderão iniciar novamente a liquidação se os artigos não restarem comprovados e a execução não puder prosseguir.

Cabe apenas lembrar que os artigos de liquidação são assertivas apresentadas pelas partes, relativamente à matéria a ser complementada, que carecem de comprovação, a exemplo do reconhecimento da existência de trabalho extraordinário na fase de conhecimento e a necessidade de quantificação das horas extras no procedimento comum.

De tudo quanto foi dito se vê que é quase imprescindível que se faça um esforço para apuração dos valores já na fase de conhecimento porquanto a liquidação, na modalidade agora tratada, acaba sendo um procedimento necessário para início da execução, mas que tem todos os ingredientes para atrasar o seu desfecho.

Humberto Theodoro Júnior esclarece que não cabe a articulação indiscriminada de quaisquer matérias com base em puro arbítrio da parte. Para ele, o objeto da liquidação deverá ser os fatos ou os fatos a serem provados. Em outras palavras, afirma que deverão ser apresentados os fatos que possam influenciar o valor da condenação ou mesmo a sua individualidade. E, como já dissemos anteriormente, em nenhuma hipótese o autor citado deixa claro ser possível a discussão da matéria da fase de conhecimento.[40]

Daniel Amorim Assumpção Neves, confirmando as assertivas feitas anteriormente, deixa claro que esta é a última modalidade em termos de liquidação por se tratar da espécie mais complexa e demorada, dizendo que, na apuração do *quantum debeatur* da obrigação contida no título, se deve optar pelos cálculos ou operações aritméticas ou então pela liquidação por arbitramento.

Sustenta que a compreensão do que seja fato novo é essencial para compreensão do cabimento do procedimento comum no tocante à necessidade de sua utilização para apuração do *quantum debeatur*.

E, em seguida, define o que vem a ser o chamado fato novo:

> Deve ser evitada na conceituação de fato novo a confusão quanto ao momento em que o fato ocorreu, sendo

---

V – a periodicidade da capitalização dos juros, se for o caso;

VI – especificação dos eventuais descontos obrigatórios realizados;

VII – indicação dos bens passíveis de penhora, sempre que possível.

§ 1º Quando o valor apontado no demonstrativo aparentemente exceder os limites da condenação, a execução será iniciada pelo valor pretendido, mas a penhora terá por base a importância que o juiz entender adequada.

§ 2º Para a verificação dos cálculos, o juiz poderá valer-se de contabilista do juízo, que terá o prazo máximo de 30 (trinta) dias para efetuá-la, exceto se outro lhe for determinado.

§ 3º Quando a elaboração do demonstrativo depender de dados em poder de terceiros ou do executado, o juiz poderá requisitá-los, sob cominação do crime de desobediência.

§ 4º Quando a complementação do demonstrativo depender de dados adicionais em poder do executado, o juiz poderá, a requerimento do exequente, requisitá-los, fixando prazo de até 30 (trinta) dias para o cumprimento da diligência.

§ 5º Se os dados adicionais a que se refere o § 4º não forem apresentados pelo executado, sem justificativa, no prazo designado, reputar-se-ão corretos os cálculos apresentados pelo exequente apenas com base nos dados de que dispõe.

(39) CORDEIRO, Wolney de Macedo, *op. cit.*, p. 207.

(40) THEODORO JÚNIOR, Humberto, *op. cit.*, p. 1177.

inadmissível confundir fato novo com fato superveniente. O fato novo pode ter ocorrido antes, durante ou depois da demanda judicial donde se produziu o título executivo ilíquido, não sendo o momento um critério correto para conceituar o fenômeno processual. Por fato novo deve-se entender aquele que não foi objeto de análise e decisão no processo no qual foi formado o título executivo que se busca liquidar. A novidade, portanto, não é temporal, mas diz respeito ao próprio Poder Judiciário, que pela primeira vez enfrentará e decidirá determinados fatos referentes ao *quantum debeatur*.[41]

Wolney Cordeiro de Macedo diz que a alteração ocorrida na liquidação por artigos foi meramente cosmética, representada pela alteração da denominação para procedimento comum, registrando que o alcance e o significado dessa espécie de liquidação continuam os mesmos.

Exemplifica as hipóteses de sua utilização, socorrendo-se da jurisprudência, na forma abaixo:

> [...] a) condenação ao pagamento de horas extras sem o detalhamento da jornada de trabalho; b) deferimento de diferenças salariais, mesmo diante da inexistência de declaração da remuneração efetivamente devida; c) reconhecimento do adicional de insalubridade sem o estabelecimento do grau respectivo; d) deferimento de pensionamento mensal decorrente de ação indenizatória de acidente de trabalho sem a indicação do montante respectivo, ou mesmo elementos objetivos para fixar os danos emergentes; e) apuração da média de gorjetas reconhecidas na sentença.[42]

3. LIQUIDAÇÃO DE SENTENÇA NO CÓDIGO DE PROCESSO CIVIL

A liquidação de sentença tem tratamento, de forma específica, nos arts. 509 e 512 do CPC, em que são descritas as modalidades de liquidação, a hipótese em que o cumprimento se faz por simples cálculos aritméticos e os procedimentos das respectivas espécies de liquidação.

Nos itens anteriores, alguns aspectos deste Capítulo XIV já foram abordados, especialmente no tocante à legitimidade para promoção da liquidação e os pressupostos que justificam a adoção da liquidação por arbitramento e do procedimento comum (antiga liquidação por artigos).

Cabe apenas lembrar que o pressuposto da liquidação é a existência de uma sentença ilíquida, funcionando o procedimento de liquidação como indispensável complemento desta decisão, não só para que a prestação jurisdicional seja integral e completa, mas também para permitir que se prossiga na execução.

Como também esclarecido anteriormente, tanto credor como devedor podem proceder à liquidação, admitindo-se até mesmo que o juiz a instaure, com base nos princípios do impulso oficial e da efetividade da execução.

Como se trata da fase de conhecimento, complementar à sentença prolatada, que definiu a obrigação devida, nada impede que o juiz, em qualquer circunstância, dê início à liquidação, não incidindo a limitação contida no art. 878, *caput*, da CLT, que se refere à instauração da execução de ofício apenas quando a parte não estiver assistida por advogado.

As hipóteses em que têm cabimento a liquidação por arbitramento e o procedimento comum já foram devidamente tratadas, com a crítica em relação à primeira de que deveria explicitar que, quando há necessidade de conhecimentos técnicos, é que se impõe a sua realização.

O § 1º do art. 509 do CPC[43] permite a simultaneidade da execução e liquidação para satisfazer de forma célere o direito daquele que provoca a jurisdição. Aliás, é norma que repete, na literalidade, a previsão anterior contida no art. 475, inciso I, § 2º, do CPC/73.

O § 2º do art. 509 do CPC procura também evitar todo um procedimento de liquidação quando a apuração depender apenas de cálculo aritmético, o que presta homenagem à simplificação na apuração dos valores devidos, dispensando-se a existência de itinerário procedimental injustificável em face da singeleza de se encontrar o *quantum debeatur* por meio de simples cálculos.

O art. 475-B do CPC/73[44] tinha o mesmo comando do dispositivo legal anteriormente mencionado, mas com o acréscimo da referência ao art. 475-J e de que a parte deveria instruir "o pedido com a memória discriminada e atualizada do cálculo". Embora não constando essa expressão final, impõe-se, por uma questão de ordem lógica, o detalhamento dos cálculos.

Ainda sobre o tema, cumpre chamar a atenção para as hipóteses de liquidação negativa ou zero, ou seja, embora existindo a previsão da obrigação no título não se apura qualquer valor em função de pagamentos já efetuados ou eventual compensação de valores previstos na decisão exequenda. Neste sentido é a lição de Didier ao dizer que é possível que isso aconteça e o juiz deverá decidir:

> A liquidação com dano zero ou sem resultado positivo é aquela em que se conclui que o liquidante não sofreu dano algum, isto é, o *quanto debeatur* é zero, o que torna inexistente o próprio *an debeatur*.
>
> [...]

(41) NEVES, Daniel Amorim Assumpção, *op. cit.*, p. 873-874.

(42) CORDEIRO, Wolney de Macedo, *op. cit.*, p. 209-210.

(43) Art. 509, § 1º, do CPC: Quando na sentença houver uma parte líquida e outra ilíquida, ao credor é lícito promover simultaneamente a execução daquela e, em autos apartados, a liquidação desta.

(44) Art. 475-B do CPC: Quando a determinação do valor da condenação depender apenas de cálculo aritmético, o credor requererá o cumprimento da sentença, na forma do art. 475-J desta lei, instruindo o pedido com a memória discriminada e atualizada do cálculo.

Diante de uma situação como essa, portanto, não pode o juiz pronunciar o *non liquet* – atitude, aliás, que lhe é vedada expressamente pelo ordenamento (CPC – art. 140) – porque não julgar é desrespeitar o direito fundamental do jurisdicionado de acesso à justiça (CF/88, art. 5º, XXXV).[(45)]

Em relação ainda aos cálculos aritméticos, a novidade ficou por conta do § 3º do art. 509,[(46)] ao prever que o Conselho Nacional de Justiça desenvolverá e colocará à disposição dos interessados programa de atualização financeira, o que também, pelo que representa de padronização e institucionalidade, contribui para uma apuração mais célere e sem incidentes que poderiam ocorrer na ausência de um referencial.

O art. 509, § 4º[(47)] fixa verdadeiro princípio da liquidação ou de fidelidade ao título, como reconhecido pela doutrina e repetido na legislação celetista.

Daniel Amorim Assumpção Neves ensina que essa norma é reconhecida como regra da "fidelidade ao título executivo", como forma de proteger a coisa julgada ou mesmo "impedir a valoração do dano não reconhecido por título executivo". Aduz que essa regra não deve ser compreendida de forma absoluta, mas relativizada pela inclusão na liquidação da matéria não posta na fase de conhecimento. Arremata a sua argumentação sobre o tema, apoiado na doutrina, de que a interpretação do título deve ser lógica e não gramatical, inclusive o que dele se possa "presumir como incluído".[(48)]

De qualquer forma, mesmo não se adotando como dogma a regra contida no aludido art. 509, § 4º, deve-se ter cuidado para não contrariar o título ou exceder os seus limites, sob pena de a liquidação não atingir o seu objetivo legal de complementação da decisão da fase de conhecimento.

O art. 510[(49)] trata do procedimento a ser adotado na liquidação por arbitramento, permitindo-se que se dispense a produção de prova pericial com a sua substituição pela juntada de pareceres ou documentos elucidativos sobre o tema. E, caso não seja possível decidir com esses elementos de prova documental, é que se optará pela perícia, observando-se o procedimento da prova pericial.

O art. 511[(50)] refere-se ao procedimento comum que, para aquisição dessa terminologia, deve ter levado em conta a repetição do procedimento da fase de conhecimento, com apresentação de defesa e toda dilação probatória própria dessa fase.

Por fim, o art. 512 do CPC[(51)] está a permitir a chamada liquidação provisória que se verifica na pendência de recurso, de forma semelhante a execução provisória, e cujo procedimento descrito na norma em referência deve sofrer alterações em se tratando do processo judicial eletrônico.

4. LIQUIDAÇÃO DE SENTENÇA NA CLT

A liquidação de sentença tem previsão específica no art. 879 da CLT[(52)], sendo certo que o *caput* e alguns de seus parágrafos já foram objeto de análise neste trabalho.

(45) DIDIER JR, Fredie, *et al*... *op. cit.*, p. 248 e 253.

(46) Art. 509, § 3º: O Conselho Nacional de Justiça desenvolverá e colocará à disposição dos interessados programa de atualização financeira.

(47) Art. 509, § 4º: Na liquidação é vedado discutir de novo a lide ou modificar a sentença que a julgou.

(48) NEVES, Daniel Amorim Assumpção, *op. cit.*, p. 870.

(49) Art. 510 do CPC: Na liquidação por arbitramento, o juiz intimará as partes para a apresentação de pareceres ou documentos elucidativos, no prazo que fixar, e caso não possa decidir de plano, nomeará perito, observando-se, no que couber, o procedimento da prova pericial.

(50) Art. 511 do CPC: Na liquidação pelo procedimento comum, o juiz determinará a intimação do requerido, na pessoa de seu advogado ou da sociedade de advogados a que estiver vinculado, para, querendo, apresentar contestação no prazo de 15 (quinze) dias, observando-se, a seguir, no que couber, o disposto no Livro II da Parte Especial deste Código.

(51) Art. 512 do CPC: A liquidação poderá ser realizada na pendência de recurso, processando-se em autos apartados no juízo de origem, cumprindo ao liquidante instruir o pedido com cópias das peças processuais pertinentes.

(52) Art. 879 da CLT: Sendo ilíquida a sentença exequenda, ordenar-se-á, previamente, a sua liquidação, que poderá ser feita por cálculo, por arbitramento ou por artigos. (Redação dada pela Lei n. 2.244, de 23.06.1954).

§ 1º Na liquidação, não se poderá modificar, ou inovar, a sentença liquidanda nem discutir matéria pertinente à causa principal. (Incluído pela Lei n. 8.432, 11.06.1992).

§ 1º-A A liquidação abrangerá, também, o cálculo das contribuições previdenciárias devidas. (Incluído pela Lei n. 10.035, de 2000).

§ 1º-B As partes deverão ser previamente intimadas para a apresentação do cálculo de liquidação, inclusive da contribuição previdenciária incidente. (Incluído pela Lei n. 10.035, de 2000).

§ 2º Elaborada a conta e tornada líquida, o Juiz poderá abrir às partes prazo sucessivo de 10 (dez) dias para impugnação fundamentada com a indicação dos itens e valores objeto da discordância, sob pena de preclusão. (Incluído pela Lei n. 8.432, 11.06.1992).

§ 3º Elaborada a conta pela parte ou pelos órgãos auxiliares da Justiça do Trabalho, o juiz procederá à intimação da União para manifestação, no prazo de 10 (dez) dias, sob pena de preclusão. (Redação dada pela Lei n. 11.457, de 2007). (Vigência).

§ 4º A atualização do crédito devido à Previdência Social observará os critérios estabelecidos na legislação previdenciária. (Incluído pela Lei n. 10.035, de 2000).

§ 5º O Ministro de Estado da Fazenda poderá, mediante ato fundamentado, dispensar a manifestação da União quando o valor total das verbas que integram o salário-de-contribuição, na forma do art. 28 da Lei n. 8.212, de 24 de julho de 1991, ocasionar perda de escala decorrente da atuação do órgão jurídico. (Incluído pela Lei n. 11.457, de 2007). (Vigência)

Cumpre lembrar que nos termos em que se encontra redigido o *caput* do referido art. 879 da CLT não há dúvida quanto à possibilidade de iniciativa da execução pelo juiz, independente de invocação de princípios do procedimento trabalhista que permitem a sua atuação de ofício.

Trata-se, como se vê, da previsão em norma, que, estando ilíquida a sentença, a atuação judicial de ofício é um verdadeiro imperativo legal a fim de que o processo tenha prosseguimento e a execução se concretize.

De outro lado, ainda com referência ao *caput* do art. 879 da CLT, é certo que deve se adequar às alterações de terminologia e de procedimento adotados no CPC. Isto porque, como se sabe, a liquidação trabalhista sempre foi coadjuvante da liquidação prevista no processo civil no que se refere à nomenclatura, conceito e procedimento, devendo agora se adequar à nova normatização.

O § 1º do referido artigo repete o princípio da liquidação representado pela fidelidade ao título, registrando-se apenas, dentro de uma perspectiva de sua relativização, que existe a possibilidade de alteração de seus termos por acordo superveniente desde que não prejudique terceiros.

O § 1º A e B diz respeito ao conteúdo dos cálculos de liquidação, com a necessidade de inclusão das contribuições previdenciárias e de intimação prévia para sua elaboração.

O § 2º refere-se a procedimento que é típico da liquidação trabalhista e que anteriormente poderia ou não ser utilizado e agora, com a Lei n. 13.467/2017, tornou-se obrigatório, com a redução do prazo de impugnação para 8 dias.

O que chama a atenção na exigência legal de que este procedimento seja observado é a iniciativa do legislador em permitir que os valores objeto da liquidação sejam discutidos independentemente da garantia do juízo. É indiscutível que fixou um procedimento facilitador para o executado a fim de se ver livre do depósito em dinheiro ou da penhora de determinado bem para discutir os valores que deverão ser objeto de uma futura execução.

Além do mais, ao que tudo indica, caso tenha se manifestado sobre os cálculos sem permitir que incida a preclusão, o executado poderá voltar à carga no âmbito dos embargos à execução, porquanto o art. 884 da CLT[(53)] está em plena vigência.

Aqui também, como em outras passagens reformistas, procurou-se eliminar algo que é da essência da execução trabalhista, sua verdadeira espinha dorsal, porquanto não deixa de ser uma benesse discutir valores sem a garantia do juízo, acabando por se transformar em um mecanismo legal de atraso no desfecho da execução.

Em relação aos demais parágrafos, cabe apenas fazer referência ao § 6º, que prevê a nomeação de perito se se tratar de cálculos de liquidação complexos, aspecto que é observado pelos juízes independente da referida norma, inclusive no que se refere ao critério para fixação de honorários.

No que se refere ao § 7º, relativamente à atualização dos créditos decorrentes de condenação judicial, que faz menção à Taxa Referencial (TR), o STF e alguns Regionais já se manifestaram pela sua inconstitucionalidade, adotando-se o IPCA-E.

Têm-se hoje as decisões do STF nas Ações Diretas de Inconstitucionalidade ns. 4.357 e 4.425 e na Reclamação n. 22012, entendendo que se aplica o índice oficial de remuneração básica da caderneta de poupança (TR) para atualização dos débitos trabalhistas até 24.03.2015 e, a partir de 25.03.2015, o Índice de Preços ao Consumidor Amplo Especial (IPCA-E).

Neste mesmo sentido é a disposição contida na Súmula n. 73 do Tribunal Regional do Trabalho da 3ª Região – MG que, em controle difuso da constitucionalidade, deu pela inconstitucionalidade de parte do art. 39 da Lei n. 8.177/91 e, de forma integral, o § 7º do art. 879 da CLT.

5. CONCLUSÃO

Como restou mencionado na Introdução deste trabalho, a liquidação de sentença, embora indispensável à complementação da obrigação contida no título judicial com a definição do *quantum debeatur* e pressuposto para o início da execução, ocupa reduzido espaço na doutrina.

A liquidação de sentença, como todos os demais temas do processo, encontra fundamento constitucional no

---

§ 6º Tratando-se de cálculos de liquidação complexos, o juiz poderá nomear perito para a elaboração e fixará, depois da conclusão do trabalho, o valor dos respectivos honorários com observância, entre outros, dos critérios de razoabilidade e proporcionalidade. (Incluído pela Lei n. 12.405, de 2011).

(53) Art. 884 da CLT: Garantida a execução ou penhorados os bens, terá o executado 5 (cinco) dias para apresentar embargos, cabendo igual prazo ao exequente para impugnação.

§ 1º A matéria de defesa será restrita às alegações de cumprimento da decisão ou do acordo, quitação ou prescrição da dívida.

§ 2º Se na defesa tiverem sido arroladas testemunhas, poderá o Juiz ou o Presidente do Tribunal, caso julgue necessários seus depoimentos, marcar audiência para a produção das provas, a qual deverá realizar-se dentro de 5 (cinco) dias.

§ 3º Somente nos embargos à penhora poderá o executado impugnar a sentença de liquidação, cabendo ao exequente igual direito e no mesmo prazo. *(Incluído pela Lei n. 2.244, de 23.06.1954).*

§ 4º Julgar-se-ão na mesma sentença os embargos e as impugnações à liquidação apresentadas pelos credores trabalhista e previdenciário. *(Redação dada pela Lei n. 10.035, de 25.10.2000).*

§ 5º Considera-se inexigível o título judicial fundado em lei ou ato normativo declarados inconstitucionais pelo Supremo Tribunal Federal ou em aplicação ou interpretação tidas por incompatíveis com a Constituição Federal. *(Incluído pela Medida Provisória n. 2.180-35, de 2001).*

§ 6º A exigência da garantia ou penhora não se aplica às entidades filantrópicas e/ou àqueles que compõem ou compuseram a diretoria dessas instituições. *(Incluído pela Lei n. 13.467, de 13.07.2017).*

princípio do acesso à justiça, porquanto há indispensável necessidade de se apurar o valor devido e a sua individualização para atender aos anseios dos jurisdicionados e concretizar a ideia de um processo de resultados, o que encontra apoio também em normas infraconstitucionais.

A liquidação, entendida como atividade cognitiva e de complementação e integração da obrigação contida no título, pelas suas próprias características e pela sua localização no ordenamento processual antes do Título II, que trata do cumprimento da sentença, não coloca em dúvida a sua característica de procedimento próprio da fase de conhecimento.

Em consequência dessa conclusão, tem-se como certo que pode ter no juiz a iniciativa de sua instauração, sem as limitações previstas no art. 878, *caput*, da CLT. Não só em nome dos princípios do impulso oficial e efetividade da jurisdição como também pela forma imperativa com que o legislador se dirigiu ao juiz, ao determinar que na hipótese de sentença ilíquida deverá ser ordenada a sua liquidação.

É importante, em tema de liquidação, chamar a atenção para hipótese em que a liquidez do título é obtida por simples cálculos aritméticos (para alguns ainda a liquidação por cálculos) ou então para as espécies de liquidação: arbitramento e procedimento comum.

Na apuração por simples cálculos há a presunção de que a obrigação já se encontra determinada no título com todos os seus parâmetros, necessitando apenas de meros cálculos para se chegar ao valor devido.

Na esteira de simplificação da liquidação do processo civil, o legislador procura evitar a determinação da nomeação de perito na liquidação por arbitramento, autorizando que, se for possível, ela seja feita pela juntada aos autos de documentos elucidativos.

No mesmo diapasão, trata do procedimento comum (nome atual da vetusta denominação: liquidação por artigos), determinando que deve seguir o procedimento da fase de conhecimento mas que, como reconhece a própria doutrina, deve ser a última *ratio* em termos de liquidação de sentença.

A liquidação de sentença no CPC, com previsão nos arts. 509 a 512, teve o objetivo de simplificar essa fase importante do processo, verdadeiro rito de passagem para execução, de forma a não atrasar o seu desfecho.

Por fim, tem-se a liquidação de sentença no processo do trabalho, com a previsão específica no art. 879 da CLT, em que há referência a alguns aspectos da liquidação, mas que desde sempre ficou na dependência do processo civil quanto às definições, princípios e procedimentos da liquidação.

Desse modo, é razoável que as alterações operadas no processo civil tenham repercussão no processo do trabalho quanto ao fim da liquidação por cálculo como modalidade de liquidação e a nova terminologia dotada para liquidação por artigos.

Mais importante, no entanto, é verificar que a alteração operada no art. 879, § 2º da CLT, quanto ao procedimento específico da liquidação trabalhista, representou um sério retrocesso em relação ao desfecho célere da execução.

É que a exigência legal de se adotar esse procedimento, que antecipa a discussão sobre os cálculos sem a garantia do juízo, cria benefício inaceitável para o executado e fragiliza a estrutura da execução trabalhista, que se funda na garantia do juízo para discussão da execução.

Além do mais, é uma medida que pode levar à duplicidade na discussão de temas relativos aos cálculos, com evidente prejuízo para o desfecho rápido da execução.

6. REFERÊNCIAS

ASSIS, Araken de. *Manual da execução*. 11. ed. rev. ampl. e atual. com a reforma processual. São Paulo: Editora Revista dos Tribunais, 2007.

CORDEIRO, Wolney de Macedo. *Execução no processo do trabalho*. 4. ed. rev. e atual. Salvador: Juspodivm, 2017.

DIDIER JR, Fredie *et al. Curso de direito processual civil:* Execução. 8. ed. rev. ampl. e atual. Salvador: Juspodivm, 2018.

MARTINS, Sérgio Pinto. *Direito processual do trabalho*. 41. ed. São Paulo: Saraiva Educação, 2019.

NEVES, Daniel Amorim Assumpção. *Manual de direito processual civil*. 10. ed. Salvador: Juspodivm, 2018.

TEIXEIRA FILHO, Manoel Antônio. *Execução no processo do trabalho*. 12. ed. São Paulo: LTr, 2017.

THEODORO JÚNIOR, Humberto. *Curso de direito processual civil*. Teoria geral do do direito processual civil, processo de conhecimento e procedimento comum, v. I. 57. ed. rev. atual. e ampl. Rio de Janeiro: Forense, 2016.

Legitimidade na Execução Trabalhista

Iris Soier do Nascimento de Andrade[(1)]

1. INTRODUÇÃO

Para postular em juízo é necessário ter interesse e legitimidade, nos termos do art. 17 do Código de Processo Civil – CPC. O art. 4º, por sua vez, estabelece que as partes têm o direito de obter em prazo razoável a solução integral do mérito, incluída a atividade satisfativa.

Na execução trabalhista, o interesse nasce com a formação do título executivo, seja ele judicial, com a prolação da sentença, ou extrajudicial, nos Termos de Ajustamento de Conduta – TAC e de Comissão de Conciliação Prévia – CCP. A legitimidade, por sua vez, diz respeito à possibilidade de figurar com uma das partes da execução.

Via de regra, as partes detentoras de legitimidade na fase de execução são o credor e o devedor, nas figuras denominadas exequente e executado, sendo essa a legitimidade originária, que consta expressamente no título executivo.

Ocorre que, em razão da possibilidade de alteração da situação jurídica que compõe a fase executiva, tem-se a possibilidade da ocorrência da legitimidade superveniente ou derivada, que é aquela exercida pelos herdeiros, sucessores, cessionário, sub-rogado, novo devedor, fiador, sócio da pessoa jurídica envolvida na ação, dentre outros. Essas partes, embora não tenham participado da fase de conhecimento e não constem expressamente no título executivo, podem vir a ter legitimidade para integrar um dos polos da execução trabalhista, seja na condição de credor ou de devedor.

Ainda, no que concerne à legitimação ativa, há hipóteses em que o Ministério Público do Trabalho será o detentor de legitimidade para promover a execução, o que será abordado ao longo do artigo.

Diante disso, o objetivo do presente trabalho é analisar a legitimidade das partes na execução trabalhista, expondo detalhadamente os legitimados ativos e passivos, bem como as hipóteses de sua ocorrência.

Também, será objeto de estudo a alteração promovida pela Lei n. 13.467/2017 no art. 878 da CLT no que concerne à revogação da possibilidade de o Juiz dar início à fase executiva de ofício, analisando se a nova redação dada ao referido artigo deverá ser literal ou lógico-sistemática a fim de garantir a observância de princípios como o da efetividade da prestação jurisdicional e do impulso oficial.

2. LEGITIMIDADE NA EXECUÇÃO TRABALHISTA

As decisões transitadas em julgado ou aquelas que não tenham sido objeto de recurso com efeito suspensivo, os acordos descumpridos e os Termos de Ajuste de Conduta – TAC, firmados perante o Ministério Público do Trabalho, são passíveis de serem executados perante o Juízo Trabalhista, nos termos do art. 876 da CLT.

A legitimidade para integrar um dos polos do procedimento executivo diz respeito à autorização legal para praticar atos inerentes à execução, podendo ser ativa ou passiva.

Antes da entrada em vigor da Lei n. 13.467/2017, que deu origem à Reforma Trabalhista, o art. 878 da CLT dispunha que "A execução poderá ser promovida por qualquer interessado ou *ex officio* pelo próprio Juiz ou Presidente ou Tribunal competente, nos termos do artigo anterior".

Após a entrada em vigor da referida lei, o art. 878 da CLT passou a estabelecer expressamente como a execução será promovida, prevendo o seguinte:

> Art. 878. A execução será promovida pelas partes, permitida a execução de ofício pelo juiz ou pelo Presidente do Tribunal apenas nos casos em que as partes não estiverem representadas por advogado.

Observa-se de uma leitura literal do supramencionado artigo, que a execução caberá às partes, sendo permitido o início da fase executiva pelo juiz ou presidente do Tribunal, apenas quando a parte estiver desacompanhada de advogado.

Via de regra, as partes que figuram no polo ativo e passivo da execução trabalhista são empregado e empregador, na condição de exequente e executado, conforme o caso, sendo esses os legitimados originários.

A CLT, entretanto, não prevê de forma ampla a legitimidade na execução trabalhista, fazendo-se necessária a integração das normas previstas na Lei de Execução Fiscal – LEF e no Código de Processo Civil – CPC, nos termos dos arts. 769 e 889. Referidas legislações apresentam expressamente outros legitimados que podem vir a integrar o processo de execução, os legitimados derivados ou supervenientes que, segundo Humberto Theodoro Júnior, correspondem às situações jurídicas formadas posteriormente à criação do

(1) Pós-graduanda em Direito Material e Processual do Trabalho na Faculdade de Direito Milton Campos. Pós-graduada em Advocacia Cível pela Escola Superior de Advocacia (ESA – OAB/MG). Graduada em Direito pela Faculdade de Direito Milton Campos (2015). Membro da Oficina de Estudos Avançados: As interfaces entre o Processo Civil e o Processo do Trabalho – IPCPT. Advogada.

título, sendo observadas tanto nos casos de sucessão *causa mortis* quanto em atos *inter vivos* (2017, p. 268).

Os legitimados ativos e passivos do procedimento de execução serão tratados detalhadamente a seguir[(2)].

2.1. Legitimidade ativa

A legitimidade ativa é a autorização para promover a execução, sendo o legitimado originário aquele apontado no título executivo como credor.

Ocorre que, no processo executivo, pode haver a inserção de outras pessoas não previstas expressamente no título executivo, ampliando, portanto, o rol de legitimados ativos para promoção da execução. Como a CLT trata da legitimidade ativa apenas no art. 878, limitando-se às partes e ao juiz da ação, aplicam-se supletivamente as hipóteses previstas no art. 778[(3)] do CPC.

Dentre os legitimados ativos, tem-se, além do próprio credor, o juiz[(4)] quando a parte se valer do *ius postulandi*, o Ministério Público do Trabalho, nos casos previstos em lei, o espólio, os herdeiros ou sucessores do credor, o cessionário, o sub-rogado, o sindicato, o advogado e a União, nos termos do art. 114, VII[(5)], da CF.

Passando-se para uma análise detida dos legitimados ativos, tem-se, originariamente, a parte constante no título executivo como credor, podendo ser, no caso da execução trabalhista, o empregado como vencedor da fase cognitiva ou o próprio empregador, nos casos em que se reconhece prejuízo causado pelo empregado.

O devedor também pode iniciar a execução a fim de se exonerar da obrigação. Essa faculdade está prevista no art. 878-A[(6)] da CLT, que prevê a possibilidade de pagamento imediato da obrigação.

Há ainda o permissivo do art. 878 da CLT para a execução de ofício pelo juiz ou presidente do Tribunal, nos casos em que as partes não estiverem representadas por advogado. Mauro Schiavi ressalta que a possibilidade da execução de ofício pelo juiz "não configura quebra de parcialidade do juiz, pois este não é parte na execução, apenas inicia e pode impulsioná-la de ofício, determinando por exemplo, a penhora de bens, ofícios de bloqueio de contas bancárias etc." (2018, p. 1137).

O Ministério Público do Trabalho é legitimado para promover a execução nos processos de competência originária dos Tribunais, nos termos de ajustamento de conduta[(7)], nas hipóteses em que atuou como parte no processo, como nos casos de ação civil pública e ação rescisória, bem como nos casos que atuou como órgão interveniente.

A respeito da legitimidade ativa do Ministério Público do Trabalho – MPT, Carlos Henrique Bezerra Leite entende que:

> Nos casos em que o *Parquet* laboral atuou como órgão interveniente (*custos legis*), cremos que a sua legitimação ficará condicionada à existência de interesse público que justifique a sua iniciativa, como, por exemplo, na defesa dos interesses de incapazes ou de indígenas, ou nas ações coletivas promovidas pelo sindicato, quando este tenha atuado como substituto processual e abandonado, posteriormente, a ação (CDC, art. 92). (2018, p. 1421)

Observe-se que, a legitimidade do Ministério Público ficará condicionada à existência de interesse público que justifique a sua atuação, sendo essa uma possibilidade de limitação da legitimidade do MPT.

No caso do espólio, herdeiros ou sucessores do credor, a legitimidade decorre da morte do beneficiário da obrigação reconhecida no título executivo, sendo os herdeiros ou sucessores identificados por meio do inventário ou pela inscrição dos dependentes na previdência social.

Acerca da transmissão patrimonial do credor, Wolney de Macedo Cordeiro entende que nem sempre o credor trabalhista dispõe de recursos para abertura de procedimento de inventário, razão pela qual "a legitimação é reconhecida

(2) Cumpre ressaltar que o rol de legitimados expostos na CLT não é taxativo, podendo haver outros legitimados. O art. 114, VII, da CF estabelece que as ações relativas às penalidades administrativas impostas aos empregadores pelos órgãos de fiscalização das relações de trabalho serão de competência da Justiça do Trabalho. Ainda, a doutrina já consolidou o entendimento acerca da possibilidade da execução do cheque e da nota promissória originados da relação de trabalho.

(3) Art. 778. Pode promover a execução forçada o credor a quem a lei confere título executivo.

§ 1º Podem promover a execução forçada ou nela prosseguir, em sucessão ao exequente originário:

I – o Ministério Público, nos casos previstos em lei;

II – o espólio, os herdeiros ou os sucessores do credor, sempre que, por morte deste, lhes for transmitido o direito resultante do título executivo;

III – o cessionário, quando o direito resultante do título executivo lhe for transferido por ato entre vivos;

IV – o sub-rogado, nos casos de sub-rogação legal ou convencional.

(4) Ressalte-se que o juiz não possui interesse, mas sim legitimidade para promover a execução quando a parte estiver desacompanhada de advogado. Trata-se de um pode/dever do juiz, decorrente do princípio do impulso oficial.

(5) Art. 114. Compete à Justiça do Trabalho processar e julgar:

VII – as ações relativas às penalidades administrativas impostas aos empregadores pelos órgãos de fiscalização das relações de trabalho;

(6) Art. 878-A. Faculta-se ao devedor o pagamento imediato da parte que entender devida à Previdência Social, sem prejuízo da cobrança de eventuais diferenças encontradas na execução *ex officio*.

(7) Neste caso, a competência para execução de TAC é exclusiva do Ministério Público do Trabalho.

em favor dos dependentes inscritos na previdência social e, na ausência destes, pelos sucessores reconhecidos pela legislação civil, independentemente de inventário ou partilha (2017, p. 127)".

Entretanto, não obstante a afirmação do autor se coadune com o que se acredita ser o aplicável ao caso, havendo dúvidas acerca da legitimidade dos sucessores, a Justiça do Trabalho deverá aguardar o andamento do inventário na Justiça Comum a fim de se evitar futuros prejuízos ao processo e às partes.

Ainda há possibilidade de o cessionário ser legitimado para promover a execução, na medida em que a cessão de créditos prevista no art. 286[8] do Código Civil não é vedada na seara trabalhista.

No que tange à legitimação do cessionário, Wolney de Macedo Cordeiro entende que:

> A natureza alimentar do crédito trabalhista não é capaz de interferir na disponibilidade negocial do crédito, especialmente quando o cessionário disponha de meios para suportar uma execução mais demorada. Assim sendo, é possível o reconhecimento da legitimação superveniente do cessionário (2017, p. 139).

Ressalte-se que até a publicação da atual Consolidação dos Provimentos da Corregedoria Geral da Justiça do Trabalho, em 23 de fevereiro de 2016, o art. 100 considerava a cessão de créditos ineficaz em âmbito juslaboral, razão pela qual a relação entre cedente e cessionário deveria ser objeto de julgamento pela Justiça Comum. Todavia, essa disposição foi revogada, podendo o instituto da cessão ser aplicável ao Processo do Trabalho, quando for o caso[9].

Ao discorrer sobre a legitimidade ativa do cessionário, Mauro Schiavi expõe que:

> [...] o crédito trabalhista pode ser cedido, mas, se tal ocorrer, ele perderá a natureza trabalhista e se transmudará num crédito de natureza civil, uma vez que se desvinculará de sua causa originária que é a prestação de serviços ou relação de emprego. Dessa forma, pensamos que, uma vez cedido o crédito a terceiro, cessará a competência material da Justiça do Trabalho para executá-lo, pois a controvérsia não será oriunda ou decorrente da relação de trabalho (art. 114, da Constituição Federal, incisos I e IX) (2018, p. 1139).

Considerando-se a posição do autor, com a qual se filia no presente estudo, tem-se como consectário lógico que, operando-se a cessão de crédito trabalhista a terceiro, o crédito deixa de ter natureza trabalhista, passando a ostentar natureza quirografária[10].

Ainda tem-se como parte legítima para promover a execução o sub-rogado[11], ou seja, aquele que, por algum motivo, paga a dívida do devedor. Mauro Schiavi expõe que, não obstante a doutrina admita a possibilidade de sub-rogação de crédito na Justiça do Trabalho, as hipóteses seriam restritas e de difícil ocorrência (2018, p. 1140). Wolney de Macedo Cordeiro concorda com a afirmação, sustentando categoricamente a inexistência de exemplos palpáveis no âmbito do Direito Processual do Trabalho que justifique a ocorrência da legitimação ativa do sub-rogado (2017, p. 139).

Outra parte legítima para promover a execução trabalhista é o sindicato[12], que possui legitimidade ampla, que abrange a liquidação e a execução dos créditos reconhecidos aos trabalhadores. Ainda, por se tratar de hipótese de substituição processual, não é necessário que os substituídos concedam qualquer autorização nesse sentido.

Além disso, nos termos dos arts. 23[13] e 24[14] da Lei n. 8.906/1994, o advogado também será parte legítima para promover a execução de seus honorários incluídos na condenação, inclusive na seara juslaboral, sobretudo após o advento da Reforma Trabalhista.

Por fim, Carlos Henrique Bezerra Leite lembra que a União também pode figurar como legítimada ativa para execução de título executivo extrajudicial, na cobrança de multas aplicadas aos empregadores, nos termos do art. 114, VII, da CF e art. 4º da Lei n. 6.830/1980 (2018, p. 1422).

(8) Art. 286. O credor pode ceder o seu crédito, se a isso não se opuser a natureza da obrigação, a lei, ou a convenção com o devedor; a cláusula proibitiva da cessão não poderá ser oposta ao cessionário de boa-fé, se não constar do instrumento da obrigação.

(9) Em atenção ao princípio da disponibilidade, a cessão do crédito trabalhista deverá passar pelo crivo do juiz, para que este possa verificar a sua legalidade e se a transação observou os princípios do processo, como o da boa-fé.

(10) O art. 83, § 4º, da Lei de Falências (Lei n. 11.101, de 2005) estabelece que os créditos trabalhistas cedidos a terceiros serão considerados quirografários. Entretanto, a questão não é pacífica na doutrina. Parte dela admite a cessão, sob o argumento de que há autorização legal para tanto. Ainda, a posição de Mauro Schiavi, acerca da modificação da competência, não é pacífica, posto que há quem entenda não haver deslocamento da competência para a justiça comum em caso de cessão do crédito trabalhista. Filiam-se a esta última posição Francisco Antônio de Oliveira e Renato Saraiva, que entendem que o crédito cedido não perderá a sua natureza trabalhista.

(11) O instituto da sub-rogação está prevista nos arts. 346 e 347 do Código Civil.

(12) O Plenário do Supremo Tribunal Federal, ao julgar o RE 210.029/RS, de relatoria do Min. Joaquim Barbosa, firmou entendimento no sentido de que o art. 8º, III, da Constituição outorgou legitimação extraordinária aos sindicatos, atribuindo-lhes a condição de substitutos processuais, em ordem a permitir-lhes "a defesa dos direitos e interesses coletivos ou individuais da categoria, inclusive em questões judiciais ou administrativas".

(13) Art. 23. Os honorários incluídos na condenação, por arbitramento ou sucumbência, pertencem ao advogado, tendo este direito autônomo para executar a sentença nesta parte, podendo requerer que o precatório, quando necessário, seja expedido em seu favor.

(14) Art. 24. A decisão judicial que fixar ou arbitrar honorários e o contrato escrito que os estipular são títulos executivos e constituem crédito privilegiado na falência, concordata, concurso de credores, insolvência civil e liquidação extrajudicial.

2.2. Legitimidade passiva

O legitimado passivo originário para a execução é aquele que figura como devedor no título executivo. Entretanto, da mesma forma como ocorre com a legitimidade ativa, também haverá a legitimidade passiva superveniente.

A legitimidade para integrar o polo passivo da execução relaciona-se diretamente com a responsabilidade patrimonial, que pode ser primária ou secundária.

A CLT não possui regras específicas acerca da responsabilidade patrimonial, razão pela qual utilizam-se as disposições previstas nos arts. 789 a 796 do CPC, aplicáveis ao Processo do Trabalho, nos termos do art. 3º, XIII, da Instrução Normativa n. 39, de 2016.

A responsabilidade patrimonial primária é do devedor, que responde com todos os seus bens presentes e futuros para o cumprimento de suas obrigações, nos termos do art. 789 do CPC. A responsabilidade patrimonial secundária, por sua vez, está prevista no art. 790 do CPC e será aplicável quando o devedor primário não honrar com sua obrigação ou não responder pela dívida constante no título executivo.

Conforme já mencionado, a CLT não se aprofunda ao tratar da legitimidade na execução. Dessa forma, tal como ocorre na legitimidade ativa, aplicar-se-á a primeira fonte subsidiária da execução trabalhista, a Lei de Execução Fiscal (LEF) – Lei n. 6.830/1980, bem como o Código de Processo Civil.

O art. 4º da LEF é expresso ao estabelecer que a execução poderá ser promovida contra o devedor, o fiador, o espólio, a massa, o responsável tributário e os sucessores a qualquer título. O art. 779 do CPC, por sua vez, praticamente repete o rol previsto no art. 4º da Lei de Execução Fiscal, dispondo o seguinte:

> Art. 779. A execução pode ser promovida contra:
>
> I – o devedor, reconhecido como tal no título executivo;
>
> II – o espólio, os herdeiros ou os sucessores do devedor;
>
> III – o novo devedor que assumiu, com o consentimento do credor, a obrigação resultante do título executivo;
>
> IV – o fiador do débito constante em título extrajudicial;
>
> V – o responsável titular do bem vinculado por garantia real ao pagamento do débito;
>
> VI – o responsável tributário, assim definido em lei.

Além do rol exposto acima, o responsável subsidiário também poderá ocupar o polo passivo da execução, que poderá ser a empresa tomadora de serviços nos casos de terceirização, o dono da obra nos contratos de empreitada[15] e o empreiteiro nos contratos de subempreitada[16].

Da mesma forma em que se analisou a legitimidade ativa, passa-se à análise detida dos legitimados passivos. Dentre eles, tem-se, originariamente, a parte constante no título executivo como devedor, podendo ser, no caso da execução trabalhista, o empregador como parte vencida na fase de conhecimento ou o próprio empregado, nos casos em que se reconhece prejuízo causado ao seu empregador ou quando é devedor de custas, honorários e outras despesas do processo.

Como responsáveis solidários, têm-se os integrantes do grupo econômico[17], responsáveis secundários tipicamente trabalhistas, na medida em que, nos termos do art. 2º, § 2º, da CLT, são considerados como empregadores únicos.

Ressalte-se que a Lei n. 13.467/2017, que deu origem à Reforma Trabalhista, alterou a redação do art. 2º, § 3º, da CLT a fim de esclarecer que para a configuração do grupo econômico será necessária a demonstração do interesse integrado e atuação conjunta das empresas, não bastando a mera identidade de sócios.

Também pode ser legitimado para integrar o polo passivo da fase executiva o sucessor trabalhista, nos termos dos arts. 10[18] e 448[19] e 448-A[20] da CLT. Mauro Schiavi

(15) A SDI-1 do Tribunal Superior do Trabalho, em julgamento de incidente de recurso de revista repetitivo, definiu que, à exceção dos entes públicos, o dono da obra poderá responder subsidiariamente pelas obrigações trabalhistas de empreiteiro inidôneo. No julgamento, o relator Ministro João Oreste Dalazen afirmou que a Súmula n. 42 do TRT da 3ª Região, que isenta de responsabilidade a pessoa física ou micro e pequenas empresas, não seria compatível com a OJ n. 191 da SDI-1, visto que fere o princípio da isonomia.

(16) O art. 455 da CLT estabelece que: "Art. 455. Nos contratos de subempreitada responderá o subempreiteiro pelas obrigações derivadas do contrato de trabalho que celebrar, cabendo, todavia, aos empregados, o direito de reclamação contra o empreiteiro principal pelo inadimplemento daquelas obrigações por parte do primeiro." Ressalte-se que no caso do empreiteiro, o TST entende que este terá responsabilidade solidária. "CONTRATO DE SUBEMPREITADA. ART. 455 DA CLT. RESPONSABILIDADE SOLIDÁRIA. Nos termos do art. 455 da CLT, nos contratos de subempreitada responderá o subempreiteiro pelas obrigações derivadas do contrato de trabalho que celebrar, cabendo, todavia, aos empregados, o direito de reclamação contra o empreiteiro principal pelo inadimplemento daquelas obrigações por parte do primeiro. Ao empreiteiro principal fica ressalvada, nos termos da lei civil, ação regressiva contra o subempreiteiro e a retenção de importâncias a este devidas, para a garantia das obrigações previstas neste artigo. Precedentes do TST. Apelos improvidos. (RO – 0000777-38.2017.5.06.0182, Redator: Virginia Malta Canavarro, Data de julgamento: 10.12.2018, Terceira Turma, Data da assinatura: 11.12.2018)

(17) O Enunciado n. 3 da 1ª Jornada Nacional de Execução Trabalhista, de novembro de 2011, estabelece que: "EXECUÇÃO. GRUPO ECONÔMICO. Os integrantes do grupo econômico assumem a execução na fase em que se encontra."

(18) Art. 10. Qualquer alteração na estrutura jurídica da empresa não afetará os direitos adquiridos por seus empregados.

(19) Art. 448. A mudança na propriedade ou na estrutura jurídica da empresa não afetará os contratos de trabalho dos respectivos empregados.

(20) Art. 448-A. Caracterizada a sucessão empresarial ou de empregadores prevista nos arts. 10 e 448 desta Consolidação, as obrigações trabalhistas, inclusive as contraídas à época em que os empregados trabalhavam para a empresa sucedida, são de responsabilidade do sucessor. Parágrafo único. A empresa sucedida responderá solidariamente com a sucessora quando ficar comprovada fraude na transferência.

elenca as hipóteses típicas de sucessão trabalhista[21], sendo "a transferência de titularidade de empresa, fusão, incorporação e cisão de empresas, contratos de concessão e arrendamento e também privatizações de antigas estatais" (2018, p. 1.143).

Frise-se que o parágrafo único do art. 448-A ressalva a responsabilidade da empresa sucessora no caso de fraude, prevendo expressamente que, havendo vício na transferência, a empresa sucedida responderá solidariamente com a sucessora.

Cumpre transcrever o Enunciado n. 4, aprovado na Jornada sobre Execução na Justiça do Trabalho (Cuiabá-MT, novembro/2010), acerca da responsabilidade do sucessor:

> SUCESSÃO TRABALHISTA. Aplicação subsidiária do Direito Comum ao Direito do Trabalho (Consolidação das Leis do Trabalho – CLT, art. 8º, parágrafo único). Responsabilidade solidária do sucedido e do sucessor pelos créditos trabalhistas constituídos antes do trespasse do estabelecimento (CLT, arts. 10 e 448, c/c Código Civil, art. 1.146).

Há também a figura do novo devedor, aquele que assume voluntariamente a dívida do devedor constante no título executivo. Ocorre que, para que haja alteração da demanda executiva, com a alteração do polo passivo, o credor deverá concordar com a assunção da dívida pelo novo devedor, sob pena de a obrigação permanecer com o devedor originário.

Além disso, podem vir a ser legitimados passivos no procedimento executivo o espólio, os herdeiros e os sucessores do devedor, nos termos do art. 779, II, do CPC. Trata-se de sucessão *causa mortis*, cuja responsabilidade deverá se limitar ao acervo patrimonial transmitido, não sendo possível a execução do patrimônio pessoal dos herdeiros e sucessores.

Figura como legitimado passivo para execução trabalhista, ainda, o sócio da empresa, que poderá ter a execução voltada contra si, nos termos dos arts. 789 e 790, II, do CPC.

Primeiramente, cumpre salientar que, acerca da responsabilidade do sócio na fase executiva, a doutrina mostra-se divergente no sentido da necessidade da instauração prévia do incidente da desconsideração da personalidade jurídica, previsto nos arts. 133 a 137 do CPC, aplicável ao Processo do Trabalho, nos termos do art. 6º da Instrução Normativa n. 39/2016 e art. 855-A da CLT.

Parte da doutrina entende que a desconsideração da personalidade jurídica na fase executiva, com a consequente inclusão do sócio no polo passivo, deverá ser feita por meio de incidente processual, nos termos dos arts. 133 a 137 do CPC, a fim de resguardar o direito ao contraditório, sendo o entendimento de Leonardo Tibo Barbosa Lima e Wolney de Macedo Cordeiro. Os defensores da hipótese de que a inclusão do sócio no polo passivo na fase de execução deverá ser precedida do incidente de desconsideração da personalidade jurídica, fundam-se no art. 855-A da CLT.[22]

---

(21) Dentre as hipóteses de sucessão, o TST entende ser possível a ocorrência de sucessão trabalhista no caso dos cartórios, desde que haja aproveitamento dos empregados do sucedido. Nesse sentido, decidiu:

"RECURSO DE REVISTA REGIDO PELO CPC/2015 E PELA INSTRUÇÃO NORMATIVA N. 40/2016 DO TST E INTERPOSTO NA VIGÊNCIA DA LEI N. 13.015/2014. CARTÓRIO. SUCESSÃO TRABALHISTA. AUSÊNCIA DE CONTINUIDADE DA PRESTAÇÃO DOS SERVIÇOS. RESPONSABILIDADE DO NOVO TITULAR.

A partir da égide da Constituição Federal de 1988, os trabalhadores contratados pelos cartórios extrajudiciais, para fins de prestação de serviços, encontram-se sujeitos ao regime jurídico da CLT, pois mantêm vínculo profissional diretamente com o tabelião, e não com o Estado. Diante do exposto, não há falar que é impossível a ocorrência de sucessão trabalhista no âmbito das atividades registrais e notariais, porque o titular do cartório não recebe o cartório do titular anterior, mas sim do Estado. Por outro lado, a jurisprudência desta Corte orienta-se no sentido de que, em se tratando de cartório, a sucessão de empregadores pressupõe não só a transferência da unidade econômica de um titular para outro, mas também que a prestação de serviço pelo empregado do primeiro prossiga com o segundo. Assim, somente quando o sucessor no cartório aproveitar os empregados do titular sucedido, poder-se-á reconhecer a sucessão. *In casu*, o Tribunal de origem consignou que "o demandante afirma que trabalhou no Cartório de Registro de Imóveis do 2º Ofício, no período de 01.09.2010 a 29.09.2017. Esclarece que, do início do pacto até 01.02.2016, o Oficial titular do cartório era o Sr. Walter Costa, que perdeu a titularidade da serventia, sendo substituído, interinamente, pelo senhor Diego Almeida Kós Miranda, que foi nomeado pela Portaria n. 3882/2016-GP, de 22.08.2016 e continua na titularidade. Portanto, não havendo solução de continuidade no contrato de trabalho do reclamante, ou seja, permanecendo a prestação de serviços, sedimenta-se a responsabilidade do novo titular por todo o período contratual". Verifica-se, assim, que, em 22.08.2016, o reclamado foi investido como interino no cartório, tendo havido a continuidade da prestação de serviços por parte do reclamante, cujo contrato de trabalho foi encerrado em 29.09.2017, ou seja, mais de um ano depois. Dessa forma, forçoso concluir pela existência de continuidade da prestação de serviços, ocorrendo assim a sucessão de empregadores, motivo pelo qual não há falar em violação dos arts. 236 da Constituição Federal e 20, 21, 36 e 39 da Lei n. 8.935/1994. Agravo de instrumento desprovido.

(AGRAVO DE INSTRUMENTO EM RECURSO DE REVISTA N. AIRR – 1463-22.2017.5.08.0005. Relator: JOSÉ ROBERTO FREIRE PIMENTA. Julgamento: 15.05.2019. Publicação: 24.05.2019)"

(22) Acerca da aplicabilidade do instituto da desconsideração da personalidade jurídica no processo do trabalho, foram aprovados os Enunciados ns. 124 e 126, na IV Jornada de Processualistas Civis, realizado em Belo Horizonte-MG, em 2014, que dispõem: Enunciado n. 124. (art. 133; art. 15) A desconsideração da personalidade jurídica no processo do trabalho deve ser processada na forma dos arts. 133 a 137, podendo o incidente ser resolvido em decisão interlocutória ou na sentença. (Grupo: Impacto do CPC no Processo do Trabalho)

Enunciado n. 126. (art. 134; art. 15) No processo do trabalho, da decisão que resolve o incidente de desconsideração da personalidade jurídica na fase de execução cabe agravo de petição, dispensado o preparo. (Grupo: Impacto do CPC no Processo do Trabalho).

Wolney de Macedo Cordeiro explica que:

> Não há qualquer tipo de incompatibilidade orgânica do instituto com o processo do trabalho. Os atributos da celeridade e da efetividade, típicos do processo laboral, não podem servir de pretexto para solapar as garantias do contraditório e da ampla defesa. (2017, p. 163)

Entretanto, há quem defenda que o incidente não seria adequado ao Processo do Trabalho, podendo o juiz postergar o contraditório para momento após a realização da penhora, com a garantia do Juízo. Este é o entendimento de Mauro Schiavi, que disserta:

> De nossa parte, o referido incidente não é adequado ao Processo do Trabalho, na fase de execução, pois o Juiz do Trabalho promove a execução de ofício (art. 878 da CLT) e o referido incidente de desconsideração é incompatível com a simplicidade e a celeridade da execução trabalhista. De outro lado, a hipossuficiência do credor trabalhista e a natureza alimentar do crédito autorizam o Juiz do Trabalho a postergar o contraditório na desconsideração após a garantia do juízo pela penhora.
>
> Além disso, o presente incidente provoca complicadores desnecessários à simplicidade do procedimento da execução trabalhista, atrasa o procedimento (uma vez que o art. 134, § 3º, do CPC, determina a suspensão do processo quando instaurado o incidente) e, potencialmente, em muitos casos, pode inviabilizar a efetividade da execução.

Carlos Henrique Bezerra Leite também se mostra adepto à tese de que o incidente de desconsideração da personalidade jurídica na fase executiva seria incompatível com o Processo do Trabalho, por violar princípios como o da dignidade da pessoa humana, do valor social do trabalho, da solidariedade, da proteção ao trabalhador, da duração razoável do processo, da vedação ao retrocesso social, dentre outros.

Luiz Ronan Neves Koury também defende o afastamento da instauração do incidente na fase de execução, argumentando que:

> É que, a rigor, contraria a principiologia processual trabalhista, calcada na celeridade, efetividade e simplificação das formas, bem como até mesmo vai de encontro aos fundamentos e princípios constitucionais, a exemplo do valor social do trabalho, do acesso à justiça e do tempo razoável de duração do processo. (2018, p. 389).

Da análise da legislação e das opiniões doutrinárias acerca da aplicabilidade do incidente de desconsideração da personalidade jurídica, entende-se que não há razão para a não observância do incidente na fase de execução, sob pena de se comprometer o contraditório e a ampla defesa, prejudicando eventual sócio em detrimento da existência do crédito do trabalhador. A organização do processo é necessária, inclusive com a aplicação dos institutos legais, sob pena de comprometer a entrega jurisdicional justa e efetiva.

Entende-se não haver qualquer incompatibilidade do instituto com o Processo do Trabalho, visto que a própria CLT tem a sua regulamentação prevista no art. 855-A.

Observe-se que a responsabilidade do sócio é secundária, podendo invocar o benefício de ordem e indicar bens do devedor principal passíveis de penhora, respondendo apenas caso a execução não seja bem-sucedida.

No caso das Sociedades Anônimas, há entendimento jurisprudencial no sentido de que seria possível a responsabilização dos diretores administradores, sendo vedada a execução dos acionistas. Nesse sentido, cumpre transcrever ementa de julgado sobre o tema:

> Sociedade anônima – Penhora de bens dos diretores, administradores e conselheiros – Possibilidade. Empresa que fecha suas portas e não salda as dívidas existentes com seus credores é, para dizer o menos, um mau gestor de seus negócios. Mais, uma empresa que celebra um acordo judicial com treze empregados, para pagamento em 4 parcelas, e susta, sem nenhuma explicação, um dos cheques emitidos para a satisfação da avença, age muito mal, e no mínimo com culpa, não só contra os credores, mas contra o próprio Estado, que com sua chancela judicial, homologou referido acordo na expectativa de ter intermediado a pacificação de um conflito. Assim sendo, e nos estreitos limites da Lei das Sociedades Anônimas, é possível a execução de bens dos diretores e administradores das sociedades anônimas em casos como o ora analisado. (TRT-15ª R. – 2ª T. – AP n. 138/1999.126.15.00-1 – Relª Mariane Khayat – DJ 2.2.07. p. 84) (RDT n. 04 – abril de 2007).

Frise-se, ainda, que a responsabilização do sócio retirante deverá observar o disposto no art. 10-A[23] da CLT, o qual prevê expressamente a possibilidade de responsabilização subsidiária desse, apenas com relação ao período que figurou como sócio e em ações ajuizadas até dois anos depois de averbada a modificação do contrato na Junta Comercial.

Tem-se, ainda, a possibilidade de responsabilização patrimonial do cônjuge do devedor, no caso de patrimônio

(23) Art. 10-A. O sócio retirante responde subsidiariamente pelas obrigações trabalhistas da sociedade relativas ao período em que figurou como sócio, somente em ações ajuizadas até dois anos depois de averbada a modificação do contrato, observada a seguinte ordem de preferência:
I – a empresa devedora;
II – os sócios atuais; e
III – os sócios retirantes.
Parágrafo único. O sócio retirante responderá solidariamente com os demais quando ficar comprovada fraude na alteração societária decorrente da modificação do contrato.

adquirido na constância do casamento, resguardado o direito à meação.

Por fim, há a possibilidade de o devedor subsidiário vir a ser legitimado passivo para integrar a execução trabalhista após se esgotarem os meios de satisfação da dívida com o devedor principal. Para tanto, é necessário que o devedor subsidiário[24] tenha participado da fase de conhecimento, para o regular exercício do contraditório, nos termos do art. 5º, LV, da CF.

3. A EXECUÇÃO DE OFÍCIO APÓS A LEI N. 13.467/2017

Conforme se sabe, a Lei n. 13.467/2017 alterou a redação do art. 878 da CLT, excluindo a possibilidade de início da fase executiva de ofício pelo juiz, salvo quando a parte estiver desacompanhada de advogado.

O Projeto de Lei n. 6.787/2016, que deu origem à Lei n. 13.467/2017, justificou a alteração promovida no citado artigo:

> Essa alteração somente permitirá que a execução de ofício seja feita somente nos casos em que a parte não esteja assistida por advogado. Não se justifica que, estando a parte devidamente representada, a execução seja promovida de ofício, mantendo-se a imparcialidade do juízo e o equilíbrio entre as partes.

A aludida alteração mostra-se bastante controversa, gerando diversas críticas por parte da doutrina. Isso se deve ao fato de a nova redação do art. 878 da CLT mostrar-se amplamente contraditória aos arts. 765[25] e 884, § 4º, da CLT.

O art. 765 é claro ao estabelecer que os Juízos e Tribunais do Trabalho terão ampla liberdade na direção do processo, podendo determinar qualquer diligência necessária ao entendimento delas.

Ainda, da leitura do art. 884, § 4º[26], da CLT, conclui-se que as execuções previdenciárias[27] e dos créditos trabalhistas deverão ser processadas conjuntamente.

Manoel Antônio Teixeira Filho entende que a alteração viola o princípio da celeridade processual (2017, p. 296), afirmando que:

> Não havia *necessidade* de subtrair-se do magistrado o impulso oficial para execução.
>
> [...]
>
> Não podemos deixar de observar que o mesmo legislador que agora *restringe* a possibilidade de o juiz do trabalho dar início, por si, à execução, *manteve* o parágrafo único do art. 876, da CLT, que *determina* a execução, de ofício, das contribuições sociais! – grifei.

Na mesma linha, Gabriela Neves Delgado e Maurício Godinho Delgado defendem que a interpretação do art. 878 da CLT não deverá ser literal, mas sim uma interpretação lógico-racional, sistemática e teleológica dos preceitos (2018, p. 390), concluindo:

> [...] deve o juiz tomar as medidas necessárias para concretizar aquilo que foi explicitado no título jurídico exequendo, na forma dos preceitos constitucionais e legais supra citados (art. 5º, LXXVIII, da Constituição da República; art. 765, da CLT; arts. 2º, 8º, 15 e 39, IV, do CPC/2015). Deve o magistrado, inclusive, manejar os modernos instrumentos de consulta, restrição, bloqueio e indisponibilidade e penhora de bens reconhecidos, oficialmente, por intermédio de convênios celebrados pelo Poder Judiciário com órgãos de entidades estatais e de entidades privadas (BACEN-JUD e outros veículos oficialmente consagrados).

Na mesma perspectiva dos autores mencionados acima, Noa Piatã Bassfeld Gnata, em seu artigo intitulado *A Execução de Ofício não acabou*, defende que a nova regra, além de contraditória, mostra-se incompatível com os sistemas constitucional e processual de efetiva entrega do direito material, devendo a interpretação ser feita à luz do Direito do Trabalho e da Constituição da República (2017, p. 633).

Ressalte-se que a leitura literal do art. 878 da CLT, com a possibilidade, inclusive, de configuração da prescrição intercorrente do crédito trabalhista, caso o Reclamante não promova os atos que lhe competir, confronta o princípio da disponibilidade do crédito trabalhista, que possui natureza alimentar.

Não obstante se defenda a aplicação dos dispositivos legais e a observância da legislação, no caso em debate, entende ser correta a assertiva de que, ainda que o juiz não esteja autorizado a iniciar a execução, no curso desta, para a prática de atos e diligências satisfativas, o juiz deve, em atenção ao princípio do impulso oficial, promover o que for necessário para a entrega da tutela jurisdicional, de forma fundamentada e integrativa com os demais dispositivos da CLT, bem como com os princípios constitucionais.

(24) Nesse sentido, o inciso IV da Súmula n. 331 do TST estabelece que: O inadimplemento das obrigações trabalhistas, por parte do empregador, implica a responsabilidade subsidiária do tomador de serviços quanto àquelas obrigações, desde que haja participado da relação processual e conste também do título executivo judicial.

(25) Art. 765. Os Juízos e Tribunais do Trabalho terão ampla liberdade na direção do processo e velarão pelo andamento rápido das causas, podendo determinar qualquer diligência necessária ao esclarecimento delas.

(26) Art. 884, § 4º. Julgar-se-ão na mesma sentença os embargos e as impugnações à liquidação apresentadas pelos credores trabalhista e previdenciário.

(27) O art. 876, parágrafo único, da CLT prevê que a Justiça do Trabalho executará de ofício as contribuições sociais e seus acréscimos legais.

Dessa forma, acerca da possibilidade de a execução de ofício ficar restrita à hipótese em que as partes não tiverem advogado, filia-se à corrente que sustenta que a extinção da execução de ofício viola os princípios constitucionais de acesso à justiça, da eficiência e da duração razoável do processo.

4. CONCLUSÃO

Pode-se concluir que no que tange à legitimidade na execução trabalhista, a CLT não traz de forma detalhada o rol de legitimados para comporem a fase de execução. Em razão disso, faz-se necessária a integração das normas contidas na Lei de Execução Fiscal (Lei n. 6.830/1980), bem como do regramento contido no Código de Processo Civil.

Com essa integração, tem-se que além do credor e devedor originários, poderão ser legitimados a participar da fase executiva, partes que não necessariamente tenham participado da fase cognitiva.

Com relação à legitimidade ativa, além do devedor, poderão ser legitimados o juiz, quando a parte se valer do *ius postulandi*, o Ministério Público do Trabalho, nos casos previstos em lei, o espólio, os herdeiros ou sucessores do credor, o cessionário, o sub-rogado, o sindicato, o advogado e a União, nos termos do art. 114, VII, da CF.

Ainda no que tange à legitimidade passiva, além do devedor, o espólio, herdeiros e sucessores, o responsável subsidiário, os integrantes do grupo econômico, o sucessor trabalhista, o novo devedor e o cônjuge do devedor também podem integrar o polo passivo da execução.

Não obstante o rol de legitimados ativos e passivos seja extenso, deve se analisar no caso concreto se as partes integrantes da fase executiva estão autorizadas por lei a praticarem os atos e diligências do processo a fim de se evitar prejuízos tanto para o credor quanto para o devedor, devendo a execução observar os princípios aplicáveis.

No que concerne à polêmica extinção da execução de ofício, filia-se à ideia de que a leitura e aplicação do art. 878 da CLT deverá ser realizada em conjunto com os demais artigos da CLT, bem como à luz dos princípios constitucionais e do Processo do Trabalho, sob pena de violar o acesso à justiça, a eficiência e a duração razoável do processo.

5. REFERÊNCIAS

BERNARDES, Simone Soares; SCARLÉCIO, Marcos; LIMA, Leonardo Tibo Barbosa. *Reforma Trabalhista: teses interpretativas*. Salvador: JusPodivm, 2018.

BRASIL. *Constituição da República Federativa do Brasil*. Disponível em: <http://http://www.planalto.gov.br/ccivil_03/constituicao/constituicao.htm>. Acesso em: 19 mar. 2019.

______. *Decreto Lei n. 5.452, de 1º de maio de 1943*. Aprova a Consolidação das Leis do Trabalho. Diário Oficial da União, Brasília, 9 ago. 1943. Disponível em: <http://www.planalto.gov.br/ccivil_03/decreto-lei/Del5452.htm>. Acesso em: 19 mar. 2019.

______. *Lei n. 6.830, de 22 de setembro de 1980*. Dispõe sobre a cobrança judicial da Dívida Ativa da Fazenda Pública, e dá outras providências. Disponível em: <http://www.planalto.gov.br/ccivil_03/leis/L6830.htm>. Acesso em: 19 mar. 2019.

______. *Lei n. 8.906, de 4 de julho de 1994*. Dispõe sobre o Estatuto da Advocacia e a Ordem dos Advogados do Brasil (OAB). Disponível em: <http://www.planalto.gov.br/ccivil_03/Leis/L8906.htm>. Acesso em: 10 jun. 2019.

______. *Lei 10.406, de 10 de janeiro de 2002*. Código Civil. Disponível em: <http://www.planalto.gov.br/ccivil_03/LEIS/2002/L10406.htm>. Acesso em: 19 mar. 2019.

______. *Lei n. 11.101, de 9 de fevereiro de 2005*. Regula a recuperação judicial, a extrajudicial e a falência do empresário e da sociedade empresária. Disponível em: <http://www.planalto.gov.br/ccivil_03/_ato2004-2006/2005/lei/l11101.htm>. Acesso em: 10 jun. 2019.

______. *Lei n. 13.105 de 16 de março de 2015*. Código de Processo Civil. Disponível em: <http://www.planalto.gov.br/ccivil_03/_Ato2015-2018/2015/Lei/L13105.htm>. Acesso em: 19 mar. 2019.

______. *Lei n. 13.467, de 13 de julho de 2017*. Altera a Consolidação das Leis do Trabalho (CLT), aprovada pelo Decreto-Lei n. 5.452, de 1º de maio de 1943, e as Leis ns. 6.019, de 3 de janeiro de 1974, 8.036, de 11 de maio de 1990, e 8.212, de 24 de julho de 1991, a fim de adequar a legislação às novas relações de trabalho. Diário Oficial [da] União, Brasília, 14 de jul. 2017f. Disponível em: <http://www.plan alto.gov.br/ccivil_03/_ato2015-2018/2017/lei/l13467.htm>. Acesso em: 19 mar. 2019.

______. *PL n. 6.787/2016*: Transformado na Lei Ordinária 13.467/2017. Disponível em: <https://www.camara.leg.br/proposicoesWeb/fichadetramitacao?idProposicao=2122076>. Acesso em: 19 mar. 2019.

CASSAR, Vólia Bomfim. *CLT comparada e atualizada*: com a reforma trabalhista. Rio de Janeiro: Método, 2017.

CGJT. *Consolidação dos Provimentos da Corregedoria-Geral da Justiça do Trabalho*. Disponível em: <http://www.tst.jus.br/documents/10157/553d2fd8-5268-4b78-b6ca-14909e054f17>. Acesso em: 19 mar. 2019.

CORDEIRO, Wolney de Macedo. *Execução no processo do trabalho*. 4. ed. rev. e atual. Salvador: JusPodivm, 2017.

DELGADO, Mauricio Godinho; DELGADO, Gabriela Neves. *A reforma trabalhista no Brasil*: com os comentários à Lei n. 13.467/2017. 2. ed. São Paulo: LTr, 2018.

GNATA, Noa Piatã Bassfeld. A execução de ofício não acabou. In: *Resistência:* aportes teóricos contra o retrocesso trabalhista. MAIOR, Jorge Luiz Souto; SEVERO, Valdete Souto. ed. revista e ampliada. São Paulo: Expressão Popular, 2017.

KOURY, Luiz Ronan Neves. A regulamentação da desconsideração da personalidade jurídica na CLT. In: *Direito do trabalho e processo do trabalho*: reforma trabalhista principais alterações. HORTA, Denise Alves; FABIANO, Isabela Márcia de Alcântara; KOURY, Luiz Ronan Neves; OLIVEIRA, Sebastião Geraldo de. (Coord.) São Paulo: LTr, 2018.

LEITE, Carlos Henrique Bezerra. *Curso de direito processual do trabalho*. 16. ed. São Paulo: Saraiva, 2018.

LIMA, Leonardo Tibo Barbosa. *Lições de direito processual do trabalho*: teoria e prática. 4. ed. rev. e atual. São Paulo: LTr, 2017.

SCHIAVI, Mauro. *Manual de direito processual do trabalho*: de acordo com o novo CPC, Reforma Trabalhista – Lei n. 13.467/2017 e a MP n. 808/2017. 13. ed. São Paulo: LTr, 2018.

TEIXEIRA FILHO, Manoel Antonio. *O processo do trabalho e a reforma trabalhista:* as alterações introduzidas no processo do trabalho pela Lei n. 13.467/2017. São Paulo: LTr, 2017.

THEODORO JÚNIOR, Humberto. *Curso de direito processual civil*. V. III. 50. ed. revista, atualizada e ampliada. Rio de Janeiro: Forense, 2017.

TRT-6ª Região. RO – 0000777-38.2017.5.06.0182, Redator: Virginia Malta Canavarro, Data de julgamento: 10.12.2018, Terceira Turma, Data da assinatura: 11.12.2018.

TRT-15ª Região. AP n. 138/1999.126.15.00-1. Relatora: Mariane Khayat. Publicado no DJ em 02.02.2007. p. 84.

TST. Agravo de instrumento em recurso de revista n. AIRR – 1463-22.2017.5.08.0005. 2ª Turma. Relator: José Roberto Freire Pimenta. Julgamento: 15.05.2019. Publicação: 24.05.2019.

TST. *Resolução n. 203, de 15 de março de 2016*. Edita a Instrução Normativa n. 39, que dispõe sobre as normas do Código de Processo Civil de 2015 aplicáveis e inaplicáveis ao Processo do Trabalho, de forma não exaustiva. Disponível em: <http://www.tst.jus.br/documents/10157/429ac88e-9b78-41e5-ae28-2a5f8a-27f1fe>. Acesso em: 19 mar. 2019.

O Grupo Econômico Trabalhista Após a Lei n. 13.467/2017

Ben-Hur Silveira Claus[(1)]

1. INTRODUÇÃO

O presente artigo tem por objetivo estudar os reflexos da Reforma Trabalhista na alteração do conceito do instituto do grupo econômico trabalhista. A Lei n. 13.467/2017 introduziu modificações na CLT. Entre tais modificações, foi introduzida alteração no conceito grupo econômico. O tema ganha importância superior quando se atenta para a relevância da finalidade do instituto do grupo econômico trabalhista. De acordo com *Amauri Mascaro Nascimento*, "... a finalidade do instituto é a garantia da solvabilidade dos créditos trabalhistas".[(2)] Embora se utilizando de outras palavras, *Francisco Ferreira Jorge Neto* identifica essa mesma finalidade no instituto do grupo econômico trabalhista, quando observa que a solidariedade econômica das empresas integrantes do grupo econômico "... pretende evitar os prejuízos que podem sofrer os trabalhadores diante das manobras praticadas pelas empresas que compõem o grupo".[(3)]

2. A EVOLUÇÃO DO CONCEITO DE GRUPO ECONÔMICO TRABALHISTA

A afirmação doutrinária de que o legislador de 1943 disse menos do que deveria ao definir o conceito de grupo econômico trabalhista no art. 2º, § 2º, da CLT vem ganhando sucessivos reforços hermenêuticos, os quais procuram, de um lado, dar conta do dinâmico fenômeno da concentração econômica na atualidade e, de outro lado, conferir ao instituto do grupo econômico maior eficácia jurídica com vistas à tutela do crédito trabalhista.

Decretada em 1943, a CLT adotou o conceito grupo econômico por subordinação. Isso porque estabeleceu no § 2º do art. 2º da CLT que o grupo econômico se caracterizava quando houvesse direção, controle ou administração de uma empresa sobre a(s) outra(s), conceito jurídico que se revelaria demasiado restritivo – insuficiente para a teleologia do instituto do grupo econômico trabalhista – diante da complexidade do multiforme fenômeno da concentração econômica.[(4)] Também conhecido como grupo econômico vertical, o conceito de grupo econômico adotado na CLT provocou histórico debate na doutrina acerca da interpretação – restritiva ou extensiva – a ser dada ao preceito legal.

Enquanto *Octávio Bueno Magano* afirmava que grupo econômico "... é o grupo hierarquizado, composto por subordinação, em que se supõe a existência de uma empresa controladora e de outra ou outras controladas"[(5)], *Délio Maranhão* ponderava que "o legislador não disse tudo quanto pretendia dizer. Mas a lei deve ser aplicada de acordo com os fins sociais a que se dirige. O parágrafo citado fala em 'empresa principal' e 'empresas subordinadas'. Para que se configure, entretanto, a hipótese nele prevista não é indispensável a existência de uma sociedade controladora ('*holding company*'). Vimos que a concentração econômica pode assumir os mais variados aspectos".[(6)]

A interpretação extensiva também foi defendida por *Mozart Victor Russomano*, jurista que antevê a ampliação pela qual o conceito de grupo econômico passaria: "É preciso pensar-se em outras possibilidades, que a prática pode criar e que, resultando das variadas formas de aglutinação de empresas, nem por isso desfiguram a existência do grupo e, portanto, a corresponsabilidade econômica de todas as empresas que o integram, em face dos direitos do trabalhador. É o caso de um grupo de empresas constituído horizontalmente".[(7)]

No advento da Lei do Trabalho Rural (Lei n. 5.889/1973), passados trinta (30) anos desde a edição da CLT, está maduro um novo conceito de grupo econômico. Na legislação do trabalho rural, o conceito de grupo econômico é atualizado em relação à previsão originária do art. 2º, § 2º, da CLT. Conforme a história viria a demonstrar, a concepção de grupo econômico prevista na Lei n. 5.889/1973 serviria de inspiração para o legislador da Reforma Trabalhista mais de quarenta (40) anos depois do advento da Lei do

(1) Juiz do Trabalho. Mestre em Direito.

(2) *Iniciação ao Direito do Trabalho*. 32. ed. São Paulo, 2006. p. 141.

(3) *Sucessão trabalhista*. São Paulo: LTr, 2001. p. 75.

(4) "Art. 2º. ...

§ 2º Sempre que uma ou mais empresas, tendo, embora, cada uma delas, personalidade jurídica própria, estiverem sob a direção, controle ou administração de outra, constituindo grupo industrial, comercial ou de qualquer outra atividade econômica, serão, para os efeitos da relação de emprego, solidariamente responsáveis".

(5) *Os grupos de empresas no Direito do Trabalho*. São Paulo: RT, 1979. p. 251.

(6) *Instituições de Direito do Trabalho*. Arnaldo Süssekind, Délio Maranhão e Segadas Vianna. 22. ed. v. I. São Paulo: LTr, 2005. p. 303.

(7) *Comentários à CLT*. 16. ed. v. 1. Rio de Janeiro: Forense, 1994. p. 8.

Trabalho Rural. Confira a redação do art. 3º, § 2º, da Lei n. 5.889/1973:

> Art. 3º. ...
>
> § 2º Sempre que uma ou mais empresas, embora tendo cada uma delas personalidade jurídica própria, estiverem sob direção, controle ou administração de outra, ou ainda quando, mesmo guardando cada uma delas sua autonomia, integrem grupo econômico ou financeiro rural, serão responsáveis solidariamente nas obrigações decorrentes da relação de emprego.

Em 2010, a Resolução n. 750/1993 do Conselho Federal de Contabilidade foi atualizada para incorporar o denominado *princípio da entidade*, trazendo novo elemento hermenêutico para o cenário do fenômeno da concentração econômica.

Essa modernização conceitual incidiu sobre as Sociedades Anônimas, cuja legislação foi atualizada para incorporar o conceito de *influência significativa* ao subsistema jurídico comercial brasileiro. Essa atualização da Lei n. 6.404/1976 foi introduzida pela Lei n. 11.941/2009. A redação do § 1º do art. 243 da Lei das Sociedades Anônimas passou a ser a seguinte:

> Art. 243
>
> § 1º. São coligadas as sociedades nas quais a investidora tenha *influência significativa*.

A denominada Lei Anticorrupção trouxe mais um elemento hermenêutico para a flexibilização do conceito de grupo econômico. A Lei n. 12.846/2013, no seu art. 16, § 5º, admite que o grupo econômico pode se caracterizar tanto como grupo econômico *de fato* quanto como grupo econômico *de direito*, emprestando ao conceito jurídico de grupo econômico uma maior relativização inspirada no princípio da primazia da realidade e na criativa dinâmica econômica interempresarial. Confira a redação do preceito da Lei n. 12.846/2013:

> Art. 16. A autoridade máxima de cada órgão ou entidade pública poderá celebrar acordo de leniência com as pessoas jurídicas responsáveis pela prática de atos previstos nesta Lei que colaborem efetivamente com as investigações e o processo administrativo, sendo que dessa colaboração resulte:
>
> § 5º Os efeitos de acordo de leniência serão estendidos às pessoas jurídicas que integram o mesmo grupo econômico, de fato e de direito, desde que firmem o acordo em conjunto, respeitadas as condições nele estabelecidas.

Com o advento da Lei n. 13.467/2017 (Reforma Trabalhista), mais um passo foi dado. A Reforma Trabalhista deu nova redação ao § 2º do art. 2º da CLT, incorporando a figura do *grupo econômico por coordenação* (grupo econômico horizontal) e superando o conceito estrito de *grupo econômico por subordinação* (grupo econômico vertical), segundo o qual a configuração do grupo econômico exigia relação de subordinação entre as empresas do grupo. Agora, basta a existência de coordenação interempresarial. Chegamos à fórmula antevista por *Mozart Victor Russomano*: "... grupo de empresas constituído horizontalmente".[8]

Confira a redação do § 2º do art. 2º da CLT após a Reforma Trabalhista instituída pela Lei n. 13.467/2017:

> Art. 2º.
>
> § 2º Sempre que uma ou mais empresas, tendo, embora, cada uma delas personalidade jurídica própria, estiverem sob a direção, controle ou administração de outras, ou ainda quando, mesmo guardando cada uma sua autonomia, integrem grupo econômico, serão responsáveis solidariamente pelas obrigações decorrentes da relação de emprego.

Oportunamente, voltaremos ao tema da interpretação a ser dada ao novo preceito legal. Por ora, cumpre examinar alguns elementos necessários ao estudo do tema do grupo econômico trabalhista e suas interfaces com o sistema de direito brasileiro.

3. GRUPO ECONÔMICO, A FUNÇÃO SOCIAL DA PROPRIEDADE E O CONCEITO DE EMPREGADOR ÚNICO

Se a solidariedade que vincula as empresas integrantes do grupo econômico trabalhista tem por finalidade, no dizer de *Amauri Mascaro Nascimento*, "... a garantia da solvabilidade dos créditos trabalhistas"[9], torna-se intuitiva a percepção de que o instituto do grupo econômico trabalhista encontra na Constituição Federal seu substrato jurídico maior, seja porque a ordem social tem como base o primado do trabalho (CF, art. 193), seja porque a ordem econômica está fundada na valorização do trabalho humano e na livre-iniciativa (CF, art. 170, *caput*), seja porque a ordem econômica tem a função social da propriedade como princípio (CF, art. 170, III), seja porque a República tem fundamento nos valores sociais do trabalho e da livre-iniciativa (CF, art. 1º, IV).

A doutrina construiu a concepção teórica de que o grupo econômico trabalhista é expressão do fenômeno do denominado *empregador único*, no qual as empresas componentes do grupo econômico, nada obstante tenham cada qual sua personalidade jurídica própria, respondem solidariamente pelas obrigações trabalhistas inadimplidas pelo sujeito aparente, figurando, todas elas, como se fossem um único empregador para os efeitos da relação de emprego, com vistas a prover a solvabilidade dos créditos trabalhistas. Isso porque, por força do princípio da

(8) *Comentários à CLT*. 16. ed. v. 1. Rio de Janeiro: Forense, 1994. p. 8.

(9) *Iniciação ao Direito do Trabalho*. 32. ed. São Paulo, 2006. p. 141.

despersonalização das obrigações trabalhistas, os beneficiários do trabalho prestado pelo empregado respondem pelos créditos trabalhistas respectivos, independentemente de questões formais acerca da autonomia patrimonial derivada da existência de personalidades jurídicas distintas, conforme a lição de *Cleber Lúcio de Almeida*.(10)

Comentando o preceito do § 2º do art. 2º da CLT, *Eduardo Gabriel Saad* observa que "o dispositivo em tela passa por cima de quaisquer questões jurídico-formais para declarar que tais sociedades compõem um único grupo, o que resulta num único empregador para os efeitos da relação de emprego".(11) Superam-se aspectos formais de personalismo jurídico das sociedades empresariais integrantes do grupo, em favor da solvabilidade dos créditos trabalhistas dos empregados de qualquer empresa componente do grupo.

Para *Suzy Elizabeth Koury*, a primazia da realidade é a pedra de toque da concepção de grupo econômico como empregador único. Diz a jurista: "... é a primazia da realidade dos fatos sobre as formas, as formalidades ou as aparências que leva o Direito do Trabalho a considerar o grupo como o verdadeiro empregador".(12) É bastante semelhante a posição de *Francisco Ferreira Jorge Neto*. O jurista também destaca o fato de que, na noção de grupo econômico como empregador único, a primazia da realidade supera questões formais relativas à personificação jurídica das empresas do grupo. Pondera *Francisco Ferreira Jorge Neto*: "A realidade sobrepõe-se ao formalismo, tendo em vista que pretende evitar os prejuízos que podem sofrer os trabalhadores diante das manobras praticadas pelas empresas que compõem o grupo".(13)

4. COMO INTERPRETAR O § 2º DO ART. 2º DA CLT APÓS A REFORMA TRABALHISTA

Com a nova redação dada ao § 2º do art. 2º da CLT(14), a Reforma Trabalhista assimilou o conceito de *grupo econômico por coordenação* (grupo econômico horizontal), que já havia sido adotado na Lei do Trabalho Rural (Lei n. 5.889/1973, art. 3º, § 2º), superando o conceito estrito de *grupo econômico por subordinação* (grupo econômico vertical), segundo o qual a configuração do grupo econômico exigiria relação de subordinação entre as empresas do grupo. Agora, basta a existência de coordenação interempresarial.

Merece registro o fato de que a conclusão pela assimilação do conceito de *grupo econômico por coordenação* (grupo econômico horizontal) na Reforma Trabalhista tem fundamento na inserção, no novo preceito legal, da locução *ou ainda quando, mesmo guardando cada uma sua autonomia, integrem grupo econômico*. A locução refere-se às empresas integrantes do grupo econômico e tem sido interpretada no sentido de que, ao lado do grupo econômico por subordinação, no qual se pressupõe a existência de relação hierárquica entre as empresas, surge um novo tipo de grupo econômico, em que as empresas guardam a autonomia de sua personalidade jurídica distinta, vinculando-se mediante coordenação interempresarial. Trata-se de uma nova concepção de grupo econômico de mais fácil caracterização, mais flexível e mais consentânea com a dinâmica multiforme da economia e, por isso mesmo, mais apta para que o instituto do grupo econômico trabalhista cumpra a finalidade última de assegurar a solvabilidade dos créditos trabalhistas.

Ao comentar o novo preceito legal, *Mauricio Godinho Delgado* e *Gabriela Neves Delgado* ponderam que agora o grupo econômico caracteriza-se mediante relações interempresariais de simples coordenação entre as empresas integrantes do grupo: "Pelo novo texto do § 2º do art. 2º da CLT, fica claro que o grupo econômico para fins trabalhistas mostra-se configurado ainda quando as relações interempresariais sejam de mera *coordenação*, ou seja, mesmo guardando cada entidade empresarial a sua autonomia".(15)

Enquanto *Mauricio Godinho Delgado* e *Gabriela Neves Delgado* sustentam que agora o grupo econômico caracterizar-se-á mediante relações interempresariais de *mera coordenação*, *Antonio Umberto de Souza Júnior*, *Fabiano Coelho de Souza*, *Ney Maranhão* e *Platon Teixeira de Azevedo Neto* cogitam de "... uma *sincronia empresarial de interesses e ações*", para concluir que o suporte fático do novo preceito legal restará preenchido quando estiver presente "... um singelo liame empresarial de natureza coordenativa", "... sem grandes exigências formais".(16) É similar a posição de *José Antônio Ribeiro de Oliveira Silva*, para quem o que se exige é a presença de "... atuação conjunta das empresas integrantes do grupo econômico", "uma atuação interligada das empresas, vale dizer, um encadeamento de atividades econômicas". O autor esclarece que o grupo econômico não se formará "... quando as empresas desenvolverem atividades sem qualquer afinidade", mas estará presente quando

(10) Incidente de desconsideração da personalidade jurídica. In: Novo Código de Processo Civil e seus reflexos no processo do trabalho. Elisson Miessa (organizador). Salvador: Juspodivm, 2015. p. 285.

(11) *CLT comentada*. 41. ed. São Paulo: LTr, 2008. p. 42.

(12) "Direito do Trabalho e grupos de empresas: aplicação da *disregard doctrine*". *In: Revista LTr*. v. 54. n. 10. out. 1990. p. 1.206.

(13) *Sucessão trabalhista*. São Paulo: LTr, 2001. p. 75.

(14) "Art. 2º. § 2º. Sempre que uma ou mais empresas, tendo, embora, cada uma delas personalidade jurídica própria, estiverem sob a direção, controle ou administração de outras, ou ainda quando, mesmo guardando cada uma sua autonomia, integrem grupo econômico, serão responsáveis solidariamente pelas obrigações decorrentes da relação de emprego".

(15) *A reforma trabalhista no Brasil*. São Paulo: LTr, 2017. p. 100.

(16) *Reforma trabalhista – Análise comparativa e crítica da Lei n. 13.467/2017*. São Paulo: Rideel, 2017. p. 7.

"[...] as atividades econômicas sejam interdependentes, numa cadeia produtiva que se mostre plenamente integrada, numa ação conjunta em prol de objetivos comuns."[17]

5. COMO INTERPRETAR A REGRA EXCETIVA DO § 3º DO ART. 2º DA CLT

O § 3º do art. 2º da CLT estabelece que "não caracteriza grupo econômico a mera identidade de sócios, sendo necessárias, para a configuração do grupo econômico, a demonstração do interesse integrado, a efetiva comunhão de interesses e a atuação conjunta das empresas dele integrantes".

A doutrina sustenta que se trata de *regra excetiva* que deve ser interpretada *de forma estrita*, uma vez que *a identidade de sócios é indício de existência de grupo econômico*. A regra tem sido considerada como *regra excetiva* porque parece contraposta ao *conceito geral* de grupo econômico previsto no § 2º do art. 2º da CLT, o qual foi ampliado com a assimilação do conceito de grupo econômico por simples coordenação.

Para *Mauricio Godinho Delgado* e *Gabriela Neves Delgado*, "... a interpretação lógico-racional, sistemática e teleológica da *regra excetiva* lançada no novo § 3º do art. 2º da CLT conduz ao não enquadramento no grupo econômico enunciado no *conceito geral* exposto no § 2º do mesmo art. 2º apenas em situações efetivamente artificiais, em que a participação societária de um ou outro sócio nas empresas envolvidas seja minúscula, irrisória, absolutamente insignificante, inábil a demonstrar a presença 'do interesse integrado, a efetivação da comunhão de interesses e a atuação conjunta das empresas dele integrantes' (§ 3º, *in fine*, do art. 2º da CLT)".[18]

A posição de *Francisco Antonio de Oliveira* é semelhante. Para o jurista, é necessário avaliar o caso concreto, para verificar se o sócio tem participação majoritária ou mesmo expressiva no capital social da empresa. Ao comentar o § 3º do art. 2º da CLT, o jurista pondera: "Não caracteriza grupo econômico a mera identidade de sócios: a afirmação não pode ser recebida como um requisito definidor. Vai depender, naturalmente, do valor da cota capital que o sócio detenha na empresa. Se o sócio for majoritário ou mesmo que não seja majoritário com cota expressiva, não haverá como não conceber a formação do grupo".[19]

Também *Mauro Schiavi* adota interpretação estrita na exegese do preceito legal em questão. Depois de resgatar a acertada consideração de que a identidade de sócios é indício de existência de grupo econômico, o jurista sustenta juridicidade da inversão do ônus da prova quando houver identidade de sócios. O jurista reflete: "... ainda que se considere a mera identidade de sócios não ser suficiente para a configuração do grupo econômico, tal elemento é um indício bastante relevante de sua existência (prova *prima facie*), podendo o Juiz do Trabalho, no caso concreto, aplicar a teoria dinâmica do ônus da prova e atribuir o encargo probatório à empresa que nega a existência do grupo econômico".[20]

Sobre a interpretação a ser dada à locução *comunhão de interesses*, a doutrina inclina-se para "uma exegese harmônica com a informalidade e a simplicidade que claramente influenciaram o texto constante do citado § 2º, que, como vimos, abraçou um perfil de grupo econômico por mera coordenação, ou seja, sem grandes exigências formais", conforme ponderam *Antonio Umberto de Souza Júnior*, *Fabiano Coelho de Souza*, *Ney Maranhão* e *Platon Teixeira de Azevedo Neto*.[21] Nessa mesma perspectiva, *Francisco Antonio de Oliveira* conclui que: "Para o processo do trabalho basta que haja um conglomerado de empresas autônomas, com objetivos próprios e que façam parte de um mesmo grupo".[22] Já *Jorge Luiz Souto Maior* e *Valdete Severo* sublinham que "a realidade das lides trabalhistas revela que duas empresas, com mesmos sócios, explorando uma mesma atividade geralmente possuem essa comunhão de interesses, algo, aliás, que pode ser inclusive presumido pelo Juiz".[23]

6. A PROVA DA EXISTÊNCIA DO GRUPO ECONÔMICO TRABALHISTA

A solidariedade decorre de previsão legal ou da vontade das partes e não pode ser presumida. Essa é a regra do art. 265 do Código Civil.[24] A existência de grupo econômico, diversamente do que ocorre com a solidariedade, pode ser presumida, em determinadas circunstâncias, conforme se recolhe da doutrina de *Ari Pedro Lorenzetti*. O autor adverte que a prova da existência do grupo econômico não é encontrada, via de regra, em documentos, sendo necessário investigar outros elementos de fato para chegar à conclusão acerca de existência do grupo, entre os quais a forma como as empresas atuam no mercado.[25] Não se deve descartar

(17) *Comentários à Lei da Reforma Trabalhista – dogmática, visão crítica e interpretação constitucional*. Carlos Eduardo Oliveira Dias, Guilherme Guimarães Feliciano, José Antônio Ribeiro de Oliveira Silva e Manoel Carlos Toledo Filho. São Paulo: LTr, 2018. p. 25.

(18) *A reforma trabalhista no Brasil*. São Paulo: LTr, 2017. p. 100.

(19) *Reforma trabalhista*. São Paulo: LTr, 2017. p. 12.

(20) *A reforma trabalhista e o processo do trabalho*. São Paulo: LTr, 2017. p. 133.

(21) *Reforma trabalhista – Análise comparativa e crítica da Lei n. 13.467/2017*. São Paulo: Rideel, 2017. p. 7.

(22) *Reforma trabalhista*. São Paulo: LTr, 2017. p. 12.

(23) O acesso à justiça sob a mira da reforma trabalhista – ou como garantir o acesso à justiça diante a reforma trabalhista. Disponível em: <http://www.jorgesoutomaior.com/blog>. Acesso em: 28 jul. 2017.

(24) "Art. 265. A solidariedade não se presume; resulta da lei ou da vontade das partes".

(25) *A responsabilidade pelos créditos trabalhistas*. São Paulo: LTr, 2003. p. 76.

a prova testemunhal. Por vezes, trata-se do único meio de prova disponível à instrução da matéria.

A existência de grupo econômico é fato e, como tal, pode ser provada por todos os meios de prova admitidos no Direito. A lição de *Délio Maranhão* tornou-se clássica: "... a existência do grupo do qual, por força da lei, decorre a solidariedade, prova-se, inclusive, por indícios e circunstâncias. Tal existência é um *fato*, que pode ser provado por todos os meios de prova que o direito admite".[26]

No inventário dos indícios e circunstâncias que podem demonstrar a existência do grupo econômico, a teoria jurídica produziu rica doutrina fundada na primazia da realidade, relacionando diversos elementos de fato, entre os quais se destacam: a) sócios em comum; b) administradores em comum; c) o fato de as empresas do grupo atuarem no mesmo local; d) a coincidência de ramos de atividade econômica entre as empresas; e) ramos de atividade econômica correlatos ou complementares; f) um mesmo nome de fantasia utilizado nas diversas empresas do grupo; g) sobrenome de família nas diversas razões sociais das empresas; h) uma marca comum; i) uma palavra comum a todas as empresas do grupo; j) logotipo ou *design* comum; j) interferência de uma empresa na outra; k) confusão patrimonial; l) negociação de produtos de outra empresa com exclusividade; m) o controle exercido pelo patriarca da família; n) preponderância acionária de uma empresa sobre a outra.

7. ÔNUS DA PROVA E INVERSÃO DO ÔNUS DA PROVA

A fascinante questão do ônus da prova encontra no tema do grupo econômico trabalhista um ambiente de rica elaboração doutrinária. É natural que assim seja, visto que a solução dessa questão pode significar a diferença entre viabilizar ou frustrar a satisfação do crédito trabalhista inadimplido pelo sujeito aparente. Ingressa nesse rico ambiente de elaboração teórica o fato de o sistema de direito brasileiro conceder ao crédito trabalhista um patamar de hierarquia jurídica superior àquele concedido a todos os demais créditos (CF, art. 100, § 1º; CTN, art. 186). A relevância deste aspecto sócio-jurídico pode ser identificada com propriedade quando se observa que a teoria jurídica concebe expressiva locução – *crédito superprivilegiado* – para simbolizar a preeminência com a qual o crédito trabalhista é distinguido na classificação geral dos créditos no sistema de direito brasileiro. É dessa mesma preeminência que cogita a jurisprudência cível quando reconhece ao crédito trabalhista a qualidade de crédito *necessarium vitae*.[27]

A existência de grupo econômico é fato constitutivo do direito do exequente à solidariedade passiva que recai sobre as empresas do grupo (CLT, art. 2º, § 2º). Trata-se, portanto, de fato cuja prova incumbe, em princípio, ao exequente, a teor do inciso I do art. 818 da CLT. Essa conclusão apresenta-se adequada à concepção geral de distribuição estática do ônus da prova no processo civil, segundo a qual é atribuído ao autor o ônus da prova do fato que constitutivo do direito por ele alegado, conforme prevê o inciso I do art. 373 do CPC.

Manoel Antonio Teixeira Filho formula e responde à pergunta sobre a qual os juslaboralistas têm se indagado: "De quem será o ônus da prova quanto à caracterização do grupo econômico? Em princípio, será do autor".[28] Fundada no modelo geral de distribuição estática do ônus da prova no processo do trabalho, a resposta do jurista está amparada no art. 818, I, da CLT. Daí porque têm razão *Antonio Umberto de Souza Júnior*, *Fabiano Coelho de Souza*, *Ney Maranhão* e *Platon Teixeira de Azevedo Neto* quando afirmam, que "... a rigor, esse encargo probatório recairá sobre os ombros da parte que invocar a existência do grupo econômico, por revelar fato constitutivo de seu direito".[29]

Entretanto, merece registro o fato de que tanto *Manoel Antonio Teixeira Filho* quanto *Antonio Umberto de Souza Júnior*, *Fabiano Coelho de Souza*, *Ney Maranhão* e *Platon Teixeira de Azevedo Neto*, nada obstante afirmem que o ônus da prova incumbe, em princípio, ao credor exequente, cogitam da possibilidade de adotar-se, no caso concreto, a inversão do ônus da prova, atribuindo o encargo probatório à empresa sobre a qual recaiu a imputação de integrar o grupo econômico de que participa o sujeito aparente inadimplente.

Enquanto *Manoel Antonio Teixeira Filho* cogita da inversão do ônus da prova, reportando-se às correspondentes previsões do CDC, da CLT e às regras da experiência ordinária (CPC, art. 375)[30], *Antonio Umberto de Souza Júnior*, *Fabiano Coelho de Souza*, *Ney Maranhão* e *Platon Teixeira de Azevedo Neto* ponderam que "... nada impede que o juiz, mais uma vez sensível às circunstâncias da situação em análise, delibere por inverter o ônus da prova, mediante decisão fundamentada (CLT, art. 818, § 1º – nova redação conferida pela Lei n. 13.467/2017), atribuindo à empresa então reconhecida como integrante do grupo econômico o encargo de provar a inexistência de sincronia empresarial de ações e interesses agora referida pela lei."[31]

Ainda mais categórica apresenta-se a posição de *Mauricio Godinho Delgado* e *Gabriela Neves Delgado* sobre o tema do ônus da prova da existência de grupo econômico. Para os

(26) *Instituições de Direito do Trabalho*. 22 ed. vol. I. São Paulo: LTr, 2005. p. 305.
(27) STJ. 1ª Turma. REsp n. 442.325. Relator Min. Luiz Fux. DJU 25.11.2002. p. 207.
(28) *O processo do trabalho e a reforma trabalhista*. São Paulo: LTr, 2017. p. 17.
(29) *Reforma trabalhista – Análise comparativa e crítica da Lei n. 13.467/2017*. São Paulo: Rideel, 2017. p. 7.
(30) *O processo do trabalho e a reforma trabalhista*. São Paulo: LTr, 2017. p. 17.
(31) *Reforma trabalhista – Análise comparativa e crítica da Lei n. 13.467/2017*. São Paulo: Rideel, 2017. p. 8.

juristas, "[...] a situação envolve típica hipótese de inversão probatória, em benefício do trabalhador reclamante, conforme enfatizado pelo novo art. 818, §§ 1º, 2º e 3º, da própria CLT, em sua redação alterada pela Lei n. 13.467/2017. Essa inversão está igualmente prevista no CPC de 2015 (art. 373, § 1º), subsidiária e supletivamente aplicável ao processo do trabalho (art. 769, CLT; art. 15, CPC/2015)."[(32)]

Semelhante posição é encontrada na doutrina de *Homero Batista Mateus da Silva*, que vaticina: "[...] a jurisprudência se inclinará favoravelmente à aptidão da prova ser do próprio grupo econômico, ou seja, pode ser desenvolvida a tese de presunção relativa de existência de grupo econômico, salvo se os sócios idênticos provarem que houve mera coincidência de presença simultânea em dois ou mais empreendimentos, sem que um se comunicasse com o outro".[(33)]

8. A SÚMULA 205 DO TST (RESOLUÇÃO ADMINISTRATIVA N. 11/1985)

Por quase vinte (20) anos esteve vigente a Súmula n. 205 do TST, que estabelecia:

> GRUPO ECONÔMICO. EXECUÇÃO. SOLIDARIEDADE. O responsável solidário, integrante do grupo econômico, que não participou da relação processual como reclamado e que, portanto, não consta no título executivo judicial como devedor, não pode ser sujeito passivo na execução.

A Súmula n. 205 do TST sofria uma crítica severa da doutrina, na medida em que dava ao tema do grupo econômico e sua integração ao processo uma interpretação na qual a exacerbação desmedida da noção de devido processo legal acabava por tornar ineficaz o comando de direito material do § 2º do art. 2º da CLT, incidindo na inversão de valores representada pela equação por meio da qual o direito processual nega o direito material ao qual deve servir de instrumento. A Súmula n. 205 do TST pode ser identificada como uma manifestação do *processualismo* criticado por *Dalmo de Abreu Dallari*.[(34)] Essa conclusão é reforçada pela circunstância fática de que a incapacidade econômica do sujeito aparente somente vem a ser conhecida, via de regra, no futuro, anos depois da propositura da ação, quando do insucesso da execução movida contra o sujeito aparente.

A crítica histórica de *Francisco Antonio de Oliveira* sintetiza a consistente resistência teórica com que a doutrina recebeu a Súmula n. 205 do TST. Pondera o jurista: "Em boa hora a Súmula n. 205 foi cassada pela Res. TST n. 121/2003. A jurisprudência ali cristalizada pela maior Corte trabalhista exigia, para a execução de outras empresas do grupo, que fossem colocadas no polo passivo e participassem dos limites subjetivos da coisa julgada. A exigência causava maus-tratos ao art. 2º, § 2º, da CLT, e durante mais de duas décadas esteve a viger com efeitos deletérios para a execução trabalhista".[(35)]

As críticas não cessaram até a Súmula n. 205 do TST ser cancelada pela Resolução Administrativa n. 121/2003. A partir do cancelamento da súmula, o primado do comando de direito material do § 2º do art. 2º da CLT foi resgatado, tendo a jurisprudência voltado ao seu leito originário. Desde então retornou-se ao entendimento de que a inclusão de empresa do grupo econômico no polo passivo na fase de execução não viola o devido processo legal, assegurando-se o contraditório na fase de execução mediante a oposição de ação de embargos de terceiro. O seguinte acórdão sintetiza a nova posição desde então adotada pela jurisprudência e que prevalece até os dias de hoje no âmbito do Tribunal Superior do Trabalho:

> AGRAVO DE INSTRUMENTO. RECURSO DE REVISTA. PROCESSO EM FASE DE EXECUÇÃO DE SENTENÇA. GRUPO ECONÔMICO FAMILIAR. SOCIEDADE ANÔNIMA DE CAPITAL FECHADO. (...). II. A jurisprudência desta corte superior é no sentido de que a inclusão de empresa pertencente ao mesmo grupo econômico no polo passivo da execução não viola a garantia do devido processo legal (art. 5º, LIV, da Constituição Federal). (...). (TST; AIRR 0001862-09.2011.5.15.0024; Quarta Turma; Rel. Min. Fernando Eizo Ono; DEJT 31.01.2014; p. 413)

9. HÁ NECESSIDADE DE PRÉVIA INSTAURAÇÃO DE IDPJ? NÃO

Tratando da hipótese – específica – de *constrição de bens dos sócios*, o art. 795, § 4º, do CPC estabelece a necessidade de prévia instauração de incidente de desconsideração da personalidade jurídica, ao estabelecer que "para a desconsideração da personalidade jurídica é obrigatória a observância do incidente previsto neste código".[(36)] Esse preceito, entretanto, não se aplica ao grupo econômico trabalhista, uma vez que nessa hipótese a constrição não exige prévia instauração de IDPJ, conforme se extrai da interpretação sistemática do art. 674, § 2º, III, do CPC, preceito segundo o qual a defesa é apresentada mediante ação de embargos de terceiro opostos pela empresa do grupo integrada ao polo passivo do processo na fase de execução.

Cumpre transcrever o preceito legal do CPC para melhor compreensão da questão estudada:

(32) *A reforma trabalhista no Brasil*. São Paulo: LTr, 2017. p. 100.
(33) *Comentários à reforma trabalhista*. São Paulo: RT, 2017. p. 22.
(34) *O poder dos juízes*. 3. ed. 3ª t. São Paulo: Saraiva, 2010. p. 105.
(35) *Execução na Justiça do Trabalho*. 9 ed. São Paulo: LTr, 2018. p. 345.
(36) "Art. 795. Os bens particulares dos sócios não respondem pelas dívidas da sociedade, senão nos casos previstos em lei.
§ 4º. Para a desconsideração da personalidade jurídica é obrigatória a observância do incidente previsto neste Código".

> Art. 674. Quem não sendo parte no processo, sofrer constrição ou ameaça de constrição sobre bens que possua ou sobre os quais tenha direito incompatível com o ato constritivo, poderá requerer seu desfazimento ou sua inibição por meio de embargos de terceiro.
>
> § 2º. Considera-se terceiro, para ajuizamento dos embargos:
>
> III – quem sofre constrição de seus bens por força de desconsideração da personalidade jurídica, de cujo incidente não fez parte.

Se o sistema de direito processual confere à empresa do grupo econômico ação de embargos de terceiro para opor-se à constrição de seus bens determinada por força de desconsideração da personalidade jurídica inerente à imputação de sua responsabilidade passiva extraordinária decorrente da aplicação da norma do § 2º do art. 2º da CLT, a conclusão que se impõe é a de que a prévia instauração do incidente de desconsideração da personalidade jurídica previsto nos arts. 133 a 137 do CPC não é obrigatória nessa hipótese.

Essa conclusão apresenta-se consentânea tanto com a informalidade que inspira tanto o direito material e o direito processual do trabalho quanto com a perspectiva de máxima eficácia que o subsistema justrabalhista espera do instituto do grupo econômico enquanto entidade jurídica destinada a prover a solvabilidade dos créditos trabalhistas. Neste particular, cumpre observar que, conforme a doutrina de *Eduardo Gabriel Saad*, o próprio grupo econômico, enquanto ente abstrato, é o empregador (empregador único)(37), isso porque o contrato de trabalho está ligado à unidade econômica (Súmula n. 129 do TST) e não apenas ao sujeito aparente, conclusão que se afeiçoa à teoria da representação do direito alemão. Para a teoria da representação, o sujeito aparente representa as demais empresas do grupo econômico no processo.

É bem verdade que o incidente de desconsideração da personalidade jurídica é exigido pelo CPC quando se tratar de desconsideração inversa da personalidade jurídica (CPC, art. 133, § 2º). Entretanto, a hipótese de integração de empresa componente do grupo econômico na fase de execução da sentença trabalhista tem por fundamento o art. 2º, § 2º, da CLT e não se confunde com a hipótese de desconsideração inversa da personalidade jurídica – seja a desconsideração clássica, seja a desconsideração inversa da personalidade jurídica.

Enquanto a desconsideração clássica da personalidade jurídica tem por fundamento a superação da autonomia patrimonial da sociedade insolvente para atingir os bens dos sócios que estão por trás do empreendimento econômico e que se beneficiaram da exploração do trabalho, a desconsideração inversa da personalidade jurídica tem por fundamento a ocorrência da confusão patrimonial prevista no art. 50 do Código Civil enquanto manifestação caracterizadora do abuso da personalidade jurídica tipificado no referido preceito legal, sendo aplicada mediante interpretação teleológica do art. 50 do Código Civil. De acordo com a lição de *Fábio Ulhoa Coelho*, na desconsideração inversa da personalidade jurídica, "(...) o devedor transfere seus bens para a pessoa jurídica sobre a qual detém absoluto controle. Desse modo, continua a usufruí-los, apesar de não serem de sua propriedade, mas da pessoa jurídica controlada"(38).

Vale dizer, a desconsideração inversa da personalidade jurídica tem aplicação quando o devedor esvazia seu patrimônio pessoal, transferindo-o à pessoa jurídica da qual é sócio, para furtar-se às obrigações que são de sua responsabilidade pessoal, mediante a artificiosa invocação da autonomia patrimonial da sociedade personificada para a qual desviou seu patrimônio pessoal. Conforme restou assentado pelo Superior Tribunal de Justiça no julgamento do Recurso Especial n. 948.117 – MS, o fundamento para a aplicação da teoria da desconsideração inversa da personalidade jurídica encontra-se na interpretação teleológica do art. 50 do Código Civil e essa aplicação tem cabimento "(...) nos casos em que o sócio controlador esvazia o seu patrimônio pessoal e o integraliza na pessoa jurídica".(39)

Já a responsabilidade solidária prevista no art. 2º, § 2º, da CLT não tem por fundamento a ocorrência de confusão patrimonial, senão que o simples fato objetivo da existência de grupo econômico, enquanto entidade composta por mera relação de coordenação interempresarial entre as empresas que integram o conglomerado. Se a desconsideração inversa da personalidade jurídica exige o preenchimento do suporte fático da confusão patrimonial previsto no art. 50 do Código Civil, mediante a demonstração de que o devedor esvaziou seu patrimônio pessoal, transferindo-o à pessoa jurídica de que participa, o redirecionamento da

(37) *CLT comentada*. São Paulo: LTr, 1993. p. 24.

(38) O autor informa que a técnica da desconsideração inversa da personalidade jurídica é utilizada no Direito de Família quando se constata que o cônjuge desvia seu patrimônio pessoal para a pessoa jurídica de que é titular, com a finalidade de sonegar determinados bens da partilha. Por vezes, a técnica é utilizada para neutralizar a conduta do cônjuge que aparenta possuir menor rendimento, para obter artificiosamente a redução do valor dos alimentos que está obrigado a pagar. Essa técnica também é utilizada no Direito das Sucessões quando herdeiros transferem patrimônio do inventariado para pessoas jurídicas, para sonegar determinados bens da partilha a ser feita no inventário, para prejudicar outros herdeiros ou terceiros credores do espólio (*Curso de direito comercial*. 13. ed. São Paulo: Saraiva. 2009. v. 2. p. 48).

(39) STJ REsp n. 948.117 – MS (2007/0045262-5), 3ª Turma, Rel. Min. Nancy Andrighi, j. 22.06.2010: "III – Considerando-se que a finalidade da *disregard doctrine* é combater a utilização indevida do ente societário por seus sócios, o que pode ocorrer também nos casos em que o sócio controlador esvazia o seu patrimônio pessoal e o integraliza na pessoa jurídica, conclui-se, de uma interpretação teleológica do art. 50 do CC/2002, ser possível a desconsideração inversa da personalidade jurídica, de modo a atingir bens da sociedade em razão de dívidas contraídas pelo sócio controlador, conquanto preenchidos os requisitos previstos na norma."

execução trabalhista contra empresa do grupo econômico reclama o simples fato objetivo da existência de grupo econômico, sem a necessidade de demonstração de confusão patrimonial ou desvio de finalidade.

No que respeita à consideração de que a hipótese de integração de empresa componente do grupo econômico na fase de execução da sentença trabalhista tem por fundamento o art. 2º, § 2º, da CLT e não se confunde com a hipótese de desconsideração da personalidade jurídica da sociedade executada, a jurisprudência do Tribunal Superior do Trabalho está pacificada a respeito dessa matéria e adota o entendimento de que o redirecionamento da execução contra empresa do grupo econômico não exige a instauração do incidente de desconsideração da personalidade jurídica previsto nos arts. 133 a 137 do CPC. Isso porque "... a hipótese não é de desconsideração da personalidade jurídica, com a inclusão de sócios no polo passivo da lide tal como previsto nos arts. 133 e seguintes do NCPC, mas sim de inclusão de empresa pertencente ao mesmo grupo econômico que a executada".[40]

A ementa do acórdão é elucidativa acerca da questão em estudo:

> AGRAVO DE INSTRUMENTO. RECURSO DE REVISTA. GRUPO ECONÔMICO. DESCONSIDERAÇÃO DA PERSONALIDADE JURÍDICA DA EXECUTADA. Conforme expressamente consignado no acórdão regional, a hipótese não é de desconsideração da personalidade jurídica, com a inclusão de sócios no polo passivo da lide, tal como previsto nos artigos 133 e seguintes do NCPC, mas sim de inclusão de empresa pertencente ao mesmo grupo econômico que a executada. (....). Agravo de instrumento conhecido e não provido. (AIRR – 10350-66.2015.5.03.0146, Rel. Ministra Dora Maria da Costa, Data de Julgamento: 04.04.2018, 8ª Turma, Data de Publicação: DEJT 06.04.2018).

A jurisprudência do Tribunal Superior do Trabalho está assentada na premissa de que a inclusão de empresa do grupo econômico no polo passivo do processo na fase de execução não se confunde com a hipótese de desconsideração da personalidade jurídica da sociedade executada. É a conclusão que se recolhe também da ementa a seguir reproduzida na parte pertinente à matéria em estudo:

> AGRAVO DE INSTRUMENTO EM RECURSO DE REVISTA. EXECUÇÃO. RECURSO DE REVISTA REGIDO PELO CPC/2015 E IN N. 40/2016 DO TST. INCLUSÃO DE EMPRESA PERTENCENTE AO MESMO GRUPO ECONÔMICO (BERTIN) NO POLO PASSIVO DA LIDE. OBSERVÂNCIA DO CONTRADITÓRIO E DA AMPLA DEFESA. (...) Ao contrário das assertivas da reclamada, não se trata de hipótese de desconsideração da personalidade jurídica, com a inclusão de sócios no polo passivo da lide, conforme previsto no novo CPC, mas de inclusão de empresa pertencente ao mesmo grupo econômico. (...). Agravo de instrumento desprovido. (AIRR – 544-07.2015.5.03.0416, Rel. Min. José Roberto Freire Pimenta, Data de Julgamento 16.05.2018, Data de Publicação: 18.05.2018).

De fato, o TST distingue ambas as hipóteses, no pressuposto de que o redirecionamento da execução contra empresa do grupo econômico não se confunde com a hipótese de desconsideração da personalidade jurídica. No julgamento de recurso no qual a empresa do grupo econômico sustentou que a decisão recorrida, "ao redirecionar a execução sem instaurar o incidente de desconsideração da personalidade jurídica, previsto nos arts. 133 a 137 do CPC/15, violou o devido processo legal, a ampla defesa e o contraditório", o Tribunal Superior do Trabalho negou provimento ao agravo de instrumento, sob o fundamento de que "... a agravante foi incluída na execução em razão de reconhecimento de que integra grupo econômico com as demais executadas, e não por aplicação da teoria da desconsideração da personalidade jurídica". E concluiu: "Logo, não se tratando de desconsideração da personalidade jurídica, não se vislumbra violação dos dispositivos constitucionais invocados, por suposta inobservância do procedimento respectivo".[41]

É de se notar que os três acórdãos referidos compartilham um mesmo elemento cronológico de relevância para o estudo dessa temática: os três recursos foram julgados na vigência do CPC de 2015 e da Lei n. 13.467/2017. No primeiro diploma legal em questão está prevista, para a específica hipótese de redirecionamento da execução contra os sócios, a instauração de incidente de desconsideração da personalidade jurídica (CPC, art. 795, § 5º). Daí porque é razoável concluir que, de acordo com a jurisprudência do TST e contrariamente ao que sustentavam as empresas então recorrentes, não se exige prévia instauração do incidente de desconsideração da personalidade para incluir, no polo passivo do processo na fase de execução, empresa integrante do grupo econômico do sujeito aparente inadimplente.

Por fim, merece registro, no estudo do tema, a circunstância de que a modalidade de defesa prevista no inciso III do § 2º do art. 674 do CPC guarda simétrica compatibilidade com a hipótese de legitimação extraordinária passiva de que trata o instituto jurídico do grupo econômico trabalhista previsto no § 2º do art. 2º da CLT, na medida em que a sociedade do grupo atingida pela penhora é, nos dizeres da lei, a pessoa "... quem sofre constrição de seus bens por força de desconsideração da personalidade jurídica, de cujo incidente não fez parte" (CPC, art. 674, § 2º, III). É exatamente pelo fato de ter sofrido "... constrição de seus bens

(40) AIRR – 10350-66.2015.5.03.0146, Rel. Ministra Dora Maria da Costa, Data de Julgamento: 04.04.2018, 8ª Turma, Data de Publicação: DEJT 06.04.2018.

(41) AIRR – 10098-29.2016.5.03.0146, Rel. Min. Márcio Eurico Vitral Amaro, Data de Julgamento: 13.06.2018, 8ª Turma, Data de Publicação: DEJT 15.06.2018.

por força de desconsideração da personalidade jurídica, de cujo incidente não fez parte", que a empresa do grupo atingida pela penhora tem legitimidade ativa para propor a ação de embargos de terceiros por meio da qual deduzirá a pretensão de livrar seus bens da constrição, constrição realizada no pressuposto de que a empresa integra o grupo econômico de que faz parte o sujeito aparente inadimplente.

10. A EMPRESA DO GRUPO ECONÔMICO DEFENDE-SE POR MEIO DE EMBARGOS DE TERCEIRO

Chamada a responder pelas obrigações trabalhistas inadimplidas pelo sujeito aparente, após sua integração ao polo passivo do processo na fase de execução, realizada sob a invocação da solidariedade passiva de que trata o § 2º do art. 2º da CLT, a empresa do grupo econômico atingida pela penhora defende-se por meio de embargos de terceiro, conclusão que se extrai da interpretação sistemática do art. 674, § 2º, III, do CPC.

Estabelece o preceito legal em questão:

> Art. 674. Quem não sendo parte no processo, sofrer constrição ou ameaça de constrição sobre bens que possua ou sobre os quais tenha direito incompatível com o ato constritivo, poderá requerer seu desfazimento ou sua inibição por meio de embargos de terceiro.
>
> § 2º Considera-se terceiro, para ajuizamento dos embargos:
>
> III – quem sofre constrição de seus bens por força de desconsideração da personalidade jurídica, de cujo incidente não fez parte.

A jurisprudência do TST também se orienta no sentido de identificar na ação de embargos de terceiro o meio de resistência da empresa do grupo econômico atingida pela penhora realizada sob alegação de integrar o grupo econômico do sujeito aparente. O seguinte acórdão é representativo dessa orientação da jurisprudência atual:

> AGRAVO DE INSTRUMENTO EM RECURSO DE REVISTA. EXECUÇÃO. NEGATIVA DE PRESTAÇÃO JURISDICIONAL. (...) Agravo de instrumento a que se nega provimento. Grupo econômico. Integração ao polo passivo na fase de execução. Ofensa ao contraditório, à ampla defesa e ao devido processo legal. Não caracterização. Uma vez reconhecida a existência de grupo econômico entre pessoas jurídicas, a inclusão no polo passivo da demanda de empresa a ele pertencente apenas na fase de execução não caracteriza, por si só, ofensa aos princípios do devido processo legal, do contraditório e da ampla defesa. Precedentes. Ressalte-se que a agravante teve a oportunidade de exercer o contraditório e a ampla defesa, em face da decisão que a incluiu no polo passivo da lide, por meio do manejo dos embargos de terceiros, do agravo de petição, do recurso de revista e do presente agravo de instrumento, de modo que não está configurada a violação do art. 5º, LIV e LV, da Constituição Federal. Agravo de instrumento a que se nega provimento". (TST; AIRR 0001488-93.2011.5.02.0043; Sétima Turma; Rel. Min. Cláudio Mascarenhas Brandão; DEJT 25.04.2014; p. 966)

11. CONCLUSÃO

A Lei n. 13.467/2017 deu nova redação ao § 2º do art. 2º da CLT, incorporando a figura do *grupo econômico por coordenação* (grupo econômico horizontal) e superando o conceito estrito de *grupo econômico por subordinação* (grupo econômico vertical), segundo o qual a configuração do grupo econômico exigia relação de subordinação entre as empresas do grupo. Agora, *basta a existência de coordenação interempresarial*.

A assimilação do conceito de *grupo econômico por coordenação* (grupo econômico horizontal) na Reforma Trabalhista tem fundamento na inserção, no novo preceito legal, da locução *ou ainda quando, mesmo guardando cada uma sua autonomia, integrem grupo econômico*. A locução refere-se às empresas integrantes do grupo econômico e tem sido interpretada no sentido de que, ao lado do grupo econômico por subordinação, no qual se pressupõe a existência de relação hierárquica entre as empresas, surge um novo tipo de grupo econômico, em que as empresas guardam a autonomia de sua personalidade jurídica distinta, vinculando-se mediante coordenação interempresarial. Trata-se de uma nova concepção de grupo econômico de mais fácil caracterização, mais flexível e mais consentânea com a dinâmica multiforme da economia e, por isso mesmo, mais apta para que o instituto do grupo econômico trabalhista cumpra sua finalidade última de assegurar a solvabilidade dos créditos trabalhistas.

Quanto ao § 3º do art. 2º da CLT, que estabelece que "não caracteriza grupo econômico a mera identidade de sócios, sendo necessárias, para a configuração do grupo econômico, a demonstração do interesse integrado, a efetiva comunhão de interesses e a atuação conjunta das empresas dele integrantes", a doutrina sustenta que se trata de *regra excetiva* que deve ser interpretada *de forma estrita*, uma vez que *a identidade de sócios é indício de existência de grupo econômico*. A regra tem sido considerada como *regra excetiva* porque parece contraposta ao *conceito geral* de grupo econômico previsto no § 2º do art. 2º da CLT, o qual foi ampliado com a assimilação do conceito de grupo econômico por simples coordenação.

A existência de grupo econômico é fato constitutivo do direito do exequente à solidariedade passiva que recai sobre as empresas do grupo (CLT, art. 2º, § 2º). Trata-se, portanto, de fato cuja prova incumbe, em princípio, ao exequente, a teor do inciso I do art. 818 da CLT. Predomina, na doutrina, entretanto, a compreensão de que pode ocorrer, no caso concreto, a inversão do ônus da prova, atribuindo-se à empresa supostamente integrante do grupo econômico o encargo probatório de sua ilegitimidade passiva.

A partir do cancelamento da Súmula n. 205 do TST, o primado do comando de direito material do § 2º do art. 2º da CLT foi resgatado, tendo a jurisprudência voltado ao seu leito originário. Desde então se retornou ao entendimento de que a inclusão de empresa do grupo econômico no polo passivo na fase de execução não viola o devido processo legal, assegurando-se o contraditório na fase de execução mediante a oposição de ação de embargos de terceiro.

Se o sistema de direito processual confere à empresa do grupo econômico ação de embargos de terceiro para opor-se à constrição de seus bens determinada por força de desconsideração da personalidade jurídica inerente à imputação de sua responsabilidade passiva extraordinária decorrente da aplicação da norma do § 2º do art. 2º da CLT, a conclusão que se impõe é a de que a prévia instauração do incidente de desconsideração da personalidade jurídica previsto nos arts. 133 a 137 do CPC não é obrigatória nessa hipótese. Essa conclusão apresenta-se consentânea tanto com a informalidade que inspira o direito material e o direito processual do trabalho quanto com a perspectiva de máxima eficácia que o subsistema justrabalhista espera do instituto do grupo econômico enquanto entidade jurídica destinada a prover a solvabilidade dos créditos trabalhistas.

12. REFERÊNCIAS

ALMEIDA, Cleber Lúcio de. Incidente de desconsideração da personalidade jurídica. In: *Novo Código de Processo Civil e seus reflexos no processo do trabalho*. Elisson Miessa (Org.). Salvador: Juspodivm, 2015.

COELHO, Fábio Ulhoa. *Curso de direito comercial*. 13. ed. São Paulo: Saraiva. 2009. v. 2.

CORDEIRO, Wolney de Macedo. *Execução no processo do trabalho*. 4. ed. Salvador: Juspodivm, 2017.

DALLARI, Dalmo de Abreu. *O poder dos juízes*. 3. ed. 3ª t. São Paulo: Saraiva, 2010.

DELGADO, Mauricio Godinho. *Curso de Direito do Trabalho*. ed. 17. São Paulo: LTr, 2018.

DELGADO, Mauricio Godinho. DELGADO, Gabriela Neves. *A reforma trabalhista no Brasil*. São Paulo: LTr, 2017.

DIAS, Carlos Eduardo Oliveira Dias; FELICIANO, Guilherme Guimarães; SILVA, José Antônio Ribeiro de Oliveira; TOLEDO FILHO, Manoel Carlos. *Comentários à Lei da Reforma Trabalhista – dogmática, visão crítica e interpretação constitucional*. São Paulo: LTr, 2018.

GOMES, Dinaura Godinho Pimentel. Execução de empresa do mesmo grupo econômico para garantir a efetiva satisfação dos direitos do trabalhador. *Execução trabalhista*. SANTOS, José Aparecido dos (Coord.). 2. ed. São Paulo: LTr, 2010.

JORGE NETO, Francisco Ferreira. *Sucessão trabalhista*. São Paulo: LTr, 2001. p. 75.

KOURY, Suzy Elizabeth. Direito do Trabalho e grupos de empresas: aplicação da *disregard doctrine*. In: *Revista LTr*. v. 54. n. 10. out. 1990.

LORENZETTI, Ari Pedro. *A responsabilidade pelos créditos trabalhistas*. São Paulo: LTr, 2003.

MAGANO, Octávio Bueno. *Os grupos de empresas no Direito do Trabalho*. São Paulo: RT, 1979.

NASCIMENTO, Amauri Mascaro. *Iniciação ao Direito do Trabalho*. 32. ed. São Paulo, 2006.

OLIVEIRA, Francisco Antonio. *Execução no processo do trabalho*. 9. ed. São Paulo: LTr, 2017.

______. *Reforma trabalhista*. São Paulo: LTr, 2017.

RUSSOMANO, Mozart Victor. *Comentários à CLT*. 16. ed. v. 1. Rio de Janeiro: Forense, ano 1994.

SAAD, Eduardo Gabriel. *CLT Comentada*. 41. ed. São Paulo: LTr, 2008.

SCHIAVI, Mauro. *Execução no processo do trabalho*. 9. ed. São Paulo: LTr, 2017.

______. *A reforma trabalhista e o processo do trabalho*. São Paulo: LTr, 2017.

SILVA, Homero Batista Mateus da. *Comentários à reforma trabalhista*. São Paulo: RT, 2017.

SOUTO MAIOR, Jorge Luiz. SEVERO, Valdete. O acesso à justiça sob a mira da reforma trabalhista – ou como garantir o acesso à justiça diante a reforma trabalhista. Disponível em: <http://www.jorgesoutomaior.com/blog>. Acesso em: 28 jul. 2017.

SOUZA JÚNIOR, Antonio Umberto de; SOUZA, Fabiano Coelho de; MARANHÃO, Ney; AZEVEDO NETO, Platon Teixeira. *Reforma trabalhista – Análise comparativa e crítica da Lei n. 13.467/2017*. São Paulo: Rideel, 2017.

SÜSSEKIND, Arnaldo; MARANHÃO, Délio; VIANNA, Segadas; TEIXEIRA FILHO, João de Lima. *Instituições de Direito do Trabalho*. 22. ed. v. I. São Paulo: LTr, 2005.

TEIXEIRA FILHO, Manoel Antonio. *O processo do trabalho e a reforma trabalhista*. São Paulo: LTr, 2017.

A Lei n. 13.467/2017 e o Incidente de Desconsideração da Personalidade Jurídica

Élisson Miessa[1]

1. INTRODUÇÃO

A separação existente entre o patrimônio das sociedades empresárias e de seus sócios, em conjunto com a limitação da responsabilidade dos sócios presente em algumas formas de constituição de sociedades, serve diversas vezes para prejudicar credores, especialmente os trabalhistas.

Desse modo, para evitar que tais sociedades deixem de cumprir as obrigações assumidas, ganha relevância a desconsideração da personalidade jurídica, consistente no afastamento, momentâneo e esporádico, da máxima romana *societas distat a singulis*, que reconhece terem as pessoas jurídicas existência diversa da dos seus membros, levantando-se o véu da pessoa jurídica e atingindo os bens do sócio ou, no caso da desconsideração inversa, da pessoa física e alcançando os bens da sociedade.

Conquanto a desconsideração da personalidade jurídica já fosse concretizada pelos tribunais brasileiros, havia apenas dispositivos referentes ao direito material, tais como o art. 50 do Código Civil e o art. 28 do Código de Defesa do Consumidor. Não havia nenhum procedimento legal para sua efetivação, de modo que simplesmente se fazia o redirecionamento da execução perante o sócio ou da sociedade (na desconsideração inversa).

Com o objetivo de garantir a observância dos princípios do devido processo legal e do contraditório, o CPC/2015, em seus arts. 133 a 137, passou a disciplinar os aspectos processuais necessários para que ocorra a desconsideração da personalidade jurídica.

Analisando referido incidente, a doutrina trabalhista questionou sua aplicação ao processo do trabalho, uma vez que, embora a CLT fosse omissa acerca do tema, seria necessário analisar sua compatibilidade com o processo laboral, tendo em vista que o art. 15 do CPC/2015 não revogou o art. 769 da CLT, de modo que ambos devem conviver harmoniosamente, sendo aplicados de forma coordenada e simultânea.

Apesar de os primeiros ensaios sobre o tema, majoritariamente, terem negado a aplicação do incidente de desconsideração ao processo do trabalho, o C. TST expediu a Instrução Normativa n. 39/2016, admitindo-o com certas adaptações.

Com o advento da Lei n. 13.467/2017 (Reforma Trabalhista), o legislador reformador trouxe para o bojo da CLT o incidente de desconsideração da personalidade jurídica, reproduzindo, quase integralmente, o art. 6º da IN n. 39 do TST, como se verifica pelo quadro comparativo a seguir.

CLT	IN n. 39/2016
Art. 855-A. Aplica-se ao processo do trabalho o incidente de desconsideração da personalidade jurídica previsto nos arts. 133 a 137 da Lei n. 13.105, de 16 de março de 2015 – Código de Processo Civil.	**Art. 6º** Aplica-se ao Processo do Trabalho o incidente de desconsideração da personalidade jurídica regulado no Código de Processo Civil (arts. 133 a 137), **assegurada a iniciativa também do juiz do trabalho na fase de execução (CLT, art. 878)**.
§ 1º Da decisão interlocutória que acolher ou rejeitar o incidente:	§ 1º Da decisão interlocutória que acolher ou rejeitar o incidente:
I – na fase de cognição, não cabe recurso de imediato, na forma do § 1º do art. 893 desta Consolidação;	I – na fase de cognição, não cabe recurso de imediato, na forma do art. 893, § 1º, da CLT;
II – na fase de execução, cabe agravo de petição, independentemente de garantia do juízo;	II – na fase de execução, cabe agravo de petição, independentemente de garantia do juízo;

(1) Procurador do Trabalho. Professor de Direito Processual do Trabalho dos cursos CERS *on-line* e Aprovação PGE e da ESPMU. Mestrando em Direito pela Universidade de São Paulo – Campus Ribeirão Preto (FDRP/USP). Autor e coordenador de obras relacionadas à seara trabalhista publicadas pela Editora JusPodivm, entre elas, "Súmulas e Orientações Jurisprudenciais do TST comentadas e organizadas por assunto", "Manual dos Recursos Trabalhistas" e "Processo do Trabalho – coleção concursos públicos".

CLT	IN n. 39/2016
III – cabe agravo interno se proferida pelo relator em incidente instaurado originariamente no tribunal.	III – cabe agravo interno se proferida pelo Relator, em incidente instaurado originariamente no tribunal (CPC, art. 932, VI).
§ 2º A instauração do incidente suspenderá o processo, sem prejuízo de concessão da tutela de urgência de natureza cautelar de que trata o art. 301 da Lei n. 13.105, de 16 de março de 2015 (Código de Processo Civil).	§ 2º A instauração do incidente suspenderá o processo, sem prejuízo de concessão da tutela de urgência de natureza cautelar de que trata o art. 301 do CPC.

Vê-se pela referida comparação que a única diferença está relacionada à ausência de previsão de instauração de ofício do incidente pelo juízo na fase de execução. Isso decorre da mudança promovida no art. 878, *caput*, da CLT, que excluiu a possibilidade do início de ofício da execução, salvo quando for o caso de *jus postulandi*.

Desse modo, diante da importância do tema e do impacto que provoca na seara laboral, cumpre analisá-lo detidamente. Ademais, ultrapassarei os seus aspectos teóricos, buscando procedimentalizar o incidente no âmbito trabalhista, como forma de respaldar o dia a dia daqueles que irão conviver com essa nova modalidade de intervenção de terceiros.

2. EMPRESA E SÓCIO

Empresa é a atividade organizada pelo empresário, tendo como finalidade a obtenção de lucro.

Embora seja essa a concepção clássica do conceito de empresa, o legislador utiliza a expressão em diversos sentidos. A CLT, por exemplo, a emprega pelo menos sob três ângulos:

a) subjetivo, significando a própria pessoa física ou a jurídica (art. 2º);

b) objetivo, representando o conjunto de bens que o empresário tem à sua disposição para exercer sua atividade (art. 448);

c) institucional, considerando a organização de pessoas com um objetivo comum, tendo "existência duradoura no tempo, independentemente do empresário que a exerce e dos seus colaboradores".[2] É o que nos parece estar incluído no art. 448 da CLT.

Embora a utilização de tais sentidos possa provocar críticas da doutrina especialmente quanto ao conceito de empresa adotado na CLT para definir empregador,[3] já que influenciado pelo institucionalismo, é fato que essa pluralidade de sentidos tem a finalidade de respaldar os direitos dos trabalhadores, valorizando o trabalho humano (CF/1988, art. 170).

Disso resulta a existência de interpretações e mecanismos eficazes a respeitar os direitos fundamentais dos trabalhadores, como é o caso da despersonalização do empregador na sucessão de empresa, aplicação da teoria objetiva na desconsideração da personalidade jurídica, responsabilização do sócio minoritário etc.

Isso, porém, não tem o condão de confundir a pessoa física do sócio com a pessoa jurídica, vez que esta é reconhecida como "o conjunto de pessoas ou de bens, dotados de personalidade jurídica própria e constituído na forma da lei, para a consecução de fins comuns".[4] As pessoas jurídicas possuem, portanto, personalidade diversa da dos indivíduos que a compõem e, consequentemente, autonomia patrimonial em algumas formas de constituição das sociedades (p.ex., sociedades limitadas).

Essa autonomia patrimonial e, principalmente, a limitação da responsabilidade dos sócios em relação às dívidas da pessoa jurídica, ao mesmo tempo que permitem o desenvolvimento de grandes empreendimentos comerciais, não pode servir para afastar o cumprimento de direitos sociais e possibilitar a realização de práticas abusivas perpetradas pelos sócios, razão pela qual passa a ser de extrema relevância a teoria da desconsideração da personalidade jurídica.

3. DÍVIDA E RESPONSABILIDADE

As pessoas físicas ou jurídicas, corriqueiramente, assumem obrigações, entendidas como "*o vínculo jurídico em virtude do qual uma pessoa pode exigir de outra prestação economicamente apreciável*"[5] (grifos no original). Nas palavras dos doutrinadores Cristiano Chaves Farias e Nelson Rosenvald, obrigação pode ser conceituada como a "*relação jurídica transitória, estabelecendo vínculos jurídicos entre duas diferentes partes (denominadas credor e devedor, respectivamente), cujo objeto é uma prestação pessoal, positiva ou*

(2) VERÇOSA, Haroldo Malheiros Duclerc. *Curso de direito comercial*; v. 1: Teoria Geral do Direito Comercial e das Atividades Empresariais Mercantis; Introdução à Teoria Geral da Concorrência e dos bens imateriais. 3. ed. São Paulo: Malheiros Editores, 2011. p. 167.

(3) DELGADO, Maurício Godinho. *Curso de direito do trabalho*. 15. ed. São Paulo: LTr, 2016. p. 443.

(4) GONÇALVES, Carlos Roberto. *Direito civil brasileiro*, v. 1: parte geral. 9. ed. São Paulo: Saraiva, 2011. p. 215.

(5) PEREIRA, Caio Mário da Silva. *Instituições de direito civil*; v. II, Teoria Geral das Obrigações. 20. ed. Rio de Janeiro: Forense, 2005. p. 7.

negativa, garantido o cumprimento, sob pena de coerção"(6) (grifos no original).

Extraem-se desse conceito as características principais da obrigação: caráter transitório, vínculo jurídico entre as partes, caráter patrimonial e prestação positiva ou negativa.

Na análise da obrigação, a doutrina a divide em dois elementos distintos:

- um de caráter pessoal/subjetivo, correspondente ao débito (*schuld*); e
- outro de caráter patrimonial, relacionado à responsabilidade (*haftung*).

O débito significa a prestação que deve ser cumprida pelo devedor em determinada relação jurídica. Trata-se, portanto, de vínculo pessoal ou do direito subjetivo do credor à prestação acordada na formação do vínculo obrigacional.

Nos casos em que o devedor adimplir as obrigações assumidas, tem relevância apenas a análise do débito.

Quando, todavia, a obrigação não é cumprida, faz-se necessário o exame da responsabilidade, que permite ao credor, nos casos de inadimplemento, efetuar a cobrança patrimonial do devedor. Corresponde, portanto, à sujeição que recai sobre o patrimônio do devedor como garantia do direito do credor em razão do inadimplemento.(7) É, pois, um vínculo patrimonial, de modo que nos dias atuais quem responde é o patrimônio, e não o devedor pessoalmente.

Em resumo, o débito é pessoal, enquanto a responsabilidade é patrimonial.

Em regra, os dois elementos (débito e responsabilidade) coexistem nas obrigações, recaindo sobre a mesma pessoa (obrigação civil ou perfeita),(8) qual seja, o devedor.

Em algumas hipóteses, contudo, é possível observar a presença dos elementos de forma isolada.

É o caso, por exemplo, das obrigações naturais (p. ex., dívidas de jogo e dívidas prescritas), nas quais se verifica a presença do débito sem que haja a garantia pelo patrimônio do devedor.

Há ainda situações em que se verifica a presença da responsabilidade patrimonial, sem que haja um débito propriamente dito. É o que ocorre com o sócio quando respondem patrimonialmente pelas dívidas da sociedade, ou seja, embora o débito seja a pessoa jurídica, o sócio responderá com seu patrimônio pelo adimplemento da obrigação, atenuando a separação patrimonial entre a pessoa jurídica (sociedade empresária) e a pessoa física (sócio).

4. RESPONSABILIDADE PRINCIPAL E SECUNDÁRIA

No âmbito processual, o conceito da responsabilidade patrimonial ganha grande importância principalmente na fase da execução, ou seja, quando a obrigação não é cumprida voluntariamente pelo devedor.

Em regra, quem responde pela dívida objeto da execução é o patrimônio do devedor, isto é, aquele que é ao mesmo tempo obrigado e responsável(9).

Tem-se aqui a **responsabilidade primária**, de modo que o art. 789 do CPC/2015 estabelece que "o devedor responde com todos os seus bens presentes e futuros para o cumprimento de suas obrigações, salvo as restrições estabelecidas em lei".

Além da previsão do art. 789 do CPC/2015, o art. 790, III, V e VI, do CPC/2015 também determina outros casos de responsabilidade primária, quais sejam: bens do devedor na posse de terceiros, bens alienados ou gravados com ônus real em fraude à execução e bens cuja alienação ou gravação com ônus real tenha sido anulada em razão do reconhecimento, em ação autônoma, de fraude contra credores.

Por sua vez, a **responsabilidade será secundária** quando aquele que, mesmo não tendo participado da relação obrigacional, for responsável patrimonial pela satisfação da obrigação. Nesse caso, não há coincidência dos papéis do obrigado e do responsável no mesmo sujeito.

Para Araken de Assis, mesmo não havendo a cumulação dos dois papéis (obrigado e responsável), os responsáveis secundários não podem ser considerados terceiros,(10) uma vez que, ao autorizar a constrição de bens sobre seu patrimônio, eles passam automaticamente a ser sujeitos passivos da ação(11).

As hipóteses de responsabilidade secundária são descritas nos incisos I, II, IV e VII do art. 790 do CPC/2015, estando sujeitos à execução os bens do sucessor a título singular, tratando-se de execução fundada em direito real ou obrigação reipersecutória; do sócio, nos termos da lei; do cônjuge ou do companheiro, nos casos em que seus bens próprios ou de sua meação respondem pela dívida; do responsável, nos casos de desconsideração da personalidade jurídica.

No direito processual do trabalho, a responsabilidade secundária é facilmente verificada quando o responsável pelo pagamento é o sucessor trabalhista (arts. 10 e 448-A da CLT), o tomador de serviços na terceirização lícita (Lei n. 6.019/1974, art. 5º-A, § 5º; Súmula n. 331, IV, do TST), as empresas de um grupo econômico, o sócio etc.

---

(6) FARIAS, Cristiano Chaves de; ROSENVALD, Nelson. *Curso de direito civil*, v. 2: Obrigações. 7. ed. Salvador: JusPodivm, 2013. p. 34-35.
(7) FARIAS, Cristiano Chaves de; ROSENVALD, Nelson. *Curso de direito civil*, v. 2: Obrigações. 7. ed. Salvador: JusPodivm, 2013. p. 39.
(8) FARIAS, Cristiano Chaves de; ROSENVALD, Nelson. *Curso de direito civil*, v. 2: Obrigações. 7. ed. Salvador: JusPodivm, 2013. p. 42.
(9) ASSIS, Araken de. *Manual da execução*. 18. ed. rev., atual. e ampl. São Paulo: Revista dos Tribunais, 2016. p. 292.
(10) Em sentido contrário: BEBBER, Júlio César. *Processo do trabalho*: temas atuais. São Paulo: LTr, 2003. p. 178.
(11) ASSIS, Araken de. *Manual da execução*. 18. ed. rev., atual. e ampl. São Paulo: Revista dos Tribunais, 2016. p. 293.

Como o objetivo dos comentários corresponde ao incidente de desconsideração da personalidade jurídica que, como regra, atinge o patrimônio do sócio, é importante destacar que sua legitimidade executiva está prevista em dois incisos do art. 790 do CPC/2015, como se verifica a seguir:

> Art. 790. São sujeitos à execução os bens:
>
> (...) II – do sócio, nos termos da lei;
>
> (...)
>
> VII – do responsável, nos casos de desconsideração da personalidade jurídica. (...)

Embora a análise sistemática desses dois incisos seja de difícil compreensão, o inciso II fica reservado aos casos em que os sócios são corresponsáveis pelas obrigações da sociedade, como ocorre com as sociedades em nome coletivo (CC/2002, art. 1.039),[12] e às demais hipóteses para o item VII, no qual a responsabilidade patrimonial secundária dos sócios exige pronunciamento judicial por meio do incidente de desconsideração da personalidade jurídica.

5. DESCONSIDERAÇÃO DA PERSONALIDADE JURÍDICA

5.1. Histórico

A doutrina majoritária considera que o caso inglês *Salomon v. A. Salomon & Co.*, julgado em 1897, representa o *leading case* da teoria da desconsideração da personalidade jurídica (*disregard doctrine* ou *disregard of legal identity*).

A discussão no mencionado caso teve como objetivo imputar responsabilidade ao sócio, Aron Salomon, pelo pagamento das dívidas da sociedade que havia se tornado insolvente em decorrência de uma série de greves que atingiu o governo inglês, seu principal cliente, o qual teve que diversificar seus fornecedores, diminuindo as vendas para a sociedade de Salomon e levando-a a falência.

As decisões iniciais imputaram responsabilidade a Aron Salomon, já que teria abusado dos privilégios de constituição e responsabilidade limitada da sociedade, sendo esta utilizada como artifício para fraudar credores. Contudo, a Corte dos Lordes alterou tais decisões, reafirmando a distinção entre a personalidade dos sócios e da sociedade, garantindo a autonomia da pessoa jurídica.[13]

Alguns autores ainda citam os casos julgados pela Suprema Corte Americana *Bank of United States v. Deveaux* (1809) e *Booth v. Bounce* (1865) como os primeiros julgados a tratar do tema da desconsideração da personalidade jurídica das sociedades empresárias.[14]

De qualquer modo, o tema surgiu no interesse de suspender a responsabilidade limitada dos sócios em relação às sociedades empresárias, ou seja, por questões de conveniência econômica e não em relação ao tema da personalidade jurídica propriamente dito.[15]

É por isso que a desconsideração da personalidade jurídica não se confunde com a despersonalização da personalidade jurídica. Na despersonalização da personalidade jurídica, a sociedade empresária desaparece como sujeito autônomo, em razão da falta de alguma das condições de sua existência. Por sua vez, na desconsideração da personalidade jurídica (direta), levanta-se o "véu" da pessoa jurídica para adentrar o patrimônio do sócio, sem que com isso se retire a personalidade jurídica da sociedade. Busca-se afastar, momentânea e esporadicamente, a máxima romana *societas distat a singulis*, que reconhece ter as pessoas jurídicas existência diversa da dos seus membros. Dessa forma, uma das principais características da desconsideração da personalidade jurídica corresponde ao fato de ser casuística.[16]

No Brasil, a doutrina relacionada à desconsideração da personalidade jurídica foi introduzida por Rubens Requião e teve forte influência dos estudos realizados por Rolf Serick na Alemanha. Em regra, o fundamento utilizado para justificar a desconsideração da personalidade jurídica está ligado à função social da propriedade, já que "a chamada *função social da pessoa jurídica* (*função social da empresa*) é corolário da função social da propriedade"[17] (grifos no original).

De qualquer maneira, a teoria da desconsideração da personalidade jurídica é fruto de construção judicial, aprimorada pela doutrina e posteriormente contemplada na normal legal.

---

(12) THEODORO JÚNIOR, Humberto. *Curso de direito processual civil*, v. II – execução forçada, processo nos tribunais, recursos e direito intertemporal. 48. ed. rev. atual. e ampl. Rio de Janeiro: Forense, 2016. p. 314.

(13) Nesse sentido: GRINOVER, Ada Pellegrini. Da desconsideração da pessoa jurídica – aspectos de direito material e processual. *Revista Jurídica do Ministério Público*, v. 6, maio 2006. p. 53-68 e DIDIER JR., Fredie. *Curso de direito processual civil*, v. 1: introdução ao direito processual civil, parte geral e processo de conhecimento. 18. ed. Salvador: JusPodivm, 2016. p. 521.

(14) NUNES, Simone Lahorgye; BIANQUI, Pedro Henrique Torres. *A desconsideração da personalidade jurídica: considerações sobre a origem do princípio, sua positivação e a aplicação no Brasil*. In: AZEVEDO, Erasmo Valladão; FRANÇA, Novaes (coords.). Direito societário contemporâneo I. São Paulo: Quartier Latin, 2009. p. 302.

(15) DIDIER JR., Fredie. *Curso de direito processual civil*, v. I: introdução ao direito processual civil, parte geral e processo de conhecimento. 18. ed. Salvador: JusPodivm, 2016. p. 522.

(16) DIDIER JR., Fredie. *Curso de direito processual civil*, v. I: introdução ao direito processual civil, parte geral e processo de conhecimento. 18. ed. Salvador: JusPodivm, 2016. p. 525.

(17) DIDIER JR., Fredie. *Curso de direito processual civil*, v. I: introdução ao direito processual civil, parte geral e processo de conhecimento. 18. ed. Salvador: JusPodivm, 2016. p. 524.

5.2. Previsão legal no direito material

Inicialmente, a teoria da desconsideração da personalidade jurídica foi estabelecida no art. 28, *caput* e § 5º, do CDC, que vaticina:

> Art. 28. O juiz poderá desconsiderar a personalidade jurídica da sociedade quando, em detrimento do consumidor, houver abuso de direito, excesso de poder, infração da lei, fato ou ato ilícito ou violação dos estatutos ou contrato social. A desconsideração também será efetivada quando houver falência, estado de insolvência, encerramento ou inatividade da pessoa jurídica provocados por má administração.
>
> (...)
>
> § 5º Também poderá ser desconsiderada a pessoa jurídica sempre que sua personalidade for, de alguma forma, obstáculo ao ressarcimento de prejuízos causados aos consumidores.

Em seguida, foi prevista no art. 18 da Lei Antitruste n. 8.884/1994, atualmente revogado pela Lei n. 12.529/2011, que prevê no art. 34:

> Art. 34. A personalidade jurídica do responsável por infração da ordem econômica poderá ser desconsiderada quando houver da parte deste abuso de direito, excesso de poder, infração da lei, fato ou ato ilícito ou violação dos estatutos ou contrato social.
>
> Parágrafo único. A desconsideração também será efetivada quando houver falência, estado de insolvência, encerramento ou inatividade da pessoa jurídica provocados por má administração.

Ato contínuo, ao disciplinar as sanções penais e administrativas derivadas de condutas e atividades lesivas ao meio ambiente, o art. 4º da Lei n. 9.605/1998 declinou:

> Art. 4º Poderá ser desconsiderada a pessoa jurídica sempre que sua personalidade for obstáculo ao ressarcimento de prejuízos causados à qualidade do meio ambiente.

Posteriormente, o Código Civil passou a tratar da matéria em seu art. 50, com redação alterada pela Lei n. 13.874/2019, com o seguinte teor:

> Art. 50. Em caso de abuso da personalidade jurídica, caracterizado pelo desvio de finalidade ou pela confusão patrimonial, pode o juiz, a requerimento da parte, ou do Ministério Público quando lhe couber intervir no processo, desconsiderá-la para que os efeitos de certas e determinadas relações de obrigações sejam estendidos aos bens particulares de administradores ou de sócios da pessoa jurídica beneficiados direta ou indiretamente pelo abuso.
>
> § 1º Para os fins do disposto neste artigo, desvio de finalidade é a utilização da pessoa jurídica com o propósito de lesar credores e para a prática de atos ilícitos de qualquer natureza.
>
> § 2º Entende-se por confusão patrimonial a ausência de separação de fato entre os patrimônios, caracterizada por:
>
> I – cumprimento repetitivo pela sociedade de obrigações do sócio ou do administrador ou vice-versa;
>
> II – transferência de ativos ou de passivos sem efetivas contraprestações, exceto os de valor proporcionalmente insignificante; e
>
> III – outros atos de descumprimento da autonomia patrimonial.
>
> § 3º O disposto no *caput* e nos §§ 1º e 2º deste artigo também se aplica à extensão das obrigações de sócios ou de administradores à pessoa jurídica.
>
> § 4º A mera existência de grupo econômico sem a presença dos requisitos de que trata o *caput* deste artigo não autoriza a desconsideração da personalidade da pessoa jurídica.
>
> § 5º Não constitui desvio de finalidade a mera expansão ou a alteração da finalidade original da atividade econômica específica da pessoa jurídica.

5.3. Teorias da desconsideração da personalidade jurídica

Inspiradas nas construções doutrinárias, jurisprudenciais e especialmente na interpretação do arcabouço jurídico existente atualmente sobre o tema, ao menos duas teorias são detectadas no plano material para possibilitar a desconsideração da personalidade jurídica:

- a teoria subjetiva; e
- a objetiva.

A teoria subjetiva (teoria maior) impõe a coexistência de dois requisitos para que possa ocorrer a desconsideração:

1) que os bens da pessoa jurídica sejam insuficientes para o pagamento da dívida;
2) haja comprovação de fraude ou de abuso de direito, caracterizado pelo desvio de finalidade ou pela confusão patrimonial. Trata-se da teoria contemplada no art. 50 do CC.

Por sua vez, **a teoria objetiva** (teoria menor) declina que a personalidade jurídica pode ser desconsiderada quando a pessoa jurídica não tiver bens suficientes para o pagamento da dívida, ou seja, quando, de qualquer forma, a personalidade da pessoa jurídica for obstáculo ao ressarcimento dos prejuízos causados ao credor. Nas palavras de Humberto Dalla Bernardina de Pinho e Marina Silva Fonseca:

> (...) a teoria menor tem a insuficiência patrimonial da sociedade como pressuposto bastante à desconsideração da personalidade jurídica, prescindindo-se da verificação de qualquer conduta abusiva ou fraudulenta dos sócios. Visa-se, precipuamente, à redistribuição dos riscos empresariais, sendo os sócios preferencialmente onerados em relação aos terceiros credores da sociedade. Tal construção adquire relevo diante de bens jurídicos reputados prioritários face à

observância do regime jurídico personificatório, ou diante de relações marcadas pelo desequilíbrio entre as partes, em que desprovido o polo vulnerável de poder econômico de negociação ou remuneração pelos riscos incorridos[18].

Essa teoria vem expressamente prevista no art. 28, § 5º, do CDC.

Na seara trabalhista, prevalece o entendimento de que se aplica a teoria objetiva/menor, incidindo referido dispositivo do Código de Defesa do Consumidor. Isso se justifica porque o CDC e a CLT são normas tuitivas que buscam resguardar o direito do hipossuficiente, sendo, pois, compatíveis. Ademais, impõe-se a aplicação dessa teoria ante a dificuldade de demonstração de fraude e do abuso de direito dos sócios, bem como pelo caráter alimentar das verbas postuladas em juízo.[19] Essa dificuldade tornou-se ainda maior a partir da vigência da Lei n. 13.874/2019 que, ao alterar o art. 50 do Código Civil, restringiu os casos considerados como desvio de finalidade e confusão patrimonial.

Aliás, nas ações coletivas na seara trabalhista aplica-se a teoria menor, podendo-se ainda invocar o art. 4º da Lei n. 9.605/1998 naquelas destinadas a preservar o meio ambiente.

A teoria menor, no entanto, não alcança as ações que não derivem da relação de emprego,[20] caso em que se adotarão os pressupostos do art. 50 do CC/2002, pois se trata de regra de direito material.

Vê-se, portanto, que sob o **aspecto material**, já existiam e continuam existindo regras acerca dos requisitos para reconhecer a desconsideração da personalidade jurídica. Não havia, porém, regras processuais sobre a forma de atingir o patrimônio do sócio. É nesse contexto que surge o incidente de desconsideração da personalidade, como um mecanismo processual adequado para atingir os bens dos sócios, respaldado no princípio do contraditório substancial e, consequentemente, no devido processo legal.

Antes de adentrarmos o aspecto processual do incidente, no entanto, é preciso ficar claro: o **CPC/2015 e a CLT somente tratam de procedimento e não de requisitos para caracterização da desconsideração, que é regra de direito material**. Tanto é assim que o art. 133, § 1º, do CPC/2015 é enfático: "o pedido de desconsideração da personalidade jurídica observará os pressupostos previstos em lei." Nesse sentido, leciona Alexandre Freitas Câmara:

> É que os pressupostos da desconsideração da personalidade devem ser estabelecidos pelo Direito Material, e não pelo Direito Processual, cabendo a este, tão somente, regular o procedimento necessário para que se possa verificar – após amplo contraditório – se é ou não o caso de desconsiderar-se a personalidade jurídica, tendo-a por ineficaz.
>
> Repita-se, assim, o fato de que os diversos ramos do Direito Material estabelecem requisitos distintos para que se desconsidere a personalidade jurídica, cabendo verificar, em cada caso concreto, qual o ramo do Direito Material que rege a causa.
>
> Assim é, por exemplo, que nas causas que versem sobre relações de consumo incidirá o disposto no art. 28 do CDC (...).
>
> Nas causas regidas pelo Direito Ambiental, de outro lado, incidirá a norma extraída do art. 4º da Lei n. 9.605/1988, por força do qual '[p]oderá ser desconsiderada a pessoa jurídica sempre que de sua personalidade for obstáculo ao ressarcimento de prejuízos causados à qualidade do meio ambiente'. Significa isto dizer que nos processos que versem sobre matéria ambiental o único requisito para a desconsideração da personalidade jurídica é que a sociedade não tenha patrimônio suficiente para assegurar a reparação do dano ambiental que tenha causado, permitida, assim, a extensão da responsabilidade patrimonial ao sócio (ou vice-versa, no caso de desconsideração inversa), pouco importando se houve dolo, culpa, fraude, má-fé ou qualquer outra forma de se qualificar a intenção de quem praticou o ato poluidor.
>
> O mesmo poderia ser dito a respeito de causas diversas, como as trabalhistas ou aquelas em que se discute matéria tributária, entre muitas outras. Mas o quanto até aqui se disse é suficiente para demonstrar o que se sustenta: os requisitos da desconsideração variarão conforme a natureza da causa, devendo ser apurados nos termos da legislação própria. Ao Código de Processo Civil incumbe, tão somente, regular o procedimento do incidente de desconsideração da personalidade jurídica (o qual será sempre o mesmo, qualquer que seja a natureza da relação jurídica de direito substancial deduzida em juízo)[21].

(18) PINHO, Humberto Dalla Bernardina de; FONSECA, Marina Silva. O incidente de desconsideração da personalidade jurídica do novo Código de Processo Civil. In: DIDIER JR., Fredie (coord. geral). *Novo CPC, doutrina selecionada*, v. 1: parte geral. Salvador: JusPodivm, 2016. p. 1154.

(19) SCHIAVI, Mauro. *Manual de direito processual do trabalho*. 10. ed. de acordo com novo CPC. São Paulo: LTr, 2016. p. 1078; PINHO, Humberto Dalla Bernardina de; FONSECA, Marina Silva. O incidente de desconsideração da personalidade jurídica do novo Código de Processo Civil. In: DIDIER JR., Fredie (coord. geral). *Novo CPC, doutrina selecionada*, v. 1: parte geral. Salvador: JusPodivm, 2016. p. 1.156.

(20) LEITE, Carlos Henrique Bezerra. *Curso de direito processual do trabalho*. 14. ed. de acordo com o novo CPC – Lei n. 13.105, de 16.03.2015. São Paulo: Saraiva, 2016. p. 587.

(21) CÂMARA, Alexandre Freitas. Do incidente de desconsideração da personalidade jurídica. In: WAMBIER, Teresa Arruda *et al.* (coord.). *Breves comentários ao novo Código de Processo Civil*. 2. ed. São Paulo: Revista dos Tribunais, 2016. p. 455.

No mesmo caminho, Daniel Assumpção Neves:

> (...) os pressupostos para a desconsideração da personalidade jurídica são tema de direito material e dessa forma devem ser tratados pelo Código de Processo Civil.[22]

Os pressupostos para a desconsideração são, portanto, estabelecidos pelos diplomas legislativos de direito material, de modo que, nas ações oriundas da relação de emprego, continua a ser aplicado o art. 28, § 5º, do CDC (teoria menor), mesmo após a vigência da Lei n. 13.874/2019.

5.4. Desconsideração inversa da personalidade jurídica

A desconsideração inversa da personalidade jurídica consiste em atingir o patrimônio da sociedade em decorrência de dívidas do sócio, evitando que os sócios desviem seus bens para a sociedade como forma de evitar a execução de dívidas particulares.

Diante da clareza do voto da Min. Nancy Andrighi no REsp n. 948.117 sobre o tema, cabe reproduzir um trecho:

> De início, impende ressaltar que a desconsideração inversa da personalidade jurídica caracteriza-se pelo afastamento da autonomia patrimonial da sociedade, para, contrariamente do que ocorre na desconsideração da personalidade jurídica propriamente dita, atingir o ente coletivo e seu patrimônio social, de modo a responsabilizar a pessoa jurídica por obrigações do sócio.
>
> Conquanto a consequência de sua aplicação seja inversa, sua razão de ser é a mesma da desconsideração da personalidade jurídica propriamente dita: combater a utilização indevida do ente societário por seus sócios. Em sua forma inversa, mostra-se como um instrumento hábil para combater a prática de transferência de bens para a pessoa jurídica sobre a qual o devedor detém controle, evitando com isso a excussão de seu patrimônio pessoal[23].

Curiosamente, a desconsideração inversa não possui regramento no direito material, sendo construção jurisprudencial e doutrinária. De qualquer maneira, o CPC de 2015 se antecipou e buscou respaldar o procedimento para a incidência dessa teoria, declinando no art. 133, § 2º, que se aplica o disposto no capítulo do incidente de desconsideração "à hipótese de desconsideração inversa da personalidade jurídica".

No processo do trabalho, ela é facilmente identificada na hipótese de empregador doméstico. Alguns julgados têm utilizado essa modalidade de desconsideração quando, inicialmente, se desconsidera a personalidade jurídica alcançando o sócio que não possui bens, buscando-se, em seguida, bens em outras empresas nas quais o sócio tenha participação societária.[24]

- **Exemplo:** Empresa A é condenada não tendo patrimônio para realizar o pagamento da condenação trabalhista. Desconsidera-se a personalidade jurídica da empresa A, incluindo no polo da execução o sócio B, o qual não possui patrimônio. Em seguida, verifica que o sócio B também é sócio da empresa C, desconsiderando a personalidade do sócio B para atingir a empresa C.

6. INCIDENTE DE DESCONSIDERAÇÃO DA PERSONALIDADE JURÍDICA

Como visto, o ordenamento já previa a desconsideração da personalidade jurídica, porém não existia um procedimento estabelecido para sua incidência, de modo que o CPC de 2015 incumbiu-se de tratar de seus aspectos processuais, dando origem ao incidente de desconsideração da personalidade jurídica.

6.1. Procedimento previsto no CPC/2015

O CPC de 2015 passou a prever o incidente de desconsideração da personalidade jurídica, nos arts. 133 a 137, disciplinando-o como modalidade de intervenção de terceiros.

> Trata-se, na verdade, de um incidente processual que provoca uma intervenção forçada de terceiro (já que alguém estranho ao processo – o sócio ou a sociedade, conforme o caso –, será citado e passará a ser parte no processo, ao menos até que seja resolvido o incidente). Caso se decida por não ser caso de desconsideração, aquele que foi citado por força do incidente será excluído do processo, encerrando-se assim sua participação. De outro lado, caso se decida pela desconsideração, o sujeito que ingressou no processo passará a ocupar a posição de demandado, em litisconsórcio com o demandado original.[25]

Tem, portanto, natureza de incidente processual, prescindindo de ação própria para provocar a desconsideração da personalidade jurídica. Não forma, portanto, nova relação processual. Por isso, a desconsideração da personalidade jurídica será processada como incidente processual e tramitará "nos próprios autos do Processo Judicial Eletrônico em que foi suscitada, vedada sua autuação como processo autônomo" (TST, CGJT n. 01/2019, art. 1º).

O *caput* do art. 133 determina que o incidente de desconsideração da personalidade jurídica será instaurado a

(22) NEVES, Daniel Amorim Assumpção. *Manual de direito processual civil*; v. *único*. 8. ed. Salvador: JusPodivm, 2016. p. 308.

(23) STJ, REsp 9498117/MS, j. em 22.06.2010, rel. Min. Nancy Andrighi.

(24) Nesse sentido: TRT 2ª R.; AP 0127000-08.2002.5.02.0074; Ac. 2016/0251693; Décima Quarta Turma; Rel. Des. Fed. Davi Furtado Meirelles; DJESP 06.05.2016.

(25) CÂMARA, Alexandre Freitas. Do incidente de desconsideração da personalidade jurídica. In: WAMBIER, Teresa Arruda *et al.* (Coord.). *Breves comentários ao novo Código de Processo Civil*. 2. ed. São Paulo: Revista dos Tribunais, 2016. p. 453.

pedido da parte ou do Ministério Público, quando lhe couber intervir no processo.

O incidente pode ser instaurado em quaisquer fases do processo, seja de conhecimento, seja de execução, inclusive em processos que tramitem perante os tribunais, em grau de recurso ou mesmo nos casos de competência originária (CPC/2015, arts. 134, *caput,* e 136, parágrafo único). Não há, portanto, prazo decadencial, sendo um direito potestativo.[26] De qualquer maneira, a instauração do incidente é obrigatória para que o patrimônio dos sócios ou da sociedade (na desconsideração inversa) responda pela execução (CPC/2015, art. 795, § 4º).

O requerimento da desconsideração será dirigido ao sócio ou, quando for o caso de desconsideração inversa, à pessoa jurídica, apresentando sua fundamentação (pressupostos legais descritos no direito material que autorizam sua intervenção) e o pedido (desconsideração da personalidade jurídica).

O juiz analisará o postulado superficialmente, podendo indeferir liminarmente a instauração.

Quando a desconsideração da personalidade jurídica for requerida na petição inicial não haverá a necessidade de instauração do incidente, uma vez que os sócios já serão citados originariamente (litisconsórcio passivo), havendo pedido expresso em relação a eles. Nessa hipótese, há cumulação objetiva e subjetiva. De qualquer modo, não basta simplesmente incluir o sócio no polo da demanda, devendo ser apresentada a causa de pedir capaz de viabilizar a desconsideração.

Nos termos do art. 134, § 1º, do CPC/2015, a instauração do incidente deve ser imediatamente comunicada ao distribuidor para as anotações devidas, especialmente acerca do nome do requerido. As anotações possuem como finalidade dar publicidade a terceiros de que os bens do requerido (sócio ou sociedade, na desconsideração inversa) poderão ser atingidos pela execução, viabilizando a declaração de fraudes à execução (CPC/2015, art. 137).

A instauração do incidente possui como efeito a suspensão do processo (CPC/2015, art. 134, § 3º). Trata-se, na verdade, de suspensão imprópria, pois "se o incidente de desconsideração da personalidade jurídica implicasse mesmo a suspensão do processo, ter-se-ia um paradoxo: o processo ficaria suspenso até a resolução do incidente mas, de outro lado, não se poderia resolver o incidente porque o processo estaria suspenso".[27] Dessa forma, há apenas a vedação temporária da prática de atos que não se relacionem diretamente com o incidente, com exceção de atos urgentes.

Após a instauração do incidente, além da necessidade de comunicação ao distribuidor para as anotações devidas e da suspensão do processo, o sócio ou a pessoa jurídica (desconsideração inversa) será citado para manifestar-se e requerer as provas cabíveis no prazo de 15 dias. Trata-se de contraditório prévio, o que não afasta excepcionalmente o contraditório diferido, quando presentes os requisitos para a concessão da tutela provisória.

Caso a defesa não seja apresentada no prazo assinalado pelo art. 135 do CPC/2015, haverá a caracterização da revelia, com a consequente presunção de veracidade das alegações de fato formuladas pelo autor (CPC/2015, art. 344).

Por outro lado, sendo apresentada a manifestação do requerido, se necessário, será iniciada a fase instrutória do incidente de desconsideração da personalidade jurídica, com a apresentação de provas referentes aos fatos controversos, podendo ser produzidos todos os meios legais ou moralmente legítimos de prova (CPC/2015, art. 369), já que a decisão do incidente será baseada em cognição exauriente.[28]

Concluída a instrução, o incidente será resolvido por decisão interlocutória (CPC/2015, art. 136), de modo que, no processo civil, o incidente poderá ser impugnado mediante agravo de instrumento (CPC/2015, art. 1.015, IV). Nos casos em que o incidente for instaurado originariamente no tribunal, caberá ao relator decidi-lo (CPC/2015, art. 932, VI), admitindo-se da decisão monocrática do relator agravo interno (CPC/2015, art. 136, parágrafo único).

Conquanto se trate de decisão interlocutória, não havendo impugnação, ela produzirá coisa julgada material, sendo, impugnável apenas por meio de ação rescisória, desde que presente alguma das situações elencadas no art. 966 do CPC/2015.

Depois de acolhido o pedido de desconsideração da personalidade jurídica, incidirá o art. 790, VII, do CPC/2015, o qual permite a execução dos bens dos sócios ou da sociedade (na desconsideração inversa), uma vez que a responsabilidade patrimonial é estendida a eles.

Com a atribuição da responsabilidade patrimonial aos sócios ou da sociedade na desconsideração inversa, a alienação ou a oneração de bens, havida em fraude à execução, será ineficaz em relação ao requerente (CPC/2015, art. 137).

Quanto ao termo inicial da fraude à execução, aparentemente, os arts. 137 e 792, § 3º, do CPC/2015 são contraditórios. No entanto, o art. 137 apenas dispõe que poderá existir fraude à execução se for acolhido o incidente de desconsideração, já que, não sendo acolhido, não há falar em fraude. Não versa, portanto, sobre o termo inicial da fraude. Por sua vez, o art. 792, § 3º, do CPC/2015 disciplina

(26) NEVES, Daniel Amorim Assumpção. *Manual de direito processual civil;* v. *único.* 8. ed. Salvador: JusPodivm, 2016. p. 309.

(27) CÂMARA, Alexandre Freitas. Do incidente de desconsideração da personalidade jurídica. In: WAMBIER, Teresa Arruda *et al.* (coord.). *Breves comentários ao novo Código de Processo Civil.* 2. ed. São Paulo: Revista dos Tribunais, 2016. p. 458-459.

(28) CÂMARA, Alexandre Freitas. Do incidente de desconsideração da personalidade jurídica. In: WAMBIER, Teresa Arruda *et al.* (coord.). *Breves comentários ao novo Código de Processo Civil.* 2. ed. São Paulo: Revista dos Tribunais, 2016. p. 462.

o termo inicial da fraude à execução, estabelecendo que, "nos casos de desconsideração da personalidade jurídica, a fraude à execução verifica-se a partir da citação da parte cuja personalidade se pretende desconsiderar".

A interpretação literal deste dispositivo leva-nos à conclusão de que o termo inicial deve ser considerado em relação ao executado originário, pois é dele que se pretendeu desconsiderar a personalidade. Contudo, uma interpretação lógica impõe-nos entender que haverá fraude à execução para as alienações ou onerações de bens ocorridas depois da citação do sócio no incidente ou da sociedade no caso de desconsideração inversa.

Cumpre consignar, por fim, que o incidente de desconsideração é aplicável inclusive nos processos de competência dos juizados especiais, por força do art. 1.062 do CPC/2015.

7. INCIDENTE DE DESCONSIDERAÇÃO DA PERSONALIDADE JURÍDICA NO PROCESSO DO TRABALHO

7.1. Aplicabilidade

Como visto, o ordenamento previą os requisitos para a desconsideração da personalidade jurídica, sem estabelecer um procedimento para tanto.

Nesse contexto, inicialmente, buscou-se "construir" um procedimento no processo do trabalho nos arts. 78 e 79 da Consolidação dos Provimentos da Corregedoria Geral da Justiça do Trabalho, os quais declinavam que:

> Art. 78. Ao aplicar a teoria da desconsideração da personalidade jurídica, por meio de decisão fundamentada, cumpre ao juiz que preside a execução trabalhista adotar as seguintes providências:
>
> I – determinar a reautuação do processo, a fim de fazer constar dos registros informatizados e da capa dos autos o nome da pessoa física que responderá pelo débito trabalhista;
>
> II – comunicar imediatamente ao setor responsável pela expedição de certidões na Justiça do Trabalho a inclusão do sócio no polo passivo da execução, para inscrição no cadastro das pessoas com reclamações ou execuções trabalhistas em curso;
>
> III – determinar a citação do sócio para que, no prazo de 48 (quarenta e oito) horas, indique bens da sociedade (art. 795 do CPC) ou, não os havendo, garanta a execução, sob pena de penhora, com o fim de habilitá-lo à via dos embargos à execução para imprimir, inclusive, discussão sobre a existência da sua responsabilidade executiva secundária.
>
> Art. 79. Comprovada a inexistência de responsabilidade patrimonial do sócio por dívida da sociedade, mediante decisão transitada em julgado, o juiz que preside a execução determinará ao setor competente, imediatamente, o cancelamento da inscrição no cadastro das pessoas com reclamações ou execuções trabalhistas em curso.

Referidos dispositivos foram revogados pelo Ato n. 5 da Corregedoria Geral da Justiça do Trabalho, em razão do advento do art. 6º, da Instrução Normativa n. 39/2016 do TST, que disciplinava a aplicação do incidente de desconsideração da personalidade previsto nos arts. 133 a 137 do CPC/2015.

Com o advento da Lei n. 13.467/2017 (Reforma Trabalhista), o tema passa a ser tratado expressamente no art. 855-A da CLT, não havendo mais discussões sobre sua incidência no direito processual do trabalho.

De qualquer maneira, o art. 855-A da CLT não autoriza a aplicação genérica e integral do procedimento previsto no CPC/2015, vez que, sendo o direito processual do trabalho ramo autônomo, a introdução de normas do procedimento comum deve ser temperada, a fim de manter sua identidade (CLT, art. 769; CPC/2015, art. 15; TST-IN n. 39/2016, art. 1º).

Nesse contexto, a compatibilização e o procedimento do incidente de desconsideração da personalidade jurídica no processo do trabalho passam por uma análise detida do *iter* procedimental e do referido artigo celetista, o que será verificado nos próximos tópicos.

7.2. Legitimidade no incidente

7.2.1. Legitimidade ativa (iniciativa)

O art. 133 do CPC/2015 restringe a iniciativa do incidente ao pedido da parte e do Ministério Público.

No direito processual do trabalho, o C. TST, no *caput* do art. 6º da IN n. 39/2016 (revogado pela Instrução Normativa n. 41/2018 do TST – art. 21), permitia que o incidente fosse instaurado, na fase de execução, de ofício pelo Juiz do Trabalho. A adaptação realizada pelo C. TST decorria especialmente do princípio inquisitivo aplicado na fase executiva trabalhista, previsto na antiga redação do art. 878 da CLT, o qual previa que "a execução poderá ser promovida por qualquer interessado, ou *ex officio* pelo próprio Juiz ou Presidente ou Tribunal competente, nos termos do artigo anterior".

Dessa forma, como o juiz podia o mais, que era iniciar a execução, poderia o menos, que era a instauração do incidente de desconsideração da personalidade jurídica. Portanto, na fase de execução trabalhista não era necessária a instauração de incidente a pedido da parte ou do Ministério Público do Trabalho, podendo o incidente da desconsideração da personalidade jurídica ser instaurado, de ofício, pelo Juiz do Trabalho.

Com o advento da Lei n. 13.467/2017 (Reforma Trabalhista), o art. 878 da CLT foi radicalmente alterado, passando a estabelecer que "a execução será promovida pelas partes, permitida a execução de ofício pelo juiz ou pelo Presidente do Tribunal apenas nos casos em que as partes não estiverem representadas por advogado".

Nesse contexto, a Corte Trabalhista, por considerar que o incidente de desconsideração insere um novo sujeito da execução, ou seja, é o início da execução para este sujeito (como regra, o sócio), entendeu no art. 13 da Instrução Normativa n. 41 que a instauração do incidente fica vinculada ao art. 878 da CLT, impedindo a iniciativa de ofício pelo juiz, salvo nos casos em que as partes não estiverem representadas por advogado (*jus postulandi*), por expressa disposição legal.

Portanto, para o C. TST o incidente poderá ser instaurado:

1) pelas partes;

2) pelo Ministério Público do Trabalho;

3) de ofício pelo juiz apenas na hipótese de *jus postulandi.*

Com a devida vênia, penso que esse posicionamento contraria o disposto nos arts. 114, VIII, da CF e 876, parágrafo único, da CLT, que autorizam a execução de ofício das contribuições sociais.

É que os créditos dos trabalhadores têm preferência legal aos tributários (CTN, art. 186), não permitindo a concessão de privilégios destes em detrimentos daqueles. Aliás, se o juiz pode executar de ofício o acessório (contribuições sociais), evidentemente poderá executar o principal (créditos dos trabalhadores).[29] No mesmo sentido, o Enunciado n. 113 da 2ª Jornada de direito material e processual do trabalho:

> Enunciado n. 113. Execução de ofício e art. 878 da CLT
>
> Em razão das garantias constitucionais da efetividade (CF, art. 5º, XXXV), da razoável duração do processo (CF, art. 5º, LXXVIII) e em face da determinação constitucional da execução de ofício das contribuições previdenciárias, parcelas estas acessórias das obrigações trabalhistas (CF, art. 114, VIII), o art. 878 da CLT deve ser interpretado conforme a constituição, de modo a permitir a execução de ofício dos créditos trabalhistas, ainda que a parte esteja assistida por advogado.

Ademais, a exigência de requerimento da parte descrita no art. 133 do CPC decorre do próprio art. 50 do CC, que versa sobre a teoria subjetiva. No entanto, como dito, na seara trabalhista não se aplica o art. 50 do CC,[30] mas o art. 28, § 5º, do CDC, que trata da teoria objetiva e em nenhum momento exige requerimento da parte.[31]

Desse modo, penso que continua sendo admitida a instauração de ofício do incidente de desconsideração da personalidade jurídica na fase de execução. Pensar de forma diferente é violar os princípios da isonomia, da duração razoável do processo e especialmente o valor social do trabalho e a dignidade da pessoa (CF/88, art. 1º, III e IV).

7.2.1.1. Legitimidade do Ministério Público do Trabalho

O Ministério Público do Trabalho terá legitimidade para a instauração do incidente em duas hipóteses distintas:

a) quando for parte no processo;

b) nas hipóteses em que deve participar obrigatoriamente do processo e nos casos em que o interesse público permitir sua participação nos autos.

No primeiro caso, é importante definir o conceito de parte.

Trata-se de conceito antigo que não encontra pacificação doutrinária. Chiovenda entendia ser parte o sujeito que pede ou contra quem se pede a tutela jurisdicional, enquanto para Liebman, conceituando-a de forma mais ampla, é aquela que participa da relação processual em contraditório, defendendo interesse próprio ou alheio, sendo sujeita de posições jurídicas ativas e passivas (faculdades, ônus, poderes, deveres, estado de sujeição).[32]

Parcela da doutrina busca adequar os dois conceitos, instituindo como parte da demanda a definição de Chiovenda, e partes do processo, a defendida por Liebman.[33]

Entendo ser adequado o conceito mais amplo de parte, de modo que parte é aquele que participa da relação processual em contraditório, sendo titular de situações jurídicas processuais ativas e passivas, independentemente de fazer pedido ou contra ele for pedido algo.

Assim, o Ministério Público, quando adentra o processo como fiscal da ordem jurídica, adquire a condição de parte, servindo a diferenciação de órgão agente ou interveniente apenas para legitimar o ingresso do *parquet* no processo. Em outros termos, antes de o Ministério Público ser incluído no processo permite-se a diferenciação entre fiscal da ordem jurídica e órgão agente, mas, após sua inclusão, passa a ser considerado parte.

(29) Nesse sentido: PINHEIRO, Paulo Henrique S. In: RODRIGUES, Deusmar José (Coord.). *Lei da reforma trabalhista*: comentada artigo por artigo. Leme: JH Mizuno, 2017. p. 318.

(30) CC, art. 50. Em caso de abuso da personalidade jurídica, caracterizado pelo desvio de finalidade, ou pela confusão patrimonial, pode o juiz decidir, a requerimento da parte, ou do Ministério Público quando lhe couber intervir no processo, que os efeitos de certas e determinadas relações de obrigações sejam estendidos aos bens particulares dos administradores ou sócios da pessoa jurídica. (Grifo nosso)

(31) CDC, art. 28. O juiz poderá desconsiderar a personalidade jurídica da sociedade quando, em detrimento do consumidor, houver abuso de direito, excesso de poder, infração da lei, fato ou ato ilícito ou violação dos estatutos ou contrato social. A desconsideração também será efetivada quando houver falência, estado de insolvência, encerramento ou inatividade da pessoa jurídica provocados por má administração. (...) § 5º Também poderá ser desconsiderada a pessoa jurídica sempre que sua personalidade for, de alguma forma, obstáculo ao ressarcimento de prejuízos causados aos consumidores.

(32) NEVES, Daniel Amorim Assumpção. *Manual de direito processual civil*; v. único. 8. ed. Salvador: JusPodivm, 2016. p. 91.

(33) CÂMARA, Alexandre Freitas. *Lições de direito processual civil*, v. I. 18. ed. Rio de Janeiro: Lumen Juris, 2008. p. 142-143.

Nos dizeres do doutrinador Cândido Rangel Dinamarco:

São diversas as posições assumidas pelos agentes do Ministério Público mas, qualquer que seja a figura processual em cada caso, *parte ele sempre será*, invariavelmente. Como tal, desfruta de todas as situações ativas e passivas que constituem a trama da relação jurídica processual, estando pois dotado dos poderes e faculdades que toda a parte tem e sujeito de ônus e de deveres inerentes à condição de parte; a ele são oferecidas, como a todas as partes, as oportunidades integrantes do trinômio *pedir-alegar-provar*, inerente à garantia constitucional do contraditório (...). O *Parquet* pede, alega e prova quer figure como mero fiscal da lei ou atue na defesa de interesses de alguma pessoa ou grupo. (...)

O inciso I do art. 138 do Código de Processo Civil [1973] faz expressamente a distinção entre o Ministério Público atuando como parte e os casos em que ele *não é parte* – em óbvia alusão ao fiscal da lei.

Essa distinção é todavia acientífica e choca-se com conceitos elementares do processo civil. Ser fiscal da lei não significa não ser parte, do mesmo modo que ser parte no processo não exclui que o Ministério Público possa sê-lo na condição de mero *custos legis*. (...) O *custos legis*, portanto, é parte.[34] (destaques no original)

Partindo desse conceito de parte, nota-se que, se o Ministério Público é autor da demanda ou se já participou da fase de conhecimento, na fase de execução será parte, podendo requerer a instauração do incidente. Agora, se ainda não participou da fase de conhecimento, somente poderá requerer o incidente nos processos em que deveria ter participado obrigatoriamente ou quando o interesse público permitir sua participação.

7.2.2. Legitimidade passiva

A legitimidade passiva no incidente é de todos os sócios integrantes do corpo societário, permanecendo a sociedade como executada. Noutras palavras, na execução haverá ampliação subjetiva e não sucessão processual.

> (...) em sede de teoria menor/desconsideração mínima, a responsabilização dos sócios não tem lastro em conduta abusiva pessoalmente imputável, mas sim por se entender 'que a posição do sócio implica uma obrigação de garantia ou que a ela é inerente um risco profissional'. Logo, todos os membros do corpo societário a partir do momento em que configuraria a insuficiência patrimonial da pessoa jurídica (o que pode incluir ex-sócios ao tempo da desconsideração) são passíveis de integração ao polo passivo, na qualidade de responsáveis subsidiários da sociedade (a qual permanecerá como ré).[35]

Tão logo seja instaurado o incidente, nos termos do art. 134, § 1º, do CPC/2015, deve ser imediatamente comunicada ao distribuidor para as anotações devidas, especialmente acerca do nome do requerido.

7.3. Suspensão do processo

Nos termos do art. 855-A, § 2º, da CLT, "a instauração do incidente suspenderá o processo, sem prejuízo de concessão da tutela de urgência de natureza cautelar de que trata o art. 301 da Lei n. 13.105, de 16 de março de 2015 (Código de Processo Civil)".

Observa-se que o referido dispositivo seguiu a disciplina apresentada pelo art. 134, § 3º, do CPC/2015, ou seja, entendeu que a instauração do incidente suspende o processo, com exceção dos casos em que a desconsideração da personalidade jurídica for requerida na própria petição inicial trabalhista, uma vez que nesses casos não há a necessidade de instauração do incidente.

Essa suspensão, a meu ver, deve ser analisada de modo diferente na fase de conhecimento e na fase de execução.

Na fase de conhecimento, aplica-se o art. 799 da CLT, que impede a instauração de incidentes que suspendam o trâmite processual, salvo as "exceções" de suspeição (inclua-se impedimento) ou incompetência (art. 800). Nessa fase, serão admitidos inclusive atos processuais conjuntos que atinjam tanto o incidente como o processo principal, quando possível, como é o caso da instrução e da sentença, já que haverá mera ampliação subjetiva e objetiva.

Já no que tange à fase de execução, a ausência de suspensão significa negar a própria necessidade da instauração do incidente, uma vez que, enquanto o incidente estaria definindo a responsabilidade do sócio ou da sociedade (na desconsideração inversa), o processo continuaria para atingir seus bens, iniciando prazo para apresentação dos embargos à execução, recursos, fase de expropriação etc., tudo antes da decisão que acolherá ou não o incidente.

Na fase executiva, portanto, por força do art. 855-A, § 2º, da CLT, haverá suspensão imprópria, porque se suspende a execução, mas não, evidentemente, o próprio incidente.

Entendo, porém, que a suspensão da execução só deve ocorrer em atos relacionados ao sócio ou à sociedade (na desconsideração inversa). Isso porque nada obsta de o trabalhador, por exemplo, instaurar o incidente e buscar ao mesmo tempo bens do tomador de serviços (responsável subsidiário), como forma de imprimir celeridade e efetividade na execução, tal como previsto no Enunciado n. 7 da Jornada de Execução na Justiça do Trabalho, *in verbis*:

(34) DINAMARCO, Cândido Rangel. *Instituições de direito processual civil*, v. 2. 6. ed. São Paulo: Malheiros Editores, 2009. p. 436-437.

(35) PINHO, Humberto Dalla Bernardina de; FONSECA, Marina Silva. O incidente de desconsideração da personalidade jurídica do novo Código de Processo Civil. In: DIDIER JR., Fredie (coord. geral). *Novo CPC doutrina selecionada*, v. 1: parte geral. Salvador: JusPodivm, 2016. p. 1169.

Enunciado n. 7. EXECUÇÃO. DEVEDOR SUBSIDIÁRIO. AUSÊNCIA DE BENS PENHORÁVEIS DO DEVEDOR PRINCIPAL. INSTAURAÇÃO DE OFÍCIO. A falta de indicação de bens penhoráveis do devedor principal e o esgotamento, sem êxito, das providências de ofício nesse sentido, autorizam a imediata instauração da execução contra o devedor subsidiariamente corresponsável, sem prejuízo da simultânea desconsideração da personalidade jurídica do devedor principal, prevalecendo entre as duas alternativas a que conferir maior efetividade à execução.

Nesse caso, penso que a execução não será suspensa em relação ao tomador de serviços. Portanto, como regra, na fase de execução haverá suspensão do processo principal, não obstante seja possível prosseguir em relação a outros sujeitos não integrantes do polo passivo do incidente de desconsideração da personalidade jurídica.

De qualquer maneira, havendo suspensão, ela se dará até a decisão que acolhe ou não o incidente, tendo em vista que, quando cabível, o recurso terá efeito meramente devolutivo (CLT, art. 899, *caput*).

Cumpre destacar que, tratando-se de execução que já era definitiva, a interposição de recurso da decisão do incidente não tem o condão de convertê-la em provisória. Noutros termos, acabada a suspensão, a execução prossegue como definitiva perante o sócio ou a sociedade (na desconsideração inversa), ainda que em curso o julgamento de recurso.[36]

Por fim, é importante descrever que, sendo o caso de requerimento da parte ou do Ministério Público, a instauração do incidente é considerada efetivada na prolação de decisão que o admite, e não no momento do requerimento.[37] Esse entendimento decorre de interpretação do art. 134, § 4º, do CPC/2015, que exige que o requerimento do incidente demonstre o preenchimento dos pressupostos legais, constantes nos diplomas de direito material, para que a petição seja admitida pelo juízo. Dessa forma, após requerida a instauração do incidente, o juiz, por meio de cognição sumária, deverá observar se é provável a existência dos pressupostos para a desconsideração da personalidade jurídica. Em caso negativo, o juiz indeferirá o incidente liminarmente, razão pela qual ele não será nem mesmo considerado instaurado, obstando evidentemente a suspensão do processo.[38] Em caso positivo, instaura-se o procedimento provocando a suspensão.

7.4. Tutela cautelar

A instauração do incidente de desconsideração da personalidade jurídica impõe como regra o contraditório prévio. Isso, porém, não obsta a concessão de tutela cautelar, quando presentes seus requisitos. Tanto é assim que o próprio art. 855-A, § 2º, da CLT, fez a ressalva de que a suspensão não atingirá a concessão da tutela de urgência de natureza cautelar prevista no art. 301 do CPC/2015.

É importante destacar que o CPC de 1973, nos arts. 798 e 799, determinava de forma expressa que o juiz poderia, além dos procedimentos cautelares previstos no Código (cautelares nominadas ou típicas), determinar outras medidas provisórias quando houvesse fundado receio de que uma parte, antes do julgamento da lide, causasse ao direito da outra lesão grave e de difícil reparação. Tratava-se do poder geral de cautela conferido ao juiz.

O CPC/2015, além de eliminar o processo cautelar autônomo, extinguiu as cautelares nominadas ou típicas, elencando o art. 301, de forma exemplificativa, algumas formas de efetivação das tutelas de urgência de natureza cautelar. Diante do dispositivo, a doutrina entende que o poder geral de cautela foi mantido no CPC/2015.[39] Dessa forma, o poder geral de cautela é definido por Daniel Amorim Assumpção Neves como:

> (...) o generalizado poder estatal de evitar no caso concreto que o tempo necessário para a concessão da tutela definitiva gere a ineficácia dessa tutela. Essa amplitude da proteção jurisdicional no âmbito cautelar impõe que nenhuma restrição seja admitida no tocante ao direito concreto da parte em obter essa espécie de tutela quando demonstra os requisitos necessários previstos em lei[40].

(36) PROCESSO CIVIL. EXECUÇÃO FISCAL. APELAÇÃO DE SENTENÇA QUE JULGOU IMPROCEDENTES OS EMBARGOS DO DEVEDOR. PROSSEGUIMENTO DA EXECUÇÃO COMO DEFINITIVA. IMPOSSIBILIDADE DE CONVERSÃO DE EXECUÇÃO DEFINITIVA EM PROVISÓRIA. PRECEDENTES. 1. A execução provisória pode converter-se em definitiva, bastando para isso que sobrevenha o trânsito em julgado da sentença. O oposto, todavia, não ocorre. A execução que inicia definitiva pode ser suspensa, por força dos embargos, mas não se transforma em provisória. Assim, pendente recurso da sentença que julgou improcedentes os embargos do devedor, a execução prossegue como definitiva. 2. Havendo risco de irreversibilidade da execução definitiva, tornando inútil o eventual êxito do executado no julgamento final dos embargos, poderá o embargante, desde que satisfeitos os requisitos genéricos da antecipação de tutela (*fumus boni juris* e *periculum in mora*), socorrer-se de uma peculiar medida antecipatória, oferecida pelo art. 558 do CPC: a atribuição de efeito suspensivo ao recurso. O mesmo efeito é alcançável, com relação aos Recursos Especial e extraordinário, como "medida cautelar", nas mesmas hipóteses e pelos mesmos fundamentos. 3. Precedentes: EAg 480374/RS, 1ª Seção, Rel. Min. João Otávio de Noronha, DJ 09.05.2005 e RESP 658778/SP, 2ª Turma, Rel. Min. Castro Meira, DJ 01.08.2005. 4. Recurso Especial a que se dá provimento. (STJ; REsp 854.821; Proc. 2006/0118422-2; RS; Primeira Turma; Rel. Min. Teori Albino Zavascki; Julg. 17.08.2006; DJU 31.08.2006; p. 297)

(37) CÂMARA, Alexandre Freitas. Do incidente de desconsideração da personalidade jurídica. In: WAMBIER, Teresa Arruda *et al.* (Coord.). *Breves comentários ao novo Código de Processo Civil*. 2. ed. São Paulo: Revista dos Tribunais, 2016. p. 457.

(38) CÂMARA, Alexandre Freitas. Do incidente de desconsideração da personalidade jurídica. In: WAMBIER, Teresa Arruda *et al.* (Coord.). *Breves comentários ao novo Código de Processo Civil*. 2. ed. São Paulo: Revista dos Tribunais, 2016. p. 459.

(39) Nesse sentido: Enunciado n. 31 do Fórum Permanente de Processualistas Civis: O poder geral de cautela está mantido no CPC.

(40) NEVES, Daniel Amorim Assumpção. *Manual de direito processual civil*; v. único. 8. ed. Salvador: JusPodivm, 2016. p. 471.

Assim, como forma de evitar que o incidente de desconsideração da personalidade jurídica seja utilizado como meio para fraudar a execução pelos sócios ou sociedade (no caso da desconsideração inversa), é possível que o juiz, a requerimento ou de ofício e valendo-se de seu poder geral de cautela, em sede cautelar antes mesmo da citação, determine, por exemplo, o arresto de seus bens, evitando sua transferência e garantindo resultado útil do processo. Nesse sentido, o Enunciado n. 116 da 2ª Jornada de direito material e processual do trabalho:

> **Enunciado n. 116.** Tutelas de urgência de natureza cautelar no incidente de desconsideração da personalidade jurídica.
>
> A adoção do incidente de desconsideração da personalidade jurídica no processo do trabalho não exclui a possibilidade de deferimento de tutelas de urgência de natureza cautelar antes da citação do novo executado, inclusive de ofício, dentro do poder geral de cautela do magistrado.

Cabe destacar que nesses casos o contraditório é postergado, por expressa opção legislativa (CPC/2015, art. 9º, I), não havendo prévia comunicação ao sócio executado.

Com a utilização das referidas medidas cautelares, garante-se que, no futuro, caso haja o acolhimento da desconsideração da personalidade jurídica, o sócio ou a empresa responsável tenham bens suficientes para a satisfação do crédito exequendo, evitando-se que eles sejam alienados ou onerados em fraude à execução.[41]

Cumpre ressaltar que o art. 797 do CPC de 1973 admitia, em casos excepcionais, a concessão de ofício da tutela cautelar, o que não foi reproduzido no CPC de 2015. Em razão dessa omissão, parte da doutrina passa a exigir requerimento da parte, tendo em vista que, embora seja um mecanismo que busque garantir o resultado útil do processo e, portanto, de interesse público, há reflexos no direito material, além de provocar a responsabilidade objetiva da parte.[42] Para outros, é possível sua concessão de ofício em casos excepcionais para resguardar a justa composição do litígio, como se depreende das lições de Humberto Theodoro Jr.:

> [...] somente quando houver situação de vulnerabilidade da parte e risco sério e evidente de comprometimento da efetividade da tutela jurisdicional, poder-se-á excepcionalmente, fugir do rigor do princípio dispositivo, tornando-se cabível a iniciativa do juiz para determinar medidas urgentes indispensáveis à realização da justa composição do litígio.[43]

No mesmo sentido, Daniel Assumpção Neves:

> Entendo que mesmo diante do eloquente silêncio da lei, é provável que o tradicional poder geral de cautela se transforme num poder geral de tutela de urgência, sendo admitida, ainda que em caráter excepcional, a concessão de uma tutela cautelar ou antecipada de ofício.[44]

No processo do trabalho, penso que é possível a concessão de ofício da tutela cautelar, pois o próprio deferimento da cautelar no incidente pressupõe medida de risco sério e evidente ao comprometimento da efetividade da tutela jurisdicional.

7.5. Citação e defesa

Instaurado o incidente, o art. 135 do CPC/2015 indica que "o sócio ou a pessoa jurídica será citado para manifestar-se e requerer as provas cabíveis no prazo de 15 (quinze) dias".

Trata-se de citação e não intimação, vez que busca integrá-los à relação processual (CPC/2015, art. 238), sendo esse o mecanismo adequado para tornar alguém sujeito do processo.

No incidente instaurado na fase de execução, a citação será por oficial de justiça, tal como previsto no art. 880, § 2º, da CLT. Justifica-se a citação pessoal nesse caso, já que a decisão que acolhe o incidente simplesmente intimará o sócio ou a sociedade (na desconsideração inversa) para pagamento. Portanto, preserva-se a citação pessoal apenas para a integralização ao processo, e não mais para o pagamento.

Cita-se para apresentar defesa nos autos, e não em audiência.

O prazo para apresentação da defesa e requerimento das provas cabíveis será de 15 dias, nos termos do art. 3º do Provimento CGJT n. 1/2019.[45]

Não sendo apresentada a defesa, haverá revelia e confissão quanto à matéria de fato.

---

(41) Nesse sentido: CÂMARA, Alexandre Freitas. Do incidente de desconsideração da personalidade jurídica. In: WAMBIER, Teresa Arruda *et al.* (Coord.). *Breves comentários ao novo Código de Processo Civil*. 2. ed. São Paulo: Revista dos Tribunais, 2016. p. 465.

(42) MITIDIERO, Daniel. Tutela provisória. In: WAMBIER, Teresa Arruda *et al.* (Coord.). *Breves comentários ao novo Código de Processo Civil*. 2. ed. São Paulo: Revista dos Tribunais, 2016. p. 820; DIDIER JR., Fredie, BRAGA, Paula Sarno e OLIVEIRA, Rafael Alexandria de. *Curso de direito processual civil*: teoria da prova, direito probatório, ações probatórias, decisão, precedente, coisa julgada e antecipação dos efeitos da tutela. 11. ed. Salvador: JusPodivm, 2016. p. 607.

(43) THEODORO JÚNIOR, Humberto. *Curso de direito processual civil*, v. I – teoria geral do direito processual civil, processo de conhecimento e procedimento comum. 56. ed. rev. atual. e ampl. Rio de Janeiro: Forense, 2015. p. 624.

(44) NEVES, Daniel Amorim Assumpção. *Manual de direito processual civil*; Volume único. 8. ed. Salvador: JusPodivm, 2016. p. 437.

(45) A nosso juízo, no processo do trabalho é desnecessário o requerimento das provas, vez que se trata de diretriz retirada dos requisitos da petição inicial civil (CPC/2015, art. 319, VII), não exigidos para a reclamação trabalhista (CLT, art. 840, § 1º).

Por outro lado, caso seja apresentada, as matérias de defesa nas ações derivadas da relação de emprego são limitadas, pois, como já anunciado, haverá aplicação da teoria menor (objetiva).

Nesse contexto, com a demonstração de insolvência de bens da sociedade empresária, poderão os sócios, por exemplo, levantar como matérias de defesa o benefício de ordem descrito no art. 795, §§ 1º e 2º, do CPC/2015 ou o fato de serem sócios retirantes (CLT, art. 10-A). Discutidas tais matérias no incidente, há preclusão quanto a elas caso não sejam impugnadas, vez que a decisão do incidente é suscetível de recurso.[46]

Ressalto que não devem ser admitidas as alegações de inexistência de fraude ou de abuso de direito (desvio de finalidade ou confusão patrimonial), pois tais pressupostos apenas são exigidos na teoria maior ou subjetiva (CC, art. 50), não aplicável nas ações decorrentes da relação de emprego. Tais argumentos somente poderão ser conhecidos nas ações que não derivem da relação de emprego.

7.6. Instrução

O art. 134, § 4º, do CPC/2015 estabelece que "o requerimento deve demonstrar o preenchimento dos pressupostos legais específicos para desconsideração da personalidade jurídica".

Esse dispositivo não deve ser interpretado literalmente, mas de forma sistemática com o art. 136 do CPC/2015, que permite a instrução processual do incidente.

Disso resulta que o requerente deverá apresentar elementos mínimos de que estão presentes os requisitos para a desconsideração da personalidade jurídica, admitindo sua comprovação durante a instrução processual. Noutras palavras, esse dispositivo não impõe a existência de prova pré-constituída para o trâmite do incidente, podendo o requerente, após anunciar os elementos mínimos, postular ao juiz que proceda a pesquisas por meio de convênios judiciais para demonstrar a insuficiência de bens da sociedade, bem como a imediata concessão de tutela cautelar.

Por outro lado, não havendo indícios mínimos de insuficiência de bens (p. ex., decorrentes de outros processos), inicialmente deverão ser postuladas as providências judiciais quanto à existência de bens e, caso inexistentes, requerer a instauração do incidente ou ser instaurada de ofício.

No que tange ao ônus da prova dos pressupostos para o acolhimento da desconsideração, parte da doutrina entende que, sendo colocada sob o encargo do exequente trabalhista, cria-se um ônus excessivo para a parte hipossuficiente. Dessa forma, o ônus da prova deverá ser sempre do sócio ou da sociedade atingida, e não do exequente.

Como nas ações decorrentes da relação de emprego os pressupostos a serem demonstrados são os descritos no art. 28, § 5º, do CDC (teoria menor ou objetiva), ou seja, basta a constatação de que a pessoa jurídica cuja personalidade se pretende desconsiderar não possui bens suficientes para o pagamento da dívida, penso que não se atribui ao credor trabalhista um excessivo ônus probatório.

Nada obsta, porém, que, se necessário, no caso concreto seja invocada a teoria dinâmica do ônus da prova, quando preenchidos os requisitos do art. 818, § 1º, da CLT.

De qualquer maneira, ante a incidência da teoria menor (objetiva) nas ações decorrentes da relação de emprego, em regra, não haverá necessidade de dilação probatória, podendo o incidente ser julgado imediatamente após a apresentação de defesa do sócio ou da sociedade (na desconsideração inversa), nos termos do art. 355, I, do CPC/2015.

Aliás, sendo necessária a prova oral, o juiz deverá designar audiência para sua coleta (Provimento CGJT n. 1/2019, art. 3º, parágrafo único). Acolhido o incidente na fase de execução, o juiz intimará[47] o sócio ou a sociedade (na desconsideração inversa) para pagar ou nomear bens à penhora no prazo de 48 horas (CLT, art. 880).

Realizada a penhora, como o sócio já é considerado integrante do polo passivo da execução, a apresentação da defesa dos atos posteriores à desconsideração deverá ser realizada por meio dos embargos à execução (CPC/2015, art. 914 e seguintes). Os embargos de terceiro ficam restritos aos sócios que não tiverem feito parte do incidente de desconsideração da personalidade jurídica (CPC/2015, art. 674, § 2º, III).

7.7. Impugnação da decisão

Acolhendo ou rejeitando o incidente de desconsideração, passa a ter relevância se a decisão é impugnável imediatamente.

Nesse contexto, o § 1º do art. 855-A da CLT declinou o que segue:

> § 1º Da decisão interlocutória que acolher ou rejeitar o incidente:
>
> I – na fase de cognição, não cabe recurso de imediato, na forma do § 1º, do art. 893 desta Consolidação;
>
> II – na fase de execução, cabe agravo de petição, independentemente de garantia do juízo;
>
> III – cabe agravo interno se proferida pelo relator em incidente instaurado originariamente no tribunal.

Dessa forma, possuindo natureza de decisão interlocutória, a decisão, se proferida no processo de conhecimento, não será impugnável de imediato, por força do princípio da irrecorribilidade imediata das decisões interlocutórias (CLT,

(46) Inclusive na fase de conhecimento, já que deverá ser impugnada por meio de recurso ordinário no momento da decisão final.

(47) Intimar e não citar, vez que o sócio já está integrado na fase executiva.

art. 893, § 1º). Inaplicável, portanto, o art. 1.015, IV, do CPC/2015, de modo que sua impugnação ocorrerá no momento da decisão final, cabendo naturalmente o recurso ordinário e posteriormente, se for o caso, o recurso de revista.

Já nos casos em que o incidente for instaurado originariamente no Tribunal, seu julgamento será feito pelo relator (CPC/2015, art. 932, V). Com efeito, sabendo-se que a decisão colegiada é da índole dos tribunais, o relator, quando atua de forma monocrática, age por delegação do órgão colegiado, razão pela qual sua decisão submete-se ao agravo interno (CPC/2015, art. 1.021 – Provimento CGJT n. 1/2019, art. 5º, parágrafo único).

No tocante à impugnação das decisões proferidas na fase de execução, cumpre fazer uma análise mais aprofundada sobre o tema, especialmente em relação ao depósito recursal.

7.7.1. Agravo de petição e depósito recursal

O agravo de petição está previsto no art. 897, *a*, da CLT, que estabelece:

> Art. 897. Cabe agravo, no prazo de 8 (oito) dias:
>
> a) de petição, das decisões do Juiz ou Presidente, nas execuções (...)

Pela interpretação literal desse dispositivo, verifica-se que o agravo de petição é cabível das decisões na fase de execução. A generalidade desse dispositivo provoca dúvida na doutrina e na jurisprudência acerca do alcance proposto pela norma. Noutras palavras, quais decisões são impugnáveis pelo agravo de petição?

É sabido que o juiz profere despachos, decisões interlocutórias e sentenças.

Os despachos são irrecorríveis (CPC/2015, art. 1.001), seja na fase de conhecimento seja na fase de execução.

Por outro lado, as sentenças terminativas ou definitivas, por resolverem o processo, com ou sem resolução do mérito, são recorríveis. Na fase de execução, o recurso adequado é o agravo de petição. Desse modo, as decisões proferidas nos embargos à execução, embargos de terceiros (desde que ajuizado na fase de execução[48]) e na impugnação à decisão de liquidação são recorríveis por meio do agravo de petição. O mesmo se diga da decisão que acolhe a exceção de pré-executividade extinguindo a execução[49] e da decisão que acolhe a prescrição intercorrente.[50]

A maior celeuma fica por conta das decisões interlocutórias, existindo três correntes acerca do tema.

A primeira declina que o art. 893, § 1º, da CLT, que veda a recorribilidade imediata das decisões interlocutórias, é aplicável na fase executiva, restringindo o cabimento do agravo de petição.[51]

A segunda descreve que o princípio da irrecorribilidade imediata das decisões interlocutórias não se aplica na fase de execução, possibilitando a impugnação imediata de todas as decisões, pois o art. 897, *a*, da CLT não fez nenhuma restrição.[52]

Por sua vez, a terceira admite a impugnação imediata quando a decisão impuser um obstáculo intransponível para a execução ou for capaz de, concretamente, produzir prejuízo grave e imediato a direito tido por incontestável.[53]

Acredito que a terceira corrente está com a razão.

Como regra, as decisões interlocutórias proferidas na execução não podem ser impugnadas, sob pena de inviabilizar o prosseguimento da execução.

Pode ocorrer, contudo, de a decisão interlocutória criar obstáculo intransponível ao prosseguimento da execução, equiparando-se à sentença terminativa,[54] noutras palavras, quando se estiver diante de decisão interlocutória terminativa do feito. Esse é o caso da decisão que rejeita o incidente de desconsideração da personalidade jurídica, por inviabilizar o prosseguimento da execução perante o sócio ou a sociedade (na desconsideração inversa).

Do mesmo modo, pode acontecer de a decisão interlocutória produzir prejuízo iminente ao agravante, admitindo-se o agravo de petição para afastá-lo.[55] Parece-nos ter sido essa a posição adotada pelo legislador no § 1º, II, do art. 855-A, da CLT para admitir o agravo de petição da decisão que acolhe o incidente.

---

(48) Sendo ajuizado na fase de conhecimento caberá recurso ordinário.

(49) A decisão que rejeita ou acolhe parcialmente a exceção é irrecorrível de imediato.

(50) CLT, art. 11-A.

(51) MARTINS, Sérgio Pinto. *Direito processual do trabalho*: doutrina e prática forense; modelos de petições, recursos, sentenças e outros. 33. ed. São Paulo: Atlas, 2012. p. 454-455.

(52) CARRION, Valentin *apud* MOURA, Marcelo. *Consolidação das Leis do Trabalho para concursos*. 3. ed. Salvador: JusPodivm, 2013. p. 1173.

(53) BEBBER, Júlio César. *Recursos no processo do trabalho*. 4. ed. São Paulo: LTr, 2014. p. 310.

(54) TST-RR-205200-90.1990.5.02.0028. 3ª Turma, Rel. Min. Alberto Luiz Bresciani de Fontan Pereira, DJ 28.09.2012. "I – AGRAVO DE INSTRUMENTO. PROVIMENTO. A potencial violação do art. 5º, LV, da Constituição Federal encoraja o processamento do recurso de revista. Agravo de instrumento conhecido e provido. II – RECURSO DE REVISTA. DECISÃO PROFERIDA EM EMBARGOS À EXECUÇÃO. CABIMENTO. AGRAVO DE PETIÇÃO. O disposto no art. 893, § 1º, da CLT há de ser interpretado em sintonia com a disciplina do art. 897, *a*, do mesmo Texto, de forma a compreender-se que desafiarão agravo de petição as decisões proferidas em execução, quando, mesmo que excedentes às trilhas dos embargos à execução e da impugnação aos cálculos, criarem empecilhos ao regular desfecho do procedimento, abandonando, assim, a aparência interlocutória, para alcançar foros de definitividade. Recurso de revista conhecido e provido."

(55) MIESSA, Élisson. *Recursos trabalhistas*. Salvador: JusPodivm, 2015. p. 235.

Essa posição, se bem interpretada, é eficiente apesar de permitir a imediata impugnação.

É que as matérias discutidas no incidente, se não recorridas imediatamente, provocam a preclusão e, consequentemente, coisa julgada. Além disso, o agravo de petição terá efeito meramente devolutivo, não obstando o prosseguimento da execução definitiva perante o sócio. Ademais, existindo meio de impugnação eficaz a afastar o prejuízo do agravante, não há falar em cabimento do mandado de segurança e, consequentemente, a utilização do C. TST como instância ordinária.

Assim, o agravo de petição no presente caso inviabiliza o cabimento do mandado de segurança, provoca preclusão e permite o prosseguimento imediato da execução definitiva perante o sócio.

É interessante destacar que, prosseguindo a execução, da decisão dos embargos à execução também caberá agravo de petição, ficando o relator, que julgou ou julgará o agravo de petição do incidente, prevento para o agravo de petição dos embargos.

Outro ponto digno de nota diz respeito à exigência de depósito recursal no referido agravo de petição.

É sabido que o depósito recursal tem como finalidade a garantia de futura execução. Na fase de conhecimento, o depósito possui um teto máximo, que pode ser legal, ou o valor da condenação, nesse último caso quando inferior ao teto legal.

Na fase de execução, por sua vez, não existe teto legal, de modo que deverá ser no valor integral da execução ou da majoração.

Desse modo, como em regra o agravo de petição é posterior à penhora, que tem natureza de garantir a execução, ele somente será exigido se houver elevação do valor do débito, exigindo-se o depósito no valor total da majoração (Súmula n. 128, II, do TST).

Diante dessa sistemática do depósito recursal no agravo de petição, a interposição desse recurso da decisão do incidente independe de garantia do juízo, como previsto no art. 855-A, § 1º, II, da CLT. Isso se justifica porque exigir o depósito recursal, no caso, equivaleria a uma espécie de "penhora antecipada" dos bens do sócio como forma de satisfazer o pressuposto recursal do preparo, já que, como dito, o depósito na hipótese deveria ser integral, pois como regra não haverá penhora nem mesmo parcial.

De qualquer modo, tendo o agravo de petição efeito meramente devolutivo, não obsta a penhora dos bens do sócio ou da sociedade (na desconsideração inversa) na execução propriamente dita.

8. CONCLUSÃO

O direito material já versava sobre a desconsideração da personalidade jurídica, mas nada previa acerca da forma de realizar processualmente tal desconsideração. Desse modo, o Código de Processo Civil de 2015 passou a abordar o procedimento do incidente de desconsideração da personalidade jurídica nos arts. 133 a 137, o que foi atraído pela Lei n. 13.467/2017 (Reforma Trabalhista), incluindo o art. 855-A na CLT.

De qualquer modo, a aplicação das normas processuais referentes ao incidente de desconsideração da personalidade jurídica previstas no CPC/2015 não deve provocar nenhuma alteração acerca dos pressupostos de direito material que possibilitam a desconsideração, incidindo nas relações de emprego a teoria menor ou objetiva, disciplinada no art. 28, § 5º, do CDC, mesmo depois da Lei n. 13.874/2019.

Dessa forma, no processo do trabalho, a desconsideração poderá ocorrer quando a pessoa jurídica não possuir bens suficientes para o pagamento da dívida. As mesmas regras são aplicadas à desconsideração inversa da personalidade jurídica.

Partindo desse pressuposto (teoria objetiva), a meu juízo, o procedimento previsto no CPC/2015 para ser aplicado ao processo do trabalho deve sofrer as seguintes adaptações:

1) **legitimidade ativa (iniciativa)**: na fase de execução trabalhista é permitida a instauração, de ofício, pelo Juiz do Trabalho;
2) **suspensão do processo**: na fase de conhecimento, em razão do disposto no art. 799 da CLT, a instauração do incidente de desconsideração da personalidade jurídica não deve provocar a suspensão do processo. Já no que tange à fase de execução, penso que a suspensão se faz necessária para evitar que os bens dos sócios ou da sociedade (na desconsideração inversa) sejam atingidos antes da decisão que acolhe a desconsideração da personalidade jurídica. De qualquer maneira, a suspensão da execução deve ocorrer tão somente aos atos relacionados ao sócio ou à sociedade (na desconsideração inversa), mas não em relação a outros sujeitos não integrantes do polo passivo do incidente de desconsideração da personalidade jurídica.

Saliento que, para evitar que o incidente de desconsideração da personalidade jurídica seja utilizado como instrumento de fraude pelos sócios ou pela sociedade (na desconsideração inversa), é possível que o juiz, de ofício (ou a requerimento) e valendo-se de seu poder geral de cautela, antes mesmo da citação, conceda medidas cautelares que evitem a transferência de bens e garantam o resultado útil do processo.

1) **prazo para defesa**: O prazo para apresentação da defesa e requerimento das provas cabíveis será de 15 dias, nos termos do art. 3º do Provimento CGJT n. 1/2019.
2) **instrução processual**: ante a incidência da teoria menor (objetiva) nas relações de emprego não haverá, como regra, necessidade de dilação probatória, podendo o incidente ser julgado imediatamente após a

apresentação de defesa do sócio ou da sociedade (na desconsideração inversa).

3) impugnação da decisão que acolher ou rejeitar o incidente de desconsideração da personalidade jurídica (CLT, art. 855-A, § 1º):

   a) na fase de cognição não é cabível recurso de imediato, em razão do princípio da irrecorribilidade imediata das decisões interlocutórias (art. 893, § 1º, da CLT).

   b) na fase de execução, cabe agravo de petição, independentemente de garantia do juízo, inviabilizando o cabimento do mandado de segurança, provocando preclusão e admitindo o prosseguimento imediato da execução definitiva em face do sócio.

   c) nos casos em que o incidente for instaurado originariamente no Tribunal, a decisão monocrática submete-se ao agravo interno (CPC/2015, art. 1.021).

9. REFERÊNCIAS

ALMEIDA, Cleber Lúcio de. Incidente de desconsideração da personalidade jurídica. In: MIESSA, Élisson (Coord.). *O novo Código de Processo Civil e seus reflexos no processo do trabalho*. 2. ed. Salvador: JusPodivm, 2016.

ASSIS, Araken de. *Manual da execução*. 18. ed. rev., atual. e ampl. São Paulo: Revista dos Tribunais, 2016.

AZEVEDO, Erasmo Valladão; FRANÇA, Novaes (Coord.). *Direito societário contemporâneo I*. São Paulo: Quartier Latin, 2009.

BEBBER, Júlio César. *Processo do trabalho*: temas atuais. São Paulo: LTr, 2003.

CÂMARA, Alexandre Freitas. Do incidente de desconsideração da personalidade jurídica. In: WAMBIER, Teresa Arruda *et al*. (Coord.). *Breves comentários ao novo Código de Processo Civil*. 2. ed. São Paulo: Revista dos Tribunais, 2016.

______. *Lições de direito processual civil*, v. 1. 18. ed. Rio de Janeiro: Lumen Juris, 2008.

CLAUS, Ben-Hur Silveira. O incidente de desconsideração da personalidade jurídica previsto no CPC de 2015 e o Direito Processual do Trabalho. In: DALLEGRAVE NETO, José Affonso; GOULART, Rodrigo Fortunato. *Novo CPC e o processo do trabalho*. São Paulo: LTr, 2016.

CORDEIRO, Wolney de Macedo. *Execução no processo do trabalho*. 2. ed. Salvador: JusPodivm, 2016.

DALLEGRAVE NETO, José Affonso; GOULART, Rodrigo Fortunato. *Novo CPC e o processo do trabalho*. São Paulo: LTr, 2016.

DELGADO, Gabriela Neves; DUTRA, Renata Queiroz. A aplicação das convenções processuais do novo CPC ao processo do trabalho na perspectiva dos direitos fundamentais. In: MIESSA, Élisson (Coord.). *O novo Código de Processo Civil e seus reflexos no processo do trabalho*. 2. ed. Salvador: JusPodivm, 2016.

DELGADO, Maurício Godinho. *Curso de direito do trabalho*. 15. ed. São Paulo: LTr, 2016.

DIDIER JR., Fredie. *Curso de direito processual civil*, v. 1: Introdução ao direito processual civil e processo de conhecimento. 15. ed. Salvador: JusPodivm, 2013. p. 50.

______. *Curso de direito processual civil*, v. 1: introdução ao direito processual civil, parte geral e processo de conhecimento. 18. ed. Salvador: JusPodivm, 2016.

______; BRAGA, Paula Sarno; OLIVEIRA, Rafael Alexandria de. *Curso de direito processual civil*: teoria da prova, direito probatório, ações probatórias, decisão, precedente, coisa julgada e antecipação dos efeitos da tutela. 11. ed. Salvador: JusPodivm, 2016.

DINAMARCO, Cândido Rangel. *Instituições de direito processual civil*; v. 2. 6. ed. São Paulo: Malheiros Editores, 2009.

FARIAS, Cristiano Chaves de; ROSENVALD, Nelson. *Curso de direito civil*; v. 2: Obrigações. 7. ed. Salvador: JusPodivm, 2013.

GONÇALVES, Carlos Roberto. *Direito civil brasileiro*; v. 1: parte geral. 9. ed. São Paulo: Saraiva, 2011.

GRINOVER, Ada Pellegrini. Da desconsideração da pessoa jurídica – aspectos de direito material e processual. *Revista Jurídica do Ministério Público*, v. 6, maio 2006. p. 53-68.

KLIPPEL, Bruno. O incidente de desconsideração da personalidade jurídica e suas repercussões no processo do trabalho. In: LEITE, Carlos Henrique Bezerra (Org.). *Novo CPC*: repercussões no processo do trabalho. São Paulo: Saraiva, 2015.

LEITE, Carlos Henrique Bezerra. *Curso de direito processual do trabalho*. 14. ed. de acordo com o novo CPC – Lei n. 13.105, de 16.03.2015. São Paulo: Saraiva, 2016.

______ (Org.). *Novo CPC*: repercussões no processo do trabalho. São Paulo: Saraiva, 2015.

MARTINS, Sérgio Pinto. *Direito processual do trabalho*: doutrina e prática forense: modelos de petições, recursos, sentenças e outros. 33. ed. São Paulo Atlas, 2012.

MIESSA, Élisson (Coord.). *O novo Código de Processo Civil e seus reflexos no processo do trabalho*. 2. ed. Salvador: JusPodivm, 2016.

______. *Recursos trabalhistas*. Salvador: JusPodivm, 2015.

______. *Súmulas e Orientações Jurisprudenciais do TST comentadas e organizadas por assunto*. 7. ed. Salvador: JusPodivm, 2016.

MITIDIERO, Daniel. Tutela provisória. In: WAMBIER, Teresa Arruda *et al*. (coord.). *Breves comentários ao novo Código de Processo Civil*. 2. ed. São Paulo: Revista dos Tribunais, 2016.

MOURA, Marcelo. *Consolidação das Leis do Trabalho para concursos*. 3. ed. Salvador: JusPodivm, 2013.

NEVES, Daniel Amorim Assumpção. *Manual de direito processual civil*; V. *único*. 8. ed. Salvador: JusPodivm, 2016.

NOGUEIRA, Eliana dos Santos Alves; BENTO, José Gonçalves. Incidente de desconsideração da personalidade jurídica. In: MIESSA, Élisson (Coord.). *O novo Código de Processo Civil e seus reflexos no processo do trabalho*. 2. ed. Salvador: JusPodivm, 2016.

NUNES, Simone Lahorgye; BIANQUI, Pedro Henrique Torres. A desconsideração da personalidade jurídica: considerações sobre a origem do princípio, sua positivação e a aplicação no Brasil. In: AZEVEDO, Erasmo Valladão; FRANÇA, Novaes (Coord.). *Direito societário contemporâneo I*. São Paulo: Quartier Latin, 2009.

PEREIRA, Caio Mário da Silva. *Instituições de direito civil*: v. II, Teoria Geral das Obrigações. 20. ed. Rio de Janeiro: Forense, 2005.

PINHEIRO, Paulo Henrique S. In: RODRIGUES, Deusmar José (Coord.) *Lei da reforma trabalhista*: comentada artigo por artigo. Leme: JH Mizuno, 2017.

PINHO, Humberto Dalla Bernardina de; FONSECA, Marina Silva. O incidente de desconsideração da personalidade jurídica do novo Código de Processo Civil. In: DIDIER JR., Fredie (Coord. Geral). *Novo CPC doutrina selecionada*, v. 1: parte geral. Salvador: JusPodivm, 2016.

RAMOS, André Luiz Santa Cruz. *Direito empresarial esquematizado*. 5. ed. rev., atual. e ampl. Rio de Janeiro: Forense; São Paulo: Método, 2015.

SCHIAVI, Mauro. *Manual de direito processual do trabalho*. 10. ed. de acordo com novo CPC. São Paulo: LTr, 2016.

SILVA, Bruno Freire e. *O novo CPC e o processo do trabalho I*: parte geral. São Paulo: LTr, 2015.

TARTUCE, Flávio. *Manual de direito civil*: v. único. 6. ed. rev., atual. e ampl. Rio de Janeiro: Forense; São Paulo: Método, 2016.

THEODORO JÚNIOR, Humberto. *Curso de direito processual civil*, V. I – teoria geral do direito processual civil, processo de conhecimento e procedimento comum. 56. ed. rev. atual. e ampl. Rio de Janeiro: Forense, 2015.

______. *Curso de direito processual civil*, v. II – execução forçada, processo nos tribunais, recursos e direito intertemporal. 48. ed. rev. atual. e ampl. Rio de Janeiro: Forense, 2016.

______. Processo justo e contraditório dinâmico. *Revista de Estudos Constitucionais, Hermenêutica e Teoria do Direito*, jan.-jun. 2010.

VERÇOSA, Haroldo Malheiros Duclerc. *Curso de direito comercial*, v. 1: Teoria Geral do Direito Comercial e das Atividades Empresariais Mercantis; Introdução à Teoria Geral da Concorrência e dos bens imateriais. 3. ed. São Paulo: Malheiros Editores, 2011.

WAMBIER, Teresa Arruda *et al*. (Coord.). *Breves comentários ao novo Código de Processo Civil*. 2. ed. São Paulo: Revista dos Tribunais, 2016.

O Incidente de Desconsideração da Personalidade Jurídica e o Direito Processual do Trabalho

Gabriela Bins Gomes da Silva[1]

1. CONSIDERAÇÕES INICIAIS

O presente artigo objetiva analisar o incidente de desconsideração da personalidade jurídica (IDPJ) e a repercussão dessa inovação legislativa no âmbito do processo laboral. O artigo inicia-se com a importante ressalva de que o instituto da desconsideração da personalidade já era tratado pelo ordenamento jurídico no plano material e amplamente utilizado nos processos trabalhistas (sem a previsão de um procedimento legal específico) a fim de garantir-se efetividade à jurisdição.

O procedimento processual denominado incidente de desconsideração da personalidade jurídica foi regulamentado com a edição do Código de Processo Civil de 2015 e, a partir daí, iniciaram-se inúmeras discussões acerca da sua aplicabilidade ou não ao Processo do Trabalho. Ocorre que, antes que o assunto se pacificasse na doutrina e na jurisprudência laboral, em julho de 2017, com a publicação da Lei n. 13.467/2017 (Reforma Trabalhista), inseriu-se o art. 855-A na CLT, o qual dispôs expressamente sobre a aplicabilidade do incidente previsto no Código de Processo Civil ao Processo do Trabalho – incorporando o entendimento já adotado pelo TST (Tribunal Superior do Trabalho) na Instrução Normativa n. 39 (IN n. 39) –, embora com algumas peculiaridades.

Diante de todas as alterações legislativas mencionadas, o artigo pretende apresentar um substrato teórico que possa instigar o leitor a buscar uma interpretação fundada nos fins sociais a que as normas trabalhistas se destinam. Nesse sentido, propõe-se que o norte interpretativo seja a preservação dos direitos sociais constitucionalmente garantidos e dos princípios próprios que norteiam o ramo jurídico laboral, a exemplo da celeridade, da proteção, da simplicidade, da efetividade da jurisdição, da irrenunciabilidade e do caráter alimentar do crédito trabalhista – sem perder de vista os princípios do contraditório e da ampla defesa, que norteiam o processo como um todo.

Não há pretensão de que o artigo esgote o tema, mas almeja-se, com este estudo, reforçar a função instrumental do Direito Processual do Trabalho a fim de dar a máxima contribuição para a promoção da efetividade da jurisdição.

1.1. A ficção legal denominada pessoa jurídica e sua regulamentação em âmbito material

Antes de iniciar a análise da inovação legislativa – que prevê um conjunto concatenado de atos para alcançar o patrimônio pessoal dos sócios – e de sua aplicabilidade ao processo laboral, vale retomar, brevemente, a regulamentação material do instituto da desconsideração da personalidade jurídica e algumas de suas peculiaridades em âmbito trabalhista.

Sabe-se que, quando uma empresa é constituída formalmente, ela adquire personalidade jurídica. Esse processo ocorre com a inscrição, no registro próprio e na forma da lei, dos seus atos constitutivos – art. 45 do Código Civil (CC).[2] Isso é feito com o intuito de que os bens da pessoa jurídica não se confundam com o patrimônio pessoal de seus sócios, além de possibilitar às empresas adquirirem direitos e obrigações em seu próprio nome, diminuindo assim os riscos da atividade empresarial.

Essa ficção jurídica – instituir personalidade à empresa – fomenta a atividade empresarial e confere a ela capacidade para figurar em juízo independentemente de seus sócios. A propósito, tem-se o conceito de pessoa jurídica elaborado por Flávio Tartuce:

> As pessoas jurídicas, denominadas pessoas coletivas, morais, fictícias ou abstratas, podem ser conceituadas como sendo conjuntos de pessoas ou de bens arrecadados, que adquirem personalidade jurídica própria por uma ficção legal. Apesar de o Código Civil não repetir a regra do art. 20 do CC/1916, a pessoa jurídica não se confunde com seus membros, sendo essa regra inerente *à* própria concepção da pessoa jurídica. (TARTUCE, 2011, p. 114-115).

Ocorre que, apesar da autonomia conquistada pela pessoa jurídica, a interpretação, no que tange ao tema da

---

(1) Pós-graduada em Direito do Trabalho pela Fundação Getúlio Vargas. Graduada em Direito pela Faculdade de Direito Milton Campos. Oficial de Justiça Avaliador Federal no Tribunal Regional do Trabalho da 3ª Região. Membro do Grupo de Estudos "As Interfaces entre o Processo Civil e o Processo do Trabalho". *E-mail*: <gabriebs@trt3.jus.br>.

(2) Art. 45. Começa a existência legal das pessoas jurídicas de direito privado com a inscrição do ato constitutivo no respectivo registro, precedida, quando necessário, de autorização ou aprovação do Poder Executivo, averbando-se no registro todas as alterações por que passar o ato constitutivo.

responsabilização patrimonial, deve ser harmonizada com os arts. 789 e 790, II, do Código de Processo Civil.(3) Esses artigos dispõem que o devedor responde com todos os seus bens presentes e futuros para o cumprimento de suas obrigações (ou seja, com os bens preexistentes ao ajuizamento da demanda e com aqueles que sobrevierem ao patrimônio do executado) e que, mais ainda, estão sujeitos à execução também os bens dos sócios, nos termos da lei, caso a sociedade não possua bens suficientes para garantir a execução. Nesse sentido:

> O débito compreende um dever para o devedor e uma responsabilidade para o seu patrimônio. A obrigação, como dívida, é objeto do direito material; a responsabilidade, como sujeição dos bens do devedor a sanção que atua pela submissão à expropriação executiva, é instituto processual. São, como se vê, coisas distintas e, exatamente por isso, e por não necessariamente se identificarem, é que se admite que alguém que não seja devedor-obrigado possa ser responsabilizado em seu patrimônio. (NUNES; NÓBREGA, 2016, *online*).

Assim, apesar de, como regra geral, o patrimônio da pessoa jurídica ser autônomo e independente em relação à figura de seus sócios, esses últimos têm responsabilidade secundária. Isso quer dizer que, em determinadas situações, seu patrimônio também pode ser alcançado a fim de arcar com a dívida da pessoa jurídica. Esse fenômeno é possível por meio da desconsideração da personalidade jurídica.

O desprestígio da pessoa jurídica se dá diante da ocorrência de fatos determinantes, quais sejam, a utilização fraudulenta ou abusiva da pessoa jurídica e o empecilho colocado pela personalidade jurídica ao ressarcimento de danos merecedores de proteção especial a exemplo da verba alimentar trabalhista. Nesse sentido, Fábio Ulhoa Coelho afirma que:

> [...] em determinadas situações, ao se prestigiar o princípio da autonomia da pessoa jurídica, o ilícito perpetrado pelo sócio permanece oculto, resguardado pela licitude da conduta da sociedade empresária. Somente se revela a irregularidade se o juiz, nessas situações (quer dizer, especificamente no julgamento do caso), não respeitar esse princípio, desconsiderá-lo. (COELHO, 2015, p. 55).

É importante que se diga que levantar o "véu" da pessoa jurídica não se trata de decretar sua extinção ou de despersonalizá-la definitivamente, mas, sim, de uma desconsideração temporária da sua personalidade.

Isso é feito para alcançar o patrimônio pessoal dos sócios nos limites de determinado processo. Nesse sentido, Fábio Ulhoa Coelho explica: "A aplicação da teoria da desconsideração não implica a anulação ou desfazimento do ato constitutivo da sociedade empresária, mas apenas a sua ineficácia episódica" (COELHO, 2015, p. 64). Isso porque, muitas vezes, a execução só atinge seu fim – satisfazer direitos reconhecidos judicialmente – quando os bens dos sócios são chamados a responder patrimonialmente pelo débito.

Em relação às situações em que se torna possível desconsiderar a personalidade jurídica da empresa, vale recordar que a matéria conta com ampla previsão legal no direito material. A teoria está prevista no art. 28, § 5º, do Código de Defesa do Consumidor (Lei n. 8.078/1990),(4) no art. 4º da Lei de Proteção do Meio Ambiente (Lei n. 9.605/1998),(5) no art. 135 do Código Tributário (Lei n. 5.172/1966),(6) no art. 34 da Lei do Direito da Concorrência (Lei n. 12.529/2012)(7) e no art. 50 do Código Civil.(8)

---

(3) Art. 789. O devedor responde com todos os seus bens presentes e futuros para o cumprimento de suas obrigações, salvo as restrições estabelecidas em lei. [...] Art. 790. São sujeitos à execução os bens: [...] II – do sócio, nos termos da lei; [...].

(4) Art. 28. O juiz poderá desconsiderar a personalidade jurídica da sociedade quando, em detrimento do consumidor, houver abuso de direito, excesso de poder, infração da lei, fato ou ato ilícito ou violação dos estatutos ou contrato social. A desconsideração também será efetivada quando houver falência, estado de insolvência, encerramento ou inatividade da pessoa jurídica provocados por má administração. (...) § 5º Também poderá ser desconsiderada a pessoa jurídica sempre que sua personalidade for, de alguma forma, obstáculo ao ressarcimento de prejuízos causados aos consumidores.

(5) Art. 4º Poderá ser desconsiderada a pessoa jurídica sempre que sua personalidade for obstáculo ao ressarcimento de prejuízos causados à qualidade do meio ambiente.

(6) Art. 135. São pessoalmente responsáveis pelos créditos correspondentes a obrigações tributárias resultantes de atos praticados com excesso de poderes ou infração de lei, contrato social ou estatutos: (...) III – os diretores, gerentes ou representantes de pessoas jurídicas de direito privado.

(7) Art. 34. A personalidade jurídica do responsável por infração da ordem econômica poderá ser desconsiderada quando houver da parte deste abuso de direito, excesso de poder, infração da lei, fato ou ato ilícito ou violação dos estatutos ou contrato social. Parágrafo único. A desconsideração também será efetivada quando houver falência, estado de insolvência, encerramento ou inatividade da pessoa jurídica provocados por má administração.

(8) Alterado na data da escrita deste artigo pela Medida Provisória n. 881, de 2019, ainda não convertida em lei. Art. 50. Em caso de abuso da personalidade jurídica, caracterizado pelo desvio de finalidade ou pela confusão patrimonial, pode o juiz, a requerimento da parte, ou do Ministério Público quando lhe couber intervir no processo, desconsiderá-la para que os efeitos de certas e determinadas relações de obrigações sejam estendidos aos bens particulares de administradores ou de sócios da pessoa jurídica beneficiados direta ou indiretamente pelo abuso. (Redação dada pela Medida Provisória n. 881, de 2019) § 1º Para fins do disposto neste artigo, desvio de finalidade é a utilização dolosa da pessoa jurídica com o propósito de lesar credores e para a prática de atos ilícitos de qualquer natureza. (Incluído pela Medida Provisória n. 881, de 2019) § 2º Entende-se por confusão patrimonial a ausência de separação de fato entre os patrimônios, caracterizada por: (Incluído

Interpretando-se o arcabouço jurídico de direito material existente, destacam-se duas teorias para possibilitar a aplicação do instituto da desconsideração da personalidade jurídica, quais sejam: a teoria subjetiva, também chamada de teoria maior, e a teoria objetiva, também denominada de teoria menor. Segundo Henrique Correia e Élisson Miessa (2018), a primeira delas (teoria subjetiva), contemplada no art. 50 do CC, exige a concomitância de dois requisitos para que possa ocorrer o afastamento episódico da autonomia patrimonial da pessoa jurídica, quais sejam: que os bens da pessoa jurídica não sejam suficientes para quitar o débito e que haja provas da ocorrência de fraude ou abuso do direito, caracterizados pela confusão patrimonial ou pelo desvio de finalidade.

Já a teoria objetiva dispõe que pode haver desconsideração da personalidade jurídica toda vez que a pessoa jurídica não possuir bens suficientes para o pagamento da dívida, ou seja, conforme previsto no Código de Defesa do Consumidor (CDC), sempre que sua personalidade for, de alguma forma, obstáculo ao ressarcimento de prejuízos causados ao credor, ainda que diante da ausência de ação ou omissão do sócio.

A segunda teoria, denominada objetiva, é a compatível com a seara trabalhista, de índole protetiva, pois, assim como o consumidor, o trabalhador também é dotado de vulnerabilidade. Ademais, por ser o reclamante, além de hipossuficiente, credor de verba alimentar, seria desproporcional e demasiadamente dificultoso para ele demonstrar fraude ou abuso de direito dos sócios da empresa devedora.

Conclui-se que a finalidade de desconsiderar-se a personalidade no Processo do Trabalho é garantir ao trabalhador os direitos reconhecidos judicialmente e inadimplidos pela pessoa jurídica insolvente, que não tem bens suficientes para satisfazer a obrigação trabalhista.

A Consolidação das Leis do Trabalho (CLT), em seu art. 2º, § 2º, esclareceu que os riscos da atividade econômica são de quem se beneficia dela, não cabendo ao trabalhador arcar com os prejuízos da insolvência do empregador. É imperioso ter como norte o fato de que o trabalhador deve ser remunerado pelo dispêndio de energia – força de trabalho –, e essa é uma garantia constitucional. Veja-se o que diz Mauricio Godinho Delgado sobre o tema:

> Na seara justrabalhista a noção de despersonalização da figura do empregador é, sem dúvida, mais ampla, de maneira a assegurar a efetividade dos direitos sociais fundamentais trabalhistas também pelo patrimônio dos sócios das entidades societárias, em caso de frustração da execução com respeito ao patrimônio da respectiva sociedade empregadora independentemente de comprovação de fraude ou vícios congêneres na gestão empresarial ou no uso da fórmula da pessoa jurídica. (DELGADO, 2016, p. 540).

Cabe também mencionar a possibilidade de desconsideração inversa da personalidade jurídica. O instituto já contava com previsão doutrinária e jurisprudencial e, com o Código de Processo Civil de 2015, ganhou previsão legal (art. 133, § 2º)(9).

A desconsideração inversa trata da possibilidade de responsabilizar o patrimônio da pessoa jurídica por dívidas contraídas por seus sócios de forma abusiva ou não (no caso da verba alimentar trabalhista). Nesse caso, apesar de o sócio ser o devedor, visto que parte de seu patrimônio se encontra em nome da empresa de sua titularidade, essa última é acionada e acaba por arcar com o débito.

Tal instituto já era aplicável ao Processo do Trabalho, sendo o exemplo mais ilustrativo o do empregador doméstico. Entretanto, alguns julgados têm utilizado a desconsideração inversa, após a desconsideração padrão da personalidade, para atingir bens de outras empresas em que o sócio tem participação societária (que não a empresa devedora que ocupava inicialmente o polo passivo da ação). Observa-se essa situação no trecho de julgamento do Agravo de Petição a seguir:

> EXECUÇÃO. DESCONSIDERAÇÃO DA PERSONALIDADE JURÍDICA INVERSA. POSSIBILIDADE. Uma vez não localizados bens da devedora principal, que participou diretamente da relação jurídica material originária da relação creditícia, está autorizada a desconsideração da personalidade jurídica da sociedade, a fim de se perseguirem os bens dos seus sócios. Se, ainda assim, não forem encontrados bens e, na hipótese do sócio originário compor outra sociedade empresária, essa, com supedâneo na teoria da desconsideração da personalidade jurídica inversa, se tornará coobrigada, de forma subsidiária à satisfação do crédito exequendo, formando uma cadeia de responsabilização daqueles que se relacionam com o universo patrimonial do devedor. (TRT-2 – AP: 02900006719955020063 SP, 02900006719955020063 A20, Relator: Francisco Ferreira Jorge Neto. Data de Julgamento: 17.09.2015, 14ª Turma, Data de Publicação: 30.09.2015).

Veja-se o que ensina Wolney de Macedo Cordeiro sobre o tema:

Seguindo as mesmas diretrizes para o reconhecimento da desconsideração da personalidade jurídica, a desconsideração inversa pressupõe a existência da

pela Medida Provisória n. 881, de 2019) I – cumprimento repetitivo pela sociedade de obrigações do sócio ou do administrador ou vice-versa; (Incluído pela Medida Provisória n. 881, de 2019) II – transferência de ativos ou de passivos sem efetivas contraprestações, exceto o de valor proporcionalmente insignificante; e (Incluído pela Medida Provisória n. 881, de 2019) III – outros atos de descumprimento da autonomia patrimonial. (Incluído pela Medida Provisória n. 881, de 2019).

(9) Art. 133. O incidente de desconsideração da personalidade jurídica será instaurado a pedido da parte ou do Ministério Público, quando lhe couber intervir no processo. § 2º Aplica-se o disposto neste Capítulo à hipótese de desconsideração inversa da personalidade jurídica.

insolvência do sócio. Nesse caso, a pessoa jurídica da qual faz parte, responderá pelo cumprimento integral da obrigação assumida, sendo, igualmente, desnecessária a demonstração da existência de qualquer ação ou omissão do sócio. (CORDEIRO, 2017, p. 160).

Nesse mesmo sentido, o julgado abaixo, após constatar que a executada era também sócia-administradora de uma sociedade e detentora de 99% de suas cotas, realizou a desconsideração inversa da personalidade jurídica, privilegiando-se, nesse ramo processual, o princípio da proteção ao trabalhador, exigindo-se tão somente a inadimplência do devedor e a ausência de bens que possam garantir a execução. Assim, na desconsideração inversa também se aplica, por analogia, o art. 28, § 5º, do CDC.

> PROCESSO DO TRABALHO. DESCONSIDERAÇÃO INVERSA DA PERSONALIDADE JURÍDICA. POSSIBILIDADE. O art. 133, § 2º, do CPC consagra a possibilidade de desconsideração inversa da personalidade jurídica da empresa. Tal dispositivo é plenamente aplicável ao processo do trabalho, segundo o art. 6º da IN n. 39 do TST. Destaca-se que a medida visa concretizar os princípios da efetividade da execução, dignidade da pessoa humana e do valor social do trabalho. Sendo assim, frustradas todas as tentativas de execução do débito, inicialmente, de responsabilidade do executado, é possível a desconsideração inversa da personalidade jurídica, objetivando a inclusão no polo passivo de empresa de titularidade deste. (TRT-3 – AP: 0011500-15.2017.5.03.0081, Relator: Cleber Lúcio de Almeida. Data de julgamento: 30.04.2019).

Em ambas as desconsiderações – clássica e inversa –, o que ocorre é o resgate, feito pela ordem jurídica, do caráter latente do princípio da primazia da realidade para superar a distinção formal entre o patrimônio da sociedade e o patrimônio pessoal dos sócios. O instituto mitiga as linhas imaginárias com que o direito autonomiza esses dois patrimônios a fim de estimular o desenvolvimento regular da atividade econômica (CLAUS, 2010, p. 66) e, no caso do Processo do Trabalho, prestigia os princípios da efetividade da execução, da dignidade da pessoa humana e do valor social do trabalho.

Observe-se que o risco da atividade empresarial recai de forma secundária sobre os sócios quando a personalidade jurídica se apresenta como um obstáculo à satisfação do crédito. Uma situação que merece comentário é a possibilidade de desconsideração da personalidade jurídica das Sociedades Anônimas para se atingir o patrimônio dos diretores/administradores. Segue o entendimento jurisprudencial:

> **EMENTA: AGRAVO DE PETIÇÃO. TEORIA DA DESCONSIDERAÇÃO DA PERSONALIDADE JURÍDICA. SOCIEDADE ANÔNIMA. POSSIBILIDADE. CONDIÇÕES.** Embora a jurisprudência trabalhista venha admitindo a **desconsideração** da personalidade jurídica de sociedades anônimas de capital fechado para atingir o patrimônio de seus acionistas diretores/administradores, devido à sua equivalência com as sociedades limitadas, é igualmente assente na jurisprudência que, justamente por se tratar de **sociedade anônima**, a qual se rege pela Lei n. 6.404/1991, não basta a mera frustração da execução para que esta se reverta em desfavor dos acionistas da S.A, mas também a prática de atos de má gestão por parte desses. (TRT-3 – AP: 0011384-88.2015.5.03.0142; Disponibilização: 24.05.2019; Órgão Julgador: 11ª Turma; Relator: Convocado Delane Marcolino Ferreira. Grifos do original).

> **EMENTA: DESCONSIDERAÇÃO DA PERSONALIDADE JURÍDICA. SOCIEDADE ANÔNIMA DE CAPITAL FECHADO. POSSIBILIDADE.** A jurisprudência deste Eg. Regional já se consolidou no sentido de que a **sociedade anônima** de capital fechado deve ser tratada de forma similar à **sociedade** limitada, haja vista que seus acionistas e administradores, *mutatis mutandis*, se equiparam à figura do sócio daquela modalidade societária. Nessa senda, diante da inadimplência da devedora originária e com fulcro no art. 28, § 5º, do CDC c/c art. 50 do CC (subsidiariamente aplicáveis ao Processo Trabalhista por força dos arts. 8º e 769 da CLT), é plenamente cabível a **desconsideração** de sua personalidade jurídica, de modo a alcançar o patrimônio de seus dirigentes, com vistas à quitação do crédito alimentar em execução. (TRT-3 – AP: 0010878-33.2016.5.03.0060; Disponibilização: 16.05.2019, DEJT/TRT3/Cad.Jud, Página 1651; Órgão Julgador: 8ª Turma; Relator: Convocada Maria Raquel Ferraz Zagari Valentim. Grifos do original).

> **EMENTA: DESCONSIDERAÇÃO DA PERSONALIDADE JURÍDICA. SOCIEDADE ANÔNIMA. POSSIBILIDADE.** O art. 158, § 2º, da Lei n. 6.404/1976 permite que os administradores sejam solidariamente responsáveis pelos prejuízos causados em virtude do não cumprimento dos deveres impostos por lei para assegurar o funcionamento normal da companhia, ainda que pelo estatuto tais deveres não caibam a todos eles. E não há dúvida de que o cumprimento das obrigações trabalhistas insere-se nesses deveres. Demonstrada a irregularidade na gestão da sociedade, revelada pela ausência de pagamento do crédito trabalhista e pela insolvência que se presume, fica autorizada a desconsideração da personalidade jurídica, com o objetivo de se alcançar o patrimônio dos seus dirigentes, para efetivar a quitação do crédito trabalhista executado. (TRT-3 – AP: 0000817-17.2015.5.03.0071. Relator: Convocado Vitor Salino de Moura Eca. Data da publicação: 14.08.2018).

Dos julgados citados, infere-se que os sócios gestores e controladores da S/A, por não terem a mesma liberdade de atuação dos sócios da sociedade limitada, têm sua responsabilidade patrimonial reduzida. Primeiramente, isentam-se os acionistas minoritários, que ocupam uma posição jurídica frágil face aos destinos da empresa e segundo, apesar de a matéria não estar totalmente pacificada, responsabiliza-se o gestor, desde que tenha agido de forma abusiva no cumprimento dos seus deveres. Há ainda diferença na responsabilização a depender se a S/A. é de capital aberto ou fechado. No caso do capital ser fechado, alguns doutrinadores entendem que seu tratamento deve ser similar ao dispensado às sociedades limitadas.

Segundo Ben-Hur Silveira Claus (2010), a autêntica sociedade anônima de capital aberto, constituída nos termos da Lei n. 6.404/1976, que tem seu capital dividido em ações que podem ser adquiridas livremente por interessados no mercado de capitais, pode ter sua personalidade jurídica desconsiderada em desfavor do acionista controlador (que tem poder decisório para definir os rumos da administração do negócio) caso ele incorra em abuso de poder (art. 117). Assim, é necessário um conjunto probatório que constate a gestão fraudulenta ou ilícita do sócio controlador a fim de que se possa alcançar seu patrimônio.

Cabe ressaltar, porém, que a lei impõe ao acionista controlador o dever de respeitar os direitos dos empregados que trabalham na companhia: "O acionista controlador deve usar o poder com o fim de fazer a companhia realizar o seu objeto e cumprir sua função social, e tem deveres e responsabilidades para com os demais acionistas da empresa, os que nela trabalham e para com a comunidade em que atua, cujos direitos e interesses deve lealmente respeitar e atender" (Parágrafo único do art. 116 da Lei n. 6.404/1976).

Conforme todo o exposto até o momento, observa-se que, sob o aspecto material, a desconsideração da personalidade jurídica já conta com ampla regulamentação, que continua sendo aplicada. Reitera-se que a inovação se refere ao procedimento. Tanto é assim que o art. 133, § 1º, do CPC enfatiza: "o pedido de desconsideração da personalidade jurídica observará os pressupostos previstos em lei".[(10)]

O que não havia no ordenamento jurídico eram regras processuais sobre o caminho a ser seguido para se atingir o patrimônio dos sócios. Assim, a Lei n. 13.105/2015, a qual regula o Código de Processo Civil, criou um procedimento específico para que seja declarada a desconsideração da personalidade jurídica. A justificativa para a inovação legislativa embasa-se no princípio do contraditório substancial[(11)] e do devido processo legal. Ocorre que antes que se pacificasse o entendimento acerca da pertinência entre o incidente recém regulamentado e o subsistema jurídico laboral, a Lei n. 13.467/2017 encampou o procedimento ao corpo da CLT (art. 855-A).

Em que pesem os dispositivos legais citados, a norma não pode ser tomada em sua literalidade e o incidente não pode ser considerado um fim em si mesmo, motivos pelos quais a atividade interpretativa será determinante na análise da aplicabilidade da inovação legislativa firmada no CPC (arts. 133 a 137[(12)]) e na CLT (art. 855-A).[(13)]

1.2. A importância da atividade interpretativa

Uma vez revisitado, ainda que brevemente, o aspecto material do instituto da desconsideração da personalidade jurídica e, antes de analisar a aplicabilidade das inovações legislativas propriamente ditas, faz-se necessário chamar atenção para a importância da função interpretativa que será realizada adiante, haja vista que não pode o aplicador do direito escravizar-se por meio de uma leitura meramente gramatical da norma.

Nas palavras de Streck, "O processo interpretativo/hermenêutico tem (deveria ter) um caráter produtivo, e não meramente reprodutivo [...]" (STRECK, 2000, p. 79-80). Nesse sentido, complementa Wolney, "busca-se, portanto, harmonizar o texto legal com as necessidades correntes da sociedade, mesmo que a conclusão final possa parecer, em um primeiro momento, contrária ao 'texto escrito'" (CORDEIRO, 2017, p. 31).

---

(10) Art. 133. O incidente de desconsideração da personalidade jurídica será instaurado a pedido da parte ou do Ministério Público, quando lhe couber intervir no processo. § 1º O pedido de desconsideração da personalidade jurídica observará os pressupostos previstos em lei. (Grifos nossos).

(11) Segundo o professor Daniel Amorim Assumpção Neves, o contraditório substancial ou efetivo consiste na observação de três fatores pelo juiz, quais sejam: a informação, a possibilidade de reação e o poder de influência das partes na formação do convencimento judicial, como forma de evitar decisões surpresa às partes. (NEVES, 2017, p. 176-177).

(12) Art. 133. O incidente de desconsideração da personalidade jurídica será instaurado a pedido da parte ou do Ministério Público, quando lhe couber intervir no processo. § 1º O pedido de desconsideração da personalidade jurídica observará os pressupostos previstos em lei. § 2º Aplica-se o disposto neste Capítulo à hipótese de desconsideração inversa da personalidade jurídica. Art. 134. O incidente de desconsideração é cabível em todas as fases do processo de conhecimento, no cumprimento de sentença e na execução fundada em título executivo extrajudicial. § 1º A instauração do incidente será imediatamente comunicada ao distribuidor para as anotações devidas. § 2º Dispensa-se a instauração do incidente se a desconsideração da personalidade jurídica for requerida na petição inicial, hipótese em que será citado o sócio ou a pessoa jurídica. § 3º A instauração do incidente suspenderá o processo, salvo na hipótese do § 2º. § 4º O requerimento deve demonstrar o preenchimento dos pressupostos legais específicos para desconsideração da personalidade jurídica. Art. 135. Instaurado o incidente, o sócio ou a pessoa jurídica será citado para manifestar-se e requerer as provas cabíveis no prazo de 15 (quinze) dias. Art. 136. Concluída a instrução, se necessária, o incidente será resolvido por decisão interlocutória. Parágrafo único. Se a decisão for proferida pelo relator, cabe agravo interno. Art. 137. Acolhido o pedido de desconsideração, a alienação ou a oneração de bens, havida em fraude de execução, será ineficaz em relação ao requerente.

(13) Art. 855-A. Aplica-se ao processo do trabalho o incidente de desconsideração da personalidade jurídica previsto nos arts. 133 a 137 da Lei n. 13.105, de 16 de março de 2015 – Código de Processo Civil. 1º Da decisão interlocutória que acolher ou rejeitar o incidente: I – na fase de cognição, não cabe recurso de imediato, na forma do § 1º do art. 893 desta Consolidação; II – na fase de execução, cabe agravo de petição, independentemente de garantia do juízo; III – cabe agravo interno se proferida pelo relator em incidente instaurado originariamente no tribunal.§ 2º A instauração do incidente suspenderá o processo, sem prejuízo de concessão da tutela de urgência de natureza cautelar de que trata o art. 301 da Lei n. 13.105, de 16 de março de 2015 (Código de Processo Civil).

Inicia-se este estudo interpretativo tendo em mente o cuidado e o respeito necessários com o Processo do Trabalho, que serve de instrumento para efetivar direitos sociais constitucionalmente reconhecidos e verbas alimentares de trabalhadores hipossuficientes. Dessa forma, ao interpretar-se o incidente de desconsideração e sua aplicabilidade no *âmbito* do processo laboral, deve-se levar em consideração a força irradiante da Constituição, pois "um ordenamento jurídico constitucionalizado é caracterizado por uma Constituição extremamente invasora, intrometida [...], capaz de condicionar tanto a legislação como a jurisprudência e a doutrina à ação dos atores políticos, assim como as relações sociais" (GUASTINI, 2009).

Seguindo esse raciocínio, cabe lembrar que a Constituição de 1988 atribuiu valor social ao trabalho e elevou-o *à* condição de princípio fundamental (art. 1º, IV[14]); estabeleceu que a ordem social tem por base o primado do trabalho (art. 193[15]) e que a ordem econômica tem como fundamento a valorização do trabalho (art. 170[16]); além disso, conferiu a vários direitos laborais o *status* de direitos fundamentais (arts. 7º a 11) e condicionou a função social da propriedade ao respeito a direitos trabalhistas (art. 186, III[17]).

Por esses motivos, a interpretação da norma infraconstitucional processual (instrumento de efetivação de direito material social e constitucional) também deve ser realizada em sintonia com a efetividade das disposições da Constituição. O que significa que as normas infraconstitucionais devem ser interpretadas e aplicadas de modo a realizar os valores e fins constitucionais relacionados *às* dimensões econômicas, sociais e políticas do mundo do trabalho.

Assim, a interpretação conforme a Constituição exige compromisso com a efetividade dos princípios e regras constitucionais do trabalho. *É* o que ensina Cleber Lúcio de Almeida e Wânia Guimarães Rabêllo de Almeida sobre o princípio da proporcionalidade.

> [...] as regras e os princípios do Direito do Trabalho constitucionalizadas são beneficiadas pela aplicação do *princípio da proporcionalidade*, que **permite a invalidação de atos normativos infraconstitucionais** e a rejeição de políticas públicas quando i) **não exista adequação entre o fim perseguido e o meio utilizado para sua realização** (*adequação*); ii) sendo vários os meios que permitem alcançar o fim perseguido, **houver opção pelo mais gravoso para os trabalhadores** (*necessidade* ou *vedação de excesso*); iii) o que for alcançado em razão de determinada medida for de menor relevo daquilo que se perdeu com a sua adoção (*proporcionalidade em sentido estrito*) (...) (ALMEIDA; ALMEIDA, 2017, p. 97), grifei.

Enfatizada a importância da interpretação dotada de proporcionalidade e norteada pela máxima eficácia da Constituição, *é* importante analisar também a compatibilidade entre o incidente previsto no CPC e os princípios e regras processuais do trabalho. Isso porque, parte da doutrina entende que com a edição do art. 855-A da CLT restou superada a questão relativa *à* compatibilidade do incidente com o processo laboral. Ocorre que a redação do referido artigo não conta com a melhor técnica legislativa, haja vista que o *caput* se limitou a dispor que "aplica-se ao processo do trabalho o incidente de desconsideração da personalidade previsto nos arts. 133 a 137 da Lei n. 13.105/2015 – Código de Processo Civil". Nesse sentido, a atividade do intérprete e aplicador do direito torna-se ainda mais necessária, pois não parece razoável que ocorra a simples importação de um procedimento especial cível para o *âmbito* laboral. Dessa maneira será necessário avaliar a compatibilidade entre os dois ramos jurídicos.

A compatibilidade *é* compreendida como um critério científico fundamental e, segundo Homero Silva (2015, p. 33), serve para "[...] calibrar a abertura ou o fechamento para o processo comum". Assim, as inovações processuais comuns não deverão ser impostas cegamente ao processo laboral, mas podem agregar nos aspectos que forem compatíveis com suas bases ideológicas e principiológicas.

A compatibilidade *é* uma espécie de filtro a ser utilizado. Nesse sentido, a IN n. 39 do TST[18]. Paulo Sérgio Jakutis dispõe:

> Logo, se se tem dúvida da aplicação de uma norma processual civil a um conflito trabalhista, a *única* pergunta pertinente a ser feita para sanar-se essa insegurança, *à* luz de uma interpretação teleológica do art. 769 – e não meramente gramatical –, *é*: a solução oferecida por esse dispositivo está de acordo com o que o processo do trabalho pretende ser, enquanto instrumento de aplicação do direito material do trabalho e ferramenta destinada a dar eficácia aos objetivos de elevação da condição social dos trabalhadores, traçados pelo art. 7º da Constituição Federal? (JAKUTIS, 2016, p. 33).

Os princípios devem ser utilizados como norteadores da atividade interpretativa, pois apresentam uma característica

(14) Art. 1º A República Federativa do Brasil, formada pela união indissolúvel dos Estados e Municípios e do Distrito Federal, constitui-se em Estado Democrático de Direito e tem como fundamentos: IV – os valores sociais do trabalho e da livre iniciativa;

(15) Art. 193. A ordem social tem como base o primado do trabalho, e como objetivo o bem-estar e a justiça sociais.

(16) Art. 170. A ordem econômica, fundada na valorização do trabalho humano e na livre iniciativa, tem por fim assegurar a todos existência digna, conforme os ditames da justiça social, observados os seguintes princípios.

(17) Art. 186. A função social é cumprida quando a propriedade rural atende, simultaneamente, segundo critérios e graus de exigência estabelecidos em lei, aos seguintes requisitos: III – observância das disposições que regulam as relações de trabalho;

(18) IN n. 39 do TST. Dispõe sobre as normas do Código de Processo Civil de 2015 e aplicáveis e não aplicáveis ao Processo do Trabalho, de forma não exaustiva.

abrangente – equiparável a um "manancial quase inesgotável de diretrizes a ser manejado de conformidade com a demanda pela solução de conflitos" (CORDEIRO, 2017, p. 50) –, o que indica que o legislador estabelece as normas, mas sua aplicabilidade é resultado da exegese do Direito, que é um instituto vivo.

> [...] a função jurisdicional, quer seja ela de subsunção do fato *à* norma, quer seja de integração da lacuna, não *é* passiva, mas ativa, contendo uma dimensão nitidamente criadora, uma vez que os juízes dispendem, se for necessário, os tesouros de engenhosidade, para elaborar uma justificação aceitável de uma situação existente, não aplicando os textos legais ao pé da letra, atendo-se, intuitivamente, sempre *às* suas finalidades, com sensibilidade e prudência, condicionando e inspirando suas decisões *às* balizas contidas no sistema jurídico, sem ultrapassar, por um instante, os limites de sua jurisdição. (DINIZ, 1981, p. 256).

Como toda regra que se insere no ordenamento, o art. 855-A da CLT – que remete aos arts. 133 a 137 do CPC – deve ser interpretado também de forma sistemática, tendo em vista que todos os fragmentos do sistema jurídico – representados por normas isoladas e princípios – guardam conexão entre si. E, ao se realizar uma interpretação, deve-se buscar harmonizá-la com os princípios constitucionais e próprios de cada subsistema jurídico.

De tal modo, interpretar a norma é como buscar realizar a sistematização daquilo que aparentemente está fragmentado. Nesse sentido, o princípio da legalidade deve ser aplicado à luz de outros princípios também essenciais ao sistema. No caso do processo laboral, a norma deve harmonizar-se com a duração razoável do processo, com a instrumentalidade das formas, com a proteção do hipossuficiente, com a efetividade da jurisdição e com a simplicidade do procedimento. Daí a conclusão de Ada Pellegrini Grinover citada por Márcio Túlio Viana: "o processo, o procedimento e seus princípios tomam feição distinta, conforme o direito material que se visa proteger". (GRINOVER *apud* VIANA, 1996, p. 131).

O presente estudo abrangerá, por conseguinte, o itinerário proposto pelo CPC e reafirmado pela CLT para alcançar o patrimônio pessoal dos sócios. Enquanto procedimento cível, especial e autônomo ele precisará ser compatibilizado com o processo laboral.

Ao longo do artigo será dada ênfase especial à fase executiva, perpassando – de maneira cronológica – pela evolução da regulamentação do incidente e, posteriormente, será realizada a análise dos principais pontos da inovação legislativa, tudo de maneira a harmonizar o procedimento às peculiaridades e princípios do subsistema processual laboral. Reitera-se que não há pretensão de esgotar o tema, mas, sim, estimular a discussão jurídica para a prática do bom direito.

2. A REGULAMENTAÇÃO DO INCIDENTE DE DESCONSIDERAÇÃO DA PERSONALIDADE JURÍDICA (IDPJ) E SUA REPERCUSSÃO NO PROCESSO DO TRABALHO

No Direito Processual do Trabalho, como já dito, em regra, a simples inexistência de bens da sociedade – que obstaculize a execução de crédito trabalhista – abre a possibilidade de superação da autonomia patrimonial da empresa com a consequente responsabilização dos sócios. Isso é possível, pois o empregado encontra-se em situação de vulnerabilidade em relação ao empregador e os créditos a serem recebidos têm natureza alimentar, porquanto vinculados diretamente à sobrevivência do trabalhador e de sua família. Ademais, realizar o Direito Material do Trabalho não constitui um problema apenas econômico, mas principalmente humano e social na medida em que contribui para efetivação da dignidade humana e para realização da justiça social.

Os sócios, como partícipes ativos do empreendimento, beneficiaram-se diretamente dos resultados positivos alcançados com a mão de obra do empregado. Nesse sentido, alguns doutrinadores entendiam que o que ocorria na Justiça do Trabalho era um simples redirecionamento da execução trabalhista em face dos sócios (que detêm responsabilidade patrimonial secundária). Há quem ainda defenda essa tese, mesmo após as alterações ocorridas, como se verá no julgamento abaixo em que se argumentou que quando os sócios são conhecidos, basta o redirecionamento da execução, reservando-se a utilização do incidente de desconsideração da personalidade jurídica para os casos de sócio oculto, laranjas etc.

> DESCONSIDERAÇÃO DE PERSONALIDADE JURÍDICA. SÓCIOS NÃO EXERCENTES DE CARGO DE GESTÃO. A desconsideração da personalidade jurídica *é* aplicada, nesta Justiça Especializada, quando inexistentes bens da empresa capazes de satisfazer o débito trabalhista. **O redirecionamento da execução** pode ocorrer, portanto, em face de quaisquer sócios ou ex-sócios, minoritários ou majoritários, exercentes de cargo de gestão ou não, desde que tenham participado da sociedade no período de prestação de serviços do trabalhador exequente, justamente em razão da natureza alimentar da verba devida. (TRT-9 – AP n. 0028300-20-2007-5-09-0658, DEJT: 27.06.2014. Grifos nossos).
>
> EMENTA: BLOQUEIO – CONTA DE SALÁRIO – BENEFÍCIO PREVIDENCIÁRIO – VERBA ALIMENTÍCIA O art. 833, IV, do CPC protege o salário ou o benefício previdenciário contra penhora, pois este possui natureza alimentícia, mas põe a salvo a satisfação de crédito alimentício, no qual se incluem as verbas trabalhistas devidas ao reclamante. Segurança denegada. **INSTAURAÇÃO DO INCIDENTE DE DESCONSIDERAÇÃO DA PERSONALIDADE JURÍDICA – SÓCIOS CONHECIDOS – DESNECESSIDADE. Nas hipóteses da responsabilização dos sócios da empresa, não há necessidade de suscitar incidente de desconsideração**

da pessoa jurídica – IDPJ, porque os sócios são conhecidos, bastando redirecionar a execução, da sociedade para o sócio, como previsto no art. 135 da Lei de Execução Fiscal, com a diferença de que na trabalhista, tanto se aplica aos casos de gestão fraudulenta como não, **reservando-se para a utilização do Incidente de Desconsideração da personalidade jurídica para os casos de sócio oculto, laranjas etc. Mandado de Segurança conhecido e desprovido.** (TRT-22 – MS: 00080009482019522000, Relator: Francisco Meton Marques de Lima, Data de Julgamento: 08.05.2019, TRIBUNAL PLENO. Grifos nossos).

Ao entendimento de que na Justiça do Trabalho haveria um simples redirecionamento da execução em face dos sócios, corroboravam os arts. 78 e 79 da Consolidação dos Provimentos da Corregedoria Geral da Justiça do Trabalho,[19] que davam um norte à atuação judicial, estabelecendo "que fosse determinada a citação do sócio para que no prazo de 48 horas, indicasse bens da sociedade ou, não os havendo, garantisse a execução, sob pena de penhora, com o fim de habilitá-lo à via dos embargos à execução para imprimir, inclusive, discussão sobre a existência da sua responsabilidade executiva secundária." Ocorre que o referido dispositivo foi revogado (Ato n. 5/GCGJT, de 29 de março de 2016[20]) em razão do advento do art. 6º da IN n. 39/2016 do TST,[21] que expressamente estabeleceu a aplicação do incidente previsto no CPC ao Processo do Trabalho, com algumas peculiaridades.

Como já dito, até a edição do Código de Processo Civil de 2015 não havia regulamentação de procedimento específico para desconsideração da personalidade jurídica. Na prática trabalhista, sem maiores formalidades, uma vez constatada a insolvência da executada em decisão interlocutória fundamentada, o instituto era aplicado e havia um redirecionamento da execução em face dos sócios da pessoa jurídica. O contraditório, em regra, era diferido e exercido após a garantia do juízo, em atenção aos princípios da simplicidade, celeridade e efetividade processual.

A inovação legislativa do CPC (arts. 133 a 137) não implicou a automática aplicação do incidente de desconsideração em âmbito trabalhista. Isso porque o Direito Processual do Trabalho é um ramo dotado de autonomia e princípios próprios. Assim, as normas do procedimento comum não podem ser simplesmente importadas de um ramo para o outro. Era preciso, antes de mais nada, examinar se havia compatibilidade do instituto com o Processo do Trabalho, tendo em vista que o art. 15 do CPC não revogou o art. 769 da CLT,[22] de modo que ambos devem conviver harmoniosamente, sendo aplicados de forma coordenada e simultânea (TST, IN n. 39/2016, art. 1º[23]).

De tal modo, observa-se que com o advento do CPC de 2015, parte considerável da doutrina laboral (Mauricio Godinho Delgado, Mauro Schiavi, Homero Batista Mateus da Silva, Luiz Ronan Neves Koury, Cleber Lúcio de Almeida, Élisson Miessa[24]) defendeu a incompatibilidade do incidente criado com o Direito Processual Laboral em virtude, principalmente, da incompatibilidade com os princípios que norteiam esse subsistema, entre eles: a execução de ofício pelo magistrado (à época expressamente prevista no art. 878 da CLT), o princípio da efetividade da execução, o contraditório diferido – após o bloqueio de valores ou penhora de bens do sócio –, a celeridade, a irrecorribilidade imediata das decisões interlocutórias, a simplicidade (que exclui incidentes apartados e suspensões processuais) e a busca pelo resultado útil do processo. Argumentaram os referidos autores que a burocratização e o excesso de etapas do procedimento contribuem para a ineficácia do provimento jurisdicional (DELGADO, 2017, p. 560-561). Nesse sentido, Luiz Ronan Neves Koury afirma:

> É que, a rigor, contraria a principiologia processual trabalhista, calcada na celeridade, efetividade e

(19) Art. 78. Ao aplicar a teoria da desconsideração da personalidade jurídica, por meio de decisão fundamentada, cumpre ao juiz que preside a execução trabalhista adotar as seguintes providências: (...); III – determinar a citação do sócio para que, no prazo de 48 (quarenta e oito) horas, indique bens da sociedade (art. 795 do CPC) ou, não os havendo, garanta a execução, sob pena de penhora, com o fim de habilitá-lo à via dos embargos à execução para imprimir, inclusive, discussão sobre a existência da sua responsabilidade executiva secundária. Disponível em: <http://www.tst.jus.br/documents/10157/553d2fd8-5268-4b78-b6ca-14909e054f17>. Acesso em: 31 maio 2019.

(20) Disponível em: <https://juslaboris.tst.jus.br/bitstream/handle/20.500.12178/82242/2016_ato0005_cgjt.pdf?sequence=1&isAllowed=y>. Acesso em: 13 jun. 2019.

(21) Art. 6º Aplica-se ao Processo do Trabalho o incidente de desconsideração da personalidade jurídica regulado no Código de Processo Civil (arts. 133 a 137), assegurada a iniciativa também do juiz do trabalho na fase de execução (CLT, art. 878).

(22) Art. 769. Nos casos omissos, o direito processual comum será fonte subsidiária do direito processual do trabalho, exceto naquilo em que for incompatível com as normas deste Título.

(23) Art. 1º Aplica-se o Código de Processo Civil, subsidiária e supletivamente, ao Processo do Trabalho, em caso de omissão e desde que haja compatibilidade com as normas e princípios do Direito Processual do Trabalho, na forma dos arts. 769 e 889 da CLT e do art. 15 da Lei n. 13.105, de 17.03.2015. (...)

(24) DELGADO, Mauricio Godinho. *Curso de direito do trabalho*. 15. ed. São Paulo: LTr, 2016. SCHIAVI, Mauro. *Manual de direito processual do trabalho*. 9. ed. São Paulo: LTr, 2015. p. 1061-1064; SILVA, Homero Batista Mateus da. *Curso de direito do trabalho aplicado*. Execução trabalhista. 2. ed. São Paulo: Revista dos Tribunais, 2015. p. 57-59; ALMEIDA, Cléber Lúcio de. Incidente de desconsideração da personalidade jurídica. In: MIESSA, Élisson (Org.). *O novo Código de Processo Civil e seus reflexos no processo do trabalho*. Salvador: JusPodivm, 2015. p. 294; KOURY, Luiz Ronan Neves. A regulamentação da desconsideração da personalidade jurídica na CLT. In: HORTA, Denise Alves; FABIANO, Isabela Márcia de Alcântara; KOURY, Luiz Ronan Neves; OLIVEIRA, Sebastião Geraldo de (coord.). *Direito do trabalho e processo do trabalho*: reforma trabalhista – principais alterações. Atualizado de acordo com a MP n. 808, de 14 de novembro de 2017. São Paulo: LTr, 2018. p. 384-389.

simplificação das formas, bem como até mesmo vai de encontro aos fundamentos e princípios constitucionais, a exemplo do valor social do trabalho, do acesso à justiça e do tempo razoável de duração do processo. (KOURY, 2018, p. 389).

Nesse sentido, vale mencionar também o Enunciado n. 109, da 2ª Jornada de Direito Material e Processual do Trabalho da Associação Nacional dos Magistrados da Justiça do Trabalho (ANAMATRA).

> PROCESSO DO TRABALHO. INCIDENTE DE DESCONSIDERAÇÃO DA PERSONALIDADE JURÍDICA: APLICAÇÃO LIMITADA. I – no processo do trabalho, o redirecionamento da execução para o sócio não exige o incidente de desconsideração da personalidade jurídica (arts.133 a 137 do CPC). II – a dissolução irregular da pessoa jurídica inclui as hipóteses de impossibilidade de satisfação da dívida pelo devedor, o que autoriza o redirecionamento da execução para os sócios, independentemente de instauração do incidente de desconsideração da personalidade jurídica (art. 135 do CTN). III – admite-se o incidente de desconsideração da personalidade nas hipóteses de sócio oculto, sócio interposto (de fachada ou "laranja"), associação ilícita de pessoas jurídicas ou físicas ou injuridicidades semelhantes, como constituição de sociedade empresária por fraude, abuso de direito ou seu exercício irregular, com o fim de afastar o direito de credores. IV – adotado o incidente de desconsideração da personalidade jurídica, o juiz, no exercício do poder geral de cautela, determinará às instituições bancárias a indisponibilidade de ativos financeiros e decretará a indisponibilidade de outros bens pertencentes aos sócios, pessoas jurídicas ou terceiros responsáveis, sendo desnecessária a ciência prévia do ato.(25)

Apesar do posicionamento doutrinário majoritário, o Tribunal Superior do Trabalho, por intermédio de sua IN n. 39/2016, optou por adotar o entendimento da pertinência do IDPJ com o Processo do Trabalho, fazendo algumas adaptações (a exemplo da previsão expressa de sua instauração de ofício pelo juiz – prevista expressamente na CLT, art. 878 – redação anterior à reforma trabalhista). A esse respeito, discorre Mauricio Godinho Delgado:

> A Instrução Normativa n. 39 do TST, divulgada em março de 2016, preferiu afastar, por interpretação, diversas dessas incompatibilidades, de maneira a admitir a aplicação desse incidente no processo do trabalho (art. 6º da IN n. 39/TST). Assim, assegurou, na deflagração e processamento do IDPJ, a clássica iniciativa do Juiz do Trabalho na fase de execução trabalhista, conforme autorizado pelo art. 878 da CLT; considerou viável, segundo exame feito pelo juiz executor, a determinação de tutela de urgência de natureza cautelar, prevista no art. 301 do CPC/2015; esclareceu ser incabível, de imediato, recurso da decisão judicial, caso prolatada na fase de conhecimento, em vista do disposto no art. 893, § 1º, da CLT (que prevê o recurso ordinário apenas ao final dessa fase, no qual deveria constar a respectiva insurgência). Contudo, a IN n. 39/TST acatou a regra de que a instauração do incidente suspenderá o processo (sem prejuízo da concessão, se for o caso, da tutela provisória de urgência de natureza cautelar), explicitando ainda que, na fase de execução, caberá agravo de petição da decisão judicial relativa ao IDPJ, independentemente de garantia do juízo (art. 6º, IN n. 39/TST). (DELGADO, 2016, p. 198).

Ocorre que a simples edição da referida IN n. 39 não foi suficiente para pacificar o entendimento sobre a aplicabilidade ou não do incidente, como se vê dos argumentos de Juliano Braga Santos:(26)

> Ementa: Instrução Normativa n. 39 do TST. Ato administrativo de efeitos gerais, subordinado à lei e não equiparável a Súmula ou Orientação Jurisprudencial, com função estritamente informativa. Vinculação do magistrado apenas às normas de heterointegração aplicáveis (NCPC, art. 15; CLT, arts. 769 e 889). A atribuição de qualquer efeito impositivo às disposições da Instrução Normativa n. 39 do TST ofende os princípios da separação de poderes, reserva legal e juiz natural. Por sua natureza de ato administrativo geral, pode ter eficácia meramente informativa para fins jurisdicionais, não se equiparando a lei nem a Súmulas e Orientações Jurisprudenciais para quaisquer finalidades, especialmente admissibilidade de recursos.

Ainda, no calor das discussões doutrinárias e jurisprudenciais sobre o tema, adveio a Reforma Trabalhista e a redação da IN n. 39 foi incorporada à CLT (art. 855-A), com exceção da previsão de iniciativa do juiz para instaurar de ofício o incidente na fase de execução.

O dispositivo incluído na CLT (art. 855-A) remete ao incidente de desconsideração regulamentado pelo CPC com algumas peculiaridades (que serão tratadas adiante). Reitera-se, neste estudo, que qualquer procedimento aplicável ao Processo do Trabalho deve harmonizar-se com os princípios constitucionais da eficiência, da efetividade da

(25) Nos dias 9 e 10 de outubro de 2017, foi realizada a 2ª Jornada de Direito Material e Processual do Trabalho cujo tema foi a Reforma Trabalhista. A 2ª Jornada de Direito Material e Processual do Trabalho foi um evento promovido pela Associação Nacional dos Magistrados do Trabalho (ANAMATRA), em parceria com outras entidades, e reuniu mais de 600 juízes, procuradores e auditores fiscais do trabalho, além de advogados e outros operadores do Direito que, divididos em 8 comissões temáticas, debateram mais de 300 propostas sobre a nova norma. É importante lembrar que os enunciados não apresentam caráter vinculativo. Disponível em: <https://drive.google.com/file/d/1oZL9_JohYjNIn-VvehEzYDp-bl0fcF6i6/view>. Acesso em: 13 jun. 2019.

(26) Posicionamento exposto no 18º Congresso Nacional dos Magistrados da Justiça do Trabalho – CONAMAT, realizado de 27 a 30 de abril de 2016, na cidade de Salvador/BA.

jurisdição, da proporcionalidade e da razoabilidade, além dos princípios processuais trabalhistas, da celeridade processual – consubstanciados como um direito fundamental (art. 5º, LXXVIII) –, da instrumentalidade das formas e da simplicidade dos atos processuais. Tudo isso será levado em conta na análise dessa inovação legislativa, que deverá ser aplicada de maneira a amoldar-se à estrutura teleológica do Processo do Trabalho.

Cabe ressaltar ainda que, no dia 8 de fevereiro de 2019, no intuito de realizar uma padronização mínima em relação ao recebimento e ao processamento do procedimento dos incidentes de desconsideração da personalidade jurídica, a Corregedoria Geral da Justiça do Trabalho publicou o Provimento n. 1.[27] Esse provimento determina basicamente que: não requerida, na petição inicial, a desconsideração da personalidade jurídica prevista na CLT será processada como incidente processual, tramitando nos próprios autos em que foi suscitada, vedada sua autuação como processo autônomo.

Dispõe ainda que a instauração do incidente suspenderá o processo, sem prejuízo de concessão da tutela de urgência de natureza cautelar (exemplo: arresto). O provimento prevê que uma vez instaurado o incidente, a parte contrária será notificada para manifestar-se e requerer as provas cabíveis no prazo de 15 (quinze) dias e que, havendo necessidade de prova oral, o juiz designará audiência para sua coleta.

Por fim, dispõe que, concluída a instrução, o incidente será resolvido por decisão interlocutória que, se proferida na fase de cognição não desafia recurso de imediato e, se proferida na fase de execução, é impugnável mediante agravo de petição, independentemente de garantia do juízo.

Diante de todo esse quadro jurídico que abrange os arts. 133 a 137 do CPC, a IN n. 39 do TST, o art. 855-A da CLT, o art. 17 da IN n. 41/2018 do TST e o Provimento n. 1/2019 da CGJT, o mais coerente será analisar minuciosamente a inovação legislativa a fim de compatibilizá-la com Direito Laboral por meio de ajustamentos hermenêuticos. O legislador, sem a melhor técnica, ao fazer uma simples remissão ao CPC abre espaço para que os intérpretes adaptem o procedimento *à* realidade do Direito Processual do Trabalho (art. 769 da CLT; art. 15 do NCPC e art. 1º da IN n. 39 do TST).

3. INICIATIVA PARA INSTAURAÇÃO DO INCIDENTE NA FASE DE EXECUÇÃO

De acordo com o CPC, o incidente pode ser instaurado em quaisquer das fases do processo (seja na fase de conhecimento, de execução ou mesmo perante os tribunais). Para tratar da legitimidade ativa do incidente na fase de execução (parte e Ministério Público – conforme previsão legal do art. 133 do CPC – e juiz – conforme interpretação constitucional e sistemática), é preciso adentrar na discussão sobre a execução de ofício.

Como se sabe, o art. 878 da CLT – antes da reforma trabalhista[28] – previa expressamente que a execução poderia ser iniciada de ofício pelo juiz de maneira que se o magistrado podia iniciar a execução o que se dirá de instaurar o incidente de desconsideração, pois "quem pode o mais, pode o menos". Nessa direção foi o entendimento consubstanciado no art. 6º da IN n. 39 TST.[29]

Ocorre que, com a publicação da Lei n. 13.467/2017, alterou-se a redação do art. 878 da CLT,[30] e a atual redação dispõe que a execução de ofício dar-se-á apenas nos casos em que as partes não estiverem representadas por advogado.

A possibilidade de instauração de ofício da execução e, consequentemente, do incidente de desconsideração é consonante com o princípio inquisitivo[31] e com o princípio do impulso oficial (art. 765 da CLT),[32] que permanecem inalterados no processo laboral. A ideia central é que, após o ajuizamento da demanda, o magistrado assume o dever de prestar a jurisdição integral valendo-se de todas as prerrogativas que o ordenamento jurídico lhe atribui, sendo certo que o processo deve desenvolver-se por impulso oficial.

Simplificando, o que se compreende é que compete ao juiz do trabalho, uma vez instaurada a relação processual (princípio dispositivo), mover o procedimento de fase em fase (princípio inquisitivo) até o exaurimento da função jurisdicional – haja vista que o processo começa por iniciativa das partes, mas desenvolve-se por impulso oficial. Ademais, o processo do trabalho sempre foi marcado pelo sincretismo que se caracteriza pela fusão de atos de cognição e de execução. Dessa forma, a fase seguinte ao conhecimento deve ser iniciada pelo juiz com a determinação das diligências necessárias para sua efetivação.

Assim, apesar da intenção do legislador, o melhor entendimento é que a alteração na redação do art. 878 da CLT

---

(27) Disponível em: <http://www.trtsp.jus.br/geral/tribunal2/TST/Provimen/Prov01_19.html>. Acesso em: 6 jun. 2019.

(28) Art. 878. A execução poderá ser promovida por qualquer interessado, ou *ex officio* pelo próprio Juiz ou Presidente ou Tribunal competente, nos termos do artigo anterior. (...)

(29) Art. 6º da IN n. 39. Aplica-se ao Processo do Trabalho o incidente de desconsideração da personalidade jurídica regulado no Código de Processo Civil (arts. 133 a 137), assegurada a iniciativa também do juiz do trabalho na fase de execução (CLT, art. 878).

(30) Art. 878. A execução será promovida pelas partes, permitida a execução de ofício pelo juiz ou pelo Presidente do Tribunal apenas nos casos em que as partes não estiverem representadas por advogado. (Redação dada pela Lei n. 13.467, de 2017)

(31) Segundo Élisson Miessa: "O princípio inquisitivo centra-se na figura do órgão julgador, concedendo-lhe poderes para dar continuidade ao processo, a fim de se chegar ao seu resultado final". (2018, p. 84).

(32) Art. 765. Os Juízos e Tribunais do Trabalho terão ampla liberdade na direção do processo e velarão pelo andamento rápido das causas, podendo determinar qualquer diligência necessária ao esclarecimento delas.

não foi capaz de acabar com a execução de ofício no Processo do Trabalho. Haja vista que uma interpretação completa e correta é a interpretação sistemática, levando-se em consideração ainda o disposto nos arts. 114, VIII, da CF[33] e 876, parágrafo único, da CLT,[34] pois ambos autorizam a execução de ofício das contribuições sociais, que nada mais são do que acessórios do crédito trabalhista. Desse modo, não faria o menor sentido cingir a execução de ofício apenas ao acessório, relegando o principal à iniciativa da parte.

Ademais, a análise não pode perder de vista que o crédito laboral prefere legalmente ao crédito tributário acima mencionado (art. 186 do CNT[35]) e, portanto, tem mais razão de ser tutelado para garantia de sua efetividade. Seguindo esse raciocínio, a execução de ofício e a consequente instauração do incidente por iniciativa judicial (por impulso oficial) permanecem plenamente aplicáveis ao processo laboral.

Na pior das hipóteses, ainda que o juiz não inicie de ofício a execução e aguarde iniciativa da parte para iniciá-la (o que não parece nada razoável, conforme exposto acima), uma vez que a parte interessada o faz, a continuidade da atividade executiva e a prática de atos e diligências – a exemplo da instauração do incidente – até a efetiva prestação jurisdicional dar-se-ão por impulso oficial (art. 765 da CLT[36]), haja vista que esse princípio permanece inalterado pela Reforma Trabalhista.

É evidente que a intenção do legislador foi coibir a atividade do magistrado sob o argumento da imparcialidade. Ocorre que essa intenção não pode surtir os efeitos desejados quando a atuação de ofício do magistrado, ao iniciar a execução, é espécie do gênero impulso oficial e fator de efetivação do princípio constitucional da razoável duração do processo (art. 5º, LXXVIII[37]). Como já dito, a Constituição deve irradiar-se sobre todo ordenamento jurídico e qualquer interpretação deve buscar a sua máxima eficácia.

Além disso, quando um direito é reconhecido em juízo, o próprio Estado-juiz tem interesse que esse provimento jurisdicional (que já foi dotado de imparcialidade durante a fase de conhecimento e dilação probatória) seja efetivo e não meramente declaratório. Há um forte interesse social na resolução completa do conflito com a entrega do direito reconhecido em juízo ao jurisdicionado. De tal modo, execução de ofício está em plena consonância com o objetivo do Estado.

A composição de conflitos intersubjetivos, em especial de verbas alimentares de trabalhadores hipossuficientes, *não* envolve apenas a declaração abstrata sobre a titularidade de bens jurídicos, mas também a consolidação da prestação jurisdicional. A atividade jurisdicional, monopólio do Estado, só se realiza com a entrega efetiva do bem da vida reconhecido, com a modificação dos fatos no mundo real. *É* necessário compreender a tutela executiva a partir dessa estrutura lógica para aplicar-se o modelo processual com maior capacidade de proporcionar efetividade *à* jurisdição. Não se pode jamais perder de vista a inquietação com o resultado prático do processo.

Ainda nesse sentido, o Direito Processual do Trabalho deve ter como guia os princípios constitucionais do acesso à justiça (acesso esse que significa muito mais do que simplesmente ter acesso ao judiciário; contempla também a concretização da prestação jurisdicional reconhecida em juízo) e da duração razoável do processo. Sendo que, para garantir que o processo tome o rumo desejado, o juiz moderno deve adotar uma atitude mais ativa na sua condução, não sendo, apenas, um mero espectador da relação jurídica processual.

Assim, o juiz, sempre com postura imparcial, equilibrada, porém ativa, deve impulsionar o processo, fazendo escolhas que propiciem resultado e economia de atos processuais. Nesse sentido, conclui-se que a execução de ofício e o impulso oficial permanecem inalterados na seara justrabalhista com a redação do art. 765 da CLT, possibilitando ao juiz do trabalho maiores poderes na direção do processo, podendo ele, *ex officio*, determinar qualquer diligência processual que entender necessária para concretização do direito, liberdade que independe de iniciativa da parte. De acordo com esse entendimento estão os Enunciados ns. 113, 114 e 115 da 2ª Jornada de Direito Material e Processual do Trabalho.[38]

(33) Art. 114. Compete à Justiça do Trabalho processar e julgar: (...) VIII – a execução, de ofício, das contribuições sociais previstas no art. 195, I, *a*, e II, e seus acréscimos legais, decorrentes das sentenças que proferir (...).

(34) Parágrafo único. A Justiça do Trabalho executará, de ofício, as contribuições sociais previstas na alínea *a* do inciso I e no inciso II do *caput* do art. 195 da Constituição Federal, e seus acréscimos legais, relativas ao objeto da condenação constante das sentenças que proferir e dos acordos que homologar.

(35) Art. 186. O crédito tributário prefere a qualquer outro, seja qual for sua natureza ou o tempo de sua constituição, ressalvados os créditos decorrentes da legislação do trabalho ou do acidente de trabalho. (...)

(36) Art. 765. Os Juízos e Tribunais do Trabalho terão ampla liberdade na direção do processo e velarão pelo andamento rápido das causas, podendo determinar qualquer diligência necessária ao esclarecimento delas.

(37) Art. 5º Todos são iguais perante a lei, sem distinção de qualquer natureza, garantindo-se aos brasileiros e aos estrangeiros residentes no País a inviolabilidade do direito à vida, à liberdade, à igualdade, à segurança e à propriedade, nos termos seguintes: LXXVIII – a todos, no âmbito judicial e administrativo, são assegurados a razoável duração do processo e os meios que garantam a celeridade de sua tramitação.

(38) 113. EXECUÇÃO DE OFÍCIO E ART. 878 DA CLT. Em razão das garantias constitucionais da efetividade (CF, art. 5º, XXXV), da razoável duração do processo (CF, art. 5º, LXXVIII) e em face da determinação constitucional da execução de ofício das contribuições previdenciárias, parcelas estas acessórias das obrigações trabalhistas (CF, art. 114, VIII), o art. 878 da CLT deve ser interpretado conforme a Constituição, de modo a permitir a execução de ofício dos créditos trabalhistas, ainda que a parte esteja assistida por advogado.

Verdadeira norma de sobredireito, o art. 765 da CLT irradia eficácia para todo o subsistema jurídico laboral, incumbindo ao magistrado tomar as providências necessárias à adequada instrução da causa e principalmente à satisfação do julgado que tutela crédito de natureza alimentar.(39) Veja-se:

> No âmbito do Direito Processual do Trabalho, a natureza alimentar do crédito trabalhista fez o legislador celetista positivar, no art. 765 da CLT, o dever funcional do juiz de velar pela rápida solução da causa. Esse preceito estrutural da CLT, porém, nem sempre é compreendido na sua completa significação. Isso porque, regra geral, o preceito do art. 765 da CLT tem sido compreendido como se o seu comando normativo estivesse limitado a conferir ao magistrado apenas poderes instrutórios necessários à condução do processo na fase de conhecimento, quando a locução "os juízes do trabalho velarão pelo andamento rápido das causas" e a faculdade de "determinar qualquer diligência necessária" devem ser compreendidas como destinadas também à fase de execução, aí incluída a própria satisfação do direito reconhecido. Verdadeira norma de sobredireito, o art. 765 da CLT irradia eficácia para todo o subsistema jurídico laboral, incumbindo ao magistrado – a par das providências necessárias à adequada instrução da causa – as iniciativas necessárias à satisfação do julgado. O alento hermenêutico que essa interpretação recebeu quando o art. 186 do CTN alocou o crédito trabalhista no ápice da ordem de classificação dos créditos no sistema jurídico nacional ganhou novo impulso quando a Constituição Federal de 1988 elevou os direitos trabalhistas à hierarquia de garantias fundamentais (CF, art. 7º), capitulando-os no título II da Constituição, que trata dos direitos e garantias fundamentais. (CLAUS, 2019, p. 23).

O legislador, ao confiar ao juiz autonomia para impulsionar o processo (impulso oficial), procurou diminuir as desigualdades existentes entre os litigantes, designando, por meio do princípio protetivo, vantagens jurídicas para a parte hipossuficiente. A intenção é reequilibrar a relação entre empregado e empregador e, para tanto, o juiz deve adotar todos os meios, entre eles a instauração do incidente de desconsideração de ofício para garantir o acesso completo à justiça com a entrega efetiva da prestação devida.

A criação de um incidente e a exigência de que este seja processado por iniciativa da parte implicam ignorar as particularidades do Processo do Trabalho, justificadas pela natureza alimentar dos créditos trabalhistas e pela vulnerabilidade do trabalhador.

A interpretação literal do art. 878 e do art. 11-A da CLT (prescrição intercorrente), conforme adverte Homero Batista Mateus da Silva (2017, p. 119), pode "premiar o caloteiro e incentivar as rotas de fuga: basta que o devedor consiga se esquivar por dois anos, que obterá como recompensa o perdão da dívida". Silva complementa: "Nenhuma interpretação jurídica deveria ser levada adiante sem a noção da realidade e sem noção das bases teóricas sobre as quais se assenta o arcabouço processual" (SILVA, 2017, p. 119).

A possibilidade de o juiz do trabalho tomar a iniciativa de instaurar o incidente de desconsideração dá-se também em razão do princípio da cooperação,(40) que irradia por todo sistema processual. Veja-se o que diz Luiz Fernando Valladão Nogueira ao defender que a nova sistemática processual adota princípios que devem nortear toda a interpretação sobre o próprio Código. Segundo ele, é a primazia do mérito e da eficiência que deve nortear a atuação processual:

> Por derradeiro, pontue-se que o Código, como não poderia deixar de ser, manteve o princípio do impulso oficial (art. 2º do NCPC). Dele decorre a compreensão no sentido de que as partes devem vir a juízo com suas postulações, porém, assim feito, compete ao magistrado, na direção do processo, dar-lhe impulso e prosseguimento *ex officio*. Mais ainda, o magistrado detém poder inquisitivo (iniciativa probatória – art. 370 NCPC), o qual lhe atribui flexibilidade, sem perda de imparcialidade, para apurar a verdade real. (NOGUEIRA, 2018, *on-line*).

Ainda nesse sentido, Mauro Schiavi (2018, p. 1176) defende que poderá o magistrado, em razão do princípio da cooperação previsto no art. 6º do CPC, consultar o reclamante se pretende a instauração do referido incidente a fim de evitar o início do prazo para a prescrição intercorrente.

Se o CPC, que trata, em regra, de relação entre iguais e de créditos disponíveis, confere especial valor ao impulso oficial e ao princípio da cooperação, o que dirá o Processo do Trabalho, que trata de relação processual que envolve trabalhadores hipossuficientes em busca de verba

114. EXECUÇÃO. IMPULSO OFICIAL. PESQUISA E CONSTRIÇÃO DE BENS. POSSIBILIDADE. O impulso oficial da execução está autorizado pelo art. 765 da CLT e permite ao juiz a utilização dos mecanismos de pesquisa e de constrição de bens, inclusive por meio do sistema BacenJud, sendo esse mero procedimento para formalização da penhora em dinheiro.

115. EXECUÇÃO DE OFÍCIO. INEXISTÊNCIA DE NULIDADE. A teor do art. 794 da CLT, não há nulidade processual quando o juízo realiza a execução de ofício, porque inexistente manifesto prejuízo processual.

(39) A proposta de se compreender o art. 765 da CLT como norma de sobredireito foi defendida no artigo de autoria de Ben-Hur Silveira Claus intitulado "O incidente de desconsideração da personalidade jurídica previsto no CPC de 2015 e o Direito Processual do Trabalho", publicado na *Revista LTr*, São Paulo, v. 80, n. 1, jan. de 2016.

(40) A doutrina brasileira importou do Direito europeu o princípio da cooperação (ou da colaboração), segundo o qual o processo seria o produto da atividade cooperativa triangular (entre o juiz e as partes). Segundo Élisson Miessa, todos os sujeitos devem cooperar entre si, para que se obtenha, em tempo razoável, decisão de mérito justa e efetiva.

alimentar. Ademais, as partes, quando vêm a juízo com suas postulações, desejam e têm o direito de terem satisfeitas as verbas reconhecidas. Compete ao magistrado, na direção do processo que lhe é atribuído, dar-lhe impulso oficial e prosseguimento, o que inclui a iniciativa para execução e para instauração do incidente de desconsideração da personalidade jurídica quando observada a insolvência da executada. O poder inquisitivo confere ao magistrado a possibilidade de flexibilizar a aplicabilidade do art. 855-A da CLT a fim de compatibilizá-lo com os princípios que regem o processo laboral, sem que isso implique em perda da imparcialidade.

Outro ponto pelo qual Élisson Miessa (2018) infere não ser necessária a iniciativa da parte para instauração do incidente é o fato de que o art. 133 do CPC decorre do art. 50 do Código Civil – CC que, por sua vez, dispõe sobre a teoria subjetiva,[41] a qual exige expressamente a iniciativa da parte. O mesmo não ocorre quando realizada uma leitura atenta do art. 28, § 5º, do CDC,[42] que não exige, de forma alguma, requerimento da parte para desconsiderar a personalidade. Assim, visto que em âmbito trabalhista não se aplica a teoria subjetiva, mas, sim, a teoria objetiva, não faz sentido algum exigir a iniciativa da parte para instauração do incidente. O CPC regulamentou o instituto em consonância com a teoria aplicada ao direito comum, que difere da teoria aplicada ao direito laboral.

A fim de reforçar a possibilidade da atuação de ofício do magistrado na desconsideração da personalidade jurídica, Luiz Ronan Neves Koury (2018) lembra que há posição favorável, ainda que minoritária, sobre a sua viabilidade quando se trata de questão que envolve relação de consumo, que tem absoluta similitude com a relação de trabalho.

O autor menciona Guilherme Calmon Nogueira da Gama, o qual apresenta argumentos que seguramente enquadram-se na seara trabalhista, por se tratar de medida mais benéfica ao hipossuficiente (nesse caso, o consumidor equipara-se ao trabalhador); é preciso ter em mente que as relações trabalhistas e as de consumo diferem-se das relações civis (paritárias). Há menção ainda de José Tadeu Neves Xavier, que argumenta que a proteção ao consumidor tem previsão constitucional (art. 5º, XXXII) e na própria regulamentação da Ordem Econômica (art. 179, V). Observe-se que a proteção ao trabalhador também tem previsão constitucional similar (arts. 7º e 170).

Dessa forma, a interpretação mais coerente com toda sistemática laboral trabalhista, em especial com os princípios que norteiam o Direito do Trabalho, é a de que é cabível a instauração de ofício do incidente de desconsideração da personalidade jurídica na fase de execução.

Conclui-se que a limitação na redação do art. 878 da CLT não impede que o magistrado, com base no art. 765 da CLT – o qual lhe garante ampla liberdade na direção do processo para que possa determinar qualquer diligência necessária –, instaure o incidente de desconsideração da personalidade. A uma porque, ao se realizar uma interpretação sistemática, faz-se necessário buscar a interpretação mais harmoniosa entre os arts. 878, *caput*, e 765, ambos da CLT. A duas, porque essa interpretação é a que mais se coaduna com os princípios constitucionais do valor social do trabalho, da dignidade da pessoa humana (art. 1º, III e IV) e do acesso à justiça (art. 5º, XXXV). Neste aspecto veja-se a resposta de Cleber de Almeida e Wânia de Almeida sobre o alcance do acesso à justiça:

> Para responder a esta indagação, cumpre salientar, primeiro, que se trata de um direito voltado à realização concreta dos direitos materiais assegurados pela ordem jurídica. Assim, o acesso à justiça não tem um fim em si mesmo: ele é assegurado como garantia de efetividade dos direitos materiais assegurados pela ordem jurídica. Tanto isto é verdade, que as normas de Direito Internacional dos Direitos Humanos realçam, em mais de uma oportunidade, a necessidade de que a jurisdição seja efetiva. Isto significa que o acesso à justiça não é apenas a mera possibilidade de apresentar uma demanda perante os órgãos do Poder Judiciário, ou seja, não se resume ao acesso formal à justiça. (ALMEIDA; ALMEIDA, 2018, p. 14).

Toda argumentação exposta corrobora com uma interpretação ponderada quanto à iniciativa para instauração do incidente de desconsideração da personalidade jurídica a fim de que se preservem os princípios e fundamentos do processo trabalhista. Nesse sentido, o procedimento previsto no CPC poderá ser mitigado por força do art. 765 da CLT, de maneira que o juiz, desde que haja nos autos elementos capazes de fundamentar a sua decisão (Constituição Federal, art. 93, IX), possa instaurar de ofício o incidente.

Infelizmente, o entendimento que se mostra compatível com o subsistema jurídico trabalhista não foi o adotado pelo TST que no art. 13 da Instrução Normativa n. 41/2018 (que dispõe sobre a aplicação das normas processuais da

(41) Art. 50. Em caso de abuso da personalidade jurídica, caracterizado pelo desvio de finalidade ou pela confusão patrimonial, pode o juiz, a requerimento da parte, ou do Ministério Público quando lhe couber intervir no processo, desconsiderá-la para que os efeitos de certas e determinadas relações de obrigações sejam estendidos aos bens particulares de administradores ou de sócios da pessoa jurídica beneficiados direta ou indiretamente pelo abuso.

(42) Art. 28. O juiz poderá desconsiderar a personalidade jurídica da sociedade quando, em detrimento do consumidor, houver abuso de direito, excesso de poder, infração da lei, fato ou ato ilícito ou violação dos estatutos ou contrato social. A desconsideração também será efetivada quando houver falência, estado de insolvência, encerramento ou inatividade da pessoa jurídica provocados por má administração. § 5º Também poderá ser desconsiderada a pessoa jurídica sempre que sua personalidade for, de alguma forma, obstáculo ao ressarcimento de prejuízos causados aos consumidores.

Consolidação das Leis do Trabalho alteradas pela Lei n. 13.467/2017) firmou o entendimento de que "a partir da vigência da referida lei, o impulso oficial na execução de que trata o art. 878 da CLT e no incidente de desconsideração da personalidade jurídica ficará limitado aos casos em que as partes não estiverem representadas por advogado".

4. EXIGÊNCIA DE PRÉ-CONSTITUIÇÃO DAS PROVAS

O CPC, em seu art. 134, § 4º, atribuiu ao credor o ônus da pré-constituição de prova dos pressupostos legais para desconsideração da personalidade jurídica. Primeiramente, cabe ressaltar que, em regra, nas ações que decorrem da relação de emprego, os pressupostos legais, para efetivar-se a desconsideração da personalidade jurídica, são aqueles referentes à teoria menor ou objetiva, prevista no art. 28, § 5º, do CDC, que se contenta com a inexistência de bens suficientes de propriedade da pessoa jurídica para garantir o pagamento da dívida.

Esse fato muitas vezes é percebido no próprio curso do processo laboral diante da constatação de falência, do encerramento ou da inatividade da pessoa jurídica, das tentativas frustradas de penhora de bens e valores e de pesquisas infrutíferas realizadas por convênios judiciais. Assim, a simples percepção de que a autonomia patrimonial da sociedade é obstáculo ao cumprimento das obrigações trabalhistas é suficiente para a desconsideração da personalidade jurídica no processo laboral. Conclui-se que a dilação probatória é simples, motivo pelo qual a pré-constituição de provas não deve se apresentar como um requisito indispensável na seara laboral.

A redação do art. 134, § 4º, do CPC justifica-se quando se trata de direito comum no qual se aplica a teoria maior ou subjetiva, que requer a demonstração de desvio de finalidade ou confusão patrimonial, situações que exigem do credor a pré-constituição de documentos e dilação probatória complexa. Trata-se de realidade totalmente diversa daquela da seara trabalhista, em que impera a simplificação das formas e dos procedimentos.

Ainda nesse tema, Ben-Hur Silveira Claus chama a atenção para a importância da pesquisa patrimonial mediante a utilização de ferramentas eletrônicas para identificação de casos mais complexos como de sócios ocultos:

> [...] a utilização da ferramenta eletrônica denominada de Cadastro de Clientes do Sistema Financeiro Nacional – CCS (BACEN-CCS) pode, na pesquisa das pessoas que movimentam as contas bancárias da empresa executada, detectar a existência de sócio oculto, cujos bens poderão então ser penhorados mediante a aplicação da teoria da desconsideração da personalidade jurídica, na medida em que se presume ser sócia de fato a pessoa que tem poderes para movimentar conta bancária da empresa executada. Com efeito, não é ordinário outorgar poderes para movimentar conta corrente a quem seja estranho à sociedade empresarial. Pelo contrário, a outorga de tais poderes é indicativa de que a sociedade e o outorgado têm interesses comuns, situação em que se estabelece presunção de que o outorgado é sócio oculto da sociedade outorgante de tais poderes. Detectada a existência de sócio oculto via ferramenta eletrônica Bacen-CCS, a pesquisa deve prosseguir perante a Junta Comercial, para descobrir se o sócio oculto participa de outra(s) empresa(s), cujo patrimônio poderá então ser objeto de penhora mediante a aplicação da teoria da desconsideração inversa da personalidade jurídica, sob o argumento de confusão patrimonial (CC, art. 50). (CLAUS, 2013, p. 91).

Assim, na hipótese de que seja um caso de desconsideração mais complexo, a exemplo da desconsideração em face de sócio oculto, o mais adequado seria o juiz, no caso concreto (além de utilizar as ferramentas eletrônicas disponíveis), oportunizar ao possível sócio oculto a produção de provas no sentido contrário, transferindo-lhe o ônus, por ter mais aptidão para fazê-lo, o que seria possível por meio da aplicação da teoria dinâmica do ônus da prova – art. 818, § 1º, da CLT[43] –, que, além de regra de julgamento, pode ser regra de instrução processual. Vale lembrar que a imposição de desincumbir-se do ônus probatório não pode inviabilizar a tutela do direito à parte que tem razão. Assim, caso o trabalhador não apresente condições favoráveis para produzir a prova do fato constitutivo do seu direito, é plausível ao que o magistrado atribua o encargo probatório à parte que tem melhores condições para fazê-lo.

Ademais, a natureza privilegiada do crédito trabalhista (conforme previsto na Constituição e no art. 186 do CTN) diferencia-o dos demais créditos, robustecendo a ideia de que exigir, por parte do trabalhador vulnerável, prova pré-constituída para a abertura do incidente de desconsideração, é um verdadeiro entrave à execução e à sua plena satisfação.

Lado outro, esse dispositivo pode ser utilizado pelo magistrado com razoabilidade para indeferir um pedido abusivo de instauração do incidente de desconsideração. Nesse caso, se o juiz constatar de pronto não haver indícios mínimos de insuficiência de bens da empresa executada (em virtude de outros processos que têm obtido êxito na execução em face da pessoa jurídica), ele pode, excepcionalmente, exigir provas da necessidade de instauração do incidente.

---

(43) Art. 818. O ônus da prova incumbe: I – ao reclamante, quanto ao fato constitutivo de seu direito; II – ao reclamado, quanto à existência de fato impeditivo, modificativo ou extintivo do direito do reclamante. § 1º Nos casos previstos em lei ou diante de peculiaridades da causa relacionadas à impossibilidade ou à excessiva dificuldade de cumprir o encargo nos termos deste artigo ou à maior facilidade de obtenção da prova do fato contrário, poderá o juízo atribuir o ônus da prova de modo diverso, desde que o faça por decisão fundamentada, caso em que deverá dar à parte a oportunidade de se desincumbir do ônus que lhe foi atribuído.

5. EXIGÊNCIA DE CONTRADITÓRIO PRÉVIO

O art. 5º, LV,[44] da Constituição Federal (CF) garante o direito ao contraditório e à ampla defesa aos litigantes, seja em processo judicial, seja em administrativo. Na desconsideração da personalidade jurídica em âmbito laboral, o contraditório, em regra, era diferido, o que não violava as garantias constitucionais previstas no art. 5º da CF, haja vista que, na seara trabalhista, os princípios da simplificação dos procedimentos e formas, da celeridade e da efetividade são norteadores na busca da garantia do crédito alimentar.

A redação do CPC estabeleceu (art. 10[45]) que todas as decisões judiciais devem ser proferidas após o pronunciamento das partes a fim de que ambas possam participar do convencimento do magistrado. Em consonância com esse entendimento, o art. 135 do CPC determina que o sócio ou a pessoa jurídica (nos casos de desconsideração inversa) sejam citados para, no prazo de 15 dias, manifestarem-se e apresentarem provas para instruir o incidente. Acontece que essa lógica da garantia do contraditório prévio não é compatível com a lógica do Processo do Trabalho por se distanciar da simplicidade, burocratizar o processo, reduzir a celeridade e, consequentemente, a efetividade da jurisdição.

Ademais, a adoção do contraditório diferido na Justiça Laboral não acarreta a liberação de qualquer quantia ou bem sem a garantia plena do contraditório à parte executada. Assim, o que ocorre é a diferenciação do procedimento, o que não importa em supressão do princípio do contraditório e da ampla defesa. Não há que se falar em violação de garantias fundamentais. O que se busca com a inversão do procedimento e com a prática do contraditório diferido é garantir a satisfação do crédito de natureza alimentar ao trabalhador hipossuficiente. A aplicação do incidente conforme previsto na letra fria da lei pode acarretar a inefetividade da jurisdição.

Cumpre dizer que o incidente de desconsideração da personalidade jurídica é dispensado nas hipóteses em que, já na petição inicial, o reclamante imputa a responsabilização do sócio (art. 134, § 2º, do CPC[46]), o que se justifica pois o sócio passa a integrar a relação processual na condição de parte e, assim, já lhe são garantidos o contraditório e a ampla defesa desde o início do processo, motivo pelo qual o incidente se torna desnecessário.

Desse artigo infere-se que o objetivo principal do incidente é a garantia do contraditório aos sócios, o que ocorria de forma diferida no Processo do Trabalho, sendo que, dessa forma, assegurava-se com mais afinco a possibilidade de efetividade na execução. Isso porque todo o trâmite da desconsideração – conforme previsto no CPC – pode proporcionar ao executado de má-fé tempo suficiente para prática de atos que levem à ineficácia da tutela pretendida, a exemplo do desvio de bens – sobretudo depósito de dinheiro em contas correntes e aplicações (com o fim de evitar penhoras eletrônicas) e remoção de bens móveis. Prejuízos que nem sempre poderão, na prática, ser revertidos pelo instituto da fraude à execução (CPC, art. 137 e art. 792, § 3º). Assim, o contraditório prévio pode afetar em demasia a efetividade da jurisdição. É o que diz Daniel Amorim Assumpção Neves:

> Afirma-se que o contraditório é um princípio absoluto – para alguns garantia –, vedado qualquer afastamento no caso concreto tanto pelo legislador como pelo operador do direito. Ainda que se compreenda a importância do princípio, é preciso compatibilizar o contraditório com todos os demais princípios, o que poderá mostrar no caso concreto que o contraditório pode não se mostrar indispensável como se costuma imaginar. (NEVES, 2017, p. 179).

Nessa toada, o professor Cleber Lúcio de Almeida menciona os autores Eliana dos Santos Alves Nogueira e José Gonçalves Bento que, em sua obra, chamam a atenção para a circunstância recorrente de fraude contra credores quando há o conhecimento prévio da execução por parte dos sócios. Os autores advertem que a ciência antecipada da execução, como prevê o CPC, abre espaço para que a localização de bens pessoais dos sócios torne-se uma tarefa quase impraticável diante das manobras de ocultação patrimonial (ALMEIDA, 2016).

Como o contraditório prévio pode acarretar prejuízo à própria tutela do Direito Material, conforme já exposto, justifica-se que o aplicador do direito laboral, no caso concreto, opte pela técnica do contraditório diferido, em atendimento à garantia constitucional da efetividade da jurisdição (CF, art. 5º, XXXV e LXXVIII) e a fim de evitar todo comprometimento dos esforços executivos realizados pela parte ou pelo magistrado.

Nesses casos, o sócio, após a constrição de bens, uma vez garantida a execução, terá o direito (antes que seja efetuada qualquer expropriação, alienação ou levantamento de valores bloqueados) de apresentar sua defesa nos embargos à execução ou nos embargos de terceiro.

O sócio poderá ainda, nesta oportunidade, invocar o "benefício de ordem" para que sejam primeiro excutidos bens pertencentes à pessoa jurídica (mas, para que isso seja possível, o sócio deverá apontar onde se encontram os bens da sociedade, livres e desembaraçados, em obediência

(44) Art. 5º (...) LV – aos litigantes, em processo judicial ou administrativo, e aos acusados em geral são assegurados o contraditório e a ampla defesa, com os meios e recursos a ela inerentes;

(45) Art. 10. O juiz não pode decidir, em grau algum de jurisdição, com base em fundamento a respeito do qual não se tenha dado às partes oportunidade de se manifestar, ainda que se trate de matéria sobre a qual deva decidir de ofício.

(46) Art. 792. A alienação ou a oneração de bem é considerada fraude à execução: (...) § 3º Nos casos de desconsideração da personalidade jurídica, a fraude à execução verifica-se a partir da citação da parte cuja personalidade se pretende desconsiderar.

à ordem preferencial mencionada no art. 835 do NCPC – inteligência do art. 795, §§ 1º e 2º, do CPC[(47)]).

Há ainda o Mandado de Segurança e a Exceção de Pré-Executividade, que podem ser manejados para questionar a desconsideração abusiva da personalidade, alguma matéria de ordem pública e até o fato de ser o sócio ilegitimamente atingido (por ser um sócio retirante que não guarda mais responsabilidade patrimonial em relação àquele empregado – conforme art. 10-A da CLT).

> Por fim, não há que se falar, de qualquer modo, em violação ao princípio do contraditório, já que o sócio atingido em seu patrimônio possui remédio processual próprio para discutir referida decisão dentro do processo de execução, seja via embargos à execução (ou à penhora) ou exceção de pré-executividade, quando cabível. (ALMEIDA, 2016, p. 324).

É de fato uma ponderação entre o princípio da máxima efetividade da tutela executiva e da duração razoável do processo, com o princípio da menor restrição possível. A técnica do contraditório diferido não implica cerceamento de defesa, pois o contraditório será pleno, com possibilidade de apresentação de provas, recursos etc., em um momento ulterior. Tudo com a finalidade precípua de garantir-se o resultado útil da execução. Cabe dizer que a sistemática processual trabalhista já posterga o contraditório em outros momentos, a exemplo das decisões interlocutórias. (art. 893, § 1º, da CLT).

> No Brasil, o instituto é de utilidade ímpar, haja vista a nossa execrável cultura da sonegação, torpeza e banalização do ilícito trabalhista. Observa-se que a indústria da fraude à execução foi aperfeiçoada de tal maneira, que o desafio hodierno não é mais atingir o sócio ostensivo, mas o sócio de fato que se encontra dissimulado pela presença de outros estrategicamente escolhidos pela condição de insolvente, os quais são vulgarmente chamados "laranjas" ou "testas de ferro" (...). (DALLEGRAVE NETO, 2002, p. 126-127).

Na exposição de motivos do CPC, a regulamentação do incidente foi justificada por dar "concretude a princípios constitucionais, com um procedimento que efetive o contraditório e a produção de provas, prévio à decisão que desconsidera a pessoa jurídica". Ocorre que a necessidade de produção probatória e de contraditório prévio está mais ligada às discussões que caracterizariam o abuso da personalidade jurídica – como o desvio de finalidade e a confusão patrimonial (art. 50 do CC), inaplicáveis ao Processo do Trabalho em que, em regra, basta a constatação da insolvência da pessoa jurídica.

Ainda que não se convença da argumentação supracitada e se conclua pela citação do sócio ou da sociedade para apresentar defesa prévia, segundo Élisson Miessa (2018, p. 921), o prazo para apresentação da defesa deve ser de 5 (cinco) dias e não 15 (quinze) como no processo civil. Segundo o autor, as modalidades de defesa previstas na fase de execução laboral, quais sejam, embargos à execução, impugnação à decisão de liquidação e embargos de terceiro, observam prazo de 5 dias (CLT, art. 884).

Assim, ao realizar-se uma interpretação compatível com o princípio da celeridade, na fase de execução ou até mesmo quando o incidente for instaurado na fase de conhecimento, o prazo deve ser de 5 (cinco) dias. Élisson Miessa diz ainda que as matérias de defesa nas demandas derivadas da relação de emprego são limitadas em virtude da aplicação da teoria objetiva (menor), a exemplo do benefício de ordem ou do fato de serem os sócios retirantes (art. 10-A da CLT).

Nessa mesma linha de raciocínio, Manoel Antonio Teixeira Filho (2017) faz ressalvas quanto à aplicação do incidente e firma o entendimento de que o prazo para a manifestação deveria ser de 5 (cinco) dias, por analogia ao art. 841, *caput*, da CLT, em oposição aos 15 (quinze) dias previstos no art. 135 do CPC.

Assim, apesar do entendimento do TST e das recomendações e provimentos da Corregedoria Geral da Justiça do Trabalho, há questionamentos doutrinários que não podem ser ignorados pelos operadores do direito.

6. DESCONSIDERAÇÃO DA PERSONALIDADE E PODER GERAL DE CAUTELA

Ainda que não prevaleça o entendimento do contraditório diferido como regra, há a possibilidade, como ver-se-á, de o magistrado valer-se do poder geral de cautela quando presentes seus requisitos a fim de garantir a efetividade da execução e a promessa constitucional de inafastabilidade da tutela jurisdicional (art. 5º, XXXV, da CF). O art. 855-A, § 2º, da CLT ressalvou que a suspensão do processo não atingirá a concessão da tutela de urgência de natureza cautelar prevista no art. 301 do CPC/2015.

> A instrumentalidade da tutela cautelar faz com que tal espécie de tutela sirva como instrumento apto a garantir que o resultado final do processo seja eficaz, significando que tal resultado tenha condições materiais para gerar os efeitos práticos normalmente esperados. O próprio nome do instituto – cautelar – expressa de maneira clara a ideia de que essa espécie de tutela se preste a garantir, acautelar, assegurar alguma coisa, que é como foi visto, justamente, o resultado final do processo principal. A característica analisada da tutela cautelar refere-se, essencialmente, a função de proteger o resultado final do processo principal, seja esse de conhecimento, seja de execução. (NEVES, 2017, p. 533-534).

(47) Art. 795. Os bens particulares dos sócios não respondem pelas dívidas da sociedade, senão nos casos previstos em lei (...) § 2º Incumbe ao sócio que alegar o benefício do § 1º nomear quantos bens da sociedade situados na mesma comarca, livres e desembargados, bastem para pagar o débito.

Assim, se houver manifesto perigo de ineficácia da demanda é possível que o magistrado, a requerimento ou de ofício (valendo-se de seu poder geral de cautela), maneje as medidas necessárias para evitar o perigo de dano ou risco ao resultado útil do processo. Nessa linha de raciocínio, durante a solução do incidente ou até mesmo antes da citação para iniciá-lo (casos em que o contraditório será diferido), poderá ser determinada a indisponibilidade de bens do sócio ou ex-sócio, mediante arresto, sequestro, arrolamento de bens, registro de protesto contra alienação e qualquer outra medida idônea para assegurar o direito (art. 301 do NCPC[48], art. 9º, I, do NCPC[49]).

Nesse mesmo sentido, Élisson Miessa (2018) dispõe que, quando o magistrado verificar que, em eventual incidente de desconsideração da personalidade jurídica, a citação dos sócios puder tornar o resultado do processo ineficaz, há a possibilidade de aplicar uma medida cautelar – sem a prévia oitiva do réu – de constrição, a exemplo do bloqueio do valor da execução, caso em que o contraditório será diferido a fim de garantir o resultado útil do processo e assegurar a satisfação da execução em prazo razoável.

O sistema jurídico brasileiro é dotado de normas procedimentais que permitem efetivar a constrição prévia ao contraditório desde que essa providência se faça necessária para assegurar a tempestiva realização do direito objeto da causa.

Cabe comentar que a doutrina majoritária, ao analisar o CPC, entendeu que, apesar de não ter sido reproduzido o art. 797 do CPC de 1973, foi mantido o poder geral de cautela. Nesse sentido, o Enunciado n. 31 do Fórum Permanente de Processualistas Civis diz: "O poder geral de cautela está mantido no CPC." Élisson Miessa reforça a importância da cautelar de ofício no Processo do Trabalho: "No processo do trabalho, pensamos que é possível a concessão de ofício da tutela cautelar, pois o próprio deferimento da cautelar no incidente pressupõe medida de risco sério e evidente ao comprometimento da efetividade da tutela jurisdicional" (2018, p. 1150).

O poder estatal (Estado-juiz) deve fazer o possível para evitar que a demora do processo gere a ineficácia da tutela, valendo-se de seu poder geral de cautela, de ofício ou a requerimento da parte. Nesse sentido, o Enunciado n. 116 da 2ª Jornada de Direito Material e Processual do Trabalho afirma:

> TUTELAS DE URGÊNCIA DE NATUREZA CAUTELAR NO INCIDENTE DE DESCONSIDERAÇÃO DA PERSONALIDADE JURÍDICA. A adoção do incidente de desconsideração da personalidade jurídica no Processo do Trabalho não exclui a possibilidade de deferimento de tutelas de urgência de natureza cautelar antes da citação do novo executado, inclusive de ofício, dentro do poder geral de cautela do magistrado.[50]

Desse modo, o poder geral de cautela autoriza atuação diversa da prevista no procedimento do incidente desde que essa atuação se faça necessária para garantir a efetividade da jurisdição.

Nesse sentido, e já na vigência do novo regramento, em processo que tramita perante a 6ª Vara do Trabalho de Betim, a magistrada, no dia 27 de maio de 2019, expediu mandado de citação do sócio e no próprio mandado fez constar o teor do seguinte despacho, que dispõe sobre a cautelar que determina bloqueio de valores a fim de preservar o resultado útil do processo:

> DECISÃO – PJE. Vistos os autos. Não localizados bens do devedor principal, e tendo a parte requerido previamente, dê-se início ao incidente de desconsideração da personalidade jurídica. Proceda-se à inclusão do titular da empresa reclamada (...), no polo passivo. Dispõe o art. 774 do CPC que "Considera-se atentatória à dignidade da justiça a conduta comissiva ou omissiva do executado que: I – frauda a execução; II – se opõe maliciosamente à execução, empregando ardis e meios artificiosos; III – dificulta ou embaraça a realização da penhora; IV – resiste injustificadamente às ordens judiciais", de modo que é obrigação do executado indicar os bens passíveis de constrição. **Como são os sócios os responsáveis pela administração da empresa, o insucesso de medidas constritivas denuncia uma resistência injustificada ao cumprimento da decisão, autorizando a adoção de medidas cautelares, visando a preservar o resultado útil do processo (art. 855-A, § 2º, da CLT c.c. art. 310 do CPC). Desse modo, determino o imediato bloqueio dos valores atualizados da execução (...) nas contas do titular ora incluídos no polo passivo, via sistema BACENJUD.** Cumprida a medida cautelar supra, fica suspensa a execução. Notifique-se o(s) sócio(s) para manifestação no prazo de 15 dias, POR MANDADO. Após a manifestação, dê-se vista ao exequente, pelo prazo de 5 dias. Não havendo necessidade de instrução, venham os autos conclusos para decisão. (TRT-3 – 0011977-54.2015.5.03.0163. Juíza: Sandra Maria Generoso Thomaz Leidecker. Data de publicação: 27.05.2019. Grifos nossos).

7. DETERMINAÇÃO DE SUSPENSÃO DO PROCESSO

O art. 855-A, § 2º, da CLT bem como o § 3º do art. 134 do CPC dispõem que a instauração do incidente suspenderá o processo, sem prejuízo de concessão de tutela de urgência de natureza cautelar. Ocorre que, de acordo com

(48) Art. 301. A tutela de urgência de natureza cautelar pode ser efetivada mediante arresto, sequestro, arrolamento de bens, registro de protesto contra alienação de bem e qualquer outra medida idônea para asseguração do direito.

(49) Art. 9º Não se proferirá decisão contra uma das partes sem que ela seja previamente ouvida. Parágrafo único. O disposto no *caput* não se aplica: I – à tutela provisória de urgência;

(50) Disponível em: <https://drive.google.com/file/d/1oZL9_JohYjNInVvehEzYDp-bl0fcF6i6/view>. Acesso em: 13 jun. 2019.

o art. 799 da CLT,(51) não é possível a instauração de incidentes que suspendam o trâmite processual, salvo as exceções de suspeição ou incompetência (art. 800 da CLT(52)), incluindo-se também as possibilidades de suspensão por impedimento.

Até o CPC, em consonância com o princípio da celeridade processual, eliminou a concepção de alguns incidentes – de incompetência absoluta, bem como a impugnação ao valor da causa – que passaram a integrar o rol das preliminares da contestação, como já ocorria no processo laboral.

Segundo análise de Tatiana Moreira Gonçalves (2018), os autores Manoel Antonio Teixeira Filho, Ben-Hur Silveira Claus, Cleber Lúcio de Almeida alertam que, ao admitir-se a suspensão do processo principal até o julgamento final do incidente, atenta-se contra os princípios próprios do Direito Processual do Trabalho, entre eles a celeridade e a simplicidade processual. Além disso, essa medida pode causar prejuízo à garantia da efetividade da jurisdição. Corrobora esse entendimento o Enunciado n. 7, aprovado durante a Jornada Nacional sobre Execução na Justiça do Trabalho, que dispõe que a instauração da desconsideração não impede a continuidade da execução contra os demais executados (outros tomadores por exemplo):

> EXECUÇÃO. DEVEDOR SUBSIDIÁRIO. AUSÊNCIA DE BENS PENHORÁVEIS DO DEVEDOR PRINCIPAL. INSTAURAÇÃO DE OFÍCIO. A falta de indicação de bens penhoráveis do devedor principal e o esgotamento, sem êxito, das providências de ofício nesse sentido, autorizam a imediata instauração da execução contra o devedor subsidiariamente corresponsável, sem prejuízo da simultânea desconsideração da personalidade jurídica do devedor principal, prevalecendo entre as duas alternativas a que conferir maior efetividade à execução.(53)

Observe-se que o ramo processual trabalhista adota como regra a concentração dos atos processuais, sempre que houver possibilidade, a exemplo da vedação de recursos imediatos, o que evita procrastinações muitas vezes utilizadas pelo executado para retardar a solução e a efetividade da demanda. O Direito Processual do Trabalho privilegia a celeridade e a efetividade processual, sendo que a suspensão do processo, em regra, vai na contramão desse entendimento, pois estimula a protelação dos processos.

Diante dessa argumentação, entende-se que a suspensão processual deve restringir-se exclusivamente aos próprios sócios sobre os quais tramitam o incidente, preferencialmente se o juízo já estiver garantido a fim de se evitarem prejuízos, não se praticando somente os atos de expropriação final em relação aos sócios até que seja decidido o referido procedimento especial. Trata-se assim de uma suspensão relativa, imprópria.

Reforça-se, dessa maneira, que a suspensão do incidente não pode comprometer o fluxo do restante do processo e a prática de outros atos processuais em relação a outros tomadores, por exemplo, pois isso comprometeria o bom andamento do processo e a efetividade da execução.

8. AGRAVO DE PETIÇÃO NA FASE DE EXECUÇÃO

O art. 855-A, § 1º, II, da CLT, prevê que da decisão interlocutória que acolher ou rejeitar o incidente na fase de execução cabe agravo de petição, independentemente de garantia do juízo. Segundo Mauro Schiavi (2016), essa possibilidade conflita com a execução trabalhista, haja vista que a garantia do juízo é regra para utilização dos meios de impugnação na seara laboral, em especial no que diz respeito ao agravo de petição (2017, p. 131). A garantia do juízo tem como objetivo assegurar a efetividade de futura execução e esta deve permanecer (na fase executiva) no valor integral do débito, isso se o juízo já não estiver garantido por penhora realizada no curso do incidente (Súmula n. 28, II, do TST).

Ademais, a decisão do incidente de desconsideração da personalidade jurídica trata-se de uma decisão interlocutória, em regra irrecorrível de imediato na seara laboral. Essa disposição justifica-se a partir da preocupação de que o conflito judicial não seja eterno e de que o patrimônio do executado não seja lapidado antes da plena satisfação dos créditos devidos ao exequente.

Ocorre que há doutrinadores (entre eles Élisson Miessa e Júlio César Bebber(54)) que admitem a impugnação imediata de decisão interlocutória quando ela impuser um obstáculo intransponível para a execução ou for capaz de, concretamente, produzir prejuízo grave e imediato a direito incontestável. Nesse caso, segundo eles, pode se equiparar a decisão interlocutória a uma sentença terminativa.(55) Os

(51) Art. 799. Nas causas da jurisdição da Justiça do Trabalho, somente podem ser opostas, com suspensão do feito, as exceções de suspeição ou incompetência.

(52) Art. 800. Apresentada exceção de incompetência territorial no prazo de cinco dias a contar da notificação, antes da audiência e em peça que sinalize a existência desta exceção, seguir-se-á o procedimento estabelecido neste artigo. (...) § 1º Protocolada a petição, será suspenso o processo e não se realizará a audiência a que se refere o art. 843 desta Consolidação até que se decida a exceção.

(53) Disponível em: <https://drive.google.com/file/d/1oZL9_JohYjNInVvehEzYDp-bl0fcF6i6/view>. Acesso em: 13 jun. 2019.

(54) BEBBER, Júlio César. *Recursos no processo do trabalho*. 4 ed. São Paulo: LTr, 2014. p. 310 e CORREIA, Henrique; MIESSA, ÉLISSON. *Manual da reforma trabalhista*. Lei n. 13.467/2017, o que mudou? 2. ed. Salvador: Editora JusPodivm, 2018.

(55) I – AGRAVO DE INSTRUMENTO. PROVIMENTO. A potencial violação do art. 5º, LV, da Constituição Federal encoraja o processamento do recurso de revista. Agravo de instrumento conhecido e provido. II – RECURSO DE REVISTA. DECISÃO PROFERIDA EM EMBARGOS À EXECUÇÃO. CABIMENTO. AGRAVO DE PETIÇÃO. O disposto no art. 893, § 1º, da CLT há de ser interpretado em sintonia com a disciplina do art. 897, *a*, do mesmo Texto, de forma a compreender-se que desafiarão agravo de petição as decisões proferidas em execução,

autores citam como exemplo a decisão que rejeita o incidente de desconsideração, pois essa decisão pode inviabilizar o prosseguimento da execução. Nesse caso, o reclamante poderia interpor o agravo de petição e, por se tratar de reclamante, não há mesmo que se falar em garantia do juízo.

Élisson Miessa argumenta ainda que, do mesmo modo, a decisão interlocutória que acolhe o incidente pode produzir prejuízo manifesto ao sócio agravante, admitindo-se agravo de petição com efeito meramente devolutivo para afastá-la (art. 855-A da CLT, § 1º, II). Entretanto, ainda que se admita a interposição desse recurso, a inexigibilidade da garantia ao juízo não se compatibiliza com o Processo do Trabalho.

9. CONCLUSÃO

É preciso lembrar, antes de realizar qualquer análise de matéria processual, que esse ramo jurídico apresenta natureza instrumental e só se justifica enquanto realizador do direito material, de maneira que qualquer estudo há que levar em consideração a relação ontológica entre o Direito Material e o respectivo Direito Processual do Trabalho.

Outro norte interpretativo que não pode ser ignorado é que o Processo do Trabalho é dotado de autonomia científica em relação ao Processo Civil, motivo pelo qual o fato de a CLT remeter a algum procedimento regulamentado minuciosamente no CPC não pode implicar a sua simples importação irracionalizada para o âmbito laboral. É preciso analisar a compatibilidade – característica que representa um filtro entre o que está previsto no processo comum e o que terá aplicação na seara laboral. Quando se trata de crédito trabalhista, por apresentar natureza alimentar de trabalhador hipossuficiente, há de optar-se por um procedimento simplificado e célere para garantir a efetividade da prestação jurisdicional.

No âmbito do sistema jurídico laboral, o instituto da desconsideração da personalidade jurídica, ordinário no dia a dia da Justiça do Trabalho, amplamente utilizado para garantir a efetividade da execução, assemelha-se mais a um redirecionamento da execução – quando a personalidade jurídica da empresa apresenta obstáculo à satisfação do crédito. Como não há que se falar em abuso da personalidade (confusão patrimonial e desvio de finalidade), a burocratização do procedimento, em regra, não se justifica. Casos excepcionais e mais complexos deverão ser tratados como tais.

A desconsideração, na justiça do trabalho, é consequência do princípio da despersonalização das obrigações trabalhistas, que impõe ao empresário a responsabilidade em relação aos riscos inerentes à atividade econômica pelo fato de ter-se beneficiado diretamente do dispêndio de energia do trabalhador, o qual contribuiu para o empreendimento.

O itinerário procedimental instituído pelo CPC e reforçado na CLT (art. 855-A), que dispõe sobre iniciativa da parte, suspensão do processo, atribuição do ônus da prova ao trabalhador, exigência de contraditório prévio, torna o procedimento conflitante com a natureza do processo laboral. Além de contrário aos princípios do impulso oficial, da celeridade, da efetividade e da simplicidade de maneira que, diante da legislação posta, é preciso desenvolver teses interpretativas que evitem o retrocesso social e que privilegiem os direitos fundamentais laborais previstos na Constituição, em especial a dignidade da pessoa humana e o valor social do trabalho.

Uma possível leitura da inovação legislativa seria a mitigação do incidente adaptando-o às peculiaridades do Processo do Trabalho. Essas adaptações passariam pela autorização da abertura do incidente por impulso oficial independentemente da manifestação da parte, bem como pela aplicação do contraditório diferido, pela utilização do poder geral de cautela e pela exigência de garantia do juízo para interposição de recursos.

O processo laboral deve evoluir sempre de maneira a garantir os direitos fundamentais do trabalhador/cidadão. A evolução do processo justifica-se para propiciar maior efetividade ao princípio do acesso à justiça, que deve culminar com a realização prática do direito reconhecido em juízo, razão da importância da doutrina e da jurisprudência em suas atividades interpretativas e hermenêuticas a fim de evitar o retrocesso social.

10. REFERÊNCIAS

ALMEIDA, Cleber Lúcio de. Incidente de desconsideração da personalidade jurídica. In: MIESSA, Élisson. (Org.). *Novo Código de Processo Civil e seus reflexos no processo do trabalho.* 2. ed. Salvador: Editora JusPodivm, 2016.

______; ALMEIDA, Wânia Guimarães Rabêllo de. *Direito do Trabalho e Constituição:* a constitucionalização do Direito do Trabalho no Brasil. São Paulo: LTr, 2017.

______; ______. O acesso à justiça como direito humano. In: KOURY, Luiz Ronan Neves; ASSUNÇÃO, Carolina Silva Silvino (Coord.). *Direito processual do trabalho:* Constituição e reforma trabalhista. São Paulo: LTr, 2018.

BATISTA, Renato Oliveira. Desconsideração da personalidade jurídica e a responsabilidade patrimonial do diretor de entidade sem fins lucrativos. *Âmbito Jurídico,* Rio Grande, XX, n. 157, fev. 2017. Disponível em: <http://www.ambito-juridico.com.br/site/?n_link=revista_artigos_leitura&artigo_id=18473&revista_caderno=8>. Acesso em: 6 jun. 2019.

CLAUS, Ben-Hur Silveira. O novo CPC, a teoria da causa madura e a sua aplicação ao processo do trabalho – questões polêmicas.

quando, mesmo que excedentes às trilhas dos embargos à execução e da impugnação aos cálculos, criarem empecilhos ao regular desfecho do procedimento, abandonando, assim, a aparência interlocutória, para alcançar foros de definitividade. Recurso de revista conhecido e provido. Acórdão do Processo n. RR – 205200-90.1990.5.02.0028. Tribunal Superior do Trabalho. 3ª Turma. 19.09.2012. Relator: Min. Alberto Luiz Bresciani de Fontan Pereira.

In: ______. (Coord.). *A teoria da causa madura no processo do trabalho:* um debate nacional. São Paulo: LTr, 2019a.

______. A desconsideração da personalidade jurídica na execução trabalhista: aspectos teóricos e aplicação em situações concretas. *Revista do Tribunal Regional do Trabalho da 4ª Região*, Porto Alegre, n. 38, p. 61-88, 2010. Disponível em: <http://www.cidp.pt/revistas/rjlb/2016/5/2016_05_0225_0266.pdf>. Acesso em: 9 jun. 2019b.

______. O incidente de desconsideração da personalidade jurídica previsto no CPC de 2015 e o Direito Processual do Trabalho. *Revista LTr*, São Paulo, v. 80, n. 1, jan. de 2016.

______. A desconsideração inversa da personalidade jurídica na execução trabalhista e a pesquisa eletrônica de bens de executados. *Revista Eletrônica do TRT 4ª Região*, ano IX, n. 156, maio de 2013. Disponível em: <ps://juslaboris.tst.jus.br/bitstream/handle/20.500.12178/77697/2013_claus_ben_hur_desconsideracao_inversa.pdf?sequence=1&isAllowed=y>. Acesso em: 6 jun. 2019.

COELHO, Fábio Ulhoa. *Curso de direito comercial:* direito de empresa. v. 2. 19. ed. São Paulo: Saraiva, 2015.

CORDEIRO, Wolney Macedo. *Execução no processo do trabalho.* 4. ed. Salvador: Editora JusPodivm, 2017.

CORREIA, Henrique; MIESSA, Élisson. *Manual da reforma trabalhista:* Lei n. 13.467/2017, o que mudou? 2. ed. Salvador: JusPodivm, 2018.

DALLEGRAVE NETO, José Affonso; FREITAS, Ney José de (Coord.). *Execução trabalhista:* estudos em homenagem ao Ministro João Oreste Dalazen. São Paulo: LTr, 2002.

DELGADO, Mauricio Godinho. *Curso de direito do trabalho.* 15. ed. São Paulo: LTr, 2016.

DINIZ, Maria Helena. *As lacunas no direito.* São Paulo: Revista dos Tribunais, 1981.

GUASTINI, Ricardo. La constitucionalización del ordenamento jurídico: o caso italiano. In: CARBONELL, Miguel (Org.). *Neoconstitucionalismo(s)*. 4. ed. Madrid: Trotta, 2009. p. 49-74.

JAKUTIS, Paulo Sérgio. A fase de cumprimento de sentença no processo do trabalho e o novo CPC. *Revista Síntese Trabalhista e Previdenciária*, ano XXVII, n. 323, maio de 2016, p. 27-42.

KOURY, Luiz Ronan Neves. A regulamentação da desconsideração da personalidade jurídica na CLT. In: HORTA, Denise Alves; FABIANO, Isabela Márcia de Alcântara; KOURY, Luiz Ronan Neves; OLIVEIRA, Sebastião Geraldo de (Coord.). *Direito do trabalho e processo do trabalho:* reforma trabalhista – principais alterações. Atualizado de acordo com a MP n. 808 de 14 de novembro de 2017. São Paulo: LTr, 2018.

MIESSA, Élisson. *Processo do trabalho.* Salvador: JusPodivm, 2018.

MOREIRA, Tatiana Gonçalves. *O incidente da desconsideração da personalidade jurídica e o processo do trabalho.* São Paulo: LTr, 2018.

NEVES, Daniel Amorim Assumpção. *Manual de direito processual civil.* Volume único. 9. ed. Salvador: JusPodivm, 2017.

NOGUEIRA, Luiz Fernando Valladão. A alteração da ordem processual no novo CPC – aspectos gerais e o Direito Empresarial. (2018, 16 janeiro). *Migalhas.* Disponível em: <https://www.migalhas.com.br/dePeso/16,MI272365,41046- A+alteracao+da+ordem+processual+no+novo+CPC+aspectos+gerais+e+o>. Acesso em: 11 jun. 2019.

NUNES, Jorge Amaury Maia; NÓBREGA, Guilherme Pupe da. (2016, 11 outubro). Algumas palavras sobre responsabilidade patrimonial e execução. *Migalhas.* Disponível em: <https://www.migalhas.com.br/ProcessoeProcedimento/106,MI247191,-71043-Algumas+palavras+sobre+responsabilidade+patrimonial+e+execucao>. Acesso em: 9 jun. 2019.

SCHIAVI, Mauro. *A reforma trabalhista e o processo do trabalho.* São Paulo: LTr, 2017.

______. *Manual de direito processual do trabalho:* de acordo com o novo CPC, reforma trabalhista – Lei n. 13.467/2017 – e a IN n. 41/2018 do TST. 14. ed. São Paulo: LTr, 2018.

SILVA, Homero Batista Mateus da. *Curso de direito do trabalho aplicado:* processo do trabalho. 2. ed. São Paulo: Revista dos Tribunais, 2015. v. 9.

______. *Comentários à reforma trabalhista.* São Paulo: RT, 2017.

STRECK, Lênio Luiz. *Hermenêutica jurídica e(m) crise:* uma exploração hermenêutica da construção do Direito. 2. ed. Porto Alegre: Livraria do Advogado, 2000.

TARTUCE, Flávio. *Manual de direito civil.* Volume único. Rio de Janeiro: Forense; São Paulo: Método, 2011.

TEIXEIRA FILHO, Manoel Antonio. *O processo do trabalho e a reforma trabalhista:* as alterações introduzidas no processo do trabalho pela Lei n. 13.467/2017. São Paulo: LTr, 2017.

VIANA, Márcio Túlio. *Direito de resistência.* São Paulo: LTr, 1996.

Execução Trabalhista: da execução de ofício ao impulso oficial

Debora Penido Resende[1]

1. CONSIDERAÇÕES INICIAIS

Há normas no direito processual brasileiro que, por estruturarem o modelo processual e nortearem a compreensão de todas as demais normas processuais, são classificadas como fundamentais. Parte dessas normas fundamentais encontra-se na Constituição Federal, outra parte decorre da legislação infraconstitucional.

São dessas normas fundamentais que se retiram postulados como a inércia e a inafastabilidade da jurisdição, a razoável duração do processo, o devido processo legal, o dever de o órgão jurisdicional agir com eficiência e efetividade ante às demandas a ele apresentadas

Não obstante a observância obrigatória de tais postulados, a Lei n. 13.467/2017 – conhecida como Reforma Trabalhista, alterou a redação do art. 878 da Consolidação das Leis do Trabalho (CLT) de modo que, a depender da interpretação a ela atribuída atinente aos institutos do "impulso oficial" e da "execução de ofício", pode impactar diretamente na fase de execução trabalhista, influenciando na concretização da tutela jurisdicional e, em consequência, deixando de observar normas processuais constitucionais e infraconstitucionais fundamentais.

Diante disso, analisa-se a compatibilidade do referido artigo com o ordenamento jurídico brasileiro. Para tanto, destaca-se a evolução técnica conceitual de determinados institutos jurídicos advindos da concretização do sincretismo processual, bem como, destacam-se as diferenças entre a "execução de ofício", o "cumprimento de sentença" e o "impulso oficial", bem como as consequências jurídicas no caso de sua não distinção.

Por fim, analisam-se os impactos que a nova redação do art. 878 da CLT causou no incidente de desconsideração da personalidade jurídica – IDPJ e na execução provisória.

2. DIREITO PROCESSUAL CONSTITUCIONAL

A Constituição Federal – CF estabelece como direito fundamental "a razoável duração do processo e os meios que garantam a celeridade de sua tramitação" (art. 5º, LXXVIII, CF). Nesse mesmo sentido, o art. 8º, n. 1, do Pacto de San Jose da Costa Rica, ratificado pelo Brasil desde 1992, estabelece como garantia judicial que os atos processuais se deem em prazo razoável (BRASIL, 1992).

Diante disso, "processo judicial sem eficiência, celeridade e efetividade é veículo que não atende ao comando constitucional expresso na Constituição Federal" (DELGADO; DELGADO, 2017, p. 355).

Uma das formas de se garantir a celeridade na tramitação de um determinado processo é agindo com eficiência. O princípio da eficiência, aplicado ao processo jurisdicional, estabelece a condução eficiente do processo pelo órgão jurisdicional. Esse princípio relaciona-se, principalmente, com a gestão do processo (DIDIER JR., 2017, p. 115).

Desse modo, observa-se que o órgão jurisdicional atua como administrador de um determinado processo. Para tanto, lhe são atribuídos pelo ordenamento jurídico poderes para sua condução. Tais poderes devem ser exercidos a fim de dar o máximo de eficiência à prestação jurisdicional.

Trata-se o serviço jurisdicional como uma espécie de serviço público, submetido, dessa forma, às suas normas gerais. Para compreender o princípio do processo jurisdicional eficiente, é necessário, então, o diálogo entre o Direito Processual e o Direito Administrativo (DIDIER JR., 2017, p. 115).

Nesse contexto, menciona-se o art. 37, *caput* da CF, que estabelece os princípios que regem a Administração Pública, sendo aplicado ao órgão jurisdicional vez que vinculado ao Poder Judiciário e, dentre os princípios ali estampados, encontra-se, expressamente, a eficiência.

O princípio da eficiência, portanto, dirige-se, especialmente, a orientar o exercício dos poderes de gestão dos processos pelo órgão jurisdicional, que deve visar a sua eficiência. O processo, para ser devido, há de ser eficiente. O princípio da eficiência, aplicado ao processo, é um dos corolários da cláusula geral do devido processo legal em sua dimensão substancial[2] (art. 5º, LIV, CF) (DIDIER JR., 2017, p. 113).

---

(1) Graduada pela Faculdade de Direito Milton Campos. Membro dos Grupos de Estudos "As Interfaces entre o Processo Civil e o Processo do Trabalho" e "OEART – Oficina de Estudos Avançados sobre a Reforma Trabalhista" da Faculdade de Direito Milton Campos. Advogada.

(2) O devido processo legal pode ser compreendido em duas dimensões: a) dimensão formal que confere, em síntese, a todo sujeito um processo que observe as garantias estabelecidas na Constituição e nas leis infraconstitucionais, observando primordialmente, portanto, o aspecto formal do processo; b) dimensão substancial que consiste na percepção de que o devido processo legal não deve levar em consideração

Da cláusula geral do devido processo legal decorrem todos os princípios que regem o direito processual. Dela também se extrai o princípio da efetividade. Os direitos devem ser, além de reconhecidos, efetivados. Processo devido é processo efetivo.

Eficiência e efetividade, contudo, distinguem-se.

Efetivo é o processo que realiza o direito afirmado e reconhecido judicialmente. Eficiente é o processo que alcançou esse resultado de modo satisfatório. Dessa forma, um processo pode ser efetivo sem, contudo, ter sido eficiente, atingindo o fim "realização do direito" insatisfatoriamente, por exemplo, com resultados colaterais majoritariamente negativos ou com excessiva demora. Lado outro, o processo não será considerado eficiente sem ter sido efetivo: a não realização de um direito judicialmente reconhecido basta para evidenciar a ineficiência do processo (DIDIER JR., 2017, p. 117).

Nesse contexto, verifica-se, portanto, que o princípio da efetividade garante o direito fundamental à tutela executiva, que se traduz na imposição de um sistema completo e com meios executivos hábeis a proporcionar pronta e integral satisfação do direito judicialmente reconhecido (DIDIER JR., 2017, p. 128).

3. DIREITO PROCESSUAL FUNDAMENTAL INFRACONSTITUCIONAL

No que tange às normas infraconstitucionais, determina o art. 769 da CLT c/c art. 15 do CPC a aplicação do Processo Civil ao Processo do Trabalho nos casos de omissão e naquilo que for compatível. Diante disso, aplica-se ao Processo do Trabalho as normas processuais fundamentais estabelecidas nos arts. 1º a 12 do CPC.

De início, alça-se ao *status* de norma processual fundamental o consagrado no art. 2º do CPC, que estabelece que o processo começa por iniciativa da parte, mas que seu desenvolvimento é por impulso oficial. Dessa forma, verifica-se que, uma vez instaurado o processo, desenvolve-se por impulso oficial, independentemente de novas provocações da parte.

O art. 4º do CPC(3), observando o comando da cláusula geral do devido processo legal, consubstancia o princípio da efetividade como norma fundamental do processo, e abarca o direito à atividade satisfativa, que se trata do direito à execução, englobando, portanto, não somente a fase cognitiva. O direito à sentença – consubstanciado no princípio da inafastabilidade da jurisdição – portanto, deve ser entendido como direito ao provimento e aos meios executivos aptos a dar efetividade ao direito substancial (art. 5º, XXXV, CF c/c art. 4º, CPC).

Verifica-se, dessa forma, que a interpretação das normas que regem a tutela executiva devem ser feitas de modo a extrair a maior efetividade possível. Por conseguinte, o juiz possui o poder-dever de adotar os meios executivos indispensáveis à prestação integral de tutela executiva (DIDIER JR., 2017, p. 129).

4. NORMA FUNDAMENTAL DE INTERPRETAÇÃO DA CONSOLIDAÇÃO DAS LEIS DO TRABALHO: POSTULADO HERMENÊUTICO DA UNIDADE DA CLT

Desenvolveu-se com o estudo sobre a interpretação constitucional, o postulado da unidade da Constituição. Conforme esse postulado hermenêutico, a Constituição deve ser interpretada como um todo normativo, evitando antinomias entre suas normas (DIDIER JR., 2017, p. 170).

Como no âmbito constitucional, todas as demais disciplinas jurídicas devem observar seu arcabouço normativo uniformemente a fim de evitar disparidades. Isso porque, consoante lição de Eros Grau (2009, p. 131-132), "o Direito não se interpreta em tiras". Partindo-se dessa premissa, conclui-se que a CLT também deve ser interpretada como um conjunto de normas orgânicas e coerentes. Daí surge o postulado interpretativo da unidade da CLT(4).

Ressalte-se, contudo, que uma vez constatado ser o Direito uma rede com diferentes disciplinas e institutos contemporaneamente, a hermenêutica jurídica recomenda que, na operação interpretativa, um dos métodos a ser observado é o sistemático, harmonizando a norma ao conjunto do sistema do Direito.

Verifica-se, portanto, que não obstante o reconhecimento da unidade da CLT quando de sua interpretação, deve ser observado também a harmonia com os demais ramos do Direito. É por esse motivo que as normas processuais fundamentais, sejam elas constitucionais ou infraconstitucionais, justamente por servirem como base interpretativa de todas as demais normas processuais, devem ser observadas, ainda que não estejam inseridas expressamente na CLT, vez que a integram.

5. O ART. 878 DA CLT ANTES DA REFORMA TRABALHISTA: DA EXECUÇÃO DE OFÍCIO AO CUMPRIMENTO DE SENTENÇA

Quando da Consolidação das Leis do Trabalho em 1943, o art. 878 recebeu a seguinte redação: "A execuçao podera ser promovida por qualquer interessado, ou *ex officio* pelo

apenas a observância das exigências formais, devendo as decisões judiciais observar, também, o acesso à justiça, a efetividade, a eficiência e a duração razoável do processo.

(3) Art. 4º, CPC: As partes têm o direito de obter em prazo razoável a solução integral do mérito, incluída a atividade satisfativa.

(4) Para maior aprofundamento sobre o tema: CANOTILHO, José Joaquim Gomes. *Direito constitucional e teoria da Constituição*. 6. ed. Lisboa: Almedina, 2002, p. 1.209-1.210.

próprio Juiz ou Presidente ou Tribunal competente, nos termos do artigo anterior".

Naquela época, no processo comum havia a divisão entre o processo de conhecimento e o processo de execução, de modo que deveria a parte retirar o Poder Judiciário da inércia, iniciando o processo de conhecimento a fim de obter a tutela jurisdicional cognitiva.

Reconhecido na sentença o direito pleiteado, novamente era preciso retirar o Poder Judiciário da inércia e ingressar com um processo de execução autônomo, objetivando a efetivação e a materialização do direito reconhecido.

Havia, portanto, dois processos distintos, de forma que, após a parte ter sua pretensão reconhecida no processo de conhecimento, deveria dar início a um outro processo, o processo de execução.

Nesse contexto, reconhecendo a essencialidade dos direitos inerentes ao trabalho humano e, pautando-se, principalmente, nos princípios da proteção, celeridade e simplicidade – inerentes ao Processo do Trabalho –, a CLT, de forma progressista, atribuiu ao magistrado o poder-dever de iniciar a execução trabalhista de ofício. Dispensou-se, portanto, a necessidade de a parte provocar novamente o Poder Judiciário para ter efetivado o direito já reconhecido em juízo, tal como ocorria no Processo Civil, aplicando um procedimento único, menos burocrático.

Por essa sistemática, no Processo do Trabalho, reconhecido o direito da parte na sentença, o próprio Juiz ou Tribunal poderia iniciar a execução. À época, justificou-se essa diferenciação no Processo do Trabalho ante o Processo Civil, em virtude da natureza alimentar dos créditos trabalhistas, sendo esses fundamentais à subsistência do exequente. Outrossim, "diferentemente da execução civil, em que o hipossuficiente é o devedor, no processo do trabalho o credor apresenta-se em condição de maior vulnerabilidade, o que exige a concretização dos princípios da celeridade e da efetividade da tutela executiva" (MIESSA; CORREIA, p. 970).

O princípio da disponibilidade da execução, portanto, no processo do trabalho, consiste não na faculdade de o credor iniciar o cumprimento de sentença, mas na disponibilidade de prosseguir ou não com a tutela executiva. Isso porque, além da hipossuficiência do trabalhador, compreende-se no arcabouço principiológico do Direito do Trabalho, a irrenunciabilidade de direitos trabalhistas, que seriam materializados por meio da tutela executiva.

Outrossim, ilógico partir do pressuposto de que, após retirar o Poder Judiciário da inércia ao ajuizar a ação, passar por todos os procedimentos e incidentes da fase de conhecimento para ter seu direito reconhecido, o credor trabalhista simplesmente não queira o bem da vida pleiteado na inicial. Por isso, deve o trabalhador, caso não queira ter seu direito efetivado por meio da tutela executiva, manifestasse expressamente nesse sentido, demonstrando seu não interesse em prosseguir com a ação, ainda que se encontre na fase de cumprimento de sentença.

Ademais, a efetivação do direito trabalhista reconhecido em juízo não consiste em interesse somente do exequente, mas do próprio Estado em ver a efetivação da decisão, bem como dos próprios empregadores, pois, ao se admitir o não cumprimento da legislação trabalhista por alguns empregadores, acarretaria em nítida concorrência desleal, impactando diretamente o mercado, haja vista a utilização de mão de obra mais barata ao não adimplir todos os direitos assegurados ao trabalhador.

Em síntese, era por esses fundamentos que desde sempre a CLT dispensava a necessidade de a parte ajuizar processo de execução autônomo para efetivar o direito reconhecido em juízo.

Com o passar dos anos, a doutrina processualista civil, juntamente com a jurisprudência, aprofundando nos estudos quanto à abrangência da função jurisdicional do Estado, chegaram à conclusão de que a necessidade de a parte vencedora ter que entrar com processo de execução autônomo para ver seu direito efetivado, reconhecido em juízo, ia de encontro a diversos princípios consagrados com a nova ordem constitucional inaugurada em 1988, tais como, a inafastabilidade de jurisdição, a razoável duração do processo, o devido processo legal, a eficiência, a efetividade, entre outros.

Nessa esteira, diversas reformas no âmbito processual civil foram promovidas a fim de dar maior efetividade ao processo. Nesse contexto, a Lei n. 11.232/2005 merece maior destaque, uma vez que alterou o conceito de sentença[(5)] e consagrou um sistema de concentração da atividade jurisdicional em processo único, positivando a desnecessidade de submeter a decisão cognitiva obrigacional a um novo processo autônomo de execução, e concretizando, portanto, o sincretismo processual, de modo que a efetivação dos preceitos contidos em qualquer sentença civil condenatória se realizaria em prosseguimento ao mesmo processo na qual esta fora proferida[(6)].

Dessa forma, para os títulos executivos judiciais, a execução seria apenas uma fase, o cumprimento de sentença, consoante a teoria do sincretismo processual. Já para os títulos executivos extrajudiciais, continuaria tendo a necessidade de a parte retirar o Poder Judiciário da inércia e ajuizar processo autônomo de execução.

Ressalta-se que, desde aquela época, por força do art. 769 da CLT, aplicavam-se as normas compatíveis do CPC

(5) Antes da alteração propagada pela Lei n. 11.232/05, o art. 162 do CPC de 1973 conceituava sentença como "ato pelo qual o juiz põe termo ao processo, decidindo ou não o mérito da causa".

(6) Foi a partir da Lei n. 11.232/2005 que se concretizou o sincretismo processual nas ações civis referentes às obrigações de pagar quantia certa, antes adstrito às ações atinentes a obrigações de fazer, não fazer e entregar coisa.

ao Processo do Trabalho. Diante disso, tendo em vista a omissão celetista, a alteração conceitual da sentença como ato judicial que não mais encerra o processo, propagada pela Lei n. 11.232/2005, foi aplicada ao Processo do Trabalho de modo que a própria concepção de sentença trabalhista ganhou nova roupagem.

Diante disso, essa nova definição penetrou no campo processual trabalhista e trouxe como corolário o cumprimento como fase subsequente à sentença, ou seja, uma consequência lógica do novo sistema. Dessa forma, apesar de, na época, não ter havido alteração na redação do art. 878 da CLT, mantendo a sua redação original, não mais havia a execução de ofício dos créditos reconhecidos diretamente à parte, eis que, com a consagração do processo único que somente se encerra com a efetiva entrega do bem da vida reconhecido, a inércia já havia sido quebrada pelo autor quando do ajuizamento do processo de conhecimento.

Ocorre que, em verdade, a CLT, ao utilizar o termo 'execução de ofício' no art. 878, apenas trazia o reconhecimento da lógica de processo que existia à época, haja vista que o processo não era sincrético. E, embora não o fosse, já se reconhecia a desnecessidade de a parte ajuizar processo de execução autônomo para que seu direito reconhecido em juízo fosse efetivado. Isso porque, por ser o processo instrumento de materialização do direito material e, diante de irrenunciabilidade dos direitos trabalhistas, evidente que o credor deveria receber seu crédito.

Dessa forma, após a nova estruturação do processo, o termo 'execução de ofício' somente passou a ter significado na hipótese em que o próprio Juiz ou Tribunal retirava o Poder Judiciário da inércia. Por ser o cumprimento de sentença apenas uma fase do processo, não há que falar em "execução de ofício" quando a parte já ingressou com o processo de conhecimento.

De todo modo, no Processo do Trabalho, uma vez reconhecido determinado direito em juízo, o Juiz ou Tribunal continuará movimentando o procedimento de fase em fase, até exaurir a função jurisdicional com a efetivação do direito. Tal procedimento se dá, não com fundamento na execução de ofício que, nesse contexto, não mais havia plausibilidade desde a concretização do sincretismo processual, mas pelo poder-dever de impulsionar o processo, a fim de exaurir a função jurisdicional e determinar meios executivos hábeis a proporcionar pronta e integral satisfação ao direito judicialmente reconhecido (art. 5º, XXXV, LIV, LXXVIII c/c art. 37, *caput* da CF).

Com o advento do CPC de 2015 toda essa sistemática foi mantida, positivando normas processuais fundamentais que a corroboram.

6. IMPULSO OFICIAL X EXECUÇÃO DE OFÍCIO

Em face da redação atribuída pela Lei n. 13.467/2017 ao art. 878 da CLT[(7)], necessário se faz ressaltar a distinção dos institutos "execução de ofício" e "impulso oficial".

"Impulso oficial é o princípio pelo qual compete ao juiz, uma vez instaurada a relação processual, mover o procedimento de fase em fase, até exaurir a função jurisdicional" (CINTRA; GRINOVER; DINAMARCO, 2012, p. 75).

Contemporaneamente, entende-se que a função jurisdicional do Estado somente se completa com a efetiva entrega do bem da vida, não havendo mais a dicotomia entre o processo de conhecimento e o processo de execução de títulos judiciais, tendo em vista a concretização do processo sincrético, em que a execução é considerada fase complementar e essencial da atividade jurisdicional.

Diante disso, cabe ao juiz promover todos os atos necessários para a entrega do direito judicialmente reconhecido. Tal entendimento é corolário das normas fundamentais que determinam a inafastabilidade da jurisdição, o devido processo legal, a razoável duração do processo, a eficiência e efetividade, anteriormente tratadas.

Observando essa sistemática, o art. 765 da CLT[(8)] determina ao magistrado que atue com eficiência e celeridade na busca do resultado final meritório que, por consequência, abrange a tutela satisfativa.

O CPC/15, demonstrando grande avanço normativo, além de positivar o impulso oficial (art. 2º, CPC), ampliou os poderes do juiz na condução do processo, conferindo-lhe no art. 139, IV – aplicável ao processo do trabalho, por ser com ele compatível (art. 3º, III, IN n. 39/2018, TST) – o poder-dever de "determinar todas as medidas indutivas, coercitivas, mandamentais ou sub-rogatórias necessárias para assegurar o cumprimento de ordem judicial, inclusive nas ações que tenham por objeto prestação pecuniária".

Dessa forma, no que tange aos poderes do juiz na tramitação do processo, deve-se entender que, uma vez ajuizada a demanda se retira o Poder Judiciário da inércia e, depois disso, deve o magistrado ordenar a prática de atos destinados à prestação jurisdicional. O impulso oficial, portanto, baseia-se no interesse do Estado na solução do conflito (TEIXEIRA FILHO, 2009, p. 61), de forma justa (THEODORO JÚNIOR, 2017, p. 38) e com duração razoável (GRECO, 2008, p. 56).

A execução de ofício, lado outro, deve ser entendida como a possibilidade de o juízo retirar o Poder Judiciário da inércia a fim de dar início à execução do título executivo, independentemente de iniciativa da parte. São, nesse sentido, os ensinamentos de Cléber Lúcio de Almeida (2016,

(7) Art. 878, CLT: A execução será promovida pelas partes, permitida a execução de ofício pelo juiz ou pelo Presidente do Tribunal apenas nos casos em que as partes não estiverem representadas por advogado.

(8) Art. 765, CLT: Os Juízos e Tribunais do Trabalho terão ampla liberdade na direção do processo e velarão pelo andamento rápido das causas, podendo determinar qualquer diligência necessária ao esclarecimento delas.

p. 88): "na execução de ofício, o juízo tem o poder/dever de quebrar a inércia da jurisdição, para dar início e ordenar a prática de todos os atos necessários para satisfazer o direito reconhecido no título executivo".

Diante disso, destaca-se que a nova redação do art. 878 da CLT não é hábil a mitigar os efeitos do poder-dever do juiz de impulsionar, de ofício, o processo, pois, se assim fosse, deveria o legislador ter expressamente determinado. Assim, considerando que não há na legislação trabalhista proibição de o juiz impulsionar, de ofício, as fases processuais, não é crível admitir interpretação prejudicial ao interesse do Estado de entregar a pronta e integral satisfação do direito judicialmente reconhecido. Ademais, entender pela impossibilidade de o Juiz ou Presidente do Tribunal impulsionar de ofício o processo, vai de encontro ao princípio da celeridade e efetividade, além de representar um retrocesso ao Direito do Trabalho, por mudar diametralmente a noção original progressista trazida pela CLT desde 1943.

7. ANÁLISE DA NOVA REDAÇÃO DO ART. 878 DA CLT

Não obstante a evolução doutrinária, jurisprudencial e, enfim, normativa quanto ao sincretismo processual, a Lei n. 13.467/2017 alterou o art. 878 da CLT, que passou a assim dispor: "A execução será promovida pelas partes, permitida a execução de ofício pelo juiz ou pelo Presidente do Tribunal apenas nos casos em que as partes não estiverem representadas por advogado".

Diante da redação atribuída ao referido dispositivo é importante mencionar que "o texto legislativo não esgota a produção do Direito. A lei é texto. Como texto, deve ser submetida à interpretação para que dele se extraia a norma regulamentadora da atividade social" (ATAÍDE JÚNIOR, 2016, p. 13).

Ao utilizar o termo "execução de ofício" ao revés de "cumprimento de sentença", o legislador deixou de observar toda a evolução conceitual de sentença e, por conseguinte, do sincretismo processual, partindo-se equivocadamente do pressuposto de que execução de ofício e cumprimento de sentença são institutos sinônimos.

Ademais, a nova redação do art. 878 da CLT não é hábil a mitigar os efeitos do poder-dever de o juiz impulsionar de ofício o processo, como mencionado. Isso porque, é por meio do Processo do Trabalho que se materializa os direitos fundamentais protegidos pelo Estado Brasileiro e reconhecidos mundialmente. De modo que não é plausível interpretação prejudicial ao credor dos créditos trabalhistas reconhecidos na ação, que na maioria das vezes é o (ex) empregado, parcelas essas contribuem para a melhoria da condição social dos trabalhadores.

Como já mencionado, a execução de ofício trata da possibilidade de o juízo retirar a jurisdição da inércia e iniciar o processo de execução. Não mais se pode admitir tal possibilidade no Processo do Trabalho quanto aos créditos reconhecidos diretamente à parte desde a concretização do sincretismo processual positivado pela Lei n. 11.232/2005, vez que, tendo o autor já retirado o Poder Judiciário da inércia, ao ajuizar a ação trabalhista, o cumprimento da sentença deve se dar por impulso oficial. A própria CLT assim determina em seu art. 765 e, além do mais, tal entendimento é reafirmado pelo CPC em seus arts. 2º e 139, inciso IV.

Não é crível admitir que – em virtude da ausência de rigor técnico na utilização da terminologia pelo legislador, ao não distinguir o instituto da "execução de ofício" do "impulso oficial" para dar início ao cumprimento de sentença –, determinada norma seja interpretada em prejuízo do interesse do Estado na solução do conflito, vez que o êxito da tutela satisfativa, além do interesse das próprias partes, é também interesse estatal.

Ao analisar a literalidade da nova redação do referido artigo, ousa-se cogitar, inclusive, a existência de uma norma que já nasceu com lacuna ontológica. Isso porque, apesar de sua existência, ela não é compatível com os fatos sociais, de modo que o progresso técnico do instituto que ela mencionada acaba por acarretar em seu ancilosamento (SCHIAVI *apud* DINIZ, 2017, p. 44).

Ademais, partindo do raciocínio traçado, a literalidade do artigo pode levar à interpretação de que o Juiz ou o Presidente do Tribunal pode, de ofício, iniciar o processo de execução autônomo, ou seja, o processo necessário para a tutela satisfativa de títulos extrajudiciais. Tal interpretação, contudo, é contrária à inércia da jurisdição, vez que é vedado ao Estado-juiz iniciar a demanda em nome do sujeito, futura parte autora do processo de execução autônomo, ainda que ela não esteja acompanhada por advogado.

Verifica-se, portanto, que por ser a "execução de ofício" e o "cumprimento de sentença" institutos distintos, o fato de a Lei n. 13.467/2017 ter mencionado a permissão para a execução de ofício pelo Juiz ou pelo Presidente do Tribunal nos casos em que as partes não estiverem representadas por advogado em nada alterou o poder-dever do magistrado de impulsionar, de ofício, todas as fases do processo já iniciado pela parte, abarcando, por consequência, a integral tutela satisfativa.

É que o processo deve ser regido por suas normas fundamentais, observando as de cunho constitucional e infraconstitucional, de modo que a inafastabilidade da jurisdição, o devido processo legal, a razoável duração do processo, a eficiência e efetividade devem ser pontos de partida de qualquer análise normativa, a fim de se coadunar o dispositivo com o ordenamento jurídico.

8. EXECUÇÃO DE OFÍCIO DAS CONTRIBUIÇÕES PREVIDENCIÁRIAS

Outro ponto que se relaciona diretamente com a alteração perpetrada pela Lei n. 13.467/2017, no art. 878 da CLT, diz respeito às contribuições sociais previstas no art. 195, I, *a* e II da CF.

O art. 114, VIII da CF estabelece que "compete à Justiça do Trabalho processar e julgar a execução, de ofício, das contribuições sociais previstas no art. 195, I, *a* e II, e seus acréscimos legais, decorrentes das sentenças que proferir". O art. 195, I, *a* e II da CF, por sua vez, trata das contribuições previdenciárias destinadas ao financiamento da seguridade social.

A fim de pacificar a abrangência do art. 114, VIII da CF, o STF aprovou a Súmula Vinculante n. 53, consubstanciando o entendimento de que a Justiça do Trabalho é competente para executar, de ofício, as contribuições previdenciárias relativas ao objeto da condenação constante das sentenças que proferir e dos acordos que homologar[(9)]. Nesse mesmo sentido é a Súmula n. 368 do TST[(10)].

Nesse contexto, a Lei n. 13.467/2017 alterou o parágrafo único do art. 876 da CLT, determinando que:

> A Justiça do Trabalho executará, de ofício, as contribuições sociais previstas na alínea *a* do inciso I e no inciso II do *caput* do art. 195 da Constituição Federal, e seus acréscimos legais, relativas ao objeto da condenação constante das sentenças que proferir e dos acordos que homologar.

Ocorre que, nesse caso em específico, há de fato execução de ofício. Isso porque, trata-se de um poder-dever do juízo de quebrar a inércia da jurisdição, iniciando a execução para a parte legítima que, neste caso, é a União, representada pelo INSS, órgão responsável pela arrecadação de tais contribuições. Em outras palavras, nessa situação em particular, de fato há a quebra da inércia do Poder Judiciário pelo juízo trabalhista, pois a parte legítima a iniciar o processo, qual seja, a União, representada pelo INSS, não iniciou o processo trabalhista e sim, o autor – empregado ou empregador – da ação trabalhista.

Importante mencionar, também, que antes de transitar em julgado a sentença condenatória de parcelas trabalhistas com incidência de contribuição previdenciária a ser executada, a União sequer era parte legítima para iniciar qualquer processo, vez que se a ação julgada totalmente improcedente não haveria que se falar em parcela reconhecida em juízo, em que incidisse a contribuição previdenciária.

Outro ponto que se deve atentar é que, apesar de a regra ser a inércia da jurisdição – consoante norma processual fundamental – no caso da execução das contribuições previdenciárias, o permissivo de o próprio juízo trabalhista iniciar a execução para a parte-União é comando da própria Constituição Federal. E o fato de o juízo trabalhista iniciar, de ofício, a execução das contribuições previdenciárias das sentenças condenatórias que proferir e dos acordos que homologar, não interfere no poder-dever do magistrado de impulsionar tal processo até a efetiva entrega do bem da vida à União, qual seja, as contribuições previdenciárias devidas.

Verifica-se, portanto, que, excepcionalmente, por determinação constitucional, o próprio juízo trabalhista retira da inércia a jurisdição, a fim de executar contribuições previdenciárias decorrentes da condenação, parcelas estas não pleiteadas pelo autor da ação trabalhista, sujeito que retirou da inércia o Poder Judiciário.

9. O ART. 878 DA CLT, O POSTULADO HERMENÊUTICO DA UNIDADE DA CLT E A INTERPRETAÇÃO HARMÔNICA COM OS DEMAIS RAMOS DO DIREITO

Como já mencionado, a CLT deve ser interpretada como um conjunto de normas orgânicas e coerentes tendo em vista o reconhecimento hermenêutico de sua unidade. Deve-se observar, também, a harmonia de suas normas com os demais ramos do Direito, principalmente do Direito Constitucional, devendo todas as normas do ordenamento jurídico ter como ponto de partida a conformidade com a Constituição Federal.

Diante disso, verifica-se que a rapidez com que a Lei n. 13.467/2017 foi aprovada não lhe propiciou o debate técnico devido, atinente aos institutos nela tratados. Em virtude disso, o legislador reformista, com o evidente intuito de dificultar o impulso oficial do juiz[(11)], principalmente quanto à fase de cumprimento de sentença, alterou a redação do art. 878 da CLT. Optou, contudo, por manter a mesma expressão utilizada em 1943, qual seja, "execução de ofício", deixando de observar sua evolução técnica.

Como já tratado, os institutos "execução de ofício" e "cumprimento de sentença" não são sinônimos. Partindo dessa premissa, interpretar o art. 878 da CLT em sua literalidade acarretaria no absurdo jurídico de se permitir que o Juiz ou Presidente do Tribunal, nos casos em que as partes não estivessem representadas por advogado, desse início ao processo de execução e, como no cumprimento de sentença, a parte já retirou o Poder Judiciário da inércia, quando

(9) Súmula Vinculante n. 53: A competência da Justiça do Trabalho prevista no art. 114, VIII, da Constituição Federal alcança a execução de ofício das contribuições previdenciárias relativas ao objeto da condenação constante das sentenças que proferir e acordos por ela homologados.

(10) DESCONTOS PREVIDENCIÁRIOS. IMPOSTO DE RENDA. COMPETÊNCIA. RESPONSABILIDADE PELO RECOLHIMENTO. FORMA DE CÁLCULO. FATO GERADOR (aglutinada a parte final da Orientação Jurisprudencial n. 363 da SBDI-I à redação do item II e incluídos os itens IV, V e VI em sessão do Tribunal Pleno realizada em 26.06.2017) – Res. n. 219/2017, republicada em razão de erro material – DEJT divulgado em 12, 13 e 14.07.2017 I – A Justiça do Trabalho é competente para determinar o recolhimento das contribuições fiscais. A competência da Justiça do Trabalho, quanto à execução das contribuições previdenciárias, limita-se às sentenças condenatórias em pecúnia que proferir e aos valores, objeto de acordo homologado, que integrem o salário de contribuição. (ex-OJ n. 141 da SBDI-1 – inserida em 27.11.1998).

(11) BRASIL. Câmara dos Deputados. Disponível em: <https://www.camara.leg.br/proposicoesWeb/prop_mostrarintegra?codteor=1544961>. Acesso em: 20 jan. 2019.

do ajuizamento da ação – processo de conhecimento –, o único processo de execução possível restante seria o autônomo, ou seja, o utilizado para os títulos executivos extrajudiciais. Esta interpretação, contudo, não se pode admitir, tendo em vista que, em regra, o processo, qualquer que seja – conhecimento ou execução – deve se iniciar por iniciativa das partes (norma fundamental da inércia da jurisdição).

Lado outro, interpretar a expressão "execução de ofício" do art. 878 da CLT como sinônimo de "cumprimento de sentença", além de não ser tecnicamente correto, acarretaria em diversas contradições com a Constituição Federal, com artigos da própria CLT e com os demais ramos do Direito, hipótese esta incabível no ordenamento jurídico, justamente por ser o Direito uma rede de institutos, não se admitindo antinomias.

9.1. Art. 878, CLT x Constituição Federal

Como anteriormente mencionado, o art. 114, VIII da CF determina a execução de ofício das contribuições sociais previstas no art. 195, I, *a* e II, que são aquelas que tratam das contribuições previdenciárias. Interpretando "execução de ofício" do art. 878 da CLT como "impulso oficial" acarretaria a possibilidade de se admitir interpretação que limitaria a execução da parcela principal, qual seja, o crédito trabalhista e manteria a possibilidade de se executar, de ofício, a parcela acessória, traduzida pelos créditos previdenciários, não obstante o crédito trabalhista servir de base de cálculo para se chegar aos valores atinentes às contribuições previdenciárias.

Ainda, ao se admitir a possibilidade de se executar o crédito previdenciário de ofício, deixando de fazer o mesmo em relação ao crédito trabalhista, além de ser contrária à regra de que o acessório pressupõe o principal (art. 92, CC), "estar-se-ia desconsiderando que a satisfação deste prefere à daquele, por se tratar de crédito superprivilegiado" (ALMEIDA, 2018, p. 175), indo de encontro com o determinado pela própria Constituição.

Isso porque, o patamar de superprivilégio dos créditos trabalhistas está determinado no art. 100, §§ 1º e 2º da CF, segundo o qual os créditos de natureza alimentícia devidos pela Fazenda Pública serão pagos com preferência sobre todos os demais créditos, com exceção daqueles cujo titulares tenham sessenta anos de idade ou mais na data de expedição do precatório ou sejam portadores de doença grave ou deficiente. Nesse mesmo sentido é o art. 186 do Código Tributário Nacional – CTN, ao reconhecer a preferência do crédito trabalhista em face do tributário que, por sua vez, prefere a qualquer outro, seja qual for a sua natureza ou tempo de constituição.

Ademais, quando da edição da Lei de Execução Fiscais (Lei 6.830/80), lei aplicável ao processo do trabalho na fase de execução, consoante art. 889 da CLT, o item 4 da Exposição de Motivos n. 223 consignou-se que "nenhum outro crédito deve ter, em sua execução judicial, preferência, garantia ou rito processual que supere os do crédito público, à exceção de alguns créditos trabalhistas". Outrossim, a própria CLT, no § 1º do art. 449, determina que, na falência, a totalidade dos salários devidos ao empregado constituirão crédito privilegiado, ainda que com a limitação do art. 83, I da Lei n. 11.101/2005.

Verifica-se, portanto, que, ao realizar essa interpretação a única constatação possível seria a inconstitucionalidade do art. 878 da CLT, haja vista que o disposto contrasta diretamente com diversos artigos da Constituição, além de não observar dispositivos do Código Civil, do CTN e da própria CLT. Diante disso, como se deve extrair a máxima eficácia da norma ao realizar sua interpretação, reforça-se o argumento de que se deve observar a distinção técnica dos institutos da "execução de ofício" e do "impulso oficial" não se podendo tratá-los como sinônimos, pois, se assim fosse, caminho outro não haveria senão a declaração de inconstitucionalidade do artigo em análise.

9.2. Análise do art. 878 da CLT à luz da isonomia

Outro ponto a se considerar é que, ao realizar essa leitura do art. 878 da CLT, acarretaria dar tratamento diferenciado às partes pelo simples fato de estarem ou não representadas por advogado, o que não se pode admitir no ordenamento jurídico. Isso porque, o fato de a parte estar ou não se valendo do *jus postulandi* não interfere na imparcialidade do magistrado(12), que possui o poder-dever de impulsionar o processo a fim de entregar o bem da vida reconhecido em juízo, ante sua atuação como gestor do processo, sendo seu dever observar as normas fundamentais insculpidas nos arts. 5º, XXXV, LIV, LXXVIII e 37, *caput* da CF, bem como os arts. 2º e 4º do CPC.

Ademais, o fato de a parte estar representada por advogado não pode ser um impeditivo a qualquer poder-dever do magistrado, de modo que a diferenciação procedimental afrontaria o próprio art. 133 da CF, que reconhece a indispensabilidade do advogado à administração da justiça, devendo juiz, partes e patronos atuarem juntos, cooperando entre si para que se obtenha em tempo razoável, decisão de mérito justa e efetiva (art. 6º, CPC), cada qual com sua essencialidade.

O fato de a parte estar ou não acompanhada de advogado não pode influenciar na postura do magistrado, que deve agir de maneira uniforme justamente porque deve assegurar às partes paridade de tratamento e, o fato de se

(12) O Deputado Rogério Marinho (PSDB/RN) no Parecer ao PL n. 6.787/2016 aprovado como a Lei n. 13.467/2017 justificou que "essa alteração permitirá que a execução de ofício seja feita somente nos casos em que a parte não esteja assistida por advogado. Não se justifica que, estando a parte devidamente representada, a execução seja promovida de ofício, mantendo-se a imparcialidade do juízo e o equilíbrio entre as partes" (2017).

admitir que a lei autoriza o retardamento do procedimento a depender ou não do *jus postulandi* da parte, além de não coadunar com seu dever de garantir a máxima eficácia das decisões judiciais, não observa a norma fundamental estampada no art. 7º do CPC.

Diante de situação como essa, sendo a inafastabilidade da jurisdição, o devido processo legal, a razoável duração do processo, a eficiência e efetividade direitos fundamentais assegurados a todos pela Constituição, "o juiz tem o poder-dever de deixar de aplicar uma norma que imponha uma restrição a um meio executivo, sempre que essa restrição não se justificar como forma de proteção a outro direito fundamental" (DIDIER, p. 129).

9.3. Art. 878 da CLT x Unidade da CLT

Ao não se observar a distinção técnica dos institutos "cumprimento de sentença" e "execução de ofício" e, ao interpretar o art. 878 da CLT, é possível apontar conflito com outros dispositivos existentes na própria CLT, quais sejam: o art. 765 que, como já mencionado, determina o poder-dever do impulso oficial ao magistrado, incluindo, portanto, a fase executiva; o art. 899, § 1º que determina que após o trânsito em julgado da decisão objeto de recurso, o juiz ordenará o levantamento imediato do depósito recursal por simples despacho, autorizando o magistrado a satisfazer o crédito do credor, sem ressalvar o fato de o credor estar ou não representado por advogado.

Por ser a CLT um todo normativo, não se pode admitir interpretação em que a única conclusão é a antinomia entre suas próprias normas, reforçando o argumento de que o legislador não fez a distinção técnica correta ao mencionar institutos distintos como se sinônimos fossem.

Ainda, nessa leitura, surge outra celeuma sobre qual interpretação se atribuiria à expressão "apenas nos casos em que as partes não estiverem representadas por advogado" do art. 878 da CLT. Diante disso, não seria crível admitir a possibilidade de que o Juiz ou Presidente do Tribunal impulsionasse a fase executiva apenas quando ambas as partes – autor e réu – estivessem utilizando do *jus postulandi* na Justiça do Trabalho.

Diante disso, a interpretação menos absurda seria que bastasse que apenas uma das partes não estivesse acompanhada de advogado, seja ela, credora ou devedora.

Quando a parte não representada por advogado no processo tratar-se do credor, desnecessário traçar argumentos quanto à necessidade de o próprio Juiz ou Presidente do Tribunal iniciar a execução, vez que a leitura não técnica do próprio artigo assim já determina, sendo os motivos óbvios principalmente por que, na maioria das vezes, o credor é o (ex)empregado, parte hipossuficiente da relação empregatícia.

Quando a parte não representada por advogado no processo tratar-se do devedor, deve o juiz também impulsionar de ofício a execução. A uma, tendo em vista que o ordenamento jurídico não permite o tratamento processual diferenciado para as partes, além de que, por estar o devedor desacompanhado de advogado, pode ocorrer a situação deste querer pagar a quantia e não saber a forma processual para tanto; a duas, por também ser interesse do próprio Estado que o processo termine dando a quem tem direito aquilo que lhe é devido, sendo dever do juiz fazer cumprir suas decisões; é interesse não somente do credor, mas o próprio Estado espera que o devedor cumpra com o determinado judicialmente de modo que, ainda que não o faça espontaneamente, deve impor pela força, se necessário for, o cumprimento das obrigações ou fazer valer as consequências jurídicas decorrentes de seu descumprimento.

9.4. Art. 878, CLT x Cumprimento de sentença no Processo Civil

Ainda que se considerem sinônimos "execução de ofício" e "cumprimento de sentença", outra interpretação possível do art. 878 da CLT é a de que a literalidade de sua redação não determina que a parte requeira o início da execução ao juízo, não sendo razoável extrair interpretação em prejuízo ao credor do crédito reconhecido judicialmente.

Seria exatamente essa a diferença, inclusive, contida na CLT e o art. 513, § 1º do CPC, que trata do cumprimento de sentença, vez que no processo civil o artigo expressamente determina que o "cumprimento da sentença que reconhece o dever de pagar quantia, provisório ou definitivo, far-se-á a requerimento do exequente". Não havendo, pois, essa determinação na CLT, não é possível atribuir a parte exequente tal dever, em desfavor de crédito de natureza salarial e de indisponibilidade absoluta, reconhecidos em juízo.

10. BLOQUEIO *ON-LINE* DE NUMERÁRIOS EM CONTAS BANCÁRIAS

Distinguiu-se, no presente estudo, os institutos "execução de ofício" e "cumprimento de sentença", sendo certo que o tratado neste tópico, contudo, aplica-se a ambos os posicionamentos, ainda para aqueles que não distinguem os seus conceitos. Isso porque, o art. 854 do CPC, aplicável ao processo do trabalho ante a omissão celetista e por ser com ele compatível (art. 3º, XIX, IN n. 39/2016 do TST), estabelece o seguinte:

> Art. 854. Para possibilitar a penhora de dinheiro em depósito ou em aplicação financeira, o juiz, *a requerimento do exequente*, sem dar ciência prévia do ato ao executado, determinará às instituições financeiras, por meio de sistema eletrônico gerido pela autoridade supervisora do sistema financeiro nacional, que torne indisponíveis ativos financeiros existentes em nome do executado, limitando-se a indisponibilidade ao valor indicado na execução – Grifei.

A princípio, da leitura do art. 854 do CPC é possível entender que a constrição *on-line* de dinheiro somente ocorreria depois de requerido pelo exequente. Ocorre, contudo, que a doutrina processualista civil vem entendendo que pela interpretação sistemática do CPC é possível concluir que a penhora *on-line* também pode ser determinada de ofício pelo juiz, tendo em vista seu dever de impulsionar o processo:

> [...] citado o executado e não sendo realizado o pagamento, entendo absolutamente dispensável o expresso pedido do exequente para a realização da penhora *on-line*, afinal, como já asseverado, esta modalidade de ato constritivo é uma mera forma procedimental de realizar a penhora de dinheiro, primeira classe de bens prevista na ordem do art. 835 do novo CPC. Cabe ao impulso oficial, previsto no art. 2º do novo CPC, a realização da penhora, não sendo razoável condicionar a utilização de um meio mais fácil, rápido, barato e eficaz ao expresso pedido do exequente (NEVES, 2018, p. 1.259).

O *caput* do art. 854 dá a falsa impressão de que a penhora *on-line* só se faz a requerimento do exequente. Basta, porém, uma interpretação sistemática do código para afastar esse equívoco. Recorde-se que a penhora de bens é atividade desenvolvida exclusivamente pelo próprio Estado. A penhora de dinheiro não foge a essa ideia, tratando-se a penhora *on-line* apenas de um modo simplificado de comunicação entre o Judiciário e as instituições financeiras (art. 837). Por isso, e considerando que é função do Judiciário proceder à penhora de bens que localizar, preferencialmente de dinheiro, e que, tratando-se de dinheiro depositado em instituição financeira, a penhora preferencialmente se faz por meio eletrônico (art. 837), é evidente que a penhora *on-line* pode ser feita a requerimento do exequente (no caso dos arts. 524, VII, e 798, II, c, do CPC) ou de ofício pelo juiz (MARINONI; ARENHART; MITIDIERO, 2015, p. 924).

Verifica-se, portanto, que o entendimento da doutrina é no sentido de ser possível ao juiz agir sem provocação do exequente. Até porque, tendo em vista que o próprio oficial de justiça pode realizar a constrição dos bens que encontrar, inclusive dinheiro, sem que necessariamente tenha ocorrido a prévia indicação do exequente, quando do cumprimento do mandado de citação, penhora e avaliação, motivo não há para que o juiz também não possa fazê-lo. "Além disso, trata-se de ato prévio de indisponibilidade dos valores depositados, e não de penhora" (THEODORO JÚNIOR, p. 616, 2017).

Diante disso, se é assente no Processo Civil a possibilidade de atuação oficiosa do juiz para determinar o bloqueio *on-line* de numerários suficientes constantes em contas bancárias do executado para garantir o débito, com maior razão, esse é o entendimento que deve prevalecer no Processo do Trabalho, tendo em vista a natureza do crédito trabalhista, não dependendo, portanto, de requerimento do credor. Nesse sentido o Enunciado n. 114 da 2ª Jornada de Direito Material e Processual do Trabalho(13).

Por consequência lógica deve o juiz, independentemente de requerimento do exequente, esgotar todas as providências necessárias para que ocorra a satisfação da execução, como a pesquisa patrimonial eletrônica de bens; redirecionar a execução em face dos sócios da sociedade quando não forem encontrados bens; realizar pesquisa atinente a existência de grupo econômico; realizar o protesto extrajudicial da sentença; inscrever o nome do executado nos cadastros de inadimplentes; promover a indisponibilidade de bens por meio da Central Nacional de Indisponibilidade de Bens (CNIB) etc. É nesse sentido o art. 5º, §§ 3º a 5º da Recomendação n. 3 da Corregedoria Geral da Justiça do Trabalho (CGJT), observando, principalmente, o dever funcional do juiz previsto no art. 765 da CLT.

11. INCIDENTE DE DESCONSIDERAÇÃO DA PERSONALIDADE JURÍDICA – IDPJ

A Lei n. 13.467/2017 incluiu no corpo da CLT o art. 855-A, que prevê a aplicação do Incidente de Desconsideração da Personalidade Jurídica (IDPJ) previsto nos arts. 133 a 137 do CPC ao Processo do Trabalho, tratando em seus parágrafos das especificidades atinentes à seara processual trabalhista.

O IDPJ foi previsto no CPC de 2015. Diante da promulgação do novo Código de Processo Civil em 2015 surgiu a necessidade de o TST se posicionar sobre as normas por ele trazidas. Diante disso, aprovou em 2016 a Instrução Normativa n. 39, que tratou de forma não exaustiva sobre as normas do CPC/2015 aplicáveis ao Processo do Trabalho.

Nesse contexto, o art. 6º da IN n. 39/2016 assinalou a aplicabilidade do IDPJ ao Processo do Trabalho, consignando, contudo, as adequações necessárias para compatibilizá-lo com as especificidades da Justiça do Trabalho.

Diante disso, o fato de a reforma trabalhista ter incluído no texto celetista a orientação exarada pelo TST na IN n. 39/2016 em nada alterou a forma que o IDPJ já estava sendo aplicado ao processo do trabalho. Isso porque, o legislador reformista apenas fez a alteração topográfica do instituto para a CLT, projetando o entendimento do TST.

O fato de a Lei n. 13.467/2017 não ter reproduzido no art. 855-A da CLT, que era "assegurada a iniciativa também do juiz do trabalho na fase de execução (CLT, art. 878)", tal como no art. 6º da IN n. 39/2016, em nada altera o dever de o juiz do trabalho impulsionar todas as fases do processo a fim de exaurir a jurisdição, entregando à parte o bem da vida judicialmente reconhecido.

O TST, quando da aprovação da referida IN, entendeu por bem expressamente consignar a aplicabilidade do art. 878 da CLT, de modo a não deixar dúvidas quanto ao

(13) 2ª Jornada de Direito Material e Processual do Trabalho – Enunciado n. 114: Execução. Impulso oficial. Pesquisa e constrição de bens. Possibilidade. O impulso oficial da execução está autorizado pelo art. 765 da CLT e permite ao juiz a utilização dos mecanismos de pesquisa e de constrição de bens, inclusive por meio do sistema BACENJUD, sendo esse mero procedimento para formalização da penhora em dinheiro.

poder-dever do magistrado trabalhista, de agir oficiosamente também na fase de execução do Processo do Trabalho. Sendo a CLT um arcabouço normativo uniforme, composta por um conjunto de normas orgânicas e coerentes, ultrapassado o debate de que o juiz deve continuar impulsionando todo o processo, como já demonstrado, justificativa não há para se inserir no art. 855-A da CLT que o estabelecido no art. 878 do mesmo diploma deve ser observado.

Verifica-se, portanto, que deve ser aplicado o art. 855-A da CLT, tal como era aplicado o art. 6º da IN n. 39/2016 do TST, vez que ocorreu apenas sua alteração topográfica de modo que, independentemente do requerimento da parte, deve o juiz esgotar todas as providências necessárias para que ocorra a satisfação da execução, dentre elas, redirecionar a execução em face dos sócios da sociedade, quando não forem encontrados bens da sociedade executada[(14)].

Art. 855-A, CLT	Art. 6º, IN n. 39/2016, TST
Aplica-se ao processo do trabalho o incidente de desconsideração da personalidade jurídica previsto nos arts. 133 a 137 da Lei n. 13.105, de 16 de março de 2015 – Código de Processo Civil.	Aplica-se ao Processo do Trabalho o incidente de desconsideração da personalidade jurídica regulado no Código de Processo Civil (arts. 133 a 137), **assegurada a iniciativa também do juiz do trabalho na fase de execução (CLT, art. 878).**
§ 1º Da decisão interlocutória que acolher ou rejeitar o incidente:	§ 1º Da decisão interlocutória que acolher ou rejeitar o incidente:
I – na fase de cognição, não cabe recurso de imediato, na forma do § 1º do art. 893 desta Consolidação;	I – na fase de cognição, não cabe recurso de imediato, na forma do art. 893, § 1º da CLT;
II – na fase de execução, cabe agravo de petição, independentemente de garantia do juízo;	II – na fase de execução, cabe agravo de petição, independentemente de garantia do juízo;
III – cabe agravo interno se proferida pelo relator em incidente instaurado originariamente no tribunal.	III – cabe agravo interno se proferida pelo Relator, em incidente instaurado originariamente no tribunal (CPC, art. 932, inciso VI).
§ 2º A instauração do incidente suspenderá o processo, sem prejuízo de concessão da tutela de urgência de natureza cautelar de que trata o art. 301 da Lei n. 13.105, de 16 de março de 2015 (Código de Processo Civil).	§ 2º A instauração do incidente suspenderá o processo, sem prejuízo de concessão da tutela de urgência de natureza cautelar de que trata o art. 301 do CPC.

12. EXECUÇÃO PROVISÓRIA E O IMPULSO OFICIAL

Execução provisória é aquela que se procede quando o título executivo judicial é objeto de recurso recebido apenas no efeito devolutivo. O art. 899 da CLT estabelece que a execução provisória se exaure com a penhora. A leitura que a doutrina e a jurisprudência majoritária realizam a respeito do referido artigo é de que a execução provisória se exaure com a garantia do juízo, abarcando a apreciação de todos os incidentes da penhora, tais como os embargos à execução e eventual agravo de petição.

Não obstante o poder-dever do magistrado de impulsionar de ofício o processo, entende-se que, no que tange à execução provisória, há a necessidade do requerimento da parte exequente. Isso porque, trata-se de uma faculdade do exequente, haja vista a possibilidade de não ser interessante que este dê início à execução provisória, tendo em vista a probabilidade de a decisão ser alterada em sede recursal.

Ocorre que, caso o título que fundamenta a execução seja alterado no juízo *ad quem*, o exequente se responsabiliza objetivamente pelos danos causados ao executado, consoante determinação do art. 520, I do CPC, aplicável ao Processo do Trabalho. Dessa forma, não se coaduna com a própria razão de ser do impulso oficial, medida que possui a possibilidade de lesar a parte do processo, sob pena de risco de afronta à imparcialidade do juiz[(15)].

13. CONCLUSÃO

Como se verificou, as normas processuais constitucionais e infraconstitucionais fundamentais devem ser observadas, dentre elas, destacou-se a inércia e inafastabilidade da jurisdição, a razoável duração do processo, o devido processo legal, a eficiência e efetividade, vez que estruturam todo o sistema processual comum.

Com a alteração do art. 878 da CLT, realizada pela Lei n. 13.467/2017, passou-se a questionar a efetiva concretização da tutela jurisdicional ante o possível impacto na fase de execução trabalhista, o que acarretaria a não observância das normas processuais fundamentais. De modo que, sendo o processo o instrumento em que se realiza concretamente os direitos assegurados pela ordem jurídica, violaria, também o próprio direito material tutelado.

Diante disso, deve o intérprete observar a distinção dos institutos "execução de ofício" e "impulso oficial", a fim de realizar a melhor interpretação do artigo. Dessa forma, com exceção da execução de ofício determinada no art. 114, VIII da CF, não há que se falar em execução de ofício promovida pelo Juiz ou pelo Presidente do Tribunal nos casos em que as partes estiverem desacompanhadas de advogado. Isso porque, a inércia da jurisdição deve ser observada, de modo

(14) Para maior aprofundamento sobre o Incidente de Desconsideração da Personalidade Jurídica (IDPJ) consultar o capítulo próprio na presente obra.

(15) Registra-se que, não obstante o posicionamento aqui adotado, encontram-se decisões no TST que se inclinam pela aplicação indistinta do impulso oficial a todos os títulos executivos, com suporte na maior efetividade do procedimento. Nesse sentido: TST. RR 211-78.2010.5.03.0001. Min. Rel. Dora Maria da Costa. 8ª Turma. *DJe* 20.04.2012; Enunciado n. 15 da 1ª Jornada Nacional de Execução Trabalhista.

que somente a parte pode iniciar o processo de execução autônomo, independentemente de estar acompanhada ou não de advogado, sob pena de afronta ao devido processo legal.

Lado outro, a primeira parte do art. 878 da CLT é compatível com o ordenamento jurídico, mas sua leitura deve ser realizada observando a unidade da CLT, de modo que, apesar de a parte poder promover a execução, também é dever do magistrado impulsionar o processo, independentemente de requerimento, vez que lhe compete promover todos os atos necessários a fim de alcançar a satisfação do direito reconhecido, consoante art. 765 da CLT.

Ademais, ainda que o intérprete não diferenciasse a "execução de ofício" do "impulso oficial", diante da nova redação do art. 878 da CLT, conclusão outra não seria possível senão a de sua incompatibilidade com a Constituição Federal, com a própria CLT e com diversos outros diplomas normativos do ordenamento jurídico, de modo que a declaração de sua inconstitucionalidade se impõe.

Verificou-se que, não obstante o poder-dever do magistrado de impulsionar de ofício o processo, no que tange à execução provisória, a necessidade de requerimento da parte exequente, tendo em vista que as consequências de tal medida podem acarretar a responsabilidade da parte. Outrossim, deve o juiz esgotar todas as providências necessárias para que ocorra a satisfação da execução, dentre elas, redirecionar a execução em face dos sócios quando não forem encontrados bens da sociedade executada.

Por fim, entendeu-se que, diante do direito fundamental à tutela executiva efetiva, deve o juiz deixar de aplicar norma que imponha uma restrição a um meio executivo, quando essa restrição não se justificar como forma de proteção a outro direito fundamental.

14. REFERÊNCIAS

ALMEIDA, Cléber Lúcio de; ALMEIDA, Wânia Guimarães Rabêllo de. *Direito material e processual do trabalho na perspectiva da reforma trabalhista.* Belo Horizonte: RTM, 2018.

ATAÍDE JÚNIOR, Vicente de Paula. O novo CPC brasileiro. In: GOULART, Rodrigo Fortunato; DALLEGRAVE NETO, José Afonso (Coords.). *Novo CPC e o processo do trabalho.* São Paulo: LTr, 2016.

BRASIL. *Parecer ao Projeto de Lei 6.787 de 2016*, 2017. Disponível em: <http://www.camara.gov.br/proposicoesWeb/prop_mostrarintegra?codteor=154829>. Acesso em: 28 mar. 2019.

CANOTILHO, José Joaquim Gomes. *Direito constitucional e teoria da Constituição.* 6. ed. Lisboa: Almedina, 2002.

CINTRA, Antonio Carlos de Araújo; GRINOVER, Ada Pellegrini; DINAMARCO, Cândido Rangel. *Teoria geral do processo.* São Paulo: Malheiros, 2012.

DELGADO, Mauricio Godinho; DELGADO, Gabriela Neves. *A reforma trabalhista no Brasil:* Com comentários à Lei n. 13.467/2017. São Paulo: LTr, 2017.

DIDIER JR., Fredie. *Curso de direito processual civil:* Introdução ao direito processual civil, parte geral e processo de conhecimento. v. 1. 19. ed. Salvador: Juspodivm, 2017.

GRAU, Eros. *Ensaio e discurso sobre a interpretação/aplicação do direito.* 5. ed. São Paulo: Malheiros, 2009.

GRECO, Leonardo. Publicismo e privatismo no processo civil. *Revista de Processo*, v. 164, p. 29-56, out. 2008.

MARINONI, Luiz Guilherme; ARENHART, Sérgio Cruz; MITIDIERO, Daniel. *Novo curso de processo civil:* Tutela dos direitos mediante procedimento comum. v. 2. São Paulo: Revista dos Tribunais, 2015.

MIESSA, Elisson; CORREIA, Henrique. *Manual da reforma trabalhista:* O que mudou? Comentários artigo por artigo. Salvador: Juspodivm, 2018.

NEVES, Daniel Amorim Assumpção. *Manual de direito processual civil.* 10. ed. Salvador: Juspodivm, 2018.

TEIXEIRA FILHO, Manoel Antonio. *Curso de direito processual do trabalho.* São Paulo: LTr, 2009.

THEODORO JUNIOR, Humberto. *Curso de direito processual civil.* v. 1. 58. ed. Rio de Janeiro: Forense, 2017.

THEODORO JUNIOR, Humberto. *Curso de direito processual civil.* v. 3. 50. ed. Rio de Janeiro: Forense, 2017.

A Reforma Trabalhista e a Execução de Ofício na Perspectiva da Constituição da República de 1988

Wânia Guimarães Rabêllo de Almeida(1)

1. INTRODUÇÃO

O Direito Processual do Trabalho demonstra especial preocupação com a satisfação dos créditos reconhecidos em juízo.

Neste sentido, por exemplo, o art. 878 da Consolidação das Leis do Trabalho (CLT), na sua redação original, atribuía ao juiz o poder para *promover a execução de ofício*.

A hipótese é do reconhecimento do direito não só à atividade jurisdicional satisfativa, como, também, à atividade jurisdicional satisfativa a ser realizada de ofício.

A Lei n. 13.467 de 2017, por meio da qual foi realizada a denominada *reforma trabalhista*, alterou a redação do art. 878 da CLT, estabelecendo que a execução poderá ser realizada de ofício "apenas nos casos em que as partes não estiverem representadas por advogado", isto é, quando o credor estiver exercendo o *jus postulandi*. Deste modo, se o credor estiver assistido por advogado, a este caberá pleitear a execução da sentença condenatória.

Pretende-se, com o presente artigo, analisar as restrições que a Lei n. 13.467/2017, por meio da qual foi realizada a denominada *reforma trabalhista*, impôs à possibilidade de execução de ofício dos créditos trabalhistas reconhecidos em decisão transitada em julgado na perspectiva da Constituição da República de 1988.

2. DIREITO DO TRABALHO E DIREITO PROCESSUAL DO TRABALHO: A EFETIVIDADE NECESSÁRIA. EFETIVIDADE DA JURISDIÇÃO E DO PROCESSO COMO DIREITO HUMANO

Não há como examinar os efeitos da Lei n. 13.467/2017 na execução trabalhista olvidando os seus reflexos na própria efetividade do Direito do Trabalho e na relevância deste ramo do Direito.

Deste modo, cumpre recordar que o Direito do Trabalho tem como finalidade essencial promover a melhoria da condição humana, social, econômica e política do trabalhador, com vistas a propiciar a ele e à sua família uma vida conforme a dignidade humana.

Daí a razão pela qual a Constituição da República de 1988 atribui aos direitos inerentes ao trabalho o *status* de direitos fundamentais, como se vê dos seus arts. 6º a 11.

Mais do que isto, a Constituição impõe, nos arts. 4º, II, e 5º, § 2º, o respeito aos direitos humanos, dentre os quais aqueles que são inerentes ao trabalho humano.

Em suma, direitos inerentes ao trabalho humano reconhecidos na Constituição e em tratados internacionais sobre direitos humanos são direitos inerentes à dignidade humana, ou seja, direitos cujo exercício constitui uma *exigência* da dignidade humana.

No entanto, o exame de qualquer questão jurídica à luz da Constituição impõe que esta seja considerada em sua integralidade, o que significa que não se pode desconsiderar a determinação, que nela é expressa, de atender aos direitos assegurados em tratados sobre direitos humanos.

Justifica-se, assim, a referência aos direitos humanos do trabalho, que são assegurados na *Declaração Universal dos Direitos Humanos*, que reconhece, por exemplo, o direito ao trabalho, a condições justas e favoráveis de trabalho, a igual remuneração por igual trabalho, a uma remuneração justa e satisfatória e de organizar sindicatos (art. XXIII), no *Pacto Internacional sobre Direitos Econômicos, Sociais e Culturais*, que a todos reconhece, nos arts. 6º e 7º, por exemplo, o direito de ganhar a vida mediante um trabalho livremente escolhido ou aceito, de formação e orientação técnica e profissional e ao emprego produtivo, que permita salvaguardar o gozo das liberdades políticas e econômicas fundamentais, assim como o direito de gozar de condições de trabalho justas e favoráveis, que assegurem, especialmente: a) uma remuneração que proporcione, no mínimo, a todos os trabalhadores, um salário equitativo e uma remuneração igual por um trabalho de igual valor, sem qualquer distinção, em particular, as mulheres deverão ter a garantia de condições de trabalho não inferiores às dos homens e perceber a mesma remuneração que eles, por trabalho igual e uma existência decente para eles e suas famílias; b) condições de trabalho seguras e higiênicas; c) igual oportunidade para todos de serem promovidos, em seu trabalho, à categoria superior que lhes corresponda, sem outras considerações

(1) Pós-Doutora em Ciencias Sociales, Humanidades y Artes Universidad Nacional de Córdoba. Doutora e Mestra em Direito Privado pela Pontifícia Universidade Católica de Minas Gerais (PUC-Minas). Especialista em Direito de Empresas pela Fundação Dom Cabral (FDC). Graduada pela PUC-Minas. Professora da Faculdade de Direito Milton Campos (FDMC). Endereço para acessar o Currículo Lattes: http://lattes.cnpq.br/9584921291549538.

que as de tempo, de trabalho e de capacidade; d) o descanso, o lazer, a limitação razoável das horas de trabalho e férias periódicas remuneradas, assim como a remuneração dos feriados.

Vale mencionar, ainda, a *Declaração Americana dos Direitos e Deveres do Homem*, segundo a qual toda pessoa tem direito: à educação, no sentido de "preparo para subsistir de uma maneira digna, para melhorar o seu nível de vida" (art. XII); ao trabalho em condições dignas e o de seguir livremente sua vocação, na medida em que for permitido pelas oportunidades de emprego existente (direito ao trabalho – art. XIV); quando trabalhar, de receber uma remuneração que, em relação à sua capacidade de trabalho e habilidade, lhe garanta um nível de vida conveniente para si e para sua família (direito a uma justa retribuição – art. XIV); ao descanso, ao recreio honesto e à oportunidade de aproveitar utilmente o seu tempo livre em benefício do seu melhoramento espiritual, cultural e físico (direito ao descanso e ao aproveitamento do tempo livre – art. XV); à previdência social de modo a ficar protegido contra as consequências do desemprego, da velhice e da incapacidade, que, provenientes de qualquer causa alheia à sua vontade, a impossibilitem física ou mentalmente de obter meios de subsistência (direito à previdência social – art. XVI); de se associar com outras a fim de promover, exercer e proteger os seus interesses legítimos, de ordem política, econômica, religiosa, social, cultural, profissional, sindical ou de qualquer outra natureza (direito de associação – art. XXII).

Por fim, o *Protocolo Adicional à Convenção Americana sobre Direitos Humanos* (*Protocolo de San Salvador*), no art. 6º, a todos reconhece o direito ao trabalho, "o que inclui a oportunidade de obter os meios para levar uma vida digna e decorosa por meio do desempenho de uma atividade lícita, livremente escolhida ou aceita", e estabelece, no art. 7º, que o direito ao trabalho "supõe que toda pessoa goze do mesmo em condições justas, equitativas e satisfatórias", cumprindo aos Estados garantir: remuneração que assegure, no mínimo a todos os trabalhadores condições de subsistência digna e decorosa para eles e suas famílias e um salário equitativo e igual por trabalho igual, sem nenhuma distinção; o direito de todo trabalhador de seguir sua vocação e de dedicar-se à atividade que melhor atenda às suas expectativas e a trocar de emprego de acordo com a respectiva regulamentação nacional; o direito do trabalhador à promoção ou avanço no trabalho, para o qual serão levadas em conta suas qualificações, competência, probidade e tempo de serviço; estabilidade dos trabalhadores em seus empregos, de acordo com as características das indústrias e profissões e com as causas de justa separação. No caso de dispensa injustificada, o trabalhador terá direito a uma indenização ou à readmissão no emprego ou a quaisquer outras prestações previstas pela legislação nacional; segurança e higiene no trabalho; proibição de trabalho noturno ou em atividades insalubres e perigosas para os menores de 18 anos e, em geral, de todo trabalho que possa pôr em risco sua saúde, segurança ou moral; limitação razoável das horas de trabalho, tanto diárias como semanais, devendo a jornada ser de menor duração quando se tratar de trabalho perigoso, insalubre ou noturno; repouso; gozo do tempo livre; férias remuneradas; remuneração dos feriados nacionais.

Nesta linha de raciocínio, direitos fundamentais e humanos trabalhistas constituem direitos cujo exercício constitui uma exigência da dignidade humana.

Assim, a efetividade do Direito do Trabalho, enquanto conjunto de normas que assegura os direitos inerentes ao trabalho humano, é uma exigência da dignidade humana.

Não é só.

Os direitos inerentes ao trabalho humano são dotados de essencialidade, vez que

> é essencial todo direito voltado à garantia do atendimento das necessidades básicas do trabalhador e sua família (*caráter existencial dos direitos inerentes ao trabalho*) e de condições dignas de trabalho (*essencialidade qualificada dos direitos inerentes ao trabalho*, na medida em que, muito mais do que garantir o atendimento de necessidades básicas, o que se pretende é garantir uma vida em sintonia com a dignidade humana).[2]

Os direitos inerentes ao trabalho humano são essenciais, ainda, pelo fato de que eles são reconhecidos na perspectiva da contribuição do Direito do Trabalho na realização concreta da justiça social, cidadania e democracia. Com efeito, consoante já foi assinalado, o Direito do Trabalho atua em favor da justiça social, da cidadania e da democracia.[3]

A efetividade do Direito do Trabalho é uma exigência da dignidade humana, justiça social, cidadania e democracia.

Estabelecidas estas premissas, cumpre recordar que o Direito Processual do Trabalho tem como função principal tornar efetivo o Direito do Trabalho.

Para cumprir esta sua função, o Direito Processual do Trabalho deve criar as condições necessárias para a efetividade da jurisdição e do processo.

A efetividade da jurisdição e do processo constituem condição de possibilidade de efetividade do Direito do Trabalho.

Dito de outra forma, entre o Direito do Trabalho e o Direito Processual do Trabalho existe uma *íntima conexão*, no sentido de que "o direito processual do trabalho deve criar as condições processuais aptas a assegurar a máxima

(2) ALMEIDA, Cleber Lúcio de; ALMEIDA, Wânia Guimarães Rabêllo de. *Direito do trabalho e Constituição*. A constitucionalização do direito do trabalho no Brasil. São Paulo: LTr, 2017. p. 141.

(3) ALMEIDA, Cleber Lúcio de; ALMEIDA, Wânia Guimarães Rabêllo de. *Direito do trabalho e Constituição*. A constitucionalização do direito do trabalho no Brasil. São Paulo: LTr, 2017. p. 25-30.

efetividade possível do direito do trabalho e, com isto, os direitos que traduzem as condições necessárias a uma vida digna [...]. O direito processual do trabalho serve ao direito do trabalho e, este, *à* dignidade humana. Com isto, o direito processual do trabalho serve *à* dignidade humana."[(4)]

A íntima conexão entre o direito processual do trabalho e do direito do trabalho impõe:

a) ao legislador, a criação de instrumentos aptos à realização da tutela adequada, efetiva, tempestiva, simplificada e econômica dos direitos assegurados pela ordem jurídica

b) às partes e ao juiz, o respeito aos princípios do direito do trabalho, na perspectiva, de que o processo do trabalho não pode servir à desconstrução do direito do trabalho;

c) ao legislador, às partes e ao juiz, a consideração da dimensão humana, econômica, social e política do direito do trabalho e, com isto, também da sua violação.[(5)]

Lembre-se que o Direito não é um fim em si mesmo, mas está a serviço do homem. Para isto, desempenha diversas funções, destacando-se que:

Pelo fato de viverem em sociedade, as pessoas precisam manter a harmonia em seus relacionamentos, porquanto o conflito afeta o equilíbrio nestas relações sociais e afasta a paz social. O Direito, ao fixar normas de condutas, previne conflitos e, ao mesmo tempo, estabelece critérios para a sua solução. A observância das normas jurídicas evita o conflito, e a sua aplicação permite solucioná-lo. Aliás, consta do Preâmbulo da Constituição da República de 1988 a instituição de um Estado Democrático, destinado a assegurar o exercício dos direitos sociais e individuais, a liberdade, o bem-estar, o desenvolvimento, a igualdade e a justiça como valores supremos de uma sociedade fraterna, pluralista e sem preconceitos, fundada na harmonia social e comprometida, na ordem interna e internacional, com a solução pacífica das controvérsias.

A paz e a solução pacífica dos conflitos são princípios que norteiam as relações internacionais do Brasil, como se vê também do art. 4º, incisos VI e VII, da Constituição da República de 1988.

Além de prevenir conflitos, o Direito tem a função de solucioná-los, porquanto o "Direito apresenta solução de acordo com a natureza do caso, seja para definir o titular do direito, determinar a restauração da situação anterior ou aplicar penalidades de diferentes tipos". [...]. O Direito serve à paz, pois a ordem jurídica é voltada também para a paz.[(6)]

Lembre-se, ainda, da *função transformadora do Direito do Trabalho*, vez que este tem como um dos seus princípios fundamentais a progressividade na melhoria da condição humana, social, econômica e política do trabalhador, como decorre, por exemplo, do *caput* do art. 7º da Constituição, o que lhe impõe um caráter marcantemente transformador da realidade social. À função transformadora do Direito do Trabalho se acrescenta a função relacionada com a conservação do nível de proteção social estabelecido em favor do trabalhador, notando-se, neste sentido, que a atribuição de *status* de direito fundamental a vários direitos decorrentes da relação de emprego permite aplicar em seu favor a técnica das cláusulas pétreas, impedindo o retrocesso social (art. 60, § 4º, IV, da Constituição).

A propósito dessas duas funções do Direito do Trabalho, observa Maria do Rosário Palma Ramalho que

[...] a meta vertical do princípio da proteção do trabalhador vai sendo prosseguida através da intensificação progressiva da tutela concedida aos trabalhadores [...]. Para além da melhoria da tutela, importa ainda assegurar a sua estabilidade. Para esse efeito desenvolve-se a ideia da irreversibilidade do nível de tutela atingido.[(7)]

É relevante notar que a progressividade e a vedação de retrocesso social não se restringem ao direito material. A condição social abarca a *condição processual*, no sentido de disposição de instrumentos processuais voltados à plena satisfação dos direitos inerentes ao trabalho humano.

Assim, a condição processual do trabalhador não pode ser objeto de retrocesso, mas, pelo contrário, deve ser melhorada progressivamente.

Note-se que, como foi dito, a efetividade da jurisdição e do processo constituem uma condição de possibilidade da efetividade do Direito do Trabalho.

O direito de ter direitos inclui, como sua condição necessária, o direito à efetividade da tutela jurisdicional dos direitos.

Tanto isto é verdade, que vários tratados internacionais sobre direitos humanos asseguram não só o direito de acesso à justiça, como também à efetividade da jurisdição e do processo, o que significa que a efetividade da jurisdição e do processo constituem um direito humano.

Neste sentido:

a) a *Declaração Universal dos Direitos Humanos* a todos reconhece o direito de receber dos tribunais

(4) ALMEIDA, Cleber Lúcio de. *Direito processual do trabalho*. 6. ed. São Paulo: LTr, 2016. p. 69.

(5) ALMEIDA, Cleber Lúcio de. *Direito processual do trabalho*. 6. ed. São Paulo: LTr, 2016. p. 69.

(6) ALMEIDA, Wânia Guimarães Rabêllo de. *Direito processual metaindividual do trabalho*: a adequada e efetiva tutela jurisdicional dos direitos de dimensão transindividual. Salvador: JusPodivm, 2016. p. 62-63.

(7) RAMALHO, Maria do Rosário Palma. *Direito do trabalho*. Parte I – dogmática geral. Coimbra: Almedina, 2005. p. 49.

competentes *recurso efetivo* para os atos que violem os direitos fundamentais reconhecidos pela Constituição ou pela lei (art. 8º);

b) o *Pacto Internacional sobre Direitos Civis e Políticos* consigna o compromisso dos Estados dele signatários de garantir que toda pessoa cujos direitos e liberdades nele reconhecidos tenham sido violados possa dispor de um *recurso efetivo*, mesmo que a violência tenha sido perpetrada por pessoas que agiam no exercício de funções oficiais (art. 2º, n. 3, *a*).

3. EXECUÇÃO TRABALHISTA: DIRETRIZES FUNDAMENTAIS

O processo de execução visa à satisfação do direito reconhecido em título executivo, ou, nas palavras de Cleber Lúcio de Almeida, "no processo de execução, o que se busca é a satisfação do direito reconhecido em título executivo judicial ou extrajudicial, ou seja, na execução, parte-se da certeza do direito para a sua satisfação".[8]

A relevância humana, social, econômica e política dos direitos inerentes ao trabalho repercute no Direito Processual do Trabalho, que procura estabelecer o instrumental necessário para garantir a sua efetividade, em especial no que concerne ao processo de execução, lembrando, principalmente, que "qualquer demora no desenvolvimento da execução reverte em prejuízo à amplitude de seu resultado".[9]

Nesta perspectiva, o Direito Processual do Trabalho autoriza a execução mesmo que tenha sido apresentado recurso contra a decisão condenatória, e exige, para a interposição de recurso nos dissídios individuais em que tenha ocorrido condenação em pecúnia, a realização de prévia garantia do juízo, por exemplo, perseguindo não só a efetividade, como, também, a eficiência do processo de execução.

Ademais, o processo, em especial o de execução, deve ser eficiente, isto é, deve atingir o resultado que dele se espera de modo mais satisfatório possível, pois o processo pode ser efetivo sem ter sido eficiente ("atingiu o fim 'realização do direito' de modo insatisfatório [...] com muitos resultados negativos colaterais e/ou excessiva demora, por exemplo"),[10] observando-se, ainda, que:

o princípio da eficiência é fundamento para que se permita a adoção, pelo órgão jurisdicional, de técnicas atípicas (porque não previstas expressamente na lei) de gestão de processo, como o calendário processual (definição de uma agenda de atos processuais, com a prévia intimação de todos os sujeitos processuais de uma só vez), ou outros acordos processuais com as partes, em que se promovam certas alterações procedimentais, como a ampliação de prazos ou inversão da ordem de produção de provas.[11]

Mais do que isto, o Direito Processual do Trabalho reconhece o direito à atividade jurisdicional satisfativa, a ser desenvolvida a requerimento do credor ou de ofício.

Aliás, neste sentido, é sustentado na doutrina que:

> Ao atribuir ao juiz o poder/dever de execução de ofício das decisões judiciais, o direito processual do trabalho consagra uma **concepção forte ou de alta intensidade do direito à tutela jurisdicional**, vez que nele insere o **direito à execução, de ofício, das decisões judiciais** [...]. A despeito da alteração legislativa em questão, vários dispositivos da CLT que não foram alterados pela Lei n. 13.467/2017 **impõem ou autorizam o juiz a agir de ofício**. Com efeito: a) o art. 765 da CLT impõe ao juiz o dever de impulsionar o processo, o que inclui a promoção da execução; b) consoante o art. 899, § 1º, da CLT, transitada em julgado a decisão objeto de recurso, ordenar-se-á o levantamento imediato do depósito recursal, por simples despacho, o que significa que o juiz foi autorizado a realizar ato satisfativo do credor de ofício, sem ressalva em relação ao fato de o credor estar assistido por advogado.[12]

4. A EXECUÇÃO DE OFICIO COMO TÉCNICA PARA A EFETIVIDADE DOS DIREITOS TRABALHISTAS

A essencialidade dos direitos inerentes ao trabalho humano, que decorre da sua estreita relação com a dignidade humana e a realização de justiça social, cidadania e democracia, torna imperiosa a sua tutela jurisdicional efetiva, o que é reforçado pelo fato de que tais direitos terem, em regra, natureza alimentar, visto que relacionados com a própria sobrevivência do trabalhador e sua família.

O Direito Processual do Trabalho reconhece o direito à atividade jurisdicional satisfativa, a ser desenvolvida a requerimento do credor ou de ofício.

Com efeito, o art. 878 da Consolidação das Leis do Trabalho (CLT), na sua redação original, atribuía ao juiz o poder para *promover a execução de ofício*.

A autorização para a promoção da execução de ofício é uma técnica adotada para tornar efetivos os direitos

(8) ALMEIDA, Cleber Lúcio de. *Direito processual do trabalho*. 6. ed. São Paulo: LTr, 2016. p. 741.

(9) LIEBMAN, Enrico Tullio. *Embargos do executado*. Campinas: Bookseller, 2003. p. 131.

(10) DIDIER JR, Fredie. Apontamentos para a concretização do princípio da eficiência do processo. In: GAIO JÚNIOR, Antônio Pereira; CÂMARA, Alexandre Freitas (Coord.). *Novo CPC: reflexões e perspectivas*. Belo Horizonte: Del Rey, 2014a. p. 161.

(11) DIDIER JR, Fredie. Apontamentos para a concretização do princípio da eficiência do processo. In: GAIO JÚNIOR, Antônio Pereira; CÂMARA, Alexandre Freitas (Coord.). *Novo CPC: reflexões e perspectivas*. Belo Horizonte: Del Rey, 2014a. p. 162.

(12) ALMEIDA, Cleber Lúcio de; ALMEIDA, Wânia Guimarães Rabêllo de. *Direito material e processual do trabalho na perspectiva da reforma trabalhista*. Belo Horizonte: RTM, 2018. p. 173-175.

inerentes ao trabalho humano, tratando-se, ainda, de poderosa arma contra a denominada *fuga do Direito do Trabalho*.

Com efeito, como registra António Monteiro Fernandes, o descumprimento das normas trabalhistas muitas vezes decorre da aplicação da lógica do custo-benefício, ou seja, do fato de o "seu descumprimento ser considerado preferível", sendo por ele realçado, ainda, que "a 'fuga' do direito do trabalho é um fenômeno explicável seja como aspiração natural de absoluta liberdade de iniciativa e de disposição econômica, seja como preocupação de reduzir custos, imposta pela competição no mercado".(13)

É aqui que se apresentam os efeitos da Lei n. 13.467/2017. Esta Lei confere nova redação ao art. 878 da CLT, que passa a dispor que a "execução será promovida pelas partes, permitida a execução de ofício pelo juiz ou pelo Presidente do Tribunal apenas nos casos em que as partes não estiverem representadas por advogado", ou seja, somente quando o credor estiver no exercício do *jus postulandi* é que a execução poderá ser promovida de ofício.

A Lei n. 13.467/2017 não se restringe a limitar os poderes do juiz, vez que afeta a efetividade da jurisdição e do processo e, com isto, dos direitos inerentes ao trabalho humano, atuando, portanto, contra a melhoria da condição humana, social, econômica e política do trabalhador e sua família.

Ademais, a Lei n. 13.467/2017 produz verdadeiro retrocesso social e atua contra a progressividade da melhoria da condição social, econômica e política dos trabalhadores, posto que reduz a efetividade da tutela jurisdicional dos direitos inerentes ao trabalho.

Trata-se, no entanto, de norma flagrantemente inconstitucional.

É que a Constituição da República de 1988 determina que as contribuições previdenciárias sejam executadas de ofício. Sendo estas contribuições acessórias do crédito do trabalhador, não há como privilegiar aquelas em detrimento deste. Isto significa que o art. 878 da CLT, na sua nova redação, é inconstitucional.

Ademais, o art. 876, parágrafo único, da CLT, com a redação concedida pela Lei n. 13.467/2017, também determina que "a Justiça do Trabalho executará, de ofício, as contribuições sociais previstas na alínea *a* do inciso I e no inciso II do *caput* do art. 195 da Constituição Federal, e seus acréscimos legais, relativas ao objeto da condenação constante das sentenças que proferir e dos acordos que homologar".

Anote-se que, como assinala Andrea Proto Pisani, o processo é uma espécie de contrapartida à proibição ao exercício arbitrário das próprias razões, que, "para ser efetiva, deve traduzir-se na predisposição de meios de tutela jurisdicional (de procedimentos, provimentos e medidas coercitivas) adequados às necessidades da tutela das singulares situações de direito substancial"(14), o que implica a necessária adequação dos meios (instrumentos jurídicos processuais) aos fins do processo e, portanto, a adequação do processo às necessidades do direito material.

Valorizar o trabalho humano não se resume ao reconhecimento formal da titularidade de direitos, sendo indispensável a criação de instrumentos que assegurem a sua efetividade. E a promoção da execução de ofício é uma técnica que visa tornar efetivos os direitos assegurados ao trabalhador, bem como implementar funções fundamentais do Direito do Trabalho e do Direito Processual do Trabalho.

A promoção da execução de ofício facilita o acesso à justiça e ao próprio direito, não se esquecendo que estes podem atuar na própria evolução do Direito, como assinalam Helen Hershkoff e Aubrey McCutcheon:

> A litigância pode contribuir para a reforma legal [...]. Pode implementar direitos previstos pela ordem jurídica, mas que não são respeitados na prática. A litigância pode complementar um movimento político mais amplo, estimular a mobilização e encorajar alianças capazes de produzir uma ação política. Além disso, a litigância pode colaborar para a mudança de atitudes perante a lei e criar uma cultura em que as entidades governamentais e privadas respeitem e implementem valores de direitos humanos. (Helen Hershkoff e Aubrey McCutcheon(15) *apud* Flávia Piovesan, 2012, p. 473).

É no contexto da facilitação do acesso à justiça e aos direitos que ganha relevância a iniciativa e promoção da execução de ofício pelo juiz independentemente de as partes estarem assistidas ou não por advogados. Esta medida contribui, ainda, para a função transformadora do Direito e atua sobre a realidade do homem que vive do trabalho e do empregador brasileiro que não cumpre as normas jurídicas trabalhistas, em especial, quando já usufruiu da força de trabalho do empregado.

Como assinala Manuel Alonso Olea:

> O Direito e os próprios juristas são, por si mesmos, uma força social operante, que atuam sobre as transformações sociais, ora acelerando-as, ora retardando seu aparecimento. Não é o ordenamento jurídico um arquétipo que se imponha à realidade social, mas um princípio de ordenação dessa mesma realidade. As transformações políticas, econômicas e jurídicas vêm sempre

(13) FERNANDES, António Monteiro. L'effettività nel diritto del lavoro: il caso portogheses. In: *Rivista Italiana di Diritto del Lavoro*, Ano XXV, Milano: Giuffrè, p. 7-18, 2006, p. 9.

(14) PISANI, Andrea Proto. *Le tutele giurisdizionali dei diritti*. Studi. Napoli: Jovene, 2003. p. 7.

(15) Helen Hershkoff e Aubrey McCutcheon. Public interest litigation: an international perspective, in Mary MCClymont, Stephen Golub (Editors), Many roads to justice: the law related work of Ford Foundation Grantees around the World, The Ford Foundation, 2000. p. 283).

indissociavelmente unidas, influenciando-se reciprocamente e atuando, como concausas, sobre as transformações e as diferenciações operadas na sociedade. O Direito em parte se faz e em parte se descobre. Mais: enquanto realidade que se faz, o Direito não surge *ex nihilo*, nem da mente do jurista, nem da vontade ou da visão do legislador – que, segundo Rodolfo Ihering, mais descobre do que cria – mas da preocupação de ambos em regular adequadamente a realidade social.[16]

Não se olvide que a ineficácia da norma jurídica acarreta danos não apenas aos titulares dos direitos por ela atribuídos, como também à sociedade, em especial porque o Direito, inclusive o do trabalho, somente promoverá as suas funções quando cumprido, valendo lembrar, ainda da necessidade de preservação da força normativa da Constituição.

Não basta, para a melhoria da condição humana, social, econômica e política do trabalhador, o reconhecimento de direitos e a afirmação da relevância da sua concretização. Para tanto, é indispensável a existência de meios próprios e eficazes para os fazer valer em juízo. Neste sentido, a Constituição, quando assegura o acesso à justiça proíbe o que J.J. Gomes Canotilho denominou "defeito de proteção", que ocorre quando "as entidades sobre quem recai um *dever de proteção* (*schutzpflicht*) adotam medidas insuficientes para garantir uma proteção constitucionalmente adequada dos direitos fundamentais".[17]

Ademais, como ensina Tercio Sampaio Ferraz Jr, há uma crença de que o Direito "não é apenas um dado, mas, também, uma construção, ou seja, não é apenas um dado para a disciplina do comportamento humano, porém, uma construção deste mesmo comportamento".[18] O que significa que as normas jurídicas devem ser cumpridas também porque moldam o comportamento humano.

A eficácia da norma também depende da sua interpretação e da atuação daqueles que são encarregados da sua aplicação. Com efeito, o Direito pode ser construído ou desconstruído na interpretação e aplicação das normas que o compõem.

A efetividade da norma jurídica está relacionada à produção dos resultados por ela perseguidos, aduzindo José Afonso da Silva, neste sentido, que a efetividade diz respeito "ao produto final objetivado pela norma [...], enquanto a eficácia jurídica é apenas a possibilidade de que isso venha a acontecer."[19]

Lembre-se que, o cumprimento espontâneo de uma norma jurídica e a consequente produção do resultado por ela perseguido implicam sua efetividade (a norma é eficaz, do ponto de vista social, e efetiva), ao passo que, descumprida a norma e imposto o seu cumprimento pelo Poder Judiciário, com a concreta entrega do bem da vida por ela assegurado, a norma terá eficácia jurídica e será dotada de efetividade.

Como adverte Eduardo Couture, a ideia de processo "é necessariamente teleológica, pois só se explica por seu fim. O processo pelo processo não existe"[20], advertência que é levada em conta neste artigo, no qual não será olvidado, ainda, que "os processos judiciais refletem os valores, sentimentos e crenças (a 'cultura') da coletividade que os utiliza"[21], ou seja, que o direito processual é um fenômeno social e histórico.

5. CONCLUSÃO

A efetividade do Direito do Trabalho é uma exigência da dignidade humana, justiça social, cidadania e democracia.

Tal fato não passou despercebido ao Direito Processual do Trabalho, que reconhece o direito à atividade jurisdicional satisfativa, a ser desenvolvida a requerimento do credor ou de ofício.

A Lei n. 13.467/2017 alterou a redação do art. 878 da CLT, estabelecendo que o juiz somente pode promover a execução de ofício quando o credor não estiver assistido por advogado.

A Lei n. 13.467/2017 não se restringe a limitar os poderes do juiz, vez que afeta a efetividade da jurisdição e do processo e, com isto, dos direitos inerentes ao trabalho humano, atuando, portanto, contra a melhoria da condição humana, social, econômica e política do trabalhador e sua família.

No entanto, o art. 878 da CLT, com a redação que lhe concedeu a Lei n. 13.467/2017:

a) é inconstitucional, porque viola o art. 114, VIII, da Constituição Federal de 1988.
b) impede ou dificulta a concretização do Direito do Trabalho, ou seja, a realização concreta de direitos voltados à melhoria da condição humana, social, econômica e política do trabalhador e de sua família e à realização das condições necessárias para a realização da justiça social, cidadania e democracia;
c) ofende os princípios da progressividade e vedação de retrocesso social, observando-se que a melhoria da condição humana, social, econômica e política

(16) OLEA, Manuel Alonso. *Introdução ao direito do trabalho*. Tradução de C. A. Barata da Silva. Porto Alegre: Sulina, 1969. p. 15-16.
(17) CANOTILHO, J.J GOMES. *Direito constitucional e teoria da constituição*. 7. ed. Coimbra: Almedina, 2003. p. 273.
(18) FERRAZ JR, Tércio Sampaio. *Função social da dogmática jurídica*. São Paulo: Max Limonad, 1998. p. 131.
(19) SILVA, José Afonso. *Aplicabilidade das normas constitucionais*. 3. ed. São Paulo: Malheiros, 1998. p. 66.
(20) COUTURE, Eduardo J. *Fundamentos del derecho procesal civil*. 3. ed. Buenos Aires: Depalma, 1993. p. 145.
(21) CHASE, Oscar G. A "excepcionalidade" americana e o direito processual comparado. In: *Revista de Processo*. Ano 28, São Paulo: RT, abr./jun. 2003, p. 118.

do trabalhador abarca a sua *condição processual*, no sentido de disposição de instrumentos processuais voltados à plena satisfação dos direitos inerentes ao trabalho humano;

d) ofende o direito humano à efetividade da jurisdição e do processo.

6. REFERÊNCIAS

ALMEIDA, Cleber Lúcio de; ALMEIDA, Wânia Guimarães Rabêllo de. *Direito material e processual do trabalho na perspectiva da reforma trabalhista*. Belo Horizonte: RTM, 2018

ALMEIDA, Cleber Lúcio de; ALMEIDA, Wânia Guimarães Rabêllo de. *Direito do trabalho e Constituição*. A constitucionalização do direito do trabalho no Brasil. São Paulo: LTr, 2017.

ALMEIDA, Cleber Lúcio de. *Direito processual do trabalho*. 6. ed. São Paulo: LTr, 2016.

ALMEIDA, Wânia Guimarães Rabêllo de. *Direito processual metaindividual do trabalho*: a adequada e efetiva tutela jurisdicional dos direitos de dimensão transindividual. Salvador: JusPodivm, 2016.

CANOTILHO, J.J GOMES. *Direito constitucional e teoria da constituição*. 7. ed. Coimbra: Almedina, 2003.

CHASE, Oscar G. A "excepcionalidade" americana e o direito processual comparado. In: *Revista de Processo*. Ano 28, São Paulo: RT, abr./jun. 2003, p. 115-140.

COUTURE, Eduardo J. *Fundamentos del derecho procesal civil*. 3. ed. Buenos Aires: Depalma, 1993.

DIDIER JR, Fredie. Apontamentos para a concretização do princípio da eficiência do processo. In: GAIO JÚNIOR, Antônio Pereira; CÂMARA, Alexandre Freitas (Coord.). *Novo CPC: reflexões e perspectivas*. Belo Horizonte: Del Rey, 2014a.

FERNANDES, António Monteiro. L'effettività nel diritto del lavoro: il caso portogheses. In: *Rivista Italiana di Diritto del Lavoro*, Ano XXV, Milano: Giuffrè, p. 7-18, 2006.

FERRAJOLI, Luigi. *Derechos y garantias. La ley del más débil*. 7. ed. Madrid: Trotta, 2010.

FERRAZ JR, Tércio Sampaio. *Função social da dogmática jurídica*. São Paulo: Max Limonad, 1998.

LIEBMAN, Enrico Tullio. *Embargos do executado*. Campinas: Bookseller, 2003.

OLEA, Manuel Alonso. *Introdução ao direito do trabalho*. Tradução de C. A. Barata da Silva. Porto Alegre: Sulina, 1969.

PIOVESAN, Flávia. *Temas de direitos humanos*. 5. ed. São Paulo: Saraiva, 2012.

PISANI, Andrea Proto. *Le tutele giurisdizionali dei diritti. Studi*. Napoli: Jovene, 2003.

RAMALHO, Maria do Rosário Palma. *Direito do trabalho. Parte I – dogmática geral*. Coimbra: Almedina, 2005.

SILVA, José Afonso. *Aplicabilidade das normas constitucionais*. 3. ed. São Paulo: Malheiros, 1998.

O Cumprimento das Obrigações de Fazer e de Não Fazer no Processo do Trabalho

Carolina Neves Vieira[1]

1. INTRODUÇÃO

O contrato de trabalho celebrado entre empregador e empregado solidifica direitos e deveres a serem cumpridos por ambas as partes. Dessa forma, por meio da Teoria do diálogo das fontes, torna-se possível a aplicação do direito obrigacional ao Direito do Trabalho.

A relação laboral não se resume apenas no dever do empregador em pagar salários. Pelo contrário, o vínculo empregatício é complexo e prevê outras obrigações, não só de pagar, mas também diversas prestações de fazer e de não fazer para ambos os sujeitos integrantes do contrato de trabalho.

Há obrigações como a assinatura da Carteira de Trabalho e Previdência Social do trabalhador por parte do empregador, não transferência do empregado para outra localidade sem o seu consentimento ou expressa previsão no contrato de trabalho, fornecimento das guias TRCT[2] e CD/SD[3] em caso de dispensa, dever de sigilo por parte do empregado sobre determinado empreendimento ou segredo industrial do empregador. Esses são apenas alguns exemplos de obrigações de fazer e de não fazer firmadas entre o obreiro e o empregador.

Exatamente por ser o contrato de trabalho um conjunto de obrigações, poderá ocorrer o descumprimento do pactuado entre as partes e, a ausência de cumprimento espontâneo da prestação pode levar o credor a buscar a via judicial para satisfazer a obrigação constante de determinado título executivo judicial ou extrajudicial.

Os princípios da inafastabilidade do Poder Judiciário (art. 5º, XXXV[4] da Constituição da República) e do devido processo legal (art. 5º, LIV[5] da CR/88) corroboram para a necessidade de interferência do Poder Judiciário nessas situações em que persiste, de um dos lados, a intenção de descumprir as obrigações trabalhistas perpetradas.

O Processo do Trabalho é norteado por uma série de princípios primordiais que, em conjunto, visam entregar ao credor/exequente exatamente a prestação que lhe é devida. No caso das obrigações de fazer e de não fazer, o procedimento de cobrança dessas é diferenciado do cumprimento das obrigações de pagar em razão de imperar naqueles casos, o princípio da primazia da tutela específica.

Trata-se, portanto, de artigo cuja abordagem será sobre o cumprimento das obrigações de fazer e de não fazer na Justiça do Trabalho e a importância do papel das partes e do magistrado em perquirir pela concretização da tutela específica pleiteada, devendo a eventual conversão dessas obrigações em perdas e danos ocorrer, somente, em último caso, em observância aos princípios da primazia da tutela específica, primazia do credor trabalhista e o emprego de meios menos onerosos para o executado.

2. O CONCEITO E OS PRINCÍPIOS DO DIREITO DAS OBRIGAÇÕES NA RELAÇÃO LABORAL

Para uma melhor análise sobre o tema deste artigo, torna-se imprescindível uma breve pincelada sobre os principais pontos acerca da Teoria Geral das Obrigações e os princípios aplicáveis à relação jurídica obrigacional no âmbito das relações trabalhistas.

2.1. Conceito de obrigação no Direito do Trabalho

A Teoria Geral das obrigações é o primeiro tema da parte especial do Código Civil de 2002, em razão de sua importância para o Direito Privado (TARTUCE, 2019).

Flávio Tartuce (2019, p. 298) conceitua obrigação como sendo:

---

(1) Pós-graduada em Direito do Trabalho pelo IEC – PUC Minas (2018). Graduada em Direito pela Faculdade de Direito Milton Campos (2015). Membro da Oficina de Estudos Avançados 'As interfaces entre o Processo Civil e o Processo do Trabalho' – IPCPT. Advogada.

(2) Termo de Rescisão do contrato de trabalho.

(3) Comunicação de dispensa e requerimento ao seguro-desemprego. Registra-se que a partir da Lei n. 13.467/2017 (Reforma Trabalhista) não há mais obrigatoriedade do empregador em emitir as guias TRCT e CD/SD, devendo, no entanto, comunicar aos órgãos competentes sobre a dispensa e realizar o pagamento das verbas rescisórias, nos termos da nova redação do art. 477, *caput*, da CLT.

Art. 477, CLT: Na extinção do contrato de trabalho, o empregador deverá proceder à anotação na Carteira de Trabalho e Previdência Social, comunicar a dispensa aos órgãos competentes e realizar o pagamento das verbas rescisórias no prazo e na forma estabelecidos neste artigo. (Redação dada pela Lei n. 13.467, de 2017)

(4) Art. 5º, XXXV, CR/88: – a lei não excluirá da apreciação do Poder Judiciário lesão ou ameaça a direito;

(5) Art. 5º, LV, CR/88 – aos litigantes, em processo judicial ou administrativo, e aos acusados em geral são assegurados o contraditório e ampla defesa, com os meios e recursos a ela inerentes;

> [...] a relação jurídica transitória, existente entre um sujeito ativo, denominado credor, e outro sujeito passivo, o devedor, e cujo objeto consiste em uma prestação situada no âmbito dos direitos pessoais, positiva ou negativa. Havendo o descumprimento ou inadimplemento obrigacional, poderá o credor satisfazer-se no patrimônio do devedor.

Vislumbra-se, do conceito alhures, que o Direito Obrigacional ocupa o ramo dos direitos patrimoniais no âmbito civil e a sua preocupação está na satisfação da prestação estabelecida entre as partes envolvidas, credor e devedor.[(6)]

Nesse sentido, ao se debruçar sobre o conceito de Flávio Tartuce, extraem-se os elementos constitutivos da obrigação. O primeiro deles é o elemento subjetivo que engloba as pessoas envolvidas, quais sejam: credor e devedor. Já a prestação é o elemento objetivo/imediato cujo *facere*[(7)] poderá se pautar em obrigações de natureza positiva: dar e fazer; ou obrigações de natureza negativa: não fazer. O último elemento concretiza-se no vínculo criado entre as partes (credor e devedor), sendo denominado pela doutrina de imaterial, virtual ou espiritual.

O direito das obrigações, portanto, versa sobre uma série de normas que visam assegurar e concretizar as relações jurídicas estabelecidas no âmbito do direito patrimonial, com o objetivo de fazer cumprir a obrigação assumida entre devedor e credor, garantindo, todavia, em caso de inadimplemento por parte daquele, o direito de o credor exigir o seu cumprimento, ainda que seja necessário movimentar o Poder Judiciário para tanto.[(8)]

Destaca-se, portanto, que o Direito das Obrigações, no âmbito do Direito Material, regula todas as transações, relações patrimoniais e contratuais em geral. A partir da Teoria do Diálogo das Fontes[(9)], por conseguinte, percebe-se que muitos dos princípios e regras do direito obrigacional serão aplicados ao contrato de trabalho.

Nesse diapasão, Maurício Godinho Delgado (2019, p. 91) aduz que "a matriz de origem do Direito do Trabalho é o Direito Civil, em especial, seu segmento regulatório das *obrigações*. Em consequência, permanecem inevitáveis as relações entre os dois campos do Direito".

O contrato de trabalho, de fato, trata-se de um ato jurídico complexo com inúmeros direitos e obrigações entre os pactuantes, empregador e empregado. E, exatamente por isso, gerará efeitos obrigacionais para o empregador e empregado. (DELGADO, 2019, p. 730). Referido autor (2019, 731-732) classifica os efeitos contratuais em próprios ou conexos.

Os efeitos próprios abrangem as obrigações dos dois sujeitos contratuais: empregador e empregado, desdobrando-se em obrigações de dar, fazer e não fazer. Exemplos de obrigações de fazer do empregador são: assinatura da CTPS (Carteira de Trabalho e Previdência Social), entrega das guias TRCT e CD/SD em caso de dispensa imotivada do empregado, emissão de CAT (Comunicação de Acidente do Trabalho), entre outros.

Quanto às obrigações de não-fazer do empregador, está a hipótese de firmamento de TAC (Termo de Ajustamento de Conduta) com o Ministério Público do Trabalho (MPT) em que o empregador se obriga a abster-se de determinada conduta discriminatória no ambiente de trabalho.

Os efeitos próprios do contrato de trabalho que ficarão à cargo do empregado são, principalmente, as obrigações de fazer e, mais precisamente, a prestação de serviços pelo obreiro pautada nas seguintes condutas:

> Ao lado dessa principal obrigação, surgem diversas outras obrigações de conduta que se associam à própria prestação de serviços. Assim ocorre com o comportamento de boa-fé, diligência e assiduidade na execução laboral. Do mesmo modo, a conduta de fidelidade quanto aos segredos da empresa. Há obrigações de conduta consubstanciadas em omissões (isto é, obrigações de não fazer). É o que se passa com a obrigação de abstenção de concorrência com as atividades do empregador, se tal for da essência da atividade contratada ou cláusula expressa ou tácita do contrato. (DELGADO, 2019, 732).

Noutro giro, os efeitos conexos são gerados pelo contrato empregatício, mas não decorrem "de sua natureza, de seu objeto e do conjunto natural e recorrente das cláusulas

---

(6) "O direito pode ser dividido em dois grandes ramos: o dos direitos *não patrimoniais*, concernentes à pessoa humana, como os direitos da personalidade (CC, arts. 11 a 21) e os de família, e dos *direitos patrimoniais*, que, por sua vez, se dividem em *reais* e *obrigacionais*. Os primeiros integram o direito das coisas. Os obrigacionais, pessoais ou de crédito compõem o direito das obrigações, que será objeto de nosso estudo.". (GONÇALVES, 2012, p. 18).

(7) Fazer.

(8) "Na verdade, as obrigações se caracterizam não tanto como um *dever* do obrigado, mas como um *direito do credor*. A principal finalidade do direito das obrigações consiste exatamente em fornecer meios ao credor para exigir do devedor o cumprimento da prestação. Desse modo, quando, por efeito de um contrato, de uma declaração unilateral de vontade ou de um ato ilícito de alguém que cause prejuízo a outrem, nasce uma relação obrigacional, o direito das obrigações procura resguardar o direito do credor contra o devedor, que resultou diretamente desse ato ou fato jurídico.". (GONÇALVES, 2012, p. 19).

(9) "A tese do diálogo das fontes foi desenvolvida na Alemanha por Erik Jayme, professor da Universidade de Helderbeg, trazido ao Brasil por Claudia Lima Marques, da Universidade Federal do Rio Grande do Sul. A essência da teoria é que as normas jurídicas não se excluem – supostamente porque pertencentes a ramos jurídicos distintos –, mas se complementam. Como se pode perceber há nesse marco teórico, do mesmo modo, a premissa de uma visão unitária do ordenamento jurídico. [...] é imperioso dizer que também são possíveis *diálogos* entre o Direito Civil e o Direito do Trabalho, particularmente entre o Código Civil e a legislação trabalhista, o que é totalmente viável e, mais do que isso, plenamente recomendável". (TARTUCE, 2019, p. 56-59).

contratuais trabalhista, mas que, por razões de acessoriedade ou conexão, acoplam-se ao contrato de trabalho" (DELGADO, 2019, p. 730).

Exemplos de efeitos conexos são os direitos intelectuais oriundos de eventual invenção elaborada por trabalhador no curso do contrato de trabalho, além de indenizações por danos morais e materiais sofridos pelo obreiro, direitos da personalidade do trabalhador, entre outros.

Eventual ruptura no laço obrigacional laboral, por conseguinte, seja no âmbito dos efeitos próprios ou conexos do contrato de trabalho e, persistindo o não cumprimento espontâneo da prestação de fazer ou de não fazer, poderá a parte lesada exigir o cumprimento da obrigação trabalhista, fazendo jus, se necessário, em buscar a tutela de seu direito obrigacional na Justiça do Trabalho.

2.2. Os princípios corolários do direito obrigacional na execução trabalhista

Os princípios da eticidade e da sociabilidade, conjuntamente com a boa-fé objetiva e a função social, possuem íntima relação com o caráter social da obrigação e a conduta leal que se espera dos sujeitos obrigacionais. (TARTUCE, 2019).

A função social da propriedade está prevista na Constituição da República de 1988, nos arts. 5º, incisos XXII e XXIII e 170, inciso III[(10)], e está intimamente relacionada com o Direito do Trabalho e as obrigações laborais estabelecidas, visto que o contrato de trabalho busca cumprir um fim social. Isso porque, um dos fundamentos da República Federativa do Brasil são os valores sociais do trabalho, nos moldes do art. 3º, inciso III da CR/88. Destarte, o próprio *caput* do art. 170 da CR/88 prevê a valorização do trabalho humano como um dos fundamentos da Ordem Econômica.

Não há dúvidas de que as obrigações trabalhistas estão alicerçadas na própria Constituição, mas serão destrinchadas a partir das legislações extravagantes como forma de tutelar, ainda mais, a relação entre empregado e empregador, bem como os direitos e deveres de cada um.

Dessa forma, ainda que, por exemplo, uma determinada obrigação de fazer não seja cumprida espontaneamente, seja pelo empregador ou pelo empregado, haverá meios disponíveis de coerção, pela via processual, para que ela seja efetivada.

No Processo do Trabalho, os princípios da execução trabalhista não se diferenciam dos princípios da execução no Processo Civil. Todavia, em razão do caráter alimentar do crédito trabalhista e, também, da imprescindibilidade da obrigação de fazer e não fazer em determinados momentos, tais como entrega das guias TRCT e CD/SD e até da assinatura da CTPS do empregado, alguns princípios irão adquirir maior protagonismo, sendo três deles indispensáveis nos procedimentos executivos das obrigações de fazer e de não fazer, quais sejam: celeridade, simplicidade e efetividade do procedimento.

Referidos princípios, em conjunto, objetivam a entrega do bem da vida ao credor, de forma célere, com o máximo de resultado e com o menor dispêndio de atos processuais. As partes processuais devem atuar de forma a colaborar com o cumprimento da obrigação, valendo-se, o Juiz trabalhista, de meios coercitivos, se necessário, para garantir a satisfação do direito do credor.

Associados a esses três princípios base do Processo de Execução, estão outros a serem aplicados, mais especificamente, ao cumprimento das obrigações de fazer e não fazer.

O princípio da primazia do credor trabalhista pauta-se no sentido de que todos os atos da execução devem convergir para satisfazer a obrigação do exequente, seja uma obrigação de dar, fazer ou não fazer. Apesar de inexistir dispositivo legal na CLT, os arts. 769[(11)], 889[(12)] da CLT c/c art. 15[(13)] do CPC, tornam possível a aplicação subsidiária do art. 797[(14)] do CPC ao Processo do Trabalho, evidenciando a importância da primazia do exequente na execução.

Os atos do Juízo, necessariamente, deverão ser no sentido de fazer o devedor cumprir com a obrigação que lhe foi imposta, entregando ao credor exatamente o que ele espera.

(10) Art. 5º, CR/88: Todos são iguais perante a lei, sem distinção de qualquer natureza, garantindo-se aos brasileiros e aos estrangeiros residentes no País a inviolabilidade do direito à vida, à liberdade, à igualdade, à segurança e à propriedade, nos termos seguintes:

XXII – é garantido o direito de propriedade;

XXIII – a propriedade atenderá a sua função social;

Art. 170, CR/88: A ordem econômica, fundada na valorização do trabalho humano e na livre iniciativa, tem por fim assegurar a todos existência digna, conforme os ditames da justiça social, observados os seguintes princípios:

III – função social da propriedade;

(11) Art. 769, CLT: Nos casos omissos, o direito processual comum será fonte subsidiária do direito processual do trabalho, exceto naquilo em que for incompatível com as normas deste Título.

(12) Art. 889, CLT: Aos trâmites e incidentes do processo da execução são aplicáveis, naquilo em que não contravierem ao presente Título, os preceitos que regem o processo dos executivos fiscais para a cobrança judicial da dívida ativa da Fazenda Pública Federal.

(13) Art. 15, CPC: Na ausência de normas que regulem processos eleitorais, trabalhistas ou administrativos, as disposições deste Código lhes serão aplicadas supletiva e subsidiariamente.

(14) Art. 797, CPC: Ressalvado o caso de insolvência do devedor, em que tem lugar o concurso universal, realiza-se a execução no interesse do exequente que adquire, pela penhora, o direito de preferência sobre os bens penhorados.

Parágrafo único. Recaindo mais de uma penhora sobre o mesmo bem, cada exequente conservará o seu título de preferência.

Registre-se que, nas obrigações de fazer e de não fazer, se mostra primordial a insistência no cumprimento exato da obrigação, sob pena de aplicação de multa diária (*astreintes*). É neste viés, portanto, que se dá a aplicação do princípio da primazia da tutela específica.

Eventualmente, haverá a conversão em perdas e danos da obrigação de fazer ou de não fazer. Porém, em total desconformidade com o princípio da primazia do credor trabalhista e da tutela específica, pois, nesta hipótese não foi cumprido o *facere* esperado pelo exequente, restando frustrada a obrigação propriamente dita.

Outro princípio de suma importância é o que prevê a observância do meio menos oneroso para o executado, estampado no art. 805(15) do CPC, e de aplicação subsidiária ao Processo do Trabalho. Nesse caso:

> [...] quando por mais de um modo a execução possa ser realizada, com a mesma eficácia para o credor, se preferirá o meio menos gravoso ao devedor, como forma de proteção à dignidade do devedor e tornar a execução mais humanizada. (SCHIAVI, 2019, p. 1142-1143).

Vale mencionar que o referido princípio deverá ser interpretado conjuntamente com o princípio da primazia do credor trabalhista, justamente para evitar que o devedor se esquive de cumprir a obrigação, especialmente quando se tratar de obrigação de fazer e de não fazer cujo ato deverá ser desempenhado pelo executado. (SCHIAVI, 2019).

Neste sentido é o julgado oriundo do Tribunal Superior do Trabalho:

> RECURSO DE REVISTA – DANO MATERIAL – PENSIONAMENTO DECORRENTE DE INCAPACIDADE PARA O TRABALHO – CONSTITUIÇÃO DE CAPITAL – ART. 475-Q DO CPC – OBRIGAÇÃO DE FAZER DESTINADA A GARANTIR O CUMPRIMENTO DA CONDENAÇÃO – PRESTAÇÃO ALTERNATIVA – INCLUSÃO EM FOLHA DE PAGAMENTO (§ 2º DO ART. 475-Q DO CPC) – MEDIDA QUE DEVE ATENDER AOS INTERESSES DO CREDOR (ART. 612 DO CPC) E DO DEVEDOR (ART. 620 DO CPC) – ALEGAÇÃO DA RECLAMADA DE QUE O SEU PORTE FINANCEIRO COMPORTA A INCLUSÃO DO RECLAMANTE EM FOLHA DE PAGAMENTO – PREMISSA FÁTICA NÃO EXAMINADA PELO TRIBUNAL DE ORIGEM – ACOLHIMENTO DA PRETENSÃO RECURSAL – PERIGO À EFICÁCIA DA EXECUÇÃO DA SENTENÇA – INVIABILIDADE – OFENSA AO POSTULADO DO ACESSO À JUSTIÇA (ART. 5º, XXXV E LXXVIII, DA CONSTITUIÇÃO FEDERAL). Certificado o direito na fase de conhecimento, é chegada a hora de conferir efetividade ao pronunciamento jurisdicional. A execução de sentença, procedimento destinado a dar concretude ao comando emanado do Poder Judiciário, move-se no interesse do credor (art. 612 do CPC), que, neste momento, busca apenas a satisfação material de sua pretensão. A exceção contida no art. 620 do CPC somente pode ser aplicada, caso o meio proposto pelo devedor não se afigure, de qualquer forma, lesivo ao interesse do credor (que, na execução, ostenta posição de superioridade jurídica reconhecida na fase de conhecimento). Nessa senda, a determinação de constituição de capital a que alude o art. 475-Q do CPC somente pode ser substituída pela inclusão em folha de pagamento, naquelas situações em que o porte econômico da empresa afaste qualquer perigo de não adimplemento do crédito autoral (ou seja, naquelas situações em que os postulados dos arts. 612 e 620 do CPC encontram-se harmonizados). Na hipótese dos autos, a alegação da reclamada de que o seu porte econômico permite a dita substituição não restou analisada pelo Tribunal de origem, que sequer foi instado a fazê-lo via embargos de declaração. Assim, o seu acolhimento, por colocar em potencial perigo a satisfação do crédito do autor, não se afigura possível. Do contrário, vilipendiado restará o princípio do acesso à justiça, consagrado no art. 5º, XXXV e LXXVIII, da Constituição Federal, dada a possibilidade de futuro inadimplemento dos valores devidos ao autor. Ressalte-se, apenas para finalizar, que nenhum provimento, emanado de quaisquer dos poderes constituídos, pode ser contrário aos direitos e garantias fundamentais, o que inclui as sentenças proferidas pelo Poder Judiciário, órgão este que, em seus pronunciamentos, deve sempre buscar a concretização dos valores previstos na Carta Federal de 1988. Recurso de revista não conhecido. (TST – Processo: RR – 33400-79.2005.5.15.0036 – Data de Julgamento: 15.02.2012, relator Ministro: Luiz Philippe Vieira de Mello Filho, 1ª turma, Data de Publicação: DEJT 24.02.2012).

Apesar de os dispositivos mencionados no julgado acima estarem sob a vigência do Código de Processo Civil de 1973, a ideia por ele trazida mostra-se primordial no que tange ao cumprimento da obrigação de fazer e não fazer na Justiça do Trabalho (SCHIAVI, 2019).

O princípio da função social da execução trabalhista, defendido principalmente pela doutrina moderna, pauta-se no caráter publicista do Processo do Trabalho, justamente porque este possui relevante interesse para a sociedade. Afinal, o credor trabalhista, normalmente, é a parte hipossuficiente da relação empregatícia e, justamente por isso, necessita de celeridade no cumprimento da obrigação (SCHIAVI, 2019).

O Juiz do Trabalho, logo, possui o poder-dever de fazer cumprir a obrigação trabalhista de forma célere e efetiva, por parte do devedor, de modo a atingir somente o patrimônio deste naquilo que for, essencialmente, necessário para a atividade satisfativa, preservando tanto a dignidade da pessoa humana do exequente quanto a do devedor. (SCHIAVI, 2019)

(15) Art. 805. Quando por vários meios o exequente puder promover a execução, o juiz mandará que se faça pelo modo menos gravoso para o executado.
Parágrafo único. Ao executado que alegar ser a medida executiva mais gravosa incumbe indicar outros meios mais eficazes e menos onerosos, sob pena de manutenção dos atos executivos já determinados.

Por fim, o princípio do impulso oficial, apesar da alteração promovida pela Lei n. 13.467/2017 (Reforma Trabalhista) no art. 878[16] da CLT, ainda possui aplicabilidade ao Processo do Trabalho. Registra-se, inclusive, que foi na seara trabalhista que este princípio tomou grande dimensão e, também, é adotado no Código de Processo Civil de 2015, nos moldes do inciso IV[17] do art. 139 do CPC.

Segundo este princípio, o Juiz possui o poder-dever de concretizar as suas decisões no intuito de realizar a entrega definitiva do bem da vida ao exequente. Sendo assim, deve-se utilizar de todos os meios típicos executivos necessários para fazer cumprir a obrigação.

Cabe mencionar, entretanto, que a alteração promovida pela Lei n. 13.467/2017, na redação do art. 878 da CLT, trouxe inúmeras discussões na doutrina e, definitivamente, ainda será objeto de análise por parte da jurisprudência trabalhista, visto que diminuiu a atuação do Juiz do Trabalho na atividade executiva. Afinal, o Magistrado somente poderá atuar de ofício para iniciar a execução, caso as partes não estejam representadas por advogados. Do contrário, o impulso executivo deve ser solicitado por uma delas.

Mauro Schiavi (2019, p. 1.154) menciona:

> A nova redação do art. 878, da CLT impede que o juiz do Trabalho, caso o autor possua advogado, inicie e promova a execução de ofício. Trata-se de alteração significativa no processo do trabalho, pois o princípio do impulso oficial já está arraigado na Justiça do Trabalho e tem dado resultados satisfatórios. O próprio Código de Processo Civil avançou nesse sentido, ao majorar os poderes do Juiz de Direito na condução da execução, conforme os artigos acima mencionados.

O próprio art. 13[18] da Instrução Normativa n. 41/2018 do TST prevê que a iniciativa da execução de que trata o art. 878 da CLT ficará restrito aos casos em que as partes não possuam advogado. Embora a Instrução Normativa oriunda do TST não possua caráter vinculante, já demonstra o viés a ser seguido pelo Colendo Tribunal Superior do Trabalho.

A 2ª Jornada de Direito Material e Processual da ANAMATRA (Associação Nacional dos Magistrados da Justiça do Trabalho), por outro lado, editou os Enunciados ns. 113[19], 114[20] e 115[21] no que diz respeito ao impulso oficial e advogando em defesa deste princípio e com base nos postulados constitucionais, transitando pela permanência total de aplicação da execução de ofício por parte do Juiz.

Apesar de não ser o impulso oficial objeto de análise deste trabalho, importante mencioná-lo como um dos princípios executivos trabalhistas, justamente porque haverá forte influência no cumprimento das obrigações de fazer e de não fazer na Justiça do Trabalho. Isso porque, trata-se de obrigações de tutela específica e, nem sempre, o executado as cumpre espontaneamente, fazendo com que o Juiz tenha um papel mais ativo na concessão da tutela executiva.

3. A EXECUÇÃO TRABALHISTA DE OBRIGAÇÕES DE FAZER E DE NÃO FAZER

Nesse tópico, serão abordadas as peculiaridades da execução trabalhista nas obrigações de fazer e de não fazer.

3.1. A tutela específica nas obrigações de fazer e de não fazer

O Direito das Obrigações possui três elementos, sendo que o elemento objetivo, qual seja, a prestação, poderá ser positiva ou negativa.

Na prestação positiva existem as obrigações de pagar e de fazer e, na negativa, há, apenas, a obrigação de não fazer.

A obrigação de fazer, conforme disposto nos arts. 247 a 249[22] do Código Civil, cuja aplicação é subsidiária ao

(16) Art. 878, CLT: A execução será promovida pelas partes, permitida a execução de ofício pelo juiz ou pelo Presidente do Tribunal apenas nos casos em que as partes não estiverem representadas por advogado. (Redação dada pela Lei n. 13.467, de 2017)

(17) Art. 139, CPC: O juiz dirigirá o processo conforme as disposições deste Código, incumbindo-lhe:
IV: determinar todas as medidas indutivas, coercitivas, mandamentais ou sub-rogatórias necessárias para assegurar o cumprimento de ordem judicial, inclusive nas ações que tenham por objeto prestação pecuniária;

(18) Art. 13. A partir da vigência da Lei n. 13.467/2017, a iniciativa do juiz na execução de que trata o art. 878 da CLT e no incidente de desconsideração da personalidade jurídica a que alude o art. 855-A da CLT ficará limitada aos casos em que as partes não estiverem representadas por advogado.

(19) Enunciado n. 113: EXECUÇÃO DE OFÍCIO E ART. 878 DA CLT. Em razão das garantias constitucionais da efetividade (CF, art. 5º, XXXV), da razoável duração do processo (CF, art. 5º, LXXVIII) e em face da determinação constitucional da execução de ofício das contribuições previdenciárias, parcelas estas acessórias das obrigações trabalhistas (CF, art. 114, VIII), o art. 878 da CLT deve ser interpretado conforme a Constituição, de modo a permitir a execução de ofício dos créditos trabalhistas, ainda que a parte esteja assistida por advogado.

(20) Enunciado n. 114: EXECUÇÃO. IMPULSO OFICIAL. PESQUISA E CONSTRIÇÃO DE BENS. POSSIBILIDADE. O impulso oficial da execução está autorizado pelo art. 765 da CLT e permite ao juiz a utilização dos mecanismos de pesquisa e de constrição de bens, inclusive por meio do sistema BacenJud, sendo esse mero procedimento para formalização da penhora em dinheiro.

(21) Enunciado n. 115: EXECUÇÃO DE OFÍCIO. INEXISTÊNCIA DE NULIDADE. A teor do art. 794 da CLT, não há nulidade processual quando o juízo realiza a execução de ofício, porque inexistente manifesto prejuízo processual.

(22) Art. 247, CC: Incorre na obrigação de indenizar perdas e danos o devedor que recusar a prestação a ele só imposta, ou só por ele exequível.
Art. 248, CC: Se a prestação do fato tornar-se impossível sem culpa do devedor, resolver-se-á a obrigação; se por culpa dele, responderá por perdas e danos.
Art. 249, CC: Se o fato puder ser executado por terceiro, será livre ao credor mandá-lo executar à custa do devedor, havendo recusa ou mora deste, sem prejuízo da indenização cabível.
Parágrafo único. Em caso de urgência, pode o credor, independentemente de autorização judicial, executar ou mandar executar o fato, sendo depois ressarcido.

Direito do Trabalho por força do § 1º, art. 8º[23] da CLT, caracteriza-se por ser o cumprimento de uma atribuição por parte do devedor. Ou seja, este se compromete a realizar uma prestação pautada em atos ou serviços. O interesse do credor é exatamente na tutela específica. (GONÇALVES, 2019). Além disso, a obrigação de fazer poderá ser fungível ou infungível.

A obrigação de fazer fungível se dá quando a obrigação poderá ser realizada por outra pessoa, justamente porque não leva em consideração a qualidade pessoal do devedor. Sendo assim, caso o devedor insista em não cumprir com o acordado, poderá o credor optar por chamar um terceiro para realizar a obrigação, porém, será o devedor originário o responsável pelo pagamento dos custos dessa tarefa.

A obrigação de fazer infungível, por outro lado, é personalíssima e somente será satisfeita se o próprio devedor cumpri-la.

Ressalte-se que somente as obrigações de fazer fungíveis poderão se valer de sub-rogação, porque o fato de não serem personalíssimas, autorizam que a prestação seja realizada por um terceiro às custas do devedor. No caso das obrigações de fazer infungíveis, porém, uma vez esgotados os meios de coerção para o cumprimento da prestação, será necessário convertê-la em perdas e danos. (GONÇALVES, 2019).

Nos casos das obrigações de não fazer é exigido do devedor uma abstenção a determinada conduta, conforme se extrai dos arts. 250 e 251[24] do CC. Nessa hipótese, o devedor será considerado inadimplente caso ocorra de sua parte o descumprimento da obrigação negativa, ou seja, quando o ato cuja abstenção lhe era esperado acaba sendo por ele praticado. Exatamente por isso a obrigação de não fazer, normalmente, será infungível e *intuito personae* e, também, não haverá a hipótese de sub-rogação.

Noutro giro, no âmbito processual, o procedimento de cobrança das obrigações de fazer e de não fazer é diferenciado das obrigações de pagar em razão das características próprias dessas prestações.

No modelo das obrigações de pagar, a vontade do devedor não é "variável relevante" para o cumprimento da obrigação, pois o Poder Judiciário atuará, primordialmente, na esfera patrimonial do executado. Todavia, nas obrigações de fazer e de não fazer, a vontade do devedor não poderá ser ignorada e, por isso, muitas vezes, a intromissão do Estado-Juiz na vontade do devedor, por meio de medidas coercitiva ou indiretas, tornar-se-á necessária para a consecução da tutela específica. (CORDEIRO, 2017)

Wolney de Macedo Cordeiro, a respeito da tutela específica, esclarece:

> O fundamento basilar da tutela específica é impedir a conversão da obrigação de fazer ou não fazer em perdas e danos, o que só acontecerá diante do requerimento do credor ou da absoluta impossibilidade real e concreta de sua realização (CPC, art. 498, *caput*). Privilegia-se o interesse do credor e o conteúdo do título, no sentido de consagrar um mecanismo prioritário e preponderante para o cumprimento das obrigações de fazer e não fazer reconhecidas no título executivo. (2017, p. 374).

O Processo Civil contemporâneo consagrou o princípio da primazia da tutela específica nos arts. 497 e 499 do CPC, que visa dar ao credor exatamente o que o devedor faria se tivesse cumprido, espontaneamente, a obrigação (DIDIER JR., 2018, p. 578).

No Processo do Trabalho, contudo, não há muitas contribuições doutrinárias ou legislativas sobre a tutela específica nas obrigações de fazer e não fazer, resultando, por consequência, na aplicação supletiva do Direito Processual Civil, nos termos dos arts. 769, 889 da CLT c/c art. 3º, XI[25] e XII[26] da Instrução Normativa n. 39/2016 do TST (CORDEIRO, 2017, p. 376-377).

A tutela específica poderá ser inibitória, ocasião em que impedirá que a ameaça ao direito ocorra ou, quando já praticado o ato ilícito, evitará a sua continuação; reintegratória, quando visará remover o ilícito, buscando a reintegração do direito violado; e ressarcitória a qual reparará o dano já ocorrido. (DIDIER, 2018 p. 582-588).

(23) Art. 8º, CLT: As autoridades administrativas e a Justiça do Trabalho, na falta de disposições legais ou contratuais, decidirão, conforme o caso, pela jurisprudência, por analogia, por equidade e outros princípios e normas gerais de direito, principalmente do direito do trabalho, e, ainda, de acordo com os usos e costumes, o direito comparado, mas sempre de maneira que nenhum interesse de classe ou particular prevaleça sobre o interesse público.

§ 1º O direito comum será fonte subsidiária do direito do trabalho.

(24) Art. 250, CC: Extingue-se a obrigação de não fazer, desde que, sem culpa do devedor, se lhe torne impossível abster-se do ato, que se obrigou a não praticar.

Art. 251, CC: Praticado pelo devedor o ato, a cuja abstenção se obrigara, o credor pode exigir dele que o desfaça, sob pena de se desfazer à sua custa, ressarcindo o culpado perdas e danos.

Parágrafo único. Em caso de urgência, poderá o credor desfazer ou mandar desfazer, independentemente de autorização judicial, sem prejuízo do ressarcimento devido.

(25) Art. 3º, TST-IN n.39/2016: Sem prejuízo de outros, aplicam-se ao Processo do Trabalho, em face de omissão e compatibilidade, os preceitos do Código de Processo Civil que regulam os seguintes temas: XI – arts. 497 a 501 (tutela específica);

(26) XII – arts. 536 a 538 (cumprimento de sentença que reconheça a exigibilidade de obrigação de fazer, de não fazer ou de entregar coisa);

O Juiz trabalhista, nos moldes do *caput* do art. 497[27] c/c *caput* do 536[28] do CPC, poderá, se procedente o pedido, conceder a tutela específica ou determinar providências que assegurem a obtenção de tutela pelo resultado prático equivalente. (MIESSA, 2018).

Nesse sentido, conforme menciona o supracitado autor (2018), o magistrado não está adstrito a entregar a tutela propriamente dita, mas pode, se necessário, assegurar o resultado prático equivalente ao da obrigação específica. Exemplificando tal ideia, caso haja o pedido de fornecimento de guias CD/SD, a obrigação específica de fazer do empregador consistirá no fornecimento do requerimento do seguro-desemprego e da comunicação de dispensa devidamente preenchidos, sob pena de multa diária. Poderá o Juiz, porém, determinar a concessão de alvará judicial para que o empregado possa receber o seguro-desemprego, sendo desnecessária a aplicação de multa diária ao devedor ou a conversão da obrigação de fazer em perdas e danos.

Nessa senda, eventual concessão de alvará no caso narrado representa resultado prático equivalente à tutela específica deferida. Não se trata da tutela específica propriamente dita, pois, a obrigação de fazer será cumprida por meio da expedição do alvará judicial. Contudo, uma vez expedida ordem judicial ao órgão administrativo responsável pela expedição da guia CD/SD, o resultado prático, isto é, a percepção do seguro-desemprego por parte do empregado será satisfeita.

Corroborando ao exposto, está o seguinte julgado oriundo do Tribunal Regional do Trabalho da 3ª região:

> AGRAVO DE PETIÇÃO DO EXEQUENTE – CONVERSÃO DA OBRIGAÇÃO DE FAZER EM ALVARÁ JUDICIAL PARA LEVANTAMENTO DO BENEFÍCIO DE SEGURO-DESEMPREGO – Ainda que a sentença tenha condenado o reclamado a entregar ao reclamante as guias para encaminhamento do seguro-desemprego, no prazo de 10 dias a guia CD/SD para levantamento do seguro-desemprego, sob pena de conversão da obrigação de fazer em obrigação de indenizar, a determinação de expedição de alvará judicial para levantamento se faz necessária, de modo que não se frustre ainda mais a execução, considerando a total ausência de bens penhoráveis dos réus.
>
> (TRT da 3ª Região – Processo: 0000543-65.2010.5.03.0059 AP; Data de Publicação: 14.07.2015; Órgão Julgador: Sétima Turma; Relator: Paulo Roberto de Castro; Revisor: Convocada Sabrina de Faria F.Leao).

Note-se do julgado que a concessão do alvará foi imprescindível não só para satisfazer a pretensão do exequente como levou em consideração a situação de insolvência do executado. Dessa forma, eventual conversão da obrigação de fazer (entrega da guia CD/SD) em perdas e danos não seria suficiente para ambas as partes, tendo a decisão, sabiamente, optado pelo meio mais adequado, necessário e proporcional ao resultado prático equivalente ao demandado.

Além disso, dispõe o parágrafo único[29] do art. 497 do CPC que, quando a tutela específica pretendida for destinada a inibir a prática, a reiteração ou a continuação de um ilícito, ou a sua remoção, é irrelevante a demonstração da ocorrência de dano ou da existência de culpa ou dolo.

De modo a exemplificar o exposto no parágrafo único do art. 497 do CPC, tem-se a hipótese em que determinada empresa veicula a imagem de seus trabalhadores em matéria publicitária sem qualquer tipo de autorização por parte destes. Neste caso, ocorrendo a interposição de ação trabalhista com o intuito de cessar a prática perpetrada pela empregadora, deve-se proferir decisão judiciária determinando que o empregador se abstenha de difundir a imagem dos trabalhadores, sob pena de fixação de multa diária.

A situação independe de dano ou existência de culpa ou dolo, uma vez que o direito de imagem é uma proteção constitucional e legal cuja a mera veiculação de fotografia ou vídeo, sem autorização, gera não só o cumprimento imediato da obrigação de não-fazer, mas, também, o direito à indenização por danos morais, nos termos do inciso X do art. 5º[30] da CR/88.

Corroborando a digressão alhures, cite-se a seguinte ementa de julgado oriundo do Tribunal Superior do Trabalho:

> AGRAVO DE INSTRUMENTO. RECURSO DE REVISTA. 1. VÍNCULO DE EMPREGO. REPRESENTAÇÃO COMERCIAL. ELEMENTOS DA RELAÇÃO DE EMPREGO. SÚMULA n. 126/TST. 2. PRESCRIÇÃO. ART. 7º, XXIX, CF. 3. DESPESAS COM VEÍCULO. SÚMULA n. 126/TST. 4. VERBAS INDENIZATÓRIAS E BENEFÍCIOS. COMISSÕES. SÚMULA n. 126/TST. 5. DIREITO À IMAGEM: DIREITO DA PERSONALIDADE. PROTEÇÃO CONSTITUCIONAL À DIGNIDADE DA PESSOA HUMANA. EXPOSIÇÃO DA IMAGEM DO OBREIRO EM MATERIAL DE PROPAGANDA DA RECLAMADA. AUSÊNCIA DE AUTORIZAÇÃO DO

(27) Art. 497, *caput*, CPC: Na ação que tenha por objeto a prestação de fazer ou de não fazer, o juiz, se procedente o pedido, concederá a tutela específica ou determinará providências que assegurem a obtenção de tutela pelo resultado prático equivalente.
"O art. 497 do CPC torna clara a opção do legislador de privilegiar a tutela específica das obrigações de fazer ou de não fazer, seja ela legal ou contratual, fungível ou infungível". (DIDIER, 2018, p. 590).

(28) Art. 536, CPC: No cumprimento de sentença que reconheça a exigibilidade de obrigação de fazer ou de não fazer, o juiz poderá, de ofício ou a requerimento, para a efetivação da tutela específica ou a obtenção de tutela pelo resultado prático equivalente, determinar as medidas necessárias à satisfação do exequente.

(29) Art. 497, Parágrafo único, CPC: Para a concessão da tutela específica destinada a inibir a prática, a reiteração ou a continuação de um ilícito, ou a sua remoção, é irrelevante a demonstração da ocorrência de dano ou da existência de culpa ou dolo.

(30) Art. 5º, X, CR/88: são invioláveis a intimidade, a vida privada, a honra e a imagem das pessoas, assegurado o direito a indenização pelo dano material ou moral decorrente de sua violação;

EMPREGADO. USO INDEVIDO DE IMAGEM. INDENIZAÇÃO CABÍVEL. DECISÃO DENEGATÓRIA. MANUTENÇÃO. Trata-se o direito à imagem de um direito da personalidade que goza de proteção constitucional (art. 5º, V e X, da CF) em virtude do próprio respeito, fixado na ordem constitucional, à dignidade da pessoa humana (art. 1º, III, da CF). O conceito de imagem traduz a ideia de projeção da pessoa em seus relacionamentos próximos e na comunidade mais ampla. A Constituição tutela a imagem da pessoa, situando-a dentro do patrimônio moral do indivíduo (a imagem, como se sabe, situa-se também dentro do patrimônio imaterial das pessoas jurídicas, porém não a honra, a intimidade, a vida privada e outros bens e valores estritamente atávicos à pessoa humana). A imagem da pessoa humana trabalhadora pode ser violada de duas maneiras: de um lado, por meio da agressão ao próprio patrimônio moral do ser humano, de modo a lhe atingir também a imagem, sua projeção em relacionamentos próximos e no cenário da comunidade (é o que ocorreria, por exemplo, com injusta e despropositada acusação de ato ilícito feita pelo empregador a seu empregado); de outro lado, por meio da utilização não autorizada ou não retribuída da imagem do indivíduo. É o que prevê o art. 20 do CCB/2002, que estipula indenização pelo uso irregular da imagem: *Salvo se autorizadas*, ou se necessárias à administração da justiça ou à manutenção da ordem pública, a divulgação de escritos, a transmissão da palavra, *ou a publicação, a exposição ou a utilização da imagem de uma pessoa* poderão ser proibidas, a seu requerimento *e sem prejuízo da indenização que couber, se lhe atingirem a honra, a boa fama ou a respeitabilidade, ou se destinarem a fins comerciais* (grifos acrescidos). O preceito legal menciona, como se percebe, três condutas mais próximas de ocorrência no contrato de emprego: a) condutas que violam a imagem, em face de agredi-la; b) condutas que se utilizam da imagem – sem a ofender, é claro –, porém sem autorização; c) condutas que se utilizam da imagem – também sem ofensas –, mas sem autorização e com fins comerciais. Segundo o Código Civil, é cabível falar-se em reparação indenizatória em qualquer desses três casos hipotéticos. No caso dos autos, conforme se infere do acórdão proferido pelo Tribunal Regional, restou comprovada a utilização da imagem do Obreiro, sem autorização, para fins propaganda da Reclamada. Com efeito, mostrou-se incontroverso que a Reclamada, em momento algum, pediu a autorização do Reclamante para expor sua imagem. Ora, autorização é algo que se requer previamente, de forma a permitir o contraditório. Nesse contexto, não há como acolher a tese da Reclamada de que houve anuência tácita. Ademais, levando-se em consideração a condição de hipossuficiente do empregado, na maioria das vezes dependente do emprego, visualiza-se a real possibilidade de sua submissão, mesmo que expressa, a todo tipo de exigência imposta pelo empregador, dado o risco de perda do trabalho. Utilizada, então, a imagem do Reclamante de forma indevida pela Reclamada, visto que sem a autorização expressa do trabalhador, fica evidente o direito do Autor à indenização daí decorrente. Plenamente devida, portanto, a condenação da Reclamada ao pagamento de indenização pelo uso indevido da imagem do Reclamante. Ressalte-se, inclusive, que a doutrina civilista é assente em afirmar que a proteção da imagem independe da existência de afronta à honra, sendo o simples uso indevido da imagem de alguém suficiente para o surgimento da obrigação de reparação. Isso é confirmado pela própria redação do art. 20 do CCB/2002 e da Súmula n. 403/STJ, que orientam no sentido de que o uso indevido da imagem de alguém para fins comerciais causa, por si só, um dano indenizável, compreendendo-se como indevido o uso feito sem autorização da pessoa cuja imagem é objeto de exposição. Considerando-se que, no âmbito trabalhista, o uso da imagem do empregado pelo empregador não encontra permissão no contrato de trabalho, sempre será necessária a expressa e livre autorização do trabalhador para tanto, sob pena de tal utilização de sua imagem ser considerada indevida. Sendo assim, não há como assegurar o processamento do recurso de revista quando o agravo de instrumento interposto não desconstitui os fundamentos da decisão denegatória, que subsiste por seus próprios fundamentos. Agravo de instrumento desprovido.

(TST – AIRR-798600-63.2009.5.09.0021, 3ª Turma, Relator Ministro Mauricio Godinho Delgado, DEJT 16.05.2013).

3.2. O cumprimento das obrigações de fazer e de não fazer de título executivo judicial

Primeiramente, cumpre registrar que a execução trabalhista se pauta em uma reunião de atos praticados pela Justiça do Trabalho no intuito de satisfazer uma ou mais obrigações consagradas em um título executivo que não foram, espontaneamente, satisfeitas pelo devedor em face de um credor descontente. (SCHIAVI, 2019).

No caso das obrigações de fazer e não fazer de título executivo judicial, mais especificamente na execução definitiva(31), a CLT é omissa sobre o procedimento a ser seguido, razão pela qual se deve aplicar, subsidiariamente, o Código de Processo Civil de 2015, nos termos dos arts. 769 e 889 da CLT c/c art. 15 do CPC e art. 3º, XI, da Instrução Normativa n. 39/2016 do TST.

O *caput* do art. 536(32) do CPC dispõe que o Juiz poderá, de ofício ou a requerimento das partes, para a efetivação da tutela específica ou a obtenção de tutela pelo resultado prático equivalente, determinar as medidas necessárias à satisfação do exequente.

(31) Execução definitiva aqui compreendida como a satisfação da decisão judicial já transitada em julgado ou no caso de execução de título executivo extrajudicial.

(32) Art. 536. No cumprimento de sentença que reconheça a exigibilidade de obrigação de fazer ou de não fazer, o juiz poderá, de ofício ou a requerimento, para a efetivação da tutela específica ou a obtenção de tutela pelo resultado prático equivalente, determinar as medidas necessárias à satisfação do exequente.

Mauro Schiavi (2019, p. 1.255) menciona que "alguns autores defendem o prazo previsto no art. 880[33] da CLT de 48 horas para o cumprimento da obrigação de fazer", tendo em vista a celeridade no processo do trabalho.

Outrossim, esse é o prazo aplicado nas execuções dessa natureza no Tribunal Regional da 3ª Região:

> AGRAVO DE PETIÇÃO – MULTA – ATRASO NO CUMPRIMENTO DE OBRIGAÇÃO DE FAZER – INCIDÊNCIA DE MULTA. Tendo sido estipulado o prazo de 48 (quarenta e oito) horas para que o executado procedesse à retificação da CTPS, e deixando este de cumprir uma tal obrigação de fazer, aplica-se a partir daí a multa diária fixada na sentença, devendo esta ser calculada até a data do efetivo cumprimento da obrigação.
>
> (TRT da 3ª Região; Processo: 0000524-90.2011.5.03.00-05 AP; Data de Publicação: 28.07.2014; Órgão Julgador: Quinta Turma; Relator: Marcus Moura Ferreira; Revisor: Lucilde D'Ajuda Lyra de Almeida)
>
> MULTA – ATRASO NO CUMPRIMENTO DE OBRIGAÇÃO DE FAZER ESTIPULADA NA SENTENÇA – APLICAÇÃO – Tendo sido determinado o prazo de 48 (quarenta e oito) horas para a reclamada restabelecer o plano de saúde do reclamante e seus dependentes, nos mesmos moldes anteriores, cabia à ré demonstrar o cumprimento tempestivo da obrigação que lhe foi imposta. Não se desincumbido de seu ônus, presumem-se como verdadeiras as alegações do reclamante de que permaneceu por quatro meses sem poder se utilizar do plano de saúde, incidindo a multa prevista no comando exequendo, no seu limite.
>
> (TRT da 3ª Região; Processo: 0000899-35.2011.5.03.0056 AP; Data de Publicação: 09.08.2013; Órgão Julgador: Sétima Turma; Relator: Paulo Roberto de Castro; Revisor: Convocado Marcio Toledo Goncalves)

As medidas necessárias à satisfação do credor constam do § 1º[34] do art. 536 e se resumem em: multa, busca e apreensão, remoção de pessoas e coisas, desfazimento de obras e impedimento de atividade nociva e, se necessário, requisição de força policial.

O § 1º do art. 536 não é exaustivo, pois há outras medidas previstas no Código de Processo Civil que podem ser aplicadas pelo juiz do trabalho para satisfazer as prestações de fazer e de não fazer reconhecidas no título judicial, como a inclusão do nome do devedor em cadastros de proteção ao crédito do art. 782 do CPC, aplicável ao processo do trabalho, nos termos do art. 17[35] da Instrução Normativa n. 39/2016.

Fredie Didier (2018) menciona ser possível a alteração da medida executiva aplicada pelo juiz caso ela se mostre ineficaz ou excessiva. Referida alteração deve ser fundamentada e operada sob efeitos *ex nunc*, além de ser oportunizado o contraditório às partes sobre a mudança perpetrada pelo juízo.

O executado, aliás, incorrerá nas penas de litigância de má-fé quando, injustificadamente, descumprir a ordem judicial, sem prejuízo de sua responsabilização por crime de desobediência, nos estritos termos do § 3º[36] do art. 536 do CPC.

Destaca-se que, embora a CLT não possua previsão expressa sobre o cumprimento das obrigações de fazer e de não fazer em execução definitiva, os incisos IX e X do art. 659 da CLT[37] são hipóteses que se enquadram na execução provisória de obrigação de fazer e não fazer:

> Art. 659. Competem privativamente aos Presidentes das Juntas, além das que lhes forem conferidas neste Título e das decorrentes de seu cargo, as seguintes atribuições:
>
> IX – conceder medida liminar, até decisão final do processo, em reclamações trabalhistas que visem a tornar sem efeito transferência disciplinada pelos parágrafos do art. 469 desta Consolidação.
>
> X – conceder medida liminar, até decisão final do processo, em reclamações trabalhistas que visem reintegrar no emprego dirigente sindical afastado, suspenso ou dispensado pelo empregador.

O inciso IX pode ser enquadrado na hipótese de liminar proferida pelo Magistrado trabalhista que torna sem efeito a transferência considerada abusiva de empregado.

O inciso X, por sua vez, dispõe sobre a reintegração de dirigente sindical quando, não há que se falar em dano irreparável do empregador, uma vez que, determinado o retorno do obreiro, em sede de liminar, apesar de o empregador ter que pagar os salários, haverá, em contrapartida, a prestação dos serviços por parte do trabalhador reintegrado.

Corroborando a hipótese do inciso X do art. 659 da CLT está a Orientação Jurisprudencial n. 142 da Subseção II Especializada em Dissídios Individuais (SDI), aplicável não só

(33) Art. 880. Requerida a execução, o juiz ou presidente do tribunal mandará expedir mandado de citação do executado, a fim de que cumpra a decisão ou o acordo no prazo, pelo modo e sob as cominações estabelecidas ou, quando se tratar de pagamento em dinheiro, inclusive de contribuições sociais devidas à União, para que o faça em 48 (quarenta e oito) horas ou garanta a execução, sob pena de penhora.

(34) Art. 536, § 1º, CPC: Para atender ao disposto no *caput*, o juiz poderá determinar, entre outras medidas, a imposição de multa, a busca e apreensão, a remoção de pessoas e coisas, o desfazimento de obras e o impedimento de atividade nociva, podendo, caso necessário, requisitar o auxílio de força policial.

(35) Art. 17. Sem prejuízo da inclusão do devedor no Banco Nacional de Devedores Trabalhistas (CLT, art. 642-A), aplicam-se à execução trabalhista as normas dos arts. 495, 517 e 782, §§ 3º, 4º e 5º do CPC, que tratam respectivamente da hipoteca judiciária, do protesto de decisão judicial e da inclusão do nome do executado em cadastros de inadimplentes.

(36) Art. 536, § 3º, CPC: O executado incidirá nas penas de litigância de má-fé quando injustificadamente descumprir a ordem judicial, sem prejuízo de sua responsabilização por crime de desobediência.

(37) Cumpre registrar que os referidos incisos IX e X do art. 659 da CLT demonstram o pioneirismo da Consolidação das Leis do Trabalho sobre a possibilidade de concessão de liminar pelo Juiz sobre a lesão ou ameaça de lesão ao direito de alguém.

aos casos de reintegração de trabalhador dirigente sindical, mas também a outras hipóteses, *in verbis*:

> MANDADO DE SEGURANÇA. REINTEGRAÇÃO LIMINARMENTE CONCEDIDA (DJ 04.05.2004). Inexiste direito líquido e certo a ser oposto contra ato de Juiz que, antecipando a tutela jurisdicional, determina a reintegração do empregado até a decisão final do processo, quando demonstrada a razoabilidade do direito subjetivo material, como nos casos de anistiado pela Lei n. 8.878/1994, aposentado, integrante de comissão de fábrica, dirigente sindical, portador de doença profissional, portador de vírus HIV ou detentor de estabilidade provisória prevista em norma coletiva. (TST, 2004)

Infere-se, portanto, ser possível a reintegração do empregado em sede de antecipação de tutela, possibilitando, dentro do Processo do Trabalho, o cumprimento de obrigação de fazer antes do trânsito em julgado da decisão. E, caso haja a exigência de execução da decisão liminar, será necessária a instauração da execução provisória. (SCHIAVI, 2019).

3.3. O cumprimento das obrigações de fazer e de não fazer de título executivo extrajudicial

Nos casos das obrigações de fazer e de não fazer, constantes dos títulos executivos extrajudiciais, serão observados os arts. 814 a 823 do CPC, cuja aplicação também é subsidiária ao Processo do Trabalho. Ademais, os dispositivos mencionados, inclusive, poderão ser aplicados, subsidiariamente, à execução dos títulos judiciais vistos no tópico anterior.

São exemplos de títulos executivos extrajudiciais no processo do trabalho: o Termo de Ajustamento de Conduta (TAC) firmado com o Ministério Público do Trabalho (MPT) e o Acordo perante a Comissão de Conciliação Prévia.

Nas obrigações de fazer e de não fazer de título executivo extrajudicial, o executado será citado para cumprir a obrigação no prazo legal ou outro a ser fixado pelo Juiz, nos moldes do art. 815[38] do CPC.

Nessa situação, Wolney de Macedo Cordeiro (2017) aduz que, antes de determinar a citação do executado, o Juiz do Trabalho deverá, de antemão, fixar a multa pelo descumprimento da obrigação caso não haja previsão desta medida inibitória no título executivo extrajudicial. De todo modo, o autor afirma que poderá o Magistrado reduzir o valor da multa já fixada no título extrajudicial caso se mostre excessiva.

Sobre a importância da citação do devedor e a fixação de prazo razoável para o cumprimento da obrigação, o autor observa:

> [...] Não se trata de mera formalidade, mas sim de exigência processual calcada na possibilidade de se garantir o devido processo legal. A não concessão de prazo para o devedor cumprir a obrigação no título executivo (judicial ou extrajudicial) fere o devido processo legal e desvirtua a própria coerência procedimental da tutela específica das obrigações de fazer e não fazer. (CORDEIRO, 2017, p. 377).

Após a citação, o art. 816[39] do CPC prevê que caso o executado insista em não satisfazer a obrigação no prazo designado, o exequente poderá requerer, nos próprios autos do processo, o cumprimento da obrigação às custas do devedor (hipótese de sub-rogação) ou a conversão em perdas e danos quando se tratar de obrigação de fazer.

Registre-se que se a obrigação de fazer for fungível e puder ser satisfeita por terceiro, nos moldes do art. 817[40] do CPC, o juiz designará terceiro que o faça em um determinado prazo, sendo indispensável o requerimento do exequente para tanto. O credor, se necessário, deverá adiantar a quantia prevista na proposta do terceiro para a realização das tarefas, conforme o parágrafo único do dispositivo mencionado.

Ademais, caso o terceiro não realize a prestação no prazo ou a faça de maneira incompleta ou defeituosa, poderá o exequente requerer, no prazo de 15 (quinze) dias, que lhe seja autorizada a conclusão ou reparação da prestação à custa do terceiro contratado. Uma vez ouvido o contratante, também no prazo mencionado, o juiz mandará avaliar o custo das despesas necessárias e condenará a pagá-las. Essa é a previsão do art. 819[41] do CPC.

Caso o exequente opte por executar ou mandar executar, sob sua direção e vigilância, as obras e os trabalhos necessários à realização da prestação, de acordo com o art. 820[42] do CPC, terá preferência, em igualdade de condições e oferta em relação ao terceiro.

Dispõe, ainda, o parágrafo único do art. 820 do CPC que o referido direito de preferência deverá ser exercido no prazo

(38) Art. 815. Quando o objeto da execução for obrigação de fazer, o executado será citado para satisfazê-la no prazo que o juiz lhe designar, se outro não estiver determinado no título executivo.

(39) Art. 816. Se o executado não satisfizer a obrigação no prazo designado, é lícito ao exequente, nos próprios autos do processo, requerer a satisfação da obrigação à custa do executado ou perdas e danos, hipótese em que se converterá em indenização.
Parágrafo único. O valor das perdas e danos será apurado em liquidação, seguindo-se a execução para cobrança de quantia certa.

(40) Art. 817. Se a obrigação puder ser satisfeita por terceiro, é lícito ao juiz autorizar, a requerimento do exequente, que aquele a satisfaça à custa do executado.
Parágrafo único. O exequente adiantará as quantias previstas na proposta que, ouvidas as partes, o juiz houver aprovado.

(41) Art. 819. Se o terceiro contratado não realizar a prestação no prazo ou se o fizer de modo incompleto ou defeituoso, poderá o exequente requerer ao juiz, no prazo de 15 (quinze) dias, que o autorize a concluí-la ou a repará-la à custa do contratante.
Parágrafo único. Ouvido o contratante no prazo de 15 (quinze) dias, o juiz mandará avaliar o custo das despesas necessárias e o condenará a pagá-lo.

(42) Art. 820. Se o exequente quiser executar ou mandar executar, sob sua direção e vigilância, as obras e os trabalhos necessários à realização da prestação, terá preferência, em igualdade de condições de oferta, em relação ao terceiro.

de 5 (cinco) dias após aprovada a proposta do terceiro.

No caso de obrigação de não fazer, os arts. 822 e 823 do CPC determinam:

> Art. 822. Se o executado praticou ato a cuja abstenção estava obrigado por lei ou por contrato, o exequente requererá ao juiz que assine prazo ao executado para desfazê-lo.
>
> Art. 823. Havendo recusa ou mora do executado, o exequente requererá ao juiz que mande desfazer o ato à custa daquele, que responderá por perdas e danos.
>
> Parágrafo único. Não sendo possível desfazer-se o ato, a obrigação resolve-se em perdas e danos, caso em que, após a liquidação, se observará o procedimento de execução por quantia certa.

Como outrora mencionou-se, a obrigação de não fazer, normalmente, em razão de seu caráter *intuito personae* e infungível, não poderá ser cumprida por terceiro e, automaticamente, caso o devedor insista em não a satisfazê-la, alternativa não há senão a sua conversão em perdas e danos.

Quanto à possibilidade de defesa do executado nas obrigações de fazer e de não fazer, o CPC não prevê a hipótese de oposição de embargos à execução. Em observância ao devido processo legal, ao contraditório e à ampla defesa, porém, tal meio de defesa poderá ser empregado pelo executado no prazo de 5 (cinco) dias contados a partir da prestação da obrigação de fazer ou do desfazimento do ato o qual não poderia praticar, conforme observância do art. 884[43] da CLT. (SCHIAVI, 2018).

3.4. A multa (*astreintes*) como meio coercitivo do devedor

A multa trata-se de meio coercitivo mais utilizado no Processo do Trabalho cujo intuito é o de coagir, indiretamente, o devedor a cumprir a tutela específica. Exatamente por isso é que, muito embora existam outros meios de coerção, conforme o art. 535, § 1º do CPC, a multa merece uma análise singularizada.

Referida técnica de coerção indireta é semelhante às *astreintes* do direito francês e o termo mencionado é de uso comum nos Processos Trabalhistas.

O art. 537 do CPC, *in verbis*, dispõe acerca da aplicação da multa:

> Art. 537. A multa independe de requerimento da parte e poderá ser aplicada na fase de conhecimento, em tutela provisória ou na sentença, ou na fase de execução, desde que seja suficiente e compatível com a obrigação e que se determine prazo razoável para cumprimento do preceito.
>
> § 1º O juiz poderá, de ofício ou a requerimento, modificar o valor ou a periodicidade da multa vincenda ou excluí-la, caso verifique que:
>
> I – se tornou insuficiente ou excessiva;
>
> II – o obrigado demonstrou cumprimento parcial superveniente da obrigação ou justa causa para o descumprimento.
>
> § 2º O valor da multa será devido ao exequente.
>
> § 3º A decisão que fixa a multa é passível de cumprimento provisório, devendo ser depositada em juízo, permitido o levantamento do valor após o trânsito em julgado da sentença favorável à parte.
>
> § 4º A multa será devida desde o dia em que se configurar o descumprimento da decisão e incidirá enquanto não for cumprida a decisão que a tiver cominado.
>
> § 5º O disposto neste artigo aplica-se, no que couber, ao cumprimento de sentença que reconheça deveres de fazer e de não fazer de natureza não obrigacional.

A multa, portanto, poderá ser fixada pelo juiz, de ofício ou a requerimento da parte e não está adstrita a uma fase processual específica. Pelo contrário, poderá ser aplicada em qualquer fase, nos moldes do *caput* do art. 537 do CPC. Tem natureza processual, finalidade coercitiva, caráter acessório e existe, justamente, para constranger o devedor a cumprir a prestação. (DIDIER, 2018).

Não se trata de verba cujo caráter possa ser considerado indenizatório ou punitivo. Se fosse indenizatória, deveria corresponder ao valor do dano apurado e, se tivesse caráter punitivo, estaria limitada ao valor da obrigação principal, como se dá com eventual cláusula penal, conforme o art. 412[44] do Código Civil. Ademais, a multa pode cumular-se à conversão da obrigação de fazer e de não fazer em perdas e danos e à multa por litigância de má-fé, sem configurar *bis in idem*. Além disso, não possui limite e nem valor predeterminado. (DIDIER, 2019, p. 616).

Wolney de Macedo Cordeiro (2017) caracteriza a multa, conforme três atributos: (i) atemporalidade; (ii) versatilidade e (iii) indeterminação.

Segundo o autor, em relação ao primeiro atributo (atemporalidade), as multas coercitivas podem ser fixadas em qualquer fase processual, desde que necessárias para a consecução da tutela específica. Nessa hipótese, vislumbra-se um elevado grau de discricionariedade do Magistrado trabalhista em relação ao *quantum* a ser fixado, conforme a conveniência e oportunidade da medida. De todo modo, poderá o credor insurgir-se contra o valor fixado, requerendo o aumento do montante, por exemplo.

Parágrafo único. O direito de preferência deverá ser exercido no prazo de 5 (cinco) dias, após aprovada a proposta do terceiro.

(43) Art. 884, CLT: Garantida a execução ou penhorados os bens, terá o executado 5 (cinco) dias para apresentar embargos, cabendo igual prazo ao exequente para impugnação.

(44) Art. 412, CC: O valor da cominação imposta na cláusula penal não pode exceder o da obrigação principal.

Para Mauro Schiavi (2019), o valor da multa deve ser razoável, observando-se os seguintes critérios: (i) natureza da obrigação, (ii) probabilidade de cumprimento da obrigação, (iii) comportamento do devedor e (iv) a efetividade do cumprimento da obrigação.

Para Nelson Nery Junior (2007, p. 673, *apud* Schiavi, 2019, p. 1256), contudo, o valor da multa deve ser substancialmente alto, em virtude do caráter inibitório da medida. Não deve o Juiz do Trabalho ter medo de fixá-la em patamar elevado. Isso porque, o fim buscado pelas *astreintes* não é o de obrigar o executado a pagar a multa, mas sim o de constrangê-lo a cumprir a tutela específica. O valor alto é justamente para que o devedor perceba ser mais vantajoso cumprir a obrigação específica do que pagar a multa imposta pelo Juízo.

Quanto ao segundo atributo, isto é, a versatilidade, Wolney Cordeiro afirma que as multas podem sofrer alterações em seu valor conforme "a necessidade de adequação da intensidade das medidas de cumprimento das obrigações de fazer e não fazer" (2017, p.380). Assim, pode o Juiz modificar o valor, aumentando-o ou diminuindo-o, como, também, pode excluí-la, caso se verifique o cumprimento ou a justa causa para o descumprimento da prestação devida. Registre-se que, em qualquer uma dessas hipóteses, a decisão do magistrado trabalhista deverá ser motivada, objetiva e devidamente fundamentada, evitando qualquer arbitrariedade por parte do Juízo. Esta é a inteligência extraída do § 1º do art. 537 do CPC.

Finalmente, em relação ao terceiro atributo, indeterminação, a multa será devida enquanto o devedor insistir no não cumprimento da obrigação, conforme o § 4º do artigo 537 do CPC. Contudo, nada impede que o Juiz a arbitre vinculada a um determinado limite de tempo, sendo certo que referido período não é imutável e poderá ser modificado, tendo em vista, inclusive, o caráter versátil das *astreintes*.

Quanto à destinação da multa, esta será devida ao exequente, nos estritos termos do § 2º do art. 537 do CPC.

Por fim, o § 3º do art. 537 do CPC[45] admite a execução provisória das multas coercitivas. No entanto, os valores arrecadados ficarão depositados em conta judicial e serão liberados ao credor após o esgotamento dos meios de impugnação do devedor, conforme julgado oriundo do Tribunal Superior do Trabalho:

> RECURSO DE EMBARGOS REGIDO PELA LEI 11.496/2007. AÇÃO CIVIL PÚBLICA. MULTA POR DESCUMPRIMENTO DE OBRIGAÇÃO DE FAZER. EXIGIBILIDADE ANTES DO TRÂNSITO EM JULGADO. DEPÓSITO EM JUÍZO. Discute-se acerca da possibilidade ou não de se exigir a multa por descumprimento de obrigação de fazer imposta em sentença proferida nos autos de ação civil pública antes do trânsito em julgado. Essa modalidade de multa, também chamada de astreinte, constitui medida de apoio posta à disposição do magistrado de coerção patrimonial para impelir o cumprimento da prestação devida. Noutro falar, objetiva constranger o sujeito da obrigação de fazer ao cumprimento do que lhe foi imposto, sob pena de agravar sobremaneira a sua situação com a adição do pagamento de multa. Na hipótese, embora a dicção estabelecida no art. 12, § 2º, da Lei n. 7.347/1985, em um primeiro momento possa levar a conclusão de que a sua exigibilidade só poderá ocorrer após o trânsito em julgado, vez que com a desconsideração e/ou inaplicabilidade se incorrerá em afronta à sua literalidade, ousa-se aqui entender de maneira diversa. Isso porque, em nome de uma concepção moderna do sistema processual civil, no qual o direito de ação não mais é visto apenas como direito a obtenção de uma decisão de mérito, mas, sim, como direito fundamental de utilizar o processo para lograr tutela efetiva do direito material, a exigibilidade da astreinte somente após o trânsito em julgado importaria na perda da força coercitiva da decisão judicial. Ademais, a interação da Lei n. 7.347/1985 com o Código de Defesa do Consumidor conduz ao entendimento da superação do óbice previsto no art. 12, § 2º, da referida lei e à possibilidade de se exigir imediatamente a astreinte cominada no âmbito da ação civil pública. Entretanto, deve-se impor que as astreintes fiquem depositadas em juízo até o trânsito em julgado, com fulcro no art. 461, *caput* e § 4º, do CPC de 1973. Recurso de embargos conhecido e parcialmente provido.
>
> (TST-E-RR – 161200-53.2004.5.03.0103. Tribunal Pleno. Rel.: Ministra Delaide Miranda. Data de publicação: DEJT 02.08.2016 *apud* CORDEIRO, 2017, p. 382).

3.5. Conversão das obrigações de fazer e de não fazer em perdas e danos

No Código de Processo Civil, o art. 499[46], o parágrafo único[47] do art. 821 e o art. 823[48] determinam a conversão da obrigação de fazer e de não fazer, respectivamente, em perdas e danos, nos seguintes casos: (i) se o credor

(45) "O CPC pôs fim à controvérsia e passou a admitir, de forma genérica, a execução provisória das multas coercitivas". Vislumbra-se que antes do CPC 2015 havia forte discussão sobre a possibilidade de cobrança prévia das multas coercitivas, conforme demonstra Wolney de Macedo Cordeiro. (CORDEIRO, 2017).

(46) Art. 499, CPC: A obrigação somente será convertida em perdas e danos se o autor o requerer ou se impossível a tutela específica ou a obtenção de tutela pelo resultado prático equivalente.

(47) Parágrafo único, art. 822: Havendo recusa ou mora do executado, sua obrigação pessoal será convertida em perdas e danos, caso em que se observará o procedimento de execução por quantia certa.

(48) Art. 823. Havendo recusa ou mora do executado, o exequente requererá ao juiz que mande desfazer o ato à custa daquele, que responderá por perdas e danos.
Parágrafo único. Não sendo possível desfazer-se o ato, a obrigação resolve-se em perdas e danos, caso em que, após a liquidação, se observará

optar por esta conversão (conversão voluntária); ou (ii) se impossível a obtenção da tutela específica ou do resultado prático equivalente ao adimplemento voluntário (conversão compulsória). Sendo assim, uma vez transmutada a obrigação pautada na tutela específica, em perdas e danos, o procedimento de execução observará o da quantia certa.

Fredie Didier (2018, p. 597) aduz:

> Apesar da redação defasada, a dogmática, desde a vigência do CPC 1973, deu ao Código Civil de 2002 uma interpretação conforme o princípio da primazia da tutela específica (art. 461, CPC-1973; art. 497, CPC-2015) e conforme o ideal de tutela jurisdicional efetiva (art. 5º, XXXV, CF): as prestações de fazer e de não fazer devem, incialmente, ser objeto de tutela específica; em segundo plano, deve-se buscar o resultado prático equivalente ao do adimplemento voluntário; por último, em caso de opção do credor ou de impossibilidade de cumprimento na forma específica ou de tutela pelo resultado prático equivalente, devem ser convertidas em prestação pecuniária, nos termos do art. 389 do Código Civil.

Registre-se que, no Direito Processual do Trabalho, normalmente, as petições iniciais possuem inúmeros pedidos com cumulação objetiva, fazendo com que as obrigações de fazer e de não fazer não sejam as únicas possíveis no processo.

Sendo assim, elas estarão cumuladas com as demais obrigações de pagar decorrentes do contrato de trabalho. Por isso, na prática, e em observância ao princípio da economia processual, o Juiz do Trabalho expede o mandado para cumprimento da obrigação de fazer ou de não fazer em determinado prazo e já fixa as *astreintes* para a hipótese de inércia do executado em cumprir a prestação. (SCHIAVI, 2019).

Outrossim, é possível a conversão imediata da obrigação de fazer ou de não fazer em indenização por perdas e danos. É o caso da sentença que reconhece a estabilidade ao emprego do trabalhador e julga procedente o pedido de reintegração, condenando a reclamada/executada na obrigação de fazer de reintegrar o obreiro imediatamente.

O próprio Juiz, todavia, na sentença, em observância ao art. 496[49] da CLT, aduz que caso não seja recomendável a reintegração ou na hipótese de já se ter finalizado o período estabilitário, a obrigação de fazer será, automaticamente, convertida em perdas e danos.

Destarte, no caso da hipótese de reintegração ao emprego, imprescindível observar que a conversão em perdas e danos não ocorre à livre escolha do credor. Pelo contrário, somente acontecerá nas hipóteses do art. 496 da CLT, quando for desaconselhável a reintegração ou quando finalizado o período de estabilidade provisória.

A recusa sem justificativa do exequente em retornar ao emprego, não obstante a concordância do empregador, configura manifesto abuso de direito e eventual enriquecimento ilícito do empregado, conforme o julgado proveniente do Tribunal Regional do Trabalho da 3ª região:

> GESTANTE. ESTABILIDADE PROVISÓRIA. ABUSO DE DIREITO. O art. 10, *b*, do Ato das Disposições Constitucionais Transitórias, teve por objetivo proteger o emprego da trabalhadora gestante contra despedida discriminatória, e não apenas assegurar-lhe o pagamento de salários desde a confirmação da gravidez até cinco meses após o parto. Desse modo, apenas quando se mostra impossível a reintegração, pela recusa do empregador, ou quando realmente o retorno ao trabalho se mostra desaconselhável, é que deve o Juízo converter a obrigação de fazer referida em indenização pecuniária. Nessa linha de raciocínio, portanto, se a gestante, sem qualquer justificativa razoável, manifesta recusa em voltar ao trabalho, deixando claro que pretende receber salários por nada menos que quatorze meses sem prestar serviços, não se pode dar guarida a tal pretensão. Caso contrário, estar-se-ia a acolher flagrante abuso de direito, propiciando-se, outrossim, o enriquecimento ilícito e sem causa da empregada em detrimento da empregadora.
>
> (TRT da 3ª Região; PJe: 0010359-77.2014.5.03.0044 (ReeNec); Disponibilização: 19.08.2016; Órgão Julgador: Decima Turma; Relator: Convocado Alexandre Wagner de Morais Albuquerque).
>
> AGRAVO DE INSTRUMENTO EM RECURSO DE REVISTA. REGÊNCIA PELA LEI n. 13.015/2014. RITO SUMARÍSSIMO – PRELIMINAR DE NULIDADE DO ACÓRDÃO REGIONAL POR NEGATIVA DE PRESTAÇÃO JURISDICIONAL. Deixa-se de apreciar a alegação, com fundamento no art. 282, § 2º, do CPC, em face da possibilidade de julgamento em favor da parte a quem aproveitaria a declaração de nulidade. ESTABILIDADE PROVISÓRIA. GESTANTE. INDENIZAÇÃO SUBSTITUTIVA. RECUSA INJUSTIFICADA À REINTEGRAÇÃO. Evidenciada a má aplicação do art. 10, II, *b*, do ADCT, merece provimento o agravo de instrumento para determinar o processamento do recurso de revista. II – RECURSO DE REVISTA. REGÊNCIA PELA LEI n. 13.015/2014. RITO SUMARÍSSIMO – ESTABILIDADE PROVISÓRIA. GESTANTE. INDENIZAÇÃO SUBSTITUTIVA. RECUSA INJUSTIFICADA À REINTEGRAÇÃO. Cinge-se a controvérsia à possibilidade de se deferir indenização substitutiva nos casos em que há recusa injustificada da empregada gestante à proposta de retorno ao trabalho. Esta Corte Superior firmou jurisprudência no sentido de que a recusa à reintegração

---

o procedimento de execução por quantia certa.

(49) Art. 496, CLT: Quando a reintegração do empregado estável for desaconselhável, dado o grau de incompatibilidade resultante do dissídio, especialmente quando for o empregador pessoa física, o tribunal do trabalho poderá converter aquela obrigação em indenização devida nos termos do artigo seguinte.

não constitui renúncia à estabilidade provisória, porque a norma constitucional se destina à proteção não apenas da empregada gestante, mas também do nascituro. Contudo, há particularidades nos autos que afastam a aplicação desse entendimento. No presente caso, é incontroverso nos autos que a reclamada, após tomar conhecimento da gravidez, promoveu ao menos três tentativas de reintegrar a autora: a primeira, de forma informal, por meio de aplicativo de mensagens; a segunda, por meio de dois telegramas enviados no mês de fevereiro de 2017; a última, por telegrama enviado logo após a prolação da sentença. Não há registro de nenhuma circunstância que torne desaconselhável o retorno da empregada ao trabalho. Pelo contrário, o que se extrai dos autos é que a reclamante injustificadamente recusou a reintegração. Depreende-se, portanto, que a reclamante objetiva unicamente o recebimento da indenização substitutiva e não o restabelecimento do vínculo empregatício, o que denota ausência de boa-fé (conceito ético de conduta e obrigação implícita às relações sociais e contratuais) e caracteriza abuso de direito, já que evidenciado o seu exercício irregular, decorrente da pretensa ilicitude no resultado (art. 187 do Código Civil). Não é razoável admitir que a finalidade protetiva do direito assegurado à empregada gestante e ao nascituro alcance situações como a delineada nos autos. Julgados da Oitava Turma do TST. Recurso de revista conhecido e provido" (ARR-10538-05.2017.5.03.0012, 8ª Turma, Relator Ministro Márcio Eurico Vitral Amaro, DEJT 23.05.2019).

Por fim, caso tenham sido fixadas as *astreintes* no intuito de coagir o executado a entregar a tutela específica e, permanecendo a recusa ou a mora deste, a posterior conversão da obrigação em perdas e danos não acarreta qualquer prejuízo à multa outrora fixada.

4. CONCLUSÃO

Conclui-se, portanto, pela importância da interface entre o Direito Processual Civil e o Processo do Trabalho em razão da aplicação de diversos dispositivos daquele código ao cumprimento das obrigações de fazer e de não fazer na Justiça do Trabalho.

Como se pôde perceber, a relação de trabalho representa um complexo de relações obrigacionais de fazer e de não fazer atribuídas a ambas as partes, credor e devedor que, muitas vezes, se valem do Poder Judiciário para satisfazer as suas pretensões não cumpridas, seja por meio de um título executivo judicial ou extrajudicial.

No caso do cumprimento das obrigações de fazer e de não-fazer, registre-se a importância do papel ativo do Juiz do Trabalho em buscar a satisfação da tutela específica ou em determinar as providências que assegurem a obtenção da obrigação pelo resultado prático equivalente, conforme consagrado nos princípios da primazia da tutela específica, primazia do credor trabalhista e meio menos oneroso ao executado.

Além disso, a necessidade da utilização de meios coercitivos dada a natureza diversa das obrigações de fazer e de não fazer em comparação às obrigações de pagar, especialmente, quanto à utilização da multa, mostra-se imprescindível para tentar constranger o devedor a cumprir a tutela específica.

Outrossim, apesar da existência, na doutrina, de controvérsias sobre o *quantum* a ser fixado à título de multa, deve o Juiz do Trabalho se ater a um valor estipulado que enfraquecerá a resistência do executado em cumprir com a obrigação, demonstrando ser mais vantajoso realizar o cumprimento do encargo de fazer ou de não fazer do que arcar com o pagamento de multa.

A conversão das obrigações de fazer e de não fazer em perdas e danos, contudo, apesar de ocorrer por escolha do próprio credor, deve-se ter cautela, no Processo do Trabalho, para evitar o abuso de direito e o enriquecimento ilícito da parte credora, devendo sempre priorizar a tutela específica em detrimento de eventual indenização.

5. REFERÊNCIAS

ASSOCIAÇÃO NACIONAL DOS MAGISTRADOS DA JUSTIÇA DO TRABALHO. *2ª Jornada de Direito Material e Processual da ANAMATRA*. 2017. Disponível em: <https://www.anamatra.org.br/attachments/article/27175/livreto_RT_Jornada_19_Conamat_site.pdf>. Acesso em: 28 maio 2019.

BRASIL. Constituição (1988). Constituição da República Federativa do Brasil, de 5 de outubro de 1988. *DOU*, 5 out. 1988. Disponível em: <http://www.planalto.gov.br/ccivil_03/constituicao/constituicao.htm>. Acesso em: 17 maio 2019.

BRASIL. Decreto-Lei n. 5.452, de 1º de maio de 1943. Aprova a Consolidação das Leis do Trabalho. *DOU*, 9 ago. 1943. Disponível em: <http://www.planalto.gov.br/ccivil_03/decreto-lei/Del5452.htm>. Acesso em: 17 maio 2019.

BRASIL. Lei n. 13.105, de 16 de março de 2015. Aprova o novo Código de Processo Civil. *DOU*, 17 mar. 2015. Disponível em: <http://www.planalto.gov.br/ccivil_03/_ato2015-2018/2015/lei/l13105.htm>. Acesso em: 17 maio 2019.

BRASIL. Lei n.10.406, de 10 de janeiro de 2002. Aprova o novo Código Civil. *DOU*, 11 jan. 2002. Disponível em: <http://www.planalto.gov.br/ccivil_03/leis/2002/l10406.htm>. Acesso em: 17 maio 2019.

BRASIL. TRIBUNAL SUPERIOR DO TRABALHO. (*AIRR-798600-63.2009.5.09.0021)*, 3ª Turma, Relator Ministro Mauricio Godinho Delgado, DEJT 16 mai. 2013. Acesso em: <https://jurisprudencia.tst.jus.br/>. Acesso em: 17 jun. 2019.

BRASIL. TRIBUNAL SUPERIOR DO TRABALHO. *Informativo TST n. 52.* TST-E-RR-1850400-42.2002.5.09.0900, SBDI-I, rel. Min. Renato de Lacerda Paiva, DJ 20 jun. 2013. Disponível em: <https://juslaboris.tst.jus.br/bitstream/handle/20.500.12178/95749/2013_informativo_tst_cjur_n0052.pdf?sequence=1&isAllowed=y>. Acesso em: 12 jun. 2019.

BRASIL. TRIBUNAL SUPERIOR DO TRABALHO. OJ 142, SDI-II. DJ 04 mai. 2004. Disponível em: <http://www3.tst.jus.br/jurisprudencia/OJ_SDI_2/n_S6_141.htm#tema142> Acesso em: 11 de jun. 2019.

CORDEIRO, Wolney de Macedo. *Execução no processo do trabalho*. 4. ed. rev. e atual. Salvador: JusPodivm, 2017

DIDIER Jr. Fredie. *Curso de direito processual civil:* Execução.

8. ed. rev. atual. Salvador: JusPodivm, 2018.

GONÇALVES, Carlos Roberto. *Direito civil brasileiro: Teoria geral das obrigações*. 9. ed. São Paulo: Saraiva, 2012.

GONÇALVES, Marcus Vinicius Rios. *Direito processual civil esquematizado*. 10. ed. São Paulo: Saraiva Jur, 2019.

MIESSA, Élisson. *Processo do trabalho*. 5. ed. Salvador: JusPodivm, 2018.

MINAS GERAIS. Tribunal Regional do Trabalho da 3ª Região. *AP n. 0000543-65.2010.5.03.0059*. Rel.: Des. Paulo Roberto de Castro – 7ª Turma. DJ, 14 jul. 2015. Disponível em: <https://as1.trt3.jus.br/juris/consultaBaseCompleta.htm;jsessionid=5703932FEEB02307A6479C0245252B34 >. Acesso em: 29 maio 2019.

MINAS GERAIS. Tribunal Regional do Trabalho da 3ª Região. *AP n. 0000899-35.2011.5.03.0056*. Relator: Paulo Roberto de Castro. 7 Turma. DJ 08 ago. 2013. Disponível em: <https://as1.trt3.jus.br/juris/detalhe.htm?conversationId=1062>. Acesso em: 10 jun. 2019.

MINAS GERAIS. Tribunal Regional do Trabalho da 3ª Região. *AP n. 0000524-90.2011.5.03.0005*. Rel.: Marcus Moura Ferreira. 5ª Turma. DJ, 28 jul. 2014. Disponível em: <https://as1.trt3.jus.br/juris/detalhe.htm?conversationId=1062>. Acesso em: 10 jun. 2019.

MINAS GERAIS. Tribunal Regional do Trabalho da 3ª Região. *ReeNec n. 0010359-77.2014.5.03.0044*. Relator Convocado Alexandre Wagner de Morais Alburquerque. 10ª Turma. DJ, 19 ago. 2016. Disponível em: <https://as1.trt3.jus.br/juris/detalhe.htm?conversationId=699>. Acesso em: 31 maio 2019.

SCHIAVI, Mauro. *Manual de direito processual do trabalho*. 15. ed. São Paulo: LTr, 2018.

TARTUCE, Flávio. *Manual de direito civil:* volume único. 9. ed. São Paulo: Gen/Método, 2019.

A Eficácia Executiva da Ação Declaratória Trabalhista: Diálogo Processual, Economia, Celeridade, Efetividade e Acesso à Justiça

Lorena de Mello Rezende Colnago[(1)]

A unificação das leis estaduais processuais civis no Código de Processo Civil de 1939 representou o início da fase científica do Processo, mas também a facilitação do trabalho dos advogados que atuavam em diversos Estados da Federação Brasileira ao mesmo tempo. Dizia-se que o escopo processual da época era a tutela dos direitos, no sentido de uma visão pandectista, colocando a ação no centro do sistema, descrita como o próprio direito subjetivo em atitude à lesão sofrida[(2)]. Nessa mesma fase histórica brasileira surgiu a Consolidação das Leis do Trabalho, por meio do Decreto-lei n. 5.452/1943, com procedimentos inspirados no CPC/1939 próprios para a tramitação das reclamações decorrentes dos conflitos capital *versus* trabalho que tramitavam perante o Departamento Nacional de Trabalho, criado Decreto n. 19.667, de 4 de fevereiro de 1931, vinculado ao Ministério do Trabalho[(3)].

Nos trinta e poucos anos de existência do CPC/1939, a ciência processual evoluiu bastante caminhando para a fase autonomista que apenas foi sedimentada pelo CPC/1973 – editado com o rigor científico, não cumprindo integralmente o papel de assegurar direito a quem tem, porém com conceitos processuais bem sedimentados e uma sistematização invejável da legislação processual seguindo os conceitos do que havia de melhor na doutrina da época.[(4)]

Nessa esteira, a evolução do Direito Processual Civil, enquanto ciência, estudava o processo sob as perspectivas sedimentadas (jurisdição, ação, processo e defesa) com clara separação entre processo de conhecimento e processo de execução, representando um avanço técnico (CPC/1973 face ao CPC/1939)[(5)]. Após a edição do CPC/1973 houve a elaboração de mini reformas que aproximaram a codificação de tutelas mais efetivas inaugurando a fase da instrumentalidade processual.

Havia uma divisão estanque entre o processo de conhecimento, a tutela de execução, o processo cautelar e as chamadas tutelas mandamentais, observando-se a iniciativa de uma comissão do Instituto Brasileiro de Direito Processual para a criação de uma lei para a tutela de direito líquido e certo de atos lesivos amparados por particulares, "ação documental" dentro da própria lei do mandado de segurança a fim de substituir as ações monitórias do art. 1.102 do CPC/1973, pois na época havia uma separação entre a tutela condenatória, a executiva e a mandamental[(6)], incluindo a separação entre as tutelas típicas – condenatória, declaratória e constitutiva –, da tutela mandamental. Esta seria aquela que dada a sua capacidade de satisfazer o processo, a busca pelo bem da vida, dispensava a ação de execução – à época um processo autônomo.[(7)] Observa-se que a tutela mandamental, ou melhor, as *sentenças mandamentais* são uma concepção do processo civil brasileiro (Francisco Pontes de Miranda) que foi recebida com receio até o advento do art. 84 do Código de Defesa do Consumidor, e posteriormente, decorrente de uma das minirreformas do CPC/1973, do art. 461[(8)].

Partindo da tese quanto à divisão ternária das ações, elas podem ser do tipo meramente declaratório, que visa trazer a certeza para uma dúvida quanto à existência ou não de uma relação jurídica; constitutivo, a que altera um direito potestativo; ou/e, condenatório, aquela que substitui o comportamento de uma das partes dentro do direito obrigacional, efetivando o direito a uma prestação. Porém, parte da doutrina acrescentava à essa classificação a tutela executiva, aquela que efetivamente entrega o bem da vida

(1) Doutoranda em Processo do Trabalho – USP 2019. Mestre em Processo – UFES 2008. Professora. Juíza do Trabalho em São Paulo. <Lor.colnago@gmail.com>.

(2) DINAMARCO, Cândido Rangel. *A instrumentalidade do processo.* 3. ed. São Paulo: Malheiros, 1993. p. 152-153.

(3) VIANA, José de Segadas. Nacionalização do trabalho. In: MARANHÃO, Délio; SUSSEKIND, Arnaldo Lopes. *Instituições de direito do trabalho.* Rio de Janeiro: F. Bastos, 1978. p. 397-418.

(4) Cf. LEONEL, Ricardo de Barros. Código de Processo Civil de 2015 em perspectiva. In: YARSHELL, Flavio Luiz; BEDAQUE, José Roberto dos Santos; SICA, Heitor Vitor Mendonça. *Estudos de direito processual civil em homenagem ao professor José Rogério Cruz e Tucci.* Salvador: Juspodivm, 2018, p. 693-711, p. 696-697.

(5) Cf. DINAMARCO, Candido Rangel. *Instituições do direito processual civil.* 6. ed. São Paulo: Malheiros, 2009. v. 1, p. 284-287.

(6) BEDAQUE, José Roberto dos Santos. *Efetividade do processo e técnica procedimental.* 2. ed. São Paulo: Malheiros, 2007. p. 526-527.

(7) BEDAQUE, José Roberto dos Santos. *Efetividade do processo e técnica procedimental.* 2. ed. São Paulo: Malheiros, 2007. p. 528.

(8) DINAMARCO, Candido Rangel. *Instituições do direito processual civil.* 6. ed. São Paulo: Malheiros, 2009, v. 3. p. 250.

por meio de atos de coerção e poder de polícia do Estado-juiz, além da tutela mandamental, sendo essa última a que ensejava uma tutela executiva ainda dentro do processo de conhecimento, *"compondo-se de um momento declaratório, onde o direito do autor é reconhecido, e de um momento sancionador, que abre caminho à execução forçada"*[9].

A crítica doutrinária dessa divisão consiste na perspectiva de que essas sentenças são condenatórias, constituindo título para a execução forçada.[10] A distinção não está na natureza da crise, mas na forma de efetivar o comando emergente da sentença, pois uma ação condenatória pode ser autoexecutável ou necessitar de outros provimentos. Assim, a ação condenatória *"poderá ser não apenas condenatória e mandamental, mas executiva e mandamental, caso os meios de sub-rogação possam ser atuados no mesmo processo e sejam acompanhados de uma ordem de cumprimento"*.[11]

Quanto às sentenças executivas *lato sensu*, essa classificação implanta-se à época do processo sincrético, em que as fases substituem os processos autônomos, e por isso, se o título da sentença pode ser executado no próprio processo em que são proferidas, independente da ação volitiva do titular do direito – a exemplo da ação de despejo. E por constituir uma sentença também condenatória, essa divisão é criticada por parte da doutrina.[12]

A doutrina processualista civil vinha seguindo os ensinamentos de Barbosa Moreira que defende a exclusividade da sentença condenatória para a entrega do bem da vida, por meio da execução, pois as demais sentenças não estariam aptas a produzir esse efeito, *"ainda quando reconheça ao autor a titularidade de um crédito em face do réu, a sentença meramente declaratória: tornando-se exigível o crédito declarado, e não se dispondo a satisfazê-lo o devedor, cumpre ao credor voltar a juízo com ação condenatória, e apenas a nova sentença que lhe julgue procedente o pedido constituirá em seu favor título hábil para a execução forçada"*[13].

Na década de 90, Fernando Tourinho Neto publicou um artigo intitulado "Eficácia executiva da sentença declaratória"[14] desenvolvendo a tese de que as ações declaratórias que reconhecem a existência de uma obrigação liquida e certa podem ser executadas diretamente, consistindo um título executivo tão forte quanto o decorrente de uma ação condenatória, porque não faz sentido manejar novamente o Poder Judiciário com um duplo juízo de certificação. Essa ideia foi encampada por Teori Albino Zavascki antes mesmo da reforma processual civil de 2005 afirmando que no sistema atual, a partir de uma sentença prolatada em ação declaratória com a definição da certeza a respeito da existência da relação jurídica e também da exigibilidade da prestação devida, "não haverá razão alguma, lógica ou jurídica, para negar-lhe imediata executividade"[15].

O *leading case* do Processo Civil foi a decisão do Ministro Teori Albino Zavaski no Superior Tribunal de Justiça, proferido no Recurso Especial n. 588.202, em 10 de fevereiro de 2004:

> [...] Tem eficácia executiva a sentença declaratória que traz definição integral da norma jurídica individualizada. Não há razão alguma, lógica ou jurídica, para submetê-la, antes da execução, a um segundo juízo de certificação, até porque a nova sentença não poderia chegar a resultado diferente do da anterior, sob pena de comprometimento da garantia da coisa julgada, assegurada constitucionalmente. E instaurar um processo de cognição sem oferecer às partes e ao juiz outra alternativa de resultado que não um, já prefixado, representaria atividade meramente burocrática e desnecessária, que poderia receber qualquer outro qualificativo, menos o de jurisdicional.[16]

Com a mini reforma do cumprimento de sentença que inseriu as letras ao art. 475 do CPC/73, a execução passou a ser uma fase processual, ao invés de um processo autônomo, inaugurando uma fase processual civil sincrética.[17] Dentre as características dessa reforma, advém a desnecessidade de citação do executado, uma vez que o processo de conhecimento prolonga-se para os atos executórios inspirados no arts. 461 e 461-A do CPC/1973, acrescidos da multa de 10% caso o devedor não cumprisse espontaneamente o comando da sentença, após a liquidação (art. 475-J do CPC/73).

Somando-se as duas alterações (arts. 461 e 461-A com o novo capítulo sobre o cumprimento de sentença), afastou-se o dogma da intangibilidade da vontade humana, rompendo com a separação entre o processo de conhecimento

(9) DINAMARCO, Candido Rangel. *Instituições do direito processual civil*. 6. ed. São Paulo: Malheiros, 2009, v. 3. p. 248.

(10) DINAMARCO, Candido Rangel. *Instituições do direito processual civil*. 6. ed. São Paulo: Malheiros, 2009, v. 3. p. 250.

(11) BEDAQUE, José Roberto dos Santos. *Efetividade do processo e técnica procedimental*. São Paulo: Malheiros, 2006. p. 518.

(12) DINAMARCO, Candido Rangel. *Instituições do direito processual civil*. 6. ed. São Paulo: Malheiros, 2009, v. 3. p. 251.

(13) MOREIRA, José Carlos Barbosa. Reflexões críticas sobre uma teoria da condenação civil. In: *Temas de direito processual civil*. 1ª Série. São Paulo: Saraiva, 1977. p. 72.

(14) TOURINHO NETO, Fernando. A eficácia executiva da sentença declaratória. In: *Revista de Informação Legislativa: Brasília*. a. 29 n. 115. p. 560 e ss.

(15) ZAVASCKI, Teoria Albino. *Processo de execução*: parte geral. 3. ed. São Paulo: RT, 2004. p. 312.

(16) BRASIL. Superior Tribunal de Justiça. *REsp 588.202/PR*. Rel. Ministro Teori Albino Zavascki, 1ª Turma, julgado em 10.02.2004, DJ 25.02.2004, p. 123.

(17) LEONEL, Ricardo de Barros. Código de Processo Civil de 2015 em perspectiva. In: YARSHELL, Flavio Luiz; BEDAQUE, José Roberto dos Santos; SICA, Heitor Vitor Mendonça. *Estudos de direito processual civil em homenagem ao professor José Rogério Cruz e Tucci*. Salvador: Juspodivm, 2018. p. 693-711, p. 701.

e o cautelar, pois as medidas coercitivas passaram a ser aplicadas em qualquer fase processual[18], considerando-se as crises de certeza e o maior ou menor aprofundamento dessa cognição.

O cumprimento de sentença retirou a palavra condenatória do texto legal, especificamente no art. 475-N, e assim, a doutrina, até então minoritária que acreditava ser possível a imediata execução de determinadas sentenças declaratórias, ganhou força, ao passo que, a corrente doutrinária até então majoritária começou a refletir acerca da possibilidade de se admitir a sentença declaratória como título judicial.[19]

Interessante observar que as características do título judicial, certeza e liquidez, decorrentes de uma sentença condenatória, também foram mitigadas ao se permitir o cumprimento das decisões que antecipam o mérito proferidas no curso do processo – arts. 273, 461 e 461-A do CPC/1973.[20]

Esse entendimento foi sendo desenvolvido pela jurisprudência, e o segundo julgado paradigmático a respeito do tema surgiu em 2008 com o julgamento de outro Recurso Especial, n. 961.951, também proveniente do Paraná, dessa vez pela 2ª Turma do Superior Tribunal de Justiça, tendo por relator a Ministra Eliana Calmon:

> [...] é possível ao autor deduzir pedido meramente declaratório da existência ou da inexistência de relação jurídica, ainda que ocorrida a violação do direito. Diante disso, é equivocada a extinção do processo, sem resolução do mérito, sob o argumento de que os recorrentes não possuíam interesse processual em ver declarado o direito à reparação dos alegados prejuízos sofridos com a safra de trigo de 1987, ante a suposta ausência de pedido condenatório. Recurso especial provido, para determinar o prosseguimento da ação, sem prejuízo da reavaliação, pelo magistrado de primeiro grau, das condições da ação e demais pressupostos processuais.[21]

Dessa vez, o processo original versava sobre um prejuízo sofrido na safra de trigo de 1987, não havendo pedido expresso referente à condenação do réu à reparação dos prejuízos causados, apenas o juízo de certificação de que houve prejuízo, sendo o cumprimento de sentença o meio de se encontrar e cobrar esse prejuízo sofrido. Observe-se que a liquidação de sentença é utilizada para se aferir o *quantum* devido economizando-se tempo das partes e do sistema judicial. E dessa forma basta apenas submeter o título executivo judicial ao cumprimento de sentença previsto nos arts. 475-O e 475-I, § 1º do CPC/1973.

Essa tese ainda sofria duras críticas da doutrina processual civil sob o fundamento de que na sentença meramente declaratória (CPC, § 4º) não há imposição de obrigação nem de sanção, traço caracterizador da eficácia executiva da sentença, não contendo esse tipo de sentença a aptidão necessária para impor a prática de atos de execução. Outro argumento é o de que não se poderia conferir a essa sentença de mera declaração uma eficácia não pedida pelo autor da ação, impondo-se ao réu consequência diversa daquela para o qual fora citado para defender. E nesse sentido, a doutrina rebatia o argumento da celeridade sob o enfoque na autonomia da vontade do autor em pedir apenas o juízo de certeza e não o de condenação, pois "*o processo civil é dispositivo, cabendo o autor delimitar a lide e, por consequência, o conteúdo e a eficácia da sentença. Economia e celeridade processual têm como limite as regras do devido processo legal e dos sistemas da CF e do CPC*"[22], mesmo com a normatização.[23]

A academia processual civil estava dividida, seguindo a doutrina de Tourinho e Zavascki, bem como a jurisprudência e inovação legislativa, Theodoro Júnior comentou o art. 475-N do CPC 1973:

> [...] ao descrever o título executivo judicial básico, o art. 475-N, redigido pela Lei n. 11.232, de 22.12.2005, não mais o restringe à sentença condenatória civil, pois considera como tal toda 'sentença proferida no processo civil que reconheça a existência de obrigação de fazer, não fazer, entregar coisa ou pagar quantia'. Alargou-se, dessa forma, a força executiva das sentenças para além dos tradicionais julgados de condenação, acolhendo corrente doutrinária e jurisprudencial que, mesmo antes da reforma do CPC, já vinha reconhecendo possibilidade, em certos casos, de instaurar execução por quantia certa também com base em sentenças declaratórias.[24]

O art. 515, I do CPC 2015 encampou a ideia, ampliando-a ao alterar a redação ampliando as possibilidades de eficácia executória ao substituir o vocábulo sentença por decisões proferidas no processo civil que reconheçam a

(18) LEONEL, Ricardo de Barros. Código de Processo Civil de 2015 em perspectiva. In: YARSHELL, Flavio Luiz; BEDAQUE, José Roberto dos Santos; SICA, Heitor Vitor Mendonça. *Estudos de direito processual civil em homenagem ao professor José Rogério Cruz e Tucci*. Salvador: Juspodivm, 2018. p. 693-711, p. 700.

(19) PEREIRA, Rafael Caselli. *O dogma da condenatoriedade:* sentença declaratória como título executivo judicial. Disponível em: <http://www.abdpc.org.br/abdpc/artigos/Senten%C3%A7a%20Declarat%C3%B3ria%20como%20T%C3%ADtulo%20Executivo%20Judicial%20-%20abdpc.pdf>. Acesso em: maio 2019. p. 2.

(20) FUX, Luis. *Tutela antecipada e locações*. Rio de Janeiro: Editora Destaque, 1996. p. 118-120.

(21) BRASIL. Superior Tribunal de Justiça. *REsp. 961.951/PR*. Rel. Min. Eliana Calmon, 2ª Turma, julgado em 09.12.2008, DJe 27.02.2009.

(22) NERY JR., Nelson; NERY, Rosa Maria de Andrade. *Código de Processo Civil comentado e legislação extravagante*. 10. ed. São Paulo: RT, 2008. p. 753.

(23) NERY JR., Nelson; NERY, Rosa Maria de Andrade. *Código de Processo Civil comentado e legislação extravagante*. 10. ed. São Paulo: RT, 2008. p. 753.

(24) THEODORO JR., Humberto. *Código de Processo Civil anotado*. 12. ed. Rio de Janeiro: Forense, 2008. p. 355.

exigibilidade de obrigação de pagar quantia, de fazer, de não fazer ou de entregar coisa. Essas decisões não são propriamente a sentença, mas podem ser decorrentes das tutelas de urgência e emergência proferidas ao longo da fase de conhecimento, tanto aquelas que asseguram o resultado útil do processo, ou seja, as sanções processuais para que uma decisão seja cumprida, como aquelas que antecipam o bem da vida em razão de uma cognição sumária com pouca ou rara crise de certeza.

Isso porque o Código de Processo Civil de 2015 também trouxe a inovação referente à estabilização das tutelas antecipadas, efeito de imutabilidade após dois anos (art. 304, § 5º) sem recurso ou alteração dessa decisão (art. 304, § 3º), porém, alguns doutrinadores defendem a necessidade de pedido expresso quanto à estabilização e ausência de recurso do réu[25] – interpretando os arts. 303 e 304 do CPC – não sendo essa uma exigência legal, razão pela qual discorda-se dessa doutrina, mormente em razão do art. 322, § 2º que inseriu a necessidade de intepretação do pedido em conjunto com o conjunto postulatório.

Interessante destacar que a interpretação do pedido, restritiva até 2015 antes do advento da nova codificação, diante do antigo art. 460 do CPC/1973 também sofreu uma mudança com a redação do art. 322 do CPC, § 2º que fixa a interpretação do pedido certo considerando o conjunto da postulação, observado o princípio da boa-fé. Essa modificação para mitigar a formalidade existente no Direito Processual Civil é muito interessante do ponto de vista da ampliação do significado dos pedidos e combinado com o art. 515 do CPC reforça ainda mais a ideia de permissão legal, não só da execução/cumprimento de sentença dos títulos declaratórios, mas também das decisões decorrentes da estabilização das antecipações de tutela.

A decisão posterior à reforma processual civil, considerada um reforço aos paradigmas traçados por Teori Albino Zavascki e Eliana Calmon, é a do Ministro Luis Felipe Salomão, no Recurso Especial n. 1.324.152, oriundo de São Paulo, julgado em 4 de maio de 2016: "A sentença, qualquer que seja sua natureza, de procedência ou improcedência do pedido, constitui título executivo judicial, desde que estabeleça obrigação de pagar quantia, de fazer, não fazer ou entregar coisa, admitida sua prévia liquidação e execução nos próprios autos"[26].

Em síntese, no âmbito do processo civil há sentenças declaratórias que certificam a existência de uma obrigação de fazer ou não fazer que tem em si o efeito executivo, assim como aquelas que certificam a existência de uma obrigação de pagar, não sendo necessário um duplo juízo de certificação para o seu cumprimento, provisório ou definitivo, considerando que os artigos do cumprimento de sentença, inovadores na reforma de 2005, foram reproduzidos na codificação de 2015, capítulos IV a VI do Livro I, embora com alguma resistência da doutrina, que se tornou minoritária quanto ao tema, reconhecido na jurisprudência do Superior Tribunal de Justiça desde 2004, antes mesmo da reforma processual.

No âmbito do Direito Processual Trabalhista há várias hipóteses de sentenças declaratórias com eficácia executiva, considerando-se a crise de certeza dirimida numa sentença trabalhista a exemplo da responsabilidade do empregador quanto ao acidente de trabalho, e eventualmente dos tomadores de serviço; da própria ação declaratória de vínculo, tempo de serviço e salário; da existência de agentes insalubres ou perigosos no meio ambiente de trabalho; dentre outras. Esses juízos de certeza emitidos pelas sentenças trabalhistas também podem ser objeto de cumprimento de sentença, mesmo provisória, considerando a eficácia executiva intrínseca contida nesses temas.

Observe-se que o art. 879 da CLT mantido com a Lei n. 13.467/2017 prevê expressamente a liquidação das sentenças por mero cálculo, artigos ou arbitramento, sendo esses institutos compatíveis com a especificação das obrigações pecuniárias decorrentes das sentenças meramente declaratórias citadas. Por exemplo, uma sentença que reconhece a responsabilidade do empregador quanto a um dano decorrente do acidente de trabalho e também o grau de incapacidade desse empregado pode ser liquidada por artigos, liquidando-se os prejuízos decorrentes desse ato.

A consolidação manteve-se silente, mesmo após a reforma trabalhista quanto ao procedimento adotado para a liquidação de sentença por artigos, e dessa forma, por compatibilidade (art. 769 da CLT e art. 15 do CPC) faz-se necessária a importação dialógica da normatização do CPC/2015, art. 509, II e art. 515:

> Art. 509. Quando a sentença condenar ao pagamento de quantia ilíquida, proceder-se-á à sua liquidação, a requerimento do credor ou do devedor:
>
> [...]
>
> II – pelo procedimento comum, quando houver necessidade de alegar e provar fato novo.
>
> [...]
>
> Art. 511. Na liquidação pelo procedimento comum, o juiz determinará a intimação do requerido, na pessoa de seu advogado ou da sociedade de advogados a que estiver vinculado, para, querendo, apresentar contestação no prazo de 15 (quinze) dias, observando-se, a seguir, no que couber, o disposto no Livro I da Parte Especial deste Código.

(25) Cf. SICA, Heitor Vitor Mendonça. Doze problemas e onze soluções quanto à chamada "estabilização da tutela antecipada". In: *Processo em jornadas:* XI Jornadas Brasileiras de Direito Processual: XXV Jornadas Ibero-americanas de Direito Processual. Salvador: Juspodivm, 2016.

(26) BRASIL. Superior Tribunal de Justiça. *REsp n. 1.224.152/SP.* Min. Rel. Luis Felipe Salomão, Corte Especial, julgado em 04.05.2016, Publ. DJe 15.06.2016.

Assim, nessa importação, haverá a necessidade da liquidação indicar os valores que entende devidos em uma petição, com o respectivo cálculo a partir do dano emergente e dos lucros cessantes, pois a certeza de reparação já foi fixada, por exemplo no caso da responsabilidade pelo acidente de trabalho ou doença laboral. Se houver necessidade de audiência, essa também poderá ser designada, até mesmo para tentativa de conciliação, que continua sendo permitida a qualquer momento no processo do trabalho.

Em um segundo exemplo, certificação do vínculo de emprego, tempo e salário, também tem-se uma eficácia executória intrínseca nessa sentença, pois, se os salários não foram pagos em conformidade com o reconhecimento do vínculo obrigacional em juízo não há necessidade de uma dupla certificação, apenas do cumprimento de sentença, que também poderia ser realizado por meio da liquidação por artigos, assim como o pagamento de férias e 13º salário.

No terceiro exemplo, os adicionais poderão ser executados com a inserção da obrigação de pagar por mero pedido de execução, considerando a inexistência do *jus postulandi* e a extinção da execução de ofício para os reclamantes com advogado constituído – art. 878 da CLT pós reforma trabalhista.

Não há julgados nesse sentido até o presente momento, embora a solução importada do Processo Civil propicie a solução para alguns problemas relacionados ao acesso à Justiça do Trabalho nesse período pós reforma, quando o legislador retirou apenas do juiz trabalhista o poder-dever de, analisando o caso concreto, verificar se a parte pode litigar sem prejuízo do seu sustento e de sua família, ao alterar o art. 790, § 3º, fixando a regra das custas processuais independente do benefício da justiça gratuita ainda que a parte esteja inserida na regra de salário abaixo de 40% do teto de pagamento dos benefícios previdenciários, pois as ações declaratórias não contém pedidos pecuniários, apenas mera declaração, juízo de certificação de um direito.

A fixação de valores aos pedidos volta para o lugar adequado que é a fase liquidatória e não a fase do processo de conhecimento, pois nesse momento o direito ainda não foi certificado para que haja a obrigatoriedade do cálculo monetário dos pedidos, pois há que se observar a natureza jurídica do pedido como o decorrente dos lucros cessantes em acidentes e doenças de trabalho, que podem consolidar-se inclusive após o ajuizamento da ação trabalhista, o que impediria o cumprimento de sentença, observadas as regras do art. 841 da CLT e art. 492 do CPC/2015, aplicados subsidiariamente, sem a consideração prévia do art. 322, § 2º também do CPC/2015, importados por força do art. 769 da CLT.

Os obstáculos ao acesso à Justiça Especializada com o manejo das ações declaratórias seriam ultrapassados ao se aplicar a regra do processo comum quanto à eficácia executiva das ações declaratórias, doutrinariamente e jurisprudencialmente reconhecidas há mais de uma década e sem aplicação similar no âmbito do Processo do Trabalho.

Fica assim a reflexão sobre o diálogo de fontes para a concretização de direitos, proporcionando uma maior eficácia da norma trabalhista, com economia, celeridade e efetividade tão caros ao Processo do Trabalho.

REFERÊNCIAS

BEDAQUE, José Roberto dos Santos. *Efetividade do processo e técnica procedimental*. São Paulo: Malheiros, 2006.

BRASIL. Superior Tribunal de Justiça. *REsp 588.202/PR*. Rel. Ministro Teori Albino Zavascki, 1ª Turma, j. 10.02.2004, DJ 25.02.2004.

BRASIL. Superior Tribunal de Justiça. *REsp. 961.951/PR*. Rel. Min. Eliana Calmon, 2ª Turma, j. 09.12.2008, DJe 27.02.2009.

BRASIL. Superior Tribunal de Justiça. *REsp n. 1.224.152/SP.* Min. Rel. Luis Felipe Salomão, Corte Especial, j. 04.05.2016, Publ. DJe 15.06.2016.

DINAMARCO, Candido Rangel. *Instituições do direito processual civil*. 6. ed. São Paulo: Malheiros, 2009, v. 3.

DINAMARCO, Cândido Rangel. *A instrumentalidade do processo*. 3. ed. São Paulo: Malheiros, 1993.

FUX, Luis. *Tutela antecipada e locações*. Rio de Janeiro: Editora Destaque, 1996.

LEONEL, Ricardo de Barros. Código de Processo Civil de 2015 em perspectiva. In: YARSHELL, Flavio Luiz; BEDAQUE, José Roberto dos Santos; SICA, Heitor Vitor Mendonça. *Estudos de direito processual civil em homenagem ao professor José Rogério Cruz e Tucci*. Salvador: Juspodivm, 2018.

MOREIRA, José Carlos Barbosa. Reflexões críticas sobre uma teoria da condenação civil. In: *Temas de direito processual civil*. 1ª Série. São Paulo: Saraiva, 1977.

NERY JR., Nelson; NERY, Rosa Maria de Andrade. *Código de Processo Civil comentado e legislação extravagante*. 10. ed. São Paulo: RT, 2008.

PEREIRA, Rafael Caselli. *O dogma da condenatoriedade:* sentença declaratória como título executivo judicial. Disponível em: <http://www.abdpc.org.br/abdpc/artigos/Senten%C3%A7a%20Declarat%C3%B3ria%20como%20T%C3%ADtulo%20Executivo%20Judicial%20-%20abdpc.pdf>. Acesso em: maio 2019.

SICA, Heitor Vitor Mendonça. Doze problemas e onze soluções quanto à chamada "estabilização da tutela antecipada". In: *Processo em jornadas:* XI Jornadas Brasileiras de Direito Processual: XXV Jornadas Ibero-americanas de Direito Processual. Salvador: Juspodivm, 2016.

THEODORO JR., Humberto. *Código de Processo Civil anotado*. 12. ed. Rio de Janeiro: Forense, 2008.

TOURINHO NETO, Fernando. A eficácia executiva da sentença declaratória. In: *Revista de Informação Legislativa*: Brasília. a. 29. n. 115. p. 560 e ss.

VIANA, José de Segadas. Nacionalização do trabalho. In: MARANHÃO, Délio; SUSSEKIND, Arnaldo Lopes. *Instituições de direito do trabalho*. Rio de Janeiro: F. Bastos, 1978.

ZAVASCKI, Teoria Albino. *Processo de execução:* parte geral. 3. ed. São Paulo: RT, 2004.

Seguro Garantia Judicial e Fiança Bancária: a evolução da sua utilização como mecanismos de garantia do juízo e como proteção da efetividade da execução e menor onerosidade do devedor

Carolina Silva Silvino Assunção[1]

Thiago Figueiredo Ribas[2]

1. A INTRODUÇÃO DO SEGURO GARANTIA JUDICIAL E FIANÇA BANCÁRIA NO ORDENAMENTO PROCESSUAL BRASILEIRO

É certo que a fase de execução processual se mostra como momento de extrema relevância para o processo, porquanto é a etapa em que o Estado materializa os comandos emanados na fase de conhecimento – que não foram cumpridos de forma voluntária – dando concretude e realidade aos atos praticados no exercício da jurisdição, que levam à efetivação do preceito constitucional de acesso à justiça na sua vertente substancial (art. 5º, XXXV CR/88)[3].

Em razão de nesta fase processual o direito já estar posto, em virtude dos atos de concreção realizados pelo órgão judicante na fase de conhecimento, o legislador cuidou-se em demonstrar maior compromisso com o credor e com a satisfação do seu crédito em prazo razoável, preceito que também se consubstancia em um direito fundamental do jurisdicionado (art. 5º, LXXVIII, CR/88).

Desenvolveu-se, assim, a diretriz de que todos os atos executórios devem ser lastreados e realizados em prol dos interesses do exequente (art. 797, CPC). A necessidade de se conferir concretude aos comandos emanados do Estado-Juiz fez com que o legislador restringisse as hipóteses do exercício do contraditório nesta fase processual e atribuísse ao órgão jurisdicional maiores poderes, conferindo-lhe ampla atuação jurisdicional executiva, inclusive para a prática de medidas processuais atípicas (art. 139, IV, CPC).

Com vistas, no entanto, a harmonizar os direitos processuais constitucionais do exequente com os direitos fundamentais do executado, notadamente o direito de dignidade do devedor e, em última instância, os limites constitucionais postos ao Estado para a garantia do direito de propriedade dos indivíduos, percebeu-se a necessidade de que todos os atos expropriatórios fossem realizados com observância ao princípio da menor onerosidade para o executado. É preciso salientar, contudo, que a aferição da menor onerosidade só será legítima quando não implicar em aumento de custos ou de dificuldade para a realização do direito do exequente[4].

Diante desse contexto de harmonização dos interesses de todas as partes envolvidas na execução processual é que o legislador, por meio da significativa alteração perpetrada pela Lei n. 11.382/2006 ao Código de Processo Civil de 1973, incluiu o § 2º ao art. 656, que previa a possibilidade de que a penhora fosse substituída por fiança bancária ou seguro garantia judicial.

Cumpre destacar que a referida alteração legislativa inspirou-se na então redação do art. 15, I, da Lei n. 6.830/1980, que previa a possibilidade de substituição da penhora por depósito em dinheiro ou fiança bancária. Observa-se que a Lei de Execuções Fiscais, diferentemente do art. 656, § 2º do CPC/73, previa tão somente a possibilidade de substituição da penhora por fiança bancária, nada dizendo acerca do seguro garantia judicial, que foi modalidade introduzida no ordenamento tão somente em 2006. Além disso, a previsão

(1) Mestre em Direito das Relações Sociais e Trabalhistas pela UDF. MBA em Direito do Trabalho pela Fundação Getúlio Vargas (FGV). Especialista em Direito Material e Processual do Trabalho da Faculdade de Direito Milton Campos (FDMC/MG). Juíza do Trabalho Substituta do TRT da 3ª Região. Professora do curso de pós-graduação da Faculdade de Direito Milton Campos e Centro Universitário Newton Paiva.

(2) Mestrando em Direito das Relações Econômicas e Sociais pela Faculdade de Direito Milton Campos (FDMC/MG). Especialista em Direito Processual Civil e Ciências Penais pela Faculdade de Direito Milton Campos e Especialista em Direito Desportivo pelo Centro Universitário Amparaense. Advogado inscrito na OAB/MG.

(3) Nas palavras de Cleber Lúcio de Almeida e Wânia Guimarães Rebêllo de Almeida, "a tutela jurisdicional será efetiva quando, e somente quando, o direito assegurado pela ordem jurídica e reconhecido na decisão judicial for plenamente satisfeito". ALMEIDA, Cleber Lúcio de; ALMEIDA, Wânia Guimarães Rebêllo de. Os princípios do direito processual do trabalho como parâmetros para a definição dos eventuais reflexos do Código de Processo Civil de 2015 no direito processual do trabalho e para a análise crítica da reforma trabalhista. In: *O Direito Processual do Trabalho na perspectiva do Código de Processo Civil e da Reforma Trabalhista.* KOURY, Luiz Ronan; ALMEIDA, Wânia Guimarães Rebêllo de; ASSUNÇÃO, Carolina Silva Silvino (Coord.). São Paulo: LTr, 2017. p. 15.

(4) TEODORO JÚNIOR. Humberto. *Curso de direito processual civil.* v. III. 51. ed. Rev., atual. e ampl. Rio de Janeiro: Forense, 2018. p. 540.

de que a fiança ou o seguro deveriam corresponder ao valor do débito constante na inicial acrescido de 30% (trinta por cento) não era prevista na Lei n. 6.830/80, sendo uma inovação introduzida do CPC/73.

Aqui é preciso salientar que apesar de a fiança bancária e o seguro garantia judicial serem produtos fornecidos pelas instituições financeiras e seguradoras, tratam-se de garantias diversas. É que a fiança bancária, além de ser utilizada para diversas finalidades para além do processo judicial, é um produto mais oneroso para a parte em razão das instituições requerem, além do pagamento de uma quantia, o fornecimento de contragarantias, tais como penhor sobre recebíveis e aplicações, além de reduzir as potenciais linhas de crédito a que a parte teria acesso.

Já o seguro garantia judicial foi desenvolvido para a substituição de penhora e para a garantia de valores em juízo e tem processo menos burocrático para sua obtenção. Aqui não há a previsão de franquia e sim reembolso integral dos valores resultantes do sinistro. Também há maior margem para negociação entre o devedor processual e o garantidor, tornando o produto mais atraente para a utilização nos processos judiciais. Pontua-se que o seguro garantia judicial, por se tratar de uma modalidade de seguro, encontra-se regulamentado pela Circular n. 232 da Superintendência de Seguros Privados (SUSEP).

Quanto ao tratamento da utilização do seguro judicial e da fiança bancária no CPC/73, Márcio Mendes Granconato esclarece:

> O CPC/1973 trata do seguro em seu art. 656, § 2º, dispositivo esse que cuida da substituição da penhora. Isso significa dizer que, em princípio, tal norma somente permite o uso dessa modalidade de garantia de forma subsidiária, ou seja, como ferramenta de troca por outro bem que foi objeto de constrição. Mais ainda: para que essa substituição seja aceita, segundo o CPC/1973, é preciso que o seguro garanta o valor do débito constante da petição inicial acrescido de 30%. Seguindo uma interpretação literal do texto em questão, não seria possível dar o seguro fiança como garantia do juízo já no início da execução, somente após, como forma de substituição e sempre pelo valor total do débito demandado mais 30%. Para essa norma, como foi dito no tópico anterior, não há equivalência entre o seguro e o dinheiro(5).

Salienta-se, no entanto, que a inovação legislativa introduzida pela Lei n. 11.382/2006 no que diz respeito à possibilidade de substituição da penhora por fiança bancária ou seguro garantia judicial, acrescidas de 30%, não foi adotada de forma automática pelos Tribunais à época. O Superior Tribunal de Justiça solidificou entendimento de que deveria prevalecer o princípio da satisfação do credor, de maneira que a ordem de penhora prevista no art. 656 do CPC/73 deveria ser compreendida como taxativa em sua verticalidade, tendo o dinheiro prevalência sobre os demais bens ou garantias, inclusive sobre a fiança bancária e o seguro depósito judicial.

> SUBSTITUIÇÃO DA PENHORA POR SEGURO FIANÇA. 1. Decisão que indeferiu a substituição da penhora por seguro fiança até que sejam julgados os recursos cabíveis na ação rescisória. 2. Agravante alega que a manutenção da penhora impacta nas suas atividades. 3. Alegação de idoneidade duvidosa da seguradora que enseja grande risco à substituição almejada. 4. A substituição da penhora por seguro fiança depende da aceitação do órgão julgador. 5. O direito tem como princípio de que a penhora em dinheiro não pode ser substituída por fiança de modo a ensejar incerteza no cumprimento da obrigação, prevalecendo da satisfação do credor. Recurso a que se nega provimento. STJ – AREsp: 610844 RJ 2014/0290669-9, Relator: Ministro LUIS FELIPE SALOMÃO, Data de Publicação: DJ 21.11.2014
>
> PROCESSUAL CIVIL. EXECUÇÃO. SUBSTITUIÇÃO DE PENHORA. EM DINHEIRO POR SEGURO GARANTIA JUDICIAL. IMPOSSIBILIDADE. PRINCÍPIO DA SATISFAÇÃO DO CREDOR. 1. – A preterição da ordem estabelecida no art. 655 do Código de Processo Civil só pode ser admitida quando comprovada não somente a manifesta vantagem para o executado, mas também a ausência de prejuízo para o exequente. 2. – No caso dos autos a executada ostenta grande capacidade financeira, não sendo prejudicada pela imobilização do valor penhorado. Por outro lado, o seguro garantia judicial ofertado em substituição não garante o exequente tanto quanto a penhora em dinheiro, até porque, além da natural dificuldade processual de satisfação de garantia, dadas as possibilidades recursais, no caso concreto, o seguro garantia está submetido a validade determinada, após o trânsito em julgado, o que fatalmente se exaurirá no decorrer da previsível recorribilidade. 3. – Uma vez realizada a penhora em dinheiro, não cabe a sua substituição por fiança bancária de prazo determinado para após o trânsito em julgado, de complexa e incerta realização tendo em vista, o princípio da satisfação do credor. Precedentes. 4. – Recurso Especial provido. (REsp 1.168.543/RJ, Rel. Ministro SIDNEI BENETI, TERCEIRA TURMA, julgado em 05.03.2013, DJe 13.03.2013
>
> PROCESSUAL CIVIL E TRIBUTÁRIO. RECURSO ESPECIAL. IMPOSSIBILIDADE DE SUBSTITUIÇÃO DO DEPÓSITO EM DINHEIRO POR SEGURO GARANTIA JUDICIAL, EM AÇÃO ANULATÓRIA DE DÉBITO FISCAL. (...). O seguro garantia judicial, assim como a fiança bancária, não é equiparável ao depósito em dinheiro para fins de suspensão da exigibilidade do crédito tributário, ante a taxatividade do art. 151 do CTN e o teor da Súmula n. 112/STJ. Nesse sentido: REsp 1.156.668/DF, 1ª Seção, Rel. Min. Luiz Fux, DJe de 10.12.2010, submetido ao regime do art. 543-C do CPC. 3. Como

(5) GRANCONATO, Márcio Mendes. Seguro garantia judicial e execução trabalhista. *Revista LTr*. v. 709, n. 11, novembro de 2015. São Paulo. LTr, p. 1.365.

bem observou o juiz da primeira instância, revela-se inaplicável, *in casu* (para suspender a própria exigibilidade do crédito tributário), o disposto no § 2º do art. 656 do CPC, invocado para arrimar a pretensão de substituição do depósito em dinheiro por seguro garantia judicial, porquanto não se trata de simples requerimento de substituição de penhora nos autos de lide executiva, mas sim de pedido formulado em ação anulatória de débito fiscal. Pelo mesmo motivo de não se tratar de processo de execução, é inaplicável ao caso o art. 620 do CPC. 4. Recurso especial não provido. (STJ – REsp: 1260192 ES 2011/0050306-6, Relator: Ministro MAURO CAMPBELL MARQUES, Data de Julgamento: 01.12.2011, T2 – SEGUNDA TURMA, Data de Publicação: DJe 09.12.2011)

Registra-se que não havia na seara trabalhista uniformidade quanto à possibilidade de aplicação do seguro judicial e fiança bancária como garantia do juízo. A despeito de o Tribunal Superior do Trabalho ter se inclinado a aceitar essas modalidades de garantia, ainda que com algumas discussões internas quanto ao prazo de vigência da apólice, é certo que alguns Tribunais não admitiam a aplicação do art. 656, § 2º ao Processo do Trabalho:

AGRAVO DE INSTRUMENTO EM RECURSO DE REVISTA INTERPOSTO PELA EXECUTADA. EXECUÇÃO. EMBARGOS À EXECUÇÃO. GARANTIA DO JUÍZO. SEGURO GARANTIA JUDICIAL. O presente agravo de instrumento merece provimento, com consequente processamento do recurso de revista, haja vista que o executado logrou demonstrar possível ofensa ao art. 5º, LV, da CF. Agravo de instrumento conhecido e provido. B) RECURSO DE REVISTA INTERPOSTO PELA EXECUTADA. EXECUÇÃO. EMBARGOS À EXECUÇÃO. GARANTIA DO JUÍZO. SEGURO GARANTIA JUDICIAL. O Regional consignou expressamente que o seguro garantia judicial foi apresentado em consonância com o valor do crédito, nos termos do art. 656, § 2º, do CPC. Entretanto, negou validade ao seguro-garantia, por considerar que ele não tem o condão de substituir a penhora, ou a fiança bancária por ausência de liquidez. Assim, ao deixar de conhecer do agravo de petição, mesmo diante de título o qual assegura a garantia do juízo, contrariou o art. 5º, LV, da Constituição Federal. Recurso de revista conhecido e provido. (TST – RR: 125009420045020255, Relator: Dora Maria da Costa, Data de Julgamento: 29.03.2017, 8ª Turma, Data de Publicação: DEJT 31.03.2017)

2. O SEGURO GARANTIA JUDICIAL E A FIANÇA BANCÁRIA NA PERSPECTIVA DO CÓDIGO DE PROCESSO CIVIL DE 2015 E SUA UTILIZAÇÃO SUPLETIVA AO PROCESSO DO TRABALHO

Com a entrada em vigor do Código de Processo Civil de 2015, novas discussões voltaram a circundar o tema. É que, diferentemente da redação do CPC/73, o art. 835, § 2º do CPC/15, passou a prever não só a substituição de penhora por fiança bancária e seguro garantia judicial, mas também equiparou tais modalidades de garantia ao dinheiro:

§ 2º Para fins de substituição da penhora, equiparam-se a dinheiro a fiança bancária e o seguro garantia judicial, desde que em valor não inferior ao do débito constante da inicial, acrescido de trinta por cento.

A redação do § 2º do art. 835 do CPC/15 pretendeu por fim à discussão acerca da ordem de preferência de bens à penhora, deixando claro que a fiança bancária e o seguro garantia judicial equiparam-se ao dinheiro, bem preferencial na ordem estabelecida pelo art. 835.

Com a entrada em vigor do Código de Processo Civil de 2015, que trouxe em seu art. 15 a necessidade de aplicação supletiva e subsidiária das normas processuais civis ao processo trabalhista, dúvidas surgiram quanto a possibilidade de aplicação do seguro garantia judicial e fiança bancária, tais como estabelecido no CPC/15, ao processo do trabalho.

Aqui é preciso registrar, conforme pontua Márcio Mendes Granconato, que:

Ressalvado o quanto já foi dito acima acerca da proteção do trabalhador e do diálogo de complementaridade, omissa a CLT acerca de algum tema de execução, em primeiro lugar deve-se buscar saída na LEF, para somente então se valer o operador do direito do CPC, tal como está disposto no comando do art. 889 da CLT. Todavia, há uma exceção: na indicação de bens, a ordem preferencial do art. 655 do CPC/1973 (art. 835 do CPC/2015) deverá ser diretamente observada, pois assim determina o art. 882 da CLT[(6)].

Com vistas a traçar diretrizes para a atuação uniforme de todo o Poder Judiciário Trabalhista no País, no que diz respeito à utilização das normas processuais civis no campo processual trabalhista, o Tribunal Superior do Trabalho editou a Instrução Normativa n. 39/2016, que trouxe, de forma não exaustiva, compilado de normas que são aplicáveis ou inaplicáveis ao Processo do Trabalho. Em seu art. 3º, XVI, previu que o art. 835, incisos e §§ 1º e 2º, que tratam da ordem preferencial da penhora – incluindo a equiparação da fiança bancária e seguro garantia judicial a dinheiro – são aplicáveis aos processos trabalhistas.

A referida instrução normativa se mostrou exitosa em sedimentar o entendimento quanto a possibilidade de utilização dessas modalidades de garantia do Juízo como substituição da penhora. Registra-se, no entanto, que discussões quanto aos requisitos mínimos da apólice dos seguros, notadamente no que diz respeito aos prazos de validade, ainda permaneceram.

(6) GRANCONATO, Márcio Mendes. Seguro garantia judicial e execução trabalhista. *Revista LTr*. v. 709, n. 11, novembro de 2015. São Paulo. LTr. p. 1.368.

3. A NORMATIZAÇÃO DA UTILIZAÇÃO DO SEGURO GARANTIA E DA FIANÇA BANCÁRIA NO ÂMBITO PROCESSUAL TRABALHISTA E O ATO CONJUNTO N. 1 DO TST, CGJT E CSJT DE 16 DE OUTUBRO DE 2019

Com a entrada em vigor da Lei n. 13.467/2017, o legislador, além de incluir na legislação trabalhista a aplicação subsidiária do art. 835 do CPC (art. 882 CLT) – tal como já evidenciado pela IN 39/16 do TST, apresentou nova possibilidade de utilização da fiança bancária e seguro garantia judicial no Processo do Trabalho. A referida lei, conhecida como a Lei da Reforma Trabalhista, ao incluir o § 11 ao art. 899 da CLT, trouxe a possibilidade de utilização de tais garantias também para a substituição do depósito recursal:

> § 11. O depósito recursal poderá ser substituído por fiança bancária ou seguro garantia judicial.

De acordo com Antonio Umberto de Souza Júnior, Fabiano Coelho de Souza, Ney Maranhão, Platon Teixeira de Azevedo Neto:

> A Reforma Trabalhista resolve um problema histórico dos reclamados. Ocorre por vezes de o empregador ter patrimônio mas não liquidez que permita proceder ao depósito recursal. A partir da vigência da Lei n. 13.467/2017, com base no § 11 do art. 899 da CLT, o depósito recursal poderá ser substituído por fiança bancária ou seguro garantia judicial. Assim, o recorrente poderá buscar junto a uma instituição financeira garantia equivalente ao valor do depósito recursal, viabilizando, assim, o preparo para a interposição do apelo(7).

Dizem, ainda:

> No geral, o que se percebe das alterações legais ora comentadas, é uma preocupação do legislador com a promoção de maior acesso à instância recursal quanto a determinadas categorias de empregadores. Todavia, talvez não falte quem defenda que a fixação da possibilidade de substituições, reduções e mesmo isenções de depósito recursal não possa servir para avalizar abusos(8).

Observa-se que, diversamente do previsto no art. 835, § 2º do CPC, que exige que o seguro judicial ou a fiança bancária tenham valor não inferior ao débito constante da inicial, acrescido de 30% – o art. 899, § 11 da CLT não trouxe a necessidade de que as garantias bancárias sejam acrescidas de 30% quando visarem substituir o depósito recursal.

A despeito de a Lei n. 13.467/2017 sedimentar a possibilidade de utilização do seguro garantia e da fiança bancária para substituição dos bens dados à penhora e do depósito recursal, dúvidas ainda restaram quanto à forma de utilização de tais garantias, notadamente no que diz respeito à necessidade ou não de acréscimo de 30% ao valor da apólice dada em substituição do depósito recursal bem como questionamentos relacionados ao prazo de validade e de renovação automática de tais garantias(9).

Visando trazer orientação para o uso uniforme dessas garantias em todo o Judiciário Trabalhista, o CSJT junto ao TST e CGJT editaram, em 16 de outubro de 2019, o Ato Conjunto n. 1, que dispõe sobre o uso da garantia judicial e fiança bancária em substituição a depósito recursal e para garantia da execução trabalhista.

Inicialmente, o parágrafo único do art. 1º do ato conjunto deixa claro que todas as normas ali estabelecidas para o seguro garantia são igualmente aplicáveis à fiança bancária para a garantia da execução trabalhista ou para a substituição do depósito recursal.

Com vistas a evitar quaisquer utilizações inadequadas dos termos que envolvem a matéria, previu o Ato Conjunto n. 1, em seu art. 2º, quais são os conceitos atribuídos a cada termo utilizado no ato normativo.

(7) SOUZA JÚNIOR, Antonio Humberto [*et al.*]. *Reforma trabalhista*: análise e crítica da Lei n. 13.467/17 e da Med. Prov. n. 808/2017. São Paulo: Rideel, 2018. p. 570.

(8) SOUZA JÚNIOR, Antonio Humberto [*et al.*]. *Reforma trabalhista*: análise e crítica da Lei n. 13.467/17 e da Med. Prov. n. 808/2017. São Paulo: Rideel, 2018. p. 570.

(9) Cita-se, como exemplo, decisões do TST que demonstram os questionamentos acerca da utilização dessas modalidades de garantia: AGRAVO DE INSTRUMENTO EM RECURSO DE REVISTA. 1. RECURSO DE REVISTA DENEGADO SEGUIMENTO COM FUNDAMENTO EM DESERÇÃO. SUBSTITUIÇÃO DO DEPÓSITO RECURSAL PELO SEGURO GARANTIA JUDICIAL. INEXIGÊNCIA DO ACRÉSCIMO DE 30% DO VALOR. Nos termos do § 11 do art. 899 da CLT, introduzido pela Lei n. 13.467/17, "O depósito recursal poderá ser substituído por fiança bancária ou seguro garantia judicial". Logo, verifica-se que o referido dispositivo legal, ao prever a possibilidade de substituição do depósito recursal pelo seguro garantia judicial, não estabeleceu nenhuma exigência de acréscimo do valor, razão pela qual não cabe ao intérprete fazê-lo. Desse modo, não há falar em deserção, porque, na substituição do depósito recursal pelo seguro garantia judicial, não se exige o acréscimo de 30% sobre o valor daquele. Assim, superado o óbice imposto na decisão de admissibilidade e estando atendidos os pressupostos extrínsecos do recurso de revista remanescentes, prossegue-se na análise dos pressupostos intrínsecos dele, nos termos da OJ n. 282 da SDI-1 deste TST. TST – AIRR: 10002076920175020045, Relator: Dora Maria da Costa, Data de Julgamento: 06.11.2019, 8ª Turma, Data de Publicação: DEJT 08.11.2019 e RECURSO DE REVISTA DO RECLAMANTE. DESERÇÃO DO RECURSO ORDINÁRIO. SUBSTITUIÇÃO DO DEPÓSITO RECURSAL PELO SEGURO GARANTIA JUDICIAL. APÓLICE COM PRAZO DETERMINADO. VALIDADE. Nos termos do art. 899, § 11, da CLT, "o depósito recursal poderá ser substituído por fiança bancária ou seguro garantia judicial". Não bastasse, a jurisprudência desta Corte segue no sentido de admitir a utilização do "seguro garantia" para fins de garantia do juízo mesmo nas hipóteses em que existe prazo determinado de validade da apólice. Em tal situação, deve ser renovada ou substituída antes do vencimento. Precedentes. Diante de tal quadro, não há que se falar em deserção do recurso ordinário. Recurso de revista não conhecido. (TST – ARR: 10143020175090654, Relator: Alberto Luiz Bresciani de Fontan Pereira, Data de Julgamento: 16.10.2019, 3ª Turma, Data de Publicação: DEJT 08.11.2019)

O art. 3º condiciona a aceitação do seguro garantia judicial à demonstração de idoneidade da seguradora contratada que, segundo o art. 5º, § 1º é presumida mediante a apresentação da certidão emitida pela SUSEP. Além disso, deve a seguradora estar devidamente autorizada a funcionar no País.

Estabelece o inciso I do art. 3º que, no seguro garantia judicial para execução trabalhista, o valor segurado deverá ser igual ao montante original do débito executado com os encargos e os acréscimos legais, inclusive honorários advocatícios, assistenciais e periciais, devidamente atualizado pelos índices legais aplicáveis aos débitos trabalhistas na data da realização do depósito, acrescido de, no mínimo, 30%.

Observa-se que, no tocante à utilização do seguro garantia para substituição da penhora de bens, o ato normativo foi ao encontro do que dispõe o art. 882 da CLT. É que, de acordo com o referido artigo, a garantia da execução deve abarcar não só o débito exequendo, devidamente atualizado, como também todas as despesas processuais, o que inclui honorários advocatícios e periciais.

Já no que diz respeito à utilização do seguro garantia para substituição do depósito recursal, o ato conjunto interpretou o art. 899, §11 da CLT de forma extensiva, utilizando de forma subsidiária o que dispõe o art. 822 da CLT e art. 835, § 2º do CPC. É que, diversamente do disposto em lei, determinou-se que o valor inicial segurado seja igual ao montante da condenação, acrescido de, no mínimo, 30%, observados, no entanto, os limites estabelecidos pela Lei n. 8.177 e pela Instrução Normativa n. 3 do TST, que trata dos limites dos valores dos depósitos recursais (art. 3º, II, do Ato Conjunto n. 1 do TST, CGJT e CSJT). O art. 3º, § 3º, também possibilita a utilização do seguro garantia para a complementação do depósito recursal em caso de recursos sucessivos.

Previu também o art. 3º a necessidade de que a apólice do seguro tenha previsão de atualização da indenização pelos índices legais aplicáveis aos débitos trabalhistas e a manutenção de vigência do seguro, mesmo quando o tomador, qual seja, o recorrente e/ou executado, não houver pago o prêmio nas datas convencionadas.

Ademais, trouxe como requisitos indispensáveis a necessidade de a apólice conter o número do processo judicial, o valor do prêmio, vigência da apólice de no mínimo três anos, hipóteses em que o seguro possa ser substituído (art. 9º da mesma norma), endereço atualizado da seguradora e cláusula de renovação automática.

O § 1º do art. 3º estabeleceu ainda vedação à cláusula de desobrigação decorrente de atos de responsabilidade exclusiva do tomador, da seguradora ou de ambos, tampouco cláusula que permita sua rescisão, ainda que de forma bilateral.

A previsão de prazo de vigência de três anos, a determinação de que o seguro continue em vigência mesmo sem o pagamento do prêmio pelo contratante, bem como a obrigação de que a apólice estabeleça renovação automática da garantia são mecanismos utilizados pelo ato normativo com vistas a garantir a efetividade da execução trabalhista, porquanto proporcionam maior segurança ao credor e ao órgão judiciário de que tais valores estarão à disposição caso não haja o pagamento espontâneo pela parte ao fim da execução ou no estabelecimento dos valores incontroversos.

Por outro lado, não se pode olvidar que os novos requisitos estabelecidos certamente irão aumentar o custo e, respectivamente, restringir o acesso de certas partes a essas modalidades de garantias judiciais fornecidas por seguradoras e instituições financeiras.

De acordo com o art. 5º, deverá a parte apresentar, juntamente com a apólice, comprovação do seu registro na SUSEP, bem como a certidão de regularidade da seguradora perante o mesmo órgão. Ao receber a apólice, deverá o Juízo conferir a validade de todos os documentos apresentados, o que poderá ser feito pelo sítio eletrônico da SUSEP (art. 5º, § 2º).

A despeito de todos os novos requisitos que devem conter na apólice do seguro, o Ato Conjunto n. 1 determinou que a apresentação da documentação do seguro deve ser realizada dentro do prazo determinado para a prática do ato processual que ele visa garantir (art. 5º, § 4º). A apresentação de apólice sem a observância dos requisitos acima referidos implicará em não conhecimento de eventuais embargos opostos e a determinação de penhora, de livre de bens nos casos de apresentação de seguro para a garantia de execução trabalhista e não conhecimento do recurso, por deserção, nos casos de apresentação da garantia para substituição do depósito recursal.

Com vistas a evitar a prática de atos que obstaculizam a efetividade da execução trabalhista, previu o parágrafo único do art. 6º que a utilização da mesma apólice para garantia de mais de um processo judicial ou o uso de apólices falsas ou adulteradas implicará, além da continuidade dos atos expropriatórios ou o não conhecimento do recurso, a imposição de multa pela prática de litigância de má-fé ao reclamado ou ao executado (art. 793-B, incisos II, III e V, da CLT), sem prejuízo da correspondente representação criminal para apuração da possível prática de delito.

Outro ponto importante que merece ser destacado é que o art. 7º do Ato Conjunto não prevê a possibilidade de substituição do dinheiro já constrito pelo seguro judicial ou fiança bancária. Assim, em casos de utilização do seguro para a garantia do Juízo na execução, deve o executado apresentar a apólice e os demais documentos exigidos no prazo de 48 horas, determinado pelo art. 880 da CLT. É que, uma vez encontrados valores pelo Juízo pelo sistema BACENJUD, não será possível a sua substituição pela garantia judicial.[10]

(10) É preciso registrar que o CNJ, em 03 de fevereiro de 2020, em decisão liminar proferida pelo Conselheiro Mário Guerreiro, suspendeu a norma contida nos arts. 7º e 8º do ato normativo. Nas palavras do Conselheiro. *"Fica claro, portanto, que a redação do § 2º do art. 835 do CPC equipara*

O ato normativo, no entanto, observando a ordem preferencial estabelecida no art. 835 da CPC e o disposto no seu § 2º, que equipara o seguro garantia a dinheiro, permite a substituição de outros bens penhorados – que não o dinheiro –, até a sua expropriação, desde que haja anuência do credor. Observa-se, assim, a possibilidade restrita de substituição, que também é condicionada ao aceite da parte adversa, não constituindo, assim, direito subjetivo do executado em substituir o bem com vistas a tornar a execução menos onerosa.

No mesmo sentido do estabelecido no artigo anterior, o art. 8º não possibilita a substituição dos valores apresentados no depósito recursal por seguro garantia.

O art. 10, por sua vez, traz importante orientação quanto as hipóteses de cumprimento da obrigação de indenização pela seguradora. No que diz respeito ao seguro apresentado para a garantia da execução trabalhista, determina o ato normativo o pagamento pela seguradora da indenização nos casos em que não houver pagamento pelo contratante executado, quando determinado pelo juiz e pelo não cumprimento da obrigação de não comprovar a renovação do seguro no prazo de até 60 dias antes do fim da vigência da apólice.

Destaca-se que além de exigir cláusula de renovação automática nas apólices (art. 3º, XII), traz a norma obrigação para a parte contratante da garantia de demonstrar, independente de intimação para a regularização (art. 10, parágrafo único), a comprovação de renovação da apólice 60 dias antes do prazo final estabelecido para sua vigência. Verifica-se, assim, que a norma desincumbiu o Poder Judiciário da análise da manutenção da regularidade da garantia apresentada, transferindo a obrigação à parte que a contratou, que sofrerá as penalidades previstas no art. 6º em caso de descumprimento.

Já no tocante ao seguro apresentado em substituição ao depósito recursal, deverá a seguradora pagar a indenização nos casos de trânsito em julgado de decisão ou em razão de determinação judicial, após o julgamento dos recursos garantidos e pelo não cumprimento da obrigação de não comprovar a renovação do seguro no prazo de até 60 dias antes do fim da vigência da apólice.

Na primeira hipótese, além de determinar o pagamento nos casos de execução definitiva, pode o magistrado, em execução provisória – principalmente quando as partes já estiverem acertado o montante devido ou estiver o valor do depósito recursal dentro dos valores tidos como incontroversos , determinar que a seguradora proceda ao pagamento da indenização, desde que o recurso a que o depósito recursal tenha sido utilizado como pressuposto de admissibilidade tenha já sido julgado.

Registra-se que em casos de reversão da decisão deverá a parte adversa, com amparo no art. 520, I, do CPC/15, aplicável ao Processo do Trabalho por força do art. 769 da CLT[11], ressarcir todos os danos que o executado tiver sofrido, o que incluiu os gastos que teve pela antecipação da indenização pela seguradora.

Na ocorrência das hipóteses previstas no art. 10, terá a seguradora, após a intimação, prazo de 15 dias para o pagamento dos valores. Caso a seguradora não proceda ao pagamento, contra ela seguirá os atos de execução, sem prejuízo de eventuais sanções administrativas ou penais pelo descumprimento da ordem judicial (art. 11).

Ainda, estabelece o ato normativo que todos os seguros e fianças bancárias apresentados após a entrada em vigor da Lei n. 13.467/2017 – que instituiu de forma definitiva tais modalidades de garantia ao Processo do Trabalho – devem ser adequados aos requisitos impostos pelo Ato Normativo Conjunto n.1, devendo o magistrado que conduz o processo deferir prazo razoável para a devida regularização das garantias já apresentadas.

Verifica-se que, diferentemente dos seguros apresentados após a vigência do Ato Conjunto n. 1, em que é incumbida à parte o ônus de verificar a manutenção dos requisitos exigidos pela norma, nos casos em que já houve a apresentação do seguro garantia em período anterior a 16.10.2019, deve o Juízo, ao identificar inconsistências frente a nova normatização, intimar a parte para que proceda a sua regularização.

Por fim, determina o ato normativo que o sistema PJe deve conter funcionalidade que permita a anotação da utilização da garantia judicial e da fiança bancária em seus assentos, bem como a indicação do número da apólice, valor segurado e data de sua vigência. Aponta a norma, no

a fiança bancária e o seguro garantia judicial ao dinheiro na ordem de preferência à penhora, autorizando expressamente a substituição de montante eventualmente penhorado no processo de execução por essas outras garantias. Tal disposição, frise-se, é plenamente aplicável ao processo do trabalho, não só pela remição feita pelo art. 882 da CLT ao art. 835 do CPC, mas também pela inexistência de norma sobre substituição de garantias no diploma legal trabalhista, a atrair a incidência do art. 769 da CLT e do art. 847, caput, do CPC (...). Extrai-se, por conseguinte, do quadro normativo acima apresentado a aparente ilegalidade do art. 7º do ato atacado, por incompatibilidade com os dispositivos do ordenamento processual que claramente admitem a substituição da penhora de dinheiro por seguro garantia judicial. Um segundo ponto que também vai ao encontro do fundamento do pedido é acompreensão que se haure da parte final do art. 847 do CPC: "[...] desde que comprove quelhe será menos onerosa e não trará prejuízo ao exequente". Ora, trata-se aqui de juízo fático-probatório a ser exercido pelo magistrado condutor da execução à luz de circunstâncias de cadacaso concreto, circunscrito à reserva de jurisdição, não podendo ser suprimido de forma geral eirrestrita por órgão com atribuições exclusivamente administrativas". (CNJ. Procedimento de Controle Administrativo. Autos n. 0009820-09.2019.2.00.0000, Conselheiro Mário Guerreiro. Decisão disponível em <https://www.migalhas.com.br/arquivos/2020/2/1952B696BA74F8_cnj.pdf>. Acesso em: 06 fev. 2020. Registra-se que trata-se que decisão liminar e monocrática, que pode ser revista quando do julgamento colegiado.

(11) TEIXEIRA FILHO, Manoel Antônio. *Comentários ao novo Código de Processo Civil sob a perspectiva do processo do trabalho.* 2. ed. São Paulo. LTr. 2015. p. 732.

entanto, que sua validade não é condicionada ao início de operação de tais funcionalidades.

4. CONCLUSÃO

Observa-se que a utilização da fiança bancária nos processos se deu, inicialmente, na Lei de Execuções Fiscais. Posteriormente, em 2006, foi incluída a possibilidade de utilização da fiança bancária e do seguro garantia judicial nos processos civis (art. 656 do CPC/73).

O Código de Processo Civil de 2015, além de repetir a possibilidade de utilização de tais modalidades de garantia do Juízo, equiparou o seguro garantia e a fiança bancária a dinheiro (art. 835, § 2º), o que trouxe questionamentos quanto a sua possibilidade de aplicação ao Processo do Trabalho.

Em 2017, com o advento da Lei n. 13.467/2017, restou sedimentada a utilização dos seguros judiciais e fiança bancária para substituição de penhoras de bens (art. 822 CLT), bem como foi inaugurada a possibilidade de utilização das garantias para substituição do depósito recursal (art. 899, § 11 CLT).

As inovações legislativas causaram divergentes posicionamentos no Judiciário Trabalhista, principalmente sobre os requisitos que deveriam ser observados para a sua utilização. Visando por fim à insegurança jurídica instalada, o Tribunal Superior do Trabalho, juntamente com o Conselho Superior da Justiça do Trabalho e a Corregedoria Geral da Justiça do Trabalho, editaram o Ato Conjunto n. 1, em 16 de outubro de 2019, que objetivou trazer diretrizes para o uso das garantias nos processos trabalhistas.

A referida norma trouxe maior segurança porque estabelece de antemão os requisitos que são exigidos para o aceite da garantia. Por outro lado, observa-se ter o ato normativo ido além no tocante ao seguro em depósito recursal, porquanto exigiu acréscimo de 30% no valor da garantia que não é exigido pelo art. 899, § 11 da CLT.

No mais, em nosso sentir, os novos requisitos estabelecidos para o aceite da fiança bancária e do seguro garantia judicial irão aumentar o custo dessas modalidades e, consequentemente, reduzir a sua utilização nos processos trabalhistas. Ademais, devem as partes se atentarem à necessidade das garantias já apresentadas em período anterior a 16.10.2019 serem devidamente adequadas, fato que trará certo tumulto processual até a efetiva regularização das apólices.

5. REFERÊNCIAS

ALMEIDA, Cleber Lúcio de; ALMEIDA, Wânia Guimarães Rebêllo de. Os princípios do direito processual do trabalho como parâmetros para a definição dos eventuais reflexos do Código de Processo Civil de 2015 no direito processual do trabalho e para a análise crítica da reforma trabalhista. In: *O Direito Processual do Trabalho na perspectiva do Código de Processo Civil e da Reforma Trabalhista.* KOURY, Luiz Ronan; ALMEIDA, Wânia Guimarães Rebêllo de; ASSUNÇÃO, Carolina Silva Silvino (Coord.). São Paulo: LTr, 2017.

GRANCONATO, Márcio Mendes. Seguro garantia judicial e execução trabalhista. *Revista LTr*. v. 709, n. 11, novembro de 2015. São Paulo: LTr, 2015.

SOUZA JÚNIOR, Antonio Humberto [*et al.*]. *Reforma trabalhista*: análise e crítica da Lei n. 13.467/17 e da Med. Prov. n. 808/2017. São Paulo: Rideel, 2018

TEIXEIRA FILHO, Manoel Antônio. *Comentários ao novo Código de Processo Civil sob a perspectiva do processo do trabalho*. 2. ed. São Paulo: LTr, 2015.

TEODORO JÚNIOR. Humberto. *Curso de direito processual civil*. v. III. 51. ed. rev., atual. e ampl. Rio de Janeiro: Forense, 2018.

A Execução Provisória na Justiça do Trabalho: uma análise à luz do Código Processual Civil de 2015 e da Lei n. 13.467/2017

Thais de Souza Parentoni[1]

1. INTRODUÇÃO

A Consolidação das Leis do Trabalho – CLT aborda o tema da Execução Provisória de forma muito sucinta, citando-o exclusivamente no art. 899, ao afirmar que somente será permitida a Execução Provisória até a penhora. A falta de regulamentação do instituto cria uma grande insegurança jurídica na seara trabalhista, pois não há, no principal diploma celetista, normas que direcionem os juristas na aplicação da Execução Provisória.

A omissão da CLT é, de certa forma, justificável, uma vez que o Código de Processo Civil, aplicável à época de sua aprovação (1943), tratava do tema de maneira pouco abrangente.

Era de se esperar, contudo, que o legislador brasileiro atuasse com mais cautela, atualizando o instituto assim como fez no âmbito processual civil. Infelizmente, essas modificações não foram promovidas a contento de modo que a aplicação subsidiária e supletiva do Código de Processo Civil (art. 15, CPC/2015 e art. 769, CLT) se mostra cada vez mais necessária.

Com as inovações trazidas pela Lei n. 13.105/2015, os juristas trabalhistas se viram compelidos a analisar mais a fundo o tema da Execução Provisória e como ele será influenciado pelas regras processuais civis, o que justifica o presente estudo.

Se assim não fosse, a Execução Provisória Trabalhista se mostraria cada vez mais defasada, distante da realidade jurídica vivida pela sociedade contemporânea e incapaz de garantir a efetiva prestação da tutela executiva.

Atualmente, preocupa-se com a concretude da prestação jurisdicional, conferindo à fase de Execução princípios e regras específicas de modo a garantir que o exequente obtenha de fato o bem reconhecido.

Dentre os princípios aplicáveis à execução, o princípio da efetividade mostra-se de grande valia, pois é a partir dele que o direito fundamental à tutela executiva é garantido de modo que essa tutela integre um sistema completo, no qual existam meios executivos eficazes, capazes de proporcionar pronta e integralmente a satisfação de qualquer direito conferido ao indivíduo.

Embora a efetividade da tutela executiva trabalhista esteja intimamente ligada ao tempo despendido na fase de execução, o texto da CLT não demonstra grande preocupação do legislador em regular de maneira eficiente o instituto da Execução Provisória Trabalhista. Muito pelo contrário: no diploma celetista, o tema é tratado em um único artigo, cujo objetivo principal é, na verdade, regular a interposição de recursos, citando a possibilidade de ocorrência da Execução Provisória, de forma breve e insuficiente.

Assim, estudos como o presente se mostram cada vez mais necessários, principalmente diante da entrada em vigor das Leis n. 13.105/2005 e n. 13.467/2017, por promoverem mudanças importantes relacionadas à Execução Trabalhista, seja ela definitiva ou provisória.

Em relação ao Código de Processo Civil é necessário, ainda, analisar a compatibilidade de suas previsões com o Processo do Trabalho, pois este possui princípios e regramentos próprios que podem obstar a utilização das regras processuais civis nessa Justiça Especializada.

2. A EXECUÇÃO PROVISÓRIA TRABALHISTA

A Execução Provisória é aquela fundada em sentença impugnada mediante recurso desprovido de efeito suspensivo.

Cléber Lúcio de Almeida entende que a autorização para a Execução Provisória decorre do fato de "se considerar mais inconveniente a demora da execução do que o transtorno de se desfazerem todas as mudanças no estado de fato pelos atos judiciais executivos". Acrescente-se que essa modalidade de execução acelera a satisfação do credor, no caso de a decisão ser confirmada no julgamento do recurso contra ela interposto, o que atende ao direito à duração razoável do processo. (ALMEIDA, 2016, p. 790)

A Execução Provisória fundamenta-se na efetividade jurisdicional e em uma presunção relativa favorável ao autor, conferida em virtude da decisão impugnada. Nesse sentido, uma vez conferido somente o efeito devolutivo ao recurso, dele caberá a Execução Provisória. Contudo se, em virtude de alguma particularidade do caso, lhe for atribuído efeito suspensivo, nenhum tipo de execução poderá ser promovida até o seu julgamento definitivo.

---

(1) Advogada. Pós-Graduada em Direito do Trabalho pela PUC-Minas. Bacharel em Direito pela Faculdade de Direito Milton Campos/MG. Membro da Oficina Interfaces do Processo Civil com o Processo do Trabalho (IPCPT) da Faculdade de Direito Milton Campos.

O *caput* do art. 899 da CLT prevê que os recursos, além de serem interpostos por simples petição, "terão efeito meramente devolutivo, salvo as exceções previstas neste título [...]". No mesmo sentido é a previsão contida no CPC/2015, que permite, em seu art. 520, "o cumprimento provisório da sentença impugnada por recurso desprovido de efeito suspensivo".

Se, ao fazer o juízo de admissibilidade que lhe cabe, o juízo *a quo* deixar de especificar em que efeito recebe o recurso, entende-se que este foi meramente devolutivo pois, por se tratar de exceção à regra legal, o efeito suspensivo não será presumível.

A CLT permite a Execução Provisória, mas não a disciplina, limitando-se em afirmar que ela será realizada até a penhora. O art. 899 da CLT prevê também que: "os recursos serão interpostos por simples petição e terão efeito meramente devolutivo, salvo as exceções previstas neste Título, permitida a execução provisória até a penhora".

Mauro Schiavi entende que expressão "até a penhora" deverá ser interpretada como até a garantia do juízo, esclarecendo:

> Nos termos do art. 899 da CLT, a execução provisória se exaure com a "penhora". Essa expressão deve ser interpretada como *garantia do juízo*, que significa a constrição de bens suficiente para a cobertura de todo o crédito que está sendo executado (SCHIAVI, 2019, p. 273).

O tema, contudo, apresenta grande controvérsia doutrinária. Em sentido oposto, Manoel Antônio Teixeira Filho entende:

> Por isso, entendemos que na execução provisória, excluída a avaliação, nenhum outro ato processual poderá ser praticado posteriormente à penhora, admitimos a avaliação, na espécie, porque o art. 886, § 2º, da CLT deve receber outra interpretação após o advento da Lei n. 5.695/1970, fixadora das diretrizes do Plano de Classificação dos Funcionários Públicos Federais, que, possibilitando a adaptação de cargos, permitiu a criação do oficial de justiça avaliador. Esse procedimento se harmoniza com o art. 7º, V, da Lei n. 6.830/1980. Nossas considerações pertinentes ao assunto de que estamos a nos ocupar pressupõem, evidentemente, a necessidade (ou a exigência legal) de os bens penhorados serem avaliados; sucede que em determinados casos a avaliação é dispensável, como ocorre quando a penhora incidir em dinheiro; o credor aceitar a estimativa feita na nomeação dos bens; se tratar de títulos ou mercadorias que possuam cotação em bolsa, comprovada mediante certidão ou publicação oficial (CPC, art. 871, I e II) (TEIXEIRA FILHO, 2017, p. 165).

As divergências ocorrem, principalmente, porque a atual redação do art. 899 da CLT se mostra extremamente defasada em relação à evolução sofrida pelo cumprimento provisório das decisões em outros ramos do direito. O atual Código de Processo Civil, por exemplo, regulamenta a matéria de forma muito mais abrangente, instigando reflexões diversas no âmbito do Direito Processual do Trabalho.

Quanto ao tema, cabe analisar se no termo "até a penhora" está incluída a apreciação de todos os incidentes que dela decorrem, como a interposição e apreciação de embargos à execução e embargos de terceiro, por exemplo. Para Valentin Carrion, deve-se adotar posição abrangente, destacando que:

> Na execução provisória, a regra é de que o processo se detém na penhora (CLT, art. 899), mas os embargos poderão ser interpostos e julgados: do contrário seria impossível corrigir ilegalidades que permaneceriam indeterminadamente (...) e que são capazes de causar prejuízo indefinido à parte, tidas como o excesso de penhora ou de execução, remoção ilegal etc. A afirmação corrente de que a execução provisória vai até a penhora é uma restrição contra o credor, no sentido de que ele não poderá prosseguir, inclusive para promover atos de alienação, mas não é obstáculo para o direito de defesa do devedor. (CARRION, 2019, p. 742)

Essa posição mostra-se mais razoável, na medida em que o Código de Processo Civil de 2015 faculta ao executado apresentar impugnação no cumprimento provisório da sentença (art. 520, § 1º). Esse recurso equivale aos embargos à execução no Processo do Trabalho.

Alguns estudiosos, contudo, adotam posições contrárias a essa interpretação. Dentre eles, cita-se Manoel Antônio Teixeira Filho, que argumenta:

> Por isso, entendemos que na execução provisória, excluída a avaliação, nenhum outro ato processual poderá ser praticado posteriormente à penhora (...). Se, porém, os bens penhorados forem objeto de embargos de terceiro (CPC, art. 674), estes devem ser processados e julgados, permitindo-se até mesmo que o interessado interponha agravo de petição da sentença que for ali lançada (CLT, art. 897, *a*). A diferença de critério doutrinário em relação aos embargos oferecidos pelo devedor (que, como sustentamos, não devem ser admitidos na execução provisória, por precipitados), redica em que o julgamento dos embargos apresentados por terceiro é necessário para definir-se a quem pertencem os bens apreendidos, a fim de que se possa, no tempo oportuno, assegurar o cumprimento da obrigação contida no título executivo, expropriando-os (CPC, art. 824); por outro lado, eventual acolhimento desses embargos (e ocorrendo o trânsito em julgado da sentença correspondente) liberaria os bens pertencentes a terceiro, evitando, assim, causar-lhe prejuízos com a manutenção da penhora até que fosse realizado o julgamento do recurso ordinário interposto da sentença de fundo, emitida no processo cognitivo, para, somente depois disso, apreciar-se os embargos por ele opostos (TEIXEIRA FILHO, 2017, p. 165-166).

Assim sendo, após a apreensão judicial dos bens, não poderia ser praticado nenhum outro ato até o julgamento do recurso interposto em face da sentença exequenda. A Execução Provisória, portanto, se deteria na penhora, não devendo, inclusive, intimar o devedor para oferecer embargos.

Entende-se, contudo, pela apresentação dos recursos cabíveis em face da penhora, uma vez que a subsistência dessa após as manifestações das partes, certamente contribuiria para garantir a efetividade da tutela executiva. Se assim não fosse, a penhora poderia mais tarde ser desfeita, frustrando não só os interesses da execução como a sua finalidade precípua, que é a satisfação do direito reconhecido ao credor.

Ademais, não prospera o argumento de que, como da decisão que julgar os embargos cabe Agravo de Petição, existiriam esdruxulamente dois recursos advindos da mesma lide aguardando julgamento no tribunal (um oriundo do processo de conhecimento e outro da execução provisória). A partir do Provimento n. 2/2013 do TST, os autos de Execução Provisória passaram a receber numeração própria e independente dos autos principais, de acordo com a sua classe (os autos são classificados como ExProvAs), evitando qualquer tipo de confusão quanto ao processo a que se referem.

Outrossim, como é de conhecimento geral, a maioria dos autos da Justiça do Trabalho é, atualmente, digital, o que facilita o acesso a todas as informações relevantes ao deslinde das questões, além de não se vislumbrar qualquer óbice jurídico para que ambos os recursos sejam analisados e julgados concomitantemente.

Se, posteriormente, a decisão recorrida vier a ser modificada, a Execução Provisória acompanhará seus novos termos, podendo inclusive o bem ou o montante penhorado ser de grande valia para abreviar a execução definitiva.

3. A APLICABILIDADE DO CUMPRIMENTO PROVISÓRIO DE SENTENÇA PREVISTO NO CPC/2015 NO PROCESSO DO TRABALHO

Ainda que exista norma expressa na CLT a respeito da Execução Provisória, a autonomia do Direito Processual do Trabalho não deve servir de empecilho para que o intérprete direcione o sentido da norma jurídica à realidade vigente.

A sistemática da Execução Provisória na atualidade difere substancialmente daquela em curso quando do advento da Consolidação das Leis do Trabalho. Não é, portanto, aceitável partir da premissa de que o diploma trabalhista seria autossuficiente em relação ao tema.

Dessa maneira, é necessária a aplicação subsidiária do CPC desde que compatível com os princípios trabalhistas, para definir os procedimentos a serem seguidos na Execução Provisória.

Por óbvio, a observância das regras processuais civis não deve afastar as particularidades próprias do Processo do Trabalho, de modo que as previsões do CPC/2015 deverão ser analisadas minuciosamente, e sua aplicação se dará somente quando em consonância com o arcabouço principiológico dessa Justiça Especializada.

O art. 520 do CPC trata da Execução Provisória de sentença e sua redação incluiu mudanças importantes na sistemática processual civilista em relação ao código anterior. Não obstante, essas previsões dão origem a questionamentos relacionados à sua aplicabilidade no âmbito do Direito Processual do Trabalho. Prevê o art. 520 do CPC/2015, *in verbis:*

> Art. 520. O cumprimento provisório da sentença impugnada por recurso desprovido de efeito suspensivo será realizado da mesma forma que o cumprimento definitivo, sujeitando-se ao seguinte regime:
>
> I – corre por iniciativa e responsabilidade do exequente, que se obriga, se a sentença for reformada, a reparar os danos que o executado haja sofrido;
>
> II – fica sem efeito, sobrevindo decisão que modifique ou anule a sentença objeto da execução, restituindo-se as partes ao estado anterior e liquidando-se eventuais prejuízos nos mesmos autos;
>
> III – se a sentença objeto de cumprimento provisório for modificada ou anulada apenas em parte, somente nesta ficará sem efeito a execução;
>
> IV – o levantamento de depósito em dinheiro e a prática de atos que importem transferência de posse ou alienação de propriedade ou de outro direito real, ou dos quais possa resultar grave dano ao executado, dependem de caução suficiente e idônea, arbitrada de plano pelo juiz e prestada nos próprios autos.

Os quatro incisos do referido artigo exigem uma análise cuidadosa quanto à sua compatibilidade com o Processo do Trabalho, pois criam regras cujas consequências vão muito além da redação do art. 889 da CLT.

3.1. Execução Provisória e a penhora de dinheiro

Em consonância com as previsões do CPC/1973, a jurisprudência do TST havia firmado o entendimento, disposto na Súmula n. 417, de que a penhora de dinheiro e o bloqueio de contas bancárias seriam incabíveis na Execução Provisória. Prevê a Súmula n. 417, *in verbis:*

> Súmula n. 417 do TST: Mandado de segurança. Penhora em dinheiro:
>
> I – Não fere direito líquido e certo do impetrante o ato judicial que determina penhora em dinheiro do executado, em execução definitiva, para garantir crédito exequendo, uma vez que obedece à gradação prevista no art. 655 do CPC. (ex-OJ n. 60 da SBDI-II – inserida em 20.09.2000);
>
> II – Havendo discordância do credor, em execução definitiva, não tem o executado direito líquido e certo a que os valores penhorados em dinheiro fiquem depositados no próprio banco, ainda que atenda aos requisitos do art. 666, I, do CPC. (ex-OJ n. 61 da SBDI-II – inserida em 20.09.2000);

III – Em se tratando de execução provisória, fere direito líquido e certo do impetrante a determinação de penhora em dinheiro, quando nomeados outros bens à penhora, pois o executado tem direito a que a execução se processe da forma que lhe seja menos gravosa, nos termos do art. 620 do CPC. (ex-OJ n. 62 da SBDI-II – inserida em 20.09.2000).

Com a vigência do Código de Processo Civil de 2015, contudo, esse entendimento foi alterado. Isso porque, o atual código prevê, no *caput* do art. 520, que o cumprimento provisório da sentença será realizado da mesma forma que o definitivo. Dessa forma, interpreta-se que o instrumento processual civil permitiu a aplicação do art. 835 também na Execução Provisória. O referido artigo enumera a ordem preferencial a ser observada na penhora, nos seguintes termos:

Art. 835. A penhora observará, preferencialmente, a seguinte ordem:

I – dinheiro, em espécie ou em depósito ou aplicação em instituição financeira;

II – títulos da dívida pública da União, dos Estados e do Distrito Federal com cotação em mercado;

III – títulos e valores mobiliários com cotação em mercado;

IV – veículos de via terrestre;

V – bens imóveis;

VI – bens móveis em geral;

VII – semoventes;

VIII – navios e aeronaves;

IX – ações e quotas de sociedades simples e empresárias;

Com essa modificação, o TST entendeu por bem alterar a redação da Súmula n. 417, retirando do inciso I a expressão "em execução definitiva", cancelando o inciso III e, consequentemente, a orientação de impossibilidade de penhora de dinheiro caso o devedor tenha indicado outros bens. Além disso, modulou os seus efeitos para permitir a penhora em execução provisória instaurada a partir de 10.03.2016, data de vigência do CPC/2015.

A redação atual da Súmula n. 417 do TST passou a ser a seguinte:

Súmula n. 417 do TST: MANDADO DE SEGURANÇA. PENHORA EM DINHEIRO (alterado o item I, atualizado o item II e cancelado o item III, modulando-se os efeitos da presente redação de forma a atingir unicamente as penhoras em dinheiro em execução provisória efetivadas a partir de 18.03.2016, data de vigência do CPC de 2015) – Res. n. 212/2016, DEJT divulgado em 20, 21 e 22.09.2016.

I – Não fere direito líquido e certo do impetrante o ato judicial que determina penhora em dinheiro do executado para garantir crédito exequendo, pois é prioritária e obedece à gradação prevista no art. 835 do CPC de 2015 (art. 655 do CPC de 1973).

II – Havendo discordância do credor, em execução definitiva, não tem o executado direito líquido e certo a que os valores penhorados em dinheiro fiquem depositados no próprio banco, ainda que atenda aos requisitos do art. 840, I, do CPC de 2015 (art. 666, I, do CPC de 1973). (ex-OJ n. 61 da SBDI-2 – inserida em 20.09.2000).

Considera-se apropriado o posicionamento do Tribunal Superior do Trabalho, pois a penhora de dinheiro tem se mostrado extremamente efetiva, possibilitando a posterior liberação dos valores ao credor com celeridade. Ademais, não subsiste qualquer norma trabalhista que obstaculize a referida interpretação, nem mesmo o princípio da execução menos gravosa ao executado (art. 805 do CPC) teria o condão de afastar a aplicação do dispositivo, pois esse não pode preceder o direito fundamental à tutela executiva.

A Execução Provisória se faz no interesse do credor, não havendo direito líquido e certo do devedor neste caso, prevalecendo os princípios da primazia do credor e da efetividade. Cléber Lúcio de Almeida entende ser possível a penhora em dinheiro, esclarecendo o seguinte:

[...] Desse modo, não se sustenta o entendimento segundo o qual, "em se tratando de execução provisória, fere direito líquido e certo do impetrante a determinação de penhora em dinheiro, quando nomeados outros bens à penhora, pois o executado tem direito a que a execução se processe de forma que lhe seja menos gravosa, nos termos do art. 620 do CPC" (Súmula n. 417, III, do TST).

O CPC de 2015 estabelece, inclusive, que a multa de 10% a ser aplicada no caso de condenação em quantia certa ou fixada em liquidação em que não ocorra o pagamento voluntário é devida na execução provisória, em uma clara demonstração de que devem ser adotadas todas as medidas necessárias para a mais rápida satisfação do credor, o que inclui a penhora em dinheiro na execução provisória. (ALMEIDA, 2016, p. 792)

No mesmo sentido é o Enunciado n. 112 da 2ª Jornada de Direito Material e Processual do Trabalho, realizada em outubro de 2017, *in verbis*:

EXECUÇÃO PROVISÓRIA. LIBERAÇÃO DE DEPÓSITO EM DINHEIRO: APLICAÇÃO DOS ARTS. 520 E 521 DO CPC: Os arts. 520 e 521 do CPC são aplicáveis ao processo do trabalho, sendo admitida a liberação de depósito em dinheiro, independentemente de caução (CPC, art. 521, II).

Também se destaca a seguinte ementa, publicada em 30 de novembro de 2018:

RECURSO ORDINÁRIO. MANDADO DE SEGURANÇA. PENHORA SOBRE DINHEIRO. EXECUÇÃO DEFINITIVA. ATO PRATICADO NA VIGÊNCIA DO CPC DE 2015. LEGALIDADE. Nos termos do item III da Súmula n. 417 do Tribunal Superior do Trabalho, a

> determinação de penhora em dinheiro não fere direito líquido e certo da parte executada porque amparada no art. 835, inciso I e § 1º, do CPC de 2015. Esta Corte, ao alterar o item I e cancelar o item III da Súmula n. 417, modulou os efeitos da alteração legislativa de forma a atingir unicamente as penhoras em dinheiro em execução provisória efetivadas a partir de 18.03.2016 (vigência do CPC de 2015). Como no caso em exame o ato impugnado foi proferido em 14.08.2017, e se trata de execução definitiva, não há falar em ilegalidade ou abusividade na ordem de penhora sobre dinheiro da parte Executada. Recurso ordinário de que se conhece e a que se nega provimento. (TST – RO: 10004172720185020000, Relator: Alexandre Luiz Ramos, Data de Julgamento: 27.11.2018, Subseção II Especializada em Dissídios Individuais, Data de Publicação: DEJT 30.11.2018)

Por fim, resta superado o cabimento de Mandado de Segurança, com o objetivo de discutir a legalidade de penhora em dinheiro no âmbito da Execução Provisória.

3.2. Execução Provisória de Ofício

Desde sua edição, em 1943, restou estabelecido na Consolidação das Leis do Trabalho que a execução poderia ser promovida *ex officio* pelo próprio juiz, presidente ou Tribunal competente(2).

Anteriormente, alguns doutrinadores defendiam a possibilidade de esta ser promovida pelo magistrado, principalmente quando existentes valores incontroversos e em observância ao princípio do impulso oficial da execução, e da maior efetividade do procedimento, bem como do próprio art. 878 da CLT.

Em 2010, quando foi realizada a 1ª Jornada Nacional de Execução Trabalhista restou aprovado o Enunciado n. 15, que dispunha o seguinte: "EXECUÇÃO PROVISÓRIA. INSTAURAÇÃO DE OFÍCIO. A execução provisória poderá ser instaurada de ofício na pendência de agravo de instrumento interposto contra decisão denegatória de recurso de revista".

Apesar de não constituírem fontes formais diretas do Direito, os enunciados revelam tendências interpretativas, compartilhadas por juristas da área trabalhista, além de oferecerem sólidos fundamentos como fontes doutrinárias.

À época, entendeu-se que, ao Juiz do Trabalho, era facultado iniciar a Execução Provisória de ofício, na pendência de julgamento de Agravo de instrumento em face de decisão denegatória de Recurso de Revista.

Apesar dos entendimentos citados, a Lei n. 13.467/2017, conhecida como Reforma Trabalhista, modificou a redação do art. 878 da CLT(3), de forma que, atualmente, a execução deverá ser promovida pelas partes, permitido o impulso oficial somente quando elas não estiverem representadas por advogados. Como o artigo não faz qualquer distinção entre os tipos de execução, entende-se que esta previsão abarca também a Execução Provisória.

Ainda que se interprete a referida alteração de forma diversa, o Código de Processo Civil corrobora com esse posicionamento, uma vez que possui norma semelhante (art. 520, I), exigindo que o cumprimento provisório da sentença ocorra por iniciativa e responsabilidade do exequente. O instituto é perfeitamente aplicável ao Processo do Trabalho.

No sentido contrário, argumenta Wolney de Macedo Cordeiro que, no âmbito do Direito Processual Civil, a Execução Provisória tem início pela provocação da parte interessada, não sendo possível a atuação de ofício pelo juiz (CPC, art. 520, I). Esse viés procedimental, no entanto, não pode ser transmitido automaticamente ao Direito Processual do Trabalho.

É característica marcante e indelével do Processo do Trabalho a propositura inquisitorial do Juiz do Trabalho, podendo adotar as medidas que entender necessárias para a concretização da tutela jurisdicional (CLT, art. 765). O caráter dinâmico e proativo da prestação jurisdicional trabalhista apresenta-se de maneira ainda mais contundente quando se depara com tutela executiva. Mesmo a modificação do art. 878 da CLT, promovida pela Lei n. 13.467 de 13.07.2017, não alterou essa característica fundamental, sendo a atuação do magistrado, mesmo no âmbito da tutela executiva, pautada pela inquisitoriedade (CORDEIRO, 2017, p. 115).

De fato, a postura inquisitiva do juiz é uma das características do Processo do Trabalho. Esse atributo, inclusive, não deverá ser perdido mesmo com a nova redação do art. 878 da CLT, pois a postura inquisitiva não se esgota com o início da execução, devendo perdurar por todo o procedimento executivo, pois o art. 864 da CLT faculta ao juiz "determinar a realização das diligências que entender necessárias".

É importante destacar que, apesar de possuir características de um modelo inquisitivo, alguns doutrinadores defendem que o Direito Processual do Trabalho não se define rigorosamente como dispositivo ou inquisitivo. Nesse sentido são, inclusive, os ensinamentos de Cleber Lúcio de Almeida:

> Não existe, portanto, um modelo rigorosamente dispositivo ou inquisitivo. Os modelos tendem a combinar elementos dispositivos e inquisitivos, em proporções definidas consoante os contextos históricos-social e

(2) Antiga redação do art. 878 da CLT, que determinava: "A execução poderá ser promovida por qualquer interessado, ou *ex officio* pelo próprio Juiz ou Presidente ou Tribunal competente, nos termos do artigo anterior".

(3) Art. 878. A execução será promovida pelas partes, permitida a execução de ofício pelo juiz ou pelo Presidente do Tribunal apenas nos casos em que as partes não estiverem representadas por advogado.

histórico-político em que são estabelecidos. [...] Proceder o juiz à busca da verdade e das condições necessárias para proferir uma decisão justa não é, por si, sinal de autoritarismo, ao passo que adotar uma visão publicista do processo não significa, por si só, sujeitar as partes ao arbítrio do juiz. A intervenção do juiz na produção da prova não tem por consequência necessária a negativa às partes da condição de sujeitos ativos do processo e, com isso, de titulares do direito de participar de forma útil da definição de seus direitos e obrigações. O poder do juiz e a liberdade das partes devem conviver harmoniosa e equilibradamente, estabelecendo entre eles uma relação de complementariedade, no sentido da maior aproximação possível da verdade. (1427) Para que isso aconteça, é indispensável reconhecer às partes o direito de participar, de forma efetiva, da formação do provimento para o caso concreto, como forma de equilibrar as forças atuantes no processo (partes e juiz) e de permitir o controle dos atos do juiz na condução do processo. (ALMEIDA, 2016, p. 515)

Para Manoel Antônio Teixeira Filho, contudo, após a entrada em vigor da Lei n. 13.467/2017, as ações individuais trabalhistas passaram a ter caráter preponderantemente dispositivo. Sobre o tema, explica que:

> Com relação às ações individuais, entendemos que diante da lei vigente não se pode deixar de reconhecer que o seu caráter é preponderantemente dispositivo, pois, em geral: a) a propositura da ação depende da iniciativa da parte; b) o juiz não pode julgar *extra* ou *ultra petita*; c) o julgamento deve ter em conta o que foi alegado e provado pelas partes. Isto não significa, porém, que se deva deixar de reconhecer, em alguns casos, um certo componente inquisitivo como ocorre, por exemplo, na hipótese do art. 39 e §§ da CLT, quando haverá ação sem iniciativa do autor, sendo certo que o traço de inquisitoriedade também está insculpido no próprio art. 765, do mesmo texto. Nem se ignore a faculdade de o juiz ou o tribunal converter o pedido de reintegração de empregado estável em indenização dúplice, na forma do permissivo do art. 496 da CLT e a execução da sentença ou do acordo *ex officio* (CLT, art. 878, *caput*) (TEIXEIRA FILHO, 219, p. 557).

É preciso, por fim, sopesar o fato de que o Processo do Trabalho pode trazer diversas consequências não só ao devedor como ao credor, pois uma vez alterado o título executivo em sede recursal, o exequente poderá ser compelido a arcar com os danos causados ao executado – a responsabilidade aqui é objetiva, pois não será preciso demonstrar culpa, somente o nexo entre a atividade executiva e os danos sofridos[(4)].

Assim, não se mostra razoável que o início de um procedimento absolutamente opcional, como é o Processo do Trabalho, se dê de ofício pelo juiz. Ademais, a opção por não iniciar a execução provisória não significa necessariamente que a tutela executiva não será prestada. Isso porque, após o trânsito em julgado da decisão, o credor possui a prerrogativa de buscar a satisfação de seu crédito por meio da execução definitiva.

3.3. Danos causados ao executado

Segundo o inciso II do art. 520 do CPC/2015, uma vez alterada ou anulada a decisão, fica sem efeito o Processo do Trabalho, retornando as partes ao estado anterior e liquidados eventuais prejuízos nos mesmos autos por arbitramento.

É justamente essa eventualidade de alteração substancial ou de anulação da decisão que faz com que a execução seja provisória, porquanto inexiste coisa julgada material capaz de motivar o caráter definitivo das medidas tomadas pelo exequente.

Nesse caso, o exequente será responsabilizado por eventuais prejuízos sofridos pelo executado, sem que aqui prevaleça o caráter protecionista do Direito Processual do Trabalho por se tratar de procedimento completamente facultativo e iniciado pelo próprio credor. Ou seja, a reforma parcial ou total do julgado gera a obrigatoriedade de ressarcimento dos prejuízos ao devedor, independentemente da demonstração de culpa ou dolo.

A responsabilidade pelo ressarcimento dos prejuízos decorrentes da anulação ou alteração da decisão é de índole objetiva e não abarca somente a devolução dos valores, mas todos os prejuízos eventualmente causados. Na hipótese em que a sentença exequenda vier a ser modificada ou anulada apenas em parte, a execução ficará sem efeito relativamente a essa parte[(5)].

No mesmo sentido é o entendimento de Luiz Guilherme Marinoni e Sérgio Cruz Arenhart:

> A responsabilidade do exequente deriva da circunstância de a execução ter alterado o patrimônio do executado com base em decisão que, posteriormente, foi reformada diante da interposição de recurso. A responsabilidade é independente de culpa ou ânimo subjetivo do exequente, mas decorre apenas da reforma da decisão em que a execução se fundou. Trata-se de hipótese de responsabilidade objetiva pela prática e ato lícito, uma vez que a execução da decisão provisória não é apenas expressamente autorizada por lei, como também encontra respaldo no direito fundamental à duração razoável do processo (art. 5º, LXXVIII, da CF). (FERREIRA NETO, 1998. p. 29.)

(4) Art. 520, I: Corre por iniciativa e responsabilidade do exequente, que se obriga, se a sentença for reformada, a reparar os danos que o executado haja sofrido;

(5) Art. 520, III: se a sentença objeto de cumprimento provisório for modificada ou anulada apenas em parte, somente nesta ficará sem efeito a execução;

Na hipótese de o credor não dispor de meios suficientes para arcar com os prejuízos causados, contudo, a execução trabalhista restará paralisada diante da inexistência de bens passíveis de penhora, como tantas outras existentes na Justiça do Trabalho, conforme também defende Mauro Schiavi:

> Pode-se questionar eventual possibilidade de se liberar o dinheiro ao reclamante e, posteriormente, caso a decisão seja alterada, não se conseguir mais recuperar o dinheiro, considerando-se o estado de hipossuficiência do trabalhador. Não obstante, este problema também é enfrentado pelo processo civil, pois, se o autor está em estado de necessidade e o crédito for de índole alimentar, dificilmente se conseguirá recuperar o dinheiro. Nota-se que o legislador processual civil privilegiou a efetividade processual em detrimento da cautela processual de proteção do patrimônio do devedor. Por isso, deve o Juiz do Trabalho sopesar o custo-benefício em determinar a liberação de valores ao reclamante, quando a execução for provisória, mas sempre atento à efetividade processual. Conforme saliente a melhor doutrina, não há efetividade processual sem riscos. Além disso, caso a decisão seja alterada, o exequente deve restituir o valor e ainda indenizar o executado pelos prejuízos decorrentes da execução. (SCHIAVI, 2018, p. 268)

Por fim, entende-se que a expressão "corre por iniciativa e responsabilidade do exequente", contida na parte inicial do art. 520, I do CPC, indica que, na seara civil, o exequente será integralmente responsabilizado pelas despesas decorrentes do cumprimento provisório, incluindo, por exemplo, o pagamento de custas, emolumentos e diligências dos oficiais de justiça. Essa regra, contudo, revela-se incompatível com o Processo do Trabalho, uma vez que as despesas gerais da execução serão pagas ao término da tramitação processual, sendo de responsabilidade do devedor, nos termos do art. 789-A, *caput* da CLT.

3.4. Exigibilidade de caução e suas exceções

Tradicionalmente, o Código de Processo Civil de 1973 autorizava o levantamento de dinheiro no Processo do Trabalho somente mediante caução[(6)]. Nesse sentido, inclusive, é o inciso IV do art. 520[(7)] do atual CPC, que determina que:

> [...] o levantamento de depósito em dinheiro e a prática de atos que importem transferência de posse ou alienação de propriedade ou de outro direito real, ou dos quais possa resultar grave dano ao executado, dependem de caução suficiente e idônea, arbitrada de plano pelo juiz e prestada nos próprios autos.

Para Júlio César Bebber (BEBBER, 2007, p. 91), a caução mencionada não tem natureza cautelar, uma vez que se trata de ato próprio do processo de execução. Assim, o juiz não pode exigi-la de ofício, sendo necessário que haja requerimento do executado.

A exigência de caução no Processo do Trabalho cria obstáculos por vezes intransponíveis aos exequentes, pois eles, em regra, não possuem meios para garantir os valores levantados na Execução Provisória. Entende-se que, em alguns casos, a previsão poderá ser aplicada, como na ação trabalhista de um empregado detentor de alto cargo por exemplo, hipótese na qual o magistrado poderá exigir a prestação da caução.

Além de possuir pouca aplicabilidade em âmbito juslaboral, a exigibilidade de caução para levantamento de valores na execução provisória praticamente não existirá caso se pressuponha aplicável ao Processo do Trabalho o art. 521 do CPC.

O referido artigo prevê exceções à regra em análise, pois autoriza a liberação de valores em execução provisória, independentemente de caução, nas seguintes hipóteses: I – o crédito for de natureza alimentar, independentemente de sua origem; II – o credor demonstrar situação de necessidade; III – pender o agravo do art. 1.042; IV – a sentença a ser provisoriamente cumprida estiver em consonância com súmula da jurisprudência do Supremo Tribunal Federal ou do Superior Tribunal de Justiça ou em conformidade com acórdão proferido no julgamento de casos repetitivos.

Mauro Schiavi defende a compatibilidade do referido dispositivo com o Processo do Trabalho, tecendo as seguintes considerações:

> Pensamos que é compatível com o processo do trabalho o disposto nos incisos do art. 521, do CPC em razão da relevante função social da execução trabalhista e do caráter alimentar do crédito trabalhista. Além disso, acreditamos que o art. 899 da CLT não disciplina a hipótese de levantamento de dinheiro em execução provisória, havendo espaço para aplicação do CPC (lacunas ontológicas e axiológicas da CLT). (SCHIAVI, 2018, p. 266).

A exigência de caução, contudo, deverá ser mantida quando da sua dispensa puder resultar manifesto risco de grave dano de difícil ou incerta reparação, nos termos do parágrafo único do artigo citado anteriormente.

---

(6) Art. 475-O. A execução provisória da sentença far-se-á, no que couber, do mesmo modo que a definitiva, observadas as seguintes normas: III – o levantamento de depósito em dinheiro e a prática de atos que importem alienação de propriedade ou dos quais possa resultar grave dano ao executado dependem de caução suficiente e idônea, arbitrada de plano pelo juiz e prestada nos próprios autos.

(7) IV – o levantamento de depósito em dinheiro e a prática de atos que importem transferência de posse ou alienação de propriedade ou de outro direito real, ou dos quais possa resultar grave dano ao executado, dependem de caução suficiente e idônea, arbitrada de plano pelo juiz e prestada nos próprios autos.

A primeira hipótese do art. 521 diz respeito à própria natureza do crédito, pois, tratando-se de obrigações de caráter alimentar de qualquer natureza, é dispensada a prestação de caução, sendo evidente que os créditos trabalhistas se inserem.

A aplicação do referido inciso ao Processo do Trabalho provoca, pois, profundas modificações à execução provisória. Tendo o crédito trabalhista natureza substancialmente alimentar, a possibilidade de uma Execução Provisória plena, sem a exigência de caução, não seria exceção, mas regra no procedimento trabalhista.

Caberia ao legislador, diante do fato concreto, analisar as particularidades das partes, pois o referido art. 521 do CPC determina, em seu parágrafo único, que a exigência de caução será mantida quando da dispensa possa resultar manifesto risco de grave dano e de difícil reparação. Assim, se o juiz verificar, por exemplo, que existem reais possibilidades de reforma do julgado e que o exequente de fato não possui meios para arcar com os prejuízos causados pelo levantamento de valores deverá exigir o caucionamento.

Nesse sentido é o seguinte julgado:

> EXECUÇÃO PROVISÓRIA. LIBERAÇÃO DE VALORES DEPOSITADOS. Em princípio, é plenamente possível a liberação de valores em execução provisória, com aplicação subsidiária dos arts. 520 e 521 do CPC/2015 à execução trabalhista, por ser esta norma compatível com os princípios que regem o Processo do Trabalho, principalmente em virtude do caráter alimentar do crédito trabalhista. Contudo, quando possa resultar manifesto risco de grave dano de difícil ou incerta reparação, a liberação desses valores é temerária devendo ser mantida a decisão que a indeferiu. (TRT-3 – AP: 00001/2017-184-03-00.6; 0000001-16.2017.5.03.0184, Relator: Jose Marlon de Freitas, Oitava Turma, Data de Publicação: 16.05.2017)

O CPC/1973 também dispensava o caucionamento dos créditos alimentares, contudo, estabelecia um limite de sessenta vezes o valor do salário mínimo, o que não foi reproduzido pelo CPC/15. Assim, não existe mais limite legal máximo para o levantamento de valores quando se tratar de crédito de natureza alimentar.

Outra mudança promovida pelo atual CPC refere-se ao inciso II do art. 521, que determina que a caução será dispensada nos casos em que o credor demonstrar situação de necessidade. Anteriormente, esse requisito era exigido simultaneamente à natureza alimentar da verba. Atualmente, contudo, trata-se de requisitos autônomos.

Para alguns doutrinadores, uma vez que o crédito trabalhista tem natureza substancialmente alimentar, a situação de necessidade seria praticamente inerente aos demandantes. Contudo, entende-se necessário que o magistrado analise a situação concreta dos autos, pois existem reclamantes na justiça do trabalho que se encontram empregados, além de disporem de meios de arcar com sua subsistência, ainda que sejam minoria.

Os incisos III e IV do art. 521 determinam que a caução será dispensada quando "pender o agravo do art. 1.042 do CPC" e " a sentença a ser provisoriamente cumprida estiver em consonância com súmula da jurisprudência do Supremo Tribunal Federal ou do Superior Tribunal de Justiça ou em conformidade com acórdão proferido no julgamento de casos repetitivos", regramentos que não apresentam grandes problemas de adequação à realidade trabalhista. Isso porque, no Processo do Trabalho, aplica-se o Incidente de Recursos Repetitivos (art. 896-B da CLT), bem como cabe a interposição de agravo de instrumento quando o juízo de admissibilidade do recurso de revista for negativo.

Assim, uma vez configuradas as hipóteses apresentadas, a atividade executiva, mesmo que tenha caráter provisório, deverá implicar a autorização da prática de atos de alienação ou levantamento de numerário.

Quanto à compatibilidade dos arts. 520 e 521 do CPC ao Processo do Trabalho, Mauro Schiavi argumenta o seguinte:

> Pensamos que é compatível com o processo do trabalho o disposto nos incisos do art. 521, do CPC em razão da relevante função social da execução trabalhista e do caráter alimentar do crédito trabalhista. Além disso, acreditamos que o art. 899 da CLT não disciplina a hipótese de levantamento de dinheiro em execução provisória, havendo espaço para aplicação do CPC (lacunas ontológicas e axiológicas da CLT). (SCHIAVI, 2018, p. 266).

A 2ª Jornada Nacional de Direito Material e Processual do Trabalho da ANAMATRA aprovou, em outubro de 2017, o Enunciado n. 112, *in verbis:*

> EXECUÇÃO PROVISÓRIA. LIBERAÇÃO DE DEPÓSITO EM DINHEIRO: APLICAÇÃO DOS ARTS. 520 E 521 DO CPC. Os arts. 520 e 521 do CPC são aplicáveis ao processo do trabalho, sendo admitida a liberação de depósito em dinheiro, independentemente de caução (CPC, art. 521, II).

Destaca-se, contudo, que existem juristas com diversos entendimentos. Em sentido contrário ao aqui exposto, inclusive, cite-se a seguinte ementa da 3ª Turma do TST, em julgamento proferido em abril de 2019, de relatoria do Ministro Alexandre de Souza Agra Belmonte:

> I – AGRAVO DE INSTRUMENTO EM RECURSO DE REVISTA. PROCESSO ANTERIOR À LEI N. 13.467/2017. ACÓRDÃO REGIONAL PUBLICADO NA VIGÊNCIA DA LEI N. 13.015/2014. EXECUÇÃO PROVISÓRIA. LIBERAÇÃO DOS VALORES DEPOSITADOS EM JUÍZO. INAPLICABILIDADE DOS ARTS. 520 E 521 DO CPC/2015 (ANTIGO 475-O DO CPC/1973) AO PROCESSO DO TRABALHO. Tendo em vista o entendimento majoritário desta Corte Superior no sentido de que os arts. 520 e 521 do CPC/2015 (ant. 475-O do CPC/1973) são inaplicáveis ao processo do trabalho, visualiza-se possível violação do art. 5º, LIV, da CF, ante a má aplicação pelo e. TRT dos referidos dispositivos legais. Agravo de instrumento conhecido e provido.

> II – RECURSO DE REVISTA. EXECUÇÃO PROVISÓRIA. LIBERAÇÃO DOS VALORES DEPOSITADOS EM JUÍZO. INAPLICABILIDADE DOS ARTS. 520 E 521 DO CPC/2015 (ANTIGO 475-O DO CPC/1973) AO PROCESSO DO TRABALHO. A Corte Regional deu provimento ao agravo de petição da autora para autorizar o pleito de levantamento de depósitos recursais efetivados nos autos da execução provisória. Ocorre que o entendimento consagrado por esta Corte é no sentido de que os arts. 520 e 521 do CPC/15 (antigo 475-O do CPC/1973) são inaplicáveis ao processo do trabalho, tendo em vista existir previsão própria acerca da matéria na CLT. Precedentes. Recurso de revista conhecido por violação do art. 5º, LIV, da CF/1988, ante a má aplicação das regras contidas nos arts. 520 e 521 do CPC/2015 (antigo 475-O do CPC/1973), e provido. Conclusão: Agravo de instrumento e recurso de revista conhecidos e providos. (TST – RR: 566404420145130002, Relator: Alexandre de Souza Agra Belmonte, Data de Julgamento: 10.04.2019, 3ª Turma, Data de Publicação: DEJT 12.04.2019)

4. EXECUÇÃO PROVISÓRIA DE OBRIGAÇÃO DE FAZER

Não há no diploma celetista qualquer previsão em relação à Execução Provisória de obrigação de fazer ou não fazer. A antiga Orientação Jurisprudencial n. 47 da SDI-II tratava exatamente do tema, dispondo sobre a impossibilidade de reintegração em Execução Provisória, nos seguintes termos:

> MANDADO DE SEGURANÇA. REINTEGRAÇÃO EM EXECUÇÃO PROVISÓRIA. IMPOSSIBILIDADE. O art. 899 da CLT, ao impedir a execução definitiva do título executório, enquanto pendente de recurso, alcança tanto as execuções por obrigação de pagar quanto as por obrigação de fazer. Assim, tendo a obrigação de reintegrar caráter definitivo, somente pode ser decretada, liminarmente, nas hipóteses legalmente previstas, em sede de tutela antecipada ou tutela específica". Esta OJ foi revogada em 22.08.2005.

O fato de não ser possível a reversão de uma obrigação de fazer, por se tratar de modalidade de obrigação irreversível em sua essência, parece um óbice à Execução Provisória da obrigação de fazer e não fazer. Contudo, destaca-se que a CLT permite, antes do trânsito em julgado, a execução de obrigações de fazer por meio da concessão de liminares, conforme o art. 659, incisos IX e X da CLT:

> Art. 659. Competem privativamente aos Presidentes das Juntas, além das que lhes forem conferidas neste Título e das decorrentes de seu cargo, as seguintes atribuições:
>
> IX – conceder medida liminar, até decisão final do processo, em reclamações trabalhistas que visem a tornar sem efeito transferência disciplinada pelos parágrafos do art. 469 desta Consolidação.
>
> X – conceder medida liminar, até decisão final do processo, em reclamações trabalhistas que visem reintegrar no emprego dirigente sindical afastado, suspenso ou dispensado pelo empregador.

Conclui-se que o referido dispositivo permite, em situações específicas, a antecipação da decisão de mérito, autorizando a concessão de liminares pelos Juízes do Trabalho para tornar sem efeito transferências abusivas e reintegrar dirigente sindical.

Como se sabe, a efetivação das obrigações de fazer e não fazer determinada por meio de tutela provisória não constitui hipótese de Execução Provisória. Contudo, a sua autorização pela legislação trabalhista pode ser interpretada de forma extensiva, contribuindo para justificar a exigibilidade de cumprimento de obrigações semelhantes diante de decisão pendente de recurso. Nesse sentido, expõe Mauro Schiavi:

> Desse modo, há no próprio corpo da CLT instrumentos que autorizam a execução provisória de obrigação de fazer e, portanto, não há que se falar em ausência de amparo legal para a determinação da execução provisória em obrigação de fazer. Sob outro enfoque, não há que se falar em rico de dano irreparável ao empregador, pois, ao determinar a reintegração do empregado, o empregador, apesar de ter de pagar os salários, em contrapartida, tem os serviços prestados. (SCHIAVI, 2018, p. 278).

O art. 520, § 5º do CPC possui previsão a respeito do tema e determina que ao cumprimento provisório de sentença, que reconheça obrigação de fazer, de não fazer ou de dar coisa, aplica-se, no que couber, o disposto no cumprimento provisório de obrigação de pagar quantia certa.

O TST, inclusive, possui entendimento consubstanciado na OJ n. 142 da SDI-II, segundo a qual é admitida a antecipação de tutela de obrigação de fazer, o que demonstra a completa possibilidade desse entendimento englobar o procedimento executório provisório. Se a obrigação de fazer pode ser determinada por meio de antecipação de tutela, e antes de qualquer decisão de mérito, certamente o mesmo poderá ser feito diante de decisão pendente de recurso.

Assim, com o passar do tempo, as doutrina e jurisprudência trabalhistas começaram a aceitar, em sua maioria, a Execução Provisória no cumprimento de obrigações de fazer e não fazer, o que se constata das seguintes Ementas:

> EXECUÇÃO PROVISÓRIA. REINTEGRAÇÃO NO EMPREGO. EMPREGADO DETENTOR DE GARANTIA PROVISÓRIA PREVISTA EM NORMA COLETIVA. Havendo elementos suficientes que indiquem elevada probabilidade de ser mantida sentença que declarou a nulidade da dispensa ocorrida e condenou a ré a reintegrar o demandante no emprego, é viável a reintegração do trabalhador, a título provisório, até a decisão final do processo. Inteligência da OJ n. 142 de sua SDI-2 do TST. Agravo de petição provido. (TRT-4 – AP: 00002746520135040003 RS 0000274-65.2013.5.04.0003, Relator: MARCELO JOSÉ FERLIN D'AMBROSO, Data de Julgamento: 27.09.2013, 3ª Vara do Trabalho de Porto Alegre).

A principal obrigação de fazer reconhecida no âmbito juslaboral é, certamente, a reintegração ao emprego. Nessa situação, entende-se que a prestação de serviços do empregado reintegrado assume caráter signalagmático, uma vez que ao trabalhador é assegurado o pagamento de salários, enquanto ao empregador é fornecida a prestação de serviços.

Em conclusão, as obrigações de pagamento e prestação de serviços são mutuamente quitadas. Nesse caso, uma vez reformada a sentença, ocorreria simplesmente a paralisação da prestação de serviços e do pagamento de salários.

5. CONCLUSÃO

A Execução Provisória é mais um dos instrumentos criados pelo legislador com o objetivo de conferir maior efetividade à tutela executiva. Contudo, na seara trabalhista, essa efetividade vem sendo comprometida em face da obsolescência das previsões contidas na CLT.

O Processo do Trabalho regula institutos processuais que buscam fornecer a melhor prestação jurisdicional possível aos exequentes que, não raro se encontram em situação de hipossuficiência e pleiteiam o recebimento de verbas de natureza unicamente alimentar.

A sistemática da Execução Provisória atual difere em muito daquela em curso quando do advento da CLT em 1943. As leis vigentes mudaram e, com o advento do Código de Processo Civil de 2015 e da Lei n. 13.467/2017, é necessária uma análise minuciosa nas mudanças a serem promovidas na sistemática da Execução Provisória trabalhista. Dentre essas mudanças, cite-se a impossibilidade de início da execução de ofício pelo juiz e a possibilidade de levantamento de valores sem caução. Ou seja, não se mostra razoável defender que o diploma trabalhista seja autossuficiente quanto à regulação da execução provisória.

Como demonstrado, o Processo Civil evoluiu exponencialmente em relação às regras aplicáveis ao cumprimento provisório de sentença, mostrando-se mais atual e efetivo que a CLT. Assim, a sua aplicação supletiva e subsidiária revela-se cada vez mais necessária e o estudo de seus institutos mais pertinentes.

O tímido art. 899 da CLT resume-se a permitir o manejo do instituto na seara juslaboral, sem, contudo, regulá-lo. Até que sobrevenha norma específica, deve-se aplicar o CPC naquilo que ele se mostrar compatível com o arcabouço principiológico trabalhista, sempre analisando as particularidades do caso concreto e visando à máxima efetividade da tutela executiva.

6. REFERÊNCIAS

ALMEIDA, Cléber Lúcio de. *Direito processual do trabalho*. São Paulo: LTr, 2017.

CARRION, Valentin. *Comentários à Consolidação das Leis do Trabalho*. 42. ed. São Paulo: Saraiva, 2018.

CORDEIRO, Wolney de Macedo. *Execução no processo do trabalho*. 4. ed. rev. e atual. Salvador: JusPodivm, 2017.

ENUNCIADO N. 112 DA 2ª JORNADA DE DIREITO MATERIAL E PROCESSUAL DO TRABALHO. Disponível em: <https://www.anamatra.org.br/imprensa/noticias/26227-enunciados--aprovados-na-2-jornada-de-direito-material-e-processual-do--trabalho-sao-organizados-por-tema>. Acesso em: 29 ago. 2019.

FERREIRA NETO, Francisco Jorge *et al*. *Responsabilidade e as relações de trabalho*. São Paulo: LTr, 1998.

SCHIAVI, Mauro. *Execução no processo do trabalho*: de acordo com o novo CPC e a reforma trabalhista. São Paulo: LTr, 2018.

TEIXEIRA FILHO, Manoel Antonio. *Comentários ao novo Código de Processo Civil sob a perspectiva do processo do trabalho*. São Paulo: LTr, 2019.

TEIXEIRA FILHO, Manoel Antônio. *Execução no processo do trabalho*: de acordo com o novo CPC e a reforma trabalhista. São Paulo: LTr, 2019.

TEIXEIRA FILHO, Manoel Antonio. *O processo do trabalho e a reforma trabalhista*: as alterações introduzidas no processo do trabalho pela Lei n. 13.467/2017. São Paulo: LTr, 2017.

TRT-3 – AP: 00001201718403006 0000001-16.2017.5.03.0184, Relator: Jose Marlon de Freitas, Oitava Turma, Data de Publicação: 16.05.2017. Disponível em: <https://trt-3.jusbrasil.com.br/jurisprudencia/459410310/agravo-de-peticao-ap-1201718403006-0000001-1620175030184?ref=serp>. Acesso em: 29 ago. 2019.

TRT-4 – AP: 00002746520135040003 RS 0000274-65.2013.5.04.0003, Relator: Marcelo José Ferlin D'Ambroso, Data de Publicação: 27.09.2013. Disponível em: <https://trt-4.jusbrasil.com.br/jurisprudencia/128640110/agravo-de-peticao-ap-2746520135040003-rs-0000274-6520135040003?ref=serp>. Acesso em: 29 ago. 2019.

TST – RO: 10004172720185020000, Relator: Alexandre Luiz Ramos, Data de Publicação: DEJT 30.11.2018. Disponível em: <https://tst.jusbrasil.com.br/jurisprudencia/653839566/recurso-ordinario-trabalhista-ro-10004172720185020000?ref=serp>. Acesso em: 29 ago. 2019.

TST – RR: 5664044201451300 02, Relator: Alexandre de Souza Agra Belmonte. Data de Publicação: DEJT 12.04.2019. Disponível em: <https://tst.jusbrasil.com.br/jurisprudencia/697781943/recurso-de-revista-rr-5664044201451300 02?ref=serp>. Acesso em: 29 ago. 2019.

TST. Súmula n. 417. DEJT divulgado em 20, 21 e 22.09.2016. Disponível em: <http://www3.tst.jus.br/jurisprudencia/Sumulas_com_indice/Sumulas_Ind_401_450.html#SUM-417>. Acesso em: 29 ago. 2019.

A Execução e a Penhora de Salário

Júlia Figueiredo Junqueira[(1)]

1. INTRODUÇÃO

A execução trabalhista visa à concretização do direito reconhecido na sentença ou no título extrajudicial e se lastreia nos princípios da efetividade, duração razoável do processo, economia, menor onerosidade, utilidade e respeito da dignidade da pessoa humana.

O caráter publicista do Processo do Trabalho e o relevante interesse social envolvido na satisfação do crédito trabalhista decorrem do princípio da função social da execução trabalhista. Assim, a execução deve ser processada buscando a satisfação do crédito exequendo, vez que a execução trabalhista prima pela simplicidade, celeridade e efetividade.

Em regra, a execução inicia-se após o trânsito em julgado da fase de conhecimento, seja por meio da instauração de ofício pelo magistrado quando o autor não possuir advogado constituído nos autos, conforme disciplina o art. 878 da CLT após inovação advinda da Reforma Trabalhista – Lei n. 11.467/17[(2)] –, seja a requerimento do próprio exequente.

O juiz do trabalho, então, determina a citação do executado, que tem três possibilidades: (1) realizar o pagamento do débito em dinheiro, o que não ocorre com muita frequência; (2) não pagar, mas garantir a execução com o depósito do valor homologado em conta vinculada ao juízo, apresentação de seguro-garantia judicial, ou nomeação de bens à penhora (art. 882 da CLT – Consolidação das Leis do Trabalho)[(3)], sendo que esta última deve observar a ordem de preferência elencada no art. 835 do CPC – Código de Processo Civil de 2015[(4)], em que a primeira opção é "dinheiro, em espécie ou em depósito ou aplicação em instituição financeira", tendo em vista a maior facilidade de conversão do bem em dinheiro. Se, no entanto, o executado não pagar nem garantir o juízo, (3) o crédito se sujeitará à penhora, a ser realizada compulsoriamente, hipótese em que também deverá ser observada a ordem estabelecida pela legislação, a fim de se evitar a constrição sobre bens de pouca liquidez.

A penhora[(5)], em suma, consiste na apreensão dos bens do executado, tantos quantos bastem para a satisfação do crédito do exequente, e tornando-se, muitas vezes, vital à satisfação do crédito trabalhista. hipossuficiente, e a verba devida tem possui caráter alimentar, havendo a necessidade premente de celeridade do procedimento, uma vez que o trabalhador necessita receber o valor do crédito para sobreviver e buscar uma vida digna. Relevante que se tenha presente que essa busca está fundada em atividade já desenvolvida e no inadimplemento da obrigação pelo empregador.

Entretanto, o que se verifica na prática é que, cada vez mais, o credor trabalhista sofre com a demora no recebimento de seus créditos, motivo de grande ansiedade e frustração, visto que, não raras vezes, o jurisdicionado se depara com execuções que se arrastam por prazo superior àquele relativo ao processo de conhecimento.

O Relatório "Justiça em números"[(6)], confeccionado pelo CNJ, aponta que o tempo médio de duração de um processo trabalhista no Brasil, em 2017, foi de 11 (onze) meses na fase de conhecimento ao passo que na fase de execução este número aumentou consideravelmente, atingindo incríveis 2 (dois) anos e 11 (onze) meses.

Desse modo, verifica-se que a fase de execução, mesmo não envolvendo atividade de cognição, torna-se morosa em relação à fase de conhecimento, ainda que nessa seja

(1) Graduada em Direito pela Faculdade de Direito Milton Campos/MG. Membro da Oficina de Estudos Avançados IPCPT – As Interfaces Entre Processo Civil e o Processo do Trabalho da Faculdade de Direito Milton Campos. Advogada.

(2) Art. 878 da CLT: A execução será promovida pelas partes, permitida a execução de ofício pelo juiz ou pelo Presidente do Tribunal apenas nos casos em que as partes não estiverem representadas por advogado.

(3) Art. 882 da CLT: O executado que não pagar a importância reclamada poderá garantir a execução mediante depósito da quantia correspondente, atualizada e acrescida das despesas processuais, apresentação de seguro-garantia judicial ou nomeação de bens à penhora, observada a ordem preferencial estabelecida no art. 835 da Lei n. 13.105, de 16 de março de 2015 – Código de Processo Civil.

(4) Art. 835 do CPC – A penhora observará, preferencialmente, a seguinte ordem: I – dinheiro, em espécie ou em depósito ou aplicação em instituição financeira; II – títulos da dívida pública da União, dos Estados e do Distrito Federal com cotação em mercado; III – títulos e valores mobiliários com cotação em mercado; IV – veículos de via terrestre; V – bens imóveis; VI – bens móveis em geral; VII – semoventes; VIII – navios e aeronaves; IX – ações e quotas de sociedades simples e empresárias; X – percentual do faturamento de empresa devedora; XI – pedras e metais preciosos; XII – direitos aquisitivos derivados de promessa de compra e venda e de alienação fiduciária em garantia; XIII – outros direitos.

(5) Disciplinada no art. 831 do CPC e aplicável ao processo do trabalho nos termos do art. 769 da CLT.

(6) Confira o teor do relatório "Justiça em Número 2018" no *site* <http://www.cnj.jus.br/files/conteudo/arquivo/2018/08/44b7368ec6f888b383f6c3de40c32167.pdf>.

necessária a postulação das partes e a dilação probatória até o pronunciamento da sentença.

Isso ocorre devido ao fato de grande parte das demandas levadas à Justiça do Trabalho não serem pagas espontaneamente e ocorrer a indicação de bens à penhora, ocasionando o redirecionamento da execução para a figura dos sócios da executada, por meio da desconsideração da personalidade jurídica; ou, quando pessoa física, por meio de seu patrimônio pessoal, fazendo com que a penhora se torne um ato contínuo na justiça trabalhista, não raras vezes recaindo sobre parcelas salariais do devedor, o que, em regra, é vedado pelo art. 833, IV, do CPC de 2015[(7)].

Nesse contexto, o presente ensaio versa sobre a (im) penhorabilidade dos salários e demais valores destinados ao sustento do devedor e de sua família, cenário que sofreu alteração com o advento do CPC de 2015.

2. PONDERAÇÃO DE VALORES

Insta ressaltar, inicialmente, o que é salário e sua importância.

A Constituição Federal de 1988 e a CLT estabelecem o direito a um mínimo existencial, evitando que as partes negociem de forma absoluta o valor do salário, em decorrência do princípio da irrenunciabilidade. Isto porque, o salário, via de regra, é o meio de subsistência do ser humano, sendo fundamental para a afirmação do indivíduo no meio social e familiar.

Mauricio Godinho Delgado conceitua salário como "o conjunto de parcelas contraprestativas pagas pelo empregador ao trabalhador em função do contrato de trabalho" (2014, p. 733).

Já a Convenção n. 95 da OIT, em seu art. 1º, define:

> Para os fins da presente convenção, o termo "salário" significa, qualquer que seja a denominação ou modo de cálculo, a remuneração ou os ganhos susceptíveis de serem avaliados em espécie ou fixados por acordo ou pela legislação nacional, que são devidos em virtude de um contrato de aluguel de serviços, escrito ou verbal, por um empregador a um trabalhador, seja por trabalho efetuado, ou pelo que deverá ser efetuado, seja por serviços prestados ou que devam ser prestados.

Desse modo, percebe-se que o caráter alimentar do salário é a sua característica central, vital às necessidades pessoais e essenciais do trabalhador, sendo a sua proteção essencial para evitar prejuízos ao seu sustento e o de sua família.

Ocorre que a Constituição Federal, em seu art. 7º, X[(8)], disciplina como direito dos trabalhadores a proteção do salário "na forma da lei", o que abre margem para a presente discussão. Isso porque, em atenção ao diálogo das fontes aplicável à seara trabalhista, o art. 8º do CPC[(9)] determina que seja observada a proporcionalidade na aplicação do ordenamento jurídico.

Ocorre que nem todas as demandas trabalhistas possuem, como polo passivo, pessoas jurídicas e, quando possuem, em grande parte a execução acaba sendo revertida contra os sócios, fazendo-se necessária a análise da figura do salário visto que não raras vezes este é o único bem a ser executado. Do mesmo modo que o salário é revestido de natureza salarial quanto ao devedor, também o é quanto ao credor[(10)], ocasionando assim um embate entre os princípios da defesa da dignidade do trabalhador/devedor e o da dignidade do trabalhador/credor.

Nesse sentido, nota-se que o art. 5º, *caput*, da Constituição Federal assevera que todos são iguais perante a lei, não havendo, portanto, um direito fundamental que seja absoluto.

Cleber Lúcio de Almeida (2016, p. 809) assevera que:

> No exame da questão não se pode ser olvidado que a dignidade do trabalhador credor tem a mesma importância da dignidade do trabalhador devedor. O respeito a estas duas dignidades deve ser harmonizado, para que o respeito à dignidade de um trabalhador (devedor) não se faça à custa da violação da dignidade do outro (credor).

À vista disso, o art. 1º, III, da CF/88 estipula como princípio norteador da ordem econômica a dignidade da pessoa humana, impondo que seja assegurada existência digna a todos.

Desse modo, independentemente da complexidade e peculiaridade da lide, a dignidade do devedor deve ser observada de modo que a satisfação do crédito do trabalhador/credor seja possível sem que sua dignidade seja perdida, valendo-se para tanto dos princípios da razoabilidade e da proporcionalidade, sendo este último considerado o "princípio dos princípios" por almejar a solução de conflitos de forma que, respeitando mais um princípio, desrespeite o mínimo dos outros (GUERRA FILHO, 2005, p. 59).

(7) Art. 833 do CPC – São impenhoráveis: IV – os vencimentos, os subsídios, os soldos, os salários, as remunerações, os proventos de aposentadoria, as pensões, os pecúlios e os montepios, bem como as quantias recebidas por liberalidade de terceiro e destinadas ao sustento do devedor e de sua família, os ganhos de trabalhador autônomo e os honorários de profissional liberal, ressalvado o § 2º;

(8) Art. 7º da CR/88: São direitos dos trabalhadores urbanos e rurais, além de outros que visem à melhoria de sua condição social: X – proteção do salário na forma da lei, constituindo crime sua retenção dolosa;

(9) Art. 8º do CPC: Ao aplicar o ordenamento jurídico, o juiz atenderá aos fins sociais e às exigências do bem comum, resguardando e promovendo a dignidade da pessoa humana e observando a proporcionalidade, a razoabilidade, a legalidade, a publicidade e a eficiência.

(10) "Há que se perceber, entretanto, que a execução de créditos trabalhista envolve, na sua maioria, prestações de natureza alimentar, ainda que em sentido amplo. Nesse caso, entra em jogo, também a dignidade da pessoa humana do credor e de sua família, a exigir um equilíbrio dos limites políticos à penhora de bens do executado" (BEBER, 2017, p. 227).

Percebe-se, assim, que no caso de haver colisão entre princípios, o fato de um deles prevalecer não importará a invalidade do outro; a realidade é que os princípios têm diferentes pesos, que devem ser analisados em cada caso concreto.

3. PENHORA DE SALÁRIO

3.1. Contexto histórico e o novo CPC

O diploma Processual Civil de 1939, em seu art. 930, expunha que a penhora poderia recair "em quaisquer bens do executado".

Tal dispositivo gerou, além da discricionariedade judicial, uma arbitrariedade que, segundo Teixeira Filho, "teria o efeito maléfico de submeter o devedor a um estado de aviltamento de sua condição humana" (2017, p. 361).

Assim, embora o CPC de 1973, em seu art. 591 (atual art. 789 do CPC de 2015), tenha trazido a previsão que o devedor responderia com todos os seus bens presentes e futuros para o cumprimento de suas obrigações, salvo as restrições estabelecidas em lei, esse diploma legal passou a tratar em seu art. 649 da impenhorabilidade. É certo que, embora a regra geral contida no *caput* declarasse serem absolutamente impenhoráveis os vencimentos, salários e remunerações, o § 2º, como exceção, previa a possibilidade de penhora de salário para pagamento de prestação alimentícia, conforme se verifica abaixo:

> Art. 649 do CPC/73 – São absolutamente impenhoráveis:
>
> IV – os vencimentos, subsídios, soldos, salários, remunerações, proventos de aposentadoria, pensões, pecúlios e montepios; as quantias recebidas por liberalidade de terceiro e destinadas ao sustento do devedor e sua família, os ganhos de trabalhador autônomo e os honorários de profissional liberal, observado o disposto no § 3º deste artigo.
>
> § 2º O disposto no inciso IV do *caput* deste artigo não se aplica no caso de penhora para pagamento de prestação alimentícia.

Percebe-se, então, que o Código anterior declarava como absolutamente impenhoráveis os "vencimentos, subsídios, soldos, salários, remunerações, proventos de aposentadoria, pensões, pecúlio", dentre outros valores que detêm natureza alimentar, trazendo como exceção apenas a hipótese de penhora para pagamento de prestação alimentícia. Isso porque, com relação à prestação alimentícia, do outro lado se tem valor da mesma envergadura, ou seja, também de natureza alimentar.

Marinoni (2015, p. 787) destaca que as impenhorabilidades são fundadas em uma identificação infraconstitucional da dignidade da pessoa humana (art. 1º, III, CF), de modo que a satisfação do crédito objeto da execução resta prejudicado, dada a impossibilidade de penhora.

Desse modo, durante a vigência do CPC/73, a jurisprudência trabalhista dominante(11) considerava ilegal e arbitrária a penhora da remuneração do devedor trabalhista, ainda que em parte, entendimento este consubstanciado na Orientação Jurisprudencial n. 153 da SDI-II do TST(12) e em diversas Súmulas e Orientações Jurisprudenciais pelo país(13).

É que consideravam que a natureza alimentar dos direitos trabalhistas não guardava nenhuma identidade com a exceção trazida pelo § 2º do art. 649 do CPC/73(14). Argumentava-se ainda que a natureza alimentar era gênero do qual os créditos trabalhistas e a prestação alimentícia eram espécie, não podendo essa última ser interpretada de forma extensiva, por se tratar de norma imperativa.

Ocorre que, ainda que na vigência do CPC de 1973, considerar absoluta a impenhorabilidade dos créditos trabalhistas seria admitir que o trabalhador/credor não merece proteção no que concerne ao direito a uma sobrevivência digna e saudável, ainda que se trate de verbas salariais.

---

(11) Em contraponto, embora minoritário, diversos eram os argumentos para a realização da penhora de salários para pagamento dos créditos trabalhistas, dentre os quais se destaca o Enunciado n. 29 da Jornada sobre Execução na Justiça do Trabalho, realizada em Cuiabá/MT, em novembro de 2010, que disciplina como lícita, excepcionalmente, a penhora de até 30% dos rendimentos decorrentes do trabalho, pensão e aposentadoria, discriminados no inciso IV do art. 649 do CPC, por expressa previsão no § 2º do mesmo artigo, desde que comprovado o esgotamento de todos os meios disponíveis de localização dos bens do devedor.

(12) OJ n. 153 da SDI-II do TST. MANDADO DE SEGURANÇA. EXECUÇÃO. ORDEM DE PENHORA SOBRE VALORES EXISTENTES EM CONTA SALÁRIO. ART. 649, IV, DO CPC DE 1973. ILEGALIDADE. (atualizada em decorrência do CPC de 2015) – Res. 220/2017, DEJT divulgado em 21, 22 e 25.09.2017. Ofende direito líquido e certo decisão que determina o bloqueio de numerário existente em conta salário, para satisfação de crédito trabalhista, ainda que seja limitado a determinado percentual dos valores recebidos ou a valor revertido para fundo de aplicação ou poupança, visto que o art. 649, IV, do CPC de 1973 contém norma imperativa que não admite interpretação ampliativa, sendo a exceção prevista no art. 649, § 2º, do CPC de 1973 espécie e não gênero de crédito de natureza alimentícia, não englobando o crédito trabalhista.

(13) Como a Súmula n. 3 do TRT da 1ª Região; Súmula n. 21 do TRT da 2ª Região; Orientação Jurisprudencial n. 8 do TRT da 3ª Região; Súmula n. 1 do TRT da 11ª Região; Súmula n. 1 do TRT da 14ª Região; Orientação Jurisprudencial n. 1 e n. 2 do TRT da 15ª Região; Súmula n. 14 do TRT da 18ª Região.

(14) Art. 649 do CPC/1973. São absolutamente impenhoráveis: (...) IV – os vencimentos, subsídios, soldos, salários, remunerações, proventos de aposentadoria, pensões, pecúlios e montepios; as quantias recebidas por liberalidade de terceiro e destinadas ao sustento do devedor e sua família, os ganhos de trabalhador autônomo e os honorários de profissional liberal, observado o disposto no § 3º deste artigo (Redação dada pela Lei n. 11.382, de 2006). § 2º O disposto no inciso IV do *caput* deste artigo não se aplica no caso de penhora para pagamento de prestação alimentícia. (Incluído pela Lei n. 11.382, de 2006).

Com a vigência do novo Código de Processo Civil, em vigor desde 2016, renovaram-se as discussões acerca da matéria. Isso porque o novo diploma legal excluiu a expressão "absolutamente impenhoráveis", de modo acertado, já que notadamente inexistem direitos absolutos, devendo o intérprete, segundo Iuri Pinheiro, "estar sempre preparado para uma harmonização e concordância prática por meio da técnica da ponderação de interesses no caso concreto", além de ter acrescentado a expressão "independentemente de sua origem" ao § 2º do agora art. 833, *in verbis*:

> Art. 833, CPC – São impenhoráveis:
>
> IV – os vencimentos, os subsídios, os soldos, os salários, as remunerações, os proventos de aposentadoria, as pensões, os pecúlios e os montepios, bem como as quantias recebidas por liberalidade de terceiro e destinadas ao sustento do devedor e de sua família, os ganhos de trabalhador autônomo e os honorários de profissional liberal, ressalvado o § 2º;
>
> § 2º O disposto nos incisos IV e X do *caput* não se aplica à hipótese de penhora para pagamento de prestação alimentícia, independentemente de sua origem, bem como às importâncias excedentes a 50 (cinquenta) salários-mínimos mensais, devendo a constrição observar o disposto no art. 528, § 8º, e no art. 529, § 3º.

Em face de tais alterações, o argumento de que a exceção do revogado art. 649, § 2º, do CPC/1973 fazia referência apenas à prestação alimentícia, fixada com espeque no art. 1.694 do CC/2002[15], perdeu a razão de ser haja vista o CPC/15 permitir a penhora em todas as formas de prestação alimentícia, independentemente de sua origem.

Insta salientar ainda que a natureza alimentar do crédito trabalhista está relacionada com uma de suas funções básicas, que é a de servir de meio para a sobrevivência do trabalhador e de sua família, não estando portanto tipificada apenas nas legislações civil e trabalhista, mas também no art. 100, §§ 1º e 2º, da Constituição Federal de 1988[16]. Tais dispositivos preveem que os créditos de natureza alimentar devidos pela Fazenda Púbica serão pagos com preferência sobre todos os demais créditos, exceto aqueles cujos titulares tenham sessenta anos de idade ou mais na data de expedição do precatório, ou seja portadores de doença grave.

O art. 186 do Código Tributário Nacional[17] também reconhece a preferência do crédito trabalhista em relação ao tributário, que, por sua vez, prefere a qualquer outro, seja qual for a sua natureza ou tempo de constituição. Ainda, o art. 83, I, da Lei n. 11.101/11[18] estipula prioridade aos créditos trabalhistas na falência, limitados a 150 (cento e cinquenta) salários mínimos por credor, juntamente com os decorrentes de acidentes de trabalho (ALMEIDA, 2016, p. 745).

Ademais, Marinoni afirma que a remuneração e os valores de cadernetas de poupança "podem ser penhorados para o adimplemento de prestação que tenha natureza alimentícia – pouco importando se se tratar de alimentos naturais ou civis, provisórios ou definitivos", podendo ainda recair sobre parte de remunerações vultuosas, ou seja, aquelas superiores a cinquenta salários mínimos, desde que não se subtraia do devedor a metade de sua remuneração líquida (2015, p. 789).

Importante destacar que o TST, ao aprovar a Instrução Normativa n. 39/16, consignou, em seu art. 3º, XV[19], ser aplicável ao Processo do Trabalho o art. 833 do CPC.

A Convenção n. 95 da OIT, regulamentada no Brasil por meio do Decreto Legislativo n. 24/56 e promulgada pelo Decreto n. 41.721/57, por sua vez, traz, em seu art. 10[20], item 2, que o salário deve ser protegido contra a penhora ou a cessão na medida julgada necessária para assegurar a manutenção do trabalhador e de sua família.

Desse modo, conclui-se que a referida Convenção permite a penhora de salários, desde que as condições necessárias a uma vida digna do trabalhador/devedor sejam garantidas, ou seja, "desde que a satisfação do primeiro não

---

(15) Art. 1.694 do CC/2002: Podem os parentes, os cônjuges ou companheiros pedir uns aos outros os alimentos de que necessitem para viver de modo compatível com a sua condição social, inclusive para atender às necessidades de sua educação.

(16) Art. 100 da CF/88: Os pagamentos devidos pelas Fazendas Públicas Federal, Estaduais, Distrital e Municipais, em virtude de sentença judiciária, far-se-ão exclusivamente na ordem cronológica de apresentação dos precatórios e à conta dos créditos respectivos, proibida a designação de casos ou de pessoas nas dotações orçamentárias e nos créditos adicionais abertos para este fim. § 1º Os débitos de natureza alimentícia compreendem aqueles decorrentes de salários, vencimentos, proventos, pensões e suas complementações, benefícios previdenciários e indenizações por morte ou por invalidez, fundadas em responsabilidade civil, em virtude de sentença judicial transitada em julgado, e serão pagos com preferência sobre todos os demais débitos, exceto sobre aqueles referidos no § 2º deste artigo. § 2º Os débitos de natureza alimentícia cujos titulares, originários ou por sucessão hereditária, tenham 60 (sessenta) anos de idade, ou sejam portadores de doença grave, ou pessoas com deficiência, assim definidos na forma da lei, serão pagos com preferência sobre todos os demais débitos, até o valor equivalente ao triplo fixado em lei para os fins do disposto no § 3º deste artigo, admitido o fracionamento para essa finalidade, sendo que o restante será pago na ordem cronológica de apresentação do precatório.

(17) Art. 186 do CTN: O crédito tributário prefere a qualquer outro, seja qual for sua natureza ou o tempo de sua constituição, ressalvados os créditos decorrentes da legislação do trabalho ou do acidente de trabalho.

(18) Art. 83 da Lei n. 11.101/11: A classificação dos créditos na falência obedece à seguinte ordem: I – os créditos derivados da legislação do trabalho, limitados a 150 (cento e cinquenta) salários-mínimos por credor, e os decorrentes de acidentes de trabalho;

(19) Art. 3º da IN n. 39/16: Sem prejuízo de outros, aplicam-se ao Processo do Trabalho, em face de omissão e compatibilidade, os preceitos do Código de Processo Civil que regulam os seguintes temas: XV – art. 833, incisos e parágrafos (bens impenhoráveis);

(20) Art. 10 da Convenção n. 95 da OIT: 1. O salário não poderá ser objeto de penhora ou cessão, a não ser segundo as modalidades e nos limites prescritos pela legislação nacional. 2. O salário deve ser protegido contra a penhora ou a cessão na medida julgada necessária para assegurar a manutenção do trabalhador e de sua família.

implique privação do necessário à sobrevivência digna do segundo" (ALMEIDA, 2016, p. 809).

Sob esta perspectiva, o TST alterou o entendimento consagrado na Orientação Jurisprudencial n. 153 da SDI-II de modo a restringir a ilegalidade da penhora sobre os valores existentes em conta salário apenas quanto às ações ajuizadas na vigência do CPC de 1973.[21]

É interessante notar que o Superior Tribunal de Justiça[22] que, em regra, não lida com créditos de natureza alimentar, já decidiu pela penhorabilidade do salário, veja:

> PROCESSUAL CIVIL. AGRAVO INTERNO NO AGRAVO EM RECURSO ESPECIAL. EXECUÇÃO DE HONORÁRIOS ADVOCATÍCIOS. PENHORA. VERBA ALIMENTAR. EXCEÇÃO. POSSIBILIDADE. DECISÃO MANTIDA.
>
> 1. 'A jurisprudência desta Corte Superior consolidou o entendimento no sentido de que o caráter absoluto da impenhorabilidade dos vencimentos, soldos e salários (dentre outras verbas destinadas à remuneração do trabalho) é excepcionado pelo § 2º do art. 649 do CPC de 1973 (atual art. 833, § 2º, do CPC de 2015), quando se tratar de penhora para pagamento de prestações alimentícias' (AgInt no AREsp 1.107.619/PR, Rel. Ministro LUIS FELIPE SALOMÃO, QUARTA TURMA, julgado em 16.11.2017, DJe 22.11.2017).
>
> 2. Agravo interno a que se nega provimento.
>
> (AgInt no AREsp 1209653/SP, Rel. Ministro ANTONIO CARLOS FERREIRA, QUARTA TURMA, julgado em 21.08.2018, DJe 28.08.2018)

Nesse contexto, aos poucos os Tribunais Regionais do Trabalho vêm se adequando à nova legislação, sendo que o Tribunal Superior do Trabalho, embora não no âmbito dos precedentes obrigatórios, já se posicionou sobre o tema, veja[23]:

> RECURSO ORDINÁRIO EM MANDADO DE SEGURANÇA. PENHORA INCIDENTE SOBRE HONORÁRIOS MÉDICOS RECEBIDOS PELO IMPETRANTE. LEGALIDADE. ART. 833, § 2º, do CPC/2015. Na presente hipótese, a ilegalidade apontada é a decisão judicial proferida na reclamação trabalhista de origem, que determinou o bloqueio dos créditos do executado, ora impetrante, até atingir o valor total da execução, qual seja R$ 37.971,78. **Observe-se, no caso, que a decisão combatida foi prolatada em 08.05.2017, portanto, na vigência do CPC/2015**. Nesse contexto, cumpre assinalar o que preceitua o § 2º do art. 833 do citado Código: O disposto nos incisos IV e X do *caput* não se aplica à hipótese de penhora para pagamento de prestação alimentícia, independentemente de sua origem, bem como às importâncias excedentes a 50 (cinquenta) salários mínimos mensais, devendo a constrição observar o disposto no art. 528, § 8º, e no art. 529, § 3º. **Assim, verifica-se que o inadimplemento de prestações alimentícias "independentemente de sua origem" enseja penhora de salários e proventos no limite estabelecido na novel lei processual.** Note-se que a expressão destacada não existia no CPC de 1973 e, por essa razão, esta Corte Superior consagrou o entendimento segundo o qual a exceção do revogado art. 649, § 2º, do CPC/1973 fazia referência apenas à prestação alimentícia fixada com espeque no art. 1.694 do CC/2002. Por fim, ressalte-se que o Tribunal Pleno dessa Corte Superior alterou a redação da Orientação Jurisprudencial n. 153 da SBDI-2/TST (Res. 220/2017, DEJT divulgado em 21, 22 e 25.09.2017) para deixar claro que a diretriz ali contida se aplica apenas a penhoras sobre salários realizadas quando ainda em vigor o revogado CPC de 1973, o que não se verifica na espécie. Destarte, não se há de falar em afronta a direito líquido e certo da impetrante, tampouco em violação de dispositivo de lei. Dessa forma, conclui-se que a decisão impugnada não merece reparos. Recurso ordinário conhecido e não provido. (TST, RO n. 21601-36.2017.5.04.0000, SDI-II, Rel. Min. Maria Helena Mallmann, DJ 07.12.2017) – Grifei.

Dessa maneira, não restam dúvidas quanto à possibilidade de penhora dos salários dos trabalhadores/devedores. Contudo, a partir daí, dá-se início a uma nova discussão, qual seja, o percentual considerado razoável para que a penhora não prejudique a manutenção do trabalhador/devedor e de sua família.

3.2. Percentual passível de penhora

Apesar de o diploma celetista tratar apenas de uma penhora parcial e excepcional de salário, visto que apenas as importâncias excedentes a 50 (cinquenta) salários mínimos

---

(21) *Informativo n. 168 do TST* – Mandado de segurança. Ato coator proferido na vigência do CPC de 2015. Determinação de penhora incidente sobre percentual da aposentadoria. Legalidade. Ausência de ofensa a direito líquido e certo dos impetrantes. Art. 833, § 2º, do CPC de 2015. Não aplicação da Orientação Jurisprudencial n. 153 da SBDI-II.

Na hipótese em que o ato impugnado foi proferido na vigência do CPC de 2015, não ofende direito líquido e certo dos impetrantes a penhora de 15% dos proventos de aposentadoria para pagamento de créditos trabalhistas efetuada nos termos do art. 833, § 2º, do CPC de 2015. O entendimento consagrado na Orientação Jurisprudencial n. 153 da SBDI II não se aplica ao caso em concreto porque a diretriz ali definida restringe-se às penhoras efetuadas quando em vigor o CPC de 1973.

Sob esse fundamento, a SBDI-II, à unanimidade, conheceu do recurso ordinário dos impetrantes, e, no mérito, negou-lhe provimento. TST-RO-20605-38.2017.5.04.0000, SBDI-II, rel. Min. Delaíde Miranda Arantes, 17.10.2017.

(22) AgInt no AREsp 1107619/PR, Rel. Ministro LUIS FELIPE SALOMÃO, QUARTA TURMA, julgado em 16.11.2017, DJe 22.11.2017; AgInt no REsp 1733837/RS, Rel. Ministro LÁZARO GUIMARÃES (DESEMBARGADOR CONVOCADO DO TRF 5ª REGIÃO), QUARTA TURMA, julgado em 02.08.2018, DJe 10.08.2018;

(23) TST, RO n. 646-54.2017.5.05.0000, SDI-II, Rel. Min. Douglas Alencar Rodrigues, DJe 20.04.2018;
TST, RO n. 1044 35.2016.5.05.0000, SDI-II, Rel. Min. Maria Helena Mallmann, DJe 07.12.2017.

mensais poderiam ser penhoradas, conforme exposto anteriormente, o Tribunal Superior do Trabalho, assim como alguns Tribunais Regionais do País, cada vez mais têm alterado seus julgados no sentido de considerarem válidas as penhoras realizadas na vigência do CPC/15, tendo em vista a ampliação da exceção do § 2º no art. 833. Contudo, diversos são os percentuais utilizados como parâmetro para a penhora salarial, haja vista a dificuldade em se definir o *quantum* necessário para garantir ao trabalhador/devedor o mínimo para uma vida digna.

Nesse contexto, o § 2º do art. 833 faz referência ao art. 529, § 3º, ambos do CPC, que dispõe:

> Art. 529. Quando o executado for funcionário público, militar, diretor ou gerente de empresa ou empregado sujeito à legislação do trabalho, o exequente poderá requerer o desconto em folha de pagamento da importância da prestação alimentícia.
>
> § 3º Sem prejuízo do pagamento dos alimentos vincendos, o débito objeto de execução pode ser descontado dos rendimentos ou rendas do executado, de forma parcelada, nos termos do *caput* deste artigo, contanto que, somada à parcela devida, não ultrapasse cinquenta por cento de seus ganhos líquidos.

Desse modo, percebe-se que o legislador visou proteger o salário, vedando sua penhora em importe superior a 50% do montante líquido auferido pelo trabalhador/devedor. Ocorre que, ao disciplinar apenas sobre a porcentagem máxima, o legislador manteve com o judiciário a possibilidade de definir a porcentagem a ser penhorada em cada caso concreto, desde que não superior a 50%, devendo o magistrado definir, com base no princípio da proporcionalidade, a porcentagem que julga ser coerente ao caso concreto (MIESSA, Élisson; CORREIA, Henrique. 2017, p. 2039).

O Tribunal Regional do Trabalho da 9ª Região, antes mesmo da promulgação do CPC/15, já possuía verbete sumular considerando válida a penhora de até 30% do salário, de acordo com as circunstâncias do caso concreto. Após a entrada em vigor do CPC, o Tribunal alterou a OJ EX SE – 36[24] apenas no tocante à abrangência, limitando-se apenas aos créditos de prestação alimentícia decorrentes de acidente de trabalho ou doença profissional, ou seja, manteve o percentual antes fixado.

O Tribunal Regional do Trabalho da 5ª Região, por sua vez, após a promulgação do CPC/15, uniformizou a sua jurisprudência com a edição da Súmula n. 47[25], disciplinando ser possível a penhora de salários para pagamento de débitos trabalhistas de natureza alimentar, limitando a penhora em 20% dos gastos líquidos mensais do executado.

A Lei n. 10.820/2003, que trata do pagamento de empréstimos e financiamentos, admite o desconto por consignação, prevendo a possibilidade de restrição de parcela no percentual de até 30% do salário. Todavia, essa previsão legal trata-se de medida extrajudicial, decorrente do contrato de consignação pactuado entre as partes e, por conseguinte, difere-se da penhora judicial.

Nesse sentido, o STJ firmou entendimento de que:

> [...] a jurisprudência da Casa tem entendido que, em contratos bancários, havendo pactuação expressa, é possível o desconto por consignação de até 30% das verbas salariais recebidas pelo contratante. Situação diversa é a penhora sobre proventos e salários do devedor, tendo em vista a absoluta impenhorabilidade prevista no art. 649, inciso IV, do CPC, a qual, em princípio, só pode ceder vez para a satisfação de crédito alimentar' (EDcl no REsp 1284388/MT, Rel. Ministro Luis Felipe Salomão, Quarta Turma, julgado em 24.04.2014, DJe 30.04.2014).

Acertadamente, leciona Daniel Amorim Assumpção Neves (2016, p. 1.321) que "poderia se alegar que, se uma instituição financeira pode se valer de parte do salário do devedor para satisfazer seu direito de crédito, com muito mais razão poderia o Estado-juiz determinar medida executiva no mesmo sentido."

Desse modo, verifica-se que seria incoerente não permitir a constrição da parcela quanto ao pagamento das verbas

(24) OJ EX SE – 36: PENHORA E BEM DE FAMÍLIA [...] VIII – *Penhora de salários*. Exceto na execução de créditos de prestação alimentícia decorrentes de acidente de trabalho ou doença profissional, os vencimentos, os subsídios, os soldos, os salários, as remunerações, os proventos de aposentadoria, as pensões, os pecúlios e os montepios, as quantias recebidas por liberalidade de terceiro e destinadas ao sustento do devedor e de sua família, os ganhos de trabalhador autônomo e os honorários de profissional liberal são impenhoráveis até o montante de 50 salários mínimos mensais (art. 833 do CPC). São passíveis de penhora nas execuções de créditos de prestação alimentícia decorrentes de acidente de trabalho ou doença profissional, bem como, nas demais execuções, na importância que exceder o valor equivalente a 50 salários mínimos mensais (§ 2º do art. 833 do CPC). (NOVA REDAÇÃO RA/SE/001/2017, DEJT divulgado em 30.06.2017)

a) para a apuração do limite de 50 salários mínimos deverá ser considerado o valor bruto das parcelas acima discriminadas;

b) na execução de créditos de prestação alimentícia decorrente de acidente de trabalho e doença profissional, a penhora deve ser limitada a 30% do valor mensal percebido pelo devedor, abatidos apenas as contribuições previdenciárias e o imposto sobre a renda.

(25) Súmula n. 47 do TRT da 5ª Região: INCIDENTE DE UNIFORMIZAÇÃO DE JURISPRUDÊNCIA. PENHORA DE SALÁRIOS E OUTROS PROVENTOS. INTERPRETAÇÃO DO ART. 833 – IV E § 2º C/C ART. 529, § 3º, DO CPC/2015. POSSIBILIDADE. PENHORA LIMITADA A 20% DOS GANHOS LÍQUIDOS MENSAIS DO DEVEDOR. Com fundamento no art. 833, IV e § 2º, art. 529, § 3º, ambos do CPC/2015, é possível a penhora de "vencimentos", "subsídios", "soldos", "salários", "remunerações", "proventos de aposentadoria", "pensões", "pecúlios", "montepios", "bem como as quantias recebidas por liberalidade de terceiro e destinadas ao sustento do devedor e de sua família, os ganhos de trabalhador autônomo e os honorários de profissional liberal", para pagamento de débitos trabalhistas de natureza alimentar, desde que não ultrapasse 20% dos ganhos líquidos mensais do executado. (Resolução Administrativa n. 0017/2017 – Divulgada no Diário Eletrônico do TRT da 5ª Região, edições de 16, 17 e 18.05.2017, de acordo com o disposto no art. 187-B do Regimento Interno do TRT da 5ª Região).

trabalhista, que, como já dito, ostentam, em sua maioria, natureza salarial.

Nesse tocante, considerando ainda que a jurisprudência majoritária entende que a penhora de, em média, 30% do salário do devedor em caso de pensão alimentícia não dificulta ou impede a subsistência, torna-se prudente a utilização, como referência, de percentual nas execuções trabalhistas.

Nesse sentido, o C. TST tem proferido decisões em que variam o percentual a ser penhorado, sempre mantendo o limite máximo determinado no CPC, de 50% dos ganhos líquidos do trabalhador/executado[26].

Ressalte-se, contudo, a necessidade de apreciação de caso a caso, facultando-se ao devedor provar que o valor penhorado, seja ele de 10%, 30% ou 50%, afeta o seu sustento e de sua família, em observância ao princípio da proporcionalidade, cabendo ao julgador realizar a ponderação de interesses de modo a garantir que a execução se dê de forma menos onerosa para o trabalhador/executado, conforme determina o art. 805 do CPC[27].

Ainda há que se considerar o instituto da negociação processual, consubstanciado no art. 190 do CPC[28], que permite a possibilidade de negociação sobre a penhorabilidade.

Fredie Didier assevera que, se é possível o pacto de impenhorabilidade nos negócios típicos previstos no art. 833, I, CPC, também é possível o pacto de penhorabilidade, "que pode ser típico, como nos casos de direitos reais de garantia, ou atípico, com base no art. 190 do CPC, observada sempre a exigência de o bem objeto da negociação ser disponível".

Desse modo, assim como no caso da hipoteca, em que se convenciona que ao bem dado em garantia (que costuma ser o imóvel da moradia) não pode ser oposta a impenhorabilidade ao credor hipotecário (art. 3º, V, Lei n. 8.009/90), do mesmo modo, em caso de negociação processual a

(26) Veja emendas do C. TST sobre o tema: "RECURSO ORDINÁRIO EM MANDADO DE SEGURANÇA. ATO COATOR PRATICADO NA VIGÊNCIA DO CPC/2015. PENHORA SOBRE PARTE DOS SALÁRIOS. LEGALIDADE. ATO AMPARADO NOS ARTS. 529, § 3º, E 833, § 2º, DO CPC DE 2015. A jurisprudência desta Corte firmou-se no sentido de considerar legal a ordem de penhora parcial sobre salários, vencimentos e proventos de aposentadoria quando determinada na vigência do CPC de 2015. O § 2º do art. 833 do CPC/2015 ressalva da regra de impenhorabilidade de tais parcelas a penhora para pagamento de prestação alimentícia, independentemente de sua origem – da qual faz parte o crédito trabalhista, por sua natureza alimentar –, desde que observado o limite de 50% estabelecido no § 3º do art. 529, também do CPC/2015. Em tais casos, não tem aplicação o entendimento contido na Orientação Jurisprudencial n. 153 da SBDI-2. No caso em exame, o TRT de origem já concedeu parcialmente a segurança para limitar a penhora a 20% (vinte por cento) da remuneração creditada na conta salário do Impetrante. Assim, deve ser mantido o acórdão recorrido. Recurso ordinário não provido". (RO – 462-98.2017.5.05.0000, Relator Ministro: Emmanoel Pereira, Subseção II Especializada em Dissídios Individuais, DEJT 26.04.2019)

"RECURSO ORDINÁRIO EM MANDADO DE SEGURANÇA. ATO COATOR PROFERIDO NA VIGÊNCIA DO CPC DE 2015. DETERMINAÇÃO DE PENHORA NO IMPORTE DE 30% (TRINTA POR CENTO) SOBRE O SALÁRIO. LEGALIDADE. AUSÊNCIA DE OFENSA A DIREITO LÍQUIDO E CERTO DA IMPETRANTE. ART. 833, § 2º, DO CPC DE 2015. CONCESSÃO PARCIAL DA SEGURANÇA PELO TRT. RECURSO DA IMPETRANTE. APLICAÇÃO DO PRINCÍPIO DA *NON REFORMATIO IN PEJUS*. MANUTENÇÃO DO DECIDIDO. 1 – Hipótese em que o ato coator, que determinou a penhora de 30% (trinta por cento) sobre o salário, foi proferido na vigência do CPC de 2015. 2 – Não se constata ofensa a direito líquido e certo da impetrante, tendo em vista o disposto no art. 833, § 2º, do CPC de 2015. 3 – Precedentes. 4 – Entretanto, como o Tribunal Regional concedeu parcialmente a segurança, a fim de determinar a penhora no importe de 10% (dez por cento) sobre o valor do salário, e, ainda, como o recurso ordinário foi interposto pela impetrante, em observância ao princípio do *non reformatio in pejus*, deve ser mantido o acórdão recorrido. Recurso ordinário conhecido e não provido". (RO – 134-54.2017.5.20.0000, Relatora Ministra: Delaíde Miranda Arantes, Subseção II Especializada em Dissídios Individuais, DEJT 31.08.2018)

"RECURSO ORDINÁRIO EM MANDADO DE SEGURANÇA. PENHORA DE 30% SOBRE OS PROVENTOS DE APOSENTADORIA. ATO IMPUGNADO PRATICADO NA VIGÊNCIA DO CPC/15.
INAPLICABILIDADE DA ORIENTAÇÃO JURISPRUDENCIAL N. 153 DESTA SBDI-2. PREVISÃO LEGAL. ART. 833, IV, § 2º, DO CPC/15. DIREITO LÍQUIDO E CERTO DA IMPETRANTE. Conquanto não houvesse previsão legal no Código de Processo Civil de 1973, o novo Código de Processo Civil, em seu art. 833, § 2º, prevê a impenhorabilidade dos vencimentos, subsídios, soldos, salários, remunerações, proventos de aposentadoria, pensões, pecúlios e montepios salientando que "não se aplica à hipótese de penhora para pagamento de prestação alimentícia, independentemente de sua origem", no que se incluem, portanto, os créditos de natureza trabalhista. Já o art. 529, § 3º, também do CPC/15, limita o percentual de penhora a 50% do ganho líquido do executado. Diante da inovação trazida com o CPC/15, e com o fim de evitar aparente antinomia, o Tribunal Pleno, por meio da Resolução 220, de 18.09.2017, alterou a redação da Orientação Jurisprudencial n. 153 da SBDI-2, de modo a adequá-la, limitando sua aplicação aos atos praticados na vigência do CPC/73, o que não é o caso dos autos, haja vista que o ato inquinado de coator se deu já na vigência no CPC/15. Sob esse enfoque, há ilegalidade no ato coator, pois vai de encontro aos dispositivos supramencionados, que conferem direito líquido e certo à impetrante, porque preveem a possibilidade de constrição de numerário oriundo de aposentadoria, salário e pensão para o pagamento de débitos trabalhistas, de forma perfeitamente consentânea com a jurisprudência desta c. Corte. Diante do provimento do recurso, resta prejudicado o exame da tutela vindicada. Recurso ordinário conhecido e parcialmente provido". (RO – 1001900-63.2016.5.02.0000, Relator Ministro: Alexandre de Souza Agra Belmonte, Subseção II Especializada em Dissídios Individuais, DEJT 24.08.2018)

(27) Art. 805 do CPC. Quando por vários meios o exequente puder promover a execução, o juiz mandará que se faça pelo modo menos gravoso para o executado.

(28) Art. 190 do CPC: Versando o processo sobre direitos que admitam autocomposição, é lícito às partes plenamente capazes estipular mudanças no procedimento para ajustá-lo às especificidades da causa e convencionar sobre os seus ônus, poderes, faculdades e deveres processuais, antes ou durante o processo. Parágrafo único. De ofício ou a requerimento, o juiz controlará a validade das convenções previstas neste artigo, recusando-lhes aplicação somente nos casos de nulidade ou de inserção abusiva em contrato de adesão ou em que alguma parte se encontre em manifesta situação de vulnerabilidade.

respeito da possibilidade da penhora de salário, executado o crédito, a penhora recairia primeiramente no salário, cabendo às partes negociarem a extensão da penhora.

3.3. Perda da natureza salarial

Como visto anteriormente, Mauricio Godinho Delgado conceitua salário como "o conjunto de parcelas contraprestativas pagas pelo empregador ao trabalhador em função do contrato de trabalho", sendo que, esse último, tem como característica ser de trato sucessivo, ou seja, não se exaure em uma única prestação de serviço.

Destarte, o STJ tem entendimento no sentido de que a sobra salarial não estaria coberta pela natureza salarial, ou seja, após o recebimento do salário ou vencimento seguinte, o valor restante, em conta referente ao salário anterior, não estaria coberto pela impenhorabilidade do art. 833 do CPC.

Assim, o E. Tribunal conceitua salário como sendo "a última percebida, no limite do teto constitucional de remuneração (CF, art. 37, XI e XII), perdendo esta natureza a sobra respectiva, após o recebimento do salário ou vencimento seguinte" (AgInt no REsp 1502605/DF, Rel. Ministro Raul Araújo, Quarta Turma, julgado em 23.05.2017, DJe 01.06.2017).

Desse modo, ainda que se considere que o salário é impenhorável, a impenhorabilidade da sobra salarial não é absoluta em razão da perda de sua natureza alimentar(29).

4. CONSIDERAÇÕES FINAIS

Diante do exposto, tendo em vista a importância do salário para o trabalhador e sua família, necessárias são as medidas para sua proteção, como a irrenunciabilidade e a impenhorabilidade, consubstanciadas no art. 7º, VI, da CR/88 c/c o art. 468 da CLT(30) e art. 833 do CPC/15.

Nesse sentido, o art. 649, IV, do CPC de 1973 disciplinava a respeito da *impenhorabilidade absoluta* dos salários, excetuando-se apenas as prestações alimentícias, o que gerava divergências doutrinárias e jurisprudenciais quanto à amplitude de tais prestações.

Após a edição do CPC/15, renovaram-se as discussões acerca da matéria, pois com a ampliação contida no § 2º do inciso IV do art. 833 do CPC, que passou a permitir a penhora dos créditos decorrentes de prestação alimentícia "independente de sua origem", disciplinou-se de forma expressa a matéria a respeito da penhorabilidade de créditos trabalhista que, em sua maioria, consistem em prestações de natureza alimentar, essenciais à subsistência do trabalhador e de sua família.

Assim, considerando-o entre a dignidade do trabalhador/devedor e a dignidade do trabalhador/credor e, ainda, o fato de que a penhora não raras vezes é a única alternativa viável para a satisfação do crédito, com base na efetividade dos direitos fundamentais dos trabalhadores, considerando a natureza alimentícia do crédito trabalhista e a ampliação da exceção do § 2º do art. 883 do CPC/15, não restam dúvidas quanto à possibilidade de penhora dos salários dos trabalhadores/devedores.

O magistrado deve apenas analisar o caso concreto e zelar para que a penhora seja realizada respeitando a razoabilidade e a proporcionalidade, visando a alcançar a solução que melhor se aplique ao caso concreto, além de garantir que tal modalidade de constrição judicial não prejudique demasiadamente a subsistência do trabalhador/devedor e de sua família.

5. REFERÊNCIAS

ALMEIDA, Cleber Lúcio de. Penhora de salários. In: *ABC da execução trabalhista*: teoria e prática: homenagem ao professor Carlos Augusto Junqueira Henrique / Luiz Otávio Linhares Renaut coordenadores... [*et al.*]. São Paulo: LTr, 2014.

ALMEIDA, Cleber Lúcio de. *Direito processual do trabalho*. 6. ed. São Paulo: LTr, 2016.

ANDRADE, Daniela Rafael de; FONSECA, Eduardo Perini Rezende. A penhorabilidade do salário em execução trabalhista à luz do novo CPC. *Direito do trabalho e direito processual do trabalho*: estudos avançados/ coordenação Fernanda Nigri Faria... [*et al.*]. São Paulo: LTr, 2017.

BEBBER, Júlio César. *Processo do Trabalho*: adaptação à contemporaneidade. São Paulo: LTr, 2011.

CORDEIRO, Wolney de Macedo. Causas de impenhoralidade perante a execução trabalhista e o novo Código de Processo Civil. In: DALLEGRAVE NETO, José Affonso e GOULART, Rodrigo Fortunato (Coords.). *Novo CPC e o processo do trabalho*. 2. ed. São Paulo: LTr, 2016.

DIDIER JR., Fredie. *Editorial 190*. Salvador, 06.01.2017. Disponível em: <http://www.frediedidier.com.br/editorial/editorial-190/>. Acesso em: 23 jul. 2019.

GUERRA FILHO, Willis Santiago. *Processo constitucional e direitos fundamentais*. 4. ed. Florianópolis: RCS, 2005.

JUNIOR, Nelson Nery; NERY, Rosa Maria de Andrade. *Comentários ao Código de Processo Civil*. São Paulo: Revista dos Tribunais, 2015.

JUSTIÇA EM NÚMEROS 2018: ano-base 2017. *Conselho Nacional de Justiça*. Brasília: CNJ, 2018. Disponível em: <https://www.

(29) Neste sentido são os seguintes julgados: (AgRg no REsp 1492174/PR, Rel. Ministro Ricardo Villas Bôas Cueva, Terceira Turma, julgado em 23.06.2016, DJe 02.08.2016); (REsp 1.230.060/PR, Rel. Ministra Maria Isabel Gallotti, Segunda Seção, julgado em 13.08.2014, DJe 29.08.2014); (AgRg no AREsp 632.739/SP, Rel. Ministro Luis Felipe Salomão, Quarta Turma, julgado em 24.03.2015, DJe 30.03.2015)

(30) Art. 468 da CLT: Nos contratos individuais de trabalho só é lícita a alteração das respectivas condições por mútuo consentimento, e ainda assim desde que não resultem, direta ou indiretamente, prejuízos ao empregado, sob pena de nulidade da cláusula infringente desta garantia. § 1º Não se considera alteração unilateral a determinação do empregador para que o respectivo empregado reverta ao cargo efetivo, anteriormente ocupado, deixando o exercício de função de confiança. § 2º A alteração de que trata o § 1º deste artigo, com ou sem justo motivo, não assegura ao empregado o direito à manutenção do pagamento da gratificação correspondente, que não será incorporada, independentemente do tempo de exercício da respectiva função.

cnj.jus.br/files/conteudo/arquivo/2018/09/8d9faee7812d35a-58cee3d92d2df2f25.pdf>. Acesso em: 23 jul. 2019.

KLIPPEL, Bruno. Penhor de salários: Interpretação e aplicação do art. 833, § 2º do novo CPC no processo do trabalho. In: MIESSA, Élisson (Coord.). *O novo Código de Processo Civil e seus reflexos no processo do trabalho*. 2. ed. Salvador: Juspodivm, 2016.

MARINONI, Luiz Guilherme; ARENHART, Sérgio Cruz; MITIDIERO, Daniel. *Novo Código de Processo Civil comentado*. São Paulo: Revista dos Tribunais, 2015.

NEVES, Daniel Amorim Assumpção. *Novo Código de Processo Civil comentado:* artigo por artigo. Salvador: Juspodivm, 2016.

PIMENTA, José Roberto Freire. A reforma do sistema recursal trabalhista pela Lei n. 13.015/2014 e o novo papel dos precedentes judiciais na justiça brasileira: contexto, premissas e desafios. *Revista do Tribunal Superior do Trabalho*. Brasília, v. 81, n. 3, p. 95-164, jul./set. 2015.

PINHEIRO, Iuri Pereira. Reflexões acerca da penhorabilidade de bens à luz do novo CPC – Avanços, retrocessões e a possibilidade da derrocada de alguns mitos. In: MIESSA, Élisson (Coord.). *O novo Código de Processo Civil e seus reflexos no processo do trabalho*. Salvador: Juspodivm, 2015.

RENAUT, Luiz Otávio Linhares. Penhora. *ABC da execução trabalhista*. Teoria e prática: homenagem ao professor Carlos Augusto Junqueira Henrique / Luiz Otávio Linhares Renaut coordenadores... [*et al.*]. São Paulo: LTr, 2014.

SERRANO, Paulo Marcelo de Miranda. A impenhorabilidade dos salários e dos demais valores destinados ao sustento do devedor e da sua família, à luz do CPC de 2015, no processo do trabalho: Da impenhorabilidade absoluta à impenhorabilidade relativa. *Revista do Tribunal Superior do Trabalho*. São Paulo, ano 82, n. 3, jul./set. 2017.

TEIXEIRA FILHO, Manuel Antônio. *Comentários ao novo Código de Processo Civil sob a perspectiva do processo do trabalho:* Lei n. 13.105, 16 de março de 2015. São Paulo: LTr, 2015.

TEIXEIRA FILHO, Manuel Antônio. *Execução no processo do trabalho de acordo com o novo CPC e com a Lei n. 13.467/2917*. 12. ed. São Paulo: LTr, 2017.

As Modalidades de Defesa do Executado

Jorge Cavalcanti Boucinhas Filho[1]

1. INTRODUÇÃO

A jurisdição não pode se contentar apenas em dizer do direito, precisa também assegurar a efetiva obtenção do bem da vida buscado pelo demandante. Exceção feita às demandas exclusivamente declaratórias, não se provoca o Judiciário apenas para obter sentença. Quem ingressa com reclamação trabalhista deseja proteção efetiva aos direitos que o ordenamento lhe assegura.

O ideal seria que todos os comandos sentenciais proferidos fossem cumpridos espontaneamente e não houvesse necessidade de uma fase de execução. Não é isso, contudo, o que se verifica no Brasil

A 14ª edição do relatório da Justiça em números, pesquisa realizada pelo Conselho Nacional de Justiça em 2017, com publicação em 2018, evidencia que a execução é o "calcanhar de Aquiles" do processo do trabalho. Enquanto a fase de conhecimento tarda cerca de 11 meses para terminar em 1º grau e 8 meses no 2º grau, a execução de uma decisão condenatória levou em média 2 anos e 10 meses, e a de títulos extrajudiciais 6 anos e 3 meses, em se tratando de execução fiscal, e 4 anos e três meses no caso de títulos extrajudiciais não fiscais.[2]

Ora, a execução apenas realiza o direito que foi declarado em sentença condenatória ou que se encontra formalizado em documento ao qual a legislação atribuiu a natureza de título executivo extrajudicial e que necessariamente apresenta certeza, liquidez e exigibilidade. Não se trata, por essa razão, de um momento processual pautado pelo contraditório. É preciso, por isso, apontar a origem de tamanha lentidão no processo de execução. Uma possível explicação é a existência de um grande contingente de incidentes processuais que paralisam a execução, impedindo a satisfação do crédito para discutir diferenças de cálculo ou questões processuais. É possível também que os operadores do direito do trabalho e os executados estejam absorvidos por uma cultura do litígio que os faz ter como premissa elementar a protelação da solução processual, seja porque algum ganho auferem com a demora, seja porque valorizam a perseverança, a resiliência e o espírito de luta até o fim, tão bem descrito por Fraga, ainda no primeiro quarto do século XX, mas que parece perdurar até os nossos dias:

> Mas, do mesmo modo que a medicina corre em auxílio do agonizante enquanto um sopro de vida anima a sua organização desfalecida, assim também o direito vem em socorro do vencido, ministrando-lhe remédios, que, bem manejados, podem, em certos casos, aliás excepcionais, assegurar-lhe a vitória, ou, pelo menos, condições de paz mais desoprimentes e equânimes.[3]

Seja qual for a razão para tamanha demora, fato é que a fase de cumprimento de sentença e a execução de títulos extrajudiciais também devem ser pautadas pelos princípios do contraditório e da ampla defesa. Afinal, como muito bem pontuou Coqueijo Costa, na execução podem surgir incidentes de cognição que visam desconstituir a eficácia do título principal, que são instruídos por um juiz e solucionados por meio de uma sentença[4]. Não resta dúvida, portanto, que as diversas formas de defesa do executado têm a sua relevância e merecem um estudo próprio.

2. EXCEÇÃO DE PRÉ-EXECUTIVIDADE

A exceção de pré-executividade consiste numa modalidade informal de defesa apresentada pelo executado independentemente da garantia de juízo para encerrar ou suspender uma execução de um título que não é líquido, certo e exigível ou que, por qualquer razão, não atende aos pressupostos específicos para a cobrança de crédito.

O seu escopo é possibilitar que o sujeito passivo da execução impeça ou faça cessar os problemas causados pelas diligências para satisfação do crédito sem que para tanto tenha que constringir seu patrimônio segurando o juízo ou tenha que observar algum prazo processual legalmente estabelecido.

Não obstante o seu cabimento no processo do trabalho tenha sido questionado num primeiro momento, a figura é muito admitida pela doutrina e jurisprudência como uma

(1) Titular da Cadeira n. 21 da Academia Brasileira de Direito do Trabalho. Professor da Fundação Getúlio Vargas. Mestre e doutor em Direito do Trabalho pela Universidade de São Paulo. Pós-Doutor em Direito pela Université de Nantes. Diretor da Escola Superior de Advocacia da OAB SP. Ex-Diretor da Escola Superior de Advocacia Trabalhista da AATSP. Conselheiro estadual da OAB SP. Sócio fundador e titular da banca Boucinhas Sociedade de Advogados.

(2) BRASIL. *Conselho Nacional de Justiça*. Justiça em números. Disponível em: <http://www.cnj.jus.br/files/conteudo/arquivo/2018/08/44b7368e-c6f888b383f6c3de40c32167.pdf>. Acesso em: set. 2018.

(3) FRAGA, Afonso. *Teoria e prática as sentenças*. Rio de Janeiro: Teixeira, 1922. p. 265.

(4) COSTA, Coqueijo. *Direito judiciário do trabalho*. Rio de Janeiro: Forense, 1978. p. 529.

possibilidade[5], embora não seja frequente o resultado positivo para o excipiente.

3. AS DIVERSAS MODALIDADES DE EMBARGOS

O epíteto "embargos" é plurissêmico designando modalidades recursais (embargos infringentes, embargos de declaração, embargos para a SDI) ou meios de defesa do devedor na fase de cumprimento de sentença ou na execução de título extrajudicial (embargos à execução, embargos à arrematação e à adjudicação). Para o presente estudo, dedicado exclusivamente à defesa do executado, interessa apenas a última hipótese.

Segundo Alcides de Mendonça Lima, "no sentido amplo, os 'embargos', qualquer que seja o seu objetivo – à execução propriamente dita ou aos de alienação decorrente de hasta pública –, podem ser considerados como "defesa". Entretanto, na verdadeira acepção técnica, os embargos devem, segundo o seu magistério, ser entendidos como 'ação-constitutiva negativa ou ação desconstitutiva, conexa à ação principal, qual seja a ação executiva.[6]

3.1. Embargos à execução

Os embargos à execução, também conhecidos como embargos do executado, embargos do devedor e embargos à penhora, são inquestionavelmente a forma mais frequente de defesa do executado. Por meio deles o devedor pode se insurgir contra o título executivo em relação à sua validade, extensão ou eficácia, arguindo uma ou mais das matérias expressamente previstas em lei. Trata-se, na clássica definição de Coqueijo Costa, de uma "ação incidental, que objetiva desconstituir a eficácia do título principal"[7].

Os embargos são, em regra, endereçados para o juízo que conduz a execução da decisão ou do título extrajudicial. Quando a execução se processar por carta precatória os embargos deverão ser oferecidos tanto no juízo deprecante quanto no deprecado, cabendo, contudo, a este último julgá-los. E na hipótese de versarem unicamente sobre vícios ou defeitos da penhora, da avaliação ou da alienação dos bens, os embargos deverão ser opostos e julgados pelo juízo Deprecado (Inteligência do art. 914, § 2º, do CPC de 2015).[8]

Por se tratar de uma defesa apresentada já na fase de cumprimento de sentença, a amplitude da cognição que ele pode provocar é consideravelmente inferior à cognição que usualmente se vê na fase de conhecimento. Somente as questões expressamente arroladas na lei poderão ser veiculadas. As execuções de título extrajudicial, consideravelmente menos numerosas do que as de título judicial, no processo do trabalho, formam um grande rol de exceções a essa regra. Em se tratando de execução de termo de ajustamento de conduta ou de termo de conciliação perante Comissão de Conciliação Prévia, qualquer matéria que lhe seria lícito deduzir como defesa em processo de conhecimento poderá ser veiculada, por força do disposto no art. 917, VI, do CPC de 2015.

Os embargos à execução guardam correspondência com a impugnação à sentença de liquidação, manifestação processual de que o exequente poderá lançar mão caso não concorde com os cálculos (art. 884, § 3º, da Consolidação das Leis do Trabalho).

Não obstante a Consolidação das Leis do Trabalho disponha de regra expressa enumerando as hipóteses de cabimento dos embargos à execução nos cumprimentos de sentença, o rol a ser observado é o art. 525, § 1º, do CPC, por força da regra do art. 15 do CPC que determina a utilização supletiva das regras do estatuto processual civil. Neste rol menciona-se a possibilidade de embargos à execução para discutir falta ou nulidade de citação; ilegitimidade de parte; inexequibilidade do título ou inexigibilidade da obrigação; penhora incorreta ou avaliação errônea; excesso de execução ou cumulação indevida de execuções; incompetência absoluta ou relativa do juízo da execução e causas modificativas ou extintivas da obrigação superveniente à sentença.

Admite-se ainda que questões de ordem pública supervenientes ao trânsito em julgado sejam alegadas nos embargos.

As discussões acerca da possibilidade de discussão de prescrição intercorrente, que resultaram inclusive na edição de duas súmulas conflitantes (arts. 114 do TST e 327 do STF), restaram superadas pela Lei n. 13.467 que estabeleceu o prazo de dois anos para esta modalidade de prescrição.

Para a oposição dos embargos à execução, cujo prazo legal é de cinco dias, é preciso que o juízo esteja garantido pela realização de penhora de bens em montante superior ao do crédito exequendo acrescido das despesas processuais ou que o embargante deposite a mesma quantia em banco oficial. Em relação ao procedimento cabe aqui transcrever as lições de Felipe Bernardes:

(5) Nesse sentido BOUCINHAS FILHO, Jorge Cavalcanti. A exceção de pré-executividade na Justiça do Trabalho. *Revista do Ministério Público do Rio Grande do Norte*, v. 4, maio de 1998. Natal: PRT 21ª Região, dezembro de 2003. p. 159-174.

(6) FRANÇA, R. Limongi. *Enciclopédia Saraiva do Direito*. São Paulo: Saraiva, 1977. p. 457.

(7) COSTA, Coqueijo. *Direito judiciário do trabalho*. Rio de Janeiro: Forense, 1978. p. 529.

(8) Art. 914. O executado, independentemente de penhora, depósito ou caução, poderá se opor à execução por meio de embargos.

§ 1º Os embargos à execução serão distribuídos por dependência, autuados em apartado e instruídos com cópias das peças processuais relevantes, que poderão ser declaradas autênticas pelo próprio advogado, sob sua responsabilidade pessoal.

§ 2º Na execução por carta, os embargos serão oferecidos no juízo deprecante ou no juízo deprecado, mas a competência para julgá-los é do juízo deprecante, salvo se versarem unicamente sobre vícios ou defeitos da penhora, da avaliação ou da alienação dos bens efetuadas no juízo deprecado.

Após a garantia do juízo, o executado é intimado para oferecer, caso queira, os embargos, no prazo de cinco dias. Recebidos os embargos pelo juiz, deve-se proceder à intimação do embargado (exequente) para manifestação a respeito dos embargos também no prazo de cinco dias, em razão da isonomia.[9]

Como se trata de uma ação própria, o embargante deverá atribuir valor à causa que corresponderá ao exato valor da execução, caso os embargos alcancem todo o crédito executado, ou ao valor correspondente às matérias embargadas. O valor em questão não servirá para fins de cálculo das custas dado que na Execução elas são tarifadas e o valor é, desde 2002, de R$ 44,26 (quarenta e quatro reais e vinte e seis centavos), por força do que dispõe o art. 789-A, V, da Consolidação das Leis do Trabalho.

Por se tratar de uma mera faculdade, a falta de manifestação pelo embargante não gera revelia, nem confissão quanto à matéria de fato.

Embora não seja comum a realização de audiências, o texto da Consolidação das Leis do Trabalho admite expressamente a marcação de audiência para produção de provas, a ser realizada dentro de cinco dias[10].

Proferida a decisão, caberá recurso de agravo de petição, tema que não será tratado aqui por ser objeto de um outro capítulo desta obra.

3.2. Embargos à remição

A remição consiste no "Direito concedido legalmente ao cônjuge, descendente ou ascendente do devedor, de haver para si bens penhorados, adjudicados ou arrecadados no processo de execução promovido contra devedor insolvente, depositando o preço por que foram alienados ou adjudicados"[11].

Não se pode confundir os institutos da remição, de natureza processual, e da remissão, de natureza material. O primeiro, relacionado com o verbo remir, significa adquirir de novo, resgatar, o segundo é sinônimo de perdoar, indultar. Como bem observa Sérgio Massaru Takoi, "redime-se a propriedade de um ônus, a execução, ou o bem executado, remitem-se dívidas".[12]

Não obstante seja a remição um direito, não poderá ela servir de meio espoliativo do executado. Havendo alguma irregularidade ou fraude no ato de remição, poderá o executado apresentar os pertinentes embargos à remição.

A remição deve ser total, pelo conjunto dos bens praceados ou arrecadados em processo de insolvência. Todavia, poderá ser parcial, quando a licitação proceder individualizadamente, não pela universalidade dos bens que asseguram o juízo.

Em caso de concurso de vários remidores, preferência será concedida ao oferecer o melhor preço, acima do lance da praça. Caso, entretanto, se esteja diante de igualdade de oferta pecuniária, será obedecida a ordem de preferência legal: ao cônjuge, aos descendentes e aos ascendentes, respectivamente. Entre os descendentes e ascendentes, os de grau mais próximo preferem aos mais afastados[13].

Os embargos à remição constituem, portanto, o veículo processual adequado para a arguição de nulidade formulada por algum interessado preterido na remição, pelo arrematante, ou pelo exequente. Não constituem, portanto, uma medida incidental, mas meio de opor-se à remição irregular, como, por exemplo, nulidade do pedido, pagamento insuficiente e intempestividade. Por se tratar de uma medida absolutamente excepcional, não pode ser postergada e deve ser interpretada e conferida restritivamente.[14]

Quando tem sucesso, atinge, via de regra, apenas o ato de alienação. O encerramento de uma execução com embargos à remição é absolutamente excepcional e de improvável verificação prática.

3.3. Embargos à adjudicação

A adjudicação consiste num ato de expropriação executiva que resulta na transferência da propriedade do devedor para o credor ou outros legitimados, que carece de requerimento expresso. Atualmente é disciplinado no art. 825 do CPC de 2015 (anteriormente era tratado no § 5º do art. 647 do CPC de 1973).

A adjudicação de certo modo se aproxima da figura da dação em pagamento, do direito civil, na medida em que por meio dela o exequente admite a quitação da dívida com bens, móveis ou imóveis, ou até mesmo com quotas sociais. A hipótese mais comum é a do credor que identifica no patrimônio do credor bens constritos para o pagamento das dívidas que são do seu interesse.

---

(9) BERNARDES, Felipe. *Manual de processo do trabalho*. Salvador: JusPodivm, 2018. p. 928.

(10) Art. 884. Garantida a execução ou penhorados os bens, terá o executado 5 (cinco) dias para apresentar embargos, cabendo igual prazo ao exequente para impugnação.

§ 1º A matéria de defesa será restrita às alegações de cumprimento da decisão ou do acordo, quitação ou prescrição da dívida.

§ 2º Se na defesa tiverem sido arroladas testemunhas, poderá o Juiz ou o Presidente do Tribunal, caso julgue necessários seus depoimentos, marcar audiência para a produção das provas, a qual deverá realizar-se dentro de 5 (cinco) dias.

(11) DINIZ, Maria Helena. *Dicionário jurídico*. V. 4. 2. ed. São Paulo: Editora, 2005. p. 151.

(12) TAKOI, Sérgio Massaru. *O instituto da remição e a Lei n. 11.382*. Disponível em: <https://www.migalhas.com.br/dePeso/16,MI37105,-81042-O+instituto+da+remicao+e+a+Lei+1138206>. Acesso em: 12 dez. 2019.

(13) FRANÇA, R. Limongi. *Enciclopédia Saraiva do Direito*. São Paulo: Saraiva, 1977. p. 481.

(14) *Ibidem*.

Há decisões indicando que somente quem figura como parte no processo executivo tem legitimidade para opor embargos à adjudicação[15]. Há também julgado concluindo que a legitimidade para apresentar a insurgência contra a homologação da adjudicação é do sócio, e não da empresa executada, uma vez que a empresa está pleiteando direito alheio em nome próprio porque o sócio executado é o real proprietário do bem penhorado.[16] Também já se decidiu que o pai não tem legitimidade para adjudicar bem em favor de filho.[17]

Assim como ocorre com os embargos do executado, o prazo para o executado oferecer embargos à adjudicação, alienação ou arrematação é de cinco dias contados da intimação da validação do ato.[18]

Assim como ocorre com a remição, a adjudicação pode ser fraudada ou manipulada de modo a prejudicar o executado, que nesse caso poderá lançar mão dos chamados embargos à adjudicação.

As ponderações finais feitas no item anterior podem aqui ser reproduzidas. Os embargos à adjudicação também consistem em medida excepcional que apenas em último caso deverá ser admitida. Da mesma forma que o anterior, quando tem sucesso, atinge, via de regra, apenas o ato de alienação.

Como o ato alegado tem que ser superveniente à penhora[19] e sem que já houvesse sido invocado e decidido nos "embargos à penhora", é preciso ter claro que os embargos à arrematação e os embargos à adjudicação constituem normalmente a última esperança do devedor de conseguir e a expectativa desesperadora para o credor, quanto à sua ideia de não se frustrar a realização do direito exatamente no epílogo de toda sua luta em juízo.[20]

> DIREITO PROCESSUAL. EMBARGOS À ADJUDICAÇÃO. COISA JULGADA ENVOLVENDO FRAUDE À EXECUÇÃO – Se há uma decisão transitada em julgado, em que houve reconhecida a ocorrência de fraude de execução, a oposição de embargos à adjudicação pela mesma pessoa beneficiária da alienação fraudulenta ofende à coisa julgada material. Na espécie, a renovação de medidas com o mesmo objetivo de tumultuar a execução também implica ato atentatório à dignidade da justiça. Agravo de petição a que se nega provimento. (TRT-6 – AP: 124400841991506 PE 0124400-84.1991.5.06.0010, Relator: Bartolomeu Alves Bezerra, Data de Publicação: 25.03.2011)

3.4. Embargos à arrematação

Os embargos à arrematação têm por escopo impedir o desfecho regular da execução por quantia certa contra

(15) Nesse sentido: EMBARGOS À ADJUDICAÇÃO. Quando o agravante não é a parte efetivamente executada no processo em curso, não obstante seu interesse jurídico pelas cotas do capital social penhoradas da empresa, este carece de legitimidade para opor embargos à adjudicação. (TRT-5 – AP: 01320004120005050020 BA 0132000-41.2000.5.05.0020, Relator: WASHINGTON GUTEMBERG, 3ª. TURMA, Data de Publicação: DJ 06.02.2015.)

(16) ACÓRDÃO EM AGRAVO DE PETIÇÃO EMBARGOS À ADJUDICAÇÃO. LEGITIMIDADE ATIVA. 1. O reitor processual de origem não admitiu os embargos à adjudicação ofertados pela empresa executada, eis que o bem adjudicado seria de propriedade de seu sócio, e não da empresa. 2. O bem móvel adjudicado efetivamente pertence ao sócio da empresa executada, o qual foi devidamente notificado para o leilão. 3. Desta forma, a legitimidade para apresentar a insurgência contra a homologação da adjudicação é do sócio, e não da empresa executada, como bem salientado pelo reitor processual de origem, pois a empresa está pleiteando direito alheio em nome próprio, eis que o sócio executado é o real proprietário do bem penhorado. 4. Agravo de Petição que se nega provimento. (TRT-1 – AGVPET: 62005620065010035 RJ, Relator: Ricardo Areosa, Data de Julgamento: 06.08.2012, Décima Turma, Data de Publicação: 2012.08.09)

(17) AGRAVO DE PETIÇÃO DO EXECUTADO. EMBARGOS À ADJUDICAÇÃO. Correta a decisão que rejeitou liminarmente os embargos à adjudicação do executado, tendo em vista que este não tem legitimidade para postular adjudicação dos imóveis penhorados em favor de seu filho. Negado provimento ao agravo de petição. (...)(TRT-4 – AP: 515007220015040701 RS 0051500-72.2001.5.04.0701, Relator: MARIA DA GRAÇA RIBEIRO CENTENO, Data de Julgamento: 20.07.2011, 1ª Vara do Trabalho de Santa Maria)

(18) EMBARGOS À ADJUDICAÇÃO – PEREMPTORIEDADE – PRAZO. O prazo para o executado oferecer embargos à adjudicação, alienação ou arrematação é de cinco dias contados da intimação da validação do ato, nos termos do art. 746 do CPC, aplicado subsidiariamente ao processo do trabalho e não se suspende ou interrompe por pedido de reconsideração. (TRT-24 00347000320095240031, Relator: NICANOR DE ARAÚJO LIMA, 2ª TURMA, Data de Publicação: 16.07.2012)

(19) Evidenciando que somente atos posteriores à penhora podem fundamentar embargos à execução: EMBARGOS À ADJUDICAÇÃO. ARGUIÇÃO DE NULIDADE OCORRIDA APÓS A PENHORA. PRECLUSÃO TEMPORAL. NÃO-OCORRÊNCIA. O vício arguido por meio dos embargos à adjudicação se refere exatamente à questão superveniente à penhora, qual seja, que a adjudicação deferida considerando-se o valor desatualizado do imóvel (R$ 900.000,00), quando decorridos dois anos seguintes à penhora, teria ocorrido sem a prévia reavaliação do valor, em prejuízo da executada. Devendo, em conformidade com a regra estatuída no art. 746 do CPC, ser conhecido. ARTS. 685-B E 694, *CAPUT*, DO CPC. VIOLAÇÃO. NÃO OCORRÊNCIA. Não há de se falar em violação dos artigos indicados, pois a adjudicação pode ser desconstituída por vício de nulidade, e também quando realizada por preço vil, até mesmo de ofício como entendeu o Juízo Sentenciante. ART. 685-A DO CPC. ATENDIMENTO. PREÇO VIL. OCORRÊNCIA. O atendimento ao disposto no art. 685-A do CPC não tem o condão de obstar a desconstituição judicial da adjudicação, nos termos em que foi proposta. IMPUGNAÇÃO. AUTO DE REAVALIAÇÃO. VÁLIDO. No processo do trabalho, nos termos do *caput* e do § 3º do art. 721 da CLT, a lavratura do auto de penhora e avaliação, como do auto de reavaliação, cabe ao oficial de justiça avaliador da Justiça do Trabalho. Nada havendo nos autos que a infirme, tenho por válida a reavaliação à fls. 706/707. (TRT-10 – AP: 631200700810000 DF 00631-2007-008-10-00-0 AP, Relator: Desembargador Mário Macedo Fernandes Caron, Data de Julgamento: 28.03.2012, 2ª Turma, Data de Publicação: 13.04.2012 no DEJT)

(20) *Ibidem*, p. 459.

devedor solvente. Em sua esmagadora maioria se dirigem apenas ao ato de alienação. Em situações absolutamente excepcionais, notadamente inexistência de citação do devedor embargante, podem se voltar contra a própria ação executiva.

Muito embora não exista divergência acerca do cabimento dos embargos à arrematação na Justiça do Trabalho, os Tribunais divergem quanto ao prazo. Alguns adotam o prazo de cinco dias, tal qual aplicável aos embargos à execução no processo do trabalho[(21)], outros optam pela aplicação literal do Código de Processo Civil de 2015.[(22)]

Quanto à legitimidade para a oposição dos embargos à arrematação, a jurisprudência também é uníssona ao restringi-la ao proprietário do imóvel.[(23)] Já se acentuou, inclusive, que "A parte legítima para arguir a ineficácia ou não validade da arrematação, prevista no atual CPC, é o executado, proprietário do imóvel leiloado, pois foi este quem sofreu os efeitos da alienação do bem".[(24)] O terceiro não é parte legitima para oposição de embargos à arrematação porque dispõe dos embargos de terceiro como medida para insurgência contra eventual irregularidade na praça ou leilão.[(25)]

Quanto a matéria a ser discutida nos embargos à arrematação, a mais frequente, sem sombra de dúvidas, é o preço vil. O número de decisões que não acolhem os embargos com esse fundamento é, contudo, consideravelmente grande, em razão de o art. 888, § 1º, da CLT, não prever um preço mínimo para a arrematação dos bens, o que deixaria a cargo exclusivamente do Juízo a definição de preço vil, de acordo com as peculiaridades de cada caso.[(26)]

4. CONSIDERAÇÕES FINAIS

O rol de hipóteses de defesa do executado no processo do trabalho é consideravelmente extenso. Não obstante

(21) AGRAVO DE PETIÇÃO. EMBARGOS À ARREMATAÇÃO. PRAZO. No processo do trabalho, o prazo para interposição de embargos à arrematação é de cinco dias, contados da assinatura do auto de arrematação. Exegese dos arts. 675 do CPC/2015 e 884 da CLT. Não ingressando a agravante com embargos à arrematação no momento oportuno, resta preclusa a oportunidade de ver discutida a matéria articulada no presente apelo. Agravo de petição improvido. (Processo: AP – 0001123-52.2014.5.06.0001, Redator: Maria Clara Saboya Albuquerque Bernardino, Data de julgamento: 27.11.2017, Terceira Turma, Data da assinatura: 29.11.2017) (TRT-6 – AP: 00011235220145060001, Data de Julgamento: 27.11.2017, Terceira Turma)

(22) EMBARGOS À ARREMATAÇÃO NA VIGÊNCIA DO NOVO CÓDIGO DE PROCESSO CIVIL. Na vigência do CPC/2015 a parte dispõe do prazo de até dez dias a contar do aperfeiçoamento da arrematação para invocar as hipóteses do § 1º do art. 903 do CPC. Incabível a oposição de embargos à arrematação, devendo a nulidade ser postulada por ação autônoma. (art. 903 e parágrafos do CPC) (TRT-4 – AP: 00207768120165040791, Data de Julgamento: 08.10.2018, Seção Especializada em Execução)

(23) EMBARGOS À ARREMATAÇÃO. LEGITIMIDADE. 1) Nos termos do art. 746 do CPC/73, é lícito ao executado, no prazo de 5 (cinco) dias, contados da adjudicação, alienação ou arrematação, oferecer embargos fundados em nulidade da execução, ou em causa extintiva da obrigação, desde que superveniente à penhora. 2) A empresa executada e um de seus sócios não detêm legitimidade para ofertar embargos à arrematação referente a bem imóvel de propriedade de outro sócio da sociedade empresária. (TRT-17 – AP: 00915005420055170009, Relator: DESEMBARGADORA CLAUDIA CARDOSO DE SOUZA, Data de Julgamento: 25.08.2016, Data de Publicação: 06.09.2016)

(24) EMBARGOS À ARREMATAÇÃO. LEGITIMIDADE. NOVO CPC. O antigo CPC regulava o instituto dos embargos à arrematação da seguinte forma: "Art. 746. É lícito ao devedor oferecer embargos à arrematação ou à adjudicação, fundados em nulidade da execução, pagamento, novação, transação ou prescrição, desde que supervenientes à penhora." O novo CPC deixou de prever expressamente a possibilidade de oposição de embargos à arrematação, passando a possibilitar, contudo, a alegação de ineficácia ou não validade da arrematação, mediante provocação da parte, no prazo de 10 dias após o aperfeiçoamento da arrematação, bem como o ajuizamento de ação autônoma de invalidação da arrematação, após a expedição da carta de arrematação ou da ordem de entrega. A parte legítima para arguir a ineficácia ou não validade da arrematação, prevista no atual CPC, é o executado, proprietário do imóvel leiloado, pois foi este quem sofreu os efeitos da alienação do bem. No entanto, a Lei Municipal n. 1.422, de 20 de abril de 2016, extinguiu a Fundação Municipal de Saúde, determinando a incorporação, pelo Município, do conjunto de bens e direitos da fundação, inclusive com a reversão, ao patrimônio municipal, do imóvel leiloado nos autos (fl. 324). Destarte, tendo o Município agravado sucedido a Fundação Municipal em seu conjunto de bens e direitos, inclusive com a incorporação, ao patrimônio municipal, do imóvel que foi levado à praça nos presentes autos, conclui-se que o ente público, na qualidade de sucessor legal do executado, se trata de parte legítima para arguir a nulidade da arrematação, nos moldes do novo CPC. (TRT-3 – AP: 01805201306803001 0001805-18.2013.5.03.0068, Relator: Oswaldo Tadeu B. Guedes, Quinta Turma, Data de Publicação: 09.07.2018)

(25) EMBARGOS À ARREMATAÇÃO X EMBARGOS DE TERCEIRO. Dispõe o art. 1.046 do novo Código de Processo Civil, que aquele que, "não sendo parte no processo, sofrer constrição ou ameaça de constrição sobre bens que possua ou sobre os quais tenha direito incompatível com o ato constritivo, poderá requerer seu desfazimento ou sua inibição por meio de embargos de terceiro". A apresentação de embargos à arrematação pelo terceiro que se diz prejudicado, antes da expedição da carta de arrematação, afigura meio impróprio de defesa do patrimônio que afirma ser seu. (TRT-12 – AP: 00047960220135120040 SC 0004796-02.2013.5.12.0040, Relator: UBIRATAN ALBERTO PEREIRA, SECRETARIA DA 3ª TURMA, Data de Publicação: 11.12.2017)

(26) EMBARGOS À ARREMATAÇÃO. PREÇO VIL. Não padece de nulidade a arrematação de bens pelo maior lance quando observados os requisitos do art. 888, §§ 1º e 3º, da CLT. (TRT-4 – AP: 00220776920165040401, Data de Julgamento: 06.06.2018, Seção Especializada em Execução). No mesmo sentido: AGRAVO DE PETIÇÃO DA EXECUTADA. EMBARGOS À ARREMATAÇÃO. PREÇO VIL. No processo do trabalho, a venda dos bens penhorados é realizada em leilão pelo maior lance, nos termos do art. 888, § 1º, da CLT, não havendo previsão de um preço mínimo para a arrematação dos mesmos, ficando a cargo do Juízo a definição de preço vil, de acordo com as peculiaridades de cada caso. Ainda, mesmo considerando-se que a execução deva se processar pelo meio menos gravoso ao devedor, nos termos do art. 805 do CPC, esta deve priorizar o interesse do credor. (TRT-4 – AP: 00216292020135040331, Data de Julgamento: 08.10.2018, Seção Especializada em Execução)

não se deva responsabilizá-lo pela demora na satisfação dos créditos trabalhistas, é forçoso reconhecer que ele permite protelações indevidas. Melhor solução do que reduzi-lo é punir eficazmente, com as sanções cominadas para hipóteses de assédio processual e atentado à dignidade da justiça, a utilização abusiva das modalidades de defesa previstas.

5. REFERÊNCIAS

BERNARDES, Felipe. *Manual de processo do trabalho*. Salvador: JusPodivm, 2018.

BOUCINHAS FILHO, Jorge Cavalcanti. A exceção de pré-executividade na Justiça do Trabalho. *Revista do Ministério Público do Rio Grande do Norte*, v. 4, maio de 1998. Natal: PRT 21ª Região, dezembro de 2003. p. 159-174.

BRASIL. Conselho Nacional de Justiça. *Justiça em números*. Disponível em: <http://www.cnj.jus.br/files/conteudo/arquivo/2018/08/44b7368ec6f888b383f6c3de40c32167.pdf>. Acesso em: set. 2018.

COSTA, Coqueijo. *Direito judiciário do trabalho*. Rio de Janeiro: Forense, 1978.

DINIZ, Maria Helena. *Dicionário jurídico*. v. 4. 2. ed. São Paulo: Editora, 2005.

FRAGA, Afonso. *Teoria e prática as sentenças*. Rio de Janeiro: Teixeira, 1922.

FRANÇA, R. Limongi. *Enciclopédia Saraiva do Direito*. São Paulo: Saraiva, 1977.

TAKOI, Sérgio Massaru. *O instituto da remição e a Lei n. 11.382*. Disponível em: <https://www.migalhas.com.br/dePeso/16,MI37105,81042-O+instituto+da+remicao+e+a+Lei+1138206>. Acesso em: 12 dez. 2019.

A Defesa do Executado na Execução Trabalhista

Patrícia Ferreira Muzzi[(1)]

1. INTRODUÇÃO

A premissa de que ninguém será privado da liberdade ou de seus bens sem o devido processo legal (art. 5º, LV, da Constituição da República de 1988) insere-se no rol de direitos e garantias constitucionalmente assegurados em um Estado Democrático de Direito. Corolário desse princípio, asseguram-se aos litigantes em processo judicial o contraditório e a ampla defesa, com todos os meios e recursos a eles inerentes.

O exercício do direito de defesa da parte executada é uma relevante matéria dentro da execução trabalhista, pois exige uma análise e interpretação da legislação aplicável, dos princípios gerais e específicos à referida fase processual, mas sempre sob a égide dos princípios do contraditório e ampla defesa.

Ocorre que, dentro de uma fase processual em que o direito material já foi apreciado pelo órgão judiciário, o contraditório apresenta-se de forma mitigada, eis que, findada a fase cognitiva, a satisfação do crédito exequente passa a ser o objetivo precípuo para a pacificação social em apreço.

Sob o prisma do aparente conflito entre os direitos e garantias conferidos ao executado e os princípios que resguardam o exequente para ter satisfeito seu crédito com a maior celeridade possível – especialmente por se tratar de verba de natureza alimentar destinado à parte hipossuficiente na relação jurídica – o presente artigo objetiva perquirir os aspectos que rodeiam o exercício do direito de defesa do executado.

Primeiramente, serão apresentados os contornos do exercício do contraditório inserido na fase de execução trabalhista. Necessário distinguir os limites da atuação cognitiva do juízo bem como acentuar a busca pela prestação jurisdicional efetiva, conferindo aos títulos executivos a força coercitiva necessária à satisfação do crédito do exequente. Impossível, contudo, afastar por completo a garantia constitucional do executado em exercer seu direito de defesa.

Delimitada a extensão concedida ao devedor de apresentar formas de contestação no bojo da execução, necessário avaliar as normas processuais que sustentam os meios de defesa do executado. Nesse contexto, os embargos à execução mostram-se como o principal meio para tanto.

Assim, serão apreciadas as principais questões controvertidas que circundam os embargos à execução e, em especial, as matérias impugnáveis por este meio de defesa, sempre avaliando as correntes doutrinárias atuantes e o posicionamento jurisprudencial nos casos concretos.

Apresentada a forma ordinária de impugnação do devedor, será abordada a construção da chamada exceção de pré-executividade, como uma forma de defesa do executado, criada pela doutrina e incorporada pelo Judiciário, para irresignações em hipóteses específicas.

Por fim, os embargos à arrematação, que sofreram alterações após o advento da Lei n. 13.105 de 2015, apresentam-se como um remédio processual frente a vícios e irregularidades nos atos de arrematação ou adjudicação.

Apresentadas todas as questões atinentes à defesa do executado, o que se almeja é a integral compreensão da posição do devedor quando iniciada a fase de execução do título e os limites legais e principiológicos para o exercício do direto de defesa na fase de execução trabalhista.

2. DIREITO AO CONTRADITÓRIO – PRINCÍPIO DA MITIGAÇÃO DO CONTRADITÓRIO NA EXECUÇÃO TRABALHISTA

A execução trabalhista em sua forma definitiva (excluindo-se, portanto, a modalidade provisória) apresenta-se como pressuposto para concretização da fase cognitiva, ou seja, a matéria que compõe a lide e que fora submetida à jurisdição já foi apreciada por inteiro. Nesse ponto, a decisão de mérito já está acobertada sob o manto da coisa julgada.

Analisando o processo trabalhista em uma perspectiva global e integral, a fase cognitiva seria aquela em que o direito de defesa encontra o maior leque para manifestação, pois é o momento em que ainda não está definido o titular do direito colocado sob a tutela jurisdicional. Dessa forma, a lei garante ao Reclamado exercer seu direito de defesa amplamente, observadas as regras procedimentais aplicáveis.

Alcançada a solução do conflito, o triângulo que compõe a relação jurídica processual (partes e Estado-juiz) se aparta da chamada "crise da certeza", pois já não há dúvidas sobre a titularidade do direito material. Nesse momento, o que se espera do processo judicial é que já exista uma

---

(1) Pós-Graduanda em Direito e *Compliance* Trabalhista pelo IEPREV. Graduada em Direito na Faculdade de Direito Milton Campos/MG. Advogada Trabalhista no Escritório Carvalho & Furtado Advogados. Membro da Oficina de Estudos Avançados "As Interfaces entre o Processo Civil e o Processo do Trabalho" – IPCPT.

decisão transitada em julgado, certificando ao titular do direito os eventuais créditos a ele devidos, após se perpassarem todos os atos processuais assegurados em lei sob a estrita observância aos princípios do devido processo legal, do contraditório e da ampla defesa.

A fase de execução, por outro lado, já se manifesta como um conjunto de atos coordenados visando à satisfação do crédito reconhecido. Assim, a própria função característica desse momento processual sugere uma abordagem distinta no que tange às matérias impugnáveis e até mesmo aos requisitos para eventual insurgência do executado.

Diante disso, uma das principais características da fase de execução é a mitigação do contraditório, ou seja, a limitação do poder de defesa da parte executada, que se encontra em posição de satisfação voluntária do crédito do exequente ou submetido ao seu cumprimento forçado por imposição do Estado-juiz.

Diante da certeza do crédito consignado no título executivo, indubitável que a execução envolve atividade preponderantemente satisfativa. Acertado também afirmar que a asserção da existência do crédito está manifestada no referido título, absorvendo em si, nas palavras de Liebman, "toda indagação sobre o fundamento substancial da execução"[(2)]. À vista do conteúdo "autossuficiente" do título objeto da execução é certo que o exequente ainda está dispensado de provar o direito à prestação.

O fato de não haver um julgamento do mérito no âmbito do processo de execução resultou na equivocada conclusão, por parte de alguns intérpretes, de que a fase de execução poderia ser tida como o "processo do credor" ou até mesmo um "conjunto de meios colocados à disposição do juiz para satisfazer o direito do credor" e que, por conseguinte, seria dispensável o direito ao contraditório ante a escassa matéria cognitiva para apreciação jurisdicional[(3)].

Importante elucidar que a questão ora debatida não se manifesta como a ausência total do contraditório na execução, mas como afirmação de que a ciência dos atos processuais praticados e a possibilidade de participação processual conferidas ao réu são restringidas para não prejudicar a satisfação do direito do exequente[(4)].

A despeito da mencionada mitigação do contraditório e da suposta superação da fase cognitiva, Estevão Mallet[(5)] entende que há ainda espaço para cognição na fase de execução, conforme fundamenta:

> O título já é suficiente. Nem por isso, todavia, fica a cognição afastada do processo de execução. Aliás, não há processo algum, de qualquer espécie ou natureza, que não envolva atividade cognitiva[(6)]. A cognição manifesta-se em todos os processos, por mais tênue, rarefeita e superficial que se mostre. Tome-se, como exemplo, o processo mencionado no art. 867 do CPC. Nem mesmo seu caráter unilateral e não contraditório (CPC, art. 871) elide a cognição do juízo – ainda que a limite –, tanto que pode ser indeferido o pedido (CPC, art. 869). Tem toda razão *Celso Neves*, portanto, ao escrever "A cognição surge... como instrumento da relação necessária entre juiz e o conteúdo do processo, definido pela lide e pelas questões processuais (objeto do processo) que, dominado pelo princípio da congruência, impõe a formação e a formulação do juízo, seja ele precípuo – no processo jurisdicional – seja de simples admissibilidade – no processo executório – seja reduzido ou coadjuvante – no processo juris-integrativo".

Corroborando o entendimento supratranscrito, Daniel Amorim Assumpção Neves defende ser inegável a natureza jurisdicional do processo de execução, o qual deve sempre seguir sob o crivo do contraditório, garantia constitucional indispensável num Estado Democrático de Direito.

Nessa senda, afirma que o Estado-juiz é instado a proferir decisões dirimindo uma série de questões incidentes – como por exemplo as decisões sobre a ordem de preferência de bens a serem penhorados, alienação antecipada, preço na arrematação, avaliação de bens, entre outras demais questões –, momentos em que o contraditório deve se fazer presente[(7)].

Assim, ainda que limitado o exercício do direito de defesa, o ordenamento jurídico contempla formas de manifestação processual por parte do executado para impugnar algumas questões inerentes ao título executivo ou à forma de execução do crédito reconhecido, conforme se passará a expor.

3. EMBARGOS À EXECUÇÃO

3.1. Natureza jurídica

A primeira forma de manifestação do exercício do direito de defesa do executado apresenta-se no mundo jurídico com diferentes denominações. Há quem se refira à forma de impugnação prevista no art. 884 da Consolidação das Leis do Trabalho como "embargos do devedor" e quem prefira a

(2) LIEBMAN, Enrico Tullio. *Embargos do executado – Oposição de mérito no processo de execução*. São Paulo: Saraiva, 1952. p. 177.
(3) NEVES, Daniel Amorim Assumpção. *Manual de direito processual civil*. Volume único. 8. ed. Salvador: Juspodivm, 2016. p. 985.
(4) PEREIRA, Leone. *Manual de processo do trabalho*. 4. ed. São Paulo: Saraiva, 2017. p. 913-914.
(5) MALLET, Estevão. Execução trabalhista: estudos em homenagem ao Ministro João Oreste Dalazan / José Affonso Dallegrave Neto, Ney José de Freitas (Coord.). *Oposição à execução fora dos embargos e sem garantia do juízo*. São Paulo: LTr, 2002. p. 113.
(6) No mesmo sentido, Kazuo Watanabe. *Da cognição no processo civil*. São Paulo: RT, 1987. p. 28.
(7) NEVES, Daniel Amorim Assumpção. *Manual de direito processual civil*. Volume único. 8. ed. Salvador: Juspodivm, 2016. p. 985.

expressão "embargos do executado"[8]. A título de esclarecimentos e para uma melhor compreensão, a terminologia adotada nesta pesquisa será "embargos à execução".

A despeito da divergência terminológica, mais relevante ao tema é a discussão acerca da natureza jurídica dos embargos à execução. Isso porque, repercussões processuais decorrerão da conclusão do referido questionamento.

Após a instituição do processo sincrético no Código de Processo Civil de 1973, com o advento da Lei n. 11.232/2005, inseriu-se no ordenamento jurídico a figura da impugnação do devedor, que seria a forma de defesa do executado no cumprimento de sentença, cuja natureza jurídica – segundo a doutrina majoritária – atualmente é entendida como uma forma de incidente processual de defesa do executado. A partir daí, acirraram-se as discussões sobre os embargos previstos no art. 884 da CLT, especialmente sob a ótica do sincretismo já existente na seara justrabalhista.

A escassez de regramento próprio dentro das normas celetistas e até mesmo no âmbito de Lei de Execução Fiscal levaram os aplicadores e intérpretes do direito a assimilarem alguns dispositivos do CPC.

Embora existam posições doutrinárias sustentando tratar-se de uma simples "defesa do executado", pode-se afirmar que o entendimento majoritário diverge entre dois posicionamentos principais que, a despeito de similares, não são equivalentes.

Renato Saraiva, Wolney de Macedo Cordeiro e Cleber Lúcio de Almeida[9] proclamam que os embargos à execução apresentam natureza de ação de conhecimento incidental, em que o executado assume o polo ativo da relação jurídica, ao passo que o exequente figura no polo passivo, sendo então submetida à jurisdição uma nova pretensão consistente na anulação do processo de execução ou no desfazimento da eficácia do título executivo[10]. Assim aduz Wolney de Macedo Cordeiro[11]:

> Dentro dessa visão de autonomia, o direito processual brasileiro assimilou integralmente a tese de impossibilidade de atuação defensiva direta do devedor no âmbito do processo de execução e estabeleceu como mecanismo único de tutela do devedor a figura dos embargos. Transvestidos do caráter de ação autônoma incidental, os embargos passaram a ser a única forma de se tutelarem os interesses do devedor eventualmente solapados no âmbito da atividade executiva.[12]

Em contrapartida, Carlos Henrique Bezerra Leite entende que, partindo-se do pressuposto de que não há no direito processual do trabalho um "processo de execução", os embargos deixam de figurar como uma ação e assumem a forma de um simples incidente processual – assim como a impugnação ao cumprimento de sentença do CPC. Afirma ainda que, à exceção da regra geral, tratando-se de execução contra a Fazenda Pública ou execução de título extrajudicial, a medida se manifestaria como um processo autônomo de execução, sendo permitido ao executado o ajuizamento de uma ação incidental de embargos à execução.[13]

Refutando a segunda corrente e filiando-se ao entendimento de que os embargos à execução são uma nova ação, Homero Batista Mateus da Silva[14] argumenta que a sentença de liquidação, em regra, é concebida como um mero acertamento de cálculo, ao passo que os embargos à execução são mais amplos, objetivando tanto atacar os cálculos quanto outras tantas questões, o que justificaria atribuir aos embargos a natureza de uma nova ação, atravessada sobre a ação principal.

A distinção entre o incidente processual e uma ação incidental paira sobre o surgimento, ou não, de uma nova relação jurídica processual. O simples incidente processual jamais gera uma relação processual nova ao passo que o que caracteriza a ação incidental é exatamente o fato de uma nova relação jurídica processual ser constituída.

Apreciando as questões levantadas em contraposição com a prática jurídica adotada nas Varas do Trabalho, os embargos à execução, assim como a impugnação à sentença de liquidação ofertada pelo exequente, apresentam-se como um incidente processual.

Nesse ponto, há de se destacar os princípios da celeridade e simplicidade característicos à Justiça do Trabalho, já que sob sua ótica não se justificaria o surgimento de uma ação incidental dentro de uma fase processual, quando o incidente processual é capaz, por si só, de abarcar as matérias impugnáveis tanto sob o viés do executado quanto do exequente.

3.2. Matérias arguíveis por embargos à execução fundados em título judicial

Ultrapassados os debates que envolvem a natureza jurídica do instituto, outra questão relevante é a matéria impugnável via embargos à execução.

---

(8) Prefere-se o termo "embargos do executado" em lugar de "embargos do devedor" por uma simples razão: as Leis ns. 11.232/2005 e 11.328/2006 extinguiram o processo de execução de título judicial (salvo quanto à Fazenda Pública, *vide* item 32, infra) e mantiveram apenas os embargos do executado na hipótese de processo de execução de título extrajudicial.

(9) ALMEIDA, Cleber Lúcio. *Direito processual do trabalho*. 3. ed. Belo Horizonte: Del Rey, 2009. p. 886.

(10) SARAIVA, Renato e MANFREDINI, Aryanna. *Curso de direito processual do trabalho*. 13. ed. Salvador: Juspodivm, 2016. p. 568.

(11) CORDEIRO, Wolney de Macedo. *Execução no processo do trabalho*. 4 ed. rev. e atual. Salvador: Juspodivm, 2017. p. 415.

(12) CORDEIRO, Wolney de Macedo. *Execução no processo do trabalho*. 4 ed. rev. e atual. Salvador: Juspodivm, 2017. p. 415.

(13) LEITE, Carlos Henrique Bezerra. *Curso de direito processual do trabalho*. 9. ed. São Paulo: LTr, 2011. p. 1008.

(14) SILVA, Homero Batista Mateus da. *Curso de direito do trabalho aplicado*, v. 10: execução trabalhista. Rio de Janeiro: Elsevier, 2010. p. 207.

O art. 884, § 1º da CLT determina que a matéria de defesa nos embargos à execução se restringirá às alegações de cumprimento da decisão ou do acordo, quitação ou prescrição da dívida (fatos ulteriores à sentença exequenda).

> Art. 884. Garantida a execução ou penhorados os bens, terá o executado 5 (cinco) dias para apresentar embargos, cabendo igual prazo ao exequente para impugnação.
>
> § 1º A matéria de defesa será restrita às alegações de cumprimento da decisão ou do acordo, quitação ou prescrição da dívida.

A interpretação da norma jurídica de forma literal e restritiva representaria uma direta ofensa ao princípio do contraditório, ainda que se conceba este em sua forma mitigada.

A observância das constantes evoluções do Direito Processual Civil, em contraposição ao engessamento das duas principais fontes legislativas do processo de execução trabalhista, autorizam os intérpretes do direito a utilizar-se de alguns dos regramentos do CPC.

Assim, é possível afirmar que a CLT, em seu art. 884, não esgotou todas as matérias possíveis de arguição via embargos à execução, fato que justifica a aplicação subsidiária do art. 525 do CPC, o qual elenca outras hipóteses de matéria de defesa na impugnação à execução, *in verbis*:

> Art. 525. Transcorrido o prazo previsto no art. 523 sem o pagamento voluntário, inicia-se o prazo de 15 (quinze) dias para que o executado, independentemente de penhora ou nova intimação, apresente, nos próprios autos, sua impugnação.
>
> § 1º Na impugnação, o executado poderá alegar:
>
> I – falta ou nulidade da citação se, na fase de conhecimento, o processo correu à revelia;
>
> II – ilegitimidade de parte;
>
> III – inexequibilidade do título ou inexigibilidade da obrigação;
>
> IV – penhora incorreta ou avaliação errônea;
>
> V – excesso de execução ou cumulação indevida de execuções;
>
> VI – incompetência absoluta ou relativa do juízo da execução;
>
> VII – qualquer causa modificativa ou extintiva da obrigação, como pagamento, novação, compensação, transação ou prescrição, desde que supervenientes à sentença.

Verifica-se que os incisos que compõem o artigo refletem questões de ordem pública e de interesse social, o que reforça a tese de que o artigo celetista não é taxativo na identificação das matérias arguíveis no âmbito dos embargos à execução, mas meramente exemplificativo. Nessa toada, tratando-se de questões substanciais à justa condução da fase executória, necessário que seja possibilitado à parte executada submeter o fato à apreciação do Judiciário.

A falta ou nulidade da citação elencada no inciso "I", como exemplo de relevante matéria pertinente à execução, representaria não só a nulidade do título executivo, mas a sua inexistência, pois ausente a formação da relação jurídica processual, não há sequer a aparência de validade.

Neste ponto, os efeitos de um eventual acolhimento das razões de embargos ultrapassariam a fase executiva, alcançando, diretamente, a fase cognitiva, pois seria reaberta a fase de instrução processual.

Outra questão que pode trazer dúvidas quanto à utilização dos embargos à execução é a arguição de ilegitimidade da parte, prevista no inciso "II" do artigo em análise, se comparada à figura dos embargos de terceiro.

A dúvida aparente se esclarece quando se observa que, para se opor embargos à execução arguindo-se a ilegitimidade, o executado já figura como parte na execução, ao contrário do caso da parte autora, estranha à lide, que se utiliza do remédio processual dos embargos de terceiro.

A inexequibilidade do título ou inexigibilidade da obrigação, tipificadas no inciso "III", por outro lado, autorizam o manejo dos embargos à execução quando há algum fato que impossibilite, ao menos momentaneamente, a execução do título, tais como: uma obrigação ilíquida, uma condição suspensiva, um acordo em que as parcelas ainda são vencíveis, dentre outras situações.

Nesse ponto, contudo, a CLT foi contemplada com uma hipótese expressa e específica de inexigibilidade do título judicial. A Medida Provisória n. 2.180-35 de 2001, acrescentou ao art. 844 o § 5º que dispõe ser inexigível o título judicial fundado em lei ou ato normativo declarados inconstitucionais pelo Supremo Tribunal Federal ou em aplicação ou interpretação tidas por incompatíveis com a Constituição Federal.

A modalidade de inexigibilidade de título supramencionada deve ser interpretada em conjunto com os §§ 12 a 14 do art. 525 do CPC, sob pena de configurar manifesta violação à garantia constitucional insculpida no inciso XXVI, do art. 5º da CR/88, segundo a qual a lei não prejudicará a coisa julgada, *in verbis:*

> § 12. Para efeito do disposto no inciso III do § 1º deste artigo, considera-se também inexigível a obrigação reconhecida em título executivo judicial fundado em lei ou ato normativo considerado inconstitucional pelo Supremo Tribunal Federal, ou fundado em aplicação ou interpretação da lei ou do ato normativo tido pelo Supremo Tribunal Federal como incompatível com a em controle de constitucionalidade concentrado ou difuso.
>
> § 13. No caso do § 12, os efeitos da decisão do Supremo Tribunal Federal poderão ser modulados no tempo, em atenção à segurança jurídica.
>
> § 14. A decisão do Supremo Tribunal Federal referida no § 12 deve ser anterior ao trânsito em julgado da decisão exequenda.

A despeito de ausente na norma celetista o condicionamento de que a decisão da Suprema Corte, para tornar inexigível o título, deve ser anterior ao trânsito em julgado da decisão, a hermenêutica jurídica impõe o preenchimento da lacuna com as regras expressas no CPC, consoante entendimento exarado por Estevão Mallet:

> Se a solução dada pelo Supremo Tribunal Federal à questão constitucional antecede a prolação da decisão que se vai executar ou o trânsito em julgado dessa decisão, sua aplicação ao litígio pendente observa o disposto no art. 462, do CPC. Depende, portanto, de pronunciamento do juízo – tomado até mesmo de ofício –, para que seja o processo resolvido levando-se em conta o novo quadro jurídico. Se isso não ocorrer, seja porque não se considerou a alteração normativa decorrente da decisão do Supremo Tribunal Federal, seja porque essa alteração é posterior ao trânsito em julgado do título exequendo, não há como, sem qualquer formalidade, privar de exequibilidade a sentença. Se a decisão já transitou em julgado, a declaração de inconstitucionalidade não a atinge diretamente e nem pode afetá-la de imediato[15].

Corrobora a tese sustentada o atual posicionamento dos Tribunais Regionais, o que se exemplifica com o teor da seguinte ementa proferida em julgado do TRT da 3ª Região:

> AGRAVO DE PETIÇÃO. DECLARAÇÃO DE INCONSTITUCIONALIDADE DE ATO NORMATIVO PELO STF. INEXIGIBILIDADE DO TÍTULO EXECUTIVO JUDICIAL. ART. 884, § 5º, DA CLT. Não obstante o dispositivo celetista mencionado estabeleça que "Considera-se inexigível o título judicial fundado em lei ou ato normativo declarados inconstitucionais pelo Supremo Tribunal Federal ou em aplicação ou interpretação tidas por incompatíveis com a Constituição Federal", ele deve ser interpretado sistematicamente com as demais normas constitucionais e infraconstitucionais que regem a coisa julgada e a execução. Nesse sentido, os §§ 12, 14 e 15 do art. 525 do CPC preceituam que a declaração da inexigibilidade de obrigação reconhecida em título executivo judicial fundado em lei ou ato normativo considerado inconstitucional pelo Supremo Tribunal Federal, somente ocorrerá no próprio bojo da execução quando a referida decisão for anterior ao seu trânsito em julgado. Nesses termos, transitado em julgado o título executivo antes da prolação das decisões na ADPF 324 e no RE n. 958.252, indevida a declaração de sua inexigibilidade, devendo-se observar a imutabilidade da coisa julgada, prevista no art. 5º, XXXVI, da Constituição da República e no art. 502 e ss., do CPC. (TRT da 3ª Região; PJe: 0010722-44.2015.5.03.0104 (AP); Disponibilização: 17.05.2019, DEJT/TRT3/Cad. Jud, p. 3873; Órgão Julgador: Decima Turma; Relator: Convocado Delane Marcolino Ferreira)

Em continuidade à apreciação das matérias oponíveis por meio dos embargos à execução, os vícios na penhora ou avaliação são hipóteses constantes expressamente no rol do art. 525 do CPC.

Controvérsias pairam sobre referida matéria como objeto de embargos à execução em razão da previsão expressa na CLT sobre o manejo do remédio processual chamado "embargos à penhora".

Manoel Antônio Teixeira Filho[16] sustenta a falha de técnica legislativa no art. 884, § 3º da CLT[17], já que a impugnação à sentença de liquidação ocorre no âmbito dos embargos à execução, não se justificando a existência de "embargos à penhora" para este fim. Ademais, as matérias impugnáveis atinentes à penhora devem ser arguidas em petição simples, embargos de terceiro ou nos próprios embargos à execução, sendo inócua a previsão legislativa.

Em contrapartida, uma segunda corrente, a que se filia José Augusto Rodrigues Pinto[18], defende a distinção entre os embargos à execução e os embargos à penhora sob a ótica da matéria impugnada. Os embargos à execução atingiriam o próprio título executivo ao passo que os embargos à penhora serviriam para impugnar os atos de constrição em si.

Novamente, o princípio da simplicidade será invocado para dirimir a celeuma. Aplicando-se subsidiariamente as regras do CPC, não há razões para excepcionar a incidência do inciso "III" do art. 525. Assim, havendo a possibilidade de se impugnar equívocos referentes ao ato da penhora sob a forma de embargos à execução, não há razões para se exigir que essa pontual modalidade de insurgência seja admitida apenas sob a forma de embargos à penhora.

Destarte, os Tribunais Regionais vêm aceitando a impugnação à penhora tanto sob a forma de embargos à execução quanto sob a forma de embargos à penhora, tratando-os como um único instituto. Nesse sentido, manifesta-se Cleber Lúcio de Almeida, concluindo pela desnecessidade de polarização entre duas modalidades autônomas de embargos:

> Cumpre observar, no entanto, que é nos denominados "embargos à penhora" que o devedor poderá atacar a sentença de liquidação (art. 884, § 3º, da CLT), o que significa dizer que tais embargos não se prestam apenas

(15) MALLET, Estêvão. A dupla inconstitucionalidade do § 5º do art. 884 da CLT. *Revista do Tribunal Superior do Trabalho*. Brasília, v. 68, n.1, jan./mar. 2002. p. 131

(16) TEIXEIRA FILHO, Manoel Antônio. *Execução no processo do trabalho*. 8. ed. São Paulo: LTr, 2004. p. 527-529.

(17) Art. 884. Garantida a execução ou penhorados os bens, terá o executado 5 (cinco) dias para apresentar embargos, cabendo igual prazo ao exequente para impugnação.

§ 3º Somente nos embargos à penhora poderá o executado impugnar a sentença de liquidação, cabendo ao exequente igual direito e no mesmo prazo.

(18) PINTO, José Augusto Rodrigues. *Execução trabalhista*. 10. ed. São Paulo: LTr, 2004. p. 177-178.

ao questionamento da legalidade da penhora, acrescentando-se que de acordo com o art. 884, § 4º, da CLT na mesma sentença serão julgados os embargos e as impugnações à liquidação, o que reforça a conclusão de que os *embargos* são únicos, não havendo que se falar em embargos à execução e embargos à penhora[19].

Há de se esclarecer que, concluindo-se pela aplicabilidade do disposto no inciso IV do art. 525 do CPC, a matéria objeto dos embargos não se refere ao título executivo em si, mas ao ato de constrição específico (penhora) ou da avaliação do bem. Assim, queda-se inalterado o título ainda que seja dado provimento aos embargos à execução.

Além das matérias já apontadas, pode-se dizer que é frequente a alegação como matéria de execução trabalhista o excesso de execução, ainda que ausente previsão expressa no âmbito do Processo do Trabalho. Referida matéria foi absorvida por esta Especializada sem nenhum entrave. No entanto, por força do § 4º do art. 525 do CPC, vem-se exigindo que o executado, em sua impugnação, demonstre de logo a parte incontroversa ou a que entende devida, sob pena do seu indeferimento liminar, "circunstância, aliás, que tenderá a afastar impugnações chicaneiras, visto que terá que apresentar demonstrativo discriminado e atualizado de seu cálculo."[20]

Ainda sobre as matérias impugnáveis via embargos à execução, a incompetência absoluta ou relativa do juízo (art. 525, § 1º, VI, CPC) e as causas impeditivas, modificativas ou extintivas das obrigações executadas (art. 525, § 1º, VI, CPC) são as hipóteses finais elencadas no artigo do CPC. Importante ressaltar que, por óbvio, as questões suscitadas devem ater-se a fatos posteriores à formação do título executivo judicial. Ou seja, a competência a ser aferida será a do juízo da execução, bem como as causas impeditivas, modificativas ou extintivas devem ser supervenientes à sentença.

Vale destacar que o art. 884, § 1º da CLT já estipula algumas espécies dentro do gênero de causas consignadas no art. 525, § 1º, VI, CPC, sendo elas: cumprimento da decisão ou do acordo, quitação ou prescrição da dívida.

Outra questão que se tornou ainda mais relevante em razão de inovação legislativa consagrada pela Lei n. 13.467/2017 é a preclusão da matéria impugnável quando omisso o executado no momento da impugnação aos cálculos de liquidação.

Isso porque, a nova redação do § 2º do art. 879 da CLT introduziu ao processo trabalhista a obrigatoriedade da concessão de prazo de 8 dias úteis[21] às partes para impugnação da conta elaborada, de forma fundamentada, com a indicação dos itens e valores objeto da discordância, sob pena de preclusão.

Até o advento da *novel* legislação, a concessão de prazo para impugnação dos cálculos se mostrava como mera faculdade do magistrado, que poderia abrir prazo sucessivo de 10 dias para tanto[22].

Assim, no caso de se haver oportunizado às partes a manifestação sobre os cálculos, não o sendo feito, o executado não poderá apresentar insurgência aos valores ali descritos em sede de embargos à execução. Nesse caso, haverá se operado a preclusão temporal quanto à matéria, de forma que eventuais embargos apenas poderão versar sobre demais questões referentes à execução.

Por fim, importante destacar quanto ao manejo dos embargos à execução que, a partir da interpretação do art. 16, § 3º, da Lei n. 6.830/1980[23] c/c art. 799, CLT,[24] é inadmissível a apresentação de reconvenção em seu bojo e que as eventuais exceções de suspeição, impedimento e incompetência relativa devem ser arguidas em forma de preliminar nos embargos à execução.

Igualmente, nos moldes do art. 767 da CLT, a compensação e a retenção não podem ser matérias de embargos à execução, uma vez que devem ser arguidas no processo cognitivo, em sede de contestação.

3.3. Prazo e procedimento dos Embargos à Execução fundados em Título Judicial

No tocante ao prazo para a oposição dos embargos à execução, tendo em vista o regramento específico contido no *caput* do art. 844 da CLT – prevendo expressamente o prazo de cinco dias[25], é pacificado na doutrina e jurisprudência que não comporta aplicação subsidiária do prazo estipulado no CPC. Entretanto, em 24.08.2001, foi publicada a Medida Provisória n. 2.180/1935, que incluiu à Lei n. 9.494/1997 – que disciplina a aplicação da tutela antecipada contra a Fazenda Pública – a seguinte redação:

(19) ALMEIDA, Cleber Lúcio. *Direito processual do trabalho*. 3. ed., ver., atual. e ampl. Belo Horizonte: Del Rey, 2009. p. 887.

(20) CORREA, Antonio de Pádua Muniz. *Processo do trabalho*: força dominante *versus* NCPC, força auxiliar. São Paulo: LTr, 2017. p. 79.

(21) Art. 775. Os prazos estabelecidos neste Título serão contados em dias úteis, com exclusão do dia do começo e inclusão do dia do vencimento.

(22) Assim dispunha o art. 879, § 2º da CLT em sua antiga redação: Elaborada a conta e tornada líquida, o Juiz poderá abrir às partes prazo sucessivo de 10 (dez) dias para impugnação fundamentada com a indicação dos itens e valores objeto da discordância, sob pena de preclusão.

(23) Art. 16. O executado oferecerá embargos, no prazo de 30 (trinta) dias, contados:
§ 3º Não será admitida reconvenção, nem compensação, e as exceções, salvo as de suspeição, incompetência e impedimentos, serão argüidas como matéria preliminar e serão processadas e julgadas com os embargos.

(24) Art. 799. Nas causas da jurisdição da Justiça do Trabalho, somente podem ser opostas, com suspensão do feito, as exceções de suspeição ou incompetência.
§ 1º As demais exceções serão alegadas como matéria de defesa.

(25) Em decorrência da nova regra contida no art. 775 da CLT, o prazo em referência passou a ser contado em dias úteis.

> Art. 1º-B. O prazo a que se refere o *caput* dos arts. 730 do Código de Processo Civil, e 884 da Consolidação das Leis do Trabalho, aprovada pelo Decreto-lei n. 5.452, de 1º de maio de 1943, passa a ser de trinta dias. (NR)

A *novel* legislação processual foi alvo de inúmeras críticas, quando se ventilou a interpretação de que o prazo ali disposto seria aplicável também ao devedor particular. Isso porque, a alteração do prazo de cinco dias para trinta dias configuraria manifesta ofensa aos princípios da razoabilidade, da celeridade e da vedação ao retrocesso social. Assim, a doutrina e jurisprudência firmaram o entendimento de que a interpretação mais razoável a ser conferida ao dispositivo era de que o prazo trintenário aplicar-se-ia apenas em favor da Fazenda Pública.

A constitucionalidade do longo prazo para oposição de embargos, ainda que em favor da Fazenda Pública, bem como a constitucionalidade do próprio diploma legal em si, cujos requisitos de urgência e relevância para justificar sua edição são ausentes, foram objeto de questionamento em diversas ações perante a Suprema Corte.

Nessa toada, o STF, reconhecendo a repercussão geral do tema, concedeu medida liminar determinando a suspensão dos processos que discutem a aplicação do prazo de trinta dias para embargos da Fazenda[26].

Em paralelo, em sessão do Pleno do C. TST, no julgamento de incidente de uniformização de jurisprudência suscitado no processo RR-70/1992-011-04-00.7, a Corte decidiu pela inconstitucionalidade da medida provisória em comento, pacificando o entendimento pela observância à redação original do art. 884 da CLT, de forma que a Fazenda Pública também estaria submetida ao prazo de cinco dias para oposição dos embargos à execução.

Em razão da liminar deferida pelo STF, contudo, as Turmas do TST deixaram de aplicar o entendimento consubstanciado no incidente de uniformização, passando a aceitar o processamento de embargos à execução opostos pela Fazenda Pública dentro do prazo de 30 dias até o advento da decisão definitiva sobre o tema.

> "AGRAVO DE INSTRUMENTO EM RECURSO DE REVISTA EM FACE DE DECISÃO PUBLICADA ANTES DA VIGÊNCIA DA LEI N. 13.015/2014. FAZENDA PÚBLICA. PRAZO PARA AJUIZAMENTO DE EMBARGOS À EXECUÇÃO. MEDIDA PROVISÓRIA N. 2.180-35/2001. Agravo de instrumento a que se dá provimento para determinar o processamento do recurso de revista, em face de possível violação do art. 5º, LIV e LV, da Constituição Federal. RECURSO DE REVISTA EM FACE DE DECISÃO PUBLICADA ANTES DA VIGÊNCIA DA LEI N. 13.015/2014. FAZENDA PÚBLICA. PRAZO PARA AJUIZAMENTO DE EMBARGOS À EXECUÇÃO. MEDIDA PROVISÓRIA N. 2.180-35/2001. Esta Corte, em sessão plenária realizada no dia 02.09.2013, suspendeu os efeitos da declaração de inconstitucionalidade formal do art. 4º da Medida Provisória n. 2.180-35/93, que acrescentou o art. 1º-B à Lei n. 9.494/97. O Excelso Supremo Tribunal Federal, em julgamento da Ação Declaratória de Constitucionalidade (ADC 11 MC/DF) da referida MP, deferiu a medida liminar. Apesar de o Supremo Tribunal Federal não ter proferido decisão definitiva de mérito a respeito da constitucionalidade do referido dispositivo, no julgamento de reclamações constitucionais tem-se manifestado no sentido de que ofende a sua autoridade decisão que deixa de receber os embargos à execução trabalhista apresentados no prazo previsto na mencionada Lei e, nesses casos, determinado o recebimento e processamento dos embargos à execução aviados pela Fazenda Pública no prazo de 30 (trinta) dias. Portanto, são tempestivos os embargos à execução ajuizados pela Fazenda Pública no prazo mencionado. Precedentes. Recurso de revista de que se conhece e a que se dá provimento" (RR-111001-85.2011.5.21.0004, 7ª Turma, Relator Ministro Cláudio Mascarenhas Brandão, DEJT 01.10.2015).

Além da celeuma acerca do prazo para oposição dos embargos à execução, necessário discorrer sobre o início de sua contagem.

Dispõe o art. 884 da CLT que "garantida a execução ou penhorados os bens, terá o executado 5 (cinco) dias para apresentar embargo". Assim, interpretando-se o dispositivo legal para a aplicação no caso concreto, pode se dizer que o prazo para oposição dos embargos à execução se inicia do depósito do valor da execução ou da assinatura do termo de nomeação do bem à penhora ou da intimação da penhora, quando o bem não está sob a posse do executado e é efetuada por Oficial de Justiça.

Algumas situações práticas, entretanto, geram ao operador do direito diversas dúvidas quanto à contagem do prazo preclusivo para oposição dos embargos à execução. Assim, passa-se a reproduzir algumas ementas selecionadas, oriundas do Tribunal Regional do Trabalho da 3ª Região, que retratam o posicionamento das Turmas frente a alguns casos concretos em que há insurgências advindas da parte executada sobre o transcurso do prazo em questão.

> EMENTA: EMBARGOS À EXECUÇÃO. PRAZO. CONTAGEM. Na forma do art. 884 da CLT, garantida a execução, terá o executado cinco dias para apresentar seus embargos. A partir do momento em que realizado o depósito em valor suficiente, a execução está garantida, independentemente da convolação ou formalização em penhora, sendo a data do depósito, portanto, o termo inicial do prazo para oposição de embargos à execução.
>
> (TRT da 3ª Região; Processo: 0002054-27.2014.5.03.0005 AP; Data de Publicação: 15.10.2018; Órgão Julgador: Sexta Turma; Relator: Convocado Danilo Siqueira de C.Faria; Revisor: Jorge Berg de Mendonca)
>
> EMBARGOS À EXECUÇÃO. GARANTIA DO JUÍZO. PRAZO. MARCO INICIAL. Nos termos do art. 884 da

(26) A Ação Direta de Constitucionalidade n. 11, que tem como objeto o dispositivo mencionado, ainda não dispõe de decisão definitiva.

CLT, o prazo para a interposição dos embargos à execução tem início com a garantia da execução. Garantido o juízo pela própria executada, por meio de depósito judicial, não há necessidade de convolação ou formalização da penhora, para ter início à contagem do prazo para apresentação dos embargos à execução.

(TRT da 3ª Região; PJe: 0010167-57.2017.5.03.0136 (AP); Disponibilização: 31.07.2018; Órgão Julgador: Terceira Turma; Relator: Milton V.Thibau de Almeida)

EMBARGOS À EXECUÇÃO – CONTAGEM DO PRAZO – Na Justiça do Trabalho o prazo previsto no art. 884 da CLT para oposição de embargos à execução corre a partir da inequívoca ciência da constrição dos bens, e não da juntada do auto de penhora aos autos do processo.

(TRT da 3ª Região; PJe: 0012027-79.2016.5.03.0152 (AP); Disponibilização: 16.04.2018; Órgão Julgador: Terceira Turma; Relator: Convocado Danilo Siqueira de C. Faria)

SEGURO GARANTIA JUDICIAL. VIGÊNCIA. MARCO TEMPORAL PARA OPOSIÇÃO DOS EMBARGOS À EXECUÇÃO. É a data de vigência do seguro garantia do juízo o marco temporal para a contagem do prazo para oposição dos embargos à execução, na ausência de qualquer outra estipulação em contrário. Assim, o seguro tem validade imediata a partir desta data, que apenas se confirma pela emissão e publicação da apólice. No caso, não observado o quinquídio legal a contar da data da vigência do seguro, os embargos à execução são intempestivos.

(TRT da 3ª Região; PJe: 0010312-94.2014.5.03.0047 (AP); Disponibilização: 29.08.2017; Órgão Julgador: Decima Turma; Relator: Convocado Mauro Cesar Silva)

EMBARGOS À EXECUÇÃO. INÍCIO DA CONTAGEM DO PRAZO. BLOQUEIO *ON-LINE*. DESNECESSIDADE DE CONVOLAÇÃO EM PENHORA. A partir da data em que o executado tomou conhecimento do bloqueio começa o prazo para opor embargos à execução. Não há falar-se em necessidade da convolação do depósito em penhora, pois a apreensão do valor por bloqueio *on-line* é a própria penhora, inexistindo distinção legal entre os procedimentos.

(TRT da 3ª Região; PJe: 0010035-63.2015.5.03.0073 (AP); Disponibilização: 09.06.2016, DEJT/TRT3/Cad. Jud, p. 251; Órgão Julgador: Quinta Turma; Relator: Manoel Barbosa da Silva)

Verifica-se que as E. Turmas desse Regional tendem a manifestar-se pela imediata contagem do prazo tão logo o executado tenha ciência da simples existência da garantia, sendo dispensada a convolação em penhora e ulterior intimação para se dar início à contagem do prazo.

Referida exigência de garantia do juízo também foi matéria de debates quando do advento da Lei n. 11.382/2006, que alterou o CPC de 1973, passando a constar que o executado, independentemente de penhora, depósito ou caução, poderia opor-se à execução por meio de embargos. Referida dispensa da garantia da execução foi igualmente incorporada no diploma legal seguinte, o CPC de 2015.

Ocorre que a dispensa de garantia do juízo no âmbito do Processo Civil não se mostrava compatível com a seara trabalhista, que visa a máxima proteção ao crédito de natureza alimentar, especialmente ante a existência de um título executivo reconhecendo o direito às verbas pleiteadas.

A Lei n. 13.467/2017 acrescentou ao art. 884 da CLT o § 6º, em que se verifica a opção expressa promovida pelo legislador para excluir da exigência dessa garantia as executadas entidades filantrópicas bem como seus respectivos diretores. Dessa feita, diante do regramento próprio e específico do processo trabalhista, mostra-se nítida a manutenção da exigência de garantia do juízo a todos os demais executados que não aqueles ali expressamente excluídos.

A interpretação sustentada confere à execução trabalhista maior eficácia para a satisfação do crédito exequendo, reconhecendo-se, portanto, a inaplicabilidade do disposto no *caput* do art. 914 do CPC/2015[(27)].

Entretanto, há ainda divergências na doutrina e jurisprudência acerca da possibilidade de se admitir o processamento de embargos à execução quando o juízo não estiver integralmente garantido.

Nesse sentido, importante sopesar o fato de que algumas questões fundamentais são objeto dos embargos à execução, conforme discorrido no item anterior, e o seu não conhecimento fundado na insuficiência de garantia pode implicar em ofensa ao exercício do contraditório, bem como injustificado retardo na tutela executiva.

O não conhecimento da via de impugnação em razão de não estar integralmente garantida a execução constitui óbice à análise do mérito, que se analisada, por vezes, poderia já solucionar questão relevante à execução. Assim, a fase de execução perduraria até a efetiva complementação de garantia para então se apreciar questão postulada ao juízo anteriormente, mas cuja apreciação restou prejudicada em um primeiro momento.

Cleber Lúcio de Almeida[(28)] pontua que o posicionamento esperado do juízo ao verificar que os bens penhorados não alcançam o valor total do crédito, por economia processual, seria intimar o executado para a complementação da garantia. Complementada a garantia, ainda deve ser oportunizado ao executado emendar os embargos ofertados, em caso de alegações sobre a legitimidade ou validade do reforço de penhora. Na hipótese de não haver outros bens para a complementação da garantia, ainda assim os embargos devem ser conhecidos, evitando-se a suspensão da execução, especialmente quando a garantia existente contemplar parte razoável da dívida.

(27) Art. 914. O executado, independentemente de penhora, depósito ou caução, poderá se opor à execução por meio de embargos.

(28) ALMEIDA, Cleber Lúcio. *Direito processual do trabalho*. 3. ed. Belo Horizonte: Del Rey, 2009. p. 892.

Nesse sentido, manifestou-se o C. Superior Tribunal de Justiça quando instado a apreciar o tema antes do advento da reforma processual da execução civil:

> TRIBUTÁRIO. PROCESSUAL CIVIL. EMBARGOS À EXECUÇÃO FISCAL. INSUFICIÊNCIA DA PENHORA. ADMISSIBILIDADE DOS EMBARGOS. 1. A insuficiência de penhora não é causa suficiente para determinar a extinção dos embargos do devedor. Assim, cumpre ao magistrado, antes da extinção intimar o devedor a proceder ao reforço, à luz da sua capacidade econômica e da garantia pétrea do acesso à justiça. 2. A possibilidade de substituição dos bens penhorados ou de reforço da penhora, revelam excessivo obstar a admissibilidade dos embargos do devedor ante à insuficiência do valor do bem constrito, máxime porque a expropriação do mesmo garante parcial pagamento e conspira em prol da amplitude da defesa. 3. Revelar-se-á ilógico impedir a defesa do executado nessas circunstâncias, quando se vem admitindo a denominada exceção de pré-executividade, interinamente e sem garantia. 4. Cabe ao Juiz, antes da extinção dos embargos, intimar o devedor a proceder o reforço da penhora, à luz da sua capacidade econômica e da garantia pétrea do acesso à justiça. 5. Recurso parcialmente provido.
>
> (STJ – REsp: 425288 RS 2002/0039665-8, Relator: Ministro LUIZ FUX, Data de Julgamento: 24.09.2002, T1 – PRIMEIRA TURMA, Data de Publicação: DJ 04.11.2002 p. 159RDDT v. 88 p. 230)

Ademais, ainda no que tange à garantia, importante ponderar que a garantia do juízo por carta fiança bancária também é uma opção que já vinha sendo admitida no processo trabalhista, ante à previsão contida na Lei de Execuções Fiscais[29], sob as regras de aplicação supletiva insculpida no art. 889 da CLT.

Em continuidade à investigação do procedimento dos embargos à execução, questiona-se sobre os efeitos de sua oposição.

Apresentados os embargos à execução, no prazo legal, após garantida a execução ou penhorados os bens, inexiste qualquer regra vigente que garanta a imediata suspensão dos demais atos executórios. Isso porque, a regra de suspensão automática prevista na legislação processual civil até a promulgação da Lei n. 11.232/2005 não mais prevalece no ordenamento vigente.

As diretrizes extraídas do Código de Processo Civil[30], supletivamente aplicáveis ao processo trabalhista ante à compatibilidade e à omissão dos demais diplomas legais, dispõem que, excepcionalmente, é possível a concessão de efeitos suspensivos quando os fundamentos aduzidos pelo executado forem relevantes e se o prosseguimento da execução for manifestamente suscetível de causar grave dano de difícil ou incerta reparação.

Quanto ao tema, Wolney de Macedo Cordeiro expôs sobre a ausência de discricionariedade do julgador para a apreciação do pedido de suspensão dos atos executórios quando opostos os embargos à execução:

> Mas como aquilatar a nocividade da execução em face do devedor? As expressões utilizadas pela norma processual foram dotadas de um alto grau de subjetividade na avaliação. Mesmo assim, a probabilidade de dano a ser causado ao executado deve ser mensurada exclusivamente em função da probabilidade concreta de reversibilidade prática do julgado, mas sim se existe um mínimo de procedência nas alegações formuladas pelo devedor. Observe-se que, embora a norma estabeleça critérios aparentemente subjetivos para a concessão do efeito suspensivo, não existe discricionariedade na análise do juiz quanto à concessão do benefício ao devedor[31].

Em contrapartida, há quem defenda a suspensão automática da execução[32] quando opostos os respectivos embargos, ainda que não haja pedido expresso nesse sentido. De fato, é o que se observa, em regra, na prática forense, especialmente em razão de já existir uma garantia da execução no momento da apreciação dos embargos à execução, tornando desnecessária a continuidade de demais atos processuais.

A competência para apreciar os embargos à execução deve ser assinalada nos presentes estudos quando os atos de constrição são efetuados por carta precatória. Nesses casos, os embargos devem ser oferecidos no juízo deprecante ou no juízo deprecado, mas o julgamento se dará no juízo deprecante, salvo se a matéria impugnada versar, unicamente, sobre vícios e irregularidades nos atos praticados pelo

---

(29) Art. 9º Em garantia da execução, pelo valor da dívida, juros e multa de mora e encargos indicados na Certidão de Dívida Ativa, o executado poderá:

§ 3º A garantia da execução, por meio de depósito em dinheiro, fiança bancária ou seguro garantia, produz os mesmos efeitos da penhora.

(30) Art. 525. [...]

§ 6º A apresentação de impugnação não impede a prática dos atos executivos, inclusive os de expropriação, podendo o juiz, a requerimento do executado e desde que garantido o juízo com penhora, caução ou depósito suficientes, atribuir-lhe efeito suspensivo, se seus fundamentos forem relevantes e se o prosseguimento da execução for manifestamente suscetível de causar ao executado grave dano de difícil ou incerta reparação.

§ 7º A concessão de efeito suspensivo a que se refere o § 6º não impedirá a efetivação dos atos de substituição, de reforço ou de redução da penhora e de avaliação dos bens

(31) CORDEIRO, Wolney de Macedo. *Execução no processo do trabalho*. 4. ed. rev. e atual. Salvador: Juspodivm, 2017. p. 435.

(32) SARAIVA, Renato e MANFREDINI, Aryanna. *Curso de direito processual do trabalho*. 13. ed. Salvador: Juspodivm, 2016. p. 571.

juízo deprecado (penhora, avaliação ou alienação de bens), quando será deste juízo a competência para julgar[(33)].

Por fim, elucidadas as questões relacionadas ao ato de oposição dos embargos à execução, necessário apenas pontuar que, quando recebidos, é oportunizado ao exequente a apresentação de impugnação em igual prazo (cinco dias). Em continuação, via de regra, é desnecessária a designação de audiência, salvo quando imprescindível a produção de prova testemunhal[(34)], devendo o juízo proferir decisão dentro de cinco dias. Apesar de prevista a dilação probatória, não se verifica sua ocorrência na prática forense.

O meio recursal cabível para impugnar a sentença em sede de embargos à execução é o Agravo de Petição, no prazo de oito dias, à luz do art. 897, *a*, da CLT.

3.4. Embargos à Execução fundado em Título Extrajudicial

A Justiça do Trabalho atualmente reconhece quatro modalidades de títulos extrajudiciais passíveis de execução (art. 876 da CLT e art. 784, I, CPC c/c o art. 13, IN 39/2019), sendo eles: termo de compromisso de ajustamento de conduta firmado perante o Ministério Público do Trabalho, termo de conciliação ajustada perante a comissão de conciliação prévia, certidão de dívida ativa (CDA), cheque e a nota promissória.

Promovida a execução a partir de qualquer dos supramencionados títulos, ao executado igualmente é possibilitado o manejo dos embargos à execução, de forma que, a partir dos mesmos fundamentos que autorizam a aplicação subsidiária do CPC quanto à matéria arguível nos embargos opostos em execuções de títulos judiciais, plenamente aplicável o art. 917 do CPC nesse ponto, que assim dispõe:

> Art. 917. Nos embargos à execução, o executado poderá alegar:
>
> I – inexequibilidade do título ou inexigibilidade da obrigação;
>
> II – penhora incorreta ou avaliação errônea;
>
> III – excesso de execução ou cumulação indevida de execuções;
>
> IV – retenção por benfeitorias necessárias ou úteis, nos casos de execução para entrega de coisa certa;
>
> V – incompetência absoluta ou relativa do juízo da execução;
>
> VI – qualquer matéria que lhe seria lícito deduzir como defesa em processo de conhecimento.

Verifica-se que o inciso "V" do referido diploma contempla uma hipótese genérica e abrangente, o que alargaria substancialmente o rol das alegações possíveis em impugnação do executado. Ademais, tratando-se de matéria referente a excesso de execução, o § 3º do art. 917 do CPC impõe a obrigatoriedade de se declarar o valor que entende correto, apresentando demonstrativo discriminado e atualizado de seu cálculo.

No que tange ao processamento dos embargos à execução fundados em títulos extrajudiciais, aplica-se, igualmente, o prazo de cinco dias constante do art. 884 da CLT. Entretanto, durante a fluência do prazo para oposição dos embargos está também em curso o prazo para o cumprimento voluntário da obrigação.

Aplicando-se as regras do CPC/2015 sobre o tema, à luz de seu art. 829, o executado será citado para pagar a dívida no prazo de 3 (três) dias contados da citação. Assim, sob referida perspectiva é possível vislumbrar uma situação em que, findado o prazo para cumprimento espontâneo da execução, poderão ocorrer atos de constrição sobre o patrimônio do executado antes mesmo de se findar o prazo para oposição dos embargos.

Ainda assim, como resultado da escassez de regras atinentes à matéria, especialmente em razão da restrita utilização de títulos executivos extrajudiciais no âmbito da Justiça do Trabalho, não há posicionamento pacificado sobre a necessidade de se garantir a execução para a oposição dos embargos à execução.

Há aqueles que entendem pela aplicação integral do regramento contido no CPC de 2015, que dispensaria a garantia do juízo.

Por outro lado, a força do comando do art. 884 da CLT parece não isentar essa modalidade de embargos da apresentação de garantia e assim é assente na jurisprudência, conforme se verifica na prática forense.

4. EXCEÇÃO DE PRÉ-EXECUTIVIDADE

O instituto da exceção de pré-executividade foi introduzido no sistema processual brasileiro por Pontes de Miranda.

O tratadista alagoano, por volta de 1966, foi convidado a elaborar parecer em prol de empresa acionada em juízo por títulos executivos extrajudiciais falsos que, a fim de apresentar defesa, se viu em uma situação que demandaria a oferta de todo seu patrimônio para garantir a execução

(33) Lei n. 6.830/1980 – Art. 20. Na execução por carta, os embargos do executado serão oferecidos no Juízo deprecado, que os remeterá ao Juízo deprecante, para instrução e julgamento.

Parágrafo Único – Quando os embargos tiverem por objeto vícios ou irregularidades de atos do próprio Juízo deprecado, caber-lhe-á unicamente o julgamento dessa matéria.

(34) Art. 884 [...]

§ 2º Se na defesa tiverem sido arroladas testemunhas, poderá o Juiz ou o Presidente do Tribunal, caso julgue necessários seus depoimentos, marcar audiência para a produção das provas, a qual deverá realizar-se dentro de 5 (cinco) dias.

de algo sabidamente inexistente. Relatado caso tornou-se conhecido como "caso Mannesmann".

A situação lhe parecia esdrúxula já que, para se discutir a pertinência da dívida requerida, a empresa se colocaria em estado de completa insolvência para, depois, comprovar a improcedência da execução. Sob esse aspecto elucida Homero Batista[35]:

> O próprio nome do parecer já chamava a atenção para sua delicadeza: "Sobre pedidos de decretação de abertura de falência, baseados em títulos falsos, e de ação executiva em que a falsidade dos títulos afasta tratar-se de dívida certa".

Claro que o caso é limítrofe, pois a dívida superava o valor do patrimônio do empreendimento e, ainda, os títulos eram extrajudiciais e forjados. No entanto, plantou-se a semente de que, sob certas circunstâncias, a via processual clássica, representada pela figura dos embargos à execução ou da impugnação à sentença, pode não ser a mais adequada.

Assim, nesse contexto, surge no universo jurídico a exceção ou objeção de pré-executividade.

A despeito de não existir na legislação processual normas expressas[36] sobre a possibilidade de manejo da exceção de pré-executividade, a doutrina e as Cortes Superiores não demonstram objeção à sua aplicabilidade. Pode-se dizer, assim, que o instituto em análise é resultado de uma criação doutrinária e jurisprudencial.

Trata-se de uma modalidade de defesa do devedor contra título executivo, não lhe sendo exigida a garantia do juízo, para que, antes da constrição do seu patrimônio, possa ser demonstrada a manifesta inexigibilidade do título.

Carlos Henrique Bezerra Leite[37] indica a existência de três correntes distintas quanto ao cabimento da exceção de pré-executividade no processo do trabalho.

Alguns aplicadores do direito refutam a possibilidade de se manejar a exceção de pré-executividade, defendendo que não há omissão da legislação trabalhista que autorize sua utilização, de forma que o art. 884 da CLT já contempla a única possibilidade de o executado apresentar sua defesa na execução trabalhista, exigindo-se, para tanto, a garantia do juízo. Nesse sentido manifestou-se a oitava turma do TRT da 1ª Região:

> AGRAVO DE PETIÇÃO. EXCEÇÃO DE PRÉ-EXECUTIVIDADE. A exceção de pré-executividade não possui aplicação no âmbito do Processo Trabalhista, ante a necessidade da integral garantia do juízo prevista expressamente no art. 884, *caput*, da CLT. (TRT-1 – AGVPET: 1105007320065010066 RJ, Relator: Edith Maria Correa Tourinho, Data de Julgamento: 15.01.2013, Oitava Turma, Data de Publicação: 24.01.2013)

A segunda corrente, por sua vez, reconhece a utilização da exceção de pré-executividade apenas quando versarem, exclusivamente, sobre matéria processual (pressupostos processuais e condições da ação). É o que se extrai do seguinte acórdão do TST:

> AGRAVO DE PETIÇÃO. DECISÃO INTERLOCUTÓRIA. RECORRIBILIDADE. EXCEÇÃO DE PRÉ-EXECUTIVIDADE. 1. O objeto da exceção de pré-executividade concerne aos pressupostos processuais e às condições da ação, de tal forma que, ao decidi-la, o Juízo julga obstáculo procedimental ou processual que o executado opõe à execução. 2. O pronunciamento judicial que rejeita a exceção de pré-executividade ostenta natureza jurídica de decisão interlocutória, porquanto não extingue a execução e não obsta a reapreciação da matéria em ulteriores embargos à execução, após seguro o juízo pela penhora. 3. Conflitaria abertamente com o sistema do processo de execução trabalhista admitir-se, de pronto, recurso de tal decisão, máxime tendo-se presente que da própria sentença de liquidação, em princípio, não cabe recurso de imediato (CLT, art. 884, § 3º). 4. Não vulnera o art. 5º, LIV e LV, da Constituição Federal, acórdão regional que não conhece de agravo de petição interposto contra decisão que rejeita exceção de pré-executividade, em virtude da irrecorribilidade imediata das decisões interlocutórias no processo do trabalho. Incidência da Súmula n. 214 do TST. 5. Agravo de instrumento a que se nega provimento. (AIRR-5361700-17.2002.5.08.0900, 1ª Turma, Relator Ministro João Oreste Dalazen, DEJT 11.08.2005).

Por fim, a terceira corrente preconiza a possibilidade de se apresentar a exceção de pré-executividade em outras hipóteses além das já citadas questões processuais, matérias de ordem pública identificáveis de plano, ou seja, sem necessidade de dilação probatória, como nos casos de invalidade do título executivo, prescrição ou pagamento de dívida.

> AGRAVO DE INSTRUMENTO N. 1.356.908 – RS (2010/0180521-6). RELATOR: MINISTRO CASTRO MEIRA. AGRAVANTE: IDM PRESTAÇÕES DE SERVIÇOS LTDA ADVOGADO: CRISTIANO COLOMBO E OUTRO(S). AGRAVADO: ESTADO DO RIO GRANDE DO SUL. PROCURADOR: OLGA ALINE ORLANDINI CAVALCANTE E OUTRO(S). TRIBUTÁRIO E PROCESSUAL CIVIL. EXECUÇÃO FISCAL. EXCEÇÃO DE PRÉ-EXECUTIVIDADE. NECESSIDADE DE DILAÇÃO PROBATÓRIA. INCIDÊNCIA NA SÚMULA N. 7/STJ.

---

(35) SILVA, Homero Batista Mateus da. *Curso de direito do trabalho aplicado*, v. 10: execução trabalhista. Rio de Janeiro: Elsevier, 2010. p. 111.

(36) Neste ponto, importante destacar que, apesar de não constar expressamente o termo "exceção de pré-executividade", há quem entenda que a medida está prevista no art. 803, parágrafo único do CPC, que dispõe que a nulidade da execução pode ser requerida pela parte independentemente de embargos à execução.

(37) LEITE, Carlos Henrique Bezerra. *Curso de direito processual do trabalho*.15. ed. São Paulo: Saraiva, 2017. p. 1.483, 1.484, 1.485.

1. As matérias passíveis de serem alegadas em exceção de pré-executividade não são somente as de ordem pública, mas também os fatos modificativos ou extintivos do direito do exequente, desde que comprovados de plano, sem necessidade de dilação probatória, o que não representa a situação dos autos. 2. Na hipótese dos autos, o Tribunal de origem assentou a premissa de que "quando houver necessidade de produção de provas, o que se configura no presente caso, tal verificação deverá ser tomada em sede de ação própria, razão pela qual deve ser desprovido o agravo interposto" (e-STJ fl. 163), motivo pelo qual afasta-se a viabilidade da exceção de pré-executividade na situação em apreço. 3. Para chegar-se à conclusão distinta, imprescindível se faria incursionar na seara de matéria fático-probatória, o que é vedado na via estreita do recurso especial, a teor da Súmula n. 7/STJ. 4. Agravo de instrumento não provido. (STJ – Ag: 1356908, Relator: Ministro CASTRO MEIRA, Data de Publicação: DJ 14.12.2010)

Nessa toada, a posição predominante aduz ser cabível na seara trabalhista a exceção de pré-executividade quando a matéria arguida for suscetível de conhecimento de ofício pelo juízo e, cumulativamente, for dispensada a dilação probatória[(38)].

Humberto Theodoro Junior[(39)] ressalta que tanto a execução fundada em título extrajudicial quanto aquela fundada em título judicial podem ser questionadas via exceção de pré-executividade e, inclusive, exemplifica trazendo a lume a hipótese em que o credor inclui na execução uma parcela não contemplada em sentença, nesse caso o executado deve impugnar a execução de plano, pois se estaria diante de uma execução sem título.

Quanto ao processamento da exceção de pré-executividade, entende-se que sua apresentação, em petição simples, deve ocorrer dentro do prazo concedido ao devedor para quitar a execução.

Apresentada a exceção, indubitavelmente, para garantir o exercício do contraditório, deverá ser oportunizado ao exequente manifestar-se sobre o incidente processual.

Por fim, insta consignar que a decisão que rejeita a exceção de pré-executividade, por se tratar de decisão interlocutória, não admite recurso imediato[(40)]. Dessa forma, o exercício do duplo grau de jurisdição somente será possível a partir do manejo dos embargos à execução seguido da interposição de agravo de petição.

5. EMBARGOS À ARREMATAÇÃO

Em continuidade à fase de execução, as possibilidades de defesa do executado não se esgotam nos embargos à execução e exceção pré-executividade. Ainda que sejam omissas a CLT e a Lei n. 6.830/1980, o CPC apresenta um sistema de impugnação à arrematação e demais formas de expropriação executiva.

Há, contudo, uma corrente minoritária que defende a inaplicabilidade dos embargos à arrematação na seara trabalhista, entendendo que da decisão homologatória de arrematação ou adjudicação caberia agravo de petição, tendo em vista o termo genérico "decisões" contido no artigo que regulamente a interposição deste recurso[(41)].

Por outro lado, a posição majoritária, acompanhada da jurisprudência do C. TST, defende o manejo do referido remédio processual, tendo em vista, inclusive, que a CLT, em seu art. 789-A, V, faz menção expressa aos embargos à arrematação ao fixar-lhes os valores de custas.

Ocorre que, a espécie de defesa que antes dispunha de regramento expresso no CPC de 1973[(42)], passou a ser tratada no art. 903 do CPC/2015 como uma impugnação

(38) Súmula n. 397 do TST: AÇÃO RESCISÓRIA. ART. 966, IV, DO CPC DE 2015. ART. 485, IV, DO CPC DE 1973. AÇÃO DE CUMPRIMENTO. OFENSA À COISA JULGADA EMANADA DE SENTENÇA NORMATIVA MODIFICADA EM GRAU DE RECURSO. INVIABILIDADE. CABIMENTO DE MANDADO DE SEGURANÇA. (atualizada em decorrência do CPC de 2015) – Res. n. 208/2016, DEJT divulgado em 22, 25 e 26.04.2016.

Não procede ação rescisória calcada em ofensa à coisa julgada perpetrada por decisão proferida em ação de cumprimento, em face de a sentença normativa, na qual se louvava, ter sido modificada em grau de recurso, porque em dissídio coletivo somente se consubstancia coisa julgada formal. Assim, os meios processuais aptos a atacarem a execução da cláusula reformada são a exceção de pré-executividade e o mandado de segurança, no caso de descumprimento do art. 514 do CPC de 2015 (art. 572 do CPC de 1973). (ex-OJ n. 116 da SBDI-2 – DJ 11.08.2003)

(39) THEODORO JÚNIOR, Humberto. *Curso de direito processual civil – Teoria geral do direito processual civil, processo de conhecimento e procedimento comum.* v. III. 74. ed. rev., atual. e ampl. Rio de Janeiro: Forense, 2016. p. 655.

(40) Art. 893. [...]

§ 1º – Os incidentes do processo são resolvidos pelo próprio Juízo ou Tribunal, admitindo-se a apreciação do merecimento das decisões interlocutórias somente em recursos da decisão definitiva.

(41) Art. 897. Cabe agravo, no prazo de 8 (oito) dias:

a) de petição, das decisões do Juiz ou Presidente, nas execuções;

(42) Art. 746. É lícito ao executado, no prazo de 5 (cinco) dias, contados da adjudicação, alienação ou arrematação, oferecer embargos fundados em nulidade da execução, ou em causa extintiva da obrigação, desde que superveniente à penhora, aplicando-se, no que couber, o disposto neste Capítulo.

§ 1º Oferecidos embargos, poderá o adquirente desistir da aquisição.

§ 2º No caso do § 1º deste artigo, o juiz deferirá de plano o requerimento, com a imediata liberação do depósito feito pelo adquirente (art. 694, § 1º, inciso IV).

§ 3º Caso os embargos sejam declarados manifestamente protelatórios, o juiz imporá multa ao embargante, não superior a 20% (vinte por cento) do valor da execução, em favor de quem desistiu da aquisição.

incidental, que deve ser apresentada dentro do prazo de 10 dias após o aperfeiçoamento da arrematação (art. 903, § 2º do CPC/2015). Há ainda a possibilidade de se ajuizar ação autônoma de invalidação da arrematação (art. 903, § 4º do CPC/2015).

Os embargos à arrematação podem versar sobre a invalidade do ato tendo em vista o preço vil ou algum outro vício, sobre sua ineficácia (com relação ao credor pignoratício, hipotecário ou anticrético não intimado) ou sobre sua resolução ante ao não pagamento ou prestação de caução.

Assim, ainda que haja sofrido alterações, os embargos à arrematação mostram-se pertinentes e compatíveis com direito processual trabalhista de forma que a observância de suas novas regras é necessária dentro da prática forense. Neste sentido observou a Quinta Turma do Egrégio TRT da 3ª Região:

> EMENTA: EMBARGOS À ARREMATAÇÃO. LEGITIMIDADE. NOVO CPC. O antigo CPC regulava o instituto dos embargos à arrematação da seguinte forma: "Art. 746. É lícito ao devedor oferecer embargos à arrematação ou à adjudicação, fundados em nulidade da execução, pagamento, novação, transação ou prescrição, desde que supervenientes à penhora". O novo CPC deixou de prever expressamente a possibilidade de oposição de embargos à arrematação, passando a possibilitar, contudo, a alegação de ineficácia ou não validade da arrematação, mediante provocação da parte, no prazo de 10 dias após o aperfeiçoamento da arrematação, bem como o ajuizamento de ação autônoma de invalidação da arrematação, após a expedição da carta de arrematação ou da ordem de entrega. A parte legítima para arguir a ineficácia ou não validade da arrematação, prevista no atual CPC, é o executado, proprietário do imóvel leiloado, pois foi este quem sofreu os efeitos da alienação do bem. No entanto, a Lei Municipal 1.422, de 20 de abril de 2016, extinguiu a Fundação Municipal de Saúde, determinando a incorporação, pelo Município, do conjunto de bens e direitos da fundação, inclusive com a reversão, ao patrimônio municipal, do imóvel leiloado nos autos (fl. 324). Destarte, tendo o Município agravado sucedido a Fundação Municipal em seu conjunto de bens e direitos, inclusive com a incorporação, ao patrimônio municipal, do imóvel que foi levado à praça nos presentes autos, conclui-se que o ente público, na qualidade de sucessor legal do executado, se trata de parte legítima para arguir a nulidade da arrematação, nos moldes do novo CPC.
>
> (TRT da 3ª Região; Processo: 0001805-18.2013.5.03.0068 AP; Data de Publicação: 09.07.2018; Disponibilização: 06.07.2018, DEJT/TRT3/Cad.Jud, Página 799; Órgão Julgador: Quinta Turma; Relator: Oswaldo Tadeu B.Guedes; Revisor: Manoel Barbosa da Silva)

Em observância aos ensinamentos de Humberto Theodoro Júnior[43], é preciso registrar que o início da contagem do prazo para a oposição de embargos à arrematação se dá a partir da assinatura dos autos de transferência forçada do bem penhorado, de forma que, nos casos de adjudicação ou arrematação, será o respectivo auto.

Reconhecendo a utilidade do referido meio de impugnação dentro dos domínios do processo do trabalho, a interpretação em conformidade com os princípios aplicáveis e o regramento existente (art. 884, CLT), compatibiliza-se com a aplicação do prazo de cinco dias, especialmente em atenção ao princípio da celeridade.

No que tange à terminologia do instituto em análise, Wagner D. Giglio[44] elege o termo "embargos à alienação", como uma forma mais genérica, que conglobaria os embargos à arrematação e à adjudicação.

6. CONCLUSÃO

A relevância e complexidade do tema justificaram a elaboração do presente trabalho. Buscou-se avaliar como que o fim da crise da certeza restringe o contraditório exercido pelo executado durante toda a fase de execução.

A existência de um título reconhecendo o direito do exequente delimita a atuação cognitiva do Estado-juiz, que já não mais discorrerá sobre o bem da vida ali reconhecido, mas sobre a efetiva concretização da prestação jurisdicional, satisfazendo o crédito constante do título.

O crédito de natureza alimentar, objeto característico dos títulos executados na Justiça do Trabalho, exige uma proteção ativa e eficaz, o que induz influência direta à interpretação das regras processuais na fase de execução.

Assim, apontadas as peculiaridades da seara trabalhista, que apresenta um regramento enxuto e repleto de lacunas sobre o tema, buscou-se integrar as normas oriundas da Lei de Execução Fiscal ou do CPC vigente que se mostrem compatíveis com os princípios basilares do processo trabalhista.

Os embargos à execução, comumente utilizados para atacar títulos executivos judiciais, são objeto de várias divergências entre os aplicadores do direito, desde a fixação de sua natureza jurídica e aferição do prazo de apresentação até as matérias que são passíveis de submissão à tutela jurisdicional por via dessa modalidade de defesa.

Da mesma forma, a coexistência de correntes doutrinárias e jurisprudenciais diversas sobre o manejo da exceção de pré-executividade e dos embargos à arrematação revelam a necessidade iminente de uma resolução consolidada para garantir a segurança jurídica.

A primazia do princípio da celeridade e da simplicidade, quando omissa norma específica, justificam a aplicação do

(43) THEODORO JÚNIO, Humberto. *Curso de direito processual civil – Teoria geral do direito processual civil, processo de conhecimento e procedimento comum.* v. III. 74. ed. rev., atual. e ampl. Rio de Janeiro: Forense, 2016. p. 642.

(44) GIGLIO, Wagner D. *Direito processual do trabalho.* 15. ed. São Paulo: Saraiva, 2005. p. 534.

quinquídio expresso no art. 884 da CLT como prazo para as formas de impugnação na fase de execução, em contraposição aos prazos mais extensos previstos no regramento Processual Civil.

Nesse contexto, a conclusão obtida nos remete aos tão requisitados princípios aplicáveis ao Direito Processual do Trabalho, que bradam pela busca da preservação do direito à ampla defesa e do contraditório de forma a não atingir o direito reconhecido na fase cognitiva, sendo que os meios processuais para tanto devem observar, ao máximo, a simplicidade e celeridade também característicos à seara trabalhista.

7. REFERÊNCIAS

ALMEIDA, Cleber Lúcio. *Direito processual do trabalho*. 3. ed., ver., atual. e ampl. Belo Horizonte: Del Rey, 2009

BRASIL. *Lei n. 13.105, de 16 de março de 2015*. Dispõe sobre o novo Código de Processo Civil. Acesso em: 15 mar. 2017.

BRASIL. *Decreto Lei n. 5.454 de 10 de maio de 1943*. Aprova a Consolidação das Leis do Trabalho. Disponível em: <http://www.planalto.gov.br/ccivil_03/decreto-lei/Del5452.htm>. Acesso em: 15 mar. 2017.

BRASIL. *Constituição da República Federativa do Brasil de 1988*. Disponível em: <http://www.planalto.gov.br/ccivil_03/constituicao/constituicaocompilado.htm>. Acesso em: 15 mar. 2017.

BRASIL. *Lei n. 13.467, de 14 de julho de 2017*. Altera a Consolidação das Leis do Trabalho (CLT), aprovada pelo Decreto-Lei n. 5.452, de 1º de maio de 1943, e as Leis ns. 6.019, de 3 de janeiro de 1974, 8.036, de 11 de maio de 1990, e 8.212, de 24 de julho de 1991, a fim de adequar a legislação às novas relações de trabalho. Disponível em: <http://www.planalto.gov.br/ccivil_03/decreto-lei/del5452.htm>. Acesso em: 1 jun. 2018.

CORDEIRO, Wolney de Macedo. *Execução no processo do trabalho*. 4. ed. rev. e atual. Salvador: Juspodivm, 2017.

CORREA, Antonio de Pádua Muniz. *Processo do trabalho:* força dominante *versus* NCPC, força auxiliar. São Paulo: LTr, 2017.

GIGLIO, Wagner D. *Direito processual do trabalho*. 15. ed. São Paulo: Saraiva, 2005.

LEITE, Carlos Henrique Bezerra. *Curso de direito processual do trabalho*. 9. ed. São Paulo: LTr, 2011.

LEITE, Carlos Henrique Bezerra. *Curso de direito processual do trabalho*. 15. ed. São Paulo: Saraiva, 2017.

LIEBMAN, Enrico Tullio. *Embargos do executado – Oposição de mérito no processo de execução*. São Paulo: Saraiva, 1952.

MALLET, Estêvão. A dupla inconstitucionalidade do § 5º do art. 884 da CLT. *Revista do Tribunal Superior do Trabalho*. Brasília, v. 68, n. 1, jan./mar. 2002.

MALLET, Estevão. Execução trabalhista: estudos em homenagem ao Ministro João Oreste Dalazan / José Affonso Dallegrave Neto, Ney José de Freitas (Coord.). *Oposição à execução fora dos embargos e sem garantia do juízo*. São Paulo: LTr, 2002.

NEVES, Daniel Amorim Assumpção. *Manual de direito processual civil*. Volume único. 8. ed. Salvador: Juspodivm, 2016.

PEREIRA, Leone. *Manual de processo do trabalho*. 4. ed. São Paulo: Saraiva, 2017.

PINTO, José Augusto Rodrigues. *Execução trabalhista*. 10. ed. São Paulo: LTr, 2004.

SARAIVA, Renato e MANFREDINI, Aryanna. *Curso de direito processual do trabalho*. 13. ed. Salvador: Juspodivm, 2016.

SILVA, Homero Batista Mateus da. *Curso de direito do trabalho aplicado*, v. 10: execução trabalhista. Rio de Janeiro: Elsevier, 2010.

TEIXEIRA FILHO, Manoel Antônio. *Execução no processo do trabalho*. 8. ed. São Paulo: LTr, 2004.

THEODORO JÚNIOR, Humberto. *Curso de direito processual civil – Teoria geral do direito processual civil, processo de conhecimento e procedimento comum*. v. III. 74. ed. rev., atual. e ampl. Rio de Janeiro: Forense, 2016.

Desconstituição da Coisa Julgada pela Via dos Embargos à Execução: o caso da terceirização

Leonardo Tibo Barbosa Lima[1]

1. INTRODUÇÃO

A Medida Provisória n. 2.180-35/01 incluiu o § 5º, no art. 884 da CLT, para instituir que o título judicial fundado em lei ou ato normativo declarados inconstitucionais pelo STF ou em aplicação ou interpretação tidas por incompatíveis com a Constituição Federal são *inexigíveis*, matéria que pode ser alegada pela via dos embargos à execução.

Muito embora não seja novo, o tema voltou a se aquecer com a entrada em vigor do CPC de 2015 (18.03.2016), que instituiu novas disposições sobre a ação rescisória, o julgamento da ADI n. 2.418 (04.05.2016), que declarou a constitucionalidade da MP n. 2.180-35/01, e a decisão proferida na ADPF n. 324 (30.08.2018) e no RE 958.252 (30.08.2018), que considerou lícita a terceirização ou qualquer outra forma de divisão do trabalho entre pessoas jurídicas distintas, independentemente do objeto social das empresas envolvidas, mantida a responsabilidade subsidiária da empresa contratante (tema 725 da repercussão geral).

A controvérsia reside na possibilidade de os embargos à execução serem utilizados para desconstituir a coisa julgada, isto é, as decisões judiciais transitadas em julgado antes do julgamento do STF.

O objetivo do artigo é, pois, compreender os limites da aplicação do § 5º, no art. 884 da CLT, na construção de uma interpretação que se conforme com a Constituição e se harmonize com o regramento da coisa julgada e da ação rescisória, bem assim com o sistema do Direito Processual do Trabalho. Foi adotada a linha jurídico-teórica de pesquisa, com a abordagem dos aspectos conceitual e prático do tema, bem como do método de investigação hipotético-dedutivo, na análise da legislação, da doutrina e da jurisprudência sobre o tema.

O artigo se inicia apresentando conceitos operacionais sobre a coisa julgada, ação rescisória e os embargos à execução. Avança na interpretação do dispositivo celetista à luz da jurisprudência do STF, para apresentar um resultado que estabeleça os limites objetivos entre a ação rescisória e os embargos à execução. Realiza a subsunção entre o caso da terceirização e o manejo dos embargos à execução. Encerra com um apanhado das principais reflexões desenvolvidas.

2. COISA JULGADA

A coisa julgada é uma garantia constitucional (art. 5º, XXXVI, da CF) do direito fundamental à segurança jurídica (art. 5º, *caput*, da CF). Ao tomar o processo como um método de solução de controvérsias, o Estado o faz com a garantia de que a decisão judicial avance para um estágio de imutabilidade, atributo que surge com o fim da fase recursal.

A CLT não dispõe de regramento próprio sobre o instituto da coisa julgada, razão pela qual é imperioso realizar a aplicação subsidiária do CPC (art. 769 da CLT), de modo que as alterações realizadas no sistema processual comum também afetam o trabalhista.

Na vigência do CPC de 1973, a coisa julgada era tratada como um *efeito* da sentença, de modo que era vista como algo alheio desta, um corolário. Mas essa perspectiva evoluiu para a aproximação entre a coisa julgada e a sentença, a partir da constatação de que uma decisão possui *características*, que são atributos seus, e *efeitos*, consequências nascidas com a prolação da sentença. A coisa julgada é, pois, uma dessas características, intrínsecas à própria decisão: esta se torna, por si mesma, imutável e indiscutível, sem a necessidade do desencadeamento de qualquer outro ato processual para isso.

Encampando essa nova perspectiva, o CPC de 2015 prevê a *coisa julgada* como sendo uma qualidade da sentença, que a torna imutável, de modo que contra ela não caiba mais recursos (art. 502).

Essa característica adere à própria ideia de processo, porque os litígios tenderiam a permanecer, caso a decisão judicial que versasse sobre eles não tivesse força de palavra final. O processo é, entre as suas muitas faces, um método de construção de justiça e democracia, de modo que decisão judicial instável não seria capaz de gerar eficácia, paz social e segurança jurídica.

Nesse aspecto, a coisa julgada impede a alteração das decisões judiciais em decorrência de fatos jurídicos futuros, como a alteração das leis que estavam vigentes à época em que a decisão foi proferida.

É certo, porém, que nenhum direito é absoluto no Estado Democrático de Direito, pena de se engessar o sistema

(1) Doutor em Direito Privado e Mestre em Direito do Trabalho pela PUC/MG. Especialista em Direito Público pela UGF/RJ. Juiz do Trabalho substituto do TRT da 3ª Região.

jurídico a ponto de permitir a inversão de valores. Na temática em exame, é razoável admitir que a coisa julgada só se faça quando a decisão judicial decorrer de um processo justo e democrático, em que o devido processo legal tenha sido observado, com os rigores da imparcialidade e do contraditório.

Em breve síntese, a garantia da coisa julgada não pode se sobrepor, sempre e automaticamente, a outros valores constitucionais igualmente essenciais à democracia, como os imperativos de juiz imparcial, por exemplo.

Na jurisprudência do STF, a coisa julgada tem sido examinada ao menos em quatro perspectivas:

a) *cabimento de recurso extraordinário* – a coisa julgada é uma garantia constitucional, mas o exame de sua violação não poderá ser objeto de recurso extraordinário quando o julgamento da causa depender de prévia análise da adequada aplicação das normas infraconstitucionais, como é o caso do CPC e da CLT, porque, nesse caso, a ofensa à Constituição é meramente reflexa. (ARE 748.371 – tema 660 da repercussão geral).

b) *relativização* – no caso específico das ações de investigação de paternidade, em que não foi possível determinar-se a efetiva existência de vínculo genético a unir as partes, pela falta de exame de DNA, o STF decidiu que a coisa julgada pode ser relativizada, dada a garantia quase absoluta de veracidade do exame. (RE 363.889).

c) *rescisão* – a sentença de mérito transitada em julgado só pode ser desconstituída mediante ajuizamento de específica ação rescisória, observado o prazo decadencial (AgRegRE 592.912). Mas a ação rescisória não será cabível "[...] por ofensa a literal disposição de lei, quando a decisão rescindenda se tiver baseado em texto legal de interpretação controvertida nos tribunais" (Súmula n. 343), tampouco "[...] quando o julgado estiver em harmonia com o entendimento firmado pelo Plenário do Supremo à época da formalização do acórdão rescindendo, ainda que ocorra posterior superação do precedente." (STF, RE 590.809 – tema 136 da repercussão geral).

d) *inconstitucionalidade superveniente* – no caso de uma decisão transitada em julgado contrariar o entendimento superveniente do STF, a autoridade da coisa julgada será mantida (Agregue 592.912), porque não gera reforma ou rescisão automaticamente, o que só é possível, respectivamente, por recurso próprio ou ação rescisória, observado o prazo decadencial (RE 730.462 – tema 733 da repercussão geral).

3. AÇÃO RESCISÓRIA

A ação rescisória é uma ação autônoma, que tramita em sede de processo de conhecimento, com rito especial. Sua finalidade é rescindir a coisa julgada, isto é, desconstituir uma decisão de mérito(2) proferida em outro processo, contra a qual já não caiba recurso.

Com efeito, as decisões judiciais podem conter vícios de *existência* (impedem a própria constituição da decisão), de *validade* (embora constituída, a decisão fere normas cogentes de ordem pública) e de *eficácia* (a decisão está validamente constituída, mas ainda não pode produzir todos os seus efeitos).(3)

As decisões inexistentes e ineficazes não transitam em julgado. A primeira, porque sequer pode ser considerada uma decisão judicial e, a segunda, porque a falta de eficácia impede que o próprio prazo recursal seja deflagrado.(4) Por isso, esses vícios podem ser objeto de saneamento por quaisquer meios, como recurso, exceção de pré-executividade, mera petição ou até mesmo de ofício pelo Juiz. É o que dispõe o CPC: *"os atos de disposição de direitos, praticados pelas partes ou por outros participantes do processo e homologados pelo juízo, bem como os atos homologatórios praticados no curso da execução, estão sujeitos à anulação, nos termos da lei"* (art. 966, § 4º).

Já as decisões inválidas, muito embora eivadas de vícios, transitam em julgado após o decurso do prazo para interposição de recurso. Em outras palavras, a decisão permanece, presumidamente, válida, e deve ser cumprida, a não ser que seja desconstituída pela ação rescisória.

Entretanto, nem todos os vícios de validade autorizam o ajuizamento da ação rescisória, senão aqueles descritos no rol taxativo do art. 966 do CPC, porquanto o que a legislação infraconstitucional pode fazer é proteger determinados valores relativos ao devido processo legal que justifiquem a pontual prevalência sobre a garantia da coisa julgada, como condição para manutenção da estabilidade e coerência da própria supremacia da Constituição.

O fundamento para o ajuizamento da ação rescisória é, pois, a existência de um *vício de validade* descrito no art. 966 do CPC, no qual estão relacionados os vícios suficientemente graves, do ponto de vista do devido processo legal. O cabimento dessa ação no Processo do Trabalho está

(2) O art. 966 do CPC de 2015 adotou a terminologia genérica de "decisão de mérito", de modo que até mesmo decisões interlocutórias podem ser rescindidas, desde que transitadas materialmente em julgado. Nesse sentido já era a jurisprudência do STJ (REsp 711.794).

(3) Por exemplo: uma sentença proferida por alguém que não seja Juiz é inexistente; se o Juiz for absolutamente incompetente, ela será inválida; caso o Juiz seja competente, mas não tenha determinado a remessa necessária, em caso de decisão judicial desfavorável a ente público (art. 496 do CPC), a sentença será ineficaz.

(4) A sentença prolatada que, embora existente e válida, não tiver chegado ao conhecimento da parte, quanto a ela é ineficaz. O prazo para o recurso terá início no momento em que a parte for intimada da sentença.

autorizado pelo art. 836, da CLT, pelo que fica superada a Súmula n. 338 do STF.[5]

As ações rescisórias visam a desconstituir acordos e decisões judiciais, estas podendo ser sentenças (de Juízes do Trabalho) ou acórdãos (de Tribunais).

No entanto, nem toda sentença ou acórdão podem ser rescindidos, senão aqueles que possuam decisão de mérito e que tenham transitado em julgado, ou seja, as decisões que fizerem *coisa julgada material*. Por isso, *v. g.*, a decisão que considera preclusa a oportunidade de impugnação da sentença de liquidação não está sujeita ao corte rescisório.[6]

O mesmo acontece em relação aos acordos. Estes podem ser extrajudiciais ou judiciais. Apenas os acordos judiciais, surgidos durante o processo e homologados pelo Juiz, é que podem ser objeto de ação rescisória.

Na égide do CPC de 1973, a coisa julgada material estava restrita às questões decididas que constassem do dispositivo da decisão. Isso se dava porque a tutela jurisdicional estava adstrita somente ao pedido. Então, se o pedido fosse de pagamento de adicional noturno de 20%, por exemplo, a coisa julgada recairia sobre o provimento judicial que julgasse procedente ou improcedente o pedido. Supondo, no citado exemplo, que a procedência fosse fundada na declaração de nulidade de uma cláusula do regulamento do empregador, isso não estaria coberto pela coisa julgada, salvo se a parte fizesse pedido expresso, ao que se denominava "ação declaratória incidental" (art. 4º, parágrafo único, do CPC de 1973).

Mas o CPC de 2015 cuidou de simplificar as coisas e colocá-las em termos mais justos. Em vez de pedido, a decisão agora se vincula às questões apresentadas, que podem ser principais (adicional noturno) ou prejudiciais (nulidade do regulamento patronal) e esta também será abrangida pela coisa julgada material, independentemente de ação declaratória incidental, se ela for condição para julgamento da questão principal, se tiver sido submetida ao contraditório prévio e efetivo e se o juízo for competente (art. 503, § 1º, do CPC). Dessa forma, a parte não poderia ajuizar nova ação em que, embora apresentasse outro pedido (diferença de adicional noturno em função da hora ficta noturna), dependesse da reapreciação da questão prejudicial (regulamento do empregador). Trata-se de remédio eficaz contra a prolação de decisões conflituosas.

Avançando, cabe dizer que a decisão judicial que julga extinto o processo, sem resolução de mérito, faz coisa julgada formal, porque seus efeitos ficam restritos ao processo em que foi proferida. Sem embargo, o CPC de 2015 estabeleceu exceção, pela qual, desde que configurada uma das hipóteses do art. 966, uma sentença transitada em julgado, sem julgamento de mérito, poderá ser rescindida quando impedir (art. 966, § 2º): a) nova propositura da demanda;[7] b) a admissibilidade do recurso correspondente.[8]

Em relação à *competência material*, ela pertence ao mesmo Tribunal que proferiu a decisão que se pretende rescindir. De conseguinte, se a decisão é proveniente da Justiça do Trabalho, é esta a competente para conhecer e julgar a respectiva ação rescisória.

Sobre a *competência funcional*, originariamente, a competência para julgar a ação rescisória será do Tribunal onde a decisão tiver transitado em julgado. Em outras palavras, a regra é de que *um Tribunal não pode rescindir uma decisão de outro Tribunal*. Assim, por exemplo, se a decisão transitou em julgado perante o Juiz do Trabalho ou o TRT, a competência será deste (art. 678, I, *c*, "2", da CLT). Apenas na situação em que a decisão transita em julgado no TST é que este terá a competência para rescindi-la (Lei n. 7.701/88).

Havendo *coisa julgada progressiva*, situação em que o trânsito em julgado de uma decisão ocorreu parte em um tribunal, parte em outro, a hipótese permitirá o ajuizamento de quantas ações rescisórias forem necessárias, cada qual perante o Tribunal que proferiu a decisão definitiva que se pretende desconstituir.

Em *grau de recurso*, no entanto, a competência será sempre do TST, que julgará tanto os recursos das suas próprias decisões, quanto os das proferidas pelo TRT.

A ação rescisória trabalhista tem a peculiaridade de exigir a realização de um depósito prévio, correspondente a 20% do valor da causa (art. 836 da CLT), ao passo que, no processo civil, esse percentual é de apenas 5% (art. 968, II, do CPC).

Como, no aspecto, excepcionalmente a CLT dispõe de regra própria, não se aplica ao Processo do Trabalho o limite de mil salários mínimos previsto no art. 968, § 2º, do CPC.[9]

---

(5) Súmula do STF n. 338: Não cabe ação rescisória no âmbito da Justiça do Trabalho.

(6) Orientação jurisprudencial da SDI-II n. 134. "Ação rescisória. Decisão rescindenda. Preclusão declarada. Formação da coisa julgada formal. Impossibilidade jurídica do pedido. A decisão que conclui estar preclusa a oportunidade de impugnação da sentença de liquidação, por ensejar tão somente a formação da coisa julgada formal, não é suscetível de rescindibilidade."

(7) Enunciado n. 85 do FNPT: "[...] A decisão rescindenda que extingue o processo sem resolução de mérito por acolhimento da coisa julgada, apesar de possuir conteúdo meramente processual, comporta corte rescisório, pois impede a propositura de nova demanda."

(8) Enunciado n. 86 do FNPT: "[...] A decisão do TST que nega provimento ao agravo de instrumento interposto contra decisão do Regional que não conheceu do recurso de revista é rescindível, ainda que não examine o mérito, uma vez que impede a admissibilidade do recurso correspondente."

(9) Enunciado n. 84 do FNPT: "[...] O limite de 1.000 salários mínimos ao depósito para ajuizamento da ação rescisória, previsto no § 2º do art. 968 do NCPC não se aplica ao Processo do Trabalho, pois este contém regra específica acerca do tema (art. 836 da CLT), inexistindo lacuna apta a permitir a aplicação subsidiária ou supletiva do NCPC."

O *beneficiário da justiça gratuita*, a *Fazenda Pública*, o *Ministério Público* e a *Defensoria Pública* estão dispensados da realização do depósito (arts. 836, da CLT, e 968, § 1º, do CPC). Não obstante, a IN n. 31/2007, do TST, que regulamenta o depósito prévio da ação rescisória no âmbito da Justiça do Trabalho, estende a isenção à *massa falida* (art. 6º).

Chegando ao prazo, vale lembrar que os pedidos condenatórios são limitados, no tempo, por prazos prescricionais; os constitutivos, por prazos decadenciais; e os declaratórios, por sua vez, não sofrem limitação temporal. No caso da ação rescisória, cujo pedido é desconstitutivo, a lei estabeleceu o prazo decadencial de dois anos como limite ao seu ajuizamento, contados do trânsito em julgado da decisão rescindenda (art. 975 do CPC),[10] após o qual a ação não poderá ser manejada, de maneira que haverá *coisa soberanamente julgada*.

Por fim, em relação ao cabimento da ação rescisória, as hipóteses são taxativas e estão descritas no art. 966 do CPC de 2015. Este promoveu três significativas alterações, que são: a) a modificação da hipótese de *violação de lei* para violação de *norma jurídica*, que tem sentido mais amplo (alcança princípios e atos normativos, por exemplo); b) a supressão da hipótese de vício na confissão, desistência ou transação;[11] c) a mudança do fundamento *documento novo* para *prova nova*, que abrange outras espécies de prova, como a testemunhal, por exemplo.

As situações remanescentes podem ser agrupadas em situações relativas *ao Juiz*, *às partes* e *à decisão*. Quanto ao *Juiz*, as hipóteses são: a) prevaricação, concussão e corrupção; b) impedimento; c) incompetência absoluta. Em relação às *partes*, são elas: a) dolo da parte vencedora em detrimento da parte vencida; b) colusão entre as partes, a fim de fraudar a lei. No que tange à *decisão*, ela poderá ser rescindida por: a) ofensa à coisa julgada; b) violação manifesta de norma jurídica; c) se fundar em prova, cuja falsidade tenha sido apurada em processo criminal ou seja provada na própria ação rescisória; d) surgimento de prova nova capaz, por si só, de assegurar ao autor pronunciamento favorável, cuja existência o autor ignorava ou não pode fazer uso; e) erro de fato verificável no exame dos autos.

4. EMBARGOS À EXECUÇÃO

Os embargos à execução são um meio de impugnação, destinados a corrigir os atos processuais da execução. Eles decorrem do direito de ação e podem ser considerados como uma *ação incidental*,[12] haja vista que a tutela executiva busca a satisfação de um direito já afirmado pelo Estado e não admite mais a alteração da coisa julgada.

Outro motivo para considerá-los como ação incidental está no fato de que a execução trabalhista se desenvolve em processo autônomo,[13] fazendo com que os embargos à execução não prescindam da citação do executado (art. 880 da CLT), dependam da garantia do juízo (art. 884 da CLT), gerem custas processuais (art. 789-A, V, da CLT) e desafiem recurso de agravo de petição (art. 897, *a*, da CLT).

Diversamente, na sistemática sincrética da fase de cumprimento de sentença, o executado é apenas intimado (art. 513, § 2º, do CPC), podendo apresentar *impugnação*, que tem natureza jurídica de petição (art. 525, § 11, do CPC), sem a necessidade de garantir o juízo (art. 525 do CPC).

Nesse sentido também é a lição de Manoel Antônio Teixeira Filho:

(10) Súmula do STJ n. 401: O prazo decadencial da ação rescisória só se inicia quando não for cabível qualquer recurso do último pronunciamento judicial.

(11) Com a extinção dessas hipóteses, ocorrendo vício na confissão, desistência (que, em verdade, é renúncia, porque apenas esta faz coisa julgada material) ou transação, a parte prejudicada poderá fazer uso da ação anulatória, com fundamento em vício de vontade.

(12) Em sentido contrário, porém, tem se inclinado a doutrina. Vide, por exemplo, o ensinamento de Mauro Schiavi, para quem "*[...] os embargos à execução, em se tratando da execução por título executivo judicial, no processo do trabalho, não constituem ação autônoma, e sim um incidente da fase executiva, com a mesma natureza da impugnação no processo civil. A doutrina trabalhista buscava a natureza jurídica dos embargos à execução como ação autônoma no Direito Processual Civil não obstante, sempre foi dominante na doutrina trabalhista que a execução trabalhista não era um processo autônomo, e sim fase do processo. Além disso, no processo do trabalho, os embargos à execução, em razão dos princípios da celeridade e simplicidade, sempre foram opostos por petição nos próprios autos do processo e nele processados. Sob outro enforque, o § 1º do art. 884 da CLT alude à 'matéria de defesa' que pode ser invocada nos embargos, o que denota não ter os embargos natureza jurídica de ação autônoma, e sim de impugnação.*" (2019, p. 424).

(13) A *natureza jurídica* do processo de execução trabalhista é polêmica. Não obstante, parece mais razoável a tese por nós defendida (LIMA, 2019). Com efeito, é preciso destacar alguns importantes detalhes no procedimento trabalhista que não podem ser desprezados, os quais demonstram a *autonomia do processo de execução*: a) a execução tem início com a *citação* do executado (art. 880 da CLT); b) o Capítulo V, do Título X, da CLT, é intitulado "da execução"; c) o executado pode apresentar embargos à execução, que é espécie de ação incidental, não se confundindo com mera impugnação (art. 884 da CLT). Por isso é que a decisão de embargos desafia agravo de petição; d) entre as matérias passíveis de serem alegadas nos embargos à execução está a prescrição da pretensão executiva (art. 884, § 1º, da CLT), a qual não ocorre nos procedimentos sincréticos. O que ocorre é que o processo de execução trabalhista sempre se desenvolveu nos mesmos autos do processo de conhecimento, por economia, simplicidade e informalidade. Não se pode negar que essa característica realmente tenha servido de inspiração para o sincretismo do Processo Civil. Mas daí a dizer que o Processo do Trabalho já era sincrético é um exagero. Por isso, a conclusão mais razoável é admitir que, embora o processo de execução seja autônomo, *ele se desenvolve de forma sincrética*. Em outras palavras, o processo continua autônomo, mas se parece com o processo sincrético, tão somente por tramitar nos mesmos autos do processo de conhecimento. Pode-se dizer, portanto, que *a execução trabalhista é um processo autônomo, possuindo seus próprios princípios e metodologia, mas que, por economia, simplicidade e informalidade, desenvolve-se ao modo sincrético, isto é, nos mesmos autos do processo de conhecimento, sem interrupções*.

Na execução não pode o devedor, contudo, impugnar o título executivo, pois isso não se conforma à natureza e à estrutura desse processo; pondo à frente tais particularidades da execução, o legislador instituiu, na verdade, um outro processo, distinto do de execução, mas que a ele se vincula por uma íntima conexão. Os embargos do devedor representam, pois, processo que não se confunde com o de execução, conquanto tenha, neste, o seu pressuposto legal. (TEIXEIRA FILHO, 2017, p. 467).

O TST já reconheceu a natureza de ação autônoma incidental dos embargos à execução:

> [...] A interposição de agravo de petição, e não o ajuizamento de embargos à execução, em face de decisão homologatória de cálculos pelo Juízo de 1ª instância, a toda evidência, constitui erro grosseiro, sendo inaplicável o princípio da fungibilidade. Isso porque, enquanto o agravo de petição trata-se de recurso, os embargos à execução são ação autônoma, incidente na execução. Além disso, o primeiro é interposto com endereçamento para o Tribunal Regional, e o segundo é ajuizado em sede de 1ª instância. Ileso, portanto, o art. 5º, LIV e LV, da Constituição Federal. Agravo de instrumento desprovido. [...] (TST – AIRR – 20285-63.1988.5.15.0043, Rel. Min. Vieira de Mello, 1ª Turma, DEJT 17.06.2009).

Os embargos à execução da CLT muito se aproximam dos embargos à execução nas execuções contra a Fazenda Pública (art. 730 do CPC de 1973 e art. 910 do CPC de 2015) e fiscais (art. 16 da Lei n. 6.830/80). Quanto a estes, já decidiram pela autonomia o STJ e o STF, respectivamente:

> [...] 1. Embargos à execução, visando ao reconhecimento da ilegitimidade do débito fiscal em execução, têm natureza de ação cognitiva, semelhante à da ação anulatória autônoma. Assim, a rigor, a sua intempestividade não acarreta necessariamente a extinção do processo. Interpretação sistemática e teleológica do art. 739, I, do CPC, permite o entendimento de que a rejeição dos embargos intempestivos não afasta a viabilidade de seu recebimento e processamento como ação autônoma, ainda que sem a eficácia de suspender a execução. Esse entendimento é compatível com o princípio da instrumentalidade das formas e da economia processual, já que evita a propositura de outra ação, com idênticas partes, causa de pedir e pedido da anterior, só mudando o nome (de embargos para anulatória). [...] (STJ, REsp 729.149, Rel. Min. Teori Zavascki, 1ª Turma, DJe 06.06.2005).

> [...] 1. Os embargos à execução constituem verdadeira ação de conhecimento que objetiva a desconstituição do título executivo. 2.Tratando-se de ação autônoma, não há falar em substituição dos honorários advocatícios fixados na execução de sentença por aqueles arbitrados nos embargos à execução, por serem tais honorários independentes e cumulativos. 3. Havendo título judicial exequendo determinando, expressamente, a incidência de juros de mora até a data do efetivo pagamento, não cabe a exclusão de referida parcela dos cálculos para expedição de precatório complementar, sob pena de violação à coisa julgada. 4. Agravo regimental improvido. 6. Dou provimento ao agravo regimental, a fim de conhecer do recurso extraordinário e dar-lhe provimento. (STF, AI 795809 AgR, Rel. Min. Luiz Fux, 1ª Turma, DJe 19.02.2013).

Portanto, a peça que opõe os embargos à execução, no processo do trabalho, é uma petição inicial, que dá início a uma relação processual própria, porém dentro do processo de execução. E isso se dá em respeito à coisa julgada, que não pode ser desconstituída, senão esclarecida, aperfeiçoada ou interpretada na execução.

A fase de liquidação, por exemplo, é admitida, destinada que está ao aperfeiçoamento da decisão que condena ao pagamento em pecúnia. Outro incidente admitido é a impugnação à sentença de liquidação, pela parte exequente (art. 884, § 3º, da CLT), porque também se destina a corrigir os desvios da liquidação.

Os embargos à execução, por sua vez, surgem e se compatibilizam com a garantia constitucional da coisa julgada porque engendram pedidos declaratórios, destinados a impugnar ou anular os atos da execução, de modo que a respectiva decisão só pode decidir a relação processual surgida após a constituição do título executivo.

Então há manifesta coerência em se restringir o conteúdo dos embargos à execução, que só podem versar sobre (art. 884 da CLT): a) cumprimento da decisão ou do acordo; b) quitação; c) prescrição; d) a impenhorabilidade do bem que foi objeto da constrição; e) conta de liquidação homologada pelo juízo; e f) inexigibilidade do título judicial, o que ocorrerá quando estiver fundado em lei ou ato normativo declarados inconstitucionais pelo STF, temática que é objeto do presente artigo.

Analisando detidamente essas hipóteses de cabimento, verifica-se que todas elas guardam relação com o pedido e a decisão declaratórios.(14) Quando o executado alega que cumpriu a exigência do título executivo (decisão judicial ou acordo), pretende a declaração de que nada mais pode

(14) Não obstante, vale dizer que qualquer matéria de ordem pública, que deva ser conhecida de ofício pelo juízo, também pode ser objeto de embargos à execução, tal qual é o caso da inexistência ou nulidade da citação, bem como da impenhorabilidade do bem de família, por exemplo. Mas essas questões de ordem pública, por se tratarem de temática afeta ao devido processo legal, podem ser alegadas a qualquer tempo e não são objeto típico dos embargos à execução, como também não são da ação rescisória. Em verdade, essas matérias apenas se aproveitam da oportunidade para serem suscitadas, de modo que a decretação de nulidades em nada desnatura a natureza intrinsecamente declaratória da decisão dos embargos à execução.

ser exigido, o que, em se tratando de obrigação de pagar, bem melhor pode ser chamado de quitação. E, quando alega a prescrição, pretende obter a pronúncia de que o exequente perdeu pretensão executória ou intercorrente.(15)

Prosseguindo, a decisão de embargos à execução que acolhe pedido de modificação da sentença de liquidação nada mais faz que corrigir os vícios da fase de liquidação, justamente para adequar ao máximo o objeto da execução à coisa julgada.

Falta, em derradeira análise, compreender a extensão da hipótese instituída pela famigerada MP n. 2.180-35, de 2001, que incluiu o § 5º no art. 884 da CLT, para estabelecer o dever de se considerar "inexigível o título judicial fundado em lei ou ato normativo declarados inconstitucionais pelo Supremo Tribunal Federal ou em aplicação ou interpretação tidas por incompatíveis com a Constituição Federal".

5. TÍTULO EXECUTIVO JUDICIAL TRABALHISTA COM VÍCIO DE INCONSTITUCIONALIDADE

5.1. Histórico

A bem de facilitar a compreensão sobre o tema da desconstituição de título executivo judicial por vício de inconstitucionalidade, convém apresentar uma apertada síntese da evolução da legislação federal e da jurisprudência do STF.

Na tabela seguinte, procurou-se organizar as normas e julgados por ordem cronológica:

Data	Norma ou julgado	Comentário
13.12.1963	Súmula n. 343 do STF	Ainda sob a vigência da Constituição de 1946 e sob égide do CPC de 1939, o STF consolidou o seguinte entendimento: "Não cabe ação rescisória por ofensa a literal disposição de lei, quando a decisão rescindenda se tiver baseado em texto legal de interpretação controvertida nos tribunais."
05.10.1988	Constituição	Garantiu o respeito à coisa julgada (art. 5º XXXVI), sem prejuízo da ação rescisória (arts. 102, I, *f*, 105, I, *e*, e 108, I, *b*). Permitiu a adoção de medidas provisórias, em caso de relevância e urgência, com perda da eficácia em 30 dias, mas sem limites de reedição e sobre a matéria.
13.01.1999	MP n. 1.798	Acrescentou dispositivos às Leis n. 9.028/95 e 9.494/97.
05.05.2000	MP n. 1.984-18	Trata-se da 18ª reedição da MP n 1.798. Alterou a redação do parágrafo único do art. 741 do CPC de 1973: "Parágrafo único. Para efeito do disposto no inciso II deste artigo, é também inexigível, o título judicial fundado em lei, ato normativo ou em sua interpretação ou aplicação declarada inconstitucional pelo Supremo Tribunal Federal."
30.07.2000	MP n. 1.984-21	Trata-se da 21ª reedição da MP n. 1.798. Alterou mais uma vez a redação do parágrafo único do art. 741 do CPC de 1973: "Parágrafo único. Para efeito do disposto no inciso II deste artigo, considera-se também inexigível o título judicial fundado em lei ou ato normativo declarados inconstitucionais pelo Supremo Tribunal Federal ou em aplicação ou interpretação tidas por incompatíveis com a Constituição Federal." (NR)
26.01.2001	MP n. 2.102-27	Reeditou a MP n. 1.798 pela 27ª vez.
22.02.2001	ADI n. 2.418	Ajuizamento da ADI 2.418 pelo Conselho Federal da OAB, objetivando a declaração de inconstitucionalidade do art. 4º. da Medida Provisória n. 2.102-27, de 26 de janeiro de 2001, na parte que alterou a redação da Lei federal n. 9.494, de 10 de setembro de 1997, ao acrescentar-lhe os arts. 1º-B e 1º-C, e também de seu art. 10, na parte em que acrescentou parágrafo único ao art. 741 da Lei federal n. 5.869, de 11 de janeiro de 1973, com redação dada pela Lei n. 8.953, de 13 de dezembro de 1994.
27.08.2001	MP n. 2.180-35/01	Trata-se da 35ª e derradeira reedição da MP n. 1.798. Dessa vez, incluiu o § 5º, no art. 884 da CLT: "§ 5º Considera-se inexigível o título judicial fundado em lei ou ato normativo declarados inconstitucionais pelo Supremo Tribunal Federal ou em aplicação ou interpretação tidas por incompatíveis com a Constituição Federal."

(15) No nosso sentir, a prescrição de que trata o art. 884 da CLT é, em sua origem, a da *pretensão executiva*, a qual ficou restrita aos títulos executivos extrajudiciais e às execuções fiscais, tendo em vista que a prescrição intercorrente não tinha lugar no processo de execução trabalhista, ao menos segundo a jurisprudência do TST (Súmula n. 114). Todavia, com o advento da Lei n. 13.467/17, a *prescrição intercorrente* ganhou tratamento legal e passou também a poder ser objeto de embargos à execução.

Data	Norma ou julgado	Comentário
12.09.2001	EC n. 32/01	Impediu a edição de MP sobre matéria processual (art. 62, § 1º, I, *b*, da CF). Conferiu vigor às medidas provisórias anteriores até que outra as revogue ou até deliberação definitiva do Congresso Nacional (art. 2º). Com isso, a MP n. 2.180-35/01 ainda está em vigor.
30.05.2006	ADI n. 3.740	Ajuizamento da ADI n. 3.740 pelo Conselho Federal da OAB, objetivando a declaração de inconstitucionalidade do § 5º, no art. 884 da CLT, incluído pela MP n. 2.180-35/01.
23.06.2006	Lei n. 11.232/05	Entre as alterações que promoveu no CPC de 1973, incluiu o art. 475-L, § 1º, com a seguinte redação: "§ 1º Para efeito do disposto no inciso II do *caput* deste artigo, considera-se também inexigível o título judicial fundado em lei ou ato normativo declarados inconstitucionais pelo Supremo Tribunal Federal, ou fundado em aplicação ou interpretação da lei ou ato normativo tidas pelo Supremo Tribunal Federal como incompatíveis com a Constituição Federal."
22.11.2012	AgRegRE 592.912	O STF decidiu que: a) "A sentença de mérito transitada em julgado só pode ser desconstituída mediante ajuizamento de específica ação autônoma de impugnação (ação rescisória) que haja sido proposta na fluência do prazo decadencial revisto em lei, pois, com o exaurimento de referido lapso temporal, estar-se-á diante da coisa soberanamente julgada, insuscetível de ulterior modificação, ainda que o ato sentencial encontre fundamento em legislação que, em momento posterior, tenha sido declarada inconstitucional pelo Supremo Tribunal Federal, quer em sede de controle abstrato, quer no âmbito de fiscalização incidental de constitucionalidade"; b) "A decisão do Supremo Tribunal Federal que haja declarado inconstitucional determinado diploma legislativo em que se apoie o título judicial, ainda que impregnada de eficácia *ex tunc*, como sucede com os julgamentos proferidos em sede de fiscalização concentrada (RTJ 87/758 – RTJ 164/506-509 – RTJ 201/765), detém-se ante a autoridade da coisa julgada, que traduz, nesse contexto, limite insuperável à força retroativa resultante dos pronunciamentos que emanam, *in abstracto*, da Suprema Corte."
22.10.2014	RE 590.809	O STF definiu a seguinte tese (Tema 136 da Repercussão Geral): "Não cabe ação rescisória quando o julgado estiver em harmonia com o entendimento firmado pelo Plenário do Supremo à época da formalização do acórdão rescindendo, ainda que ocorra posterior superação do precedente."
28.05.2015	RE 730.462	O STF definiu a seguinte tese (Tema 733 da Repercussão Geral): "A decisão do Supremo Tribunal Federal declarando a constitucionalidade ou a inconstitucionalidade de preceito normativo não produz a automática reforma ou rescisão das decisões anteriores que tenham adotado entendimento diferente. Para que tal ocorra, será indispensável a interposição de recurso próprio ou, se for o caso, a propositura de ação rescisória própria, nos termos do art. 485 do CPC, observado o respectivo prazo decadencial (CPC, art. 495)."
18.03.2016	CPC 2015	Enunciado Administrativo n. 1. "O Plenário do STJ, em sessão administrativa em que se interpretou o art. 1.045 do novo Código de Processo Civil, decidiu, por unanimidade, que o Código de Processo Civil aprovado pela Lei n. 13.105/2015, entrará em vigor no dia 18 de março de 2016." O art. 525, §§ 12 a 15, do CPC, apresentou a seguinte redação: "Art. 525 Transcorrido o prazo previsto no art. 523 sem o pagamento voluntário, inicia-se o prazo de 15 (quinze) dias para que o executado, independentemente de penhora ou nova intimação, apresente, nos próprios autos, sua impugnação. [...] § 12. Para efeito do disposto no inciso III do § 1º deste artigo, considera-se também inexigível a obrigação reconhecida em título executivo judicial fundado em lei ou ato

Data	Norma ou julgado	Comentário
18.03.2016	CPC 2015	normativo considerado inconstitucional pelo Supremo Tribunal Federal, ou fundado em aplicação ou interpretação da lei ou do ato normativo tido pelo Supremo Tribunal Federal como incompatível com a Constituição Federal, em controle de constitucionalidade concentrado ou difuso. § 13. No caso do § 12, os efeitos da decisão do Supremo Tribunal Federal poderão ser modulados no tempo, em atenção à segurança jurídica. § 14. A decisão do Supremo Tribunal Federal referida no § 12 deve ser anterior ao trânsito em julgado da decisão exequenda. § 15. Se a decisão referida no § 12 for proferida após o trânsito em julgado da decisão exequenda, caberá ação rescisória, cujo prazo será contado do trânsito em julgado da decisão proferida pelo Supremo Tribunal Federal."
18.04.2016	RE-ED-EDv-AgR--ED 589.513	Reafirmou a tese julgada no AgRegRE 592.912 (22.11.2012), já sobre a vigência do CPC de 2015.
04.05.2016	ADI n. 2.418	O STF decidiu, por maioria, julgar improcedente a ação e declarar, entre outras teses, que "3. São constitucionais as disposições normativas do parágrafo único do art. 741 do CPC, do § 1º do art. 475-L, ambos do CPC/73, bem como os correspondentes dispositivos do CPC/15, o art. 525, § 1º, III e §§ 12 e 14, o art. 535, § 5º. São dispositivos que, buscando harmonizar a garantia da coisa julgada com o primado da Constituição, vieram agregar ao sistema processual brasileiro um mecanismo com eficácia rescisória de sentenças revestidas de vício de inconstitucionalidade qualificado, assim caracterizado nas hipóteses em que (a) a sentença exequenda esteja fundada em norma reconhecidamente inconstitucional – seja por aplicar norma inconstitucional, seja por aplicar norma em situação ou com um sentido inconstitucional; ou (b) a sentença exequenda tenha deixado de aplicar norma reconhecidamente constitucional; e (c) desde que, em qualquer dos casos, o reconhecimento dessa constitucionalidade ou a inconstitucionalidade tenha decorrido de julgamento do STF realizado em data anterior ao trânsito em julgado da sentença exequenda." Veja-se que o § 15, do art. 525 do CPC, não foi objeto do julgamento.
30.08.2018	RE 958.252	O STF definiu a seguinte tese (Tema 725 da Repercussão Geral): "É lícita a terceirização ou qualquer outra forma de divisão do trabalho entre pessoas jurídicas distintas, independentemente do objeto social das empresas envolvidas, mantida a responsabilidade subsidiária da empresa contratante".
30.08.2018	ADPF n. 324	O Tribunal, no mérito, por maioria e nos termos do voto do Relator, julgou procedente o pedido e firmou a seguinte tese: "1. É lícita a terceirização de toda e qualquer atividade, meio ou fim, não se configurando relação de emprego entre a contratante e o empregado da contratada. 2. Na terceirização, compete à contratante: i) verificar a idoneidade e a capacidade econômica da terceirizada; e ii) responder subsidiariamente pelo descumprimento das normas trabalhistas, bem como por obrigações previdenciárias, na forma do art. 31 da Lei n. 8.212/1993, vencidos os Ministros Edson Fachin, Rosa Weber, Ricardo Lewandowski e Marco Aurélio. Nesta assentada, o Relator esclareceu que a presente decisão não afeta automaticamente os processos em relação aos quais tenha havido coisa julgada."
01.03.2019	RCL n. 32.840	Reclamação ajuizada sob a alegação de descumprimento da ADPF n. 324. Em decisão monocrática, o Min. Luiz Fux decidiu julgar procedente a reclamação, para declarar o efeito vinculante da ADPF n. 324, mesmo sem a publicação do respectivo acórdão. Consta da decisão que "o conteúdo da decisão proferida por esta Corte torna-se vinculativo a partir da publicação da ata de julgamento da sessão plenária" e que "a jurisprudência do Supremo Tribunal Federal é firme no sentido de que, para fins de aplicação da sistemática da repercussão geral, não é necessário se aguardar o trânsito em julgado do acórdão paradigma para a observância da orientação estabelecida."

5.2. Constitucionalidade da MP n. 2.180-35/2001

O objeto do presente estudo é apenas o art. 884, § 5º, da CLT. Contudo, esse dispositivo tem redação semelhante à do art. 741, parágrafo único, o qual, na companhia do § 1º do art. 475-L, ambos do CPC/73, bem como os correspondentes dispositivos do CPC/15, o art. 525, § 1º, III e §§ 12 e 14, o art. 535, § 5º, foram todos objeto da ADI n. 2.418. Ao julgá-la, o STF decidiu, por maioria, julgar improcedente a ação e declarar, entre outras teses, serem constitucionais os dispositivos atacados.

É certo, contudo, que o dispositivo celetista é objeto da ADI n. 3.740, que ainda está pendente de julgamento. Assim, ainda há margem para examinar a constitucionalidade da MP n. 2.180-35/01, na perspectiva da CLT, mas sem descuidar do precedente formado pela ADI n. 2.418.

Vale dizer que, no caso trabalhista, também são fortes as vozes no sentido de que a própria MP n. 2.185/1935 de 27.08.2001 padece de vício de inconstitucionalidade. Do ponto de vista formal, *porque editada sem que estivesse presente o pressuposto da urgência* (MALLET, 2005, p. 262);[16] material, tendo em vista que *a proteção à coisa julgada tem assento constitucional* (SCHIAVI, 2019, p. 431).

1. *Inconstitucionalidade formal.* No que tange ao viés *formal*, prevaleceu o entendimento calcado no precedente da ADC n. 11, no sentido de que "os requisitos constitucionais legitimadores da edição de medidas provisórias, vertidos nos conceitos jurídicos indeterminados de relevância e urgência (art. 62 da CF), apenas em caráter excepcional se submetem ao crivo do Poder Judiciário, por força da regra de separação de poderes", os quais devem ser tidos como atendidos pelo Presidente da República na edição da Medida Provisória n. 2.180-35, à míngua de quebra manifesta desses limites, porquanto o "único argumento invocado na inicial é de que inexiste urgência porque se trata de medida provisória modificando normas legais que vigoravam por várias décadas, argumento que, por si só, é insuficiente para infirmar a necessidade da imediata modificação normativa empreendida" (Inteiro teor do Acórdão da ADI n. 2.418, p. 15).

No entanto, merece nota a manifestação (vencida) do Ministro Marco Aurélio, que lançou luzes assaz convincentes sobre o tema, entendimento com o qual comungamos:

> Presidente, não posso fechar os olhos ao vício formal. Diria que essa medida provisória já não poderia ser mais editada nos dias de hoje, porque a Emenda Constitucional n. 32, de 2001, obstaculizou o trato da matéria processual mediante medida provisória. Estamos diante de instrumento que vigora, se meus cálculos não estiverem errados – e mesmo assim o instrumento foi rotulado como provisório –, há dezessete anos, seis meses e dez dias. Explico: está sob análise a Medida Provisória n. 2.102, e ela é seguida de indexador que se mostrou, quando apanhada pela Emenda Constitucional n. 32, na dezena, ou seja, chegou a ser reeditada vinte e sete vezes. (STF, Inteiro teor do Acórdão da ADI n. 2.418, p. 50).

Ocorre que não é razoável insistir na tese da inconstitucionalidade do dispositivo celetista, porque é grande a probabilidade de que o STF mantenha o entendimento da ADI n. 2.418, como já o fez anteriormente, por exemplo, na ADI n. 2.150:

> AÇÃO DIRETA DE INCONSTITUCIONALIDADE. ARTS. 11 E 18 DA MEDIDA PROVISÓRIA N. 1.925-5, SUCESSIVAMENTE REEDITADA ATÉ O ADVENTO DA EMENDA CONSTITUCIONAL N. 32/2001. ALEGADA VIOLAÇÃO AOS ARTS. 5º, *CAPUT*; 37, *CAPUT*, E 62, TODOS DA CONSTITUIÇÃO FEDERAL. Os dispositivos em referência, ao atribuírem aos órgãos de trânsito o registro de ônus reais sobre veículos automotivos de qualquer espécie, não ofendem as normas constitucionais indicadas. Os requisitos de relevância e urgência para edição de medida provisória são de apreciação discricionária do Chefe do Poder Executivo, não cabendo, salvo os casos de excesso de poder, seu exame pelo Poder Judiciário. Entendimento assentado na jurisprudência do STF. Ação julgada improcedente (STF, ADI 2150/DF, Tribunal Pleno, Rel. Min. Ilmar Galvão, DJ 29.11.2002, sem grifo no original).

Reforça esse sentimento o fato de que a jurisprudência do TST também pacificou o entendimento de que a MP n. 2.180-35/2001 não padece de vício de inconstitucionalidade formal:

> EMBARGOS DE DECLARAÇÃO ACOLHIDOS APENAS PARA PRESTAR ESCLARECIMENTO. JUROS DE MORA. INCONSTITUCIONALIDADE DA MEDIDA PROVISÓRIA N. 2.180-35/01. O Tribunal Pleno considerou constitucional a fixação do juros de mora em 0,5% pela Medida Provisória n. 2.180-35/01. Afastada, assim, a tese de sua inconstitucionalidade, não merece guarita o argumento de inobservância dos requisitos de urgência e relevância, de invasão à competência legislativa do Congresso Nacional e de violação ao princípio da isonomia, insertos nos arts. 2º, 5º, *caput*, 60, § 4º, inciso III, e 62 da Constituição da República. Embargos de Declaração acolhidos apenas para prestar esclarecimentos." (TST-ED-ROAG-758/1993-069-09-41.5, Tribunal Pleno, Min. Brito Pereira, DJ 02.02.2007).

Todavia, a aplicabilidade do § 5º, do art. 884, da CLT, está restrita à coisa julgada que se formar após a vigência da MP n. 2.180-35/01:

> EMBARGOS EM RECURSO DE REVISTA – ACÓRDÃO PUBLICADO ANTERIORMENTE À VIGÊNCIA DA LEI N. 11.496/2007 – ARGUIÇÃO DE INEXIGIBILIDADE

(16) De se destacar que a Medida Provisória em comento foi editada antes da EC n. 32 (DOU 12.09.2001), razão pela qual não sofreu a limitação formal sobre a matéria processual (art. 62, § 1º, I, *b*, da CF).

DO TÍTULO JUDICIAL – ART. 884, § 5º, DA CLT – COISA JULGADA INCONSTITUCIONAL – REAJUSTE SALARIAL PELA URP DE FEVEREIRO DE 1989. 1. A discussão sobre a constitucionalidade do § 5º do art. 884 da CLT, acrescentado pela Medida Provisória n. 2.180-35, de 24.08.2001, não tem pertinência com a hipótese dos autos, porque o dispositivo é inaplicável aos títulos constituídos anteriormente à sua vigência. Embora a lei processual tenha aplicação imediata, não tem retroativa, para alcançar a coisa julgada aperfeiçoada no antigo regime processual, em atenção à segurança jurídica. Deve-se garantir o direito adquirido à preservação do título formado no sistema anterior, que não atribuía eficácia rescisória aos Embargos à Execução. 2. Ademais, o exame da inexigibilidade do título, em sede recursal extraordinária, não pode prescindir da observância dos requisitos dos arts. 894, *b*, e 896, § 2º, da CLT. Nesse passo, tratando-se de questão regida por legislação infraconstitucional, não há como admitir-se Recurso de Revista ou de Embargos em fase de execução. Embargos não conhecidos. (TST, E-ED-RR – 115641-88.1991.5.15.0008, Redatora Ministra: Maria Cristina Irigoyen Peduzzi, Data de Julgamento: 18.11.2010, Subseção I Especializada em Dissídios Individuais, Data de Publicação: DEJT 08.04.2011).

Destarte, conclui-se que a MP n. 2.180-35/2001 é constitucional, do ponto de vista formal.

2. *Inconstitucionalidade material*. Indagar sobre a constitucionalidade material do § 5º, do art. 884, da CLT, significa perquirir (i) se o legislador infraconstitucional pode criar novas hipóteses de rescisão da coisa julgada, (ii) se entre essas hipóteses pode estar uma decisão do STF superveniente à coisa julgada e (iii) se a lei infraconstitucional pode criar novos meios de impugnação da coisa julgada, além da ação rescisória.

A ADI n. 2.418 apresentou resposta apenas para as duas primeiras perguntas, mas levando em conta apenas os dispositivos impugnados, ficando de fora o § 5º, do art. 884, da CLT, e o § 15, do art. 525, do CPC.

2.1. *Novas hipóteses de rescisão da coisa julgada*. Sobre a primeira indagação, o STF concluiu que a lei infraconstitucional pode criar novas hipóteses de rescisão da coisa julgada, afora as que já estão previstas para o cabimento da ação rescisória, como se extrai do seguinte trecho do voto vencedor:

> 9. Registre-se, desde logo, que, segundo a jurisprudência assentada no STF (por todos, ilustrativamente, o acórdão de lavra do Min. Celso de Mello no RE 681.953, DJe de 09.11.12, com farta indicação de precedentes no mesmo sentido), o instituto da coisa julgada, embora de matriz constitucional, tem sua conformação delineada pelo legislador ordinário, ao qual se confere a faculdade de estabelecer seus limites objetivos e subjetivos, podendo, *portanto, indicar as situações em que tal instituto cede passo a postulados, princípios ou bens de mesma hierarquia, porque também juridicamente protegidos pela Constituição*. É o que ocorre, v.g., nas hipóteses de ação rescisória previstas no art. 485 do CPC/73 (e no art. 966 do CPC/15), em que a coisa julgada fica submetida a outros valores constitucionais considerados circunstancialmente preponderantes, como o da imparcialidade do juiz (incisos I e II), o da boa-fé e da seriedade das partes quando buscam a tutela jurisdicional (inciso III), o da própria coisa julgada (inciso IV) e, mesmo, o da justiça da sentença quando comprometida por ofensa à literalidade de lei ou por manifesta contrariedade aos fatos ou à prova (incisos V a IX). É evidente que, como sempre ocorre nessa atividade normativa infraconstitucional de dar concreção a normas constitucionais e, se for o caso, de estabelecer fórmulas para harmonizar eventuais situações de colisão de valores ou princípios de superior hierarquia, a legitimidade da solução oferecida pelo legislador ordinário supõe observância de critérios de razoabilidade e de proporcionalidade, a fim de não comprometer mais do que o estritamente necessário qualquer dos valores ou princípios constitucionais colidentes. (STF, Inteiro teor do Acórdão da ADI n. 2.418, p. 22).

De outra face, o voto vencido do Ministro Marco Aurélio foi pela rigidez constitucional no tema da coisa julgada:

> Presidente, repito que uma coisa é ter a Constituição Federal – e poderia fazê-lo – encerrado exceção à higidez da coisa julgada, no que previu a ação rescisória. Previu, reconheço, quanto ao Supremo e ao Superior Tribunal de Justiça, mas que se admite, na jurisprudência, quanto a atos de outros Tribunais – e define a competência para o julgamento da rescisória, todos sabemos, à autoria da decisão rescindenda. Algo diverso é o legislador, tornando flexível a Lei das Leis – que, para mim, continua rígida, no ápice da pirâmide das normas jurídicas –, vir a criar outro instrumental – o pronunciamento do vício foi afastado Supremo, com efeito de suplantar a coisa julgada. O passo é demasiadamente largo. Recuso-me, enquanto em vigor a Constituição Federal, a dá-lo e, portanto, a chegar a uma flexibilização desse instituto tão importante à segurança jurídica, à paz social, como ressaltei, que é a coisa julgada. A flexibilização é única e está consubstanciada na ação de impugnação autônoma, que é a rescisória. (STF, Inteiro teor do Acórdão da ADI 2.418, p. 52).

No nosso sentir, em verdade, o conflito entre os citados votos é apenas aparente. É que a divergência se assentou na premissa de que apenas a ação rescisória pode desconstituir a coisa julgada. Mas não foi sobre isso que o voto prevalecente versou. O objeto do debate era apenas se a lei infraconstitucional poderia criar nova hipótese para a rescisão da coisa julgada, não se manifestou sobre a criação de novos meios. É dizer, o que ficou decidido é que, além das hipóteses do art. 966 do CPC, a lei também pode criar outras, como de fato o fez, no art. 741, parágrafo único, e § 1º do art. 475-L, ambos do CPC/73, bem como os correspondentes dispositivos do CPC/15, o art. 525, § 1º, III e §§ 12 e 14, o art. 535, § 5º.

O tema da divergência, portanto, não foi respondido na decisão da ADI n. 2.418.

Admitida a possibilidade de criação de novas hipóteses de rescisão da coisa julgada, o voto prevalecente cuidou de identificar as engendradas pelos dispositivos atacados, as quais foram de duas espécies, ambas combatíveis com a Constituição, porque privilegiam a supremacia constitucional: a) a decisão exequenda que se fundar em norma reconhecidamente inconstitucional – seja por aplicar norma inconstitucional, seja por aplicar norma em situação ou com um sentido inconstitucional; ou b) a decisão exequenda que deixar de aplicar norma reconhecidamente constitucional.

Dessa forma, conclui-se que o § 5º, do art. 884 da CLT, é constitucional, na perspectiva da criação de duas novas hipóteses de rescisão da coisa julgada.

2.2. *Decisões supervenientes*. A resposta do STF para a segunda indagação foi negativa, isto é, a coisa julgada não pode ser rescindida por decisões supervenientes, assim consideradas as publicadas após o trânsito em julgado da decisão exequenda. Ficou decidido que a rescisão da coisa julgada inconstitucional é possível "desde que, em qualquer dos casos, o reconhecimento dessa constitucionalidade ou a inconstitucionalidade tenha decorrido de julgamento do STF realizado em data anterior ao trânsito em julgado da sentença exequenda." (ADI n. 2.418).

Veja-se que o § 15, do art. 525, do CPC, dispõe de forma diametralmente oposta: "se a decisão referida no § 12 for proferida após o trânsito em julgado da decisão exequenda, caberá ação rescisória, cujo prazo será contado do trânsito em julgado da decisão proferida pelo Supremo Tribunal Federal." Essa previsão também vai de encontro ao entendimento do STF constante do RE 590.809 e do RE 730.462 (Tema 733 da repercussão geral).

Em que pese a ADI n. 2.418 não ter versado sobre o § 15, do art. 525, do CPC, com base na *ratio decidendi* desse e dos outros citados julgados do STF, comungamos do entendimento de Marinoni e outros (2015, p. 553), no sentido de que o novo dispositivo "já nasce destituído de validade em face do entendimento do STF", sendo inconstitucional também porque "implica em subordinar a estabilidade da coisa julgada a uma verdadeira condição atemporal".

Falta ainda dizer que a decisão do STF, em sendo anterior ao trânsito em julgado da sentença exequenda, pode ter sido proferida tanto no controle difuso, quanto no concentrado de constitucionalidade, porque:

> Em qualquer dos casos, e independentemente da existência ou não de resolução do Senado suspendendo a execução da norma declarada inconstitucional, tem igual autoridade a manifestação do Supremo em seu juízo de constitucionalidade, sendo de anotar que, de qualquer sorte, não seria cabível resolução do Senado na declaração de inconstitucionalidade parcial sem redução de texto e na que decorre da interpretação conforme a Constituição. (STF, Inteiro teor do Acórdão da ADI n. 2.418, p. 32).

Essa decisão, portanto, vai ao encontro do disposto no § 12, do art. 525, do CPC:

> Art. 525. [...]
>
> [...]
>
> § 12. Para efeito do disposto no inciso III do § 1º deste artigo, considera-se também inexigível a obrigação reconhecida em título executivo judicial fundado em lei ou ato normativo considerado inconstitucional pelo Supremo Tribunal Federal, ou fundado em aplicação ou interpretação da lei ou do ato normativo tido pelo Supremo Tribunal Federal como incompatível com a Constituição Federal, *em controle de constitucionalidade concentrado ou difuso*. (Grifou-se).

Trata-se, pois, de dispositivo com constitucionalidade declarada.

2.3. *Novos meios de impugnação da coisa julgada*. Essa terceira indagação não foi decidida na ADI n. 2.418, pelo que será examinada no tópico seguinte.

5.3. Limites dos embargos à execução

A indagação feita no item anterior pode ser adaptada ao Processo do Trabalho da seguinte forma: os embargos à execução possuem aptidão para desconstituir a coisa julgada inconstitucional?

No nosso sentir, a resposta é negativa.

O único meio constitucionalmente apto para *desconstituir* a coisa julgada é a *ação rescisória*, porque somente ela está prevista na Constituição (arts. 102, I, *f*, 105, I, *e*, e 108, I, *b*). Dessa forma, o que o legislador ordinário pode fazer é dispor sobre o regulamento da ação rescisória, mas jamais criar outro meio.

E nesse sentido vinha sendo a Jurisprudência do STF:

> [...] – A sentença de mérito transitada em julgado só pode ser desconstituída mediante ajuizamento de específica ação autônoma de impugnação (ação rescisória) que haja sido proposta na fluência do prazo decadencial revisto em lei, pois, com o exaurimento de referido lapso temporal, estar-se-á diante da coisa soberanamente julgada, insuscetível de ulterior modificação, ainda que o ato sentencial encontre fundamento em legislação que, em momento posterior, tenha sido declarada inconstitucional pelo Supremo Tribunal Federal, quer em sede de controle abstrato, quer no âmbito de fiscalização incidental de constitucionalidade; [...] (STF, AgRegRE 592.912, Rel. Min. Celso de Mello, 2ª Turma, DJe 22.11.2012).

Esse mesmo entendimento foi adotado pelo Pleno do STF, no julgamento do RE-ED-EDv-AgR-ED 589.513, após a entrada em vigor do CPC de 2015 (Rel. Min. Celso de Melo, Plenário, DJe 18.04.2016).

Há de ser citado, ainda, o tema 733 da repercussão geral, que indica o recurso como meio de impugnação da coisa julgada inconstitucional antes do trânsito em julgado e a ação rescisória, depois:

> A decisão do Supremo Tribunal Federal declarando a constitucionalidade ou a inconstitucionalidade de preceito normativo não produz a automática reforma ou rescisão das decisões anteriores que tenham adotado entendimento diferente. Para que tal ocorra, será indispensável a interposição de recurso próprio ou, se for o caso, a propositura de ação rescisória própria, nos termos do art. 485 do CPC, observado o respectivo prazo decadencial (CPC, art. 495). (STF, RE 730.462, Rel. Min. Teori Zavascki, Plenário, DJe 28.05.2015).

Além disso, o § 5º, do art. 884, da CLT, sequer fala em "rescisão", mas sim em "inexigibilidade". Verifica-se, pois, que o legislador instituiu que a *inexigibilidade* do título judicial trabalhista que é matéria de embargos à execução.

Explica-se.

A execução é um direito de ação, subjetivo, que nasce com a constituição do título executivo. No caso do título executivo judicial, sua constituição decorre de decisão judicial de procedência, que condena o réu a satisfazer uma pretensão. Dessa forma, as decisões de improcedência e as de procedência de natureza (des)constitutiva e declaratória não constituem títulos executivos, porque seus efeitos exsurgem de pleno direito, não necessitando do cumprimento forçoso pela mão do Estado.[17]

A decisão de embargos à execução, em sendo declaratória, como já foi fundamentado, não tem aptidão para desconstituir um título executivo judicial.

Embora constituído, é possível que o título executivo judicial padeça de vício de validade, o que atrai o cabimento da *ação rescisória*. Mas esse vício é do tipo que se convalida, caso a ação não seja proposta no biênio legal, hipótese em que a coisa ficará soberanamente julgada: o valor da segurança jurídica se rebela, de subjugado se faz dominante, em uma ponderação que agora diminui a força do valor da justiça.

Enquanto constituído estiver, o título executivo judicial será válido, mas a sua aptidão para a execução depende de que a obrigação que dele consta seja certa, líquida e exigível (art. 783 do CPC). É conhecida a lição de Carnelutti, de que a *certeza* decorre da prova da existência do título; a *liquidez* consiste na clareza de seu objeto; e a *exigibilidade* se refere à sua atualidade, que deve estar *livre de limitações como a condição ou o termo*.

A falta de uma dessas características em nada afeta a validade do título executivo judicial, mas sim da execução, porque elas constituem requisitos do processo de execução (art. 803, I, do CPC). Dessa forma, se o título executivo judicial carecer de certeza, liquidez ou exigibilidade, a execução não pode prosseguir, enquanto esse aperfeiçoamento não for satisfeito. E, se prosseguir, o meio para corrigir esse vício é a ação incidental de embargos à execução.

Embora não possam desconstituir o título executivo judicial, os embargos à execução podem servir para obter a decretação de nulidade *da execução* sempre que o título não estiver perfeito.

Ocorre que os julgamentos do STF não podem ser considerados uma *condição*, para fins de exigibilidade do título, porque a jurisprudência vinculante do excelso Tribunal não admite a rescisão de título executivo transitado em julgado antes do precedente paradigma:

> Súmula n. 343. Não cabe ação rescisória por ofensa a literal disposição de lei, quando a decisão rescindenda se tiver baseado em texto legal de interpretação controvertida nos tribunais.
>
> [...] – A decisão do Supremo Tribunal Federal que haja declarado inconstitucional determinado diploma legislativo em que se apoie o título judicial, ainda que impregnada de eficácia *ex tunc*, como sucede com os julgamentos proferidos em sede de fiscalização concentrada (RTJ 87/758 – RTJ 164/506-509 – RTJ 201/765), detém-se ante a autoridade da coisa julgada, que traduz, nesse contexto, limite insuperável à força retroativa resultante dos pronunciamentos que emanam, *in abstracto*, da Suprema Corte. [...] (STF, AgRegRE 592.912, Rel. Min. Celso de Mello, 2ª Turma, DJe 22.11.2012).
>
> Não cabe ação rescisória quando o julgado estiver em harmonia com o entendimento firmado pelo Plenário do Supremo à época da formalização do acórdão rescindendo, ainda que ocorra posterior superação do precedente. (STF, RE 730.462, Rel. Min. Teori Zavascki, Plenário, DJe 28.05.2015 – tema 733 da repercussão geral).

De conseguinte, se o título judicial estiver constituído, por sentença condenatória, será necessariamente exigível, porque a inexistência de julgamento do STF em sentido contrário não é uma condição de exigibilidade.

Exigível é o título que tem *eficácia executiva*. E essa eficácia executiva (exigibilidade), relativamente às decisões do STF em controle de constitucionalidade, só existe para o futuro.

A eficácia normativa é que tem efeito *ex tunc*, retroage para aniquilar os atos praticados anteriormente à decisão do STF, mas nunca para desconstituir a coisa julgada.

Então, os embargos à execução só podem declarar a inexigibilidade do título se este *tiver sido desconstituído por uma ação rescisória*, já que a decisão do STF, por si só e automaticamente, não o desconstitui.

(17) Mas é importante esclarecer que a sentença da ação rescisória, além de desconstituir (rescindir) o título executivo judicial, também profere uma nova decisão, que pode ser condenatória, situação em que poderá haver processo de execução.

Tanto é que, na mesma hipótese, não cabe *reclamação*, por falta do interesse de agir.

Como bem destacou o Min. Celso de Mello, em sede de execução, não mais se justifica a renovação do litígio, por causa do princípio do "*tantum judicatum quantum disputatum vel disputari debebat*":

> Não custa enfatizar, de outro lado, na perspectiva da eficácia preclusiva da *res judicata*, que, mesmo em sede de execução, não mais se justifica a renovação do litígio que foi objeto de resolução no processo de conhecimento, especialmente quando a decisão que apreciou a controvérsia apresenta-se revestida da autoridade da coisa julgada, hipótese em que, nos termos do art. 474 do CPC, "reputar-se-ão deduzidas e repelidas todas as alegações e defesas que a parte poderia opor (...) à rejeição do pedido". (STF, Inteiro teor do Acórdão do RE 730.462, p. 27).

Os embargos à execução não podem ser considerados espécie de ação rescisória proposta perante o Juiz do Trabalho, sob pena também de ferir as regras de competência hierárquica (art. 678, I, *c*, "2", da CLT) e colocar em risco a garantia constitucional da coisa julgada.(18) Em não sendo assim, o Juiz do Trabalho poderia desconstituir uma decisão judicial do TST, por exemplo, durante o processo de execução, com base em uma decisão do STF, bastando para isso que a data da decisão do STF fosse posterior à do título executivo judicial.

Advogamos a tese de que a alegação de inexigibilidade do título judicial, com base no § 5º, do art. 884, da CLT, só poderia ser feita, respeitado o prazo da ação rescisória, "para suscitar questão prejudicial, qual seja, o ajuizamento da ação rescisória perante o Tribunal, o que geraria a suspensão da execução, ou a extinção, na hipótese de a ação rescisória já tiver sido julgada procedente, com trânsito em julgado." (LIMA, 2019, p. 555).(19)

De se notar que nos debates travados no julgamento da ADI n. 2.418, o Ministro Fux chegou a ventilar essa hipótese, de prejudicialidade externa da ação rescisória em relação aos embargos à execução:

> O SENHOR MINISTRO LUIZ FUX – Senhora Presidente, a respeito disso, só para referendar, aqui, o excepcional voto do Ministro Teori Zavaski, com licença do Ministro Barroso e da Ministra Rosa: sob a égide do Código anterior, havia realmente esse posicionamento, ou seja, a declaração de inconstitucionalidade, para alguns, ela poderia ser posterior ao trânsito em julgado, e, para outras, ela deveria ser, necessariamente, anterior ao decurso do prazo para propositura da ação rescisória, porque só se pode imaginar a impugnação à execução depois que se inicia a execução, tanto que há uma regra que a exceção dura enquanto dura a execução. Então, não havia, digamos assim, uma pacificidade sobre o caráter temporal da possibilidade de alegação dessa objeção relativa à inexigibilidade da obrigação por inconstitucionalidade da lei na qual se baseou a sentença. Então, o Código fez uma opção por essa melhor interpretação, qual seja? Em primeiro lugar, essa declaração de inconstitucionalidade tem que ser anterior ao trânsito em julgado da sentença. Sem prejuízo, ao declarar a inconstitucionalidade, o Supremo pode dizer a partir de que momento essa decisão vai valer, mas, sem prejuízo de tudo isso, se a sentença transitar em julgado, nada obsta que se prossiga na execução, a Fazenda Pública promova a ação rescisória e crie uma relação de prejudicialidade em relação ao desate da execução.
>
> O SENHOR MINISTRO CELSO DE MELLO: Hipótese de prejudicialidade externa...
>
> O SENHOR MINISTRO LUIZ FUX – Externa. Ela promove a ação rescisória, chega para o juízo da execução e diz: "Eu já tenho aqui" – como hoje é permitido – "uma tutela antecipada na rescisória, e tem que esperar acabar a rescisória para prosseguir a execução". Foi basicamente uma composição entre a pretensão de segurança jurídica, que, na realidade, antes do Código, a grande maioria, eu, por exemplo, tive a oportunidade, em 2005, no curso, de afirmar que seria uma violação ao princípio da segurança jurídica admitir essa alegação de inconstitucionalidade depois do trânsito em julgado, considerando que só se poderia executar a sentença transitada em julgado, até que surgiram posições em relação a esse pseudo problema da relativização da coisa julgada, admitindo, inclusive, a alegação de inconstitucionalidade declarada pelo Supremo, mesmo depois do trânsito em julgado. O novo Código é claro. Essa declaração de inconstitucionalidade, o juiz não sabia, ele presumia a constitucionalidade da lei. Mas ela veio a ser declarada inconstitucional. Então a Fazenda pode, até porque o que o executado pode alegar são fatos posteriores à sentença na sua impugnação – os embargos são sempre relativos a matérias posteriores à sentença –, então o executado hoje, pelo novo Código, ele só pode alegar isso se a declaração de inconstitucionalidade sobreveio antes do trânsito em julgado da sentença. Mas, sem prejuízo, nós aqui podemos dizer que não se aplica às execuções em curso, etc. E ainda há uma terceira alternativa. Se a decisão transitar em julgado, a Fazenda não pode se opor a esse motivo. Mas ela pode promover

---

(18) SCHIAVI considera "não ser constitucional a possibilidade de desconstituição da coisa julgada nos embargos à execução, pois a proteção à coisa julgada tem assento constitucional (art. 5º, CCCVI). Além disso, tal possibilidade desconstitui todo o esforço processual que foi realizado na fase de conhecimento, a fim de que formasse a coisa julgada material. Parece-nos muito perigoso desconstituir a coisa julgada material, na fase executória, por simples decisão em embargos à execução". (2018, p. 414).

(19) É preciso ressalvar que na obra referida, nosso posicionamento levou em conta a aplicação do § 15, do art. 525, do CPC. A conclusão foi a mesma, muito embora naquela oportunidade tenhamos considerado a possibilidade de a ação rescisória ser ajuizada mesmo quando a decisão do STF fosse superveniente ao trânsito em julgado da decisão exequenda. Cabe confessar que o tema nos incomodou, o que acabou motivando a realização da presente pesquisa.

uma ação rescisória, obter uma liminar ou não ao promover uma ação rescisória e requerer a suspensão por prejudicialidade externa. Pedir ao juiz que pare enquanto não se define a ação rescisória. Então o voto do Ministro Teori está exatamente mantendo toda a higidez da segurança jurídica da coisa julgada, baseada em vários aspectos em que ela pode se revelar. E com isso até, Senhora Presidente, com a vênia dos Ministros Roberto Barroso, Rosa Weber, Dias Toffoli, Celso de Mello, Vossa Excelência e do Ministro Marco Aurélio, eu adianto o meu voto acompanhando o Ministro Teori Zavascki.

Como esse debate fugia ao objeto da ADI n. 2.418, não foi fechada questão sobre o tema.

Então, é preciso reafirmar que *os embargos à execução só poderão declarar a inexigibilidade de um título executivo judicial quando a parte embargante já tiver obtido a desconstituição da decisão exequenda pela via da ação rescisória.* Fora dessa hipótese, os embargos à execução não se prestarão decretar a nulidade da execução por vício de inconstitucionalidade do título executivo judicial.

Em remate, quanto aos limites dos embargos à execução, para obter sua compatibilidade com a Constituição, com a ação rescisória e o sistema processual trabalhista, apresentam-se os seguintes postulados:

a) Antes do trânsito em julgado da decisão inconstitucional, o controle de constitucionalidade deve ser feito pela via *recursal*, se o prazo recursal estiver em curso e ainda houver recursos cabíveis, bem como pela *reclamação*, residualmente (art. 988 do CPC);

b) Depois do trânsito em julgado da decisão inconstitucional, a ação rescisória é o *único* meio apto para desconstituir a coisa julgada (art. 996 do CPC c/c art. 5º, XXXVI, da CF). Ela será *cabível* quando ata de julgamento da sessão plenária do STF tiver sido publicada (Rcl 32.840/MG)[20] *antes* do trânsito em julgado da decisão atacada, de modo que o § 15, do art. 525, do CPC, é inconstitucional. O *fundamento* para a rescisão será o de violação de norma jurídica, nos termos do art. 996, V, do CPC. O *prazo* é de dois anos e tem início a partir do trânsito em julgado da decisão judicial (art. 975 do CPC), prazo que é decadencial, pelo que transcorre de forma ininterrupta, inclusive durante a execução. Exaurido o prazo da ação rescisória, prevalecerá a coisa soberanamente julgada, ainda que sobrevenha decisão do STF em sentido contrário;

c) Os embargos à execução só se prestam à decretação da *nulidade da execução*, por força de decisão que declare inexigível o título executivo judicial inconstitucional (art. 884, § 5º, da CLT, c/c art. 803, I, do CPC). Para ser inexigível, por vício de inconstitucionalidade, o título executivo judicial deve ser objeto de ação rescisória (prejudicialidade externa). Se a ação rescisória tiver sido julgada, o executado poderá opor embargos à execução, no prazo de cinco dias úteis, contados da garantia da execução, para pleitear a *extinção da execução* (por inexigibilidade do título executivo). Mas se a ação rescisória ainda estiver em curso, o executado pode requerer a *suspensão do processo de execução* até o julgamento da ação rescisória (art. 313, V, *a*, do CPC). Os embargos à execução não podem, portanto, conter pedido para desconstituir o título executivo judicial, pois a *validade* do título é *indiscutível* pela via dos embargos. O pedido deve ser declaratório, visando a obtenção da decretação da nulidade da execução, sendo vedada a "rediscussão de controvérsia já apreciada em decisão transitada em julgado, ainda que proferida em confronto com a jurisprudência predominante no Supremo Tribunal Federal" (STF, AgRegRE 592912/RS, Rel. Min. Celso de Melo, 2ª Turma, DJe-229 de 22.11.2012).

6. TERCEIRIZAÇÃO

Voltando ao § 5º, do art. 884 da CLT, o título executivo judicial será *inexigível* quando estiver "fundado em lei ou ato normativo declarados inconstitucionais pelo Supremo Tribunal Federal ou em aplicação ou interpretação tidas por incompatíveis com a Constituição Federal."

Há duas hipóteses *explícitas* no aludido dispositivo, devidamente incorporadas na decisão da ADI n. 2.418. Na *primeira*, o STF, em decisão proferida em sede de controle de constitucionalidade, tanto difuso (recurso extraordinário), quanto concentrado (ADI, ADC, ACO e ADPF), declara a inconstitucionalidade de lei ou ato normativo servido de fundamento principal e determinante para a formação do título executivo judicial, ficando descaracterizada a hipótese, portanto, quando o título mantiver sustentação em outras normas jurídicas.

Na segunda *hipótese*, a lei ou o ato normativo, embora não tenham sido declarados inconstitucionais, foram considerados pelo STF como de aplicação ou interpretação incompatíveis com a Constituição. É o caso das *decisões intermediárias* (LIMA, 2005), nas quais o STF, a fim de preservar a constitucionalidade e a própria existência da norma jurídica atacada, adota interpretação conforme a Constituição ou exclui uma interpretação inconstitucional, entre as

(20) É que o STF decidiu nessa Reclamação que "o conteúdo da decisão proferida por esta Corte torna-se vinculativo a partir da publicação da ata de julgamento da sessão plenária [...] a jurisprudência do Supremo Tribunal Federal é firme no sentido de que, para fins de aplicação da sistemática da repercussão geral, não é necessário se aguardar o trânsito em julgado do acórdão paradigma para a observância da orientação estabelecida" (Ministro Relator Luiz Fux, 01.03.2019). Dessa forma, no nosso sentir, o marco para saber se a decisão do STF é posterior ou anterior à decisão atacada é o momento em que o julgado o STF se torna vinculante. Destarte, é a data de publicação da ata de julgamento, e não a publicação do acórdão ou do trânsito em julgado da decisão do STF.

várias constitucionais possíveis. Se a interpretação dada pelo STF resultar na inconstitucionalidade da norma jurídica, na perspectiva em que ela foi utilizada na fundamentação do título executivo judicial, este também se tornará inexigível.

Há, ainda, uma *terceira* hipótese, que é *implícita*, decorrente da lógica na interpretação do § 5º, do art. 884, da CLT, que consiste no título executivo judicial fundado em norma jurídica declarada inconstitucional pelo juízo sentenciante, mas em relação à qual o STF tenha declarado a constitucionalidade. É, pois, a via inversa.

Sobre a terceirização, a tese de repercussão geral aprovada no RE 958.252 foi a seguinte (tema 725):

> É lícita a terceirização ou qualquer outra forma de divisão do trabalho entre pessoas jurídicas distintas, independentemente do objeto social das empresas envolvidas, mantida a responsabilidade subsidiária da empresa contratante.

Por sua vez, a tese da ADPF n. 324 foi definida desse modo:

> 1. É lícita a terceirização de toda e qualquer atividade, meio ou fim, não se configurando relação de emprego entre a contratante e o empregado da contratada. 2. Na terceirização, compete à contratante: i) verificar a idoneidade e a capacidade econômica da terceirizada; e ii) responder subsidiariamente pelo descumprimento das normas trabalhistas, bem como por obrigações previdenciárias, na forma do art. 31 da Lei n. 8.212/1993, vencidos os Ministros Edson Fachin, Rosa Weber, Ricardo Lewandowski e Marco Aurélio. Nesta assentada, o Relator esclareceu que a presente decisão não afeta automaticamente os processos em relação aos quais tenha havido coisa julgada.

Como se percebe, houve manifestação expressa do STF no sentido de que a decisão "não afeta automaticamente os processos em relação aos quais tenha havido coisa julgada." Isso significa que, no caso da terceirização, o ajuizamento da ação rescisória é essencial para desconstituir o título executivo judicial.

Para se sujeitar à ação rescisória, o título executivo judicial deve ter adotado, como razão de decidir principal ou secundária, fundamentação clara de que a terceirização perpetrada pelos réus era *ilícita ou inconstitucional*, situação que caracterizará ofensa ao julgado do STF, que declarou a constitucionalidade da terceirização.

Mas a ação rescisória só terá sucesso se a decisão exequenda tiver transitado em julgado a partir do dia 30.08.2018, data de publicação da ata de julgamento da sessão plenária do STF. Se o trânsito em julgado tiver ocorrido *antes* dessa data, *prevalecerá a coisa julgada*. De toda sorte, ultrapassado o prazo da ação rescisória, a coisa será considerada *soberanamente julgada*.

Por isso, no caso da terceirização (RE 713.211 c/c ADPF n. 324), *não podemos concordar com a tese de que as sentenças já transitadas em julgado quando da publicação da ata de julgamento da sessão plenária do STF são passíveis de desconstituição, quer por ação rescisória, quer pela via dos embargos à execução.*(21)

Caso a ação rescisória tenha sido ajuizada, o exequente poderá opor embargos à execução, com fundamento do § 5º, do art. 884 da CLT, no prazo de cinco dias úteis, contados da garantia do juízo, *para requerer a suspensão ou a extinção da execução, por inexigibilidade do título executivo judicial*. Essa é, pois, a única forma de usar os embargos à execução como meio para obter a declaração de inexigibilidade de título judicial inconstitucional e extinguir a execução.

7. CONCLUSÃO

A jurisprudência do STF considera constitucional da MP n. 2.180-35/35, razão pela qual é preciso construir interpretação que conforme o § 5º, do art. 884, da CLT, com a Constituição, a ação rescisória e a sistemática do Direito Processual do Trabalho, sem descuidar da jurisprudência do STF, especialmente sobre efeitos das decisões proferidas por aquele tribunal em relação à rescisão e exigibilidade dos títulos executivos judiciais.

Seguindo essas balizas, é possível afirmar que, antes do trânsito em julgado da decisão inconstitucional, o controle de constitucionalidade deve ser feito pela via *recursal*, se o prazo recursal estiver em curso e ainda houver recursos cabíveis, bem como pela *reclamação*, residualmente (art. 988 do CPC).

Uma vez ocorrido o trânsito em julgado da decisão inconstitucional, a ação rescisória é o *único* meio apto para desconstituir a coisa julgada, porque apenas ela tem assento constitucional. Mas ela só será *cabível* em face das decisões judiciais transitadas em jugado *após* a publicação da ata de julgamento da sessão plenária do STF, de modo que o § 15, do art. 525, do CPC, é flagrantemente inconstitucional. Exaurido o prazo decadencial para ajuizamento da ação rescisória, prevalecerá a coisa soberanamente julgada, ainda que sobrevenha decisão do STF em sentido contrário.

No Processo do Trabalho, os embargos à execução só se prestam à decretação da *nulidade da execução*, por força de decisão que declare inexigível o título executivo judicial

(21) Vide, por exemplo, o magistério de José Alberto Couto Maciel: "*Poderá se alegar que as decisões atualmente transitadas em julgado e em execução são anteriores às decisões do Supremo Tribunal Federal que considerou a terceirização constitucional em qualquer atividade e que, portanto, não seriam a elas aplicável o referido §5º. É necessário, porém, entender que a Corte Suprema, quando decidiu sobre a terceirização e sua constitucionalidade, não julgou uma matéria com reflexos para o futuro, pois nesse aspecto existe a própria Lei n. 13.467/2017 que regulamenta a terceirização em todas as atividades. Não, o que foi decidido pelo Supremo Tribunal Federal foi que o fenômeno da terceirização, considerado seu aspecto jurídico, nunca foi proibido em nenhuma atividade, ou seja, nem o presente, nem no passado, sendo que os Tribunais Trabalhistas condenaram ilegalmente a pagamentos indevidos, mediante teses contrárias a diversos princípios constitucionais.*" (MACIEL, 2019, p. 1.038).

inconstitucional. Para ser inexigível, por vício de inconstitucionalidade, o título executivo judicial deve ser objeto de ação rescisória (prejudicialidade externa). Se a ação rescisória tiver sido julgada, o executado poderá opor embargos à execução, no prazo de cinco dias úteis, contados da garantia da execução, para pleitear a *extinção da execução* (por inexigibilidade do título executivo). Mas se a ação rescisória ainda estiver em curso, o executado pode requerer a *suspensão do processo de execução* até o julgamento da ação rescisória.

Os embargos à execução não podem, portanto, conter pedido para desconstituir o título executivo judicial, pois a *validade* do título é *indiscutível* pela via dos embargos. O pedido deve ser declaratório, visando a obtenção da decretação da nulidade da execução, sendo *vedada a rediscussão de controvérsia já apreciada em decisão transitada em julgado, ainda que proferida em confronto com a jurisprudência predominante no STF*.

No caso da terceirização, houve manifestação expressa do STF, no sentido de que a decisão "não afeta automaticamente os processos em relação aos quais tenha havido coisa julgada." (ADPF n. 324). Isso significa que, no tema da terceirização, o ajuizamento da ação rescisória é essencial para desconstituir o título executivo judicial.

Contudo, as sentenças já transitadas em julgado, quando da publicação da ata de julgamento da sessão plenária do STF (ATA N. 30, de 23.08.2018, DJE n. 180, divulgado em 30.08.2018), *não são passíveis de desconstituição pela via dos embargos à execução, tampouco pela ação rescisória*. Esta só será cabível para atacar decisões transitadas em julgado a partir de 30.08.2018.

Ajuizada a ação rescisória, o executado poderá opor embargos à execução, com fundamento do § 5º, do art. 884 da CLT, no prazo de cinco dias úteis, contados da garantia do juízo, para requerer a suspensão ou a extinção da execução, por inexigibilidade do título executivo judicial.

8. REFERÊNCIAS

LIMA, Leonardo Tibo Barbosa. As decisões intermediárias. *Revista Jus Navigandi*, ISSN 1518-4862, Teresina, ano 10, n. 855, 5 nov. 2005. Disponível em: <https://jus.com.br/artigos/7514>. Acesso em: 31 dez. 2018.

______. *Lições de direito processual do trabalho*. Teoria e prática. 5. ed. São Paulo: LTr, 2019.

MACIEL, José Alberto Couto. Título executivo judicial inexequível, a rescisória e a terceirização. In: *Revista LTr.* São Paulo: LTr, set. 2018. v. 82, n. 09.

MALLET, Estêvão. A dupla inconstitucionalidade do § 5º do art. 884 da CLT. In: *Direito, trabalho e processo em transformação*. São Paulo: LTr, 2005.

MARINONI, Luiz Guilherme; ARENHART, Sérgio Cruz; MITIDIERO, Daniel. *Novo Código de Processo Civil comentado*. São Paulo: RT, 2015.

SCHIAVI, Mauro. *Execução no processo do trabalho*. 11. ed. São Paulo: LTr, 2019.

TEIXEIRA FILHO, Manoel Antonio. *Execução no processo do trabalho*. 12. ed. São Paulo: LTr, 2017.

Embargos de Terceiro na Execução Trabalhista

Rafael Aliprandi de Mendonça[1]

1. INTRODUÇÃO

Os embargos de terceiro ao longo da histórica revelaram-se como uma ferramenta importante na fase de execução, possibilitando àquele que não fez parte do processo de formação do título executivo defender o patrimônio objeto de constrição judicial.

No presente artigo, por meio do método dedutivo dialético, será desenvolvido um estudo dos embargos de terceiro, no âmbito da Justiça do Trabalho, analisando a natureza jurídica e a diferenciação em relação aos institutos processuais correlatos.

Também será abordada a legitimidade ativa e passiva nos embargos de terceiro, a legislação aplicável na esfera da jurisdição laboral e o procedimento a ser adotado.

Visando ainda uma abordagem exauriente, o raciocínio desenvolvido será baseado na construção doutrinária com a apresentação de diversos posicionamentos, além do respaldo jurisprudencial.

2. BREVE HISTÓRICO

A origem dos embargos de terceiro é controvertida, para Nelson Nery Júnior[2] o nascedouro do instituto remonta o direito português não havendo similaridade identificada no direito romano.

Para a maioria da doutrina, capitaneada por Alexandre Freitas Câmara[3], os embargos de terceiro surgiram no direito romano, *pignoris capti*, sendo um meio de defesa na execução, possibilitando a exclusão da constrição que recai sobre bens que não pertencentes ao executado.

A *pignoris capti* não ensejava um processo autônomo, sendo decidida pelo mesmo magistrado que determinou a constrição patrimonial. Cabia ainda ao terceiro indicar os bens do executado que estivessem aptos para garantir a execução. O incidente processual era decidido de forma sumária cancelando, ou não, a penhora sobre o bem do terceiro.

Nos primórdios, os embargos de terceiro no Brasil foram influenciados pelas Ordenações Manoelinas[4] e Filipinas[5], que desembarcaram na Terra de Vera Cruz junto com os Portugueses.

As Ordenações Filipinas somente deixaram de ser aplicadas com o advento do Código Civil de 1916, sendo que no Código de Processo Civil de 1939 os embargos de terceiro deixaram de ser mero incidente processual, passando a ostentar natureza jurídica de ação autônoma de impugnação, com base no art. 707 do CPC de 1939[6].

O CPC de 1973, no *caput* do art. 1.046, suprimiu a palavra "direito" mencionada no art. 707 do CPC 1939, mantendo apenas a "posse", ou seja, apenas o possuidor do bem objeto de constrição judicial poderia ajuizar os embargos de terceiro.

Por fim, o CPC de 2015 implementou modificações aos embargos de terceiro que serão objeto de análise no presente artigo, com a possibilidade de aplicação do instituto ao processo do trabalho.

3. NATUREZA JURÍDICA DOS EMBARGOS DE TERCEIRO

No presente tópico será definida a natureza jurídica dos embargos de terceiro por meio de uma análise crítica do entendimento doutrinário.

A doutrina é praticamente uníssona quanto à natureza de ação autônoma dos embargos de terceiro, a exemplo da

---

(1) Advogado. Pós-graduado em Direito Público pela Faculdade de Direito Milton Campos. Pós-graduando em Direito do Trabalho pela Faculdade de Direito Milton Campos.

(2) NERY JÚNIOR, Nelson; NERY, Rosa Maria de Andrade. *Código de Processo Civil comentado e legislação extravagante*. 10. ed. rev. amp. atual. São Paulo: Revista dos Tribunais, 2007. p. 1.219.

(3) CÂMARA, Alexandre Freitas. *Lições de direito processual civil*. v. III. 3. ed. Rio de Janeiro: Lúmen Júris, 2001. p. 429.

(4) Livro III, Título LXXI, autorizando terceiros não integrados ao processo, que tivessem penhorados bens móveis ou imóveis, de sua propriedade ou posse, apresentar embargos, cabendo ao credor prestar caução para receber a coisa penhorada, ou ainda, na falta da caução, o depósito do bem, perante outra pessoa, até que a solução o julgamento dos embargos.

(5) Livro III, Título LXXXVI, quando alegado pelo terceiro que o bem penhorado lhe pertencia, caberia ao executado nomear outro bem desimpedido, sob pena de ser preso até que fosse feita a indicação.

(6) Art. 707: "Quem não for parte no feito e sofrer turbação ou esbulho em sua posse, ou direito, por efeito de penhora, arresto, sequestro, venda judicial, arrecadação, partilha ou outro ato de apreensão judicial, poderá defender seus bens, por via dos embargos de terceiro."

posição sustentada por Humberto Theodoro Júnior[7]. Sérgio Pinto Martins[8], por sua vez, divergindo da posição majoritária, atribui a eles a condição de incidente de execução perante a Justiça do Trabalho.

No tocante à autonomia, os embargos de terceiro têm por objetivo questionar a constrição patrimonial ocorrida no processo principal. Desse modo, retirada a constrição a lide perderá seu objeto, devendo ser extintos os embargos de terceiro, concluindo-se por sua natureza acessória, e inexistência de autonomia, na forma defendida por Luiz Guilherme Marinoni[9].

Humberto Theodoro Júnior[10] defende ainda a natureza constitutiva dos embargos de terceiro, enquanto Daniel Amorim Assumpção Neves[11] e Nelson Nery Júnior[12] entendem que tal ação tem propósito descontitutivo. Luiz Guilherme Marinoni[13], por sua vez, aduz que os embargos de terceiro têm natureza jurídica mandamental, cumprindo, agora, distinguir as ações constitutivas das ações mandamentais.

Para Fredie Didier Jr.[14], "ação constitutiva é a demanda que tem o objetivo de obter a certificação e efetivação de um direito potestativo". O autor[15] define direito potestativo:

> [...] é o poder jurídico conferido a alguém de submeter outrem à alteração, criação ou extinção de situações jurídicas [...] A efetivação de tais direitos consiste na alteração, criação ou extinção de uma situação jurídica, fenômenos que só se operam juridicamente, sem a necessidade de qualquer ato material (no mundo dos fatos).

Segundo Didier Jr.,[16] ação mandamental:

> [...] é aquela pela qual se afirma um direito a uma prestação e se busca a certificação e a efetivação desse mesmo direito, por meio de medidas de coerção indireta. Na decisão mandamental, impõe-se uma prestação ao devedor e prevê-se uma medida coercitiva indireta que atue na vontade do devedor como forma de compeli-lo a cumprir a ordem judicial.

A decisão dos embargos de terceiro poderá ser constitutiva quando negado provimento ao pleito inicial tornando efetiva a constrição patrimonial, ou ainda desconstitutiva ao ser provida a pretensão exercida pelo terceiro, afastando-se a ameaça ou efetiva constrição sobre o patrimônio, com a demonstração do caráter dúplice dessa ação.

O caráter dúplice dos embargos de terceiro pode ser verificado na ausência de definição precisa entre autor e réu, pois obrigatoriamente estarão vinculados ao processo: credor, devedor e o terceiro.

Ao conceituar a ação dúplice, Fredie Didier Jr.[17] reconhece como sua característica a impossibilidade de identificação entre autor e réu:

> As ações dúplices são aquelas (pretensões de direito material) em que a condição dos litigantes é a mesma, não se podendo falar em autor e réu, pois ambas assumem concomitantemente as duas posições. Esta situação decorre da pretensão deduzida em juízo. [...] A simples defesa do réu implica exercício de pretensão; não formula perdido o réu, pois a sua pretensão já se encontra no objeto do processo com a formulação do autor. É como uma luta em cabo de guerra: a defesa de uma equipe já é, ao mesmo tempo, também o seu ataque. [...] A relação jurídica deduzida em juízo poderia ter sido posta por qualquer das partes e, com a defesa, o réu já exercita a sua pretensão, sem a necessidade de reconvenção ou pedido contraposto.

Em consequência, entende-se que a natureza jurídica dos embargos de terceiro é de ação de conhecimento, acessória e de caráter dúplice.

---

(7) THEODORO JÚNIOR, Humberto. *Curso de Direito Processual Civil*. v. III, 50. ed. Rio de Janeiro: Forense, 2017. p. 850.

(8) MARTINS, Sérgio Pinto. *Direito Processual do Trabalho*. 38. ed. São Paulo: Saraiva, 2016.

(9) MARINONI, Luiz Guilherme. *Novo Curso de Processo Civil:* tutela dos direitos mediante procedimentos diferenciados. v. 3.Luiz Guilherme Marinoni, Sérgio Cruz Arenhart, Daniel Mitidiero. 3. ed. São Paulo: Revista dos Tribunais, 2017.

(10) THEODORO JÚNIOR, Humberto. *Curso de Direito Processual Civil*. v. III, 50. ed. ev. atual. e ampl. Rio de Janeiro: Forense, 2017. p. 850.

(11) NEVES, Daniel Amorim Assumpção. *Manual de Direito Processual Civil*. 9. ed. Salvador: Juspodivm, 2017, p. 997- 998.

(12) NERY JÚNIOR, Nelson; NERY, Rosa Maria Andrade. *Código de Processo Civil e legislação processual civil extravagante em vigor.* São Paulo: Revista dos Tribunais, p. 1.347.

(13) MARINONI, Luiz Guilherme. *Novo Curso de Processo Civil:* tutela dos direitos mediante procedimentos diferenciados. v. 3. Luiz Guilherme Marinoni, Sérgio Cruz Arenhart, Daniel Mitidiero. 3. ed. São Paulo: Revista dos Tribunais, 2017.

(14) DIDIER JR, Fredie. *Curso de Direito Processual Civil:* introdução ao direito processual civil, parte geral e processo de conhecimento. 19. ed. Salvador: Juspodivm, 2017. p. 329.

(15) *Idem*.

(16) DIDIER JR, Fredie. *Curso de Direito Processual Civil:* introdução ao direito processual civil, parte geral e processo de conhecimento. 19. ed. Salvador: ed. Juspodivm, 2017. p. 338.

(17) DIDIER JR, Fredie. *Curso de Direito Processual Civil:* introdução ao direito processual civil, parte geral e processo de conhecimento. 19. ed. Salvador: Juspodivm, 2017. p. 341-342.

4. DIFERENÇA ENTRE EMBARGOS DE TERCEIRO, AÇÕES POSSESSÓRIAS E OPOSIÇÃO

Para alguns doutrinadores, os embargos de terceiro podem também ser compreendidos como uma modalidade de ação possessória, a exemplo do que sustentam Gustavo Filipe Barbosa Garcia[18] e Mauro Schiavi[19].

Cumpre destacar, contudo, que não se deve classificar os embargos de terceiro como espécie de ação possessória como se vê na própria ordem topográfica do CPC, pois como bem lembrado por Manoel Antônio Teixeira Filho[20], no título referente aos Procedimentos Especiais, o Capítulo III dispõe sobre as ações possessórias (arts. 554 a 567) e nada se refere aos embargos de terceiro.

Além do mais, nos embargos de terceiro a pretensão gravita em torno de um ato judicial de constrição patrimonial, enquanto nas ações possessórias o objeto é um ato de turbação ou esbulho praticado por outrem.

Em decorrência da distinção de objetos dos embargos de terceiro e das ações possessórias, pode-se concluir que na primeira não é permitido o uso do desforço possessório imediato para reaver a posse turbada ou esbulhada, já que se trata de ato judicial, mas na segunda é permitida a utilização da autotutela à luz do art. 1.210 do Código Civil.

Também não se deve confundir os embargos de terceiro com a oposição, já que o terceiro pretende a defesa da posse ou da propriedade do bem constrito, enquanto o opoente atua em juízo pretendendo obter para si o direito ou a coisa objeto de litígio entre as partes do processo. Ou seja, nos embargos o terceiro deseja permanecer na posse ou propriedade do bem sob o qual recaiu constrição judicial, já na oposição o terceiro deseja receber o bem que é objeto de disputa entre os litigantes em processo judicial.

5. EMBARGOS DE TERCEIRO X EMBARGOS À EXECUÇÃO

Em se tratando de embargos à execução, assim como nos embargos de terceiro, existe divergência sobre a natureza jurídica do instituto.

Segundo o art. 884 da CLT, os embargos à execução devem ser processados nos próprios autos. Assim, Mauro Schiavi[21] e Pedro Paulo Teixeira Manus[22] entendem que os embargos à execução possuem natureza de incidente processual e não de ação.

Mesmo sabendo da regra do referido artigo, acredita-se ser mais adequada a classificação de Manoel Antonio Teixeira Filho[23] e Sérgio Pinto Martins[24], que atribuem natureza jurídica de ação aos embargos à execução mesmo no Processo do Trabalho.

Caminhando na mesma vertente dos últimos autores mencionados, os embargos à execução e os embargos de terceiro aproximam-se no tocante à natureza jurídica, pois ambos são considerados ação, passando a ser examinadas as diferenças entre os institutos.

Os embargos à execução possuem fundamentação vinculada, ou seja, somente podem ser alegadas as matérias enumeradas pelo Legislador, fazendo-se necessária uma análise dos arts. 884, § 1º da CLT; 525, § 1º do CPC e 917 do CPC.

Primeiramente cumpre esclarecer que no processo do trabalho os embargos à execução têm por objeto um título executivo judicial, enquanto os embargos à execução do art. 917 do CPC visam questionar título executivo extrajudicial. Assim, não seria aplicável ao processo do trabalho o art. 917 do CPC[25] em detrimento da incompatibilidade lógica inerente ao objeto.

---

(18) GARCIA, Gustavo Filipe Barbosa. *Curso de Direito Processual do Trabalho*. 6. ed. ver., atual. e ampl. Rio de Janeiro: Forense, 2017.

(19) SCHIAVI, Mauro. *Manual de Direito Processual do Trabalho*. 12. ed. de acordo com o Novo CPC. São Paulo: LTr, 2017.

(20) TEIXEIRA FILHO, Manoel Antônio. *Execução no Processo Trabalhista*. 12. ed. São Paulo: LTr, 2017. p. 520.

(21) No nosso sentir, os embargos à execução, em se tratando de exceção por título executivo judicial, no Processo do Trabalho, não constituem ação autônoma e sim um incidente da fase executiva, com a mesma natureza da impugnação no Processo Civil (...) no Processo do Trabalho, os embargos à execução, em razão dos princípios da celeridade e da simplicidade, sempre foram opostos por petição nos próprios autos do processo e nele processados. Sob outro enfoque, o § 1º, do art. 884, da CLT, alude à matéria de defesa que pode ser invocada nos embargos, o que denota não ter os embargos natureza jurídica de ação autônoma e sim de impugnação. (SCHIAVI, Mauro. *Manual de Direito Processual do Trabalho*. 12. ed. de acordo com o novo CPC. São Paulo: LTr, 2017. p. 1.305 e 1.306)

(22) A denominação embargos à execução é utilizada pelo legislador para designar os meios de defesa colocados à disposição do executado, após garantido o juízo, aí incluídos os embargos à execução, à penhora e a impugnação à sentença de liquidação, como decorrer do art. 884 da CLT. Eis porque os embargos à execução no processo do trabalho têm natureza de incidente da execução, configurando simples meio de defesa e não uma ação, não obstante assim entende parte da doutrina. Concebida a execução como simples fase do processo do trabalho, não tendo natureza de ação independente, não seria compatível com a diretriz dada a este processo tratar os embargos à execução como ação não obstante assim entenda uma parcela da doutrina. (MANUS, Pedro Paulo Teixeira. *Execução de Sentença no Processo do Trabalho*. 2. ed. São Paulo: Atlas, 2005. p. 123.)

(23) "[...] parece-nos inevitável dizer que, do ponto de vista do devedor, esses embargos trazem o nítido perfil de uma ação constitutiva, incidente na execução [...]" (TEIXEIRA FILHO, Manoel Antonio. *Execução no Processo Trabalhista*. 12. São Paulo: LTr, 2017. p. 472)

(24) "A natureza jurídica dos embargos à execução é de ação e não de recurso ou de defesa. Será uma ação de conhecimento, onde o devedor poderá fazer prova do alegado nos embargos, assumindo a posição de autor, e o exequente passará a ser réu. [...] É processado nos próprios autos da execução trabalhista" (MARTINS, Sérgio Pinto. *Direito Processual do Trabalho*. 38. ed. São Paulo: Saraiva, 2016. p. 1.058.)

(25) "Art. 917. Nos embargos à execução, o executado poderá alegar:
I – inexequibilidade do título ou inexigibilidade da obrigação;
II – penhora incorreta ou avaliação errônea;

De outro lado, o § 1º do art. 525 do CPC[26] elenca as matérias que podem ser alegadas para questionar o título executivo judicial. Contudo, o dispositivo legal refere-se à impugnação ao cumprimento de sentença e não aos embargos à execução.

Por fim, o § 1º do art. 884 da CLT enumera de forma restritiva as hipóteses que poderão ser ventiladas em sede de embargos à execução, sendo elas, o cumprimento da decisão ou acordo, quitação ou prescrição da dívida.

Nota-se que a CLT não é suficiente para propiciar ao executado um mecanismo minimamente eficaz para questionar a execução trabalhista, razão pela qual, mesmo se referindo à impugnação, o § 1º do art. 525 do CPC deve ser aplicado ao Processo do Trabalho, possibilitando um alargamento no rol de matérias objeto dos embargos à execução.

A título de esclarecimento, no Processo do Trabalho os embargos à execução tramitam nos autos da execução, mesmo ostentando natureza de ação autônoma. Além do mais, o prazo para apresentação é de 05 (cinco) dias à luz do *caput* do art. 884 da CLT, devendo obrigatoriamente ser garantido o crédito exequendo, salvo as exceções previstas no § 6º do mesmo artigo[27]. Por sua vez, os embargos de terceiro devem ser distribuídos por dependência ao processo principal[28].

As hipóteses de cabimento dos embargos à execução, mesmo ampliadas pelo § 1º do art. 525 do CPC, restringem-se a alegações de vícios no título executivo judicial, não observância de regras processuais, questionamento em relação ao valor cobrado e à forma de pagamento.

Já nos embargos de terceiro não há taxatividade em relação às matérias que poderão ser alegadas. Por comportar um maior número de matérias a serem questionadas, os embargos de terceiro permitem amplo espectro probatório se comparados com os embargos à execução.

6. LEGITIMIDADE ATIVA NOS EMBARGOS DE TERCEIRO

Primeiramente cumpre destacar que não há regulamentação do procedimento dos embargos de terceiro na CLT, razão pela qual se aplica o regramento do CPC.

Também é importante frisar que somente o empregado e o empregador podem exercitar *ius postulandi* nos termos do art. 791 da CLT. Assim, os embargos de terceiro deverão ser subscritos por advogado.

O CPC de 1973 previa em seu art. 1.046, § 1º a legitimidade para ajuizamento dos embargos de terceiro ao possuidor do bem objeto de constrição patrimonial que não fosse parte do processo, excluindo o proprietário não possuidor. No entanto, ainda na vigência do antigo código, parcela da doutrina[29] defendia a legitimidade ativa do proprietário não possuidor.

O § 1º do art. 674 do CPC de 2015, ao contrário do que previa o art. 1.046, § 1º do CPC de 1973, confere legitimidade ao proprietário para manejo dos embargos de terceiro, inclusive, o fiduciário ou ao possuidor de bem objeto de contrição judicial em processo que não figurou como parte.

O *caput* do art. 674 do CPC não impôs qualquer restrição à legitimidade para ajuizamento dos embargos de terceiro. No entanto, o § 2º do art. 674 do CPC dispõe o seguinte:

> Art. 674 (...)
>
> (...)
>
> § 2º Considera-se terceiro, para ajuizamento dos embargos:
>
> I – o cônjuge ou companheiro, quando defende a posse de bens próprios ou de sua meação, ressalvado o disposto no art. 843;

III – excesso de execução ou cumulação indevida de execuções;

IV – retenção por benfeitorias necessárias ou úteis, nos casos de execução para entrega de coisa certa;

V – incompetência absoluta ou relativa do juízo da execução;

VI – qualquer matéria que lhe seria lícito deduzir como defesa em processo de conhecimento."

(26) "Art. 525. [...]

§ 1º Na impugnação, o executado poderá alegar:

I – falta ou nulidade da citação se, na fase de conhecimento, o processo correu à revelia;

II – ilegitimidade de parte;

III – inexequibilidade do título ou inexigibilidade da obrigação;

IV – penhora incorreta ou avaliação errônea;

V – excesso de execução ou cumulação indevida de execuções;

VI – incompetência absoluta ou relativa do juízo da execução;

VII – qualquer causa modificativa ou extintiva da obrigação, como pagamento, novação, compensação, transação ou prescrição, desde que supervenientes à sentença."

(27) Art. 884.

§ 6º A exigência da garantia ou penhora não se aplica às entidades filantrópicas e/ou àqueles que compõem ou compuseram a diretoria dessas instituições.

(28) TRT da 3ª Região; Processo: 0001400-83.2004.5.03.0104 AP; Data de Publicação: 07.08.2018; Órgão Julgador: Oitava Turma; Relator: Convocado Antonio Carlos R. Filho; Revisor: Ana Maria Amorim Reboucas.

(29) NERY JÚNIOR, Nelson, e NERY, Rosa Maria de Andrade. *Código de Processo Civil comentado e legislação extravagante*. 10. ed. rev. amp. atual. São Paulo: Revista dos Tribunais, 2007.

II – o adquirente de bens cuja constrição decorreu de decisão que declara a ineficácia da alienação realizada em fraude à execução;

III – quem sofre constrição judicial de seus bens por força de desconsideração da personalidade jurídica, de cujo incidente não fez parte;

IV – o credor com garantia real para obstar expropriação judicial do objeto de direito real de garantia, caso não tenha sido intimado, nos termos legais dos atos expropriatórios respectivos.

Para Luiz Guilherme Marinoni[30], o rol estampado no § 2º do art. 674 do CPC seria meramente exemplificativo, possibilitando que qualquer pessoa que ostente a qualidade de terceiro e tenha sofrido constrição patrimonial judicial utilize dos embargos de terceiros, que se ratifica nesse estudo.

Desse modo, não seria razoável ao terceiro atingido pelo ato de constrição patrimonial, somente pelo fato de não se enquadrar no § 2º do art. 674 do CPC, a proibição da utilização dos embargos de terceiro, pois estaria tolhido no acesso à justiça, com violação aos incisos XXXV[31] e LXXVIII[32] do art. 5º da Constituição da República de 1988 – CR/88.

O próprio CPC prevê outras situações em que o terceiro deverá ser intimado para tomar ciência de ato praticado na fase de execução, como se observa nos arts. 799[33], 804[34] e 889, II ao VIII[35]. Ao ser notificado do ato executório deverá ser assegurado um instrumento eficaz para o exercício do contraditório[36], qual seja, os embargos de terceiro, reforçando a ideia da não taxatividade do rol do § 2º do art. 674.

Para tanto, necessário o aprofundamento na análise da relação jurídica processual e dos conceitos de parte e de terceiro a fim de aferir a legitimidade para a propositura dos embargos de terceiro.

(30) MARINONI, Luiz Guilherme. *Novo Curso de Processo Civil:* tutela dos direitos mediante procedimentos diferenciados. v. 3. Luiz Guilherme Marinoni, Sérgio Cruz Arenhart, Daniel Mitidiero. 3. ed. São Paulo: Revista dos Tribunais, 2017. p. 165.

(31) Princípio do Acesso à Justiça.

(32) Princípio da Razoável Duração do Processo.

(33) Art. 799. Incumbe ainda ao exequente:

I – requerer a intimação do credor pignoratício, hipotecário, anticrético ou fiduciário, quando a penhora recair sobre bens gravados por penhor, hipoteca, anticrese ou alienação fiduciária;

II – requerer a intimação do titular de usufruto, uso ou habitação, quando a penhora recair sobre bem gravado por usufruto, uso ou habitação;

III – requerer a intimação do promitente comprador, quando a penhora recair sobre bem em relação ao qual haja promessa de compra e venda registrada;

IV – requerer a intimação do promitente vendedor, quando a penhora recair sobre direito aquisitivo derivado de promessa de compra e venda registrada;

V – requerer a intimação do superficiário, enfiteuta ou concessionário, em caso de direito de superfície, enfiteuse, concessão de uso especial para fins de moradia ou concessão de direito real de uso, quando a penhora recair sobre imóvel submetido ao regime do direito de superfície, enfiteuse ou concessão;

VI – requerer a intimação do proprietário de terreno com regime de direito de superfície, enfiteuse, concessão de uso especial para fins de moradia ou concessão de direito real de uso, quando a penhora recair sobre direitos do superficiário, do enfiteuta ou do concessionário;

VII – requerer a intimação da sociedade, no caso de penhora de quota social ou de ação de sociedade anônima fechada, para o fim previsto no art. 876, § 7º;

VIII – pleitear, se for o caso, medidas urgentes;

IX – proceder à averbação em registro público do ato de propositura da execução e dos atos de constrição realizados, para conhecimento de terceiros.

X – requerer a intimação do titular da construção-base, bem como, se for o caso, do titular de lajes anteriores, quando a penhora recair sobre o direito real de laje;

XI – requerer a intimação do titular das lajes, quando a penhora recair sobre a construção-base.

(34) Art. 804. A alienação de bem gravado por penhor, hipoteca ou anticrese será ineficaz em relação ao credor pignoratício, hipotecário ou anticrético não intimado.

(35) Art. 889. Serão cientificados da alienação judicial, com pelo menos 5 (cinco) dias de antecedência:

II – o coproprietário de bem indivisível do qual tenha sido penhorada fração ideal;

III – o titular de usufruto, uso, habitação, enfiteuse, direito de superfície, concessão de uso especial para fins de moradia ou concessão de direito real de uso, quando a penhora recair sobre bem gravado com tais direitos reais;

IV – o proprietário do terreno submetido ao regime de direito de superfície, enfiteuse, concessão de uso especial para fins de moradia ou concessão de direito real de uso, quando a penhora recair sobre tais direitos reais;

V – o credor pignoratício, hipotecário, anticrético, fiduciário ou com penhora anteriormente averbada, quando a penhora recair sobre bens com tais gravames, caso não seja o credor, de qualquer modo, parte na execução;

VI – o promitente comprador, quando a penhora recair sobre bem em relação ao qual haja promessa de compra e venda registrada;

VII – o promitente vendedor, quando a penhora recair sobre direito aquisitivo derivado de promessa de compra e venda registrada;

VIII – a União, o Estado e o Município, no caso de alienação de bem tombado.

(36) Art. 5º, LV da CR/88.

7. RELAÇÃO JURÍDICA PROCESSUAL

Inicialmente, faz-se necessária a análise da relação jurídica processual para delimitar quem são as partes, quais são os terceiros e suas respectivas atuações.

Partindo da estrutura mínima do processo, denominada estrutura tríplice, composta por autor, juiz e réu, surge a primeira questão: a relação jurídica processual é angular ou triangular?

Relação jurídica angular é aquela em que autor e réu não possuem relação direta, já que toda relação entre eles deve passar pelo juiz, representada pela ilustração abaixo:

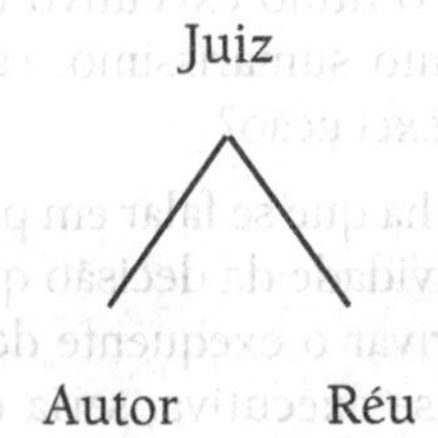

De outro lado, na relação jurídica triangular o autor e o réu possuem relação direta, pois vigora entre ambos o dever de lealdade decorrente do princípio da cooperação e boa-fé, além da possibilidade de suspensão do processo por acordo, bem como pela celebração de negócio jurídico processual. Tal entendimento foi adotado nos arts. 5º, 6º, 10 e 190 do Código de Processo Civil de 2015[37], sendo representada pela ilustração abaixo:

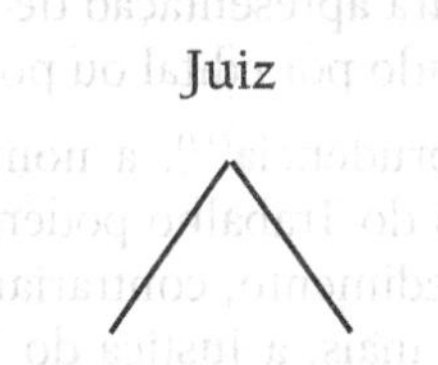

Segundo Cândido Rangel Dinamarco, há uma formação gradual da relação jurídica processual, já que com a mera propositura da ação surge uma relação jurídica entre autor e juiz (relação jurídica incompleta), havendo neste momento uma relação linear, que somente vai se complementar com a citação válida, momento em que o réu será integrado ao processo formando uma relação triangular. À luz da processualística moderna, tem-se como adequada a adoção da relação processual triangular.

Importante ainda destacar que a relação jurídica processual se caracteriza pela autonomia, complexidade, dinamismo, unidade e natureza pública.

Pela autonomia, entende-se que a relação jurídica processual considera-se formada mesmo sem uma relação jurídica material, tendo como exemplo as sentenças declaratórias de inexistência de vínculo jurídico entre as partes. A complexidade é verificada pela formação da relação processual que se dá por uma sucessão de situações jurídicas ativas e passivas, já que em todo momento as partes terão ônus, deveres e poderes.

Na mesma senda, o dinamismo da relação processual é verificado pela continuidade, pois irá perdurar durante o tempo necessário para o deslinde da demanda. No tocante à unidade da relação processual, o ato posterior depende da forma pelo qual foi praticado o anterior, ou seja, todos os atos estão interligados de forma lógica e contínua. Por último, a natureza pública pode ser entendida pela presença do juiz, o qual é imprescindível na relação jurídica processual.

8. CONCEITO DE PARTES E DE TERCEIRO

O estabelecimento do conceito de partes do processo é indispensável para entender a sistemática dos embargos de terceiro.

Existem duas teorias para a construção do conceito de partes processuais. A primeira denominada Tese Restritiva, desenvolvida por Giuseppe Chiovenda, preceitua que parte é quem pede tutela ou contra quem se pede. Assim serão partes do processo: autor, réu e aqueles integrados à relação jurídica processual por meio das intervenções de terceiro.

A segunda teoria denominada Tese Ampliativa, construída por Enrico Tullio Liebman, determina que para ser parte não é necessário fazer pedido ou ser alvo de algum, basta a participação do processo em contraditório, sendo titular das situações jurídicas positivas e negativas. Para tanto, parte é aquele titular de ônus, deveres, direitos e que se coloca em estado de sujeição, ou seja: aqueles integrados à relação jurídica processual por meio das intervenções de terceiro, assistente e o Ministério Público como fiscal da lei.

Para Dinamarco, a Teoria de Chiovenda trata das partes na demanda, enquanto a Teoria de Liebman refere-se às partes no processo. De todo modo, a aquisição da qualidade de parte ocorre tradicionalmente pela propositura da ação como é o caso do autor, bem como pela citação que integra o réu à lide.

Existe ainda quem ostente a qualidade de parte processual de forma volitiva, ou seja, quem ingressa voluntariamente ao processo, tendo, como exemplo, o recurso promovido por terceiro prejudicado. Poderá ainda ser considerada parte

(37) Art. 5º Aquele que de qualquer forma participa do processo deve comportar-se de acordo com a boa-fé.

Art. 6º Todos os sujeitos do processo devem cooperar entre si para que se obtenha, em tempo razoável, decisão de mérito justa e efetiva.

Art. 10. O juiz não pode decidir, em grau algum de jurisdição, com base em fundamento a respeito do qual não se tenha dado às partes oportunidade de se manifestar, ainda que se trate de matéria sobre a qual deva decidir de ofício.

Art. 190. Versando o processo sobre direitos que admitam autocomposição, é lícito às partes plenamente capazes estipular mudanças no procedimento para ajustá-lo às especificidades da causa e convencionar sobre os seus ônus, poderes, faculdades e deveres processuais, antes ou durante o processo.

aquela integrada à relação jurídica processual por meio da sucessão quando ocorre a alteração de sujeitos em algum dos polos da demanda.

Definidas todas as vertentes das partes do processo, o conceito de terceiros será estabelecido pelo método da exclusão, ou seja, será aquele que não figura como parte na relação jurídico-processual, haja vista a definição do art. 674, *caput* do Código de Processo Civil[38].

9. ANÁLISE DAS HIPÓTESES DE CABIMENTO DOS EMBARGOS DE TERCEIRO PREVISTAS NO § 2º DO ART. 674 DO CPC

Como já mencionado, o § 2º do art. 674 do CPC não tem o condão de elencar os legitimados para o manejo dos embargos de terceiro, mas apenas apresentar hipótese em que tal ação poderá ser intentada.

A primeira hipótese, que está prevista no inciso I do § 2º do art. 674 do CPC, diz respeito ao: "[...] cônjuge ou companheiro, quando defende a posse de bens próprios ou de sua meação, ressalvado o disposto no art. 843".

Na situação mencionada, os embargos de terceiro têm o condão de resguardar a meação do cônjuge que não é parte do processo principal. O STJ, no enunciado da Súmula n. 134[39], reforça o entendimento pelo qual os embargos de terceiro ajuizados pelo cônjuge, que não integra a execução, têm a finalidade de resguardar a meação.

Também à luz do STJ[40]: "a exclusão da meação deve ser considerada em cada bem do casal e não na indiscriminada totalidade do patrimônio". Ou seja, na penhora do bem pertencente à pessoa casada, aferido o regime da comunhão, deverá haver a reserva da meação se for o caso.

Sendo o bem penhorado indivisível, aplica-se o art. 843 do CPC, o qual dispõe que nesse caso haverá alienação por meio de hasta pública, preservando os valores decorrentes da meação do cônjuge que não figura como parte na execução. Ou seja, do produto da alienação, a meação ficará depositada em juízo e será entregue, mediante expedição de alvará, ao cônjuge que manejou os embargos de terceiro.

Ainda sobre o inciso I do § 2º do art. 674 do CPC, havendo a constrição patrimonial de executado casado deverá o cônjuge, que não faz parte da execução, ser intimado pessoalmente, possibilitando o manejo dos embargos de terceiro, nos termos do parágrafo único do art. 675 do CPC. Caso reste frustrada a intimação pessoal do cônjuge (terceiro) poderá ser utilizada a notificação via edital, surgindo a seguinte questão: se o título executivo foi constituído por meio do procedimento sumaríssimo, caberia a intimação editalícia na fase de execução?

Na execução não há que se falar em preferência pela forma, mas sim na efetividade da decisão que formou o título executivo. Assim, privar o exequente de utilizar a intimação por edital, na fase executiva, seria exercer a primazia da "forma pela forma" e não da "forma destinada a um determinado fim". Desse modo, a intimação editalícia, na fase de execução de processo que tramitou sob a exegese do procedimento sumaríssimo, seria permitida para possibilitar a efetividade do provimento jurisdicional.

Outra discussão gravita em torno da aplicação ou não do enunciado da Súmula n. 196 do STJ[41] ao Processo do Trabalho. Tal verbete prevê a nomeação de curador especial, com poderes para apresentação de embargos, ao executado revel, notificado por edital ou por hora certa.

Segundo a jurisprudência[42], a nomeação de curador especial no Processo do Trabalho poderia acarretar demora excessiva ao procedimento, contrariando o princípio da celeridade. Além do mais, a Justiça do Trabalho e os Sindicatos não dispõem de estrutura para nomear ou exercer

(38) Art. 674. Quem, não sendo parte no processo, sofrer constrição ou ameaça de constrição sobre bens que possua ou sobre os quais tenha direito incompatível com o ato constritivo, poderá requerer seu desfazimento ou sua inibição por meio de embargos de terceiro.

(39) Embora intimado da penhora em imóvel do casal, o cônjuge do executado pode opor embargos de terceiro para defesa de sua meação.

(40) REsp 200.251/SP, Rel. Min. Sálvio de Figueiredo Teixeira, DJ de 29.04.2002.

(41) Ao executado que, citado por edital ou por hora certa, permanecer revel, será nomeado curador especial, com legitimidade para apresentação de embargos.

(42) CITAÇÃO POR EDITAL. CURADOR ESPECIAL. AUSÊNCIA DE NOMEAÇÃO. NULIDADE NÃO CONFIGURADA. Incabível a aplicação do disposto no art. 9e, inc. II, do Código de Processo Civil, pois a hipótese de nomeação de curador especial no âmbito processual trabalhista está prevista no art. 793 da Consolidação das Leis do Trabalho (trabalhador menor de 18 anos), o que não é o caso dos autos. O art. 841, § 1º, do mesmo diploma, ao tratar da notificação por edital silencia quanto à necessidade de nomeação de curador especial. De resto, cumpre ponderar que o procedimento suscitado é incompatível com a celeridade que deve caracterizar o processo trabalhista, portanto, não há que se falar em nulidade por vício procedimental. Preliminar afastada." (TRT/SP-00004937120105020025-RO – Ac. 14ª T., 20120364047 – reP Elisa Maria de Barros Pena – DOE 3.4.2012)

Réu revel notificado por edital. Desnecessária nomeação de curador especial. Inaplicabilidade do art. 9º, II, do CPC de 1973, com correspondente no art. 72, II, do CPC de 2015, ao processo trabalhista. A Consolidação das Leis do Trabalho é expressa quanto à exigência da nomeação de curador especial, ficando limitada à hipótese tratada no art. 793, qual seja, a reclamação trabalhista proposta pelo menor de 18 anos, estando ausentes seus representantes legais. Por outro lado, o art. 844, da CLT estabelece a configuração da revelia no caso de não comparecimento do reclamado à audiência designada para oferecimento da defesa, não dispondo qualquer limitação quanto ao modo pelo qual tenha sido o mesmo chamado em Juízo. Nesse contexto, a interpretação sistemática dos arts. 769, 841, § 1º, 793 e 844, todos da CLT, deixa evidente a inaplicabilidade do formalismo preconizado pelo art. 9º, II, do Código de Processo Civil de 1973 (art. 72, II, do CPC de 2015), ao processo trabalhista. Precedentes do C. Tribunal Superior do Trabalho. Nulidade não reconhecida. (TRT/SP-00003065520155020068-RO – Ac. 9º T. – 20160304304 – ReR Jane Granzoto Torres da Silva – DOE 2.6.2016)

o múnus de curador especial, pois na seara laboral não há atuação da Defensoria Pública, tampouco existe disposição legal para balizar a atuação do magistrado no dever de decidir qual a instituição representaria a parte revel.

Quanto aos aspectos práticos, o conhecimento dos embargos de terceiro na situação descrita no inciso I do § 2º do art. 674 do CPC, é essencial a juntada da certidão de casamento e pacto antenupcial (se existir) à petição inicial para aferição do regime de bens do matrimônio.

Neste sentido, cumpre destacar os ensinamentos de Gustavo Filipe Barbosa Garcia[(43)] que afirma existir entendimento, com amparo no art. 790, IV do CPC[(44)], no sentido de ser o cônjuge (terceiro) beneficiário do proveito econômico decorrente do trabalho prestado pelo exequente, devendo a meação servir para assegurar o recebimento do crédito exequendo. A tese de proveito econômico do cônjuge, contudo, deverá ser analisada à luz do binômio: ato praticado pelo reclamado e regime de bens do casamento.

O ato praticado pelo reclamado, mesmo na esfera trabalhista, poderá ser considerado ilícito imputado unicamente ao empregador e, nesse caso, o cônjuge não responderia com a sua meação, pois estaria afastada a responsabilidade decorrente do proveito econômico, à luz do princípio da intranscendência. Pode-se exemplificar tal situação por meio da análise da conduta do empregador que pratica assédio moral ou sexual em face de um empregado, sendo notório que o cônjuge do empregador não teve qualquer proveito econômico decorrente daquela situação, que decorre de um ilícito personalíssimo cuja consequência não pode transcender a figura do causador do dano.

A análise do regime de bens do casamento, além de reforçar a essencialidade da certidão matrimonial e do pacto antenupcial como condição para conhecimento dos embargos de terceiro, verificará se o bem penhorado integra a meação do cônjuge e se há algum proveito econômico decorrente da atividade profissional explorada pelo reclamado.

Tratando-se de terceiro casado sob o regime da separação de bens e demonstrado que o patrimônio penhorado não se comunica com o cônjuge parte do processo (provando tal condição pelo pacto antenupcial), deverá ser anulada a constrição judicial. Nesse caso, paira sobre o terceiro uma presunção relativa que não se beneficiou da atividade econômica exploradora da relação de trabalho objeto da fase de conhecimento, ou seja, caberá ao exequente, nos autos dos embargos, comprovar o aproveitamento do terceiro em relação aos lucros do executado.

De outro lado, se o terceiro for casado sob o regime da comunhão parcial deverá demonstrar que o bem penhorado integra a sua meação, além de comprovar que não se beneficiou do proveito econômico da atividade que explorou a relação de trabalho.

O mesmo se aplica em relação ao companheiro, já que não há distinção entre união estável e casamento sob o regime de comunhão parcial, conforme entendimento fixado pelo Supremo Tribunal Federal[(45)] e Superior Tribunal de Justiça[(46)], devendo ser anexada à inicial a declaração de união estável.

Caso o terceiro seja casado em comunhão universal, mesmo que tenha direito à meação, estará prejudicada a sua legitimidade para oposição dos embargos já que paira sobre ele uma presunção absoluta de aproveitamento da exploração da força de trabalho utilizada pelo executado. Assim, deverá arguir perante a justiça comum a nulidade do casamento para impedir a constrição patrimonial.

Em se tratando de terceiro casado sob o regime de apuração final dos aquestos, caberá ao magistrado analisar o pacto antenupcial e aferir se existe ou não uma presunção de proveito econômico da atividade exploradora da força de trabalho.

A segunda situação prevista em lei, inciso II, § 2º do art. 674 do CPC, que permite os embargos de terceiro é: "o adquirente de bens cuja constrição decorreu de decisão que declara a ineficácia da alienação realizada em fraude à execução."

Em tal hipótese é assegurado ao adquirente a possibilidade de demonstrar a lisura e boa-fé presentes na aquisição do bem penhorado, assegurando o contraditório ao terceiro prejudicado na decretação de fraude à execução.

O STJ, por meio do enunciado da Súmula n. 84,[(47)] confere interpretação extensiva ao inciso II, § 2º do art. 674 do CPC, possibilitando a utilização dos embargos de terceiro, tendo como fundamento a posse decorrente de compromisso de compra e venda de imóvel, mesmo sem o devido registro.

Segundo o STJ, o possuidor que tenha justo título, sem deter a propriedade (que ocorre com o registro), poderá, por meio de embargos de terceiro, demonstrar que o bem objeto de constrição judicial não pertence ao executado, bem como a inexistência de fraude à execução no negócio jurídico celebrado.

Na sentença o juiz poderá conferir validade à aquisição do bem, desconstituindo a penhora, ou ainda manter o

(43) *Curso de Direito Processual do Trabalho*. 6. ed. Rio de janeiro: Forense, 2017. p. 459.

(44) Art. 790. São sujeitos à execução os bens:

IV – do cônjuge ou companheiro, nos casos em que seus bens próprios ou de sua meação respondem pela dívida;

(45) RE. 646.721/RS e RE. 878.694/MG.

(46) REsp. 1.483.863/SP.

(47) Súmula n. 84, STJ: É admissível a oposição de embargos de terceiro fundados em alegação de posse advinda do compromisso de compra e venda de imóvel, ainda que desprovido do registro.

entendimento de fraude à execução, referendando a constrição patrimonial e sua alienação.

Para que haja a anulação do negócio jurídico em decorrência de fraude contra credores é necessário o ajuizamento de ação própria(48). Ou seja, a anulação não poderá se dar por meio do julgamento dos embargos de terceiro, na hipótese do inciso II, § 2º do art. 674 do CPC, conforme a Súmula n. 195 do STJ(49).

A terceira hipótese legal está prevista no inciso III do § 2º do art. 674 do CPC: "quem sofre constrição judicial de seus bens por força de desconsideração da personalidade jurídica, de cujo incidente não fez parte".

Tal situação merece maior atenção quando impõe a condição de não ter sido parte no incidente de desconsideração da personalidade jurídica, possibilitando o exercício de defesa do sócio retirante.

O incidente da desconsideração da personalidade jurídica permite a inclusão dos sócios no polo passivo da execução, tornando-os parte do processo. Contudo, o sócio retirante, cujo prazo de dois anos em que permanece responsável pelas obrigações da sociedade não se exauriu, não será parte necessária para a desconstituição da personalidade jurídica, porém, poderá ter seu patrimônio pessoal atingido pela execução trabalhista, legitimando o ajuizamento dos embargos de terceiro.

Como já demonstrado, terceiro é todo aquele que não é parte do processo. Assim, se o sócio retirante tiver sido incluído no incidente de desconsideração da personalidade jurídica e, posteriormente integrado à relação processual, não terá legitimidade para ingressar com os embargos de terceiro, pois tornou-se parte no processo.

Outra aplicação do inciso III do § 2º do art. 674 do CPC pode ocorrer em caso de ameaça ou penhora efetiva do patrimônio pessoal do sócio antes mesmo da instauração do incidente de desconsideração da personalidade jurídica.

Entretanto, os embargos de terceiro, em regra, não obstam o curso da execução. Assim, se na pendência do julgamento dos embargos houver a instauração e procedência do incidente de desconsideração da personalidade jurídica, incluindo o sócio como parte no processo, deverá ser declarada a extinção dos embargos de terceiro em decorrência da ilegitimidade superveniente, pois o embargante não ostentará mais a condição de terceiro, mas de real executado.

A quarta e última situação legal está prevista no inciso IV do § 2º do art. 674 do CPC: "o credor com garantia real para obstar expropriação judicial do objeto de direito real de garantia, caso não tenha sido intimado, nos termos legais dos atos expropriatórios respectivos".(50)

Nessa hipótese, o terceiro detentor de garantia real do bem penhorado procurará obstar a expropriação quando não tiver sido devidamente intimado. Conforme ensina o professor Wolney de Macedo Cordeiro(51), defende a não aplicação do inciso IV do § 2º do art. 674 do CPC ao processo trabalhista, por esbarrar na prioridade do crédito laboral em detrimento do credor com garantia real. Assim, mesmo havendo legitimidade para a propositura dos embargos de terceiros, inexistirá interesse jurídico, levando ao não conhecimento do instrumento processual, nos termos do art. 17 do CPC.

10. LEGITIMIDADE PASSIVA

No tocante à legitimidade passiva, Daniel Amorim Assumpção Neves(52) entende:

> Conforme previsão do art. 677, § 4º do novo CPC, será legitimado passivo o sujeito a quem o ato de constrição aproveita, assim como o será seu adversário no processo principal quando for a sua indicação do bem para a constrição judicial.

Assim, para o autor, o executado somente teria legitimidade passiva nos embargos de terceiro quando tiver indicado o bem à penhora. Contudo, a sentença que decide os embargos de terceiro atingirá o exequente e o executado da mesma maneira, fazendo emergir um litisconsórcio necessário nos termos do art. 114 do CPC.

Neste sentido, entende-se que tanto o exequente como o executado deverão ser incluídos no polo passivo dos embargos de terceiro, possibilitando a manifestação de ambos em detrimento das alegações de vício na constrição patrimonial que aparelha a execução.

Diante da natureza de ação atribuída aos embargos de terceiro, bem como a existência de um litisconsórcio passivo necessário formado pela integração da lide do exequente e do executado, surge a seguinte pergunta: Poderia o embargante ser representado pelo mesmo advogado do embargado/executado?

Para solucionar tal celeuma, importante colacionar o art. 18 do Código de Ética e Disciplina da Ordem dos Advogados do Brasil:

> Art. 18. Sobrevindo conflitos de interesse entre seus constituintes, e não estando acordes os interessados, com a devida prudência e discernimento, optará o advogado por um dos mandatos, renunciando aos demais, resguardado o sigilo profissional.

Deste modo, caso o embargado/executado tenha nomeado o bem à penhora e o embargante se insurgido contra

(48) A ação pauliana deve ser processada e julgada na Justiça Comum por ser de natureza cível.

(49) Súmula n. 195 do STJ: "Em embargos de terceiro não se anula ato jurídico, por fraude contra credores."

(50) Inciso IV do § 2º do art. 674 do CPC.

(51) CORDEIRO, Wolney de Macedo. *Execução no processo do trabalho*. 4. ed. ver. e atual. Salvador: Juspodivm, 2017. p. 464 e 465.

(52) NEVES, Daniel Amorim Assumpção. *Novo Código de Processo Civil* – Lei 13.105/2015. 2. ed. São Paulo: MÉTODO, 2015. p. 385.

a constrição patrimonial, evidente o conflito de interesses entre as partes impossibilitando que o embargado/executado e o embargante sejam representados pelo mesmo advogado. Mesmo quando o embargado/executado não tenha nomeado o bem à penhora, mas tenha interesse na sua alienação para saldar do débito, também haveria conflito de interesse com o embargante, impossibilitando que ambos sejam representados pelo mesmo procurador.

Caberá ao advogado, pois, à luz da prudência e do conceito técnico-jurídico de lide, analisar a situação concreta e avaliar a existência de conflito de interesse entre o embargado/executado e o embargante e somente assim definir se poderá representar ambas as partes no bojo dos embargos de terceiro.

Da mesma forma, verificando-se que o advogado esteja representando partes com interesses opostos, qualquer pessoa que tenha conhecimento do fato poderá apresentar representação perante o Conselho de Ética e Disciplina da respectiva Seccional da Ordem dos Advogados para que seja apurada a conduta do procurador.

Recomenda-se que o terceiro, ao distribuir os embargos, esteja representado por advogado distinto daqueles constituídos pelo embargado/exequente e pelo embargado/executado, pois, como será demonstrado no tópico seguinte, a distribuição do ônus da sucumbência decorrerá da procedência total, parcial ou improcedência dos embargos.

11. RECONVENÇÃO NOS EMBARGOS DE TERCEIRO

Na esfera trabalhista, a reconvenção divide a doutrina em duas correntes. A primeira, capitaneada pelo Manoel Antonio Teixeira Filho, afirma não ser cabível tal instituto no Processo do Trabalho, sob o argumento de violação ao princípio da celeridade, pois causaria atraso demasiado ao resultado final da demanda.

Já a segunda corrente, tendo como referência Mauro Schiavi, defende a compatibilidade da reconvenção ao Processo do Trabalho, aplicando o art. 343 do CPC em razão do silêncio da CLT sobre o tema. Justifica a sua aplicação sob o argumento de que a reconvenção "possibilita a máxima eficiência da jurisdição trabalhista e atende aos princípios da economia processual e acesso à Justiça do Trabalho".(53)

Hoje, com a nova redação do art. 791-A da CLT, mais especificamente em seu parágrafo quinto, a reconvenção é uma realidade no procedimento trabalhista, perdendo objeto a polêmica no tocante à sua utilização, ou não, no Processo do Trabalho.

Inexiste discussão quanto à impossibilidade da reconvenção no procedimento sumaríssimo, já que não comportaria ao reclamante o exercício da ampla defesa em detrimento da dinamicidade da audiência una.

No âmbito dos embargos de terceiro também existe divergência doutrinária em relação ao cabimento da reconvenção. Segundo parcela da doutrina, conduzida por Daniel Amorim Assumpção Neves(54), na contestação aos embargos de terceiro não seria viável a apresentação de reconvenção em detrimento da incompatibilidade entre os procedimentos.

Para Luiz Guilherme Marinoni, no entanto, o impedimento à reconvenção na contestação aos embargos de terceiro estava previsto no CPC de 1973(55), quando tal processo se submetia ao rito cautelar. No CPC de 2015, o procedimento a ser seguido nos embargos de terceiro é basicamente o comum, não existindo qualquer motivo para inviabilizar a reconvenção.

Salienta-se que vem sendo construída jurisprudência no âmbito do Tribunal de Justiça do Rio Grande do Sul no tocante ao cabimento da reconvenção nos embargos de terceiro após o advento do CPC de 2015(56). Assim, oferecida a reconvenção na contestação aos embargos de terceiro, deverá o juízo conceder prazo de 15 (quinze) dias para a parte reconvinda manifestar-se, sendo certo que na sentença deverá o magistrado se pronunciar, em tópicos distintos, quanto ao mérito dos embargos e da reconvenção.

É cabível a reconvenção na esfera trabalhista, como já mencionado, inclusive nos embargos de terceiro, pois não se verifica atraso significativo à marcha processual. Além do mais, aquele que se envereda no âmbito da reconvenção estará sujeito ao ônus da sucumbência, previsto no art. 791-A da CLT, acarretando o manejo deste instituto uma decisão que poderá elevar o valor de eventual débito.

12. COMPETÊNCIA, SUCUMBÊNCIA, VALOR DA CAUSA E CUSTAS PROCESSUAIS

Os embargos de terceiro deverão ser distribuídos perante o juízo que determinou a constrição patrimonial. Se a constrição patrimonial, no entanto, for oriunda do cumprimento de carta precatória, aplica-se o art. 676, parágrafo único do CPC, ou seja, os embargos de terceiro devem ser apresentados no juízo deprecado, salvo se a constrição do bem tiver sido determinada pelo juízo deprecante ou se a carta já tiver sido devolvida.

Nos mesmos termos o enunciado de Súmula n. 419 do TST:

> COMPETÊNCIA. EMBARGOS DE TERCEIRO. EXECUÇÃO POR CARTA PRECATÓRIA. JUÍZO DEPRECADO. (alterada em decorrência do CPC de 2015) – Res. n. 212/2016, DEJT divulgado em 20, 21 e 22.09.2016

(53) SCHIAVI, Mauro, *Manual de Direito Processual do Trabalho*. 12. ed. de acordo com o novo CPC. São Paulo: LTr, 2017. p. 665.

(54) NEVES, Daniel Amorim Assumpção. *Manual de Direito Processual Civil*. 9. ed. Salvador: Juspodivm, 2017. p. 996.

(55) STJ, 3ª Turma, REsp. 1578848/RS, rel. Min. Ricardo Villas Bôas Cueva, j. 19.06.2018, DJe 25.06.2018.

(56) TJRS, 17ª Câmara Cível, AI 70077521813, rel. Des. Paulo Sérgio Scarparo, j. 28.06.2018, DJe. 03.07.2018.

> Na execução por carta precatória, os embargos de terceiro serão oferecidos no juízo deprecado, salvo se indicado pelo juízo deprecante o bem constrito ou se já devolvida a carta (art. 676, parágrafo único, do CPC de 2015).

Noutra vertente, a sucumbência no Processo do Trabalho foi introduzida pela Lei n. 13.467/2017, com a inserção do art. 791-A na CLT[(57)].Diante da natureza de ação, aos embargos de terceiros ajuizados na esfera trabalhista aplica-se o art. 791-A da CLT, cabendo o ônus da sucumbência, em caso de procedência dos embargos, àquele que deu causa à constrição patrimonial indevida, nos termos do enunciado da Súmula n. 303 do STJ[(58)].

O enunciado da Súmula n. 303 do STJ tem apoio nos entendimentos da mesma Corte[(59)], ao afirmar que sendo providos os embargos de terceiro, não será aplicada a sucumbência ao embargado que reconhece a ilegitimidade da penhora, quando esta se deu por ato do oficial de justiça. Também não se aplica a sucumbência, em caso da procedência dos embargos de terceiro, ao embargado/exequente quando este reconhecer a ilegitimidade da penhora e a indicação do bem tiver decorrido de ato do próprio executado, conforme entendimento do STJ[(60)].

Na hipótese de improcedência dos embargos de terceiros, arcará com o ônus da sucumbência aquele que compôs o polo ativo da ação. Havendo ainda a possibilidade de sucumbência recíproca na hipótese de procedência parcial devendo o magistrado utilizar da ponderação na distribuição do ônus dos honorários advocatícios.

Como se trata de ação, a petição inicial dos embargos de terceiro deverá atribuir um valor à causa, que deverá ser em regra o dos bens pretendidos e não o valor dado à causa em que ocorreu a constrição judicial[(61)], não podendo, contudo, superar o valor do crédito exequendo[(62)].

Ainda sobre o valor da causa, na hipótese e o bem objeto da constrição judicial já tiver sido avaliado, este será o valor da causa dos embargos de terceiro. Inexistindo avaliação, porém, caberá ao embargante estimar o valor, podendo servir de referência o montante constante na declaração do imposto de renda.

Por fim, as custas processuais, como toda ação na esfera trabalhista, serão apuradas ao final da demanda e suportada pela parte sucumbente.

13. PRAZO

O prazo dos embargos de terceiro detém natureza decadencial, ou seja, acarreta a perda do direito potestativo, não havendo que se falar em suspensão ou interrupção do seu curso natural.

Destaca-se, ainda, que não corre o prazo decadencial em face dos absolutamente incapazes, ou seja, menores de 16 anos, mas fluirá normalmente contra os relativamente incapazes.

A fixação do prazo para oposição dos embargos de terceiro na execução é tratada pela segunda parte do art. 675, *caput* do CPC, que prevê o seguinte:

> Art. 675. Os embargos podem ser opostos a qualquer tempo no processo de conhecimento enquanto não transitada em julgado a sentença e, no cumprimento de sentença ou no processo de execução, até 5 (cinco) dias depois da adjudicação, da alienação por iniciativa particular ou da arrematação, mas sempre antes da assinatura da respectiva carta.

Segundo Humberto Theodoro Júnior[(63)]:

> A oportunidade para interposição dos embargos de terceiro ocorre a qualquer tempo no curso da execução, desde a determinação da apreensão judicial até cinco dias depois da arrematação, adjudicação ou alienação particular, mas sempre antes da assinatura da respectiva carta (art. 675).

Observe-se que não foi fixado pelo legislador um marco inicial para o prazo dos embargos de terceiro, motivo de crítica exposta por Wolney de Macedo Cordeiro[(64)]:

> Não há um referencial seguro para se determinar o lapso de cinco dias após atos de expropriação. [...], há severas controvérsias acerca da fixação do momento no qual o ato expropriatório se aperfeiçoa, pois a efetiva assinatura dos autos de arrematação ou adjudicação

(57) "Art. 791-A. Ao advogado, ainda que atue em causa própria, serão devidos honorários de sucumbência, fixados entre o mínimo de 5% (cinco por cento) e o máximo de 15% (quinze por cento) sobre o valor que resultar da liquidação da sentença, do proveito econômico obtido ou, não sendo possível mensurá-lo, sobre o valor atualizado da causa.

(58) Súmula n. 303, STJ: Em embargos de terceiro, quem deu causa à constrição indevida deve arcar com os honorários advocatícios.

(59) STJ, 2ª Turma, EDcl no REsp. 828.519/MS, Rel. Min. Castro Meira, ac. 23.08.2005, DJU 19.09.2005.

(60) STJ, 2ª Turma, REsp. 828.519/MG, Rel. Min. Mauro Campbell Marque, ac. 07.08.2008, DJe 22.08.2008.

(61) TAMG, Agr. 76, Rel. Juiz Lamartine Campos, Minas Forense 51/102; TJSP, Agr. 63.260, Rel. Des. Cantidiano de Almeida, Rev. For. 158/260; TACSP, Agr. 120.007, Rel. Juiz Campos Gouvêa, Rev. For. 230/155; 1º TACiv.-SP, Ag. 675.913-5, Rel. Juiz Roberto Midolla, ac. 30.04.1996, JTACiv.-SP 159/80; STJ, 1ª T., AgRg no Ag 1.052.363/CE, Rel. Min. Denise Arruda, ac. 06.11.2008, DJe 04.12.2008.

(62) STJ, 3ª T., REsp 86.039/SP, Rel. Min. Costa Leite, ac. 16.12.1996, RSTJ 92/221; 1º TACSP, AI 239.879, Rel. Juiz Geraldo Arruda, ac. 14.12.1977, RT 515/157; STJ, 4ª T., REsp 787.674/PA, Rel. Min. Jorge Scartezzini, ac. 03.08.2006, DJU 12.03.2007, p. 245; STJ, 3ª T., AgRg no Ag 1.057.960/ SP, Rel. Min. Massami Uyeda, ac. 05.11.2008, DJe 18.11.2008.

(63) THEODORO JÚNIOR, Humberto. *Curso de Direito Processual Civil*. v. III. 50. ed. rev., atual. e ampl. Rio de Janeiro: Forense, 2017. p. 853.

(64) CORDEIRO, Wolney de Macedo. *Execução no processo do trabalho*. 4. ed. Salvador: ed. Juspodivm, 2017. p. 464 e 465.

poderá ser determinada em momento distinto da prática do ato respectivo. Além do mais, a regra não envolve a situação, muito comum no quotidiano forense, na qual o terceiro só toma conhecimento da constrição muito tempo após a finalização do procedimento expropriatório.

Ainda segundo esse último autor[65]:

> O alcance ideal para a referida norma deveria considerar a não conclusão da expropriação como termo final para o ajuizamento dos embargos, mas sim a efetiva ciência do termo na prática do ato. Na realidade, não existe uma garantia de publicidade para a constrição do patrimônio de terceiro, que poderá desconhecer a penhora, mesmo quando ela é registrada no cartório imobiliária. De toda forma, não se admite, no plano jurisprudencial trabalhista, o alargamento do prazo para o manejo dos embargos de terceiro após o quinquídio legal.

Para auxiliar na interpretação do art. 675 do CPC, cumpre salientar que o prazo para os embargos de terceiro e o rol de legitimados possuem ligação significativa. Como já mencionado, o rol de legitimados para o ajuizamento dos embargos de terceiro é exemplificativo, comportando o manejo de tal instituto pelas pessoas não mencionadas pelo legislador, mas que tenham o patrimônio violado ou ameaçado por ato de constrição judicial.

Os legitimados extraordinários, por não estarem previstos na legislação, somente serão intimados caso o Juízo identifique a existência de interesse em embargar nos termos do parágrafo único do art. 675 do CPC. Mesmo assim, a falta da intimação não gera a invalidade da alienação do bem.

O STJ entende que o termo inicial dos embargos de terceiro para os legitimados extraordinários ocorrerá na data da turbação ou do esbulho, como se pode ver:

> AGRAVO REGIMENTAL NO AGRAVO EM RECURSO ESPECIAL. EMBARGOS DE TERCEIRO. TERMO INICIAL. PROCESSO DE EXECUÇÃO. CIÊNCIA. CASO CONCRETO. ELEMENTOS FÁTICOS. SÚMULA N. 7/STJ.
>
> 1. O termo inicial dos embargos de terceiro, para o embargante que não teve ciência da execução, é a data da efetiva turbação ou esbulho de acordo com o art. 1.048 do CPC/1973.
>
> 2. Na hipótese, o tribunal de origem concluiu que a recorrente teve ciência inequívoca da imissão na posse antes da juntada aos autos do mandado.
>
> 3. Rever a conclusão do tribunal de origem demandaria o reexame de matéria fático-probatória, procedimento inviável, nos termos da Súmula n. 7/STJ.
>
> 4. Agravo regimental não provido. (STJ, 3ª Turma, AgRg no AREsp 520399 / DF, Ministro Relator: RICARDO VILLAS BÔAS CUEVA, publicado em 04.05.2017).

Mesmo que não tenha sido intimado, o legitimado extraordinário terá como termo final, para a distribuição dos embargos de terceiro, até 5 (cinco) dias depois da adjudicação, da alienação por iniciativa particular ou da arrematação, mas sempre antes da assinatura da respectiva carta.

Luiz Guilherme Marinoni[66] corrobora do mesmo entendimento:

> Entendemos que, embora a necessidade da intimação do terceiro possa ser estendida a outros casos além daqueles expressamente previstos nos arts. 799, 804 e 889 do CPC – desde que presente algum dos fundamentos que inspiram essas normas –, a ineficácia da alienação do bem penhorado é consequência jurídica aplicável apenas às hipóteses previstas expressamente no bloco normativo. Esse entendimento tem propósito exclusivamente pragmático: admitir que os casos não expressamente previstos ensejem na mesma consequência (ineficácia da alienação) pode trazer insegurança jurídica; basta pensar na possibilidade de, após alienado o veículo automotor penhorado, alguém comparecer em juízo, tempos depois, dizendo que era seu legítimo e notório possuidor e que não fora intimado da tramitação do processo ou da venda.
>
> Observe que o sujeito cuja posse foi injustamente atingida dispõe dos embargos de terceiro e pode manejá-los até cinco dias após a adjudicação, a alienação particular ou a arrematação, desde que antes da assinatura da respectiva carta (CPC, art. 675). O que não se admite é que ele, passado esse prazo de cinco dias, tente valer-se do argumento da ausência de intimação para desconstituir os efeitos da alienação com fundamento no art. 804 do CPC.

Os legitimados ordinários, aqueles que estão previstos no ordenamento jurídico, serão obrigatoriamente intimados, sendo este o marco inicial para o ajuizamento dos embargos de terceiro.

Dentre os legitimados ordinários estão os descritos nos incisos II a VIII do art. 889 do CPC, que serão obrigatoriamente intimados da alienação judicial com antecedência mínima de 05 (cinco) dias, quando será iniciada a contagem do prazo para os embargos de terceiro que se encerra até 5 (cinco) dias depois da adjudicação, da alienação por iniciativa particular ou da arrematação, mas sempre antes da assinatura da respectiva carta.

Importante frisar que mesmo sem ter sido intimado da alienação judicial poderá o terceiro propor os embargos,

(65) *Ibidem*.

(66) MARINONI, Luiz Guilherme. *Novo curso de processo civil:* tutela dos direitos mediante procedimentos diferenciados. v. 3. Luiz Guilherme Marinoni, Sérgio Cruz Arenhart, Daniel Mitidiero. 3. ed. São Paulo: Revista dos Tribunais, 2017. p. 166.

pois o ato de constrição patrimonial ou a ameaça da sua ocorrência já faz emergir a pretensão de embargar.

Outro legitimado ordinário, o terceiro adquirente, poderá utilizar dos embargos de terceiro em dois momentos distintos:

O primeiro momento ocorrerá antes da declaração judicial de ineficácia da alienação por fraude à execução, quando será intimado o terceiro adquirente para, no prazo de 15 dias, distribuir os embargos de terceiro, nos termos do § 4º do art. 792 do CPC. O segundo momento ocorrerá após a decisão que declarar a ineficácia da alienação em razão de fraude à execução, nos termos do inciso II do § 2º do art. 674 do CPC. Aplica-se o prazo de até 5 (cinco) dias depois da adjudicação, da alienação por iniciativa particular ou da arrematação, mas sempre antes da assinatura da respectiva carta, à luz do art. 675 do CPC.

Cumpre ainda lembrar que o § 6º do art. 903 do CPC prevê a aplicação de multa, em montante não superior a vinte por cento do valor atualizado do bem, por ato atentatório à dignidade da justiça caso seja ventilada alegação infundada em relação ao objeto da alienação que venha a ensejar a desistência do arrematante. Ou seja, sendo os embargos de terceiro protelatórios caberá a aplicação da penalidade disposta no § 6º do art. 903 do CPC.

Assim, se o terceiro adquirente utilizar dos embargos de terceiro previstos no §4º do art. 792 do CPC e, posteriormente, repetir os mesmos fundamentos nos embargos do inciso II do § 2º do art. 674 do CPC, estará sujeito à multa do § 6º do art. 903 do CPC.

Para tanto, o prazo dos embargos de terceiro leva em consideração a qualidade do legitimado ativo e o momento processual.

14. PROCEDIMENTO

O procedimento dos embargos de terceiro começa com a distribuição da petição inicial por dependência à execução.

A exordial deverá ser instruída com documento capaz de demonstrar a propriedade ou a posse do bem objeto de constrição judicial.

Como já mencionado, nos embargos de terceiro movidos por cônjuge ou companheiro deverá ser anexado à inicial: certidão de casamento atualizada, pacto antenupcial se houver, ou escritura pública de união estável.

Ao receber a petição inicial o juízo verificará, em cognição sumária, se há propriedade ou posse do bem penhorado ou que esteja sob ameaça de penhora. Poderá ainda ser designada audiência preliminar para produção de prova oral, no caso de alegação de posse de terceiro.

Para Luiz Guilherme Marinoni[67], a posse poderá ser demonstrada documentalmente, o que tornaria desnecessária a designação da audiência prevista no § 1º do art. 677 do CPC.

No caso de embargos de terceiro versando sobre a posse do bem objeto de constrição judicial, adota-se o entendimento de que é imprescindível o requerimento de designação da audiência preliminar (justificativa), sob pena de indeferimento da pretensão pelo Juízo. A posse é uma situação fática a qual necessariamente deverá ser comprovada por prova testemunhal, não cabendo apenas a produção de prova documental.

Caso o juízo entenda que a convocação dos embargados para participação na audiência do § 1º do art. 677 do CPC poderá acarretar atraso injustificado, deverá deixar de intimá-los, ocorrendo o ato processual somente com a presença do embargante.

Havendo a intimação dos embargados para comparecimento à audiência preliminar (justificação), segundo entendimento do STJ[68], terá início o prazo para apresentação de contestação aos embargos de terceiro.

Na audiência de justificação os embargados poderão arguir a contradita das testemunhas, bem como formular perguntas pertinentes.

A suspensão da execução em detrimento dos embargos de terceiro não ocorre automaticamente, cabendo ao embargante formular e fundamentar o pedido que será avaliado pelo juízo.

O embargante deverá formular pedido de manutenção ou reintegração provisória da posse caso lhe tenha sido tomada por meio de decisão judicial.

Os embargados serão citados para apresentar contestação no prazo de 15 (quinze) dias, à luz do art. 679 do CPC. Tratando-se de processo eletrônico, o prazo será comum às partes, mas sendo processo físico o juízo fixará prazo sucessivo.

Há quem entenda pela aplicação do prazo de 05 (cinco) dias para os embargados apresentarem resposta, utilizando o art. 884 da CLT que trata dos embargos à execução. Contudo, não é correto tal posicionamento, já que a CLT é silente em relação aos embargos de terceiro, cabendo a aplicação do CPC, mais especificamente do seu art. 679, que estabelece o prazo de 15 (quinze) dias para contestação.

Após o oferecimento das contestações haverá oportunidade de produção de provas orais, depoimento pessoal e oitiva de testemunhas, por meio da audiência de instrução e julgamento.

A audiência de instrução e julgamento – AIJ não se confunde com a audiência preliminar, já que a primeira tem

(67) MARINONI, Luiz Guilherme. *Novo curso de processo civil*: tutela dos direitos mediante procedimentos diferenciados. v. 3. Luiz Guilherme Marinoni, Sérgio Cruz Arenhart, Daniel Mitidiero. 3. ed. São Paulo: Revista dos Tribunais, 2017. p. 168.

(68) STJ, 3ª Turma, AgRg no Ag 826.509/MT, rel. Min. Sidnei Beneti, j. 26.08.2008, DJe 11.09.2008.

o intuito de oportunizar a produção de provas às partes, enquanto a segunda visa apenas a possibilitar a prova da posse do bem pelo terceiro.

Após a instrução do feito, o juízo proferirá sentença que, se procedente, determinará a liberação dos bens do terceiro, os quais não poderão ser objeto de nova constrição naquele processo. Sendo improcedente, a execução terá seguimento e o bem será expropriado.

O agravo de petição é o recurso cabível contra a sentença dos embargos de terceiro, no prazo de 8 (oito) dias, por se tratar de procedimento em fase de execução, não havendo que se falar em recurso ordinário, já que ultrapassado o momento processual de conhecimento.

15. CONCLUSÃO

O Processo do Trabalho, como regra, gravita em torno de verbas alimentares, motivo pelo qual a fase de execução deve ser ágil e eficaz.

A execução trabalhista, contudo, à luz da eficácia horizontal dos direitos fundamentais, obedece, obrigatoriamente, o devido processo legal, contraditório e ampla defesa contidos no art. 5º, LV da CR/88.

Neste sentido, a ação de embargos de terceiro funciona como ferramenta capaz de conferir oportunidade ao terceiro, para se insurgir em relação à expropriação judicial que atinja seu patrimônio, promovendo o acesso à justiça, nos termos do art. 5º, XXXV da CR/88.

Desse modo, os embargos de terceiro não são mero instrumento de defesa, mas sim, uma ação capaz de impedir a constrição patrimonial daqueles que não fizeram parte da lide principal, sem que ocorra a violação de garantias constitucionais.

As especificidades dos embargos de terceiro, ao serem estudadas, possibilitam a diferenciação em relação às ações possessórias, oposição e aos embargos à execução. Como demonstrado, os embargos de terceiro não se confundem com as ações possessórias, visto que não almejam combater um ato de turbação ou esbulho, mas sim uma constrição patrimonial decorrente de ato judicial.

Na mesma senda, a oposição não se confunde com os embargos de terceiro, pois na primeira o opoente pretende a obtenção do direito ou da coisa objeto de litígio entre as partes do processo. Já no segundo, o embargante pretende permanecer na posse ou propriedade do bem sob o qual recaiu a constrição judicial.

Ficou ainda demonstrado que as matérias alegáveis por meio dos embargos à execução estão restritas às delimitações impostas pelo legislador, enquanto nos embargos de terceiro existe uma gama maior de argumentação.

O conceito de terceiro deve ser construído pelo método da exclusão, ou seja, aquele que não foi parte e nem participou da relação jurídica processual. Como os conceitos de parte e de relação jurídica processual foram cunhados pela doutrina, não cabe ao legislador impor restrições à legitimação para o ajuizamento dos embargos de terceiro, sob pena de afrontar o já mencionado direito de acesso à justiça.

Caminhando na mesma vertente, conclui-se pela não taxatividade do rol de legitimados para a propositura dos embargos de terceiro, por depender da análise do caso concreto e de conceitos técnicos, não tendo o legislador esgotado as hipóteses de cabimento de tal instrumento.

Em relação à legitimidade passiva, adotamos o posicionamento da existência de litisconsórcio passivo necessário formado pelo exequente e executado do processo principal, cabendo ainda a aplicação do art. 18 do Código de Ética e Disciplina da Ordem dos Advogados do Brasil, impedindo-se que o advogado do executado seja o mesmo do embargante caso haja conflito de interesses.

Apesar da adoção do CPC quanto ao procedimento dos embargos de terceiro em detrimento da omissão da legislação trabalhista, algumas nuances do processo laboral merecem atenção, como é o caso da aplicação da sucumbência, que deve observar os limites do art. 791-A da CLT e o valor das custas, que devem ser apuradas e quitadas ao final da demanda, inexistindo a exigência de sua antecipação.

Ainda sobre o procedimento, defende-se a aplicação do prazo de 15 dias para apresentação da contestação, bem como a admissibilidade da reconvenção. Contudo, por existir recurso próprio na seara da execução trabalhista, qual seja, agravo de petição, a sentença que resolve os embargos de terceiro deve ser impugnada no prazo de 08 dias.

É inegável a importância dos embargos de terceiro, bem como a necessidade de conhecer a essência do instituto e as peculiaridades aplicáveis à execução trabalhista, visando a uma maior segurança jurídica.

16. REFERÊNCIAS

CÂMARA, Alexandre Freitas. *Lições de Direito Processual Civil.* v. 3. 3. ed. Rio de Janeiro: Lúmen Júris, 2001.

CINTRA, Antonio Carlos de Araujo; GRINOVER, Ada Pellegrini; Dinamarco, Candido Rangel. *Teoria geral do processo.* 26. ed. São Paulo, 2010.

DELGADO, Mauricio Godinho. *Curso de Direito do Trabalho.* 6. ed. São Paulo: LTr, 2007.

DIDIER Jr. Fredie. *Curso de Direito Processual Civil*: introdução ao direito processual civil, parte geral e processo de conhecimento. 19. ed. Salvador: Juspodivm, 2017.

GARCIA, Gustavo Filipe Barbosa. *Curso de Direito Processual do Trabalho.* 6. ed. ver., atual. e ampl. Rio de Janeiro: Forense, 2017.

MANUS, Pedro Paulo Teixeira. *Execução de sentença no processo do trabalho.* 2 ed. São Paulo: Atlas, 2005.

MARTINS, Sérgio Pinto. *Direito Processual do Trabalho.* 38. ed. São Paulo: Saraiva, 2016.

MARINONI, Luiz Guilherme. *Novo curso de processo civil*: tutela dos direitos mediante procedimentos diferenciados. v. 3. Luiz Guilherme Marinoni, Sérgio Cruz Arenhart, Daniel Mitidiero. 3. ed. São Paulo: Revista dos Tribunais, 2017.

MIRANDA, Pontes de. *Tratado de direito privado*. 4. ed. São Paulo: Revista dos Tribunais, 1977.

NEVES, Daniel Amorim Assumpção. *Novo Código de Processo Civil*. Lei 13.105/2015. 2. ed. São Paulo: MÉTODO, 2015.

NEVES, Daniel Amorim Assumpção. *Manual de Direito Processual Civil* – volume único, 9. ed. Salvador: Juspodivm, 2017.

NERY JÚNIOR, Nelson, e NERY, Rosa Maria de Andrade. *Código de Processo Civil comentado e legislação extravagante*. 10. ed. rev. amp. atual. São Paulo: Revista dos Tribunais, 2007.

NERY JÚNIOR, Nélson. *Princípios do processo civil à luz da Constituição Federal*. São Paulo: Revista dos Tribunais, 1999.

NERY JÚNIOR, Nelson, NERY, Rosa Maria Andrade. *Código de Processo Civil e legislação processual civil extravagante em vigor*. São Paulo: Revista dos Tribunais, 1999.

SCHIAVI, Mauro. *Manual de Direito Processual do Trabalho*. 12. ed. de acordo com o novo CPC. São Paulo: LTr, 2017.

SÜSSEKIND, Arnaldo. *Os princípios do Direito do Trabalho e a Constituição de 1988*. Revista da Academia Nacional de Direito do Trabalho, ano 8, n. 8, 2000.

TEIXEIRA FILHO, Manoel Antonio, *Execução no processo trabalhista*. 12. ed. São Paulo: LTr, 2017.

THEODORO JÚNIOR, Humberto. *Curso de Direito Processual Civil*. v. 3. 50. ed. ev., atual. e ampl. Rio de Janeiro: Fonrense, 2017.

O Sistema Recursal da Execução Trabalhista

Matheus França Alencar[1]

1. INTRODUÇÃO

Para tratar das questões atinentes ao sistema recursal da execução trabalhista, é necessário ter em mente que o tema guarda uma série de problemas técnico-jurídicos a serem enfrentados pelo aplicador do direito. Não são raros os casos de difícil solução e que geram dúvidas que alcançam desde as partes envolvidas em eventual demanda até seus procuradores, órgãos julgadores e doutrinadores.

Nesse contexto, é fundamental realizar uma análise abrangendo amplamente as fontes aplicáveis ao Direito Processual do Trabalho, levando-se em conta, em especial, as recentes alterações efetuadas pela Lei n. 13.467, de 2017, denominada Reforma Trabalhista. É necessário aprofundar nas questões referentes à existência ou não de uma dicotomia entre as fases cognitiva e executória do procedimento, na diferenciação entre sentenças e decisões interlocutórias e, somente então, analisando os recursos em espécie que compõem o sistema recursal da execução trabalhista, bem como os problemas atinentes à aplicação de cada um deles.

Considerando as questões acima tratadas, o presente estudo tem por escopo identificar as dificuldades enfrentadas pelo aplicador do direito Processual do Trabalho, levando-se em conta o posicionamento jurisprudencial e doutrinário atual, e concluindo com a proposta de traçar um norte que garanta segurança jurídica no uso de determinados institutos.

2. EXECUÇÃO NO PROCESSO DO TRABALHO

O primeiro passo para se aprofundar na execução trabalhista é compreender de maneira global o funcionamento dos institutos que compõem o seu sistema recursal, é a correta percepção e delimitação do conceito de execução, seus instrumentos justificadores e princípios aplicáveis.

No ordenamento jurídico brasileiro, o Estado avocou para si a atividade de composição de conflitos e o faz por meio da jurisdição.

A jurisdição pode ser conceituada como "função do Estado de declarar e realizar, de forma prática, a vontade da lei diante de uma situação jurídica controvertida"[2]. Simplificadamente, é um poder-dever do Estado, pelo qual esse presta a tutela jurisdicional, buscando a solução concreta para as demandas que lhe são apresentadas, de maneira efetiva e justa, objetivando, por fim, alcançar a pacificação social. Nesses termos, verifica-se que é atributo essencial da jurisdição a busca pela efetividade dos julgados proferidos pelo Poder Judiciário.

Em razão da complexidade da prestação da tutela jurisdicional, para que essa seja efetiva, fez-se necessária a sua "segmentação em diversos níveis", dentre os quais tem-se a fase de conhecimento e de execução.

A fase de conhecimento é marcada por intensa atividade cognitiva. Ela objetiva a aferição dos elementos evidenciados pelas partes, o enquadramento das situações fáticas à legislação pátria e, por fim, a busca pelo provimento jurisdicional que declare a quem assiste o direito. De forma resumida, a tutela de conhecimento tem por finalidade "conferir uma resposta abstrata para o conflito de interesses, não havendo a percepção final relacionada com os resultados efetivos da prestação jurisdicional".[3]

Quanto à execução, fase do procedimento em que, ainda que de forma atenuada, também é possível verificar atividade cognitiva (o que rompe com a visão dual entre a cognição e a execução), essa "não envolve apenas a possibilidade de pronunciamento abstrato acerca da certeza ou da titularidade dos bens jurídicos, mas sim a concretude da prestação jurisdicional".[4]

Nas palavras de Manoel Antonio Teixeira Filho, execução "é a atividade jurisdicional do estado, de índole essencialmente coercitiva, desenvolvida por órgão competente, de ofício ou mediante iniciativa do interessado, com o objetivo de compelir o devedor ao cumprimento da obrigação contida em sentença condenatória transitada em julgado ou em acordo judicial inadimplido ou em título extrajudicial previsto em lei"[5].

---

(1) Pós-Graduando em Direito Público pela Pontifícia Universidade Católica de Minas Gerais – PUC Minas. Graduado em Direito pela Faculdade de Direito Milton Campos – FDMC. Membro da Oficina de Estudos Avançados 'As interfaces entre o Processo Civil e o Processo do Trabalho' – IPCPT da Faculdade de Direito Milton Campos – FDMC. Advogado.

(2) THEODORO JUNIOR, Humberto. *Curso direito processual civil* – teoria geral do processo civil, processo de conhecimento e procedimento comum – v. 1. 56. ed. Rio de Janeiro: Forense, 2015. p. 106.

(3) CORDEIRO, Wolney de Macedo. *Execução no processo do trabalho*. 4. ed. Salvador: JusPodivm, 2017. p. 24.

(4) CORDEIRO, Wolney de Macedo. *Execução no processo do trabalho*. 4. ed. Salvador: JusPodivm, 2017. p. 23.

(5) TEIXEIRA FILHO, Manoel Antonio. *Execução no processo do trabalho*. 12. ed. São Paulo: LTr, 2017. p. 35.

Enfim, "ao contrário do que se opera em relação ao conhecimento, a tutela executiva só atinge o seu desiderato no momento em que o destinatário, ou seja, o exequente, obtém o bem reconhecido pelo arcabouço jurídico".[(6)]

Muito embora seja possível verificar relativa independência entre as fases, vez que o processo de conhecimento não é necessariamente preliminar do processo de execução, podendo ser utilizados de maneira dissociada, "registra-se no direito moderno uma tendência muito acentuada a neutralizar ou minimizar a rígida dicotomia de funções entre os tipos básicos de prestação jurisdicional".[(7)]

Seguindo essa tendência, é possível verificar no direito processual moderno o denominado processo sincrético. O sincretismo, inserido no direito brasileiro pelo art. 475-A da Lei n. 11.232/2005[(8)], sistematizado e consolidado, no processo comum pelo CPC de 2015. Segundo Mauro Schiavi:

> A Lei n. 11.232/2005 alterou a espinha dorsal da execução civil, que antes era um processo autônomo, que tinha início por uma petição inicial e terminava com uma sentença. Adotou o legislador o chamado sincretismo processual, em que não há dois processos: o de conhecimento e o de execução, e sim um único processo, com as fases cognitiva e executória.[(9)]

Consoante sustenta Humberto Theodoro Júnior, "Não há nesse sistema a velha dicotomia entre ação de conhecimento e ação de execução de sentença", a denominada *actio iudicati*, sendo o cumprimento de sentença apenas um capítulo do procedimento comum.[(10)] Nas palavras de Wolney de Macedo Cordeiro:

> [...] o que se afigura relevante em relação ao tema é a identificação de uma estrutura ideológica específica para a tutela executiva, especialmente de índole laboral. Trata-se de reconhecer a existência de uma tessitura procedimental diversa e mais adequada do que aquela construída para a concretização da cognição[(11)].

Tal distinção é essencial para o presente estudo, vez que impacta diretamente o sistema recursal da execução trabalhista, em especial no que tange ao Agravo de Petição.

É relevante considerar ainda que, no que tange ao sincretismo processual, há intensa discussão doutrinária a respeito das alterações realizadas pelo legislador por meio da Lei n. 13.467/2017. Anteriormente à Reforma Trabalhista, em razão da antiga disposição do art. 878 da CLT, tanto a doutrina quanto a jurisprudência eram firmes quanto à possibilidade do próprio magistrado, de ofício, dar seguimento ao procedimento e à execução do título executivo formado pela sentença. Conforme o texto do mencionado artigo, não havia a necessidade da provocação do juízo pela parte vitoriosa nas suas pretensões.

Ao se analisar a nova redação dada pelo legislador ao supracitado artigo, é possível a aferição da falta de técnica empregada e da indefinição provocada pela alteração pretendida. Nesse aspecto, entende-se necessária a interpretação integrada dos institutos celetistas, bem como das demais fontes aplicadas ao processo do trabalho.

Dada a forte tendência do direito processual moderno de considerar a cognição e a execução apenas fases do procedimento de prestação da tutela jurisdicional, é dever do magistrado dar impulso ao processo, independentemente de requerimento, vez que lhe compete promover todos os atos necessários a fim de alcançar a satisfação do direito reconhecido, nos termos do art. 765 da CLT.

3. CONJUNTURA NORMATIVA DA EXECUÇÃO NO PROCESSO DO TRABALHO

A execução no Processo do Trabalho está prevista no Capítulo V da CLT. Assim como acontece na fase de conhecimento, a execução abarca uma série de institutos e princípios próprios que são aplicáveis ao seu procedimento.

Originalmente, o processo trabalhista, em razão dos princípios que o norteiam, como a simplicidade de seu procedimento e de suas características próprias, como o dinamismo, destacava-se em face do processo comum. O processo do trabalho sempre conhecido por conferir maior efetividade aos seus julgados, alcançando dessa forma a devida prestação jurisdicional.

Entretanto, com o passar dos anos, verifica-se que a legislação processual trabalhista sofreu poucas alterações que proporcionassem a devida atualização e adequação de seu procedimento às crescentes demandas da sociedade. Quanto à execução, poucas alterações substanciais ocorreram na legislação, e as atualizações efetuadas, como é o caso das trazidas pela Lei n. 13.467/2017, não cumpriram o papel de alterar o "quadro de letargia" legislativo no qual se encontra o processo laboral.

4. INTERSEÇÕES ENTRE O PROCESSO DE EXECUÇÃO COMUM E O TRABALHISTA

Ao se estudar o Processo do Trabalho, é fundamental ter em mente que, de acordo com a teoria moderna, trata-se

(6) CORDEIRO, Wolney de Macedo. *Execução no processo do trabalho*. 4. ed. Salvador: JusPodivm, 2017. p. 23.

(7) THEODORO JUNIOR, Humberto. *Curso direito processual civil* – teoria geral do processo civil. 56. ed. Rio de Janeiro: Forense, 2015. p. 138.

(8) "Art. 475-A da Lei n. 11.232/2005: Quando a sentença não determinar o valor devido, procede-se à sua liquidação. § 1º Do requerimento de liquidação de sentença será a parte intimada, na pessoa de seu advogado."

(9) SCHIAVI, Mauro. *Manual de direito processual do trabalho*. 7. ed. São Paulo: LTr, 2014. p. 950.

(10) THEODORO JUNIOR, Humberto. *Curso direito processual civil* – teoria geral do processo civil. 56. ed. Rio de Janeiro: Forense, 2015. p. 749.

(11) CORDEIRO, Wolney de Macedo. *Execução no processo do trabalho*. 4. ed. Salvador: JusPodivm, 2017. p. 25.

de um subsistema do sistema representado pela teoria geral do processo. Conforme se evidencia pelos arts. 15 do CPC e 769 da CLT, esse ramo processual possui autonomia relativa, recorrendo supletiva e subsidiariamente a instrumentos normativos do Processo Civil, da Lei n. 6.830/1980 (Lei de Execução Fiscal) – especialmente no que tange à fase executória, além de outras fontes diretas, indiretas e de integração.

Por esse motivo, deve-se reconhecer que o Processo do Trabalho, e mais especificamente a execução trabalhista, possui interdependência com outros ramos do direito. Aprofundando no tema, dentre outras relações, há de se destacar o seu vínculo com o Processo Civil.

Originalmente, conforme previsão dos arts. 769 e 889 da CLT, o Código de Processo Civil possuía caráter de fonte subsidiária do Processo do Trabalho. A situação acima descrita consolidou-se com a edição do CPC de 2015 que, conforme dispõe em seu art. 15[(12)], passou a ser aplicado "supletiva e subsidiariamente", aos processos não criminais.

Por ser aplicado de forma supletiva à execução trabalhista, "aplicar-se-ão as normas do processo comum a fim de implementar o correto significado dos institutos do processo do trabalho que não mais se adéquam às estruturas procedimentais vigentes"[(13)]. A aplicação supletiva deve ser tida como forma de, por meio das características e conceitos presentes no Código de Processo Civil, promover uma modernização e adequação dos institutos trabalhistas às demandas contemporâneas, garantindo maior celeridade e efetividade ao procedimento.

Conclui-se, portanto, que o Código de Processo Civil possui importante papel na execução trabalhista, cabendo ao aplicador tomar os devidos cuidados a fim de evitar que as características do processo comum, desarmônicas com o processo laboral, sejam por esse absorvidas, promovendo assim, a integração dos institutos com ele compatíveis e pertinentes.

5. SISTEMA RECURSAL NA EXECUÇÃO TRABALHISTA

Conforme tratado alhures, o Processo do Trabalho é ramo autônomo que recorre supletiva e subsidiariamente a institutos de outros ramos do direito. As especificidades e singularidades do processo trabalhista, em especial no que se refere ao sistema recursal da sua execução, têm por efeito possibilitar uma análise aprofundada e dissociada de seus princípios, fundamentos e institutos.

Trata-se o recurso de "meio ou instrumento destinado a provocar o reexame da decisão judicial, no mesmo processo em que proferida, com a finalidade de obter-lhe a invalidação, a reforma, o esclarecimento ou a integração"[(14)]. Pelo conceito apresentado na obra de Fredie Didier Jr., pode-se concluir que o recurso é o instrumento que proporciona a reapreciação da matéria dentro do mesmo procedimento. Não há que se falar na instauração de um novo processo, uma vez que o recurso tem o efeito de prolongar o estado de litispendência.

Conforme entendimento do autor, o recurso decorre do direito de ação e possibilita novo julgamento de mérito, celebrando o direito à tutela recursal e ainda o princípio implícito do duplo grau de jurisdição.

Na execução trabalhista, o sistema recursal está previsto na Consolidação das Leis do Trabalho. O tema apresenta, porém, uma série de inconsistências que geram dúvidas para os aplicadores e resultam em divergências jurisprudenciais, em especial no que diz respeito às hipóteses de cabimento dos recursos previstos e aplicáveis à referida fase processual.

Nas palavras de Wolney de Macedo Cordeiro[(15)], "o estudo da fase recursal no Processo do Trabalho apresenta um importante déficit teórico na sua construção", problema que se evidência ao realizar análise aprofundada dos recursos trabalhistas. Os recursos trabalhistas compõem um "sistema heterogêneo e desarticulado de recursos, capaz de abranger, simultaneamente, decisões interlocutórias ou sentenças".

Dessa forma, pode-se constatar que, diferentemente do Processo Civil, no qual existe a previsão de um sistema sólido e abrangente de recursos, não há no Processo do Trabalho um rol de agravos tão bem articulado e delimitado, tendo o legislador deixado de especificar os recursos destinados ao ataque de sentenças e os cabíveis contra decisões interlocutórias com conteúdo decisório.[(16)]

O presente estudo passar a tratar com maior ênfase dos agravos de instrumento e petição, bem como a sua aplicação na execução trabalhista.[(17)]

(12) Art. 15. Na ausência de normas que regulem processos eleitorais, trabalhistas ou administrativos, as disposições deste Código lhes serão aplicadas supletiva e subsidiariamente.
Tal artigo teve por efeito reafirmar a independência do processo do trabalho, vez que definiu a aplicação supletiva e subsidiária do CPC aos processos laborais.

(13) CORDEIRO, Wolney de Macedo. *Execução no processo do trabalho*. 4. ed. Salvador: JusPodivm, 2017. p. 48.

(14) DIDIER Jr., Fredie. *Curso de direito processual civil*: o processo civil nos tribunais, recursos, ações de competência originária de tribunal e *querela nullitatis*, incidentes de competência originária de tribunal 14. ed. Salvador: JusPodivm, 2017. p. 107.

(15) CORDEIRO, Wolney de Macedo. *Execução no processo do trabalho*. 4. ed. Salvador: JusPodivm, 2017. p. 475.

(16) O presente estudo tratará mais a frente do princípio da irrecorribilidade imediata das decisões interlocutórias.

(17) No Código de Processo Civil de 1939, em seu art. 841, havia a previsão de agravos de instrumento e petição. Apesar da previsão de espécies recursais com a mesma nomenclatura no processo do trabalho, os aludidos recursos previstos no CPC se distinguem destes no que tange aos seus pressupostos, cabimento e regulamentação. Não podendo se falar em correspondência.

6. AGRAVO DE PETIÇÃO

Primeiramente, tem-se que o Agravo de Petição trabalhista, assim como ocorre com o Agravo de Instrumento, em nada se relaciona com o extinto Agravo de Petição previsto no Código de Processo Civil de 1939. A semelhança é meramente terminológica e não gera maiores entraves.

O Agravo de Petição está previsto no art. 897, *a*, da CLT, e, conforme estabelece o mencionado artigo, é cabível em face de "decisões do Juiz ou Presidente, nas execuções".

Conforme evidenciado pelo texto do supracitado artigo, o legislador, ao disciplinar o agravo em apreço, pecou pela brevidade, falta de clareza e pela indefinição deste importante recurso. Ao utilizar o termo "decisões", deixou de delimitar as hipóteses de cabimento do aludido recurso, gerando insegurança e dificuldades práticas no manejo do agravo de petição.

Além do mais, as dúvidas que pairam entre os aplicadores do direito, em relação ao mencionado instituto, ganham vulto em razão do "reconhecimento da fragilidade conceitual da execução enquanto relação processual autônoma e a falta de técnica em delimitar a natureza dos atos judiciais impugnáveis, o que resulta em uma situação de absoluta indefinição dogmática quanto ao manejo do agravo de petição"(18). O presente estudo passará a tratar das hipóteses de cabimento do aludido recurso.

6.1. Cabimento do agravo de petição

O Agravo de Petição difere-se de outros recursos pela impossibilidade de se enumerar, ou, ainda, sistematizar as hipóteses de seu cabimento em razão da natureza da decisão a ser impugnada.

Conforme disposto no art. 893, § 1º, da CLT, vigora na seara trabalhista o princípio da irrecorribilidade imediata das decisões interlocutórias e, vez que o legislador não delimitou de maneira explícita as hipóteses de cabimento do Agravo de Petição, limitando-se a utilizar o termo genérico "decisões", cabe ao aplicador a árdua tarefa de identificar quais decisões podem ser impugnadas pelo referido recurso e quais não estão abrangidas e não podem ser atacadas.

Conforme leciona José Frederico Marques(19), "decisão, em sentido lato, é todo e qualquer pronunciamento do juiz, resolvendo uma controvérsia, com o que abrange, em seu significado, as próprias sentenças". Dessa forma, temos que o termo "decisão" abrange as sentenças, mas, sem, contudo, se limitar a elas. Decisão comporta em seu significado, inclusive, despachos interlocutórios que possuam conteúdo decisório e não "meramente interlocutório".

O termo decisão interlocutória foi adotado pelo Código de Processo Civil brasileiro de 1973, não mais se confundindo com os simples "despachos" que objetivam unicamente dar andamento ao processo. Diferentemente dos referidos despachos, a decisão interlocutória destina-se a solucionar, de fato, questões incidentes no curso do processo.

No processo moderno, em razão da complexidade das matérias analisadas em juízo, o procedimento passou a comportar uma série de decisões que têm por finalidade apreciar questões incidentais sem, contudo, resolver o mérito de forma definitiva. Às decisões, que têm por efeito encerrar a relação processual, é dado o nome de sentença.

A sentença, conforme inteligência do art. 203, § 1º, do CPC vigente, trata-se de "pronunciamento por meio do qual o juiz, com fundamento nos arts. 485 e 487, põe fim à fase cognitiva do procedimento comum, bem como extingue a execução". Os referidos artigos, por sua vez, tratam, respectivamente, das sentenças terminativas, sendo aquelas que põem fim ao processo sem a resolução do mérito, e as sentenças definitivas, ou seja, as que resolvem o mérito, no todo ou em parte, impossibilitando que a questão seja reapreciada.(20)

Muito embora o Código de Processo Civil disponha que a sentença é responsável pela extinção do processo, tal entendimento não há de prevalecer. É certo que a relação processual não tem fim com a simples prolação de uma sentença.

Conforme já tratado no presente estudo, a prestação da tutela jurisdicional pelo Estado é marcada também pela tarefa de dar efetividade aos julgados por ele proferidos. Dessa forma, depois da sentença, fazem-se necessárias diversas diligências de acertamento e de execução e, só então, ocorrerá o trânsito em julgado e a efetiva extinção do processo.

Considerando os supracitados conceitos de sentença e decisão interlocutória, surge relevante controvérsia. Seriam as decisões interlocutórias capazes de enfrentar questões representativas de parte do mérito? A solução para essa indagação foi trazida pelo art. 356, § 5º, do CPC(21). O mencionado dispositivo pôs fim à questão com a previsão da possibilidade de desafiar decisões que resolvam parcialmente o mérito, no processo comum, via Agravo de Instrumento.

---

(18) CORDEIRO, Wolney de Macedo. *Execução no processo do trabalho*. 4. ed. Salvador: JusPodivm, 2017. p. 478.

(19) MARQUES, José Frederico. *Manual de direito processual civil*. Campinas: Bookseller, 1997. v. III, n. 537, p. 41 citado por THEODO JUNIOR, Humberto, 2015. p. 488.

(20) THEODORO JUNIOR, Humberto. *Curso direito processual civil* – teoria geral do processo civil, processo de conhecimento e procedimento comum. V. 1. 56. ed. Rio de Janeiro: Forense, 2015. p. 491.

(21) Art. 356. O juiz decidirá parcialmente o mérito quando um ou mais dos pedidos formulados ou parcela deles: § 5º A decisão proferida com base neste artigo é impugnável por agravo de instrumento.

Dessa forma, conclui-se que a decisão interlocutória apresenta uma feição muito abrangente e relevante no processo moderno, destinando-se a apreciação de questões surgidas antes ou até depois da sentença. São qualificadas como decisões interlocutórias a ordem que, após o julgamento de condenação, resolve as impugnações aos atos executivos (atos de cumprimento do julgado) e as decisões proferidas na liquidação de sentença.

Por fim, retomando o estudo do procedimento executório trabalhista, considerando a possibilidade da prolatação de múltiplas sentenças no âmbito da tutela de execução[(22)], dentre as quais, algumas inadmitem o enfrentamento via Agravo de Petição, e, ainda, as incontáveis decisões interlocutórias que se sucedem até a efetivação da tutela executiva, o Agravo de Petição apresenta-se como importante instrumento que tem por finalidade proporcionar a reapreciação de decisões e garantir a observação do contraditório e o duplo grau de jurisdição.

6.1.1. Delimitação e hipóteses de cabimento

O Agravo de Petição, conforme considerações de Manoel Antonio Teixeira Filho[(23)], em razão da simplicidade que informa o procedimento trabalhista, trata-se da modalidade única de se impugnar as resoluções judiciais proferidas no processo de execução.

É o recurso a ser utilizado, nos termos do art. 897, *a*, da CLT, em face das decisões proferidas na execução trabalhista.[(24)]

Admitir o uso indiscriminado do Agravo de Petição, para atacar decisões interlocutórias na fase executória, resultaria em grave violação ao princípio da irrecorribilidade imediata das decisões interlocutórias, celebrado pelo art. 893, § 1º da CLT, e, por outro lado, restringir a aplicabilidade do referido agravo às decisões com natureza de sentença importaria em supressão dos princípios constitucionais da ampla defesa e contraditório[(25)], devido processo legal[(26)] e ainda do princípio do duplo grau de jurisdição.[(27)]

Em razão da inexistência de hierarquia entre os princípios conflitantes que regem o sistema recursal da execução trabalhista, doutrinadores do Direito Processual do Trabalho tentam propor formas de delimitar tais hipóteses de cabimento e de pôr fim a essa questão.

Manoel Antonio Teixeira Filho[(28)] propõe, em meio às divergências doutrinárias e jurisprudenciais, que o Agravo de Petição é cabível como forma de impugnação de sentenças proferidas na fase de execução e não liquidação que impliquem extinção ou não do processo e ainda, excepcionalmente, como forma de impugnação de decisões interlocutórias.

Carlos Henrique Bezerra Leite considera que:

> [...] em situações excepcionais, a decisão interlocutória, quando terminativa do feito, poderá ser atacada de imediato pelo agravo de petição, como, por exemplo, a decisão que, na execução, declara a incompetência da justiça do trabalho para julgar ação trabalhista, versando parcelas de natureza continuativa, ajuizada por servidor público que teve o regime jurídico alterado de celetista para estatutário[(29)].

Por sua vez, Cleber Lucio de Almeida[(30)] defende o cabimento do Agravo de Petição em face de decisão que julgue embargos à execução, de terceiro, à arrematação e adjudicação, impugnação do credor à sentença de liquidação e que extingue a decisão.

Wolney de Macedo Cordeiro assevera por sua vez:

> [...] sendo o ato a ser impugnado dotado de conteúdo decisório, pouco importando se tratar de sentença ou decisão interlocutória, o cabimento do agravo de petição condicionar-se-ia à possibilidade de manejo prévio de algum meio impugnativo[(31)].

Dessa forma, conclui-se que o cabimento do Agravo de Petição está relacionado, primeiramente, com o conteúdo do ato impugnado, devendo ser analisado se esse possui ou

(22) CORDEIRO, Wolney de Macedo. *Execução no processo do trabalho*. 4. ed. Salvador: JusPodivm, 2017. p 478.

(23) TEIXEIRA FILHO, Manoel Antonio. *Execução no processo do trabalho*. 12. ed. São Paulo: LTr, 2017. p. 235.

(24) Excepcionalmente, é cabível Agravo de Petição em face de "despacho proferido pelo Presidente do TST, quando denegatório do pedido de concessão de efeito suspensivo a recurso ordinário interposto de acórdão emitido em dissídio coletivo, conforme previsto pelo art. 6º, § 1º, da Lei n. 4.725/1965.

(25) Art. 5º, LV da CR/1988 – aos litigantes, em processo judicial ou administrativo, e aos acusados em geral são assegurados o contraditório e ampla defesa, com os meios e recursos a ela inerentes;

(26) Art. 5º, LIV da CR/1988 – ninguém será privado da liberdade ou de seus bens sem o devido processo legal.

(27) Muito embora o referido princípio não esteja explicitamente previsto na Constituição da República, há intensa discussão na doutrina se este princípio trata-se de um princípio constitucional implícito ou de um princípio infraconstitucional. A Constituição prevê, ao estruturar a organização do Poder Judiciário a sua subdivisão em tribunais cuja função precípua é a reapreciação de decisões de primeiro grau. Ademais, é relevante considerar que, de acordo com o a Convenção Americana de Direitos Humanos, conhecida como Pacto de San José da Costa Rica, do qual o Brasil é signatário, há previsão expressa da possibilidade de recurso para tribunal superior. Conforme DIDIER JR. (2017).

(28) TEIXEIRA FILHO, 1995, citado por CORDEIRO, 2017. p. 479.

(29) LEITE, 2005, citado por CORDEIRO, 2017. p. 479.

(30) ALMEIDA, 2006, citado por CORDEIRO, 2017. p. 480.

(31) CORDEIRO, Wolney de Macedo. *Execução no processo do trabalho*. 4. ed. Salvador: JusPodivm, 2017. p. 481.

não conteúdo decisório e, em segundo lugar, com a possibilidade ou não de impugnação por instrumento próprio. Tal posicionamento fica evidente inclusive pela análise jurisprudencial dos seguintes julgados:

> [...] execução possui natureza de decisão interlocutória, sendo irrecorrível de imediato, na forma do art. 893, § 1º, da CLT. No presente caso, entendemos que a referida decisão, por se tratar de mero despacho interlocutório, não pode ser reconhecida como de natureza terminativa, que justifique a interposição de agravo de petição. Filiamo-nos à corrente doutrinária que defende ser cabível agravo de petição contra decisão interlocutória apenas que tenha caráter de definitividade, o que inocorre na presente hipótese. Não conheço (TRT 2ª R. AP 02927005820055020065; Ac. 20120039756; Décima Quinta Turma; Rel Des Fed Carlos Roberto Husek; DJESP 18.09.2012).

> AGRAVO DE INSTRUMENTO. CABIMENTO DE AGRAVO DE PETIÇÃO CONTRA DECISÃO TERMINATIVA. A decisão que determina o encerramento da execução e o arquivamento do feito, é impugnável por agravo de petição, considerando tratar-se de decisão terminativa. (TRT da 4ª Região, Seção Especializada em Execução, 0000007-36.2017.5.04.0203 AP, em 01.09.2017, Desembargadora Lucia Ehrenbrink)

> Sem ferir o mérito do lapidar fundamento esposado pelo d. magistrado de piso, hei que, na acepção do art. 897, *a*, da CLT, as decisões proferidas em sede de execução que possuam natureza definitivas ou terminativas e que representem prejuízo aos litigantes, são passíveis de recurso imediato, sob pena de operar-se a preclusão para o sucumbente. (TRT da 2ª Região, AI 0140700-44.2006.5.02.0031, em 13.05.2015, Desembargadora Andrea Grosmann).

Enfim, conforme se evidencia tanto pelo posicionamento doutrinário quanto jurisprudencial, desde que observados os critérios acima estabelecidos, não cabe falar em violação ao princípio da irrecorribilidade imediata das decisões interlocutórias, previsto no art. 893, § 1º, da CLT e, tampouco, em violação dos princípios constitucionais da ampla defesa, contraditório e duplo grau de jurisdição.

Conclui-se, pois, em análise do cabimento do Agravo de Petição, que não deve ser considerada a natureza da decisão a ser combatida, basta que a essa tenha efetivamente conteúdo decisório, que tenha sido proferida na fase de execução e que não haja possibilidade do manejo de outro recurso como forma de impugnação. Com essa concepção, verifica-se que o referido agravo é cabível inclusive em face das decisões proferidas em sede de embargos à execução e embargos de terceiro.

6.2. Pressupostos

Superadas as questões referentes às hipóteses de cabimento do agravo de petição e adentrando nos pressupostos do referido recurso, surgem então outras questões que também dividem a doutrina e causam dúvidas nos aplicadores do direito.

Quanto ao prazo, o Agravo de Petição deverá ser interposto no prazo de 8 (oito) dias úteis contados da ciência da decisão a ser impugnada, nos termos do art. 897, *a*, da CLT. A Fazenda Pública, o Ministério Público do Trabalho e a Defensoria Pública têm prazo em dobro, nos termos dos arts. 180, 183 e 186 do CPC.

6.2.1. Preparo

No que tange ao preparo do Agravo de Petição, quanto às custas correspondentes à interposição do recurso, aplica-se o disposto no art. 789-A da CLT, devendo ser recolhidas pelo executado ao final do processo.

Existe divergência, porém, tanto doutrinária quanto jurisprudencial, quanto à exigibilidade da garantia do juízo como pressuposto para o manejo do referido recurso em determinados casos.

Nos termos do art. 899, §§ 1º e 2º, da CLT:

> § 1º Sendo a condenação de valor até 10 (dez) vezes o salário mínimo regional, nos dissídios individuais, só será admitido o recurso inclusive o extraordinário, mediante prévio depósito da respectiva importância. Transitada em julgado a decisão recorrida, ordenar-se-á o levantamento imediato da importância de depósito, em favor da parte vencedora, por simples despacho do juiz.
>
> § 2º Tratando-se de condenação de valor indeterminado, o depósito corresponderá ao que for arbitrado, para efeito de custas, pela Junta ou Juízo de Direito, até o limite de 10 (dez) vezes o salário mínimo da região.

Conforme disposto nos parágrafos do supracitado artigo, assim como ocorre com os demais recursos trabalhistas, é pressuposto para a interposição do Agravo de Petição o depósito recursal respectivo até o limite fixado pelo TST, nos termos do item VI da Resolução n. 3/2013[32]. Caso o depósito não seja realizado pelo agravante, o recurso deverá ser considerado deserto, a não ser que a execução se encontre integralmente garantida, por exemplo, por penhora.[33]

Wolney de Macedo Cordeiro[34] leciona, contudo, que a garantia integral do juízo, em si, não é pressuposto de admissibilidade do Agravo de Petição. A garantia integral do juízo é hipótese de dispensa do depósito recursal, nos termos do item IV, *c*, da Instrução Normativa n. 3/2013 do

(32) VI – Os valores alusivos aos limites de depósito recursal serão reajustados anualmente pela variação acumulada do INPC do IBGE dos doze meses imediatamente anteriores, e serão calculados e publicados no Diário Eletrônico da Justiça do Trabalho por ato do Presidente do Tribunal Superior do Trabalho, tornando-se obrigatória a sua observância a partir do quinto dia seguinte ao da publicação.

(33) MIESSA, Élisson. *Manual dos recursos trabalhistas*: teoria e prática. 2. ed. Salvador: JusPodivm, 2016. p. 297.

(34) CORDEIRO, Wolney de Macedo. *Execução no processo do trabalho*. 4. ed. Salvador: JusPodivm, 2017. p. 482.

TST[35] e ainda conforme Súmula n. 128, itens I e II, também do TST[36]. Segundo o referido autor:

> Não existe exigência legal explícita de garantia do juízo como pressuposto de admissibilidade do agravo de petição. Não há um único dispositivo legal que imponha a exigência para a admissibilidade do agravo de petição, sendo inviável, do ponto de vista do devido processo legal, reconhecermos implicitamente este pressuposto recursal.[37]

Coadunam-se com o referido entendimento os seguintes julgados:

> RECURSO DE REVISTA. AGRAVO DE PETIÇÃO. DEPÓSITO RECURSAL. IN/TST N. 03/1993. "Garantido o juízo, na fase executória, a exigência de depósito para recorrer de qualquer decisão viola os incisos II e LV do art. 5º da CF/1988. Havendo, porém, elevação do valor do débito, exige-se a complementação da garantia do juízo" (Súmula n. 128, II, do TST). Recurso de revista conhecido e provido. (RR – 473900-29.2005.5.22.0004, Relator Ministro: Alberto Bresciani, Data de Julgamento: 04.06.2008, 3ª Turma, Data de Publicação: DJ 27.06.2008).

> RECURSO DE REVISTA – AGRAVO DE PETIÇÃO – DESERÇÃO AFASTADA – INEXIGIBILIDADE DE DEPÓSITO RECURSAL. Fere o princípio da legalidade e o do devido processo legal a exigência de depósito recursal na execução, já garantida por penhora. Recurso acolhido. PROC. N. TST-RR-527.351/99.1 (RR – 527351-54.1999.5.06.5555, Relator Juiz Convocado: José Pedro de Camargo Rodrigues de Souza, Data de Julgamento: 13.12.2000, 2ª Turma, Data de Publicação: DJ 16.02.2001).

Em sentido contrário, relevante parte da doutrina e jurisprudência trata a garantia do juízo como pressuposto de admissibilidade do Agravo de Petição. Por esse motivo, é recorrente o seu tratamento, conforme se verifica:

> AGRAVO DE PETIÇÃO. GARANTIA INTEGRAL DO JUÍZO NÃO COMPROVADA. NÃO CONHECIMENTO. Da interpretação dos arts. 884, 897, *a*, § 1º, e 899, § 1º, da CLT, chega-se à conclusão da necessidade da garantia integral do juízo para que se possibilite a discussão, via agravo de petição, dos interesses da executada. Inexistindo a comprovação de depósitos judiciais ou penhora capaz de garantir o juízo, há que se considerar não preenchido o pressuposto de admissibilidade, o que impede o conhecimento do recurso.
>
> (TRT. 10ª Reg. AP 0000239-95.2017.5.10.0004. Data do Julgamento: 31.10.2018. Relator: Pedro Luís Vicentin Foltran, Terceira Turma, Data de Publicação: 09.11.2018)

Levando-se em conta a jurisprudência dominante do Tribunal Superior do Trabalho e a coerência dos argumentos abordados, não há como considerar a garantia do juízo em si como pressuposto para o manejo do Agravo de Petição. Verifica-se que a garantia do juízo é hipótese de dispensa do depósito recursal e que ambos estão inseridos no preparo do recurso. Desta forma, o preparo do recurso é o pressuposto e não a garantia do juízo como recorrentemente se vê.

Ademais, foi incorporado ao texto do art. 899 da CLT, pela Lei n. 13.015/2014, o parágrafo oitavo, que dispensou a exigência de depósito recursal em se tratando de decisão contrária a posicionamento consolidado em súmula ou orientação jurisprudencial do TST.

A Lei n. 13.467/2017, Reforma Trabalhista, por sua vez, acrescentou ao art. 899 os §§ 9º ao 11 da CLT, que tratam de questões relativas ao preparo e dos quais destacamos o § 10 que consolidou a desnecessidade de realização do depósito recursal pelo recorrente amparado pelo benefício da justiça gratuita, e o § 11, que prevê a possibilidade da substituição do depósito por fiança bancária ou seguro garantia.

6.2.2. Delimitação das matérias

Nos termos do art. 897, § 1º, da CLT[38], além dos pressupostos aplicáveis aos demais recursos trabalhistas, é requisito para a admissão do Agravo de Petição a demonstração

(35) IV – A exigência de depósito no processo de execução observará o seguinte: c) garantida integralmente a execução nos embargos, só haverá exigência de depósito em qualquer recurso subsequente do devedor se tiver havido elevação do valor do débito, hipótese em que o depósito recursal corresponderá ao valor do acréscimo, sem qualquer limite;

(36) Súmula n. 128 do TST
DEPÓSITO RECURSAL (incorporadas as Orientações Jurisprudenciais ns. 139, 189 e 190 da SBDI-1) – Res. 129/2005, DJ 20, 22 e 25.04.2005
I – É ônus da parte recorrente efetuar o depósito legal, integralmente, em relação a cada novo recurso interposto, sob pena de deserção. Atingido o valor da condenação, nenhum depósito mais é exigido para qualquer recurso. (ex-Súmula n. 128 – alterada pela Res. 121/2003, DJ 21.11.2003, que incorporou a OJ n. 139 da SBDI-1 – inserida em 27.11.1998)
II – Garantido o juízo, na fase executória, a exigência de depósito para recorrer de qualquer decisão viola os incisos II e LV do art. 5º da CF/1988. Havendo, porém, elevação do valor do débito, exige-se a complementação da garantia do juízo. (ex-OJ n. 189 da SBDI-1 – inserida em 08.11.2000).
Verifica-se, pela redação da parte final da supracitada súmula, situação excepcional no que diz respeito ao depósito recursal. Na situação descrita, qual seja, quando houver majoração do valor do débito, não há teto legal, devendo o depósito corresponder ao valor integral da majoração.

(37) CORDEIRO, Wolney de Macedo. *Execução no processo do trabalho*. 4. ed. Salvador: JusPodivm, 2017. p. 483.

(38) § 1º O agravo de petição só será recebido quando o agravante delimitar, justificadamente, as matérias e os valores impugnados, permitida a execução imediata da parte remanescente até o final, nos próprios autos ou por carta de sentença.

pelo agravante do objeto do seu inconformismo, devendo indicar precisamente os valores impugnados em relação a quantitativos, índices, percentuais e demais elementos necessários à fixação do *quantum debeatur* e ao estabelecimento dos valores incontroversos[(39)].

Verifica-se, portanto, que a delimitação da matéria não se faz necessária quando o recurso for exclusivamente de direito, ou seja, quando não houver discussão de valores. Tal entendimento é aplicável no caso de agravo de petição que discute a impenhorabilidade de bem de família ou que ventile a penhora de bem público[(40)].

Na hipótese de o Agravo de Petição não abranger a integralidade das matérias discutidas na execução e, havendo valores incontroversos, a execução deverá continuar em relação a esses valores[(41)]. Na realidade do processo judicial eletrônico, em razão da possibilidade de acesso simultâneo aos autos do processo, ainda que esses tenham sido remetidos ao Tribunal competente para a apreciação do recurso, não se faz mais necessária a extração da carta de sentença ou ainda a formação de instrumento do agravo.

Relevante considerar ainda o entendimento do TST, consubstanciado no Informativo n. 171[(42)], no sentido da delimitação dos valores impugnados só ser considerada pressuposto recursal quando o Agravo de Petição for interposto pelo executado, de forma que a não delimitação feita pelo exequente não importa em prejuízo à continuidade da execução.

Nesse contexto, a execução dos valores incontroversos pode correr normalmente e em paralelo à matéria impugnada pelo Agravo de Petição[(43)].

6.2.3. Procedimento

O Agravo de Petição deve ser interposto por simples petição, acompanhado das razões e endereçado ao juiz responsável pela execução, o qual se denomina juízo *a quo*.

Após seu recebimento, o juiz deverá realizar o primeiro juízo de admissibilidade. Caso não tenham sido preenchidos os pressupostos, o juízo de admissibilidade é denominado negativo, de forma que, contra a decisão que negar andamento ao recurso, caberá Agravo de Instrumento nos termos do art. 897, *b*, da CLT[(44)].

Caso preenchidos os requisitos legais, o juízo de admissibilidade é denominado positivo, devendo o juiz abrir prazo para o recorrido contra-arrazoar, em iguais 8 (oito) dias. Decorrido esse prazo, deverá o juízo *a quo* remetê-lo ao denominado juízo *ad quem* para que seja processado e julgado o recurso.

A competência para apreciá-lo irá depender da competência originária para o processamento da execução. Dessa forma, caso a decisão seja proferida pelo Juízo de primeiro grau, na fase de execução, a competência será do TRT; se for decisão proferida por seu presidente na fase de execução dos processos de competência originária do Regional, a competência será do Tribunal Pleno, Órgão Especial ou Sessão Especializada, conforme Regimento Interno; e, caso a decisão recorrida for proferida pelo presidente do TST na fase de execução de processo de sua competência, será da SDI-I, nos termos do art. 71, II, *b*, de seu Regimento Interno[(45)].

Após o recebimento pelo juízo *ad quem*, o procedimento do Agravo de Petição correrá em observância aos arts. 929 a 946 do CPC e, da decisão proferida em sede de Agravo de Petição, caberá Recurso de Revista conforme será tratado.

7. AGRAVO DE INSTRUMENTO

No que diz respeito ao agravo de instrumento, esse recurso apresenta-se de forma distinta no Processo Civil e no Processo do Trabalho. Enquanto no primeiro destina-se ao combate de decisões interlocutórias, no segundo, é cabível contra decisões que deneguem seguimento a recursos. Por esse motivo, o instituto possui peculiaridades cuja análise e compreensão se fazem pertinentes dentro da proposta do presente estudo.

(39) CORDEIRO, Wolney de Macedo. *Execução no processo do trabalho*. 4. ed. Salvador: JusPodivm, 2017. p. 485.

(40) LEITE, Carlos Henrique Bezerra. *Curso de direito processual do trabalho*. 6. ed. São Paulo: LTr, 2008. p. 813. Citado por MIESSA, 2016. p. 296.

(41) Súmula n. 416 do TST

MANDADO DE SEGURANÇA. EXECUÇÃO. LEI N. 8.432/1992. ART. 897, § 1º, DA CLT. CABIMENTO (conversão da Orientação Jurisprudencial n. 55 da SBDI-2) – Res. 137/2005, DJ 22, 23 e 24.08.2005.

Devendo o agravo de petição delimitar justificadamente a matéria e os valores objeto de discordância, não fere direito líquido e certo o prosseguimento da execução quanto aos tópicos e valores não especificados no agravo. (ex-OJ n. 55 da SBDI-2 – inserida em 20.09.2000)

(42) Execução. Agravo de petição do exequente. Delimitação de valores prevista no art. 897, § 1º, da CLT. Inexigibilidade. A delimitação dos valores impugnados a que alude o art. 897, § 1º, da CLT é pressuposto de admissibilidade do agravo de petição e visa a execução imediata da parte incontroversa, razão pela qual somente é exigível do executado. O exequente, via de regra, pretende obter um acréscimo ao valor já apurado, de modo que o descumprimento da referida norma não acarreta qualquer prejuízo ao prosseguimento da execução. Sob esse entendimento, a SBDI-I, por unanimidade, conheceu dos embargos, por divergência jurisprudencial, e, no mérito, por maioria, deu-lhes provimento para, afastada a necessidade de delimitação de valores, determinar o retorno dos autos ao TRT para que prossiga no exame do agravo de petição do exequente, como entender de direito. Vencidos os Ministros Cláudio Mascarenhas Brandão, Alexandre Agra Belmonte, Guilherme Augusto Caputo Bastos, Walmir Oliveira da Costa e Ives Gandra Martins Filho. TST-E-RR-143500-80.2004.5.01.0342, SBDI-I, rel. Min. Hugo Carlos Scheuermann, 08.02.2018.

(43) CORDEIRO, Wolney de Macedo. *Execução no processo do trabalho*. 4. ed. Salvador: JusPodivm, 2017. p. 487.

(44) Art. 897. Cabe agravo, no prazo de 8 (oito) dias: b) de instrumento, dos despachos que denegarem a interposição de recursos.

(45) MIESSA, Élisson. *Manual dos recursos trabalhistas*: teoria e prática. 2. ed. Salvador: JusPodivm, 2016. p. 291.

7.1. Cabimento

O agravo de instrumento está previsto na CLT em seu art. 897, *b*, e, conforme disposição legal, é cabível especificamente frente aos despachos que denegarem o segmento de recursos. Desta forma, considerando o rito de processamento dos recursos nos tribunais do trabalho, verifica-se que o agravo de instrumento somente é cabível para "destrancar o recurso não processado no juízo *a quo*"[(46)]. Ou seja, o seu cabimento é restrito a impugnar as decisões denegatórias do primeiro juízo de admissibilidade do recurso.

Na execução trabalhista, portanto, o Agravo de Instrumento possui o relevante papel de destrancar os recursos inadmitidos na fase executória sendo considerado erro grosseiro a sua utilização como forma de se insurgir contra decisões interlocutórias.

7.2. Pressupostos

Quanto ao prazo para a interposição do agravo de instrumento no processo do trabalho, conforme dispõe o art. 897, *b*, da CLT, deverá ser considerada a regra geral aplicável aos recursos trabalhistas, ou seja, 8 (oito) dias úteis.

Cumpre destacar que, caso o referido agravo, ou mesmo suas contrarrazões, seja interposto pela Fazenda Pública, Ministério Público do Trabalho e Defensoria Pública o prazo será computado em dobro, vez que os arts. 180, 183 e 186 do CPC são compatíveis com o ordenamento jurídico trabalhista sendo, portanto, aplicáveis ao processo laboral.

Além dos demais pressupostos intrínsecos e extrínsecos aplicáveis aos recursos, ponto relevante a ser abordado no presente estudo diz respeito ao preparo do agravo de instrumento, matéria que sofreu alteração recente com a adição do § 8º pela Lei n. 13.015/2014 e dos §§ 9º ao 11 pela Lei n. 13.467/2017.

Na fase de execução são devidas custas no Agravo de Instrumento, conforme previsão do art. 789-A, III, da CLT. Contudo, como no Processo do Trabalho, as custas recolhidas ao final pelo executado não podem ser consideradas pressuposto recursal. Quanto ao depósito recursal, este deve corresponder a 50% do valor do depósito do recurso que pretende destrancar, conforme disposto no art. 899, § 7º, da CLT.

Quanto a esse ponto, é relevante destacar que, diferentemente do que ocorre com os demais recursos em que o recolhimento e comprovação deve se dar no prazo do aludido recurso, no Agravo de Instrumento a comprovação deve ser feita no ato da sua interposição[(47)]. Tal entendimento é consubstanciado pela Instrução Normativa n. 3, do TST, Item VIII[(48)].

Nos termos do art. 899, § 8º, da CLT, tem-se que:

> Quando o agravo de instrumento tem a finalidade de destrancar recurso de revista que se insurge contra decisão que contraria a jurisprudência uniforme do Tribunal Superior do Trabalho, consubstanciada nas suas súmulas ou em orientação jurisprudencial, não haverá obrigatoriedade de se efetuar o depósito referido no § 7º deste artigo.

A não observação dos pressupostos recursais que tratam do preparo do recurso importará na sua deserção.

7.3. Processamento

Diferentemente do que ocorre no Processo Civil, conforme inteligência do Enunciado n. 99 do Fórum Permanente de Processualistas Civis[(49)] e art. 1.028, § 3º, do CPC, no Processo do Trabalho, o duplo juízo de admissibilidade foi mantido, não tendo os referidos dispositivos sido recepcionados pela legislação trabalhista em vigor.

Conforme se infere do art. 2º, XI, da Instrução Normativa n. 39/2016, do TST[(50)], que se encontra em consonância com a legislação trabalhista, em vista da ausência de omissão e da incompatibilidade dos referidos preceitos civilistas ao procedimento trabalhista, não se aplica no Processo do Trabalho a desnecessidade de o juízo *a quo* exercer controle de admissibilidade nos recursos a ele endereçados.

Dessa forma, superados os pressupostos de admissibilidade do agravo, tendo em vista que o seu cabimento está atrelado ao destrancamento de recursos, deverá este ser remetido ao tribunal originalmente competente para apreciar o recurso inicialmente interposto, para que, só então, tenha seu mérito apreciado nos termos do art. 897, § 4º, da CLT.

Pode-se evidenciar que o agravo de instrumento, na execução trabalhista, apresenta-se com abrangência atenuada, não exercendo o mesmo protagonismo adquirido no processo civil.

8. RECURSO DE REVISTA

No tratamento do sistema recursal da execução trabalhista, não se pode deixar de mencionar o Recurso de

---

(46) MIESSA, Élisson. *Manual dos recursos trabalhistas*: teoria e prática. 2. ed. Salvador: JusPodivm, 2016. p. 431 e 433.

(47) MIESSA, Élisson. *Manual dos recursos trabalhistas*: teoria e prática 2. ed. Salvador: JusPodivm, 2016. p. 437.

(48) Instrução Normativa n. 3, Item VIII, do TST: [...] No caso de agravo de instrumento, o depósito recursal deverá ser comprovado no ato de interposição do recurso, nos ternos do art. 899, § 7º, da CLT, com a redação da Lei n. 12.275/2010.

(49) Enunciado n. 99. (art. 1.010, § 3º) O órgão *a quo* não fará juízo de admissibilidade da apelação. (Grupo: Ordem dos Processos no Tribunal, Teoria Geral dos Recursos, Apelação e Agravo)

(50) Art. 2º Sem prejuízo de outros, não se aplicam ao Processo do Trabalho, em razão de inexistência de omissão ou por incompatibilidade, os seguintes preceitos do Código de Processo Civil: XI – art. 1.010, § 3º (desnecessidade de o juízo *a quo* exercer controle de admissibilidade na apelação).

Revista. Ele possui natureza extraordinária, ou seja, restringe-se à análise objetiva do direito, inadmitindo reapreciação de provas e matéria fática julgada no decorrer do processo. O referido recurso possui como finalidade exclusiva permitir a verificação, pelo Tribunal Superior do Trabalho, da uniformidade dos julgados proferidos pelos órgãos inferiores, verificando a conformidade da aplicação da Constituição Federal aos julgados, visando, por fim, garantir a segurança jurídica ao jurisdicionado.

Conforme disposição legal, o Recurso de Revista é cabível para impugnar decisão proferida em sede de Agravo de Petição, possuindo como pressuposto específico a demonstração de ofensa direta e literal de norma constitucional.(51)

Nesse sentido converge o entendimento jurisprudencial, consubstanciado na Súmula n. 266 do TST, que assim estabelece:

> AGRAVO DE INSTRUMENTO. RECURSO DE REVISTA – DESCABIMENTO. A necessidade do revolvimento de fatos e provas impede o regular processamento da revista, a teor da Súmula n. 126/TST. Por outra face, o entendimento do Regional decorre de interpretação de normas infraconstitucionais, assim, na ausência de expressa e direta violação de preceito constitucional, não prospera recurso de revista, interposto em fase de execução (CLT, art. 896, § 2º). Esta é a ordem que a Súmula n. 266 do TST reitera. Agravo de instrumento conhecido e desprovido. (AIRR – 259240-69.1998.5.05.0024, Relator Ministro: Alberto Bresciani, Data de Julgamento: 04.06.2008, 3ª Turma, Data de Publicação: DJ 27.06.2008).

A Lei n. 13.015/2014 ampliou suas hipóteses de seu cabimento, possibilitando seu manejo caso verificado violação à Lei Federal, divergência jurisprudencial e ofensa à Constituição nas execuções fiscais e nas controvérsias da fase de execução que envolvam a Certidão Negativa de Débitos Trabalhistas, nos termos do § 10 do art. 896 da CLT.(52)

Por fim, cabe ressaltar que o prazo para sua interposição é de 8 dias, sendo pressuposto de sua admissibilidade o prequestionamento da matéria impugnada. Quanto ao seu processamento, deverá ser interposto por simples petição, endereçada ao presidente ou vice-presidente do Tribunal(53) no qual a decisão impugnada foi prolatada. Caso preenchidos os pressupostos de admissibilidade, deverá ser remetido ao TST para apreciação da matéria.

9. EMBARGOS DE DECLARAÇÃO

A fim de concluir o presente estudo sobre o sistema recursal da execução trabalhista, passa-se a tratar dos Embargos Declaratórios.

Os Embargos de Declaração, de acordo com o art. 994 do CPC vigente, trata-se de espécie recursal e, nos termos do art. 1.022 do *codex*, é cabível para esclarecer obscuridade ou eliminar contradição, suprir omissão e corrigir erro material. Por sua vez, na CLT, guarda previsão no art. 897-A da CLT, que assim dispõe:

> Art. 897-A Caberão embargos de declaração da sentença ou acórdão, no prazo de cinco dias, devendo seu julgamento ocorrer na primeira audiência ou sessão subsequente a sua apresentação, registrado na certidão, admitido efeito modificativo da decisão nos casos de omissão e contradição no julgado e manifesto equívoco no exame dos pressupostos extrínsecos do recurso.

Verifica-se, *a priori*, pela leitura dissociada do texto do supracitado artigo que os embargos declaratórios, no âmbito do Processo do Trabalho, restringem-se a impugnar sentenças e acórdãos. Contudo, conforme art. 9º da Instrução Normativa n. 39 do TST(54), aplica-se ao processo do trabalho o art. 1.022 do CPC. Por este motivo, as hipóteses de cabimento do referido recurso no procedimento laboral foram ampliadas, sendo cabível contra qualquer decisão judicial, incluindo as decisões interlocutórias, sem prejuízo ao princípio da irrecorribilidade imediata das decisões interlocutórias previsto no art. 893, § 1º, da CLT.

Outro aspecto relevante do aludido recurso trata-se da sua utilização como forma de prequestionar a matéria a ser impugnada nos recursos de natureza extraordinária, a saber, o Recurso de Revista, Recurso Especial e Recurso Extraordinário. O tema já foi tratado na Súmula n. 297 do TST que assim dispõe em seu item II: "II. Incumbe à parte interessada, desde que a matéria haja sido invocada no recurso principal, opor embargos declaratórios objetivando o pronunciamento sobre o tema, sob pena de preclusão".

Evidencia-se desta forma, o relevante papel dos Embargos Declaratórios tanto como forma de prequestionamento de matérias, quanto no esclarecimento das decisões proferidas no âmbito da Justiça do Trabalho de maneira que, o seu uso não se limita às sentenças ou acórdãos conforme dispõe o *caput* do art. 897-A da CLT.

---

(51) Art. 896. Cabe Recurso de Revista para Turma do Tribunal Superior do Trabalho das decisões proferidas em grau de recurso ordinário, em dissídio individual, pelos Tribunais Regionais do Trabalho, quando: § 2º Das decisões proferidas pelos Tribunais Regionais do Trabalho ou por suas Turmas, em execução de sentença, inclusive em processo incidente de embargos de terceiro, não caberá Recurso de Revista, salvo na hipótese de ofensa direta e literal de norma da Constituição Federal.

(52) § 10. Cabe recurso de revista por violação a lei federal, por divergência jurisprudencial e por ofensa à Constituição Federal nas execuções fiscais e nas controvérsias da fase de execução que envolvam a Certidão Negativa de Débitos Trabalhistas (CNDT), criada pela Lei n. 12.440, de 7 de julho de 2011.

(53) § 1º O recurso de revista, dotado de efeito apenas devolutivo, será interposto perante o Presidente do Tribunal Regional do Trabalho, que, por decisão fundamentada, poderá recebê-lo ou denegá-lo.

(54) Art. 9º O cabimento dos embargos de declaração no Processo do Trabalho, para impugnar qualquer decisão judicial, rege-se pelo art. 897-A da CLT e, supletivamente, pelo Código de Processo Civil (arts. 1.022 a 1.025; §§ 2º, 3º e 4º do art. 1.026), excetuada a garantia de prazo em dobro para litisconsortes (§ 1º do art. 1.023).

10. CONCLUSÃO

Considerando os escassos, pouco abrangentes e desatualizados dispositivos celetistas, que tratam do sistema recursal da execução trabalhista, resta evidente o quadro de letargia mencionado pelos doutrinadores citados no presente estudo. Não são raras as dúvidas que surgem quando da aplicação dos seus institutos. Por esse motivo, se faz necessário recorrer constantemente à utilização dos institutos processuais civis, cujas normas compõem um sistema mais harmônico e condizente com as necessidades modernas. Além disso, a atuação dos órgãos jurisdicionais trabalhistas torna-se essencial à promoção da correta interpretação das leis, na homogeneização dos seus julgados e garantia de segurança jurídica ao sistema.

Quanto às espécies recursais em si, conclui-se que o agravo de petição ocupa posição de destaque no sistema executório trabalhista. O agravo em comento foi eleito pelo legislador como a "modalidade única de instrumento destinado a impugnar as resoluções judiciais proferidas no processo de execução"[55], e, ainda assim, é o tipo recursal que, em razão da pouca técnica empreendida pelo legislador, gera as maiores polêmicas doutrinárias e controvérsias jurisprudenciais.

Por fim, se faz relevante compreender os princípios próprios e peculiaridades do sistema de execução trabalhista para a correta aplicação dos seus institutos e as fontes a ele aplicáveis. A tarefa não é fácil, porém, dada a conjuntura da legislação celetista, é o único meio de promover a efetiva prestação jurisdicional e atender às necessidades dos jurisdicionados, sem descaracterizar e retroceder na aplicação dos institutos processualistas atinentes à execução trabalhista.

11. REFERÊNCIAS

ALMEIDA, Cléber Lúcio de. *Direito Processual do Trabalho*. 6. ed. São Paulo: LTr, 2016.

BRASIL. *Constituição da República Federativa do Brasil*. Disponível em: <http:// http://www.planalto.gov.br/ccivil_03/constituicao/constituicao.htm>. Acesso em: 10 jan. 2019.

______. *Decreto-lei n. 5.452 de 1º de maio de 1943*. Aprova a Consolidação das Leis do Trabalho. Disponível em: <http://www.planalto.gov.br/ccivil_03/decreto-lei/Del5452.htm>. Acesso em: 14 dez. 2018.

______. *Lei n. 13.105 de 16 de março de 2015*. Código de Processo Civil. Disponível em: <http://www.planalto.gov.br/ccivil_03/_Ato2015-2018/2015/Lei/L13105.htm>. Acesso em: 17 dez. 2018.

CORDEIRO, Wolney de Macedo. *Execução no processo do trabalho*. 4. ed. Salvador: JusPodivm, 2017.

DIDIER JR., Fredie. *Curso de direito processual civil*: introdução ao direito processual civil, parte geral e processo de conhecimento. 18. ed. Salvador: JusPodivm, 2016.

______. *Curso de direito processual civil*: o processo civil nos tribunais, recursos, ações de competência originária de tribunal e *querela nullitatis*, incidentes de competência originária de tribunal. 14. ed. Salvador: JusPodivm, 2017.

MIESSA, Élisson. *Manual dos recursos trabalhistas*: teoria e prática. 2. ed. Salvador: JusPodivm, 2016.

SCHIAVI, Mauro. *Manual de direito processual do trabalho*. 7. ed. São Paulo: LTr, 2014.

TEIXEIRA FILHO, Manoel Antonio. *Execução no processo do trabalho*. 12. ed. São Paulo: LTr, 2017.

THEODORO JUNIOR, Humberto. *Curso direito processual civil – teoria geral do processo civil, processo de conhecimento e procedimento comum*. V. 1. ed. Rio de Janeiro: Forense, 2015.

TRT 2ª R. AP 02927005820055020065; Ac. 20120039756; Décima Quinta Turma; Rel. Des. Fed. Carlos Roberto Husek; DJESP 18.09.2012.

TRT da 2ª Região, AI 0140700-44.2006.5.02.0031, em 13.05.2015, Desembargadora Andrea Grosmann.

TRT da 4ª Região, Seção Especializada em Execução, 0000007-36.2017.5.04.0203 AP, em 01.09.2017, Desembargadora Lucia Ehrenbrink.

TRT da 10ª Reg. AP 0000239-95.2017.5.10.0004. Data do Julgamento: 31.10.2018. Relator: Pedro Luís Vicentin Foltran, Terceira Turma, Data de Publicação: 09.11.2018. Disponibilizado em: <http://www.trt10.jus.br/jurisprudencia/jsf/index.jsf;jsessionid=khzSBnr8Y7_Y-ToKr5pCfX4ItH_iJNf-5tbymwuc.as.>. Acesso em: 9 set. 2019.

TST. AIRR – 259240-69.1998.5.05.0024, Relator Ministro: Alberto Bresciani, Data de Julgamento: 04.06.2008, 3ª Turma, Data de Publicação: DJ 27.06.2008.

TST. RR – 473900-29.2005.5.22.0004, Relator Ministro: Alberto Bresciani, Data de Julgamento: 04.06.2008, 3ª Turma, Data de Publicação: DJ 27.06.2008.

TST. RR – 527351-54.1999.5.06.5555, Relator Juiz Convocado: José Pedro de Camargo Rodrigues de Souza, Data de Julgamento: 13.12.2000, 2ª Turma, Data de Publicação: DJ 16.02.2011.

(55) TEIXEIRA FILHO, Manoel Antonio. *Execução no processo do trabalho*. 12. ed. São Paulo: LTr, 2017. p. 235.

A Fase de Expropriação no Processo do Trabalho

Maria Gabriela Pinheiro Santos(1)

1. INTRODUÇÃO

No imaginário que se constrói sobre o Poder Judiciário, Processo e Procedimento, tem-se a figura do Estado-Juiz e de todos os seus auxiliares, bem como daqueles que a Constituição denominou como exercentes de funções essenciais à justiça, quais sejam advogados(2), membros do Ministério Público(3), dentre outros(4). Todos eles em busca de um processo que seja célere, justo e efetivo.

O Poder Judiciário tem como objetivo pacificar os conflitos sociais, trazidos pelas partes, sempre levando em conta as normas fundamentais(5) previstas, sobretudo, na Constituição Federal Brasileira. Em toda a construção da ideia de Estado moderno(6), ele possui essa responsabilidade.

Durante a fase de conhecimento, o que se busca do Poder Judiciário é o acertamento do direito, que se materializará com a sentença de mérito. Finda essa fase processual, é necessário novo procedimento, com principiologia própria, inquisitivo, capaz de satisfazer a tutela jurisdicional.

Essa fase é de suma importância, visto que o jurisdicionado, ao confiar sua pretensão ao Estado, deposita no Poder Judiciário a certeza da reparação da lesão sofrida. Quando se trata de Justiça do Trabalho, tem-se que ter um cuidado ainda maior, diante da extrema delicadeza da natureza de seus créditos, de caráter alimentar, de primeira necessidade(7).

Um comando jurisdicional não efetivo gera, no âmbito social, sentimento de insegurança jurídica, o que

---

(1) Advogada, Especialista em Direito Individual e Processual do Trabalho pela Pontifícia Universidade Católica de Minas Gerais; Membro da Oficina de Estudos Avançados IPCPT – As interfaces entre o Processo Civil e o Processo do Trabalho da Faculdade de Direito Milton Campos. *E-mail:* <gabi.adv2019@hotmail.com>.

(2) Art. 133 CF: O advogado é indispensável à administração da justiça, sendo inviolável por seus atos e manifestações no exercício da profissão, nos limites da lei.

(3) Art. 127 CF: O Ministério Público é instituição permanente, essencial à função jurisdicional do Estado, incumbindo-lhe a defesa da ordem jurídica, do regime democrático e dos interesses sociais e individuais indisponíveis.

(4) Art. 134 CF: A Defensoria Pública é instituição permanente, essencial à função jurisdicional do Estado, incumbindo-lhe, como expressão e instrumento do regime democrático, fundamentalmente, a orientação jurídica, a promoção dos direitos humanos e a defesa, em todos os graus, judicial e extrajudicial, dos direitos individuais e coletivos, de forma integral e gratuita, aos necessitados, na forma do inciso LXXIV do art. 5º desta Constituição Federal (Redação dada pela Emenda Constitucional n. 80, de 2014).

Art. 131 CF: A Advocacia-Geral da União é a instituição que, diretamente ou através de órgão vinculado, representa a União, judicial e extrajudicialmente, cabendo-lhe, nos termos da lei complementar que dispuser sobre sua organização e funcionamento, as atividades de consultoria e assessoramento jurídico do Poder Executivo.

(5) "Os valores constitucionais compõem, portanto, o contexto axiológico fundamentador ou básico para a interpretação de todo o ordenamento jurídico; o postulado-guia para orientar a hermenêutica teleológica e evolutiva da Constituição; e o critério para medir a legitimidade do sistema de legalidade". (PIOVESAN, Flávia. 2000, p. 27).

(6) Mesmo na ultrapassada filosofia política do Estado Liberal, extremamente restritiva quanto as funções do Estado, a jurisdição esteve sempre incluída como uma responsabilidade Estatal. E hoje, prevalecendo as ideias do Estado Social, em que o Estado se reconhece a função fundamental de promover a plena realização dos valores humanos, isso deve servir, de um lado, para pôr em destaque a função jurisdicional pacificadora como fator de eliminação dos conflitos que afligem as pessoas e lhes trazem angústias; de outro, para advertir os encarregados do sistema, quanto a necessidade de fazer do processo um meio efetivo para a realização da justiça. ARAUJO CINTRA, Antônio Carlos; GRINOVER, Ada Pellegrini; DINAMARCO, Cândido Rangel. (2004, p. 25).

(7) Como bem ensina Bento Herculano Duarte Neto (2017, p. 13): "a execução é fase processual que propicia a concretização do princípio constitucional do acesso à justiça (art. 5º, inciso XXXV, da Constituição Federal). Tal assertiva, se já é extremamente relevante em se tratando de direitos meramente patrimoniais da seara cível, com muito mais importância e gravidade se revela ao se tratar dos bens tutelados pelo direito do trabalho. O direito do trabalho veicula bens jurídicos dotados de fundamentalidade formal e material, ínsitos à dignidade humana e aos valores sociais do trabalho (art. 1º, incisos III e IV, da Constituição Federal), em regra indisponíveis. São parcelas de caráter alimentar, necessárias à sobrevivência do trabalhador – geralmente, desempregado no momento de realização processual – e que demandam um direito processual do trabalho que seja adequado à sua natureza. Sobre a relevância dos bens tutelados pelo direito do trabalho, Cleber Lúcio de Almeida esclarece que são dotados de transcendência múltipla: a) Transcendência econômica: tutela os bens materiais necessários para a sobrevivência própria e familiar dos trabalhadores. É esta transcendência que reconhece o caráter alimentar e a atribuição de natureza superprivilegiada aos créditos trabalhistas (art. 100, § 1º, da Constituição Federal e art. 186 do CTN). b) Transcendência humana: o direito do trabalho não objetiva somente assegurar a existência do trabalhador, mas assegurar o acesso a bens materiais e imateriais indispensáveis a uma vida conforme a dignidade humana. c) Transcendência social: uma das funções primordiais do direito do trabalho é a distribuição da riqueza gerada pelo trabalho humano. Atua, portanto, como instrumento de realização da justiça social. d) Transcendência política: o direito do trabalho procura criar as condições econômicas e jurídicas necessárias à participação dos trabalhadores na tomada de decisões de política econômica e social".

enfraquece a própria concepção de Estado moderno, pautado no respeito às instituições democráticas e alicerçado na dignidade daquele em prol do qual todo o ordenamento jurídico se assenta, ou seja, o ser humano. Se não houver a entrega do crédito reconhecido na sentença estatal, essa torna-se inócua e não há que se falar em justiça.

Só há o devido respeito e efetivação dos princípios e normas fundamentais, como as que asseguram um processo célere e efetivo com observância do contraditório, da ampla defesa etc., se o objetivo principal, que é a efetivação da tutela jurisdicional, se cumprir.

Nesse sentido, o Código de Processo Civil (CPC), apresentando um grande avanço, estabeleceu em seu art. 4º(8) Norma Fundamental do Processo, que inclui a atividade satisfativa, como direito da parte e objetivo a ser perseguido pelo Estado e em prazo razoável.

É nessa circunstância que se sustenta a importância dos procedimentos de expropriação, pois, com eles, o direito passa a ser realmente efetivo, com a entrega do bem da vida devido ao credor. É a materialização daquilo que foi reconhecido no mundo jurídico.

Penhorados e avaliados os bens na execução por quantia certa, chega-se o momento de saldar o crédito do exequente. Trata-se, portanto, a expropriação como gênero das espécies previstas no ordenamento para a satisfação do crédito. Passa-se agora aos estudos desses institutos, de indiscutível importância para o Processo.

2. EXPROPRIAÇÃO DOS BENS

Na história do direito, os atos expropriatórios possuem origem no Direito Civil Romano. Inicialmente, o devedor inadimplente era punido das formas mais violentas possíveis, respondendo com o seu corpo pelas obrigações contraídas. Tais consequências impostas possuíam respaldo do Estado e da própria sociedade, pois era a prática entendida como necessária e capaz de coibir o contratante a não descumprir a obrigação assumida. Caso descumprida, era direito do credor cobrar a dívida, punindo o devedor. Com a evolução da sociedade, do pensamento, influenciado, sobretudo, pelo cristianismo e pelo reconhecimento de valores humanos, a execução passou a limitar-se à esfera patrimonial do executado.

Como bem esclarece Cândido Rangel Dinamarco:

> As regras do processo civil romano não eram em nada favoráveis ao devedor. Permitiam injustiças e atrocidades que repugnam à mentalidade do observador influenciado pelas tábuas de valores da sociedade e do direito moderno. Para entender o sistema executivo romano, como para entender qualquer sistema jurídico do passado, é indispensável reportar-se ao momento histórico e sociológico em que vigorou. Hoje sofre a execução uma série de limitações políticas, em nome de inalienáveis valores humanos que se traduzem nos chamados direitos da personalidade. É pacífico que o devedor responde pelas obrigações contraídas, apenas com seu patrimônio e não com o seu corpo, sendo excepcionalíssimos os casos de prisão civil; e que a execução deve parar no momento em que se atinge o ponto de satisfação do credor ou em que se começa a invadir o mínimo patrimonial necessário à subsistência do devedor[...]Mas isso foi o resultado de uma longa evolução, fruto de uma experiência e da influência do cristianismo e de princípios socialistas no direito e na mentalidade dos povos. Os romanos, ao menos no período arcaico de seu direito processual (período das *legis actiones*, que perdurou até ao século II a.C), não haviam aprendido a distinguir entre o corpo e o patrimônio das pessoas, de modo que, por exemplo, aquele que se obrigara mediante o *nexum* ficava ligado ao credor por um estreitíssimo vínculo pessoal; no caso de quebra da palavra empenhada deveria responder pela infidelidade. (DINAMARCO, 2000, p. 31-33)

É certo que nos tempos atuais, os atos expropriatórios possuem uma série de limitações e se distinguem muito dos modelos adotados nos primórdios da civilização Romana. O art. 789 do CPC limita a responsabilidade do devedor à esfera patrimonial, dispondo que este responde com todos os seus bens presentes e futuros para o cumprimento de suas obrigações, ressalvadas as restrições previstas na lei.

Feitas essas breves considerações, passa-se ao estudo dos atos expropriatórios no Processo do Trabalho.

3. ADJUDICAÇÃO

A Adjudicação é espécie de ato expropriatório que possibilita a aquisição do bem penhorado, em regra, pelo próprio exequente, como forma de satisfazer o seu direito. Assemelha-se ao instituto da dação em pagamento do Direito Civil, na parte em que o credor aceita receber um bem em pagamento de determinada dívida(9).

Caso haja o interesse do credor, esse deve manifestar-se em momento oportuno, qual seja, após a avaliação do bem e antes da formalização da sua alienação em hasta pública.

Conforme ensina Humberto Theodoro Júnior, a adjudicação é:

> [...] ato executivo expropriatório, por meio do qual o juiz, em nome do Estado, transfere o bem penhorado

---

(8) Art. 4º CPC: As partes têm o direito de obter em prazo razoável a solução integral do mérito, incluída a atividade satisfativa.

(9) Segundo Cesar Fiuza, a dação em pagamento, "também chamada de *datio pro soluto ou datio insolutum,* ocorre quando o credor consente em receber coisa que não dinheiro, em substituição à coisa devida. Será sempre avençada após a constituição da obrigação, podendo ser antes ou depois do seu vencimento". (FIUZA, César. 2008, p. 361).

para o exequente ou para outras pessoas a quem a lei confere preferência na aquisição. Não se confunde com a arrematação, porque a função precípua da adjudicação, quando a exerce o próprio credor, não é a de transformar o bem em dinheiro, mas o de usá-lo diretamente como meio de pagamento. Contudo, "tanto como na arrematação, há neste ato expropriatório atuação processual executiva do judiciário, no exercício da tutela jurisdicional. (THEODORO JÚNIOR, 2010, p. 331).

A Consolidação das Leis do Trabalho (CLT) não possui um regulamento específico a respeito do instituto da adjudicação, apenas faz menção a ele no § 1º[10] do art. 888, ao dizer que o exequente tem preferência para a adjudicação. Diante da omissão celetista e da compatibilidade do regramento previsto no CPC, esse deverá ser utilizado. (CLT, art. 769 CLT c/c o art. 15 do CPC)[11].

Pela sistemática trazida desde a reforma promovida pela Lei n. 11.382/2006, e mantida no atual CPC[12], parte da doutrina entende que a adjudicação se tornou a forma preferencial de satisfação do crédito exequendo[13], por ser, na prática, a forma menos burocrática, mais rápida e menos onerosa. Tal posicionamento parte do pressuposto que a remição deixou de ser modalidade de expropriação executiva.

Em sentido contrário, Carlos Henrique Bezerra Leite (2011, p. 1114) aduz que "A interpretação lógica e sistemática do processo de execução autoriza-nos a estabelecer uma ordem de preferência, de modo que a execução se processe de maneira menos gravosa para o devedor. Assim, a remição prefere à adjudicação".

3.1. Legitimados e procedimento

Segundo os §§ 4º, 5º do art. 876 do CPC[14], aplicáveis ao Processo do Trabalho, uma vez penhorados e avaliados os bens, o credor poderá requerer a adjudicação desde que não ofereça preço inferior à avaliação. Caso o bem tenha sido avaliado em valor superior ao crédito, deverá o exequente depositar de imediato a diferença. Caso contrário, a execução prosseguirá quanto à parte remanescente.

Havendo pluralidade de credores, o procedimento se dará de forma diversa quanto à necessidade ou não de se depositar o preço do bem, caso haja concorrência entre o adjudicante e outros credores em relação ao produto da alienação. Conforme previsão dos parágrafos do art. 908 do CPC[15]:

Explica Humberto Theodoro Júnior que:

> O exequente, ao exercer o direito de adjudicar, está dispensado de exibir o preço, desde que este seja igual ou inferior ao seu crédito, e não haja concorrência de outros pretendentes com preferência legal sobre o produto da execução. [...]. Em outros casos, o adjudicatário terá de efetuar o depósito integral do preço da adjudicação. É o caso que concorre com outros credores com penhora anterior à sua ou com preferência legal sobre o bem adjudicado. [...] A eventual disputa entre diversos candidatos à adjudicação movida resolver-se-á por licitação, ganhando o que melhor preço oferecer; a ordem das penhoras não cria preferência na adjudicação, mas sobre o produto da expropriação, razão pela qual o adjudicatário, se não for o primeiro na ordem das penhoras,

(10) Art. 888 CLT – Concluída a avaliação, dentro de dez dias, contados da data da nomeação do avaliador, seguir-se-á a arrematação, que será anunciada por edital afixado na sede do juízo ou tribunal e publicado no jornal local, se houver, com a antecedência de vinte (20) dias. § 1º A arrematação far-se-á em dia, hora e lugar anunciados e os bens serão vendidos pelo maior lance, tendo o exequente preferência para a adjudicação.

(11) Art. 769 CLT: Nos casos omissos, o direito processual comum será fonte subsidiária do direito processual do trabalho, exceto naquilo em que for incompatível com as normas deste título.
Art. 15 CPC: Na ausência de normas que regulem processos eleitorais, trabalhistas ou administrativos, as disposições deste código lhes serão aplicadas supletiva e subsidiariamente.

(12) Art. 825 CPC: A expropriação consiste em: I – adjudicação; II – alienação; III – apropriação de frutos e rendimentos de empresa ou de estabelecimentos e de outros bens.

(13) "A adjudicação dos bens penhorados, transformou-se, com a reforma da Lei n. 11.382/2006, na forma preferencial de satisfação do direito do credor na execução de obrigação por quantia certa (arts. 647, I e 686). As tradicionais modalidades de apuração de numerário por meio de alienação judicial, tornaram-se secundárias. A execução tende, em primeiro lugar, a propiciar ao exequente a apropriação direta dos bens conscritos em pagamento de seu crédito. Ao mesmo tempo, a reforma ampliou a legitimação dos que podem concorrer à adjudicação, nela incluindo aqueles, que antigamente, podiam exercer a remição (cônjuge, ascendentes e descendentes do executado). Desapareceu, pois a remição como modalidade especial de expropriação executiva. O direito dos antigos remidores, porém, não desapareceu; transformou-se em direito à adjudicação. (THEODORO JUNIOR, Humberto. 2010, p. 331).

(14) Art. 876 CPC. É lícito ao exequente, oferecendo preço não inferior ao da avaliação, requerer que lhe sejam adjudicados os bens penhorados. § 4º Se o valor do crédito for: I – inferior ao dos bens, o requerente da adjudicação depositará de imediato a diferença, que ficará à disposição do executado; II – superior ao dos bens, a execução prosseguirá pelo saldo remanescente. § 5º Idêntico direito pode ser exercido por aqueles indicados no art. 889, incisos II a VIII, pelos credores concorrentes que hajam penhorado o mesmo bem, pelo cônjuge, pelo companheiro, pelos descendentes ou pelos ascendentes do executado.

(15) Art. 908 CPC: Havendo pluralidade de credores ou exequentes, o dinheiro lhes será distribuído e entregue consoante a ordem das respectivas preferências. § 1º No caso de adjudicação ou alienação, os créditos que recaem sobre o bem, inclusive os de natureza *propter rem*, sub-rogam-se sobre o respectivo preço, observada a ordem de preferência. § 2º Não havendo título legal à preferência, o dinheiro será distribuído entre os concorrentes, observando-se a anterioridade de cada penhora.

terá de depositar o preço para sobre ele realizar-se o direito de preferência de outros concorrentes. (THEODORO JÚNIOR, 2010, p. 332).

Sabe-se que a execução trabalhista lida com créditos alimentares, que possuem natureza preferencial[16] sobre outros créditos[17]. Para que se saiba a necessidade ou não do adjudicante depositar o preço do bem na seara laboral, é preciso estar diante de concorrência entre credores de créditos de natureza trabalhista e analisar a preferência quanto à exigência do crédito. Nesse sentido:

> AGRAVO DE PETIÇÃO. ADJUDICAÇÃO DE BEM PENHORADO EM OUTRO PROCESSO. CABIMENTO. ILEGITIMIDADE DE TERCEIRO INTERESSADO PARA ATUAR NO PROCESSO PRINCIPAL. A existência de penhora anterior não impede o prosseguimento da execução, inclusive em relação aos atos expropriatórios que podem ser consumados com a adjudicação. O detentor da preferência decorrente da penhora anterior tem legitimidade para postular o pagamento de seu crédito pelo adjudicante, ou disputar com ele a adjudicação, mas não a parte estranha à lide. Caso em que a irmã do executado apresenta manifestação no processo principal sem possuir legitimidade para tanto. Aplicação do art. 674 do CPC. Agravo de petição conhecido por força do princípio da instrumentalidade e não provido. (TRT da 4ª Região, Seção Especializada em Execução, 0021536-54.2013.5.04.0332 AP, em 20.07.2018, Desembargador Janney Camargo Bina).

No entanto, a legitimidade para requerer a adjudicação dos bens do devedor não se restringe ao exequente. Assim, além dele, a legislação, no § 5º[18] do art. 876 e inc. II a VIII do art. 889, do CPC[19], entende ser legítima a pretensão, realizada por alguns terceiros, que também terão preferência para a aquisição dos bens.

Em sentido contrário, à aplicação de tais dispositivos ao Processo Trabalhista, Wolney de Macedo Cordeiro defende que:

> A natureza privilegiadíssima do crédito trabalhista impõe o afastamento das prerrogativas dos demais credores portadores de título não preferenciais. A possibilidade de adjudicação por meio de terceiros, especialmente das pessoas indicadas no CPC, art. 889, II a VIII, é uma manifestação clara de desprestígio do crédito laboral, pois não basta assegurar a quitação prioritária do débito trabalhista. O caráter preponderante dessa verba deve se refletir na própria condução do procedimento executivo, mediante a eliminação de eventuais obstáculos para sua concretização. Reconhecer a possibilidade de adjudicação para terceiros portadores de garantias e privilégios cíveis significa um retardo desnecessário e incompatível com a essência da execução laboral. (CORDEIRO, 2017, p. 340).

Apesar do respeitável posicionamento do autor acima citado, entende-se que a possibilidade de adjudicação dos bens por terceiros, se forem feitas as devidas adaptações ao Processo Trabalhista, é plenamente possível por ser mais célere e menos burocrática, o que facilita a satisfação do crédito. Assim, diferentemente do que se defende no processo comum[20], em razão da natureza privilegiada do crédito trabalhista e da posição hipossuficiente do credor, somente quando não houver interesse deste em adjudicar os bens, é que será válida a sua realização pelos demais interessados, respeitando-se assim todo arcabouço protetivo trabalhista.

Havendo mais de um pretendente à adjudicação, será realizada a licitação entre eles e aquela será deferida a quem oferecer o maior preço. Caso haja igualdade de oferta, terá preferência o cônjuge, o companheiro, o descendente e o

(16) O Superior Tribunal de Justiça possui jurisprudência consolidada no sentido de que "no concurso de credores estabelecem-se duas ordens de preferência: os créditos trabalhistas, os da Fazenda Federal, Estadual e Municipal e os com garantia real, nesta ordem; em um segundo momento, a preferência se estabelece em favor dos credores com penhora antecedente ao concurso, observando-se entre eles a ordem cronológica da constrição" (Resp. 594.491/RS, Rel. Ministra ELIANA CALMON, SEGUNDA TURMA, julgado em 02.06.2005, DJ 08.08.2005, p. 258). Súmula n. 83/STJ. Precedentes.

(17) Art. 186 CTN: O crédito tributário prefere a qualquer outro, seja qual for sua natureza ou o tempo de sua constituição, ressalvados os créditos decorrentes da legislação do trabalho ou do acidente de trabalho.

(18) Art. 876 CPC: É lícito ao exequente, oferecendo preço não inferior ao da avaliação, requerer que lhe sejam adjudicados os bens penhorados. § 5º Idêntico direito pode ser exercido por aqueles indicados no art. 889, incisos II a VIII, pelos credores concorrentes que hajam penhorado o mesmo bem, pelo cônjuge, pelo companheiro, pelos descendentes ou pelos ascendentes do executado.

(19) Art. 889 CPC: Serão cientificados da alienação judicial, com pelo menos 5 (cinco) dias de antecedência: I – o executado, por meio de seu advogado ou, se não tiver procurador constituído nos autos, por carta registrada, mandado, edital ou outro meio idôneo; II – o coproprietário de bem indivisível do qual tenha sido penhorada fração ideal; III – o titular de usufruto, uso, habitação, enfiteuse, direito de superfície, concessão de uso especial para fins de moradia ou concessão de direito real de uso, quando a penhora recair sobre bem gravado com tais direitos reais; IV – o proprietário do terreno submetido ao regime de direito de superfície, enfiteuse, concessão de uso especial para fins de moradia ou concessão de direito real de uso, quando a penhora recair sobre tais direitos reais; V – o credor pignoratício, hipotecário, anticrético, fiduciário ou com penhora anteriormente averbada, quando a penhora recair sobre bens com tais gravames, caso não seja o credor, de qualquer modo, parte na execução; VI – o promitente comprador, quando a penhora recair sobre bem em relação ao qual haja promessa de compra e venda registrada; VII – o promitente vendedor, quando a penhora recair sobre direito aquisitivo derivado de promessa de compra e venda registrada; VIII – a União, o Estado e o Município, no caso de alienação de bem tombado.

(20) Os parentes e o cônjuge têm, para exercício do direito de adjudicação, a mesma oportunidade que cabe ao exequente, mas o farão com preferência sobre todos os credores com penhora sobre os bens a adjudicar. (JÚNIOR, Humberto Theodoro. 2010, p. 334).

ascendente, nessa ordem (§ 6º do art. 876, CPC)(21). O legislador quis garantir que os bens, caso fosse de interesse dos parentes mais próximos do executado, pudessem continuar no patrimônio da família, diminuindo possíveis danos àqueles que, embora não sejam os devedores do crédito exequente, sofrem, mesmo indiretamente, as suas consequências(22).

Quando se tratar de bem imóvel, o auto de adjudicação deverá conter a carta de adjudicação com a descrição do imóvel, com remissão à sua matrícula e registros, a cópia do auto de adjudicação, prova de quitação do imposto de transmissão, além do mandado de imissão na posse, tudo conforme § 1º, inciso I e § 2º do art. 877 do CPC(23). Quando se tratar de bem móvel, o auto de adjudicação será lavrado com a ordem de entrega do bem ao adjudicatário. (§ 1º, II, do art. 877, CPC).

Uma vez lavrado o auto de adjudicação, portanto, o ato jurídico produzirá os seus efeitos, passando a compor o patrimônio do adjudicante para todos os efeitos jurídicos, mesmo que, tratando-se de bens imóveis, a transferência da propriedade do bem se aperfeiçoe apenas com o registro dele no cartório competente. Nesse sentido:

> EMBARGOS DE TERCEIRO. PENHORA SOBRE BEM IMÓVEL ADJUDICADO NO JUÍZO CÍVEL. ARREMATAÇÃO. IMPOSSIBILIDADE. Lavrado e assinado o auto de adjudicação, o ato jurídico está perfeito e acabado, apto a produzir seus efeitos, isto é, a satisfação do credor com a respectiva quitação da dívida do executado. É certo que a transmissão da propriedade do bem imóvel ao adjudicatário somente se aperfeiçoa com o registro no cartório competente do auto de adjudicação. Mas a ausência deste registro não invalida, porém, o ato perfeito e acabado da adjudicação, muito menos, autoriza que o bem adjudicado seja novamente levado a hasta pública no juízo trabalhista. É caso típico em que não se revela a fraude à execução, pois estará perfeitamente caracterizada a aquisição de boa-fé. (TRT da 3.ª Região; PJe: 0011041-82.2018.5.03.0079 (AP); Disponibilização: 26.04.2019, DEJT/TRT3/Cad.Jud, Página 2945; Órgão Julgador: Nona Turma; Relator: Joao Bosco Pinto Lara).

Adjudicados os bens por valor não inferior ao da avaliação, essa será considerada perfeita e acabada com a lavratura e assinatura do auto pelo juiz, pelo adjudicatário, pelo escrivão ou chefe de secretaria e, se estiver presente, pelo executado (§ 1º do art. 877 do CPC/15). Percebe-se que pela sistemática do Código de Processo Civil, a presença do executado é meramente facultativa, demonstrando o caráter inquisitório do procedimento.

Quanto ao momento para realizar o requerimento à adjudicação dos bens, a jurisprudência e a doutrina entendem que é pressuposto a existência prévia da hasta pública, conforme podemos auferir do acórdão abaixo transcrito:

> ADJUDICAÇÃO. MOMENTO PROCESSUAL OPORTUNO. Conforme o disposto no art. 888, §§ 1º e 4º, da CLT, o exequente tem preferência para a adjudicação dos bens, desde que apresente pedido no prazo de vinte e quatro horas após o encerramento da hasta pública e antes da lavratura do auto de arrematação.
>
> [...] Acerca da matéria, Manoel Antônio Teixeira Filho, ensina que "esse direito do credor não pode ser exercido antes da praça (ou do leilão) e sim depois dela, vale dizer, no prazo de 24 horas que seguir ao encerramento do ato – mas sempre antes da assinatura do auto correspondente" [...].
>
> (TRT-12–AP: 00345200605212894SC00345-2006-052-12-89-4, Relator: LIGIA MARIA TEIXEIRA GOUVEA, SECRETARIA ADA 3ª TURMA, Data de publicação: 18.02.2016).

Como a legislação não estabelece um termo fixo quanto a apresentação do requerimento de adjudicação, entendemos prudente que o juiz consulte o exequente sobre o seu interesse na adjudicação, estabelecendo prazo razoável para resposta.

Mauro Schiavi (2018, p. 1406) lembra que o credor tem direito à adjudicação, mesmo se o bem já tiver sido arrematado por outrem, desde que formule requerimento ao juiz antes da assinatura do respectivo auto de arrematação.

4. HASTA PÚBLICA

Não ocorrendo a adjudicação dos bens, eles serão levados à alienação compulsória por meio dos procedimentos da praça ou leilão, espécies do gênero hasta pública. Os valores obtidos com a venda serão convertidos a benefício do exequente, até a importância devida. No entanto, tal procedimento não é tão simples e se reveste de uma série de formalidades(24), que agora se passa a analisar.

(21) Art. 876 CPC: É lícito ao exequente, oferecendo preço não inferior ao da avaliação, requerer que lhe sejam adjudicados os bens penhorados. § 6º Se houver mais de um pretendente, proceder-se-á a licitação entre eles, tendo preferência, em caso de igualdade de oferta, o cônjuge, o companheiro, o descendente ou o ascendente, nessa ordem.

(22) A reforma realizada pela Lei n. 11.382/2006 ampliou o rol dos legitimados à adjudicação, incluindo aqueles, que antigamente, tinham direito à remição (cônjuge, ascendentes e descendentes do executado).

(23) Art. 877 CPC: Transcorrido o prazo de 5 (cinco) dias, contado da última intimação, e decididas eventuais questões, o juiz ordenará a lavratura do auto de adjudicação. § 1º Considera-se perfeita e acabada a adjudicação com a lavratura e a assinatura do auto pelo juiz, pelo adjudicatário, pelo escrivão ou chefe de secretaria, e, se estiver presente, pelo executado, expedindo-se: I – a carta de adjudicação e o mandado de imissão na posse, quando se tratar de bem imóvel; II – a ordem de entrega ao adjudicatário, quando se tratar de bens móveis. § 2º A carta de adjudicação conterá a descrição do imóvel, com remissão à sua matrícula e aos seus registros, a cópia do auto de adjudicação e a prova de quitação do imposto de transmissão.

(24) "Os doutos do processo civil sempre consideraram a alienação em hasta pública como sendo formalista, onerosa e demorada, apresentando-se como a maneira menos eficaz de se alcançar um preço justo e compatível para o bem expropriado". SARAIVA, Renato. Manfredini Aryanna (2015, p. 617).

Historicamente, a origem da expressão hasta remete ao Direito Romano, em um procedimento realizado à época, que consistia na realização da venda dos bens do devedor em praça pública[(25)].

Em relação ao local de realização desse procedimento no direito brasileiro, o Código de Processo Civil de 1973 fazia uma diferenciação levando em conta a natureza dos bens que eram levados à alienação. Denominava-se praça[(26)], quando a expropriação era de bens imóveis e realizada no próprio fórum, ou leilão[(27)], agora quando se tratava de bens móveis, a alienação ocorria no local dos bens ou em local a ser designado pelo juiz.

O atual Código de Processo Civil terminou com essa dicotomia e passou a utilizar somente a expressão leilão, que se aplica a alienação de bens móveis ou imóveis e se dará de forma presencial ou por meio eletrônico.[(28)]

Na CLT, o legislador prevê, nos § 3º e § 4º do art. 888[(29)], as duas modalidades de hasta pública[(30)], não fazendo qualquer diferenciação quanto à natureza dos bens, de forma que ambos os procedimentos sempre puderam ser realizados para expropriação de bens móveis ou imóveis. As diferenças apontadas pela doutrina trabalhista seriam em relação ao sujeito competente para realização do ato, se servidor do Tribunal ou Leiloeiro Público, e quanto ao procedimento[(31)].

Quando se tratar de leilão realizado por Leiloeiro Público, o CPC estabelece em seu art. 883 que a escolha do profissional poderá ser realizada tanto pelo juiz quanto pelo exequente, tendo o leiloeiro o direito de receber do arrematante a comissão estabelecida em lei ou arbitrada pelo juiz. (parágrafo único do art. 884 do CPC)[(32)]. No mesmo sentido é o § 2º do art. 23 da Lei n. 6.830/80 (Execução Fiscal)[(33)]. O Decreto n. 21.981/32, que regulamenta a profissão de leiloeiro, complementando os dispositivos citados, prevê expressamente, no parágrafo único do art. 24, o pagamento obrigatório mínimo de cinco por cento a título de comissão sobre os bens arrematados.

4.1. Formalidades da hasta pública

Quanto às formalidades para a realização da hasta pública, o citado art. 888 da CLT estabelece que "Concluída a avaliação, dentro de dez dias contados da data da nomeação do avaliador, seguir-se-á a arrematação que será anunciada por edital afixado na sede do juízo ou tribunal e publicado no jornal local, se houver, com antecedência de 20 dias".

O legislador celetista estabelece a necessidade de amplo conhecimento do ato, o que consectário da aplicação do princípio da publicidade possibilita, em razão da ampla divulgação, a participação de um número maior de interessados. A publicidade é benéfica tanto para o credor como para o devedor, visto que, com um maior número de participantes, aumenta-se a possibilidade de venda do bem, uma maior concorrência, o que tende a aumentar o seu valor de arrematação.

---

(25) Atualmente, embora certo seguimento da doutrina continue utilizando essa expressão para se referir ao local em que ocorre a expropriação, como se sabe, hoje, não há ato expropriatório realizado em praça (no sentido do local ou espaço público aberto) e sim no átrio do Fórum (CPC, art. 686, § 2º) e sem se fixar lança alguma. SCHIAVI, Mauro. (2018, p. 1394).

(26) Art. 686 § 2º CPC/73: A praça realizar-se-á no átrio do edifício do Fórum; o leilão, onde estiverem os bens, ou no lugar designado pelo juiz. (Redação dada pela Lei n. 5.925, de 01.10.1973)

Art. 701 CPC/73: Quando o imóvel de incapaz não alcançar em praça pelo menos 80% (oitenta por cento) do valor da avaliação, o juiz o confiará à guarda e administração de depositário idôneo, adiando a alienação por prazo não superior a 1 (um) ano.

§ 1º Se, durante o adiamento, algum pretendente assegurar, mediante caução idônea, o preço da avaliação, o juiz ordenará a alienação em praça.

(27) Art. 705 CPC/73. Cumpre ao leiloeiro: II – realizar o leilão onde se encontrem os bens, ou no lugar designado pelo juiz;

(28) Art. 879 CPC. A alienação far-se-á: I – por iniciativa particular; II – em leilão judicial eletrônico ou presencial.

(29) Art. 888, § 3º da CLT: Não havendo licitante, e não requerendo o exequente a adjudicação dos bens penhorados, poderão os mesmos ser vendidos por leiloeiro nomeado pelo Juiz ou Presidente. § 4º Se o arrematante, ou seu fiador, não pagar dentro de 24 (vinte e quatro) horas o preço da arrematação, perderá, em benefício da execução, o sinal de que trata o § 2º desse artigo, voltando à praça os bens executados.

(30) "Algumas Varas do Trabalho adotam o procedimento de praça seguida de leilão, sendo o leilão realizado pelo próprio funcionário da Vara. Na praça os bens somente podem ser alienados pelo valor da avaliação e, no leilão, se admitem lances inferiores ao do valor da avaliação [...] em que pese a praxe de determinadas Varas do Trabalho, parece-nos que a praça no processo do trabalho é única (§ 1º do art. 888, da CLT) não havendo necessidade de leilão. SCHIAVI, Mauro (2018. p. 1395).

(31) "A rigor, no processo do trabalho, inexiste leilão. Há apenas segunda praça, pois o leilão deveria ser feito por funcionários da Justiça do trabalho, mas sim por leiloeiro". MARTINS, Sérgio Pinto (2019, p. 1099.)

Em sentido contrário Manoel Antônio Teixeira Filho, citado por Mauro Schiavi, entende que "se considerarmos a pessoa que conduz o ato expropriatório, somente poderemos pensar em leilão se houver leiloeiro; caso contrário, teremos duas praças. Se, contudo, levarmos em conta o lanço em si, concluiremos que no processo do trabalho não há, em rigor, praça, mas dois leilões, pois na primeira tentativa o bem será arrematado por quem ofertar o lanço de maior valor". SCHIAVI, Mauro (2018, p. 1395).

(32) Art. 883 CPC: Caberá ao juiz a designação do leiloeiro público, que poderá ser indicado pelo exequente.

Art. 884 CPC: Incumbe ao leiloeiro público: I – publicar o edital, anunciando a alienação; II – realizar o leilão onde se encontrem os bens ou no lugar designado pelo juiz; III – expor aos pretendentes os bens ou as amostras das mercadorias; IV – receber e depositar, dentro de 1 (um) dia, à ordem do juiz, o produto da alienação; V – prestar contas nos 2 (dois) dias subsequentes ao depósito. Parágrafo único. O leiloeiro tem o direito de receber do arrematante a comissão estabelecida em lei ou arbitrada pelo juiz.

(33) Art. 23 Lei n. 6.830/80 – A alienação de quaisquer bens penhorados será feita em leilão público, no lugar designado pelo juiz. § 2º – Cabe ao arrematante o pagamento da comissão do leiloeiro e demais despesas indicadas no edital.

Por outro lado, também possibilita o acesso por parte da sociedade quanto aos atos praticados pelas partes e pelo próprio judiciário que, ao dar ampla publicidade, possibilita o controle por aquela, legitimando a própria atuação estatal. Trata-se de mecanismo para evitar fraudes e outros atos contrários aos princípios consagrados em nosso ordenamento.

Diante do silêncio da CLT e da compatibilidade com o Direito Processual Civil, aplica-se a previsão contida no art. 886 do CPC(34), que prevê os requisitos de validade do edital da hasta pública. Uma vez publicado o edital, a arrematação se dará em dia, hora e local anunciados e os bens serão vendidos pelo maior lanço. (§ 1º do art. 888 CLT). Caso o edital não respeite os requisitos formais e materiais previstos na Lei, a expropriação estará eivada de nulidade(35).

O CPC prevê a necessidade de comunicação do executado quanto à realização da hasta pública, enquanto a CLT prevê apenas a ampla publicidade do ato por meio do edital. Assim surgem controvérsias quanto à aplicabilidade ou não dos parágrafos I e único do art. 889, do CPC(36), que estabelece a necessidade de cientificação do executado quanto à alienação judicial, com pelo menos 5 (cinco) dias de antecedência, por meio de seu advogado ou, se não tiver procurador nos autos, por carta registrada, mandado, edital ou outro meio idôneo.

No Direito Comum, apenas quando o executado for revel e não tiver advogado constituído, não constando nos autos seu endereço ou não sendo encontrado no endereço constante do processo, a intimação será considerada realizada por meio do próprio edital do leilão.

Para Sergio Pinto Martins (2019, p. 1100-1011), a comunicação ao executado da realização da praça ou do leilão é feita por edital na justiça laboral. Embora alguns juízes costumem intimar as partes de sua realização, para evitar nulidade nessa fase processual, essa providência não é obrigatória.

Não obstante a autoridade do autor acima citado, entende-se que há necessidade de intimação do devedor. Embora a hasta pública se realize independente da sua vontade, ele pode, se quiser, participar da arrematação, bem como terá direito a acompanhar a lisura do procedimento e impugná-lo quando se deparar com alguma irregularidade. Nesse sentido, é o seguinte julgado:

> AGRAVO DE PETIÇÃO. NULIDADE DE LEILÃO. Situação em que a CLT é omissa quanto à necessidade de intimação da parte executada, razão pela qual se entende que deve ser observado o disposto no art. 687, § 5º, do CPC/1973, vigente à época dos fatos, no sentido de que o executado seja intimado da realização do leilão, o que não ocorreu no caso. Agravo de petição interposto pela executada a que se dá provimento parcial. (TRT da 4ª Região, Seção Especializada em Execução, 0035300-06.2005.5.04.0812 AP, em 14.06.2018, Desembargador Joao Alfredo Borges Antunes de Miranda)

Assim, a previsão celetista, apenas quanto à publicação da hasta, não exclui a necessidade de se dar ciência ao executado quando da realização do ato, devendo ser complementada pela legislação processual civil.

Em igual sentido é a necessidade de intimação do exequente, que também poderá arrematar o bem, além de ser o maior interessado na realização idônea do procedimento, tendo também o direito de fiscalizar e participar do ato.

4.1.1. Preço vil

Outra discussão em âmbito doutrinário e jurisprudencial é a possibilidade de aplicação do art. 891 do Código de Processo Civil(37) (art. 692 do CPC/ 73) ao Processo do Trabalho. Tal dispositivo estabelece a impossibilidade de aceite de lance que ofereça preço vil na arrematação em hasta pública, entendendo-se esse como: a) o preço inferior ao mínimo estipulado pelo juiz e constante do edital ou, b) não tendo sido fixado preço mínimo, o preço inferior a cinquenta por cento da avaliação do bem. Nesse sentido é o seguinte julgado:

> AGRAVO DE PETIÇÃO. EXECUÇÃO. LANÇO VIL. NÃO CONFIGURAÇÃO. Nos termos do art. 891 do CPC, "não será aceito lance que ofereça preço vil",

(34) Art. 886 CPC: O leilão será precedido de publicação de edital, que conterá: I – a descrição do bem penhorado, com suas características, e, tratando-se de imóvel, sua situação e suas divisas, com remissão à matrícula e aos registros; II – o valor pelo qual o bem foi avaliado, o preço mínimo pelo qual poderá ser alienado, as condições de pagamento e, se for o caso, a comissão do leiloeiro designado; III – o lugar onde estiverem os móveis, os veículos e os semoventes e, tratando-se de créditos ou direitos, a identificação dos autos do processo em que foram penhorados; IV – o sítio, na rede mundial de computadores, e o período em que se realizará o leilão, salvo se este se der de modo presencial, hipótese em que serão indicados o local, o dia e a hora de sua realização; V – a indicação de local, dia e hora de segundo leilão presencial, para a hipótese de não haver interessado no primeiro; VI – menção da existência de ônus, recurso ou processo pendente sobre os bens a serem leiloados. Parágrafo único. No caso de títulos da dívida pública e de títulos negociados em bolsa, constará do edital o valor da última cotação.

(35) EMENTA: HASTA PÚBLICA. INOBSERVÂNCIA DE FORMALIDADES LEGAIS. NULIDADE – A ausência de discriminação, no edital de praça, dos credores com penhora anteriormente averbada sobre o bem levado à hasta pública torna nulo o ato de alienação pública correspondente. (TRT da 3ª Região; Processo: 0000882-69.2012.5.03.0086 AP; Data de Publicação: 02.04.2014; Disponibilização: 01.04.2014, DEJT/TRT3/Cad. Jud, Página 68; Órgão Julgador: Primeira Turma; Relator: Jose Eduardo Resende Chaves Jr.; Revisor: Cristiana M. Valadares Fenelon).

(36) Art. 889 CPC: Serão cientificados da alienação judicial, com pelo menos 5 (cinco) dias de antecedência: I – o executado, por meio de seu advogado ou, se não tiver procurador constituído nos autos, por carta registrada, mandado, edital ou outro meio idôneo; Parágrafo único. Se o executado for revel e não tiver advogado constituído, não constando dos autos seu endereço atual ou, ainda, não sendo ele encontrado no endereço constante do processo, a intimação considerar-se-á feita por meio do próprio edital de leilão.

(37) Art. 891 CPC. Não será aceito lance que ofereça preço vil. Parágrafo único. Considera-se vil o preço inferior ao mínimo estipulado pelo juiz e constante do edital, e, não tendo sido fixado preço mínimo, considera-se vil o preço inferior a cinquenta por cento do valor da avaliação.

> assim conceituado no parágrafo único do mesmo dispositivo legal aquele inferior ao mínimo estipulado pelo juiz e constante do edital. Somente considera-se vil o preço inferior a cinquenta por cento do valor da avaliação quando não houver sido fixado preço mínimo. Como o lanço ofertado corresponde a 50% da avaliação do bem, afasta-se a alegação de preço vil, sobretudo considerando a natureza alimentar do crédito trabalhista. (TRT da 3ª Região; PJe: 0010230-42.2016.5.03.0096 (AP); Disponibilização: 12.04.2019; Órgão Julgador: Sétima Turma; Relator: Marcelo Lamego Pertence).

Como a CLT diz no § 1º do art. 888, que a arrematação será feita pelo maior lance, a interpretação literal de tal dispositivo leva à ideia da possibilidade de aquisição dos bens por qualquer valor. Assim, conforme defendido por Sergio Pinto Martins (2019, p. 1101), "inexistiria no processo do trabalho a ideia de preço vil para desqualificar a arrematação, podendo esta ser feita pelo maior valor obtido na praça ou leilão". Nessa linha de raciocínio, destacamos a seguinte ementa abaixo transcrita:

> EMENTA: AGRAVO DE PETIÇÃO. AVALIAÇÃO E ARREMATAÇÃO. PREÇO VIL. No processo trabalhista não existe a fixação de um preço mínimo para a venda do bem penhorado, só existindo determinação para que o bem seja vendido pelo maior lance (art. 888, § 1º, da CLT). Não demonstrados os prejuízos alegados pelo executado, não cabe cogitar de nulidade da avaliação e arrematação por preço vil. Agravo de petição interposto pelo executado Clóvis Fernando dos Santos a que se nega provimento no item. (TRT da 4ª Região, Seção Especializada em Execução, 0000988-53.2011.5.04.0372 AP, em 23.02.2018, Desembargador João Alfredo Borges Antunes de Miranda)

Embora não haja consenso quanto à aplicabilidade ou não deste dispositivo ao processo executivo trabalhista, é certo que, diferentemente da justiça comum, em que a execução deve se processar de forma menos gravosa ao devedor, nessa especializada tal princípio é reformulado de forma a se proteger o credor trabalhista. Carlos Henrique Bezerra Leite esclarece:

> Esse princípio, que tem sido largamente invocado tanto pela doutrina quanto pela jurisprudência nacional, encontra residência no art. 620 do CPC, segundo o qual, "quando por vários meios o credor puder promover a execução o juiz mandará que se faça pelo modo menos gravoso para o devedor". Na verdade, essa norma contém um substrato ético inspirado nos princípios de justiça e equidade. Todavia, é preciso levar em conta que, no processo do trabalho, é o credor – empregado – que normalmente se vê em situação humilhante e vexatória, desempregado e, não raro, faminto. Afinal o processo civil foi modelado para regular relações civis entre pessoas presumivelmente iguais. Já o processo do trabalho deve amoldar-se à realidade social em que incide e, nesse contexto, podemos inverter a regra do art. 620 do CPC para construir uma nova base própria e específica do processo laboral: a execução deve ser processada de maneira menos gravosa ao credor. Com isso, em caso de conflito entre o princípio da não prejudicialidade e o princípio da utilidade ao credor, o juiz do trabalho deve dar preferência para este último, quando o credor for o empregado. (BEZERRA LEITE, 2011, p. 1023).

Na Justiça do Trabalho, por sua vez, havendo colisão entre princípios deve-se dar preferência ao credor trabalhista, o hipossuficiente da fase de conhecimento. No entanto, deve se asseverar que a aplicabilidade da principiologia acima considerada não significa que a execução deva ser realizada sem critérios. Cabe ao juiz trabalhista, no caso concreto, diante das especificidades trazidas, estipular o valor mínimo a ser considerado. Nesse sentido concorda-se com a seguinte ementa:

> EMENTA: AGRAVO DE PETIÇÃO DA EXEQUENTE. ARREMATAÇÃO. PREÇO VIL. No processo do trabalho a venda do bem penhorado é realizada em leilão pelo maior lance, nos termos do art. 888, § 1º, da CLT, sem previsão de valor mínimo para a arrematação. No caso concreto, contudo, o valor da arrematação se revelou incompatível com o valor de mercado do imóvel. Agravo não provido. Quanto ao disposto no art. 891 e seu parágrafo único do CPC – que conceitua como preço vil o inferior ao mínimo estipulado pelo juiz e constante do edital, e, não tendo sido fixado preço mínimo, o preço inferior a 50% do valor da avaliação – entendo que não se aplica ao processo do trabalho. De fato, a legislação trabalhista tem regra expressa sobre a matéria, o que afasta a aplicação subsidiária ou supletiva das normas de Direito Processual Civil. Nos termos do § 1º do art. 888 da CLT, *"a arrematação far-se-á em dia, hora e lugar anunciados e os bens serão vendidos pelo maior lance, tendo a exequente preferência para adjudicação"*. Todavia, isso não significa dizer que a arrematação possa ser realizada de modo mais gravoso ao credor e sem que se examine as circunstâncias do caso concreto, tais como as características do bem, as condições do mercado e a possibilidade de satisfação de parte razoável do débito. (TRT da 4ª Região, Seção Especializada em Execução, 0000010-05.2014.5.04.0103 AP, em 21.09.2018, Juiz Convocado Roberto Antonio Carvalho Zonta).

A não observância de critérios mínimos pode gerar, na prática, situação desfavorável ao próprio credor trabalhista e a consequente ineficácia da execução.

> A alienação de bens por preço irrisório acaba por eternizar o processo executivo, haja vista que novos bens, caso existam, deverão ser penhorados para satisfazer o crédito, ensejando sucessivos atos expropriatórios, prejudicando tanto o exequente quanto a celeridade processual e a efetividade da execução. (RENATO; MANFREDINI, 2015. p. 618).

Esse procedimento a ser observado, outrossim, não busca apenas entregar o devido ao credor, de forma célere e menos burocrática, mas também fazer isso da forma menos prejudicial possível a ambas as partes. A execução, com seus atos de expropriação, não busca a vingança do credor em face do devedor. Pensar o contrário é admitir que o Estado, por meio de um ato imperativo e coercitivo, gere lesão irreparável a uma parte em favor de outra.

A legislação possibilita ao juiz no caso concreto, a depender do bem levado à hasta pública, em razão da sua liquidez, da sua natureza, dentre outras características, possa sempre, pautado na proporcionalidade e razoabilidade, estipular o valor de venda do bem, mas isso deverá ser feito sempre de forma fundamentada[38]. (CLT, art. 832 CLT c/c o § II, do art. 489 CPC)[39].

Estipulado o preço pelo juiz, o bem não deverá ser alienado por valor inferior. Aceitar a venda judicial nessas condições gera dano injustificável ao executado, além do mais essa prática pode gerar a criação de grupos especializados em adquirir bens através desse ato processual, que lucram e criam negócios rentáveis às custas do Poder Judiciário.

A não aplicação da regra elencada na legislação civil não significa, portanto, que os bens possam ser alienados sem critérios. Cabe ao juiz, diante das circunstâncias trazidas ao caso concreto, realizar a ponderação dos valores. Prevalecendo-se assim a ideia de lance vil na execução trabalhista, mas não em razão da previsão contida no CPC.

4.1.2. Legitimados

Na forma do art. 890 do CPC[40] são legitimados para participar da arrematação em hasta pública, em regra, todos aqueles que estiverem na livre administração de seus bens. Daí surgem as controvérsias a respeito da legitimidade do próprio credor ou do devedor poderem participar da hasta pública, oferecendo um lanço.

Essa discussão tem origem para o credor no fato de ele poder adjudicar os bens com preferência, conforme § 1º do art. 888 da CLT, e em relação ao devedor, por inexistir previsão expressa quanto a esta possibilidade.

Diante dessas situações, há aqueles que entendem que a possibilidade da adjudicação pode ocorrer a qualquer tempo e com preferência exclui, por si só, a possibilidade de o credor arrematá-los, pois haveria sempre a possibilidade de adjudicá-los[41].

Em outro sentido, Mauro Schiavi defende que:

> [...] não há vedação legal para o exequente participar da arrematação; o fato de ele poder adjudicar pelo maior lance não significa que ele não possa lançar, mormente em casos em que não há lanço algum. Para nós, o art. 892, § 1º, do CPC, é compatível com o Processo do trabalho, por força dos arts. 769 e 899, ambos da CLT. Além disso, também atende aos princípios da efetividade e da utilidade da execução. [...] No mesmo sentido, é a opinião de *Vicente Greco Filho*: "o texto legal não é expresso, mas também não proíbe que o devedor participe como licitante. Pode parecer incongruente que isso possa ocorrer. Em tendo dinheiro para lançar, poderia o devedor pagar a dívida. Todavia, apesar de não ser a situação muito comum, pode ocorrer que o devedor tenha recursos obtidos posteriormente à penhora ou resultantes de vencimentos ou salários impenhoráveis, mas que não sejam suficientes para a remição da execução (art. 651). A remição de bens individualizados o devedor pelo sistema do Código, não pode mais fazer (art. 787). Daí concluir-se que ele pode lançar. Essa possibilidade é do interesse do credor e também do interesse público, que recomenda a maior amplitude possível na arrematação, na qual a concorrência e a emulação facilitam a obtenção da melhor proposta possível [...]" [...] Desse modo, para maior efetividade e moralidade da hasta pública, entendemos que o devedor pode lançar, inclusive para se evitar que o bem seja arrematado ou adjudicado por preço vil. Como sustenta com propriedade *Alexandre Allipriano Medeiros*, a busca da efetividade, contudo, pressupõe o desapego à inexorável observação da adequação da natureza deste ou daquele ato, sempre e somente quando esse desapego vier ao encontro dos objetivos ora propostos: viabilização da instrumentalidade do processo, busca da efetividade e

---

(38) Nesse sentido: HOMOLOGAÇÃO DO LEILÃO. PREÇO DA VENDA JUDICIAL. A praxe no processo do trabalho tem mostrado que o preço da venda judicial deve levar em conta as circunstâncias do caso concreto, tais como as características do bem, as condições do mercado, o número de leilões inexitosos, a possibilidade de satisfação de parte razoável do débito exequendo etc. (TRT da 4ª Região, Seção Especializada em Execução, 0020136-68.2017.5.04.0104 AP, em 26.11.2018, Desembargadora Cleusa Regina Halfen)

(39) Art. 832 CLT: Da decisão deverão constar o nome das partes, o resumo do pedido e da defesa, a apreciação das provas, os fundamentos da decisão e a respectiva conclusão.

Art. 489 CPC: São elementos essenciais da sentença: II: os fundamentos, em que o juiz analisará as questões de fato e de direito;

(40) Art. 890 CPC. Pode oferecer lance quem estiver na livre administração de seus bens, com exceção. I – dos tutores, dos curadores, dos testamenteiros, dos administradores ou dos liquidantes, quanto aos bens confiados à sua guarda e à sua responsabilidade; II – dos mandatários, quanto aos bens de cuja administração ou alienação estejam encarregados; III – do juiz, do membro do Ministério Público e da Defensoria Pública, do escrivão, do chefe de secretaria e dos demais servidores e auxiliares da justiça, em relação aos bens e direitos objeto de alienação na localidade onde servirem ou a que se estender a sua autoridade; IV – dos servidores públicos em geral, quanto aos bens ou aos direitos da pessoa jurídica a que servirem ou que estejam sob sua administração direta ou indireta; V – dos leiloeiros e seus prepostos, quanto aos bens de cuja venda estejam encarregados; VI – dos advogados de qualquer das partes.

(41) Nesse sentido, Ísis de Almeida, citada por Mauro Schiavi, "o § 1º do art. 888, da CLT, *in fine*, estabelece que o exequente terá preferência para a adjudicação. Isso significa que ele não é um licitante. Aguarda a conclusão da praça e antes da lavratura do auto de arrematação – que pode ocorrer vinte e quatro horas após o encerramento da praça (art. 693 do CPC) –, requerer adjudicação do bem praceado, o que lhe será deferido pelo valor do maior lance, preterido, portanto, o arrematante. (2018, p. 1400).

obtenção do pleno acesso à ordem jurídica justa. Assim sendo, e para a materialização de uma hasta pública mais consentânea com aquilo que dela se espera, imperiosa se faz a admissão da participação do devedor no momento do ato de alienação judicial, com oferta de lanços e potencial arrematação de bens. (SCHIAVI, 2018, p. 1400-1401)

Embora não haja uniformidade quanto ao tema, acredita-se que a possibilidade de participação do exequente não trará prejuízo algum para a execução, podendo, por outro lado, beneficiá-la ao possibilitar a satisfação do crédito trabalhista de forma mais célere.

Se o credor não puder adjudicar o bem pelo preço da avaliação, ele poderá esperar o bem ir à hasta pública, para, então, arrematá-lo. Isso não importará prejuízo algum ao devedor.

Além do mais, como já exposto no Capítulo próprio da Adjudicação, o credor, por ter a preferência em adjudicar o bem a qualquer momento, encontra-se beneficiado pela legislação e, nessa linha de raciocínio, deverá se manter beneficiado e ter o direito à participação na arrematação.

Não se deve esquecer que a execução existe para satisfazer o credor, sendo ele o maior interessado e, portanto, tem o direito de participar dos processos executórios da maneira mais ampla possível.

Dessa forma, caso seja de seu interesse, o credor poderá arrematar o bem por valor superior ou igual ao maior lanço, não havendo que se ater ao valor pretendido na avaliação. Caso isso fosse necessário, haveria desrespeito ao princípio da igualdade, visto que terceiros poderiam arrematá-lo com benefício ao oferecerem lance não atrelado àquele valor.

Tal situação seria ademais teratológica, uma vez que o maior interessado, a pessoa em favor da qual todo ato se realizou, se encontraria em situação de desvantagem frente a terceiros. Portanto, não há justificativas para tratamentos divergentes, devendo o credor participar da licitação em igualdade de condições.

Segundo art. 890 do CPC, estão impedidos de participar da hasta pública oferecendo lance, os tutores, os curadores, os testamenteiros, os administradores ou os liquidantes, quanto aos bens confiados à sua guarda e à sua responsabilidade; os mandatários, quanto aos bens de cuja administração ou alienação estejam encarregados; o juiz, o membro do Ministério Público e da Defensoria Pública, o escrivão, o chefe de secretaria e os demais servidores e auxiliares da justiça em relação aos bens e direitos objeto de alienação na localidade onde servirem ou a que se estender a sua autoridade; os servidores públicos em geral, quanto aos bens ou aos direitos da pessoa jurídica a que servirem ou que estejam sob sua administração direta ou indireta; os leiloeiros e seus prepostos quanto aos bens de cuja venda estejam encarregados; os advogados de qualquer das partes, bem como o arrematante que não honrou com o pagamento do preço fixado em arrematação anterior. (Art. 897 do CPC).

Quando houver vários bens em leilão, conforme estipula o art. 893 do CPC(42), e houver mais de um interessado, terá preferência aquele que se propuser a arrematá-los em conjunto, oferecendo para os bens que não tiverem lance, preço igual ao da avaliação e, para os demais, preço igual ao do maior lance que, na tentativa de arrematação individualizada, tenha sido oferecido para eles.

O arrematante, segundo a Consolidação das Leis do Trabalho nos §§ 2º e 4º do art. 888(43), deverá garantir o lance mediante o pagamento de um sinal, correspondente a 20% do seu valor e, dentro de 24 horas, deverá pagar o restante, sob pena de não o fazendo, perder em favor da execução o sinal. Caso isso ocorra, os bens voltarão à hasta pública.

A arrematação poderá ser invalidada quando realizada por preço vil ou caso apresente outro vício; considerada ineficaz se não observado o disposto no art. 804 do CPC e, resolvida, se não for pago o preço ou se não for prestada a caução (§ 1º do art. 903 do CPC).

Assinado o auto de arrematação pelo juiz, pelo arrematante e pelo leiloeiro, a arrematação será considerada perfeita, acabada e irretratável. (Art. 903 do CPC).

4.1.3. Natureza jurídica

Respeitados todos os trâmites da arrematação, o arrematante irá adquirir os bens do devedor. Resta saber se esses bens serão adquiridos livres e desimpedidos ou serão acompanhados de eventuais ônus que sobre eles recaiam.

Percebe-se que a expropriação dos bens, por meio da arrematação(44), assemelha-se muito, à primeira vista, com

(42) Art. 893 CPC: Se o leilão for de diversos bens e houver mais de um lançador, terá preferência aquele que se propuser a arrematá-los todos, em conjunto, oferecendo, para os bens que não tiverem lance, preço igual ao da avaliação e, para os demais, preço igual ao do maior lance que, na tentativa de arrematação individualizada, tenha sido oferecido para eles.

(43) Art. 888 CLT – Concluída a avaliação, dentro de dez dias, contados da data da nomeação do avaliador, seguir-se-á a arrematação, que será anunciada por edital afixado na sede do juízo ou tribunal e publicado no jornal local, se houver, com a antecedência de vinte (20) dias. (Redação dada pela Lei n. 5.584, de 26.06.1970) § 1º A arrematação far-se-á em dia, hora e lugar anunciados e os bens serão vendidos pelo maior lance, tendo o exequente preferência para a adjudicação. § 2º O arrematante deverá garantir o lance com o sinal correspondente a 20% (vinte por cento) do seu valor. § 4º Se o arrematante, ou seu fiador, não pagar dentro de 24 (vinte e quatro) horas o preço da arrematação, perderá, em benefício da execução, o sinal de que trata o § 2º deste artigo, voltando à praça os bens executados.

(44) "Para uns a arrematação é uma compra e venda pública, para outros venda judicial. João Monteiro pensa que a arrematação é uma compra e venda judicial. Seria uma espécie de venda feita pelo juiz, que agiria em nome do executado suprindo a vontade deste. Na verdade, o executado não quer vender o bem, nem é representado pelo juiz, que não tem essa função. Leciona Carnelutti que na arrematação o Estado age

o contrato de compra e venda. No entanto, quando há contrato, fala-se em vontade livre, o que não ocorre na alienação judicial, visto que o bem será retirado do patrimônio do devedor de forma coativa sendo, inclusive, irrelevante a sua concordância ou não com o ato a ser praticado.

Desse modo, é desnecessário que o executado assine o auto de arrematação ou de adjudicação para que estes sejam considerados perfeitos e acabados, demonstrando com isso a natureza processual e de ordem pública do ato expropriatório, revestido de caráter executivo, coercitivo e imperativo do Estado.

Por ser uma forma de aquisição da propriedade especial, diante das peculiaridades já assinaladas, surge a indagação quanto a ser forma originária ou não de aquisição da propriedade de bens, o que gera repercussões práticas importantes.

O Código Tributário Nacional, em seu art. 130[45], estabelece que, em caso de arrematação em hasta pública, os créditos tributários relacionados ao bem subrogam-se sobre o respectivo preço. Como o crédito trabalhista é preferencial, primeiro paga-se o valor ao credor trabalhista e depois aos demais credores.

Quanto ao tema, o Superior Tribunal de Justiça tem o posicionamento já consolidado de que a aquisição em hasta pública importa em forma originária de aquisição dos bens. Dessa forma, eventuais ônus que recaiam sobre o bem estarão incluídos no preço pago pelo arrematante e, caso não seja suficiente para pagamento do débito, estará o devedor pessoalmente responsabilizado. Nesse sentido, são as seguintes ementas:

> EXECUÇÃO. ARREMATAÇÃO. ADJUDICAÇÃO. CREDOR. ÔNUS RECAÍDOS SOBRE O BEM. RESPONSABILIDADE TRIBUTÁRIA. (CTN – ART. 130, parágrafo único). I – O credor que arremata veículo em relação ao qual pendia débito de IPVA não responde pelo tributo em atraso. O crédito proveniente do IPVA subroga-se no preço pago pelo arrematante. Alcance do art. 130, parágrafo único, do CTN). II – Se, entretanto, o bem foi adjudicado ao credor, é encargo deste, depositar o valor correspondente ao débito por IPVA. (REsp 905208/SP RECURSO ESPECIAL 2005/0134948-6. Relator Ministro Humberto Gomes de Barros. Terceira turma. Data de julgamento 18.10.2007. Data Publicação: DJ 31.10.2007).
>
> TRIBUTÁRIO – ARREMATAÇÃO JUDICIAL DE VEÍCULO – DÉBITO DE IPVA – RESPONSABILIDADE TRIBUTÁRIA – CTN, ART. 130, PARÁGRAFO ÚNICO. 1. A arrematação de bem em hasta pública é considerada como aquisição originária, inexistindo relação jurídica entre o arrematante e o anterior proprietário do bem. 2. Os débitos anteriores à arrematação subrogam-se no preço da hasta. Aplicação do art. 130, parágrafo único do CTN, em interpretação que se estende aos bens móveis e semoventes. 3. Por falta de prequestionamento, não se pode examinar a alegada violação ao disposto no art. 131, § 2º, da Lei n. 9.503/97 (Código de Trânsito Brasileiro). 4. Recurso especial conhecido em parte e, nessa parte, não provido. (REsp 807455/RS Recurso Especial 2006/0002382-4. Relatora Ministra Eliana Calmon. Segunda Turma. Data do Julgamento 28.10.2008. Data Publicação DJe 21.11.2008.)
>
> RECURSO ESPECIAL. AÇÃO DE COBRANÇA DE COTAS CONDOMINIAIS. FASE DE EXECUÇÃO. NEGATIVA DE PRESTAÇÃO JURISDICIONAL. ART. 535 DO CPC. NÃO OCORRÊNCIA. DEFICIÊNCIA NA FUNDAMENTAÇÃO DO RECURSO. SÚMULA N. 284/STF. IMÓVEL HIPOTECADO. ARREMATAÇÃO. INTIMAÇÃO DO CREDOR HIPOTECÁRIO. ART. 1.501 DO CÓDIGO CIVIL. SUB-ROGAÇÃO DO DIREITO REAL NO PREÇO. EXTINÇÃO DA HIPOTECA. RESPONSABILIDADE POR EVENTUAL SALDO REMANESCENTE EM FAVOR DO CREDOR HIPOTECÁRIO IMPUTADA AO DEVEDOR ORIGINÁRIO, E NÃO AO ARREMATANTE. 1. Não há falar em negativa de prestação jurisdicional se o tribunal de origem motiva adequadamente sua decisão, solucionando a controvérsia com a aplicação do direito que entende cabível à hipótese,

---

como se fosse representante legal do executado. O estado vende o bem pelo executado. O bem é expropriado em razão da venda forçada. Liebman critica essa última teoria sob o argumento de que o representante age em proveito do representado e não contra o interesse do próprio executado. A representação diz respeito a uma pessoa que não tem querer por si próprio. O executado, entretanto, tem capacidade plena para os seus atos. Há argumento no sentido de que o juiz representaria o credor. Assevera Alfredo Rocco que o credor, no exercício do direito de vender, tem um direito de penhor em relação aos bens do devedor. Na verdade, o juiz não representa ninguém. Apenas obedece ao comando contido na sentença, determinando que o devedor cumpra coativamente o que lhe foi determinado. [...]. Chiovenda afirma que na arrematação há a venda dos bens do executado por intermédio do Estado, que desapropria o bem do executado, retirando a sua faculdade de dispor do bem. O Estado retira a disponibilidade do bem do executado e em seguida o aliena. A arrematação seria uma venda judicial, com características de contrato. Não se pode dizer exatamente que seria desapropriação, mas expropriação, pois naquela o bem ficaria na posse do Estado e não do terceiro, além do que o Estado poderia transferir o bem para o terceiro, o que não ocorre. Não se pode dizer que a natureza da expropriação é contratual, pois não se forma um trato entre as partes envolvidas. A expropriação é feita porque o devedor não paga a dívida, decorrendo de norma de ordem pública e não do contrato. A transferência do bem é feita para o arrematante sem que o bem passe pelo Estado. O ato de expropriação é um ato de soberania do estado. A expropriação é feita em decorrência do poder jurisdicional conferido ao juiz pelo estado, transferir a posse do bem para terceiro visando satisfazer o direito do credo. Compreende interesse público em fazer cumprir a determinação da sentença, assegurando a ordem jurídica. O objetivo é conseguir o numerário visando satisfazer o credor". (MARTINS, Sergio Pinto, 2019, p. 1104).

(45) Art. 130 CTN: Os créditos tributários relativos a impostos cujo fato gerador seja a propriedade, o domínio útil ou a posse de bens imóveis, e bem assim os relativos a taxas pela prestação de serviços referentes a tais bens, ou a contribuições de melhoria, subrogam-se na pessoa dos respectivos adquirentes, salvo quando conste do título a prova de sua quitação. Parágrafo único. No caso de arrematação em hasta pública, a sub-rogação ocorre sobre o respectivo preço.

apenas não no sentido pretendido pela parte. 2. Considera-se deficiente de fundamentação o recurso especial que, apesar de apontar os preceitos legais tidos por violados, não demonstra, de forma clara e precisa, de que modo o acórdão recorrido os teria contrariado, circunstância que atrai, por analogia, a Súmula n. 284/STF. 3. O objetivo da notificação, de que trata o art. 1.501 do Código Civil, é levar ao conhecimento do credor hipotecário o fato de que o bem gravado foi penhorado e será levado à praça de modo que este possa vir a juízo em defesa de seus direitos, adotando as providências que entender mais convenientes, dependendo do caso concreto. 4. Realizada a intimação do credor hipotecário, nos moldes da legislação de regência (arts. 619 e 698 do Código de Processo Civil), a arrematação extingue a hipoteca, operando-se a sub-rogação do direito real no preço e transferindo-se o bem ao adquirente livre e desembaraçado de tais ônus por força do efeito purgativo do gravame. 5. Extinta a hipoteca pela arrematação, eventual saldo remanescente em favor do credor hipotecário poderá ser buscado contra o devedor originário, que responderá pessoalmente pelo restante do débito (art. 1.430 do Código Civil). 6. Sem notícia nos autos de efetiva impugnação da avaliação do bem ou da arrematação em virtude de preço vil, não é possível concluir pela manutenção do gravame simplesmente porque o valor foi insuficiente para quitar a integralidade do crédito hipotecário. 7. Recurso especial conhecido em parte e, nessa parte, provido. (REsp. 1201108/DF Recurso Especial 2010/0129284-0. Relator Ministro Ricardo Villas Bôas Cueva. Órgão Julgador: terceira turma. Data do Julgamento 17.05.2012. Data da Publicação DJe 23.05.2012).

Interessante perceber que a jurisprudência do Superior Tribunal de Justiça faz diferenciação quanto à natureza da aquisição feita em hasta pública ou por meio da adjudicação. Nessa, ao contrário daquela, não há que se falar em aquisição originária, pois o bem será adquirido com todos os seus ônus.

Esse também é o posicionamento predominante na jurisprudência trabalhista, conforme se pode extrair do seguinte acórdão da SDI-2 do Tribunal Superior do Trabalho:

RECURSO ORDINÁRIO EM MANDADO DE SEGURANÇA. ARREMATAÇÃO DE BEM IMÓVEL. REJEIÇÃO DO REQUERIMENTO DE EXPEDIÇÃO DE MANDADO PARA CANCELAMENTO DE PENHORAS ORIUNDAS DE OUTROS PROCESSOS. AUSÊNCIA DE DIREITO LÍQUIDO E CERTO. 1. Cuida-se de mandado de segurança aviado contra decisão do Juízo da execução, perante o qual ocorreu a alienação judicial, que indeferiu o requerimento da arrematante, ora Impetrante, de expedição de ofício para fosse determinado, ao Registro de Imóveis, o cancelamento dos registros de penhoras, oriundas de outros processos, incidentes sobre o bem imóvel por ele adquirido em hasta pública. 2. A segurança foi denegada no Regional. 3. A Impetrante, em suas razões de recurso, insiste que a arrematação é forma de aquisição originária da propriedade e que, assim, o Juízo em que realizado o leilão deve tomar todas as providências para a transferência da propriedade livre de qualquer embaraço ao arrematante, devendo determinar a baixa das demais penhoras incidentes sobre o imóvel junto ao respectivo Registro de Imóveis. 4. É certo que a arrematação judicial consiste em hipótese de aquisição originária da propriedade, com transmissão do bem livre de qualquer ônus, uma vez que o Estado-Juiz empreende a desapropriação e a transferência do bem, independentemente de qualquer manifestação de vontade por parte do devedor. Nessa perspectiva, o adquirente, ao arrematar imóvel em relação ao qual existem dívidas anteriores, não é responsável pelas obrigações em atraso, pois eventual crédito deve ser satisfeito com o valor do lanço (observada a preferência do crédito trabalhista), que se sub-roga no preço da arrematação. A sub-rogação, na hipótese de hasta pública, não ocorre na pessoa do adquirente, mas, sim, no preço pelo qual haja adquirido o bem, na forma do parágrafo único do art. 130 do CTN. 5. Todavia, o que se discute nestes autos escapa à definição das condições nas quais o arrematante investe-se na propriedade de imóvel alienado judicialmente. Com efeito, de modo diverso, o cerne da controvérsia tem pertinência com a prática do ato material de determinação da baixa de outras constrições judiciais que recaíram sobre o bem. 6. A Autoridade judicial apontada coatora, quando indeferiu o requerimento da Impetrante (arrematante), não atribuiu a esta responsabilidade por quaisquer ônus ou dívidas anteriores vinculadas ao imóvel adquirido. Apenas declarou que não poderia determinar o cancelamento de penhoras ordenadas por outros Juízos, além de informar à 2ª Vara Cível de Jundiaí que o imóvel ali penhorado foi objeto de arrematação. O fato de a arrematação ser modo originário de aquisição da propriedade afasta qualquer vínculo entre o arrematante e o proprietário anterior do bem, mas não implica o reconhecimento de que o Juízo que realizou a alienação judicial possa desfazer inscrição de gravame determinada por outro órgão judicante, em desrespeito à segurança jurídica e a sua competência funcional. Ultimada a arrematação, cumpre tão somente informar o êxito no leilão aos demais Juízos que apreenderam o mesmo bem, até para efeito, se couber, da reserva de crédito de que cuida o art. 711 do CPC de 1973. 6. Não há, pois, direito líquido e certo da Impetrante, arrematante na ação originária, de ver determinado, pelo Juízo em que realizado o leilão, o cancelamento da inscrição de penhoras ordenadas por outros Juízos. Recurso conhecido e não provido "(RO-1000762-66.2013.5.02.0000, Subseção II Especializada em Dissídios Individuais, Relator Ministro Douglas Alencar Rodrigues, DEJT 16.05.2019).

Em contrapartida, Mauro Schiavi defende que:

[...] se após o pagamento do credor trabalhista, o valor restante não for suficiente para pagamento das dívidas, elas continuam gravando o bem, sendo responsabilidade do adquirente (art. 130, *caput*, do CTN). [...]. Sob outro enfoque, no caso concreto, o juiz do trabalho, valorando as peculiaridades do caso concreto, os princípios de razoabilidade e proporcionalidade, o acesso à justiça e a efetividade da tutela executiva, poderá conceder a arrematação livre de ônus ao arrematante, prevalecendo a responsabilidade pessoal do executado pelas dívidas que não puderem ser quitadas pelo valor do lance. (SCHIAVI, 2018, p. 1403).

Não obstante, o ensinamento do autor acima aludido, entende-se que a aquisição em hasta pública deve possibilitar ao adquirente a propriedade dos bens de forma livre e desimpedida de qualquer ônus, por se tratar de aquisição originária e por ser esta uma característica que, na prática, possibilita uma melhor liquidez do bem. Quanto menores forem os encargos àqueles que adquirirem os bens levados a venda judicial, maior será a efetividade da execução, pois facilita o interesse na aquisição desses bens.

Como bem assevera Wolney de Macedo Cordeiro, deve-se observar que:

> A fase de expropriação é fortemente influenciada pelos aspectos negociais privados, afinal de contas o judiciário não tem como compelir terceiros a adquirirem os bens penhorados que, só se interessarão pela transação caso exista algum tipo de atrativo financeiro. Não deixa de ser um verdadeiro paradoxo, na medida em que a tutela de execução representa o conjunto mais incisivo de atos de força praticado pelo juiz, mas, aportando na fase de expropriação, depende a satisfação do crédito da ação dos particulares. A compreensão desse caráter dual da fase de expropriação é elemento fundamental para que sejam construídas normas processuais mais adequadas ao mundo dos negócios contemporâneos, bem como para formatar uma exegese adequada sobre os dispositivos vigentes. (CORDEIRO, 2017, p. 331).

Por fim, é importante destacar a previsão da lei de falência e a jurisprudência do Supremo Tribunal Federal quanto à alienação de unidades produtivas de empresas em recuperação judicial ou em processo falimentar. Nesse caso, a Lei n. 11.101 de 2005 dispõe, em seu inciso II do art. 141, que "o objeto da alienação estará livre de qualquer ônus, não havendo que se falar em sucessão do arrematante nas obrigações do devedor, inclusive as de natureza tributária, as derivadas da legislação do trabalho e as decorrentes de acidentes de trabalho."

O Supremo Tribunal Federal entendeu pela constitucionalidade do dispositivo acima referido, conforme o julgamento da Ação Direita de Inconstitucionalidade 3.934/DF, de relatoria do Ministro Ricardo Lewandowski (DJ de 06.11.2009)[46].

5. ARREMATAÇÃO PARCELADA DE BENS E A ALIENAÇÃO POR LEILÃO ELETRÔNICO

O CPC prevê, em seu art. 895[47], a hipótese de aquisição do bem, mediante o pagamento parcelado de seu preço. Nesse caso, seria possível ao arrematante parcelar o valor do bem, desde que ofereça pelo menos vinte e cinco por cento do valor do lance à vista, podendo parcelar o restante em até 30 meses, garantindo o valor por caução idônea quando se tratar de bem móvel e por hipoteca do próprio bem quando imóvel.

A proposta de parcelamento deverá ser realizada até o início do primeiro leilão, não podendo ser inferior ao valor da avaliação, ou até o segundo leilão, desde que o valor não seja considerado vil. (Incisos I e II do art. 895 CPC).

Trata-se, o parcelamento, de mais uma forma que o legislador encontrou de facilitar a aquisição desses bens, possibilitando que aqueles interessados que não tenham o valor integral para adquiri-los possam, mesmo assim, arrematá-los. É outra forma de buscar efetividade à execução.

Caso haja atraso no pagamento de qualquer das prestações, incidirá a multa de 10%, que recairá sobre a soma da parcela adimplida com as parcelas vincendas. (§ 4º do art. 895 CPC). Para Daniel Amorim Assumpção Neves (2017, p. 1.304), esse percentual é o mínimo legal, podendo haver na proposta de pagamento, parcela de uma sanção ainda mais severa, embora não faça muito sentindo o proponente proceder nesse sentido.

Havendo o inadimplemento (§ 5º do art. 895) é possível ao exequente escolher entre a resolução da arrematação ou promover, em face do arrematante, a execução do valor devido, devendo ambos os pedidos serem formulados nos autos da execução em que se deu a arrematação.

O art. 897 do CPC ainda prevê que se o arrematante ou seu fiador não pagar o preço no prazo estabelecido, perderá o arrematante, em favor do exequente, a caução, voltando

(46) Disponível em: <http://portal.stf.jus.br/processos/detalhe.asp?incidente=2544041>.

(47) Art. 895 CPC. O interessado em adquirir o bem penhorado em prestações poderá apresentar, por escrito: I – até o início do primeiro leilão, proposta de aquisição do bem por valor não inferior ao da avaliação; II – até o início do segundo leilão, proposta de aquisição do bem por valor que não seja considerado vil. § 1º A proposta conterá, em qualquer hipótese, oferta de pagamento de pelo menos vinte e cinco por cento do valor do lance à vista e o restante parcelado em até 30 (trinta) meses, garantido por caução idônea, quando se tratar de móveis, e por hipoteca do próprio bem, quando se tratar de imóveis. § 2º As propostas para aquisição em prestações indicarão o prazo, a modalidade, o indexador de correção monetária e as condições de pagamento do saldo. § 3º (VETADO). § 4º No caso de atraso no pagamento de qualquer das prestações, incidirá multa de dez por cento sobre a soma da parcela inadimplida com as parcelas vincendas. § 5º O inadimplemento autoriza o exequente a pedir a resolução da arrematação ou promover, em face do arrematante, a execução do valor devido, devendo ambos os pedidos ser formulados nos autos da execução em que se deu a arrematação. § 6º A apresentação da proposta prevista neste artigo não suspende o leilão. § 7º A proposta de pagamento do lance à vista sempre prevalecerá sobre as propostas de pagamento parcelado. § 8º Havendo mais de uma proposta de pagamento parcelado: I – em diferentes condições, o juiz decidirá pela mais vantajosa, assim compreendida, sempre, a de maior valor; II – em iguais condições, o juiz decidirá pela formulada em primeiro lugar. § 9º No caso de arrematação a prazo, os pagamentos feitos pelo arrematante pertencerão ao exequente até o limite de seu crédito, e os subsequentes, ao executado.

os bens a novo leilão, do qual não serão admitidos a participar o arrematante e o fiador remissos.

A legislação delibera que a proposta de pagamento à vista sempre prevalecerá sobre as propostas de pagamento parcelado, demonstrando o caráter excepcional do parcelamento. Além disso, quando houver mais de uma proposta parcelada, o juiz deverá decidir pela que tiver o maior valor. E, quando iguais, a que tiver sido apresentada primeiro.

Para Daniel Amorim Assumpção Neves (2017, p. 1.304), deverá o juiz levar sempre em consideração três elementos, e não somente o valor da proposta, quais sejam, valor, percentual de pagamento imediato e número de parcelas para o pagamento do saldo remanescente.

A CLT nada diz quanto à possibilidade de parcelamento do pagamento do lance. No entanto, entende-se como compatível a aplicação deste dispositivo ao Processo do Trabalho. Nesse sentido é a seguinte ementa da Seção Especializada em Execução do Tribunal Regional do Trabalho da 4ª Região.

> METALÚRGICA HAVANA. ARREMATAÇÃO. PARCELAMENTO. POSSIBILIDADE. NULIDADE INEXISTENTE. A arrematação de forma parcelada é medida que atinge o resultado útil da execução, estando de acordo com o princípio da celeridade, além de autorizada pelo art. 895 do CPC. Agravo de petição da executada a que se nega provimento. (TRT da 4ª Região, Seção Especializada em Execução, 0020335-46.2014.5.04.0282 AP, em 15.10.2018, Desembargador Janney Camargo Bina).

Aplicável, portanto, ao Processo do Trabalho, o pagamento parcelado, pois possibilita maior efetividade à execução. Posicionamento esse também adotado pelo TST, no inciso XX do art. 3º da IN n. 39/2016.

Nesse mesmo sentido é a possibilidade de alienação dos bens por meio eletrônico, de forma preferencial (art. 882 do CPC)[48]. Esse procedimento é de fundamental importância e está em consonância com a nova realidade social. Os avanços tecnológicos podem e devem ser utilizados da forma mais ampla possível pelo Judiciário, principalmente diante da atual realidade, conforme explica Wolney de Matos Cordeiro:

> O procedimento de arrematação em hasta pública é o mais tradicional entre todos aqueles previstos pela atual norma processual. No caso do processo do trabalho, essa modalidade de expropriação é a única que se acha explicitamente regulada no vetusto texto da CLT. Mesmo diante dessa tradição incontestável, nos últimos anos, pelo menos em sede de regulação, o procedimento judicial de arrematação vem perdendo seu protagonismo em face de outros ritos, pretensamente, mais simples e rápidos. A figura de uma hasta pública formal, presencial e baseada na mera publicação de editais em jornais aparenta ser, cada vez menos, um instrumento de efetividade processual na execução. (CORDEIRO, 2017, p. 334).

Diante disso é preciso avançar e compatibilizar os procedimentos da hasta pública com as facilidades propiciadas pela Internet, as quais podemos apontar, a transparência de dados, a celeridade processual e a economia de custos. Por conta disso, o Conselho Nacional de Justiça, por meio da Resolução n. 236 de 13.07.2016[49], regulamentou, no âmbito do Poder Judiciário, os procedimentos relativos à alienação judicial por meio eletrônico.

Considerando, conforme previsto expressamente na Resolução: a) que a eficiência operacional, o acesso ao sistema de justiça e a responsabilidade social constituem objetivos estratégicos do Poder Judiciário, nos termos da Resolução CNJ n. 198, de 1º de setembro de 2014; b) que a alienação judicial eletrônica visa facilitar a participação dos licitantes, reduzindo custos e agilizando os processos de execução; c) a necessidade de regulamentação uniforme dos leilões eletrônicos em todos os tribunais do país.

Assim, o CNJ estabelece uma série de responsabilidades dos leiloeiros públicos, bem como os requisitos necessários para seu credenciamento e nomeação. Prevê, ainda, quanto aos procedimentos a serem adotados pelos interessados em arrematar, por meio eletrônico, o cadastramento *on-line*, gratuito, que constitui requisito indispensável para a participação na alienação judicial eletrônica, responsabilizando-se o usuário, civil e criminalmente, pelas informações lançadas por ocasião do cadastramento. (Arts. 12 e 13).

Durante a alienação, os lances deverão ser oferecidos diretamente no sistema e divulgados imediatamente *on-line* de modo a viabilizar a preservação do tempo real das ofertas. (Art. 22). O pagamento deverá ser realizado de imediato pelo arrematante, por depósito judicial ou por meio eletrônico (art. 892 do CPC), salvo disposição judicial diversa ou arrematação a prazo (§ 9º do art. 895 do CPC), conforme previsão no art. 24 do Regulamento.

A arrematação será considerada perfeita, acabada e irretratável tão logo assinado o auto pelo juiz, pelo arrematante e pelo leiloeiro, observadas as disposições do art. 903 do Código de Processo Civil (art. 25). Correrão por conta do arrematante as despesas e os custos relativos à desmontagem, remoção, transporte e transferência patrimonial dos bens arrematados (art. 29).

(48) Art. 882 CPC: Não sendo possível a sua realização por meio eletrônico, o leilão será presencial. § 1º – A alienação judicial por meio eletrônico será realizada, observando-se as garantias processuais das partes, de acordo com regulamentação específica do Conselho Nacional de Justiça. § 2º – A alienação judicial por meio eletrônico deverá atender aos requisitos de ampla publicidade, autenticidade e segurança, com observância das regras estabelecidas na legislação sobre certificação digital. § 3º – O leilão presencial será realizado no local designado pelo juiz.

(49) Disponível em: <http://www.cnj.jus.br/atos-normativos?documento=2313>. Acesso em: 18 jun. 2019.

Quanto à aplicação da Resolução nos Regionais, buscando adaptar-se à nova situação, citamos a título exemplificativo, o posicionamento do Tribunal do Trabalho da 13ª Região, que por meio do projeto denominado Negócio Legal, passou a realizar leilão exclusivamente pela internet[50]. Conforme explica o próprio Tribunal Regional, "O leilão eletrônico segue a trilha do processo eletrônico, como não poderia deixar de ser. Além disso oferece mais transparência e segurança aos interessados em participar, pois se pode acompanhar passo a passo a todo tempo o desenvolvimento do leilão".

No mesmo sentido é o posicionamento do Tribunal Regional do Trabalho da 2ª Região, por meio do Provimento Gp/CR n. 01/2017[51], e do Tribunal Regional da 3ª Região, por meio de seu Provimento Geral (PRV GCR/GVCR n. 3/2015)[52], que realizam leilão na modalidade *on-line* e presencial. Cada Regional, portanto, deverá adaptar o seu Regimento Interno às novas diretrizes trazidas pelo CNJ a fim de uniformizar, acelerar e modernizar o procedimento expropriatório.

6. REMIÇÃO

Renato Saraiva e Aryanna Manfredini (2015, p. 623) ensinam que a remição "consiste no ato processual do pagamento da totalidade da dívida executiva pelo devedor, liberando-se os bens constritos e, privilegiando-se, assim, o princípio da não prejudicialidade do devedor".

A remição encontra-se prevista no art. 826 do CPC[53]. Dessa forma, diante da omissão celetista e da compatibilidade (arts. 15 do CPC e 889 da CLT), aplicável é o CPC ao caso. Assim, o próprio devedor, se quiser, antes de adjudicados ou alienados os bens, poderá, a todo tempo, remir a execução, pagando ou consignando a importância atualizada da dívida, acrescida de juros, custas e honorários advocatícios.

Segundo o art. 13 da Lei n. 5.584/70[54], em qualquer hipótese, a remição só será deferível ao executado se este oferecer preço igual ao valor da condenação.

Trata-se da forma preferencial de aquisição dos bens na execução, por ser menos gravosa ao devedor que, diante da situação de ver seus bens serem vendidos a preço ínfimo, poderá remi-los, pondo fim à execução.

7. ALIENAÇÃO POR INICIATIVA PARTICULAR

A alienação por iniciativa particular foi introduzida ao processo civil pela Lei n. 11.382 de 2006, que acrescentou, ao antigo art. 685 do CPC/73, a alínea *c*. Tal previsão foi mantida no atual Código de Processo Civil, no art. 880 e parágrafos[55].

Assim, não efetivada a adjudicação, o exequente poderá requerer, por iniciativa própria ou por intermédio de corretor ou leiloeiro público, a alienação dos bens. Neste caso, o juiz estabelecerá prazo para que o exequente apresente em juízo os possíveis interessados em adquiri-los, desde que o valor seja igual ou superior ao fixado na avaliação para que haja o respeito ao princípio da menor onerosidade.

A alienação será formalizada por termo nos autos, com a assinatura do juiz, do exequente, do adquirente e, se estiver presente, do executado. Expedindo-se, em favor do adquirente, carta de alienação ou mandado de entrega, conforme se trate de bem imóvel ou móvel. (incisos I e II do § 2º do art. 880 CPC).

Embora a CLT seja silente quanto a essa forma de alienação judicial, entendemos plenamente cabível a sua aplicação às execuções trabalhistas, pois é mais uma forma apta à satisfação do crédito, buscando sempre a efetividade do comando jurisdicional. Além de ser realizada no interesse e a pedido do próprio credor. Nesse sentido é o seguinte julgado:

> ALIENAÇÃO POR INICIATIVA PARTICULAR – CABIMENTO. No caso em tela, é perfeitamente cabível a alienação do bem penhorado por iniciativa particular, haja vista a necessidade de satisfação do crédito exequendo. (TRT03 – 10ª Turma – AP 00383007920005030080 – Rel. Eduardo Augusto Lobato – DOE 08.03.2012)

Cabe salientar que a legitimidade para requerer alienação por iniciativa particular será, de acordo com o comando legislativo (art. 880, *caput*, do CPC), do credor, não

(50) Matéria disponível no *site* do TRT da 13ª região. Disponível em: <https://www.trt13.jus.br/informe-se/noticias/2012/08/site-do-leilao-eletronico-ja-esta-no-ar>. Acesso em: 18 jun. 2019.

(51) Disponível em: <https://www.trtsp.jus.br/geral/tribunal2/Normas_Presid/Provimentos/2017/GPCR_01_17.html>. Acesso em: 18 jun. 2019.

(52) Disponível em: <http://as1.trt3.jus.br/bd-trt3/bitstream/handle/11103/13476/PGC%20TRT3%20%28PRV%20GCR_GVCR%203_2015%29%20CONS.html?sequence=19&isAllowed=y>. Acesso em: 18 jun. 2019.

(53) Art. 826 CPC: Antes de adjudicados ou alienados os bens, o executado pode, a todo tempo, remir a execução, pagando ou consignando a importância atualizada da dívida, acrescida de juros, custas e honorários advocatícios.

(54) Art. 13. Em qualquer hipótese, a remição só será deferível ao executado se este oferecer preço igual ao valor da condenação.

(55) Art. 880 CPC: Não efetivada a adjudicação, o exequente poderá requerer a alienação por sua própria iniciativa ou por intermédio de corretor ou leiloeiro público credenciado perante o órgão judiciário. § 1º O juiz fixará o prazo em que a alienação deve ser efetivada, a forma de publicidade, o preço mínimo, as condições de pagamento, as garantias e, se for o caso, a comissão de corretagem.§ 2º A alienação será formalizada por termo nos autos, com a assinatura do juiz, do exequente, do adquirente e, se estiver presente, do executado, expedindo-se: I – a carta de alienação e o mandado de imissão na posse, quando se tratar de bem imóvel; II – a ordem de entrega ao adquirente, quando se tratar de bem móvel. § 3º Os tribunais poderão editar disposições complementares sobre o procedimento da alienação prevista neste artigo, admitindo, quando for o caso, o concurso de meios eletrônicos, e dispor sobre o credenciamento dos corretores e leiloeiros públicos, os quais deverão estar em exercício profissional por não menos que 3 (três) anos. § 4º Nas localidades em que não houver corretor ou leiloeiro público credenciado nos termos do § 3º, a indicação será de livre escolha do exequente.

podendo esta lhe ser imposta pelo juiz ou requerida por terceiro. Esse é o entendimento da jurisprudência do TST:

> "RECURSO DE REVISTA. PROCESSO ANTERIOR À VIGÊNCIA DO CPC DE 2015. EXECUÇÃO FISCAL. DÍVIDA NÃO TRIBUTÁRIA. IMÓVEL PENHORADO. ALIENAÇÃO POR INICIATIVA PARTICULAR. TERCEIRO QUE SE OFERECEU PARA AQUISIÇÃO DO BEM. DISCORDÂNCIA DO CREDOR. NULIDADE. 1. A execução se faz em favor do credor e o art. 685-C do CPC/73 expressamente submete à iniciativa do exequente a alienação particular. 2. Diante disso, nulo o ato do juízo da execução que acatou pleito de terceiro, não interveniente, no processo de execução para aquisição do bem, sem o pedido ou a anuência do exequente. Recurso de revista conhecido e provido." (RR-2066500-65.2005.5.11.0015, 1ª Turma, Relator Ministro Hugo Carlos Scheuermann, DEJT 28.02.2019)

Sustentando a possibilidade de ampliação dos legitimados para requerer a alienação por iniciativa particular, Wolney de Macedo Cordeiro expõe que:

> Não existe nenhum óbice à atuação supletiva do próprio devedor na indicação de adquirente interessado no bem penhorado. Desde que satisfeitos os requisitos formais da aquisição, bem como não sendo demonstrada qualquer intenção de fraudar ou simular, deverão ser consideradas as propostas ofertadas por pessoa indicada pelo próprio executado. A norma processual não trata explicitamente do tema, no entanto, aplicando-se por analogia o disposto no CPC, art. 890, não haveria nenhuma vedação dirigida a essa modalidade de licitante. (CORDEIRO, 2017, p. 343).

8. IMPUGNAÇÃO DA EXPROPRIAÇÃO NO PROCESSO DO TRABALHO E EMBARGOS DE TERCEIRO

O Código de Processo Civil de 1973 previa a figura dos embargos à arrematação. Tal previsão, porém, foi extinta com o advento do atual Código de Processo Civil, que passou a consagrar um procedimento mais simples, possibilitando ao executado impugnar a arrematação por meio de simples petição. (Art. 903 do CPC[(56)]).

De acordo com a nova previsão, a arrematação poderá ser invalidada quando realizada por preço vil ou com outro vício, considerada ineficaz quando não for observado o constante no art. 804 do CPC e resolvida se não for pago o preço ou se não for prestada a caução (§ 1º, incisos I, II e III do art. 903 do CPC).

Em razão da lacuna encontrada na CLT e na Lei n. 6.830/80, plenamente possível a aplicação subsidiária da norma civilista. Trata-se de previsão compatível com a principiologia constitucional do contraditório e da ampla defesa, mesmo que na fase executiva esses princípios sejam de certa forma mitigados.

Assim, uma vez lavrado o auto de arrematação, o executado terá o prazo de dez dias para realizar a impugnação (§ 2º do art. 903 do CPC), prazo este contado entre a lavratura do auto e a expedição da carta de arrematação. Importante salientar que quanto a este prazo, há aqueles que reconhecem a aplicabilidade analógica do prazo de cinco dias para embargos à execução, previsto no art. 884 da CLT[(57)].

Mauro Schiavi (2018, p. 1416) defende que "as partes prejudicadas pela invalidação da arrematação ou da adjudicação em hasta pública, deverão ser ouvidas em igual prazo, antes da decisão do juiz (arts. 9º e 10, do CPC)".

Findo esse prazo sem impugnação, o bem passará à propriedade do arrematante, extinguindo-se a execução. Em consequência, somente poderá ser impugnado o ato praticado mediante ação anulatória (§ 4º do art. 903 do CPC c/c § 4º do art. 966 do CPC), com prazo decadencial de 4 anos, de acordo com o previsto no parágrafo II, do art. 178 do CC[(58)]. Neste sentido:

> AÇÃO ANULATÓRIA DE ARREMATAÇÃO. CABIMENTO. A Ação Anulatória é a medida processual adequada para os fins de desconstituição e/ou nulidade de atos judiciais que independem de sentença, a teor do art. 966, § 4º, do CPC c/c art. 769 da CLT. Portanto, o

---

(56) Art. 903 CPC: Qualquer que seja a modalidade de leilão, assinado o auto pelo juiz, pelo arrematante e pelo leiloeiro, a arrematação será considerada perfeita, acabada e irretratável, ainda que venham a ser julgados procedentes os embargos do executado ou a ação autônoma de que trata o § 4º deste artigo, assegurada a possibilidade de reparação pelos prejuízos sofridos. § 1º Ressalvadas outras situações previstas neste Código, a arrematação poderá, no entanto, ser: I – invalidada, quando realizada por preço vil ou com outro vício; II – considerada ineficaz, se não observado o disposto no art. 804. III – resolvida, se não for pago o preço ou se não for prestada a caução. § 2º O juiz decidirá acerca das situações referidas no § 1º, se for provocado em até 10 (dez) dias após o aperfeiçoamento da arrematação.§ 3º Passado o prazo previsto no § 2º sem que tenha havido alegação de qualquer das situações previstas no § 1º, será expedida a carta de arrematação e, conforme o caso, a ordem de entrega ou mandado de imissão na posse. § 4º Após a expedição da carta de arrematação ou da ordem de entrega, a invalidação da arrematação poderá ser pleiteada por ação autônoma, em cujo processo o arrematante figurará como litisconsorte necessário. § 5º O arrematante poderá desistir da arrematação, sendo-lhe imediatamente devolvido o depósito que tiver feito: I – se provar, nos 10 (dez) dias seguintes, a existência de ônus real ou gravame não mencionado no edital; II – se, antes de expedida a carta de arrematação ou a ordem de entrega, o executado alegar alguma das situações previstas no § 1º; III – uma vez citado para responder a ação autônoma de que trata o § 4º deste artigo, desde que apresente a desistência no prazo de que dispõe para responder a essa ação. § 6º Considera-se ato atentatório à dignidade da justiça a suscitação infundada de vício com o objetivo de ensejar a desistência do arrematante, devendo o suscitante ser condenado, sem prejuízo da responsabilidade por perdas e danos, ao pagamento de multa, a ser fixada pelo juiz e devida ao exequente, em montante não superior a vinte por cento do valor atualizado do bem.

(57) Art. 884 CLT: Garantida a execução ou penhorados os bens, terá o executado 5 (cinco) dias para apresentar embargos, cabendo igual prazo ao exequente para impugnação.

(58) Art. 178 CC: É de quatro anos o prazo de decadência para pleitear-se a anulação do negócio jurídico, contado: II – no de erro, dolo, fraude contra credores, estado de perigo ou lesão, do dia em que se realizou o negócio jurídico;

instrumento legal para buscar a anulação do ato judicial que homologa a arrematação é a ação anulatória, sobretudo, quando ultrapassada a oportunidade de manifestação por meio de embargos.

(TRT da 3ª Região; PJe: 0010129-91.2017.5.03.0056 (RO); Disponibilização: 06.12.2017; Órgão Julgador: Décima Primeira Turma; Relator: Juliana Vignoli Cordeiro)

Ação Anulatória. Aperfeiçoada a arrematação do bem imóvel, com a expedição e o registro da Carta de Arrematação, a desconstituição da alienação do bem deve ser buscada por meio de ação anulatória, na forma do art. 996, § 4º, do CPC segundo o qual "os atos de disposição de direitos, praticados pelas partes ou por outros participantes do processo e homologados pelo juízo, bem como os atos homologatórios praticados no curso da execução, estão sujeitos à anulação, nos termos da lei".

(TRT da 3ª Região; PJe: 0012236-54.2016.5.03.0053 (RO); Disponibilização: 15.12.2017; Órgão Julgador: Sexta Turma; Relator: Jorge Berg de Mendonca)

Há previsão também no ordenamento quanto à possibilidade de terceiro que, embora não faça parte do processo, tenha interesse nos atos expropriatórios em virtude de ter sofrido ou esteja na iminência de sofrer constrição de seus bens ou que possua direito sobre os bens incompatível com o ato praticado. Nesse caso, poderá requerer a tutela inibitória ou o desfazimento do ato, mediante a oposição dos embargos, conforme previsão expressa no *caput* do art. 674 do CPC[59].

Os embargos poderão ser opostos no processo de execução até 5 (cinco) dias depois da adjudicação, da alienação por iniciativa particular ou da arrematação, mas sempre antes da assinatura da respectiva carta. (art. 675 do CPC[60]). Nesse sentido são os seguintes julgados:

Agravo de petição. Embargos de terceiro. <u>Os embargos de terceiro, na fase de execução, devem ser ofertados no prazo de até 05 (cinco) dias após a arrematação, adjudicação ou remição, nos termos do art. 675 do NCPC, dispositivo legal que não admite tergiversações, pois</u> **<u>não excepciona qualquer hipótese de aplicação do prazo de 5 (cinco) dias a partir da ciência ou intimação da penhora, que é próprio dos embargos à execução</u>** (TRT02 Processo n. 000015-70.2017.5.02.0008, Relator Desembargador Adalberto Martins, 8ª Turma, Data de Publicação: 28.11.2017 – g.n.) – Grifei.

RECURSO DE REVISTA – PROCESSO EM FASE DE EXECUÇÃO – EMBARGOS DE TERCEIRO – PRAZO PARA OPOSIÇÃO – TERMO *A QUO* – TEMPESTIVIDADE – PRINCÍPIO DO CONTRADITÓRIO E DA AMPLA DEFESA. O art. 1.048 do Código de Processo Civil estabelece que, no processo de execução, os embargos podem ser opostos até 5 (cinco) dias depois da arrematação, adjudicação ou remição, mas sempre antes da assinatura da respectiva carta. **Identifica-se, portanto, que o legislador fixou apenas um limite final para a oposição dos embargos por aquele que foi surpreendido com a constrição do seu bem. A jurisprudência do Superior Tribunal de Justiça afirma de modo uníssono que o único marco temporal a ser tomado como referência para a oposição dos embargos de terceiro é a turbação da posse. Assim, é firme o entendimento no sentido de não ter sido estipulado um *dies a quo* para a oposição dos embargos de terceiro, mas apenas um termo *ad quem*, que consiste em 5 dias após a efetiva expropriação do bem, exigindo-se ainda a ciência inequívoca da ocorrência deste momento.** O elástico lapso temporal estipulado no diploma processual se justifica exatamente no fato de ter sido furtado ao terceiro qualquer possibilidade anterior de exercício do seu contraditório, pois não há instauração de um incidente processual para decretação da desconsideração da personalidade jurídica, nem, consequentemente, oportunidade de defesa antes de sua efetivação. O contraditório é diferido, realizado apenas após a constrição do bem. Com efeito, é indispensável se conferir ao embargante, que, em regra, é completamente surpreendido com o procedimento de excussão de seu bem, tempo suficiente que lhe permita, antes de mais nada, tomar conhecimento efetivo das circunstâncias e razões evidenciadas no processo "principal" que determinaram o atingimento dos seus bens, e, em seguida, contratar advogado, estabelecer a sua tese de defesa e providenciar as provas necessárias à demonstração do seu direito. Por estas razões, não me parece adequado o entendimento de que a intimação da penhora, ou mesmo do ato de depósito do imóvel, não apenas autoriza, mas obriga o terceiro a se valer imediatamente das medidas cabíveis para evitar a perda do bem, pois estabelecer o termo inicial do prazo de oposição dos embargos, sem que o legislador ordinário o tenha feito, impondo uma antecipação do exercício da sua defesa, implica não apenas em violação do devido processo legal, mas em demasiada mitigação do contraditório do terceiro, que já é, por natureza, reduzido, limitado. Os princípios da celeridade,

(59) Art. 674 CPC: Quem, não sendo parte no processo, sofrer constrição ou ameaça de constrição sobre bens que possua ou sobre os quais tenha direito incompatível com o ato constritivo, poderá requerer seu desfazimento ou sua inibição por meio de embargos de terceiro. § 1º Os embargos podem ser de terceiro proprietário, inclusive fiduciário, ou possuidor. § 2º Considera-se terceiro, para ajuizamento dos embargos: I – o cônjuge ou companheiro, quando defende a posse de bens próprios ou de sua meação, ressalvado o disposto no art. 843. II – o adquirente de bens cuja constrição decorreu de decisão que declara a ineficácia da alienação realizada em fraude à execução; III – quem sofre constrição judicial de seus bens por força de desconsideração da personalidade jurídica, de cujo incidente não fez parte; IV – o credor com garantia real para obstar expropriação judicial do objeto de direito real de garantia, caso não tenha sido intimado, nos termos legais dos atos expropriatórios respectivos.

(60) Art. 675 CPC. Os embargos podem ser opostos a qualquer tempo no processo de conhecimento enquanto não transitada em julgado a sentença e, no cumprimento de sentença ou no processo de execução, até 5 (cinco) dias depois da adjudicação, da alienação por iniciativa particular ou da arrematação, mas sempre antes da assinatura da respectiva carta. Parágrafo único. Caso identifique a existência de terceiro titular de interesse em embargar o ato, o juiz mandará intimá-lo pessoalmente.

da boa-fé processual, da utilidade do prazo, ou mesmo o instituto da preclusão, comumente utilizados em defesa da fixação do *dies a quo* referido, não podem se sobrepor às garantias insculpidas no art. 5º, LIV e LV, da Constituição Federal, não sendo suficientes a justificar o estabelecimento de um marco temporal não definido em lei e que causa nítido prejuízo ao embargante. Configurada, portanto, a ofensa literal e direta ao princípio do contraditório e da ampla defesa, insculpido no art. 5º, LV, da Constituição Federal. Recurso de revista conhecido e provido." (TST – Processo: RR – 1592-60.2012.5.02.0040 Data de Julgamento: 30.09.2015, Relator Ministro: Luiz Philippe Vieira de Mello Filho, 7ª Turma, Data de Publicação: DEJT 09.10.2015) – Grifei.

9. CONCLUSÃO

Como ficou demonstrado, a expropriação judicial tem o objetivo de transferir valores ou bens do patrimônio do executado em favor do exequente até o limite do crédito exequendo. Para isso, a legislação processual prevê uma série de procedimentos que deverão ser observados pelo magistrado, a depender da situação apresentada no caso concreto.

Há uma grande divergência tanto na jurisprudência quanto na doutrina, em relação à aplicabilidade ou não de diversos dispositivos do atual Código de Processo Civil à expropriação em âmbito trabalhista. Não há consenso, situação essa que decorre, lamentavelmente, tanto da ausência de legislação própria quanto da insuficiência dos dispositivos existentes na Consolidação das Leis do Trabalho.

O fato é que o legislador ordinário tem deixado, há algum tempo, a legislação trabalhista desatualizada quanto ao tema aqui estudado, o que incompatível com os anseios sociais de uma sociedade que busca, a cada dia, maior rapidez na resolução dos problemas levados ao judiciário.

Buscou-se, portanto, apresentar uma solução mais compatível com a realidade vivida no âmbito das Varas do Trabalho, através de uma análise principiológica, baseada, sobretudo, na natureza *sui generis* do crédito laboral, bem como na hipossuficiência do seu titular

A busca pela celeridade e economia processual, princípios fundamentais previstos na Constituição Federal de 1988, passa por um Poder Judiciário capaz de resolver os litígios em prazo razoável, de forma menos burocrática, entregando à parte o que lhe é de direito da maneira mais rápida e eficaz possível.

Assim, é manifesta a extrema relevância da fase expropriatória, pois nela que o direito passa a existir concretamente. O efetivo pagamento ao credor trabalhista é o que concretiza o comando estatal. Nessa perspectiva, deverá o juiz, intérprete por excelência da norma, conduzir os seus atos da forma mais responsável possível, privilegiando sempre a satisfação do titular do crédito exequendo.

10. REFERÊNCIAS

BRASIL. *Código Civil:* Lei n. 11.046, de 10 de janeiro de 2002. Brasília: Presidência da República, 2019. Disponível em: <http://www.planalto.gov.br/ccivil_03/leis/2002/l10406compilada.htm>. Acesso em: 16 jun. 2019.

BRASIL. *Código de Processo Civil:* Lei n. 13.105, 16 de março de 2015. Brasília: Presidência da República, 2019. Disponível em: <http://www.planalto.gov.br/ccivil_03/_Ato2015-2018/2015/Lei/L13105.htm>. Acesso em: 20 jun. 2019.

BRASIL. *Código de Processo Civil:* Lei n. 5.869, de 11 de janeiro de 1973. Brasília: Presidência da República, 2019. Disponível em: <http://www.planalto.gov.br/ccivil_03/leis/L5869impressao.htm>. Acesso em: 20 jun. 2019.

BRASIL. *Código Tributário Nacional:* Lei n. 5.172 de 25 de outubro de 1966. Brasília. Presidência da República, 2019. Disponível em: <http://www.planalto.gov.br/ccivil_03/leis/l5172.htm>. Acesso em: 17 jun. 2019.

BRASIL. *Consolidação das Leis do Trabalho:* Decreto-Lei n. 5.452, de 1 de maio de 1943. Brasília: Presidência da República, 2019. Disponível em: <http://www.planalto.gov.br/ccivil_03/decreto-lei/del5452.htm>. Acesso em: 16 jun. 2019.

CINTRA, Antônio Carlos de; GRINOVER, Ada Pellegrini; DINAMARCO, Cândido Rangel. *Teoria geral do processo.* 20. ed. São Paulo: Malheiros editores Ltda., 2004.

CORDEIRO, Wolney de Macedo. *Execução no processo do trabalho.* 4. ed. rev. e atual. Salvador: Juspodivm, 2017.

DINAMARCO, Cândido Rangel. *Execução civil.* 7. ed. rev. e atual. São Paulo: Malheiros editores Ltda., 2000.

DUARTE NETO, Bento Herculano. Repercussões relevantes do novo CPC na execução trabalhista. *Editora Fórum Trabalhista.* Belo Horizonte. Abr./jun. 2017. Disponível em: <https://www.editoraforum.com.br/wp-content/uploads/2017/06/novo-cpc-direito-trabalho.pdf>. Acesso em: 19 ago. 2019.

FIUZA, César. *Direito Civil:* curso completo. 12. ed. revista, atualizada e ampliada. Belo Horizonte: Del Rey, 2008.

LEITE, Carlos Henrique Bezerra. *Curso de direito processual do trabalho.* 9. ed. São Paulo: LTr, 2011.

MARTINS, Sérgio Pinto. *Direito processual do trabalho.* 41. ed. São Paulo: Saraiva Educação, 2019.

NEVES, Daniel Amorim Assumpção. *Manual de direito processual civil.* 9. ed. Salvador: Juspodivm, 2017.

PIOVESAN, Flávia. *Direitos Humanos e o direito constitucional internacional.* 10. ed. rev. e atual. São Paulo: Saraiva, 2009.

SARAIVA, Renato; MANFREDINI, Aryanna. *Curso de direito processual do trabalho:* conforme novo CPC. 12. ed. Salvador: Juspodivm, 2015.

SCHIAVI, Mauro. *Manual de direito processual do trabalho*: de acordo com o novo CPC, reforma trabalhista – Lei n. 13.467/2017 e a IN. n. 41/2018 do TST. 15. ed. São Paulo: LTr, 2018.

THEODORO JÚNIOR, Humberto. *Curso de direito processual civil.* Processo de execução e cumprimento da sentença, processo cautelar e tutela de urgência. Rio de Janeiro: Forense, 2010.

Reunião de Execuções: economia processual e justiça distributiva

Cristiane Arantes Rezende Lopes[(1)]

1. INTRODUÇÃO

A execução no Processo do Trabalho, bem como no Processo Civil, é norteada por princípios constitucionais e infraconstitucionais que visam, de uma forma geral, alcançar a efetividade do direito já deferido ao exequente sem, contudo, desamparar o executado a ponto de lhe impor uma onerosidade excessiva.

Pode-se afirmar que se tem um contraponto do princípio da primazia do crédito exequente com o princípio da menor onerosidade para o executado. Isso porque, o vetor central do ordenamento jurídico brasileiro, enquanto Estado Democrático de Direito, é a dignidade da pessoa humana, convergindo-se toda aplicação e interpretação da ordem jurídica para efetivação deste importante princípio constitucional (art. 1º, inciso III, Constituição da República Federativa do Brasil).

O princípio da primazia do crédito do exequente baseia-se no fato de que na execução de título judicial ou extrajudicial presume-se que o credor tem razão na sua postulação, pois já possui sentença favorável que lhe reconhece o direito postulado ou um título reconhecido pela lei como apto a ensejar a atividade executiva (BERNARDES, 2019). O art. 797 do Código de Processo Civil[(2)] dispõe expressamente sobre o princípio mencionado.

Em contrapartida, o princípio da menor onerosidade visa assegurar que a execução seja processada da forma menos onerosa para o executado, contanto que se mantenha a efetividade do processamento executório, respeitando-se, assim, a primazia do crédito exequente. O princípio está explícito no texto do art. 805 do CPC[(3)] e possibilita que o executado indique outros meios eficazes para se prosseguir na execução que lhe sejam menos onerosos.

A reunião de execuções em face de um mesmo devedor, instituto previsto no art. 28 da Lei de Execução Fiscal n. 6.830/1980[(4)], por sua vez, mostra-se como um efetivo instrumento que possibilita a ponderação desses dois princípios mencionados, dando ainda efetividade a tantos outros princípios norteadores da execução trabalhista, conforme analisar-se-á neste trabalho.

Por força do disposto no art. 889 da Consolidação das Leis do Trabalho[(5)], a Lei de Execução Fiscal deverá ser aplicada ao processo de execução trabalhista como fonte subsidiária, naquilo que não for incompatível com seus princípios e normas legais. Em segunda *ratio*, aplica-se o Código de Processo Civil, seguindo o disposto no art. 769 da CLT[(6)] c/c art. 15 do CPC[(7)] e no art. 1º da Lei n. 6.830/1980[(8)].

Muito embora possa se revelar como poderoso instrumento para garantia do princípio constitucional da isonomia, na medida em que visa canalizar todos os bens da executada para o pagamento dos credores de forma equânime, a utilização da reunião de execuções ainda se mostra sutil no âmbito dos Tribunais Regionais do Trabalho, tendo sido regulamentada pelo Tribunal Superior do Trabalho somente em 2018, por meio do Provimento n. 1/2018 da Corregedoria Geral da Justiça do Trabalho[(9)].

---

(1) Graduada pela Pontifícia Universidade Católica de Minas Gerais. Membro do Grupo de Estudos "As Interfaces entre o Processo Civil e o Processo do Trabalho" da Faculdade de Direito Milton Campos. Advogada.

(2) Art. 797, CPC: Ressalvado o caso de insolvência do devedor, em que tem lugar o concurso universal, realiza-se a execução no interesse do exequente que adquire, pela penhora, o direito de preferência sobre os bens penhorados.

(3) Art. 805, CPC: Quando por vários meios o exequente puder promover a execução, o juiz mandará que se faça pelo modo menos gravoso para o executado.

Parágrafo único. Ao executado que alegar ser a medida executiva mais gravosa incumbe indicar outros meios mais eficazes e menos onerosos, sob pena de manutenção dos atos executivos já determinados.

(4) Art. 28, Lei n. 6.830/1980: O Juiz, a requerimento das partes, poderá, por conveniência da unidade da garantia da execução, ordenar a reunião de processos contra o mesmo devedor.

(5) Art. 889, CLT: Aos trâmites e incidentes do processo da execução são aplicáveis, naquilo em que não contravierem ao presente Título, os preceitos que regem o processo dos executivos fiscais para a cobrança judicial da dívida ativa da Fazenda Pública Federal.

(6) Art. 769, CLT: Nos casos omissos, o direito processual comum será fonte subsidiária do direito processual do trabalho, exceto naquilo em que for incompatível com as normas deste Título.

(7) Art. 15, CPC: Na ausência de normas que regulem processos eleitorais, trabalhistas ou administrativos, as disposições deste Código lhes serão aplicadas supletiva e subsidiariamente.

(8) Art. 1º – A execução judicial para cobrança da Dívida Ativa da União, dos Estados, do Distrito Federal, dos Municípios e respectivas autarquias será regida por esta Lei e, subsidiariamente, pelo Código de Processo Civil.

(9) Confira na integra o Provimento CGJT n. 01/2018 no *link* <https://hdl.handle.net/20.500.12178/124870>.

Dessa maneira, pretende-se analisar com o presente trabalho o instituto da reunião de execuções, sua origem e aplicação no âmbito dos Tribunais Trabalhistas pátrios, sua repercussão na execução civil e na execução trabalhista, os benefícios e os aspectos polêmicos de sua utilização e, ainda, traçar um paralelo com a universalidade do juízo que ocorre na recuperação judicial e falência das empresas.

2. PRINCÍPIOS NORTEADORES DA EXECUÇÃO E DO PROCEDIMENTO DE REUNIÃO DE EXECUÇÕES

A razoável duração do processo e os meios que garantam a celeridade de sua tramitação são sufragados na Carta Magna de 1988 como direitos fundamentais de todos os seres humanos (art. 5º, inciso LXXVIII, CR/1988[10]). Tais princípios norteiam todas as fases processuais, mostrando-se ainda mais relevantes quando da execução, momento em que se efetiva a tutela jurisdicional buscada pelo credor. Não em vão o art. 4º do CPC trouxe expressamente a noção de que o direito das partes de obter em prazo razoável a solução integral do mérito inclui também a atividade satisfativa (fase executória).

O princípio da eficiência, corolário da Administração Pública (art. 37 da CR/1988[11]), embasa o princípio da economia processual aplicável em todos os ramos processuais, "(...) que consiste em obter da prestação jurisdicional o máximo de resultado com o mínimo de atos processuais (...)". (LEITE, 2010, p. 73).

Maurício Godinho Delgado (2016) aduz que o princípio da eficiência estende-se para toda a Administração Pública, aplicável em todos seus órgãos e instituições, inclusive no âmbito do Poder Judiciário. No processo judicial esse princípio ganha uma nova roupagem, apresentada pela Constituição da República como princípio da efetividade da jurisdição:

> Evidentemente que se sabe ter a Constituição da República, no que tange ao processo judicial, criado uma inegável especificação da diretriz da eficiência, por meio do *princípio da efetividade da jurisdição* (art. 5º, LXXVIII, CF/1988, desde EC n. 45, de 2004). Por este comando constitucional, o processo judicial deve ser verdadeiramente efetivo, eficiente, ou seja, deflagrado mediante amplo acesso à população, cumprido em tempo, etapas e ritos proporcionais e razoáveis, além de dever ser concluído com a entrega de resultados reais, adequados e justos. (DELGADO, 2016, p. 1.169).

Pode-se afirmar que o procedimento de reunião de execuções está intrinsecamente associado ao princípio da economia processual e da efetividade da jurisdição, na medida em que os atos executórios realizados em apenas um processo, denominado processo piloto, poderá garantir a efetivação do crédito trabalhista reconhecido em processos autônomos e independentes de diversos exequentes distintos. A economia processual efetiva a celeridade da tramitação do feito, possibilitando muitas vezes que o bem jurídico pretendido seja entregue ao credor em tempo razoável (art. 5º, LXXVIII, CR/1988).

Tem-se ainda o princípio da cooperação jurisdicional trazido de forma expressa pelo CPC de 2015, que serve como respaldo para a centralização das execuções contra o mesmo devedor já que orienta os magistrados a cooperarem reciprocamente, executando atos como a reunião e apensamento de processos, por exemplo (art. 69, inciso II, CPC[12]).

Os princípios da efetividade e da utilidade, também tidos como norteadores da execução trabalhista, servem de alicerce para o procedimento de reunião de execuções. A efetividade será alcançada quando o titular do direito conseguir usufruir do bem da vida nos exatos moldes determinados no título executivo, e a utilidade, por sua vez, consiste na realização de atos executórios capazes de contribuir para a efetividade da execução. (BERNARDES, 2019).

No art. 836 do CPC, o princípio da utilidade mostra-se bem evidente ao determinar que a penhora não será levada a efeito caso o produto obtido com a execução dos bens encontrados seja totalmente absorvido pelo pagamento das custas da execução. Neste caso não há utilidade proveniente da penhora, pois não restaria valor algum a ser entregue ao exequente diante do valor vil arrecadado, que serviria apenas para arcar com custas processuais do ato executório.

O procedimento de reunião de execuções serve para a efetivação de todos os princípios analisados, buscando garantir aos exequentes maior efetividade na fase satisfatória do direito reconhecido judicialmente, isonomia no tratamento das partes (pois a reunião de execuções segue uma ordem de pagamento prevista pelo juízo da execução, observando as prioridades legais), celeridade e economia processual, na medida em que apenas um ato executório poderá garantir o pagamento de vários credores.

3. INSTITUTO DA REUNIÃO DE EXECUÇÕES E SUA APLICAÇÃO NO PROCESSO DO TRABALHO

A reunião de execuções foi instituída pela Lei de Execução Fiscal que, em seu art. 28, dispôs que o juiz poderá,

(10) Art. 5º, inciso LXXVIII, CR/1988: Todos são iguais perante a lei, sem distinção de qualquer natureza, garantindo-se aos brasileiros e aos estrangeiros residentes no País a inviolabilidade do direito à vida, à liberdade, à igualdade, à segurança e à propriedade, nos termos seguintes: LXXVIII – a todos, no âmbito judicial e administrativo, são assegurados a razoável duração do processo e os meios que garantam a celeridade de sua tramitação.

(11) Art. 37, CR/1988: A administração pública direta e indireta de qualquer dos Poderes da União, dos Estados, do Distrito Federal e dos Municípios obedecerá aos princípios de legalidade, impessoalidade, moralidade, publicidade e eficiência e, também, ao seguinte.

(12) Art. 69, CPC: O pedido de cooperação jurisdicional deve ser prontamente atendido, prescinde de forma específica e pode ser executado como: II – reunião ou apensamento de processos;

a pedido das partes e por conveniência da unidade da garantia da execução, determinar a reunião de processos de execução em face de um mesmo devedor.

Por muito tempo se discutiu se a determinação da reunião de execuções seria dever ou faculdade do magistrado, a ser apreciada e decidida caso a caso. Contudo, a celeuma foi superada com a edição da Súmula n. 515 do Superior Tribunal de Justiça, que consolidou o entendimento deste Tribunal de que o deferimento de reunião de execuções é faculdade do juiz.(13) A Corte utilizou como precedente para edição da Súmula mencionada o julgamento do recurso repetitivo n. REsp n. 1.158.766/RJ (14), que além da previsão de ser faculdade do juiz, apresentou ainda outros requisitos para o deferimento da reunião de execuções fiscais no âmbito do processo civil, quais sejam: a) requerimento de pelo menos uma das partes; b) identidade total de ambas as partes processuais; c) competência do juízo para processamento das execuções; d) os processos estejam em fases processuais análogas. (BERNARDES, 2019, p. 1.015).

Segundo entendimento extraído do julgamento pelo STJ, no REsp n. 1.158.766/RJ, a cumulação de execuções fiscais pode ocorrer em duas situações distintas. A primeira seria a cumulação de diversos títulos executivos fiscais em um único processo contra um mesmo devedor, caracterizando uma cumulação simples de pedidos prevista legalmente no art. 327 do CPC(15). Nesse caso haveria a cumulação inicial de pedidos. Já na segunda situação, tem-se a cumulação superveniente de execuções, que está prevista no art. 28 da Lei n. 6.830/1980, hipótese em que os processos tramitam isoladamente para, apenas no momento da fase executória, serem reunidos em razão da conveniência da unidade da garantia.

No Processo Civil tem-se a possibilidade de cumulação de execuções em face de um mesmo devedor quando o credor deseja proceder de tal forma, mesmo que sejam fundadas em títulos executivos distintos, devendo para tanto ser competente o mesmo juízo para conhecer todas as execuções e ser idêntico o procedimento (art. 780, CPC(16)). Ocorre aqui a cumulação inicial dos pedidos, uma das situações apresentadas pelo STJ.

No Processo do Trabalho, o que se nota é que a reunião de execuções ocorre somente na fase executória, tendo os processos tramitado isoladamente durante a fase instrutória. Ademais, não se exige no Processo do Trabalho identidade de partes em ambos os polos, mas sim apenas no polo passivo. O devedor é o mesmo – geralmente empregadores que possuem diversas execuções em trâmite perante a Justiça do Trabalho – mas os credores são trabalhadores distintos, muito embora possuam identidade na origem do crédito (prestação de serviço). Tem-se então uma cumulação superveniente, consoante previsto no art. 28 da Lei n. 6.830/1980.

De acordo com Manoel Antônio Teixeira Filho, há certa distinção entre o dispositivo legal contido no art. 780 do CPC e art. 28 da Lei n. 6.830/1980:

> A situação, aqui, não coincide com a do art. 780 do CPC. O que a Lei n. 6.830/1980 prevê é a possibilidade de serem *reunidos* autos distintos, de execuções promovidas contra um mesmo devedor (em nome da conveniência do garantimento da satisfação do crédito), hipótese em que as execuções serão *redistribuídas* ao juízo a quem coube a primeira delas. O art. 28 da Lei n. 6.830, como se vê, contém uma implícita referência aos arts. 55, 56 e 58 do CPC, que cuidam da conexão, da continência e da prevenção, nessa ordem. (TEIXEIRA FILHO, 2015, p. 864).

A reunião de execuções no Processo do Trabalho origina-se, pois, da previsão do art. 28 da Lei n. 6.830/1980, aplicável subsidiariamente ao processo de execução trabalhista por força do disposto no art. 889 da CLT. Note-se, porém, a existência de algumas particularidades na seara trabalhista que se mostram necessárias para viabilizar a utilização do instituto no campo processual de execução trabalhista.

Nesse sentido, as particularidades da aplicação da reunião de execuções no Processo do Trabalho foram sendo construídas pela jurisprudência e pelos Tribunais do Trabalho que por meio de provimentos veem regulamentando a utilização do instituto.

Inicialmente, tem-se que a identidade total das partes não é considerada um requisito para deferimento da reunião de execuções no Processo do Trabalho. Pode-se extrair da redação do *caput* do art. 1º do Provimento CGJT n. 1/2018 do TST(17), que os credores poderão ser distintos ao se valer do termo "coletividade dos credores". Ademais, uma das diretrizes do procedimento da reunião de execuções é o pagamento equânime dos créditos, buscando tratar de forma isonômica os diversos credores trabalhistas que possuem direitos juridicamente reconhecidos em face de um mesmo devedor.

Registre-se que a possibilidade de reunião de execuções de credores distintos, sendo idêntico apenas o devedor, não

---

(13) Súmula n. 515, STJ: A reunião de execuções fiscais contra o mesmo devedor constitui faculdade do Juiz.

(14) REsp n. 1.158.766/RJ, Rel. Ministro LUIZ FUX, PRIMEIRA SEÇÃO, julgado em 08.09.2010, DJe 22.09.2010.

(15) Art. 327, CPC: É lícita a cumulação, em um único processo, contra o mesmo réu, de vários pedidos, ainda que entre eles não haja conexão.

(16) Art. 780, CPC: O exequente pode cumular várias execuções, ainda que fundadas em títulos diferentes, quando o executado for o mesmo e desde que para todas elas seja competente o mesmo juízo e idêntico o procedimento.

(17) Art. 1º O Procedimento de Reunião de Execuções – PRE, no âmbito da Justiça do Trabalho, constituído pelo Plano Especial de Pagamento Trabalhista – PEPT, cujo objetivo é o pagamento parcelado do débito, e pelo Regime Especial de Execução Forçada – REEF, voltado para a expropriação do patrimônio dos devedores em prol da coletividade dos credores, será regulado por este Provimento.

é aceita de forma unânime pelos operadores do direito. Manoel Antônio Teixeira Filho (2015) considera que a "coligação de credores" (como denomina a junção de credores distintos) não é permitida pelo art. 780 do CPC nem tão pouco pelo art. 28 da Lei n. 6.830/1980. Portanto, nos ensinamentos do jurista, no Processo do Trabalho também não seria viável e permitido que em sede de reunião de execuções vários empregados diferentes se associassem a fim de "[...] realizar uma só execução contra o devedor comum". (TEIXEIRA FILHO, 2015, p. 864).

Entende-se que a reunião de execuções em face de um mesmo executado, mas tendo como exequentes reclamantes distintos no âmbito do Processo do Trabalho, como apresentado pelo Provimento do Colendo TST, mostra-se viável e adequado aos princípios da celeridade e economia processual, garantindo ainda o tratamento equânime dos exequentes que atuaram em conjunto nos atos executórios.

Outra diferença é que a necessidade do requerimento de reunião de execuções por uma das partes não é tido no Processo do Trabalho como requisito obrigatório, haja vista que o juiz da Vara onde tramita a execução poderá determinar, de ofício, a reunião de autos executivos, nos termos do art. 3º, inciso II do Provimento CGJT n. 1/2018 do TST.

Neste mesmo sentido, é o entendimento de Manoel Antônio Teixeira Filho:

> A reunião de autos, segundo a Lei n. 6.830/1980, apenas poderá ser feita mediante requerimento de qualquer dos litigantes; as particularidades do processo do trabalho, e a iniciativa que se atribui ao juiz que o dirige, autorizam a afirmar que tal reunião poderá ser aqui determinada *ex officio*, sendo bastante que o juiz esteja convencido da conveniência ou da necessidade dessa medida. Essa junção de autos poderá ser também feita em relação a execuções que se processam no *mesmo juízo*, caso em que incidirá o art. 58 do CPC. (TEIXEIRA FILHO, 2015, p. 864).

Demonstradas as particularidades da reunião de execuções no Processo do Trabalho, necessário se faz salientar os pontos comuns com aquela prevista pela Lei n. 6.830/1980.

A reunião de execuções será viável e permitida se as Varas originárias dos processos que se aglutinarão pertencerem à mesma jurisdição. Entender de forma diversa poderia gerar usurpação de competência pelo juízo centralizador e tumulto processual na prática dos atos executórios. O órgão centralizador de execuções poderá ter competência para acumular todas as execuções em face do mesmo devedor que tramitarem no âmbito de jurisdição do Tribunal Regional, haja vista que o Provimento CGJT n. 1/2018 do TST deixa a cargo da organização de cada Regional definir a abrangência da competência do juízo centralizador[18].

Outro ponto de convergência na aplicação do instituto de reunião de execuções entre os diplomas legais em análise é a faculdade do juiz em decidir quanto à cumulação. Diante do caso concreto o juiz irá analisar a conveniência e utilidade da aplicação do procedimento de reunião de execuções. Nesse sentido dispõe o art. 6º, §4º do Provimento CGJT n. 1/2018 do TST[19] em consonância com a já citada Súmula n. 515 do STJ.

Tem-se ainda similaridade quanto aos fins que se almeja alcançar com a reunião de execuções no processo de execução fiscal e na execução trabalhista, qual seja, a economia processual e a celeridade de sua tramitação.

4. UTILIZAÇÃO DA REUNIÃO DE EXECUÇÕES PELOS TRIBUNAIS TRABALHISTAS PÁTRIOS

O Tribunal Superior do Trabalho somente regulamentou a utilização do instituto da reunião de execuções no âmbito trabalhista em 2018, por meio do Provimento CGJT n. 1/2018. No entanto, desde outubro de 2000, essa Corte Superior já tratava de instituto muito semelhante à reunião de execuções, previsto no Provimento n. 05/2000 CGJT[20], que dispunha sobre as execuções conexas de débitos trabalhistas de empresas em liquidação extrajudicial.

Mencionado dispositivo estabelecia que, após a decretação da liquidação extrajudicial da empresa, todas as execuções deveriam ser cumuladas no juízo que tivesse realizado a primeira penhora. Daí em diante, todos os atos executórios seriam realizados por este juízo e o valor total arrecadado seria, então, rateado entre os credores trabalhistas. Este provimento foi revogado pelo TST em abril de 2002, por meio do Provimento n. 03/2002 CGJT.

Note-se que, no âmbito dos Tribunais Regionais do Trabalho, por sua vez, a centralização de execuções vem sendo utilizada há algum tempo. A título exemplificativo, aponta-se o TRT da 3ª Região (Minas Gerais), que regulamentou a reunião de execuções por meio da Recomendação GCR/GVCR/7/2015, em agosto de 2015; o TRT da 2ª Região (São Paulo) editou Provimento GP/CR n. 01/2009, que se vale dos Juízos Auxiliares em Execução para aplicação do procedimento de reunião de execuções fiscais desde janeiro de 2009; o TRT da 15ª Região (Campinas) editou Provimento GP-CR n. 02/2016; o TRT da 1ª Região (Rio de Janeiro) aprovou o Provimento Conjunto n. 02/2017; TRT da 7ª

(18) Art. 2º A reunião de execuções em relação ao(s) mesmo(s) devedor(es) poderá ser processada em órgãos de centralização de execuções, criados conforme organização de cada Tribunal Regional, sem prejuízo da atuação, no mesmo sentido, em cada unidade jurisdicional, excepcionalmente e observados os limites de sua competência funcional e as particularidades do caso concreto.

(19) § 4º Caso a iniciativa seja oriunda do órgão centralizador de execuções no Tribunal Regional, na hipótese do inciso III, § 1º, deste artigo, poderá o Juiz da Vara do Trabalho de origem recusar a remessa dos autos, caso já existam bens penhorados na data da instauração do REEF, sem prejuízo da solicitação a outra vara do trabalho, de processo em face do mesmo devedor.

(20) O Provimento n. 05/2000 CGJT encontra-se revogado, mas seu conteúdo pode ser consultado no *site*: <https://juslaboris.tst.jus.br>.

Região (Ceará) criou a Divisão de Execuções Unificadas por meio da Resolução n. 493, de dezembro de 2014.

A diversidade das realidades vivenciadas em cada um dos 24 Tribunais Regionais do Trabalho do país, juntamente com o fato de terem autonomia para dispor sobre sua organização interna, gerou a existência de regulamentos distintos e com significativas diferenças entre os Tribunais no que tange ao procedimento da reunião de execuções.

A título de exemplo, citem-se os Provimentos do TRT da 1ª Região e do TRT da 15ª Região no que diz respeito à responsabilidade dos sócios e das demais empresas integrantes do grupo econômico quando houver descumprimento do plano de pagamento traçado no procedimento de reunião de execuções: o TRT da 1ª Região nada dispõe sobre a temática em seu provimento, enquanto o TRT da 15ª Região prevê que a responsabilização se dará na forma legal, ou seja, os sócios respondem subsidiariamente e as outras empresas integrantes do mesmo grupo econômico têm responsabilidade solidária (art. 2º, § 2º da CLT[21]).

Registre-se que, apesar das diferenças nos regramentos sobre a reunião de execuções, é perceptível a convergência de todos os Tribunais em busca de economia processual, tratamento equânime dos credores trabalhistas e, ainda, consciência quanto à necessidade de se preservar o funcionamento das empresas, resguardando, para tanto, a administração livre e desembaraçada de seus bens, o que culmina na preservação da função social da empresa.

A concentração dos atos executórios em um mesmo juízo, além de trazer grande economia processual (considerando toda a máquina funcional necessária para efetivação dos atos expropriatórios), mostra-se como alternativa para se evitar imposição de múltiplos atos executórios em face do mesmo bem ou de bens distintos da executada, o que pode inviabilizar sua administração financeira e funcionamento da sua atividade econômica[22].

Com a recente regulamentação da matéria pelo TST acredita-se que haverá uma tendência à uniformização do procedimento, pelo menos no que tange às diretrizes para sua condução e regras gerais sobre aplicação e alcance. Passa-se, então, a uma análise mais detida do Provimento CGJT n. 01/2018 do TST.

4.1. Provimento CGJT n. 01/2018 do TST

Na regulamentação da reunião de execuções no âmbito do Processo do Trabalho, o Tribunal Superior do Trabalho trouxe a previsão de dois procedimentos a serem adotados quando for deferida ou determinada, de ofício, a cumulação de execuções pelos Tribunais Regionais. Trata-se do Plano Especial de Pagamento Trabalhista (PEPT) e do Regime Especial de Execução Forçada (REEF)[23].

Em ambas as modalidades de procedimentos de reunião de execuções mencionadas deverão ser observados os seguintes princípios e diretrizes: essência conciliatória da Justiça do Trabalho; razoável duração do processo em benefício do credor; princípios da eficiência administrativa e da economia processual; pagamento equânime dos créditos; premência dos créditos trabalhistas diante de sua natureza salarial; necessidade da preservação da função social da empresa. Todos esses princípios e diretrizes foram trazidos de forma expressa no texto do parágrafo único do art. 1º do Provimento CGJT n. 01/2018 do TST.

Outrossim, os Tribunais Regionais poderão criar órgãos de centralização de execuções, conforme sua própria organização interna. Ao juízo centralizador das execuções, seja o órgão mencionado, seja a Vara do Trabalho determinada pelo Tribunal como competente para processar a reunião de execuções, caberá promover, de ofício, a identificação dos grandes devedores trabalhistas no âmbito do respectivo TRT, devendo, ainda, coordenar ações e programas que visem à efetividade da execução[24].

(21) Art. 2º, CLT: Considera-se empregador a empresa, individual ou coletiva, que, assumindo os riscos da atividade econômica, admite, assalaria e dirige a prestação pessoal de serviço.

§ 2º Sempre que uma ou mais empresas, tendo, embora, cada uma delas, personalidade jurídica própria, estiverem sob a direção, controle ou administração de outra, ou ainda quando, mesmo guardando cada uma sua autonomia, integrem grupo econômico, serão responsáveis solidariamente pelas obrigações decorrentes da relação de emprego.

(22) Provimento CGJT n. 01/2018 do TST:

CONSIDERANDO que o número excessivo de execuções em curso na Justiça do Trabalho em face do mesmo devedor, com imposição de múltiplos atos executórios, pode gerar situação a inviabilizar a sua administração financeira e o próprio funcionamento de sua atividade econômica, seja para pagamento de compromissos contratuais, ou mesmo a manutenção dos contratos de trabalho ainda ativos;

(23) Art. 1º, Provimento CGJT n. 01/2018: O Procedimento de Reunião de Execuções – PRE, no âmbito da Justiça do Trabalho, constituído pelo Plano Especial de Pagamento Trabalhista – PEPT, cujo objetivo é o pagamento parcelado do débito, e pelo Regime Especial de Execução Forçada – REEF, voltado para a expropriação do patrimônio dos devedores em prol da coletividade dos credores, será regulado por este Provimento.

(24) Art. 3º, Provimento CGJT n. 01/2018: São atribuições do juízo centralizador do PRE:

I – acompanhar o processamento do PRE, mantendo comunicação com o órgão competente para gestão do procedimento, conforme definido pela organização administrativa do Tribunal Regional;

II – promover de ofício a identificação dos grandes devedores e, se for o caso, dos respectivos grupos econômicos, no âmbito do Tribunal Regional, cujas execuções poderão ser reunidas para processamento conjunto através da instauração do Regime Especial de Execução Forçada (REEF), utilizando-se de todas as ferramentas eletrônicas de investigação patrimonial disponíveis por meio de processo piloto indicado pelo juízo centralizador;

III – coordenar ações e programas que visem à efetividade da execução.

4.1.1. Plano Especial de Pagamento Trabalhista (PEPT)

Uma das modalidades de procedimento da reunião de execuções prevista no Provimento CGJT n. 01/2018 do TST é o plano especial de pagamento trabalhista. Deverá ser requerido pelo interessado perante o órgão competente que será determinado pela organização interna do Tribunal Regional ou, na sua ausência, direcionado para o juízo centralizador de execuções (art. 5º do Provimento CGJT n. 01/2018 do TST).

No art. 4º do Provimento CGJT n. 01/2018 do TST constam os requisitos que deverão ser comprovados pelo requerente para que seja deferido o PEPT. Dentre eles, destaca-se o compromisso de cumprir regularmente as obrigações trabalhistas dos contratos em curso, ofertar garantia patrimonial suficiente para cumprimento do plano, apresentar renúncia de toda e qualquer impugnação, recurso ou incidente quanto aos processos envolvidos no plano.

O Provimento CGJT n. 01/2018 do TST dispõe ainda que o interessado em participar do PEPT deverá apresentar no requerimento inicial relação de todas as empresas participantes do grupo empresarial e dos seus respectivos sócios, cientes de que responderão, solidariamente, pelo adimplemento do PEPT, independentemente de terem figurado no polo passivo dos processos de conhecimento.

O PEPT possibilita o parcelamento dos débitos do devedor nos processos que estejam em fase de execução e constarem da relação apresentada pelo interessado quando do requerimento do plano. Nenhum outro processo poderá ser acrescentado posteriormente. O prazo máximo para quitação integral da dívida é de três anos, cabendo ao órgão competente determinar o valor a ser pago periodicamente e o prazo de sua duração, dentro do limite mencionado, para que seja possível processar a reunião de execuções.

Registre-se que o TRT da 15ª Região (Campinas) já regulamentou o PEPT no âmbito de sua jurisdição por meio do Provimento GP – CR N. 002/2019, de 06 de março de 2019. O TRT da 3ª Região (Minas Gerais) dispõe de instituto similar ao PEPT previsto em seu Provimento Geral Consolidado, denominado Regime Especial de Execução.[25]

4.1.2. Regime Especial de Execução Forçada (REEF)

O procedimento em análise origina-se de três situações distintas: insucesso do PEPT; requisição das Unidades Judiciárias de 1º ou 2º grau do Tribunal Regional; por iniciativa do órgão centralizador de execuções do Tribunal Regional. Em todas hipóteses o processamento do REEF importará a suspensão das execuções em face do devedor.

Todos os atos executórios relativos ao pagamento da dívida consolidada serão executados nos autos do processo piloto. Os valores arrecadados pelo juiz, coordenador do processo piloto, serão destinados para pagamento dos processos de execução envolvidos no REEF. Caso haja crédito remanescente no processo piloto do REEF, após a expropriação de todos os bens do devedor e pagamento dos créditos, será expedido ofício para todas as Varas da região e Corregedorias das demais Regiões comunicando a existência de saldo, que poderá ser solicitado por esses no prazo de 30 dias para pagamento de processos que tramitem em sua jurisdição.

Lado outro, esgotados os meios executórios em face do devedor, se ainda remanescer débitos a serem quitados, os processos individuais serão devolvidos para as Varas de origem para providências cabíveis, extinguindo-se o REEF.

Por fim, importante ressaltar que o Provimento CGJT n. 01/2018 do TST dispõe, em seu art. 9º[26], acerca da preferência total dos créditos trabalhistas sobre os débitos do devedor existentes em face da União Federal, que serão quitados somente após o pagamento dos créditos trabalhistas.

5. VANTAGENS DA REUNIÃO DE EXECUÇÕES PARA AS PARTES

A reunião de execuções, como vem sendo demonstrado, mostra-se como importante instrumento para efetivação do princípio da economia processual, sendo certo que com essa economia o credor será beneficiado com a celeridade da atividade satisfativa. Todos os atos executórios e esforços para se localizar bens do devedor serão canalizados e realizados por um único juízo centralizador do processo piloto, e todos os frutos da execução serão utilizados para pagamento equânime dos créditos.

O tratamento isonômico dos credores apresenta grande vantagem para o exequente, especificamente quando a empresa executada não possui ativo suficiente para solver na integralidade todos os créditos dos empregados. Em tal situação, o juízo centralizador da execução deverá traçar critérios objetivos e proporcionais para quitação do máximo de débitos possível.

Registre-se que o Provimento CGJT n. 01/2018 do TST não determina como será a distribuição dos valores arrecadados, o que terá de ser analisado caso a caso pelo juízo centralizador, a depender ainda da modalidade de procedimento adotado – se Plano Especial de Pagamento Trabalhista ou Regime Especial de Execução Forçada.

Não se pode olvidar que o devedor também terá benefícios com a reunião de execuções, como, por exemplo, o pagamento de custas e emolumentos de apenas um processo

---

(25) Art. 164. São espécies de Procedimento de Reunião de Execuções PRE:
I – Regime Especial de Execução, cujo objetivo é o pagamento parcelado do débito;

(26) Art. 9º Os créditos da União Federal, referentes às contribuições previdenciárias e fiscais decorrentes das decisões desta Justiça Especializada, aqueles oriundos de multas administrativas impostas pelos órgãos de fiscalização do trabalho, nos termos do art. 114, VII e VIII, respectivamente, da Constituição Federal, assim como as custas processuais, serão pagos após a quitação preferencial dos créditos trabalhistas.

onde se cumulam as execuções, gerando ainda redução nos gastos com honorários advocatícios. (TEIXEIRA FILHO, 2015).

Ademais, com a regulamentação do instituto pelo TST que prevê como uma das modalidades de procedimento da reunião de execuções o Plano Especial de Pagamentos Trabalhistas, o executado passou a ter mais este benefício. Nesta modalidade de pagamento o devedor apresenta requerimento perante o órgão competente do Tribunal Regional para que seja instaurado o Plano Especial.

Caso seja deferido, o devedor poderá efetivar o pagamento nos termos previstos no Plano, de forma parcelada e em período não superior a 03 (três) anos, sem deixar de gozar da livre administração dos seus bens, que não estarão com restrição de bloqueio como ocorre na penhora. Com isso, torna-se possível que a empresa devedora continue promovendo sua atividade econômica e realizando o pagamento dos salários dos empregados que se encontrem ativos.

6. ASPECTOS POLÊMICOS DECORRENTES DA UTILIZAÇÃO DA REUNIÃO DE EXECUÇÕES

O procedimento de reunião de execuções nem sempre é tido como benéfico do ponto de vista do credor trabalhista, considerando que a repartição de todos os bens e valores encontrados se dará de forma equânime entre os credores no caso da empresa devedora já se encontrar em vias de encerramento de suas atividades econômicas e com grande passivo trabalhista.

Surge então nesta hipótese grande polêmica no que tange à preferência do exequente que eventualmente conseguir localizar bens penhoráveis, mormente porque no Processo Trabalhista os exequentes pertencem à mesma classe de credores, sendo todos portadores de títulos de natureza alimentar.

A dicção legal do art. 797[27] c/c art. 908[28] do CPC esclarece que terá direito de preferência o exequente que primeiro realizar a penhora sobre o bem. Evidente que isso se aplica para hipótese em que não tenha sido declarada insolvência do devedor e tratando-se de exequentes que estejam categorizados na mesma classe de credores, sem título de preferência legal de um sobre o outro.

No procedimento de reunião de execuções, por sua vez, não se aplica a regra da preferência do credor que tiver realizado a primeira penhora. Neste sentido é a lição de Felipe Bernardes:

> O fenômeno da pluralidade de penhoras de bens dá ensejo ao concurso de credores, também chamado de concurso particular de preferências.
>
> O princípio aplicável ao tema é o de que deve receber, em primeiro lugar, o credor que realizou a primeira penhora sobre o bem e, na sequência, faz-se o pagamento dos demais credores, deste que não haja preferência legal deste(s). De fato, o art. 908, § 2º, do CPC, dispõe que, não havendo título legal à preferência, o dinheiro será distribuído entre os concorrentes, observando-se a anterioridade de cada penhora; consagra-se, assim, a máxima de que o melhor direito pertence ao que penhorou primeiramente (*prior in tempore, potiur in jure*).
>
> [...]
>
> Sucede que os créditos trabalhistas não têm preferência entre si, razão pela qual se deve se observar a anterioridade de cada constrição, no caso de múltiplas penhoras na Justiça do Trabalho. Tal solução pode fazer com que alguns credores sejam completamente satisfeitos, enquanto outros nada recebam.
>
> Por isso, há vertente doutrinária que preconiza a possibilidade de reunião dos feitos, procedendo-se à centralização da execução em uma Vara do Trabalho (a que fez a primeira penhora), e ao rateio dos valores arrecadados de forma proporcional entre todos os credores trabalhistas. (BERNARDES, 2019, p. 947).

Como se vê, a reunião de execução visa a atender de forma equânime os créditos dos empregados, pagando de forma distributiva e proporcional dentro dos limites dos valores apurados. Tem-se que a ordem pública e social se sobrepõe, nesta hipótese, ao interesse particular de um credor.

Diante de um passivo igual ou maior que o ativo que se tem para apurar, a entrega de justiça social e efetiva somente será possível com a distribuição em partes proporcionais para cada um dos credores, ainda que isso implique no pagamento apenas parcial do total devido ao empregado.

Nesse sentido, o TRT da 4ª Região julgou improcedente pedido de adjudicação de bens por um exequente titular de crédito superior ao valor de todos os bens avaliados da executada. O Tribunal considerou que caso fosse permitida a adjudicação pelo exequente singular, os demais empregados (cerca de 200 credores) ficariam sem receber absolutamente nenhum valor do seu crédito. Com isso, não se daria efetividade a justiça distributiva. Transcreve-se abaixo:

> **Execução. Adjudicação. Inviabilidade da adjudicação individual. Bens que devem promover a satisfação de todos os credores de mesma hierarquia. Reunião das execuções. Princípio imanente da execução trabalhista. Garantia da efetividade da justiça distributiva. Projeto coletivo e não individual.**

(27) Art. 797, CPC: Ressalvado o caso de insolvência do devedor, em que tem lugar o concurso universal, realiza-se a execução no interesse do exequente que adquire, pela penhora, o direito de preferência sobre os bens penhorados.

(28) Art. 908. Havendo pluralidade de credores ou exequentes, o dinheiro lhes será distribuído e entregue consoante a ordem das respectivas preferências.
§ 2º Não havendo título legal à preferência, o dinheiro será distribuído entre os concorrentes, observando-se a anterioridade de cada penhora.

EMENTA EXECUÇÃO. ADJUDICAÇÃO.

Inviabilidade da adjudicação individual de bens que devem promover a satisfação de todos os credores de mesma hierarquia, com a reunião das execuções, com base em princípio imanente da execução trabalhista que deve garantir efetividade da justiça distributiva em projeto coletivo e não individual. [...]

FUNDAMENTAÇÃO

O exequente requer a adjudicação dos bens penhorados – lotes números [...], [...] e [...] da quadra [...] do loteamento J. V., em Bom Princípio (RS), avaliados em R$ 255.000,00 – pelo valor da avaliação, sinteticamente por não concordar com a concorrência entre os seus créditos e os demais decorrentes de ações que tramitam na mesma unidade judiciária, em decorrência de ação cautelar de iniciativa do agravante. Ainda que seja possível a adjudicação pelo exequente, credor do valor de R$ 365.350,25, atualizados até 30.08.2017 (id b061761 – p. 2), não há como se concordar com a tese do agravo, se for considerado que foi certificado no processo (id 1760b36): Certifico que as reclamadas possuem mais de 200 processos em tramitação nesta Unidade Judiciária e que os bens encontrados nas sedes das empresas, bem como os imóveis onde se localizavam as empresas estão penhorados em outros processos, alguns já foram vendidos e tem valores depositados em contas judiciais aguardando deliberações acerca da reunião das execuções. O que o exequente propõe é receber praticamente de forma integral os seus créditos em detrimento de todos os demais credores de mesma hierarquia e, portanto, correta a condução da execução, que compete ao Juiz e não à parte, como forma de estabelecer justiça equitativa e adimplir, ainda que em parte, os demais credores trabalhistas. O fato de ter se operado a constrição judicial pela via de ação cautelar de iniciativa do ora agravante em nada justifica a tese do agravo, fruto do interesse individual contra o interesse coletivo. Em primeiro lugar, confunde a parte a simples iniciativa da ação cautelar que resultou na constrição dos referidos bens realizada exclusivamente pela Justiça do Trabalho, com posse ou propriedade destes bens em favor do ora agravante, porquanto, indiscutivelmente, estes bens estão especializados em favor da execução, à disposição da Justiça e sob a direção direta do juízo da execução. Entendimento diverso significaria desvirtuar princípios imanentes do processo de execução trabalhista, em que todos os credores são da mesma hierarquia e, portanto, tanto quanto o exequente devem, por igual, receber os seus créditos. Tenho como manifestamente abusiva a tese de adjudicação de todos estes bens em favor de um único credor, e isto para não deixar de mencionar que, possivelmente, a venda direta determinada possa atingir valor muito superior ao da avaliação, no que resultaria em apropriação pelo agravante de valor que não lhe está destinado. Não se pode chancelar este tipo de mentalidade, em que o mero interesse individual tenta suplantar o interesse coletivo, com arredamento de princípios fundamentais da execução trabalhista, como no caso em foco, em que exemplarmente dimensionada a situação das empresas, com mais de duzentas ações na jurisdição, e, portanto, inequívoca a necessidade da reunião das execuções e da posterior repartição de ativos em favor de todos os credores, como única forma de equalizar justiça equitativa. Registro, para que não haja nenhuma dúvida, que compete ao juízo da execução a reunião das execuções, sendo inócua possível contraposição da parte quanto aquela, porque compete exclusivamente ao juiz velar pela correta concreção da jurisdição. Nada a prover. [...]

Desembargadora Vania Cunha Mattos Relatora. (Seção Especializada em Execução. Relatora a Exma. Desembargadora Vania Mattos. Processo n. 0021602-63.2015.5.04.0332 AP. Publicação em 25.04.2018)[(29)] – Grifei.

Destaque-se a preocupação do Tribunal Regional da 4ª Região em garantir a efetividade da justiça distributiva, afastando-se o interesse individual em prol do coletivo.

Vislumbra-se, ainda, outro ponto polêmico na utilização da reunião de execuções no processo do trabalho. Trata-se da forma como será feito o rateio do total de valor apurado com os ativos da devedora para os credores trabalhistas que se encontram na mesma posição preferencial creditória. Registre-se que o TST não dispôs sobre este aspecto no Provimento CGJT n. 1/2018, tendo deixado a cargo do juízo centralizador a distribuição dos valores arrecadados para as execuções envolvidas no procedimento de reunião de execuções (art. 7º, § 4º)[(30)].

De fato cada caso concreto levará à determinação de critérios de distribuição mais adequados, observando os princípios constitucionais da razoabilidade e proporcionalidade de modo a atender a diretriz de pagamento equânime prevista no Provimento CGJT n. 1/2018. O próprio inciso IV do art. 1º do Provimento preleciona que o pagamento será de forma equânime observadas as particularidades do caso concreto.

Em determinadas situações pode-se concluir, após análise feita pelo juízo centralizador das execuções de todo ativo e passivo trabalhista da devedora, que somente será possível pagar na integralidade os créditos trabalhistas sem

(29) Acordão extraído da Revista Eletrônica do Tribunal Regional do Trabalho da 4ª Região. Disponível em: <www.trt4.jus.br/portal/portal/EscolaJudicial/RevistaEletronica>.

(30) Art. 7, § 4º, Provimento CGJT n. 01/2018, TST: Art. 7º No curso do Regime Especial de Execução Forçada (REEF), os atos executórios buscando o pagamento da dívida consolidada do executado serão realizados nos autos do processo piloto, ressalvada, na hipótese do § 4º do artigo anterior, a atuação executória da vara recusante.
§ 4º Os valores arrecadados serão destinados às execuções envolvidas no REEF pelo órgão centralizador de execuções, conforme art. 1º, parágrafo único, inciso V, deste Provimento.

a incidência de juros e correção monetária. Ou ainda, em outra situação hipotética poderá ser viável o pagamento de uma porcentagem apenas do montante total devido a cada um dos empregados (como no procedimento de reunião de execuções que tramitou no TRT da 3ª Região apresentado neste artigo, que ficou estabelecido o pagamento de 60% do total dos créditos devidos a cada empregado).

Considerando que os Tribunais Regionais poderão estabelecer como se procederá à distribuição dos valores arrecadados com os atos executórios, mostra-se possível que os Regionais estabeleçam critérios similares aos previstos legalmente, como, por exemplo, a prioridade da pessoa maior de 60 anos e prioridade para créditos decorrentes de acidente de trabalho[31].

Independente dos critérios estabelecidos pelos Tribunais quando da regulamentação do procedimento de reunião de execuções, importante que se atenham sempre à distribuição equânime para pagamento dos empregados, de modo que o princípio da isonomia seja observado e os valores apurados possam honrar o máximo de créditos trabalhistas possível.

7. REUNIÃO DE EXECUÇÕES E A UNIVERSALIDADE DO JUÍZO NA FALÊNCIA E NA RECUPERAÇÃO JUDICIAL – ASPECTOS SEMELHANTES DOS INSTITUTOS

Necessário observar que a reunião de execuções proporciona pagamento equânime dos créditos – cumprindo assim o princípio constitucional da isonomia –, e ao mesmo tempo busca preservar a função social da empresa. Esses aspectos nortearam o Tribunal Superior do Trabalho quando da regulamentação da matéria por meio do Provimento n. 01/2018 da CGJT, tendo sido apresentada de forma expressa nos incisos IV e VI, do parágrafo único, do art. 1º[32].

Quando é decretada a falência de uma empresa todos os ativos e passivos são direcionados para o juízo competente do processo de falência, ocorrendo a denominada universalidade do juízo. As ações trabalhistas continuam sendo processadas pela Justiça do Trabalho até a decisão de liquidação, quando então serão remetidos para o juízo falimentar para habilitação do crédito no concurso de credores (MIESSA, 2018, p. 1238).

> Todas as fases processuais adicionais destinadas à quitação do débito exequendo serão produzidas perante o juízo falimentar, nada restando ao juiz do trabalho, salvo a expedição de certidão destinada à habilitação do crédito trabalhista. (CORDEIRO, 2016, p. 348).

Por sua vez, na recuperação judicial a empresa não perde a administração de seus bens. Desta forma, os créditos trabalhistas não precisam ser habilitados perante o juízo onde se processa a Recuperação Judicial, podendo a execução ser processada normalmente perante a Justiça do Trabalho, com determinação e penhora e demais atos necessários para quitação do débito. (MARTINS, 2017, p. 185).

Entretanto, o Superior Tribunal de Justiça[33] vem entendendo que mesmo quando se tratar de créditos trabalhistas inadimplidos após o deferimento da Recuperação Judicial que, a princípio, não estaria sujeito ao juízo universal, a competência para processar a execução e realizar atos de constrição, caso necessário, será do juízo cível e não mais trabalhista. Tem-se, no caso, uma similaridade com a hipótese de execução em face de massa falida: o juízo trabalhista processa até a sentença de liquidação e logo após remete certidão de autos para o juízo universal cível onde tramita a

---

(31) Art. 83. A classificação dos créditos na falência obedece à seguinte ordem:
I – os créditos derivados da legislação do trabalho, limitados a 150 (cento e cinquenta) salários-mínimos por credor, e os decorrentes de acidentes de trabalho.

(32) Art. 1º O Procedimento de Reunião de Execuções – PRE, no âmbito da Justiça do Trabalho, constituído pelo Plano Especial de Pagamento Trabalhista – PEPT, cujo objetivo é o pagamento parcelado do débito, e pelo Regime Especial de Execução Forçada – REEF, voltado para a expropriação do patrimônio dos devedores em prol da coletividade dos credores, será regulado por este Provimento.
Parágrafo único. O Procedimento da Reunião de Execuções, em todas as suas modalidades, observará, dentre outros princípios e diretrizes:
I – a essência conciliatória da Justiça do Trabalho, como instrumento de pacificação social;
II – o direito fundamental à razoável duração do processo (art. 5º, LXXVIII, da Constituição Federal) em benefício do credor;
III – os princípios da eficiência administrativa (art. 37, *caput*, da Constituição Federal), bem como da economia processual;
IV – o pagamento equânime dos créditos, observadas as particularidades do caso concreto;
V – a premência do crédito trabalhista, haja vista seu caráter alimentar;
VI – a necessidade da preservação da função social da empresa.

(33) CONFLITO DE COMPETÊNCIA. RECUPERAÇÃO JUDICIAL. EXECUÇÃO TRABALHISTA. PROSSEGUIMENTO. ATOS DE CONSTRIÇÃO. COMPETÊNCIA DO JUÍZO DA RECUPERAÇÃO JUDICIAL.
1. No caso de deferimento da recuperação judicial, a competência da Justiça do Trabalho se limita à apuração do respectivo crédito (processo de conhecimento), sendo vedada a prática, pelo citado Juízo, de qualquer ato que comprometa o patrimônio da empresa em recuperação (procedimento de execução).
2. Classificam-se como extraconcursos os créditos de obrigações que se originaram após o deferimento do processamento da recuperação, prevalecendo estes sobre os créditos concursais, de acordo com os arts. 83 e 84 da Lei n. 11.101/2005.
3. Segundo a jurisprudência desta Corte, como forma de preservar tanto o direito creditório quanto a viabilidade do plano de recuperação judicial, a execução de créditos trabalhistas constituídos depois do pedido de recuperação judicial deve prosseguir no Juízo universal.
(CC n. 145.027/SC, Rel. Ministro Ricardo VILLAS BÔAS CUEVA, SEGUNDA SEÇÃO, julgado em 24.08.2016, DJe 31.08.2016). – Grifei.

recuperação judicial para habilitação do crédito declarado. (BERNARDES, 2019). Registre-se ainda que a jurisprudência trabalhista também vem caminhando nessa direção no que tange à competência para processamento da execução, o que se coaduna com o próprio texto da Lei de Falência (art. 49(34), Lei n. 11.101/2005).

A universalidade do juízo aplicável à hipótese de massa falida, e atualmente também estendida para a recuperação judicial, segundo entendimento do STJ, convergem para a busca de distribuição equânime do pagamento para os credores, mormente aqueles que pertençam à mesma classe concursal.

Especificamente, no caso da recuperação judicial, a universalidade objetiva ainda torna viável a execução do seu plano, de tal forma que a superação da situação de crise econômico-financeira possa ser alcançada (art. 47, Lei n. 11.101/2005)(35). Neste aspecto, resta evidente a preocupação do legislador em preservar a função social da empresa, com a manutenção dos empregos dos trabalhadores e interesse dos credores.

O procedimento de reunião de execuções assemelha-se aos institutos legais de recuperação judicial e de falência na medida em que tem como objetivos: 1) proporcionar pagamento equânime dos credores pertencentes a uma mesma classe creditória; 2) concentrar todos os atos executórios em um mesmo juízo competente, o que traz economia processual; 3) preservar a função social da empresa, caso esteja ativa, praticando sua atividade econômica, como ocorre na recuperação judicial e no procedimento de plano especial de pagamento trabalhista.

Registre-se que a execução em face de massa falida se assemelha com o procedimento de regime especial de execução forçada previsto no Provimento do TST, que trata da reunião de execuções no que tange à concentração de todo ativo restante da empresa para efetivar o máximo de pagamento possível dos créditos existentes, atendendo aos credores da mesma classe de forma equânime e isonômica.

8. CONCLUSÃO

A reunião de execuções no âmbito do Processo Civil, do Trabalho e da Lei de Execução Fiscal apresenta-se de forma distinta e com suas particularidades, sem, contudo, deixar de convergir para um ponto comum: efetivação do princípio da economia processual.

Como se verificou, os princípios constitucionais e infraconstitucionais que norteiam a reunião de execuções levam à conclusão de que a utilização deste instituto processual se mostra eficaz e de muita utilidade para tornar as decisões judiciais efetivas e verdadeiramente satisfativas. Muito mais do que apenas declarar a existência do direito ao credor, é necessário que se viabilize a entrega do bem da vida pretendido.

Com a regulamentação do instituto pelo Colendo TST, que se deu no ano de 2018 com a edição do Provimento CGJT n. 01/2018, acredita-se que a utilização da reunião de execuções no âmbito do Processo do Trabalho tende a ganhar espaço perante os Tribunais Regionais do Trabalho. O referido Provimento busca trazer uma padronização mínima dos procedimentos em relação à centralização de execuções no âmbito da Justiça Laboral.

Acrescente-se a este argumento o fato de que a atual conjuntura econômica vivenciada pelo país enseja crescimento de execuções trabalhistas não quitadas a tempo e modo corretos. Necessário que se vislumbre alternativas e medidas eficazes que sejam aptas a garantir o pagamento dos créditos trabalhistas de forma equânime e, ainda, na medida do possível buscando manter o funcionamento das empresas com seus postos de trabalho e salários pagos em dia.

Verificou-se que a reunião de execuções em muito se assemelha à universalidade do juízo da falência e da recuperação judicial, principalmente por tratar os credores de forma isonômica e efetuar o pagamento equânime dos seus créditos. Por vezes o interesse público deve se sobrepor ao interesse privado, visando ao bem-estar social.

Certo é que a distribuição proporcional e equânime quando já não é possível entregar o bem jurídico pretendido na integralidade para cada um dos detentores de direitos, que se encontram em uma mesma classe (especificamente classe dos trabalhadores), atende ao principio de uma justiça efetiva e distributiva.

O procedimento de reunião de execuções no âmbito do Processo de Execução Trabalhista revela-se, pois, como importante instrumento para se alcançar o estado do bem-estar social, efetividade das decisões proferidas pela Justiça do Trabalho, tratamento isonômico àqueles que se encontram enquadrados na mesma situação e classe de credores e, ainda, preservar a função social da empresa.

Por fim, concluiu-se que no atual cenário econômico e social do país há uma certa tendência à utilização do procedimento da reunião de execuções no Processo do Trabalho. A regulamentação do instituto pelo Tribunal Superior do Trabalho por meio do Provimento CGJT n. 1/2018, certamente impulsionará os Tribunais Regionais a utilizarem ainda mais este importante mecanismo processual que vem ganhando força diante de todo o arcabouço principiológico que consegue efetivar, promovendo, em última análise, a paz social com a entrega do bem jurídico pretendido pelo credor.

9. REFERÊNCIAS

BERNARDES, Felipe. *Manual de processo do trabalho*. 2. ed. Salvador: JusPodivm, 2019.

(34) Art. 49. Estão sujeitos à recuperação judicial todos os créditos existentes na data do pedido, ainda que não vencidos.

(35) Art. 47. A recuperação judicial tem por objetivo viabilizar a superação da situação de crise econômico-financeira do devedor, a fim de permitir a manutenção da fonte produtora, do emprego dos trabalhadores e dos interesses dos credores, promovendo, assim, a preservação da empresa, sua função social e o estímulo à atividade econômica.

CORDEIRO, Wolney de Macedo. *Execução no processo do trabalho*. 3. ed. Salvador: JusPodivm, 2016.

DELGADO. Mauricio Godinho. Princípios constitucionais processuais. *Revista LTr*, ano 80, n. 10, out. 2016.

LEITE, Carlos Henrique Bezerra. *Curso de direito processual do Trabalho*. 8. ed. São Paulo: LTr, 2010.

MARTINS, Sérgio Pinto. *Direito processual do trabalho*. 20. ed. São Paulo: Saraiva, 2017.

MIESSA, Élisson. *Processo do trabalho*. 5. ed. Salvador: JusPodivm, 2017.

REVISTA ELETRONICA DO TRIBUNAL REGIONAL DO TRABALHO DA 4ª REGIÃO. Escola Judicial, ano XIV. n. 214, jun. 2018. Disponível em: <www.trt4.jus.br/portal/portal/EscolaJudicial/RevistaEletronica>. Acesso em: 09 set. 2019.

TEIXEIRA FILHO, Manoel Antônio. *Curso de direito processual do trabalho*. São Paulo: LTr, 2009.

TEIXEIRA FILHO, Manoel Antônio. *Comentários ao novo Código de Processo Civil sob a perspectiva do Processo do Trabalho*: (Lei n. 13.105, 16 de março de 2015). São Paulo: LTr, 2015.

THEODORO JUNIOR, Humberto. *Curso de direito processual civil*. 50. ed. Rio de Janeiro: Forense, 2017. v. 3.

Medidas Executivas Atípicas no Processo do Trabalho

Cleber Lúcio de Almeida[(1)]

1. INTRODUÇÃO

O reconhecimento judicial de um direito é apenas uma etapa na busca pela sua proteção jurisdicional.

É por esta razão, inclusive, que o Direito Processual do Trabalho atribui ao juiz o poder para executar de ofício as suas decisões, valendo acrescentar que esta opção não se deu ao posto que adotada em razão da essencialidade dos direitos inerentes ao trabalho humano.

Com efeito, "é essencial todo direito voltado à garantia do atendimento das necessidades básicas do trabalhador e sua família (*caráter existencial dos direitos inerentes ao trabalho*) e de condições dignas de trabalho (*essencialidade qualificada dos direitos inerentes ao trabalho*, na medida em que, muito mais do que garantir o atendimento de necessidades básicas, o que se pretende é garantir uma vida em sintonia com a dignidade humana). Ademais, a essencialidade dos direitos trabalhistas também decorre do seu estreito vínculo com a justiça social, cidadania e democracia (*essencialidade social e política dos direitos inerentes ao trabalho*)" (ALMEIDA; ALMEIDA. *Direito do Trabalho e Constituição:* a constitucionalização do Direito do Trabalho no Brasil, 2017, p. 141).

Abre-se um parêntese para esclarecer que, ao atribuir ao juiz o poder para executar de ofício as decisões judiciais, o Direito Processual do Trabalho consagra uma concepção forte ou de alta intensidade do direito à tutela jurisdicional, vez que nele insere o direito à execução, de ofício, das decisões judiciais. Em suma, na perspectiva do Direito Processual do Trabalho, a tutela jurisdicional de um direito é real quando for ele afirmado, em uma decisão judicial é feito valer concretamente.

É certo que a denominada *reforma trabalhista*, que foi realizada, principalmente, por meio da Lei n. 13.467/2017, supostamente para assegurar as condições necessárias para o retorno do crescimento econômico e a geração de empregos, optou por restringir o acesso dos trabalhadores à justiça e dificultar a satisfação de seus créditos, mesmo quando reconhecidos em decisão judicial.

A criação de dificuldade para a satisfação dos créditos reconhecidos em juízo se deu, por exemplo, pelo estabelecimento de embaraços para o reconhecimento da existência de grupo econômico e de verdadeira moratória em favor dos devedores, como se vê dos arts. 2º, §§ 2º e 3º, e 883-A da CLT, respectivamente.

Por meio destas medidas, o Estado abdica da função de garantidor dos direitos e consagra, no contexto processual, o dogma neoliberal do "estado mínimo", salvo quando se trata de impor ônus por eventual insucesso do trabalhador na demanda, situação em que se apresenta como "estado máximo" (é o que se vê, por exemplo, quando passa a ser admitida a imposição de obrigação de pagar custas processuais e honorários periciais mesmo sendo a parte beneficiária da justiça gratuita).

Em relação à execução de ofício, vale lembrar que o art. 878 da CLT previa que "A execução poderá ser promovida por qualquer interessado, ou *ex officio*, pelo próprio juiz ou presidente ou tribunal competente, nos termos do artigo anterior" e, por força da Lei n. 13.467/2017, passou a dispor que "A execução será promovida pelas partes, permitida a execução de ofício pelo juiz ou Presidente do Tribunal apenas nos casos em que as partes não estiverem representadas por advogado".

Contudo, a despeito da alteração legislativa realizada pela *reforma trabalhista*, vários dispositivos da CLT impõem ou autorizam o juiz a agir de ofício e não foram alterados pela Lei n. 13.467/2017, o que impõe a sua observância.

Com efeito:

1) o art. 765 da CLT impõe ao juiz o dever de impulsionar o processo, o que inclui a promoção da execução;

2) o art. 879 da CLT estabelece que, sendo ilíquida a sentença, ordenar-se-á a sua liquidação, o que implica que o juiz está autorizado a agir de ofício, visto que a liquidação constitui fase preparatória da execução;

3) consoante o art. 899, § 1º, da CLT, transitada em julgado a decisão objeto de recurso, ordenar-se-á o levantamento imediato do depósito recursal, por simples despacho, o que significa que o juiz foi autorizado a promover medida satisfativa de ofício, sem ressalva em relação ao fato de o credor estar assistido por advogado.

No caso de conflito entre normas, deverão prevalecer, por força do art. 7º, *caput*, da Constituição, aquelas cuja aplicação resulte na melhoria da condição social dos trabalhadores, o que, sem dúvida, alcança as situações em que

(1) Pós-doutor em Direito pela Universidade Nacional de Córdoba/ARG. Doutor em Direito pela UFMG. Mestre em Direito pela PUC-SP. Professor do programa de pós-graduação da PUC-MG. Juiz do Trabalho.

uma norma cria dificuldades para a satisfação dos créditos trabalhistas e, outra, a favorece.

Assim, em que pese a nova redação do art. 878 da CLT, os arts. 765, 879 e 899, § 1º, da CLT, continuam autorizando a execução de ofício, ainda que a parte esteja assistida por advogado, observando-se que estes dispositivos contribuem para a melhoria da condição social dos trabalhadores, razão pela qual a sua aplicação é imposta pelo art. 7º, *caput*, da Constituição.

Ademais, a Constituição da República impõe a execução, de ofício, das contribuições previdenciárias decorrentes das decisões proferidas pela Justiça do Trabalho, como se observa no seu art. 114, VIII, o que foi repetido pela própria *reforma*, ao conferir nova redação ao parágrafo único do art. 876 da CLT.

Como a execução do acessório – contribuições previdenciárias – deve ser realizada de ofício, não se pode negar que o mesmo deve ocorrer em relação à execução principal – créditos trabalhistas, base de cálculo das contribuições previdenciárias. Do contrário, ou seja, executando o crédito previdenciário e deixando de executar o crédito trabalhista, estar-se-ia desconsiderando que a satisfação deste prefere, em razão, principalmente, da sua natureza salarial, o daquele.

Assim, interpretando o art. 878, na sua atual redação, em conformidade com o art. 114, VIII, da Constituição, o que se conclui é que, até que seja alterado este dispositivo constitucional, persiste o dever de execução de ofício das decisões proferidas pela Justiça do Trabalho.

Feitos estes registros, passa-se ao exame do tema central do presente ensaio.

2. A ADOÇÃO DE MEDIDAS EXECUTIVAS ATÍPICAS SEGUNDO O CPC

Várias são as técnicas utilizadas pelo ordenamento jurídico para assegurar o gozo dos direitos por ele atribuídos e cuja existência esteja confirmada em título executivo. Dentre estas técnicas estão os *meios de coação* ou *indução* (meios que atuam sobre a vontade do devedor, visando compeli-lo a cumprir a sua obrigação) e os *meios de sub-rogação* (atos praticados pelo Poder Judiciário com a finalidade de, com ou sem o concurso da vontade do executado, satisfazer o exequente). Daí se falar em *execução por coerção* e em *execução por expropriação*.

Consoante o art. 139, IV, do CPC de 2015, inclusive, o juiz tem o dever de determinar todas as medidas indutivas, coercitivas, mandamentais ou sub-rogatórias necessárias para assegurar o cumprimento de ordem judicial, inclusive nas ações que tenham objeto prestação pecuniária, observando-se que o CPC optou por não definir previamente quais são as medidas indutivas, coercitivas, mandamentais ou sub-rogatórias que o juiz está autorizado a determinar, estabelecendo, ao contrário, que ele tem o dever de determinar aquelas que sejam *necessárias* para o cumprimento das ordens judiciais e, com isto, para a efetividade das decisões judiciais e, desse modo, dos direitos nelas reconhecidos, lembrando-se que o CPC atribui às partes o direito à *atividade satisfativa* (art. 4º), direito que, inclusive, há muito é assegurado pelo Direito Processual do Trabalho, que, como foi registrado e demonstrado, autoriza o juiz a promover a execução de ofício.

A adoção de medidas indutivas, ou seja, que visam atuar sobre a vontade da parte visando ao cumprimento de sua obrigação, não é estranha ao Direito Processual do Trabalho, como se vê, por exemplo, no art. 467 da CLT e, especialmente, no art. 883-A, também da CLT, que faz referência ao protesto das decisões judiciais e inscrição do nome do executado em órgão de proteção ao crédito e no Banco Nacional de Devedores Trabalhistas, como medidas indutivas típicas.

Estas medidas não são, contudo, as únicas das quais o juiz pode lançar mão, em razão da aplicação, como fonte supletiva do Direito Processual do Trabalho, do disposto no art. 139, IV, do CPC e, ainda, do art. 765 da CLT, que impõe ao juiz o dever de impulsionar o processo, o que implica que ele pode tomar todas as medidas necessárias para a satisfação do crédito reconhecido em título executivo, e, do art. 872 da CLT, que atribui ao juiz o poder para promover a execução, o que implica poder para adotar as medidas necessárias para garantir a efetividade dos direitos reconhecidos em decisão judicial, lembrando, neste sentido, que a ele é lícito, por exemplo, utilizar, com o mesmo objetivo, várias medidas que se encontram ao seu alcance (BACENJUD, BNDT, CCS, CIEL, CENIBE, CROI, DESCONSIDERAÇÃO DA PERSONALIDADE JURÍDICA, DOI, INFOJUD, PROTESTO, RENAJUD, SERAJUD, SIMBA).

Aliás, a implementação de todos estes instrumentos aponta no sentido de que, também no processo do trabalho, o juiz tem o dever de determinar todas as medidas indutivas, coercitivas, mandamentais ou sub-rogatórias necessárias para assegurar o cumprimento de ordem judicial, inclusive nas ações que tenham objeto prestação pecuniária.

Lembre-se, ainda, do princípio da máxima eficácia das decisões judiciais, que é traduzido, por exemplo, pela concessão ao juiz do poder para promover a execução de ofício, do qual resulta que a promoção da execução (e, portanto, das medidas voltadas à localização do devedor e/ou de bens passíveis de penhora) se insere no dever judicial de impulso do processo.

Note-se, porém, que, em nenhuma destas situações, foi aberto caminho para o arbítrio judicial.

Daí o CPC fazer referência à determinação de medidas *necessárias* e *adequadas*, o que indica que ele deve agir com observância do *princípio da proporcionalidade* ou *da proibição de excesso*, de forma que a medida executiva determinada deve ser:

a) apropriada à satisfação do credor (*subprincípio da idoneidade ou adequação*);

b) necessária à luz do caso concreto: deve ser escolhido o meio de satisfação do credor que seja o menos gravoso possível para o devedor (*subprincípio da exigibilidade ou da necessidade*);

c) proporcional ao fim que se pretende alcançar: devem ser sopesadas as vantagens e as desvantagens da medida executiva a ser adotada em relação ao fim que se pretende alcançar por meio dela (*subprincípio da proporcionalidade em sentido estrito*).

Este é, sem dúvida, um parâmetro importante, mas a ele devem ser acrescidos outros, também de suma relevância.

Neste sentido, não se pode perder de vista que a execução trabalhista versa sobre *créditos superprivilegiados*, em razão de uma das suas funções básicas, que é a de servir de meio de sobrevivência do trabalhador e de sua família, ou seja, da natureza alimentar (art. 100, §§ 1º e 2º, da Constituição, art. 186 do Código Tributário Nacional e art. 449, § 1º, da CLT, ressalvadas as limitações estabelecidas pelo art. 83, I, da Lei n. 11.101/2005).

Também não se pode olvidar que, no processo do trabalho, o que se busca é a satisfação de direitos dotados de essencialidade, como foi acima realçado.

Acrescente-se que, ao lado da titularidade de direitos, coloca-se a titularidade do *direito à sua tutela jurisdicional*, visto que ter direito a determinado bem é estar em condições de se valer de todas as suas possibilidades. Desta forma, como garantia do gozo pleno e concreto dos direitos atribuídos pela ordem jurídica, a todos é assegurada a tutela jurisdicional destes direitos, que é realizada por meio da jurisdição e do processo. A jurisdição e o processo constituem instrumentos (trata-se de *instrumentalidade técnica*) destinados à condução do direito da *positividade abstrata* (atribuição do direito pelo ordenamento jurídico: *tutela jurídica do direito*) à sua *positividade concreta*, no caso do seu não cumprimento espontâneo (garantia de pleno gozo do direito: *tutela jurisdicional do direito*).

Contudo, as partes não são titulares apenas do direito à jurisdição e ao processo, mas ao reconhecimento de um direito à jurisdição e ao processo com uma especial qualidade, que é a efetividade. As partes têm direito à jurisdição e ao processo efetivos.

Com efeito, o Direito Internacional dos Direitos Humanos a todos reconhece o direito à jurisdição e ao processo efetivo.

Cite-se, como exemplo, a Declaração Universal dos Direitos Humanos a todos reconhece o direito de receber dos tribunais competentes *recurso efetivo* para os atos que violem os direitos fundamentais reconhecidos pela Constituição ou pela lei (art. 8º). No mesmo compasso, o Pacto Internacional sobre Direitos Civis e Políticos consigna o compromisso dos Estados dele signatários de garantir que toda pessoa, cujos direitos e liberdades nele reconhecidos hajam sido violados, possa dispor de um *recurso efetivo*, mesmo que a violência tenha sido perpetrada por pessoas que agiam no exercício de funções oficiais (art. 3, *a*). De seu turno, a Convenção Americana sobre Direitos Humanos prevê, em seu art. 25, que toda pessoa tem direito a um recurso simples e rápido ou a qualquer outro *recurso efetivo*, perante os juízes ou tribunais competentes, que a proteja contra atos que violem seus direitos fundamentais reconhecidos pela Constituição, pela lei ou pela própria Convenção.

A Constituição da República de 1988 também reconhece, *como fundamental*, o direito à efetividade da jurisdição e do processo. Isso porque, proibindo a autodefesa, o Estado atrai para si o dever de tornar concretos os direitos atribuídos pela ordem jurídica, ao qual corresponde o direito à atividade estatal destinada a este fim (direito à jurisdição e ao processo) e a que esta atividade seja capaz de produzir os efeitos que lhe são próprios (direito à efetividade da jurisdição e do processo). De outro lado, ao atribuir às partes o direito ao *devido processo legal*, a Constituição Federal também reconhece o direito à efetividade do processo (art. 5º, LIV), vez que *devido processo* é aquele apto à realização da adequada, justa e efetiva tutela dos direitos atribuídos pela ordem jurídica.

Portanto, pode e deve o juiz do trabalho, com esteio no art. 139, IV, do CPC, adotar as denominadas medidas indutivas atípicas, visando conferir concretude aos direitos reconhecidos nas decisões judiciais.

E, entre as medidas indutivas atípicas que vêm sendo consagradas pela jurisprudência, vale citar:

a) apreensão de Carteira Nacional de Habilitação, **desde que o executado não a utilize para desempenhar suas atividades econômicas.**

Trata-se de medida que não afeta o direito de locomoção, mas que incide sobre a comodidade representada pela sua realização em veículo próprio, valendo observar que o STJ já decidiu que a suspensão da Carteira Nacional de Habilitação não configura ameaça ao direito de ir e vir do titular (STJ, 4ª Turma, Recurso em *habeas corpus* n. 97.876-SP, Rel. Min. Luis Felipe Salomão e STJ, 3ª, Recurso em *habeas corpus* n. 99.606-SP, Rel. Min. Nancy Andrighi);

b) apreensão de passaporte.

A adoção desta medida é justificada pelo fato de as viagens internacionais serem realizadas, em regra, para passeio, o que significa que a intenção é restringir a possibilidade de passeio com o objetivo de garantir a satisfação de crédito trabalhista;

c) bloqueio de cartão de crédito.

Esta medida visa dificultar o acesso ao crédito, ou seja, tem o mesmo objetivo do protesto da decisão judicial e inclusão do nome do executado em órgão de proteção ao crédito e no Banco Nacional de Devedores Trabalhistas, que são expressamente autorizados pelo Direito Processual do Trabalho.

No entanto, é à luz do caso concreto que deve ser definida a medida necessária e adequada para a satisfação do crédito em execução, considerando, no exame da sua adoção, por exemplo, o tempo transcorrido entre a lesão do direito e a instauração do processo executivo, as medidas até então adotas (neste exame, cumpre verificar se existem outras formas, menos gravosas ao executado, que permitam a satisfação do crédito), e o comportamento do executado durante o curso do processo (a CLT confere especial valor ao comportamento das partes no processo, como se vê, por exemplo, quando trata da responsabilidade por dano processual – art. 793-B –, ao passo que delas é exigido que colabore para que o processo de execução seja o mais efetivo, possível – art. 6º do CPC –, inclusive, no caso da execução, indicando bens sujeitos à penhora – art. 774, V, do CPC), isto sem olvidar a necessidade de mais rápida satisfação de créditos de caráter alimentar, como já assinalado.

3. ANOTAÇÕES CONCLUSIVAS

A satisfação do direito reconhecido nas decisões judiciais é um direito das partes e o juiz deve atuar no sentido da sua plena realização.

Para a satisfação dos direitos reconhecidos em decisão judicial, o juiz do trabalho pode e deve adotar, de ofício ou a requerimento, medidas executivas atípicas, respeitando, porém, o *princípio da proporcionalidade* ou *da proibição de excesso*, de forma que a medida executiva determinada deve ser apropriada à satisfação do credor, necessária à luz do caso concreto e proporcional ao fim que se pretende alcançar.

4. REFERÊNCIAS

ALMEIDA, Cleber Lúcio de; ALMEIDA, Wânia Guimarães Rabêllo de. *Direito do Trabalho e Constituição*: a constitucionalização do Direito do Trabalho no Brasil. São Paulo: LTr, 2017.

O Processo do Trabalho e as Novas Tecnologias: instrumentos para a efetivação da execução trabalhista

Carla Assis Rahme[1]

1. INTRODUÇÃO

A execução objetiva a efetivação do direito consagrado no título judicial ou extrajudicial. Embora a Justiça do Trabalho seja reconhecida pela celeridade e efetividade, o maior desafio encontra-se na fase de execução, como indica o Relatório Geral da Justiça do Trabalho (2018), ao afirmar informar que:

> Foram julgados 4.173.197 processos, 115% do total recebido. No TST, esse percentual alancou 99%; nos TRTs, 89%; e nas VTs, 131%. O tempo médio entre o ajuizamento de uma ação e o seu encerramento demonstra que, no TST, esse prazo foi de 1 ano, 7 meses e 1 dia; nos Tribunais Regionais do Trabalho, de 9 meses e 22 dias e, nas Varas do Trabalho, de 8 meses e 24 dias na fase de conhecimento e de 3 anos, 6 meses e 13 dias na fase de execução. (TST, 2018, p. 8)

Nesse sentido, pode-se afirmar que, no geral, o tempo gasto para julgamento na execução é superior ao da fase de conhecimento, o que evidencia a morosidade na execução trabalhista. Para reafirmar o explicitado interessante apontar a relação entre o número de processos iniciados e os encerrados, como indica o Tribunal Superior do Trabalho (TST). Salienta-se que as "execuções iniciadas somadas às execuções pendentes de anos anteriores – pendentes de execução e em arquivo provisório – totalizaram 3.474.284 processos. Desse total, foram encerradas 729.462 (21%)" (TST, 2018, p. 8).

Esses números levam à reflexão sobre a importância de considerar a execução como um meio necessário para a prestação jurisdicional efetiva, pois quando o cidadão recorre ao Poder Judiciário, ele pretende receber o bem da vida que lhe é de direito. O Estado, ao coibir o exercício da justiça pelas próprias mãos, criou para si o poder-dever de solucionar os conflitos de forma efetiva. Nesse sentido, o interesse no êxito da fase executiva não diz respeito apenas ao credor trabalhista, pois envolve todos os sujeitos da relação processual, inclusive todo o aparato judicial.

Para resolver o problema inerente à frustração da execução, a modernização do aparato estatal fez-se necessária, com a utilização de instrumentos eletrônicos que auxiliam na efetividade da execução, como o Bacenjud, Renajud, Infojud (Sistema de Informações ao Judiciário), Serasajud e Simba (Sistema de Investigação de Movimentações Bancárias).

Tendo em vista a problemática apontada, este artigo tem como objetivo demonstrar que, em que pese a Justiça do Trabalho tenha como princípios basilares a celeridade e efetividade, essa Especializada encontra obstáculos na fase de execução. Nesse sentido, não basta apenas o título executivo obtido na fase de conhecimento, sendo necessária a fase executória para concretizar o direito reconhecido. Assim, importante analisar o papel da justiça para a entrega da efetiva prestação jurisdicional, materializando a satisfação do crédito trabalhista.

Para tanto, esse trabalho inicia-se com a abordagem dos princípios da execução trabalhista, evolução histórica, com foco, em seguida na utilização dos instrumentos eletrônicos, como Bacenjud, Renajud, Infojud, Serasajud e Simba. Não há pretensão, obviamente, insta salientar, por fim, de esgotar o estudo de todos os instrumentos utilizados pelo Poder Judiciário, mas apenas evidenciar a importância do uso da tecnologia na fase executiva.

Além dos instrumentos que serão estudados nesse trabalho, pode-se mencionar as seguintes ferramentas utilizadas pelo Tribunal Regional do Trabalho da 3ª Região: ANAC/SACI – Agência Nacional de Aviação Civil/Sistema Integrado de Informações da Aviação Civil, ARISP, B3, BNDT – Banco Nacional de Devedores Trabalhistas, CAGED, CCS, CEAT – Certidão Eletrônica de Ações Trabalhistas, CEMIG, CENSEC – Central Notarial de Serviços Eletrônicos Compartilhados, CNE, CNIB, CNSeg, COAF, CONECTIVIDADE SOCIAL – CAIXA, CONSULTA SÓCIO, COPASA, CRIMG – Central Eletrônica de Registro de Imóveis do Estado de Minas Gerais, CVM, DOMAIN DOSSIER – *Investigate domains and IP adresses*, INCRA/SNCR – Sistema Nacional de Cadastro Rural, INPI – Instituto Nacional da Propriedade Industrial, JUCEMG – Junta Comercial do Estado de Minas Gerais, Prefeitura de Belo Horizonte – Plantas *On-line* – SPOL, RIJUD – Registro de Informações Judiciais de Veiculos, SABB – Sistema Automatizado de Bloqueios Bancários, SIEL – Sistema de Informações Eleitorais, SINESP INFOSEG – Sistema Nacional de Informações de Segurança Pública, SISCONDJ – Sistema de Controle de Depósitos Judiciais do Banco do Brasil (TST, 2019).

(1) Discente do Curso de Direito da Faculdade de Direito Milton Campos. Membro da Oficina de Estudos Avançados: "As interfaces entre o Processo Civil e o Processo do Trabalho" – IPCPT. Endereço eletrônico: <carlaassisrahme@hotmail.com>.

2. EVOLUÇÃO HISTÓRICA

A execução, mecanismo que garante os direitos trabalhistas, passou por grandes mudanças ao longo da história do Direito, as quais influenciaram o sistema de execução, como ocorre atualmente. Desse modo, faz-se necessária a compreensão de aspectos fundamentais de sua evolução histórica direcionada ao aprimoramento do procedimento na execução.

Na legislação vigorante na Roma antiga, a execução incidia sobre a pessoa do devedor e não sobre o seu patrimônio, como ocorre nos tempos atuais.

Para a construção de um parâmetro lógico de raciocínio acerca da evolução histórica, optou-se pela obra de Manoel Antônio Teixeira Filho (2011) para a fixação, de uma forma didática, da linha temporal de acontecimentos relevantes na evolução da execução. Feita essa ponderação, passa-se à exposição dos aspectos históricos pertinentes.

Assim, pelo sistema *manus iniectio*, previsto na Lei das XII Tábuas, após 30 dias do proferimento da sentença, o credor poderia conduzir o devedor a juízo, inclusive mediante o uso da força se necessário. O devedor tinha então duas opções: pagar a dívida ou encontrar um terceiro que o fizesse.

Na hipótese de permanecer a insolvência, o devedor era conduzido à casa do credor, onde era acorrentado, permanecendo em regime de prisão domiciliar. Posteriormente, o credor anunciava o valor da dívida para permitir que parentes do devedor ou terceiros a pagassem. Se não ocorresse o pagamento da dívida, o credor poderia matar o devedor ou vendê-lo como escravo. Na hipótese de serem muitos os credores, esses tinham o direito de esquartejar o devedor, cabendo a cada um parte do corpo da vítima.

No século V, com o advento da *Lex Poetelia*, não mais se admitia o direito de o credor matar o devedor ou de vendê-lo como escravo. Manoel Antônio Teixeira Filho (2011) ressalta que nessa época ocorreu um dos primeiros e mais expressivos marcos históricos no sentido de humanizar a execução, tendo em vista que o devedor não mais respondia com seu próprio corpo e, sim, com seu patrimônio. O autor aponta, ainda, a influência do cristianismo no movimento mencionado anteriormente, denominado pela doutrina de "humanização das execuções por dívidas".

Em continuidade ao período marcado pela execução patrimonial, adveio a denominada *pignoris capio*, que permitia que o credor apreendesse bens do devedor, mediante presença de três testemunhas. Essa apreensão ocorria sem a presença do magistrado e do devedor, sendo, portanto, extrajudicial. Manoel Antônio Teixeira Filho (2011) entende que essa penhora possuía efeito intimidatório, já que o credor não detinha poderes para vender os bens apreendidos muito embora pudesse destruí-los.

Nesse contexto, os credores passaram a dar preferência à utilização da execução patrimonial em detrimento da execução pessoal prevista na *actio iudicati*. A *actio iudicati* constituía uma nova ação e passou a ser indispensável nas execuções de pagamento de quantia certa, pois o devedor reconhecia o valor da dívida evitando que viesse a ser condenado a pagar em dobro, além de possibilitar que o magistrado autorizasse os atos executivos.

No século VII, em Roma, sob a vigência da *bonorum venditio*, efetuava-se a arrecadação de todos os bens do devedor, que eram administrados pelo *curador bonorum*, o qual era indicado pelos credores. Posteriormente, ocorria a alienação dos bens em hasta pública, pelo *magister*, também escolhido pelos credores.

No período imperial, a *distractio bonorum*, diferentemente da *bonorum venditio*, determinava que a penhora abarcasse apenas os bens necessários para a satisfação da dívida. Insta salientar, no entanto, que a *distractio* era possível apenas se o devedor pertencesse a classes mais altas.

Manoel Antônio Teixeira Filho (2011) enfatiza, ainda, a *bonorum cessio*, modalidade na qual o devedor poderia entregar todos os seus bens aos credores espontaneamente. Se a venda dos bens fosse insuficiente para solver a dívida, a sua obrigação subsistia no tocante ao valor remanescente. Nesse contexto, assevera que:

> As espécies de execução até este ponto examinadas tinham caráter privado, pois os atos que as compunham eram, quase sempre, extrajudiciais. O processo extraordinário, contudo, assinala o fim do período clássico do direito romano, e com ele surge a execução com traços de característico procedimento jurisdicional, pois ela se desenvolvia sem a intervenção pessoal dos credores. Basta ver que o ato de apreensão dos bens não era realizado pelo credor e sim pelos *apparitores*, espécie embrionária dos atuais oficiais de justiça. Além disso, a penhora não abarcava todo o patrimônio do devedor e sim bens em número suficiente para satisfação da obrigação. Com a penhora, o credor tinha preferência em relação aos demais; a estes caberia apenas o saldo do produto da venda dos bens, caso houvesse. Se, todavia, diversos credores efetuassem penhora do mesmo bem, constituía-se entre eles um concurso, atendendo-se, com isso, à regra *par conditio creditorum*. (TEIXEIRA FILHO, 2011, p. 48).

Finalizada a linha evolutiva traçada, passa-se à análise da execução nos dias atuais. Nesse contexto, é importante esclarecer que a Constituição da República de 1988 proíbe a prisão civil por dívida, admitindo-a, inicialmente, apenas nos casos de depositário infiel e de dívida alimentar. Nesse sentido, determina o art. 5º, LXVII, da CR/1988: "não haverá prisão civil por dívida, salvo a do responsável pelo inadimplemento voluntário e inescusável de obrigação alimentícia e do depositário infiel".

No entanto, houve um avanço, trazido pela Convenção Americana sobre Direitos Humanos (Pacto de San José da Costa Rica), estabelecida no ano de 1969, no que se refere à execução corpórea, como bem explicita Fredie Didier Jr. *et al.* (2017):

A Convenção Americana sobre Direitos Humanos (também conhecida como Pacto de San José da Costa Rica), ratificada pelo Brasil pelo Decreto Legislativo n. 27/1992 e promulgada pelo Decreto n. 678/1992, dispõe que "Ninguém deve ser detido por dívidas. Este princípio não limita os mandados de autoridade judiciária competente expedidos em virtude de inadimplemento de obrigação alimentar (art. 7º, n. 7).

O Pacto Internacional sobre Direitos Civis e Políticos, ratificado no Brasil pelo Decreto Legislativo n. 226/1991 e promulgado pelo Decreto n. 592/1992, diz que "Ninguém deverá ser preso apenas por não poder cumprir com uma obrigação contratual" (art. 11).

Por entender que os tratos internacionais de que o Brasil é signatário não autorizam a prisão civil por obrigação contratual, nem a prisão civil do depositário infiel, o Supremo Tribunal Federal firmou entendimento vinculante no sentido de que *"é ilícita a prisão civil de depositário infiel, qualquer que seja a modalidade de depósito"* (enunciado n. 25 da Súmula Vinculante do STF). O Superior Tribunal de Justiça tem entendimento semelhante: *"descabe a prisão civil do depositário judicial infiel"* (enunciado n. 419 da Súmula do STJ)". (p. 125-126).

Assim, havendo a predominância da execução patrimonial, a qual somente pode ser excetuada nos casos de dívida alimentar, fez-se necessária a criação de ferramentas eletrônicas para a efetivação da execução.

3. PRINCÍPIOS DA EXECUÇÃO TRABALHISTA

Os princípios que compõem a execução trabalhista são variados, podendo existir distinção na forma em que são abordados pelos doutrinadores, sem, contudo, distanciar-se do ideal basilar da Justiça do Trabalho. Para Wolney de Macedo Cordeiro (2017, p. 50), a formulação dos princípios na execução:

> Não pode ser entendida como uma atividade objetiva, muito menos deve resultar em uma enumeração fechada e definitiva. Na realidade a identificação dos princípios fundamentais na execução só apresenta uma linha de convergência, que reside exatamente no seu ponto de partida, ou seja, a assimilação das diretrizes constitucionais. Logo, quando falamos do reconhecimento dos princípios relacionados à tutela executiva, devemos inferir que eles se encontram influenciados de forma direta e imediata a partir do texto constitucional, consagrador, em última análise do devido processo legal.

O tema do presente artigo implica o estudo de princípios específicos, quais sejam, patrimonialidade, primazia do credor trabalhista, efetividade, utilidade, celeridade, subsidiariedade, impulso oficial e ampla atuação jurisdicional executiva.

De acordo com Mauro Schiavi (2018), o princípio da patrimonialidade dispõe que a execução incide sobre os bens do devedor e não sobre a sua pessoa. Nesse sentido, o art. 789 do CPC de 2015: "O devedor responde com todos os seus bens presentes e futuros para o cumprimento de suas obrigações, salvo as restrições estabelecidas em lei".

Vitor Salino de Moura Eça (2019), ao tratar do referido princípio, esclarece que, apesar de ser absoluto no tocante à execução corpórea da pessoa do devedor, essa pode ser realizada fora do âmbito patrimonial como na execução para a entrega de coisa e nas obrigações de fazer ou não fazer.

Quanto ao princípio da primazia do credor trabalhista, Gleibe Pretti (2018) ressalta que:

> A execução trabalhista se faz no interesse do credor e, portanto, todos os atos executivos devem ser dirigidos para satisfação de tal interesse. Somente quando a execução puder ser realizada por mais de uma modalidade, com a mesma efetividade para o credor, será possível se aplicar o princípio da execução menos onerosa para o devedor (p. 16).

Dessa forma, objetivando a satisfação do crédito do exequente, na fase de execução, primordialmente, os atos devem convergir no interesse do credor.

Quanto ao princípio da efetividade, Leonardo Tibo Lima (2019) leciona que a execução deve entregar ao credor, preferencialmente, o que lhe foi conferido, nos exatos termos estabelecidos. Assim, a efetividade busca concretizar o resultado pretendido pelo litigante, sendo de extrema relevância no exercício da prestação jurisdicional.

Ainda na esteira da efetividade da fase executiva, merece destaque o princípio da utilidade. Esse princípio veda a prática de atos inúteis que retardam o andamento processual, prezando a celeridade da atividade estatal (SCHIAVI, 2018). Como exemplo de atos inúteis, cite-se a penhora de bens desnecessários ao interesse do exequente.

No que se refere ao princípio da celeridade, tendo como base os ensinamentos de Almeida (2016), pode-se dizer, em linhas gerais, que há a busca por uma execução rápida em face da natureza alimentar do crédito trabalhista.

A subsidiariedade, por sua vez, princípio que norteia todo o Processo do Trabalho, no que tange à execução, permite a utilização subsidiária da Lei de Execução Fiscal (Lei n. 6.830/1980) e do CPC ao Processo do Trabalho, nos casos em que há omissão da norma celetista e, concomitantemente, compatibilidade com os princípios que regem o Processo do Trabalho.

O art. 769 da CLT disciplina os requisitos para a aplicação subsidiária nos seguintes termos: "Nos casos omissos, o direito processual comum será fonte subsidiária do direito processual do trabalho, exceto naquilo em que for incompatível com as normas deste Título".

Para Vitor Salino de Moura Eça (2019, p. 334):

> O acervo de possibilidades executórias na CLT é restrita, sendo que ela própria indica a LEF e o CPC como suportes subsidiários, desde que haja omissão e a norma processual civil seja compatível com os princípios que informam o Direito Processual do Trabalho.
>
> Convém notar que, ao contrário do que a praxe consagrou, a aplicação preferencial é a da LEF, como precisamente indica o art. 889 da CLT. Somente havendo necessidade de maior suplementação é que o CPC pode ser atiçado, com base no art. 769 da CLT, c/c o art. 15 do CPC. Ocorre que a LEF está anacrônica, e o CPC é bem mais atual e alinhada com os regramentos contemporâneos de processo, daí porque sua utilização é mais frequente.

Para melhor elucidação do entendimento destacado pelo citado autor, é importante transcrever o art. 889 da CLT:

> Aos trâmites e incidentes do processo da execução são aplicáveis, naquilo em que não contravierem ao presente Título, os preceitos que regem o processo dos executivos fiscais para a cobrança judicial da dívida ativa da Fazenda Pública Federal.

Por fim, o princípio do impulso oficial, alterado pela Lei n. 13.467/2017 (Lei da Reforma Trabalhista), trouxe grande discussão na doutrina em relação à atuação do magistrado na manutenção da celeridade da execução.

A antiga redação do art. 878 da CLT permitia ao juiz iniciar, de ofício, a execução trabalhista. Contudo, com o advento da Lei n. 13.467/2017, houve alteração do mencionado dispositivo legal, sendo possível a execução *ex officio* somente quando as partes não estiverem representadas por advogado (CORREIA; MIESSA, 2018).

Assim, há discussão se a referida modificação limitou a participação do juiz na celeridade do processo, tendo em vista que a espera da parte para a abertura da execução pode retardar o andamento processual. Nesse sentido, o é o entendimento de Mauro Schiavi (2018) e do Enunciado n. 114 da II Jornada de Direito Material e Processual da ANAMATRA, respectivamente:

> De nossa parte, diante da alteração do art. 878 da CLT, os atos executivos devem ser promovidos pelo exequente, mas há espaço para atos de ofício do Juiz do Trabalho, como a conferência da exatidão dos cálculos, a avaliação da liquidez e ordem preferencial dos bens penhorados, determinação de pesquisa patrimonial, dentre outros. (p. 1121).

> 114. EXECUÇÃO. IMPULSO OFICIAL. PESQUISA E CONSTRIÇÃO DE BENS. POSSIBILIDADE
>
> O impulso oficial da execução está autorizado pelo art. 765 da CLT e permite ao juiz a utilização dos mecanismos de pesquisa e de constrição de bens, inclusive por meio do sistema BacenJud, sendo esse mero procedimento para formalização da penhora em dinheiro.

Ademais, nesse seguimento, Wolney de Macedo Cordeiro (2017), ao expor sobre o princípio da ampla atuação jurisdicional executiva, esclarece que a provocação da execução não se confunde com os demais atos executivos, que serão conduzidos pelo juiz, independentemente de provocação do credor.

Conclui-se que é primordial a busca pela celeridade na Justiça do Trabalho, tendo em vista que a verba pleiteada pelo credor trabalhista constitui fonte de seu próprio sustento e de sua família, devendo ser tratada com prioridade e rapidez.

Dessa forma, todos os princípios aqui tratados direcionam-se para o mesmo fim, qual seja, a garantia de uma existência digna ao trabalhador, dando condições mínimas para sua sobrevivência, que só são possíveis a partir da contraprestação oriunda de seu trabalho. Os direitos trabalhistas, dessa forma, devem ser garantidos, na medida em que promovem um labor humanitário, permitindo a subsistência digna do cidadão.

4. UTILIZAÇÃO DOS INSTRUMENTOS ELETRÔNICOS

Cumpre ressaltar primeiramente os poderes do juiz no tocante à influência que exercem no resultado satisfatório da execução.

Conforme elucida Fredie Didier Jr., *et al.* (2017), o legislador muniu o juiz de poderes de direção da execução, previstos no art. 772 do CPC(2). Dentre os incisos do referido artigo, merece destaque o inciso III, que atribui ao magistrado o poder de ordenar que os sujeitos indicados pelo exequente forneçam informações, documentos e dados relacionados ao objeto da execução que tenham em seu poder.

O art. 380 do CPC(3), por sua vez, estabelece que o terceiro tem o dever de fornecer ao juiz as informações sobre as quais tenha conhecimento ou exibir coisa ou documento que esteja em seu poder. Para as partes da relação processual, o art. 379, III, do CPC, prevê o dever genérico de "praticar o ato que lhe for determinado", incluindo o fornecimento de dados e documentos. Assim, Didier *et al.* (2017) afirma:

---

(2) Art. 772 do CPC: O juiz pode, em qualquer momento do processo: I – ordenar o comparecimento das partes; II – advertir o executado de que seu procedimento constitui ato atentatório à dignidade da justiça; III – determinar que sujeitos indicados pelo exequente forneçam informações em geral relacionadas ao objeto da execução, tais como documentos e dados que tenham em seu poder, assinando-lhes prazo razoável.

(3) Art. 380 do CPC: Incumbe ao terceiro, em relação a qualquer causa: I – informar ao juiz os fatos e as circunstâncias de que tenha conhecimento; II – exibir coisa ou documento que esteja em seu poder. Parágrafo único. Poderá o juiz, em caso de descumprimento, determinar, além da imposição de multa, outras medidas indutivas, coercitivas, mandamentais ou sub-rogatórias.

O juiz poderá, por exemplo, determinar que a Receita Federal apresente a declaração de imposto de renda do executado dos últimos anos-exercício (observado o sigilo); que o Detran informe se há veículos em seu nome; que a Junta comercial indique se ele integra alguma pessoa jurídica e apresente seus atos constitutivos; que o próprio executado apresente a certidão de registro da fazenda que ostenta ser sua em rede social para fins de verificação de fraude à execução etc. (p. 416 e 417).

Dentre os poderes do juiz, merece destaque no presente estudo a utilização das ferramentas tecnológicas garantidoras da efetividade da execução, quais sejam, Bacenjud, Renajud, Infojud, Serasajud e Simba.

Assim, diante do inadimplemento do crédito exequendo e da dificuldade em se localizar bens do devedor, foram criados, pelo Poder Judiciário, mecanismos.

4.1. Bacenjud, Renajud, Infojud e Serasajud

O primeiro instrumento a ser estudado será o **Bacenjud**, sistema que interliga a Justiça do Trabalho ao Banco Central e às instituições bancárias, com o objetivo de agilizar a obtenção de informações financeiras do executado e o envio de ordens judiciais ao Sistema Financeiro Nacional (EÇA, 2019). Por meio desse mecanismo, o magistrado determina o bloqueio de valores nas contas-correntes do executado até o limite determinado, desde que haja numerário suficiente para tanto no primeiro dia útil subsequente ao protocolamento da minuta de bloqueio (PFEILSTICKER, 2009).

O art. 854 do CPC determina, *in verbis*, que:

> Para possibilitar a penhora de dinheiro em depósito ou em aplicação financeira, o juiz, a requerimento do exequente, sem dar ciência prévia do ato ao executado, determinará às instituições financeiras, por meio de sistema eletrônico gerido pela autoridade supervisora do sistema financeiro nacional, que torne indisponíveis ativos financeiros existentes em nome do executado, limitando-se a indisponibilidade ao valor indicado na execução.

Recebida a resposta de seu ofício, o magistrado, no prazo de 24 horas, determinará o cancelamento de eventual indisponibilidade excessiva, o que deverá ser cumprido pela instituição financeira em igual prazo (§ 1º do art. 854 do CPC).

Após o bloqueio dos ativos financeiros, o executado será intimado na pessoa de seu advogado ou, não o tendo, pessoalmente, para comprovar, no prazo de cinco dias, que: (I) as quantias tornadas indisponíveis são impenhoráveis; (II) ainda remanesce indisponibilidade excessiva de ativos financeiros (§§ 2º e 3º do art. 854 do CPC). Acolhida qualquer das arguições mencionadas anteriormente, o juiz determinará à instituição financeira que, no prazo de 24 horas, proceda ao cancelamento de eventual indisponibilidade irregular ou excessiva (§ 4º do art. 854 do CPC).

Lado outro, rejeitada ou não apresentada a arguição do executado, converter-se-á a indisponibilidade em penhora, sem a necessidade de lavratura do termo, devendo o juiz intimar a instituição financeira para que, no prazo de 24 horas, transfira o montante para conta vinculada ao juízo da execução. (§ 5º do art. 854 do CPC).

Caso tenha sido realizado o pagamento da dívida por outro meio, nos termos do § 6º do art. 854 do CPC, o juiz determinará o cancelamento da indisponibilidade, a ser cumprido pela instituição financeira no prazo de 24 horas.

O CPC, no § 8º do art. 854, ainda prevê a responsabilidade da instituição financeira pelos prejuízos causados ao executado em decorrência da indisponibilidade de ativos financeiros em valor superior ao indicado na execução, bem como na hipótese de descumprimento da determinação do juiz de cancelamento da indisponibilidade no prazo de 24 horas.

Dessa forma, o sistema de penhora *on-line* possibilitou maior agilidade para a realização do procedimento de constrição judicial. Nesse sentido, assevera Wolney de Macedo Cordeiro (2017):

> A partir da Lei n. 11.382, de 06.12.2006, diversos regramentos relativos à utilização de meios eletrônicos para a prática dos atos de execução foram adicionados no regramento processual civil, seguindo, inclusive a própria tendência de virtualização do processo (Lei n. 11.419, de 19.12.2006). A inserção da tecnologia da informação no âmbito do direito processual revela uma tendência inevitável do direito da atualidade. Não há mais como conceber a "otimização" da prestação jurisdicional, em relação à transmissão e tratamento de dados. (p. 273)

Ademais, insta ressaltar que não há bloqueio perpétuo. A ordem inserida no Bacenjud é necessariamente cumprida no primeiro dia útil subsequente.

O **Renajud**, por sua vez, consiste também em um mecanismo de investigação patrimonial, definido por Leonardo Tibo Lima (2019) da seguinte forma:

> O Renajud é um sistema *on-line* de restrição judicial de veículos, desenvolvido pelo CNJ, que interliga o Judiciário ao DENATRAN, permitindo acessar os dados de veículos pelas respectivas placas, bem como lançar vários tipos de gravame, que vão desde a indisponibilidade da transferência do veículo, passando pelo registro de penhora, até a ordem para sua apreensão em operações policiais. (p. 577)

Trata-se, portanto, de um sistema de comunicação oriundo de um acordo celebrado entre o Conselho Nacional de Justiça (CNJ), o Ministério das Cidades e o Ministério da Justiça. Tem como objetivo possibilitar a identificação da propriedade de veículos, em tempo real e em todo território brasileiro, bem como a efetivação de ordens judiciais de restrição no Registro Nacional de Veículos Automotores – RENAVAM.

Assim, o juiz poderá lançar as restrições que quiser, classificadas nos seguintes tipos: transferência (impede o registro da mudança da propriedade do veículo no sistema RENAVAM); licenciamento (impede o registro da mudança da propriedade, como também de um novo licenciamento do veículo no sistema RENAVAM); circulação (impede o registro da mudança da propriedade do veículo, um novo licenciamento no sistema RENAVAM). Além dos já citados, impede também a sua circulação e autoriza o seu recolhimento a depósito, bem como o registro de penhora (PFEILSTICKER, 2009).

Insta salientar que, com base no art. 835 do CPC, o primeiro ato procedimental para localização do patrimônio do devedor é a realização do Bacenjud (tratado anteriormente). Sendo ineficaz a sua utilização busca-se, posteriormente, a efetivação da penhora por meio do sistema Renajud.

O **Infojud** tem como objetivo atender às solicitações feitas pelo Poder Judiciário à Receita Federal.

A utilização do sistema substitui o procedimento anterior de fornecimento de informações cadastrais e de cópias de declarações pela Receita Federal, mediante o recebimento prévio de ofícios. Esse instrumento está disponível apenas aos representantes do Poder Judiciário, previamente cadastrados em *site* da Refeita Federal[4].

Vitor Salino de Moura Eça (2019) ressalta que o Infojud permite visualizar as declarações de imposto de renda de pessoa física, as Declarações de Operações Imobiliárias – DOI, Declaração do Imposto sobre a Propriedade Territorial Rural – ITR e informações cadastrais de um determinado CPF ou CNPJ.

O Infojud funciona, assim, como um instrumento célere na obtenção de informações necessárias ao Juízo de forma a contribuir para a satisfação do crédito trabalhista.

Por fim, o **Serasajud**, diferentemente dos demais sistemas abordados neste tópico, não possui o condão de alcançar o patrimônio do devedor (Gaio Junior e Oliveira, 2016).

O referido sistema visa otimizar a comunicação entre o Poder Judiciário e a Serasa Experian, através do meio eletrônico, não havendo mais necessidade de enviar ofícios em papel, o que reduz, inclusive, os custos relacionados à postagem dos documentos nos Correios.

O sistema tem como objetivo persuadir o devedor a quitar suas dívidas perante a Justiça do Trabalho, vez que, com a inclusão do seu nome no cadastro de inadimplentes dos órgãos de proteção ao crédito, dificilmente esse devedor conseguirá praticar atos que demandem a obtenção de créditos. Além disso, cumpre ressaltar que o acesso ao Serasajud é feito utilizando a certificação digital obtendo, assim, maior segurança no uso do sistema. O convênio firmado entre o Serasa Experian e os Tribunais do Trabalho auxilia na efetividade da execução, através da implantação de um meio mais rápido, econômico e seguro.

4.2. Simba

O Sistema de Investigação de Movimentações Bancárias (SIMBA) é um instrumento de investigação de transações financeiras que permite o tráfego, pela internet, de dados bancários, mediante prévia autorização judicial (SPEA/PGR/MPF).

A utilização de tal ferramenta não é pacífica na jurisprudência, podendo-se destacar dois posicionamentos a respeito do tema. Enquanto muitos a consideram uma medida extremamente gravosa, por quebrar o sigilo das empresas, devendo, portanto, ser somente a *ultima ratio*, há, por outro lado, entendimentos no sentido de que referido sistema é importante para a efetividade da execução trabalhista.

Nesse sentido, alguns magistrados entendem que o SIMBA poderá ser utilizado apenas quando houver indícios de fraude. Já para outros, se a execução não for satisfatória com o uso dos métodos menos gravosos, é possível a utilização do Simba. Como exemplo, o seguinte julgado do TRT da 3ª Região:

> **EMENTA: AGRAVO DE PETIÇÃO. USO DE FERRAMENTAS E CONVÊNIOS DISPONÍVEIS. O juízo da execução deve utilizar as ferramentas que estão a seu dispor para buscar a satisfação do crédito exequendo, coibindo, por meio delas, possíveis fraudes. No caso, o insucesso dos mecanismos anteriormente utilizados na tentativa de satisfação do crédito justifica a utilização do Simba (Sistema de Investigação de Movimentações Bancárias).**
>
> Conheço do agravo e, no mérito, dou-lhe provimento para determinar que o juízo da execução faça uso do Simba – Sistema de Investigação de Movimentações Bancárias, como requerido pelo exequente. Custas, pelos executados, no importe de R$44,26.
>
> Na espécie, a execução se processa desde fevereiro de 2016 (fl. 126), tendo sido determinado bloqueio de numerário via Bacenjud (fls. 149 e 248), busca de veículos via Renajud (fls. 160/161), pesquisa de bens através do Infojud (fls. 183/184), além de inclusão dos executados no cadastro de inadimplentes do Serasajud (fl. 196) e efetivação de ordem de indisponibilidade de bens por meio do CNIB (fl. 234).
>
> Destarte, o insucesso dos mecanismos anteriormente utilizados na tentativa de satisfação do crédito justifica a utilização do Simba.
>
> Relembre-se que esta Justiça deve zelar pela efetividade de suas decisões, valendo-se das ferramentas colocadas a seu dispor para buscar a satisfação do crédito exequendo, coibindo, por meio delas, possíveis fraudes.

(4) Essa informação foi obtida no *site* do CNJ: <https://www.cnj.jus.br/sistemas/pg-infojud>. Acesso em: 15 ago. 2019.

(TRT 3ª Região; Sexta Turma; AP – 0000982-06.2014.5.03.0134; Relator: José Murilo de Morais; Disponibilização: 29.07.2019 – Publicado em 30.07.2019) (grifos não originais).

Revela-se, pois, que não se trata de medida a ser aplicada como diligência inicial, mas sim, como mecanismo a ser utilizado com prudência e parcimônia pelo Órgão Judicial[(5)], quando se revelarem presentes indícios de fraude ou quando esgotados os meios executórios, vez que opera, *in casu*, a violação da garantia constitucional de sigilo bancário previsto no art. 5º, X e XII, da Constituição da República.

Assim, pode-se dizer que o Simba é um instrumento que trouxe grandes inovações na fase executiva, tendo em vista a efetividade na investigação de bens do devedor. No entanto, importante ressaltar a necessidade de o magistrado ponderar sobre a razoabilidade na utilização de tal ferramenta.

5. CONCLUSÃO

A evolução da execução, desde a Roma antiga até os dias atuais, demonstra a transição entre a execução corpórea na qual o devedor pagava a dívida com o seu próprio corpo, para a execução patrimonial, nos moldes em que é conhecida hoje em dia em que a cobrança da dívida recai apenas sobre os bens do devedor. Da Roma antiga aos dias atuais diversos instrumentos foram desenvolvidos, na busca da investigação patrimonial e efetivação da execução trabalhista.

Os dados da Justiça do Trabalho revelam, muitas vezes, a ineficácia da execução trabalhista, o que frustra a pretensão do credor impedindo-o de receber o bem da vida pleiteado.

Tendo em vista a importância da fase executiva, é necessário estudar e ampliar cada vez mais os métodos de investigação patrimonial sobre os bens do executado. Assim, os princípios da patrimonialidade, primazia do credor trabalhista, efetividade, utilidade, celeridade, subsidiariedade e impulso oficial ajudam a entender a importância de se buscar a efetividade na execução trabalhista.

Nesse contexto, o uso das novas tecnologias pela Justiça do Trabalho tem propiciado a maior efetividade da execução trabalhista. O Serasajud tem como objetivo, desse modo, agilizar a tramitação dos ofícios entre os Tribunais e a Serasa Experian, por meio da transmissão eletrônica de dados *on-line*. O Bacenjud é um sistema poderoso, que permite que o Juiz determine o bloqueio e desbloqueio de valores nas contas correntes do executado, bem como a transferência de valores e acesso a saldos e extratos de contas dos devedores.

O Renajud, por sua vez, facilita a pesquisa do juiz no tocante à existência de veículos automotores de propriedade do executado em todo território nacional. Já o Infojud (Sistema de Informações ao Judiciário) permite aos magistrados o acesso, *on-line*, ao cadastro de contribuintes na base de dados da Receita Federal, além de declarações de imposto de renda e de imposto territorial rural. O Simba, por fim, permite a quebra do sigilo bancário dos executados, sendo importante ferramenta na investigação dos bens do devedor.

Em razão da natureza alimentar do crédito trabalhista, deve-se buscar o emprego de métodos que efetivem a execução, articulados ao desenvolvimento de novas tecnologias, como os instrumentos estudados no presente artigo, objetivando-se, assim, o cumprimento do papel essencial exercido pela Justiça do Trabalho.

6. REFERÊNCIAS

ALMEIDA, Cleber Lucio de. *Direito processual do trabalho*. 6. ed. São Paulo: LTr, 2016.

CORDEIRO, Wolney de Macedo. *Execução no processo do trabalho*. 4. ed. Salvador: JusPodivm, 2017.

CORREIA, Henrique; MIESSA, Élisson. *Manual da reforma trabalhista*. 1. ed. Salvador: JusPodivm, 2018.

DIDIER JR., Fredie; CUNHA, Leonardo C. da.; BRAGA, Paula S.; OLIVEIRA, Rafael A. de. *Curso de direito processual civil: execução*. 7. ed. Salvador: JusPodivm, 2017.

EÇA, Vitor Salino de Moura. *Direito processual do trabalho*. São Paulo: LTr, 2019.

GAIO JÚNIOR, Antônio Pereira; OLIVEIRA, Thaís Miranda de. (2016, Setembro). Processo civil e os modelos de investigação patrimonial na atividade executiva. Disponível em: <https://www.gaiojr.adv.br/artigos/processo_civil_e_os_modelos_de_investigacao_patrimonial_na_atividade_executiva>. Acesso em: 22 jul. 2019.

LIMA, Leonardo Tibo Barbosa. *Lições de direito processual do trabalho*: teoria e prática. 5. ed. São Paulo: LTr, 2019.

PFEILSTICKER, Fabiano de Abreu. *Manual prático de utilização dos sistemas Bacenjud e Renajud*. Disponível em: <https://portal.trt3.jus.br/internet/servicos/downloads/sistemas-externos/manual_renajud.pdf>. Acesso em: 22 jul. 2019.

PRETTI, Gleibe. *Novas regras da execução e procedimentos especiais após a reforma trabalhista*. São Paulo: LTr, 2018.

SCHIVI, Mauro. *Manual de direito processual do trabalho*: de acordo com a reforma trabalhista. 13. ed. São Paulo: LTr, 2018.

(5) EXECUÇÃO. AGRAVO DE PETIÇÃO. UTILIZAÇÃO DO CONVÊNIO SIMBA. O SIMBA é uma ferramenta de quebra de sigilo das operações financeiras (especialmente bancárias), que tem como finalidade a identificação de transações em que há prova ou indício suficiente de ocorrência de ilicitude. Justamente por se tratar de medida extrema, que viola o dever de sigilo bancário, garantido constitucionalmente (CR, art. 5º, X e XII), o instrumento deve ser utilizado com parcimônia, somente quando houver indícios consistentes de fraude. (TRT 3ª Região; Terceira Turma; AP 0001224-50.2013.5.03.0020; Relatora: Camilla Guimarães Pereira Zeidler; Disponibilização: 24.07.2019; Publicado em: 25.07.2019).

SPEA/PGR/MPF. *SIMBA – Sistema de Investigação de Movimentações Bancárias.*

TEIXEIRA FILHO, Manoel Antonio. *Execução no processo do trabalho.* 10. ed. São Paulo: LTr, 2011.

TST. Relatório Geral da Justiça do Trabalho 2018. Disponível em: <http://www.tst.jus.br/web/estatistica/jt/relatorio-geral>. Acesso em: 22 jul. 2019.

CNJ. Infojud. Disponível em: <https://www.cnj.jus.br/sistemas/pg-infojud>. Acesso em: 15 ago. 2019.

BRASIL. Lei n. 13.105, de 16 de março de 2015. Código de Processo Civil. Disponível em: <http://www.planalto.gov.br/ccivil_03/_Ato2015-2018/2015/Lei/L13105.htm>. Acesso em: 20 jul. 2019.

______. Constituição da República Federativa do Brasil. Disponível em: <http:// http://www.planalto.gov.br/ccivil_03/constituicao/constituicao.htm>. Acesso em: 20 jul. 2019.

______. Decreto-Lei n. 5.452, de 1º de maio de 1943. Aprova a Consolidação das Leis do Trabalho. Diário Oficial da União, Brasília, 9 ago. 1943. Disponível em: <http://www.planalto.gov.br/ccivil_03/decreto-lei/Del5452.htm>. Acesso em: 20 jul. 2019.

______. Lei n. 13.467, de 13 de julho de 2017. Altera a Consolidação das Leis do Trabalho (CLT), aprovada pelo Decreto-Lei n. 5.452, de 1º de maio de 1943, e as Leis ns. 6.019, de 3 de janeiro de 1974, 8.036, de 11 de maio de 1990, e 8.212, de 24 de julho de 1991, a fim de adequar a legislação às novas relações de trabalho. Disponível em: <http://www.normaslegais.com.br/legislacao/Lei-13467-2017.htm>. Acesso em: 20 jul. 2018.

______. Lei n. 6.830 de 22 de setembro de 1980. Disponível em: <http://www.planalto.gov.br/CCivil_03/leis/L6830.htm>. Acesso em: 20 jul. 2019.

Reforma Trabalhista – ENUNCIADOS APROVADOS. 2ª Jornada de Direito Material e Processual do Trabalho (2017). Disponível em: <https://www.anamatra.org.br/attachments/article/27175/livreto_RT_Jornada_19_Conamat_site.pdf. Disponível em: https://www.cnj.jus.br/sistemas/pg-infojud>. Acesso em: 15 ago. 2019.

CNJ. Resolução n. 61, de 7 de outubro de 2008. Disciplina o procedimento de cadastramento de conta única para efeito de constrição de valores em dinheiro por intermédio do Convênio BACENJUD e dá outras providências. Disponível em: <https://www.cnj.jus.br/atos-normativos?documento=126>. Acesso em: 20 ago. 2019.

TST. Ata da correição ordinária realizada no Tribunal Regional do Trabalho da 3ª Região, no período de 27 a 31 de maio de 2019 (2019). Disponível em: <http://www.tst.jus.br/documents/24638414/24671606/15+-+ATA+TRT3.pdf/8854c2c7-c7c4-4d10-7191-fd45aa17c737>. Acesso em: 1º set. 2019.

Alterações Processuais que Beneficiam a Efetividade da Execução Trabalhista: protesto, hipoteca judiciária e inscrição no cadastro de inadimplentes

Larissa Fonseca Monteiro de Castro[1]

1. INTRODUÇÃO

A execução no Direito Processual é a forma de efetivação do direito reconhecido em juízo. Trata-se de um instituto extremamente necessário, considerando que as partes podem não cumprir voluntariamente as suas obrigações.

No âmbito do Direito Processual e Material do Trabalho, a necessidade da execução é ainda mais acentuada, haja vista que as dívidas trabalhistas possuem caráter alimentar e a Justiça do Trabalho surgiu para buscar maior celeridade para o pagamento dessas dívidas. Todavia, muitas vezes é necessário medidas extrajudiciais para obrigar o devedor a adimplir.

Nesse contexto, foi editado o Código de Processo Civil de 2015, que teve como um dos seus objetivos buscar maior efetivação ao processo de execução e, consequentemente, fazer com que o processo cumpra o seu objetivo de satisfazer a tutela jurisdicional da parte. Para tanto, a atual lei prevê expressamente dispositivos que favorecem a efetividade da execução, como o protesto, a hipoteca judiciária e a possibilidade de inscrição no cadastro de inadimplentes. Tais institutos são meios coercitivos para que o devedor cumpra com a obrigação reconhecida em juízo, visto que dificultam o acesso do devedor a créditos no mercado enquanto subsistir a dívida, além de fornecerem ao credor mais um título de seu crédito.

Em razão da escassa previsão normativa da Lei de Execução Fiscal – Lei n. 6.830/1980, aplicável subsidiariamente ao Processo do Trabalho em matéria de execução (art. 889 da CLT), importante se faz uma análise dos institutos trazidos pelo diploma legal de 2015 e de como essa aplicação está ocorrendo nos tribunais trabalhistas pátrios, haja vista que o Código de Processo Civil – CPC também se aplica subsidiária e supletivamente ao Processo do Trabalho (art. 769 da CLT). Afinal, quanto à possibilidade de aplicação de tais instrumentos coercitivos, o TST já se posicionou no sentido de serem aplicáveis ao Processo do Trabalho, editando, inclusive, o art. 17 da Instrução Normativa n. 39 do TST.[2]

Ainda restam, contudo, dúvidas acerca da aplicação desses institutos no Processo do Trabalho. Quais serão as adaptações necessárias aos dispositivos do CPC no âmbito trabalhista?

Será que ainda é possível defender que esses institutos de execução indireta violam o monopólio estatal da jurisdição? Tratando-se de formas de negativação do nome do devedor, qual a razão de se aplicar simultaneamente o protesto de decisão judicial e a inscrição no cadastro de inadimplentes? É provável que os institutos de coerção do devedor tenham aumentado a efetividade da execução. Ainda pode haver, no entanto, certa resistência dos tribunais trabalhistas pátrios em aplicar esses mecanismos coercitivos.

Em contrapartida, a busca por um direito mais efetivo inegavelmente perpassa por maior efetividade das decisões judiciais. Esse objetivo deve ser sempre perseguido.

2. PRINCÍPIOS QUE NORTEIAM O PROCESSO DO TRABALHO: A CELERIDADE E A MÁXIMA EFETIVIDADE DA TUTELA EXECUTIVA

O Direito Processual do Trabalho, assim como o Direito Processual comum, deve seguir o princípio constitucional da duração razoável do processo, previsto no art. 5º, LXXVIII, da Constituição Federal de 1988[3] e no art. 4º do CPC[4]. Esse princípio, que deve orientar toda a prestação jurisdicional, é uma garantia fundamental de que a decisão

---

(1) Advogada. Graduada em Direito pela Faculdade de Direito Milton Campos. Membro da Oficina de Estudos Avançados: "As interfaces entre o Processo Civil e o Processo do Trabalho" – IPCPT da FDMC. Endereço eletrônico: larissa.monteiro08@hotmail.com.

(2) Art. 17. Sem prejuízo da inclusão do devedor no Banco Nacional de Devedores Trabalhistas (CLT, art. 642-A), aplicam-se à execução trabalhista as normas dos arts. 495, 517 e 782, §§ 3º, 4º e 5º do CPC, que tratam respectivamente da hipoteca judiciária, do protesto de decisão judicial e da inclusão do nome do executado em cadastros de inadimplentes.

(3) Art. 5º. Todos são iguais perante a lei, sem distinção de qualquer natureza, garantindo-se aos brasileiros e aos estrangeiros residentes no País a inviolabilidade do direito à vida, à liberdade, à igualdade, à segurança e à propriedade, nos termos seguintes:

(...)

LXXVIII – a todos, no âmbito judicial e administrativo, são assegurados a razoável duração do processo e os meios que garantam a celeridade de sua tramitação.

(4) Art. 4º. As partes têm o direito de obter em prazo razoável a solução integral do mérito, incluída a atividade satisfativa.

será proferida em tempo razoável, de modo a resguardar, em última instância, o princípio constitucional do acesso à justiça, previsto no art. 5º, XXXV, da CF/88.(5)

O Processo do Trabalho possui ainda princípios próprios, que corroboram o mencionado postulado constitucional, em especial os princípios da celeridade, da simplicidade, da informalidade e da oralidade. Segundo o princípio da celeridade, expresso no art. 765 da CLT(6), deve-se buscar o andamento rápido do processo, visando uma maior efetividade da tutela jurisdicional. Pelos princípios da simplicidade e da informalidade, há uma menor preocupação com o formalismo dos atos no Processo do Trabalho em relação ao direito processual comum, o que pode ser observado no art. 899 da CLT(7), que prevê a interposição de recursos por simples petição. O princípio da oralidade, por sua vez, preconiza que o Direito Processual do Trabalho é fundamentalmente um processo de audiência, valendo-se acentuadamente da forma oral, o que pode ser verificado no art. 840 da CLT(8), que dispõe que a reclamação poderá ser escrita ou verbal, caso em que será reduzida a termo.

Impende ressaltar que, segundo Carlos Henrique Bezerra Leite (2018, p. 101-104), do princípio da oralidade, desdobram-se ainda os princípios da imediatidade (contato direito do juiz com as partes e testemunhas na audiência); da concentração (os atos processuais são concentrados na audiência) e da irrecorribilidade imediata das decisões interlocutórias (a impugnação das decisões interlocutórias somente serão analisadas em recursos contra a decisão final).

Os mencionados princípios justificam a existência dessa Justiça Especializada, que foi idealizada para ser mais célere e simples, haja vista o caráter alimentar envolvido.(9) E, de fato, a Justiça do Trabalho cumpre esse papel: segundo o Relatório Justiça em Números realizado pelo CNJ (2018, p. 148)(10), o tempo médio da sentença na Justiça do Trabalho na fase de conhecimento é de 8 meses e na fase de execução é de 2 anos e 5 meses. Esse tempo médio até a sentença é inferior ao tempo despendido na Justiça Estadual e na Justiça Federal, que alcançam 1 ano e 11 meses e 1 ano e dois meses na fase de conhecimento; 5 anos e 3 meses e 5 anos e 11 meses na fase de execução – respectivamente.

Ainda que a Justiça do Trabalho seja a mais célere do Poder Judiciário, conforme demonstrado pelos resultados supramencionados, a execução é uma das grandes responsáveis pela demora da satisfação da tutela jurisdicional. Por essa razão, a execução trabalhista tem ainda como alicerce o princípio da máxima efetividade da tutela executiva que, segundo Wolney de Macedo Cordeiro (2017), determina que a estrutura ideológica da execução se volta para o atendimento da pretensão do exequente em obter o direito reconhecido no título executivo que ele possui.

Assim, deve-se buscar a concretização e efetividade da execução para que o processo atinja seu objetivo precípuo de assegurar à parte o direito reconhecido em juízo. O juiz, ao conduzir a execução, deve agir a partir de um objetivo delimitado, qual seja, adotando todas as medidas possíveis para a efetivação da tutela jurisdicional.

Verifica-se, nessa toada, que na execução o papel do juiz é distinto da fase de conhecimento. Isso porque, enquanto no processo de conhecimento é exigido do juiz uma postura equidistante, na execução a postura do juiz é de visar o cumprimento da obrigação devida, intensificando o papel do magistrado na direção do processo.(11)

Para Manoel Antônio Teixeira Filho (2017, p. 38), a execução tem índole essencialmente coercitiva:

> É em atendimento ao caráter sancionatório, que assinala o título executivo, que o Estado pode valer-se de todos os meios e instrumentos jurídicos coercitivos, necessários a conduzir o devedor a adimplir a obrigação. Destina-se a execução a excutir bens do devedor; não apenas os bens presentes, mas até mesmo os que vier a adquirir posteriormente a ela.

(5) Art. 5º. Todos são iguais perante a lei, sem distinção de qualquer natureza, garantindo-se aos brasileiros e aos estrangeiros residentes no País a inviolabilidade do direito à vida, à liberdade, à igualdade, à segurança e à propriedade, nos termos seguintes:

(...)

XXXV – a lei não excluirá da apreciação do Poder Judiciário lesão ou ameaça a direito.

(6) Art. 765. Os Juízos e Tribunais do Trabalho terão ampla liberdade na direção do processo e velarão pelo andamento rápido das causas, podendo determinar qualquer diligência necessária ao esclarecimento delas.

(7) Art. 899. Os recursos serão interpostos por simples petição e terão efeito meramente devolutivo, salvo as exceções previstas neste Título, permitida a execução provisória até a penhora.

(8) Art. 840. A reclamação poderá ser escrita ou verbal.

(...)

§ 2º Se verbal, a reclamação será reduzida a termo, em duas vias datadas e assinadas pelo escrivão ou secretário, observado, no que couber, o disposto no § 1º deste artigo.

(9) Mauro Schiavi (2016, p. 178) trata das referências históricas da Justiça do Trabalho brasileira, asseverando inclusive que os primeiros órgãos destinados à solução de conflitos trabalhistas eram de conciliação.

(10) Disponível em: <http://www.cnj.jus.br/files/conteudo/arquivo/2018/08/44b7368ec6f888b383f6c3de40c32167.pdf>.

(11) Poder diretivo do juiz na condução do processo, previsto no art. 765 da CLT, que assim dispõe: "Art. 765. Os Juízos e Tribunais do Trabalho terão ampla liberdade na direção do processo e velarão pelo andamento rápido das causas, podendo determinar qualquer diligência necessária ao esclarecimento delas."

Assim, no intuito de promover a satisfação do credor, o Judiciário tem à sua disposição duas formas de execução: a execução direta (ou meios de sub-rogação) e a execução indireta (meios de coação). Segundo Humberto Theodoro Júnior (2016, p. 216), na execução direta, o Estado atua como substituto do devedor, procurando satisfazer o crédito sem a sua colaboração e contra a sua vontade; enquanto na execução indireta, o Estado utiliza meios intimidativos e coercitivos, a fim de obter o cumprimento às normas jurídicas.

É nesse sentido que, tratando-se de execução indireta, os mecanismos que visam o cumprimento do direito reconhecido em juízo, tratados no CPC de 2015, tornam-se extremamente úteis para o cumprimento da efetiva tutela executiva jurisdicional na medida em que buscam aumentar as formas de coercibilidade do Estado, conforme será analisado a seguir.

3. A HIPOTECA JUDICIÁRIA

3.1. A hipoteca como espécie de direito real de garantia

Consoante ensina Orlando Gomes (2012, p. 381), "hipoteca é o direito real de garantia em virtude do qual um bem imóvel, que continua em poder do devedor, assegura ao credor, precipuamente, o pagamento de uma dívida". O objetivo da hipoteca é, portanto, garantir o cumprimento de uma obrigação pecuniária mediante a gravação de um ônus em um determinado bem do devedor (imóvel, navios ou aeronaves, nos termos dos arts. 1.230 c/c 1.473 do Código Civil).

Por se tratar de um direito real, a hipoteca confere ao credor o direito de sequela, de preferência e de excussão do bem gravado.(12) Segundo elucida Carlos Roberto Gonçalves (2016, p. 542), o direito de sequela (*jus persequendi)* é o "direito de reclamar e perseguir a coisa, em poder de quem quer que se encontre, para sobre ela exercer o seu direito de excussão, pois o valor do bem está afeto à satisfação do crédito". Ainda segundo o mesmo autor, o direito de excussão, por sua vez, consiste no direito do credor de promover a venda do bem hipotecado em hasta pública, caso não haja o pagamento da dívida, enquanto o direito de preferência ou de prelação (*jus praeferendi)* do credor hipotecário é concessão de prioridade a este credor em relação aos demais credores quanto àquele determinado bem.

A hipoteca, conforme sua origem, pode ser convencional, legal ou judiciária. No tocante a essa classificação e as espécies de hipoteca, Carlos Roberto Gonçalves (2016, p. 614) esclarece que "é *convencional* quando se origina do contrato, da livre manifestação dos interessados; é *legal* quando emana da lei para garantir determinadas obrigações (CC, art. 1.489); é *judicial* quando decorre de sentença judicial, assegurando a sua execução".

3.2. A hipoteca judiciária: origem e características

A hipoteca judiciária, conforme já mencionado, visa a satisfação de um direito pleiteado e reconhecido em juízo mediante a instituição de um gravame. A sua origem, segundo Ravi Peixoto (2015, p. 2), é controversa, haja vista que, embora frequentemente apontem ser originária da França por meio da Ordenança de Moulins de 1566, anteriormente, em Portugal, nas Ordenações Manuelinas de 1521, já existia instituto semelhante. Para Planiol e Ripert, conforme citado por Maria Helena Diniz (2002, p. 500), a hipoteca judiciária é a hipoteca geral que a lei empresta a todo julgamento que condena um devedor a executar uma obrigação.

É de suma importância a aplicação desse instituto, caracterizado por prestigiar a autoridade da sentença de primeiro grau, prevenir fraudes por parte do devedor, gerar o direito de sequela e abreviar o curso da execução. A hipoteca judiciária nasce com a decisão judicial, de modo que o seu registro é apenas para dar conhecimento a terceiros e assim prevenir possíveis fraudes.

A natureza da hipoteca judicial é de cautelar, similar à penhora, ao arresto e ao sequestro de bens, vez que constitui apreensão patrimonial voltada para a satisfação da execução. Por decorrer de lei, independe de pedido das partes, bastando a existência fática de decisão que imponha a obrigação de pagar quantia.

Para Elpídio Donizetti (2017), a hipoteca judicial consiste em um efeito acessório (também denominado anexo ou secundário) proveniente de decisões condenatórias, visto que decorre diretamente de um texto normativo, isto é, externo ao que foi demandado pelas partes. Mauro Schiavi (2016a), no entanto, defende que mais do que um efeito secundário, trata-se essa modalidade de hipoteca de um efeito ativo da decisão.

Convém ressaltar que essa espécie de hipoteca é ainda considerada um instrumento de prevenção de fraude à execução (art. 792, III, do CPC(13)), vez que a partir do seu registro um terceiro adquirente não pode alegar boa-fé. Nesse sentido, Mauro Schiavi (2016b, p. 814) afirma que "com o registro da hipoteca judiciária, evita-se e previne a fraude à execução, pois há presunção absoluta de que quem adquiriu o imóvel com a hipoteca sabia do gravame e, tacitamente, aceitou essa condição ao adquiri-lo".

---

(12) Dispõe o art. 1.422 do Código Civil: "O credor hipotecário e o pignoratício têm o direito de excutir a coisa hipotecada ou empenhada, e preferir, no pagamento, a outros credores, observada, quanto à hipoteca, a prioridade no registro".

(13) Art. 792. A alienação ou a oneração de bem é considerada fraude à execução:

III – quando tiver sido averbado, no registro do bem, hipoteca judiciária ou outro ato de constrição judicial originário do processo onde foi arguida a fraude.

A extinção da hipoteca judiciária ocorre nos casos de extinção da obrigação principal; perecimento da coisa ou resolução da obrigação; renúncia da garantia; remição; arrematação judicial ou adjudicação do bem ou, ainda, reforma da decisão que a ensejou.

3.3. Alterações processuais no instituto da hipoteca judiciária

A hipoteca judiciária está atualmente disciplinada no art. 495 do CPC/2015 e no art. 167, I, 2, da Lei de Registros Públicos (Lei n. 6.015/1973)[14]. Com a edição do atual Código de Processo Civil, este instituto foi substancialmente alterado, de modo que foram definidas controvérsias doutrinárias e jurisprudenciais acerca do tema.

A primeira distinção do art. 495 do CPC/2015 em relação ao seu correspondente no CPC/1973 (art. 466) diz respeito a maior abrangência de decisões que ensejam o direito à hipoteca judiciária. Se no código anterior apenas sentenças eram aptas a produzirem o referido efeito anexo, o CPC/2015 empregou o termo "decisão", utilizando terminologia mais ampla, de modo a possibilitar que também as decisões, sejam sentenças ou interlocutórias, de cognição sumária ou exauriente, sejam passíveis de hipoteca judiciária, conforme assinala Ravi Peixoto (2015, p. 5). Mauro Schiavi (2016a) destaca a possibilidade de constituição de hipoteca judiciária a partir de decisão interlocutória que antecipa os efeitos da tutela, em razão de não haver qualquer distinção na previsão legal.

Outra alteração significativa foi a definição do legislador no *caput* do art. 495 do CPC/2015[15] de que a decisão que condenar ao pagamento em dinheiro e a que "determinar a conversão de prestação de fazer, de não fazer ou de dar coisa em prestação pecuniária valerão como título constitutivo de hipoteca judiciária". Restou, dessa forma, elucidada a antiga divergência doutrinária acerca da possibilidade ou não da aplicação da hipoteca nos casos de decisões que determinam obrigações de fazer, não fazer ou de dar coisa. Como há a exigência legal da conversão em prestação pecuniária, não é permitida a hipoteca judiciária de decisão que condenar o executado à entrega de coisa distinta de dinheiro. No mesmo sentido é o Enunciado 310 do Fórum Permanente de Processualistas Civis.[16]

A legislação processual de 2015, no art. 495, § 2º[17] inovou também ao determinar que somente a apresentação da cópia da sentença perante o cartório de registro imobiliário basta para a realização da hipoteca judiciária, sendo desnecessária ordem judicial, declaração expressa do juiz ou demonstração de urgência. Todavia, existe o entendimento de que não se aplica no Processo do Trabalho esta medida de a própria parte apresentar a cópia da sentença perante o cartório, haja vista a prevalência do princípio do impulso oficial. Acerca do tema, afirma Bento Herculano Duarte Neto (2017, p. 37):

> Apesar de o § 2º do art. 495 do CPC/2015 atribuir à parte o ônus de levar cópia da sentença ao cartório de registro imobiliário, entende-se que, no processo do trabalho, tal medida deve ser realizada de ofício pelo próprio magistrado (art. 878 da CLT).
>
> [...]
>
> É importante, assim, principalmente naquelas hipóteses em que a existência/suficiência do patrimônio da parte executada seja duvidosa – o que sói acontecer na maioria das vezes –, que o juiz determine a expedição de ofícios aos registros imobiliários para que estes averbem a execução, assegurando um patrimônio mínimo a ser vinculado à execução.

Acrescenta ainda o dispositivo em seu § 3º[18] que a parte tem 15 dias contados da realização da hipoteca para informá-la ao juízo, que intimará o devedor hipotecário. Conforme se verifica, não é necessário ouvir previamente o devedor para a realização do gravame, exceto na hipótese de a decisão ser ilíquida (art. 495, § 1º, I, do CPC)[19], em que será necessária a oitiva do devedor para fixação do valor base da hipoteca. Mauro Schiavi (2016b, p. 812), entretanto, assevera a existência de julgados "exigindo contraditório prévio para a constituição da hipoteca judiciária, ou até mesmo indícios de insolvência do devedor".

---

(14) Art. 167. No Registro de Imóveis, além da matrícula, serão feitos:
1) O registro:
2) das hipotecas legais, judiciais e convencionais.

(15) Art. 495. A decisão que condenar o réu ao pagamento de prestação consistente em dinheiro e a que determinar a conversão de prestação de fazer, de não fazer ou de dar coisa em prestação pecuniária valerão como título constitutivo de hipoteca judiciária.

(16) Enunciado 310. (art. 495) Não é título constitutivo de hipoteca judiciária a decisão judicial que condena à entrega de coisa distinta de dinheiro. (Grupo Sentença, Coisa Julgada e Ação Rescisória)

(17) Art. 495, § 2º: A hipoteca judiciária poderá ser realizada mediante apresentação de cópia da sentença perante o cartório de registro imobiliário, independentemente de ordem judicial, de declaração expressa do juiz ou de demonstração de urgência.

(18) Art. 495, § 3º: No prazo de até 15 (quinze) dias da data de realização da hipoteca, a parte informa-la-á ao juízo da causa, que determinará a intimação da outra parte para que tome ciência do ato.

(19) Art. 495, § 1º: A decisão produz a hipoteca judiciária:
I – embora a condenação seja genérica;
II – ainda que o credor possa promover o cumprimento provisório da sentença ou esteja pendente arresto sobre bem do devedor;
III – mesmo que impugnada por recurso dotado de efeito suspensivo.

O CPC, ao estabelecer o § 5º do art. 495[20], consolidou a responsabilidade civil objetiva acerca de dano decorrente de reforma ou invalidação da decisão que resultou na hipoteca. Assim, o credor é responsável nessas hipóteses independentemente de demonstração de dolo ou culpa.

No que tange ao § 4º do art. 495 do CPC[21], a legislação atual firmou o entendimento de que a hipoteca implica para o credor direito de preferência quanto ao pagamento, em relação a outros credores. Acerca do tema, assinala Daniel Amorim Assumpção (2016, p. 462):

> O dispositivo que mais interessa à presente análise é o art. 495, § 4º, do novo CPC, ao prever que a hipoteca judiciária, uma vez constituída, implicará, para o credor hipotecário, o direito de preferência quanto ao pagamento, em relação a outros credores, observada a prioridade no registro. Naturalmente, sendo apenas uma medida processual, diferente, portanto, da hipoteca como garantia real do direito material, a preferência apontada pelo dispositivo legal cede a qualquer regra de direito material. De qualquer forma, passa a hipoteca judiciária a ser computada com a penhora e o arresto para determinação de direito de preferência processual.

Nos termos do art. 17 da Instrução Normativa n. 39/2019 do TST e do Enunciado n. 72 do 1º Fórum Nacional de Processo do Trabalho[22], a hipoteca judiciária é aplicável não apenas na área cível, mas também no Processo do Trabalho. Ocorre que, na prática, ainda é pouco utilizada nos tribunais pátrios.

Conforme demonstrado, as alterações trazidas no CPC de 2015 em relação à hipoteca judiciária, ao detalhar o instituto, acabam por facilitar e ampliar a sua aplicação, o que possibilita maior efetividade das decisões judiciais. Por ser um excelente meio de coerção de adimplemento de uma obrigação, espera-se que a sua utilização se torne mais frequente na prática judiciária, sobretudo na prática trabalhista.

4. O PROTESTO DE DECISÃO JUDICIAL

4.1. Protesto de decisão judicial: considerações históricas e características

A origem do protesto está atrelada ao desenvolvimento dos títulos de crédito e às necessidades comerciais, visto que, consoante assinala Isabela Márcia de Alcântara Fabiano (2018, p. 295):

> (...) o surgimento e o crescimento do comércio demandaram, para a constante negociação de produtos e riquezas, confiança entre os envolvidos e a representação, mediante documentos, do direito do portador desse título de exigir a cobrança de seu crédito em face daquele que dele se beneficiou antecipadamente.

Assim, a primeira regulamentação brasileira do protesto ocorreu no Código Comercial de 1850, limitando-o à letra de câmbio. O protesto de cheque e de duplicata mercantil somente foi regulado a partir da Lei n. 7.357 de 1985. Ressalte-se que a Lei n. 6.690/1979, responsável pela regulamentação do cancelamento do protesto, foi revogada pela vigente Lei n. 9.492/1997, denominada "Lei de Protesto Cambial e de Outros Documentos de Dívida". Dispõe a atual legislação em seu art. 1º, *caput*, que o protesto consiste em "ato formal e solene pelo qual se prova a inadimplência e o descumprimento de obrigação originada em títulos e outros documentos de dívida".

No tocante à possibilidade de se levar a protesto uma sentença judicial, não havia previsão legal expressa quando da vigência do CPC de 1973. O protesto de sentença judicial foi uma construção doutrinária e jurisprudencial, que rompeu com o dogma de que o protesto era privativo dos títulos cambiais, conforme explica Isabela Márcia de Alcântara Fabiano (2018).

Merece destaque o convênio realizado, ainda na vigência do CPC/1973, entre o Tribunal Regional do Trabalho da 3ª Região (TRT3) e o Instituto de Protestos de Títulos do Brasil. Buscou-se por meio desse Acordo de Cooperação Técnica SN, de 28 de junho de 2018, a efetivação do protesto de crédito trabalhista a partir da troca de arquivos eletrônicos.[23]

O protesto de decisão judicial é um meio típico de execução indireta do devedor, que leva em consideração a sua natureza bifronte: não apenas comprova a inadimplência do devedor, constituindo-o em mora, mas também é um meio alternativo para o cumprimento da obrigação. Ademais, a realização do protesto da sentença não impede o prosseguimento da execução.

Desse modo, mesmo antes da vigência do CPC/2015, o protesto de sentença já era corriqueiramente utilizado,

(20) Art. 495, § 5º: Sobrevindo a reforma ou a invalidação da decisão que impôs o pagamento de quantia, a parte responderá, independentemente de culpa, pelos danos que a outra parte tiver sofrido em razão da constituição da garantia, devendo o valor da indenização ser liquidado e executado nos próprios autos.

(21) Art. 495, § 4º: A hipoteca judiciária, uma vez constituída, implicará, para o credor hipotecário, o direito de preferência, quanto ao pagamento, em relação a outros credores, observada a prioridade no registro.

(22) Enunciado n. 72. CLT, ART. 642-A; NCPC, ARTS. 495, 517 E 782, § 3º. PROTESTO DE DECISÃO JUDICIAL, INCLUSÃO DO NOME DO EXECUTADO TRABALHISTA EM CADASTRO DE INADIMPLENTES E HIPOTECA JUDICIÁRIA. VIABILIDADE. Sem prejuízo da inclusão dos devedores no Banco Nacional de Devedores Trabalhistas (CLT, art. 642-A), são aplicáveis à execução trabalhista os arts. 495, 517 e 782, § 3º, do NCPC, que tratam da hipoteca judiciária, do protesto de decisão judicial e da inclusão do nome do executado em cadastros de inadimplentes (SPC, SERASA, CADIN etc.).

(23) A íntegra do convênio pode ser visualizada no endereço eletrônico: <http://as1.trt3.jus.br/bd-trt3/handle/11103/44686>.

apesar da ausência de previsão legal no diploma processual anterior, tratando-se de medida autônoma do exequente, em que a intervenção do juiz somente se dá no momento de cancelamento da medida, seja após o pagamento da dívida ou após a verificação de ocorrência de irregularidades em sua realização.

4.2. O protesto de decisão judicial no CPC/2015

Com o advento do CPC/2015, restou positivada a possibilidade de se levar a protesto uma sentença judicial. Dispõe o art. 517 do referido diploma legal de 2015:

> Art. 517. A decisão judicial transitada em julgado poderá ser levada a protesto, nos termos da lei, depois de transcorrido o prazo para pagamento voluntário previsto no art. 523.
>
> § 1º Para efetivar o protesto, incumbe ao exequente apresentar certidão de teor da decisão.
>
> § 2º A certidão de teor da decisão deverá ser fornecida no prazo de 3 (três) dias e indicará o nome e a qualificação do exequente e do executado, o número do processo, o valor da dívida e a data de decurso do prazo para pagamento voluntário.
>
> § 3º O executado que tiver proposto ação rescisória para impugnar a decisão exequenda pode requerer, a suas expensas e sob sua responsabilidade, a anotação da propositura da ação à margem do título protestado.
>
> § 4º A requerimento do executado, o protesto será cancelado por determinação do juiz, mediante ofício a ser expedido ao cartório, no prazo de 3 (três) dias, contado da data de protocolo do requerimento, desde que comprovada a satisfação integral da obrigação.

A partir da previsão do supracitado dispositivo legal do atual CPC, o cabimento do protesto foi ampliado, pois o texto legal faz referência à possibilidade de se levar a protesto decisão interlocutória transitada em julgado que envolva a obrigação de pagar quantia, de forma que não apenas as sentenças podem ser protestadas.

Quanto ao momento de realização do protesto de decisão judicial, no art. 883-A da CLT, incluído pela Lei n. 13.467/2017 (Reforma Trabalhista), restou estabelecido prazo específico aplicável ao âmbito trabalhista. Assim dispõe o referido artigo da CLT:

> Art. 883-A. A decisão judicial transitada em julgado somente poderá ser levada a protesto, gerar inscrição do nome do executado em órgãos de proteção ao crédito ou no Banco Nacional de Devedores Trabalhistas (BNDT), nos termos da lei, depois de transcorrido o prazo de quarenta e cinco dias a contar da citação do executado, se não houver garantia do juízo.

Nessa toada, a controvérsia antes existente sobre qual o prazo adotar – aquele previsto no art. 523 do CPC, que o TST até mesmo já declarou ser incompatível com o processo do trabalho[24], ou o prazo de 48 horas previsto no art. 880 da CLT[25] – não mais subsiste, considerando a previsão específica de prazo no art. 883-A na CLT[26]. Todavia, há aqueles que defendem que a criação de um prazo extravagante e mais elástico é inconstitucional (violação dos princípios constitucionais da razoabilidade, da efetividade e da duração razoável do processo), posição endossada pelo Enunciado n. 120 da 2ª Jornada de Direito Material e Processual do Trabalho[27]. Nessa mesma linha de raciocínio, o prazo previsto na CLT é criticado por Fredie Didier Jr. *et al.* (2018, p. 572):

> Para o protesto da sentença trabalhista, exige-se, ainda, que tenha transcorrido o prazo de 45 dias sem adimplemento da sentença. O prazo de 45 dias, para caracterização de inadimplemento apto à tomada dessa medida de coerção indireta, é três vezes maior do que o previsto na legislação civil. A regra cria um entrave para o protesto da sentença trabalhista, em detrimento do credor trabalhista, por definição um credor vulnerável. O tratamento legislativo distinto não encontra qualquer fundamento; discrimina, para prejudicar, quem merecia uma discriminação para minimizar a sua vulnerabilidade; a regra, nesse ponto, viola, por isso, o princípio da igualdade na lei.

Ademais, segundo Fredie Didier Jr. *et al.* (2018), o protesto de decisão judicial somente é possível no caso de cumprimento definitivo de sentença para pagamento de quantia, não sendo admitido no caso de cumprimento provisório ou no caso de decisão judicial que imponha entrega de coisa, fazer ou não fazer. O autor ressalta, contudo, como exceção, a possibilidade do protesto no caso de cumprimento provisório de prestação alimentar, nos termos do art. 528, § 1º, do CPC, que assim dispõe:

(24) Decisão por maioria do Pleno do Tribunal Superior do Trabalho em sede de incidente de recurso repetitivo – IRR-1786-24.2015.5.04.0000.

(25) Dispõe o *caput* do art. 880 da CLT: "Art. 880. Requerida a execução, o juiz ou presidente do tribunal mandará expedir mandado de citação do executado, a fim de que cumpra a decisão ou o acordo no prazo, pelo modo e sob as cominações estabelecidas ou, quando se tratar de pagamento em dinheiro, inclusive de contribuições sociais devidas à União, para que o faça em 48 (quarenta e oito) horas ou garanta a execução, sob pena de penhora."

(26) Prazo aplicável para as execuções iniciadas a partir de 11.11.2017, conforme entendimento consolidado no art. 15 da IN n. 41/2018, com a seguinte redação: "Art. 15. O prazo previsto no art. 883-A da CLT, para as medidas de execução indireta nele especificadas, aplica-se somente às execuções iniciadas a partir de 11 de novembro de 2017."

(27) Assim dispõe o Enunciado n. 120 da 2ª Jornada de Direito Material e Processual do Trabalho: "Execução. Medidas executivas indiretas. Prazo para implementação e cancelamento do protesto. Inconstitucionalidade. A exigência do dilatado prazo de 45 (quarenta e cinco) dias para protesto da sentença, inscrição do executado em órgãos de proteção ao crédito e/ou no banco nacional de devedores trabalhistas e o cancelamento do registro pela simples garantia da execução ferem os princípios constitucionais da razoabilidade, efetividade, razoável duração do processo e da isonomia (CF, art. 5º, *caput*, XXXV e LXXVIII), por promover distinção injustificada entre o credor trabalhista e o credor comum".

Art. 528. No cumprimento de sentença que condene ao pagamento de prestação alimentícia ou de decisão interlocutória que fixe alimentos, o juiz, a requerimento do exequente, mandará intimar o executado pessoalmente para, em 3 (três) dias, pagar o débito, provar que o fez ou justificar a impossibilidade de efetuá-lo.

§ 1º Caso o executado, no prazo referido no *caput*, não efetue o pagamento, não prove que o efetuou ou não apresente justificativa da impossibilidade de efetuá-lo, o juiz mandará protestar o pronunciamento judicial, aplicando-se, no que couber, o disposto no art. 517.

O objetivo da realização do protesto extrajudicial é claramente o de compelir o devedor a adimplir a obrigação, haja vista a ineficiência da decisão judicial em, por si só, cumprir esse papel. Trata-se de forma indireta de negativação do nome do devedor e, segundo Mauro Schiavi (2016b, p. 1.184-1.185):

> Trata-se de um poderoso aliado em prol da efetividade da execução, propiciando coerção indireta ao executado e também a máxima efetividade do princípio da publicidade processual consagrado no art. 93, IX, da Constituição Federal.
>
> [...]
>
> Com a publicidade do inadimplemento da sentença trabalhista, o devedor terá dificuldades em realizar transações comerciais e em obter crédito, o que pode contribuir para a quitação da dívida trabalhista.

Assim como ocorreu com a hipoteca judiciária, no art. 17 da IN n. 39 do TST, consolidou-se o entendimento de que o protesto extrajudicial da decisão é compatível com o processo do trabalho, não violando o disposto no art. 769 da CLT[28]. Essa compatibilidade independe, até mesmo, da inclusão do executado no Banco Nacional de Devedores Trabalhistas.

No entanto, mesmo após a sua positivação no ordenamento jurídico, o referido instituto ainda é bastante controvertido. Há aqueles que sustentam que a medida viola o monopólio estatal da jurisdição, sendo, portanto, inconstitucional, como Luciano Athayde Chaves (2015), que entende que não pode o Judiciário utilizar meios extrajudiciais para a obtenção da tutela jurisdicional, entendimento endossado pela posição da Corregedoria-Geral da Justiça do Trabalho nos autos da Consulta 2833-83.2011.5.00.0000. Este posicionamento, contudo, parece destoar da posição adotada pelo Supremo Tribunal Federal na ADI n. 5.135, na qual, ao reconhecer a constitucionalidade da utilização de protesto pela Fazenda Pública para promover a cobrança de Certidões de Dívida Ativa, restou defendida uma análise econômica do direito, a partir da utilização de modernos meios de exigibilidade de dívidas.

O protesto de decisão judicial possui extrema relevância, haja vista que talvez seja o mais eficaz dos meios extrajudiciais de coerção do devedor. Isso porque, no art. 94, I, da Lei n. 11.101/2005 é prevista a hipótese de decretação de falência de devedor que, sem relevante razão de direito, não paga, no vencimento, obrigação líquida materializada em título executivo protestado de soma superior ao equivalente a quarenta salários mínimos na data do pedido de falência. Assim, considerando que a decisão judicial constitui um título executivo judicial, o seu protesto não apenas prejudica o capital de giro[29] de eventual empresa devedora, mas também configura pressuposto para que seja decretada a falência do devedor, razão pela qual se torna um instrumento de coerção extremamente eficaz.

Desse modo, apesar das controvérsias que cercam o protesto extrajudicial, não há como negar que é notável instrumento de efetividade da execução, que é um dos grandes gargalos do processo judicial, sobretudo do processo trabalhista. Conforme ensina Cassio Scarpinella Bueno (2017, p. 499):

> O legislador certamente se impressionou com os números disponíveis sobre a eficiência do protesto como instrumento de cobrança de dívidas em geral. Há pesquisas a indicar que 'mais de 65% dos créditos apresentados a protesto são recuperados dentro do prazo legal de três dias úteis'. É informação que consta de entrevista concedida por Cláudio Marçal Freire, Secretário-Geral do Instituto de Estudos de Protesto de Títulos, ao jornal Tribuna do Direito, edição de fevereiro de 2015.

É importante ressaltar que, no caso de propositura de ação rescisória para impugnar a decisão exequenda, pode o executado, nos termos do disposto no § 3º do art. 517 do CPC, requerer a anotação da ação rescisória à margem do título protestado.

No caso de satisfação integral da obrigação, deve o próprio executado requerer o cancelamento do protesto ao juiz e, caso deferido, encaminhar ao cartório em 3 dias (art. 517, § 4º, do CPC). De acordo com Fredie Didier Jr. *et al.* (2018, p. 570), contudo, pode o próprio exequente, independentemente de ordem judicial, autorizar o cancelamento do protesto, na forma do art. 26, § 1º, da Lei n. 9.492/1997.[30]

(28) O art. 769 da CLT prevê que, nos casos de omissão, aplicam-se subsidiariamente as normas de Direito Processual Comum, desde que não sejam incompatíveis com os princípios e diretrizes do Processo do Trabalho.

(29) Capital de giro é a quantidade de dinheiro necessária para a continuidade de funcionamento de uma empresa, segundo o SEBRAE Nacional (2019).

(30) Assim dispõe o art. 26, § 1º, da Lei n. 9.492/1997: "Art. 26. O cancelamento do registro do protesto será solicitado diretamente no Tabelionato de Protesto de Títulos, por qualquer interessado, mediante apresentação do documento protestado, cuja cópia ficará arquivada. § 1º Na impossibilidade de apresentação do original do título ou documento de dívida protestado, será exigida a declaração de anuência, com identificação e firma reconhecida, daquele que figurou no registro de protesto como credor, originário ou por endosso translativo."

5. A INSCRIÇÃO NO CADASTRO DE INADIMPLENTES

Além do protesto de decisões judiciais, que é a forma indireta de negativação do devedor, existe ainda a possibilidade de a negativação do devedor ocorrer de forma direta. É a inscrição do devedor em cadastros restritivos de créditos expressamente determinada pelo art. 782, §§ 3º, 4º e 5º, do CPC. De mesmo modo, esse meio de execução indireta é aplicável no Processo do Trabalho nos termos do art. 17 da IN n. 39 do TST.

A inscrição do devedor no cadastro de inadimplentes carrega as mesmas controvérsias e discussões que o protesto de títulos judiciais, principalmente no que diz respeito à desnecessidade de requerimento da parte exigido no § 3º do art. 782 do CPC. Isso porque, na execução trabalhista prevalece o princípio do impulso oficial.

No que tange à negativação do devedor, importante destacar o convênio realizado entre o Conselho Nacional de Justiça e a empresa Serasa S/A., por meio do Termo de Cooperação Técnica n. 20/2014. Assim, a partir desse acordo, foi criado o SERASAJUD, sistema que facilita a tramitação dos ofícios entre os tribunais e a empresa de restrição de créditos, mediante troca eletrônica de dados e certificação digital, com o intuito de agilizar essa troca de informações e trazer mais celeridade para a fase de execução.

Ben-Hur Silveira Claus (2016, p. 20) ressalta que as semelhanças entre o protesto de título judicial previsto no art. 517 do CPC e a inscrição nos órgãos de proteção de crédito prevista no art. 782 do CPC podem levar ao questionamento da utilidade de adoção simultânea de ambas as medidas, esclarecendo que:

> A conveniência de realizar ambas as medidas simultaneamente pode ser percebida quando se atenta para a diversa regência legal estabelecida para o cancelamento dessas medidas. Enquanto basta a garantia do juízo para o executado obter o cancelamento da inscrição em seu nome em cadastro de inadimplentes (CPC, art. 782, § 4º), o cancelamento do protesto extrajudicial exige do devedor "[...] a satisfação integral da obrigação." (CPC, art. 517, § 4º) Vale dizer, o protesto é mais eficaz do que a inclusão do nome do devedor em cadastro de inadimplentes, na medida em que o devedor precisará providenciar a satisfação integral da obrigação para fazer cancelar o protesto extrajudicial da sentença.

O distinto tratamento legal, para Cassio Scarpinella Bueno (2017, p. 687-688), se deve ao fato de que o protesto previsto no art. 517 do CPC somente pode ser realizado a partir de título executivo judicial transitado em julgado, enquanto a inscrição em cadastro de inadimplentes é também possível no caso de título executivo extrajudicial.

Por outro lado, segundo Fredie Didier Jr. *et al.* (2018, p. 571), tem força a tese de que o art. 782, § 4º, do CPC – que se refere ao cancelamento da inscrição no cadastro de inadimplentes mediante a garantia do juízo – poderia ser aplicado analogicamente ao protesto de decisão judicial, vez que são meios executivos semelhantes que foram regulados conjuntamente no art. 883-A da CLT. Esse posicionamento, que visa impedir a onerosidade excessiva da execução, todavia, além de minoritário, não parece ser o mais acertado, tendo em vista as razões já apresentadas para o tratamento legal diferenciado.

Em outra linha de raciocínio, Marcelo Papeléo de Souza (2015) entende que na execução trabalhista não seria aplicável o § 4º do art. 782 do CPC, de modo que a simples garantia do juízo não seria capaz de cancelar nem mesmo a inclusão no cadastro.

Ainda sobre as diferenças entre o protesto de título judicial e a inscrição no cadastro de inadimplentes, Elpídio Donizette (2017, p. 616-617) faz as seguintes observações:

> Os §§ 3º e 4º preveem medida de restrição de acesso a crédito por parte do executado, mediante requerimento do credor. Trata-se de inscrição em cadastro de inadimplentes, que complementa (e não substitui) as demais medidas executivas. A "negativação" prevista nesses dispositivos só não será eficaz para aquele que já se encontra com o nome inserido nos órgãos de proteção ao crédito por outro motivo.

Ressalte-se que a restrição do nome do executado também pode ser feita no bojo do processo de execução definitiva fundada em título judicial, conforme permissivo constante no § 5º. Essa medida não se confunde com o protesto da sentença transitada em julgado, que só se viabiliza após o decurso do prazo para cumprimento da decisão definitiva.

A inscrição em cadastros restritivos de crédito é similar ao registro de dívidas trabalhistas no Banco Nacional de Devedores Trabalhistas – BNDT, outra forma de coerção do devedor. A Lei n. 12.440/2011 alterou a CLT[(31)], criando a Certidão Negativa de Débitos Trabalhistas – CNDT, certidão que atesta a inexistência de débitos inadimplidos perante a Justiça do Trabalho. A CNDT é expedida pelo BNDT, cadastro específico em que constam todos os devedores inadimplentes em processos de execução trabalhista definitiva. A força coercitiva da inclusão do devedor no BNDT pode ser evidenciada pela nova redação dos arts. 27 e 29 da Lei de Licitações dada pela Lei n. 12.440/2011, passando-se a exigir do interessado em participar do certame licitatório a prova de sua regularidade trabalhista (art. 27, IV, da Lei n. 8.666/1993), mediante a apresentação, dentre outros documentos, da CNDT atestando a inexistência de débitos inadimplidos perante a Justiça do Trabalho (art. 29, V, da Lei n. 8.666/1993).[(32)]

(31) Foi incluído na CLT o art. 642-A, que institui e regulamenta a Certidão Negativa de Débitos Trabalhistas.

(32) O *site* do Tribunal Superior do Trabalho apresenta informações mais detalhadas acerca da CNDT, no seguinte endereço eletrônico: <http://www.tst.jus.br/o-que-e-cndt>.

Dessa forma, a inscrição no cadastro de inadimplentes complementa as demais medidas de coerção do devedor ao cumprimento da obrigação, servindo como mais uma forma de impedir que este busque retardar o processo de execução. A utilização conjunta de tais mecanismos é uma das soluções para a morosidade que prejudica a efetividade do judiciário.

6. ANÁLISE JURISPRUDENCIAL

A partir da análise da jurisprudência dos Tribunais Regionais do Trabalho e do próprio Tribunal Superior do Trabalho, verifica-se que, após a expressa e detalhada previsão no Código de Processo Civil e o disposto no art. 17 da IN n. 39 do TST, os tribunais trabalhistas pátrios estão, em regra, aplicando os institutos da hipoteca judiciária, do protesto de decisão judicial e da inscrição no cadastro de inadimplentes. Assim, a divergência acerca de sua compatibilidade com o Processo do Trabalho restou esclarecida, bem como restou solidificado o entendimento de que, por decorrerem de lei, sendo efeitos anexos da decisão judicial, não necessitam esses institutos da insolvência do devedor para serem aplicados.[33]

Verifica-se, todavia, ainda que excepcionalmente, a existência de entendimentos divergentes na aplicação dos referidos meios de coerção do devedor no Processo do Trabalho. A título de exemplo, no julgado n. 0010044-03.2016.5.03.0069 RO[34], do Tribunal Regional do Trabalho da 3ª Região, foi adotado o entendimento de que a hipoteca judiciária somente é cabível no âmbito trabalhista no caso de haver indícios de impossibilidade de solvência do débito por parte do devedor, mesmo após a vigência do CPC atual. Ao que tudo indica, entretanto, trata-se de um posicionamento isolado.

Ademais, o prazo para protesto de decisão judicial que vem sendo aplicado nos tribunais trabalhistas é o específico, previsto no art. 883-A da CLT, introduzido pela Lei n. 13.467/2017, para as execuções iniciadas a partir de 11 de novembro de 2017 (art. 15 da IN n. 41 do TST). De toda sorte, ainda subsistem os mencionados questionamentos doutrinários acerca da constitucionalidade da previsão de prazo específico elastecido.

Assim como já restou mencionado, existe o posicionamento doutrinário de que na Justiça do Trabalho a constituição da hipoteca judiciária depende de pronunciamento do juiz, bem como o entendimento de que no protesto de decisão judicial e na inscrição do devedor no cadastro de inadimplentes não há necessidade de requerimento da parte. Contudo, o que se verifica é que a jurisprudência vem aplicando os dispositivos do CPC tal qual foram concebidos pelo legislador de 2015, sem realizar as mencionadas adaptações, a despeito do princípio do impulso oficial presente na seara trabalhista, consoante se observa no seguinte trecho do julgado 0010300-90.2018.5.03.0063 RO (TRT3):

> [...] Hipoteca judiciária e protesto extrajudicial
>
> [...]
>
> Sucede que, de acordo com o CPC de 2015, havendo condenação em prestação de dinheiro ou coisa, é cabível a constituição em hipoteca judiciária que se afigura como efeito secundário da sentença, sendo direito real do credor, que visa à garantia do cumprimento efetivo da prestação jurisdicional e o impedimento da alienação dos bens do réu em prejuízo do credor trabalhista (art. 495 do CPC).
>
> Com isso, encerra-se a discussão jurisprudencial e doutrinária em torno da ordem judicial para a inscrição da sentença como hipoteca judiciária. Agora, a inscrição em cartório da própria sentença independe de declaração judicial, bastando ao interessado apresentar cópia do documento em cartório e comunicação ao Julgador em 15 dias, com responsabilidade da parte requerente, em caso de danos à outra parte (Novo CPC, art. 495, §§ 3º e 5º).
>
> O dispositivo em discussão tem ainda aplicação autorizada pelo art. 15 do novo CPC c/c art. 769 da CLT, havendo plena compatibilidade com o viés protetivo da Justiça do Trabalho. Se a hipoteca judiciária é utilizada

---

(33) A consolidação desse entendimento pode ser observada nos seguintes julgados dos Tribunais Regionais do Trabalho da 1ª, 2ª, 3ª e 9ª Região: 0010300-90.2018.5.03.0063 RO (TRT3); 0081800-79.2007.5.03.0104 AP (TRT3); 0228100-93.1996.5.03.0104 AP (TRT3); 0011974-81.2015.5.01.0284 RO (TRT1); 0005231-80.2014.5.01.0481 RTOrd (TRT1); 0002479-19.2010.5.02.0071 AP (TRT2); 0000294-50.2010.5.02.0445 AP (TRT2); 02489-2014-004-09-00-4-ACO-23838-2017 (TRT9). Ressalte-se que o TRT de 2ª Região até mesmo editou a Súmula n. 32, que determina a aplicabilidade da hipoteca judiciária no Processo do Trabalho no âmbito de seu Regional.

(34) Trecho do referido julgado:

"[...] 2. Hipoteca judiciária.

A segunda reclamada (SAMARCO MINERAÇÃO S.A.) questiona a determinação do Juízo de origem alusiva à hipoteca judiciária. Com razão, *data venia* da decisão de primeira instância.

No Processo do Trabalho, a constituição de hipoteca judiciária (art. 495 do CPC/2015) não decorre pura e simplesmente da sentença condenatória. É necessário que haja fortes indícios de que a ré não tenha condições de solver o débito.

Todavia, no caso, tal medida revela-se prematura (o que não impede sua implementação no futuro), uma vez que não há nos autos indícios de insolvência das reclamadas ou de que elas estejam dilapidando seu patrimônio, de modo a frustrar o pagamento das parcelas deferidas.

Ressalte-se que as diversas formas de busca da satisfação do crédito à disposição do Processo do Trabalho (a exemplo do Bacenjud) são suficientes e até mesmo mais efetivas para resguardar as verbas trabalhistas.

Sendo assim, dou provimento ao apelo empresário, para afastar a determinação constante da r. sentença de constituição de hipoteca judiciária." (TRT da 3ª Região; PJe: 0010044-03.2016.5.03.0069 (RO); Disponibilização: 28.03.2019; Órgão Julgador: Quinta Turma; Relator: Paulo Mauricio R. Pires)

no direito comum, com muito mais razão deverá ser adotada nesta Especializada, dada a natureza alimentícia do crédito trabalhista e a necessidade de efetividade dos provimentos judiciais.

[...] (TRT da 3ª Região; PJe: 0010300-90.2018.5.03.0063 (RO); Disponibilização: 25.03.2019; Órgão Julgador: Oitava Turma; Relator: Jose Marlon de Freitas)

Oportuno ressaltar ainda que, nos termos da jurisprudência do Tribunal Superior do Trabalho, não há que se falar em inconstitucionalidade dos institutos de coerção do devedor em questão. No julgado de n. AIRR-794-72.2015.5.14.0004 do TST[(35)], a título de exemplo, restou consignado que os dispositivos do CPC que tratam do protesto de decisão judicial, da hipoteca judiciária e da inscrição em cadastros restritivos de crédito prestigiam os princípios da máxima efetividade do processo e da garantia de acesso à ordem jurídica justa, sem ofender o direito ao devido processo legal, em especial considerando o caráter alimentar das verbas trabalhistas, o que justifica o seu resguardo.

7. CONCLUSÃO

Pode-se concluir que não foram poucas as mudanças implementadas a partir do Código de Processo Civil de 2015. A legislação atual trouxe mecanismos que, de fato, beneficiam a execução trabalhista, principalmente ao garantirem maior coercibilidade no cumprimento de decisões judiciais. Esses mecanismos são possíveis soluções para o descaso do devedor, que muitas vezes busca turbar e impedir o prosseguimento da execução, um dos maiores entraves à satisfação da tutela jurisdicional da parte.

Conforme demonstrado, a partir da edição da IN n. 39 do TST, consolidou-se o entendimento de que os artigos do CPC/2015 em questão são plenamente aplicáveis e compatíveis com a Justiça do Trabalho. Ademais, a nova regulamentação legal esclareceu divergências doutrinárias e detalhou a forma de aplicação dos institutos em questão.

No que tange à hipoteca judiciária, conclui-se que esse direito real de garantia abrange as decisões judiciais, não se restringindo a sentenças, haja vista a utilização de terminologia mais ampla no código vigente em relação ao código anterior. Trata-se de efeito anexo da decisão, além de servir como instrumento de prevenção de fraude à execução. Ademais, a atual previsão legal determina a necessidade de conversão em prestação pecuniária para a constituição de hipoteca judicial no caso de decisão de fazer, não fazer ou entregar coisa distinta de dinheiro, bem como prevê o direito de preferência do credor hipotecário e a responsabilidade civil objetiva do credor pela reforma ou invalidação da decisão que resultou na hipoteca judiciária. Na seara trabalhista, há divergência doutrinária acerca da desnecessidade de declaração expressa do juiz, tendo em vista a prevalência do princípio do impulso oficial.

Quanto ao protesto de decisão judicial, o atual CPC positivou essa medida que, embora já era utilizada com base na Lei de Protestos, não era prevista expressamente no CPC de 1973. Trata-se de um meio de execução indireta do devedor extremamente eficaz, haja vista que o não pagamento de dívida protestada, nos termos do art. 94, I, da Lei n. 11.101/2005, constitui hipótese de decretação de falência do devedor. Muito ainda se discute acerca da inconstitucionalidade do prazo para o protesto de decisão judicial previsto no art. 883-A da CLT, incluído pela Reforma Trabalhista, considerando que a irrazoável ampliação do prazo para o credor trabalhista viola o postulado constitucional da duração razoável do processo. Já em relação ao questionamento da constitucionalidade desses mecanismos de coerção, em virtude de suposta violação ao monopólio estatal da jurisdição, esse ponto de vista não parece ser o mais adequado, sobretudo após o posicionamento adotado pelo STF na ADI n. 5.135.

Ademais, como se pôde perceber, a inscrição no cadastro de inadimplentes e o protesto de decisão judicial são medidas de negativação do devedor que possuem tratamento legal diferenciado, de modo a se complementarem. O protesto é mais gravoso, exigindo a satisfação integral da dívida para ser cancelado, enquanto no caso da inscrição no cadastro de inadimplentes basta a garantia da dívida para que haja o cancelamento da medida. O distinto tratamento legal possivelmente se deve ao fato de que o protesto previsto no art. 517 do CPC (protesto de decisão judicial) é restrito a títulos executivos judiciais transitados em julgado, enquanto a inscrição prevista no art. 782 do CPC tem aplicação mais ampla, sendo também cabível para títulos executivos extrajudiciais. Assim, a utilização simultânea dessas medidas garante maior efetividade à decisão judicial e, consequentemente, à execução.

Ainda restam, no entanto, dúvidas acerca das adaptações necessárias a serem realizadas em relação aos dispositivos do processo civil no âmbito trabalhista, não havendo um consenso doutrinário nem jurisprudencial a respeito do tema. É, portanto, necessário aguardar futura uniformização de entendimento da aplicação dos referidos dispositivos por parte dos operadores do direito, visto que a

(35) Trecho da ementa do referido processo: "[...] HIPOTECA JUDICIÁRIA. INEXISTÊNCIA DE JULGAMENTO *EXTRA PETITA*. APLICABILIDADE AO PROCESSO DO TRABALHO. É cabível a declaração, de ofício, da hipoteca judiciária prevista no art. 466 do CPC/1973(art. 495 do CPC/2015), de aplicação subsidiária ao processo do trabalho, pela sistemática do art. 769 da CLT, para garantia da execução. A norma em discussão prestigia os princípios da máxima efetividade do processo e da garantia de acesso à ordem jurídica justa. Assim, o TRT, ao lançar mão do instituto da hipoteca judiciária, visou à garantia dos créditos devidos ao Autor, sem com isso ofender de forma direta o direito da Reclamada ao devido processo legal, em especial considerando o necessário resguardo às verbas trabalhistas. Agravo de instrumento desprovido. (TST-AIRR-794-72.2015.5.14.0004. Data de Julgamento: 13.04.2016, Relator Ministro: Mauricio Godinho Delgado, 3ª Turma, Data de Publicação: DEJT 15.04.2016)."

compreensão desses mecanismos de efetividade da execução é imprescindível na busca por uma entrega jurisdicional mais digna, eficaz e oportuna.

8. REFERÊNCIAS

______. *Enunciado n. 72 do I FNPT – Fórum Nacional de Processo do Trabalho – (Curitiba/PR, dias 5 e 6.3.2016)*. Disponível em: <http://fnptrabalho.com.br/enunciados-anteriores/>. Acesso em: 14 maio 2019.

______. *Enunciado n. 310 do Fórum Permanente de Processualistas Civis*. Florianópolis, 24, 25, 26 de março de 2017. Disponível em: <https://institutodc.com.br/wp-content/uploads/2017/06/FPPC-Carta-de-Florianopolis.pdf>. Acesso em: 16 maio 2019.

ALMEIDA, Cleber Lúcio de. *Direito Processual do Trabalho*. 6. ed. São Paulo: LTr, 2016.

ANAMATRA. *Enunciado n. 120 da 2ª Jornada de Direito Material e Processual do Trabalho (2017)*. XIX Congresso Nacional dos Magistrados da Justiça do Trabalho – Conamat (2018). Disponível em: <https://www.anamatra.org.br/attachments/article/27175/livreto_RT_Jornada_19_Conamat_site.pdf>. Acesso em: 16 maio 2019.

AZEVEDO, Gustavo; NETO, João Luiz Lessa. *Protesto de sentença judicial no CPC/2015*. Disponível em: <https://www.migalhas.com.br/dePeso/16,MI224226,71043-Protesto+de+Sentenca+Judicial+no+CPC15>. Acesso em: 28 mar. 2019.

BRASIL. *Constituição da República Federativa do Brasil*. Disponível em: <http:// http://www.planalto.gov.br/ccivil_03/constituicao/constituicao.htm>. Acesso em: 19 mar. 2019.

______. *Decreto Lei n. 5.452, de 1º de maio de 1943*. Aprova a Consolidação das Leis do Trabalho. Diário Oficial da União, Brasília, 9 ago. 1943. Disponível em: <http://www.planalto.gov.br/ccivil_03/decreto-lei/Del5452.htm>. Acesso em: 29 mar. 2019.

______. *Lei n. 6.830, de 22 de setembro de 1980*. Dispõe sobre a cobrança judicial da Dívida Ativa da Fazenda Pública, e dá outras providências. Disponível em: <http://www.planalto.gov.br/ccivil_03/Leis/L6830.htm>. Acesso em: 27 mar. 2019.

______. *Lei n. 10.406, de 10 de janeiro de 2002*. Código Civil. Disponível em: <http://www.planalto.gov.br/ccivil_03/LEIS/2002/L10406.htm>. Acesso em: 29 mar. 2019.

______. *Lei n. 11.101, de 9 de fevereiro de 2005*. Regula a recuperação judicial, a extrajudicial e a falência do empresário e da sociedade empresária. Disponível em: <http://www.planalto.gov.br/ccivil_03/_Ato2004-2006/2005/Lei/L11101.htm>. Acesso em: 5 abr. 2019.

______. *Lei n. 13.105, de 16 de março de 2015*. Código de Processo Civil. Disponível em: <http://www.planalto.gov.br/ccivil_03/_Ato2015-2018/2015/Lei/L13105.htm>. Acesso em: 27 mar. 2019.

______. *Lei n. 13.467, de 13 de julho de 2017*. Altera a Consolidação das Leis do Trabalho (CLT), aprovada pelo Decreto-Lei n. 5.452, de 1º de maio de 1943, e as Leis ns. 6.019, de 3 de janeiro de 1974, 8.036, de 11 de maio de 1990, e 8.212, de 24 de julho de 1991, a fim de adequar a legislação às novas relações de trabalho. Diário Oficial [da] União, Brasília, 14 de jul. 2017f. Disponível em: <http://www.planalto.gov.br/ccivil_03/_ato2015-2018/2017/lei/l13467.htm>. Acesso em: 19 mar. 2019.

______. *Lei n. 9.492, de 10 de setembro de 1997*. Define competência, regulamenta os serviços concernentes ao protesto de títulos e outros documentos de dívida e dá outras providências. Disponível em: <http://www.planalto.gov.br/ccivil_03/leis/L9492.htm>. Acesso em: 29 mar. 2019.

______. Tribunal Regional do Trabalho da 3ª Região. *Acordo de Cooperação Técnica SN, de 28 de junho de 2018*. Intranet do TRT da 3ª Região, Belo Horizonte, MG. Disponível em: <http://as1.trt3.jus.br/bd-trt3/handle/11103/44686>. Acesso em: 14 maio 2019.

______. Tribunal Superior do Trabalho. *Resolução n. 203, de 15 de março de 2016*. Edita a Instrução Normativa n. 39, que dispõe sobre as normas do Código de Processo Civil de 2015 aplicáveis e inaplicáveis ao Processo do Trabalho, de forma não exaustiva. Diário Eletrônico da Justiça do Trabalho: caderno judiciário do Tribunal Superior do Trabalho, Brasília, DF, n. 1.939, p. 1-4, 16 mar. 2016. Disponível em: <http://www.tst.jus.br/documents/10157/429ac88e-9b78-41e5-ae28-2a5f8a27f1fe>. Acesso em: 25 mar. 2019.

______. Tribunal Superior do Trabalho. *Resolução n. 221, de 21 de junho de 2018*. Edita a Instrução Normativa n. 41, que dispõe sobre as normas da CLT, com as alterações da Lei n. 13.467/2017 e sua aplicação no processo do trabalho. Diário Eletrônico da Justiça do Trabalho: caderno judiciário do Tribunal Superior do Trabalho, Brasília, DF, n. 2.501, p. 26-28, 21 jun. 2018.Disponível em: <http://www.tst.jus.br/documents/10157/2374827/RESOLUCAO+221+-+21-06-2018.pdf/4750fdfb-8c09-e017-9890-96181164c950>. Acesso em: 2 abr. 2019.

BUENO, Cassio Scarpinella. *Novo Código de Processo Civil anotado*. 3. ed. São Paulo: Saraiva, 2017.

CHAVES, Luciano Athayde. O novo Código de Processo Civil e o processo do trabalho: uma análise sob a ótica do cumprimento da sentença e da execução forçada. *Revista do Tribunal Superior do Trabalho*, São Paulo, SP, v. 81, n. 4, p. 54-80, out./dez. 2015. Disponível em: <https://hdl.handle.net/20.500.12178/100340>. Acesso em: 28 mar. 2019.

CLAUS, Ben-Hur Silveira. Execução trabalhista efetiva: a aplicabilidade do CPC de 2015 ao cumprimento da sentença. *Revista do Tribunal Regional do Trabalho da 3ª Região*, Belo Horizonte, MG, v. 62, n. 93, p. 185-229, jan./jun. 2016. Disponível em: <https://hdl.handle.net/20.500.12178/109915>. Acesso em: 28 mar. 2019.

CLAUS, Ben-Hur Silveira. Hipoteca judiciária: a (re)descoberta do instituto diante da Súmula n. 375 do STJ: execução efetiva e atualidade da hipoteca judiciária. *Revista do Tribunal Regional do Trabalho da 8ª Região*. v. 46. n. 91. p. 92-93. Belém, jul.-dez. 2013. Disponível em: <https://juslaboris.tst.jus.br/handle/20.500.12178/100338>. Acesso em: 27 mar. 2019.

CONSELHO NACIONAL DE JUSTIÇA (CNJ). *Relatório Justiça em Números 2018*: ano-base 2017. Conselho Nacional de Justiça – Brasília: CNJ, 2018. Disponível em: <http://www.cnj.jus.br/files/conteudo/arquivo/2018/08/44b7368ec6f888b383f6c3de40c32167.pdf>. Acesso em: 30 mar. 2019.

CORDEIRO, Wolney de Macedo. *Execução no processo do trabalho*. 4. ed. rev. e atual. Salvador: JusPodivm, 2017.

______. Reflexos do novo Código de processo civil na execução trabalhista: uma introdução à técnica de supletividade em matéria executória trabalhista. *Revista do Tribunal Superior do Trabalho*, São Paulo, SP, v. 81, n. 4, p. 226-277, out./dez. 2015. Disponível em: <https://hdl.handle.net/20.500.12178/100343>. Acesso em: 28 mar. 2019.

DIDIER JR., Fredie *et al*. *Curso de direito processual civil*: execução, v. 5. 8. ed. rev., ampl. e atual. Salvador: JusPodivm, 2018.

DINIZ, Maria Helena. *Curso de direito civil brasileiro.* Direito das Coisas. 18. ed. São Paulo: LTr, v. 4, 2002.

DONIZETTI, Elpídio. *Novo Código de Processo Civil comentado.* 2. ed. rev., atual. e ampl. São Paulo: Atlas, 2017.

DUARTE NETO, Bento Herculano. Repercussões relevantes do novo CPC na execução trabalhista. *Revista Fórum Trabalhista – RFT*, Belo Horizonte, ano 6, n. 25, p. 9-48, abr./jun. 2017. Disponível em: <http://www.editoraforum.com.br/wp-content/uploads/2017/06/novo-cpc-direito-trabalho.pdf>. Acesso em: 28 mar. 2019.

FABIANO, Isabela Márcia de Alcântara. O protesto de decisão judicial trabalhista transitada em julgado, a reforma trabalhista e a busca pela máxima efetividade da tutela jurisdicional. In: KOURY, Luiz Ronan Neves; ASSUNÇÃO, Carolina Silva Silvino (Coord.) *Direito processual do trabalho*: Constituição e reforma trabalhista. São Paulo: LTr, 2018.

FIOREZE, Ricardo. Gestão processual – Mecanismos de efetividade e celeridade da atividade jurisdicional. *Revista do Tribunal Superior do Trabalho,* Brasília, v. 77, n. 4, p. 259-279, out./dez. 2011.

GONÇALVES, Carlos Roberto. *Direito civil brasileiro*: direito das coisas, vol. 5. 11 ed. São Paulo: Saraiva, 2016.

LEITE, Carlos Henrique Bezerra. *CPC – Repercussões no processo do trabalho*/coordenação de Carlos Henrique Bezerra Leite. 2. ed. São Paulo: Saraiva, 2017.

______. *Curso de direito processual do trabalho.* 16. ed. São Paulo: Saraiva Educação, 2018.

NEVES, Daniel Amorim Assumpção. *Novo Código de Processo Civil – Leis ns. 13.105/2015 e 13.256/2016.* 3. ed. rev., atual. e ampl. Rio de Janeiro: Forense; São Paulo: MÉTODO, 2016.

ORLANDO, Gomes. *Direitos reais.* 21 ed. rev. e atual. por Luiz Edson Fachin. Rio de Janeiro: Forense, 2012.

PEIXOTO, Ravi. Aspectos relevantes da hipoteca judicial no CPC/2015. *Revista de Processo – RePro.* ano 40. vol. 243. maio 2015. Disponível em: <http://www.mpsp.mp.br/portal/page/portal/documentacao_e_divulgacao/doc_biblioteca/bibli_servicos_produtos/bibli_boletim/bibli_bol_2006/RPro_n.243.10.PDF>. Acesso em: 27 mar. 2019.

PELEGRINI, Edison dos Santos. A nova execução trabalhista. *Revista do Tribunal Regional do Trabalho da 15ª Região,* Campinas, SP, n. 52, p. 169-196, jan./jun. 2018. Disponível em: <https://hdl.handle.net/20.500.12178/141950>. Acesso em: 28 mar. 2019.

RIBEIRO, Markeline Fernandes. A possibilidade de protesto da sentença trabalhista: do art. 517 do novo Código de Processo Civil. *Revista eletrônica do Tribunal Regional do Trabalho da 6ª Região,* Recife, PE, v. 26, n. 43, p. 48-55, 2016. Disponível em: <https://hdl.handle.net/20.500.12178/102803>. Acesso em: 28 mar. 2019.

SCHIAVI, Mauro. A decisão condenatória e a hipoteca judiciária no novo Código de Processo Civil. Efeitos no direito processual do trabalho. *Revista do Tribunal Regional do Trabalho da 3ª Região,* Belo Horizonte, MG, v. 62, n. 93, p. 97-108, jan./jun. 2016a. Disponível em:<https://juslaboris.tst.jus.br/bitstream/handle/20.500.12178/109560/2016_rev_trt03_v0062_n0093.pdf?sequence=1&isAllowed=y>. Acesso em: 10 abr. 2019.

______. *Manual de direito processual do trabalho.* 10. ed. de acordo com o novo CPC. São Paulo. LTr, 2016b.

SEBRAE NACIONAL. *Capital de giro: aprenda o que é e como funciona o da sua empresa.* Portal Sebrae, 31.01.2019. Disponível em: <http://www.sebrae.com.br/sites/PortalSebrae/artigos/o-que-e-e-como-funciona-o-capital-de-giro,a4c8e8da69133410VgnVCM1000003b74010aRCRD>. Acesso em: 17 maio 2019.

SOUZA, Marcelo Papaléo de. Os reflexos da execução trabalhista em face das alterações do novo CPC. In: BRANDÃO, C. *et alii* (Coord.). *Processo do trabalho.* v. 4. Coleção Repercussões do Novo CPC. Salvador: JusPodivm, 2015.

SUPREMO TRIBUNAL FEDERAL. *ADI n. 5.135.* Relator: Ministro Roberto Barroso. Disponível em: <http://portal.stf.jus.br/processos/downloadPeca.asp?id=313633602&ext=.pdf>. Acesso em: 5 abr. 2019.

TARTUCE, Flávio. *Direito civil:* direito das coisas. v. 4. 10. ed. rev., atual. e ampl. Rio de Janeiro: Forense, 2017.

TEIXEIRA FILHO, Manoel Antônio. *Comentários ao novo Código de Processo Civil sob a perspectiva do processo do trabalho* (Lei n. 13.105, 16 de março de 2015). São Paulo: LTr, 2015.

______. *Execução no processo do trabalho.* 12. ed. São Paulo: LTr, 2017.

THEODORO JÚNIOR, Humberto. *Curso de direito processual civil:* execução forçada, processo nos tribunais, recursos e direito intertemporal. v. III. 49. ed. rev., atual. e ampl. Rio de Janeiro: Forense, 2016.

TRT da 1ª Região; Processo: *0005231-80.2014.5.01.0481 RTOrd;* Data da Publicação 08.08.2018; Órgão Julgador: Quarta Turma; Relator: Tania da Silva Garcia.

TRT da 1ª Região; Processo: *0011974-81.2015.5.01.0284 RO;* Data da Publicação: 06.10.2016; Órgão Julgador: Terceira Turma; Relator: Raquel De Oliveira Maciel.

TRT da 2ª Região; Processo: *0000294-50.2010.5.02.0445 AP;* Data de Publicação: 19.02.2019, Órgão julgador: 17ª Turma; Relator: Flávio Villani Macêdo.

TRT da 2ª Região; Processo: *0002479-19.2010.5.02.0071 AP;* Data da Publicação: 07.08.2018; Órgão Julgador: Terceira Turma; Relator: Kyong Mi Lee.

TRT da 3ª Região; PJe: *0010044-03.2016.5.03.0069 RO;* Disponibilização: 28.03.2019; Órgão Julgador: Quinta Turma; Relator: Paulo Mauricio R. Pires.

TRT da 3ª Região; PJe: *0010300-90.2018.5.03.0063 RO;* Disponibilização: 25.03.2019; Órgão Julgador: Oitava Turma; Relator: Jose Marlon de Freitas.

TRT da 3ª Região; PJe: *0081800-79.2007.5.03.0104 AP;* Disponibilização: 15.02.2019; Órgão Julgador: Sétima Turma; Relator: Marcelo Lamego Pertence.

TRT da 3ª Região; Processo: *0011908-53.2014.5.03.0164 AP;* Disponibilização: 22.11.2018; Órgão Julgador: Quarta Turma; Relator: Denise Alves Horta.

TRT da 3ª Região; Processo: *0228100-93.1996.5.03.0104 AP;* Data de Publicação: 27.04.2018; Órgão Julgador: Primeira Turma; Relator: Convocado Cleber Lucio de Almeida.

TRT da 9ª Região; Processo: *02489-2014-004-09-00-4-ACO-23838-2017;* Órgão Julgador: Quarta Turma; Data da Publicação: 21.07.2017; Relator: Rosemarie Diedrichs Pimpão.

TST. *AIRR-794-72.2015.5.14.0004.* Data de Julgamento: 13.04.2016, Relator: Ministro Mauricio Godinho Delgado, 3ª Turma, Data de Publicação: DEJT 15.04.2016.

TST. Corregedoria-Geral da Justiça do Trabalho. Consulta n. *2833-83.2011.5.00.0000.* Disponível em: <http://www.tst.jus.br/web/guest/calendario-do-tst/-/document_library_display/3Ezv/view_file/59887>. Acesso em: 27 mar. 2019.

TST. *O que é CNDT,* c2019. Disponível em: <http://www.tst.jus.br/web/guest/o-que-e-cndt>. Acesso em: 17 maio 2019.

Execução de Título Executivo Judicial Trabalhista em Desfavor de Empresas em Recuperação Judicial

Natália Xavier Cunha[1]

1. INTRODUÇÃO

No Processo Civil, superada a fase de conhecimento e liquidação de sentença, em que o direito conferido por um título judicial transitado em julgado encontra-se líquido e certo, assim como no Processo do Trabalho, nasce para o exequente a possibilidade de ver a tutela que lhe foi conferida devidamente satisfeita.

Não raras as vezes, a cominação legal não é espontaneamente quitada pelo devedor, iniciando-se a denominada fase de execução, cuja definição, nas palavras do processualista Moacyr Amaral Santos é "alcançar, contra a vontade do executado, a satisfação do direito do credor"[2].

Nesse ponto, vislumbra-se a concreta e efetiva consecução da sanção prevista no título judicial, que possui natureza alimentar[3], e deve ser amplamente perseguida com fins de satisfazer do credor, existindo diversas possibilidades de se conduzir o devedor ao adimplemento da obrigação posta.

Obtempera-se, entretanto, que o estado de sujeição que esse se encontra não justifica que sua execução se faça da maneira mais gravosa, o que é respaldado pelo art. 805 do CPC[4], que dispõe que essa deve ser processada, quando possível, da forma menos onerosa ao devedor.

Na seara trabalhista, o procedimento executório encontra-se previsto a partir do art. 876 da CLT, dispondo o art. 877[5] que a competência executória pertence àquele Juízo que tiver conciliado ou julgado originalmente o processo. Nas palavras de Manoel Antônio Teixeira Filho, "A execução se processa, por isso, nos mesmos autos em que foi prolatada a decisão que pôs fim ao processo de conhecimento – agora convertida em título executivo"[6].

A despeito disso, em determinadas situações, algumas peculiaridades podem tornar o procedimento executório ainda mais complexo, suscitando divergências entre os operadores do direito. Um exemplo é a controvérsia acerca da competência executória da Especializada Trabalhista em casos de obrigações de pagar[7] direcionadas às empresas em Recuperação Judicial, razão pela qual se faz relevante o presente estudo.

Conforme será melhor apurado em tópico próprio, visando superar crises econômico-financeiras e permitir a integridade empresarial, diversas empresas inserem-se no procedimento de Recuperação Judicial, sujeitando seus créditos e débitos existentes a um Juízo Universal[8] responsável pela administração e execução desses. Contudo, diversos são os questionamentos acerca dessa competência executória, sobretudo quando se trata de créditos originalmente trabalhistas, cuja natureza, como já dito, é alimentar e, portanto, prioritária.

Nesse cenário, no presente artigo propõe-se desenvolver uma análise legal, doutrinária e jurisprudencial da execução

(1) Mestre em Direito Privado pela Pontifícia Universidade Católica de Minas Gerais (Bolsista FAPEMIG). Especialista em Direito do Trabalho pela Universidade Cândido Mendes/RJ (2015). Graduada em Direito pela Faculdade de Direito Milton Campos (2013). Membro da Oficina de Estudos Avançados 'As interfaces entre o Processo Civil e o Processo do Trabalho' – IPCPT. Advogada.

(2) SANTOS, Moacyr Amaral Primeiras. *Primeiras linhas de Direito Processual Civil.* São Paulo: Saraiva, 1981. p. 205.

(3) Nos termos do § 1º do art. 100 da CR/88 c/c art. 186 do CTN, os créditos trabalhistas são dotados de natureza alimentar preferencial, pois constituem o patrimônio social mínimo dos trabalhadores, guardando íntima relação com sua subsistência e necessidades vitais.

(4) Art. 805. Quando por vários meios o exequente puder promover a execução, o juiz mandará que se faça pelo modo menos gravoso para o executado. Parágrafo único. Ao executado que alegar ser a medida executiva mais gravosa incumbe indicar outros meios mais eficazes e menos onerosos, sob pena de manutenção dos atos executivos já determinados.

(5) Art. 877. É competente para a execução das decisões o Juiz ou Presidente do Tribunal que tiver conciliado ou julgado originariamente o dissídio.

(6) TEIXEIRA FILHO, Manoel Antônio. *Execução no processo do trabalho.* São Paulo: LTr, 2001. p. 123.

(7) Ressalte-se que o presente artigo prioriza a análise das obrigações de pagar decorrentes de títulos executivos judiciais, ao passo que as obrigações de fazer, via de regra, são mais facilmente cumpridas pelas empresas em Recuperação Judicial, que mantém sua atividade empresarial funcionando normalmente no curso do procedimento. Obtempera-se, contudo, que na hipótese de descumprimento da obrigação de fazer, as astreintes eventualmente devidas serão consideradas obrigações de pagar, sujeitando-se, pois, ao procedimento tratado nesse estudo.

(8) Ao dispor que o Juízo em que se processa a Recuperação Judicial é universal, significa que, nas palavras de Fabio Ulhôa Coelho, todas as ações referentes aos bens, interesses e negócios da empresa recuperanda serão processadas e julgadas pelo juízo perante o qual tramita o processo de Recuperação. É a denominada aptidão atrativa do juízo, que confere a competência para conhecer e julgar todas as medidas judiciais de conteúdo patrimonial referentes à empresa. COELHO, Fábio Ulhôa. *Comentários à nova Lei de Falências e de Recuperação de Empresas.* 11. ed. São Paulo: Revista dos Tribunais, 2016, fl. 199.

trabalhista no âmbito das empresas sujeitas à Recuperação Judicial, sopesando questões como a competência, abrangência, execução de terceiros, depósito judicial, penhora e atualização dos créditos exequendos.

2. A EXECUÇÃO TRABALHISTA DA EMPRESA EM RECUPERAÇÃO JUDICIAL

Inicialmente, cumpre demonstrar, nos termos da Lei n. 11.101/2011 – que regula a Recuperação Judicial, no que ela consiste e quais seriam seus objetivos. Vejamos:

> Art. 47. A recuperação judicial tem por objetivo viabilizar a superação da situação de crise econômico-financeira do devedor, a fim de permitir a manutenção da fonte produtora, do emprego dos trabalhadores e dos interesses dos credores, promovendo, assim, a preservação da empresa, sua função social e o estímulo à atividade econômica[(9)].

Nas palavras de Manoel Justino Bezerra Filho, a tentativa de Recuperação Judicial visa "o valor social da empresa em funcionamento, que deve ser preservado não só pelo incremento da produção, como, principalmente, pela manutenção do emprego, elemento de paz social."[(10)]

Pela simples análise do supracitado dispositivo é possível perceber que uma empresa que se encontra ou pretende ingressar em procedimento de Recuperação Judicial está passando por graves problemas de ordem financeira, sendo bastante provável que não cumpra espontaneamente com as obrigações decorrentes de um título executivo judicial. Nesse cenário, em face da especificidade da situação, o Exequente pode ter considerável dificuldade em ver seu crédito satisfeito.

Não menos penosa é a atividade dos operadores do direito, a quem cabe a mais escorreita análise do procedimento de Recuperação Judicial em curso a fim de fixar, com correção, o local em que a execução deverá ser processada, a sua adequada atualização monetária, bem como a ordem preferencial de adimplemento dos débitos.

A hipótese narrada enseja uma análise interdisciplinar, com fulcro não apenas no diploma celetista e na Constituição Federal, mas também nas normas insculpidas pela Lei n. 11.101/2005 – que disciplina a Recuperação Judicial e na jurisprudência das Cortes Regionais e Superiores do país.

Isso porque, se por um lado a Justiça do Trabalho deve primar pela satisfação do crédito obreiro, cuja natureza é alimentar e preferencial, da maneira mais célere e satisfatória, por outro, o Juiz dessa Especializada está também condicionado ao caminho traçado pela legislação especial, que visa à recuperação e sobrevida da entidade empresarial[(11)], nos termos em que estipulado pelo Juízo Universal da Recuperação Judicial, o que deve ser sopesado.

2.1. Os efeitos decorrentes da Recuperação Judicial na Execução de Créditos Trabalhistas

Inicialmente, imperioso compreender o que dispõe a Lei n. 11.101/2005, acerca da competência para processamento, julgamento e execução de ações trabalhistas em curso em face de empresas em Recuperação Judicial, o que possibilitará a análise dos efeitos decorrentes dessa situação na execução trabalhista.

Dispõe o art. 6º da Lei n. 11.101/2005, que o deferimento do processamento da Recuperação Judicial suspende o curso de todas as ações e execuções em face do devedor, especificando, em seu § 2º, que as ações de natureza trabalhista deverão ser processadas perante a Justiça Especializada até a apuração do respectivo crédito, isso é, até a liquidação da sentença, quando deverão ser remetidas ao Juízo Universal.

Pela análise dos dispositivos é possível concluir, *a priori*, que as ações trabalhistas apenas poderão ser suspensas quando do início do procedimento executório, momento em que o crédito apurado poderá ser inscrito no quadro-geral de credores pelo valor determinado em sentença, o que será melhor analisado. Enquanto perdurar a fase de conhecimento, por sua vez, a competência da Especializada Trabalhista permanece inalterada.

Nesse espeque, nos termos do § 3º do art. 6º da Lei n. 11.101/2005, antes de iniciada a execução o Juízo Trabalhista "poderá determinar a reserva da importância que estimar devida na recuperação judicial ou na falência, e, uma vez reconhecido líquido o direito, será o crédito incluído na classe própria".

Não obstante, diversas situações colocam em questão a competência executória em face das empresas em Recuperação Judicial, pelo que, a seguir, se passa a discorrer.

2.1.1. *Suspensão da Execução Trabalhista*

Conforme exposto alhures, um dos principais efeitos do deferimento da Recuperação Judicial é a possibilidade de suspensão das execuções em curso na Especializada Trabalhista, medida necessária para salvaguardar os credores da empresa recuperanda, pois impede o pagamento indevido de determinados créditos em detrimento de outros de mesma classe[(12)].

Consoante esclarece Fábio Ulhôa Coelho, a suspensão também é imprescindível, porquanto "se as execuções

(9) Art. 47 da Lei n. 11.101/2005 que regula a recuperação judicial, extrajudicial e a falência do empresário e da sociedade empresária.

(10) BEZERRA FILHO, Manoel Justino. *Lei de Recuperação de Empresas e Falência*. São Paulo: Editora Revista dos Tribunais, 2013. p. 137.

(11) SOUZA, Marcelo Papaléo de. *Repensando a sucessão trabalhista na recuperação judicial e falência*. Disponível em: <http://www.pelegrino.com.br/doutrina/ver/descricao/178>. Acesso em: 14 dez. 2018.

(12) Créditos de natureza igualmente salarial e, portanto, prioritários.

continuassem, o devedor poderia ver frustrados os objetivos da recuperação judicial, em prejuízo, em última análise, da comunhão dos credores."(13)

Não obstante, essa suspensão da execução não perdura ilimitadamente, estabelecendo o § 4º do art. 6º da referida Lei Federal que:

> (...) a suspensão de que trata o *caput* deste artigo em hipótese nenhuma excederá o prazo improrrogável de 180 (cento e oitenta) dias contado do deferimento do processamento da recuperação, restabelecendo-se, após o decurso do prazo, o direito dos credores de iniciar ou continuar suas ações e execuções, independentemente de pronunciamento judicial.

O que se percebe na prática, entretanto, é que o prazo de 180 dias estabelecido pela Lei costuma ser deveras exíguo, sendo insuficiente, via de regra, para a empresa praticar todos os atos necessários para concessão da Recuperação Judicial. Assim, o primeiro aspecto controvertido acerca da suspensão da execução é a relativização por parte da jurisprudência do prazo legalmente estabelecido.

Conforme se pode aferir, a par de a Lei dispor especificamente acerca da impossibilidade de prorrogação do prazo de 180 dias, tem-se entendido que a interpretação do dispositivo deve ser sistemática, observando-se os princípios norteadores da Lei de Recuperação Judicial, que visa à preservação da empresa e, por consectário, dos postos de trabalho e desenvolvimento econômico-social do país. Para essa corrente, a prorrogação da suspensão da execução é o que garantirá a não frustração do plano.

Nesse sentido dispõe o Superior Tribunal de Justiça – STJ, há anos, acerca da possibilidade de prorrogação do prazo de suspensão. Vejamos algumas decisões em ações de conflito de competência entre a Justiça Comum e a Especializada:

> AGRAVO INTERNO NO RECURSO ESPECIAL – EXECUÇÃO – RECUPERAÇÃO JUDICIAL – SUSPENSÃO – PRAZO – PRORROGAÇÃO – POSSIBILIDADE – 1 – Recurso especial interposto contra acórdão publicado na vigência do Código de Processo Civil de 2015 (Enunciados Administrativos ns. 2 e 3/STJ). 2 – A jurisprudência desta Corte entende que a suspensão das ações individuais movidas contra empresa em recuperação judicial pode extrapolar o prazo de 180 (cento e oitenta) dias caso as instâncias ordinárias considerem que tal prorrogação é necessária para não frustrar o plano de recuperação. 3 – A suspensão da execução pode ocorrer no caso de falência (art. 6º da Lei n. 11.101/2005). 4 – Agravo interno não provido. (STJ – AGInt-REsp 1.717.939 – (2018/0003135-6) – 3ª T. – Rel. Min. Ricardo Villas Bôas Cueva – DJe 06.09.2018 – p. 720) – Grifei.

> PEDIDO DE RECONSIDERAÇÃO RECEBIDO COMO Agravo regimental. CONFLITO DE COMPETÊNCIA. JUÍZO TRABALHISTA E JUÍZO DA RECUPERAÇÃO JUDICIAL. PROSSEGUIMENTO DAS EXECUÇÕES TRABALHISTAS APÓS A FASE DE ACERTAMENTO E LIQUIDAÇÃO. COMPETÊNCIA DO JUÍZO UNIVERSAL DA RECUPERAÇÃO. IMPOSSIBILIDADE. RETOMADA AUTOMÁTICA DAS EXECUÇÕES APÓS O FIM DO PRAZO DE 180 DIAS. NÃO CABIMENTO. 1. A jurisprudência do Superior Tribunal de Justiça é firme no sentido de que, ultrapassada a fase de acertamento e liquidação dos créditos trabalhistas, cuja competência é da Justiça do Trabalho, os valores apurados deverão ser habilitados nos autos da falência ou da recuperação judicial para posterior pagamento (Decreto-lei n. 7.661/45; Lei n. 11.101/2005). 2. O entendimento desta Corte preconiza que, via de regra, deferido o processamento ou, posteriormente, aprovado o plano de recuperação judicial, é incabível a retomada automática das execuções individuais, mesmo após decorrido o prazo de 180 dias previsto no art. 6º, § 4º, da Lei n. 11.101/2005. 3. Agravo regimental a que se nega provimento. (STJ – RCD no CC 131894 SP 2013/0414833-7 – Relator: Min. Raul Araújo – Julgamento: 26.02.2014 – Órgão Julgador: S2 – Segunda Seção – Publicação: DJE 31.03.2014) – Grifei.

O Supremo Tribunal Federal – STF, em análise de conflito negativo de competência, também já decidia desde o ano de 2009, que seria incabível a retomada das execuções perante a Especializada Trabalhista, ainda que decorrido o prazo de 180 dias estabelecido pela Lei n. 11.101/2005.

> EMENTA: CONFLITO NEGATIVO DE COMPETÊNCIA. EXECUÇÃO DE CRÉDITOS TRABALHISTAS EM PROCESSOS DE RECUPERAÇÃO JUDICIAL. COMPETÊNCIA DA JUSTIÇA ESTADUAL COMUM, COM EXCLUSÃO DA JUSTIÇA DO TRABALHO. INTERPRETAÇÃO DO DISPOSTO NA LEI 11.101/2005, EM FACE DO ART. 114 DA CF. RECURSO EXTRAORDINÁRIO CONHECIDO E IMPROVIDO. I – A questão central debatida no presente recurso consiste em saber qual o juízo competente para processar e julgar a execução dos créditos trabalhistas no caso de empresa em fase de recuperação judicial. II – Na vigência do Decreto-lei n. 7.661/1945 consolidou-se o entendimento de que a competência para executar os créditos ora discutidos é da Justiça Estadual Comum, sendo essa também a regra adotada pela Lei n. 11.101/2005. III – O inc. IX do art. 114 da Constituição Federal apenas outorgou ao legislador ordinário a faculdade de submeter à competência da Justiça Laboral outras controvérsias, além daquelas taxativamente estabelecidas nos incisos anteriores, desde que decorrentes da relação de trabalho. IV – O texto constitucional não o obrigou a fazê-lo, deixando ao seu alvedrio a avaliação das hipóteses em que se afigure conveniente o julgamento pela Justiça do Trabalho, à luz das peculiaridades das situações que pretende regrar. V – A opção do legislador infraconstitucional foi manter o regime anterior de execução dos créditos trabalhistas pelo juízo universal da falência,

(13) COELHO, Fábio Ulhôa. *Comentários à nova Lei de Falências e de Recuperação de Empresas*. 11. ed. São Paulo: Revista dos Tribunais, 2016, fl. 81.

sem prejuízo da competência da Justiça Laboral quanto ao julgamento do processo de conhecimento. VI – Recurso extraordinário conhecido e improvido. (STF – RE 583955/RJ – RIO DE JANEIRO – Relator: Min. Ricardo Lewandowski – Julgamento: 28.05.2009 – Publicação: DJE 28.08.2009) – Grifei.

No mesmo sentido é o entendimento da SBDI-II do Tribunal Superior do Trabalho – TST, que decide em conformidade com os precedentes do STJ e STF:

> RECURSO ORDINÁRIO EM AGRAVO REGIMENTAL. MANDADO DE SEGURANÇA. EXECUÇÃO DE CRÉDITOS TRABALHISTAS. LEI N. 11.101/2005. RECUPERAÇÃO JUDICIAL. PROCESSAMENTO DEFERIDO. SUSPENSÃO DA EXECUÇÃO TRABALHISTA. PRAZO. PRORROGAÇÃO. COMPETÊNCIA PARA PROSSEGUIMENTO DA EXECUÇÃO. 1. **Deferido o processamento ou aprovado o plano de recuperação judicial, não cabe o prosseguimento automático das execuções individuais, mesmo após decorrido o prazo de 180 dias previsto no art. 6º, § 4º, da Lei n. 11.101/2005, de modo que, ao juízo trabalhista, fica vedada a alienação ou disponibilização de ativos da empresa executada.** 2. As ações de natureza trabalhista, portanto, serão julgadas na Justiça do Trabalho até a apuração do respectivo crédito, cujo valor será determinado em sentença e, posteriormente, inscrito no quadro-geral de credores, a fim de que se concentrem no Juízo da Recuperação Judicial todas as decisões que afetem o patrimônio da recuperanda, para viabilizar a operacionalização do plano de recuperação. 3. Isso, porque o restabelecimento das execuções individuais, com penhoras sobre faturamento e sobre bens móveis e imóveis da empresa em recuperação, implicaria o não cumprimento do plano, comprometendo o objetivo de manter a empresa em funcionamento, com inevitável decretação da falência que, uma vez operada, resultaria, novamente, na atração de todos os créditos e na suspensão das execuções individuais, sem benefício algum para qualquer parte envolvida. 4. A finalidade da lei, ao estabelecer a suspensão das execuções em curso, pelo prazo de 180 dias, foi, portanto, definir juízo universal para onde concorressem todos os credores, visando a proporcionar tratamento isonômico aos titulares de créditos de uma mesma classe e evitar a existência concomitante de diversas execuções em juízos distintos, sem uma ordem preferencial, o que inviabilizaria a recuperação empresarial. 5. **A relativização, por parte do STJ, da regra inserta no art. 6º, § 4º, da Lei n. 11.101/2005, que diz respeito ao prazo de suspensão das execuções, coaduna-se com interpretação sistêmica, à luz do princípio da preservação da empresa (art. 47), objetivando assegurar a igualdade dos credores, respeitados, evidentemente, os privilégios e preferências dos créditos, sem, contudo, permitir que o credor fique, indefinidamente, refém do plano de recuperação, ante a permissão de se extrapolar o prazo de 180 dias.** 6. Nesse sentido, os precedentes jurisprudenciais do Colendo STJ e as orientações preconizadas no Provimento n. 1/CGJT. 7. Com a evidência de que a suspensão das ações e execuções movidas contra a executada havia sido prorrogada pelo Juízo Cível e de que a recuperanda vem atendendo aos comandos judiciais e imposições legais, deve ser suspensa a execução do processo matriz. Recurso ordinário conhecido e provido. (TST – RO – 80175-05.2016.5.07.0000, Relator Ministro: Alberto Luiz Bresciani de Fontan Pereira, Subseção II Especializada em Dissídios Individuais, DEJT 21.10.2016).

> RECURSO ORDINÁRIO EM MANDADO DE SEGURANÇA. DEPÓSITO RECURSAL. RECUPERAÇÃO JUDICIAL DECLARADA POSTERIORMENTE. EXECUÇÃO PROCESSADA NO JUÍZO DA RECUPERAÇÃO JUDICIAL. IMPOSSIBILIDADE DE LIBERAÇÃO DE VALORES DEPOSITADOS ANTERIORMENTE NO ÂMBITO DA JUSTIÇA DO TRABALHO. **Declarada a recuperação judicial da reclamada, a competência da Justiça do Trabalho fica adstrita à formação do título executivo até momento da liquidação.** Nos termos da jurisprudência da SBDI-2 desta Corte, à Consolidação dos Provimentos da CGJT, e aos precedentes do STJ e STF, **firmou-se o entendimento de que todos os atos de execução referentes às reclamações trabalhistas cuja executada tenha a recuperação judicial declarada somente podem ser executados perante o Juízo Universal,** ainda que o depósito/constrição tenha ocorrido em momento anterior à mencionada declaração, sendo do Juízo Universal a competência para a prática de quaisquer atos de execução referentes a reclamações trabalhistas movidas contra a Empresa Recuperanda. (TST-RO-348-74.2016.5.13.0000, SBDI-II, rel. Min. Maria Helena Mallmann, red. p/ acórdão Min. Renato de Lacerda Paiva, Disponibilizado no DEJT em 07.06.2018, publicado em 08.06.2018) – Grifei.

Percebe-se que, valendo-se de uma interpretação sistêmica, que prioriza o princípio da preservação da empresa em detrimento do direito alimentar dos trabalhadores, o posicionamento dos Tribunais Superiores (STF, STJ e TST) é majoritariamente no sentido de que a execução deverá permanecer suspensa na Especializada Trabalhista, ainda que ultrapassado o prazo legal de 180 dias, a fim de possibilitar a consecução do plano[14].

Embora alguns precedentes isolados de Turmas do C. TST possuam posicionamento divergente[15], baseados em uma interpretação restritiva da lei e mais harmônica com o melhor interesse do credor trabalhista. Nesse mesmo sentido é a jurisprudência dominante do TRT da 3ª Região, consubstanciada, inclusive, na Tese Prevalecente n. 9, contrária ao entendimento da SBDI –II do C. TST, e com a qual o presente trabalho se coaduna:

(14) TST – Ag – 0000059-88.2016.5.06.0016, Redator: Maria do Socorro Silva Emerenciano, Data de julgamento: 25.10.2018, Primeira Turma, Data da assinatura: 29.10.2018.

(15) TST – RO – 348-74.2016.5.13.0000, Redator: Ministro Renato de Lacerda Paiva. Publicado em: 08.06.2018.

Tese Prevalecente n. 9

Ultrapassado o prazo de suspensão de 180 dias previsto no § 4º do art. 6º da Lei n. 11.101/2005, restabelece-se para o credor o direito de prosseguir na execução na Justiça do Trabalho, ainda que o crédito trabalhista já esteja inscrito no quadro geral de credores. (RA 103/2016, disponibilização: DEJT/TRT-MG/Cad. Jud. 19, 20 e 23.05.2016)[16]

Apesar dos posicionamentos exarados pelos Tribunais Superiores no sentido de dilatar o prazo de suspensão da execução trabalhista, não se trata de matéria superada, sobretudo em nível regional, perdurando a insegurança jurídica sobre o tema.

2.1.2. Direcionamento da Execução para o Juízo Universal

Diversamente do exposto no tópico 2.1.1, que ilustrou as controvérsias acerca da suspensão da Execução na esfera trabalhista, faz-se necessário compreender situação distinta: Onde será processada a execução trabalhista quando a empresa exequenda já estiver com seu Plano de Recuperação Judicial homologado?

Tal questionamento também gera controvérsias, sendo imperiosa a correta concepção acerca da diferença existente entre Suspensão da Execução (decorrente do processamento do pedido de Recuperação) e o Redirecionamento da Execução para o Juízo Universal (resultante da homologação do Plano).

Os julgados abaixo exemplificam a diferenciação apontada:

> RECUPERAÇÃO JUDICIAL – HABILITAÇÃO DO CRÉDITO TRABALHISTA – CABIMENTO – Conforme entendimento predominante nesta Corte, após o transcurso do prazo de 180 dias de suspensão do processo, previsto no art. 6º da Lei n. 11.101/2005, a execução prossegue perante esta Justiça Especializada até que haja a decisão homologando o plano de recuperação aprovado pelos credores. Até esse momento, são válidos os atos de execução praticados na tentativa de recebimento da dívida, sendo que, a partir de então, falece competência à Justiça do Trabalho para dar andamento ao feito. Agravo de petição do exequente a que se nega provimento." (TRT18 – AP-0010453-71.2013.5.18.0002. RELATOR: DESEMBARGADOR PLATON TEIXEIRA DE AZEVEDO FILHO. Sessão de Julgamento: 29.09.2016) – Grifei.

> CONFLITO POSITIVO DE COMPETÊNCIA. VIAÇÃO AÉREA SÃO PAULO S.A – VASP. EMPRESA EM RECUPERAÇÃO JUDICIAL. SUSPENSÃO DAS EXECUÇÕES INDIVIDUAIS. NECESSIDADE. 1. O conflito de competência não pode ser estendido de modo a alcançar juízos perante os quais este não foi instaurado. 2. Aprovado o plano de recuperação judicial, os créditos serão satisfeitos de acordo com as condições ali estipuladas. Nesse contexto, mostra-se incabível o prosseguimento das execuções individuais. Precedente. 3. Conflito parcialmente conhecido para declarar a competência do Juízo da 1ª Vara de Falências e Recuperações Judiciais do Foro Central de São Paulo – SP. (TST – CC 88661 SP 2007/0188584-8 – Relator: Fernando Gonçalves – Julgamento: 25.08.2005 – Segunda Seção – DJ 03.06.2008) – Grifei.

Conforme se pode aferir dos julgados acima, o direcionamento da Execução Trabalhista para o Juízo Universal após a homologação do plano encontra respaldo jurisprudencial, inclusive nas Cortes Superiores e da Corregedoria Geral da Justiça do Trabalho, que assim dispôs por meio do Provimento CGJT 01/2012:

> (...) aprovado e homologado o Plano de Recuperação Judicial, é do Juízo de Falências e Recuperações Judiciais a competência para a prática de quaisquer atos de execução referentes a reclamações trabalhistas movidas contra a Empresa Recuperanda, de acordo com a jurisprudência consolidada no STJ e no STF.

> Art. 1º No caso de execução de crédito trabalhista em que se tenha dado a decretação da falência do executado ou este se encontre em recuperação judicial, caberá aos MM. Juízos das Varas do Trabalho orientar os respectivos credores para que providenciem a habilitação dos seus créditos perante o Administrador Judicial da Empresa Falida ou em Recuperação Judicial, expedindo para tanto Certidão de Habilitação de Crédito[17].

Sob esse viés, entende-se que após a homologação do Plano, a execução do crédito trabalhista se dá junto ao Juízo Universal, por meio da habilitação da certidão de crédito oriunda da Justiça Especializada, entendimento majoritário e que se ratifica.

Averte-se que o direcionamento não tem o condão de frustrar o direito do trabalhador, existindo regramento próprio na legislação dispondo sobre a preferência dos créditos derivados da Justiça do Trabalho (art. 83, I da Lei n. 11.101/2015)[18], bem como prazo máximo de um ano para seu pagamento (art. 54 da mesma Lei)[19].

Mais uma vez, a questão não deixa de ser controvertida, perpetuando as divergências entre os operadores de direito,

(16) TRT3. Tese *Prevalecente* 9. Disponível em: <https://portal.trt3.jus.br/internet/jurisprudencia/uniformizacao-de-jurisprudencia/tese-juridica-prevalecente>. Acesso em: 18 dez. 2018.

(17) CGJT. *Provimento* n. *01/2012*. Dispõe sobre os procedimentos a serem adotados pelos MM. Juízos do Trabalho relativamente a credores trabalhistas de Empresa Falida ou em Recuperação Judicial e dá outras providências. Disponível em: <http://www.trtsp.jus.br/geral/tribunal2/TST/Provimen/Prov01_12.html>. Acesso em: 10 jan. 2019.

(18) Art. 83. A classificação dos créditos na falência obedece à seguinte ordem: I – os créditos derivados da legislação do trabalho, limitados a 150 (cento e cinquenta) salários-mínimos por credor, e os decorrentes de acidentes de trabalho;

(19) Art. 54. O plano de recuperação judicial não poderá prever prazo superior a 1 (um) ano para pagamento dos créditos derivados da legislação do trabalho ou decorrentes de acidentes de trabalho vencidos até a data do pedido de recuperação judicial. Parágrafo único. O plano não poderá,

existindo quem sustente que a competência executória será sempre da Justiça do Trabalho.

Para tanto, essa corrente se vale do disposto no art. 114 da CR/88, donde se pode aferir a competência da Especializada para decidir os dissídios entre empregados e empregadores e executar suas decisões, ficando, pois, a execução trabalhista fora do alcance da força atrativa do Juízo Universal. Atrelado a esse fundamentado, invocam o art. 877, da CLT, que dispõe que a competência executória pertence àquele Juízo que tiver conciliado ou julgado originalmente o processo, ou seja, o Juízo Trabalhista[20].

Ante ao exposto, nos tópicos 2.1.1 e 2.1.2, foi possível delinear a distinção existente entre a suspensão da execução na Especializada Trabalhista pelo período de 180 dias após o pedido de Recuperação Judicial (improrrogáveis, nos termos defendidos por este trabalho) e o efetivo encaminhamento dessa para processamento perante o Juízo Universal da Recuperação Judicial, devida após a efetiva homologação do Plano.

2.1.3. Créditos submetidos ao Juízo Universal da Recuperação Judicial

Dispõe o art. 49, da Lei n. 11.101/2005, que a Recuperação Judicial abrange todos os créditos existentes na data do seu pedido, ainda que não vencidos. Contudo, cinge-se discussão sobre o tema, sendo possível questionar se apenas os créditos oriundos de ações ajuizadas ou julgadas antes do pedido da Recuperação Judicial é que devem se submeter ao plano.

Após muita discussão, o STJ pronunciou-se sobre o tema quando do julgamento do Recurso Especial 1.634.046 – RS 2016/0250770-3, publicado no DJE em 18.05.2017. A decisão, amparada por parecer do Ministério Público, foi no sentido de que, ainda que a ação trabalhista tenha sido ajuizada ou julgada após o pedido de Recuperação Judicial, se os pedidos forem referentes a violações à legislação trabalhista ocorridas em período anterior à recuperação, eventuais créditos se submeterão ao plano, sendo considerados como créditos trabalhistas privilegiados, nos termos do art. 83 da Lei n. 11.101/2005, e não extraconcursais[21].

Sob essa perspectiva, independentemente da data em que ocorrer o provimento jurisdicional trabalhista, o importante a se observar será a data de origem dos créditos, isso é, a época da atividade laboral. Nas palavras do Ministro Marco Aurélio Bellizze[22] do STJ:

> Uma sentença que reconheça o direito do trabalhador em relação à aludida verba trabalhista certamente não constitui este crédito, apenas o declara. E, se este crédito foi constituído em momento anterior ao pedido de recuperação judicial, aos seus efeitos se encontra submetido, inarredavelmente.

Lado contrário, nos termos dos arts. 67 e 84 da Lei n. 11.101/2005, os créditos decorrentes de obrigações contraídas pelo devedor no curso da Recuperação Judicial, donde podem se incluir os créditos trabalhistas e relativos a acidentes de trabalho, serão considerados extraconcursais, tendo preferência em relação àqueles já abrangidos pelo plano, quando de eventual decretação de falência. Nesse sentido é o entendimento do Ministro Marco Aurélio Bellizze[23]:

> O tratamento privilegiado ofertado pela lei de regência aos créditos posteriores ao pedido de recuperação judicial tem por propósito, a um só tempo, viabilizar a continuidade do desenvolvimento da atividade da empresa em recuperação, bem como beneficiar os credores que contribuem ativamente para o soerguimento da empresa em crise.

2.1.4. Prosseguimento da Execução em face de terceiros no âmbito da Justiça do Trabalho

Mais uma peculiaridade a ser analisada é a possibilidade de execução dos sócios da empresa recuperanda, de outras empresas do mesmo Grupo Econômico e da empresa sucessora perante a Justiça Especializada.

Há quem sustente que o procedimento de desconsideração da personalidade jurídica, com consequente direcionamento da execução aos sócios da Empresa Recuperanda deveria ser decidido pelo Juízo Universal, em razão de sua função precípua de viabilizar a manutenção da fonte produtiva da empresa, o que poderia ser afetado pela execução de seus sócios[24]. Por sua vez, há decisões no sentido de que

ainda, prever prazo superior a 30 (trinta) dias para o pagamento, até o limite de 5 (cinco) salários-mínimos por trabalhador, dos créditos de natureza estritamente salarial vencidos nos 3 (três) meses anteriores ao pedido de recuperação judicial.

(20) Corrente e argumentos apresentados pelo professor Cleber Lúcio em seu manual de Direito Processual do Trabalho. ALMEIDA, Cléber Lúcio de. *Direito Processual do Trabalho*. 6. ed. São Paulo: LTr, 2016, p. 840-841.

(21) Nos termos do art. 67 da Lei n. 11.101/2005, "os créditos decorrentes de obrigações contraídas pelo devedor durante a recuperação judicial, inclusive aqueles relativos a despesas com fornecedores de bens ou serviços e contratos de mútuo, serão considerados extraconcursais, em caso de decretação de falência, respeitada, no que couber, a ordem estabelecida no art. 83 desta Lei".

(22) TST – RESP 1.634.046 – RS 2016/0250770-3 – Relatora: Min. Nancy Andrighi. Redator: Min. Marco Aurélio Bellizze Publicado no DJE em 18.05.2017.

(23) TST – RESP 1.634.046 – RS 2016/0250770-3 – Relatora: Min. Nancy Andrighi. Redator: Min. Marco Aurélio Bellizze Publicado no DJE em 18.05.2017.

(24) Vide julgamento do Agravo de Petição – Autos n. 0157100-82.2015.02.0040, Relator: Dr. Moises Dos Santos Heitor. Publicado no DJe em 13.04.2016.

"apenas ficando definitivamente comprovada no Juízo da Recuperação Judicial a inexistência de patrimônio da empresa capaz de saldar os créditos habilitados, poderá haver persecução dos bens dos sócios"[25].

Pensamento diverso se faz no sentido de que a Recuperação Judicial não interfere no direito dos credores perante aos coobrigados da dívida, a exemplo não apenas dos sócios, como também de eventuais empresas do mesmo Grupo Econômico, pelo que seria plenamente possível o redirecionamento da execução.

Para Cléber Lúcio, "não há como negar que compete à Justiça do Trabalho a execução contra seus sócios. [...] O mesmo ocorre em relação à sucessão trabalhista. E quanto às empresas do mesmo grupo econômico".

Nesse sentido é a Súmula n. 28 do TRT da 12ª Região:

> FALÊNCIA OU RECUPERAÇÃO JUDICIAL. RESPONSABILIDADE SUBSIDIÁRIA.
>
> Dado o caráter alimentar das verbas trabalhistas, decretada a falência ou a recuperação judicial do devedor principal, a execução pode voltar-se imediatamente contra devedor subsidiário. (RA 13/2012, publicada no Diário Oficial Eletrônico – TRT-SC/DOE, nos dias 07, 08 e 09.01.2013)

Em igual sentido é a Súmula n. 54 do TRT da 3ª Região, que assim dispõe:

> Recuperação judicial. Redirecionamento da execução.
>
> I. Deferido o processamento da recuperação judicial ao devedor principal, cabe redirecionar, de imediato, a execução trabalhista em face do devedor subsidiário, ainda que ente público. Inteligência do § 1º do art. 49 da Lei n. 11.101/2005.
>
> II. O deferimento da recuperação judicial ao devedor principal não exclui a competência da Justiça do Trabalho para o prosseguimento da execução em relação aos sócios, sucessores (excetuadas as hipóteses do art. 60 da Lei n. 11.101/2005) e integrantes do mesmo grupo econômico, no que respeita, entretanto, a bens não abrangidos pelo plano de recuperação da empresa. (RA 104/2016, disponibilização: DEJT/TRT-MG/Cad. Jud. 19, 20 e 23.05.2016)

Nas palavras da Magistrada Maria Cristina Diniz Caixeta, do mesmo Tribunal:

> É importante lembrar que o Direito Trabalhista consagra a Teoria Menor da Desconsideração da Personalidade Jurídica, segundo a qual a simples inadimplência da empresa, ou a ausência de bens da devedora principal suficientes para garantir a execução, autorizam que os bens patrimoniais dos sócios respondam pelas dívidas contraídas pela empresa executada, quadro que não se desnatura pelo deferimento de recuperação judicial.[26]

Conclui-se nesse ponto pela possibilidade de redirecionamento da execução aos sócios da empresa recuperanda, assim como a outras empresas integrantes do Grupo Econômico, mas que não se encontram em Recuperação Judicial.

Nesse sentido assente a jurisprudência do STJ:

> AGRAVO REGIMENTAL EM CONFLITO DE COMPETÊNCIA – RECUPERAÇÃO JUDICIAL – DESCONSIDERAÇÃO DA PERSONALIDADE JURÍDICA – CONSTRIÇÃO DE BENS DOS SÓCIOS – RECURSO NÃO PROVIDO. I. Não configura conflito de competência a constrição de bens dos sócios da empresa em recuperação judicial, à qual foi aplicada, na Justiça Especializada, a desconsideração da personalidade jurídica. Precedentes. II. Agravo regimental a que se nega provimento' (AgRg no CC: 121636 SP 2012/0058130-3, Relator: Ministro MARCO BUZZI, Data de Julgamento: 27.06.2012. Publicado DJe em: 01.08.2012).

No mesmo sentido é a Súmula n. 480 do STJ:

> Súmula n. 480
>
> O juízo da recuperação judicial não é competente para decidir sobre a constrição de bens não abrangidos pelo plano de recuperação da empresa. (RSTJ Vol. 00227, p. 00938 – Publicada no DJe em: 01.08.2012).

Ressalte-se ainda a possibilidade de prosseguimento da execução em face dos sócios, de empresas do mesmo Grupo Econômico e eventuais responsáveis subsidiários perante a Especializada Trabalhista, ainda que o crédito já esteja habilitado perante o Juízo Universal, pois em relação àquele existe apenas uma expectativa de satisfação, não implicando a extinção da execução, conforme exposto nas decisões abaixo colacionadas:

> RESPONSABILIDADE SOLIDÁRIA – GRUPO ECONÔMICO – EMPRESA EM RECUPERAÇÃO JUDICIAL – BENEFÍCIO DE ORDEM – REDIRECIONAMENTO DA EXECUÇÃO EM FACE DA EMPRESA INTEGRANTE DO GRUPO EMPRESARIAL – Esta Seção Especializada firmou entendimento no sentido de que decretada a falência ou iniciado o processo de recuperação judicial, e havendo responsáveis subsidiários ou solidários, a execução pode ser imediatamente redirecionada em face destes (OJ EX SE n. 28, item VII). **Nesta senda, cabe frisar que a previsão do art. 6º, § 4º da Lei n. 11.101/2005 não tem o condão de impedir o prosseguimento da presente execução perante esta Justiça Especial em face dos demais devedores (solidários, subsidiários**

(25) TRT 18ª R. – AP 0010120-28.2017.5.18.0181 – Rel. Geraldo Rodrigues do Nascimento. Publicado no DJe em: 08.10.2018.

(26) CAIXETA, Maria Cristina Diniz. *In Recuperação judicial da empresa não impede prosseguimento da execução contra os sócios na JT.* Disponível em: <https://portal.trt3.jus.br/internet/conheca-o-trt/comunicacao/noticias-juridicas/importadas-2017/recuperacao-judicial-da-empresa-nao--impede-prosseguimento-da-execucao-contra-os-socios-na-jt-14-01-2017-06-02-acs>. Acesso em: 13 dez. 2018.

TRT3 – AP 0000252-42.2012.5.03.0044– Relª Juíza Convocada Maria Cristina Diniz Caixeta – DJe 29.08.2016.

ou sócios), tendo à vista que eventual habilitação dos créditos implica apenas expectativa de satisfação do crédito trabalhista. Assim, tendo à vista que no caso em apreço a execução está sendo direcionada em face da responsável solidária, a executada RIO VERDE REFLORESTADORA LTDA (decisão de fls. 281/289),tem-se que a aprovação do plano de recuperação judicial da executada ANGELO CAMILOTTI & CIA LTDA não obsta o prosseguimento dos atos executórios em face da ora agravante. Agravo de petição improvido. (TRT 09ª R. – AP 0000467-90.2015.5.09.0126 – Rel. Cássio Colombo Filho – DJe 14.03.2017 – p. 336). – Grifei.

EXECUTADA EM RECUPERAÇÃO JUDICIAL – DESCONSIDERAÇÃO DA PERSONALIDADE JURÍDICA – REDIRECIONAMENTO CONTRA OS SÓCIOS – POSSIBILIDADE – Em se tratando de empresa falida ou em recuperação judicial, o mais recente entendimento do Col. STJ é que pode ser redirecionada a execução trabalhista contra o sócio ou contra as empresas do mesmo grupo econômico se a devedora principal não possuir patrimônio suficiente para garantia da execução. Demonstrada a inexistência de bens da Executada (pessoa jurídica) mormente considerando que fora deferido o processamento da recuperação judicial, o que evidencia, por si só, o seu estado de insolvência, há se deferir o pedido de desconsideração da personalidade jurídica. **A simples expedição de certidão para habilitação de crédito não é causa suficiente para extinção da execução**. Agravo de Petição conhecido e provido. (TRT 10ª R. – AP 01667-2013-008-10-00-9 – Rel. Des. José Leone Cordeiro Leite – DJe 12.06.2015) – Grifei.

Em relação às empresas sucessoras, algumas discussões merecem atenção.

A sucessão empresarial caracteriza-se pela mudança na propriedade ou na estrutura jurídica da empresa. Nos termos dos arts. 10[(27)] e 448[(28)] da CLT, tais alterações não afetarão os contratos de trabalho dos respectivos empregados, dispondo o art. 448-A, que "as obrigações trabalhistas, inclusive as contraídas à época em que os empregados trabalhavam para a empresa sucedida, são de responsabilidade do sucessor".

Não obstante, a Lei n. 11.101/2005 dispôs em seu art. 60 que, se o Plano de Recuperação Judicial aprovado envolver a alienação judicial de filiais ou de unidades produtivas isoladas do devedor, o juiz ordenará a sua realização e, nos termos de seu parágrafo único, o objeto da alienação estará livre de qualquer ônus, não havendo sucessão do arrematante nas obrigações do devedor, inclusive trabalhistas.

Essa divergência existente entre as normas insculpidas pela CLT e pela Lei n. 11.101/2005 era resolvida de diversas formas pela doutrina.

Para Saad[(29)], aplicando-se o princípio da especialidade, "a regra específica no parágrafo único do art. 60, da Lei de Falência, afasta a aplicabilidade das regras contidas nos arts. 10, 448 e 449, todos da CLT", pelo que não haveria de se falar em responsabilização da empresa sucessora.

Para outros doutrinadores[(30)], a questão estaria atrelada à conceituação de sucessão, uma vez que a expressão cunhada no art. 60, a saber, "a alienação judicial de filiais ou de unidades produtivas isoladas do devedor" não equivaleria à sucessão empresarial, sendo indevida a responsabilização da empresa "arrematante".

Em sentido contrário, alguns doutrinadores, invocando o princípio da aplicação da norma mais favorável, entendiam que haveria sucessão e responsabilização da empresa considerada sucessora, ainda que a transação houvesse ocorrido no bojo da Recuperação Judicial. Esse entendimento, com o qual se coaduna, privilegiava o melhor interesse do credor – possuidor de créditos alimentares, e a observância dos princípios da vedação do retrocesso e da máxima efetividade dos direitos sociais, conforme exposto pela jurisprudência selecionada:

CONFLITO DE COMPETÊNCIA. DECISÃO DO SUPERIOR TRIBUNAL DE JUSTIÇA QUANTO À APLICAÇÃO DA LEI DE RECUPERAÇÃO JUDICIAL. ALCANCE RESTRITO ÀS MATÉRIAS RELATIVAS AO INSTITUTO PROPRIAMENTE DITO. COMPETÊNCIA EXCLUSIVA DA JUSTIÇA DO TRABALHO PARA DECIDIR SOBRE A SUCESSÃO EMPRESARIAL POR EMPRESA ADQUIRENTE DA UNIDADE PRODUTIVA. É exclusiva a competência da Justiça do Trabalho para decidir matéria alusiva à relação de trabalho, em face da regra prevista no art. 114, I, da Constituição Federal. Ao apreciar pedido de reconhecimento de ocorrência de sucessão empresarial, a partir da aquisição da Unidade Produtiva da empresa submetida ao processo de recuperação judicial, não há descumprimento de decisão proferida pelo Superior Tribunal de Justiça, relativamente a conflito de competência entre Juízes do Trabalho e da Vara Empresarial, porquanto se trata de definição dos efeitos da aplicação da regra prevista nos arts. 10 e 448, da CLT, na linha do entendimento sedimentado na OJ n. 261, do TST, que, embora dirigido aos casos de liquidação extrajudicial dos bancos, pode ser analogicamente aplicado à hipótese. RECUPERAÇÃO JUDICIAL. DESCARACTERIZAÇÃO DA SUCESSÃO EMPRESARIAL. AUSÊNCIA DE PREVISÃO NO ART. 60, DA LEI N. 11.101/2005. TRATAMENTO LEGAL DIFERENCIADO DAS HIPÓTESES DE RECUPERAÇÃO JUDICIAL E FALÊNCIA. **A comparação entre a redação do art. 60, parágrafo único, e art. 141, II,**

(27) Art. 10 – Qualquer alteração na estrutura jurídica da empresa não afetará os direitos adquiridos por seus empregados.

(28) Art. 448 – A mudança na propriedade ou na estrutura jurídica da empresa não afetará os contratos de trabalho dos respectivos empregados.

(29) SAAD, Eduardo Gabriel. *Consolidação das Leis do Trabalho*. 42. ed. São Paulo: LTr, 2009, p. 539.

(30) Entendimento exarado por Cavalcanti e Jorge Neto e Fábio Ulhôa Coelho. CAVALCANTE, Jouberto de Quadros Pessoa; JORGE NETO, Francisco Ferreira. *O empregado público*. 2. ed. São Paulo: LTr, 2009, p. 194; COELHO, Fábio Ulhôa. *Comentários à nova lei de falências e de recuperação de empresas: (Lei n. 11.101, de 09.02.2005)*. 6. ed. São Paulo: Saraiva, 2009, p. 170.

ambos da Lei n. 11.101/2005 e a rejeição da Emenda n. 12, de Plenário, no projeto de lei respectivo, permitem extrair a ilação de que a alienação da empresa no processo de recuperação judicial não afasta a caracterização da sucessão empresarial e, por conseguinte, não torna o adquirente livre do ônus quanto aos débitos de natureza trabalhista. RECUPERAÇÃO JUDICIAL. CARACTERIZAÇÃO DA SUCESSÃO EMPRESARIAL. APLICAÇÃO DO PRINCÍPIO DA VEDAÇÃO DO RETROCESSO SOCIAL. Ainda que fosse possível concluir-se pela ausência de responsabilidade do adquirente da empresa no processo de recuperação judicial, quanto aos débitos de natureza trabalhista, desprezando-se a diferenciação existente entre os arts. 60, parágrafo único, e 141, II, da Lei n. 11.101/2005, quanto aos efeitos gerados na recuperação judicial e na falência, a aplicação do princípio da vedação de retrocesso social impede a incidência da regra excludente, também havendo violação ao princípio da máxima efetividade dos direitos sociais, ambos decorrentes da exegese constitucional. (PROCESSO TRT/5ª REGIÃO, RO n. 00825-2006-003-05-00-0, Rel. Des. Cláudio Brandão. Publicado no DJ em 13.11.2007) – Grifei.

A ADI n. 3.934[31] que discutia justamente essa questão (processo paradigma RE 583955/RJ), por sua vez, foi julgada improcedente pelo STF em maio de 2009, prevalecendo o entendimento consubstanciado no princípio da conservação da empresa, segundo o qual os adquirentes de empresas alienadas judicialmente não assumem os débitos, sendo isentos de quaisquer ônus decorrentes da sucessão trabalhista.

Nesse enfoque tem-se que, nos termos da Lei n. 11.101/2005, considerada constitucional pela ADI n. 3.934, as sucessões trabalhistas ocorridas no bojo do Plano de Recuperação Judicial implicam a ausência de responsabilidade das empresas sucessoras no que tange aos débitos existentes.

Persistem, contudo, posicionamentos divergentes, como a seguir demonstrado:

DEVEDORA PRINCIPAL EM RECUPERAÇÃO JUDICIAL – GRUPO ECONÔMICO – SUCESSÃO – AGRAVO DE PETIÇÃO – REDIRECIONAMENTO DA EXECUÇÃO – POSSIBILIDADE – A teor do que dispõem os arts. 2º, § 2º, 10 e 448 da CLT, a responsabilidade da sucessora ou da empresa do mesmo grupo empresarial não possui relação com a recuperação judicial da empregadora. Nessa condição, podem assumir toda e qualquer obrigação trabalhista inadimplida pela empregadora primeira, sem necessidade de habilitação no juízo universal. O ordenamento jurídico vigente jamais conferiu ao juízo da recuperação judicial competência para dirimir questões afetas à sucessão trabalhista e à decretação da responsabilidade solidária das empresas integrantes do grupo econômico da executada que teve a sua recuperação judicial decretada, porque matérias fincadas numa raiz fundadora da Justiça do Trabalho desde o seu aparecimento no cenário constitucional como órgão do Poder Judiciário, tudo reforçado pelo texto ainda mais abrangente consagrado na nova redação do art. 114, inciso I, da Carta Política de 1988. Em vez de conspirar contra o fundamento político justificador da instituição do juízo universal da recuperação, a continuidade da execução trabalhista contra pessoas que não figuram no rol dos devedores nos autos do processo em trâmite perante a Justiça Comum contribuirá decisivamente para o resultado final perseguido com a instauração da recuperação: a satisfação do maior número de dívidas contraídas pela empresa, com destaque para os créditos de natureza privilegiada, incluindo-se nesse rol os trabalhistas. Agravo de Petição do exequente conhecido e provido. (TRT 10ª R. – AP 0001476-80.2013.5.10.0821 – Rel. Grijalbo Fernandes Coutinho – DJe 11.07.2018 – p. 987) – Grifei.

AGRAVO DE PETIÇÃO – SUCESSÃO – PROSSEGUIMENTO DA EXECUÇÃO – Uma vez reconhecida pela sentença a existência de sucessão e responsabilidade solidária, não há que se falar na extinção da execução pela recuperação judicial da empresa sucedida, devendo a execução prosseguir em face da empresa sucessora. Agravo conhecido e provido. (TRT 23ª R. – AP 00156.2009.046.23.00-9 – 2ª T. – Red. Des. João Carlos – J. 06.04.2011) – Grifei.

2.1.5. Atualização monetária

Outra questão a ser analisada diz respeito à atualização monetária dos créditos a serem habilitados perante ao Juízo Universal da Recuperação Judicial.

Uma vez iniciada a fase de liquidação, o valor do crédito apurado é devidamente atualizado e acrescido de juros moratórios, da data do ajuizamento da ação (ou da lesão, em alguns casos), até o mês em que a liquidação está sendo operada.

Contudo, o art. 9º, II, da Lei n. 11.101/2005 dispõe que, para viabilizar a habilitação do crédito pelo credor perante o Juízo Universal, o valor do crédito deve estar atualizado até a data do pedido de Recuperação Judicial.

Tal medida faz-se necessária a fim de não ferir a igualdade entre os credores, ocasionando o favorecimento de algum em detrimento dos demais. Especificamente, a correção monetária posterior à data de requerimento da Recuperação Judicial implica dupla correção, e consequente enriquecimento ilícito dos Exequentes, uma vez que no Juízo Universal ocorre uma novação[32] das obrigações,

(31) Trata-se de ação direta de inconstitucionalidade, com pedido de medida liminar, proposta pelo Partido Democrático Trabalhista – PDT, na qual impugna os arts. 60, parágrafo único, 83, I e IV, c, e 141, II, da Lei 11.101, de 9 de fevereiro de 2005, que regula a recuperação judicial, a extrajudicial e a falência do empresário e da sociedade empresária, por entender incompatíveis com o disposto nos arts. 1º, III e IV, 6º, 7º, I, e 170, VIII, da Constituição Federal (AÇÃO DIRETA DE INCONSTITUCIONALIDADE 3.934-2, decisão publicada no DJE em 04.06.2009).

(32) A Novação consiste na criação de uma nova obrigação que substitui, extinguindo a obrigação anterior e originária. VENOSA, Sílvio de Salvo. *Teoria geral das obrigações e teoria geral dos contratos*. 27. ed. São Paulo: Atlas, 2007. p. 244.

sendo aplicado, quando da satisfação dos créditos, a devida atualização nos moldes estabelecidos.

Em que pese o exposto, há uma corrente que entende que, uma vez transitada em julgado a decisão na seara trabalhista, os critérios de correção monetária não poderiam ser alterados, sob pena de violação da coisa julgada. Esse entendimento, contudo, foi superado pelo STJ, que assim esclareceu:

> PROCESSUAL CIVIL. RECURSO ESPECIAL. RECUPERAÇÃO JUDICIAL. HABILITAÇÃO DE CRÉDITO. ATUALIZAÇÃO. TRATAMENTO IGUALITÁRIO. NOVAÇÃO. JUROS E CORREÇÃO. DATA DO PEDIDO DA RECUPERAÇÃO. 1. Ação de recuperação judicial da qual foi extraído o recurso especial, interposto em 21.08.2014 e atribuído ao gabinete em 25.08.2016. Julgamento: CPC/73. 2. O propósito recursal é decidir se há violação da coisa julgada na decisão de habilitação de crédito que limita a incidência de juros de mora e correção monetária, delineados em sentença condenatória por reparação civil, até a data do pedido de recuperação judicial. 3. Em habilitação de créditos, aceitar a incidência de juros de mora e correção monetária em data posterior ao pedido da recuperação judicial implica negativa de vigência ao art. 9º, II, da LRF. 4. O plano de recuperação judicial implica novação dos créditos anteriores ao pedido, e obriga o devedor e todos os credores a ele sujeitos. Assim, todos os créditos devem ser atualizados até a data do pedido de recuperação judicial, sem que isso represente violação da coisa julgada, pois a execução seguirá as condições pactuadas na novação e não na obrigação extinta, sempre se respeitando o tratamento igualitário entre os credores. 5. Recurso especial não provido" (STJ – REsp 1.662.793/SP, Rel. Ministra NANCY ANDRIGHI, Terceira Turma, j. 08.08.2017, DJe 14.08.2017) – Grifei.

Assim, nos estritos termos da Lei n. 11.101/2005, e amparado pela jurisprudência do STJ e de alguns Tribunais Regionais do Trabalho[33], a atualização deve ocorrer apenas até a data do pedido de Recuperação, cabendo ao Juízo Universal "mandar corrigir os valores de juros e atualização, limitando tais acréscimos ao disposto no inciso II do art. 9º desta Lei"[34].

Em igual sentido é o Enunciado n. 73 da II Jornada de Direito Comercial[35]:

> Para que seja preservada a eficácia do disposto na parte final do § 2º do art. 6º da Lei n. 11.101/2005, é necessário que, no juízo do trabalho, o crédito trabalhista para fins de habilitação seja calculado até a data do pedido da recuperação judicial ou da decretação da falência, para não se ferir a par *condicio creditorum* e observarem-se os arts. 49, *caput*, e 124 da Lei n. 11.101/2005.

Ressalte-se que não há qualquer óbice à incidência de juros e correção monetária no curso da Recuperação Judicial, a lei pretendeu, tão somente, estipular parâmetros para expedição da Certidão de Crédito a ser habilitada no Juízo Universal.

O que se observa na prática, no entanto, é a relutância dos Juízos da Especializada trabalhista em emitirem certidões de habilitação de crédito observando o marco para incidência da correção monetária.

2.1.6. Valores disponíveis na especializada trabalhista

Outro ponto controverso diz respeito aos valores decorrentes de depósitos recursais ou penhoras eventualmente realizadas no curso do processo trabalhista. Estariam esses valores sujeitos ao Juízo Universal da Recuperação Judicial ou poderiam ser utilizados para satisfação do crédito obreiro diretamente pela Especializada?

Inicialmente, cumpre ressaltar que para interposição de recursos no âmbito trabalhista, o empregador precisa proceder ao pagamento do denominado depósito recursal, nos termos do art. 899 da CLT. Os valores referentes a esses depósitos são alterados anualmente e disponibilizados pelo TST, ficando à disposição do Juízo Trabalhista como garantia, ainda que parcial, da execução.

Com o advento da Lei n. 13.467/2017, no entanto, juntamente com os beneficiários da justiça gratuita e entidades filantrópicas, as empresas em Recuperação Judicial foram isentas dessa exigência. Nesse sentido, o presente tópico disporá acerca dos depósitos recursais existentes nos autos por terem sido realizados antes do advento da Reforma Trabalhista ou realizados antes de a empresa ré entrar com pedido de Recuperação Judicial.

Segundo recente entendimento da SBDI-II do C. TST, o depósito recursal realizado em ação trabalhista não integra o patrimônio do obreiro/exequente, devendo ser remetido ao Juízo Universal da Recuperação Judicial, independentemente de ter sido realizado antes ou após o processamento da Recuperação. Vejamos:

> MANDADO DE SEGURANÇA. EMPRESA EM RECUPERAÇÃO JUDICIAL. DEPÓSITO RECURSAL ANTERIOR AO PROCESSAMENTO DA RECUPERAÇÃO JUDICIAL. INTEGRAÇÃO AO JUÍZO UNIVERSAL DA FALÊNCIA. Embora o depósito recursal fique à disposição do Juízo trabalhista, ele não integra o patrimônio do reclamante, ainda que realizado antes do processamento da recuperação judicial ou da decretação da falência da empresa, de modo que todos os atos de execução referentes às reclamações trabalhistas movidas contra a recuperanda são de competência do

(33) TRT18, RO – 0010122-78.2016.5.18.0004, Rel. EUGENIO JOSE CESARIO ROSA, 1ª TURMA, 01.12.2016 e TRT4, AP – 0001168-33.2013.5.04.0232, Rel. MANUEL CID JARDON, Sessão Especializada em Execução, 16.05.2018.

(34) BEZERRA FILHO, Manoel Justino. *Lei de Recuperação de Empresas e Falência*. São Paulo: Editora Revista dos Tribunais, 2013. p. 73.

(35) JORNADA DE DIREITO COMERCIAL. 2. Brasília, 2015. Disponível em: <https://www.conjur.com.br/dl/enunciados-ii-jornada-direito-comercial.pdf>. Acesso em: 20 dez. 2018.

Juízo universal, consoante jurisprudência reiterada do STJ. Sob esse fundamento, a SBDI-II, por maioria, vencidos os Ministros Maria Helena Mallmann, relatora, Emmanoel Pereira e Delaíde Miranda Arantes, deu provimento ao recurso ordinário interposto pela empresa para denegar a segurança pretendida. (TST-RO-348-74.2016.5.13.0000, SBDI-II, rel. Min. Maria Helena Mallmann, red. p/ acórdão Min. Renato de Lacerda Paiva, publicado no DEJT em 15.05.2018) – Grifei.

Esse julgado encontra-se em consonância com a posição adotada pela Corregedoria-Geral da Justiça do Trabalho que dispôs, por meio do Provimento 01/2012, que:

> [...] todos os bens e créditos da Empresa Falida, inclusive aqueles objeto de constrição judicial e os produtos obtidos em leilão realizado no âmbito do Judiciário do Trabalho, sujeitam-se à força atrativa do Juízo Falimentar, com a consequente suspensão da execução trabalhista, na conformidade do art. 108, § 3º, da Lei n. 11.101/2005(36).

Mais uma vez não se trata de entendimento consolidado, existindo decisões de Regionais em sentido diametralmente oposto, vejamos:

> LIBERAÇÃO DE DEPÓSITO RECURSAL – EMPRESA EM RECUPERAÇÃO JUDICIAL – O **depósito recursal, por sua natureza de garantia do juízo antecipada, vincula-se ao débito trabalhista e não integra o patrimônio do empregador, não se sujeitando à arrecadação pelo juízo da recuperação judicial/falência**. (TRT 03ª R. – AP 0000560-61.2010.5.03.0137 – 3ª T. – Rel. Luis Felipe Lopes Boson – DJe 04.12.2017) – Grifei.

> RECUPERAÇÃO JUDICIAL – JUÍZO UNIVERSAL – DEPÓSITO RECURSAL – No caso vertente, trata-se de depósito efetuado pela empresa para viabilizar a interposição de recurso ordinário, nos termos do art. 899, § 1º, da CLT, de sorte que, embora efetuado em 02.05.2017 (ID 7cc6679), ou seja, após o acolhimento do pedido de recuperação judicial, em 02.03.2017 (ID 57798f2), **não mais integra o patrimônio jurídico da demandada, eis que o apelo não logrou êxito, devendo assim, de imediato, ser liberado ao autor.** Essa é a expressa dicção da parte final do comando legal em apreço. Agravo provido. (TRT 08ª R. – AP 0001238-42.2016.5.08.0003 – Relª Julianes Moraes das Chagas – DJe 22.08.2018 – p. 399) – Grifei.

Para alguns, a exemplo do recente julgado oriundo do TRT da 17ª Região, o momento em que o depósito é realizado influencia na resposta da pergunta inicial: apenas se o Depósito Recursal tiver sido efetuado antes do deferimento do pedido de Recuperação Judicial é que pertencerá ao patrimônio do obreiro, sendo devido o seu levantamento por esse, veja-se:

> DEPÓSITO RECURSAL – RECUPERAÇÃO JUDICIAL POSTERIOR – LEVANTAMENTO EM FAVOR DO EXEQUENTE – Quando o depósito recursal é efetuado anteriormente ao deferimento do pedido de recuperação judicial, deve ele ser liberado, após o trânsito em julgado da sentença exequenda, em favor do exequente, vez que não mais integra o patrimônio jurídico da empresa recuperanda, e por isso mesmo, não faz parte do plano de recuperação judicial. (TRT 17ª R. – AP 0000618-31.2014.5.17.0009 – Relª Wanda Lucia Costa Leite Franca Decuzzi – DJe 16.10.2018 – p. 2.638).

Certo é que o depósito recursal possui a finalidade de garantia, ainda que parcial, do Juízo. Nesse sentido, se existirem depósitos judiciais disponíveis na Especializada Trabalhista, certamente a sua liberação para o credor implicaria a mais célere efetivação da execução e satisfação do credor alimentício.

Se o momento processual indicar que a execução deve ser remetida ao Juízo Universal, quando todos os credores de mesma natureza serão colocados em situação de igualdade a fim de que não haja privilégio de uns em detrimento de outros, entende-se que a remessa dos valores disponíveis na Especializada àquele Juízo Universal mostra-se mais condizente.

A mesma lógica pode ser aplicada à penhora. Se no curso da execução perante à Especializada Trabalhista algum bem ou valor sofrer constrição, esse apenas poderá ser liberado ao credor enquanto a execução estiver se processando nesse juízo. Homologado o plano de Recuperação Judicial e determinada a habilitação do crédito perante o Juízo Universal, entende-se que quaisquer valores existentes na Especializada com vistas de garantir a execução devem ser a ele remetidos a fim de possibilitar o mais escorreito pagamento dos credores ou liberados ao executado.

Nesse sentido é a jurisprudência:

> RECUPERAÇÃO JUDICIAL – CRÉDITOS TRABALHISTAS – COMPETÊNCIA – JUÍZO UNIVERSAL DA FALÊNCIA – PENHORA SOBRE ATIVO APÓS O PROCESSAMENTO DA RECUPERAÇÃO JUDICIAL – DESBLOQUEIO – As ações trabalhistas movidas contra empresa em recuperação judicial devem ser processadas perante esta Justiça Especializada até a apuração do crédito do autor, que, uma vez liquidado, deverá ser inscrito no quadro-geral de credores no Juízo Falimentar. **Assim, a constrição sobre o ativo financeiro da executada após o processamento da recuperação judicial deve ser desconstituída em face da empresa.** (TRT 17ª R. – AP 0001779-39.2015.5.17.0010 – Rel. Gerson Fernando da Sylveira Novais – DJe 24.08.2018 – p. 1.248) – Grifei.

> É REITERADA A JURISPRUDÊNCIA DO SUPERIOR TRIBUNAL DE JUSTIÇA NO SENTIDO DE QUE "APÓS A APROVAÇÃO DO PLANO DE RECUPERAÇÃO

(36) CGJT. *Provimento* n. *01/2012*. Dispõe sobre os procedimentos a serem adotados pelos MM. Juízos do Trabalho relativamente a credores trabalhistas de Empresa Falida ou em Recuperação Judicial e dá outras providências. Disponível em: <http://www.trtsp.jus.br/geral/tribunal2/TST/Provimen/Prov01_12.html>. Acesso em: 10 jan. 2019.

JUDICIAL DA EMPRESA OU DA DECRETAÇÃO DA QUEBRA, AS AÇÕES E EXECUÇÕES TRABALHISTAS EM CURSO, TERÃO SEU PROSSEGUIMENTO NO JUÍZO FALIMENTAR, MESMO QUE JÁ REALIZADA A PENHORA DE BENS NO JUÍZO TRABALHISTA'. (TRT 02ª R. – AP 0000665-97.2013.5.02.0254 – Relª Maria de Lourdes Antonio – DJe 30.07.2018 – p. 19.024) – Grifei.

3. CONCLUSÃO

Por tudo o que foi exposto e analisado é possível concluir, *a priori*, que a execução de créditos trabalhistas em face de empresas submetidas ao procedimento de Recuperação Judicial não é um tema pacífico, inexistindo jurisprudência consolidada acerca de suas tantas peculiaridades.

Trata-se, inegavelmente, de um procedimento executório peculiar, que enseja empenho dos operadores de direitos a fim de propiciar a mais justa consecução da execução e, por consectário, dos direitos declarados e providos pelo pronunciamento jurisdicional, que devem ser efetivados.

Foi possível trazer a lume as principais particularidades existentes acerca das execuções de créditos trabalhistas em face de empresas submetidas ao procedimento de Recuperação Judicial, ressaltando-se questões atinentes à competência para processamento das execuções, data limite da atualização monetária aplicável, destino dos depósitos recursais e penhoras efetuadas no processo trabalhista, bem como a possibilidade da execução de terceiros como sócios, sucessores e empresas do mesmo Grupo Econômico.

Não obstante tenham sido apresentados posicionamentos diversos sobre todas essas questões, infelizmente não se pode concluir por uma estabilização da jurisprudência sobre os temas, existindo reiterados julgamentos em sentidos diversos ao longo do território nacional, o que promove insegurança jurídica e morosidade para todas as partes envolvidas.

Certo é que não se pretendeu com o presente trabalho firmar uma tese imutável, ainda que privilegiados alguns dos posicionamentos apresentados, sendo pertinente, por ora, a exposição dos diferentes pontos de vista construídos pela doutrina e jurisprudência a fim de propiciar uma reflexão, sobretudo por não se tratar de recorte amplamente explorado nos manuais de Direito Processual do Trabalho.

À guisa de conclusão, resta evidente que, independentemente do caminho argumentativo que se trace, faz-se necessário atentar para relevância e prevalência do crédito alimentar decorrente das verbas trabalhistas, sem obstar, contudo, os princípios e finalidades insculpidos pela Lei de Recuperação Judicial, importantes à manutenção da atividade econômica e postos de trabalho da empresa recuperanda.

4. REFERÊNCIAS

ALMEIDA, Cléber Lúcio de. *Direito processual do trabalho*. 6. ed. São Paulo: LTr, 2016.

BEZERRA FILHO, Manoel Justino. *Lei de Recuperação de Empresas e Falência*. São Paulo: Editora Revista dos Tribunais, 2013.

BRASIL. *Decreto-lei n. 5.452 de 1º de maio de 1943*. Aprova a Consolidação das Leis do Trabalho. Disponível em: <http://www.planalto.gov.br/ccivil_03/decreto-lei/Del5452.htm>. Acesso em: 14 dez. 2018.

BRASIL. *Lei n. 5.172 de 25 de outubro de 1966*. Dispõe sobre o Sistema Tributário Nacional e institui normas gerais de direito tributário aplicáveis à União, Estados e Municípios. Disponível em: <http://http://www.planalto.gov.br/ccivil_03/LEIS/L5172.htm>. Acesso em: 10 jan. 2019.

BRASIL. *Constituição da República Federativa do Brasil*. Disponível em: <http:// http://www.planalto.gov.br/ccivil_03/constituicao/constituicao.htm>. Acesso em: 10 jan. 2019.

BRASIL. *Lei n. 11.101 de 9 de fevereiro de 2005*. Regula a recuperação judicial, a extrajudicial e a falência do empresário e da sociedade empresária. Disponível em: < http://www.planalto.gov.br/ccivil_03/_Ato2004-2006/2005/Lei/L11101.htm>. Acesso em: 17 dez. 2018.

BRASIL. *Lei n. 13.105 de 16 de março de 2015*. Código de Processo Civil. Disponível em: <http://www.planalto.gov.br/ccivil_03/_Ato2015-2018/2015/Lei/L13105.htm>. Acesso em: 17 dez. 2018.

CAIXETA, Maria Cristina Diniz. *In*: *Recuperação judicial da empresa não impede prosseguimento da execução contra os sócios na JT*. Disponível em: <https://portal.trt3.jus.br/internet/conheca-o-trt/comunicacao/noticias-juridicas/importadas-2017/recuperacao-judicial-da-empresa-nao-impede-prosseguimento-da-execucao-contra-os-socios-na-jt-14-01-2017-06-02-acs>. Acesso em: 13 dez. 2018.

CAVALCANTE, Jouberto de Quadros Pessoa; JORGE NETO, Francisco Ferreira. *O empregado público*. 2. ed. São Paulo: LTr, 2009.

CGJT. *Provimento n. 01/2012*. Dispõe sobre os procedimentos a serem adotados pelos MM. Juízos do Trabalho relativamente a credores trabalhistas de Empresa Falida ou em Recuperação Judicial e dá outras providências. Disponível em: <http://www.trtsp.jus.br/geral/tribunal2/TST/Provimen/Prov01_12.html> Acesso em: 10 jan. 2019.

COELHO, Fábio Ulhôa. *Comentários à nova Lei de Falências e de Recuperação de Empresas*. 11. ed. São Paulo: Revista dos Tribunais, 2016.

JORNADA DE DIREITO COMERCIAL. 2. Brasília, 2015. *Enunciados Aprovados*. Disponível em: <https://www.conjur.com.br/dl/enunciados-ii-jornada-direito-comercial.pdf>. Acesso em: 20 dez. 2018.

MANGERONA, Filipe Marques. Competência dos processos falimentares e recuperacionais. *In*: COSTA, Daniel Carnio (Coord.). *Comentários completos à lei de Recuperação de Empresas e Falências*. Curitiba: Juruá, 2015.

MANSUR, Juliano Martins. *Processo de execução trabalhista em face das empresas em Recuperação Judicial*. Disponível em: <http://vcmadvogados.com.br/processo-de-execucao-trabalhista-em-face-das-empresas-em-recuperacao-judicial/>. Acesso em: 13 nov. 2018.

SAAD, Eduardo Gabriel. *Consolidação das Leis do Trabalho*. 42. ed. São Paulo: LTr, 2009.

SANTOS, Moacyr Amaral Primeiras. *Primeiras linhas de Direito Processual Civil*. São Paulo: Saraiva, 1981.

STJ. REsp 1.662.793/SP. Relatora: Ministra Nancy Andrighi. Terceira Turma. Publicado no DJe em: 14.08.2017.

STJ. AGInt-REsp 1.717.939 – 2018/0003135-6. Relator: Min. Ricardo Villas Bôas Cueva. Publicado no DJe em: 06.09.2018.

STJ. AgRg no CC 121636 SP 2012/0058130-3. Relator: Ministro Marco Buzzi. Publicado DJe em: 01.08.2012.

STJ. *Súmula 480*. RSTJ Vol. 00227, p. 00938. Publicada no DJe em: 01.08.2012.

STJ. RCD no CC 131894SP – 2013/0414833-7. Relator: Min. Raul Araújo. Publicado no Dje em: 31.03.2014.

STJ. RESP 1.634.046RS 2016/0250770-3. Relatora: Min. Nancy Andrighi. Redator: Min. Marco Aurélio Bellizze. Publicado no DJe em: 18.05.2017.

STF. RE 583955 / RJ. Relator: Min. Ricardo Lewandowski. Publicado no Dje em: 28.08.2009.

TEIXEIRA FILHO, Manoel Antônio. *Execução no Processo do Trabalho*. São Paulo: LTr, 2001.

TRT 2ª Região – AP 0157100-82.2015.02.0040. Relator: Dr. Moises dos Santos Heitor. Publicado no DJe em: 13.04.2016.

TRT 2ª Região – AP 0000665-97.2013.5.02.0254. Relatora: Maria de Lourdes Antonio. Publicado no DJe em: 30.07.2018.

TRT 3ª Região – AP 0000252-42.2012.5.03.0044. Relatora: Juíza Convocada Dra. Maria Cristina Diniz Caixeta. Publicado no DJe em: 29.08.2016.

TRT 3ª Região. *Tese Prevalecente 9*. Disponível em: <https://portal.trt3.jus.br/internet/jurisprudencia/uniformizacao-de-jurisprudencia/tese-juridica-prevalecente>. Acesso em: 18 dez. 2018.

TRT 3ª Região. *Súmula 54*. RA 104/2016. Disponibilização: DEJT/TRT-MG/Cad. Jud. 19, 20 e 23.05.2016.

TRT 4ª Região. AP – 0001168-33.2013.5.04.0232. Relator: Dr. Manuel Cid Jardon, Sessão Especializada em Execução. Publicado no DJe em: 16.05.2018.

TRT 5ª Região. RO – 00825-2006-003-05-00-0. Relator. Des. Cláudio Brandão. Publicado no DJe em: 13.11.2007.

TRT 8ª Região. AP – 0001238-42.2016.5.08.0003. Relatora: Dra. Julianes Moraes das Chagas. Publicado no DJe em: 22.08.2018.

TRT 09ª Região. AP – 0000467-90.2015.5.09.0126. Relator: Cássio Colombo Filho. Publicado no DJe em: 14.03.2017.

TRT 10ª Região. AP – 01667-2013-008-10-00-9. Relator: Des. José Leone Cordeiro Leite. Publicado no DJe em: 12.06.2015.

TRT 10ª Região. AP – 0001476-80.2013.5.10.0821. Relator: Grijalbo Fernandes Coutinho. Publicado no DJe em: 11.07.2018.

TRT 12ª Região. *Súmula 28*. RA 13/2012. Publicada no Diário Oficial Eletrônico – TRT-SC/DOE, nos dias 07, 08 e 09.01.2013.

TRT 17ª Região. AP 0000618-31.2014.5.17.0009. Relatora: Dra Wanda Lucia Costa Leite Franca Decuzzi. Publicado no DJe em: 16.10.2018.

TRT 17ª Região. AP – 0001779-39.2015.5.17.0010. Relator: Gerson Fernando da Sylveira Novais. Publicado no DJe em: 24.08.2018.

TRT 18ª Região. AP – 0010453-71.2013.5.18.0002. Relator: Desembargador Platon Teixeira de Azevedo Filho. Publicado no DJe em: 29.09.2016.

TRT 18ª Região. AP – 0010120-28.2017.5.18.0181. Relator: Geraldo Rodrigues do Nascimento. Publicado no DJe em: 08.10.2018.

TRT 18ª Região. RO – 0010122-78.2016.5.18.0004. Relator: Dr. Eugenio Jose Cesário Rosa. Publicado no DJe em: 01.12.2016.

TST. RO80175-05.2016.5.07.0000. Relator: Ministro Alberto Luiz Bresciani de Fontan. Publicado no DJe em: 21.10.2016.

TST. RO-348-74.2016.5.13.0000, SBDI-II. Relatora: Ministra Maria Helena Mallmann, Redator: Ministro: Renato de Lacerda Paiva. Publicado no Dje em: 08.06.2018.

TST. Ag – 0000059-88.2016.5.06.0016. Redatora: Dra. Maria do Socorro Silva Emerenciano, Publicado no DJe em: 29.10.2018.

TST. RO – 348-74.2016.5.13.0000. Redator: Ministro Renato de Lacerda Paiva. Publicado no DJe em: 08.06.2018.

TST. CC 88661 SP 2007/0188584-8. Relator: Dr. Fernando Gonçalves. Publicado no DJe em: 03.06.2008.

TST. RO-348-74.2016.5.13.0000, SBDI-II. Relatora: Ministra Maria Helena Mallmann, Redator: Ministro: Renato de Lacerda Paiva. Publicado no DJe em: 15.5.2018.

VENOSA, Sílvio de Salvo. *Teoria geral das obrigações e teoria geral dos contratos*. 27. ed. São Paulo: Atlas, 2007.

A Execução e a Prescrição Intercorrente sob a Perspectiva da Lei n. 13.467/2017 – Reforma Trabalhista – e da Instrução Normativa n. 41 do TST

Luiza Otoni[1]

1. ASPECTOS INTRODUTÓRIOS

Durante muitos anos, discutiu-se no cenário doutrinário e jurisprudencial brasileiro, acerca da aplicabilidade do instituto da Prescrição Intercorrente no curso da execução de sentença trabalhista. Tal questão foi placo de diversos posicionamentos antagônicos, inclusive, no âmbito dos Tribunais Superiores.

A insegurança jurídica nesse aspecto era tão grande que o Supremo Tribunal Federal e o Tribunal Superior do Trabalho proferiram entendimentos diametralmente opostos sobre a matéria, materializados nas Súmulas ns. 327 do STF e 114 do TST.

Conquanto se aponte com frequência que a *ratio decidendi*, que conduziu à edição de ambas as súmulas não seja a mesma importância desmesurada que se confere à literalidade dos enunciados de súmulas na rotina forense, sempre levou a conflitos quanto ao tema.[2]

Toda essa discussão restou aparentemente superada com a edição da Lei n. 13.467, que entrou em vigor em 11 de novembro de 2017, conhecida como Reforma Trabalhista diante da previsão expressa contida no art. 11-A da Consolidação das Leis do Trabalho, aplicabilidade ao instituto da Prescrição Intercorrente no Processo do Trabalho, sem restrição.

Referida mudança legislativa, todavia, não pacificou o entendimento e a aplicação do instituto, na medida em que tal alteração vai de encontro aos princípios basilares que norteiam o Direito do Trabalho. Além do mais, o legislador reformista apresentou uma regulamentação genérica e simplista do instituto complexo que é a prescrição, deixando de estipular o procedimento adequado e as peculiaridades para a sua aplicação.

Dessa forma, a relevância da matéria objeto desse artigo justifica-se, por si só, visto que decorre da análise de dois princípios basilares para o Direito que aparentam colidir no tocante ao objeto do trabalho: a Segurança Jurídica e a Efetividade da Função Jurisdicional Executiva.

Faz-se necessário, portanto, fomentar o diálogo entre os diversos entendimentos sobre o tema, a fim de que seja encontrada a condição mais razoável de aplicação da Prescrição Intercorrente ao Processo Trabalhista, garantindo-se os pilares de sustentação do Direito do Trabalho.

O exame das novas regulamentações processuais trazidas tanto pela Reforma Trabalhista (Lei n. 13. 467/2017), quanto pela Instrução Normativa n. 41 do TST, bem como pela Recomendação n. 3/2018 da Corregedoria-Geral da Justiça do Trabalho – CGJT se torna necessário.

2. PROCESSO DO TRABALHO E A EXECUÇÃO TRABALHISTA

O processo é o instrumento público para atuação da jurisdição que, para além de ser um método estatal de solução de conflitos intersubjetivos de interesses, tem como objeto um bem ou uma utilidade da vida, ou seja, constitui-se num instrumento de efetividade do Direito Material posto – conquanto, em tese possa haver processo sem Direito Material – traduzindo-se num importante mecanismo a serviço do Estado Democrático de Direito em que se constitui a República Federativa do Brasil (art. 1º, *caput*, da Constituição Federal).

O Direito Processual do Trabalho é ramo autônomo da ciência jurídica, constituído por um sistema de princípios, normas e instituições próprias, que tem por objetivo promover a pacificação justa dos conflitos decorrentes das relações jurídicas tuteladas pelo Direito Material do Trabalho e regular o funcionamento dos órgãos que compõem a Justiça do Trabalho.

O Direito Material e o Direito Processual do Trabalho complementam-se para a conservação da ordem jurídica trabalhista, sendo este a via de realização daquele. Assim, para a efetivação concreta do Direito Social do Trabalho é necessário que ele seja servido por um instrumento processual apto a lhe dar efetividade. Em outras palavras, é

---

(1) Especialista em Direito Processual Civil pela Faculdade de Direito Milton Campos. Especialista em Direito Administrativo pela Universidade Anhanguera/LFG. Membro do Grupo de Estudos em Processo do Trabalho da Faculdade de Direito Milton Campos. Advogada. *E-mail:* <otoni.luiza@gmail.com>.

(2) BARBA FILHO, Roberto Dala. Prescrição Intercorrente é mudança que mais impacta ações trabalhistas. *Revista Consultor Jurídico*, 23 de setembro de 2017. Disponível em: <https://www.conjur.com.br/2017-set-23/roberto-dala-prescricao-intercorrente-mudanca-impacta>. Acesso em: 28 ago. 2019.

primordial que seja amparado por um processo que torne possível sua aplicação na forma e em tempo oportuno.

Fundado no princípio da simplicidade, o procedimento proposto pela Consolidação das Leis Trabalhistas, desde a sua concepção, diferenciou-se do formalismo inerente ao Direito Processual Civil, mediante a fixação de barreiras protetoras dos regramentos mais flexíveis, dinâmicos e pelo amplo poder conferido ao magistrado na condução do processo (art. 765 da CLT[(3)]), inclusive no que tange à tutela executiva.

A identificação de um perfil de litigante, portador de demandas específicas e indispensáveis para garantir a concretização do devido processo legal substancial, transforma o subsistema processual em *tuitivo*, potencializando o conjunto de garantias em favor das partes.[(4)] Esse fenômeno, obviamente, inspira o Direito Processual do Trabalho desde os seus primórdios, fazendo com que o protecionismo seja fundamento de sua existência e autonomia.

A execução, como se sabe, é técnica processual com aptidão para concretizar os direitos do credor reconhecidos por decisão judicial ou oriundos de títulos extrajudiciais. É a fase satisfativa do processo judicial, momento em que se realiza o Direito Material adquirido no processo de conhecimento, buscando a concretização de uma pretensão reconhecida pelo Estado. Nas palavras de Wolney de Macedo Cordeiro:

> O papel da jurisdição executiva não é dizer o *direito* por meio de fórmulas abstratas e apriorísticas, mas sim *realizar* o comando, por intermédio de uma atuação concreta no mundo real. Ao contrário do que se opera em relação ao conhecimento, a tutela executiva só atinge o seu desiderato no momento em que o destinatário, ou seja, o exequente obtém o bem reconhecido pelo arcabouço jurídico.[(5)]

No Direito Processual do Trabalho, o direito fundamental a uma execução de tutela efetiva representa a concretização de direitos sociais insculpidos na Constituição Federal da República, que consagrou o trabalho como elemento fundamental do Estado Democrático de Direito[(6)]. Nos dizeres de Cleber Lúcio de Almeida:

> Importante ressaltar, que a execução não pode ser dissociada da necessidade da maior efetividade possível das normas que compõe o Direito do Trabalho, cuja autoridade decorre da sua relação com a criação das condições materiais mínimas indispensáveis a uma vida digna, à realização da justiça social e à construção da democracia. O Processo do Trabalho e, com isso, a execução trabalhista servem à dignidade da pessoa humana, à justiça social e à democracia.[(7)]

Dessa forma, originalmente, a execução trabalhista pautava-se no princípio inquisitivo que conferia ao magistrado, nos termos do art. 878 da CLT[(8)], o poder/dever de provocar *ex officio* a própria jurisdição executiva definitiva dos títulos executivos judiciais. Essa peculiaridade, conforme explicado anteriormente, decorria fundamentalmente do aspecto tuitivo do processo laboral, da natureza alimentar da verba trabalhista aliada à ausência de rigor formal da sua processualística, da irrenunciabilidade dos créditos trabalhistas e, ainda, diante da analogia realizada à execução de ofício das contribuições sociais incidente sobre as condenações laborais previstas no texto constitucional, a teor do que prevê o art. 114, VIII[(9)] da Constituição Federal.

Fundamentada na possibilidade de o juiz promover a execução de ofício, a jurisprudência do Tribunal Superior do Trabalho foi estruturada axiologicamente sobre uma concepção substancialista do Direito do Trabalho, com evidente propósito de consagrar ao crédito trabalhista a hierarquia própria de sua condição de crédito representativo de direito fundamental previsto no art. 7º da Constituição Federal, dotado do superprivilégio legal, nos termos do art. 186 do Código Tributário Nacional.[(10)]

3. CONCEITO, NATUREZA JURÍDICA E ESPÉCIES DA PRESCRIÇÃO

À luz do princípio da segurança jurídica (art. 5º, *caput*, da Constituição Federal) e da estabilidade das relações jurídico-sociais, elementos essenciais ao Estado Democrático de Direito, o tempo é para o direito elemento intrínseco à sua operabilidade. Desta forma, o transcurso do tempo somado à inércia do titular do direito influenciam no exercício da pretensão, porquanto, em razão da estabilidade das

(3) Art. 765. Os Juízos e Tribunais do Trabalho terão ampla liberdade na direção do processo e velarão pelo andamento rápido das causas, podendo determinar qualquer diligência necessária ao esclarecimento delas.

(4) CORDEIRO, Wolney de Macedo. *Execução no processo do trabalho*. 4. ed. rev. e atual. Salvador: JusPodivm, 2017. p. 23.

(5) CORDEIRO, Wolney de Macedo. *Execução no processo do trabalho*. 4. ed. rev. e atual. Salvador: JusPodivm, 2017. p. 23.

(6) Art. 1º A República Federativa do Brasil, formada pela união indissolúvel dos Estados e Municípios e do Distrito Federal, constitui-se em Estado Democrático de Direito e tem como fundamentos: IV – os valores sociais do trabalho e da livre-iniciativa;

(7) ALMEIDA, Cleber Lúcio de. *Direito Processual do trabalho*. São Paulo: LTr, 2016. p. 741.

(8) Art. 878. A execução será promovida pelas partes, permitida a execução de ofício pelo juiz ou pelo Presidente do Tribunal apenas nos casos em que as partes não estiverem representadas por advogado.

(9) Art. 114. Compete à Justiça do Trabalho processar e julgar: VIII – a execução, de ofício, das contribuições sociais previstas no art. 195, I, *a*, e II, e seus acréscimos legais, decorrentes das sentenças que proferir;

(10) CLAUS, Ben-Hur Silveira. A prescrição intercorrente na reforma trabalhista introduzida pela Lei n. 13.467/2017. In: KOURY, Luiz Ronan Neves; ASSUNÇÃO, Carolina Silva Silvino. (Coord.). *Direito Processual do Trabalho, Constituição e Reforma Trabalhista*. São Paulo: LTr, 2018. p. 251.

relações e da paz social, as vinculações jurídicas não devem se prolongar *ad eternum*.[11]

O princípio da segurança está previsto no preâmbulo e no *caput* do art. 5º da Constituição Federal de 1988 e o Supremo Tribunal Federal tem explicitado a natureza constitucional de tal princípio destacando-o como um valor ímpar no sistema jurídico, cabendo-lhe papel diferenciado na realização da própria ideia de justiça material.[12] Nesta senda, o Ministro Celso de Mello do Supremo Tribunal Federal manifesta-se acerca da sua essencialidade ao Estado Democrático de Direito:

> O postulado da segurança jurídica, enquanto expressão do Estado Democrático de Direito, mostra-se impregnado de elevado conteúdo ético, social e jurídico, projetando-se sobre as relações jurídicas, mesmo as de direito público (RTJ 191/922), em ordem a viabilizar a incidência desse mesmo princípio sobre comportamentos de qualquer dos Poderes ou órgãos do Estado, para que se preservem, desse modo, sem prejuízo ou surpresa para o administrado, situações já consolidadas no passado. A essencialidade do postulado da segurança jurídica e a necessidade de se respeitarem situações consolidadas no tempo, especialmente quando amparadas pela boa-fé do cidadão, representam fatores a que o Poder Judiciário não pode ficar alheio. STF – RE 646313 AGR/PI., Ac 2ª Turma., rel. Min Celso de Mello, j. 18.11.2014, DJE 10.12.2014"[13] – Grifei.

Cumprindo a missão da regulação social da qual o Direito é instrumento, cabe ao ordenamento de um Estado limitar o exercício das pretensões no tempo, com o escopo de evitar as incertezas jurídicas e a instabilidade social para que não fiquem pendentes indefinidamente, justificativa para o surgimento de institutos de natureza extintiva, como a prescrição e a decadência. Portanto, por detrás desses da prescrição e da decadência, como institutos de Direito Material, está o princípio da segurança jurídica, como sustentáculo do próprio Estado, visando a assegurar a paz social, mediante a estabilidade da ordem jurídica[14].

Neste sentido, Vitor Salino de Moura Eça aduz que:

> [...] a prescrição sintetiza a convivência possível entre dois valores fundamentais do direito: o ideal de justiça e a segurança jurídica. Enquanto flui o prazo prescricional, a supremacia é do valor justiça, pois se assegura ao prejudicado o exercício da pretensão para a busca de sua satisfação. Se o demandado, por inércia, conformação ou descaso deixar vencer o prazo para corrigir a injustiça, a prioridade desloca-se inexoravelmente para o valor segurança jurídica, ficando sepultadas, sem a avaliação de conteúdo, todas as incertezas que poderiam gerar conflitos, de modo a preservar a paz social e a estabilidade das relações.[15]

O ordenamento jurídico brasileiro reconhece dois tipos de prescrição, a aquisitiva, que constitui um dos meios de aquisição da propriedade, na medida em que, fazendo extinguir o direito de outrem, o transfere à pessoa que mantém a posse da coisa, sem interrupção, nem oposição (usucapião, CC, arts. 1.238 a 1.244); e a extintiva, que implica a perda do direito de ação em virtude da inércia do seu titular[16].

A prescrição extintiva, única que interessa a este estudo, é um instituto de Direito Material regulamentada no art. 189 do Código Civil Brasileiro[17], conceituada como a extinção da pretensão, em razão da inércia do seu titular. Isso quer dizer que, a prescrição é "sanção" que se aplica ao titular do direito que permaneceu inerte diante de sua violação por outrem, perdendo assim, a possibilidade de exigir o seu direito subjetivo (Direito Material) judicialmente.

Nesse seguimento, o instituto da prescrição irradia seus efeitos para o âmbito do processo, porque mesmo que a pretensão de reparação do Direito Material lesado tenha sido exercida dentro do prazo prescricional, a satisfação do direito reconhecida na via judicial não pode ser eternizada. É preciso que o credor/exequente promova as medidas necessárias para compelir o devedor ao cumprimento da obrigação.

Dessa forma, legitima-se a imposição de um limite de tempo não apenas para o exercício da pretensão de reparação do direito violado, como também para o exercício da pretensão executiva, designada pela doutrina como *prescrição da pretensão executiva*.

Nessa lógica, o Supremo Tribunal Federal por meio do entendimento consubstanciado na Súmula n. 150[18] estabeleceu que a execução de sentença prescreve em prazo igual ao da ação de conhecimento. Desse modo, se o titular de uma decisão judicial transitada em julgado não iniciar o cumprimento de sentença no mesmo prazo que teria para

(11) GONÇALVES, Carlos Roberto. *Direito Civil Brasileiro*. v. I, Parte Geral. 11. ed. São Paulo: Saraiva, 2013. p. 512.

(12) ARAÚJO, Francisco Rossal de; COIMBRA, Rodrigo. *A prescrição e o Direito do Trabalho*. São Paulo: LTr, 2018. p. 19.

(13) MARTINS, Melchíades Rodrigues. Reforma Trabalhista (Lei. 13.467 de 13.07.17) – Prescrição e sua declaração de ofício – Aplicação no Direito e Processo do Trabalho. *Revista LTr*, 82-04/397. v. 82, n. 4, abr. 2018.

(14) O direito é instrumento de regulação da vida social, ainda que não seja o único, conforme: TESHEINER, José Maria Rosa. Reflexões politicamente incorretas sobre direito e processo. *Revista da Ajuris*, Porto Alegre: Ajuris, n. 110, p. 187, jun. 2008.

(15) EÇA, Vitor Salino de Moura. *Prescrição intercorrente no processo do trabalho*. São Paulo: LTr, 2008.

(16) TEIXEIRA FILHO, Manoel Antônio. *O processo do trabalho e a reforma trabalhista:* as alterações introduzidas no processo do trabalho pela Lei n. 13.467/2017. São Paulo: LTr, 2017.

(17) Art. 189. Violado o direito, nasce para o titular a pretensão, a qual se extingue, pela prescrição, nos prazos a que aludem os arts. 205 e 206.

(18) Súmula n. 150 do STF: Prescreve a execução no mesmo prazo de prescrição da ação.

ingressar com a ação principal, será aplicada a prescrição da pretensão executiva (art. 523 do Código de Processo Civil)[(19)].

A Prescrição Intercorrente, por sua vez, de mesma origem e natureza jurídica da prescrição tradicional, distingue-se, meramente, pelo momento de sua ocorrência. É que ela se forma após o ajuizamento da ação, ou seja, realiza-se no curso do processo, diante da inércia prolongada da parte de efetuar ato processual de sua incumbência, conforme previsão do art. 921, § 4º[(20)] do Código de Processo Civil.

A viabilidade de existir prescrição após o ajuizamento da ação encontra-se fundamentada no princípio da confiança, que decorre diretamente do princípio basilar da boa-fé objetiva, postulado previsto no art. 5º do Código de Processo Civil, que impede comportamentos contraditórios entre as partes litigantes no processo. A inércia deliberada, injustificada e desinteressada do titular do direito (*factum proprium*), por um determinado período de tempo, cria na contraparte uma expectativa de que a posição jurídica de vantagem (*venire*) não será mais exercida, o que suprime do titular a possibilidade de exigência dessa pretensão.[(21)]

Conforme apresentado pelo Ministro Marco Aurélio Bellizze, no julgamento do REsp. n. 1.604.412/SC, "a prescrição intercorrente é meio de concretização das mesmas finalidades inspiradoras da prescrição tradicional, guarda, portanto, origem e natureza jurídica idênticas, distinguindo-se tão somente pelo momento de sua incidência". À vista disso, não basta ao titular do direito subjetivo o ajuizamento de sua pretensão em juízo dentro do prazo prescricional, sendo-lhe exigida a perquirição efetiva por sua satisfação.

4. PRESCRIÇÃO NO DIREITO DO TRABALHO – INTERPRETAÇÃO HISTÓRICA EVOLUTIVA

No Direito do Trabalho, a prescrição encontra-se estabelecida no inciso XXIX do art. 7º da Constituição Federal[(22)] – que trata dos direitos fundamentais trabalhistas –, no *caput* do art. 11 da CLT[(23)] e na Súmula n. 308 do TST[(24)], limitando a pretensão quanto a créditos resultantes das relações de trabalho em cinco anos (prescrição quinquenal) e o seu ajuizamento até o limite de dois anos (prescrição bienal), após a extinção do contrato de trabalho. Proposta a ação, interrompe-se a prescrição (art. 202 do Código Civil[(25)]; Súmula n. 268 do TST[(26)] e OJ n. 392 da SDI-1[(27)]).

Para o acolhimento da prescrição extintiva – que interessa ao Processo do Trabalho – há necessidade de que concorram três requisitos: a prefixação, por lei, de prazo para o exercício do direito de ação; o decurso desse prazo;

(19) Art. 523 do CPC: No caso de condenação em quantia certa, ou já fixada em liquidação, e no caso de decisão sobre parcela incontroversa, o cumprimento definitivo da sentença far-se-á a requerimento do exequente, sendo o executado intimado para pagar o débito, no prazo de 15 (quinze) dias, acrescido de custas, se houver.

(20) Art. 921, § 4º Decorrido o prazo de que trata o § 1º sem manifestação do exequente, começa a correr o prazo de prescrição intercorrente.

(21) MIZIARA, Raphael. A tutela da confiança e a prescrição intercorrente na execução trabalhista. In: MIESSA, Élisson (Coord.). *O novo Código de Processo Civil e seus reflexos no processo do trabalho*. 2. ed. Salvador: JusPodivm, 2016. p. 824.

(22) Art. 7º da CF: São direitos dos trabalhadores urbanos e rurais, além de outros que visem à melhoria de sua condição social:
XXIX – ação, quanto aos créditos resultantes das relações de trabalho, com prazo prescricional de cinco anos para os trabalhadores urbanos e rurais, até o limite de dois anos após a extinção do contrato de trabalho;(Redação dada pela Emenda Constitucional n. 28, de 2000).

(23) Art. 11 da CLT: A pretensão quanto a créditos resultantes das relações de trabalho prescreve em cinco anos para os trabalhadores urbanos e rurais, até o limite de dois anos após a extinção do contrato de trabalho. (Redação dada pela Lei n. 13.467, de 2017)

(24) Súmula n. 308 do TST: Prescrição Quinquenal (incorporada a Orientação Jurisprudencial n. 204 da SBDI-1) – Res. n. 129/2005, DJ 20, 22 e 25.04.2005.
I. Respeitado o biênio subsequente à cessação contratual, a prescrição da ação trabalhista concerne às pretensões imediatamente anteriores a cinco anos, contados da data do ajuizamento da reclamação e, não, às anteriores ao quinquênio da data da extinção do contrato. (ex-OJ n. 204 da SBDI-1 – inserida em 08.11.2000)
II. A norma constitucional que ampliou o prazo de prescrição da ação trabalhista para 5 (cinco) anos é de aplicação imediata e não atinge pretensões já alcançadas pela prescrição bienal quando da promulgação da CF/1988. (ex-Súmula n. 308 – Res. n. 6/1992, DJ 05.11.1992)

(25) Art. 202 do CC: A interrupção da prescrição, que somente poderá ocorrer uma vez, dar-se-á:
I – por despacho do juiz, mesmo incompetente, que ordenar a citação, se o interessado a promover no prazo e na forma da lei processual;
II – por protesto, nas condições do inciso antecedente;
III – por protesto cambial;
IV – pela apresentação do título de crédito em juízo de inventário ou em concurso de credores;
V – por qualquer ato judicial que constitua em mora o devedor;
VI – por qualquer ato inequívoco, ainda que extrajudicial, que importe reconhecimento do direito pelo devedor.
Parágrafo único. A prescrição interrompida recomeça a correr da data do ato que a interrompeu, ou do último ato do processo para a interromper.

(26) Súmula n. 268 do TST: Prescrição. Interrupção. Ação Trabalhista Arquivada (nova redação) – Res. n. 121/2003, DJ 19, 20 e 21.11.2003.
A ação trabalhista, ainda que arquivada, interrompe a prescrição somente em relação aos pedidos idênticos.

(27) OJ n. 392 SDI-1: Prescrição. Interrupção. Ajuizamento de Protesto Judicial. Marco Inicial. (republicada em razão de erro material) – Res. n. 209/2016, DEJT divulgado em 01, 02 e 03.06.2016.
O protesto judicial é medida aplicável no processo do trabalho, por força do art. 769 da CLT e do art. 15 do CPC de 2015. O ajuizamento da ação, por si só, interrompe o prazo prescricional, em razão da inaplicabilidade do § 2º do art. 240 do CPC de 2015 (§ 2º do art. 219 do CPC de 1973), incompatível com o disposto no art. 841 da CLT.

e, a inércia do titular desse direito.[28] O reconhecimento da prescrição provoca a resolução de mérito do processo, no tocante à matéria prescrita (art. 269, IV, CPC/1973; art. 454, c./c. art. 485, II, CPC/2015).

Grande parte dos doutrinadores e da jurisprudência majoritária julgam a inexistência de diferenciação entre a Prescrição Intercorrente e a prescrição da ação executiva no Processo do Trabalho, pelo motivo de não haver nesse ramo do direito divisão entre ação de conhecimento e ação de execução, mesmo antes da implementação do processo sincrético pelo Processo Civil. O Mauro Schiavi clarifica a questão:

> De nossa parte, estamos convencidos de que prescrição intercorrente e prescrição da execução são expressões sinônimas no Processo do Trabalho, pois, na fase de conhecimento, se houver inércia do reclamante, o Juiz do Trabalho extinguirá a relação jurídica do processo sem resolução do mérito (art. 732, 844, ambos da CLT, e art. 485, do CPC), não havendo espaço para reconhecimento de prescrição intercorrente. A prescrição intercorrente somente se verifica no curso da execução.[29]

Diante das especificidades do procedimento juslaboral no qual ao magistrado era concedida a possibilidade de promover a execução de ofício, discutia-se no âmbito dos Tribunais Superiores a existência da Prescrição Intercorrente, gerando posicionamentos antagônicos acerca de sua aplicação.

O Supremo Tribunal Federal, no dia 13 de dezembro de 1963, quando a Corte ainda possuía competência para examinar violação de Lei Federal, editou a Súmula n. 327, estabelecendo que "O Direito Trabalhista admite a prescrição intercorrente". Esse entendimento encontra respaldo no art. 884, § 1º da CLT[30], o qual prevê que a prescrição da dívida pode ser uma das matérias alegadas nos embargos à execução. Segundo esse posicionamento, tanto a prescrição comum como a intercorrente podem ser alegadas em matérias de defesa.

Para corroborar esse entendimento, também se valiam, analogicamente, da Lei de Execução Fiscal (Lei n. 6.830/80, aplicável ao Processo do Trabalho por força do art. 889 da CLT) que, em seu art. 40, § 4º, prevê que "da decisão que ordenar o arquivamento tiver decorrido o prazo prescricional, o juiz, depois de ouvida a Fazenda Pública, poderá, de ofício, reconhecer a prescrição intercorrente e decretá-la de imediato".

Com o advento da Emenda Constitucional n. 16/1965, que alterou o art. 17 da Constituição Federal de 1946, as decisões do TST tornaram-se irrecorríveis, salvo na hipótese de matéria constitucional, o que afastou a aplicação das súmulas do STF no que tange a matéria trabalhista de âmbito infraconstitucional[31].

Assim, em um sentido diametricamente oposto, a tradicional jurisprudência do TST, em confronto à Súmula n. 327 do STF, determinou que a Prescrição Intercorrente era inaplicável à execução trabalhista, entendimento que fora consubstanciado na Súmula n. 114 e mantido pelo Res. n. 121/2003 com a seguinte redação:

> Súmula n. 114 do TST
>
> Prescrição Intercorrente (mantida) – Res. n. 121/2003, DJ 19, 20 e 21.11.2003
>
> É inaplicável na Justiça do Trabalho a prescrição intercorrente.

Em consonância ao entendimento do C. TST, vários Tribunais Regionais do Trabalho pacificaram entendimentos por meio de súmulas que afastavam a Prescrição Intercorrente na Justiça do Trabalho, a exemplo da Súmula n. 63 do TRT-3[32].

Em favor da inaplicabilidade do instituto, o TST invocava a individualidade da execução trabalhista, conforme demonstrado anteriormente, que garante ampla liberdade dos magistrados na direção do processo, bem como o dever de velar pelo andamento rápido das causas, podendo determinar qualquer diligência necessária ao esclarecimento delas (art. 765 da CLT), mormente no que tange a execução (nos termos do art. 878 da CLT).

Nesse dispositivo tem-se o poder/dever de provocar *ex officio* a própria jurisdição executiva definitiva dos títulos executivos judiciais, no intuito de evidenciar a natureza do crédito trabalhista como direito fundamental, descrito no art. 7º da Constituição Federal, dotado do superprivilégio legal reportado no art. 186 do Código Tributário Nacional.

Entendia-se que a declaração de Prescrição Intercorrente na execução esvaziava, também, a coisa julgada material estabelecida no título executivo judicial, configurando óbice à satisfação e concretização da pretensão reconhecida pelo Estado. Invocavam, assim, o aspecto *tuitivo* do processo laboral visto sob o aspecto instrumental (igualdade

---

(28) TEIXEIRA FILHO, Manoel Antônio. *O processo do trabalho e a reforma trabalhista:* as alterações introduzidas no processo do trabalho pela Lei n. 13.467/201. São Paulo: LTr, 2017.

(29) SCHIAVI, Mauro. *Execução no processo do trabalho:* de acordo com o novo CPC e a reforma trabalhista. 10. ed. São Paulo: LTr, 2018. p. 97.

(30) Art. 884 da CLT: Garantida a execução ou penhorados os bens, terá o executado 5 (cinco) dias para apresentar embargos, cabendo igual prazo ao exequente para impugnação.

§ 1º A matéria de defesa será restrita às alegações de cumprimento da decisão ou do acordo, quitação ou prescrição da dívida.

(31) MIESSA, Élisson. Prescrição intercorrente no processo do trabalho após a Lei n. 13.467/2017. *Revista LTr 81 – 09/1111*. São Paulo. v. 81, n. 09, set. 2017. p. 1.112.

(32) Súmula n. 63 do Tribunal Regional do Trabalho da 3ª Região: Execução, Justiça do Trabalho, crédito trabalhista, prescrição intercorrente, possibilidade jurídica, afastamento, impulso oficial. Prescrição Intercorrente. Inaplicabilidade na Justiça do Trabalho. É inaplicável a prescrição intercorrente na execução de créditos trabalhistas, em razão da incompatibilidade com o princípio do impulso oficial.

substancial das partes no processo do trabalho) e a existência do *jus postulandi* da parte na execução trabalhista[(33)].

Em consulta realizada na jurisprudência revela-se que o Tribunal Superior do Trabalho autorizava, inclusive, a interposição de Recurso de Revista na fase da execução, quando Tribunal Regional acolhia arguição de Prescrição Intercorrente, sob o fundamento de violação literal e direta ao art. 5º, XXXVI (coisa julgada), art. 5º, XXXV (cláusula da inafastabilidade da jurisdição); bem como art. 7º, XXXIX (prescrição bienal e quinquenal) da Constituição Federal.

Não obstante a possibilidade de arguição de Prescrição Intercorrente estabelecida no próprio art. 884, § 1º da CLT, como matéria de defesa dos embargos à execução e, contrariando setores consideráveis da magistratura, acompanhados de parte da doutrina que sustentavam a aplicabilidade do instituto sob invocação subsidiária da Lei de Executivos Fiscais, o TST fundou sua jurisprudência pela inaplicabilidade da Prescrição Intercorrente. Nesse sentido, proferiu diversos julgados:

> Informativo de Execução n. 11 da Subseção II Especializada em Dissídios Individuais do Tribunal Superior do Trabalho:
>
> **Ação rescisória. Execução trabalhista. Prescrição intercorrente. Não incidência. Violação do art. 5º, XXXVI, da CF. Configuração.** Tratando-se de condenação ao pagamento de créditos oriundos da relação de trabalho, não se aplica a prescrição intercorrente, pois, nos termos do art. 878 da CLT, o processo do trabalho pode ser impulsionado de ofício. Ademais, a pronúncia da prescrição intercorrente nas execuções trabalhistas esvaziaria a eficácia da decisão judicial que serviu de base ao título executivo, devendo o direito reconhecido na sentença prevalecer sobre eventual demora para a satisfação do crédito. Inteligência da Súmula n. 114 do TST. De outra sorte, no caso concreto, ao declarar a incidência da prescrição intercorrente, a decisão rescindenda baseou-se nos princípios da boa-fé objetiva e da segurança jurídica, firmando a premissa genérica de ocorrência de inércia do exequente por mais de dois anos, sem registrar, todavia, se o ato que a parte teria deixado de praticar era de responsabilidade exclusiva dela, condição indispensável para a incidência da prescrição intercorrente, conforme entendimento do Ministro relator. Com esses fundamentos, a SBDI-II, por unanimidade, conheceu do recurso ordinário e deu-lhe provimento para julgar procedente o pedido de corte rescisório, por violação do art. 5º, XXXVI, da CF, e desconstituir a decisão rescindenda, e, em juízo rescisório, afastar a prescrição intercorrente pronunciada e determinar o prosseguimento da execução trabalhista. TST-RO-14-17.2014.5.02.0000, SBDI-II, rel. Min. Douglas Alencar Rodrigues, 24.02.2015 – Grifei.
>
> Informativo n. 13 da Subseção I Especializada em Dissídios Individuais do Tribunal Superior do Trabalho: **Execução. Prescrição intercorrente. Incidência. Afronta ao art. 5º, XXXVI, da CF. Configuração.** A decisão que extingue a execução, com resolução de mérito, em virtude da incidência da prescrição intercorrente, afronta a literalidade do art. 5º, XXXVI, da CF, porquanto impede a produção dos efeitos materiais da coisa julgada, tornando sem efeito concreto o título judicial transitado em julgado. Com base nessa premissa, a SBDI-I, por unanimidade, conheceu do recurso de embargos, por divergência jurisprudencial, e, no mérito, deu-lhe provimento para, afastada a prescrição intercorrente decretada, não admitida pela Súmula n. 114 do TST, determinar o retorno dos autos à Vara do Trabalho de origem, a fim de que prossiga na execução do feito, como entender de direito. TST-E-RR-4900-08.1989.5.10.0002, SBDI-I, rel. Min. Lelio Bentes Corrêa, 14.6.2012 – Grifei.

No Processo Civil, por sua vez, a Prescrição Intercorrente só passou a ser enfrentada, de forma explícita, a partir da edição do vigente Código de Processo Civil (Lei n. 13.105/2015), pelos arts. 921, § 1º-5º[(34)] e 924, V[(35)], que disciplinaram a possibilidade de seu reconhecimento no curso da execução civil. Anteriormente à atual codificação

(33) SCHIAVI, Mauro. *Manual de Direito Processual do Trabalho:* de acordo com a reforma trabalhista. 13. ed. São Paulo: LTr, 2018. p. 527.

(34) Art. 921 do CPC: Suspende-se a execução:

I – nas hipóteses dos arts. 313 e 315, no que couber;

II – no todo ou em parte, quando recebidos com efeito suspensivo os embargos à execução;

III – quando o executado não possuir bens penhoráveis;

IV – se a alienação dos bens penhorados não se realizar por falta de licitantes e o exequente, em 15 (quinze) dias, não requerer a adjudicação nem indicar outros bens penhoráveis;

V – quando concedido o parcelamento de que trata o art. 916.

§ 1º Na hipótese do inciso III, o juiz suspenderá a execução pelo prazo de 1 (um) ano, durante o qual se suspenderá a prescrição.

§ 2º Decorrido o prazo máximo de 1 (um) ano sem que seja localizado o executado ou que sejam encontrados bens penhoráveis, o juiz ordenará o arquivamento dos autos.

§ 3º Os autos serão desarquivados para prosseguimento da execução se a qualquer tempo forem encontrados bens penhoráveis.

§ 4º Decorrido o prazo de que trata o § 1º sem manifestação do exequente, começa a correr o prazo de prescrição intercorrente.

§ 5º O juiz, depois de ouvidas as partes, no prazo de 15 (quinze) dias, poderá, de ofício, reconhecer a prescrição de que trata o § 4º e extinguir o processo.

(35) Art. 924 do CPC: Extingue-se a execução quando:

V – ocorrer a prescrição intercorrente.

processual civil, apenas a Lei n. 6.830/1980 – Lei de Execução Fiscal – em seu art. 40, § 4º[(36)], tratava diretamente do tema em comento.

O CPC de 2015 disciplinou expressamente a viabilidade do reconhecimento da Prescrição Intercorrente no curso da execução civil (arts. 921, §§ 4º e 5º, e 924, V), com conteúdo congênere ao dos executivos fiscais (art. 40 da Lei n. 6830/1990), inclusive, quanto à adoção da teoria objetiva da Prescrição Intercorrente, na qual interessam apenas dois requisitos objetivos – inexistência de bens para penhorar e decurso do tempo[(37)], não levando em conta o elemento subjetivo da conduta do exequente.

Pelo referido dispositivo legal, a Prescrição Intercorrente poderá ser reconhecida, inclusive de ofício, pelo Juiz de Direito, quando o executado não possuir bens penhoráveis, ocasião em que o processo ficará suspenso por um ano. Decorrido o prazo sem manifestação do exequente, começará a correr o prazo de prescrição intercorrente.[(38)]

Ocorre que, a construção principiógica da execução trabalhista, ao contrário dos primados do Direito Processual Civil – baseado nos princípios dispositivo e da inércia da jurisdição, previstos no art. 2º[(39)] e no art. 513, § 1º[(40)] do Código de Processo Civil –, estabelecia a assunção de uma responsabilidade adicional do Juiz do Trabalho, no sentido de provocar a própria jurisdição executiva, baseada fundamentalmente no arcabouço protecionista da disciplina instrumental trabalhista.

Em que pese segmento da doutrina assegurar a compatibilidade do referido art. 921 do CPC ao Processo do Trabalho, com base no princípio da subsidiariedade, extraído do art. 769 da CLT, o TST, ao dispor sobre normas do Código de Processo Civil de 2015 aplicáveis e inaplicáveis ao Processo do Trabalho, por meio da Edição da Instrução Normativa n. 39 de 2016, pronunciou-se, em seu art. 2º, inciso VIII[(41)], pela inaplicabilidade da Prescrição Intercorrente, por incompatibilidade com a seara laboral, de maneira coerente ao entendimento anterior adotado pela corte trabalhista.

Verifica-se, por todos os ângulos, que o TST relutou ante à jurisprudência sumulada do STF, entendendo que a Prescrição Intercorrente não seria aplicável ao Processo do Trabalho, contudo, reconheceu excepcionalmente em algumas de suas decisões, um cenário exequível, do ponto de vista jurídico, à decretação da prescrição na fase executória, numa tentativa de compatibilização e harmonização dos dois verbetes das súmulas (Súmula n. 327, STF e Súmula n. 114, TST).

Nas lições de Mauricio Godinho Delgado, que após refutar a incidência da referida prescrição, como regra geral, ressalvou existente uma única situação que a torna viável nos casos em que a parte, instigada a movimentar o processo na fase de execução, deliberadamente se omitia:

> Trata-se da omissão reiterada do exequente no processo, em que ele abandona, de fato, a execução, por um prazo superior a dois anos, deixando de praticar, por exclusiva omissão sua, atos que tornem fisicamente possível a continuidade do processo. Nesse específico caso, arguida a prescrição, na forma do art. 884, § 1º, da CLT, pode ela ser acatada pelo juiz executor, em face do art. 7º, XXIX, CF/88, combinado com o referido preceito celetista.[(42)]

Nesse sentido, de forma excepcional, o Tribunal Superior do Trabalho reconheceu em alguns julgados a possibilidade de aplicação da Prescrição Intercorrente na hipótese de inércia do exequente:

> EMENTA: EXECUÇÃO DE SENTENÇA – PRESCRIÇÃO INTERCORRENTE. Não obstante o entendimento jurisprudencial desta Corte de que a prescrição intercorrente é inaplicável no processo trabalhista, entendemos que, excepcionalmente, poderá haver a possibilidade de declarar-se a prescrição intercorrente durante a fase de liquidação de sentença, porquanto, além de inexistir a alegada 'obrigatoriedade' do impulso *ex officio* pelo juiz, a prescrição é instituto de garantia da paz social, impedindo a eternização das lides. Há muito se sabe que a Justiça não socorre os que dormem (*dormienti bus jus non sucurrit*). Além disso, não podemos esquecer que alguns atos só podem ser praticados pelas partes, como a apresentação de artigos de liquidação, sendo virtualmente impossível ao juiz substituí-las nestes casos. Encontrando-se o processo

(36) Art. 40. § 4º Se da decisão que ordenar o arquivamento tiver decorrido o prazo prescricional, o juiz, depois de ouvida a Fazenda Pública, poderá, de ofício, reconhecer a prescrição intercorrente e decretá-la de imediato.

(37) CLAUS, Ben-Hur Silveira. A Prescrição Intercorrente na Reforma Trabalhista Introduzida pela Lei n. 13.467/2017. In: KOURY, Luiz Ronan Neves; ASSUNÇÃO, Carolina Silva Silvino. (Coord.). *Direito Processual do Trabalho Constituição e Reforma Trabalhista*. São Paulo: LTr, 2018. p. 256.

(38) SCHIAVI, Mauro. *Manual de direito processual do trabalho:* de acordo com a reforma trabalhista. 13. ed. São Paulo: LTr, 2018. p. 527.

(39) Art. 2º do CPC: O processo começa por iniciativa da parte e se desenvolve por impulso oficial, salvo as exceções previstas em lei.

(40) Art. 513 do CPC: O cumprimento da sentença será feito segundo as regras deste Título, observando-se, no que couber e conforme a natureza da obrigação, o disposto no Livro II da Parte Especial deste Código.

§ 1º O cumprimento da sentença que reconhece o dever de pagar quantia, provisório ou definitivo, far-se-á a requerimento do exequente.

(41) Art. 2º da IN n. 39: "Sem prejuízo de outros, não se aplicam ao Processo do Trabalho, em razão de inexistência de omissão ou por incompatibilidade, os seguintes preceitos do Código de Processo Civil:

VIII – arts. 921, §§ 4º e 5º, e 924, V (prescrição intercorrente)" Disponível em: <http://www.tst.jus.br/documents/10157/429ac88e-9b78-41e-5-ae28-2a5f8a27f1fe>.

(42) DELGADO, Mauricio Godinho. *Curso de Direito do Trabalho*. 15. ed. São Paulo: LTr. 2016, p. 290.

em execução de sentença, o recurso de revista somente se viabiliza na hipótese de demonstração inequívoca de violação direta de dispositivo da Constituição, nos termos do § 4º do art. 896 da CLT e do Enunciado n. 266 do TST. Recurso de Revista não-conhecido" (TST-RR-356.316/1997.6 – Ac. 1ª T. Rel. Min. Ronaldo Lopes Leal. DJU 12.05.2000, p. 262).

Assim sendo, diante da grande controvérsia que se instaurava na doutrina e jurisprudência acerca da matéria, a alteração promovida na CLT realizada pela Lei n. 13.467/2017 previu, expressamente, a aplicabilidade do instituto da Prescrição Intercorrente ao processo laboral, de forma genérica e insuficiente a sanar todos os questionamentos sobre o tema.

5. A EXECUÇÃO E A PRESCRIÇÃO INTERCORRENTE APÓS AS ALTERAÇÕES ADVINDAS DA REFORMA TRABALHISTA

A Lei n. 13.467 de 13 de julho de 2017, conhecida como Reforma Trabalhista, a despeito de ser uma legislação esparsa, afetou profundamente diversas normas no bojo da Consolidação das Leis do Trabalho, estabelecendo novas regras a serem inseridas no microssistema que compõe o Direito Material e Processual do Trabalho.

No que tange à execução, o legislador ordinário introduziu, no Capítulo V – "Da Execução"– Seção I, o art. 878-A, com a seguinte redação: "A execução será promovida pelas partes, permitida a execução de ofício pelo juiz ou pelo Presidente do Tribunal apenas nos casos em que as partes não estiverem representadas por advogado".

Dessa forma, a nova legislação empenhou-se do sentido de reduzir o poder conferido aos magistrados de iniciar a promoção da execução, restringindo à hipótese em que as partes não se encontrem representadas por advogado. Essa alteração, todavia, não parece retirar do magistrado o *munus* da persecução do cumprimento da decisão proferida a fim de que seja produzido os efeitos materiais da coisa julgada. Nas palavras do Ministro Mauricio Godinho Delgado:

> Dessa alteração, ainda que a Lei de Reforma Trabalhista tenha inibido o impulso oficial para o início da fase processual de execução, salvo quando as partes não estiverem representadas por advogado e no tocante à execução das contribuições sociais pertinentes ao objeto da condenação (novos textos do art. 878 e do parágrafo único do art. 876, ambos da CLT), o fato é que, no conjunto do desenvolvimento dessa fase, continua cabendo ao Magistrado dirigir o processo em busca de sua efetividade (art. 5º, LVIII, CF; art. 765, CLT), indeferindo diligências inúteis e protelatórias (art. 130, CPC/1973; art. 370, *caput* e parágrafo único CPC/2015), inclusive determinando qualquer diligência que se faça necessária à consumação final do processo (art. 765, CLT).[43]

Defende-se, dessa forma, que a limitação para execução de ofício inserida no art. 878 da CLT (Lei n. 13.467/17) se refere, exclusivamente, ao ato inicial que a instaura e, uma vez requerida e deferida, a decisão compreende todos os demais atos necessários para satisfação da dívida, independentemente de novos requerimentos pelo credor nos termos dos arts. 765 e 889 da CLT, art. 7º da Lei n. 6.830/80 e arts. 2º e 15 do CPC.

Nesse seguimento, dispõem os Enunciados ns. 113, 114 e 115 da 2ª Jornada de Direito Material e Processual do Trabalho de 09 e 10 de outubro de 2017, realizada pela ANAMATRA:

> 113 – EXECUÇÃO DE OFÍCIO E ART. 878 DA CLT EM RAZÃO DAS GARANTIAS CONSTITUCIONAIS DA EFETIVIDADE (CF, ART. 5º, XXXV), DA RAZOÁVEL DURAÇÃO DO PROCESSO (CF, ART. 5º, LXXVIII) E EM FACE DA DETERMINAÇÃO CONSTITUCIONAL DA EXECUÇÃO DE OFÍCIO DAS CONTRIBUIÇÕES PREVIDENCIÁRIAS, PARCELAS ESTAS ACESSÓRIAS DAS OBRIGAÇÕES TRABALHISTAS (CF, ART. 114, VIII), O ART. 878 DA CLT DEVE SER INTERPRETADO CONFORME A CONSTITUIÇÃO, DE MODO A PERMITIR A EXECUÇÃO DE OFÍCIO DOS CRÉDITOS TRABALHISTAS, AINDA QUE A PARTE ESTEJA ASSISTIDA POR ADVOGADO.
>
> 114 – EXECUÇÃO. IMPULSO OFICIAL. PESQUISA E CONSTRIÇÃO DE BENS. POSSIBILIDADE. O IMPULSO OFICIAL DA EXECUÇÃO ESTÁ AUTORIZADO PELO ART. 765 DA CLT E PERMITE AO JUIZ A UTILIZAÇÃO DOS MECANISMOS DE PESQUISA E DE CONSTRIÇÃO DE BENS, INCLUSIVE POR MEIO DO SISTEMA BACENJUD, SENDO ESSE MERO PROCEDIMENTO PARA FORMALIZAÇÃO DA PENHORA EM DINHEIRO.
>
> 115 – EXECUÇÃO DE OFÍCIO. INEXISTÊNCIA DE NULIDADE A TEOR DO ART. 794 DA CLT, NÃO HÁ NULIDADE PROCESSUAL QUANDO O JUÍZO REALIZA A EXECUÇÃO DE OFÍCIO, PORQUE INEXISTENTE MANIFESTO PREJUÍZO PROCESSUAL.

Constata-se latente o princípio do impulso oficial que autoriza a prática de atos pelo magistrado, independentemente de provocação da parte, na condução do processo de execução em busca da satisfação do crédito do exequente para que se tornem concretos os efeitos do título executivo judicial.

No que se refere à aplicação da Prescrição Intercorrente, consoante a Justificativa do Projeto de Lei n. 6.787/2016, que resultou na aprovação da Lei n. 13.467/2017, observa-se que os dissonantes entendimentos doutrinários e

(43) DELGADO, Mauricio Godinho. Direito do Trabalho e Processo do Trabalho – Critérios de Importação de Regras Legais Civis e Processuais Civis. *Revista LTr*, São Paulo: LTr, v. 71, n. 5, maio de 2007. Do mesmo autor, A Prescrição na Justiça do Trabalho – novos desafios. *Revista do Tribunal Superior do Trabalho*, TST/Magister, Brasília/Porto Alegre, v. 74, n. 1, jan./mar. 2008, p. 47-60.

jurisprudenciais (TST e STF) se prestaram como preceito de formulação do artigo atinente à questão da aplicação da prescrição intercorrente. Veja-se:

> [...] A prescrição não é a perda do direito, mas a perda da ação correspondente ao implemento do direito pretendido, pela passagem do tempo, e inércia do titular do direito em buscá-lo.
>
> A prescrição existe em todo o mundo, em qualquer ordenamento jurídico e, para se ter ideia, até o crime de homicídio prescreve. Mas, no Brasil, o crédito trabalhista não prescreve, segundo Súmula do TST, que contraria frontalmente Súmula sobre tema idêntico do STF.
>
> A redação do Substitutivo é criteriosa, a ponto de prever que a prescrição intercorrente – que ocorre na fase de execução do processo – 36 somente ocorrerá após 2 anos. E o marco inicial deste prazo ocorre somente quando o próprio exequente deixar de cumprir alguma determinação do juízo para prosseguir com o processo.
>
> Até mesmo os créditos da Fazenda Pública podem prescrever de forma intercorrente, na forma da lei federal regente. O prazo de dois anos foi estabelecido a partir da norma constitucional, que prevê o prazo prescricional de dois anos para propositura de ação na área trabalhista. [...][44]

Atrelado à alteração substancial no processo de execução trabalhista, o legislador reformista instituiu, de forma explícita e inequívoca, a possibilidade de aplicação da prescrição intercorrente no Processo do Trabalho, angariando regramento específico no preceito do art. 11-A no Título I da CLT, consoante a seguinte redação:

> Art. 11-A. Ocorre a prescrição intercorrente no processo do trabalho no prazo de dois anos. (Incluído pela Lei n. 13.467, de 2017).
>
> § 1º A fluência do prazo prescricional intercorrente inicia-se quando o exequente deixa de cumprir determinação judicial no curso da execução. (Incluído pela Lei n. 13.467, de 2017).
>
> § 2º A declaração da prescrição intercorrente pode ser requerida ou declarada de ofício em qualquer grau de jurisdição.

Diante da presente normatização não há mais dúvidas quanto à opção legislativa pela aplicabilidade do instituto no âmbito da Justiça do Trabalho, constatando-se que o legislador ordinário modificou todo o cenário de entendimento até então aplicado nos processos trabalhistas pelo C. TST – o que deverá culminar, inclusive, no cancelamento da Súmula n. 114 do TST – acompanhando a mesma linha de interpretação desenvolvida pelo STF nas Súmulas ns. 150 e 327.

Nos dizeres de Ben-Hur Silveira Claus:

> [...] em que pese não se desconheça a ponderação de retrocesso social em relação à orientação estabelecida na Súmula n. 114 do TST, o primado de legalidade (CF, art. 5, II) impõe a observância da nova legislação, já que parece de difícil sustentação a tese de inconstitucionalidade do artigo 11-A da CLT reformada.[45]

Conforme se extrai do referido diploma legal, a Prescrição Intercorrente poderá ser aplicada ao Processo do Trabalho restringida, claramente, à fase executória (parágrafo primeiro do art. 11-A), bastando que o exequente deixe de cumprir, por dois anos, alguma determinação judicial no curso dessa. Ademais, trouxe a possibilidade da declaração da prescrição de ofício pelo juízo, em qualquer grau de jurisdição.

No que tange à liquidação de sentença – etapa antecipatória e introdutória da fase de execução – é importante destacar que, em regra, não haverá decretação de Prescrição Intercorrente, visto que não existe a determinação do *quantum* da prestação pecuniária ou a espécie, devendo o juiz ordenar previamente a sua liquidação. No entanto, na hipótese de liquidação por artigos, muitos Tribunais Regionais do Trabalho têm aplicado a Prescrição Intercorrente, diante da essencialidade de que a parte exequente alegue e prove fatos novos nessa modalidade de liquidação, função essa que não poderá ser realizada pelo juízo da execução na apresentação de artigos.

Em que pese a regulamentação da matéria, o legislador reformista estabeleceu a Prescrição Intercorrente de forma genérica e simplista, sem estabelecer nenhum tipo de procedimento ou peculiaridade necessária à aplicação desse instituto tão complexo do Direito.

Ao contrário do caminho executório objetivo adotado pela Lei de Execuções Fiscais (art. 40 da Lei n. 6.830/1980) e pelo Código de Processo Civil (art. 921 do CPC), em que bastam os elementos objetivos como a inexistência de bens e decurso do tempo para a decretação da prescrição, a Reforma Trabalhista adota a perspectiva subjetiva que leva em consideração o comportamento do exequente, que se mantém inerte frente à solicitação do juízo a alavancar a execução de seu título judicial. É o que se extrai da própria redação do parágrafo primeiro do art. 11-A da CLT, que prevê que o início do prazo prescricional intercorrente ocorrerá quando o exequente deixar de cumprir determinação judicial no curso da execução.

(44) MARINHO, Rogério. Comissão especial destinada a proferir parecer ao projeto de Lei n. 6.787, de 2016, do Poder Executivo, que Altera o Decreto-Lei n. 5.452, de 1º de maio de 1943 – Consolidação das Leis do Trabalho e a Lei n. 6.019, de 3 de janeiro de 1974, para dispor sobre eleições de representantes dos trabalhadores no local de trabalho e sobre trabalho temporário e dá outras providências. Disponível em: <https://www.camara.leg.br/proposicoesWeb/prop_mostrarintegra?codteor=1544961>. Acesso em: 16 jul. 2019.

(45) CLAUS, Ben-Hur Silveira. A prescrição intercorrente na reforma trabalhista introduzida pela Lei n. 13.467/2017. In: KOURY, Luiz Ronan Neves; ASSUNÇÃO, Carolina Silva Silvino. (Coord.). *Direito Processual do Trabalho, Constituição e Reforma Trabalhista*. São Paulo: LTr, 2018. p. 256.

Dessa forma, a Reforma Trabalhista adicionou a previsão de descumprimento de determinação judicial pelo exequente como requisito essencial para que se tenha iniciada a fluência do prazo de dois anos para a decretação da Prescrição Intercorrente. A celeuma encontra-se, justamente, na vaga definição da determinação judicial, já que o legislador não delimitou quais atos executivos dependem exclusivamente da parte, para fins da Prescrição Intercorrente, perpetuando a insegurança aos operadores do direito devido à margem de arbitrariedade na decretação da prescrição.

A determinação judicial deverá ser específica, restringindo-se a atos a cargo do credor, sem os quais a execução ficará paralisada, quer dizer, a Prescrição Intercorrente só poderá ser declarada diante da inércia voluntária do titular do direito reconhecido pelo título judicial diante de situação em que apenas ele poderia fazer para impulsionar a execução. Não nos parece razoável, por óbvio, diante da própria sistemática processual laboral, a aplicação de Prescrição Intercorrente diante de despachos genéricos proferidos pelo juiz, que não alcancem o respectivo escopo da execução do crédito objeto da condenação transitada em julgado.

Conquanto o preceito legal do art. 11-A da CLT possa ser compreendido como uma espécie de cláusula geral em face da formulação genérica de seu enunciado, não parece razoável admitir que o juízo da execução possa invocar o preceito para se desvencilhar do dever funcional previsto no art. 765 da CLT, de determinar qualquer diligência necessária a assegurar o resultado útil do processo, para transferir ao Exequente a incumbência de realizar desde as primeiras pesquisas de bens à penhora, sobretudo quando é o juízo da execução que tem acesso aos sistemas informatizados de pesquisa patrimonial eletrônica capazes de promover a constrição de patrimônio necessária à satisfação da dívida trabalhista.[46]

Desse modo, transferir ao credor – por maioria das vezes hipossuficiente – a responsabilidade sobre todos os atos processuais da execução, impondo a ele a efetivação do título judicial exarado pelo magistrado, representa risco ao resultado útil do processo e ao bem da vida tutelado. Isso porque o credor não dispõe dos meios necessários para a efetivação de seu direito já que é de monopólio do Poder Judiciário todas as ferramentas necessárias para o rastreamento e efetivação de constrição de bens do devedor. Nos dizeres de Ben-Hur Silveira Claus:

> Na medida em que o sistema brasileiro encontra-se estruturado sob uma racionalidade segundo a qual os meios eletrônicos de pesquisa patrimonial e os meios eletrônicos para a consequente constrição de bens estão confiados ao Poder Judiciário, não parece razoável reconhecer suspensão do processo para prescrição intercorrente na execução trabalhista quando o Estado-Juiz não obtém êxito na localização de bens do executado, transferindo-se ao Exequente hipossuficiente o dever de localização de bens para penhorar, sobretudo quando a boa-fé objetiva faz o sistema de direito evoluir na perspectiva de atribuir ao Executado o dever processual de indicar bens à penhora (art. 774, IV do CPC).[47]

A aplicação da Prescrição Intercorrente deverá ser examinada no caso concreto, levando em consideração as particularidades de cada processo, devendo ser apurado caso a caso, quem é o responsável por sua inércia. Em se tratando de ocasiões em que o impulso processual decorrer de algum ato do juiz do trabalho, não poderá ser decretada a prescrição, já que ao juiz é atribuída a incumbência de adotar todas as medidas necessárias ao cumprimento das determinações judiciais, com base no art. 765 da CLT e art. 139, IV do CPC.

Da mesma forma, em se tratando de inércia do executado, que tem o dever processual de indicar bens à penhora (art. 774, IV do CPC), sob pena de incorrer em conduta atentatória à dignidade da justiça (aplicável subsidiariamente ao processo do trabalho), ou quando a ausência de atos executórios derivar da falta de bens do executado, também não será possível a decretação da prescrição. Isso porque a inércia processual decorrente de medidas protelatórias adotadas pelo executado não poderá ser imputada ao exequente, já que esse não possui meios eficazes para localização de bens capazes de satisfazer o seu crédito. Esse também é o entendimento defendido por Mauricio Godinho Delgado, senão vejamos:

> Mas atenção: a ausência de atos executórios derivada de falta de bens do executado (ou de seu desaparecimento...) não enseja a decretação da prescrição intercorrente. É que, nesse caso, a inércia processual não pode ser imputada ao exequente. Por esse motivo, a alternativa processual que emerge para o Juiz Executor, em tais situações, será aquela prevista no art. 40, §§ 2º e 3º, Lei n. 6.830/1980 (aplicável ao Processo do Trabalho por força do art. 889, CLT). Ou seja: decorrido o prazo máximo de um ano, sem que seja localizado o devedor ou encontrados bens penhoráveis, o juiz ordenará o arquivamento dos autos? (§ 2º). Porém fica aberta a ressalva: "encontrados que sejam, a qualquer tempo, o devedor ou os bens, serão desarquivados os autos para prosseguimento da execução" (§ 3º do art. 40).[48]

(46) CLAUS, Ben-Hur Silveira. A prescrição intercorrente na reforma trabalhista introduzida pela Lei n. 13.467/2017. In: KOURY, Luiz Ronan Neves; ASSUNÇÃO, Carolina Silva Silvino. (Coord.). *Direito Processual do Trabalho, Constituição e Reforma Trabalhista*. São Paulo: LTr, 2018. p. 258.

(47) *Idem*.

(48) DELGADO, Mauricio Godinho. *Curso de Direito do Trabalho:* obra revista e atualizada conforme a lei da reforma trabalhista e inovações normativas e jurisprudenciais posteriores. 18. ed. São Paulo: LTr, 2018. p. 329

Indispensável sublinhar que a integração da norma, com aplicação dos procedimentos regulados nas execuções fiscais e na execução civil – extensivos às execuções trabalhistas por previsão do art. 889 da CLT –, antes da decretação da prescrição, poderia minimizar a possibilidade de prejuízo ao trabalhador exequente, pois acrescentaria um período maior para que pudessem ser encontrados bens a satisfazer seu crédito.

Além do mais, na perspectiva da teoria do diálogo das fontes formais de direito, que tratam da Prescrição Intercorrente no ordenamento jurídico nacional, imperiosa seria a aplicação da CLT, atrelada à regência legal do tema na LEF e no CPC, evitando-se que créditos classificados em posição jurídica inferior tenham tutela jurídica superior àquela conferida ao crédito trabalhista.

Esse era o entendimento utilizado pela Justiça do Trabalho, conforme se extrai do ATO n. 17/CGJT, que aplicava o arquivamento provisório do processo de execução, por não haver encontrado o devedor ou bens penhoráveis, determinando a suspensão do processo de execução com a aplicação do art. 40 da Lei n. 6.830/1980.(49)

Quanto ao prazo de aplicação da Prescrição Intercorrente, julga-se que o legislador realizou uma opção política ao determinar, como elemento objetivo, o prazo de dois anos para a sua declaração. Ocorre que a incidência desse lapso vai de encontro ao parâmetro temporal para aferição da prescrição prevista no art. 7º, XXIX da Constituição Federal e ao entendimento jurisprudencial pacífico da Súmula n. 150 do STF, que prescreve a execução no mesmo prazo de prescrição da ação. Dessa forma, o prazo prescricional a ser aplicado deveria ser de cinco anos na vigência do contrato de trabalho, limitada até dois anos após a extinção do pacto laboral.

No que tange ao parágrafo segundo do art. 11-A da CLT reformada, a declaração da Prescrição Intercorrente pode ser requerida ou declarada de ofício, em qualquer grau de jurisdição.

Alguns doutrinadores defendem que o reconhecimento *ex officio* da prescrição atenta contra o princípio basilar da proteção, que também repercute na esfera processual trabalhista, eis que a pronúncia da prescrição de ofício, sem provocação da parte beneficiada, impõe ao trabalhador condição demasiadamente desfavorável, e que tutela interesse do empregador inadimplente, parte mais forte na relação processual, em afronta aos princípios da igualdade, da ampla defesa e do contraditório, na medida em que priva o Exequente do direito de comprovar a inexistência da prescrição pronunciada, em face de uma possível interrupção da prescrição(50).

Além do mais, muito se discute acerca da disparidade de tratamento dado aos créditos trabalhistas e aos créditos previdenciários, na medida em que a execução de ofício fora restringida para os primeiros e mantida para os segundos. Para Ben-Hur, é ilógico que, no mesmo processo, haja a execução de ofício do crédito previdenciário, que é acessório, enquanto que o crédito trabalhista principal não pode ser executado de ofício, principalmente porque aquele serve de base de cálculo para se chegar aos valores relativos às contribuições previdenciárias(51).

Nesse sentido, foi proposto o Projeto de Lei n. 280/2019 pelo Deputado Rubens Otoni (PT-GO) que tramita na Câmara dos Deputados, para a revogação dos §§ 2º e 3º do art. 11 e art. 11-A da CLT. Para o autor do Projeto, "a mudança determinada pela reforma trabalhista prejudicou o trabalhador, pois nem sempre o cumprimento de uma ordem judicial depende dele". Otoni dá como exemplo um despacho do juiz determinando que o trabalhador indique bens da empresa à penhora, a fim de assegurar o que tem direito a receber; segundo ele, "a empresa pode desaparecer, e essa hipótese não é incomum, e o trabalhador não tem meios para descobrir bens passíveis de penhora, nem em nome da empresa, tampouco em nome dos sócios".(52)

Cumpre observar que as discussões sobre a Prescrição Intercorrente não cessaram, diante de falta de normatização específica do procedimento de aplicação do instituto que gerou vários questionamentos, como, por exemplo, a falta de definição do tipo de determinação passível de gerar a incidência da prescrição, o momento de sua aplicação e o prazo etc.

6. INSTRUÇÃO NORMATIVA N. 41 DE 2018 DO TRIBUNAL SUPERIOR DO TRABALHO

Diante de toda essa celeuma advinda do novo regramento trabalhista, na sessão do dia 6 de fevereiro de 2018, o Pleno do Tribunal Superior do Trabalho subscreveu a criação de uma Comissão, composta por nove ministros do TST e presidida pelo ministro Aloysio Corrêa da Veiga, para organização de minuta de uma Instrução Normativa no tocante à aplicação temporal dos recentes preceitos de Direito Material e Processual do Trabalho, resultantes da superveniência da Lei n. 13.467/2017 – Reforma Trabalhista.

A Comissão de Regulamentação da Lei n. 13.467/2017 ofereceu suas conclusões quanto à edição de uma Instrução Normativa sobre os delicados temas do Direito Intertemporal em 16 de maio de 2018. O Pleno do Tribunal Superior do Trabalho aprovou, em 21 de junho de 2018, com

---

(49) Art. 1º O arquivamento provisório do processo de execução, no âmbito do Judiciário do Trabalho, por não ter sido encontrado o devedor ou bens penhoráveis, corresponde à suspensão da execução de que tratam os arts. 40 da Lei n. 6.830/1980 e 791, inciso III, do CPC.

(50) SOARES, Leandro Nascimento. *Prescrição e indenizações por acidente do trabalho*. São Paulo: LTr, 2018. p. 245.

(51) CLAUS, Ben-Hur Silveira. A prescrição intercorrente na reforma trabalhista introduzida pela Lei n. 13.467/2017. In: KOURY, Luiz Ronan Neves; ASSUNÇÃO, Carolina Silva Silvino. (Coord.). *Direito Processual do Trabalho, Constituição e Reforma Trabalhista*. São Paulo: LTr, 2018. p. 251.

(52) OTONI, Rubens. *Projeto de Lei n. 218/2019*. Acessado em: <https://www.camara.leg.,br/proposicoesWeb/prop_mostrarintegra;jsessionid=0F-9CD0F54D59C2A40BEF70E86020CF1B.proposicoesWebExterno2?codteor=1707098&filename=PL+280/2019>.

alterações pontuais em relação à minuta original, o texto definitivo, que recebeu a identificação de Instrução Normativa n. 41/2018.

Merece ser destacado que a Instrução Normativa n. 41 referiu-se, apenas, sobre a aplicação temporal das normas de Direito Processual do Trabalho, buscando-se essencialmente definir o marco inicial para a aplicação das novas regras processuais introduzidas pela Lei n. 13.467/2017. Segundo o ministro Aloysio Corrêa da Veiga, as questões de Direito Material serão discutidas caso a caso, no julgamento no primeiro e no segundo graus, bem assim no julgamento dos recursos sobre os temas que chegarem ao Tribunal Superior do Trabalho.(53)

O segundo aspecto merecedor de atenção é que a IN n. 41/2018, em referência ao art. 5º, inciso XXXVI, da CF/1988 e ao art. 6º, *caput*, da LINDB (Decreto-Lei n. 4.657/1942), pautou-se pela aplicação imediata das novas regras processuais(54), inclusive aos processos em curso, respeitando-se, entretanto, o direito adquirido processual, o ato jurídico processual perfeito e a coisa julgada. Um dos pilares da segurança jurídica é, sem dúvidas, a impossibilidade de modificação, pelo legislador, mediante a edição de novo diploma normativo, das regras do jogo processual válidas no passado, surpreendendo as partes e seus Advogados.(55)

Por conseguinte, os processos findos sob a vigência da norma trabalhista anterior não serão atingidos pelas modificações trazidas pela Reforma Trabalhista, ao passo que, os processos iniciados após a vigência da nova legislação (11 de novembro de 2017) serão submetidos imediatamente a ela. Em contrapartida, aos processos em curso, o art. 1º da IN n. 41/2018 acompanha a previsão do art. 6º da LINDB, ao prever que as alterações legislativas de cunho processual entram em vigor com a vigência da lei nova, respeitadas situações pretéritas iniciadas ou consolidadas sob a vigência da lei pretérita.

Cuida-se da utilização do sistema *tempus regit actum* ou Teoria do Isolamento dos Atos Processuais (adotado pelo CPC, art. 14)(56), em que se respeita os atos processuais já consumados, operando a lei processual nova meramente àqueles atos processuais vindouros, a ser efetivados sob a égide do novo diploma, com respaldo legislativo nos arts. 10, 15, 1.046, §§ 1º e 5º, 1.047, 1.054, 1.056 e 1.057, todos do CPC c/c art. 912 da CLT.

Entendimento contrário acarretaria flagrante ofensa à segurança jurídica e ao princípio que veda a decisão surpresa, prejudicial aos litigantes que iniciaram a relação processual sob a égide da lei anterior. Certo é que a novel legislação não poderá retroagir para atingir atos já consumados, *ex vi* do disposto no art. 5º, XXVI, da Constituição Federal, não permitindo à ordem jurídica a retroatividade lesiva. Em matéria de direito intertemporal, preservam-se o direito adquirido, o ato jurídico perfeito e a coisa julgada, em conformidade, ainda, com a teoria do isolamento dos atos processuais(57).

Tal teoria, ressalte-se, há muito tem sido reconhecida pelo Supremo Tribunal Federal(58), pelo Tribunal Superior do Trabalho(59) e pelo Superior Tribunal de Justiça(60) como aquela acolhida pelo ordenamento jurídico brasileiro(61).

---

(53) Reforma Trabalhista: TST aprova Instrução Normativa sobre normas processuais. Disponível em: <http://www.tst.jus.br/noticia-destaque/-/asset_publisher/NGo1/content/id/24604377>. Acesso em: 16 jul. 2019.

(54) IN n. 41/2018. Art. 1º A aplicação das normas processuais previstas na Consolidação das Leis do Trabalho, alteradas pela Lei n. 13.467, de 13 de julho de 2017, com eficácia a partir de 11 de novembro de 2017, é imediata, sem atingir, no entanto, situações pretéritas iniciadas ou consolidadas sob a égide da lei revogada.

(55) FILHO, Rodolfo Pamplona e FERNANEZ, Leandro. *Direito Processual Intertemporal e a Instrução Normativa. 41/2018 do TST:* A Aplicação das Inovações da Reforma Trabalhista ao Processo do Trabalho. *Revista LTr:* 82-08/906. v. 82, n. 08, agosto de 2018.

(56) Art. 14. A norma processual não retroagirá e será aplicável imediatamente aos processos em curso, respeitados os atos processuais praticados e as situações jurídicas consolidadas sob a vigência da norma revogada.

(57) TRT-3 – RO n. 00102964320165030089 0010296-43.2016.5.03.0089, Relator: Júlio Bernardo do Carmo, Quinta Turma.

(58) As normas regulamentadoras do art. 100, § 3º, da Constituição Federal têm natureza processual, aplicando-se, no caso, a teoria do isolamento dos atos processuais, segundo a qual a lei nova tem aplicação imediata aos processos em curso, respeitados, entretanto, os atos praticados sob a égide da norma processual anterior (art. 1.211 do CPC). Incide, na hipótese, a máxima *tempus regit actum.* (RE n. 860.989, Relatora: Ministra Carmen Lúcia, julgado em 11.02.2015).

(59) Prevalece, no sistema normativo pátrio, o sistema do isolamento dos atos processuais, segundo o qual a lei nova, encontrando um processo em desenvolvimento, respeita a eficácia dos atos processuais já realizados e disciplina o processo a partir de sua vigência. Por bem como seus efeitos, e se aplica aos que houverem de realizar-se (AMARAL SANTOS, Moacyr. *Primeiras linhas de direito processual civil.* 23. ed. São Paulo: Saraiva, 2004. v. I, p. 32). Em outros termos, a lei que rege o ato processual é aquela em vigor no momento em que ele é praticado, em estrita observância ao princípio *tempus regit actum*, devendo cada ato ser considerado separadamente dos demais para o fim de se determinar qual lei que o rege, recaindo sobre ele a preclusão consumativa, não podendo a lei processual retroagir, sob pena de violar direito adquirido processual, ato jurídico perfeito e ato processual consumado, protegidos pelo art. 5º, inciso XXXVI, da Constituição Federal? (Ag-E-ED-RR n. 107.08-2013.5.03.0090, Relator Ministro José Roberto Freire Pimenta, Data de Julgamento. 08.09.2016, Subseção I Especializada em Dissídios Individuais, Data de Publicação: DEJT 16.09.2016).

(60) A sucessão de leis processuais no tempo subordina-se ao princípio geral do *tempus regit actum*, no qual se fundamenta a teoria do isolamento dos atos processuais. 3. De acordo com essa teoria atualmente positivada no art. 14 do CPC/2015 a lei processual nova tem aplicação imediata aos processos em desenvolvimento, resguardando-se, contudo, a eficácia dos atos processuais já realizados na forma da legislação anterior, bem como as situações jurídicas consolidadas sob a vigência da norma revogada? (REsp n. 1.666.321/RS, Relatora Ministra Nancy Andrighi, Terceira Turma, julgado em 07.01.2017, DJe 13.11.2017).

(61) FILHO, Rodolfo Pamplona e FERNANEZ, Leandro. *Direito Processual Intertemporal e a Instrução Normativa. 41/2018 do TST:* A Aplicação das Inovações da Reforma Trabalhista ao Processo do Trabalho. *Revista LTr:* 82-08/906. v. 82, n. 08, agosto de 2018.

Da análise da IN n. 41/2018 percebe-se que o legislador não seguiu uma sistematização adotando só um critério de utilização do direito intertemporal no que diz respeito ao Direito Processual do Trabalho. Observa-se que, em casos em que não traria elementos surpresa à parte, o C. TST adotou a "Teoria dos Isolamentos dos Atos Processuais" prevista nos arts. 14 e 1.046 do CPC e, nas demais oportunidades, aplicou um elemento de ponderação para harmonizar os novos artigos trazidos pela Lei n. 13.467/17 com os princípios da segurança jurídica, da proteção da confiança e da previsibilidade dos riscos da demanda às partes litigantes.

Relativamente à Prescrição Intercorrente, a IN n. 41/2018, em seu art. 2º[62], manifestou-se no sentido de que o marco inicial para a contagem do prazo se dará a partir do descumprimento da determinação judicial que provoca o credor/exequente a dar andamento à execução (§ 1º do art. 11-A da CLT), desde que tais determinações judiciais tenham sido proferidas após a entrada em vigor da Lei n. 13.467/2017, ou seja, após 11 de novembro de 2017. Percebe-se que, para a contagem da Prescrição Intercorrente, irrelevante é a data do ajuizamento da ação trabalhista, importando, apenas, a data da determinação judicial descumprida.

O cômputo do prazo prescricional de 2 (dois) anos iniciará, a partir do momento em que o advogado do credor/exequente, uma vez intimado, não satisfaz aquilo que fora determinado pelo Juízo no fluxo da execução da sentença, sendo irrelevante a data do ajuizamento da ação trabalhista. Atente-se que o emprego do vocábulo "advogado" foi intencional, visto que, conforme demostrado anteriormente, essa fase processual deixou de ser impulsionada *ex oficio* pelo Juiz do Trabalho, à exceção da situação em que o credor/exequente não estiver assistido por advogado (*jus postulandi*).

O art. 2º da IN n. 41/2018 evidencia que o Tribunal Superior do Trabalho já reconhece que a alteração legislativa importou na superação da sua Súmula n. 114, que haverá de ser cancelada. Nessa ordem de ideias, a própria Instrução Normativa em tela revogou o art. 2º, VIII, da IN n. 39/2016, que estabelecia a não aplicação ao Processo do Trabalho da disciplina veiculada no CPC/2015 em relação à prescrição intercorrente.[63]

A redação do dispositivo também sugere que a Corte não distinguirá, para fins de aplicação da Prescrição Intercorrente, as hipóteses nas quais o ato executivo depende exclusivamente de conduta da parte em relação aos casos nos quais o ato também poderia ser praticado pelo Judiciário, aparentemente com o propósito de observância do art. 878 da CLT, com a redação conferida também pela Lei n. 13.467/2017.

A posição deflagrada pelo C. TST na IN n. 41/2018 reverencia a irretroatividade da lei, impedindo que o exequente seja surpreendido com a declaração da Prescrição Intercorrente constituída em descumprimento de determinação judicial proferida antes do início da vigência da Reforma Trabalhista, em momento em que a jurisprudência consolidada do TST adotava majoritária e absolutamente a tese da inaplicabilidade dessa modalidade de prescrição ao Processo do Trabalho.

De fato, em consonância com o raciocínio que inspirou a elaboração do art. 916 da CLT, a "lei nova que cria prazo prescricional somente gera efeitos a partir de sua vigência, não sendo aplicável retroativamente".[64]

7. RECOMENDAÇÃO N. 3/2018 DA GCGJT (CORREGEDORIA-GERAL DA JUSTIÇA DO TRABALHO)

A Recomendação 3/2018 da Corregedoria-Geral da Justiça do Trabalho (CGJT), editada pelo Corregedor-Geral, Ministro Lélio Bentes Corrêa, recomenda aos juízes e aos desembargadores do trabalho a observância de diversos procedimentos em relação à Prescrição Intercorrente, diante da ausência de previsão de procedimento a ser adotado.[65]

Um dos objetivos da Recomendação n. 3 é uniformizar os procedimentos adotados pelos magistrados do trabalho no que se refere à condução das execuções trabalhistas, levando em conta a ausência de previsão nesse sentido para o reconhecimento da Prescrição Intercorrente. A iniciativa visa também harmonizar o novo texto da CLT com outros dispositivos legais aplicáveis ao Processo do Trabalho, como o art. 40 da Lei n. 6.830/1980 e o art. 921 do Código de Processo Civil.[66]

A Recomendação n. 3 segue o entendimento adotado pelo Tribunal Superior do Trabalho em relação à aplicação dos dispositivos do Código de Processo Civil ao Processo do Trabalho (Instrução Normativa n. 39) e aos aspectos processuais da Reforma Trabalhista (Instrução Normativa n. 41).

(62) Art. 2º. O fluxo da prescrição intercorrente conta-se a partir da determinação judicial a que alude o § 1º do art. 11-A da CLT, desde que declarada após 11 de novembro de 2017 (Lei n. 13.467/2017).

(63) FILHO, Rodolfo Pamplona e FERNANEZ, Leandro. *Direito Processual Intertemporal e a Instrução Normativa n. 41/2018 do TST:* A Aplicação das Inovações da Reforma Trabalhista ao Processo do Trabalho. *Revista LTr, 82-08/906*. v. 82, n. 08, ago. 2018.

(64) PAMPLONA FILHO, Rodolfo; FERNANDEZ, Leandro. *Tratado da prescrição trabalhista:* aspectos teóricos e práticos. São Paulo: LTr, 2017. p. 154.

(65) Recomendação da CGJT trata de procedimentos relativos à prescrição intercorrente. Disponível em: <http://tst.jus.br/noticias/-/asset_publisher/89Dk/content/recomendacao-da-cgjt-trata-de-procedimentos-relativos-a-prescricao-intercorrente?inheritRedirect=false>. Acesso em: 16 jul. 2019.

(66) *Idem.*

Consoante o texto, recomendou-se no art. 1º que a Prescrição Intercorrente somente deverá ser reconhecida após expressa intimação do exequente para cumprimento de determinação judicial no curso da execução. Essa indispensabilidade da intimação do exequente simboliza o respeito ao princípio da segurança jurídica aos jurisdicionados, na medida em que a pronúncia da prescrição acarreta a extinção do processo com resolução de mérito. Nas lições de Manoel Antônio Teixeira Filho:

> [...] Mesmo nos casos em que a norma legal autoriza o juiz a agir de ofício será indispensável a intimação da parte para que a prescrição intercorrente se constitua. Essa prévia intimação, que figura como requisito ou pressuposto da *praescriptio*, se destina a atribuir segurança jurídica à parte, uma vez que terá ciência de que praticar determinado ato, no prazo previsto em Lei ou assinado pelo juiz, sob pena de o seu direito de estar em juízo ser fulminado pelo termo prescricional.(67)

O art. 2º prevê que o juiz ou relator indicará, com precisão, qual a determinação deverá ser cumprida pelo exequente, com expressa cominação das consequências do descumprimento. Dessa forma, constata-se que não basta que haja qualquer decisão judicial para que seja declarado o início do prazo prescricional, mas deverá haver a intimação do executado para cumprir determinado ato processual específico e, somente se esse quedar-se inerte, haverá o início da contagem do prazo.

O art. 3º estabelece que essa modalidade de prescrição só poderia começar a ser contada a partir de 11 de novembro de 2017, data do início da vigência da Reforma Trabalhista, em respeito ao previsto no art. 2º da IN n. 41 do C.TST. Ou seja, esse prazo de dois anos só venceria em novembro do corrente ano, o que possibilita questionamento de qualquer Prescrição declarada antes dessa data.

Antes de decidir pela declaração da Prescrição Intercorrente, o juiz deve dar a possibilidade de argumentação para que a parte tenha a oportunidade de apontar fundamentos capazes de interrompê-la. Esse é o acertado entendimento do art. 4º da Recomendação, que demonstra observação e respeito a um dos princípios basilares de todo o ordenamento jurídico brasileiro, o princípio do contraditório (art. 5º, LV da CF e arts. 9º e 10, CPC).

Entende-se que o pronunciamento mais relevante da Recomendação se encontra na previsão do art. 5º, com os dizeres de que não poderá ocorrer a Prescrição Intercorrente se o devedor ou os seus bens para penhora não forem localizados. Nesses casos, o juiz deverá suspender o processo e os autos remetidos ao arquivo provisório o credor pode pedir o prosseguimento da execução.

O juiz também não poderá determinar o arquivamento dos autos antes da realização dos atos de pesquisa patrimonial, com uso dos sistemas eletrônicos, como o Bacenjud, Renajud, Simba e outros. Ainda, o juízo da execução deverá determinar a inclusão do nome do executado no Banco Nacional dos Devedores Trabalhistas (BNDT) e nos cadastros de inadimplentes.

8. CONCLUSÃO

A aplicação da Prescrição Intercorrente no curso da execução na Justiça do Trabalho sempre foi objeto de excessivo debate doutrinário e jurisprudencial brasileiro, gerando diversos posicionamentos e fundamentações antagônicas, inclusive, no âmbito dos Tribunais Superiores.

A insegurança jurídica nesse aspecto era tão grande que o Supremo Tribunal Federal e o Tribunal Superior do Trabalho proferiram entendimentos diametralmente opostos sobre a matéria, materializados pela Súmula n. 327 do STF e Súmula n. 114 do TST.

Em que pese a recente previsão de admissibilidade da Prescrição Intercorrente no Processo do Trabalho decorrida da recente alteração legislativa trazida pela Lei n. 13. 467/2017 – Reforma Trabalhista, o instituto foi previsto de forma genérica e reducionista, ainda dependentes de discussão e consenso doutrinário e jurisprudencial.

A Instrução Normativa n. 41/2018, cuja matéria não é dotada de força vinculativa diante de Juízes e Tribunais Trabalhistas, demonstra descaso em relação à segurança jurídica necessária à aplicação do instituto na seara laboral.

No que tange à Recomendação n. 3/2018 da Corregedoria-Geral da Justiça do Trabalho (GCGJT) do TST, acerca do procedimento a ser adotado na aplicação da prescrição, entende-se que ainda que o ato normativo sustente a natureza de mera "recomendação", as determinações nela contidas deveriam ser recebidas como um dever de conduta a ser cumprida pelos juízes e relatores.

O exame das novas regulamentações processuais trazidas pela Reforma Trabalhista (Lei n. 13.467/2017), pela Instrução Normativa n. 41 e pela Recomendação n. 3/2018 da Corregedoria-Geral da Justiça do Trabalho (CGJT) do TST tentaram regulamentar o tema e seu procedimento. Apresentar o comportamento da jurisprudência, quando provocada a decidir sobre a matéria, bem como o impacto ocasionado pelas recentíssimas inclusões legislativas também constituirão desafios dos operadores do direito, porquanto, a Prescrição Intercorrente no campo processual trabalhista agora é a realidade.

Faz-se necessário, portanto, fomentar o diálogo entre os diversos entendimentos sobre o tema a fim de que seja encontrada a condição mais razoável de aplicação da Prescrição Intercorrente ao processo laboral, a fim de que se mantenham garantidos os pilares de sustentação do Direito do Trabalho.

(67) FILHO, Manoel Antônio Teixeira. *O processo do trabalho e a reforma trabalhista*. São Paulo: LTr, 2017. p. 39.

9. REFERÊNCIAS

ALMEIDA, Cleber Lúcio de. *Direito Processual do trabalho*. São Paulo: LTr, 2016. p. 741.

ARAÚJO. Francisco Rossal de; COIMBRA, Rodrigo. *A Prescrição e o Direito do Trabalho*. São Paulo: LTr. 2018. p. 19.

CLAUS, Ben-Hur Silveira. A prescrição intercorrente na reforma trabalhista introduzida pela Lei n. 13.467/2017. In: KOURY, Luiz Ronan Neves; ASSUNÇÃO, Carolina Silva Silvino. (Coord.). *Direito Processual do Trabalho, Constituição e Reforma Trabalhista*. LTr, 2018. p. 251.

CORDEIRO, Wolney de Macedo. *Execução no processo do trabalho*. 4. ed. rev. e atual. Salvador: JusPodivm, 2017. p. 23.

DELGADO, Mauricio Godinho. *Curso de Direito do Trabalho*. 15. ed. São Paulo: LTr, 2016. p. 290.

DELGADO, Mauricio Godinho. *Curso de Direito do Trabalho*: Obra revista e atualizada conforme a lei da reforma trabalhista e inovações normativas e jurisprudenciais posteriores. 18. ed. São Paulo: LTr, 2018. p. 329.

DELGADO, Mauricio Godinho. Direito do Trabalho e Processo do Trabalho – Critérios de Importação de Regras Legais Civis e Processuais Civis. In: *Revista LTr*, São Paulo: LTr, v. 71, n. 5, maio de 2007. Do mesmo autor, A Prescrição na Justiça do Trabalho – novos desafios. In: *Revista do Tribunal Superior do Trabalho*, TST/Magister, Brasília/Porto Alegre, v. 74, n. 1, jan./mar. 2008, p. 47-60.

EÇA, Vitor Salino de Moura. *Prescrição intercorrente no processo do trabalho*. São Paulo: LTr, 2008.

FILHO, Manoel Antônio Teixeira. *O processo do trabalho e a reforma trabalhista*. São Paulo: LTr, 2017. p. 39.

BARBA FILHO, Roberto Dala. Prescrição intercorrente é mudança que mais impacta ações trabalhistas. *Revista Consultor Jurídico*, 23 de setembro de 2017. Disponível em: <https://www.conjur.com.br/2017-set-23/roberto-dala-prescricao-intercorrente-mudanca-impacta>. Acesso em: 28 ago. 2019.

FILHO, Rodolfo Pamplona e FERNANEZ, Leandro. *Direito Processual Intertemporal e a Instrução Normativa n. 41/2018 do TST*: A Aplicação das Inovações da Reforma Trabalhista ao Processo do Trabalho. *Revista LTr*: 82-08/906. v. 82, n. 08, ago. 2018.

GONÇALVES, Carlos Roberto. *Direito Civil Brasileiro*. v. I, Parte Geral. 11. ed. São Paulo: Saraiva, 2013. p. 512.

MARINHO, Rogério. Comissão especial destinada a proferir parecer ao projeto de Lei n. 6.787, de 2016, do Poder Executivo, que Altera o Decreto-Lei n. 5.452, de 1º de maio de 1943 – Consolidação das Leis do Trabalho e a Lei n. 6.019, de 03 de janeiro de 1974, para dispor sobre eleições de representantes dos trabalhadores no local de trabalho e sobre trabalho temporário e dá outras providências. Disponível em: <https://www.camara.leg.br/proposicoesWeb/prop_mostrarintegra?codteor=1544961>. Acessível em: 16 jul. 2019.

MARTINS, Melchíades Rodrigues. Reforma Trabalhista (Lei n. 13.467 de 13.07.17) – Prescrição e sua declaração de ofício – Aplicação no Direito e Processo do Trabalho. *Revista LTr* 82-04/397. v. 82, n. 4, abr. 2018.

MIESSA, Élisson. Prescrição intercorrente no processo do trabalho após a Lei n. 13.467/2017. *Revista LTr 81 – 09/1111*. São Paulo. v. 81, n. 09, set. 2017. p. 1.112.

MIZIARA, Raphael. A tutela da confiança e a prescrição intercorrente na execução trabalhista. In: MIESSA, Élisson (Coord.). *O novo Código de Processo Civil e seus reflexos no processo do trabalho*. 2. ed. Salvador: JusPodivm, 2016. p. 824.

OTONI, Rubens. *Projeto de Lei n. 218/2019*. Acessado em: <https://www.camara.leg.br/proposicoesWeb/prop_mostrarintegra;jsessionid=0F9CD0F54D59C2A40BEF70E86020CF1B.proposicoesWebExterno2?codteor=1707098&filename=PL+280/2019>.

Recomendação da CGJT trata de procedimentos relativos à prescrição intercorrente. Disponível em: <http://tst.jus.br/noticias/-/asset_publisher/89Dk/content/recomendacao-da-cgjt-trata-de-procedimentos-relativos-a-prescricao-intercorrente?inheritRedirect=false>. Acesso em: 16 jul. 2019.

Reforma Trabalhista: TST aprova Instrução Normativa sobre normas processuais. Disponível em: <http://www.tst.jus.br/noticia-destaque/-/asset_publisher/NGo1/content/id/24604377>. Acesso em: 16 jul. 2019.

SCHIAVI, Mauro. *Manual de Direito Processual do Trabalho*: de acordo com a reforma trabalhista. 13. ed. São Paulo: LTr, 2018. p. 527.

SOARES, Leandro Nascimento. *Prescrição e indenizações por acidente do trabalho*. São Paulo: LTr, 2018. p. 245.

TEIXEIRA FILHO, Manoel Antônio. *O processo do trabalho e a reforma trabalhista*: as alterações introduzidas no processo do trabalho pela Lei n. 13.467/2017. São Paulo: LTr, 2017.

TESHEINER, José Maria Rosa. Reflexões politicamente incorretas sobre direito e processo. *Revista da Ajuris*, Porto Alegre: Ajuris, n. 110, p. 187, jun. 2008.

Liquidação e Execução das Ações Coletivas na Justiça do Trabalho

Leonardo Fazito Rezende Pereira da Silva[1]

1. INTRODUÇÃO

As ações coletivas têm ampla aplicação prática na esfera da Justiça do Trabalho, além de inegável importância na efetividade do direito material, efetividade esta que não se observa sempre na vigência dos contratos de trabalho. Porém, os momentos processuais da liquidação e da execução nas ações coletivas trabalhistas são complexos, por tratarem, muitas das vezes, de direitos de numerosos trabalhadores.

O presente estudo propõe-se a lançar algumas luzes nessas fases processuais, bem como detectar problemas estruturais e propor caminhos teóricos e práticos para, prestigiando a solução coletiva de conflitos trabalhistas – conflitos esses que são coletivos em seu nascedouro, diga-se –, compreender as ações coletivas como poderoso instrumento de aumento da efetividade do direito material que visam assegurar, o que pode levar, inclusive, à diminuição do número de ações individuais.

2. CONSIDERAÇÕES INICIAIS: A IMPORTÂNCIA DAS AÇÕES COLETIVAS COMO INDUTOR DE EFETIVIDADE DO DIREITO MATERIAL DO TRABALHO

Uma das questões mais complexas e intrigantes acerca do Direito do Trabalho, como ramo autônomo do Direito, é a de sua efetividade[2]. Isso porque a relação jurídica tipo do Direito do Trabalho, a relação de emprego, possui um paradoxo intrínseco de difícil resolução: o empregador que descumpre as normas trabalhistas é, ao mesmo tempo, devedor daquilo que descumpriu e titular do poder diretivo sobre o empregado-credor, o que torna este último incapaz de exigir a correção da irregularidade e a devida reparação durante a vigência do contrato de trabalho[3].

Em função dessa assimetria, em geral e em regra, o empregado que teve seus direitos descumpridos durante a vigência do contrato de trabalho aguardará o rompimento do vínculo antes de buscar judicialmente a devida reparação. A Justiça do Trabalho, nesse sentido, é provocada majoritariamente por ex-empregados. Resultado disso é que a efetividade do Direito do Trabalho, durante a vigência dos contratos de trabalho, revela-se extremamente baixa se comparada com outros ramos do Direito.

Ora, a inexigibilidade *de facto* dos direitos descumpridos durante a vigência do vínculo empregatício[4] tem duas consequências óbvias. De um lado, uma flexibilidade igualmente *de facto* das normas que, por definição, são imperativas ou, no mínimo, indisponíveis (pelos empregados), transformando assim o cumprimento da norma de uma obrigação em uma opção – de maior ou menor risco para o empregador, mas não menos uma opção. De outro lado, um efeito perverso importante, uma vez que a Justiça do Trabalho transforma-se em mera justiça de reparação parcial (seja pela prescrição, pela celebração de acordos judiciais em valores abaixo aos efetivamente devidos, pelo não ajuizamento de ações pelos trabalhadores lesados etc.) dos direitos deliberadamente descumpridos, em razão dessa análise de risco econômico de não se cumprir a Lei.

Assim, parece-nos inegável que existe um defeito grave de efetividade no Direito do Trabalho. Um defeito que não decorre imediatamente do Poder Judiciário, ao contrário do que certa crítica recorrente, vinda não tanto do

(1) Advogado sócio do Escritório Campos, Fazito & Manhães Sociedade de Advogados. Graduado pela Universidade federal de Minas Gerais. Mestre em Direito pela Université de Paris 3 – Sorbonne Nouvelle. Membro da Oficina de Estudos Avançados "As Interfaces entre o Processo Civil e o Processo do Trabalho" – IPCPT.

(2) Para definir a efetividade de um direito, utilizamos neste artigo o conceito proposto por Rachid Filali Meknassi, em trabalho apresentado pela Organização Internacional do Trabalho: "*on peut dire d'une norme qu'elle est effective lorsqu'elle est prête à s'appliquer réellement mais surtout lorsque les conduites sociales qu'elle régit sont pénétrées de son existence*" (em tradução livre, "pode-se dizer que uma norma é efetiva quando ela é realmente aplicável, mas sobretudo quando as condutas sociais que ela regula encontram-se impregnadas de sua existência"). MEKNASSI, Rachid Filali. *L'effectivité du droit du travail et l'aspiration au travail décent dans les pays en développement:* une grille d'analyse, Genebra, OIT--IIES, 2007. p. 1.

(3) Esta ideia vem de VIANA, Márcio Túlio. Anotações gerais a respeito das comissões, *in* VIANA, Márcio Túlio *et* RENAULT, Luiz Otávio Linhares (Org.). *Comissões de conciliação prévia*: quando o Direito enfrenta a realidade, São Paulo, LTr, 2003, p. 59-99. A ideia mencionada se encontra na p. 61.

(4) Por óbvio falamos aqui dos descumprimentos legais e normativos por parte do empregador. O empregado, quando descumpre alguma norma, pode ser imediatamente punido pelo empregador, justamente pelo poder diretivo que este último detém. Assim, a assimetria é tanta, que os descumprimentos dos termos do contrato de trabalho somente podem ser acumulados se se tratarem daqueles de responsabilidade do empregador.

jurisdicionado ou do "mundo jurídico", mas de outros setores, tenta fazer crer. Afinal, o Judiciário somente pode agir mediante provocação. O descumprimento da legislação trabalhista precede o ajuizamento da ação.

A fiscalização do Trabalho, lado outro, além de insuficiente, também é absorvida pelas grandes empresas em termos de risco. Assim, as fiscalizações e eventuais autuações surtem efeitos bem menores que os esperados em termos de aumento real da efetividade do Direito Material do Trabalho[5].

Apesar de não ser o Poder Judiciário o causador do defeito de efetividade do Direito Material do Trabalho, a conciliação em justiça pode agir como fator de flexibilização dos direitos já descumpridos, nos casos de transação sobre parcelas não controvertidas, infelizmente muito mais frequentes do que deveriam ser. Onde não há *res dubia*, não deveria haver possibilidade de redução dos valores efetivamente devidos, pelo singelo fato de que os direitos trabalhistas são indisponíveis. Arnaldo Süssekind já assinalava, há décadas, que as renúncias, quando da cessação do contrato, ou a que se consuma depois dela, "têm sido apreciadas pela jurisprudência brasileira com menos restrições do que as ocorridas nas demais fases da relação de emprego."[6]

Destarte, tem-se a impressão de que a jurisdição individual atinge um limite que não pode ser superado. As ações movidas pelos (ex)empregados em face de seus (ex)empregadores cumprem seu desiderato de justiça retributiva ao permitir a tutela de interesses e direitos individuais. A jurisprudência cumpre seu desiderato de definir condutas que são permitidas e aquelas que serão sancionadas nos casos de controvérsias jurídicas a respeito da interpretação das leis, mas a efetividade do Direito do Trabalho não é nem pode ser garantida pelas ações individuais.

Atualmente, supostos e infundados argumentos de "ativismo judiciário", "sobrecarga do Poder Judiciário" ou "entraves à atividade econômica" servem de justificativa para a pura e simples supressão de direitos já consagrados na lei e na jurisprudência, bem como para o incremento da dificuldade de acesso do trabalhador ao Judiciário, que teve seus direitos descumpridos durante a vigência do contrato de trabalho. Tais medidas certamente terão impacto no número de ações propostas anualmente, mas não terá nenhuma repercussão na efetividade do Direito Material do Trabalho – nem mesmo levando em conta o leque reduzido de direitos individuais ainda em vigor. Ora, o risco da ação individual para o trabalhador aumentou demasiadamente, seja pela redução de direitos, seja pela dificuldade de se discutir direitos de difícil comprovação ou fruto de teses jurídicas inovadoras, seja pela ameaça de condenação em custas e honorários.

Diante desse quadro, as ações coletivas, que sempre tiveram sua importância para a defesa de interesses e direitos difusos e coletivos, desvelam-se em instrumento poderosíssimo para se buscar a efetividade do Direito Material do Trabalho através do Judiciário, notadamente aquelas que versam sobre interesses e direitos individuais homogêneos.

As ações coletivas, por não individualizarem os substituídos na fase de conhecimento, podem e devem ser utilizadas não só como forma de reparação dos danos causados pelos descumprimentos da legislação trabalhista, mas também e sobretudo como forma de correção de tais irregularidades, garantindo aos empregados de determinada empresa o acesso a tais direitos durante a vigência do contrato de trabalho.

Ademais, pode-se atingir, com uma só ação coletiva, um número enorme de jurisdicionados que, se ajuizassem cada um uma ação individual, abarrotariam a Justiça do Trabalho, com possibilidade de decisões distintas para uma mesma situação fática. Isso sem contar que, em se tratando de ações que necessitem de prova pericial, uma só perícia poderia resolver a questão para dezenas, quiçá centenas de substituídos. A economia é inegável.

O Direito do Trabalho ganha indubitavelmente em efetividade a partir do momento em que uma só decisão judicial poderia restabelecer a lei ou a norma coletiva em determinada empresa.

Entretanto, se as ações coletivas, sobretudo aquelas que visam à defesa de interesses e direitos individuais homogêneo são, via de regra, de resolução simples, a execução das ações coletivas pode ser tormentosa.

Assim, é o presente estudo para analisar a legislação aplicável à liquidação e à execução das ações coletivas no âmbito da Justiça do Trabalho, buscando pistas para que se favoreça a satisfação dos créditos dos substituídos no menor tempo possível. Acredita-se que, se corretamente manejadas, as ações coletivas podem contribuir em muito para uma maior efetividade do Direito e do Processo do Trabalho.

3. TRATO LEGAL DAS AÇÕES COLETIVAS NO BRASIL

Para atender as demandas coletivas, o ordenamento jurídico brasileiro dispõe daquilo que Mauro Schiavi, entre

(5) Veja-se, nesse sentido, CARDOSO, Adalberto *et* LAGE, Telma. A inspeção do trabalho no Brasil. Dados – *Revista de Ciências Sociais*, Rio de Janeiro, v. 48, n. 3, 2005, p. 451-490, estudo sociológico interessantíssimo acerca dos efeitos perversos e vicissitudes das práticas fiscalizatórias do Ministério do Trabalho no setor da construção civil da capital fluminense.

(6) SÜSSEKIND, Arnaldo. Imperatividade das normas de proteção ao trabalho. *In:* SÜSSEKIND, Arnaldo; MARANHÃO, Délio *et* SEGADAS VIANNA. *Instituições de direito do trabalho*, v. 1, 10. ed. Rio de Janeiro, Freitas Bastos, 1987, p. 186, *apud* VILLELA, João Baptista. Sobre renúncia e transação no direito do trabalho. *In:* DE BARROS, Alice Monteiro (Org.). *Curso de Direito do Trabalho* – Estudos em Memória de Célio Goyatá. São Paulo, LTr, 1997, p. 173-191, a citação se encontra à p. 174.

outros, chama de "microssistema legal que disciplina as ações coletivas previsto nos arts. 8º, III e 127 e seguintes da Constituição Federal, Leis ns. 7.347/1985 e 8.078/90"[(7)], aos quais se acrescenta o art. 114 da Constituição Federal, a Lei Complementar n. 75/1993 e as ações coletivas clássicas já constantes da CLT – Dissídio Coletivo de Trabalho (art. 856) e sua ação de cumprimento (art. 872)[(8)].

O art. 81 da Lei n. 8.078/1990 (Código de Defesa do Consumidor) é o ponto de partida legal para a configuração da ação coletiva, por trazer em seu texto a conceituação das modalidades de interesses ou direitos passíveis de defesa coletiva em juízo. Diz o referido artigo, *in verbis*:

> Art. 81. A defesa dos interesses e direitos dos consumidores e das vítimas poderá ser exercida em juízo individualmente, ou a título coletivo.
>
> Parágrafo único. A defesa coletiva será exercida quando se tratar de:
>
> I – interesses ou direitos difusos, assim entendidos, para efeitos deste código, os transindividuais, de natureza indivisível, de que sejam titulares pessoas indeterminadas e ligadas por circunstâncias de fato;
>
> II – interesses ou direitos coletivos, assim entendidos, para efeitos deste código, os transindividuais, de natureza indivisível de que seja titular grupo, categoria ou classe de pessoas ligadas entre si ou com a parte contrária por uma relação jurídica base;
>
> III – interesses ou direitos individuais homogêneos, assim entendidos os decorrentes de origem comum.

Percebe-se assim, de forma minimalista, na leitura do referido dispositivo legal, que os direitos e interesses aptos a ensejarem o ajuizamento de ação coletiva são:

a) Difusos: aqueles indivisíveis, de titularidade indeterminável, cujo liame seja devido à circunstancialidade do fato que os gerou;

b) Coletivos: aqueles indivisíveis, de titularidade determinável, cuja ligação seja entre os titulares por um liame de grupo, categoria ou classe, ou com a parte contrária por uma relação jurídica base;

c) Individuais Homogêneos: aqueles de titularidade de pessoas indeterminadas, mas determináveis, divisíveis e de fruição individual, recebendo tratamento coletivo em razão da transcendência social e da origem comum.

Por mais detalhista que tenha sido a legislação, ao definir e distinguir os três tipos previstos de direitos interesses aptos ao ajuizamento de ações coletivas, há alguma oscilação doutrinária e jurisprudencial acerca da extensão de cada conceito[(9)].

Para o que interessa ao presente estudo, porém, basta considerar o seguinte:

Serão considerados interesses ou direitos difusos aqueles direitos indivisíveis cujos titulares não se pode determinar. Na seara trabalhista, pode-se citar "a greve em serviços essenciais que pode colocar em risco toda a população, o meio ambiente de trabalho, contratação de servidores públicos sem concurso, combate à discriminação no emprego etc."[(10)]

Serão considerados interesses ou direitos coletivos aqueles que, igualmente transindividuais, metaindividuais ou supraindividuais, têm como titular uma coletividade determinada ou determinável. No campo trabalhista, Raimundo Simão de Melo cita: "eliminação dos riscos do meio ambiente de trabalho, no interesse exclusivo dos trabalhadores da empresa; demissão coletiva de trabalhadores durante uma greve; descumprimento generalizado de cláusula convencional"[(11)].

Os interesses ou direitos individuais homogêneos serão considerados aqueles que possuem como liame entre si a mesma situação de fato ou de direito. Podem variar na extensão, no momento do surgimento do direito. Cita Mauro Schiavi[(12)] os exemplos de "pedidos de pagamento de adicionais de periculosidade, insalubridade a trabalhadores de uma empresa, pagamento de horas extras etc."

Dessa conceituação, conclui-se que as ações coletivas no Brasil se destinam à defesa de interesses e direitos transindividuais (metaindividuais e supraindividuais), bem como daqueles que, ainda que individuais, possuam uma origem comum tão bem definida, bem como a transcendência social – o atingimento de várias pessoas por um só ato, por exemplo – que justifiquem o ajuizamento de uma só ação.

A ação coletiva, portanto, visa a defender direitos e interesses de grupo. Assim conclui Cléber Lúcio de Almeida[(13)]:

> A ação coletiva, isto é, a ação promovida em defesa de direitos e interesses difusos e coletivos ou a tutela de direitos e interesses individuais homogêneos, é caracterizada por seu objeto (tutela de direitos e interesses

(7) SCHIAVI, Mauro. *Execução no processo do trabalho: de acordo com o novo CPC e a reforma trabalhista.* 10. ed. São Paulo: LTr, 2018. p. 633.

(8) Cleber Lucio de Almeida traz listagem ainda mais extensiva, a qual remetemos o leitor que queira se aprofundar na matéria (ALMEIDA, Cleber Lucio de. *Direito Processual do Trabalho*: de acordo com o CPC de 2015. 6. ed. São Paulo: LTr, 2018).

(9) Não sendo o objeto específico do presente artigo, remetemos o leitor que desejar se aprofundar no tema para CARVALHO, Acelino Rodrigues. *Substituição processual no processo coletivo*: um instrumento de efetivação do Estado Democrático de Direito. São Paulo: Pillares, 2006, sobretudo p. 215 e ss.

(10) SCHIAVI, *op. cit.*, p. 634.

(11) *apud* SCHIAVI, *op. cit.*, p. 635.

(12) *Op. cit.*, p. 636.

(13) *Op. cit.*, p. 901.

de grupo) e não constitui fruto de mera acumulação de ações individuais, sendo nela veiculado pedido de tutela de interesses ou direitos de que é titular uma pluralidade de pessoas. O que se persegue na ação coletiva é uma decisão de que resulte proveito para um grupo de pessoas e não para uma única pessoa ou um número reduzido de pessoas.

[...]

A ação coletiva é caracterizada, em suma, pelo fato de envolver situações que possuem dimensão social: a dimensão social do direito ou interesse e, com isto, de sua lesão, é o ponto comum nas três categorias de direitos ou interesses que merecem tutela coletiva.

A legitimidade ativa para a propositura de ação coletiva será sempre extraordinária[14] –, do momento em que se estará sempre acessando o judiciário em nome de terceiros. No âmbito da Justiça do Trabalho, as ações coletivas (Ação Civil Pública e Ação Civil Coletiva) são comumente ajuizadas pelo Ministério Público do Trabalho, por força dos arts. 127 e 129, III[15], e os sindicatos[16], por força do art. 8º, III, ambos da Constituição Federal.

No que toca à competência para as ações coletivas no âmbito da Justiça do Trabalho, observa-se o disposto na OJ-130/SDI-II/TST, que reza, *in verbis*:

130. AÇÃO CIVIL PÚBLICA. COMPETÊNCIA. LOCAL DO DANO. LEI N. 7.347/1985, ART. 2º. CÓDIGO DE DEFESA DO CONSUMIDOR, ART. 93 (redação alterada na sessão do Tribunal Pleno realizada em 14.09.2012) – Res. n. 186/2012, DEJT divulgado em 25, 26 e 27.09.2012

I – A competência para a Ação Civil Pública fixa-se pela extensão do dano.

II – Em caso de dano de abrangência regional, que atinja cidades sujeitas à jurisdição de mais de uma Vara do Trabalho, a competência será de qualquer das varas das localidades atingidas, ainda que vinculadas a Tribunais Regionais do Trabalho distintos.

III – Em caso de dano de abrangência suprarregional ou nacional, há competência concorrente para a Ação Civil Pública das varas do trabalho das sedes dos Tribunais Regionais do Trabalho.

IV – Estará prevento o juízo a que a primeira ação houver sido distribuída.

Desnecessária a apresentação de rol de substituídos em face de iterativa jurisprudência do Supremo Tribunal Federal. Por todos os arestos, cabe citar o seguinte, tratando do tema de repercussão geral 823, publicado em junho de 2015:

RECURSO EXTRAORDINÁRIO. CONSTITUCIONAL. ART. 8º, III, DA LEI MAIOR. SINDICATO. LEGITIMIDADE. SUBSTITUTO PROCESSUAL. EXECUÇÃO DE SENTENÇA. DESNECESSIDADE DE AUTORIZAÇÃO. EXISTÊNCIA DE REPERCUSSÃO GERAL. REAFIRMAÇÃO DE JURISPRUDÊNCIA. I – Repercussão geral reconhecida e reafirmada a jurisprudência do Supremo Tribunal Federal no sentido da ampla legitimidade extraordinária dos sindicatos para defender em juízo os direitos e interesses coletivos ou individuais dos integrantes da categoria que representam, inclusive nas liquidações e execuções de sentença, independentemente de autorização dos substituídos. (RE 883642 RG, Relator(a): Min. MINISTRO PRESIDENTE, julgado em 18.06.2015, ACÓRDÃO ELETRÔNICO REPERCUSSÃO GERAL – MÉRITO DJe-124 DIVULG. 25.06.2015 PUBLIC 26.06.2015).

No que concerne ao procedimento a se adotar, tem-se que, de maneira esquemática, a defesa de interesses e direitos difusos e coletivos far-se-á através de Ação Civil Pública que, ao ser ajuizada na Justiça do Trabalho, deverá se adaptar ao rito previsto na CLT, ante a ausência de rito especial para tal ação. O procedimento será sempre ordinário, uma vez que o rito sumaríssimo está adstrito às reclamações individuais. Se a ação coletiva versar sobre procedimentos antecipatórios ou cautelares, dever-se-á observar os procedimentos especiais previstos no CPC (art. 769, CLT).

A defesa dos interesses e direitos individuais homogêneos, a seu turno, far-se-á através de Ação Civil Coletiva, por previsão expressa do art. 91 da Lei n. 8.078/1990 e seguirá o disposto nos arts. 92 a 102 do mesmo diploma legal. Por óbvio, utilizar-se-ão de forma subsidiária os procedimentos previstos na CLT e, à ausência de norma específica e verificada a compatibilidade, os procedimentos do Processo Civil.

Finalmente, quanto ao tópico, cumpre tecer algumas considerações sobre a natureza jurídica das decisões proferidas em ações coletivas, pois na próxima seção será tratada a liquidação e a execução de tais decisões.

Nas ações coletivas, em que o pedido diga respeito a interesses e direitos difusos ou coletivos *stricto sensu*, a sentença é geralmente certa, impondo, no caso de procedência, determinação de obrigação de fazer ou de não fazer (donde

(14) Nos termos do art. 18 do CPC, que estabelece que "ninguém poderá pleitear direito alheio em nome próprio, salvo quando autorizado pelo ordenamento jurídico". Na doutrina, a natureza da legitimação para o ajuizamento das ações coletivas gera debates que, apesar de possuírem imensa importância teórica, refogem ao escopo do presente arquivo. Remetemos o leitor à obra de Cléber Lúcio de Almeida (*op. cit.*, p. 909 e ss.) para um panorama abrangente dessa matéria.

(15) E ainda, art. 83 da Lei Complementar n. 73/93, art. 5º da Lei n. 7.347/1985 e art. 82 da Lei n. 8.078/1990.

(16) Uma vez mais, em homenagem à objetividade, passar-se-á ao largo da discussão doutrinária acerca da natureza jurídica da legitimação dos Sindicatos nas ações coletivas. Para uma visão sobre tal debate, remetemos o leitor ao artigo de FERNANDES, Nadia Soraggi, A substituição processual na esfera trabalhista. *In*: PIMENTA, José Roberto Freire; DE BARROS, Juliana Augusta Medeiros e FERNANDES, Nadia Soraggi (Coord.). *Tutela Metaindividual Trabalhista:* a defesa coletiva dos direitos dos trabalhadores em juízo. São Paulo: LTr, 2009. p. 91-110.

a natureza condenatória da decisão) e, eventualmente, indenização. Tal é o entendimento conjunto dos arts. 3º e 11 da Lei n. 7.347/1985, que rezam, *in verbis*:

> Art. 3º A ação civil poderá ter por objeto a condenação em dinheiro ou o cumprimento de obrigação de fazer ou não fazer.
>
> Art. 11. Na ação que tenha por objeto o cumprimento de obrigação de fazer ou não fazer, o juiz determinará o cumprimento da prestação da atividade devida ou a cessação da atividade nociva, sob pena de execução específica, ou de cominação de multa diária, se esta for suficiente ou compatível, independentemente de requerimento do autor.

Mauro Schiavi[17] alerta para a necessidade de, no caso de condenação, fixar-se *astreintes* (art. 84, Lei n. 8.078/1990 e arts. 497 e ss. e 536 do CPC) para garantir seu efetivo cumprimento e a máxima efetividade da jurisdição coletiva.

Quanto às ações versando sobre interesses e direitos individuais homogêneos, as decisões são, via de regra, genéricas, a teor do art. 95 da Lei n. 8.078/1990 ("em caso de procedência do pedido, a condenação será genérica, fixando a responsabilidade do réu pelos danos causados").

A generalidade da sentença quanto aos titulares do valor (*cui debeatur*), bem como ao valor individualizado de cada indenização (*quantum debeatur*) não retira a natureza de sentença certa quanto à obrigação de indenizar (*an debeatur*).

4. LIQUIDAÇÃO E EXECUÇÃO NAS AÇÕES COLETIVAS

4.1. Liquidação e execução dos interesses e direitos difusos e coletivos

Nas ações civis públicas que versam sobre interesses e direitos difusos e coletivos *stricto sensu*, o legitimado que ajuizar a ação de conhecimento tem a titularidade da execução, nos termos do art. 5º da Lei n. 7.347/1985. Caso, entretanto, transcorram "sessenta dias do trânsito em julgado da sentença condenatória, sem que a associação autora lhe promova a execução, deverá fazê-lo o Ministério Público, facultada igual iniciativa aos demais legitimados" (art. 15, Lei n. 7.347/1985), o que denota a legitimação concorrente para a execução.

O *caput* do art. 13 da mesma lei prevê que:

> Art. 13. Havendo condenação em dinheiro, a indenização pelo dano causado reverterá a um fundo gerido por um Conselho Federal ou por Conselhos Estaduais de que participarão necessariamente o Ministério Público e representantes da comunidade, sendo seus recursos destinados à reconstituição dos bens lesados.

No âmbito da Justiça do Trabalho, a doutrina aponta que, apesar de não haver expressa previsão legal, ao invés de a indenização reverter-se ao FAT (Fundo de Amparo ao Trabalhador), como prevê o dispositivo supracitado, muitos juízes têm determinado que a indenização por danos morais coletivos seja revertida aos próprios trabalhadores da empresa condenada, por exemplo[18].

A liquidação do valor da indenização pode ser levada a efeito por cálculos, arbitramento ou por artigos (hoje, procedimento comum), sendo mais do que usual a fixação do valor da indenização prevista desde o comando exequendo.

Quanto às obrigações de fazer ou não fazer, essas serão executadas segundo os arts. 523 a 527 do Código de Processo Civil, prescindindo de liquidação. Caso tenham sido determinadas *astreintes* e essas sejam *in casu* devidas, haverá necessidade de liquidação por cálculos.

Assim, normalmente, as ações coletivas que têm por objeto a tutela de interesses e direitos difusos ou coletivos *stricto sensu* raramente exigirão a fase de liquidação de sentença. Caso isso ocorra, utilizar-se-á o rito da CLT e, subsidiariamente, o do CPC.

4.2. Liquidação e execução da decisão para interesses individuais homogêneos

Substancialmente mais tormentosa é a fase de liquidação de sentença nas ações que versam sobre interesses e direitos individuais homogêneos. Ao contrário do que ocorre nas ações que defendem direitos difusos e coletivos *stricto sensu*, as sentenças das ações coletivas que têm por objeto interesses ou direitos individuais homogêneos deverão necessariamente ser liquidadas, eis que são, via de regra, genéricas (art. 95, Lei n. 8.078/1990).

Assim, antes de se adentrar na questão específica da liquidação e execução das parcelas vencidas e vincendas, e, no escopo inicial do presente artigo, de estudar as ações coletivas como instrumento de maior efetividade do Direito

(17) *Op. cit.*, p. 637.

(18) SCHIAVI, *op. cit.*, p. 639. ALMEIDA, *op. cit.* p. 941. Este último cita o Enunciado n. 12 da 1ª Jornada de Direito Material e Processual do Trabalho, com o seguinte teor: 12. AÇÕES CIVIS PÚBLICAS. TRABALHO ESCRAVO. REVERSÃO DA CONDENAÇÃO ÀS COMUNIDADES LESADAS. Ações civis públicas em que se discute o tema do trabalho escravo. Existência de espaço para que o magistrado reverta os montantes condenatórios às comunidades diretamente lesadas, por via de benfeitorias sociais tais como a construção de escolas, postos de saúde e áreas de lazer. Prática que não malfere o artigo 13 da Lei n. 7.347/1985, que deve ser interpretado à luz dos princípios constitucionais fundamentais, de modo a viabilizar a promoção de políticas públicas de inclusão dos que estão à margem, que sejam capazes de romper o círculo vicioso de alienação e opressão que conduz o trabalhador brasileiro a conviver com a mácula do labor degradante. Possibilidade de edificação de uma Justiça do Trabalho ainda mais democrática e despida de dogmas, na qual a responsabilidade para com a construção da sociedade livre, justa e solidária delineada na Constituição seja um compromisso palpável e inarredável.

Material, é imprescindível dizer que as ações coletivas, postulando interesses e direitos individuais homogêneos, sobretudo aquelas ajuizadas pelos sindicatos profissionais, devem procurar sempre exigir dos Reclamados a competente obrigação de fazer ou de não fazer consistente no cumprimento da legislação trabalhista[19]. Do contrário, além da ação não alcançar seu objeto principal (a correção de eventual irregularidade durante a vigência do contrato de trabalho), pode-se alcançar o efeito contrário, que é o de o empregador utilizar a duração do processo como estratégia econômica e brecha jurídica para seguir descumprindo a lei.

Além do pedido de determinação das competentes obrigações de fazer/não fazer, caso o objeto da ação se enquadre nos requisitos do art. 311 do CPC (Tutela de evidência), é aconselhável requerer a antecipação da tutela pretendida, como forma de estancar o passivo trabalhista a uma data precisa, facilitando a liquidação e a execução futuras.

Tem-se que, inexistindo necessidade de apresentação de rol de substituídos por parte do polo ativo na fase de conhecimento, a fase de liquidação deverá necessariamente estabelecer, antes de qualquer outra medida, os contemplados pelo comando exequendo, ou seja, o rol de substituídos. Por conseguinte, a liquidação da sentença em ação coletiva que versa sobre interesses e direitos individuais homogêneos será processada pelo procedimento comum do CPC, o que permite ampla dilação probatória.

A liquidação e a execução da sentença podem ser coletivas ou individuais, neste último caso, promovida pelo trabalhador ou seus sucessores (art. 97, Lei n. 8.078/1990).

4.2.1. Liquidação e execução individuais da sentença coletiva

A lei consumerista permite então a habilitação dos substituídos para promoverem individualmente a liquidação e execução de seus créditos, conforme a sentença genérica que os definiu. Nas relações de consumo, tal possibilidade é natural, estimula a efetividade do comando exequendo, bem como o exercício da cidadania pelo titular do direito.

Nas relações de emprego, entretanto, a questão não é assim tão simples. Uma vez que se trata da efetividade do direito material deferido na fase de conhecimento, a liquidação e execução individual do direito deferido em sentença coletiva, durante a vigência do contrato de trabalho, faz pesar sobre o trabalhador a mesma espada de Dâmocles das ações individuais: o exercício de tal faculdade processual durante a vigência do contrato de trabalho pode decretar a ruptura do vínculo. Assim, ainda que exista tal possibilidade, é de ser avaliada com a máxima cautela.

Mauro Schiavi[20] informa a existência de Projeto de Lei que tramita no Senado Federal, com a determinação, dentre outras, de que as liquidações e execuções nas ações coletivas, versando sobre direitos individuais homogêneos na Justiça do Trabalho, tramitem necessariamente em ações autônomas, individuais ou plúrimas. Com isso, segue dizendo Mauro Schiavi, que cada liquidação e execução autônoma contará para a estatística da Vara, diminuindo a rejeição de que gozam as ações coletivas junto aos magistrados de primeiro grau[21].

Com o devido respeito ao renomado autor, a atomização do processo coletivo não parece ser o melhor caminho. A uma, a individualização do processo, na fase de liquidação e execução da sentença coletiva, pode inibir o exercício do titular do direito, caso o vínculo ainda esteja ativo, como já visto. A duas, há casos em que o número de substituídos simplesmente inviabilizaria o funcionamento da Vara.

Neste sentido, o seguinte julgado do Tribunal Regional do Trabalho da 3ª Região:

> AÇÃO COLETIVA – EXECUÇÃO INDIVIDUAL POR PARTE DOS SUBSTITUÍDOS PROCESSUAIS – FRAGMENTAÇÃO DOS CONFLITOS – Em sede de Direito Processual do Trabalho, ao se considerar o princípio da isonomia e o preceito de solidariedade de classe, o enfrentamento coletivo dos conflitos prefere aos métodos individuais. A fragmentação dos conflitos é desaconselhável, ademais, por vários aspectos. Num primeiro ponto porque retarda o andamento da ação coletiva, com prejuízo de uma coletividade a benefício de uma única parte. Noutro, porque pulveriza a solidariedade da categoria, além de aumentar o dispêndio de energia e recursos do Poder Judiciário, alastrando o conflito por vários órgãos judiciais, até mesmo com risco de decisões divergentes na fase de execução. Somente em hipótese excepcional, devidamente justificada, deve-se admitir a pulverização das execuções de sentenças coletivas (Processo 0010481-94.2017.5.03.0138 (AP) – 1ª Turma – Rel. José Eduardo de Rezende Chaves Júnior – Publ. 18.12.2017).

> EXECUÇÃO. SENTENÇA PROFERIDA NOS AUTOS DE AÇÃO COLETIVA AJUIZADA POR SINDICATO NA CONDIÇÃO DE SUBSTITUTO PROCESSUAL. EXECUÇÃO INDIVIDUAL. POSSIBILIDADE. LEGITIMIDADE CONCORRENTE. ART. 5º, XXXV, DA CF. O empregado, de forma individual, possui legitimidade para promover a execução de sentença proferida nos autos de ação coletiva ajuizada por sindicato na condição de substituto processual, sob pena de ofensa ao art. 5º, XXXV, da CF. Trata-se de legitimação concorrente e não subsidiária, nos termos dos arts. 97 e 98 do CDC, razão pela qual o direito de escolha quanto

(19) Exemplos: Obrigação de remunerar o trabalho insalubre com o adicional legal ou convencional. Obrigação de observar e fazer observar o intervalo intrajornada. Obrigação de recolher o FGTS conforme determina a Lei...

(20) *Op. cit.*, p. 643.

(21) Não sem razão. A aferição da produtividade das Varas do Trabalho leva em conta sobretudo a quantidade de processos resolvidos, sendo a complexidade dos processos praticamente ignorada para tal efeito.

à execução, se individual ou coletiva, está relacionado ao próprio conteúdo do direito de ação. Sob esses fundamentos, a SBDI-I, por unanimidade, conheceu dos embargos, por divergência jurisprudência, e, no mérito, deu-lhes provimento para, reformando o acórdão recorrido, determinar o retorno dos autos à vara do trabalho de origem para, afastada a extinção do processo sem resolução do mérito, por falta de interesse de agir, prossiga no julgamento da causa como entender de direito. (TST-ERR- 1843-88.2012.5.15.0049, SBDI-I, rel. Min. Augusto César Leite de Carvalho, 30.03.2017).

Assim, há que se ponderar que a liquidação e a execução coletivas da sentença devem seguir sendo uma possibilidade para se garantir a máxima efetividade na satisfação dos créditos dos substituídos, mas não pode se tornar uma obrigação, sob pena de se retirar toda a efetividade de um direito judicialmente deferido.

A liquidação e a execução individuais devem seguir sendo permitidas para que os interessados possam dela lançar mão, mas não de forma obrigatória, que estaria fadada à execução de apenas uma fração da condenação (i. e., aquela relativa aos créditos dos substituídos que já romperam o vínculo de emprego com a parte Executada).

É de se ressaltar, no entanto, que em se tratando de execução individual de sentença coletiva, há uma certa oscilação jurisprudencial com relação à competência para seu processamento.

Isso porque o parágrafo único do art. 97 da Lei n. 8.078/90, que permitia a promoção da liquidação de sentença no domicílio do liquidante, foi vetado pelo Presidente da República, quando da promulgação do referido código. Assim, poder-se-ia pensar que a competência para a liquidação e execução da sentença, ainda que promovida individualmente, seria do juízo da ação condenatória.

A doutrina e a jurisprudência, porém, entendem majoritariamente que a liquidação e a execução poderão ser propostas tanto na Vara que julgou a ação condenatória como no domicílio do liquidante/exequente.

Se houver mais de uma Vara do Trabalho no local da ação condenatória, entende-se extensivamente que esta não induz a prevenção do juízo que a conheceu, pois não existe conexão ou dependência – uma vez que o mérito da ação condenatória já transitou em julgado –, sendo ainda inaplicável o § 3º do art. 55, ante a impossibilidade de decisão conflitante ou contraditória.

É de bom alvitre informar a promoção de liquidação e execução individuais ao juízo da ação coletiva, tanto para que seja o liquidante/exequente individual excluído dos créditos na ação coletiva, como também para que sejam reservados os honorários advocatícios aos procuradores do sindicato na ação coletiva, se for o caso.

4.2.2. Liquidação e execução coletivas

Uma vez definidos os substituídos contemplados pela decisão liquidanda – o que, por vezes, já é tarefa hercúlea –, deve-se apurar o *quantum debeatur* de cada um deles, o que faz crescer exponencialmente a complexidade da ação, se comparada a uma ação individual.

É justamente dessa combinação de atos processuais complexos – o estabelecimento do rol final dos substituídos e o grande volume de cálculos a serem efetuados para se chegar à individualização dos créditos de cada substituído – que nascem os maiores problemas das liquidações de sentenças em ações coletivas.

Cite-se, a título ilustrativo, uma hipotética ação cobrando a prorrogação do adicional noturno de trabalhadores de um hospital, com base no texto legal pré-reforma, na Súmula 60/TST, item II, e na OJ n. 388 da SDI-I, do C. TST. Para o estabelecimento do rol de substituídos, será necessária a seguinte documentação: fichas financeiras, controles de jornada, RAIS, CAGED e TRCT's de todos os trabalhadores que tenham cinco anos contados da data do ajuizamento da ação até o momento do cumprimento da obrigação de fazer de remunerar as prorrogações do adicional. Qualquer trabalhador que tenha, ainda que eventualmente trabalhado no horário noturno (cobrindo a ausência de um colega regularmente lotado em plantão noturno, por exemplo) fará jus ao menos ao pagamento do adicional e aos reflexos em insalubridade e FGTS. Para os que regularmente se ativaram no horário noturno, além do pagamento do principal, haverão que ser calculados os reflexos em férias, 13ºs, salários, FGTS, eventuais horas extras praticadas etc. A apuração ganha em complexidade, porque há hospitais com várias escalas de plantão (18/6, 19/7, 20/8), o que gerará quantidades de horas prorrogadas distintas. Some-se a isso a alta rotatividade profissional do setor e tem-se um cálculo da mais alta complexidade.

Um perito do Juízo que funciona na jurisdição de Belo Horizonte, para elaborar um laudo pericial em ação individual contendo o mesmo pedido, costuma entregar o laudo em prazos que variam de 10 a 15 dias e cobrar honorários periciais no montante de R$ 1.500,00 a R$ 2.000,00, valor que normalmente é deferido. Agora imagine-se a elaboração de um laudo dessa complexidade em que haja 200, 250 substituídos[22].

Tanto a definição do rol de substituídos quanto a elaboração de cálculos individualizados geram um sem número de discussões dentro do procedimento de liquidação da sentença e, nesse ponto, o princípio da boa-fé processual deve ser levado ao paroxismo. É que, mais do que em qualquer outra fase processual, a liquidação da sentença coletiva, nos casos de apuração de direitos individuais homogêneos, demanda, no mínimo, a total cooperação das partes – sendo o ideal o estabelecimento conjunto tanto

(22) As ações coletivas ajuizadas em favor de bancários (Sindicato de base estadual em Minas Gerais) podem chegar a 4000 substituídos, por exemplo. Hipoteticamente, um Sindicato com base territorial nacional pode alcançar a dezenas de milhares de substituídos.

do rol quanto dos valores individualizados, ainda que não exista nenhuma norma que obrigue tal prática.

Nesse ponto, os princípios da boa-fé processual (art. 5º, CPC) e o da cooperação entre as partes (inteligência do art. 6º do CPC) devem ser reiteradamente verificados pelo Juízo e exigida conduta necessária, sob pena de multa à parte que não cumprir as determinações nesse sentido, de forma a inibir atos processuais claramente procrastinatórios.

Isso porque o Poder Judiciário, de uma forma geral, não está devidamente preparado para fazer face às liquidações de sentença dessa modalidade. A liquidação de sentença coletiva segue o mesmo procedimento das liquidações individuais. Para essas, a dinâmica de Secretaria das Varas do Trabalho já está totalmente adaptada e, mesmo antes do Processo eletrônico, a tramitação se dava de forma extremamente ágil, com as movimentações dos autos para as partes, perito etc. No processo eletrônico, a liquidação tornou-se ainda mais eficaz, com as vistas em comum para quase todos os atos processuais. O juízo praticamente só se pronuncia para homologar os cálculos do perito quando é determinada perícia contábil. E, em caso de algum problema, esse via de regra é corrigido antes da interposição do agravo de petição.

Mas percebe-se que uma liquidação de sentença em ação coletiva tem um nível incompatível com essa dinâmica. Em vista da complexidade, por vezes exacerbada com vistas à procrastinação do feito, há constante necessidade do pronunciamento do juízo, tanto no que diz respeito à determinação do rol final dos substituídos quanto na determinação dos parâmetros dos cálculos a serem elaborados.

Ocorre que, conforme mencionado nesse estudo, as exigências de produtividade feitas às Varas do Trabalho por vezes impedem que as liquidações coletivas sejam analisadas em toda sua complexidade, seja para a dissuasão de práticas protelatórias ou, mais ativamente, na fixação de parâmetros de liquidação.

As partes podem e devem colaborar com o juízo nesse sentido, sendo importante a realização de audiências de tentativas de conciliação para a construção desses parâmetros.

Mais importante que isso, o ideal seria que, ao menos nos grandes centros urbanos, fossem criadas Varas auxiliares especializadas na liquidação de sentença em ações coletivas, no intuito duplo de:

a) capacitar e especializar servidores no sentido de orientar e agilizar a liquidação de sentença, evitando retrabalho e otimizando os atos processuais;

b) criar um acúmulo centralizado de experiências em liquidação de sentença em ações coletivas, de forma a padronizar procedimentos e medir resultados.

Paralelamente, é de se clamar aos órgãos gestores do Poder Judiciário em geral e da Justiça do Trabalho em particular que valorizem a liquidação e a execução das ações coletivas trabalhistas – pontuando a produtividade da Vara não pelo número de ações, mas pelo número de substituídos contemplados, por exemplo, como forma de estímulo à rápida resolução de tais ações.

5. CONCLUSÃO

Por tudo o que foi dito, não se pode atribuir à existência da Justiça do Trabalho o grande número de ações trabalhistas ajuizadas todos os anos. O verdadeiro problema encontra-se antes, no descumprimento sistemático da legislação pelos empregadores. As ações trabalhistas ajuizadas são apenas uma fração de tais descumprimentos, como apontam as pesquisas sociológicas voltadas ao tema.

Dentro desse ponto de vista, a Justiça do Trabalho aparece como uma engrenagem de um sistema de descumprimento de normas legais, no momento em que é largamente utilizada para homologar conciliações sem a observância dos princípios do Direito Material do Trabalho. Cria-se um círculo vicioso, em que as partes utilizam o judiciário para maximizar lucros ou minimizar prejuízos, deixando os direitos discutidos em segundo plano.

A efetividade do Direito do Trabalho padece, pois uma análise meramente econômica transforma o trabalhador em *commodity*, com restrições cada vez maiores para a reparação pela via judicial (única via de que dispõem os trabalhadores, diga-se), em vista da redução dos direitos individuais, ampliação das possibilidades de redução de direitos coletivos, enfraquecimento das entidades de representação e o aumento dos riscos, inclusive financeiros, no acesso individual à Justiça.

Uma análise das ações coletivas na seara trabalhista, nesse contexto, aponta para possibilidades ainda pouco exploradas de aumento da efetividade do Direito Material do Trabalho, com a correção de irregularidades de maneira mais duradoura, além de contemplar trabalhadores cujos contratos de trabalho ainda se encontram em vigor.

As ações coletivas têm, conforme visto, total aplicabilidade na seara trabalhista e podem exercer importante papel nessa busca de maior efetividade do Direito Material do Trabalho. Num momento em que o próprio acesso individual à Justiça do Trabalho vem sendo restringido, o papel dos legitimados, sobretudo dos sindicatos profissionais, reforça-se para a defesa dos interesses individuais e coletivos dos seus representados.

A estrutura judiciária, entretanto, não se encontra aparelhada para responder à lei no que concerne à liquidação e execução das sentenças em ações coletivas. Fruto de uma cultura essencialmente individualista no que se refere à jurisdição e ao próprio acesso à Justiça, as ações coletivas são abordadas, na prática, como ações individuais plúrimas – com o inconveniente suplementar de que não há como limitar o número de substituídos, como se faz com os litisconsortes facultativos –, inclusive no que concerne às avaliações de desempenho das instâncias judiciárias.

Ademais, a liquidação e a execução das ações coletivas são de extrema complexidade, tanto pelo volume de substituídos quanto pela minúcia dos cálculos, o que pode gerar infinitas discussões processuais secundárias, dificultando sobremaneira a satisfação dos créditos por parte dos substituídos. Assim, em que pese a aplicabilidade do "microssistema legal" que regula as ações coletivas, há grande resistência dos atores (legitimados, seus procuradores, juízes, auxiliares...).

Insiste-se no aprofundamento das experiências práticas das ações coletivas para que se encontrem as soluções adequadas ao pleno desenvolvimento e resolução dos conflitos coletivos de trabalho no âmbito do judiciário brasileiro. Vislumbra-se, por exemplo, a cumulação dos pleitos reparatórios (obrigações de pagar) com pleitos corretivos (obrigações de fazer), como forma de estancar as execuções no tempo, mitigando os efeitos negativos da morosidade processual.

Aponta-se, também, a necessidade de uma maior rigidez na exigência de observância, pelas partes, dos princípios da cooperação e da boa-fé processuais, como forma de se evitar condutas procrastinatórias. Sugere-se, finalmente, que os Tribunais Regionais do Trabalho avaliem a criação de Varas Especializadas em Execuções Coletivas – aprofundando as exitosas experiências das Varas Auxiliares de Execução –, em que se possa acumular experiências, padronizar procedimentos e qualificar os atores judiciais no sentido de se dar maior eficácia e celeridade nas execuções coletivas, com benefícios que atinjam não somente os jurisdicionados mas toda a sociedade brasileira.

6. REFERÊNCIAS

CARDOSO, Adalberto *et* LAGE, Telma, A inspeção do trabalho no Brasil. *Dados – Revista de Ciências Sociais*. Rio de Janeiro, v. 48, n. 3, 2005. p. 451-490.

CARVALHO, Acelino Rodrigues. *Substituição processual no processo coletivo:* um instrumento de efetivação do Estado Democrático de Direito. São Paulo: Editora Pillares, 2006.

ALMEIDA, Cleber Lúcio de. *Direito Processual do Trabalho:* de acordo com o CPC de 2015. 6. ed. São Paulo: LTr, 2018.

FERNANDES, Nadia Soraggi, A substituição processual na esfera trabalhista. *In* PIMENTA, José Roberto Freire; DE BARROS, Juliana Augusta Medeiros; FERNANDES, Nadia Soraggi (Coord.). *Tutela Metaindividual Trabalhista*: a defesa coletiva dos direitos dos trabalhadores em juízo. São Paulo: LTr, 2009. p. 91-110.

MEKNASSI, Rachid Filali. *L'effectivité du droit du travail et l'aspiration au travail décent dans les pays en développement*: une grille d'analyse, Genebra, OIT-IIES, 2007.

SCHIAVI, Mauro. *Execução no processo do trabalho*: de acordo com o novo CPC e a reforma trabalhista. 10. ed. São Paulo: LTr, 2018.

VIANA, Márcio Túlio. Anotações gerais a respeito das comissões. *In:* VIANA, Márcio Túlio e RENAULT, Luiz Otávio Linhares (Org.). *Comissões de conciliação prévia: quando o Direito enfrenta a realidade*. São Paulo, LTr, 2003. p. 59-99.

VILLELA, João Baptista. Sobre renúncia e transação no direito do trabalho. *In:* DE BARROS, Alice Monteiro (Org.). *Curso de Direito do Trabalho* – Estudos em Memória de Célio Goyatá. São Paulo: LTr, 1997. p. 173-191.

A Execução de Contribuições Previdenciárias na Justiça do Trabalho: elementos essenciais e pontos controvertidos

Anna Caroline Gomes de Azevedo[1]

1. INTRODUÇÃO

A sistemática da execução de contribuições previdenciárias na Justiça do Trabalho tem sido alvo de inúmeras mudanças ao longo dos anos. Estas alterações constitucionais e legais denotam uma modificação profunda na temática, conferindo indubitavelmente ao Judiciário Trabalhista poderes para preservação e garantia dos direitos laborais e, também, dos direitos previdenciários dos empregados.

Nos termos do art. 6º, *caput*, da Constituição Federal de 1988 que versa sobre os direitos sociais, todo cidadão tem direito a saúde, educação, alimentação, segurança, moradia, trabalho, transporte, lazer, proteção à maternidade e à infância, assistência dos desamparados e previdência social. Infere-se, portanto, que os direitos sociais visam garantir a todos o exercício e usufruto de direitos fundamentais em condições de igualdade, para que tenham uma vida digna por meio da proteção e garantia dadas pelo Estado Democrático de Direito.

Diante disso, é possível afirmar que o objetivo geral da Seguridade Social do Estado brasileiro é preservar a dignidade da pessoa humana, mediante a realização do bem-estar e da justiça social. A seguridade social compreende um conjunto integrado de mecanismos e instrumentos de iniciativa dos poderes públicos e da sociedade, destinados a manter o equilíbrio econômico e igualdade social no tocante às garantias propostas pela Carta Magna, como os direitos relativos à saúde, à previdência e à assistência social.

A Seguridade Social atua como um sistema contributivo financiado pela União, Estados, Distrito Federal, Municípios e pela sociedade. A cobertura previdenciária, diferentemente da saúde pública e assistência social, somente abarca aqueles que submetem contribuições ao regime a que se filiarem.

Nesse contexto, as contribuições sociais sob a competência da Justiça do Trabalho são as obrigações previdenciárias dos trabalhadores e das empresas, incidentes sobre a folha de pagamento, nos termos do art. 195, inciso I, alínea 'a' e inciso II da Constituição Federal de 1988 (CF/1988). As referidas obrigações são disciplinadas na Lei n. 8.212/1991 (Lei Previdenciária), uma vez que essas contribuições são destinadas exclusivamente ao custeio dos benefícios do Regime Geral da Previdência Social (art. 167, XI, da CF/1988).

O presente estudo tem por objeto, sem qualquer pretensão de exaurir o tema, a análise e discussão sobre a sistemática da execução das contribuições previdenciária e alguns dos pontos controvertidos que a envolvem, no âmbito da justiça trabalhista, desde antes da Emenda Constitucional (EC) n. 20/1998 até os dias atuais, com a Lei n. 13.467/2017, também conhecida como Reforma Trabalhista.

Para analisar a execução das contribuições previdenciárias na Justiça do Trabalho é imprescindível, prioritariamente, fazer estudo sobre as contribuições sociais, analisando suas características principais, como seu conceito, sua natureza jurídica e os elementos da relação jurídica tributária, pois, compreendendo-as melhor, torna-se mais simples compreender o elemento principal do presente artigo.

Na segunda parte da análise, far-se-á uma evolução histórica das legislações acerca da competência do juízo laboral para executar as obrigações previdenciárias, para que haja uma melhor compreensão dos pontos controvertidos que surgiram ao longo do tempo. Para tanto, serão estudadas as leis que regulamentavam a matéria, iniciando pelo já revogado art. 706 da Consolidação das Leis do Trabalho (CLT) até a Reforma Trabalhista.

Uma vez estabelecidas essas premissas, no artigo será abordado, por fim, alguns aspectos procedimentais relevantes à execução das contribuições previdenciárias na Justiça do Trabalho.

Destaque-se que o objeto da presente análise é interdisciplinar, pois se confrontam questões de natureza constitucional, trabalhista, tributário e previdenciário, motivo pelo qual, para realizar esse estudo, ter-se-á por foco a Constituição Federal de 1988, a Consolidação das Leis do Trabalho, a Lei Previdenciária, bem como as doutrinas que versam sobre o tema.

2. ASPECTOS ESSENCIAIS DA CONTRIBUIÇÃO PREVIDENCIÁRIA

No ordenamento jurídico brasileiro, a contribuição previdenciária é subespécie das contribuições especiais, também conhecidas como contribuições sociais em sentido amplo. Mais especificamente, as contribuições sociais

(1) Advogada. Graduada em Direito pela Faculdade de Direito Milton Campos. Membro do Grupo de Estudos "As interfaces do Processo Civil com o Processo do Trabalho" da FDMC.

previdenciárias são aquelas destinadas exclusivamente ao custeio dos benefícios previdenciários, ou seja, da seguridade social, cuja característica mais marcante é "incidir sobre a remuneração que se destina a retribuir o trabalho – subordinado ou não – prestado de forma onerosa, por uma pessoa física a outra pessoa física ou a uma pessoa jurídica" (KERTZMAN, 2017, p. 13).

As contribuições sociais para a Seguridade Social, foram, em sua maioria, elencadas no art. 195 da CF/1988, do Título VIII, do Capítulo II, reservado ao Sistema de Seguridade:

> Art. 195. A seguridade social será financiada por toda a sociedade, de forma direta e indireta, nos termos da lei, mediante recursos provenientes dos orçamentos da União, dos Estados, do Distrito Federal e dos Municípios, e das seguintes contribuições sociais:
>
> I – do empregador, da empresa e da entidade a ela equiparada na forma da lei, incidentes sobre: a) a folha de salários e demais rendimentos do trabalho pagos ou creditados, a qualquer título, à pessoa física que lhe preste serviço, mesmo sem vínculo empregatício; b) a receita ou o faturamento; c) o lucro;
>
> II – do trabalhador e dos demais segurados da previdência social, não incidindo contribuição sobre aposentadoria e pensão concedidas pelo regime geral de previdência social de que trata o art. 201;
>
> III – sobre a receita de concursos de prognósticos.
>
> IV – do importador de bens ou serviços do exterior, ou de quem a lei a ele equiparar.

Verifica-se que mais duas contribuições foram destinadas ao financiamento da seguridade social, não obstante previstas fora do título destinado a esta. A contribuição para o Programa de Integração Social e para o Programa de Formação do Patrimônio do Servidor Público, vinculada ao financiamento do seguro-desemprego e do abono anual, contida no art. 239, da CF/1988 e a Contribuição Provisória de Movimentação Financeira, dispostas nos arts. 74 e 75 dos Atos das Disposições Transitórias, atualmente extinta, uma vez que o Governo não conseguiu fazer aprovar a Proposta de Emenda Constitucional que pretendia prorrogar a sua cobrança no Congresso Nacional.

Oportuno frisar que as contribuições sociais de Seguridade Social que nos interessa, para os fins deste trabalho, são apenas aquelas executáveis pela Justiça do Trabalho (art. 114, inciso VIII da CF/1988[(2)]).

2.1. Natureza jurídica da contribuição previdenciária

A natureza jurídica da contribuição previdenciária foi discutida exaustivamente pela doutrina durante muito tempo e os debates resultaram numa série de teorias.

As teses do professor Antônio Carlos de Oliveira, citadas pelo Ivan Kertzman (2007, p. 14), serão objeto de breve análise da natureza jurídica da contribuição social deste item, senão veja: (i) teoria do prêmio seguro; (ii) teoria do salário diferido; (iii) teoria do salário atual; (iv) teoria da exação *sui generis*; e, por fim, (v) teoria fiscal/teoria parafiscal.

A teoria do prêmio de seguro entende que a contribuição destinada à seguridade social se equipara ao prêmio de seguro pago pelo pactuante beneficiário às companhias seguradoras, entretanto com a característica particular de ser um seguro social, de adesão compulsória, em regra, por ter como fonte reguladora a lei. Sob a ótica de que a contribuição em comento seria um prêmio de seguro de direito público com uma relação obrigatória, os adeptos dessa teoria a denominam de prêmio de seguro público compulsório.

Várias são as críticas à teoria do prêmio de seguro, a título de exemplo, o custeio dos benefícios previdenciários apresenta preceitos infalivelmente mais amplos do que uma companhia seguradora, uma vez que a Seguridade Social, diferentemente daquela, assegura, inclusive, aos que não são contribuintes, caso da Assistência Social.

Aqueles que advogam pela teoria do salário diferido defendem que a contribuição previdenciária seria um salário diferido ou um salário socialmente diferido, isto é, a referida contribuição teria natureza retributiva. Sob este raciocínio, o empregador pagaria ao empregado, subordinado ou não, duas parcelas distintas. A primeira parcela atenderia às necessidades atuais do prestador de serviços e dos seus familiares e dependentes. Enquanto a segunda parcela seria a parte do salário do empregado que é revertido para o custeio da previdência social, visando formar um fundo de recursos com base no princípio da solidariedade social, que poderia ser utilizado eventualmente pelo segurado no caso de risco social.

A teoria do salário diferido revela-se defeituosa, primeiro porque o pagamento da contribuição social seria derivado de uma imposição legal e não do acordo no contrato de trabalho. Segundo, pelo motivo de que a contribuição não é salário, posto que não é pago diretamente pelo tomador de serviços ao prestador[(3)], mas sim pelo Instituto Nacional do Seguro Social (INSS), além disso, o empregado não iria perceber necessariamente o mesmo valor que receberia como salário em caso de aposentadoria, mas sim de acordo com a previsão previdenciária.

A teoria do salário atual, defendida pela doutrina italiana, "considera a contribuição previdenciária como cotas de salário atual e não do salário diferido" (KERTZMAN, 2017, p. 16). Esta teoria entende que a contribuição é uma das contraprestações devidas ao empregador, decorrente do trabalho prestado, uma vez que ela considera que o salário

(2) Art. 114 da CF/1988: "Compete à Justiça do Trabalho processar e julgar: (...) VIII – a execução, de ofício, das contribuições sociais previstas no art. 195, I, *a*, e II, e seus acréscimos legais, decorrentes das sentenças que proferir".

(3) Art. 457, da CLT: "Compreendem-se na remuneração do empregado, para todos os efeitos legais, além do salário devido e pago diretamente pelo empregador, como contraprestação do serviço, as gorjetas que receber".

seria composto de duas cotas, sendo a primeira entregue ao empregado e a segunda entregue ao INSS.

Saliente-se que a tese do salário atual se aproxima da tese anteriormente exposta, "dela diferenciando-se apenas pelo entendimento de que a cotização vertida para a Previdência Social é despendida pelo trabalhador no momento presente, apesar de as prestações cobertas pelo seguro previdenciário serem futuras" (KERTZMAN, 2017, p. 17). Desse modo, as mesmas críticas feitas à tese do salário diferido são aplicáveis à teoria do salário atual, em decorrência da semelhança conceitual entre as duas classificações.

A quarta teoria apontada, a tese da exação especial ou *sui generis*, considera que a contribuição seria uma exação não tributária, de modo que ela não seria prêmio de seguro, nem salário diferido e, a despeito de seu caráter obrigatório, não seria também tributo. Aqueles que defendem essa tese, como Pontes de Miranda, alegam que a contribuição previdenciária não é tributo e nem contribuição parafiscal, mas, sim, uma espécie *sui generis*, criada pelo legislador. Essa tese, conforme Ivan Kertzman (2017, p. 17), perdeu força com a promulgação da Constituição Federal de 1988, todavia alguns doutrinadores da área previdenciária ainda se mantêm resistentes na defesa dessa tese.

A teoria fiscal ou tributária, por fim, é a corrente majoritária que identifica a contribuição previdenciária como tributo, por compreender que as suas características se enquadram no art. 3º do Código Tributário Nacional (CTN), *verbis*:

> Tributo é toda prestação pecuniária compulsória, em moeda ou cujo valor nela se possa exprimir, que não constitua sanção de ato ilícito, instituída em lei e cobrada mediante atividade administrativa plenamente vinculada.

Sob essa perspectiva, Ivan Kertzman (2017, p. 18, grifo do autor) demonstra como a aludida contribuição atende a todos os requisitos exigidos pelo art. 3º, do CTN para o enquadramento tributário, veja:

> **a) A contribuição previdenciária é uma prestação pecuniária compulsória** – a contribuição dos trabalhadores é obrigatória e independe de qualquer formalização da prestação do serviço. A dos tomadores de serviço também é compulsória, uma vez incorrido o fato gerador.
>
> **b) Ela é arrecadada sempre em moeda ou cujo valor nela se possa exprimir** – atualmente, a regra geral é a arrecadação em moeda corrente, mas, em determinadas situações, é permitida a modalidade de dação em pagamento.
>
> **c) A contribuição previdenciária não constitui sanção de ato ilícito** – ela é arrecadada em função do trabalho e não busca sancionar qualquer conduta irregular.
>
> **d) O tributo previdenciário é instituído por lei** – apesar de previsto na Constituição Federal, para a instituição da contribuição previdenciária, faz-se necessário edição de lei.
>
> **e) A contribuição previdenciária é cobrada mediante atividade administrativa plenamente vinculada** – a estrutura para a cobrança das contribuições previdenciárias foi alvo de recentes e profundas alterações. Até 2004, este tributo era cobrado pela própria Autarquia Previdenciária (INSS), que mantinha em sua estrutura auditores-fiscais da Previdência Social. Com a MP n. 222/2004, convertida na Lei n. 11.098/2005, os citados auditores passaram a trabalhar vinculados diretamente à estrutura do Ministério da Previdência Social, na então criada Secretaria da Receita Previdenciária. Com a publicação da Lei n. 11.457/2007, foi criada a Secretaria da Receita Federal do Brasil – SRFB, a partir da junção das Secretarias da Receita Federal e da Receita Previdenciária. Desta forma, atualmente, a cobrança das contribuições previdenciárias, assim como a dos demais tributos federais, é de competência da SRFB, órgão vinculado à estrutura do Ministério da Fazenda.

Além da natureza tributária, a contribuição previdenciária possui natureza parafiscal, vez que ela busca recursos para financiar determinados gastos que não são próprios da administração central da União, isto é, ela se presta a financiar os pagamentos de prestações previdenciárias destinadas aos empregados em situação de risco social.

Concorda-se, dessa forma, que a quinta tese atende perfeitamente à essência da contribuição previdenciária. É que, fundamentalmente, a contribuição social previdenciária é destinada ao custeio da Seguridade Social e direcionada para financiar os benefícios e serviços da Previdência Social, independentemente das hipóteses de incidência e das bases de cálculo eleitas para esta finalidade (KERTZMAN, 2017, p. 16).

2.2. Sujeitos da relação jurídica de tributação previdenciária

Na qualidade de sujeito passivo da contribuição previdenciária, têm-se os segurados obrigatórios, os empregadores, inclusive os domésticos, as empresas (formalizadas ou não em pessoas jurídicas) e as entidades a elas equiparadas, que têm o dever de cumprir, na forma da lei, o objeto da supracitada relação jurídica: recolher a contribuição previdenciária.

Do outro lado, na qualidade de sujeito ativo, a União Federal, em virtude do art. 149 da CF/88[4]. A Administração Tributária é realizada pela Secretaria da Receita Federal do Brasil (SRFB), que detém o poder e dever de exigir o

(4) Art. 149 da CF/1988: "Compete exclusivamente à União instituir contribuições sociais, de intervenção no domínio econômico e de interesse das categorias profissionais ou econômicas, como instrumento de sua atuação nas respectivas áreas, observado o disposto nos arts. 146, III, e 150, I e III, e sem prejuízo do previsto no art. 195, § 6º, relativamente às contribuições a que alude o dispositivo".

cumprimento do objeto da relação jurídica de tributação previdenciária, ou seja, a contribuição previdenciária e seus acessórios. Conforme os arts. 2º e 3º da Lei n. 11.457/2007, à SRFB compete a fiscalização, arrecadação, cobrança e recolhimento das contribuições sociais destinadas à Previdência Social previstas nas alíneas *a*, *b* e *c* do parágrafo único do art. 11[(5)] da Lei n. 8.212, de julho de 1991, e das contribuições instituídas a título de substituição, assim como as relativas ao contencioso administrativo-fiscal, conforme disposto em regulamento.

Destaque-se, contudo, que antes da vigência da Lei n. 11.457/2007, o sujeito ativo da contribuição previdenciária era o INSS. Sob a égide da Lei n. 10.035/2000, a redação do § 4º do art. 832 da CLT determinava que "o INSS será intimado, por via postal, das decisões homologatórias de acordos que contenham parcela indenizatória, sendo-lhe facultado interpor recurso relativo às contribuições que lhe forem devidas" (grifo nosso).

Com a edição da Lei n. 11.457/2007, o dispositivo legal supracitado passou a determinar que "a União será intimada das decisões homologatórias de acordos que contenham parcela indenizatória, na forma do art. 20 da Lei n. 11.033, de 21 de dezembro de 2004, facultada a interposição de recurso relativo aos tributos que lhe forem devidos" (grifo nosso). "Certamente a intenção do legislador foi a de simplesmente adaptar o procedimento de execução *ex officio* da contribuição previdenciária na Justiça do Trabalho ao novo cenário institucional decorrente da criação da Receita Federal do Brasil" (PORTELLA, 2008, p. 18).

Importa observar, todavia, que por força do inciso II, do § 3º, do art. 16, da Lei n. 11.457/2007[(6)], a competência para representar a União nas execuções de contribuições previdenciárias nos processos trabalhistas é da Procuradoria-Geral Federal. Destaca-se que essa competência é exercida mediante delegação da Procuradoria-Geral da Fazenda Nacional.

Conclui-se, então, que o juiz do trabalho, ao determinar citações, intimações ou notificações da União Federal na execução da aludida contribuição federal, deve encaminhá-las à Procuradoria-Geral Federal.

2.3. Fato gerador da contribuição previdenciária

Não é possível prosseguir na análise da execução das contribuições previdenciárias na Justiça do Trabalho sem conhecer o fato gerador da aludida contribuição, posto que já foi objeto de muita polêmica.

Isso porque "a figura do fato gerador não é pertinente apenas ao Direito Tributário, mas a qualquer outro ramo do Direito que também tenha fatos geradores de obrigações. É o que ocorre com o fato gerador da contribuição previdenciária" (MARTINS, 2009, p. 21).

Nos termos do art. 114 do CTN, o "fato gerador da obrigação principal é a situação definida em lei como necessária e suficiente à sua ocorrência", em outras palavras, fato gerador é o conjunto de fatos definidos em lei que dão ensejo à obrigação tributária, incidindo a exigência do tributo. O inciso III do art. 97 do CTN estabelece que somente a lei pode estabelecer o fato gerador da obrigação tributária principal.

O inciso I do art. 28, da Lei n. 8.212/1991, por conseguinte, dispõe que a base de cálculo da contribuição previdenciária (salário de contribuição) é o rendimento pago, devido ou creditado:

> Art. 28. Entende-se por salário-de-contribuição: I – para o empregado e trabalhador avulso: a remuneração auferida em uma ou mais empresas, assim entendida a **totalidade dos rendimentos pagos, devidos ou creditados** a qualquer título, durante o mês, destinados a retribuir o trabalho, qualquer que seja a sua forma, inclusive as gorjetas, os ganhos habituais sob a forma de utilidades e os adiantamentos decorrentes de reajuste salarial, quer pelos serviços efetivamente prestados, quer pelo tempo à disposição do empregador ou tomador de serviços nos termos da lei ou do contrato ou, ainda, de convenção ou acordo coletivo de trabalho ou sentença normativa. (grifo nosso)

De acordo com a Lei Previdenciária, ainda que a parcela não tenha sido efetivamente quitada, basta que seja devida para que haja necessidade de recolhimento de contribuição previdenciária. Deduz-se, desse modo, que o fato gerador da contribuição social previdenciária incide com a prestação de serviços, momento no qual a remuneração passa a ser devida.

No passado, todavia, havia dúvidas se o fato gerador da referida contribuição era realmente o trabalho. Alguns defendiam que o fato gerador era o pagamento da remuneração do trabalhador. Nesse sentido Sérgio Pinto Martins (2009, p. 22):

> A Lei n. 8.212/1991 não define exatamente o conteúdo do fato gerador, da base de cálculo ou do contribuinte. O CTN, nesse ponto, é didático, pois para impostos, taxa e contribuição de melhoria define o fato gerador, como ocorre com o fato gerador do imposto de renda: é a aquisição de disponibilidade econômica ou jurídica

(5) Parágrafo único do art. 11 da Lei n. 8.212/1991: "Constituem contribuições sociais: a) as das empresas, incidentes sobre a remuneração paga ou creditada aos segurados a seu serviço; b) as dos empregadores domésticos; c) as dos trabalhadores, incidentes sobre o seu salário-de-contribuição;(...)".

(6) Art. 16, § 3º, inciso II da Lei n. 11.457/2007: "Compete à Procuradoria-Geral Federal representar judicial e extrajudicialmente: (...) II – a União, nos processos da Justiça do Trabalho relacionados com a cobrança de contribuições previdenciárias, de imposto de renda retido na fonte e de multas impostas aos empregadores pelos órgãos de fiscalização das relações do trabalho, mediante delegação da Procuradoria-Geral da Fazenda Nacional".

> (art. 43 do CTN). Depreende-se do contexto da Lei n. 8.212/1991 o que é o fato gerador da contribuição previdenciária.
>
> Dispõe a alínea *a*, do inciso I do art. 195 da Constituição sobre a contribuição previdenciária "do empregador, da empresa e da entidade a ela equiparada na forma da lei, incidentes sobre a folha de salários e demais rendimentos do trabalho pagos ou creditados, a qualquer título, à pessoa física que lhe preste serviço, mesmo sem vínculo empregatício".
>
> Esse dispositivo trata da contribuição do empregador, empresa ou da entidade a ela equiparada e não da do trabalhador.
>
> Em razão de que a Constituição dispõe que o fato gerador é o rendimento pago ou creditado, a lei ordinária não poderia definir outra coisa, sob pena de inconstitucionalidade.

De acordo com o posicionamento firmado acima só seriam devidas as contribuições previdenciárias depois que a remuneração fosse quitada.

Concorda-se, contudo, com o Ivan Kertzman (2017, p. 26), de que esse entendimento levava à absurda conclusão de que, se o tomador de serviço descumprisse a sua obrigação com o prestador de serviço, a União também estaria impedida de lançar a contribuição devida, pois não se teria aperfeiçoado o fato gerador da contribuição.

Se o fato gerador fosse o pagamento da remuneração do trabalhador e não a prestação de serviço, o Direito público ficaria subordinado ao Direito Privado, vez que, se o empregador não exigisse o pagamento de sua remuneração, a União jamais poderia exigir o recolhimento da contribuição.

Apesar de anos de discussão, o entendimento foi aparentemente pacificado em 1998 pela Orientação Jurisprudencial (OJ) n. 141, da Subseção I Especializada em Dissídios Individuais (SBDI-1), no sentido de que o fato gerador da obrigação previdenciária é de fato a prestação de serviço.

> OJ-SBDI-1 n. 141. DESCONTOS PREVIDENCIÁRIOS E FISCAIS. COMPETÊNCIA DA JUSTIÇA DO TRABALHO. Inserida em 27.11.1998. A Justiça do Trabalho é competente para determinar o recolhimento das contribuições previdenciárias e fiscais provenientes das sentenças que proferir. A competência da Justiça do Trabalho para execução das contribuições previdenciárias alcança as parcelas integrantes do salário de contribuição, **pagas em virtude de contrato de emprego reconhecido em juízo, ou decorrentes de anotação da Carteira de Trabalho e Previdência Social – CTPS, objeto de acordo homologado em juízo.** (grifo nosso)

Todavia, novas discussões jurídicas ressurgiram em dezembro de 1998 com a edição da Emenda Constitucional n. 20, que explicitamente[7] atribuiu à Justiça do Trabalho a competência para executar as contribuições previdenciárias decorrentes das sentenças proferidas pelos magistrados trabalhistas.

Em virtude das alterações do texto constitucional, os juízes do trabalho passaram a entender que o fato gerador da obrigação previdenciária é o pagamento ou a sentença. Os defensores desse entendimento advogam que, na maioria das vezes, o empregador só toma conhecimento da dívida de determinadas parcelas com a leitura da sentença, não sendo factível, dessa forma, exigir o recolhimento da contribuição previdenciária no ato da prestação do serviço.

> Um exemplo apontado pelos que defendem essa tese é a condenação do empregador no pagamento de horas extras, provadas no processo por meio testemunhal. O magistrado que entende que o fato gerador é o pagamento argumenta que o empregador só toma conhecimento de que aquelas horas extras são devidas após a leitura da sentença.
>
> Outro exemplo seria a condenação do empregador no pagamento de diferença salarial por conta de deferimento de pedido de equiparação salarial. Nesse caso, também, advoga-se que o empregador não tinha conhecimento prévio da situação. (KERTZMAN, 2017, p. 27)

Essa tese, contudo, merece resistência, pois pode-se afirmar que toda sentença trabalhista condenatória tem natureza declaratória. Note-se que ao condenar a empresa ao pagamento de horas extras ou à equiparação salarial, na sentença declara-se que durante a relação trabalhista houve labor extraordinário não quitado pelo tomador de serviço ou um cenário de trabalho em que o empregado deveria estar recebendo igual salário àquele percebido pelo paradigma.

O juízo trabalhista, desse modo, declarou na sentença que tais fatos ocorreram e, como consequência, o empregador tinha conhecimento da situação e deveria ter cumprido a obrigação previdenciária.

Outro raciocínio que motivou alguns juízes trabalhistas a entender que o fato gerador da contribuição previdenciária é o pagamento ou a sentença é o art. 114, § 3º da CF/1988, que dispõe que compete à Justiça do Trabalho processar e julgar a execução das contribuições previdenciárias, decorrentes das sentenças que proferir. Os partidários dessa teoria sustentam que a competência do juízo laboral fica restrita àquelas obrigações previdenciárias cujo fato gerador seja a própria decisão judicial (sentença ou acordo homologado), não alcançando valores devidos à Autarquia Previdenciária em razão de pagamentos salariais já efetuados ao longo da execução do contrato de trabalho.

(7) Art. 114, § 3º da CF/1988: "Compete ainda à Justiça do Trabalho executar, de ofício, as contribuições sociais previstas no art. 195, I, *a*, e II, e seus acréscimos legais, decorrentes das sentenças que proferir. (Incluído pela Emenda Constitucional n. 20, de 1998)".

Alegam, além disso, que a contribuição previdenciária patronal disposta na norma constitucional[8] refere-se apenas aos rendimentos do trabalho "pagos" ou "creditados" a qualquer título, não havendo menção da palavra "devidos" que aparece na Lei Previdenciária (art. 28, inciso I, da Lei n. 8.212/1991), defendendo, por conseguinte, que a lei extrapolou os limites constitucionais.

Discorda-se, entretanto, pois quando o inciso I, do art. 28, da Lei n. 8.212/1991 incluiu a expressão "devidos" na definição da base de cálculo previdenciária, apenas regulamentou e explicou o conteúdo do inciso I do art. 195 da CF/1988. Neste sentido, Carlos Alberto Pereira de Castro e João Batista Lazzari (2009, p. 256) entendem que:

> A remuneração devida é a mesma que deve ser paga ou creditada ao segurado empregado, **por se configurar em direito adquirido**, tendo a norma legal apenas o condão de indicar que o fato imponível não se revela apenas no auferir remuneração, mas no fazer jus a ela, ainda que o empregador, violando a lei e o contrato de trabalho, deixe de remunerar corretamente o trabalhador, impedindo a invocação de que, não tendo o empregador feito qualquer pagamento de remuneração (como na hipótese de moral salarial), nenhuma contribuição seria devida, nem pelo mesmo, nem pelo segurado, em relação ao mês em que não houve pagamento – Grifei.

Infere-se, portanto, que o termo "creditados", contido no art. 195 da CF/1988, significa remuneração devida, posto que a aquisição do direito aos rendimentos do labor nasce com a prestação do serviço, independentemente da contabilização dos valores no passivo da empresa empregadora ou do efetivo pagamento.

Não se pode olvidar que os juízes do trabalho também chegaram a entender que a sentença proferida por eles era o fato gerador da obrigação previdenciária, sob o argumento de que o reconhecimento do débito trabalhista em decisão judicial incide a contribuição previdenciária. Tal entendimento, por óbvio, não é satisfatório, posto que a obrigação previdenciária nasce no momento em que o salário é devido, ou seja, na época da prestação de serviço.

Importa salientar, todavia, que enquanto os magistrados discutiam, novamente, qual seria o fato gerador da contribuição previdenciária na esfera trabalhista, a divergência já havia sido pacificada no Superior Tribunal de Justiça[9] no sentido de que o fato gerador da obrigação previdenciária é a efetiva prestação do serviço.

Visando dirimir as divergências acerca do fato gerador da contribuição previdenciária na seara trabalhista, a Medida Provisória (MP) n. 449, de dezembro 2008, posteriormente convertida na Lei n. 11.941, de maio de 2009, foi editada. A referida MP revogou o parágrafo único do art. 43 da Lei de Custeio da Previdência Social e acrescentou o § 2º que se refere especificamente ao fato gerador:

> Art. 43. (...) § 2º Considera-se ocorrido o fato gerador das contribuições sociais na data da **prestação do serviço**. (grifo nosso)

A partir da edição dessa Medida Provisória, passou a constar previsão expressa quanto ao fato gerador das contribuições previdenciárias, como sendo a efetiva prestação de serviços ao longo da relação de trabalho.

A alteração advinda da MP n. 449/2008, infelizmente, não foi suficiente para sepultar as polêmicas quanto ao fato gerador das obrigações previdenciárias. Primeiro, discutiu-se a aplicação da aludida Medida Provisória, posteriormente convertida na Lei n. 11.941/2009, aos fatos ocorridos antes de sua vigência. Segundo, a sua constitucionalidade estava sendo discutida pelo pleno do Tribunal Superior do Trabalho (TST) por meio de Arguição de Inconstitucionalidade (TST-ArgInc-95541-69.2005.5.03.0004) que, por sua vez, não foi julgada devido à incompetência do Tribunal Superior para analisar a matéria[10].

O TST finalmente se posicionou acerca do tema em 2015. O pleno do TST em apertada votação do TST-E-RR-

(8) Art. 195, inciso I, alínea *a* da CF/1988: "A seguridade social será financiada por toda a sociedade, de forma direta e indireta, nos termos da lei, mediante recursos provenientes dos orçamentos da União, dos Estados, do Distrito Federal e dos Municípios, e das seguintes contribuições sociais: I – do empregador, da empresa e da entidade a ela equiparada na forma da lei, incidentes sobre: (Redação dada pela Emenda Constitucional n. 20, de 1998) a) a folha de salários e demais rendimentos do trabalho pagos ou creditados, a qualquer título, à pessoa física que lhe preste serviço, mesmo sem vínculo empregatício; (Incluído pela Emenda Constitucional n. 20, de 1998)".

(9) "TRIBUTÁRIO. CONTRIBUIÇÃO PREVIDENCIÁRIA. ABONO-ASSIDUIDADE. FOLGAS NÃO GOZADAS. NÃO-INCIDÊNCIA. PRAZO DE RECOLHIMENTO. MÊS SEGUINTE AO EFETIVAMENTE TRABALHADO. FATO GERADOR. RELAÇÃO LABORAL. 1. Não incide contribuição previdenciária sobre abono-assiduidade, folgas não gozadas e prêmio pecúnia por dispensa incentivada, dada a natureza indenizatória dessas verbas. Precedentes do STJ. 2. A jurisprudência do STJ é firme no sentido de que as contribuições previdenciárias incidentes sobre remuneração dos empregados, em razão dos serviços prestados, devem ser recolhidas pelas empresas no mês seguinte ao efetivamente trabalhado, e não no mês subsequente ao pagamento. 3. Recursos Especiais não providos". (STJ, 2ª Turma, REsp n. 712.185/RS, Relator Herman Benjamin, unânime, julgado em 01.09.2009, DJe 08.09.2009)

(10) "ARGUIÇÃO DE INCONSTITUCIONALIDADE DO ART. 43 DA LEI N. 8.212/1991 – CONTRIBUIÇÃO PREVIDENCIÁRIA – JUROS E MULTA – FATO GERADOR – PRELIMINAR DE NÃO CABIMENTO DA ARGUIÇÃO DE INCONSTITUCIONALIDADE. Mostra-se incabível a arguição de inconstitucionalidade, pois a nova redação do art. 43 da Lei n. 8.212/1991, cuja inconstitucionalidade se discute, não é aplicável às relações de trabalho que antecederam a sua vigência. O Tribunal Superior do Trabalho não tem competência para o controle abstrato de constitucionalidade de dispositivo de lei federal, mas apenas para o controle difuso de constitucionalidade, razão pela qual a arguição de inconstitucionalidade, prevista nos arts. 244 e seguintes do Regimento Interno, deve ser necessária à solução do caso concreto, o que não é a hipóstese. Preliminar de não cabimento da arguição de inconstitucionalidade acolhida". (TST, Tribunal Pleno, ArgInc-95541-69.2005.5.03.0004, Relator Luiz Philippe Vieira de Mello Filho, julgado em 27.02.2013, DeJT 06.09.2013)

1125-36.2010.5.06.0171, no dia 20 de outubro de 2015, entendeu que – a partir da Lei n. 11.941, de 27 de maio de 2009 (conversão da MP n. 449/2008), que alterou o art. 43 da Lei n. 8.212/1991, dispondo explicitamente que o fato gerador da contribuição previdenciária é a prestação de serviços –, o fato gerador passou a ser o trabalho.

> RECURSO DE EMBARGOS. INTERPOSIÇÃO NA VIGÊNCIA DA LEI N. 11.496/2007. MATÉRIA AFETA AO TRIBUNAL PLENO. CONTRIBUIÇÃO PREVIDENCIÁRIA. FATO GERADOR. INCIDÊNCIA DE MULTA E JUROS DA MORA. 1. A competência da Justiça do Trabalho abrange a execução de ofício das contribuições previdenciárias previstas no art. 195, da Constituição Federal, decorrentes das decisões que proferir, nos termos do art. 114, VIII, da Carta Magna. 2. O **STF, em julgados recentes, concluiu que a Constituição Federal não define o momento em que ocorrem o fato gerador, a base de cálculo e a exigibilidade da contribuição previdenciária, podendo assim tais matérias ser disciplinadas por lei ordinária.** Precedentes. 3. O art. 195 da Constituição Federal apenas dispõe sobre o financiamento das contribuições previdenciárias. Tal artigo deve ser interpretado sob o enfoque dos princípios que norteiam a seguridade social: da solidariedade, da universalidade da cobertura, do atendimento, da seletividade, da distributividade, da equidade na forma de participação do custeio e da diversidade da base de financiamento. Para que tais princípios sejam concretizados, deve-se levar em conta que a seguridade social abrange as áreas da saúde, da assistência social e da previdência social, conforme o disposto no art. 194 da Constituição Federal. 4. As questões referentes ao fato gerador das contribuições previdenciárias e incidência de juros de mora e multa decorrentes de decisões judiciais que determinem ou homologuem o pagamento de créditos trabalhistas sujeitos à incidência do referido tributo e de seus acréscimos moratórios, estão disciplinadas pelo art. 43 da Lei n. 8.212/1991 e pela Lei n. 9.430/1996. 5. Tem-se, contudo, que a **referida legislação foi alterada pela Medida Provisória n. 449 de 2008, posteriormente convertida na Lei n. 11.941/2009, dando nova redação ao art. 43 da Lei n. 8.212/1991. Em face de tais alterações legislativas, necessário se faz delimitar a questão em dois momentos relativos à matéria afeta ao art. 43 da Lei n. 8.212/1991: um, quanto ao período que antecede a alteração da lei e o outro, em relação ao período posterior à alteração legislativa. 6. No tocante ao período anterior à alteração legislativa, considera-se como fato gerador das contribuições previdenciárias decorrentes de créditos trabalhistas reconhecidos em juízo o efetivo pagamento das verbas trabalhistas,** configurando-se a mora a partir do dia dois do mês seguinte ao da liquidação. Pelo que para cálculo dos acréscimos legais (juros de mora e multa) aplica-se o disposto no art. 276 do Decreto n. 3.048/1999, ou seja, para aquelas hipóteses em que a prestação do serviço se deu até o dia 04.03.2009, observar-se-á o regime de caixa (no qual o lançamento é feito na data do recebimento do crédito ou do pagamento que gera o crédito decorrente). 7. **Quanto ao período posterior à alteração do art. 43 da Lei n. 8.212/1991, feita pela Medida Provisória n. 449/2008, convertida na Lei n. 11.941/2009, tem-se duas importantes alterações: a primeira, é que o fato gerador da contribuição previdenciária passou a ser a prestação do serviço, conforme o art. 43, § 2º, da Lei n. 8.212/1991**; e a segunda, é que no § 3º da referida lei instituiu-se o regime de competência para aplicação dos acréscimos legais moratórios, pois se passou a considerar o mês de competência em que o crédito é merecido, e não o momento em que o pagamento é feito, como no regime de caixa. 8. Contudo, a Constituição Federal estabelece o princípio da anterioridade nonagesimal, pelo qual as contribuições sociais, por serem uma espécie de tributo, só poderão ser exigidas após decorridos noventa dias da data da publicação da lei que as houver instituído ou modificado (art. 150, III, *a*, c/c o art. 195, § 6º, ambos da CF). **Como a Medida Provisória n. 448/2008 foi publicada em 04.12.2008, suas alterações só podem ser exigidas após transcorridos noventa dias de sua publicação, pelo que o marco inicial da exigibilidade do regime de competência ocorreu na data de 05.03.2009. 9. Desta forma, em relação ao período em que passou a vigorar com a nova redação do art. 43 da Lei n. 8.212/1991, aplicável às hipóteses em que a prestação do serviço ocorreu a partir do dia 05.03.2009, observar-se-á o regime de competência (em que o lançamento é feito quando o crédito é merecido e não quando é recebido), ou seja, considera-se como fato gerador das contribuições previdenciárias decorrentes de créditos trabalhistas reconhecidos em juízo, a data da efetiva prestação de serviço.** (...) (TST, Tribunal do Pleno, E-RR-1125-36.2010.5.06.0171, Relator Alexandre Agra Belmote, julgado em 20.10.2015, DeJT 15.12.2015) (grifo nosso)

O TST, desse modo, decidiu que o fato gerador passou a ser a prestação de serviços a partir da vigência da MP n. 449/2008, em 05 de março de 2009. Contudo, quanto ao período anterior à alteração legislativa, considera-se como fato gerador das contribuições previdenciárias decorrentes de créditos trabalhistas reconhecidos em juízo o efetivo pagamento das verbas trabalhistas.

Infere-se que esta importante decisão, que fez nascer o item IV da Súmula n. 368[11] do TST, tende a solucionar todos os processos trabalhistas que versam sobre o fato gerador da obrigação previdenciária nas execuções laborais, pois, ainda que o fato gerador passou a ser a prestação de serviços somente a partir da vigência da MP n. 449/2008, em

(11) Súmula n. 368 do TST: "(...) IV – Considera-se fato gerador das contribuições previdenciárias decorrentes de créditos trabalhistas reconhecidos ou homologados em juízo, para os serviços prestados até 04.03.2009, inclusive, o efetivo pagamento das verbas, configurando-se a mora a partir do dia dois do mês seguinte ao da liquidação (art. 276, "*caput*", do Decreto n. 3.048/1999). Eficácia não retroativa da alteração legislativa promovida pela Medida Provisória n. 449/2008, posteriormente convertida na Lei n. 11.941/2009, que deu nova redação ao art. 43 da Lei n. 8.212/1991. (...)".

05 de março de 2009, o período anterior já foi certamente absorvido pela prescrição ou já foi analisado pelo Judiciário.

2.4. Base de cálculo da contribuição previdenciária

Embora a Constituição Federal não deixe explícito, a base de cálculo da contribuição previdenciária é a prevista na Lei Previdenciária com o nome de "salário de contribuição". Salário de contribuição é, portanto, o termo que quantifica a base de cálculo da obrigação previdenciária dos trabalhadores e dos tomadores de serviço do Regime Geral da Previdência Social, ressalvado o segurado especial(12), que tem regra própria de custeio, sobre a proteção rural, exceto quando contribui facultativamente como contribuinte individual. Essa mesma base é utilizada no cálculo do valor de grande parte dos benefícios previdenciários.

O conceito de salário de contribuição, parte da noção trabalhista de remuneração, possuindo, entretanto, mais abrangência e suas particularidades.

> As parcelas indenizatórias são excluídas do salário de contribuição, por não serem pagas como fruto do trabalho. São espécies de compensação por ações que tenham gerado algum prejuízo ao trabalhador. Os valores ressarcitórios também não fazem parte do salário de contribuição; são reembolsos de pagamentos que o funcionário antecipou para executar alguma atividade de interesse do patrão. (KERTZMAN, 2017, p. 38)

Sob a perspectiva do trecho exposto acima, é possível afirmar a incidência de obrigação previdenciária sobre determinada parcela que não seja considerada remuneratória no âmbito trabalhista. Os critérios utilizados para excluir determinados pagamentos ao trabalhador, da referida base de cálculo no § 9º, do art. 28 da Lei n. 8.212/1991, não são exatamente os mesmos adotados para exclusão do conceito de renumeração pelo § 2º, do art. 458 da CLT.

A base de cálculo das contribuições previdenciárias, que varia de acordo com as categorias de trabalhadores, está definida no art. 28 da Lei n. 8.212/1991, veja:

> Art. 28. Entende-se por salário-de-contribuição: I – **para o empregado e trabalhador avulso: a remuneração auferida em uma ou mais empresas, assim** entendida a **totalidade dos rendimentos pagos, devidos ou creditados** a qualquer título, durante o mês, destinados a retribuir o trabalho, qualquer que seja a sua forma, inclusive as gorjetas, os ganhos habituais sob a forma de utilidades e os adiantamentos decorrentes de reajuste salarial, quer pelos serviços efetivamente prestados, quer pelo tempo à disposição do empregador ou tomador de serviços nos termos da lei ou do contrato ou, ainda, de convenção ou acordo coletivo de trabalho ou sentença normativa; II – **para o empregado doméstico: a remuneração registrada na Carteira de Trabalho e Previdência Social,** observadas as normas a serem estabelecidas em regulamento para comprovação do vínculo empregatício e do valor da remuneração; III – **para o contribuinte individual: a remuneração auferida em uma ou mais empresas ou pelo exercício de sua atividade por conta própria, durante o mês,** observado o limite máximo a que se refere o § 5º; IV – **para o segurado facultativo: o valor por ele declarado,** observado o limite máximo a que se refere o § 5º. (grifo nosso)

O inciso I da norma supracitada dispõe que o salário de contribuição dos empregados e dos trabalhadores avulsos é a soma dos rendimentos pagos, devidos ou creditados. Se o segurado tiver mais de um vínculo empregatício, consequentemente, mais de uma remuneração mensal, ele contribuirá para a Seguridade Social sobre uma base unificada que corresponderá à totalidade das renumerações percebidas em todas as empresas. Percebe-se, então, que o trabalhador contará somente com um salário de contribuição.

O inciso II demonstra certa discriminação do legislador brasileiro com a categoria dos empregados domésticos. No dispositivo legal transcrito acima preocupou-se em definir a base de cálculo das contribuições previdenciárias de todos outros segurados trabalhadores como o valor efetivamente pago no inciso I, todavia, a definição se reduziu à remuneração registrada na Carteira de Trabalho para os empregados domésticos.

Esse texto legal, por óbvio, deve ser interpretado em consonância com os princípios do ordenamento jurídico brasileiro, principalmente a boa-fé. Ocorrendo, nesse sentido, uma situação simulatória em que o empregador doméstico registre uma remuneração na Carteira de Trabalho e passe um valor diverso ao empregado, o Estado deve se reservar o direito de exigir o cumprimento da obrigação previdenciária com base no valor efetivamente pago.

Importa ressaltar que, quando a admissão do empregado, sendo esse doméstico ou não, ocorrer no curso do mês, a base de cálculo da contribuição previdenciária será proporcional ao número de dias trabalhados. Observe-se que as faltas, os períodos de afastamento e as dispensas também devem ser considerados para o cálculo dessa proporcionalidade.

Os incisos III e IV merecem destaque, vez que o contribuinte individual não possui vínculo de emprego com seu tomador de serviços; como segurado facultativo sequer recebe uma remuneração, ele fica encarregado de definir seu próprio salário de contribuição mensalmente.

(12) Segurados especiais são os trabalhadores rurais que produzem em regime de economia familiar, sem utilização de mão de obra assalariada. O segurado especial é o único segurado que possui definição na Constituição Federal – o § 8º do art. 195 do texto constitucional lista as espécies de segurados especiais e sua forma de contribuição, veja: "O produtor, o parceiro, o meeiro e o arrendatário rurais e o pescador artesanal, bem como as respectivas cônjuges, que exerçam suas atividades em regime de economia familiar, sem empregados permanentes, contribuirão para a seguridade social mediante a aplicação de uma alíquota sobre o resultado da comercialização da produção e farão jus aos benefícios nos termos da lei".

Por fim, diferentemente da remuneração, o salário de contribuição possui limites máximo e mínimo para a incidência da obrigação previdenciária dos trabalhadores. O limite mínimo da base de cálculo da obrigação previdenciária corresponde para os segurados empregados, empregados domésticos e trabalhador avulso, ao piso salarial, legal ou normativo da categoria ou, inexistindo este, ao salário mínimo, tomado no seu valor mensal, diário ou horário, conforme o ajustado e o tempo de trabalho efetivo durante o mês; e para os segurados contribuintes individual e facultativo ao salário mínimo.

O limite máximo do salário de contribuição é atualizado anualmente, embora o Governo possa revisá-lo quando julgar conveniente. O teto da aludida base de cálculo tem por base o valor indicado na tabela da Autarquia Previdenciária divulgada pelo Ministério da Previdência Social e da Fazenda. A última atualização passou a vigorar a partir do dia 01º de janeiro de 2019, com a Portaria n. 9, do Ministério da Economia, de 15 de janeiro de 2019, que fixou o valor máximo em R$ 5.839,45.

3. HISTÓRICO LEGISLATIVO DA COMPETÊNCIA DA JUSTIÇA DO TRABALHO PARA EXECUTAR AS CONTRIBUIÇÕES PREVIDENCIÁRIAS

Em seus primeiros tempos no Brasil, a Justiça do Trabalho já detinha certa competência em relação às contribuições previdenciárias, conforme preceituado na antiga redação do art. 706[13], da CLT, que foi suprimida pelo Decreto-lei n. 8.737, de janeiro de 1946. Nessa linha, bem lembra a este respeito Alexandre Nery de Oliveira, citado por Marcos André Couto Santos (2003):

> Cabe registrar, desde logo, em caráter histórico, que a Justiça do Trabalho nasceu também com competência para examinar questões previdenciárias, tanto assim que o art. 706, revogado pelo Decreto-Lei n. 8.737/1946, previa a existência de Câmara de Previdência Social no âmbito do Conselho Nacional do Trabalho, que deu origem ao Tribunal Superior do Trabalho, e que as questões previdenciárias, permeadas nas relações de trabalho, são de exame cotidiano dos Juízos e Tribunais do Trabalho, o que enseja afastar quaisquer conclusões mais apressadas quanto ao conhecimento técnico da Justiça do Trabalho quanto a temas previdenciários, tanto mais porque exigido do Juiz Laboral, desde o concurso de ingresso na Magistratura do Trabalho, inequívocos conhecimentos de Direito Previdenciário, dentre outras, e não apenas de Direito e Processo do Trabalho, como parecem crer alguns.

Após esse período inicial, a competência acerca da matéria das contribuições previdenciárias passou a ser exclusivamente da Justiça Federal, de forma que a Justiça laboral foi exonerada de qualquer obrigação em relação ao tema.

A competência da Justiça laboral, quanto às contribuições previdenciárias, ressurgiu somente em junho de 1989, com a Medida Provisória n. 63, convertida na Lei n. 7.787, de junho de 1989.

O *caput* do art. 12 da Lei n. 7.787/1989 dispunha a seguinte redação:

> Em caso de extinção de processos trabalhistas de qualquer natureza, inclusive a decorrente de acordo entre as partes, de que resultar pagamento de vencimentos, remuneração, salário e outros ganhos habituais do trabalhador, o recolhimento das contribuições devidas à Previdência Social será efetuado *in continenti*.

Outrossim, o parágrafo único do referido artigo estabelecia ser dever da autoridade Judiciária trabalhista, ou seja, o Juiz do Trabalho, velar pelo fiel recolhimento das contribuições devidas à Previdência Social em decorrência de seus julgados.

Ao Juiz do Trabalho, assim, incumbe o dever de comprovar o recolhimento da contribuição social mencionada incidente sobre as parcelas reconhecidas nos autos do processo trabalhista, seja por sentença ou transação homologadas e pagas e, por meio da Secretária do Juízo, notificar o Instituto Nacional do Seguro Social para que este subsequentemente pudesse verificar o pagamento das exações devidas, iniciando inclusive execuções fiscais para cobrar os valores não pagos ou remanescentes.

Com a adoção dessa determinação, o legislador objetivou facilitar o recolhimento da contribuição previdenciária e evitar a sua sonegação, uma vez que considerável era, e continua sendo hoje, "o número de empresas ou empregadores que não recolhem contribuições descontadas dos trabalhadores e as de sua própria responsabilidade, bem assim as contribuições sobre parcelas devidas aos trabalhadores e não pagas" (MELLO, 1998, p. 71).

Na época, a Justiça do Trabalho argumentou que a autarquia previdenciária, titular do direito de exigir o recolhimento das contribuições, deveria recorrer à Justiça Federal para dar fim ao seu efetivo cumprimento. Foi inclusive discutida a constitucionalidade da norma que instituiu o referido dever do Judiciário trabalhista em face da previsão contida no inciso I do art. 109 da CF/1988[14].

(13) Art. 706 da CLT: "A Câmara de Previdência Social funcionará como órgão de recursos das decisões dos Institutos e Caixas de Aposentadoria e Pensões, competindo-lhe julgar, em última instância, atendidos os prazos e as condições estabelecidas na legislação referente às mencionadas instituições: a) os recursos, interpostos pelos segurados, beneficiários, e presidentes das referidas instituições, das decisões proferidas nos processos de benefícios em que forem interessados; b) os recursos, interpostos pelos empregadores, das decisões que lhe impuserem multa ou exigirem o recolhimento de contribuições; c) as revisões dos processos de benefícios requeridas ou providas dentro do prazo de cinco anos".

(14) Art. 109 da CF/1988: "Aos juízes federais compete processar e julgar: I – as causas em que a União, entidade autárquica ou empresa pública federal forem interessadas na condição de autoras, rés, assistentes ou oponentes, exceto as de falência, as de acidentes de trabalho e as sujeitas

Visando dar efetividade ao art. 12, da Lei n. 7.787/1989, a Corregedoria-Geral da Justiça do Trabalho emitiu o Provimento n. 01, em 20 de janeiro de 1990, com o intuito de impedir interpretações divergentes. O Provimento supracitado determinava a observância do art. 12, *caput* e parágrafo único, da Lei n. 7.787/1989, deixando certo que a Justiça do Trabalho não detinha competência para compelir executoriamente os credores ao recolhimento das contribuições sociais para a Previdência Social, já que a Carta Magna atribuía esse dever à Justiça Federal. O Provimento n. 01/90, também, destacou que as sentenças proferidas pela Justiça obreira tratam de direitos trabalhistas e não previdenciários.

3.1. Lei n. 8.212/1991 – Lei Previdenciária

Posteriormente, com a edição da Lei de Custeio da Previdência Social (Lei n. 8.212, de 24 de julho de 1991), que dispõe sobre a organização da Seguridade Social e institui o Plano de Custeio, o art. 12 da Lei n. 7.787/1989 foi revogado tacitamente, vez que a nova lei passou a dispor sobre o tema em seus arts. 43 e 44, senão veja:

> Art. 43. Em caso de extinção de processos trabalhistas de qualquer natureza, inclusive a decorrente de acordo entre as partes, de que resultar pagamento de remuneração ao segurado, o recolhimento das contribuições devidas à Seguridade Social será efetuado *incontinenti*.
>
> Art. 44. A autoridade judiciária **exigirá** a comprovação do fiel cumprimento ao disposto no artigo anterior. (grifo nosso)

O art. 43, ao tratar do mesmo assunto, não fazia mais referência a pagamento de vencimentos, remuneração, salários e outros ganhos habituais, mas tão somente ao pagamento de remuneração ao segurado. Importante notar que não há muita diferença entre o texto das duas leis, isto posto, a alteração do referido dispositivo legal, promovida posteriormente pela Lei n. 8.260/1993, não causa surpresas. O art. 44, por sua vez, passou a ser o que era o parágrafo único do art. 12, da Lei n. 7.787/1989.

Em janeiro de 1993 veio a Lei n. 8.260, que remodelou a redação dos arts. 43 e 44 da Lei n. 8.212/1991. Veja as modificações:

> Art. 43. **Nas ações trabalhistas** de que resultar o pagamento de direitos sujeitos à incidência de contribuição previdenciária, o juiz, **sob pena de responsabilidade**, **determinará** o imediato recolhimento das importâncias devidas à Seguridade Social. Parágrafo único. Nas sentenças judiciais ou nos acordos homologados em que não figurarem, discriminadamente, as parcelas legais relativas à contribuição previdenciária, esta incidirá sobre o valor total apurado em liquidação de sentença ou sobre o valor do acordo homologado.
>
> Art. 44. A autoridade judiciária velará pelo fiel cumprimento do disposto no artigo anterior, inclusive fazendo expedir notificação ao Instituto Nacional do Seguro Social – INSS, dando-lhe ciência dos termos da sentença ou do acordo celebrado. (grifo nosso)

As alterações promovidas pela nova legislação geraram várias dúvidas e questionamentos, mas antes de adentrar nesses, cumpre elucidar que as ações trabalhistas, a que se refere a redação do art. 43 dada pela nova legislação, são os dissídios individuais em que houver condenação do reclamado, percebe-se, além disso, que a nova roupagem do art. 44 manteve a essência da redação original contida na Lei n. 8.212/1991.

O novo texto do art. 43 atribuiu ao Juiz do Trabalho o dever de determinar o recolhimento das contribuições sociais de Seguridade Social decorrentes dos seus julgados, sob pena de responsabilização. Conforme bem asseverado pelo Ivan Kertzman (2017, p. 10):

> Observa-se que, mesmo com o "tom" ameaçador do dispositivo, que tentava impor uma pena de responsabilidade aos juízes que se recusassem a cumprir o comando, tal norma quase nunca era aplicada, não se tendo notícia de qualquer magistrado que tenha sofrido algum tipo de sanção por entender que esta alteração legislativa feria a distribuição constitucional de competência.

Debateu-se, à vista disso, que tipo de penalidade sofreriam os magistrados que não determinassem o imediato recolhimento das importâncias devidas à Seguridade Social, restando em "letra morta" tal previsão.

Questionou-se, também, a expressão "determinará" contida no novo texto do art. 43, posto que o Juiz do Trabalho não detém o poder necessário para sancionar o comportamento omissivo do responsável pelo recolhimento das contribuições sociais mencionada. A única conduta que o magistrado de fato poderia tomar era notificar a autarquia previdenciária, pois cabia somente a essa os procedimentos administrativos vinculados e a inscrição da dívida ativa, para fazer a cobrança judicial, perante à Justiça Federal.

Havia ainda grande resistência por parte dos magistrados em proceder à execução das contribuições previdenciárias, por entenderem que os dispositivos que a ordenavam eram revestidos de vício de constitucionalidade, pois acreditavam que o Juiz do Trabalho não teria competência processual-constitucional para determinar alíquotas, bases de cálculo, atualização dos valores das contribuições previdenciárias decorrentes de seus julgados a fim de estabelecer o *quantum* devido.

Tal raciocínio decorre do fato de que as últimas duas alterações legislativas acerca do tema não atribuíram expressamente a competência de executar as contribuições previdenciárias decorrentes das sentenças proferidas pelos Juízes do Trabalho. Nota-se que a competência do juízo laboral, para executar as obrigações previdenciárias, estava implícito nos termos

---

à Justiça Eleitoral e à Justiça do Trabalho;(...)".

"exigir" no texto original do art. 44 da Lei n. 8.212/1991, e "determinar o recolhimento" no art. 43 da Lei n. 8.212/1991, com a redação dada pela Lei n. 8.260/1993.

O que é importante observar neste momento é que, apesar de todas as dúvidas acerca da competência, a Justiça do Trabalho havia se transformado em um órgão complementar do governo federal para fiscalizar e determinar as medidas necessárias ao cálculo, dedução e recolhimento das contribuições previdenciárias, em decorrência das sentenças por ela proferidas.

Em virtude dos aspectos mencionados anteriormente, em agosto de 1993, a Corregedoria-Geral da Justiça do Trabalho emitiu o Provimento n. 02, que revogando o anterior (n. 01/1990), buscou solucionar alguns problemas mal resolvidos pelo legislador dispondo acerca do procedimento a ser observado no que tange à incidência e ao recolhimento de contribuições, devidas à Previdência Social, sobre o pagamento de direitos nas ações ajuizadas na Justiça laboral.

> Do Provimento n. 02/1993 podem-se extrair como principais regras as seguintes: a) obrigatoriedade do recolhimento de contribuição sobre parcelas de natureza remuneratória resultantes de sentenças condenatórias e homologatórias de conciliação, ainda que não quantificadas; b) o pagamento dos valores relativos a parcelas de natureza remuneratória constitui o fato gerador da incidência da contribuição, sendo o mês da competência aquele em que se realiza o pagamento; c) recolhimento das contribuições até o oitavo dia do mês subseqüente e comprovação até o décimo quinto dia também do mês subsequente ao da competência; d) em caso de extinção do processo, necessidade de prévia verificação pela Secretaria da Junta da comprovação do recolhimento antes do arquivamento dos autos; e) ausente a comprovação do recolhimento ou havendo dúvida sobre sua exatidão, o Diretor da Secretaria deveria encaminhar ao órgão previdenciário informações sobre o número e identificação das partes, e o processo ficaria por 30 dias em Secretaria, à disposição do fiscal de contribuições previdenciárias, para exame e coleta de dados destinados ao levantamento do termo de verificação de débito (MELLO, 1998, p. 72-73).

Ainda, visando uniformizar o procedimento em relação ao recolhimento das contribuições previdenciárias devidas à Seguridade Social, o Provimento n. 01 foi emitido pela Corregedoria-Geral da Justiça do Trabalho em 1996. O Provimento em comento, buscando o escopo planejado, dispunha que as decisões ou acordos trabalhistas deveriam determinar o recolhimento das exações devidas à Previdência Social, incumbindo ao empregador a realização dos cálculos e recolhimento até o oitavo dia do mês subsequente ao da competência, com comprovação nos autos até o décimo quinto dia do mês subsequente ao da competência (PACHECO, 2001, p. 100).

O Provimento deixou claro que verificado o desatendimento da obrigação legal, ou na dúvida sobre o correto recolhimento do montante devido, o Diretor da Secretaria encaminhará ao órgão competente, indicado pela Superintendência Estadual do INSS, a relação dos processos.

A Corregedoria-Geral da Justiça do Trabalho, no entanto, deixou patente que qualquer pretensão alusiva às obrigações do demandado, pertinentes às contribuições previdenciárias, não poderá ser controvertida perante a Justiça do Trabalho, ressalvada a definição da natureza jurídica das parcelas devidas ao reclamante e a correspondente incidência da contribuição destinada à seguridade social.

Mesmo diante de tais Provimentos, as críticas e as interpretações contrárias não cessavam, pois, os doutrinadores e juristas trabalhistas contrários à norma continuavam a defender a incompetência da Justiça Laboral para realizar os cálculos e expedir a execução das respectivas contribuições previdenciárias devidas à Previdência Social em decorrência dos julgados trabalhistas.

Nesse sentido, Ialba-Luza Guimarães de Mello (1998, p. 73) cita a seguinte ponderação do Ministro João Oreste Dalazen acerca da determinação de caráter administrativo contida nos arts. 43 e 44, da Lei n. 8.212/1991, imposta ao Judiciário Trabalhista:

> Do quanto se assentou, segue-se que, *data venia*, transcende à competência da Justiça do Trabalho não apenas exercer função fiscalizatória do regular recolhimento da contribuição previdenciária, como também promover a cobrança executiva direta, nos autos do próprio processo trabalhista, do montante da contribuição devida e acaso não recolhida pelo empregador.
>
> Primeiro, porque a própria lei reza que ao INSS incumbe "arrecadar, fiscalizar, lançar e normatizar o recolhimento das contribuições sociais", promovendo a cobrança executiva em juízo "com as mesmas prerrogativas e privilégios da Fazenda Nacional" (arts. 33 e 39, 1º, da Lei n. 8.212/1991). Por conseguinte, tratando-se de autarquia Federal, a competência é da Justiça Federal, em razão da pessoa (CF/1988, art. 109, I).

Segundo, porque a Lei n. 8.212/1991, como visto, não contempla norma de competência material da Justiça do Trabalho: fixou unicamente um dever aos seus órgãos. E o dever consiste apenas em determinar o recolhimento, o que é coisa muito diversa de executar por dívida previdenciária. Terceiro, porque carece de título executivo a execução do empregador, encetada de ofício, perante a Justiça do Trabalho pelo montante do débito previdenciário: no particular, inexiste condenação pecuniária do empregador; o que pode e deve haver, segundo a lei, é a mera determinação de comprovação do recolhimento da contribuição previdenciária, ou seja, imposição de obrigação de fazer.

Como se verifica, as alterações na legislação, os provimentos editados pelo TST e a doutrina resistente ensejaram decisões divergentes dos Tribunais, provocando conflitos de competência que foram julgados pelo TST, que decidiu pela competência da Justiça do Trabalho[15] nessa matéria (SANTOS, 2003).

Persistia, todavia, uma insegurança no âmbito jurídico porque magistrados e doutrinadores não aceitaram a competência da Justiça laboral para executar as contribuições previdenciárias, além de várias dúvidas em relação à forma procedimental de se realizar a citada execução.

3.2. Emenda Constitucional n. 20/1998

Objetivando sepultar qualquer dúvida acerca da competência da Justiça do Trabalho, a Emenda Constitucional n. 20 foi promulgada em 1998. A Emenda mencionada acrescentou o § 3º ao art. 114, da Constituição Federal, o qual passou a ter a seguinte redação: "Compete ainda à Justiça do Trabalho executar, de ofício, as contribuições sociais previstas no art. 195, I, *a*, e II, e seus acréscimos legais, decorrentes das sentenças que proferir".

> Antes da EC n. 20/1998, a Justiça do Trabalho apenas apurava os valores relativos às contribuições sociais previdenciárias decorrentes das sentença e acordos processuais. A inadimplência do empregador gerava apenas a expedição de ofício ao INSS, dando-lhe ciência do débito para cobrança na Justiça comum. (LIMA, 2017, p. 397).

Note-se, desde já, que em 2004, em decorrência da EC n. 45, a matéria em discussão foi deslocada para o inciso VIII, do art. 114, da Constituição, conforme o qual a Justiça do Trabalho possui competência para promover "a execução, de ofício, das contribuições sociais previstas no art. 195, I, *a*, e II, e seus acréscimos legais, decorrentes das sentenças que proferir".

As contribuições sociais previdenciárias referidas no então novo parágrafo, da EC n. 20/1998, são de responsabilidade:

> I – do empregador, da empresa e da entidade a ela equiparada na forma da lei, incidentes sobre: a) a folha de salários e demais rendimentos do trabalho pagos ou creditados, a qualquer título, à pessoa física que lhe preste serviço, mesmo sem vínculo empregatício; (...)
>
> II – do trabalhador e dos demais segurados da previdência social, não incidindo contribuição sobre aposentadoria e pensão concedidas pelo regime geral de previdência social de que trata o art. 201. (incisos I e II com redação dada pela Emenda Constitucional n. 20/98)

Infere-se, desse modo, que o que antes era uma atividade de fiscalização da Justiça laboral passou a ser uma atribuição jurisdicional, facilitando a arrecadação das contribuições previdenciárias, posto que cabe ao Juiz trabalhista zelar pelo seu recolhimento, evitando a sonegação por muitas das empresas reclamadas.

Sob esse raciocínio, Jorge Calvalcanti Boucinhas Filho (2005) cita Sérgio Pinto Martins, segundo a quem "o objetivo nítido da disposição mencionada é não só arrecadar a contribuição na própria fonte, mas também poder executá-la na própria fonte. A Justiça do Trabalho seria, assim, mais um órgão de execução das contribuições previdenciárias".

O § 3º do art. 114 da Constituição criou uma execução incidental de quem não era parte no feito executivo trabalhista, passando a União Federal a intervir no processo apenas na fase de execução. Desse modo, note-se que a União passa a ser terceiro interessado no processo quanto às contribuições sociais destinadas à Previdência Social, pois não é parte da relação processual.

Seguindo as determinações contidas na legislação trabalhista, a execução da contribuição previdenciária não exige inscrição na dívida ativa da contribuição social não recolhida de modo que a União intervirá no processo na execução, e a execução será impulsionada de ofício pelo juiz trabalhista.

Sergio Pinto Martins (2016, p. 1.052-1.053) afirma que:

> A Lei n. 10.035 mostra que a matéria de execução da contribuição previdenciária será regulada pela CLT, salvo se esta for omissa, quando será aplicada a Lei n. 6.830 (art. 889 da CLT), pois os procedimentos principais estão definidos na norma trabalhista.
>
> Pode-se afirmar que somente a Justiça do Trabalho tem competência para conhecer de execução fundada na sentença trabalhista. A Justiça Federal terá competência para julgar as questões relativas a títulos extrajudiciais, como a dívida ativa da contribuição previdenciária devidamente inscrita pela União, de acordo com a Lei n. 6.830.
>
> O juiz do Trabalho será competente para dizer sobre o que incide a contribuição previdenciária, tomando por base as verbas salariais (art. 28 da Lei n. 8.212/1991) e as verbas não salariais (§ 9º do art. 28 da Lei n. 8.212). Quem tem competência para executar tem de ter competência para dizer sobre o que incide a contribuição previdenciária.

Antes da publicação da aludida Emenda Constitucional, o tema era tratado somente no plano infraconstitucional do ordenamento jurídico brasileiro. Ao tratar da matéria em nível constitucional, o legislador esperava que a controvérsia do tema fosse pacificada, justamente por ser a Carta Magna a lei maior no Brasil, sobrepondo-se hierarquicamente sobre as demais normas legais, todavia, não foi isso que ocorreu.

Entrementes, apesar dos melhores esforços da EC n. 20/1998 para suprir constitucionalmente qualquer insegurança acerca da atribuição de competência do Judiciário

(15) "Competência da Justiça do Trabalho – Descontos previdenciários. A Justiça do Trabalho é competente para determinar os recolhimentos das contribuições sobre verbas deferidas em sentença." (TST, 1ª T., ac. Un., RR n. 114.522/1994.4, rel. Min. Afonso Celso, j. em 20.20.1994, DJU 19.12.1994, p. 34.222.)

trabalhista para executar as aludidas contribuições, várias dúvidas e alegações de inconstitucionalidade ressurgiram sobre o tema.

Segundo Marcus Orione Gonçalves Correia, citado por Boucinhas Filho (2005):

> O § 3º do art. 114 da Constituição **seria inconstitucional por tratar de duas situações de forma distinta para efeito da execução das contribuições, uma na Justiça Federal, mediante inscrição em dívida ativa da contribuição não recolhida, outra na Justiça do Trabalho, quando as sentenças por ela proferidas**. Isto porque, a referida norma "criou situações díspares entre contribuintes que se encontram em relação idêntica relativamente a seus débitos fiscais, violando assim o princípio da isonomia previsto no *caput* do art. 5º da nossa Carta Magna e instituído como cláusula pétrea, razão pela qual haveria de ser respeitado pelas Emendas Constitucionais". Tal argumento não merece acolhida haja vista que tratam-se de situações distintas e que, por isso, podem receber tratamento distinto. Uma trata de execução fiscal de título constituído administrativamente, a outra de execução de sentença judicial. Admitir que tal diferença de tratamento viola o princípio da isonomia, é o mesmo que afirmar que o tratamento diferenciado dado às causas de interesse da União e das suas Autarquias, que tem foro na Justiça Federal e não na Estadual também fere o princípio da igualdade, o que é absolutamente sem fundamento. (grifo nosso)

Jorge Calvalcanti Boucinhas Filho (2005) afirma também que a EC n. 20/1998 fez surgir divergências na doutrina acerca da forma de efetivação do novo preceito constitucional:

> Uma **primeira corrente entendia que deveria ser aplicado para a execução das contribuições previdenciárias o disposto nas normas da CLT, por se tratar de crédito a ser executado no processo trabalhista, e, na omissão desta, da Lei n. 6.830 e do CPC, sucessivamente**. Uma **segunda corrente defendia que mais correta seria a aplicação em primeiro lugar da Lei n. 6.830**, por se tratar de execução fiscal. Entre os que a defendiam, havia discordância a respeito da necessidade de inscrição em dívida ativa e se esta se daria na própria sentença. Por fim, ainda havia uma **terceira corrente que pregava a aplicabilidade do CPC em razão da CLT ser observada apenas para créditos trabalhistas e a Lei n. 6.830 não poder ser utilizada por não haver inscrição em dívida ativa**. (grifo nosso)

Para finalmente pacificar a competência da Justiça do Trabalho para executar as contribuições previdenciárias devidas em decorrência dos acordos e sentenças pelos seus órgãos prolatada, foi editada a Lei n. 10.035 em outubro de 2000(16). Criou-se, a partir dessa nova legislação, um verdadeiro procedimento executivo relativo às contribuições destinadas à Previdência Social no âmbito da Justiça do Trabalho. Por ser objeto de alguns pontos controvertidos que ainda não foram pacificados, referido procedimento de execução será objeto de análise no próximo item.

3.3. Lei n. 10.035/2000

Antes de adentrar propriamente no procedimento de execução das obrigações previdenciárias, importa-se transcrever o parágrafo único do art. 876 da CLT, acrescentado pela Lei n. 10.035/2000: "Serão executados *ex officio* os créditos previdenciários devidos em decorrência de decisão proferida pelos Juízes e Tribunais do Trabalho, **resultantes de condenação ou homologação de acordo**" (grifo nosso).

O texto legal mencionado reafirmou a competência à Justiça do Trabalho para processar e julgar as questões relativas às obrigações previdenciárias que incidirem sobre as sentenças e acordos homologados por essa Justiça Especializada.

Nesse sentido, várias dúvidas sugiram a respeito da abrangência da execução das supramencionadas contribuições na Justiça do Trabalho, especialmente no que tange à possibilidade de execução das contribuições previdenciárias nas ações declaratórias que reconheçam a existência de um vínculo empregatício, porém, que não condenam o empregador ao pagamento de qualquer verba trabalhista.

Uma boa parte dos juristas defende que a execução da obrigação destinada à Seguridade Social somente poderia se aperfeiçoar quando houvesse a condenação do empregador em pagamento de parcelas trabalhistas. Assim, os débitos previdenciários que deveriam ter sido recolhidos durante a vigência do contrato de trabalho, porém que não contemplassem na sentença, teriam a sua execução promovida pela Justiça Federal. Sob esse ponto de vista, a multicitada contribuição "seria uma parcela acessória que deveria seguir a parcela principal, no caso, os créditos trabalhistas" (KERTZMAN, 2017, p. 52).

Concorda-se, contudo, com o argumento da União de que a norma constitucional(17) não faz distinção entre sentenças declaratórias ou condenatórias, pois se deve ordenar a execução em ambos os casos. Nessa perspectiva, se o fato gerador da obrigação previdenciária é a prestação de serviços e o juiz declarou a existência deste, as aludidas contribuições devem ser executadas.

(16) Visando disciplinar a aplicação das disposições contidas na EC n. 20/1998, a Lei n. 10.035/2000 introduziu alterações nos arts. 831, 832, 876, 878, 879, 880, 884 e 897 da CLT, muitos dos quais foram posteriormente modificados pela Lei n. 11.457, de março de 2007.

(17) Nota-se que, nesse ínterim, a EC n. 45, de dezembro 2004, deslocou o § 3º do art. 114 da CF/1988 (inserida pela EC n. 20/1998) para o inciso VIII – do mesmo artigo, preservando o mesmo texto, sem qualquer modificação: "Art. 114. Compete à Justiça do Trabalho processar e julgar: (...) VIII a execução, de ofício, das contribuições sociais previstas no art. 195, I, *a*, e II, e seus acréscimos legais, decorrentes das sentenças que proferir; (...)".

Neste sentido, em abril de 2005, o TST havia firmado o mesmo entendimento no item I da Súmula n. 368:

> OJ-SBDI-1 n. 368. DESCONTOS PREVIDENCIÁRIOS E FISCAIS. COMPETÊNCIA. RESPONSABILIDADE PELO PAGAMENTO. FORMA DE CÁLCULO. (conversão das Orientações Jurisprudenciais ns. 32, 141 e 228 da SDI-1) – Res. n. 129/2005 – DJ 20.04.2005. (Republicada em razão de erro material no item I – DJ 05, 06 e 09.05.2005) I. A Justiça do Trabalho é competente para determinar o recolhimento das contribuições previdenciárias e fiscais provenientes das sentenças que proferir. **A competência da Justiça do Trabalho para execução das contribuições previdenciárias alcança as parcelas integrantes do salário de contribuição, pagas em virtude de contrato de emprego reconhecido em juízo, ou decorrentes de anotação da Carteira de Trabalho e Previdência Social – CTPS, objeto de acordo homologado em juízo.** (ex-OJ n. 141 – Inserida em 27.11.1998) (...) (grifo nosso)

Entretanto, em novembro de 2005, o pleno do Tribunal Superior do Trabalho, por meio da Resolução n. 138, adotou entendimento oposto[(18)] ao alterar a Súmula n. 368, cujo item I passou a ter a seguinte redação:

> OJ-SBDI-1 n. 368. DESCONTOS PREVIDENCIÁRIOS E FISCAIS. COMPETÊNCIA. RESPONSABILIDADE PELO PAGAMENTO. FORMA DE CÁLCULO. Súmula alterada – (inciso I alterado) – Res. n. 138/2005, DJ 23, 24 e 25.11.2005. I – A Justiça do Trabalho *é* competente para determinar o recolhimento das contribuições fiscais. **A competência da Justiça do Trabalho, quanto *à* execução das contribuições previdenciárias, limita-se *às* sentenças condenatórias em pecúnia que proferir e aos valores, objeto de acordo homologado, que integrem o salário de contribuição.** (ex-OJ n. 141 da SBDI-1 – inserida em 27.11.1998) (...) (grifo nosso)

Conforme entendimento sustentado por Carlos Henrique Bezerra Leite (2017, p. 1.519), "Quando se pensava que a controvérsia estaria sepultada pelo novo conteúdo do verbete sumular, exsurge o novel parágrafo único do art. 876 da CLT, com redação dada pela Lei n. 11.457, de março de 2007". Esse dispositivo passou a determinar a necessidade de execução de ofício das contribuições sociais destinadas à Seguridade Social decorrentes das sentenças declaratórias de reconhecimento de vínculo empregatício[(19)]. De acordo com Ivan Kertzman (2017, p. 53), essa alteração legislativa foi uma tentativa do legislador de pacificar[(20)] as decisões da Magistratura Trabalhista em sentido oposto à Súmula com a redação alterada pela Resolução n. 138 em novembro de 2005.

Apesar das melhores intenções do legislador, contudo, a jurisprudência era bastante oscilante em relação a esse tema, motivo pelo qual ele foi objeto do julgamento do Recurso Extraordinário n. 569.056 com reconhecimento de repercussão geral, movido pelo INSS contra decisão do TST.

O Supremo Tribunal Federal, por sua vez, finalmente, decidiu limitar a competência executiva previdenciária da Justiça do Trabalho para ações condenatórias.

> Decisão: O Tribunal, por unanimidade e nos termos do voto do Relator, desproveu o recurso. Em seguida, o Tribunal, por maioria, aprovou proposta do Relator para edição de súmula vinculante sobre o tema, e cujo teor será deliberado nas próximas sessões, vencido o Senhor Ministro Marco Aurélio, que reconhecia a necessidade de encaminhamento da proposta à Comissão de Jurisprudência. Votou o Presidente, Ministro Gilmar Mendes. Ausentes, justificadamente, os Senhores Ministros Celso de Mello, Carlos Britto e Joaquim Barbosa. Falou pela Advocacia-Geral da União o Dr. Marcelo de Siqueira Freitas, Procurador-Geral Federal. Plenário, 11.09.2008.
>
> EMENTA: Recurso extraordinário. Repercussão geral reconhecida. Competência da Justiça do Trabalho. Alcance do art. 114, VIII, da Constituição Federal. 1. A competência da Justiça do Trabalho prevista no art. 114, VIII, da Constituição Federal alcança apenas a execução das contribuições previdenciárias relativas ao objeto da condenação constante das sentenças que proferir. 2. Recurso extraordinário conhecido e desprovido.

Além de encerrar toda polêmica, o Tribunal aprovou a proposta[(21)] do Relator, Ministro Menezes Direito, para

(18) O entendimento do TST exarado pela sua Súmula n. 368, item I, com a redação promovida pela Resolução n. 138/2005, é no sentido de que a Justiça do Trabalho é incompetente para executar as contribuições sociais incidentes sobre os salários pagos durante o período contratual reconhecido por ela.

(19) Art. 876, Parágrafo único da CLT com a redação dada pela Lei n. 11.457/2007: "Serão executadas *ex officio* as contribuições sociais devidas em decorrência de decisão proferida pelos Juízes e Tribunais do Trabalho, resultantes de condenação ou homologação de acordo, inclusive sobre os salários pagos durante o período contratual reconhecido".

(20) "Na mesma linha da referida lei, a 1ª Jornada de Direito Material e Processual do Trabalho, realizada em Brasília-DF, aprovou, em 23 de novembro de 2007, o Enunciado n. 73, segundo o qual 'com a edição da Lei n. 11.457/2007, que alterou o parágrafo único do art. 876 da CLT, impõe-se a revisão da Súmula n. 368 do TST: é competente a Justiça do Trabalho para a execução das contribuições à Seguridade Social devidas durante a relação de trabalho, mesmo não havendo condenação em créditos trabalhistas, obedecida a decadência" (LEITE, 2017, p. 1.520).

(21) Precedente representativo da Súmula Vinculante n. 53: "Ora, o que se executa não é a contribuição social, mas o título que a corporifica ou representa, assim como o que se executa no juízo comum não é o crédito representado no cheque, mas o próprio cheque. O requisito primordial de toda execução é a existência de um título, judicial ou extrajudicial. No caso da contribuição social atrelada ao salário objeto da condenação, é fácil perceber que o título que a corporifica é a própria sentença cuja execução, uma vez que contém o comando para o pagamento do salário, envolve o cumprimento do dever legal de retenção das parcelas devidas ao sistema previdenciário. De outro lado, entender possível a execução de contribuição social desvinculada de qualquer condenação ou transação seria consentir em uma execução sem título executivo, já que a sentença de reconhecimento do vínculo, de carga predominantemente declaratória, não comporta execução que origine o seu recolhimento. No

edição de Súmula Vinculante acerca do tema. A Súmula Vinculante n. 53 somente foi publicada anos depois, no dia 16 de junho de 2015, com a seguinte redação: "A competência da Justiça do Trabalho prevista no art. 114, VIII, da Constituição Federal alcança a execução de ofício das contribuições previdenciárias relativas ao objeto da condenação constante das sentenças que proferir e acordos por ela homologados".

A Lei n. 13.467/2017 (reforma trabalhista), a fim de consolidar o entendimento da referida Súmula Vinculante, alterou o parágrafo único do art. 876 da CLT, excluindo do texto legal a referência aos "salários pagos durante o período contratual reconhecido".

Conclui-se, finalmente, pela análise dos textos das legislações trabalhista, previdenciária, tributária e constitucional que a Justiça do Trabalho é competente para executar somente as obrigações previdenciárias decorrentes das sentenças condenatórias e acordos homologados, por ela proferidas, que envolvam o pagamento de parcelas salariais.

4. ASPECTOS PROCEDIMENTAIS DA EXECUÇÃO PREVIDENCIÁRIA NA JUSTIÇA DO TRABALHO

O procedimento de execução das obrigações previdenciárias destinadas à Seguridade Social foi originalmente regulamentado pela Lei n. 10.035/2000 que, por seu turno, incluiu e alterou dispositivos da CLT. "O tratamento dado pela legislação processual trabalhista não é sistematicamente organizado, na medida em que não existe a previsão de uma estrutura procedimental própria para a execução de contribuições previdenciárias" (CORDEIRO, 2017, p. 394).

Frise-se, de antemão, que os procedimentos da execução do crédito trabalhista e do previdenciário tramitam conjuntamente, pois "todos os atos relacionados à comunicação do devedor, constrição de bens e de expropriação serão processados de forma conjunta" (CORDEIRO, 2017, p. 394)

Como já visto, o parágrafo único do art. 876 da CLT, em consonância com a Súmula Vinculante n. 53, determina que a Justiça do Trabalho executará, de ofício, as contribuições sociais devidas em decorrência de decisão proferida pelos juízes e Tribunais do Trabalho, resultantes de condenação ou homologação de acordo.

O art. 877 da CLT, por sua vez, atribui competência executiva das decisões ao juiz ou Presidente do Tribunal, que tiver conciliado ou julgado o dissídio originalmente.

Os títulos judiciais que constituem a execução de ofício das contribuições previdenciárias, conforme Mauro Schiavi (2018, p. 1.233), são: (i) termos de conciliação homologados na Justiça do Trabalho contendo parcelas objeto de incidência de INSS; (ii) acordo celebrado perante a Comissão de Conciliação Prévia; e (iii) sentença trabalhista transitada em julgado, contendo parcelas objeto de incidência de INSS.

Antes de adentrar nos títulos judiciais e seus aspectos procedimentais, frise-se que, nos termos do art. 878-A da CLT, o devedor pode pagar de imediato a importância que entender devida à Autarquia Previdenciária, sem prejuízo da cobrança, *ex officio*, do Juiz do Trabalho, de eventuais diferenças encontradas no momento da execução.

4.1. Acordos homologados na Justiça do Trabalho com parcelas objeto de incidência previdenciária

O art. 831 da CLT estabelece que a decisão da lide trabalhista será proferida depois de rejeitada pelas partes a proposta de conciliação. No caso de conciliação, conforme o parágrafo único do art. 831 da CLT, o termo que for lavrado valerá como decisão irrecorrível, salvo para a Previdência Social quanto à natureza das parcelas do acordo fixadas pelas partes.

De acordo com § 4º, do art. 832 da CLT, com a redação dada pela Lei n. 11.467/2007, "a União será intimada das decisões homologatórias de acordos que contenham parcela indenizatória, na forma do art. 20 da Lei n. 11.033, de 21 de dezembro de 2004, facultada a interposição de recurso relativo aos tributos que lhe forem devidos".

O art. 832, § 7º da CLT, com a redação dada pela Lei n. 11.467/2007, dispõe que "o Ministro de Estado da Fazenda poderá, mediante ato fundamentado, dispensar a manifestação da União nas decisões homologatórias de acordos em que o montante da parcela indenizatória envolvida ocasionar perda de escala decorrente da atuação do órgão jurídico". Destaque-se que, muito embora a legislação trabalhista tenha previsto a desnecessidade de manifestação da União apenas para hipótese de conciliação que não ultrapasse o valor determinado por ato legislativo próprio, a Portaria n. 582, de 2013, do Ministério da Fazenda estendeu esta desnecessidade aos processos em que resulte no valor devido de contribuição previdenciária inferior a R$20.0000,00.

Nesse contexto, as decisões cognitivas ou homologatórias deverão sempre indicar a natureza jurídica das parcelas (salarial ou indenizatória) constantes da condenação ou do acordo homologado, inclusive o limite de responsabilidade de cada parte pelo recolhimento da contribuição previdenciária, se for o caso, conforme estabelecido no art. 832, § 3º da CLT.

Se as partes não discriminarem as parcelas objeto da conciliação, as contribuições sociais incidirão sobre o valor total da avença:

> Art. 43, § 1º, da Lei n. 8.212/1991: Nas sentenças judiciais ou nos acordos homologados em que não figurarem, discriminadamente, as parcelas legais relativas às

---

caso, a decisão trabalhista que não dispõe sobre o pagamento de salários, mas apenas se limita a reconhecer a existência do vínculo não constitui título executivo judicial no que se refere ao crédito de contribuições previdenciárias (...)". (STF, RE n. 569.056, voto do rel. min. Menezes Direito, julgado em 11.09.2008, DJE n. 236 de 12.12.2008.)

contribuições sociais, estas incidirão sobre o valor total apurado em liquidação de sentença ou sobre o valor do acordo homologado. (Incluído pela Lei n. 11.941, de 2009).

A União, dessa forma, deve ser intimada pessoalmente das decisões homologatórias de acordos que possuam verba indenizatória, facultada a interposição de recurso sempre que discordar dos valores referentes à discriminação das parcelas.

Importante lembrar que a obrigação previdenciária incide somente sobre as parcelas de natureza salarial. Nesse contexto, Mauro Schiavi (2018, p. 1.236) ressalta que a Justiça do Trabalho não tem aceitado discriminação que foge muito do pedido, "cuja intenção é nitidamente evitar a incidência previdenciária, tal como discriminação do valor integral do acordo como sendo reparação por danos morais ou indenização civil nos termos do art. 186 do Código Civil".

Quanto à incidência da obrigação previdenciária sobre os acordos homologados pelo juízo trabalhista, sem reconhecimento de vínculo empregatício, o TST sedimentou o seu entendimento na Orientação Jurisprudencial n. 398, veja:

> OJ-SBDI-1 n. 398. CONTRIBUIÇÃO PREVIDENCIÁRIA. ACORDO HOMOLOGADO EM JUÍZO SEM RECONHECIMENTO DE VÍNCULO DE EMPREGO. CONTRIBUINTE INDIVIDUAL. RECOLHIMENTO DA ALÍQUOTA DE 20% A CARGO DO TOMADOR E 11% A CARGO DO PRESTADOR DE SERVIÇOS. (DEJT divulgado em 02, 03 e 04.08.2010) **Nos acordos homologados em juízo em que não haja o reconhecimento de vínculo empregatício, é devido o recolhimento da contribuição previdenciária**, mediante a alíquota de 20% a cargo do tomador de serviços e de 11% por parte do prestador de serviços, na qualidade de contribuinte individual, sobre o valor total do acordo, respeitado o teto de contribuição. Inteligência do § 4º do art. 30 e do inciso III do art. 22, todos da Lei n. 8.212, de 24.07.1991. (grifo nosso)

Há, entretanto, uma certa divergência jurisprudencial acerca dos acordos celebrados após o trânsito em julgado da sentença ou após a elaboração dos cálculos de liquidação de sentença. O § 6º do art. 832 da CLT, alterado pela Lei n. 11.457/2007, e o § 5º da lei estabelecem que os créditos da União não serão prejudicados nessas situações descritas acima. Contudo, quando da conversão da MP n. 229/2008 na Lei n. 11.941/2009, o texto do § 5º do art. 43 da Lei previdenciária foi alterado para o sentido diretamente oposto, *in verbis*: "Na hipótese de acordo celebrado após ter sido proferida a decisão de mérito, a contribuição será calculada com base no valor do acordo".

Mesmo depois dessa relevante alteração do texto previdenciário, que demonstra a clara opção do legislador por beneficiar os acordos convencionados em detrimento dos créditos tributários de natureza pública, a matéria foi alvo de várias divergências.

Parte dos juízes trabalhistas entende que o texto da legislação trabalhista não foi revogado pela legislação previdenciária, motivo pelo qual esses magistrados continuam aplicando o entendimento de que os termos de conciliação firmados, posteriores à liquidação, não são relevantes para a apuração dos créditos previdenciários.

Relevante, contudo, frisar que a Lei n. 11.941/2009, que alterou a redação da legislação previdenciária, é posterior e que tem o condão de revogar todas as disposições federais anteriores que tratam da mesma matéria. Infere-se, dessa forma, que a CLT foi de fato revogada tacitamente.

O TST, visando pacificar esse tema, publicou a Orientação Jurisprudencial n. 376, da SBDI-1. A referida OJ definiu que, nas hipóteses em que a conciliação for celebrada depois que a sentença foi proferida, a contribuição será calculada com base no valor do acordo, observada a proporcionalidade das verbas salariais e indenizatórias fixadas na avença. Observe-se que a Advocacia-Geral da União (AGU) repete este entendimento na sua Súmula n. 74.

Nos casos em que o acordo tiver sido firmado antes do trânsito em julgado, as partes são livres para discriminar a natureza das verbas objeto da conciliação judicial para efeito do cálculo da obrigação previdenciária, mesmo que tais valores não correspondam aos pedidos ou à proporção das verbas salariais constantes da petição inicial, conforme explícito na Súmula n. 67 da AGU.

4.2. Acordos celebrados perante a Comissão de Conciliação Prévia

Mauro Schiavi (2018, p. 1.237) defende que a Justiça do Trabalho tem competência para executar as obrigações previdenciárias sobre os termos de conciliação firmados perante as comissões supracitadas. Schiavi entende que se o juízo laboral pode executar o próprio crédito trabalhista é, então, possível deferir tal competência para a verba objeto de incidência previdenciária.

Destaque-se que, de acordo com o § 6º, do art. 43 da Lei n. 8.212/1991[22], a obrigação previdenciária incidirá somente sobre as parcelas com natureza salarial pagas perante a Comissão de Conciliação Prévia.

4.3 Decisões cognitivas contendo parcelas que incidem sobre a contribuição previdenciária

A sentença trabalhista transitada em julgado, contendo parcelas objeto de incidência da contribuição previdenciária, deverá sempre, assim como os acordos homologados, indicar a natureza jurídica das parcelas constantes da condenação ou do acordo homologado, inclusive o limite de

(22) Art. 43, § 6º da Lei n. 8.212/1991: Aplica-se o disposto neste artigo aos valores devidos ou pagos nas Comissões de Conciliação Prévia de que trata a Lei n. 9.958, de 12 de janeiro de 2000.

responsabilidade de cada parte pelo recolhimento da contribuição previdenciária, se for o caso, nos termos do § 3º, do art. 832 da CLT.

A obrigação previdenciária incide sobre as verbas de natureza salarial contidas na sentença, tal como nos acordos. Nesse sentido, as parcelas objeto de incidência previdenciária são previstas no art. 28 da Lei n. 8.212/1991.

Caso a decisão cognitiva seja omissa quanto às verbas objeto de incidência da contribuição previdenciária ou a responsabilidade das partes, o juízo de execução poderá suprir tal omissão. A incidência previdenciária é matéria de ordem pública, por conseguinte, não há preclusão, nos termos da Súmula n. 401 do TST[(23)].

Sendo ilíquida a sentença condenatória, o processo de liquidação deve abarcar, também, o cálculo das obrigações previdenciárias, nos termos do art. 879 da CLT. Uma vez elaborados os cálculos, o juiz deverá abrir às partes prazo comum de 8 dias para impugnação fundamentada com a indicação dos itens e valores objeto da discordância, sob pena de preclusão (art. 879, § 2º da CLT).

Nos termos do art. 879, § 3º da CLT, elaborada a conta pela parte ou pelos órgãos auxiliares do juízo trabalhista, o juiz procederá à intimação da União para manifestação, no prazo de 10 dias, sob pena de preclusão.

Fixado o valor da quantia devida à Autarquia Previdenciária, a execução prosseguirá pelo rito da execução por quantia certa contra devedor solvente, disposto no art. 880 e seguintes da CLT, podendo, como já visto, o Juiz do Trabalho determinar, de ofício, o início da execução (art. 878 da CLT).

Destaque-se que o INSS poderá embargar a execução e também impugnar a decisão de homologação da liquidação, nos termos do § 3º, do art. 884 da CLT. Da decisão proferida nos embargos, a Autarquia Previdenciária poderá interpor Agravo de Petição (art. 897, § 8º, da CLT).

O prazo para o pagamento das obrigações previdenciárias em decorrência de ações trabalhistas, conforme o art. 276 do Regulamento da Previdência Social (Decreto n. 3.048, de maio de 1999), será feito no dia 2 do mês seguinte ao da liquidação da sentença. Esse mesmo dispositivo determina que, no caso do pagamento parcelado, as contribuições devidas à Previdência Social serão recolhidas na mesma data e proporcionalmente ao valor de cada parcela.

O art. 889-A da CLT, por fim, estabelece que os recolhimentos das importâncias devidas, referentes às contribuições sociais, serão efetuados nas agências locais da Caixa Econômica Federal ou do Banco do Brasil S.A., por intermédio de documento de arrecadação da Previdência Social, dele se fazendo constar o número do processo.

5. CONCLUSÕES

1) As obrigações previdenciárias dos trabalhadores e das empresas, incidentes sobre a folha de pagamento, nos termos do art. 195, inciso I, alínea *a* e inciso II da Constituição Federal de 1988, são executáveis pela Justiça do Trabalho.

2) As contribuições previdenciárias possuem natureza tributária e parafiscal na medida em que buscam financiar os pagamentos de prestações previdenciárias destinadas aos empregados em situação de risco social.

3) Os segurados obrigatórios, os empregadores, inclusive os domésticos, as empresas (formalizadas ou não em pessoas jurídicas) e as entidades a elas equiparadas são os sujeitos passivos da relação jurídica de tributação previdenciária, em outras palavras, esses sujeitos têm o dever de recolher a contribuição previdenciária. No polo passivo dessa mesma relação, tem-se a União Federal e, por força do inciso II, do § 3º, do art. 16, da Lei n. 11.457/2007, a competência para representar a União nas execuções de contribuições previdenciárias nos processos trabalhistas é da Procuradoria-Geral Federal.

4) O fato gerador das contribuições previdenciárias, a partir da vigência da MP n. 449/2008, em 05 de março de 2009, é a prestação de serviços, todavia, quanto ao período anterior à alteração legislativa, considera-se como fato gerador das aludidas contribuições decorrentes de créditos trabalhistas reconhecidos em juízo o efetivo pagamento das verbas trabalhistas.

5) A base de cálculo das contribuições previdenciárias, ou seja, o salário de contribuição, é variável e depende das categorias de trabalhadores (empregado e trabalhador avulso; empregado doméstico; contribuinte individual; segurado facultativo), na forma do art. 28 da Lei n. 8.212/1991.

6) Diante de toda análise legislativa exposta anteriormente, conclui-se que o Judiciário trabalhista é competente para executar somente as obrigações previdenciárias decorrentes das decisões cognitivas e homologatórias por ele proferidas, que envolvam o pagamento de parcelas com natureza salarial.

7) O procedimento para execução das contribuições destinadas à Previdência Social perante a Justiça do

(23) Súmula n. 401 do TST: AÇÃO RESCISÓRIA. DESCONTOS LEGAIS. FASE DE EXECUÇÃO. SENTENÇA EXEQUENDA OMISSA. INEXISTÊNCIA DE OFENSA À COISA JULGADA (conversão da Orientação Jurisprudencial n. 81 da SBDI-2) – Res. n. 137/2005 – DJ 22, 23 e 24.08.2005. Os descontos previdenciários e fiscais devem ser efetuados pelo juízo executório, ainda que a sentença exequenda tenha sido omissa sobre a questão, dado o caráter de ordem pública ostentado pela norma que os disciplina. A ofensa à coisa julgada somente poderá ser caracterizada na hipótese de o título exequendo, expressamente, afastar a dedução dos valores a título de imposto de renda e de contribuição previdenciária. (ex-OJ n. 81 da SBDI-2 – inserida em 13.03.2002)

Trabalho não é sistematicamente organizado na CLT, uma vez que a legislação trabalhista é omissa quanto à existência de uma estrutura procedimental própria para as execuções previdenciárias.

6. REFERÊNCIAS

BRASIL. *Constituição da República Federativa do Brasil de 1988*. Brasília: Presidência da República, 1988. Disponível em: <http://www.planalto.gov.br/ccivil_03/constituicao/constituicaocompilado.htm>. Acesso em: 10 maio 2019.

BOUCINHAS FILHO, Jorge Cavalcanti. Da execução da contribuição previdenciária na Justiça do Trabalho. *Revista Jus Navigandi*, ISSN 1518-4862, Teresina, ano 9, n. 530, 19 dez. 2004. Disponível em: <https://jus.com.br/artigos/6067>. Acesso em: 14 maio 2019.

CASTRO, Carlos Alberto Pereira de; LAZZARI, João Batista. *Manual de direito previdenciário*. 11. ed. rev. e atual. São José: Conceito, 2009. p. 256.

CORDEIRO, Wolney de Macedo. *Execução no processo do trabalho*. 4. ed. rev. e atual. Salvador: Ed. JusPodivm, 2017.

KERTZMAN, Ivan. *As Contribuições Previdenciárias na Justiça do Trabalho*. 3. ed. São Paulo: LTr, 2017.

LEITE, Carlos Henrique Bezerra. *Curso de direito processual do trabalho*. 15. ed. São Paulo: Saraiva, 2017.

LIMA, Leonardo Tibo Barbosa. *Lições de direito processual do trabalho*: teoria e prática. 4. ed. rev. e atual. São Paulo: LTr, 2017.

MARTINS, Sergio Pinto. *Direito processual do trabalho*. 38. ed. São Paulo: Saraiva, 2016.

MARTINS, Sérgio Pinto. Execução da contribuição previdenciária, fato gerador e consequência nos benefícios: aspectos teóricos e práticos. *Revista do Tribunal Regional do Trabalho da 15ª Região*, Campinas, SP, n. 35, p. 21-33, jul./dez. 2009.

MELLO, Ialba-Luza Guimarães de. Da competência da Justiça do trabalho em face da alteração introduzida pela Emenda Constitucional n. 20/1998. *Revista do Tribunal Regional do Trabalho da 3ª Região*, Belo Horizonte, MG, v. 28, n. 58, p. 69-78, jan./dez. 1998.

PACHECO, Iara Alves Cordeiro. A competência da justiça do trabalho e a Emenda Constitucional n. 20/1998. *Revista do Tribunal Regional do Trabalho da 15ª Região*, Campinas, SP, n. 14, p. 96-116, jan./mar. 2001.

PORTELLA, André. *A competência da justiça do trabalho para a execução de créditos tributários*. Reformas constitucionais e o impacto da Lei n. 11.457/2007. *Revista Eletrônica Mensal do Curso de Direito da UNIFACS*, n. 3, mar. 2008. Disponível em: <http://www.unifacs.br/revistajuridica/arquivo/edicao_marco2008/convidados/con1.doc>. Acesso em: 30 maio 2019.

SANTOS, Marcos André Couto. Execução de contribuições previdenciárias na Justiça do Trabalho: aspectos polêmicos do art. 114, § 3º, da CF/1988 e da Lei n. 10.035/2000. *Revista Jus Navigandi*, ISSN 1518-4862, Teresina, ano 8, n. 61, 1 jan. 2003. Disponível em: <https://jus.com.br/artigos/3657>. Acesso em: 30 maio 2019.

SCHIAVI, Mauro. *Manual de direito processual do trabalho*: de acordo com a reforma trabalhista. 13. ed. São Paulo: LTr, 2018.

Honorários Advocatícios na Justiça do Trabalho: (im)possibilidade de sua incidência na execução trabalhista

Ana Marcela Amaral[(1)]

1. INTRODUÇÃO

A Lei n. 13.467, de 13 de julho de 2017, mais conhecida como Lei da Reforma Trabalhista, realizou importantes modificações na legislação laboral, alterando profundamente o Direito Material (Individual e Coletivo) e o Direito Processual do Trabalho. Diversos institutos foram regulamentados por essa Lei, notadamente a fixação de honorários advocatícios no âmbito da Justiça do Trabalho.

Até então não havia na Consolidação das Leis do Trabalho (CLT) a regulamentação dos honorários advocatícios e o Código de Processo Civil de 2015 (CPC/2015), por incompatibilidade, não se aplicava subsidiariamente ao Processo do Trabalho nesse ponto específico, principalmente em razão do *jus postulandi*, que faculta às partes reclamarem pessoalmente perante à Justiça do Trabalho, sem necessidade da representação por meio de advogado.

Prevalecia, consequentemente, o entendimento da Súmula n. 219 do Tribunal Superior do Trabalho (TST) no sentido de que na Justiça do Trabalho os honorários advocatícios não decorriam meramente da sucumbência, devendo a parte ser assistida pelo sindicato, bem como possuir renda inferior a dois salários mínimos, ou, encontrar-se em situação econômica desfavorável que não lhe permitisse demandar sem prejuízo do seu sustento ou de sua família.

Ocorre que esse cenário mudou demasiadamente com a publicação da Lei da Reforma Trabalhista, tendo em vista que o Princípio da Sucumbência passou a existir, respaldado pelo art. 133 da Constituição da República de 1988 (CR/1988)[(2)].

É imperioso registrar que a Lei n. 13.467/2017 não regulamentou de forma pormenorizada e completa os honorários advocatícios, omitindo-se sobre diversas questões importantes relacionadas ao instituto, especialmente em relação à possibilidade de se fixar, ou não, honorários advocatícios na execução trabalhista, o que será objeto de estudo do presente ensaio.

A princípio, pretende-se analisar o histórico dos honorários advocatícios na Justiça do Trabalho, com ênfase nas principais mudanças trazidas pela Lei n. 13.467/2017. Em seguida, serão analisadas as modalidades de honorários advocatícios e a sua natureza jurídica. Posteriormente, far-se-á um estudo detalhado acerca da possibilidade de fixação dos honorários advocatícios na fase de execução trabalhista à luz da Consolidação das Leis do Trabalho (CLT) e do atual Código de Processo Civil (CPC/2015).

Esse estudo foi elaborado com base nos princípios que norteiam o processo do trabalho e, ainda, na doutrina, jurisprudência e em publicações atualizadas a respeito da matéria.

2. HISTÓRICO DOS HONORÁRIOS ADVOCATÍCIOS NA JUSTIÇA DO TRABALHO

Inicialmente, é importante registrar, a título de curiosidade, que o vocábulo honorário deriva do latim *honorarius*, cujo radical *honor* significa honra. Segundo Alexandre Bononi[(3)], o termo tem como tradução clássica "toda a coisa ou valor dado em contraprestação e que é recebida em nome da honra, sem conotação pecuniária". É que, a princípio, o advogado exercia essa função apenas pela arte, sem ser remunerado, e possuía o objetivo de ser reconhecido publicamente pelas suas qualidades intelectuais.

Ocorre que, atualmente, a prestação de serviços advocatícios apenas por "amor à arte", sem o recebimento de qualquer contraprestação pecuniária pelo trabalho desenvolvido, é, praticamente, inconcebível. Todavia, o termo honorário continua sendo utilizado na língua portuguesa, mesmo não mantendo o seu sentido original.

Em relação à incidência de honorários advocatícios na Justiça do Trabalho, deve-se ressaltar que, conforme exposto acima, até o advento da Lei n. 13.467/2017 – Lei da Reforma Trabalhista – não havia previsão expressa desse instituto na CLT e, o CPC/2015, que regulamenta a instituição dos honorários advocatícios, não se aplicava subsidiariamente ao Processo do Trabalho por incompatibilidade.

---

(1) Advogada. Especialista em Direito Material e Processual do Trabalho pela Faculdade Milton Campos. Graduada pela Faculdade de Direito Milton Campos. Membro do Grupo de Estudos "As Interfaces do Processo Civil com o processo do Trabalho", da FDMC. *E-mail:* anamarcela.a@hotmail.com

(2) Constituição da República de 1988 – "Art. 133. O advogado é indispensável à administração da justiça, sendo inviolável por seus atos e manifestações no exercício da profissão, nos limites da lei".

(3) BONONI, Alexandre. Histórico dos honorários advocatícios e modalidades. In: *Honorários advocatícios na Justiça do Trabalho*. MIESSA, Élisson (Coord.). Salvador: JusPodivm, 2019. p. 18.

Vale esclarecer que no Processo do Trabalho as partes possuem a faculdade de postularem em juízo, sem necessidade de advogado, conforme o art. 791 da CLT(4), que adota o princípio do *jus postulandi*. Consequentemente, havia o posicionamento no sentido de que não seriam devidos honorários, pois a contratação de advogado era apenas uma opção da parte.

Diante dessa premissa, prevalecia o entendimento de que nas lides decorrentes da relação de emprego, o pagamento de honorários de sucumbência pela parte vencida ocorreria quando a parte vencedora fosse beneficiária da justiça gratuita e tivesse assistida pelo sindicato da categoria, nos termos dos arts. 4º e 11 da Lei n. 1.060/1950 c/c os arts. 14 e 16 da Lei n. 5.584/1970.(5)

Nesse sentido, o TST editou a Súmula n. 219, que prevê as hipóteses de incidência dos honorários advocatícios:

> Súmula n. 219 do TST
>
> HONORÁRIOS ADVOCATÍCIOS. CABIMENTO (alterada a redação do item I e acrescidos os itens IV a VI em decorrência do CPC de 2015) – Res. n. 204/2016, DEJT divulgado em 17, 18 e 21.03.2016
>
> I – Na Justiça do Trabalho, a condenação ao pagamento de honorários advocatícios não decorre pura e simplesmente da sucumbência, devendo a parte, concomitantemente: a) estar assistida por sindicato da categoria profissional; b) comprovar a percepção de salário inferior ao dobro do salário mínimo ou encontrar-se em situação econômica que não lhe permita demandar sem prejuízo do próprio sustento ou da respectiva família. (art. 14, § 1º, da Lei n. 5.584/1970). (ex-OJ n. 305 da SBDI-I).
>
> II – É cabível a condenação ao pagamento de honorários advocatícios em ação rescisória no processo trabalhista.
>
> III – São devidos os honorários advocatícios nas causas em que o ente sindical figure como substituto processual e nas lides que não derivem da relação de emprego.
>
> IV – Na ação rescisória e nas lides que não derivem de relação de emprego, a responsabilidade pelo pagamento dos honorários advocatícios da sucumbência submete-se à disciplina do Código de Processo Civil (arts. 85, 86, 87 e 90).
>
> V – Em caso de assistência judiciária sindical ou de substituição processual sindical, excetuados os processos em que a Fazenda Pública for parte, os honorários advocatícios são devidos entre o mínimo de dez e o máximo de vinte por cento sobre o valor da condenação, do proveito econômico obtido ou, não sendo possível mensurá-lo, sobre o valor atualizado da causa (CPC de 2015, art. 85, § 2º).
>
> VI – Nas causas em que a Fazenda Pública for parte, aplicar-se-ão os percentuais específicos de honorários advocatícios contemplados no Código de Processo Civil.(6)

O referido posicionamento foi reiterado na Súmula n. 329 do TST, que assim esclarece: "Mesmo após a promulgação da CF/1988, permanece válido o entendimento consubstanciado na Súmula n. 219 do Tribunal Superior do Trabalho".(7)

Verifica-se que o entendimento jurisprudencial predominante era no sentido de que, nas lides advindas da relação de emprego, os honorários advocatícios não decorriam meramente da sucumbência. No entanto, no que concerne às demais relações de trabalho, os honorários advocatícios sucumbenciais seriam devidos nos moldes do Código de Processo Civil.

Nesse ponto, deve-se registrar que, após a publicação da Emenda Constitucional n. 45/2004, outros tipos de ações passaram para a competência da Justiça do Trabalho(8).

(4) CLT/1943 – "Art. 791 – Os empregados e os empregadores poderão reclamar pessoalmente perante a Justiça do Trabalho e acompanhar as suas reclamações até o final."

(5) Lei n. 1.060/1950 – "Art. 4º. A parte gozará dos benefícios da assistência judiciária, mediante simples afirmação, na própria petição inicial, de que não está em condições de pagar as custas do processo e os honorários de advogado, sem prejuízo próprio ou de sua família. (Redação dada pela Lei n. 7.510, de 1986) (Revogado pela Lei n. 13.105, de 2015) (Vigência)"

Lei n. 1.060/1950 – "Art. 11. Os honorários de advogados e peritos, as custas do processo, as taxas e selos judiciários serão pagos pelo vencido, quando o beneficiário de assistência for vencedor na causa. (Revogado pela Lei n. 13.105, de 2015) (Vigência)"

Lei n. 5.584/1970- "Art. 14. Na Justiça do Trabalho, a assistência judiciária a que se refere a Lei n. 1.060, de 5 de fevereiro de 1950, será prestada pelo Sindicato da categoria profissional a que pertencer o trabalhador."

Lei n. 5.584/1970 – "Art. 16 – Os honorários do advogado pagos pelo vencido reverterão em favor do Sindicato assistente."

(6) TRIBUNAL SUPERIOR DO TRABALHO. *Súmula n. 219 do TST*: HONORÁRIOS ADVOCATÍCIOS. CABIMENTO (alterada a redação do item I e acrescidos os itens IV a VI em decorrência do CPC de 2015). Disponível em: <http://www3.tst.jus.br/jurisprudencia/Sumulas_com_indice/Sumulas_Ind_201_250.html#SUM-219>. Acesso em: 30 jun. 2019.

(7) TRIBUNAL SUPERIOR DO TRABALHO. *Súmula n. 329 do TST*: HONORÁRIOS ADVOCATÍCIOS. ART. 133 DA CF/1988 (mantida). Disponível em: <http://www3.tst.jus.br/jurisprudencia/Sumulas_com_indice/Sumulas_Ind_301_350.html#SUM-32>. Acesso em: 30 jul. 2019.

(8) Constituição Federal/1988 – "Art. 114: Compete à Justiça do Trabalho processar e julgar: (Redação dada pela Emenda Constitucional n. 45, de 2004)

I – as ações oriundas da relação de trabalho, abrangidos os entes de direito público externo e da administração pública direta e indireta da União, dos Estados, do Distrito Federal e dos Municípios; (Incluído pela Emenda Constitucional n. 45, de 2004)

II – as ações que envolvam exercício do direito de greve; (Incluído pela Emenda Constitucional n. 45, de 2004)

III – as ações sobre representação sindical, entre sindicatos, entre sindicatos e trabalhadores, e entre sindicatos e empregadores; (Incluído pela Emenda Constitucional n. 45, de 2004)

Consequentemente, entendeu-se que em outras relações de trabalho, diferentes das relações de emprego, os honorários advocatícios seriam devidos pela mera sucumbência (conforme art. 5º da Instrução Normativa n. 27 do TST)(9).

Ocorre que, com a publicação da Lei n. 13.467/2017(10), foi introduzido à CLT o art. 791-A, o qual prevê expressamente a incidência de honorários advocatícios na Justiça do Trabalho, alterando o entendimento consubstanciado na Súmula n. 219 do TST em vários aspectos, principalmente sobre a aplicação de honorários advocatícios nas lides decorrentes da relação de emprego.

Nesse contexto, não se pode deixar de registrar que a instituição dos honorários advocatícios na Justiça do Trabalho trouxe alguns questionamentos em relação ao momento em que as novas regras seriam aplicadas – se alcançariam as ações em curso ou somente aquelas que fossem ajuizadas após a vigência da Lei n. 13.467/2017.

Diante dessas indagações, a Instrução Normativa n. 41 do TST solucionou a questão nos seguintes termos:

> Art. 6º Na Justiça do Trabalho, a condenação em honorários advocatícios sucumbenciais, prevista no art. 791-A, e parágrafos, da CLT, será aplicável apenas às ações propostas após 11 de novembro de 2017 (Lei n. 13.467/2017). Nas ações propostas anteriormente, subsistem as diretrizes do art. 14 da Lei n. 5.584/1970 e das Súmulas ns. 219 e 329 do TST.(11)

Dessa forma, com base no princípio da segurança jurídica, o art. 791-A da CLT apenas será aplicável às ações ajuizadas após a vigência da Lei da Reforma Trabalhista, em 11 de novembro de 2017. Assim, as ações ajuizadas anteriormente continuarão a seguir as diretrizes da Súmula n. 219 do TST.

Feitos esses esclarecimentos, deve-se ressaltar, conforme o art. 791-A da CLT, que os honorários advocatícios serão devidos ao advogado da parte vencedora, inclusive nas relações de emprego, sendo fixados entre o mínimo de 5% e o máximo de 15% sobre o valor que resultar da liquidação da sentença, do proveito econômico obtido, ou, caso não seja possível mensurá-lo, sobre o valor atualizado da causa.

IV – os mandados de segurança, *habeas corpus e habeas data*, quando o ato questionado envolver matéria sujeita à sua jurisdição; (Incluído pela Emenda Constitucional n. 45, de 2004)

V – os conflitos de competência entre órgãos com jurisdição trabalhista, ressalvado o disposto no art. 102, I, *o*; (Incluído pela Emenda Constitucional n. 45, de 2004)

VI – as ações de indenização por dano moral ou patrimonial, decorrentes da relação de trabalho; (Incluído pela Emenda Constitucional n. 45, de 2004)

VII – as ações relativas às penalidades administrativas impostas aos empregadores pelos órgãos de fiscalização das relações de trabalho; (Incluído pela Emenda Constitucional n. 45, de 2004)

VIII – a execução, de ofício, das contribuições sociais previstas no art. 195, I, *a*, e II, e seus acréscimos legais, decorrentes das sentenças que proferir; (Incluído pela Emenda Constitucional n. 45, de 2004)

IX – outras controvérsias decorrentes da relação de trabalho, na forma da lei. (Incluído pela Emenda Constitucional n. 45, de 2004)"

(9) Instrução Normativa n. 27 do TST – "Art. 5º Exceto nas lides decorrentes da relação de emprego, os honorários advocatícios são devidos pela mera sucumbência."

(10) CLT/1943 – "Art. 791-A. Ao advogado, ainda que atue em causa própria, serão devidos honorários de sucumbência, fixados entre o mínimo de 5% (cinco por cento) e o máximo de 15% (quinze por cento) sobre o valor que resultar da liquidação da sentença, do proveito econômico obtido ou, não sendo possível mensurá-lo, sobre o valor atualizado da causa. (Incluído pela Lei n. 13.467, de 2017)

§ 1º Os honorários são devidos também nas ações contra a Fazenda Pública e nas ações em que a parte estiver assistida ou substituída pelo sindicato de sua categoria. (Incluído pela Lei n. 13.467, de 2017)

§ 2º Ao fixar os honorários, o juízo observará: (Incluído pela Lei n. 13.467, de 2017)

I – o grau de zelo do profissional; (Incluído pela Lei n. 13.467, de 2017)

II – o lugar de prestação do serviço; (Incluído pela Lei n. 13.467, de 2017)

III – a natureza e a importância da causa; (Incluído pela Lei n. 13.467, de 2017)

IV – o trabalho realizado pelo advogado e o tempo exigido para o seu serviço. (Incluído pela Lei n. 13.467, de 2017)

§ 3º Na hipótese de procedência parcial, o juízo arbitrará honorários de sucumbência recíproca, vedada a compensação entre os honorários. (Incluído pela Lei n. 13.467, de 2017)

§ 4º Vencido o beneficiário da justiça gratuita, desde que não tenha obtido em juízo, ainda que em outro processo, créditos capazes de suportar a despesa, as obrigações decorrentes de sua sucumbência ficarão sob condição suspensiva de exigibilidade e somente poderão ser executadas se, nos dois anos subsequentes ao trânsito em julgado da decisão que as certificou, o credor demonstrar que deixou de existir a situação de insuficiência de recursos que justificou a concessão de gratuidade, extinguindo-se, passado esse prazo, tais obrigações do beneficiário. (Incluído pela Lei n. 13.467, de 2017)

§ 5º São devidos honorários de sucumbência na reconvenção. (Incluído pela Lei n. 13.467, de 2017)"

(11) TRIBUNAL SUPERIOR DO TRABALHO PLENO. *Resolução n. 221, de 21 de junho de 2018. Edita a Instrução Normativa n. 41, que dispõe sobre as normas da CLT, com as alterações da Lei n. 13.467/2017 e sua aplicação ao processo do trabalho.* Disponível em: <https://juslaboris.tst.jus.br/bitstream/handle/20.500.12178/138949/2018_res0221_in0041.pdf?search-result=true&query=&current-scope=&filter_relational_operator_3=contains&filter_relational_operator_2=contains&filter_relational_operator_5=notequals&filter_relational_operator_4=notequals&filter_0=Instru%C3%A7%C3%A3o+Normativa+-+IN&filter_relational_operator_1=equals&filter_2=41&filter_relational_operator_0=equals&filter_1=Brasil.+Tribunal+Superior+do+Trabalho+%28TST%29&filter_4=N%C3%A3o+Revogado&filter_3=2018&filter_5=N%C3%A3o+-Cancelado&filtertype_0=especieato&filtertype_1=author&filtertype_2=numdoc&filtertype_3=dateIssued&filtertype_4=situacao&filtertype_5=situacao&rpp=15&sort_by=score&order=desc>. Acesso em: 01 ago. 2019.

Destaque-se que os percentuais estabelecidos pela Lei da Reforma Trabalhista dissociam-se dos percentuais fixados pelo Código de Processo Civil vigente, o qual estabelece a fixação de honorários advocatícios de, no mínimo de 10% e, no máximo, de 20%[12]. Gustavo Filipe Barbosa Garcia salienta que essa diferenciação contraria o princípio da igualdade:

> Os referidos percentuais dos honorários advocatícios de sucumbência são inferiores aos previstos no art. 85, § 2º, do CPC, sem justificativa lógica e razoável, o que se revela injusto e contrário ao princípio da igualdade, ao estabelecer tratamento prejudicial ao advogado que atua na Justiça do Trabalho, quando comparado com a esfera cível.[13]

Deve-se ressaltar que, na fixação dos honorários, o juízo deverá observar o grau de zelo do profissional, o lugar da prestação dos serviços, a natureza e a importância da causa, o trabalho realizado pelo advogado, bem como o tempo exigido para o seu serviço, nos termos do art. 791-A, § 2º, da CLT.

Quando ocorrer a procedência parcial, caberá a sucumbência recíproca, sendo vedada a compensação entre os honorários, conforme o art. 791-A, § 3º, da CLT. Segundo Mauro Schiavi:

> A previsão de sucumbência recíproca configura a alteração mais significativa da novel legislação, pois altera, em muito, o protecionismo processual que é um dos pilares de sustentação do processo trabalhista e pode, em muitos casos, inviabilizar ou ser um fator inibitório do acesso à justiça da parte economicamente fraca.[14]

O autor anteriormente mencionado destaca que há segmentos da doutrina que apontam a inconstitucionalidade do art. 791-A, § 3º, da CLT, tendo em vista a Justiça do Trabalho possuir como premissa a garantia do direito de acesso à justiça pelo trabalhador, sem entraves econômicos. No entanto, para o referido autor essa norma não é inconstitucional e deverá ser compatibilizada com o protecionismo do sistema processual trabalhista.

Frise-se que o art. 791-A, § 4º, da CLT, estabeleceu que as obrigações decorrentes da sucumbência do beneficiário da justiça gratuita, caso seja vencido e desde que não tenha obtido judicialmente, ainda que em outro processo, créditos capazes de suportar a despesa, ficarão sob condição suspensiva de exigibilidade, podendo ser executadas apenas se, nos dois anos após ao trânsito em julgado da decisão que as certificou, o credor demonstrar que deixou de existir a situação de insuficiência de recursos que justificou a concessão de gratuidade, motivos pelos quais as referidas obrigações se extinguem passado esse prazo.

Nesse aspecto, deve-se esclarecer que a Ação Direta de Inconstitucionalidade n. 5.766 (ADI/5.766) foi proposta com o objetivo de declarar a inconstitucionalidade de alguns dispositivos da Lei n. 13.467/2017, dentre eles o art. 791-A, § 4º. Conforme a petição inicial da referida ADI:

> O problema aqui reside em que o art. 791-A, § 4º, da CLT condiciona a própria suspensão de exigibilidade dos honorários advocatícios de sucumbência à inexistência de crédito trabalhista capaz de suportar a despesa. Contraditoriamente mais restritiva à concessão de gratuidade judiciária do que a norma processual civil, dispõe a norma reformista que a obrigação de custear honorários advocatícios de sucumbência ficará sob condição suspensiva de exigibilidade, "desde que [o beneficiário de justiça gratuita] não tenha obtido em juízo, ainda que em outro processo, créditos capazes de suportar a despesa".
>
> A norma desconsidera a condição econômica que determinou concessão da justiça gratuita e subtrai do beneficiário, para pagar despesas processuais, recursos econômicos indispensáveis à sua subsistência e à de sua família, em violação à garantia fundamental de gratuidade judiciária (CR, art. 5º, LXXIV).[15]

Até o momento, o Supremo Tribunal Federal (STF) não julgou a referida ADI[16], portanto, ainda não se pode precisar se o referido dispositivo será declarado inconstitucional.

---

(12) CPC/2015 – "Art. 85, § 2º Os honorários serão fixados entre o mínimo de dez e o máximo de vinte por cento sobre o valor da condenação, do proveito econômico obtido ou, não sendo possível mensurá-lo, sobre o valor atualizado da causa, atendidos:

I – o grau de zelo do profissional;

II – o lugar de prestação do serviço;

III – a natureza e a importância da causa;

IV – o trabalho realizado pelo advogado e o tempo exigido para o seu serviço."

(13) GARCIA, Gustavo Felipe Barbosa. Evolução dos Honorários Advocatícios no Processo do Trabalho. *In: Honorários advocatícios na Justiça do Trabalho*. MIESSA, Élisson (Coord.). Salvador: JusPodivm, 2019. p. 43.

(14) SCHIAVI, Mauro. A Sucumbência Recíproca e Honorários Advocatícios na Justiça do Trabalho. *In: Honorários advocatícios na Justiça do Trabalho*. MIESSA, Élisson (Coord.). Salvador: JusPodivm, 2019. p. 360.

(15) MINISTÉRIO PÚBLICO FEDERAL. *Petição Inicial da Ação Direta de Inconstitucionalidade n. 5766*. Disponível em: <http://redir.stf.jus.br/estfvisualizadorpub/jsp/consultarprocessoeletronico/ConsultarProcessoEletronico.jsf?seqobjetoincidente=5250582>. Acesso em: 01 ago. 2019.

(16) Vale esclarecer que, conforme notícia publicada no *site* do STF, o julgamento da ADI foi suspenso após o pedido de vista do ministro Luiz Fux. Na sessão do dia 10.05.2018, o Relator, Ministro Luís Roberto Barroso, votou pela improcedência da maior parte dos pedidos e o Ministro Edson Fachin votou pela procedência da ação. Disponível em: <http://www.stf.jus.br/portal/cms/verNoticiaDetalhe.asp?idConteudo=378076&caixaBusca=N>.

Retomando a análise do art. 791-A, da CLT, verifica-se que os honorários advocatícios serão devidos nas ações contra a Fazenda Pública, nas ações em que a parte tiver assistida ou substituída pelo sindicato e na reconvenção.

Veja-se que a Lei n. 13.467/2017 regulamentou de forma genérica o instituto dos honorários advocatícios, deixando várias lacunas.

De acordo com Júlio César Bebber:

> Nada dispõe a CLT, por exemplo, sobre: a) a base de incidência dos honorários na demanda de indenização por ato ilícito contra a pessoa (CPC, art. 85, § 9º); b) a possibilidade de pagamento de honorários aos advogados públicos (CPC, art. 85, § 19); c) a possibilidade de o advogado requerer que o pagamento dos honorários que lhe caibam seja efetuado em favor da sociedade de advogados que integra na qualidade de sócio (CPC, art. 85, § 15); d) a solução para a omissão na fixação dos honorários advocatícios sucumbenciais na decisão (CPC, art. 85, § 18); e) a incidência de juros de mora (CPC, art. 85, § 16); f) a responsabilidade nas hipóteses de sucumbência mínima (CPC, art. 86, parágrafo único); g) a responsabilidade proporcional dos litisconsortes vencidos (CPC, art. 87); h) responsabilidade pelo pagamento nas hipóteses de desistência, renúncia e reconhecimento do pedido (CPC, art. 90).[17]

Não se pode negar que vários pontos importantes relacionados aos honorários advocatícios deixaram se ser regulamentados pela Lei da Reforma Trabalhista, motivo pelo qual há diversas dúvidas e divergências acerca da aplicação supletiva do Código de Processo Civil nessas questões, dentre elas, a possibilidade de incidência de honorários advocatícios na execução trabalhista.

A seguir será feita uma breve análise da natureza jurídica e das modalidades dos honorários advocatícios para, posteriormente, adentrar-se com maior profundidade na análise dos honorários advocatícios na execução trabalhista.

3. NATUREZA JURÍDICA E MODALIDADES DOS HONORÁRIOS ADVOCATÍCIOS

Após diversas discussões jurisprudenciais acerca da natureza jurídica dos honorários advocatícios[18], o Supremo Tribunal Federal (STF) pacificou o entendimento no sentido de que possuem natureza alimentar, conforme a Súmula Vinculante n. 47, que assim dispõe:

> Os honorários advocatícios incluídos na condenação ou destacados do montante principal devido ao credor consubstanciam verba de natureza alimentar cuja satisfação ocorrerá com a expedição de precatório ou requisição de pequeno valor, observada ordem especial restrita aos créditos dessa natureza.[19]

O Código de Processo Civil de 2015 possui disposição no mesmo sentido, estabelecendo que os honorários constituem direito do advogado e possuem natureza alimentar (art. 84, § 14 o CPC)[20]. Referido entendimento aplica-se ao Processo do Trabalho embora na CLT não haja disposição expressa.

No que diz respeito às modalidades de honorários advocatícios, salienta-se que o Estatuto da Advocacia (Lei n. 8.906/1994) prevê três modalidades em seu art. 22[21]:

(17) BEBBER, Júlio César. Honorários advocatícios sucumbenciais em demandas trabalhistas (após a inserção do art. 791-A à CLT). In: *Revista LTr*. Legislação do Trabalho. v. 8, n. 11. São Paulo, nov. 2018.

(18) A respeito do tema: LEITE, Fernanda Menezes. A natureza alimentar dos Honorários Advocatícios no Processo do Trabalho. In: *Honorários advocatícios na Justiça do Trabalho*. MIESSA, Élisson (Coord.) Salvador: JusPodivm, 2019. p. 156/161.

(19) SUPREMO TRIBUNAL FEDERAL. *Súmula Vinculante n.* 47. Aprovada na sessão Plenária de 27.05.2015. DOU de 02.06.2015, p. 1. Disponível em: <http://www.stf.jus.br/arquivo/cms/jurisprudenciaSumulaVinculante/anexo/Enunciados_Sumula_Vinculante_STF_Completo.pdf>. Acesso em: 01 ago. 2019.

(20) CPC/2015 – "ART.85, § 14. Os honorários constituem direito do advogado e têm natureza alimentar, com os mesmos privilégios dos créditos oriundos da legislação do trabalho, sendo vedada a compensação em caso de sucumbência parcial."

(21) Lei n. 8.906/1994 – "Art. 22. A prestação de serviço profissional assegura aos inscritos na OAB o direito aos honorários convencionados, aos fixados por arbitramento judicial e aos de sucumbência.

§ 1º O advogado, quando indicado para patrocinar causa de juridicamente necessitado, no caso de impossibilidade da Defensoria Pública no local da prestação de serviço, tem direito aos honorários fixados pelo juiz, segundo tabela organizada pelo Conselho Seccional da OAB, e pagos pelo Estado.

§ 2º Na falta de estipulação ou de acordo, os honorários são fixados por arbitramento judicial, em remuneração compatível com o trabalho e o valor econômico da questão, não podendo ser inferiores aos estabelecidos na tabela organizada pelo Conselho Seccional da OAB.

§ 3º Salvo estipulação em contrário, um terço dos honorários é devido no início do serviço, outro terço até a decisão de primeira instância e o restante no final.

§ 4º Se o advogado fizer juntar aos autos o seu contrato de honorários antes de expedir-se o mandado de levantamento ou precatório, o juiz deve determinar que lhe sejam pagos diretamente, por dedução da quantia a ser recebida pelo constituinte, salvo se este provar que já os pagou.

§ 5º O disposto neste artigo não se aplica quando se tratar de mandato outorgado por advogado para defesa em processo oriundo de ato ou omissão praticada no exercício da profissão.

§ 6º O disposto neste artigo aplica-se aos honorários assistenciais, compreendidos como os fixados em ações coletivas propostas por entidades de classe em substituição processual, sem prejuízo aos honorários convencionais. (Incluído pela Lei n. 13.725, de 2018)

I – honorários sucumbenciais, II – honorários convencionais ou contratuais, III – honorários arbitrados judicialmente.

Os honorários sucumbenciais referem-se aos rendimentos que o advogado recebe da parte vencida no processo em razão de seu êxito na demanda. Conforme visto, o art. 791-A da CLT regulamentou expressamente esses honorários na Justiça do Trabalho, sendo decorrentes do princípio da sucumbência.

Os honorários contratuais ou convencionais são estipulados pelo advogado e seu cliente, sendo uma obrigação contratual. É importante salientar que o Código de Ética e Disciplina da OAB esclarece que os honorários de sucumbência não excluem os previamente contratados pelo advogado e seu cliente.[22]

Quanto aos honorários arbitrados judicialmente, o Estatuto da Advocacia estabelece que, se não houver estipulação de honorários ou de acordo, eles serão fixados por arbitramento judicial, devendo a remuneração ser compatível com o valor econômico da questão e com o trabalho desempenhado pelo advogado de modo que não poderão ser inferiores à tabela organizada pelo Conselho Seccional da OAB (art. 22, § 2º, do Estatuto da Advocacia).

Feitas essas considerações, será examinada a seguir a possibilidade de se instituir honorários advocatícios na execução trabalhista.

4. HONORÁRIOS ADVOCATÍCIOS NA EXECUÇÃO TRABALHISTA

Considerando que a Lei n. 13.467/2017 se omitiu em relação à fixação dos honorários advocatícios na fase de execução, cumpre analisar se é possível a aplicação do art. 85, § 1º, do CPC/2015[23] ao Processo do Trabalho, uma vez que prevê expressamente que os honorários advocatícios serão devidos no cumprimento de sentença, provisório ou definitivo, e na execução, resistida ou não.

A princípio, poder-se-ia pressupor que se não há dispositivo acerca da aplicabilidade dos honorários advocatícios na execução, não haveria motivos para se cogitar dessa possibilidade. É que se houvesse a intenção do legislador de fixá-los nessa fase do processo, este deveria ter previsto expressamente, assim como o fez no Código de Processo Civil de 2015 (CPC/2015).

Nessa linha, Luiz Ronan Neves Koury e Carolina Silva Silvino Assunção:

> A ausência de reprodução de algumas normas, tais como a de previsão de cabimento de honorários no cumprimento de sentença (art. 85, § 1º, CPC), nos recursos (art. 85, § 1º e 11, CPC), nas sentenças em que não há resolução de mérito (art. 85, § 6º, CPC), nos casos de perda do objeto (art. 85, § 10, CPC) e nos casos de desistência, renúncia, transação e reconhecimento do pedido (art. 90, CPC), deu-se, em nosso sentir, em razão da manifesta incompatibilidade com a opção adotada pelo legislador, de prever o cabimento dos honorários advocatícios tão somente sobre o valor que resultar da liquidação de sentença, do proveito econômico obtido ou, caso não seja possível mensurar, sobre o valor atualizado da causa.[24]

Lado outro, conforme Gilberto Carlos Maistro Junior, "há muito se admite a aplicação subsidiária das regras do direito processual comum – com destaque para as positivadas no CPC – nos feitos que tramitam na Justiça do Trabalho"[25]. O autor supracitado esclarece que:

> Também na execução (quer na fase de execução, quer em sede de ação de execução fundada em título extrajudicial trabalhista) é admitida a aplicação subsidiária do CPC, em razão do disposto no art. 889 da CLT. O referido dispositivo, é verdade, dispõe no sentido de aplicação dos preceitos que regem o processo dos executivos fiscais para a cobrança judicial da dívida ativa da Fazenda Pública Federal, positivados na Lei de Execução Fiscal (n. 6.830/1980), porém, esta, em seu art. 1º, fixa a aplicação subsidiária do CPC.

O CPC/2015, portanto, aplica-se ao Processo do Trabalho, inclusive na execução, por força dos arts. 15 do CPC/2015, 769 e 889 da CLT e 1º da Lei de Execução Fiscal[26].

---

§ 7º Os honorários convencionados com entidades de classe para atuação em substituição processual poderão prever a faculdade de indicar os beneficiários que, ao optarem por adquirir os direitos, assumirão as obrigações decorrentes do contrato originário a partir do momento em que este foi celebrado, sem a necessidade de mais formalidades. (Incluído pela Lei n. 13.725, de 2018)."

(22) Código de Ética e Disciplina da OAB. "Art. 35, § 1º Os honorários da sucumbência não excluem os contratados, porém devem ser levados em conta no acerto final com o cliente ou constituinte, tendo sempre presente o que foi ajustado na aceitação da causa."

(23) CPC/2015 – "Art. 85. A sentença condenará o vencido a pagar honorários ao advogado do vencedor.

§ 1º São devidos honorários advocatícios na reconvenção, no cumprimento de sentença, provisório ou definitivo, na execução, resistida ou não, e nos recursos interpostos, cumulativamente."

(24) ASSUNÇÃO, Carolina Silva Silvino; KOURY, Luiz Ronan Neves. Ação Autônoma de Fixação de Honorários Advocatícios Sucumbenciais. *In: Honorários advocatícios na Justiça do Trabalho*. MIESSA, Élisson (Coord.). Salvador: JusPodivm, 2019. p. 844.

(25) JUNIOR, Gilberto Carlos Maistro. A aplicação subsidiária do cpc ao processo do trabalho em matéria de honorários. *In: Honorários advocatícios na Justiça do Trabalho*. MIESSA, Élisson (Coord.). Salvador: JusPodivm, 2019. p. 89.

(26) Lei de Execução Fiscal – "Art. 1º – A execução judicial para cobrança da Dívida Ativa da União, dos Estados, do Distrito Federal, dos Municípios e respectivas autarquias será regida por esta Lei e, subsidiariamente, pelo Código de Processo Civil."

CPC/2015 – "Art. 15. Na ausência de normas que regulem processos eleitorais, trabalhistas ou administrativos, as disposições deste Código

Não se pode deixar de ressaltar que Gilberto Carlos Maistro Junior(27) esclarece que o art. 15 do CPC prevê aplicação subsidiária e supletiva dos dispositivos da Lei Processual Comum aos processos trabalhistas. Dessa forma, seja para suprir as lacunas normativas (aplicação subsidiária), seja para complementá-las (aplicação supletiva), o CPC será aplicável nas ações ajuizadas perante a Justiça do Trabalho.

Em seguida serão analisadas as possibilidades de incidência de honorários advocatícios no Cumprimento de Sentença, na Execução de Título Executivo Extrajudicial, na Liquidação de Sentença, nos Embargos do Devedor, na Exceção de Pré-Executividade, nos Embargos de Terceiros e no Incidente de Desconsideração de Personalidade Jurídica.

Conforme Wolney de Macedo Cordeiro, "mesmo após a reforma trabalhista, a norma processual laboral insiste em regrar a tutela de execução como se fosse um único procedimento, ao qual denomina simplesmente de execução".(28) Ou seja, não há previsão normativa acerca do cumprimento de sentença no âmbito do processo do trabalho, como previsto no CPC/2015, motivo pelo qual, em tese, não seriam devidos os honorários advocatícios.

Ocorre que para o referido autor, esse entendimento geraria uma grave antinomia no ordenamento jurídico. *In verbis:*

> [...]a atual norma processual determina que a execução fundada em título judicial seria iniciada por provocação do advogado e só admite a prestação jurisdicional de ofício quando a parte interessada estiver atuando no exercício do *jus postulandi* (CLT, art. 878[34])[35]. Fica claro que o desencadeamento da tutela executiva dependerá fundamentalmente da atividade do advogado. Essa atuação só deixará de existir na hipótese de o devedor cumprir voluntariamente a obrigação contida no título. Caso contrário, a atividade jurisdicional executiva será desencadeada mediante a provocação do causídico. [...] Sistematicamente falando, a negação apriorística da aplicação dos honorários advocatícios na fase de cumprimento de sentença concretizaria uma antinomia intransponível. Se, de um lado, impõe-se a necessidade de atuação do advogado para o desencadeamento da atividade executiva, não seria razoável a mera subtração da sucumbência honorária nessa fase processual.(29)

A necessidade de provocação de advogado para desencadear a execução é, portanto, mais um argumento que corrobora a tese no sentido de que são cabíveis honorários advocatícios nessa fase do processo.

De outro lado, não se pode deixar de mencionar que há doutrinadores que não se coadunam com a referida posição, como, por exemplo, Radson Rangel F. Duarte, que entende que não são cabíveis honorários advocatícios nessa fase. *In verbis:*

> "O fato de ser necessário que o credor requeira o cumprimento da decisão para que haja execução, conforme estabelecido pelo art. 878 da CLT, não é suficiente para negar-lhe o caráter de uma fase processual porque, na realidade, o cumprimento é a continuação da mesma relação processual, todavia, destinada à prática de atos de satisfação do credor".(30)

Destaque-se, ainda, a posição de Mauro Schiavi:

> Em que pese o respeito que merecem os que pensam ser devidos os honorários advocatícios nos recursos e na execução trabalhista, de nossa parte eles não são devidos pelos seguintes argumentos:
>
> a) falta de previsão expressa na CLT;
>
> b) acesso à justiça nas instâncias recursais;
>
> c) a execução de sentença é uma mera fase do processo, que se desenrola, em boa parte, por impulso oficial;
>
> d) não há sucumbência propriamente dita, pois a obrigação já foi reconhecida no título executivo;
>
> e) simplicidade do procedimento executivo;
>
> f) as despesas processuais com os honorários de advogado nos recursos e na fase de execução exigem previsão expressa;(31)

---

lhes serão aplicadas supletiva e subsidiariamente."

CLT/1943 – "Art. 769 – Nos casos omissos, o direito processual comum será fonte subsidiária do direito processual do trabalho, exceto naquilo em que for incompatível com as normas deste Título."

CLT/1943 – "Art. 889 – Aos trâmites e incidentes do processo da execução são aplicáveis, naquilo em que não contravierem ao presente Título, os preceitos que regem o processo dos executivos fiscais para a cobrança judicial da dívida ativa da Fazenda Pública Federal."

(27) MAISTRO JUNIOR, Gilberto Carlos. A Aplicação subsidiária do CPC ao Processo do Trabalho em matéria de honorários. In: *Honorários advocatícios na Justiça do Trabalho*. MIESSA, Élisson (Coord.). Salvador: JusPodivm, 2019. p. 90.

(28) CORDEIRO, Wolney de Macedo. Honorários advocatícios na sucumbência e a tutela de execução trabalhista. *In: Honorários advocatícios na Justiça do Trabalho*. MIESSA, Élisson (Coord.). Salvador: JusPodivm, 2019. p. 709.

(29) *Ibidem*. p. 710/711.

(30) DUARTE, Radson Rangel F. Honorários advocatícios na execução trabalhista. *In: Honorários advocatícios na Justiça do Trabalho*. MIESSA, Élisson (Coord.). Salvador: JusPodivm, 2019. p. 766.

(31) SCHIAVI, Mauro. *Manual de Direito Processual do Trabalho – de acordo com o novo CPC, reforma trabalhista – Lei n. 13.467/2017 e a IN n. 41/2018 do TST*. LTr: 15. ed. 2019, p. 410.

Com todo respeito aos renomados autores, entende-se que os honorários advocatícios são devidos nessa fase do processo, principalmente, porque, conforme visto acima, a falta de previsão expressa na CLT não justifica a inaplicabilidade dos honorários advocatícios na execução, tendo em vista que os arts. 769 da CLT, 15 do CPC, 889 da CLT e 1º da Lei de Execução Fiscal permitem a aplicação subsidiária e supletiva da Lei Processual Comum ao Processo do Trabalho.

Além disso, a partir da publicação da Lei n. 13.467/2017 a atividade do advogado tornou-se indispensável na fase de execução, pois é este que deverá promovê-la, de modo que a execução de ofício só ocorrerá quando a parte não tiver assistida por advogado. Ademais, os honorários arbitrados na fase de conhecimento levam em consideração o trabalho do advogado realizado apenas durante essa fase. Posteriormente, na execução trabalhista, é possível que o advogado tenha um longo caminho tentando cumprir os comandos da sentença, sendo este mais um argumento para a fixação de honorários nessa fase.

No que diz respeito à execução de título executivo extrajudicial, Wolney de Macedo Cordeiro argumenta que:

> Tratando-se de título executivo extrajudicial, obviamente não é possível, em nenhuma circunstância, a provocação da tutela jurisdicional de ofício. Essa ação executiva poderá ser ajuizada seguindo as diretrizes fixadas no âmbito da CLT, arts. 839 e 840. Ou seja, poderá o credor ajuizar a demanda fundada em título executivo extrajudicial por intermédio de advogado, mas também poderá fazer a postulação pessoalmente, inclusive de forma verbal, consoante previsão explícita na CLT, art. 840, *caput*.(32)

Para o referido autor, na execução de título executivo extrajudicial são cabíveis honorários advocatícios, considerando-se que se trata de "uma ação autônoma que pressupõe a atuação do advogado para a concretização da prestação jurisdicional."(33)

Imperioso ressaltar que, para Júlio Cesar Bebber, nas obrigações por quantia certa fundada em título executivo extrajudicial:

> Serão fixados provisoriamente, no despacho que ordena a citação do executado, honorários de advogado de 10% (CPC, art. 827, *caput* e art. 85, § 13). O percentual fixado provisoriamente será (i) *reduzido pela metade* – caso haja pagamento integral do débito no prazo de 3 dias (CPC, art. 827, § 1º); (ii) *acrescido de até mais 5%* – se a execução for embargada (CPC, art. 827, § 2º c/c CLT, art. 791-A).(34)

Observe-se que, na execução de título executivo extrajudicial, deverão ser fixados honorários no despacho que ordena a citação, no importe de 10%, podendo ser reduzidos pela metade se houver pagamento integral do débito dentro de 3 dias ou acrescidos de até 5% se a execução for embargada.

O autor supracitado também salienta que nas obrigações fundadas em título executivo judicial prevalece o seguinte entendimento:

> Serão fixados provisoriamente, no despacho que ordena intimação (citação) do executado, honorários de advogado de 10% (CPC, art. 525, § 1º e art. 85, § 13). Havendo cumprimento voluntário (i) *integral* – ocorrerá a isenção do pagamento dos honorários advocatícios; (ii) *parcial* – o percentual dos honorários advocatícios incidirá, exclusivamente, sobre a importância não quitada (CPC, art. 523, § 2º);

Note-se que nos títulos executivos judiciais também serão fixados honorários advocatícios, no importe de 10%, de modo que se ocorrer cumprimento voluntário integral, haverá a isenção do pagamento e, se houver cumprimento parcial, o percentual incidirá sobre a importância não quitada. Além disso, em caso de impugnação, haverá um acréscimo de até 5%, assim como nos títulos executivos extrajudiciais(35).

É importante esclarecer que em caso de impugnação ou embargos do executado, Bebber defende que: se forem acolhidos em parte ou rejeitados, haverá um acréscimo de até 5% sobre os honorários advocatícios. Se forem integralmente acolhidos, extinguindo-se a execução, sem que tenha ocorrido a extinção da obrigação, os honorários serão devidos pelo executado(36). Por fim, se forem integralmente acolhidos, ocasionando a extinção da execução em razão da extinção da obrigação, serão invertidos os encargos da sucumbência de modo que os honorários serão devidos pelo exequente.

Conforme Bebber, a Exceção de Pré-Executividade poderá produzir efeitos idênticos aos da impugnação e dos embargos do executado.

Em relação à liquidação de sentença, deve-se salientar que segundo Wolney de Macedo Cordeiro(37), não se trata

(32) CORDEIRO, Wolney de Macedo. Honorários advocatícios na sucumbência e a tutela de execução trabalhista. *In: Honorários advocatícios na Justiça do Trabalho*. MIESSA, Élisson (Coord.). Salvador: JusPodivm, 2019, p. 716.

(33) *Ibidem*. p. 716.

(34) BEBBER, Júlio César. Honorários advocatícios sucumbenciais em demandas trabalhistas (após a inserção do art. 791-A à CLT). *In: Revista LTr*. Legislação do Trabalho. v. 8, n. 11. São Paulo, nov. 2018.

(35) Bebber cita Araken de Assis, esclarecendo que nos títulos judiciais que forem impugnados pelo executado, poderá haver um acréscimo de até 5% sobre os honorários.

(36) Bebber esclarece que referido entendimento baseia-se no Princípio da Causalidade, que estabelece que devem responder pelas despesas/honorários advocatícios, aquele que deu causa à propositura da ação.

(37) CORDEIRO, Wolney de Macedo. Honorários advocatícios na sucumbência e a tutela de execução trabalhista. *In: Honorários advocatícios na Justiça do Trabalho*. MIESSA, Élisson (Coord.). Salvador: JusPodivm, 2019. p. 725.

de uma fase autônoma do processo, sendo, na realidade, um incidente prévio à execução, motivo pelo qual não são cabíveis honorários advocatícios.

Nessa mesma linha, Júlio Cesar Bebber também entende que na liquidação de sentença os honorários advocatícios não são devidos, esclarecendo que "a fase de liquidação da sentença, sob rigor técnico, é complementar à fase de conhecimento, na medida em que se destina a conferir liquidez ao título executivo judicial".(38)

No que diz respeito aos Embargos de Terceiros, o autor supracitado(39) entende que se trata de processo incidental à execução, sendo que, se forem julgados improcedentes, os honorários advocatícios serão devidos pelo embargante, mas, se forem julgados procedentes, a responsabilidade será de quem deu causa à constrição indevida (princípio da causalidade).

Vale ressaltar que nem sempre o Princípio da Sucumbência será determinante para a condenação dos honorários advocatícios na Justiça do Trabalho, sendo que, em muitos casos, será possível aplicar o Princípio da Causalidade. Esse princípio estabelece, em linhas gerais, que a responsabilidade pelo pagamento dos honorários advocatícios será de quem deu causa à demanda.

Assim, se um bem for penhorado por indicação do exequente e, havendo Embargos de Terceiros julgados procedentes, caberá ao exequente responder pelos honorários advocatícios, pois foi ele que deu causa à constrição indevida. Essa é a posição de Júlio Cesar Bebber.(40)

Por fim, no que diz respeito à Desconsideração da Personalidade Jurídica, também são devidos honorários advocatícios, uma vez que se trata de processo incidental ao processo em curso, salvo quando manifestada na petição inicial, conforme Radson Rangel F. Duarte.(41)

5. CONSIDERAÇÕES FINAIS

Verificou-se que, após a publicação da Lei n. 13.467/2017, houve uma mudança na estrutura dos honorários advocatícios na Justiça do Trabalho de modo que as disposições contidas na Súmula n. 219 do TST, possivelmente, deixarão de ser aplicadas em diversos aspectos, por incompatibilidade com os novos comandos da Lei da Reforma Trabalhista, principalmente porque o Princípio da Sucumbência passou a ser aplicado em todas as relações de trabalho, inclusive nas relações de emprego.

Constatou-se, ainda, que a Lei n. 13.467/2017 deixou de regulamentar diversas questões importantes relacionadas aos honorários advocatícios, causando polêmicas acerca da possibilidade de aplicação subsidiária e supletiva do CPC/2015.

Dentre essas polêmicas, verificou-se que não há disposição expressa no art. 791-A, da CLT sobre a incidência de honorários advocatícios na fase de execução, motivo pelo qual surgiu a dúvida acerca da possibilidade de se aplicar, ao Processo do Trabalho, o art. 85, § 1º, do CPC, sanando a omissão legislativa.

Em que pesem os argumentos em sentido contrário, após a análise detalhada acerca da possibilidade de incidência de honorários advocatícios na execução, foi possível constatar que no Processo do Trabalho são devidos honorários advocatícios na fase de Cumprimento de Sentença, na execução de Título Executivo Extrajudicial, na Impugnação e nos Embargos do Devedor, nos Embargos de Terceiros, na Exceção de Pré-Executividade e no Incidente de Desconsideração da Personalidade Jurídica. De outro lado, não serão devidos honorários advocatícios na Liquidação de Sentença tendo em vista que é um incidente prévio à execução.

6. REFERÊNCIAS

ASSUNÇÃO, Carolina Silva Silvino; KOURY, Luiz Ronan Neves. Ação Autônoma de Fixação de Honorários Advocatícios Sucumbenciais. *In: Honorários advocatícios na Justiça do Trabalho*. MIESSA, Élisson (Coord.). Salvador: JusPodivm, 2019.

BEBBER, Júlio César. Honorários advocatícios sucumbenciais em demandas trabalhistas (após a inserção do art. 791-A à CLT). *In: Revista LTr*. Legislação do Trabalho. v. 82, n. 11. São Paulo, nov. 2018.

BONONI, Alexandre. Histórico dos honorários advocatícios e modalidades. *In: Honorários advocatícios na Justiça do Trabalho*. MIESSA, Élisson (Coord.). Salvador: JusPodivm, 2019.

BRASIL. *Constituição da República Federativa do Brasil de 1988*. Disponível em: <http://www.planalto.gov.br/ccivil_03/constituicao/constituicao.htm>. Acesso em: 31 ago. 2019.

BRASIL. *Decreto-lei n. 5.452, de 1º de maio de 1943. Aprova a Consolidação das Leis do Trabalho*. Disponível em: <http://www.planalto.gov.br/ccivil_03/decreto-lei/del5452.htm> Acesso em: 01 ago. 2019.

BRASIL. *Emenda Constitucional n. 45, de 30 de dezembro de 2004. Altera dispositivos dos arts. 5º, 36, 52, 92, 93, 95, 98, 99, 102, 103, 104, 105, 107, 109, 111, 112, 114, 115, 125, 126, 127, 128, 129, 134 e 168 da Constituição Federal, e acrescenta os arts. 103-A, 103-B, 111-A e 130-A, e dá outras providências*. Disponível em: <http://www.planalto.gov.br/ccivil_03/constituicao/emendas/emc/emc45.htm>. Acesso em: 01 ago. 2019.

(38) BEBBER, Júlio César. Honorários advocatícios sucumbenciais em demandas trabalhistas (após a inserção do art. 791-A à CLT). *In: Revista LTr*. Legislação do Trabalho. v. 8, n. 11. São Paulo, nov. 2018

(39) *Ibidem*.

(40) É importante esclarecer que a aplicação do princípio da causalidade no Processo do Trabalho é bastante polêmica e que nem todos os autores compartilham do entendimento adotado por Júlio Cesar Bebber.

(41) DUARTE, Radson Rangel F. Honorários advocatícios na execução trabalhista. *In: Honorários advocatícios na Justiça do Trabalho*. MIESSA, Élisson (Coord.). Salvador: JusPodivm, 2019. p. 770.

BRASIL. *Lei n. 1.060, de 5 de fevereiro de 1950. Estabelece normas para a concessão de assistência judiciária aos necessitados.* Disponível em: <http://www.planalto.gov.br/ccivil_03/leis/l1060.htm>. Acesso em: 01 ago. 2019.

BRASIL. *Lei n. 5.584, de 26 de junho de 1970. Dispõe sobre normas de Direito Processual do Trabalho, altera dispositivos da Consolidação das Leis do Trabalho, disciplina a concessão e prestação de assistência judiciária na Justiça do Trabalho, e dá outras providências.* Disponível em: <http://www.planalto.gov.br/ccivil_03/leis/l5584.htm>. Acesso em: 01 out. 2019.

BRASIL. *Lei n. 6.830, de 22 de setembro de 1980.* Dispõe sobre a cobrança judicial da Dívida Ativa da Fazenda Pública, e dá outras providências. Disponível em: <http://www.planalto.gov.br/ccivil_03/leis/l6830.htm>. Acesso em: 02 ago. 2019.

BRASIL. *Lei n. 8.906, de 4 de julho de 1994.* Dispõe sobre o Estatuto da Advocacia e a Ordem dos Advogados do Brasil (OAB). Disponível em: <http://www.planalto.gov.br/ccivil_03/Leis/L8906.htm>. Acesso em: 01 ago. 2019.

BRASIL. *Lei n. 13.105, de 16 de março de 2015.* Aprova o Código de Processo Civil. Disponível em: <http://www.planalto.gov.br/ccivil_03/_ato2015-2018/2015/lei/l13105.htm>. Acesso em: 01 out. 2019.

BRASIL. *Lei n. 13.467, julho de 2017.* Altera a Consolidação das Leis do Trabalho (CLT), aprovada pelo Decreto-Lei n. 5.452, de 1º de maio de 1943, e as Leis ns. 6.019, de 3 de janeiro de 1974, 8.036, de 11 de maio de 1990, e 8.212, de 24 de julho de 1991, a fim de adequar a legislação às novas relações de trabalho. Disponível em: <http://www.planalto.gov.br/ccivil_03/_ato2015-2018/2017/lei/l13467.htm>. Acesso em: 01 ago. 2019

BRASIL. *Lei n. 13.725, de 4 de outubro de 2018.* Altera a Lei n. 8.906, de 4 de julho de 1994, que "dispõe sobre o Estatuto da Advocacia e a Ordem dos Advogados do Brasil (OAB)", e revoga dispositivo da Lei n. 5.584, de 26 de junho de 1970, que "dispõe sobre normas de Direito Processual do Trabalho, altera dispositivos da Consolidação das Leis do Trabalho, disciplina a concessão e prestação de assistência judiciária na Justiça do Trabalho, e dá outras providências". Disponível em: <http://www.planalto.gov.br/ccivil_03/_Ato2015-2018/2018/Lei/L13725.htm>. Acesso em: 01 ago. 2019.

CORDEIRO, Wolney de Macedo. Honorários advocatícios na sucumbência e a tutela de execução trabalhista. *In: Honorários advocatícios na Justiça do Trabalho.* MIESSA, Élisson (Coord.). Salvador: JusPodivm, 2019.

DUARTE, Radson Rangel F. Honorários advocatícios na execução trabalhista. *In: Honorários advocatícios na Justiça do Trabalho.* MIESSA, Élisson (Coord.). Salvador: JusPodivm, 2019.

GARCIA, Gustavo Felipe Barbosa. Evolução dos honorários advocatícios no processo do trabalho. *In: Honorários advocatícios na Justiça do Trabalho.* MIESSA, Élisson (Coord.). Salvador: JusPodivm, 2019.

LEITE, Fernanda Menezes. A natureza alimentar dos Honorários Advocatícios no Processo do Trabalho. *In: Honorários advocatícios na Justiça do Trabalho.* MIESSA, Élisson (Coord.). Salvador: JusPodivm, 2019.

MAISTRO JUNIOR, Gilberto Carlos. A aplicação subsidiária do CPC ao processo do trabalho em matéria de honorários. *In: Honorários advocatícios na Justiça do Trabalho.* MIESSA, Élisson (Coord.). Salvador: JusPodivm, 2019.

MINISTÉRIO PÚBLICO FEDERAL. *Petição Inicial da Ação Direta de Inconstitucionalidade n. 5.766.* Disponível em: <http://redir.stf.jus.br/estfvisualizadorpub/jsp/consultarprocessoeletronico/ConsultarProcessoEletronico.jsf?seqobjetoincidente=5250582>. Acesso em: 01 ago. 2019.

ORDEM DOS ADVOGADOS DO BRASIL. *Código de Ética e Disciplina da OAB.* Diário da Justiça, Seção I, 01 mar. 1995. p. 4.000/4.004. Disponível em: <https://www.oab.org.br/visualizador/19/codigo-de-etica-e-disciplina>. Acesso em: 02 ago. 2019.

SCHIAVI, Mauro. A sucumbência recíproca e honorários advocatícios na Justiça do Trabalho. *In: Honorários advocatícios na Justiça do Trabalho.* MIESSA, Élisson (Coord.). Salvador: JusPodivm, 2019.

SCHIAVI, Mauro. *Manual de Direito Processual do Trabalho* – De acordo com o novo CPC, Reforma Trabalhista – Lei n. 13.467/2017 e a IN. n. 41/2018 do TST. LTr: 15. ed. 2019.

SUPREMO TRIBUNAL FEDERAL. *Notícias do STF.* Julgamento de ação ajuizada pela PGR contra reforma trabalhista é suspenso por pedido de vista. Disponível em: <http://www.stf.jus.br/portal/cms/verNoticiaDetalhe.asp?idConteudo=378076&caixaBusca=N>. Acesso em: 28 ago. 2019.

SUPREMO TRIBUNAL FEDERAL. *Súmula Vinculante n. 47.* Aprovada na sessão Plenária de 27.05.2015. DOU de 02.06.2015, p. 1. Disponível em: <http://www.stf.jus.br/arquivo/cms/jurisprudenciaSumulaVinculante/anexo/Enunciados_Sumula_Vinculante_STF_Completo.pdf>. Acesso em: 01 ago. 2019.

TRIBUNAL SUPERIOR DO TRABALHO. *Instrução Normativa n. 27 de 2005.* Dispõe sobre normas procedimentais aplicáveis ao processo do trabalho em decorrência da ampliação da competência da Justiça do Trabalho pela Emenda Constitucional n. 45/2004. Sala de Sessões, 16 fev. 2005. Disponível em: <http://www3.tst.jus.br/DGCJ/instrnorm/27.htm>. Acesso em: 03 ago. 2019.

TRIBUNAL SUPERIOR DO TRABALHO PLENO. *Resolução n. 221, de 21 de junho de 2018.* Edita a Instrução Normativa n. 41, que dispõe sobre as normas da CLT, com as alterações da Lei n. 13.467/2017 e sua aplicação ao processo do trabalho. Disponível em: <https://juslaboris.tst.jus.br/bitstream/handle/20.500.12178/138949/2018_res0221_in0041.pdf?search-result=true&query=&current-scope=&filter_relational_operator_3=contains&filter_relational_operator_2=contains&filter_relational_operator_5=notequals&filter_relational_operator_4=notequals&filter_0=Instru%C3%A7%C3%A3o+Normativa+-+IN&filter_relational_operator_1=equals&filter_2=41&filter_relational_operator_0=equals&filter_1=Brasil.+Tribunal+Superior+do+Trabalho+%28TST%29&filter_4=N%C3%A3o+Revogado&filter_3=2018&filter_5=N%C3%A3o+Cancelado&filtertype_0=especieato&filtertype_1=author&filtertype_2=numdoc&filtertype_3=dateIssued&filtertype_4=situacao&filtertype_5=situacao&rpp=15&sort_by=score&order=desc>. Acesso em: 01 ago. 2019.

TRIBUNAL SUPERIOR DO TRABALHO. *Súmula n. 219 do TST:* HONORÁRIOS ADVOCATÍCIOS. CABIMENTO (alterada a redação do item I e acrescidos os itens IV a VI em decorrência do CPC de 2015). Disponível em: <http://www3.tst.jus.br/jurisprudencia/Sumulas_com_indice/Sumulas_Ind_201_250.html#SUM-219>. Acesso em: 30 jul. 2019.

TRIBUNAL SUPERIOR DO TRABALHO. *Súmula n. 329 do TST:* HONORÁRIOS ADVOCATÍCIOS. ART. 133 DA CF/1988 (mantida). Disponível em: <http://www3.tst.jus.br/jurisprudencia/Sumulas_com_indice/Sumulas_Ind_301_350.html#SUM-32>. Acesso em: 30 jul. 2019.